1 MONTH OF
FREE
READING

at

www.ForgottenBooks.com

By purchasing this book you are
eligible for one month membership to
ForgottenBooks.com, giving you
unlimited access to our entire
collection of over 700,000 titles via
our web site and mobile apps.

To claim your free month visit:

www.forgottenbooks.com/free720536

ISBN 978-0-666-65022-1
PIBN 10720536

DICTIONNAIRE TOPOGRAPHIQUE

DE

LA FRANCE

COMPRENANT

LES NOMS DE LIEU ANCIENS ET MODERNES

PUBLIÉ

PAR ORDRE DU MINISTRE DE L'INSTRUCTION PUBLIQUE

ET SOUS LA DIRECTION

DU COMITÉ DES TRAVAUX HISTORIQUES

Par arrêté en date du 8 novembre 1877, le Ministre de l'instruction publique et des beaux-arts a ordonné la publication du *Dictionnaire topographique du département de la Marne*, par M. Auguste Longnon, membre de l'Institut.

M. Anatole DE BARTHÉLEMY, membre de l'Institut, a été chargé de surveiller cette publication en qualité de Commissaire responsable.

SE TROUVE À PARIS

À LA LIBRAIRIE HACHETTE ET Cᴵᴱ,

BOULEVARD SAINT-GERMAIN, 79.

DICTIONNAIRE TOPOGRAPHIQUE

DU

DÉPARTEMENT DE LA MARNE

COMPRENANT

LES NOMS DE LIEU ANCIENS ET MODERNES

RÉDIGÉ

PAR M. AUGUSTE LONGNON

MEMBRE DE L'INSTITUT ET DU COMITÉ DES TRAVAUX HISTORIQUES,
MEMBRE HONORAIRE NON RÉSIDANT DE LA SOCIÉTÉ D'AGRICULTURE, COMMERCE, SCIENCES ET ARTS
DU DÉPARTEMENT DE LA MARNE

PARIS

IMPRIMERIE NATIONALE

—

M DCCC XCI

INTRODUCTION.

PREMIÈRE PARTIE.

LES NOMS DE LIEU.

I. NOMENCLATURE DU DICTIONNAIRE.

La nomenclature constituant la partie essentielle du *Dictionnaire topographique de la France comprenant les noms de lieu anciens et modernes*, je crois utile de donner quelques explications sur la manière dont a été établi le cadre du *Dictionnaire topographique de la Marne*, en ce qui concerne les lieux habités, et je consacrerai les pages qui suivent immédiatement au classement étymologique des plus importants parmi les vocables qui forment cette nomenclature, c'est-à-dire au classement des noms de celles de nos 663 communes dont l'origine est aujourd'hui connue.

Il n'existait jusqu'ici, pour le département de la Marne, aucun dictionnaire donnant la nomenclature complète des lieux habités; car on ne peut réellement tenir un compte sérieux du petit livre publié en 1860 par un ancien chef de division de la préfecture de la Marne (Cornet-Paulus), compilation mal ordonnée, dans laquelle un grand nombre de vocables, dénaturés par le fait de copistes successifs, sont empruntés parfois à des documents vieux de plus d'un demi-siècle. Il fallait donc établir cette nomenclature sur des bases solides. On l'a tenté en combinant les renseignements fournis par les grandes cartes de Cassini et de l'État-Major avec ceux que renferme une vaste enquête faite en 1847, par les soins de l'Administration des Postes, et donnant pour chaque commune les noms de tous les lieux habités, désignés par un vocable particulier[1]. Chacun des trois documents que je viens de mentionner a, en l'espèce, une valeur à peu près égale, car les ingénieurs employés par Cassini et les officiers de

---

[1] Cette nomenclature, conservée à la Bibliothèque nationale, département des manuscrits, y occupe les n.º 9975 à 9979 du fonds français.

IMPRIMERIE NATIONALE.

l'État-Major ont, aussi bien que les collaborateurs de l'Administration postale, relevé sur les lieux mêmes les noms des moindres localités. A la nomenclature résultant de la fusion des renseignements puisés à des sources diverses, il convenait de joindre la mention de nombreuses habitations, ou de villages disparus avant le milieu du dernier siècle; cette partie du travail a été grandement facilitée par le dépouillement d'actes innombrables, étudiés en vue de l'historique de chaque article, dépouillement qui a aussi permis de noter un certain nombre de collectivités territoriales désignées sous l'ancien régime par le nom de « fief » et qui n'avaient pas toujours nécessairement pour centre ou pour chef-lieu une habitation. Mais combien de points jadis habités que ne mentionnent pas les titres parvenus jusqu'à nous ou ceux qu'a rapidement parcourus l'auteur du Dictionnaire du département de la Marne!

Il a paru possible de remédier à cette lacune en insérant, à leur ordre alphabétique, les noms de lieux-dits inscrits sur les plans cadastraux, que leur structure prouve suffisamment avoir été originairement un vocable de domaine gallo-romain, originairement terminé en *i-acus*, comme *Ambigny, Amigny, Arcy, l'Arly, aux Arcis, Bailly, Barbigny, Barbilly*, etc.; ou un nom de localité de la période franque dont la forme latine se terminait soit en *cortis* (*le Gercourt, Gericourt, le Réchicourt, Richecourt*, etc.), soit en *villa* (*Bernouville*, etc.), soit encore en *villare* (*Dorvillé*, etc.). Il n'y avait point lieu, par suite, de négliger les noms des lieux-dits du département qui, formés à une époque beaucoup plus moderne, sur des noms de famille français, à l'aide du suffixe *erie*, semblent avoir dû tout d'abord désigner quelque localité rurale : je veux dire *la Barbullerie, la Barioterie, la Barjoterie, la Baronnerie, la Bassinnerie, la Bataillerie, la Boudinerie, la Beaucharderie, la Becquetterie, la Bédellerie, la Benoiterie*, et nombre d'autres dénominations analogues, parmi lesquelles je compte celles qui sont formées à l'aide d'un suffixe différent, comme *la Colinière, les Colinières, la Cossonnière, la Garnière, la Gauthière*, etc.

On a également emprunté aux lieux-dits du cadastre les vocables chrétiens qui consistent en un nom de saint ou de sainte, parmi lesquels il ne faut pas oublier *la Madeleine*, abréviation de *Sainte-Marie-Madeleine*, vocables rappelant ordinairement le site de quelque sanctuaire du moyen âge. On a aussi mentionné, en raison du souvenir religieux qui s'y rattache, les noms : *la Croix-Sainte-Berthe; la fontaine Saint-Augustin, la fontaine Saint-Ayoult, la fontaine Saint-Claude* et autres noms de fontaines consacrées; *Mont-Saint-Juventin* et le *Mont-Saint-Remy*; bien que ces différents vocables n'impliquent pas nécessairement, qu'une chapelle ou un oratoire se soit élevé jadis auprès du lieu qui les portent. Beaucoup d'autres appellations de lieux-dits, consistant assez souvent toutefois en un nom commun employé comme nom propre figurent également dans le corps du Dictionnaire, parce que ce nom commun est caractéristique du séjour de l'homme, de l'habitation humaine. Ainsi *Châté*, *le Château*, *le Châtelot*, *le Châtelet*, *les Châtelots*; *la Ferté*, indiquent d'anciennes fortifications ou quelque demeure féodale; *la Chapelle*, *l'Hermitage*, *Moutier*, *le Moutier*, *Moutiers*, conservent le souvenir d'anciens édifices religieux ou de la retraite de pieux personnages; *a Commanderie*; *la Maladerie*, *la Maladrerie*, marquent l'emplacement de maisons appartenant jadis aux ordres militaires du Temple, de l'Hôpital ou de Saint-Lazare; *la Briqueterie*, *le Chaufour*, *les Chaufours*, *la Fonderie*, *la Forge*, *les Forges*, *la Forgette*, *les Forgettes*, *la Foulerie*, *le Four*, *le Four-à-Chaux*, *les Fourneaux*, *le Moulin*, *les Moulins*, *la Saboterie*, *la Tannerie*, *la Tuilerie*, *les Tuileries*; *la Verrerie*, sont autant de dénominations révélant l'emplacement qu'occupaient autrefois certaines industries locales; *la Cense*, *la Cour*, *la Ferme*, *la Grange*, *la Grangette*, *la Métairie*, *les Métairies*, impliquent l'existence d'anciennes exploitations agricoles; *le Faubourg*, *les Magnis*, *la Maisenette*, *la Maison*, *les Maisons*, *la Malmaison*, *le Mesnil*, *la Vieille-Ville*, ont désigné originairement des groupes d'habitations ou des habitations isolées, abandonnées depuis; enfin *la Masure*, *les Masures*, *les Masuriaux*, *les Mézières*, sont dûs aux ruines que présentaient les lieux désignés par ces vocables au temps où on les leur donna. Les nombreux lieux-dits *la Folie* ou *les Folies* ont été également relevés, parce que depuis six siècles au moins cette appellation est imposée par le populaire à des constructions qu'il juge ou inutiles ou trop somptueuses et qui n'ont souvent qu'une existence éphémère, et l'on a accueilli de même, malgré son aspect burlesque, le vocable *Moque-Souris*, parce qu'il semble avoir été un nom facétieux sous lequel on a constammont désigné des moulins assez mal achalandés.

Je me suis laissé entraîner à admettre, d'autre part, quelques autres noms cadastraux, tels que *Bertaigne* (forme rurale de *Bretagne*), *Bouchy*, *Courbrut*, *Favresse*, *Gourval*, *le Nuisement* et *le Petit-Paris*, parce qu'il m'a paru infiniment probable que ces vocables, portés ailleurs par des lieux habités, n'avaient pas dû être à l'origine, ici non plus, de simples appellations de lieux-dits. Par un motif identique, les noms *Luxembourg* et *Mariembourg* de plusieurs lieux-dits du département, rappelant certaines étapes des armées de Louis XIV et de Louis XV, ont été inscrits à leur ordre alphabétique : il convient, en effet, de les rapprocher de certains vocables d'habitations rurales de la même circonscription; je veux dire des noms *Milan*, *Varsovie*, *Moscou* et *Leipsig*, qui nous reportent aux campagnes de Napoléon I⁽ᵉʳ⁾; des vocables *Alger*, *Constantine*, *Mazagran*, *Médéah*, *Milianah*, *Mogador*, *la Tafna*, qui évoquent le souvenir des guerres d'Algérie, et des appellations *Sébastopol*, *Magenta* et *Solférino*, qui datent seulement du règne de Napoléon III.

Je compléterai mes aveux en disant que je n'ai pu résister au désir de mettre en vue certaines dénominations de lieux-dits, assez rares à la vérité, qui, en l'espèce, n'ont jamais été celles de lieux habités. Les noms *les Étrées, la Fosse-aux-Sarrazins* et *le Tombeau-des-Sarrazins* — «sarrazin» est pris là peut-être au sens de «romain» — m'ont paru suffisamment intéressants, archéologiquement parlant, pour justifier l'infraction d'une règle cependant nécessaire. De même, au point de vue des traditions et des croyances populaires, j'ai cru bon de relever les vocables *la Fosse-aux-Fées* et *le Pré-des-Quatre-Fils-Aymon.* Enfin des appellations telles que *la Tranche-des-Allemands, le chemin des Huguenots, le Cimetière-des-Huguenots, la Contrée-des-Huguenots* et *la Huguenoterie* ne m'ont pas semblé indignes de figurer dans un répertoire que consulteront surtout les amateurs de souvenirs historiques.

II. ORIGINE DES NOMS DE COMMUNE.

L'étude de la formation des noms de lieu est aujourd'hui assez avancée pour qu'on puisse tenter de classer par époques les noms de lieu d'une région déterminée de la Gaule, et c'est pour cela que je n'hésite pas à donner, dans cette introduction, quelques notions sur l'origine et l'étymologie des vocables sous lesquels on désigne aujourd'hui les communes du département de la Marne. Il est bien entendu que la forme originelle ou étymologique du nom, imprimée en italique, est le plus souvent une forme restituée que ne donnent point les textes, relativement modernes, d'après lesquels a été rédigé le présent Dictionnaire [1].

§ 1. Noms d'origine gauloise.

Les noms de lieu d'origine celtique pure sont relativement peu nombreux ou, pour mieux dire, il n'en est qu'un bien petit nombre qu'on puisse attribuer avec une entière certitude à la période antéromaine. En laissant de côté les noms de Reims et de Châlons qui, représentant les noms de deux nations gauloises, les *Remi* et les *Catuvellauni*, ont été substitués au ıııᵉ siècle de notre ère seulement aux vocables primitifs de ces villes, on doit classer parmi les noms celtiques ceux de Condé, Dormans, Maclaunay, Nogent, Pleurs et Vert. Le premier de ces noms, Condé, était originairement *Condas*, au sens de confluent. Dormans, *Duromannos*, présente comme élément

---

[1] Cette partie de l'Introduction résume les conférences que l'auteur du Dictionnaire a faites à l'École pratique des hautes études, durant l'année scolaire 1888-1889, sur l'origine des noms de commune du département de la Marne.

initial le mot gaulois *duros*, au sens de forteresse, qui figurait aussi dans le nom primitif de Châlons, *Durocatuvellauni*. Maclaunay, jadis Mâcon–Aunay, était primitivement désigné par le vocable *Matisco*, que portaient plusieurs autres localités de la
Gaule, notamment l'une des villes des Éduens, déjà mentionnée par César. Nogent,
qu'on retrouve non seulement dans Nogent-l'Abbesse, mais encore (défiguré par l'aphé-
rèse) dans le nom Janvilliers pour Nogentvilliers, a pour forme originelle *Novientos*, litté-
ralement rendu par le français « nouveauté », et qui semble avoir été une sorte de synonyme de « ville neuve ». Pleurs paraît devoir être compté au nombre des vocables
originairement terminés en *duros*, forteresse (*Plaioduros?*). Enfin Vert, primitivement
Vernos, doit son nom à l'aune, arbre que les Romains appelaient *alnus*.

§ 2. Noms d'origine gauloise ou gallo-romaine.

On peut encore considérer comme celtiques, au moins par leur finale, les noms de
lieu terminés par les suffixes *avos, oialos* et *acos*, dont l'emploi, très fréquent encore
sous la domination romaine où l'on écrivait *avus, oialus* et *acus*, se prolongea, le fait
est certain pour *oialus et acus*, au moins jusqu'à la période mérovingienne.

Le premier de ces suffixes, *avos*, a produit la terminaison actuelle des noms de
commune Contault, Merlaut (*Merulavus*), Vanáult et Vraux (*Veravus*). Dans deux de
ces vocables, Merlaut et Vraux, la racine est certainement un *cognomen* latin, *Merula*
et *Verus*, mais il serait imprudent de conclure que l'élément principal des noms Contault et Vanault soit également un nom propre de personne; en effet, le suffixe *avus* se
combine parfois avec un nom propre de l'ordre topographique, parfois aussi avec un
nom commun emprunté au règne végétal.

Le suffixe *oialos* se présente aujourd'hui dans le département de la Marne, sous la
forme *euil*, hormis dans le nom Baslieux, de deux de ses communes, variante du
vocable qu'ailleurs on écrit plus correctement Bailleul. Cette forme *euil* existe dans
onze noms communaux : Bisseuil, *Buxoialus*, indiquant un lieu où croît le buis,
buxus; Écueil; Gratreuil; Mardeuil; Mareuil, *Maroialus*, dont l'appellation, portée par
trois communes, semble désigner un lieu marécageux; Nanteuil, *Nantoialus*, dérivé
du mot gaulois *nantos*, au sens de vallée; Reuil; Vendeuil; Venteuil; enfin Verneuil,
Vernoialus, véritable équivalent gaulois du nom latin *Alnetum*, aussi bien que des
noms français Aulnay, Aulnoy, Launay, Launoy, etc., donnés à des localités où l'aune
croissait en abondance.

Le suffixe gaulois *acos*, employé à l'époque romaine sous la forme *acus* et qui se
combine presque exclusivement peut-être avec des noms propres de personne, revêt

aujourd'hui deux formes principales, *ay* et *y*. Cette dernière, de beaucoup la plus fréquente, existe dans les noms où la finale *acus* était originairement précédée d'un *i* : notée parfois *ix* ou *ies*, au lieu de *y*, elle se présente sous la variante archaïque *ey* dans certains vocables qui ont conservé une forme encore dominante aujourd'hui en Lorraine et en Franche-Comté.

La nomenclature communale de la Marne fournit treize exemples de la finale *ay* pour *acus* : Ambonnay, *Ambonacus;* Anthenay, *Antenacus;* Avenay, *Avenacus;* Beaunay, *Belenacus;* Cernay (2), *Sarenacus;* Chenay, *Canacus;* Drosnay, *Drausenacus;* Épernay, *Sparnacus;* Esternay, *Histrenacus;* Rosnay, *Rosenacus?;* Ventelay, *Vintillacus;* Verzenay, *Vercenacus.* La finale *ay* des noms Vavray et Vinay est pour *ey;* celle du nom Vadenay devrait être notée *ais,* car elle représente une terminaison latine *ensis.*

Les noms communaux en *y* pour *iacus* forment la série de beaucoup la plus importante au point de vue numérique : ils sont effectivement au nombre de cent vingt et un : Aigny, *Adiniacus;* Aougny, *Avoniacus;* Arrigny, *Ariniacus;* Aubilly, *Albiliacus;* Ay, *Aiacus;* Billy, *Billiacus;* Blacy, *Blattiacus;* Bligny, *Blaniacus;* Bouilly, *Bulliacus;* Bouy, *Boiacus* ou *Boviacus;* Bouzy, *Boutiacus;* Breuvery, *Brevariacus;* Broussy (2), *Bruttiacus;* Brugny, *Broniacus;* Bury, *Buriacus;* Chambrecy, *Camurciacus;* Chamery, *Cameriacus;* Champigny, *Campaniacus;* Champvoisy; Changy, *Camidiacus;* Chaumuzy, *Calmisciacus;* Chepy, *Cappiacus;* Chevigny, *Capiniacus;* Chigny, *Caniacus* ou *Canniacus;* Chouilly, *Cauliacus;* Coligny, *Coliniacus;* Comblizy, *Cuppelitiacus?.;* Congy, *Commiacus;* Cormiey, *Culmisciacus;* Courcy, *Curtiacus;* Courthiézy, *Curtisiacus;* Crugny, *Crusciniacus;* Cuchery, *Corcariacus?;* Dizy, *Divitiacus;* Drouilly, *Drulliacus;* Écury (2), *Scurriacus;* Étrechy et Étrepy, *Stirpiacus;* Festigny, *Festiniacus;* Flavigny, *Flaviniacus;* Fleury, *Floriacus;* Germigny, *Germaniacus;* Gigny, *Giniacus;* Givry (2), *Gabriacus;* Grigny, *Griniacus;* Igny, *Igniacus;* Janvry, *Januariacus;* Jonchery (2) et Jonquery, *Juncariacus;* Jouy, *Gaudiacus;* Juvigny, *Juveniacus;* Lachy, *Lappiacus;* Lagery, *Lagariacus;* Leuvrigny, *Liburniacus;* Lhéry, *Leriacus;* Livry, *Liberiacus;* Loisy (2), *Lausiacus;* Louvercy, *Luperciacus;* Lucy, *Luciacus;* Mailly, *Malliacus;* Mairy, *Matriacus;* Mancy, *Mantiacus;* Marcilly, *Marcelliacus;* Margny et Marigny, *Matriniacus;* Marmery, *Marmoriacus;* Merfy, *Milfiacus;* Méry, *Matriacus;* Moussy, *Montiacus;* Mutigny, *Muttiniacus;* Mutry, *Musteriacus;* OEuilly, *Ulliacus;* Oiry, *Auriacus;* Olizy, *Olitiacus;* OEuvy, *Oviacus;* Orquigny; Pargny (2), *Paterniacus;* Passy, *Pacciacus;* Pévy, *Papiacus;* Pierry, *Petriacus;* Pogny, *Popniacus;* Poilly, *Paviliacus;* Pourcy, *Porciacus;* Prémecy, *Primiciacus;* Pringy, *Primiacus;* Prouilly, *Probiliacus;* Recy, *Recciacus;* Rilly, *Risliacus;* Romigny, *Romaniacus;* Rouffy, *Rufiacus;* Sacy, *Sattiacus;* Sarcy, *Sarciacus;* Sarry, *Saturiacus;* Savigny, *Sabiniacus;* Serzy, *Seretiacus?;* Sillery, *Sellariacus;* Sivry, *Severiacus;* Sogny (2) et Soigny, *Son-*

niacus; Soilly, *Sodoliacus;* Soizy, *Sosiacus;* Songy, *Summiacus;* Taissy, *Tessiacus;* Thuisy, *Tutiacus;* Togny, *Tutiniacus;* Trigny, *Tiriniacus;* Troissy, *Trucciacus;* Vatry; Verzy, *Viridiacus;* Virginy, *Aberogeniacus?;* Vitry (2)[1], *Victoriacus;* Vouzy, *Volusiacus;* Vrigny, *Veriniacus.* Ces vocables sont formés sur des *gentilicia* ou noms de famille romains terminés en *ius,* à l'exception de quelques-uns d'entre eux qui ont pour racine un surnom (*cognomen*) offrant la même finale.

Seize autres noms de commune, aujourd'hui terminés en *is, ix, ye, ey, ay* et *er,* représentent aussi des vocables gallo-romains en *i-acus.* Ce sont :

1° Arcis, *Artiacus;* Cuis, *Cudiacus;* Marsangis, *Maximiacus;* Potangis, *Postumiacus;*

2° Chaintrix, *Cantriacus;*

3° Velye, *Veliacus;*

4° Chichey, *Cispiacus?;* Doucey, *Dociacus;* Lurey, *Luriacus;* Verdey, *Viridiacus;* Vindey, *Vindiacus;*

5° Vavray (2), *Vabriacus;* Vinay, *Vediniacus;*

6° Soyer, *Sosiacus;* le Vézier, *Viridiacus.*

Enfin le nom de Plivot est une forme diminutive de celui de Plevy, *Plebeiacus,* sous lequel on désignait originairement ce village.

§ 3. Noms d'origine romaine.

En énumérant les noms de lieu gallo-romains terminés par les suffixes *avus, oialus* et *acus,* je n'ai pas fait connaître la totalité des noms de commune du département de la Marne qui, datant de la période romaine, ont pour racine un nom propre de personne. Les Romains ont, en effet, formé des vocables locaux de même ordre à l'aide des suffixes latins *anus* et *o,* ou en employant adjectivement le nom propre du possesseur du sol.

Les vocables Vauciennes et Vouciennes sont les seuls que l'on puisse citer comme exemples du premier mode de formation, communément usité en Italie : ils représentent évidemment un vocable latin *Veltiana* (*villa* sous-entendu), formé sur le gentilice Veltius.

Au mode de formation par le suffixe *o,* au génitif *onis,* joint à un gentilice en *ius,* appartiennent incontestablement les noms : Champillon, *Campilio;* Germinon, *Germinio;*

---

[1] Le département renferme, en réalité, trois communes du nom de Vitry; mais l'une d'elles, Vitry-le-François, date seulement du xvie siècle. Cette ville, fondée par le roi François Ier, a reçu le nom de Vitry-en-Perthois, détruit par les Impériaux, et qu'elle était destinée à remplacer.

[la Chapelle-]Lasson, *Latio;* Lignon, *Linio;* Marson, *Martio;* Pouillon, *Paullio;* Réveillon, *Rebellio,* et sans doute aussi quelques-uns des vocables encore inexpliqués également terminés aujourd'hui en *on.*

Les noms de lieu, simplement formés d'un nom propre de propriétaire, pris adjectivement sans addition de suffixe d'aucune sorte, sont relativement nombreux; mais, le plus souvent, l'absence de mentions antérieures au xi° siècle ne permet point de certifier leur étymologie. Je citerai néanmoins :

1° Le nom masculin Prin, *Primius,* où est sous-entendu le nom commun *fundus;*

2° Les noms féminins suivants, dans lesquels on sous-entendait originairement *villa, casa* ou quelque autre substantif féminin : Avize, *Avitia;* Baconne, *Baconnia;* Bannes, *Bannia?;* Barbonne, *Barbonia;* Baye, *Baia;* Blaise (2), *Blæsia;* la Cheppe et Cheppes, *Cappia;* Cherville, *Caprilia;* Cloyes, *Claudia* ou *Clodia;* Élize, *Aletia?;* Favresse, *Faberitia;* Germaine, *Germania;* Lisse, *Liscia;* Soulanges, *Solemnia;* Tahure, *Tapuria,* auxquels on pourrait joindre très probablement le plus grand nombre des noms de commune à terminaison muette, pour lesquels on n'a pu trouver d'explication rationnelle.

§ 4. Noms d'origine germanique ou gallo-franque.

Les noms de commune rappelant des établissements barbares, ou des agglomérations remontant à la période franque, forment plusieurs séries non moins intéressantes que celles qui viennent d'être passées en revue. Les uns rappellent le souvenir de barbares établis sur le sol gaulois dès les bas temps de l'Empire romain et reproduisent les noms de ces populations; quelques autres sont des vocables purement germaniques; un plus grand nombre enfin renferment un nom propre de personne, le plus souvent d'origine germanique, combiné avec un suffixe ou avec un nom commun d'origine romane.

Je citerai, comme exemples de noms de lieu reproduisant des noms de populations barbares : ceux d'Allemanche, *Alamannicus* ou *Alamannica;* d'Allemant, *Alamanni,* et d'Aumenancourt (2), *Alamannorum Cortis,* indiquant la présence des colons de race alemanique. Je citerai aussi le nom de Sermaize, *Sarmatia,* désignant un lieu originairement habité par quelques-uns de ces auxiliaires Sarmates que les empereurs répartirent dans les diverses provinces du monde romain et dont le souvenir subsiste peut-être également dans le nom de Sermiers, *Sarmatæ* (?). Enfin les noms de Gueux, *Gothi,* de Bourgogne, *Burgundia,* et de Villers-Franqueux, *Villare Francorum,* sont dus à des établissements de populations gothiques, bourguignonnes et franques, et, selon toute apparence, ces trois derniers vocables conservent, avec les noms d'Aumenancourt-le-

Grand, d'Aumenancourt-le-Petit, de Gueux et de Sermiers, la mémoire des Lètes; *Lœti gentiles*, auxiliaires barbares de l'Empire à son déclin, dont le chef, *præfectus*, résidait à Reims, et qui ont valu à une voie romaine des environs de cette ville le vocable de « chemin de Barbarie », sous lequel on la connaît encore aujourd'hui.

Les noms de commune empruntés à la langue des Francs sont en nombre fort restreint. Il n'est guère possible de citer que Brébant, Fèrebrianges, Fère-Champenoise, le Gault, Hans, Orbais et Oyes. La première de ces dénominations, dont la forme originelle était *Brachbant*, indique un territoire en friche et désigna, dans les Pays-Bas, dès l'époque mérovingienne, une vaste contrée que l'on nomme encore le Brabant. Le nom de Fère, qu'on retrouve aujourd'hui dans les vocables de Fèrebrianges et de Fère-Champenoise, est un mot germanique, latinisé *fara*, et qui avait le sens de « famille ». Le Gault est une forme francisée du germain *wald*, au sens de forêt, et, à l'origine, ce nom désignait sans doute à la fois le village et l'immense forêt, aujourd'hui la forêt du Gault, qui l'avoisine. Hans est une forme altérée du vieux mot francique *ham*, village, qui subsiste en français dans le diminutif *hameau*. Le nom d'Orbais, *Orbacis* en latin, fut d'abord celui du ruisseau, *bach* en allemand, sur les bords duquel furent élevées les habitations qui donnèrent naissance au bourg actuel. Enfin la forme latine du nom d'Oyes, *Augia*, ne laisse aucun doute sur l'origine de ce vocable; c'est une forme francisée d'un nom de lieu germanique qu'on écrit aujourd'hui *Au* en allemand, et il doit être traduit par « prairie ». A ces différentes appellations dont l'origine germanique est certaine, il faudrait peut-être joindre le nom de Heiltz, de trois communes du département : ce vocable, qu'on écrirait plus correctement *Hois*, semble être effectivement une forme française d'un nom de lieu germanique de l'ordre forestier.

Lorsque, à l'époque mérovingienne, les populations romanes voulurent créer des noms de lieu en les dérivant de noms propres de personne, elles s'inspirèrent des vocables locaux qui leur étaient familiers. Un nombre immense de localités de la Gaule étant alors désignées par des vocables terminés de fait en *iacus* par la combinaison de gentilices en *ius* avec le suffixe gallo-romain *acus*, ils ajoutèrent ce prétendu suffixe à des noms d'homme d'origine germanique pour en former des noms de lieu. C'est à cette façon de procéder que le département de la Marne doit les noms de commune : Bétheny, *Bettiniacus*; Romery, *Hrotmariacus*; Thibie, *Theudebiacus*; Tramery, *Transmariacus*; Valmy, *Walismiacus*, et Witry, *Withariacus*, dérivés de noms germaniques qu'on latinisait *Bettinus, Hrotmarus, Theudebo, Transmarus, Walismus* et *Witharius*.

Néanmoins les sujets des rois mérovingiens préférèrent à l'usage dont je viens de parler une méthode nouvelle qui consistait à unir le nom de personne employé, soit

IMPRIMERIE NATIONALE.

au génitif, soit adjectivement, avec un nom commun tel que *cortis, villa, villare, mons, vallis, campus,* etc. [1].

Le nom commun *cortis,* au sens de domaine rural, que j'ai déjà montré dans le vocable Aumenancourt, *Alamannorum Cortis,* existe aussi dans les noms de commune : Ablancourt, *Amblonis Cortis;* Bazancourt, *Bazonis Cortis;* Bermericourt, *Bermariaca Cortis;* Bettancourt, *Bettonis Cortis;* Bignicourt (2), **Buniaca Cortis;* Boujacourt, *Burchardi Cortis;* Bouvancourt, *Bovonis Cortis;* Branscourt, *Brantionis Cortis;* Coizard, *Cortis Agirhardi;* Compertrix, *Cortis Bertrici;* Corfélix, **Cortis Felicis;* Corribert, *Cortis Richerti;* Corrobert, *Cortis Hrodberti;* Courbetaux, *Cortis Bertoaldi;* Courcemain, *Cortis Samane ?;* Courgivaux, *Cortis Givaldi;* Courjeonnet, **Cortis Genesii;* Courlandon, *Cortis Landonis;* Courtagnon, *Cortis Haganonis;* Cuperly, *Cortis Bertlaici ?;* Daucourt, *Daldi Cortis?;* Felcourt, **Feliaca Cortis;* Frignicourt, **Freniaca Cortis;* Gizaucourt, *Gisehildis Cortis;* Hancourt, *Hadonis Cortis;* Jussécourt, **Justiaca Cortis;* Landricourt, *Landrici Cortis;* Larzicourt, **Latridiaca Cortis;* Maffrécourt, *Matfredi Cortis;* Matignicourt, **Mattiniaca Cortis;* Melzicourt, **Limosiaca Cortis;* Minaucourt, *Magnoaldi Cortis;* Plichancourt, *Plotkionis Cortis;* Rapsécourt, *Rathertiaca Cortis;* Remicourt, **Ramiaca Cortis;* Sapicourt, **Sarpiaca Cortis;* Sapignicourt, **Sappiniaca Cortis;* Vaudancourt, *Waldonis Cortis;* Vaudesincourt, *Wandriciaca Cortis;* Vernancourt, *Warnonis Cortis.* — Les vocables Cormontreuil, *Cortis monasterialis;* Courdemanges, *Cortis dominica,* et Minecourt, *Mediana Cortis,* présentent la combinaison du nom commun *cortis* avec un adjectif latin, tandis que Courtisols, *Cortis Ausorum,* semble avoir pour second élément le nom de quelque peuplade étrangère.

Le nom commun *villa,* qui était, à l'époque mérovingienne, un véritable synonyme de *cortis,* désignant un vaste domaine rural formant une sorte de village, est l'origine du nom de Ville-en-Tardenois et de Ville-sur-Tourbe. Il entre aussi en composition dans les noms de commune : Bétheniville, *Bettiniaca Villa;* Binarville, *Bunhardi Villa?;* Charleville, *Caroli Villa;* Coupéville, **Cuspiaca Villa;* Hermonville, *Harimundi Villa;* Heutrégiville, *Hildericiaca Villa;* Humbauville, *Hunibaldi Villa;* Villeseneux, *Villa Swanehildis;* Villevenard, *Villa Winihardi,* et Warmeriville, *Warmariaca Villa.* — Les vocables Courville, *Curva Villa;* Francheville, *Franca Villa;* Hauteville, *Alta Villa;* la Neuville (4) et la Neuvillette, *Nova Villa;* Villedommange, *Villa dominica,* et Villeneuve (4), *Villa nova,* montrent le nom commun *villa* combiné avec un adjectif; mais certains des noms qui précèdent, notamment la Neuville et Villeneuve, sont parfois postérieurs de plusieurs siècles à la période mérovingienne.

---

[1] On a fait précéder d'un * les formes étymologiques de ceux de ces vocables qui sont formés à l'aide d'un nom de personne d'origine romaine, ou pour mieux dire étranger aux langues germaniques.

Le nom commun *villare*, désignant une dépendance de la *villa* et qui était, par conséquent, un synonyme de notre mot administratif «écart», est devenu le nom propre de six communes et on l'écrit aujourd'hui Villers (Villers-Allerand, Villers-aux-Bois, Villers-aux-Corneilles, Villers-le-Sec et Villers-sous-Châtillon) ou Villiers (Villiers-aux-Corneilles); c'est lui aussi qu'on retrouve dans le vocable de Ville-en-Selve, jadis Villers-en-Selve, qui doit cette appellation *Villare in Silva* à sa situation dans la forêt de la Montagne de Reims. Il termine aussi quelques autres noms communs : Brandon-villers, *Brandonis Villare*, et Moronvillers, *Muronis Villare*, qui, l'un et l'autre, ont pour élément initial un nom propre germanique de forme familière; Hautvillers, *Altum Villare*, formé à l'aide d'un adjectif, et Janvilliers, originairement Nogentvilliers, *Novienti Villare*, dont la première syllabe est un débris méconnaissable d'un vieux nom de lieu celtique.

Le mot latin *mons*, au sens de montagne, de hauteur, est combiné avec un nom propre de personne dans les noms de commune qui suivent : [Saint-Remy-en-]Bouze-mont, *Bosonis Mons*; Écollemont, *Scopiliacus Mons*; Farémont, *Farane Mons*; Giffaumont, *Girfalci Mons*; Haussignémont, *Alsiniacus Mons*; Haussimont, *Alsiacus Mons*; Luxé-mont, *Luciacus Mons*; Moiremont, *Mauriacus Mons*; Mondement, *Mons Hildemanni*; Montbré, *Mons Brictii*; Montgenot, *Mons Genoaldi*; Monthelon, *Mons Allonis*; Montmort, *Mons Mauri*; Morangis, *Mons Rantgisi*; Thiéblemont, *Theudebodi Mons*; Varimont, *Wadrici Mons*[1]?; Vassimont, *Waziacus Mons*; Voilemont, *Waliacus Mons*. Mais il est uni à un adjectif dans les vocables Beaumont, *Bellus Mons*; Charmont, *Carus Mons*, et Cour-témont, *Cortensis Mons*, qui, tous trois, font allusion à l'agrément que les premiers habitants de ces diverses localités trouvaient à leur nouvelle résidence et sont rela-tivement modernes, aussi bien que les noms Montépreux, *Mons Speratorius*, et Mont-mirail, *Mons Miriculi* ou *Mons Miraculi*; ces derniers indiquent des postes d'observation et ne sont pas antérieurs peut-être au x° siècle. Je ne puis rien dire de plausible au sujet du nom de Brimont. Quant à celui de Mont-sur-Courville, c'est à tort qu'on l'orthographie ainsi : on écrivait jadis Mons, ce qui représente le vocable pluriel *Montes*, sous lequel le village est désigné à l'époque carlovingienne.

L'expression latine *vallis*, qui est l'origine de notre mot «vallée», son synonyme français, est unie à un nom propre germanique dans le vocable Vaurefroy, *Vallis Hrot-fridi*; mais dans les noms Belval (2), *Bella Vallis*, «la belle vallée»; Vauclerc, *Vallis clara*, «la claire vallée», et Vaudemange, *Vallis dominica*, «la vallée seigneuriale», le déterminatif est un adjectif latin ou roman. Quant au nom Laval, il présente la combi-

[1] Je ferai remarquer à ce propos que les deux plus anciennes mentions indiquées à l'historique de Varimont ne sauraient s'appliquer à cette localité.

naison du vieux français *val* (originairement féminin comme le latin *vallis*) avec l'article roman.

On trouve plus rarement le mot latin *campus* au sens de champ, de plaine, dans les noms de commune du département de la Marne. On ne lui doit guère que les noms Champaubert (2), *Campus Adalberti* ou *Campus Alberti*, et Champguyon, *Campus Widonis*, formés l'un et l'autre à l'aide de noms propres germaniques : il n'est pas certain qu'il faille le reconnaître dans la seconde syllabe du nom de Vauchamps.

§ 5. Noms d'origine romane.

(ordre civil.)

Les noms de lieu de l'époque mérovingienne m'ont involontairement entraîné à parler de certains vocables qui ne sont pas antérieurs de beaucoup peut-être au xie siècle. Il convient donc de retourner en arrière et de jeter un rapide coup d'œil sur certains noms de lieu romans déjà employés, pour la plupart, sous la domination des rois francs et dont quelques-uns remontent même sans doute à la période romaine. Je mentionnerai tout d'abord :

Athis, *Attegia* (ce mot désignait, dans le latin de l'époque impériale, une construction modeste, une cabane); Auberive, *Alba Ripa*, la blanche rive; Bagneux, *Balneolum* (ce vocable, rappelant le balnéaire de quelque *villa* romaine, est sans doute postérieur à la ruine de celle-ci); Bergères (2), *Berbecariæ* pour *Vervecariæ*, les bergeries; Berzieux, qu'on rendrait en bas-latin par *Berbecilia* offrant le même sens que Bergères; Champagne, *Campania*, la plaine; Chaudefontaine, *Calida Fontana*; Conflans, *Confluentes*, dont le nom indique l'ancien confluent de la Seine et de l'Aube, qui maintenant unissent leurs eaux 2 kilomètres plus haut, à Marcilly-sur-Seine; Courcelles (2), *Corticella*, le petit domaine; Fismes, représentant le nom romain *Fines*, les confins, qui indique la situation de cette localité de la cité de Reims sur les confins de la cité de Soissons; Fontaine (4), *Fontana*, la source; Hourges, *Horreum?*, le grenier, le magasin de céréales; Isle et Isles, *Insula*; Linthes, *Limes*, au gén. *Limitis*, la limite, vocable dû sans doute à la situation de Linthes vers le point où le territoire de la cité de Troyes confinait à celui de la cité de Châlons; Maurupt, *Malus Rivus*, le mauvais ruisseau; le Meix (2), *Mansus*, appellation d'une sorte de ferme ou d'habitation rurale; Morsains, *Murocinctus*, lieu clos par un mur; Muizon, *Mutatio*, vocable rappelant le souvenir de l'un des relais de poste de la voie romaine qui reliait Reims à Soissons; Neuvy, *Novus Vicus*, le nouveau village; Noirlieu, *Niger Locus*; Puisieulx, *Puteoli*, les petits puits; Rieux, *Rivus*, le ruisseau; Pontfaverger, *Pons Fabricatus*, qui semble faire allusion à un pont dont la construction n'a pas été sans difficultés; Ripont, *Rivi Pons*, le pont du ruisseau; Scrupt, *Siccus Rivus*, le ruisseau desséché; Trois-Fontaines, *Tres Fontanæ*; Trois-Puits, *Tres Putei;* Vienne[-la-Ville], jadis Viaisne, *Vicus Axonæ*, le village de l'Aisne; Voipreux, *Vadum petrosum;* le gué pierreux; Wez, *Vadum*, le gué.

On peut aussi attribuer à la période romaine ou aux premiers siècles du moyen âge la plupart des noms de commune qui sont formés en tout ou en partie du vocable sous lequel est connu le cours d'eau arrosant le village.

Les villages d'Ante, *Antra;* Auve, *Alva;* Brusson, *Bruxio* ou *Broscio;* Coole, *Cosla;* Glannes, *Glanna;* Isse, *Iscia;* Mœurs, *Mucra* ou *Mocra;* Moivre, *Movia;* Morains, *Mucra* ou *Mocra* (au cas oblique); Orconte, *Ulco;* Suippes, *Suppia*, étaient originairement désignés par les mêmes vocables que l'Ante, l'Auve, la Bruxenelle, la Coole, la Guenelle, l'Isse, le Grand-Morin, la Moivre; le Petit-Morin, l'Orconte et la Suippe, sur lesquels ils sont situés.

Les noms de Soudé (2), *Soldiacus,* et de Soudron, *Soldero,* semblent dérivés, par l'addition d'un suffixe, du vocable — Soude — de la rivière qui arrose.

Les vocables Pierremorains, *Petra Mucrane,* et Vienne[-la-Ville], jadis Viaisne, *Vicus Axonæ,* offrent des exemples de la combinaison d'un nom de rivière, le Petit-Morin et l'Aisne, avec un nom commun qu'il détermine.

Enfin l'ancienne province de Champagne et les pays limitrophes possèdent un nombre relativement élevé de villages qui, situés vers la source d'un cours d'eau, sont désignés par le nom de cette rivière ou de ce ruisseau, précédé de l'adjectif latin *summus* ou *summa*. C'est ainsi que, dans le département de la Marne, les noms Sommebionne, *Summa Biunna;* Sommepy, *Summa Pidis;* Sommesous, *Summus Saltus;* Sommesuippe, *Summa Suppia;* Sommetourbe, *Summa Turba;* Sommevesle, *Summa Vidula;* Sommeyèvre, *Summa Evera;* Sompuis, *Summus Puteus;* Somsois, *Summus Sibi,* et Souain, *Summus Adanus,* désignent les villages situés au point le plus élevé de la vallée arrosée par la Bionne, le Py, le Sous, la Suippe, la Tourbe, la Vesle, l'Yèvre, le Puis, le Sois et l'Ain.

Les noms de commune empruntés au règne végétal ne sont pas rares dans le département de la Marne et là, comme ailleurs, ils remontent pour la plupart soit à l'époque romaine, soit à la première moitié du moyen âge.

Parfois ils reproduisent des noms d'arbres et d'arbrisseaux, comme Boursault, vocable d'une variété du saule; la Caure, *Colrus* par métathèse de *cŏrylus,* le coudrier; Caurel, forme dérivée de « caure », au sens de coudrier, et qui est à ce mot ce que « ormeau » est à « orme »; Faux, *Fagus* ou *Fagi,* le hêtre ou les hêtres; Fresne et le

Fresne, *Fraxinus;* Lépine, *Spina;* Ormes, *Ulmi;* Reuves, *Robora,* les chênes rouvres; Thil, *Tilia,* le tilleul. Ce sont aussi, mais plus rarement, des noms de plantes comme Éclaires, qui indique la présence de la chélidoine des botanistes dont « éclaire » est l'appellation vulgaire, et Nesle (2), *Nigella,* la nielle.

Quelquefois aussi un adjectif numéral détermine la quantité de l'arbre qui donne son nom au village. Tels : Sept-Saulx, *Septem Salices,* les sept saules, et Tréfols, *Tres Fagi,* les trois hêtres.

Le plus souvent enfin, le nom de lieu est un collectif, formé sur un nom d'arbre ou d'arbrisseau à l'aide du suffixe *etum,* et il témoigne alors de l'abondance de ce végétal. L'antiquité nous avait déjà donné Bisseuil et Verneuil qui ont pour racine le nom latin du buis et le nom gaulois de l'aune : c'est à une date moins reculée qu'appartiennent les vocables Aulnay (3), *Alnetum* (celui-ci constitue la grande partie du nom Maclaunay, originairement Mâcon-Aunay); Boissy, Bouchy et Bussy (4), *Buxetum;* Cauroy et Corroy, *Colretum* pour *Côrÿletum;* Fresnay, *Fraxinetum;* Nauroy et Norrois, *Nucaretum;* Prunay, *Prunetum;* Rouvroy, *Roboretum;* Suizy, *Sabucetum ?;* Thillois et Tillois, *Tilistum,* et Trosnay, *Trusnetum,* formés sur les noms latins ou romans de l'aune, du buis, du coudrier, du frêne, du noyer, du prunier, du chêne rouvre, du sureau, du tilleul et du troène. Le même suffixe se retrouve dans le nom de commune Rosay, *Rausetum,* désignant un lieu où croissent des roseaux.

C'est à l'aide d'un suffixe différent qu'est formé le nom Bouleuse, *Betulosa,* lieu où le bouleau abonde, et cet autre suffixe se retrouve dans la seconde partie du nom composé Villers-aux-Nœuds, ou mieux Villers-Aneux, *Villare Asinosum,* localité où, vers le xie siècle, on se livrait sans doute à l'élevage de l'âne.

Un troisième suffixe latin, *aria,* se combinait aussi avec des noms de végétaux pour former des noms géographiques. La nomenclature communale de la Marne en fournit au moins quatre exemples : Faverolles, diminutif de Favière, *Fabaria,* appliqué originairement à un endroit où l'on cultivait des fèves; Fromentières, *Frumentaria,* qui rappelle une culture de blé; l'Échelle, jadis Leschières, *Liscaria,* vocable dérivé du nom laîche, en bas-latin *lisca,* d'une plante de la famille des Cypéracées, et Tauxières, *Taxaria,* qui indiquait un lieu où croissaient des ifs. Mais on le joignait également à des noms de minéraux, comme dans le vocable Arzillières, *Argillaria,* terrain argileux; à des mots désignant des produits de l'industrie humaine, comme dans Verrières, *Vitraria,* la verrerie, et même à des noms propres de personne, de propriétaire, comme paraît l'indiquer le nom de commune Ambrières, dont la racine est sans doute le nom d'homme, germanique, qu'on latinisait *Ambricus* à l'époque mérovingienne.

§ 6. Noms d'origine romane.

(ordre ecclésiastique.)

C'est aussi à la première moitié du moyen âge que remontent en général les noms religieux, les noms d'origine ecclésiastique qui constituent une assez importante partie de la nomenclature communale du département de la Marne. L'antiquité connaissait déjà les noms de lieu d'ordre religieux, et, pour rester dans les limites du territoire auquel est consacrée cette étude, je citerai le nom *Fanum Minervæ*, qui, emprunté à un temple de Minerve, désignait une station de la voie romaine de Reims à Bar-le-Duc; il est probable aussi que le nom de Blesme, jadis Belesme, d'une de nos communes, rappelle le culte d'une divinité gauloise *Belisăma*, qu'une inscription votive de la période impériale, MINERVAE BELISAMAE, prouve avoir été assimilée par nos ancêtres à la déesse romaine de la sagesse. Mais c'est surtout des vocables géographiques empruntés au culte chrétien que j'entends parler en ce moment, c'est-à-dire de vocables qui, désignant tout d'abord des sanctuaires consacrés à de courageux martyrs et à de saints confesseurs, se sont étendus ensuite aux villages contigus à ces sanctuaires et originairement connus sous un nom particulier dont le souvenir s'est assez rarement conservé.

Les noms de commune auxquels je fais allusion forment deux séries, suivant que leur premier terme représente le mot latin *sanctus* ou son synonyme *domnus*, forme basse de la qualification latine *dominus*. Les vocables formés à l'aide du mot latin *sanctus* ou de ses formes romanes remontent souvent à la période franque, mais ils peuvent ne dater parfois que d'une époque relativement moderne : c'est pourquoi j'énumérerai tout d'abord les noms de commune qui offrent comme élément initial le mot *domnus* ou ses formes romanes *don* ou *dan*, ce mot n'ayant pas été usité au sens de *sanctus*, dans la France septentrionale du moins, postérieurement au x° siècle.

Une douzaine de vocables communaux de la Marne ont pour élément initial le mot bas-latin *domnus*, pris au sens de « saint »; ce sont : Damery, *Domnus Regius*; Dampierre[1] (4) et son diminutif Domprot, *Domnus Petrus*; Dommartin (4), *Domnus Martinus*; Domremy, *Domnus Remigius*; Dontrien, *Domnus Trojanus*.

---

[1] Je compte quatre Dampierre seulement, quoiqu'il y en ait réellement cinq; mais le Vieil-Dampierre et Dampierre-le-Château ne doivent étymologiquement compter que pour un. En effet, Dampierre-le-Château ne paraît jamais avoir eu d'église placée sous l'invocation de saint Pierre et il doit son nom, originairement « Neuf-Dampierre », à ce fait que les comtes d'Atenois du xi° siècle, qui résidaient tout d'abord au Vieil-Dampierre, y transférèrent alors leur demeure.

Les noms communaux commençant par le mot «saint» sont plus nombreux. Ils sont au nombre de cinquante-deux : Saint-Amand, *Sanctus Amandus;* Saint-Bon, *Sanctus Bonus;* Saint-Brice, *Sanctus Brictius;* Saint-Cheron, *Sanctus Caraunus;* Saint-Étienne (2), *Sanctus Stephanus;* Saint-Eulien, *Sanctus Aquilinus;* Sainte-Euphraize, *Sancta Euphrasia;* Sainte-Gemme, *Sancta Gemma;* Saint-Genest, *Sanctus Genesius;* Saint-Germain, *Sanctus Germanus;* Saint-Gibrien, *Sanctus Gibrianus;* Saint-Gilles, *Sanctus Ægidius;* Saint-Hilaire (3), *Sanctus Hilarius;* Saint-Jean (3), *Sanctus Johannes;* Saint-Just, *Sanctus Justus;* Saint-Léonard, *Sanctus Leonardus;* Sainte-Livière, *Sancta Leobaria;* Saint-Loup, *Sanctus Lupus;* Saint-Louvent, *Sanctus Lupentius;* Saint-Lumier (2), *Sanctus Leodomirus;* Sainte-Marie, *Sancta Maria;* Saint-Martin (4), *Sanctus Martinus;* Saint-Mard (3), *Sanctus Medardus;* Saint-Memmie, *Sanctus Memmius;* Sainte-Menehould, *Sancta Manehildis;* Saint-Ouen, *Sanctus Audoenus;* Saint-Pierre, *Sanctus Petrus;* Saint-Prix, *Sanctus Præjectus;* Saint-Quentin (3), *Sanctus Quintinus;* Saint-Remy (3), *Sanctus Remigius;* Saint-Saturnin, *Sanctus Saturninus;* Saint-Souplet, *Sanctus Supplitius* pour *Sanctus Sulpitius;* Saint-Thierry, *Sanctus Theodoricus;* Saint-Thomas, *Sanctus Thomas;* Saint-Utin, *Sanctus Augustinus;* Saint-Vistre, *Sanctus Victor;* Saint-Vrain, *Sanctus Veranus.* Je n'ai pas compris dans cette énumération ni Saint-Imoges, ni Saint-Masmes, vocables qui, l'un et l'autre, ne semblent présenter le terme initial *saint-* que par suite d'une fausse étymologie ou d'une faute d'interprétation; mais, par contre, il y a lieu de mentionner le nom de Margerie, originairement Sainte-Margerie, *Sancta Margareta.*

Il convient aussi de rappeler le nom ou plutôt le surnom du Meix-Saint-Époing, *Mansus Sancti Hispani*, et ceux de Soudé-Sainte-Croix et de Soudé-Notre-Dame, deux communes jumelles que l'on nomme plus communément aujourd'hui Soudé-le-Grand et Soudé-le-Petit. Deux autres communes, désignées par un nom unique, Braux-Sainte-Cohière et Braux-Saint-Remy, reproduisent également dans leur surnom distinctif le vocable particulier à l'église paroissiale de chacune d'elles : Saint-Remy n'a nullement besoin d'explication; quant à Sainte-Cohière — appellation qu'on ne peut guère traduire en français d'un seul mot (*cohière* indique dans notre ancienne langue l'action de mettre un prisonnier aux fers) — c'est le nom local sous lequel on désignait jadis la fête de Saint-Pierre-ès-Liens.

Il y a lieu de mentionner encore, parmi les noms d'origine religieuse, le vocable la Celle, indiquant un monastère d'ordre inférieur; celui de la Chapelle, porté par trois de nos communes qui le doivent à des sanctuaires chrétiens d'importance secondaire, et le nom de la Croix, emprunté sans doute à quelque croix de bois ou de pierre placée jadis à quelque ancien carrefour.

§ 7. Noms d'origine française.

·Parmi les noms de commune dont il est possible d'indiquer le sens primitif, il ne me reste plus guère qu'à parler des noms de la période féodale ou·de quelques vocables isolés qu'il est difficile d'attribuer avec une absolue certitude à une époque antérieure. Avant de parler des dénominations rappelant le régime féodal, je crois utile·de faire connaître une série de vocables communaux présentant, sous une forme diminutive, le nom d'anciens villages dont elles constituaient originairement une sorte d'annexe,·de dépendance : ce mode de dénomination est généralement antérieur à l'emploi des surnoms «le Grand», «le Petit», si communs dans la toponymie française, et qui cependant remontent parfois au xiiᵉ siècle, sinon plus haut. Cette série onomastique se compose, des noms Aulnizeux, Bannay, Bassuet, Champigneul, Connantray, Linthelles et Villevotte, originairement Ville-Novette, désignant des villages formés d'une sorte de dédoublement de ceux d'Aulnay-aux-Planches, de Bannes, de·Bassu, de Champagne, de Connantre, de Linthes et de Villeneuve-Saint-Vistre. Le vocable de Clairizet, forme diminutive de Clairy, *Clariacus*, semble indiquer l'existence d'un ancien village, inconnu aujourd'hui, et que désignait cette appellation· foncièrement galloromaine. On a formé par le même procédé les noms Anglurelle (aujourd'hui Angluzelles), Brouillet et la Neuvillette sur les vocables primitifs Anglure, Breuil et la Neuville de ces trois localités qu'on a voulu distinguer ainsi de villages homonymes, mais plus importants, appartenant à la même région.

Les noms de commune empruntés aux institutions ou aux coutumes féodales sont peu communs dans le département de la Marne. On peut à la rigueur considérer comme tels les noms : Châtelraould, *Castellum Radulfi*, le château ou la forteresse de Raoul; Châtillon(2), *Castellio*, la petite forteresse; Montépreux, *Mons Speratorius*, montagne de la guette, de la vedette; Montmirail, *Mons Miriculi* ou *Mons Miraculi*, qui offre le même sens que le vocable précédent. Mais il est possible que certains de ces noms soient antérieurs à l'établissement de la féodalité. Je ne vois guère de bien réellement féodal que le nom de Passavant, donné en 1242 à une «ville neuve» fondée par le comte de Champagne, Thibaud IV, dont *Passe-avant* ou *Passe avant le meilleur* était le cri de guerre.

A défaut de nombreux noms de commune, le département de la Marne peut présenter un ensemble assez respectable de surnoms communaux rappelant quelque circonstance du régime auquel la France fut soumise durant la seconde moitié du moyen âge. Les surnoms de Bussy-le-Château, de Dampierre-le-Château, de Vanault-le-

Châtel et de Vienne-le-Château conservent le souvenir de l'importance de l'une et l'autre de ces localités dans la hiérarchie féodale du xii⁰ siècle. Charmontois-le-Roi était — la seconde partie de son nom l'atteste — un village du domaine royal, c'est-à-dire de l'ancien domaine comtal de Champagne. Charmontois-l'Abbé, Heiltz-l'Évêque, Nogent-l'Abbesse et Vanault-les-Dames étaient, sous l'ancien régime, des seigneuries ecclésiastiques appartenant à l'abbé de Beaulieu-en-Argonne, à l'évêque de Châlons, à l'abbesse de Saint-Pierre-aux-Dames de Reims et aux religieuses de Saint-Paul de Verdun. Dampierre-au-Temple, Saint-Étienne-au-Temple et Saint-Hilaire-au-Temple dépendaient, antérieurement à 1312, de la commanderie de la Neuville, de l'ordre du Temple. Le surnom des Essarts-le-Vicomte témoigne que, vers le xiii⁰ siècle, ce village avait un seigneur portant le titre, alors peu répandu dans la France septentrionale, de vicomte. La seconde partie des noms de commune Arcis-le-Ponsart, Heiltz-le-Hutier (ou mieux le-Witier), Heiltz-le-Maurupt (ou mieux l'Émaury), le Meix-Tiercelin et Villeneuve-la-Lionne gardent la mémoire de seigneurs féodaux du xii⁰ ou du xiii⁰ siècle, sur lesquels les chartes parvenues jusqu'à nous fournissent quelques données biographiques. Le surnom de Villers-Allerand est de même nature, mais il est plus ancien et on le trouve en usage dès la fin du x⁰ siècle.

Je termine cette rapide revue de l'onomastique communale du département de la Marne, en groupant un certain nombre de vocables isolés et d'apparence relativement moderne, selon qu'ils se rapportent à des habitations, à des ouvrages de l'homme ou à quelque circonstance topographique.

Parmi les vocables reproduisant les noms communs désignant des habitations d'ordres divers, on peut citer : Écriennes, au sens de chaumière ou de cabane, représentant le bas-latin *screona* employé dans la loi salique; Granges, du bas-latin *granea* ou *granica*, grenier ou grange (au xii⁰ siècle et plus tard encore, «grange» était en Champagne le nom commun sous lequel on désignait une exploitation rurale); les Grandes-Loges et les Petites-Loges (l'une et l'autre de ces communes s'appelaient originairement les Loges), dénominations empruntées à des huttes dont le nom «loge», en bas-latin *laubia, lobia* (d'origine germanique), s'appliquait plus spécialement à des huttes forestières; Maisons, *Mansiones;* le Mesnil (2); *Mansionile,* dénomination qui, d'un terrain propre à recevoir une habitation, est passée ensuite au logis qu'on y construisit; enfin Magneux, et les Mesneux, qui représentent le pluriel de Mesnil et qu'on traduit conséquemment par le bas-latin *Mansionilia.*

Les noms de Moslins, latinisé *Molendina,* de Wargemoulin qui renferme sans doute comme élément initial un nom propre de personne, et de Sogny-aux-Moulins, tirés en tout ou en partie du mot moulin, peuvent être rangés aussi au nombre des vocables empruntés aux noms d'habitations ou de locaux industriels.

Les noms la Chaussée et le Chemin sont dus à d'anciennes voies de communication. C'est aussi à un ouvrage des hommes que fait allusion la seconde partie du vocable Outrepont, *Ultra pontem*, qui, en son ensemble, est emprunté à la situation topographique de cette localité par rapport au très ancien village de Merlaut dont Outrepont constitue en quelque sorte le prolongement.

Parmi les noms empruntés à l'aspect du sol, il en est dont je n'ai pas encore parlé. Tels sont : Perthes, reproduisant un nom commun au sens de « buisson », qui est sans doute, dans l'ancienne langue champenoise, une épave de quelque idiome antéromain ; Breuil et le Breuil, et le diminutif Brouillet, vocables formés d'un vieux mot désignant originairement un bois clos de murs, un parc dans lequel on se livrait au plaisir de la chasse ; le Buisson, pour lequel il n'est pas besoin d'explication ; les Essarts (2), qui indique des défrichements ; les Rivières, vocable porté par une localité qui avoisine un cours d'eau ; la Noue, dénomination donnée à des prairies souvent envahies par les eaux ; les Côtes (aujourd'hui divisées en Grandes-Côtes et Petites-Côtes), nom assigné à une localité située sur le penchant d'une colline ; Moncets et Moncetz, formes assourdies de Moncel, au sens de monticule, tertre.

Enfin je mentionnerai deux vocables éminemment champêtres, Chantecoq et Chantemerle, qui appartiennent à une famille intéressante et assez nombreuse de la toponymie française.

Je pourrais m'arrêter ici ; mais je demande au lecteur la permission d'ajouter quelques mots sur des surnoms communaux dont il n'a pas encore été question, et qui néanmoins ne sont pas sans intérêt au point de vue historique ou au point de vue philologique.

Je mentionnerai tout d'abord les surnoms qui renferment quelques indications sur les limites de plusieurs régions naturelles dont le vocable était certainement connu dès les temps qui précédèrent le moyen âge. Pour la Champagne, *Campania*, région de plaines, que le populaire considère comme la contrée où la craie se montre à fleur de terre, ce sont les surnoms de la Croix-en-Champagne, Maisons-en-Champagne et Fère-Champenoise ; pour la Brie, région boisée située à l'ouest de la Champagne, ce sont ceux de Givry-en-Brie, Loisy-en-Brie et Mareuil-en-Brie ; enfin le nom de Villers-en-Argonne, comme autrefois ceux de Givry-en-Argonne et de Montiers-en-Argonne, rappelle le temps où la région forestière de l'Argonne s'étendait, vers l'occident, en deçà des limites qu'on lui assigne actuellement.

Le surnom de Ville-en-Tardenois et celui de Vitry-en-Perthois conservent la mémoire de deux circonscriptions administratives, de deux comtés de la période franque,
le Tardenois, *pagus Tardunensis*, et le Perthois, *pagus Pertensis*, qui, il y a mille ans
environ, ont cessé d'avoir une existence officielle.

Au point de vue philologique, je signalerai le surnom de Sainte-Marie-à-Py, dans
lequel *à* est pour la préposition latine *ad* : Sainte-Marie-à-Py — *Sancta Maria ad Pinum*, en 1276 — est situé sur la rive droite du Py, affluent de la Suippe. Cette sur-
vivance de la préposition latine n'est pas d'ailleurs un fait isolé dans la toponymie française et, sans quitter la région champenoise, on peut citer non loin de Sainte-Marie-à-Py,
mais dans le département des Ardennes, les noms Saint-Clément-à-Arne, Saint-
Étienne-à-Arne et Saint-Pierre-à-Arne de trois villages arrosés par l'Arne, autre
affluent de la Suippe.

DEUXIÈME PARTIE.

GÉOGRAPHIE HISTORIQUE DU DÉPARTEMENT.

I. PÉRIODE GAULOISE ET GALLO-ROMAINE.

Antérieurement à l'arrivée de Jules César dans les Gaules (58 ans avant J.-C.), on ne sait rien de certain sur le pays qui forme aujourd'hui le département de la Marne. Les *Remi*, nation belge alliée des Romains, occupaient alors, tout au moins vers le nord, le tiers environ de cette circonscription moderne, et leur ville principale *Durocorterum* s'élevait déjà, au bord de la Vesle, sur l'emplacement de Reims. Près d'eux, à l'ouest, se trouvaient les *Suessiones*, peuple qui, jusque-là, avait vécu sous les mêmes lois que les *Remi*, ne faisant avec eux qu'un même corps d'État, et dont le territoire s'étendait jusqu'à la rive gauche de l'Oise. Au sud des *Remi*, les *Catuvellauni*, dont le nom ne nous a été transmis que par des monuments d'époque assez basse, habitaient l'une et l'autre rive de la Marne, soumis alors à l'une des puissantes cités voisines, les *Lingones* sans doute. Enfin, vers le sud du département, et plus particulièrement vers le sud-ouest, un autre peuple subalterne que ne mentionne pas non plus César, les *Tricasses*, habitait une contrée dont les eaux vont grossir le cours de l'Aube et celui de la Seine.   .

Les *Remi* et les *Suessiones* étoient au nombre des populations belges qui, selon une phrase bien connue de César qu'on aurait tort de prendre au pied de la lettre, étaient, vers notre région, séparées des Gaulois proprement dits, *Galli*, par la Marne. Mais c'est seulement par hypothèse qu'on peut placer les *Catuvellauni* et les *Tricasses* au nombre des peuplades du groupe gaulois.

L'élévation des *Tricasses* au rang de cité indépendante suivit de bien près la conquête de la Gaule par les Romains : selon toute apparence, ils jouissaient déjà de l'autonomie au temps d'Auguste, sous lequel leur chef-lieu reçut le nom d'*Augustobona*. La création de la *civitas Catuvellaunorum* est certainement plus récente. Mais, quelle que soit sa date, les quatre *civitates* entre lesquelles se partageait le territoire du département de la Marne figurent vers l'an 400 de notre ère dans la *Notitia provinciarum et civitatum*

Galliæ. Trois d'entre elles appartenaient alors à la seconde province Belgique; c'étaient la *metropolis civitas Remorum*, la *civitas Suessionum* et la *civitas Catuvellaunorum*. La quatrième cité, la *civitas Tricassium*, était comprise dans la province de Sénonie, autrement dite *Lugdunensis Quarta*.

Alors, et depuis plus d'un siècle déjà, le chef-lieu de chacune d'elles était officiellement désigné par le nom même du peuple dont il était, pour ainsi dire la représentation, et qui là, comme dans les autres parties des Trois Gaules, s'était substitué au nom primitif, d'origine gauloise ou gallo-romaine. Reims, *Remi*, était devenu le nom de *Durocorterum*; Soissons, *Suessiones*, avait remplacé le vocable *Augusta*; Châlons, *Catuellauni* ou *Catalauni*, celui de *Durocatelauni*; enfin Troyes, *Tricasses*, avait supplanté l'ancien nom d'*Augustobona*.

Les diocèses de Reims, de Soissons, de Châlons et de Troyes, qui remontent à l'époque romaine, ayant emprunté les limites de chacune des cités de même nom et les ayant conservées sans modifications sensibles jusqu'en 1790, je ne crois pas utile d'indiquer ici d'une façon particulière la partie de notre département sur laquelle s'étendait chacune de ces cités. Le lecteur pourra facilement s'en rendre compte en consultant soit une carte de nos anciens diocèses, soit encore le paragraphe 5 du quatrième chapitre de cette partie de l'Introduction.

Un grand nombre de routes importantes sillonnaient, à l'époque romaine, la contrée qui est devenue le département de la Marne. Je ne tenterai pas ici d'en faire le dénombrement; je me bornerai seulement à mentionner celles qu'indiquent les textes itinéraires et qui, pour la plupart, avaient *Durocorterum* ou Reims pour centre commun. Ces voies étaient au nombre de onze :

1° La voie qui reliait Reims à l'Italie, en passant tout d'abord par Châlons-sur-Marne, *Durocatelauni*; Arcis-sur-Aube, *Artiaca*, et Troyes, *Tricasses* (*Itinerarium Antonini*, 361). C'était probablement la plus ancienne voie de la région, et, selon toute apparence, elle constituait l'un des tronçons de la route par laquelle Agrippa, qui mourut en l'an 12 avant Jésus-Christ, avait mis Lyon en communication avec la mer. Sortant de Reims par la porte Collatice, elle a été remplacée entre Reims et Châlons par la route nationale n° 44 : elle traversait, par conséquent, la Vesle à Pontvray, ancien écart de Sillery, et passait à Béaumont-sur-Vesle, les Petites-Loges, les Grandes-Loges et la Veuve. Son tracé n'est pas aussi bien conservé entre Châlons et Troyes : il est incontestable cependant que, passant à l'est de la route qui relie actuellement ces deux villes, elle franchissait la Soude sur le finage de Dommartin-Lettrée, au village aujourd'hui détruit de l'Étrée, village dont le nom, originairement *Strata*, est emprunté au parcours même de la voie antique. C'est seulement au territoire du département de l'Aube, à partir de Mailly, qu'on peut l'identifier avec la route moderne.

2° La voie de Reims à Metz, *Divodurum*, s'embranchait sur la voie précédente à 8 kilomètres de la métropole et se divisait elle-même, 7 kil. 300 m. plus à l'est, en deux routes dont l'une gagnait directement Metz en passant par Verdun, *Virodunum*, et dont l'autre se dirigeait d'abord sur Toul, *Tullum*, alors chef-lieu de la *civitas Leucorum* : c'est de cette dernière voie (*Itin. Ant.*, 364-365) que je parlerai tout d'abord. Elle subsiste encore aujourd'hui, désignée sur la carte de l'État-Major comme une ancienne chaussée romaine, et traverse la Noblette auprès de la Cheppe. Les distances y étaient évidemment comptées à partir du point de bifurcation de la grande voie d'Italie, et les stations que les textes itinéraires mentionnent entre Reims et Toul doivent être reconnues : *Fanum Minervæ*, dont le nom est altéré en *Tanomia* par la *Table*, en un point situé à 4 kilomètres de Bussy-le-Château, vers les confins des finages de Bussy et de Courtisols; *Ariola*, au territoire de Noyers (Meuse); *Caturiges*, à Bar-le-Duc, et *Nasium*, à Naix.

3° La voie directe de Reims à Metz, *Divodurum*, par Verdun (*Itin. Ant.*, 364), qui se détachait de la voie dont il vient d'être parlé à 7 kil. 300 m. du point de bifurcation de la grande route d'Italie. A première vue, la direction de cette voie semble la signaler comme la principale des deux voies qui, selon l'*Itinéraire d'Antonin*, reliaient Reims à Metz; mais l'étude attentive du texte montre que les Romains en jugeaient autrement et qu'ils ne comptaient les distances, sur la voie directe de Metz, qu'à partir du point où cette route, dont les cartes de Cassini et de l'État-Major indiquent le tracé, quittait la voie de Toul. Les chiffres de distance, 10 lieues gauloises entre Reims (ou plus exactement le point de départ de la voie spéciale) et *Basilia*, 12 entre *Basilia* et *Axuenna*, que son vocable indique évidemment comme le passage de l'Aisne, ne laissent effectivement subsister aucun doute : *Basilia* s'élevait évidemment aux environs du passage de l'Ain, affluent de la Suippe, non loin du point de jonction des communes de Saint-Hilaire-le-Grand, de Jonchery-sur-Suippe et de Souain, en un lieu où l'on a trouvé en 1835 huit cents médailles de grand bronze allant de Trajan à Gordien III; quant à *Axuenna*, il convient d'en reconnaître l'emplacement à Vienne-la-Ville, dont le nom, originairement *Vicus Axonæ* et en vieux français *Viaisne*, est dû, comme celui d'*Axuenna*, à la situation de ce village à la traversée de l'Aisne. Vers ce dernier point, la route romaine était connue au commencement du xvie siècle sous le vocable de « Haut-Chemin-Verdunois ».

4° La voie de Reims à Trèves, *Treveri* (*Itin. Ant.*, 365-366), désignée au xve siècle sous le nom de Haut-Chemin, sortait de Reims par la porte Cérès. Elle franchissait

la Suippe à Vaudétrée, hameau des communes d'Heutrégiville et de Warmériville qui
lui doit ce vocable, en latin *Vallis de Strata.* Avant d'arriver à Trèves, elle desservait
les importants *vici* de *Vungus,* Voncq, d'*Epoissum,* Ivoy-Carignan, et d'*Andethannale*
(Sandweiler).

5° La voie de Reims à Cologne, *Colonia Agrippina* (*Table de Peutinger*). Elle est
aujourd'hui représentée, aux environs de Reims, par une ancienne route communément appelée le « chemin des Romains » et qui, se détachant de la voie précédente à
la porte Cérès, franchit la Suippe à Boult. *Noviomagus,* la première des stations que
la *Table* place sur son parcours, à 12 lieues gauloises de Reims, doit être reconnu,
si ce chiffre de distance est exact, dans le village actuel de Saint-Loup (Ardennes).

6° La voie de Reims à Bavay, *Bagacum Nerviorum* (*Itin. Ant.,* 381), qui, se détachant de la voie précédente à la porte Mars, allait directement vers le septentrion, est
aujourd'hui représentée par la route départementale n° 9, de Reims à Neufchâtel, où
elle franchit l'Aisne. Une de ses bornes milliaires, retrouvée en 1822 au finage de
Brimont, portait le nom de l'empereur Victorin et avait été placée en l'an 267 environ
à une distance de 4 lieues gauloises de la ville métropolitaine.

7° La voie romaine de Reims à Boulogne-sur-Mer, *Gessoriacus,* par Soissons et
Amiens (*Itin. Ant.,* 362 et 379; *Table de Peutinger*), l'un des tronçons de la grande
route d'Italie à la Manche et sans doute aussi de la grande voie de Lyon à la mer,
construite par Agrippa. Elle quittait Reims par la porte Mars et, dans la grande partie
de son trajet, elle est connue sous le nom de « chaussée de Brunehaut », qui désigne
également la plupart des voies antiques de la Picardie et de l'Artois. Après avoir franchi
une première fois la Vesle entre Saint-Brice et Champigny, elle atteignait, à 11 kilomètres de la ville métropolitaine, Muizon que son nom — *Mutatio* en latin — désigne clairement comme un relais de l'époque romaine. Plus loin, elle desservait
Jonchery-sur-Vesle et Breuil, traversait la Vesle non loin de ce dernier village, et
passait ensuite à Courlandon et à Fismes, ou plus exactement au hameau de Fimettes,
qui, situé jadis aux confins de la cité de Reims comme il l'est aujourd'hui à la limite
occidentale du département de la Marne, représente la station de *Fines* que la *Table
de Peutinger,* aussi bien que l'inscription du milliaire de Tongres, place à mi-chemin
de *Durocorterum,* Reims, à *Augusta Suessionum* ou *Suessiones,* Soissons.

8° La voie reliant directement Reims à Troyes, *Augustobona,* en passant par *Bibe*
(*Table de Peutinger*). Sortant de Reims par le faubourg de Reims, cette route se dirigeait ensuite en droite ligne vers le midi : elle passait d'abord par Champfleury et
Montchenot et, dans la première partie de son parcours, elle était identique à la route
de Reims à Épernay. Elle traversait ensuite la forêt de la Montagne de Reims, passait

à Montigny, franchissait la Marne à Mareuil-sur-Ay et se croisait, un peu au-dessus de Bergères-lez-Vertus et au pied du fameux mamelon de Mont-Aimé, avec la voie romaine de Meaux à Châlons dont il est parlé ci-après (sous le n° 9) : c'est très probablement à ce carrefour qu'était située, à 22 lieues gauloises de Reims conformément au texte de la *Table*, la station de *Bibe*. Elle passait ensuite à Morains, à Fère-Champenoise, à Corroy et à Faux-Fresnay, avant d'entrer dans le département de l'Aube où elle est connue sous le nom de « voie de Rhèges ».

9° La voie de Meaux, *Fixtuinum*, à *Bibe* (au pied du mont Aimé), par Chailly, *Calagum* (*Table de Peutinger*), laquelle aboutissait vraisemblablement à Châlons-sur-Marne. Elle traversait le Petit-Morin, au pied de la colline où s'élève Montmirail, et passait sur la rive droite de la rivière à l'ancien hameau d'Estrées dont le vocable, *Strata* en latin, est dû à cette circonstance; on retrouve ensuite la plus grande partie de son parcours dans la route nationale n° 33, de Paris à Châlons.

10° La voie de Châlons-sur-Marne, *Durocatelauni*, à Langres, *Andemantunnum* (*Table de Peutinger*). La *Table* mentionne entre ces deux villes deux stations intermédiaires, *Corobilium*, aujourd'hui Corbeil (Marne), et *Segessera*, dont les vestiges se voient au val de Thors, auprès de Bar-sur-Aube : cette voie, qu'indique encore la carte de l'État-Major, dessert dans le département de la Marne Vésigneul-sur-Coole, Coole, Humbeauville, le Meix-Thiercelin et Corbeil.

11° La voie de Soissons, *Augusta Suessionum*, à Troyes, *Augustobona*. Cette route, qu'on appelait, naguère encore, la chaussée Brunehaut, n'est mentionnée ni par l'*Itinéraire d'Antonin*, ni par la *Table de Peutinger*, mais son antiquité est attestée par les colonnes milliaires de Bézu-Saint-Germain et de Viffort, remontant celle-ci au règne d'Hadrien (117-138), celle-là au temps de Septime Sévère (192-209). Elle franchissait le Petit-Morin au-dessous de Montmirail, au hameau de la Basse-Chaussée, passait ensuite à Maclaunay, le Gault, les Essarts-lez-Sézanne, Mœurs, Sézanne, Chichey et Vouarces, et venait retrouver dans le département de l'Aube la « voie de Rhèges », c'est-à-dire la dernière partie de la route romaine de Reims à Troyes par *Bibe*.

Telles sont, parmi les voies antiques qui traversaient le département de la Marne, celles dont l'existence est attestée par des monuments de la période romaine. Je me suis fait une loi de ne point aller au delà, mais il n'est guère possible de ne pas dire un mot au moins du chemin de Barbarie, ancienne voie qui, régnant encore au pied de la Montagne de Reims sur un parcours d'une dizaine de lieues, devait ce vocable, déjà mentionné au IX° siècle par l'archevêque Hincmar, aux populations barbares, *Læti gentiles*, dont la *Notice des dignités de l'Empire romain* constate l'existence aux environs de Reims : elle reliait entre eux plusieurs de leurs cantonnements, notamment ceux dont les noms des villages de Gueux (*Gothi*) et de Sermiers (*Sarmatæ*) rappellent le souvenir.

II, PÉRIODE FRANQUE.

Je n'essayerai pas de retracer les vicissitudes politiques que le pays formant le département de la Marne eut à subir après la chute de l'Empire des Césars, mais je crois nécessaire d'en résumer brièvement les phases successives.

Le département de la Marne tout entier passa au pouvoir du roi des Francs, Clovis Ier, en 486, ensuite de la défaite du roi des Romains Syagrius. En 511, à la mort de Clovis Ier, il fut soumis à deux monarques distincts : Reims, Châlons, ainsi que le territoire de ces villes et la partie du département qui dépendait de la cité de Troyes, échurent au roi de Metz Théodoric Ier, l'aîné des fils du roi défunt, tandis que la partie soissonnaise était attribuée au plus jeune, le roi Clotaire Ier, dont Soissons devenait le siège royal.

En 561, à la mort de Clotaire Ier, qui avait fini par réunir sous son autorité tout l'Empire franc, le partage entre les quatre fils du feu roi donne un résultat différent. Reims et Châlons-sur-Marne sont attribués au roi d'Austrasie, Sigebert Ier, dont la première de ces villes est la capitale, et leur territoire compose évidemment le duché austrasien de Champagne, successivement gouverné de 581 à 599 par Loup et par Wintrion. La partie troyenne fait partie du lot de Gontran, qui, dominant d'autre part sur la plus grande partie de l'ancien État bourguignon, est ordinairement considéré comme roi de Bourgogne. Enfin la portion soissonnaise échoit à Chilpéric Ier, dont le siège royal, Soissons, tomba bientôt au pouvoir de Sigebert et fut plus tard encore, de 584 à 613, annexé au royaume d'Austrasie.

Après 613, date de l'extinction de la postérité de Sigebert Ier, ou plutôt après le partage de 623 et jusqu'à la chute de la dynastie mérovingienne, Reims et Châlons demeurent austrasiens. Soissons est désormais réputé neustrien. Quant à Troyes, il continue à faire partie intégrante de la Bourgogne, *Burgundia,* à laquelle il reste attaché durant plusieurs siècles encore.

Lors du partage de l'Empire franc entre Charlemagne et son frère Carloman, partage qui d'ailleurs ne se prolongea pas au delà de trois années (768-771), les quatre cités entre lesquelles se divisait alors notre département reconnurent l'autorité du second de ces princes. Elles suivirent encore une même destinée, ensuite du fameux traité de Verdun, conclu en 843 entre les trois fils survivants de l'empereur Louis le Pieux et qui doit être considéré en quelque sorte comme la charte constitutive du royaume de

France : elles furent alors comprises dans les États de Charles le Chauve, à l'exception toutefois de la partie orientale de la cité de Reims, de sorte que le territoire de vingt-quatre communes de l'arrondissement de Sainte-Menehould situées aujourd'hui à l'extrémité nord-est du département fit partie du lot de l'empereur Lothaire Ier et plus tard du royaume de Lorraine.

Dès l'époque mérovingienne, les cités de Reims, de Soissons, de Châlons et de Troyes furent démembrées au point de vue administratif et constituèrent dès lors une vingtaine de nouvelles circonscriptions administratives, connues sous le nom de *pagus* et qui, ayant chacune à leur tête un fonctionnaire décoré du titre de « comte », *comes*, furent plus tard abusivement appelées « comtés », *comitatus*. A l'époque carolingienne, les mots *pagus* ou *comitatus* désignent une seule et même circonscription.

La partie du département qui, au temps des Romains, dépendait de la *civitas Remorum* fut alors partagée entre trois *pagi* : le Raincien, le Tardenois et le Dormois; la partie soissonnaise fut comprise dans le Tardenois et l'Omois ou Binsonais; la partie châlonnaise donna naissance au Chalonge, au Perthois, au pays de Changy, à l'Atenois et au pays de Vertus; enfin la partie troyenne appartint administrativement parlant au pays de Queudes, au Morvois, à l'Arcesais et au Brenois. Je vais dire successivement quelques mots de chacun de ces treize *pagi*, en suivant l'ordre alphabétique :

1° L'Arcesais, *pagus Arciacensis*, avait pour chef-lieu Arcis-sur-Aube (Aube). Il paraît avoir été originairement plus étendu qu'au ixe siècle et sans doute le Brenois fut formé de son démembrement. Réduit alors au territoire qui forma, au point de vue ecclésiastique, l'archidiaconé et le doyenné troyen d'Arcis, il formait néanmoins en 853 trois circonscriptions comtales, si l'on s'en rapporte à la mention des *tres Arcisii* que renferme le Capitulaire de Servais.

2° L'Atenois, *pagus Stadunensis*, dont le vocable s'est conservé jusqu'à une époque très voisine de nous, était ainsi nommé d'une localité au nom celtique de *Stadunum*, dont il convient peut-être de chercher l'emplacement au Vieil-Dampierre (Marne), chef-lieu primitif d'un comté féodal dont les possesseurs, d'abord qualifiés comtes « de Stadeneis », échangèrent bientôt ce titre contre celui de « comtes de Dampierre-en-Estenois ». Le territoire du *pagus Stadunensis* forma, au point de vue ecclésiastique, l'archidiaconé châlonnais d'Astenois ou d'Atenois, composé des deux doyennés de Sainte-Menehould et de Possesse.

3° Le Brenois, *pagus Breonensis*, avait Brienne pour chef-lieu. Il formait évidemment en 853 deux circonscriptions comtales, d'où la mention des *duo Brionisi* dans le Capitulaire de Servais : ces deux comtés ont subsisté et sont devenus les comtés féodaux de Brienne et de Rosnay, relevant l'un et l'autre des comtes de Troyes et de Champagne.

Au point de vue ecclésiastique, le *pagus Breonensis* forma les archidiaconés et doyennés troyens de Brienne et de Margerie, répondant sans doute originairement celui-ci au comté de Rosnay, celui-là au comté de Brienne.

4° Le Chalonge ou Châlonnais, *pagus Catalaunicus*, devait son nom à la ville épiscopale de Châlons-sur-Marne qui en était le chef-lieu. Son territoire répondait aux doyennés châlonnais de Châlons, de Bussy-lo-Château et de Coole, c'est-à-dire à trois des quatre circonscriptions ecclésiastiques qui formèrent le grand archidiaconé de Châlons.

5° Le pays de Changy, *pagus Camsiacensis*, mentionné en 853 sous le nom *Camizisus*, avait pour chef-lieu Changy, *Camisiacus*, qui, depuis dix siècles peut-être, n'est plus qu'un infime village. Vitry-en-Perthois, qui ensuite de sa destruction par Charles-Quint en 1543 fut parfois appelé Vitry-le-Brûlé, hérita de bonne heure de la prééminence de Changy et devint même, vers le x° siècle, le chef-lieu d'un comté féodal formé de la réunion du *pagus Camsiacensis* et du *pagus Pertensis*. Les limites du comté de Changy paraissent s'être conservées jusqu'à la Révolution dans celles du doyenné châlonnais de Vitry-en-Perthois.

6° Le Dormois, *pagus Dulcomensis*, doit à Doulcon, aujourd'hui simple commune du département de la Meuse située non loin de Dun-le-Château, son vocable dont les altérations successives, *Dolomensis* ou *Dulmensis*, constituent un acheminement vers l'appellation française. Le territoire de ce *pagus* a formé les doyennés rémois de Dun, de Grandpré et de Cernay, et certains indices permettent de croire que le nom de Dormois s'est restreint à cette dernière circonscription ecclésiastique, c'est-à-dire à la partie du *pagus* qui, située à l'ouest de l'Aisne, était la plus éloignée du chef-lieu.

7° Le Morvois, *pagus Mauripensis* ou *Morivensis*, avait sans doute pour premier chef-lieu le *vicus Mauriopes*, mentionné au vi° siècle par Grégoire de Tours et dont l'emplacement doit être retrouvé dans le site du parc de Pont-sur-Seine, constamment désigné au commencement du xiii° siècle sous le nom de mont Morvois, représentant le latin *mons Mauripensis*. Cette circonscription administrative répondait au doyenné de l'ont-sur-Seine, l'un des quatre doyennés formant le grand archidiaconé du diocèse de Troyes; elle était unie dès la seconde moitié du x° siècle au comté de Troiesin.

8° L'Omois, *pagus Otmensis*, devait certainement ce vocable à *Odomus*, *vicus* dont le nom figure sur des triens mérovingiens et qui pourrait fort bien avoir été remplacé, au commencement du x° siècle, par une ville forte, dès lors appelée Château-Thierry. Aucun souvenir ne subsiste aujourd'hui de cette dernière circonscription, encore désignée au xiii° siècle sous le nom d'Omois et qui semble avoir été absorbée de bonne heure par le comté de Meaux : ses limites toutefois paraissent s'être conservées jusqu'à la Révolution dans celles de l'archidiaconé de Brie, au diocèse de Soissons. — Un document officiel de l'an 853, le Capitulaire de Servais, qui désigne nominativement tous les *pagi* du royaume de Charles le Chauve, ne mentionne point le *pagus Otmensis*, dont l'existence antérieurement à cette date n'a plus besoin d'être prouvée; mais il indique, en revanche, pour la partie du diocèse de Soissons qu'arrose la Marne, le *pagus Bagensonisus*, désigné par un diplôme de 868 sous le nom de *pagus Bansionensis*, et dont le siège administratif était incontestablement le village de Binson, où l'on passait la Marne, au VIIIᵉ siècle, sur un pont que fit réparer le roi Carloman. Binson étant environné de localités que les textes de la période carolingienne placent *in pago Otmensi*, il est possible que le pays de Binson et le *pagus Otmensis* ne soient en réalité qu'un seul et même *pagus* répondant à l'archidiaconé soissonnais de Brie.

9° Le Perthois, *pagus Pertensis*, tirait son nom de Perthes (Haute-Marne), qui, à l'époque féodale, n'était plus déjà qu'un village sans importance. Il donna naissance, dans l'ordre ecclésiastique, à l'archidiaconé châlonnais de Perthois, composé du doyenné de Perthes et de celui de Joinville. Dès l'an 900, ses comtes joignaient au comté de Perthois le petit comté voisin dont Changy était le chef-lieu, et l'union des deux anciens *pagi* fut indissoluble à ce point que la ville de Vitry, après avoir remplacé Changy comme chef-lieu du *pagus Camsiacensis*, fut connue depuis le XIIᵉ siècle sous le nom de Vitry-en-Perthois.

10° Le pays de Queudes, *pagus Cupedensis*, mentionné en 937 sous le nom de *pagus Covedensis*, devait cette appellation à Queudes, aujourd'hui simple village du canton de Sézanne, dont certains triens mérovingiens présentent le vocable sous la forme CVPIDO, et qui, au Vᵉ siècle, avait vu mourir saint Ours, évêque de Troyes. Ses limites ont subsisté jusqu'à la Révolution dans celles de l'archidiaconé troyen de Sézanne. Bien que les points de contact entre ce pays et celui de Meaux, *pagus Meldicus*, fussent topographiquement parlant peu nombreux, l'administration n'en était pas moins dévolue, en 813, au comte de Meaux, et il ne semble pas que depuis il ait recouvré son autonomie.

11° Le Raincien ou Rémois, *pagus Remtianus* ou *Remensis*, avait pour chef-lieu la ville archiépiscopale de Reims. Les doyennés rémois de Reims, d'Épernay, de Bétheniville et de Lavannes, ainsi que la partie de ceux d'Hermonville et de la Montagne située à l'orient des collines qui séparent le petit bassin de l'Ardres de celui de la Vesle, répondaient dans l'ordre ecclésiastique au territoire de ce *pagus*.

12° Le Tardenois, *pagus Tardunensis*, tirait ce nom de son chef-lieu primitif, localité au vocable celtique de *Tardunum*. Le territoire de ce pagus s'étendait par moitié sur le diocèse de Soissons et par moitié sur celui de Reims, comprenant dans le second de ces évêchés la partie des doyennés d'Hermonville et de la Montagne située à l'occident des collines qui séparent le petit bassin de l'Ardres du bassin de la Vesle; la partie soissonnaise du Tardenois, dans laquelle il faut peut-être chercher le chef-lieu même du *pagus* — j'incline à le reconnaître dans une antique localité appelée aujourd'hui le Mont-Notre-Dame (Aisne) — répondait aux doyennés de Bazoches et de Fère-en-Tardenois, qui formaient la moitié occidentale de l'archidiaconé de Tardenois.

13° Le pays de Vertus, *pagus Virtudensis*, avait pour centre administratif la petite ville de Vertus, et ses limites ont vraisemblablement subsisté dans celles de l'archidiaconé et doyenné de Vertus.

III. PÉRIODE FÉODALE.

Au début de la période féodale, c'est-à-dire vers le déclin de la dynastie carolingienne, la presque totalité du département de la Marne dépendait du royaume de France, et ce qui n'en faisait point partie, c'est-à-dire vingt-quatre des communes de l'arrondissement de Sainte-Menehould alors comprises dans le Dormois, *pagus Dulcomensis*, appartenait au royaume de Lorraine que gouvernèrent successivement, à partir de 888, les rois Arnoul, Zwentibold, Louis l'Enfant, Charles le Simple, Henri l'Oiseleur, Otton le Grand, Otton II et Otton III.

La grande majorité de la partie française avait alors pour maître l'archevêque de Reims, métropolitain de la Seconde Belgique, auquel le roi avait accordé, semble-t-il, la suzeraineté de la portion du diocèse de Reims ressortissant au royaume de France, ainsi que celle du diocèse de Châlons, le Châlonnais excepté; ce prélat exerçait la même suprématie sur une parcelle du diocèse de Soissons qui, avoisinant Épernay et arrosée par la Marne, avait Châtillon-sur-Marne pour chef-lieu féodal. L'évêque de Châlons dominait de même, en droit, sur l'ancien *pagus* dont la ville épiscopale avait été le centre administratif.

Mais, par le temps de guerres civiles qui signala la fin de la période carolingienne, l'omnipotence des prélats rémois ne fut qu'un mot. Dans l'impossibilité où il se trouvait d'administrer et de protéger lui-même le pays qui lui appartenait en droit, l'archevêque de Reims avait dû, de gré ou de force, abandonner la possession de fait de la plus grande partie de sa seigneurie à de puissants dynastes féodaux du voisinage, qui voulurent bien reconnaître toutefois la suzeraineté archiépiscopale et qui, originairement, acquittaient certains droits annuels pour les terres qui leur furent ainsi inféodées.

Au premier rang de ces redoutables vassaux de l'archevêque de Reims figurait le comte de Troyes. Dans la seconde moitié du x⁰ siècle, le comté de Troyes eut successivement pour maître Robert de Vermandois, Herbert II son frère, leur neveu Herbert III qui appartenait vraisemblablement à la maison de Blois, et Étienne Iᵉʳ, fils de Herbert III. Les deux premiers de ces dynastes ne possédaient pas seulement le comté de Troyes; ils étendaient aussi leur domination sur le petit comté voisin qu'on appelait le Morvois et ils gouvernaient aussi le comté de Meaux, qui, englobant alors le pays de Queudes et l'Omois, comprenait ainsi vers l'orient la majeure partie de l'arrondissement d'Épernay. Déjà puissant dans les pays qui avoisinaient la Marne, Herbert II reçut Épernay en 965 de l'archevêque de Reims, à titre de fief, et s'empara douze ans plus tard de Vertus et du territoire dont cette ville était le chef-lieu.

A la mort de Herbert II, arrivée en 983, ses vastes domaines furent concédés par le roi Lothaire à deux neveux du comte défunt : le comte de Blois, Eudes Iᵉʳ, qui eut dans son lot le comté de Meaux, et Herbert III, que ses contemporains nommaient Herbert le Jeune et que l'on sait avoir été comte de Troyes et de Vitry, comme le fut ensuite son fils Étienne Iᵉʳ, auquel succéda, vers 1019, le comte de Blois, Eudes II, son cousin.

Sous Eudes II et sous les descendants de ce prince, jusqu'en 1152, les comtés de Meaux et de Troyes furent toujours unis en principe; mais le second était tenu parfois par un cadet de Blois sous la suzeraineté du chef de sa maison. Quant au comté de Vitry, qui comprenait, semble-t-il, presque toute la partie orientale du département (Vitry-en-Perthois, Bussy-le-Château et Sainte-Menehould), il passa, après la mort du comte Étienne Iᵉʳ, au comte de Valois et fut uni en 1077 aux comtés de Troyes et de Meaux, en même temps que le comté de Bar-sur-Aube. C'est alors seulement que fut enfin constitué, dans ses grandes lignes, le comté de Champagne, dont les possesseurs ne portèrent avant l'an 1214 d'autre titre officiel que celui de comtes de Troyes et qui, l'un des fiefs les plus importants du royaume, fut uni à la couronne de France en 1285, ensuite du mariage de Jeanne de Navarre avec le roi Philippe le Bel.

Sous les derniers comtes de Champagne, il n'y avait pas moins de dix-huit châteaux comtaux dans le pays qui forme aujourd'hui le département de la Marne. Par l'étendue et l'importance de leur ressort, les châtellenies de Sézanne, de Vitry-en-Perthois, de Vertus, de Châtillon-sur-Marne, d'Épernay et de Sainte-Menehould brillaient au premier rang. Venaient ensuite les châtellenies de Fismes, de Lachy, de Mont-Aimé et de Larzicourt, ordinairement considérées comme annexes des châtellenies de Châtillon, de Sézanne, de Vertus et de Vitry; les châtellenies de Montfélix, de Mareuil-sur-Ay, de Bussy-le-Château et de Chantemerle, qui étaient au nombre des plus anciennes circonscriptions féodales du comté de Champagne; enfin plusieurs petites châtellenies, récomment créées ou nouvellement acquises, de Passavant, de Louvois, de Saint-Hilaire-le-Grand précédemment tenue par le comte de Rethel et de Saint-Jean-sur-Tourbe.

Il y a lieu de mentionner, en outre, les châtellenies de Château-Thierry (Aisne) et de Rosnay (Aube), qui s'étendaient sur un certain nombre de paroisses comprises aujourd'hui dans le département de la Marne.

Parmi les fiefs qui relevaient des vingt châtellenies comtales que je viens d'énumérer, quelques-uns occupaient une place élevée dans la hiérarchie féodale. Leurs chefs-lieux étaient décorés du titre de « château », *castellum, castrum*, qu'on n'accordait alors qu'aux seuls sièges — villes fermées et forteresses féodales — des circonscriptions territoriales, relativement peu nombreuses encore, désignées sous le nom de châtellenies. De même, au commencement du xiiie siècle, leurs possesseurs portaient, à l'exclusion des autres propriétaires de fiefs, le titre alors fort peu répandu de « sire », c'est-à-dire seigneur, en latin *dominus,* et la femme du sire était qualifiée « dame », *domina.* Les châtellenies relevant des comtes de Champagne et dont les chefs-lieux appartiennent actuellement au département de la Marne étaient celles d'Anglure, d'Arzillières, de Broyes, de Cernay-en-Dormois[1], de Conflans, de Dampierre-le-Château (dont les seigneurs avaient d'abord été désignés sous le titre de « comtes d'Âtenois » ou « de Dampierre »), de Drosnay, d'Étrepy, de Hans, de Montmirail, de Montmort, de Pleurs, de Possesse, de Saint-Just et de Vanault-le-Châtel.

La formation du comté de Champagne n'avait point cependant enlevé toute importance territoriale au temporel du métropolitain de la Seconde Belgique. La ville de Reims et une partie considérable du *pagus* ou *comitatus Remensis* étaient demeurées au pouvoir de l'archevêque, l'un des six pairs ecclésiastiques du royaume de France. Le château de Porte-Mars, à Reims, qui devait son nom à une porte triomphale édifiée à l'époque romaine et utilisée depuis dans la forteresse féodale, était la résidence du prélat rémois, en même temps que le siège duquel ressortissaient une partie des fiefs mouvant de l'archevêché. Les autres chefs-lieux des circonscriptions féodales du temporel archi-épiscopal étaient, à peu de distance de la ville métropolitaine, le château de la Neuville, aujourd'hui la Neuvillette, et plus loin, confinant en quelque sorte au comté de Champagne, le château de Cormicy au nord-nord-ouest, le château de Bétheniville à l'est,

---

[1] La châtellenie de Cernay-en-Dormois était si-tuée dans la partie du département de la Marne comprise antérieurement à la fin du xiiie siècle en « terre d'Empire », en l'espèce dans l'ancien royaume de Lorraine, et sur laquelle les comtes de Cham-pagne étaient parvenus à établir leur suzeraineté. La châtellenie de Vienne-le-Château, également si-tuée en terre d'Empire, ne fut rattachée à la France qu'au xviie siècle, en même temps que le Clermon-tois.

le château de Sept-Saulx au sud-est et la prévôté de Nogent (Nogent, commune de Sermiers) au sud. Le château et la châtellenie de Courville, ainsi que la prévôté de Chaumuzy, de l'ancien pays tardenois, étaient enclavés dans le comté de Champagne. Enfin, également hors de l'ancien pays rémois, l'archevêque possédait le château et la châtellenie d'Attigny qui avait appartenu au domaine royal jusqu'à la fin du XIᵉ siècle, ainsi que la seigneurie de Mouzon, située hors du royaume et que le roi Charles V acquit en 1379, cédant en échange la prévôté de Vailly (Aisne). Il y a encore lieu de mentionner, dans l'ancien Porcien, l'importante baronnie des Potées, le plus considérable des domaines du chapitre de l'église métropolitaine.

Le temporel de l'évêque de Châlons était totalement enclavé dans le comté de Champagne, qui comprenait l'extrémité septentrionale de l'ancien *pagus Catalaunicus*, c'est-à-dire la châtellenie de Bussy-le-Château, relevant probablement du prélat châlonnais, et la partie sud-est du même *pagus* rattachée à la châtellenie de Vitry-en-Perthois. Néanmoins le comté de Châlons, l'une des six pairies ecclésiastiques du royaume, s'étendait encore sur plus de la moitié de l'ancien comté carolingien et, parmi les nombreux fiefs qui en relevaient, il convient de citer particulièrement le fief du vidame de Châlons, *vicedominus*, originairement lieutenant laïque de l'évêque et le défenseur attitré de ses possessions temporelles, ainsi que la seigneurie de Sommevesle, qualifiée pairie dès 1307. En dehors de l'ancien pays châlonnais et du comté-pairie de Châlons, l'importante châtellenie de Baye, entourée par les châtellenies champenoises de Château-Thierry, de Vertus et de Sézanne, relevait aussi de l'évêque de Châlons; elle fut possédée successivement, au cours du moyen âge, par des membres des illustres maisons de Broyes, de Châteauvillain et de Béthune.

IV. PÉRIODE ROYALE.

§ 1. LE DOMAINE ROYAL.

L'union du comté de Champagne à la couronne, affirmée à l'avènement de chacun des quatre premiers successeurs de Philippe le Bel, fut, au point de vue de l'unification progressive de la France, l'un des événements les plus importants de la fin du XIIIᵉ siècle. Elle fut déclarée indissoluble en novembre 1361 par un édit du roi Jean, et cette mesure protégea l'unité nationale contre la possibilité du rétablissement d'un grand fief qui, de la frontière nord-est du royaume, s'étendait vers l'occident jusqu'auprès de Paris. Mais si l'ancien comté champenois ne cessa point d'être une province royale, ses nouveaux maîtres ne laissèrent pas que d'aliéner certaines parties du domaine constitué par les comtes de la maison de Blois, et je ne crois pas hors de propos de rappeler les aliénations successives dont plusieurs des châtellenies, comprises aujourd'hui en tout ou en partie dans le département de la Marne, furent alors l'objet.

La disparition de plusieurs des châtellenies comtales appartenant à ce département remonte toutefois à la fin de la période d'autonomie du comté de Champagne. Ainsi les châtellenies de Lachy et de Montfélix cessent d'être mentionnées vers le milieu du xiiie siècle, et celles de Bussy-le-Château et de Mareuil-sur-Ay ne paraissent point dans les documents postérieurs à 1270. Lachy est alors définitivement absorbé par Sézanne, tandis que le ressort de Montfélix et celui de Mareuil-sur-Ay, peut-être en raison de l'état de leurs châteaux, furent joints à la châtellenie d'Épernay. Il est certain, en tout cas, que ni l'une ni l'autre de ces circonscriptions ne passa à un seigneur particulier. Il en fut autrement de Bussy-le-Château que le dauphin d'Auvergne tenait en fief, à la fin du xive siècle, de la châtellenie de Sainte-Menehould. Mais c'est sous la domination royale que se produisit l'éclipse des petites châtellenies de Louvois, de Saint-Hilaire-le-Grand et de Saint-Jean-sur-Tourbe, dont l'existence ne se prolongea pas longtemps et qui furent absorbées, la première par la châtellenie d'Épernay, les deux autres par celle de Sainte-Menehould.

La première aliénation de quelque importance, au point de vue territorial, remonte au règne de Philippe le Bel. En 1291, ce monarque céda à Gaucher de Châtillon, le futur connétable de France, la châtellenie de Châtillon-sur-Marne en échange de la seigneurie de Crécy-sur-Morin, mais douze ans plus tard, en 1303, il recouvrait ce membre du comté de Champagne en assignant à Gaucher le petit comté de Porcien, situé au nord de Reims, avec deux autres terres. De 1328 à 1371, la reine Jeanne d'Évreux, veuve de Charles le Bel, posséda à titre de douaire neuf autres châtellenies champenoises, parmi lesquelles les châtellenies de Châtillon-sur-Marne, d'Épernay, de Sézanne et de Chantemerle. En 1371, les deux dernières vinrent grossir l'apanage de Philippe de Valois, duc d'Orléans, oncle du roi Charles V, et, après la mort du prince apanagiste, survenue en 1375, elles firent partie du domaine de sa veuve, la propre fille de la feue reine Jeanne d'Évreux, c'est-à-dire de Blanche de France, dont la vie se prolongea jusqu'en 1392.

En 1361, le roi Jean constituait le comté de Vertus pour asseoir la dot de sa fille Isabelle, récemment mariée à Jean Galéas Visconti de Milan; le nouveau comté comprenait les anciennes châtellenies comtales de Vertus, de Mont-Aimé et de Rosnay, formant un seul groupe territorial, et la châtellenie de la Ferté-sur-Aube, située

beaucoup plus au sud. Vingt-huit ans plus tard, il faisait retour à la maison de France,
grâce au mariage de Valentine Visconti avec son cousin germain, le jeune frère du roi
Charles VI. Louis de Valois, qui, aux duchés d'Orléans et de Valois, allait bientôt
joindre successivement les châtellenies de Sézanne et de Chantemerle (1392) vacantes
par la mort de la duchesse douairière d'Orléans, la châtellenie de Château-Thierry
(1400) et celle de Châtillon-sur-Marne (1404), toutes quatre châtellenies champenoises contiguës d'une part au comté de Valois, de l'autre au comté de Vertus. Le
roi, auquel on avait ouvert les yeux sur les dangers d'une aussi formidable puissance
territoriale au cœur de la France, révoqua en 1407, après le meurtre de son frère,
le don de Château-Thierry et de Châtillon-sur-Marne, érigés par lui trois ans auparavant en duché-pairie de Château-Thierry, et les enfants du duc défunt se partagèrent
entre eux le surplus de ses terres champenoises. L'aîné, le duc Charles d'Orléans, garda
seulement Sézanne et Chantemerle que son fils le roi Louis XII réunit à la couronne
en 1498; Jean, comte d'Angoulême et aïeul du roi François Ier, eut dans sa part
d'héritage la seigneurie d'Épernay qui fit retour au domaine royal en 1531 par la
mort de Louise de Savoie, mère du roi; enfin le comté de Vertus, après avoir appartenu à Philippe, le plus jeune fils de Valentine Visconti, passa ensuite successivement
à sa sœur Marguerite d'Orléans, femme de Richard de Bretagne, comte d'Étampes, et
au fils de celle-ci, le duc de Bretagne François II, dont la postérité illégitime le garda
jusqu'en 1747.

Le duché de Nemours fut créé en 1404 pour le roi de Navarre Charles III, qui,
en faveur de cette création, abandonnait ses droits héréditaires sur la Champagne
et sur les terres que ses prédécesseurs avaient possédées en Normandie : il comprenait une douzaine de châtellenies, champenoises pour la plupart, échelonnées depuis
Château-Landon jusqu'à Larzicourt, non loin de Vitry-en-Perthois, et formant six tronçons. Le tronçon le plus occidental, le seul d'ailleurs qui intéressât le département de
la Marne, se composait de la châtellenie de Larzicourt (Marne), de la châtellenie de
Beaufort, aujourd'hui Montmorency (Aube), et de la terre de Soulaines.

Les progrès de l'autorité royale me dispensent de mentionner les aliénations doma-
niales postérieures au moyen âge; mais, en raison de sa date relativement ancienne,
je mentionnerai toutefois la création du comté de Sainte-Menehould, érigé en 1476
par le roi Louis XI, en faveur d'Antoine, le grand bâtard de Bourgogne, l'un des
nombreux fils illégitimes du duc Philippe le Bon, et transmissible à la postérité mascu-
line du donataire. Le nouveau comté, formé de celui de Grandpré, ancien fief mouvant
du comté de Champagne, et des châtellenies royales de Sainte-Menehould, de Passavant, de Châtillon-sur-Marne, de Château-Thierry et de Wassy, embrassait, en ses

trois groupes territoriaux, la plus grande partie de la Champagne septentrionale, et comptait parmi les fiefs de son ressort le vaste comté de Rethel et la seigneurie de Joinville; mais il n'eut qu'une existence misérable et éphémère, car le don de Louis XI, révoqué tacitement du vivant du prince par arrêt du Parlement, le fut publiquement, ainsi que les autres dons de ce monarque trop libéral, lorsque son règne eut pris fin.

§ 2. Circonscriptions militaires.

Le comté de Champagne, officiellement désigné depuis le commencement du xiii⁰ siècle sous le nom de comté de Champagne et de Brie, parce qu'il comprenait à la fois une partie importante de l'une et de l'autre des régions ainsi nommées, fut le point de départ d'un des douze grands gouvernements militaires entre lesquels la France était divisée vers la fin du règne de François Iᵉʳ; je veux dire du gouvernement de Champagne qui, outre le comté champenois, engloba les trois anciennes pairies ecclésiastiques de Reims, de Châlons et de Langres, formées de pays contigus à la Champagne comtale ou même enclavés jadis en quelque sorte dans ce puissant État féodal.

Les limites du gouvernement de Champagne étaient indiquées au nord et à l'est par les limites mêmes du royaume, au sud par celles du gouvernement de Bourgogne, représentant le duché de ce nom définitivement réuni à la couronne en 1477. Mais à l'ouest elles étaient loin d'être aussi bien fixées, et on lui contesta plus d'une fois la Brie Champenoise, c'est-à-dire la majeure partie de l'ancien comté de Meaux qui, notamment, avait été détachée de la Champagne, en 1418, pour être placée sous l'autorité du comte de Saint-Pol, gouverneur de Paris. Cette mutilation fut même consacrée, vers 1523, au point de vue de l'administration financière, puisque la généralité de Châlons, créée à cette date, ne comprit point les pays en litige, qui, d'abord soumis en totalité à la généralité de Paris, furent partagés plus tard entre la généralité de Paris et celle de Soissons. Toutefois une ordonnance royale de la fin du xviiᵉ siècle (du 27 septembre 1693, dit-on) régla la question différemment au point de vue des gouvernements, en attribuant définitivement la Brie Champenoise et ses annexes au gouvernement de Champagne.

Sens et le Sénonais, qui n'avaient jamais appartenu au comté de Champagne et de Brie, et qui avaient été rattachés, dès le xiᵉ siècle, au domaine royal, furent joints par contre, on ne sait trop pourquoi, au gouvernement de Champagne durant un temps plus ou moins long; et, bien qu'on les eût restitués depuis au gouvernement de l'Île de France, les géographes et les cartographes des derniers temps de l'ancien régime continuèrent de les compter toujours au nombre des pays qui composaient la province de Champagne, se conformant ainsi à un usage que·quelques-uns d'entre eux savaient cependant et déclaraient même suranné.

Rien de plus trompeur d'ailleurs, ou pour mieux dire de moins réel, de plus conventionnel, que les subdivisions du gouvernement de Champagne mentionnées dans les géographies ou les cartes publiées sous les monarques de la maison de Bourbon. A en croire leurs auteurs, la Champagne aurait été divisée en huit parties : la Champagne proprement dite, le Rémois, le Rethelois, le Vallage, le Perthois, le Bassigny, le Sénonais et la Brie Champenoise. Et Robert, l'un des géographes les plus renommés du xviiie siècle, traça même sur une carte les limites précises, village par village, de ces prétendues circonscriptions divisionnaires du gouvernement de Champagne, totalement inconnues de l'administration.

Au reste, les gouvernements militaires ne répondaient plus eux-mêmes alors à une réalité pratique, et cette circonstance explique comment le vague pouvait ainsi planer sur les limites et sur les circonscriptions divisionnaires de chacun d'eux. La charge de gouverneur de province n'était plus guère qu'une dignité honorifique, qui, se transmettant fréquemment de père en fils, était parfois le partage d'un mineur. Malgré tout, il n'est cependant pas sans intérêt d'indiquer, pour les dernières années de l'ancien régime, les véritables divisions du gouvernement de Champagne. Il existait alors, au-dessous du gouverneur de la province, quatre lieutenants généraux qui, selon les états officiels qu'on a le droit de ne pas trouver suffisamment explicites, se partageaient ainsi les pays composant le gouvernement :

1° Bailliages de Langres, de Troyes et de Sézanne;
2° Bailliage de Reims;
3° Bailliages de Vitry et de Châlons;
4° Bailliages de Meaux, de Provins et de Château-Thierry (c'est-à-dire la Brie Champenoise longtemps contestée).

Il résulte de cette répartition que chacune de ces lieutenances générales s'étendait sur le département de la Marne.

§ 3. Circonscriptions judiciaires.

Au cours du xiiie siècle, la Champagne presque entière — le temporel de l'église de Reims et celui de l'église de Châlons, aussi bien que le comté de Champagne — ressortissait au bailliage royal de Vermandois, circonscription à la fois administrative et judiciaire qui avait son siège à Laon. On peut dire que le département de la Marne,

tout entier, dépendait du bailliage royal de Vermandois : il n'y avait d'exception que
pour Vienne-le-Château et deux ou trois communautés avoisinantes situées en terre
d'Empire, pour la baronnie de Baye relevant de l'évêché de Châlons et pour celle de
Saint-Just de la mouvance de l'évêque de Troyes[1].

Mais, tandis que le comté de Champagne ressortissait au bailliage royal de Vermandois, il était lui-même divisé, au point de vue administratif, en plusieurs bailliages
comtaux, ordinairement au nombre de quatre, dont les sièges furent définitivement
fixés à Troyes, à Meaux, à Vitry et à Chaumont, et qui, tous quatre, en des propor-
tions à la vérité bien différentes, étendaient leur action sur le territoire de notre département[2].

Chacun des bailliages champenois était formé de l'agrégation d'un certain nombre
de prévôtés qui, désignées sous ce nom parce qu'elles étaient administrées par un offi-
cier qualifié prévôt, *prepositus,* avaient exactement les mêmes limites que la châtellenie,
circonscription féodale. Le tableau suivant indiquera à des dates diverses le bailliage
auquel étaient rattachées les prévôtés du comté de Champagne, comprises en tout ou
en partie dans le département de la Marne :

PRÉVÔTÉS.	BAILLIAGES DONT ELLES DÉPENDAIENT		
—	EN 1274.	EN 1285.	EN 1341.
Chantemerle.	Meaux.	Troyes et Meaux.	Meaux.
Château-Thierry.	Meaux.	Vitry.	Vitry.
Châtillon-sur-Marne.	Vitry.	Vitry.	Vitry.
Épernay.	Vitry.	Vitry.	Vitry.
Fismes.	Vitry.	Vitry.	Vitry.
Louvois.	Vitry.	Vitry.	Vitry.
Passavant.	Vitry.	Vitry.	Vitry.
Rosnay.	Vitry.	Chaumont.	Chaumont.
Saint-Hilaire-le-Grand.	Vitry.	Vitry.	Vitry.
Sainte-Menehould.	Vitry.	Vitry.	Vitry.
Sézanne.	Meaux.	Troyes et Meaux.	Meaux.
Vertus.	Vitry.	Vitry.	Vitry.
Vitry-en-Perthois.	Vitry.	Vitry.	Vitry.

Les quatre grands bailliages champenois subsistèrent, on le voit, sous le gouverne-

---

[1] La baronnie de Baye et celle de Saint-Just ressortissaient alors au bailliage de Sens.

[2] Le bailliage de Troyes ne semble avoir compris,
dans le département de la Marne, que les deux seules
paroisses de Châtillon-sur-Broué et de Clesles; c'est
moins que le bailliage de Chaumont, dont le ressort
s'étendait sur une vingtaine de paroisses dépendant
actuellement de l'arrondissement de Vitry.

ment des rois de France. Mais, seulement considérés, tout d'abord, comme bailliages comtaux, ils ne furent assimilés aux bailliages royaux qu'en 1361, après que le roi eut prononcé officiellement l'indissolubilité de la réunion du comté de Champagne à la couronne. Cette mesure restreignit considérablement le ressort du bailliage de Vermandois qui conserva néanmoins, comme par le passé, le duché-pairie de Reims, ainsi que les domaines des églises rémoises et le comté-pairie de Châlons.

La division administrative qui en résulta eut près de deux siècles de durée. Inaugurée en 1361, affirmée en 1509 lors de la rédaction des coutumes du comté de Champagne, dont les quatre variétés — coutumes de Troyes, de Meaux, de Vitry et de Chaumont — régirent jusqu'à la Révolution française les contrées jadis soumises à Thibaud le Chansonnier et à ses fils, elle reçut une première et profonde atteinte lors de l'institution des présidiaux.

Les présidiaux, qui avaient titre et rang de bailliages, furent institués par le roi Henri II, au mois de janvier 1552, pour abréger la longueur des procès que les Parlements ne parvenaient pas à terminer, et pour débarrasser ces cours souveraines d'affaires sans importance. Les présidiaux étaient, en fait, des tribunaux de première instance : jugeant toutefois sans appel quand les intérêts en litige n'excédaient pas 250 livres de capital ou 10 livres de rente, on ne pouvait appeler de leurs sentences devant le Parlement que pour des sommes plus considérables. Le ressort de ces nouveaux tribunaux ne fut pas uniquement fondé sur les anciennes circonscriptions judiciaires et l'on vit briser, par exemple, le ressort de l'ancien bailliage de Vitry : partagé dès lors entre les trois sièges présidiaux de Reims, de Vitry et de Château-Thierry, une de ses parties fut soumise à un siège dépendant antérieurement du bailliage de Vermandois, pendant que le siège présidial établi à Vitry étendait sa juridiction sur une prévôté (Rosnay) de l'ancien bailliage de Chaumont. Voici, d'ailleurs, l'indication du ressort des différents présidiaux dont dépendaient les communautés qui composent aujourd'hui le département de la Marne [1] :

Au présidial de Château-Thierry ressortissaient les sièges de Château-Thierry, de *Châtillon-sur-Marne,* de *Tréfols,* d'Oulchy-le-Château et de Neuilly-Saint-Front, tous de l'ancien bailliage de Vitry-en-Perthois.

Au présidial de Provins ressortissaient les sièges de Provins, de *Sézanne,* de Montereau-Fault-Yonne, de Bray-sur-Seine et de Jouy-le-Château, tous cinq de l'ancien bailliage de Meaux.

Au présidial de Reims ressortissaient les sièges de *Reims* et de *Châlons* (l'un et

---

[1] Les noms en italique sont ceux des sièges établis dans des localités appartenant aujourd'hui au département de la Marne.

l'autre du bailliage de Vermandois), ainsi que ceux d'*Épernay* et de *Fismes,* le comté de *Vertus* et le bailliage de *Soudron* (de l'ancien bailliage de Vitry-en-Perthois). Le ressort de ce présidial fut sensiblement réduit, en 1637, par la création du présidial de CHÂLONS-SUR-MARNE, auquel on attribua alors le siège de Châlons (ancien bailliage de Vermandois), ainsi que le comté de Vertus et le bailliage de Soudron (de l'ancien bailliage de Vitry).

Au présidial de VITRY-LE-FRANÇOIS ressortissaient les sièges de *Vitry,* de *Sainte-Menehould,* de *Passavant* et de Saint-Dizier (du baillage de Vitry), ainsi que celui de Rosnay (du bailliage de Chaumont).

Les anciens bailliages continuèrent néanmoins à subsister à côté des présidiaux; mais leurs attributions, fort restreintes par les réformes successives des institutions, sont dès lors assez difficiles à saisir. Après avoir été investis à l'origine d'une autorité illimitée et avoir cumulé toutes les fonctions, les baillis de robe courte ou baillis d'épée, exclus même de leurs propres tribunaux, se trouvèrent en dehors de la hiérarchie administrative, judiciaire, financière et militaire. Ils n'eurent plus, dans les deux derniers siècles de l'ancien régime, que des attributions assez mal définies : ils commandaient le ban et l'arrière-ban, convoquaient la noblesse de leur district et étaient regardés comme ses chefs naturels. Les tribunaux des bailliages, présidés par les lieutenants généraux des baillis d'épée, jugeaient seuls les procès de la noblesse, et du clergé, lorsque les ecclésiastiques comparaissaient devant un tribunal laïque; toutes les questions féodales appartenaient à ces tribunaux, qui étaient en outre chargés de l'instruction des procès, dans les « cas royaux ».

On comprend dès lors que l'histoire ait prêté assez peu d'attention au démembrement des anciens bailliages et à l'établissement des nouveaux : il est actuellement assez malaisé d'indiquer, même d'une manière générale, les nouvelles créations. Les sièges des bailliages présidiaux paraissent avoir eu tout d'abord leurs bailliages particuliers : tels, par exemple, pour la région à laquelle se rapporte le présent volume, Reims, Château-Thierry et Provins dès le milieu du xvi° siècle, Châlons-sur-Marne en 1637. Sézanne était dès 1567 le siège d'un bailliage royal, démembré de celui de Meaux, auquel ressortissait non seulement l'ancienne prévôté de Chantemerle, mais encore celle de Tréfols. Le bailliage d'Épernay existait déjà en 1575. Celui de Sainte-Menehould, peut-être aussi ancien, existait certainement en 1633. Je n'ai aucun renseignement positif sur la création du bailliage royal de Châtillon-sur-Marne que, vers la fin de l'ancien régime, l'on considérait comme « très ancien ». Enfin le bailliage de Fismes est certainement le plus récent de ceux entre lesquels se partageait le département de la Marne : après avoir été, depuis le xiv° siècle, le siège d'une prévôté royale, Fismes n'eut plus à un certain moment qu'un simple « juge royal »; mais le ressort de la justice royale de Fismes fut érigé en bailliage antérieurement à 1698 [1].

A la fin de l'ancien régime, les communautés d'habitants composant aujourd'hui le département de la Marne étaient divisées entre seize juridictions royales. Huit de ces juridictions, les bailliages de Châlons-sur-Marne, de Châtillon-sur-Marne, d'Épernay, de Fismes, de Reims, de Sainte-Menehould, de Sézanne et de Vitry-le-François, avaient pour siège des villes qui font maintenant partie de la circonscription départementale à laquelle est consacré ce volume; les huit autres, qui ne s'étendaient que sur une faible partie du département, étaient les bailliages de Château-Thierry, de Chaumont-en-Bassigny, de Clermont-en-Argonne, de Meaux, de Provins, de Sens, de Soissons et de Troyes.

Nous donnons ci-après la liste complète des communautés comprises dans chacun des huit bailliages dont les chefs-lieux appartiennent actuellement au département de la Marne [2].

I. BAILLIAGE DE CHÂLONS-SUR-MARNE,

formant le ressort du présidial de Châlons.

Ablancourt, Aigny, *Ambonnay, *Arnancourt*, *Arrembécourt*, Aulnay-aux-Planches, Aulnay-l'Aître, Aulnay-sur-Marne, Aulnizeux, Bannay, Bannes, Baye, *Beaulieu-en-Argonne*, Beaunay, Bergères-lez-Vertus, Bettancourt-la-Longue, Bierges, *Billy-le-Grand, Bouy, Breuvery, *Brizeaux*, Bussy-le-Château, Bussy-Lettrée, la Caure, Cernon, *Chaintrix, Châlons-sur-Marne, Châlons-sur-Vesle, Chaltrait, Champagne, Champaubert, Champigneul, Chapelaine-lez-Vassimont, la Chapelle-sur-Coole, Charmontois-l'Abbé, *Chassericourt*, la Chaussée, le Chemin, Cheniers, la Cheppe, Cheppes, Chepy, Cherville, Chevigny, Cuizard, Colligny, Compertrix, Condé-sur-Marne, Conflans, Congy, Connautray, Connantre, Coolus, Corbeil, Coulmiers, Coupetz, Coupéville, Courtisols, Cuperly, Dampierre-au-Temple, Dampierre-sur-Moivre, Dommartin-Lettrée, Éclaires, Écury-le-Repos, Écury-sur-Coole, Éloges, l'Étrée, *Esvres*, Fagnières, *Faux-sur-Coole, Fèrebrianges, *Fleury*, Fontaine-sur-Coole, *Foucaucourt*, Francheville, le Fresne, Fromentières, Germinon, Gionges, Givry-en-Brie, les Grandes-Loges, *Gudmont*, Haussimont, Heiltz-l'Évêque, *Ippécourt*, Isse, Jaalons, Joches, Jonchery-sur-Suippe, Juvigny, *Lenharrée, Livry, Loisy-en-Brie, *Longchemin*, Louvercy, *Lucy, *Mailly*, Mairy-sur-Marne, Margerie, Marson, Matougues, le Mesnil-sur-Oger, Moivre, Moncets, Mon-

---

[1] Il est effectivement mentionné dans le *Mémoire de la généralité de Champagne*, rédigé à cette date par l'intendant Larcher.

[2] L'ouvrage publié en 1776 sous le titre *Siéges royaux ressortissant directement au Parlement de Paris rangés par ordre alphabétique* est la source principale des dénombrements qui suivent. Les noms précédés d'un * sont ceux des localités qui réclamaient deux

bailliages distincts. Les noms imprimés en *italique* désignent les localités étrangères au département de la Marne. On a consulté en outre, en ce qui concerne le diocèse de Reims, le pouillé de 1776 qui figure au tome II des *Archives administratives de la ville de Reims;* en ce qui touche au diocèse de Soissons, l'ouvrage de Houillier et, pour le diocèse de Troyes, celui de Courtalon.

tépreux, Montmort, Morains, Nanteuil-la-Fosse, la Neuville-au-Temple, Normée, Nuisement-sur-Coole, Omey, Pierremorains, *Pierrepont*, *Pretz*, Pocancy, Poivre, Poix, *Rampont*, Renneville, Saint-Amand, Saint-Étienne-au-Temple, Saint-Germain-la-Ville, Saint-Gibrien, Saint-Hilaire-au-Temple, *Saint-Hilaire-le-Grand, Saint-Jean-sur-Moivre, Saint-Mard-lez-Rouffy, Saint-Martin-aux-Champs, Saint-Martin-sur-le-Pré, Saint-Memmie, Saint-Pierre-aux-Oies, *Saint-Prix, Saint-Quentin-sur-Coole, Sapignicourt, Sarry, *Senard*, Sogny-aux-Moulins, *Sommaisne*, Sommesous, Sommesuippe, Sommevesle, Songy, Souain, Soudé-le-Grand, Soudé-le-Petit, Soudron, Soulières, *Suzannecourt*, Thibie, Thogny-aux-Bœufs, *Thonnance-lez-Joinville*, Tilloy, Toulon, Tours-sur-Marne, Trécon, *Triau-court*, Vassimont, Vatry, Vaudemange, Vaurefroy, Velye, Vert, Vertus, Vésigneul-sur-Coole, Vésigneul-sur-Marne, Villeneuve-lez-Rouffy, Villevenard, Villers-aux-Bois, Villers-aux-Corneilles, Villeseneux, Vitry-la-Ville, Voipreux, Vouciennes, Vouzy, Vraux.

Un petit nombre seulement des communautés de ce bailliage suivaient la coutume de Châlons; la plupart étaient régies par la coutume de Vitry-en-Perthois.

II. BAILLIAGE DE CHÂTILLON-SUR-MARNE,
ressortissant au présidial de Château-Thierry.

Aiguizy, Anthenay, Aougny, Aubilly, Baslieux-sous-Châtillon, Belval, *Berry-au-Bac*, Binson, Bligny, *Bouffignereux*, Bouilly, Boursault, Châlons-le-Vergeur, *Chamery, Champlat, Champvoisy, Comblizy, Courmas, Courtagnon, Courthiézy, Cuchery, Cuisles, *Cumières, Damery, Dormans, Écueil, Faverolles, Festigny, Fleury-la-Rivière, *Gernicourt*, *Gueux, *Hermonville, Igny-le-Jard, *Jouy, *Juvincourt*, Lagery, Leuvrigny, Lhéry, Magneux-lez-Fismes, *Maizy*, Mareuil-le-Port, Mellerai, *Merval*, Méry-la-Montagne, *Nanteuil-la-Fosse, Nesle-le-Repons, la Neuville-aux-Larris, OEuilly, Olizy, Orquigny, *Ouches*, *Pargnan*, Passy-Grigny, Pourcy, Prémecy, *Prosnes, Prouilly, Reuil, *Re-villon*, Romery, *Roucy*, Saint-Étienne-sur-Suippe, Sainte-Euphraise, Sainte-Gemme, Saint-Imoges, *Serval*, Serzy, Soilly, Suippes, Suizy-le-Franc, Trépail, Treslon, Troissy, Unchair, Vadenay, Vandières, *Vauciennes, Venteuil, Verneuil, *Vezilly*, *Ville-en-Tardenois, *Villers-Agron*, Villers-aux-Nœuds, Villers-sous-Châtillon, Vincelles.

Les mairies royales d'Igny-le-Jard, de Suizy-le-Franc, de Verneuil et de Villers-sous-Châtillon ressortissaient au bailliage de Châtillon, dont toutes les communautés étaient soumises à la coutume de Vitry-en-Perthois et dépendirent, jusqu'au XVIᵉ siècle, du bailliage de cette ville.

III. BAILLIAGE D'ÉPERNAY,
ressortissant au présidial de Reims.

Ablois-Saint-Martin, *Ambonnay, *Aussonce*, Avenay, Avize, Ay, le Baizil, Bisseuil, Brugny, Bury, *Chaintrix, Chouilly, Courcourt, Cramant, Cuis, Épernay, Fontaine, Germaine, Grauves, les Istres, Louvois, Ludes, Mancy, Mardeuil, Mareuil-en-Brie, Mareuil-sur-Ay, Montfélix, Monthelon, Moslins, Moussy, Mutigny, Mutry, *Nauroy, la Neuville-en-Challois, *la Neuville-en-Tourne-à-Fuy*, Oiry, Pierry, Plivot, Pontfaverger, *Prosnes, Tauxières, Vauciennes, Vaudancourt, Venteuil, Vinay.

La prévôté royale d'Épernay et la mairie royale d'Ay ressortissaient à ce bailliage, dont toutes les communautés étaient régies par la coutume de Vitry-en-Perthois et faisaient partie, avant le XVI° siècle, du bailliage de Vitry.

IV. BAILLIAGE DE FISMES,
ressortissant au présidial de Reims.

Arcis-le-Ponsart, Bouvancourt, *Boves*, Branscourt, Breuil, Châlons-sur-Vesle, Courlandon, *Cys-la-Commune*, Fismes, *Geny*, *Perles*, *Presles*, Romain, *Rosnay, *Saint-Mard*, Sapicourt, Vendeuil, Ventelay.

Toutes ces communautés étaient régies par la coutume de Vitry-en-Perthois et ressortissaient originairement au bailliage de Vitry.

V. BAILLIAGE DE REIMS,
ressortissant au présidial de Reims.

*Aire, *Alland'huy*, *les Alleux*, *Artaise*, *Asfeld*, *Attigny*, Auberive, *Aubigny-les-Potées*, Aumenancourt-le-Grand, Aumenancourt-le-Petit, *Aure*, *Avançon*, *Avaux-le-Château*, *Baalons*, *Bairon*, *Balaives*, *Ballay*, *Barbaize*, Baslieux-lez-Fismes, Bazancourt-sur-Suippe, *Beaumont-en-Argonne*, Beaumont-sur-Vesle, Beine, Bermericourt, Berru, Bétheniville, Bétheny, Bezannes, Billy-le-Petit, *Blanchefosse*, *Blanzy*, *Blombay*, *Bosseval*, Boulzuze, Boult-sur-Suippe, *Boulzicourt*, Bourgogne, *Boutancourt*, Bouzy, *Brieulles-sur-Meuse*, Brimont, Brouillet, *Butz*, Caurel, Gauroy-lez-Hermonville, *Cauroy-lez-Machault*, Cernay-lez-Reims, *Cernion*, *Chagny-lez-Omont*, Chambrecy, *Chamery, Champfleury, Champigny, Champillon, *Chappes*, *Charbogne*, Chaumont (*commune de Cheveuges*), *Chéhéry*, *Chémery*, Chenay, *le Chesne*, *Cheveuges*, *Chilly*, *Chuffilly*, Cohan, Connages, Cormicy, Cormontreuil, Cormoyeux, Coulommes, *Coulommes-lez-Attigny*, Courcy, Courmelois, Courville, Grugny, *Cuisy*, *Cumières, *Dizy, *Dom, *Dommery*, *Donchery*, Dontrien, *Draize*, Drillancourt, *l'Écaille*, *Écordal*, *Élan*, *Épinonville*, Époyes, *Estrebay, *Étalles*, *Étrépigny*, *Faissault*, *Flaignes*, *Flize*, *Floing*, *la Forêt*, *Fraillicourt*, Fresne, *le Fréty*, *Gesnes*, Germigny, *Givry*, Glaire, *les Grandes-Armoises*, *Gueux*, Guyencourt, *le Ham-les-Moines*, *Hannapes*, *Hauteville*, Hautvillers, *Hauviné*, *Hermonville*, Heutrégiville, *Houdilcourt*, Hourges, *Inaumont*, Isles-sur-Suippe, *Ivoiry*, Janvry, Jonchery-sur-Vesle, Jonquery, Jouy, *Juniville*, *Justine*, Lametz, *Launois*, Laval-Morancy, Lavannes, *Ledancourt*, *Lépron*, *Librecy*, *Logny-Bogny*, *Logny-lez-Aubenton*, Loivre, Lor, Louvergny, *Lumes*, Mailly, *Maimbresson*, Mainbressy, *Maire*, Mairy-lez-Attigny, *Malmy*, *Manre*, *Maranwez*, *Marby*, Marfaux, *Marlemont*, *Marqueny*, *Marvaux*, *Maubert-Fontaine*, *Mazerny*, Merfy, *Méry-lez-Attigny*, les Mesneux, Montbré, *Montcy-Notre-Dame*, *Montfaucon*, Montigny-sur-Vesle, *Mont-Saint-Pierre*, Mont-sur-Courville, Mourmelon-le-Grand, Mourmelon-le-Petit, *Muire*, *Murtin*, *Nauroy, *la Neuville-à-Maire*, la Neuvillette, *Nevvizy*, Nogent-l'Abbesse, *Nouvion-sur-Meuse*, *Omicourt*, *Omont*, Ormes, Pargny, *Pauvre*, *les Petites-Armoises*, les Petites-Loges, Pévy, *Poilcourt*, Poilly, Pomacle, Pontfaverger, Pouillon, *Prez*, Prunay, Puisieulx, *Raillicourt*, Renneville, *Rilly-aux-Oies*, Rilly-la-Montagne, *Rocquigny*, *Roizy*, Romigny, *Rosnay, *Rubigny*, Sacy, *Saint-Aignan*, Saint-Brice, *Saint-Clément*,

Saint-Étienne-à-Arne, Saint-Étienne-sur-Suippe, Saint-Gilles, Saint-Hilaire-le-Petit, *Saint-Jean-aux-Bois*, *Saint-Lambert*, *Saint-Laurent*, Saint-Léonard, Saint-Martin-l'Heureux, *Saint-Martin-sur-Bar*, *Saint-Masmes*, *Saint-Pierre-à-Arne*, *Saint-Pierre-sur-Vence*, *Saint-Quentin-le-Petit*, *Saint-Remy-le-Petit*, Saint-Thierry, *Sainte-Vaubourg*, Sapicourt, Sapigneul, *Sapogne*, Sarcy, *Saulces-Champenoises*, *Saulx-Saint-Remy*, *Sauville*, Savigny-sur-Ardres, *Semuy*, *Senuc*, *Septsarges*, Sept-Saulx, *Seraincourt*, Sermiers, *Sévigny*, *Sévigny-la-Forêt*, *Signy-l'Abbaye*, Sillery, *Singly*, Sommauthe, Sommebionne, *Stonne*, *Suzanne*, *Sy*, Tahure, Taissy, *Tannay*, *Terron-sur-Aisne*, Thil, Thillois, *Thin-le-Moutier*, Thuisy, Tinqueux, *Torcy*, *Tourteron*, Tramery, Trépail, Trigny, *Vandy*, *Vaux-lez-Rubigny*, *Vaux-Villaine*, *Vendresse*, *Verrières*, Verzenay, Verzy, *Vieil-Saint-Remy*, *Vieux*, *Vieux-lez-Asfeld*, *Vieux-lez-Manre*, Villedommange, Ville-en-Selve, *Ville-en-Tardenois*, Villers-Allerand, *Villers-devant-Raucourt*, Villers-Franqueux, *Villers-le-Tilleul*, *Villers-le-Tourneur*, Villers-Marmery, *Villers-sur-Bar*, *Villers-sur-le-Mont*, Vivier, le Vivier, *Voncq*, *Vrigne-aux-Bois*, *Vrigne-Meuse*, Vrigny, Warmeriville, Wez, Witry-lez-Reims, *Youcq*.

La justice royale de Torcy et Glaire, ainsi que les mairies de Beaumont-en-Argonne et de Brieulles-sur-Meuse, ressortissait à ce bailliage, dont toutes les communautés étaient régies par la coutume de Reims et dépendaient originairement du bailliage de Vermandois.

VI. BAILLIAGE DE SAINTE-MENEHOULD,

ressortissant au présidial de Reims.

Acy, Adon, Aincreville, *Aire*, Alincourt, Amagne, *Ambly-sur-Aisne*, Anchamps, *Andevanne*, Annelles, Ante, *Antheny*, *Any*, *Aouste*, Apremont, *Ardeuil*, Argers, *Arnicourt*, Arreux, *Auboncourt-lez-Vauzelles*, *Auge*, *Authe*, *Autruche*, Autry, Auvillers-les-Forges, *les Ayvelles*, Balham, *Bannogne*, *Bantheville*, Bar-lez-Buzancy, *Bärbaize*, Barby, Barricourt, Baulny, Bay, Bayonville, Beauclair, Beaufort, Beaulieu, *Beaurepaire*, *Beffu*, *Begny*, Bellay, *Belleville-sous-Bar*, Belval-en-Ardennes, *Belval-en-Dieulet*, Bergnicourt, *la Berlière*, Bertoncourt, Berzieux, *la Besace*, Biermes, *Bignicourt-sur-Retourne*, Binarville, *Blaise*, Bogny-lez-Murtin, Bosseval, Bossus, Bouconville, Boult-aux-Bois, *Boulzicourt*, Bourcq, Boureuilles, *Bourg-Fidèle*, Braux-Sainte-Cohière, Braux-Saint-Remy, Brécy, *Brières*, *Brieulles-sur-Bar*, Briquenay, Brognon, Buzancy, *Cauroy-lez-Machault*, *la Cerleau*, Cernay-en-Dormois, *Chalandry*, Challerange, *Champigneul*, Champigneulle, *Champlin*, la Chapelle-sur-Auve, *Chardeny*, Charleville, Château-Porcien, *Châtel-lez-Cornay*, le *Châtelet*, le *Châtelet-sur-Retourne*, *Châtillon-sur-Bar*, Châtrices, Chaudefontaine, *Chaumont-Porcien*, *Chennery*, *le Chénois-ès-Rivières*, Cheppe, Chestres, Chevières, *Cierges*, *Clavy*, Cliron, Condé-lez-Autry, Condé-lez-Herpy, Condé-lez-Vouziers, Contreuves, Corbon, Cornay, Corny-la-Ville, Coucy-en-Rethelois, Courtémont, *la Croix-aux-Bois*, la Croix-en-Champagne, *Damouzy*, Dampierre-sur-Auve, Dancourt, *Dannevoux*, Day, *Deville*, *Dom*, Dommartin-la-Planchette, Dommartin-sous-Hans, *Dommely*, *Donchery*, Doux, Dricourt, l'Échelle, *Écly*, *Élize*, *Estrebay*, *Étaignières*, *Étion*, *Étrépigny*, *Évigny*, Exermont, *Fagnon*, *Faissault*, Falaise, Faux, Felcourt, *la Férée*, Fleury-sur-Aisne, *Fléville*, *Fligny*, *Flize*, Florent, Fontaine-en-Dormois, *Fossé*, *Foulzy*, Germont, *Girondelle*, Givron, Gizaucourt, Gomont, Grandchamp, Grandham, Grandpré, *la Grange-aux-Bois*, Gratreuil, *Grivy*, Gruyères, *le Gué-d'Hossus*, *Guignicourt*,

Guincourt, Hagnicourt, Halles, Hannogne, Hans, Harcy, la Hardoye, Harricourt, Haudrecy, Haute-ville, Havys, Herbigny, Herpy, Houldizy, Hurlus, Imécourt, *Inaumont, Jandun, Juzancourt, Laifour, Lalobbe, Lançon, Landres, *Launois, Laval, Leffincourt, Liart, Liry, *Logny-lez-Aubenton, Longwé, Lonny, *Lumes, Machault, Macheroménil, Maffrécourt, Maisoncelle, Malancourt, Malmy-en-Dormois, Marcq, Mars-sous-Bourcq, Massiges, les Mazures, Melzicourt, Ménil-Annelles, Ménil-Lépinois, Mes-mont, le Mesnil-lez-Hurlus, Minaucourt, Moiremont, Mondigny, Montcheutin, Montcornet, Montgon, Monthois, Montigny-sur-Vence, Montlaurent, Montmarin, Montmeillan, Mont-Saint-Martin, Mont-Saint-Remy, Moronvillers, Mouron, Murtin, Nanteuil-sur-Aisne, Neuflize, Neufmaison, la Neuville-au-Pont, la Neuville-aux-Bois, la Neuville-aux-Joûtes, la Neuville-aux-Tourneurs, la Neuville-lez-Attigny, la Neuville-lez-Montgon, la Neuville-lez-This, la Neuville-lez-Wasigny, Noirval, Nouart, Novion-en-Por-cien, Novy-les-Moines, Oches, Olizy-sur-Aisne, Pargny-sur-Aisne, Pauvre, Perthes-lez-Rethel, Perthes-lez-Hurlus, Poix-en-Rethelois, Prix, Puiseux, Quatrechamps, *Raillicourt, Regnicourt, Regniowez, Remaucourt, Remicourt, Remilly-les-Potées, Remonville, Renwez, Rethel, *Rilly-aux-Oies, Rimogne, Ripont, Rocroy, la Romagne, Romance, Rouvroy-en-Dormois, Rouvroy-les-Potées, les Roziers, Rumigny, *Saint-Étienne-à-Arne, Saint-Ferjeux, Saint-Georges, Saint-Germainmont, *Saint-Hilaire-le-Grand, Saint-Jean-sur-Tourbe, Saint-Juvin, *Saint-Laurent, Saint-Loup-aux-Bois, Saint-Loup-en-Champagne, Saint-Marceau, Saint-Marcel, Saint-Mard-sur-Auve, Saint-Mard-sur-le-Mont, Sainte-Marie-à-Py, Sainte-Marie-sous-Bourcq, Saint-Martin-sur-Bar, Sainte-Menehould, Saint-Morel, *Saint-Pierre-à-Arne, Saint-Pierremont, Saint-Pierre-sur-Vence, Saint-Remy-sur-Bussy, Saint-Souplet, Saulces-aux-Bois, Saulces-aux-Tournelles, Saulmory, Sault-lez-Rethel, Savigny-sur-Aisne, Sechault, Secheval, Selles, Semide, Septfontaines, Servion, Séry, Seuil, Signy-le-Petit, Sivry-lez-Busancy, Sivry-sur-Ante, Sommauthe, Sommerance, Sommetourbe, Son, Sorbon, Sorcy, Sormonne, *Stonne, Sugny, Sury, Tagnon, la Taillette, Tailly, Taizy, Tarzy, Termes, Thélonne, Thenorgues, This, le Thour, Thugny, Toges, Tourcelles, Tourne, le Tremblois, Valmy, Vaudesincourt, Vaux-en-Champagne, Vaux-en-Dieulet, Vaux-lez-Mouron, Vaux-Montreuil, Verpel, Verrières, le Vieil-Dampierre, la Vieille-Ville, Vienne-la-Ville, Ville-sur-Retourne, Ville-sur Tourbe, Villefranche-sur-Meuse, Villemontry, Villers-devant-Dun, Villers-devant-le-Thour, Villers-devant-Mézières, Villers-devant-Raucourt, Villers-en-Argonne, Villers-sur-le-Mont, Virginy, Voilemont, Vouziers, Vrizy, Wagnon, Warcq, Warge-moulin, Warnécourt, Wassigny.

Les prévôtés royales de Sainte-Menehould, de Rocroy et de Villefranche-sur-Meuse ressortissaient à ce bailliage, dont toute la circonscription était soumise à la coutume de Vitry-en-Perthois et dépendait, antérieurement au xvi° siècle, du bailliage de cette ville.

VII. BAILLIAGE DE SÉZANNE,

ressortissant au présidial de Provins.

L'Abbaye-Saint-Plancy, Allemanche, Allemant, Allibaudières, Anglure, Angluzelles, Barbonne, Baudement, *Bergères-sous-Montmirail, Bethon, *Bouchy-le-Repos, Boulages, Bricot-la-Ville, Broussy-le-Grand, Broussy-le-Petit, Broyes, la Celle-sous-Chantemerle, la Celle-sous-Montmirail, Champfleury, Champguyon, Chantemerle, la Chapelle-Lasson, Charleville, Charny-le-Bachot, Châtillon-sur-Morin, Chichey, Conflans-sur-Seine, Connantre, Corroy, Courbetaux, Courcemain, *Courgivaux, *Dosnon*, Escardes, Esclavolles, les Essarts-lez-Sézanne, *les Essarts-le-Vicomte, Esternay, Faux-Fresnay, Fayel, Fère-Champenoise, Fontaine-Denis, *Fontaine-sous-Montaiguillon*, la Forestière, le Gault, Gaye, Gourgançon, *Grandville*, Granges-sur-Aube, *Herbisse*, Joiselle, Lachy, Launay, *Lécherolles*, Linthelles, Linthes, *Longueville*, *Louan*, Maclaunay, *Maisoncelles*, Marcilly-sur-Seine, Marigny, Marsangis, Mécringes, le Meix-Saint-Époing, Mœurs, Mondement, *Montceaux-lez-Provins*, *Montdauphin*, *Montenils*, Montgenost, Montgivroux, *Montolivet*, Morsains, Nesle-la-Reposte, Neuvy, *la Noue, Nuisy, OEuvy, Ôgnes, *Ormes*, Oyes, Péas, *Plancy*, le *Plessis-Barbuize*, Pleurs, Potangis, Queudes, Reuves, Réveillon, *Rhèges*, Rieux, Rouffy, Saint-Bon, Saint-Genest, Saint-Loup, *Saint-Mars*, *Saint-Martin-du-Boschet*, *Saint-Prix, Saint-Quentin-le-Verger, Saint-Remy, Saint-Saturnin, *Salon*, Saron, Saudoy, *Semoine*, Sézanne, Soigny, Soizy-aux-Bois, Soyer, Thaas, le Thoult, Tréfols, Trosnay, *Trouan-le-Grand*, *Trouan-le-Petit*, Verdey, le Vézier, *Vidpres-le-Grand*, *Vidpres-le-Petit*, Villeneuve-la-Lionne, la Villeneuve-lez-Charleville, Villeneuve-Saint-Vistre, Villevotte, Villiers-aux-Corneilles, *Villiers-Herbisse*, Vindey, Vouarces.

Les prévôtés royales de Sézanne, de Chantemerle, de Dosnon, de Granville, d'Herbisse, de Semoine, de Tréfols et de Villiers-Herbisse ressortissaient au bailliage de Sézanne, dont toutes les communautés, régies par la coutume de Meaux, avaient dépendu, jusqu'au XVIe siècle, du bailliage de Meaux.

VIII. BAILLIAGE DE VITRY,
ressortissant au présidial de Vitry-le-François.

Alliancelles, Arrigny, *Arzillières, Baconnes, Bassu, Bassuet, *Baudonvilliers*, Belval, *Bettancourt-la-Ferrée, *Bienville*, *Bignicourt-sur-Marne*, Blacy, Blaise-sous-Arzillières, Blaise-sous-Hauteville, Blesmes, *Brabant-le-Roi*, *Brauvilliers, le Buisson, *Bussy-aux-Bois, Bussy-le-Repos, Chamery, *Chamouilley*, Champaubert-aux-Bois, *Chancenay, Changy, *Charmont, Charmontel, Charmontois-le-Roi, le Châtelier, Châtelraould, Cheminon, Clamanges, Cloyes, *Contault, Corbeil, Courdemanges, Couvrot, Dampierre-le-Châtel, Dommartin-sur-Yèvre, Domremy, Doucey, Drouilly, Épense, Farémont, *Faux-sur-Coole, Frignicourt, Givry-en-Argonne, Glannes, Goncourt, *Hallignicourt, Haussigné-mont, Hauteville, Heiltz-le-Hutier, Heiltz-le-Maurupt, Herpont, *Huiron, Jussécourt, Isle-sur-Marne, Isson, *Landricourt, Larzicourt, Loisy-sur-Marne, Luxémont, Maisons-en-Champagne, Maisonvigny, Marolles, Matignicourt, Maurupt, *le Meix-Thiercelin, Merlaut, Minecourt, *Moëlains*, Morley, Mutigny, *Narcy, Nettancourt, Neuville-sous-Arzillières, Noirlieu, Norrois, Nuisement-aux-Bois, Orconte, Pargny-sur-Saulx, Passavant, *Perthes*, les Petites-Côtes, Plichancourt, Ponthion, Possesse, Rapsécourt, *Rarécourt*, Reims-la-Brûlée, les Rivières, *Saint-Cheron, Saint-Étienne-lez-Vitry, Saint-Genest, Saint-Jean-devant-Possesse, Sainte-Livière, Saint-Lumier-en-Champagne, Saint-Lumier-la-Populeuse, Saint-Mard-sur-le-Mont, Saint-Quentin-les-Marais, Saint-Remy-en-Bouzemont, *Scrupt, Sermaize, Sogny-en-l'Angle, *Sommerécourt*, Sommeyèvre, Soulanges, Thièblemont, Trois-fontaines, *Valcourt, Vanault-le-Châtel, Vanault-les-Dames, Vandeuil, Varimont, Vauclerc, Vavray-le-Grand, Vavray-le-Petit, *Vernancourt, Villers-sur-Marne, *Villiers-en-Lieu*, Vitry-en-Perthois, Vitry-le-François, Voulliers, Vroil.

Les prévôtés royales de Vitry et de Passavant, et les mairies royales de Bassuet, de Brabant-le-Roi, de Charmont, de Châtelraould, de Cheminon, de Contault, de Doucey, de Favresse, de Heiltz-le-Maurupt, de Perthes et de Sermaize ressortissaient à ce bailliage, qui revendiquait en outre le ressort du bailliage de Saint-Dizier, duquel dépendaient les mairies royales de la Maison-aux-Bois, de Martehaye et de Saint-Vrain. Toutes ces communautés étaient régies par la coutume de Vitry.

Après avoir fait connaître la composition des bailliages dont le chef-lieu appartient au département de la Marne, il me reste à indiquer les communautés de cette même circonscription qui, avant 1790, dépendaient des huit bailliages de Château-Thierry, de Chaumont-en-Bassigny, de Clermont-en-Argonne, de Meaux, de Provins, de Sens, de Soissons et de Troyes, ou de la prévôté de Paris.

I. *Bailliage de Château-Thierry* (coutume de Vitry-en-Perthois). — *Bergères-sous-Montmirail, le Breuil, Corribert, Corrobert, l'Échelle, Janvilliers, *Lucy, Mareuil-le-Port, Margny, Montléant, Montmirail, Orbais, Vandières-sous-Châtillon, Vauchamps, Verdon, Villers-sous-Châtillon, la Ville-sous-Orbais.

II. *Bailliage de Chaumont-en-Bassigny* (coutume de Chaumont). — Brandonvillers, Brébant, Bussy-aux-Bois, Chapelaine, Domprot, Drosnay, Gigny-aux-Bois, Hancourt, Humbeauville, Lignon, *le Meix-Thiercelin, Outines, Saint-Étienne-aux-Ormes, Saint-Ouen, Saint-Utin, Somsois.

III. *Bailliage de Clermont-en-Argonne* (coutume de Clermont). — La Harazée, Saint-Thomas, Servon, Vienne-le-Château.

IV. *Bailliage de Meaux* (coutume de Meaux). — Le Vézier.

V. *Bailliage de Provins* (coutume de Meaux). — *Bouchy-le-Repos, *Courcemain, *les Essarts-le-Vicomte, *la Noue.

VI. *Bailliage de Sens* (coutume de Sens). — Bagneux, Saint-Just.

VII. *Bailliage de Soissons* (coutume de Vermandois) — Muizon.

VIII. *Bailliage de Troyes* (coutume de Troyes). — Châtillon-sur-Broué, Clesles.

IX. *Prévôté de Paris* (coutume de Paris). — Boissy-le-Repos, Corfélix.

§ 4. CIRCONSCRIPTIONS FINANCIÈRES.

La séparation du pouvoir administratif et du pouvoir judiciaire commença en France, dès le XIIIe siècle, du jour où la Chambre des Comptes et le Conseil du Roi eurent une existence distincte de celle du Parlement. Elle se manifesta, au siècle suivant, par l'organisation d'autorités locales et par la création de nouvelles circonscriptions administratives.

L'assemblée des États généraux de 1355, voulant régler elle-même la perception et l'emploi des deniers publics, nomma des commissaires généraux pour faire la répartition de l'impôt dans toute l'étendue du royaume et en surveiller la perception. Les commissaires désignés par les États généraux pouvaient établir des sous-commissaires chargés de la même mission dans des régions déterminées. Ces sous-commissaires étant désignés sous le nom d'élus en raison du choix dont ils avaient été l'objet, la circonscription soumise à leur autorité se nomma « élection », et le nom des fonctionnaires aussi bien que celui de la circonscription fut conservé jusqu'à la Révolution française, durant plus de quatre siècles par conséquent, bien que le caractère des élus eût subi de sérieuses transformations dès le règne de Charles V.

Les nouvelles circonscriptions furent tout d'abord calquées sur les circonscriptions d'ordre ecclésiastique. Autant que le permit la constitution géographique du royaume, l'élection fut originairement identique au diocèse, de sorte que le pays qui forme aujourd'hui le département de la Marne, exception faite des quatre communautés situées en terre d'Empire, ressortissait aux cinq élections de Reims, de Châlons-sur-Marne, de Soissons, de Sens et de Troyes.

Il est difficile de suivre les circonscriptions d'élections dans les cent cinquante premières années de leur existence. On sait néanmoins que, vers la fin du règne de Louis XI, c'est-à-dire vers l'an 1480, les cinq élections que je viens de nommer avaient toutes subi quelque remaniement territorial. L'élection de Reims formait alors les deux élections de Reims et de Rethelois : celle-ci, comprenant le comté de Rethel et ses annexes, subsistait encore en 1789 sous le nom d'élection de Rethel. L'élection de Châlons sur-Marne ne comprenait plus la châtellenie de Larzicourt, passée à la nouvelle élection de Nemours. L'élection de Soissons, également démembrée, constituait alors les trois élections dont Soissons, Compiègne et Château-Thierry étaient les sièges, et, seule, l'élection de Château-Thierry comprenait quelques parcelles du département de la Marne. La primitive élection de Sens se partageait désormais entre les cinq élections de Sens, de Nemours, de Melun, de Provins et d'Étampes, division qui rappelait d'une manière générale celle du diocèse de Sens entre les cinq archidiaconés de Sens, du Gâtinais, de Melun, de Provins et d'Étampes : c'était naturellement à l'élection de Provins que ressortissait Saint-Genest, l'unique paroisse sénonaise comprise en 1790 dans le département de la Marne; mais l'élection de Nemours, identique au duché de même nom créé en 1404 et composée par conséquent d'un certain nombre de groupes territoriaux isolés les uns des autres dans les diocèses de Sens, de Meaux, de Troyes, de Châlons et de Langres, englobait — dans le département de la Marne — Larzicourt et ses dépendances. Enfin l'élection de Troyes avait perdu les châtellenies de

Nogent-sur-Seine, de Pont-sur-Seine et d'Ervy, rattachées postérieurement à 1404 à la nouvelle élection de Nemours. En somme, le territoire départemental de la Marne était réparti, en 1480, entre les sept élections de Rethel, de Reims, de Châlons, de Château-Thierry, de Provins, de Nemours et de Troyes, formant, avec dix-huit autres élections, une circonscription d'ordre supérieur qu'on appelait alors la généralité d'Outre-Seine et dont le siège était Paris même.

La généralité d'Outre-Seine ayant été démembrée à son tour vers 1523, les pays dont j'étudie les vicissitudes territoriales furent alors partagés entre la généralité de Paris, qui, en 1557, comprenait, parmi les vingt-deux élections dont elle se composait, celles de Nemours, de Provins et de Château-Thierry, et la généralité de Châlons-sur-Marne, formée des neuf élections de Laon, de Rethel, de Reims, de Châlons, de Sézanne, de Troyes, de Beaufort, de Bar-sur-Aube et de Langres. Je dois une mention particulière aux deux nouvelles élections de Beaufort et de Sézanne, celle-ci démembrée de l'élection de Troyes, parce que son siège appartient aujourd'hui au département de la Marne, celle-là parce que, représentant le groupe le plus oriental de l'ancienne élection de Nemours, elle devait englober Larzicourt et le ressort de cette ancienne châtellenie des comtes de Champagne. De la sorte, l'élection de Beaufort tenant, en ce qui concerne notre département, la place précédemment occupée par l'élection de Nemours, on ne se trouve réellement en face que de huit (et non neuf) élections pour le département de la Marne, en 1557 : Rethel, Reims, Châlons, Château-Thierry, Provins, Sézanne, Troyes et Beaufort.

L'édit royal, en date de décembre 1583, réduisant le nombre des recettes générales et particulières, supprima l'élection de Beaufort dont le ressort était fort restreint et la transforma en un siège particulier de l'élection en chef de Troyes. Aux termes de cet édit, la généralité de Châlons se composa de huit élections organisées comme suit :

I.   Élection de CHÂLONS avec élus particuliers pour *Vitry*, Saint-Dizier, *Sainte-Menehould* et *Vertus*.

II.   Élection de REIMS avec élu particulier pour *Épernay*.

III. Élection de LAON avec élu particulier pour Coucy-le-Château.

IV.   Élection de TROYES avec élus particuliers pour Beaufort, Villenauxe, Arcis-sur-Aube, Villemaur et Brienne-le-Château.

V.   Élection de LANGRES avec élu particulier pour Chaource.

VI.   Élection de CHAUMONT-EN-BASSIGNY avec élus particuliers pour Andelot et Bar-sur-Aube.

VII. Élection de SÉZANNE.

VIII. Élection de RETHEL.

Marne.   o

Mais sa circonscription fut amoindrie onze ans plus tard, lors de la création de la généralité d'Amiens, qui lui prit l'élection de Laon et emprunta les autres éléments de son territoire aux généralités de Paris et d'Amiens. La partie du département de la Marne qui ressortissait à l'élection de Château-Thierry fut alors comprise dans la généralité de Soissons.

La seule modification de limite extérieure, dont la généralité de Châlons fut ensuite l'objet, résulta de la création de l'élection d'Épernay, qui existait dès 1611 et dont le territoire fut emprunté pour partie à l'élection de Reims, pour partie à celle de Château-Thierry (Châtillon-sur-Marne, etc.). A cette même date de 1611, Fismes et Cormicy étaient l'un et l'autre sièges d'élections particulières dépendant de l'élection en chef de Reims.

C'est également en 1611 que je trouve, au nombre des élections en chef, Vitry-le-François, dépendant naguère encore de l'élection de Châlons. La nouvelle élection comprend dans son ressort Saint-Dizier, Joinville et Montiérender, qui, dès la même date, figurent comme sièges d'élections particulières.

La création de l'élection en chef de Bar-sur-Aube, formée en 1627 aux dépens de celle de Chaumont-en-Bassigny, enlève à cette dernière circonscription tout rapport avec les contrées qui forment aujourd'hui le département de la Marne.

Les élections de Sainte-Menehould et de Joinville furent créées en 1696. La première de ces circonscriptions emprunta son territoire, partie à l'élection de Châlons, partie à celle de Reims. Quant à l'élection de Joinville, elle fut formée aux dépens de l'élection de Vitry, dont dépendaient Joinville et Montiérender, et de l'élection de Chaumont-en-Bassigny, à laquelle ressortissait l'élection particulière dont Wassy était déjà le siège en 1611.

Enfin c'est alors, suivant toute apparence, que l'élection de Vitry reçut, sans doute comme une sorte de compensation, le territoire répondant à l'ancienne élection de Beaufort et qui avait été joint en 1583 à l'élection de Troyes, et qu'elle s'accrut aussi d'un certain nombre de paroisses du ressort de la châtellenie de Rosnay qui, précédemment, appartenaient à l'élection de Bar-sur-Aube.

Par suite de ces remaniements successifs, la généralité de Châlons-sur-Marne se composa, de 1696 à 1790, de douze élections qui avaient pour chefs-lieux les villes de Châlons-sur-Marne, de Bar-sur-Aube, de Chaumont, d'Épernay, de Joinville, de Langres, de Reims, de Rethel, de Sainte-Menehould, de Sézanne, de Troyes et de Vitry-le-François. Les élections particulières soumises à ces élections en chef étaient fort peu nombreuses, et, après la suppression de l'élection particulière de Vertus, supprimée, dit-on, en 1705, il ne paraît plus avoir subsisté que la seule élection particulière de Villenauxe, dont la circonscription, composée de vingt-six paroisses, ne faisait pas corps avec le gros de l'élection en chef de Troyes à laquelle elle appartenait.

En 1789, les pays qui forment actuellement le département de la Marne dépendaient, au point de vue administratif, des généralités de Châlons, de Soissons et de Paris, ou du Clermontois.

I. GÉNÉRALITÉ DE CHÂLONS.

Les communautés de cette généralité que comprend aujourd'hui le département de la Marne étaient partagées entre les élections de Châlons, d'Épernay, de Reims, de Sainte-Menehould, de Sézanne et de Vitry-le-François, dont les chefs-lieux lui appartiennent, et les élections de Bar-sur-Aube, de Rethel et de Troyes.

Pour les six premières de ces circonscriptions financières, on indiquera la totalité des communautés qui les composaient, en imprimant en italique le nom de celles qui sont étrangères au département de la Marne. On se contentera, par contre, de mentionner uniquement les villages du département de la Marne qui dépendaient des trois autres élections [1].

1. ÉLECTION DE CHÂLONS-SUR-MARNE.

Aigny, Alliancelles, Aulnay-aux-Planches, Aulnay-sur-Marne, Avize, Bannes, Baye, Beaunay, Belval-en-Argonne, Bergères-lez-Vertus, Bettancourt-la-Longue, Bierges, *Brabant-le-Roi*, Breuvery, Bussy-le-Château, Bussy-le-Repos, Bussy-Lettrée, Gernon, Chaintrix, Châlons-sur-Marne, Chaltrait, Champagne, Champaubert, Champigneul, Chapelaine, la Chapelle-sur-Orbais, Charmont, Charmontois-l'Abbé, Charmontois-le-Roi, le Châtelier, le Chemin, la Cheppe, Cheniers, Chepy, Chevigny, Clamanges, Coizard, Colligny, Compertrix, Congy, Connantray, Connantre, Contault, Coolus, Corroy, Coulmiers, Coupetz, Coupéville, Courtisols, la Croix-en-Champagne, Cuperly, Dampierre-au-Temple, Dampierre-sur-Moivre, Dommartin-Lettrée, Éclaires, Écury-le-Petit, Écury-le-Repos, Écury-sur-Coole, *Esvres*, Étoges, Étrechy, Fagnières, Faux-sur-Coole, Fèrebrianges, Fère-Champenoise, Flavigny, Fontaine-sur-Coole, *Foucaucourt*, Francheville, le Fresne, Fromentières, Germinon, Gionges, Givry-lez-Loisy, Gourgançon, Grauves, Haussimont, Jaalons, Juvigny, Lenharrée, Lépine, Loisy-en-Brie, Mairy-sur-Marne, Marson, Matougues, le Mesnil-sur-Oger, Moivre, Moncets, Montépreux, Mutigny-la-Chaussée, *Nettancourt*, la Neuville-au-Temple, Noirlieu, Normée, Nuisement-sur-Coole, OEuvy, Oger, Ognes, Omey, Passavant, Pierremorains, Pocancy, Poigny, Poix, Possesse, *Pretz*, Recy, Renne-

[1] Les listes qui suivent ont été dressées d'après celles que renferme le *Nouveau dénombrement du royaume, des généralités, élections, paroisses et feux* (Paris, in-4°, 1735), et qui, en ce qui concerne la Champagne du moins, sont également la source des tableaux consacrés à chaque élection dans le *Dictionnaire géographique des Gaules et de France*, de l'abbé Expilly.

ville, *Riaucourt*, Rouffy, Saint-Étienne-au-Temple, Saint-Germain-la-Ville, Saint-Gibrien, Saint-Hilaire-au-Temple, Saint-Jean-sur-Moivre, Saint-Mard-lez-Rouffy, Saint-Mard-sur-le-Mont, Saint-Martin-sur-le-Pré, Saint-Memmie, Saint-Pierre-aux-Oies, Saint-Quentin-sur-Coole, Saint-Remy-sur-Bussy, Sarry, *Senard*, Sogny-aux-Moulins, *Sommaisne*, Sommesous, Sommevesle, Sommeyèvre, Soudé-Notre-Dame, Soudé-Sainte-Croix, Soudron, Soulières, Thibie, Tilloy, Togny-aux-Bœufs, Toulon, Trécon, Vadenay, Vanault-le-Châtel, Vanault-les-Dames, Vatry, Vaurefroy, Velye, Vernancourt, Vert, Vertus, Vésigneul-sur-Coole, Vésigneul-sur-Marne, la Veuve, Villeneuve-lez-Rouffy, Villers-aux-Bois, Villers-aux-Corneilles, Villers-le-Sec, Villeseneux, Villevenard, Vinets, Vitry-la-Ville, Voipreux, Vouciennes, Vouzy, Vraux, Vroil.

2. ÉLECTION D'ÉPERNAY.

Ablois-Saint-Martin, Ambonnay, Anthenay, Athis, Avenay, Ay, le Baizil, Baslieux-sous-Châtillon, Billy-le-Grand, Bisseuil, Boursault, Bouzy, Brugny, Champvoisy, Châtillon-sur-Marne, Chavot, Cherville, Chouilly, Comblizy, Condé-sur-Marne, Courthiézy, Cramant, Cuchery, Cuis, Cuisles, Cumières, Damery, Dizy, Dormans, Épernay, Festigny, Fontaine, Germaine, les Grandes-Loges, Hautvillers, Iguy-le-Jard, Isse, les Istres, Leuvrigny, Louvois, Lucy, Mancy, Mardeuil, Mareuil-en-Brie, Mareuil-le-Port, Mareuil-sur-Ay, Monthelon, Montmort, Morangis, Moslins, Moussy, Mutigny, Mutry, Nesle-le-Repons, la Neuville-en-Beauvais, la Neuville-en-Challois, OEuilly, Oiry, Orquigny, Passy, Pierry, Plivot, Reuil, Sainte-Gemme, Soilly, Suizy-le-Franc, Tauxières, Tours-sur-Marne, Trepail, Troissy, Vandières, Vauciennes, Vaudancourt, Vaudemanges, Venteuil, Verneuil, Vertuelle, Ville-en-Selve, Ville-en-Tardenois, Villers-sous-Châtillon, Vinay, Vincelles.

3. ÉLECTION DE REIMS.

Adon, *Aire*, *Alland'huy*, *Antheny*, Aougny, *Aouste*, Arcis-le-Ponsart, *Ardeuil*, *Arnicourt*, *Artaise*, *Asfeld*, *Attigny*, Auberive, *Aubigny-les-Potées*, Aubilly, Aumenancourt-le-Grand. Aumenancourt-le-Petit, *Aure*, Aussonce, *Auvillers-les-Forges*, Avançon, *Avaux-le-Château*, *Avègres*, Baconnes, *Bairon*, *Balham*, *Bannogne*, Baslieux-lez-Fismes, Bay, Bazancourt, *Beaufort-en-Argonne*, *Beaumont-en-Argonne*, *Beaumont-en-Avioth*, Beaumont-sur-Vesle, *Begny*, Beine, *la Berlière*, Bermericourt, Berru, *la Besace*, Bethancourt, Bétheniville, Bétheny, Bezannes, *Bignicourt*, *Blanchefosse*, *Blanzy*, Bligny, *Blombay*, *Bogny-lez-Martin*, *Bouconville*, Bouilly, Bouleuze, Boult-sur-Suippe, *Bourg-Fidèle*, Bourgogne, Bouvancourt, Bouy, Branscourt, Breuil-sur-Vesle, *Brières*, Brimont, Brouillet, Caurel, Cauroy-lez-Hermonille, *Cauroy-lez-Machault*, *la Cerleau*, Cernay-lez-Reims, Cernion, *Chagny*, Châlons-sur-Vesle, Chambrecy, Chamery, Champfleury, Champigny, Champlat, *Chappes*, *Château-Porcien*, *le Châtelet-près-Rimogne*, *Chaudion*, *Chaumont-Porcien*, Chaumuzy, Chenay, *Chestres*, *Cheveuges*, *Chigny*, *Chuffilly*, *Clairefontaine*, Cohémy, Condé-lez-Herpy, Cormicy, Cormontreuil, Cormoyeux, Coulommes, *Coulommés-lez-Attigny*, Courcelles-lez-Rosnay, Courcy, Courlandon, Courmas, Courmelois, Courtagnon, Courville, Crugny, *Day*, *Deville*, *Dommely*, *Dommery*, Dontrien, *Draize*, *l'Écaille*, *Écharson*, *Écly*, Écueil, Époye, Estrebay, *Étalles*, *Fagnon*, *Falaise*, Faverolles, *Ferrières*, Fismes, *Flaignes*, Fleury-la-Rivière, *Fligny*, Fontaine-en-Dormois, *Foulzy*, *Fraillicourt*, Fresne, Germigny, *Givron*, Givry, Gomont, Grandchamp, Gratreuil, Gueux, *le Ham-les-Moines*, *Hannapes*, *Hannogne*, Harcy, *la Hardoye*, *Haudrecy*, Hauteville, *Hauviné*, Havys, Herbigny, Hermonville, *Herpy*, Heutrégiville, *Houdilcourt*, Hourges, Hurlus, Isles-sur-Suippe, Janvry, Jonchery-sur-Suippe, Jonchery-sur-Vesle, Jonquery, Jouy, *Juniville*, *Justine*, *Juzancourt*, Lagery, *Lalobbe*, *Laval-Morancy*, Lavannes, *Léchelle*, *Lépron*, *Létanne*, Lhéry, *Liart*, Livry, *Logny-Bogny*, *Logny-lez-Chaumont*, Loivre, *Lonny*, Louvercy, Ludes, Magneux, Mailly, *Maimbresson*, *Mainbressy*, *Maisoncelle*, Malmy-en-Dormois, *Manre*, *Maranwez*, Marfaux, *Marlemont*, *Maubert-Fontaine*, les *Mazures*, *Ménil-Lépinois*, Merfy, *Méry-en-Montagne*, *Méry-lez-Attigny*, *Mesmont*, les Mesneux, le Mesnil-lez-Hurlus, Montbré, *Montcheutin*, *Montcornet*, *Mont-Fauxelles*, *Montgon*, *Monthois*, Montigny-sur-Vesle, *Montmeillan*, *Mont-Saint-Martin*, Mont-sur-Courville, Mourmelon-le-Grand, Mourmelon-le-Petit, Muizon, *Murtin*, Nanteuil-la-Fosse, *Nanteuil-sur-Aisne*, Nauroy, *Neufmaison*, la *Neuville-aux-Tourneurs*, la *Neuville-en-Tourn à-Fuy*, *Neuville-lez-le-Chesne*, la *Neuville-lez-Wasigny*, la Neuvillette, *Neuvizy*, Nogent-l'Abbesse, *Novion-Porcien*, Olizy, Onrezy, Ormes, Pargny, *Pauvre*, Perthes-lez-Hurlus, les *Petites-Armoises*, les Petites-Loges, Pévy, le *Plain*, *Poilcourt*, Poilly, Pomacle, Pontfaverger, Pouillon, Pourcy, Prémecy, *Prez*, Prin, *Prix-lez-Mézières*, Prosnes, Prouilly, Prunay, Puisieulx, *Quatre-Champs*, *Renneville*, *Recouvrance*, Reims, *Remaucourt*, *Remilly-les-Potées*, *Renwez*, Rilly-la-Montagne, *Rimogne*, Ripont, Roche, *Rocquigny*, Roizy, la *Romagne*, Romain, Romigny, Rosnay, Rouvroy-en-Dormois, *Rouvroy-les-Potées*, Rubigny, *Rumigny*, Sacy, *Saint-Aignan*, Saint-Brice-et-Courcelles, *Saint-Clément*, Saint-Étienne-sur-Suippe, Sainte-Euphraise-et-Clairizet, *Saint-Ferjeux*, *Saint-Germainmont*, Saint-Gilles, Saint-Hilaire-le-Grand, Saint-Hilaire-le-Petit, Saint-Imoges, *Saint-Jean-aux-Bois*, Saint-Léonard, *Saint-Marcel*, Saint-Martin-l'Heureux, Saint-Masmes, *Saint-Pierre-à-Arne*, *Saint-Quentin-le-Petit*, Saint-Thierry, *Sainte-Vaubourg*, Sapicourt, Sapigneul, Sarcy, *Saulces-Champenoises*, *Saulmory*, *Saulx-Saint-Remy*, Savigny-sur-Ardres, *Sechault*, Sept-Saulx, *Seraincourt*, Sermiers, *Servion*, *Séry*, Serzy, *Sévigny*, *Sévigny-la-Forêt*, *Signy-l'Abbaye*, *Signy-le-Petit*, Sillery, Sommesuippe, Son, Sorbon, *Sormonne*, Souain, *Stonne*, Suippes, Taissy, *Taizy*, *Tannay*, *Tarzy*, *Terrier*, Thil, Thillois, *Thin-le-Moutier*, le *Thour*, Thuisy, Tinqueux, Tramery, *les Trembleaux*, Treslon, Trigny, Trois-Puits, Unchair, *Vaux-lez-Mouron*, *Vaux-lez-Rubigny*, Vendeuil, Ventelay, Verzenay, Verzy, *Vieil-Saint-Remy*, *Vieux-lez-Asfeld*, *Vieux-lez-Manre*, Villedommange, Villers-Allerand, Villers-aux-Nœuds, *Villers-devant-le-Thour*, *Villers-devant-Raucourt*, Villers-Franqueux, *Villers-le-Tourneur*, Villers-Marmery, *Villemontry*.

4. ÉLECTION DE SAINTE-MENEHOULD.

Aincreville, *Andevanne*, Ante, *Apremont*, Argers, *Autry*, Auve, *Banthsville*, Bar-lez-Buzancy, *Barricourt*, *Baulny*, *Beauclair*, *Beaulieu-en-Argonne*, *Beaurepaire*, *Beffu*, Berzieux, Binarville, le *Bois-des-Dames*, *Boureuilles*, *Boult-aux-Bois*, Braux-Sainte-Cohière, Braux-Saint-Remy, Brécy, Brieulles-sur-Meuse, *Briquenay*, *Brizeaux*, Buzancy, Cernay-en-Dormois, *Challerange*, *Champigneulle*, Chamy, la Chapelle-sur-Auve, *Châtel-lez-Cornay*, Châtrices, Chéhéry, Chennery, *Chevières*, *Cierges*, Condé-lez-Autry, Cornay, Courtémont, *Cuisy*, Dampierre-le-Château, Dampierre-sur-Auve, *Dannevoux*, Daucourt, Dommartin-la-Planchette, Dommartin-sous-Hans, Dommartin-sur-Yèvre, Élize, Épense, *Épinonville*, *Exermont*, Felcourt, *Fleury-en-Argonne*, *Fléville*, Florent, Fontenoy, Gercourt, *Gesnes*, Givry-en-Argonne, Gizaucourt, *Grandham*, *Grandpré*, *Halles*, Hans, *Harricourt*, Haucourt, Herpont, *Imécourt*, *Lançon*, *Landres*, Laval, Maffrécourt, *Marcq*, Massiges, Melzicourt, Minaucourt, Moiremont, *Montfaucon-en-Argonne*, *Mouron*, la Neuville-au-Pont, la Neuville-aux-Bois, *Nouart*, *Oches*, Olizy, Rapsécourt, Remicourt, *Remonville*, *Saint-Georges*, Saint-Jean-sur-Tourbe, *Saint-Juvin*, Sainte-Menehould, Saint-Mard-sur-Auve, *Saint-Pierremont*, Senuc, *Septsarges*, *Sivry-lez-Buzancy*, Sivry-sur-

Ante, *Sommauthe*, *Sommerance*, Sommetoûrbe, Tahure, *Tailly*, *Termes*, *Thenorgues*, *Triaucourt*, Valmy, Varimont, *Vaux-en-Dieulet*, *Verpel*, Verrières, le Vieil-Dampierre, Vienne-la-Ville, *Villers-devant-Dun*, Villers-en-Argonne, Ville-sur-Tourbe, Virginy, Voilemont, Wargemoulin.

5. ÉLECTION DE SÉZANNE.

Allemanche, Allemant, Anglure, Bagneux, Bannay, Barbonne, Baudement, Bergères-sous-Montmirail; Boissy-le-Repos, Broussy-le-Grand, Broussy-le-Petit, Broyes, *la Celle-sous-Montmirail*, Champguyon, la Chapelle-Lasson, Charleville, Chichey, Corfélix, Courbetaux, Courgivaux, Escardes, les Essarts-lez-Sézanne, Esternay, Fontaine-Denis, le Gault, Gaye, Granges-sur-Aube, Joiselle, Lachy, Linthelles, Linthes, Maclaunay, Marcilly-sur-Seine, Marigny, Marsangis, Mécringes, le Meix-Saint-Époing, Mœurs, Mondement, Montdauphin, *Montenils*, Montgivroux, *Montolivet*, Morains, Neuvy, la Noue, Nuisy, Oyes, Peas, Pleurs, Reuves, Réveillon, Rieux, Saint-Just, Saint-Prix, Saint-Quentin-le-Verger, Saint-Remy, Saint-Saturnin, Saron, Saudoy, Sézanne, Soigny, Soizy-aux-Bois, Soyer, Thaas, le Thoult, Trefols, Trosnay, Verdey, Villeneuve-la-Lionne, Villeneuve-lez-Charleville, Villeneuve-Saint-Vistre, Villevotte, Vindey, Vouarces.

6. ÉLECTION DE VITRY-LE-FRANÇOIS.

Ablancourt, Ambrières, *Arrembécourt*, Arrigny, Arzillières, Aulnay-l'Aitre, *Bailly-le-Franc*, *Balignicourt*, Bassu, Bassuet, *Baudonvilliers*, *Bettancourt-la-Ferrée*, *Bienville*, Bignicourt-sur-Marne, Bignicourt-sur-Saulx; Blacy, Blaise-sous-Arzillières, Blaise-sous-Hauteville, Blesmes, Brandonvillers, *Braucourt*, *Brauvilliers*, Brusson, le Buisson, *Chamouilley*, Champaubert-aux-Bois, *Chancenay*, Changy, Chapelaine, *Chassericourt*, Châtelraould, Châtillon-sur-Broué, *Chavanges*, Cheminon, Cheppes, Cloyes, Coole, Courdemanges, Couvrot, Domprot, Domremy, *Donnement*, Doucey, Drosnay, Drouilly, *Droyes*, Écollemont, Écriennes, *Étrepy*, *Eurville*, Farémont, Favresse, *Frampas*, Frignicourt, Giffaumont, Gigny-aux-Bois, Glannes, Goncourt, les Grandes-Côtes, *Hallignicourt*, Hancourt, Haussignémont, Hauteville, Heiltz-l'Évêque, Heiltz-le-Hutier, Heiltz-le-Maurupt, Henruel, *Hoëricourt*, Huiron, Humbeauville, Isle-sur-Marne, Isson, *Joncreuil*, Jussécourt, Landricourt, Larzicourt, Lignon, Lisse, Loisy-sur-Marne, Luxémont, Maisons-en-Champagne, Margerie, Marolles, Matignicourt, Maurupt, le Meix-Tiercelin, Merlaut, Minecourt, *Moëlains*, Moncetz-l'Abbaye, *Montmorency*, le Montois, la Neuville-lez-Saint-Dizier, Neuville-sous-Arzillières, Norrois, Nuisement-aux-Bois, Orconte, Outines, Outrepont, Pargny-sur-Saulx, *Pars*, *Perthes*, *la Petite-Ville*, les Petites-Côtes, Plichancourt, *Poivre*, Ponthion, *Prez-sur-Marne*, Pringy, Reims-la-Brûlée, les Rivières, *Roches-sur-Marne*, Rosay, Saint-Amand, Saint-Cheron, *Saint-Dizier*, Saint-Eulien, Saint-Genest, *Saint-Léger-sous-Margerie*, Sainte-Livière, Saint-Louvent, Saint-Lumier-en-Champagne, Saint-Lumier-la-Populeuse, Saint-Martin-aux-Champs, Saint-Quentin-les-Marais, Saint-Ouen, Saint-Remy-en-Bouzemont, Saint-Utin, Saint-Vrain, Sapignicourt, Scrupt, Sermaize, Sogny-en-l'Angle, Sompuis, Somsois, Songy, Soulanges, Thièblemont, Trois-Fontaines-l'Abbaye, *Trouan-le-Grand*, *Trouan-le-Petit*, *Valcourt*, Vauclerc, Vavray-le-Grand, Vavray-le-Petit, Villers-sur-Marne, *Villiers-en-Lieu*, Villotte, Vitry-en-Perthois, Vitry-le-François; Vouillers, Vrainville.

7. ÉLECTIONS DIVERSES.

Élection de Bar-sur-Aube : Bréhant, Corbeil.

Élection de Rethel : Moronvillers, Sainte-Marie-à-Py, Saint-Souplet, Selles, Sompy, Vaudesincourt.

Élection de Troyes : Angluzelles-et-Courcelles, Bethon, Bouchy-le-Repos, Bricot-la-Ville, la Celle-sous-Chantemerle, Chantemerle, Châtillon-sur-Morin, Clesles, Conflans-sur-Seine, Courcemain, Esclavolles, les Essarts-le-Vicomte, Faux-Fresnay, la Forestière, Lurey, Montgenost, Nesle-la-Reposte, Potangis, Saint-Bon, Villiers-aux-Corneilles [1].

II. GÉNÉRALITÉ DE SOISSONS.

C'est de cette généralité que dépendait l'élection de Château-Thierry, comprenant, dans le département actuel de la Marne : le Breuil, Corribert, Corrobert, l'Échelle, Janvilliers, Margny, Montléant, Montmirail, Orbais, Suizy-le-Franc, Vauchamps, Verdon et la Ville-sous-Orbais.

III. GÉNÉRALITÉ DE PARIS.

Une seule commune du département appartenait à la généralité de Paris, celle de Saint-Genest, qui dépendait de l'élection de Provins.

IV. CLERMONTOIS.

Les quatre communautés de la Harazée, de Saint-Thomas, de Servon et de Vienne-le-Château faisaient partie de ce pays, qui n'a été officiellement uni à la France qu'en 1659, par le traité des Pyrénées.

§ 5. CIRCONSCRIPTIONS ECCLÉSIASTIQUES.

J'ai parlé plus haut de l'origine territoriale des diocèses antérieurs à la Révolution française. Tous, particulièrement en ce qui touche au département de la Marne, ont conservé les limites des *civitates* de la période romaine, et j'ai eu l'occasion de montrer que leurs circonscriptions divisionnaires dérivaient des circonscriptions civiles, des *pagi*, de l'époque carolingienne.

Chacun des diocèses de la moitié septentrionale de l'ancienne Gaule était divisé en un certain nombre de circonscriptions divisionnaires, désignées au moyen âge sous le

---

[1] A l'exception d'Angluzelles-et-Courcelles, Clesles, Courcemain et Faux-Fresnay, toutes ces paroisses appartenaient à l'élection particulière de Villenauxe.

nom de « chrétienté », *christianitas.* La chrétienté, ayant à sa tête un de ses curés, qualifié à cette occasion doyen, *decanus,* a pris de cette circonstance le vocable de doyenné, *decanatus,* primitivement réservé, semble-t-il, à la dignité de doyen d'un chapitre et qui a fini par prévaloir sur la dénomination primitive. Bien que la chrétienté fût ordinairement désignée par le nom d'une de ses paroisses, originairement sans doute la plus importante de la circonscription, le doyen de la chrétienté n'était pas nécessairement le curé de cette paroisse; le titre de doyen de chrétienté pouvait être donné successivement à tous les curés d'une chrétienté, et parfois, par un abus facile à comprendre, le doyen est indiqué à tort dans les chartes du moyen âge comme le doyen d'une chrétienté désignée par le nom de la paroisse qu'il administre. Ainsi, par exemple, Jacques, qui figure dans un acte de 1251 avec le titre de doyen de la chrétienté de Maucourt, n'était, selon toute apparence, que le curé de Maucourt, doyen de la chrétienté de Perthes, au diocèse de Châlons. Il faut donc regarder à deux fois avant de tirer parti des indications analogues que renferment les actes des trois derniers siècles du moyen âge.

Les chrétientés ou doyennés étaient parfois identiques, au point de vue territorial, aux archidiaconés; l'identité existait, par exemple, pour un archidiaconé et un doyenné du diocèse de Châlons, et quatre archidiaconés du diocèse de Troyes n'avaient d'autre circonscription que celle des doyennés désignés par les vocables mêmes de ces archidiaconés; mais, le plus souvent, l'archidiaconé était formé d'un certain nombre de doyennés.

Les archidiaconés, *archidiaconatus,* devaient cette appellation à l'archidiacre qui y exerçait sa juridiction. Le nombre des archidiacres n'a pas ordinairement varié depuis le xie siècle : il en est ainsi, par exemple, pour chacun des diocèses dont il va être parlé.

Au point de vue ecclésiastique, le territoire du département de la Marne était partagé avant la Révolution entre la province ecclésiastique de Reims, de laquelle. dépendaient les diocèses de Reims, de Châlons-sur-Marne et de Soissons, et la province ecclésiastique de Sens, à laquelle appartenaient les diocèses de Sens et de Troyes.

I. DIOCÈSE DE REIMS.

Le diocèse de Reims était partagé en deux archidiaconés, le grand archidiaconé ou archidiaconé de Reims et l'archidiaconé de Champagne. En 1789, le grand archidiaconé se divisait lui-même en treize doyennés; les doyennés de la Chrétienté ou de Reims, de la Montagne, d'Hermonville, de Fismes, de Lavannes, de Saint-Germainmont, de Charleville, de Braux, de Rumigny, de Mézières, de Rethel, de Mouzon-Bar et de Mouzon-Meuse. Quant à l'archidiaconé de Champagne, il comprenait les dix doyennés de Dun, de Grandpré, de Cernay-en-Dormois, du Châtelet, du Vallage, d'Attigny, du Chesne, de Bétheniville, de Vesle et d'Épernay.

Neuf des divisions décanales que nous venons d'énumérer existaient déjà au commencement du XIV° siècle et s'étendaient sur le territoire du département de la Marne : on trouvera ci-dessous la liste des paroisses qui les composaient[1]. Les noms en italique sont ceux des localités étrangères à notre circonscription.

1. GRAND ARCHIDIACONÉ DE REIMS.

DOYENNÉ DE LA CHRÉTIENTÉ OU DE REIMS. — Montbré, la Neuvillette, Reims (Saint-André, Saint-Denis, Saint-Étienne, Saint-Hilaire, Saint-Jacques, Saint-Jean, Saint-Julien, Sainte-Marie-Madeleine, Saint-Martin, Saint-Maurice, Saint-Michel, Saint-Pierre, Saint-Symphorien, Saint-Timothée), Saint-Brice, Saint-Léonard, Trois-Puits.

DOYENNÉ DE LA MONTAGNE. — Aubilly, Bezannes, Bligny, Bouilly, Bouleuze, Chambrecy, Chamery, Champigny, Champlat, Chaumuzy, Cormoyeux, Coulommes-la-Montagne, Courmas, Courtagnon, Écueil, Faverolles, Fleury-la-Rivière, Gueux, Jonquery, Jouy, Marfaux, Méry-la-Montagne, les Mesneux, Nanteuil-la-Fosse, Olizy, Ormes, Pargny, Poilly, Pourcy, Prémecy, Romery, Romigny, Sacy, Sainte-Euphraise, Sarcy, Sermiers, Thillois, Tinqueux, Tramery, Treslon, Villedommange, Ville-en-Tardenois, Villers-aux-Nœuds, Vrigny.

DOYENNÉ D'HERMONVILLE. — Baslieux-lez-Fismes, Bermericourt, Bouvancourt, Cauroy-lez-Hermonville, Châlons-le-Vergeur, Châlons-sur-Vesle, Chenay, Cormicy, Courcy, Courlandon, Hermonville, Loivre, Merfy, Montigny-sur-Vesle, Pévy, Pouillon, Prouilly, Romain, Saint-Thierry, Sapigneul, Thil, Trigny, Ventelay, Villers-Franqueux.

DOYENNÉ DE FISMES (démembré au XVIII° siècle du doyenné d'Hermonville). — Aougny, Arcis-le-Ponsart, Branscourt, Breuil, Brouillet, Courville, Crugny, Fismes, Germigny, Hourges, Janvry, Jonchery-sur-Vesle, Lagery, Lhéry, Magneux, Mont-sur-Courville, Muizon, Rosnay, Saint-Gilles, Sapicourt, Savigny-sur-Ardres, Serzy, Unchair, Vandeuil.

DOYENNÉ DE LAVANNES. — Aumenancourt-le-Grand, Aumenancourt-le-Petit, *Aussonce*, Bazancourt, Berru, Bétheny, Boult-sur-Suippe, Bourgogne, Brimont, Brimontel, Caurel, Cernay-lez-Reims, Époye, Fresnes, Heutrégiville, *Houdilcourt*, Isles-sur-Suippe, Lavannes, *la Neuville-en-Tourne-à-Fuy*, Nogent-l'Abbesse, *Poilcourt*, Pomacle, Pontfaverger, *Roizy*, Saint-Étienne-sur-Suippe, Saint-Masmes, *Sault-Saint-Remy*, Selles, Warmeriville, Witry-lez-Reims.

---

[1] Cette liste a été dressée d'après le pouillé du diocèse de Reims, rédigé en 1777, par Bauny, secrétaire de l'archevêché, ou, plus exactement, d'après l'analyse que Varin a donnée de cet ouvrage dans les *Archives administratives de Reims*, t. II, p. 1045 et suiv.

2. ARCHIDIACONÉ DE CHAMPAGNE.

DOYENNÉ DE BÉTHENIVILLE. — Auberive, Bétheniville, *Bignicourt*, *Cauroy-lez-Machault*, *Cheppe*, *Contreuve*, Dontrien, *Dricourt*, *Hauviné*, Jonchery-sur-Suippe, *Leffincourt*, *Liry*, *Machault*, Mont-Saint-Martin, Mont-Saint-Remy, Moronvillers, *Pauvre*, *Saint-Clément*, *Saint-Étienne-à-Arne*, Saint-Hilaire-le-Grand, Saint-Hilaire-le-Petit, Sainte-Marie-à-Py, Saint-Martin-l'Heureux, *Saint-Pierre-à-Arne*, Saint-Souplet, *Semide*, Sommepy, Sommesuippe, Souain, *Sugny*, Suippes, Vaudesincourt. *Ville-sur-Retourne*.

DOYENNÉ DE CERNAY-EN-DORMOIS. — *Ardeuil*, *Aure*, *Autry*, Berzieux, Binarville, *Bouconville*, *Brecy*, *Brières*, Cernay-en-Dormois, *Challerange*, *Condé-lez-Autry*, Corbon, Fontaine-en-Dormois, *Grandhan*, Gratreuil, la Harazée, Hurlus, *Lançon*, Laval-sur-Tourbe, Malmy-en-Dormois, *Manre*, *Marvaux*, Massiges, Melzicourt, le Mesnil-lez-Hurlus, Minaucourt, *Montcheutin*, *Monthois*, *Mouron*, Perthes-lez-Hurlus, Riport, Rouvroy, Saint-Jean-sur-Tourbe, *Saint-Morel*, Saint-Thomas, *Savigny-sur-Aisne*, Sechault, Servon, Sommetourbe, Tahure, *Vaux-lez-Mouron*, Vienne-la-Ville, Vienne-le-Château, *Vieux*, Ville-sur-Tourbe, Virginy, Wargemoulin.

DOYENNÉ D'ÉPERNAY. — Aigny, Ambonnay, Athis, Avenay, Ay, Billy-le-Grand, Bisseuil, Bouzy, Bury, Champillon, Cherville, Chouilly, Condé-sur-Marne, Cramant, Cuis, Cumières, Dizy, Épernay, Fontaine, Germaine, les Grandes-Loges, Hautvillers, Isse, les Istres, Louvois, Mardeuil, Mareuil-sur-Ay, Mutigny, Mutry, Oiry, Plivot, Saint-Imoges, Tauxières, Tours-sur-Marne, Trépail, Vaudemanges, Ville-en-Selve, Vraux.

DOYENNÉ DE VESLE. — Baconnes, Beaumont-sur-Vesle, Beine, Bouy, Champfleury, Chigny, Cormontreuil, Courmelois, Livry, Louvercy, Ludes, Mailly, Mourmelon-le-Grand, Mourmelon-le-Petit, Nauroy, les Petites-Loges, Prosnes, Prunay, Puisieulx, Rilly-la-Montagne, Sept-Saulx, Sillery, Taissy, Thuisy, Verzenay, Verzy, Villers-Allerand, Villers-Marmery, Wez.

II. DIOCÈSE DE CHÂLONS-SUR-MARNE.

Le diocèse de Châlons appartenait pour la plus grande partie au département de la Marne. On en trouvera donc ici le dénombrement complet, selon l'ordre des cinq archidiaconés et des neuf doyennés entre lesquels il était partagé en 1789 [1].

1. GRAND ARCHIDIACONÉ OU ARCHIDIACONÉ DE CHÂLONS.

DOYENNÉ DE CHÂLONS. — Aulnay-sur-Marne, Bierges, Bussy-Lettrée, Chaintrix, Châlons-sur-Marne, (Notre-Dame-en-Vaux, Saint-Alpin, Saint-Antoine, Saint-Éloi, Saint-Germain [2], Saint-Jean, Saint-

---

[1] L'état qui suit résume le *Catalogue des cures du diocèse de Châlons*, imprimé en 1749 par ordre de Mgr de Choiseul-Beaupré.

[2] Le titre de la paroisse de Saint-Germain de

Châlons était éteint avant la Révolution (note manuscrite placée à la page 2 du *Catalogue des cures du diocèse de Châlons*, dans l'exemplaire des Archives de la Marne).

Loup, Sainte-Marguerite, Saint-Nicaise, Saint-Nicolas-et-Sainte-Catherine, Saint-Sulpice, la Trinité), Champigneul, Cheniers, Clamanges, Compertrix, Conflans, Coolus, Écury-le-Repos, Écury-sur-Coole, Fagnières, Germinon, Jaalons, Matougues, Nuisement-sur-Coole, Pierremorains, Pocancy, Saint-Gibrien, Saint-Memmie (Saint-André, Saint-Martin), Saint-Pierre-aux-Oies, Soudron, Thibie, Trécon, Vatry, Vélye, Villers-aux-Corneilles, Villeseneux.

DOYENNÉ DE BUSSY-LE-CHÂTEAU (*alias* de Courtisols). — Bellay, Bussy-le-Château, la Chaussée, la Cheppe, Chepy, Coupéville, Courtisols (Saint-Julien, Saint-Martin, Saint-Memmie), la Croix-en-Champagne, Cuperly, Dampierre-au-Temple, Dampierre-sur-Moivre, Francheville, le Fresne, Juvigny (Notre-Dame, Saint-Martin), Lépine, Marson, Moivre, Moncets, Mutigny, Omey, Pogny, Poix, Recy, Saint-Étienne-au-Temple, Saint-Germain-la-Ville, Saint-Hilaire-au-Temple, Saint-Jean-sur-Moivre, Saint-Martin-sur-le-Pré, Saint-Remy-sur-Bussy, Sarry, Sommevesle, Tilloy, Vadenay, Vésigneul-sur-Marne, la Veuve.

DOYENNÉ DE COOLE. — Breuvery, Cernon, Cheppes, Coole, Coupetz, Courdemanges, Dommartin-Lettrée, Drouilly, l'Étrée, Faux-sur-Coole, Fontaine-sur-Coole, Huiron, Loisy-sur-Marne, Mairy-sur-Marne, Maisons-en-Champagne, Pringy, Saint-Martin-aux-Champs, Saint-Quentin-sur-Coole, Sogny-aux-Moulins, Sompuis, Songy, Soudé-le-Grand, Soudé-le-Petit, Togny-aux-Bœufs, Vésigneul-sur-Coole, Vitry-la-Ville.

DOYENNÉ DE VITRY-EN-PERTHOIS. — Ablancourt, Aulnay-l'Aître, Bassu, Bassuet, Bignicourt-sur-Saulx, Blesmes, le Buisson, Changy, Cheminon, Coulvagnier, Couvrot, Domremy, Doucey, Étrepy, Favresse, Haussignémont, Heiltz-l'Évêque, Heiltz-le-Maurupt, Jussécourt, Lisse, Maurupt, Merlaut, Minecourt, Outrepont, Pargny-sur-Saulx, Plichancourt, Ponthion, Reims-la-Brûlée, Rosay, Saint-Amand, Saint-Lumier-en-Champagne, Saint-Quentin-les-Marais, Scrupt, Sermaize, Sogny-en-l'Angle, Soulanges, Trois-Fontaines, Vavray-le-Grand, Vavray-le-Petit, Villers-sur-Marne, Vitry-en-Perthois (Saint-Étienne, Saint-Memmie).

2. ARCHIDIACONÉ DE JOINVILLE.

DOYENNÉ DE JOINVILLE. — Ancerville, Attancourt, Autigny-le-Grand, Autigny-le-Petit, Avrainville, Bailly-aux-Forges, Baudonvilliers, Bettancourt-la-Ferrée, Bienville, Blécourt, Brauvillers, Breuil, Brousseval, Chamouilley, Chancenay, Chatonrupt, Chevillon, Cousancelles, Cousances-aux-Forges, Curel, Donjeux, Eurville, Ferrières, Flornoy, Fontaine-sur-Marne, Fronville, Gigny-aux-Bois, Gourzon, Gudmont, Hallignicourt, Hoëricourt, Joinville, Louvemont, Magneux, Maizières, Mathons, Montreuil-sur-Blaise, Mussey, Narcy, la Neuville-à-Remy, Nomécourt, la Noue, Osne-le-Val, Poissons, Prez-sur-Marne, Rachecourt-sur-Marne, Roches-sur-Marne, Rouvroy-sur-Marne, Rupt, Saint-Dizier, Saint-Urbain, Saucourt, Savonnières-en-Perthois, Sommancourt, Sommelonne, Sommerécourt, Sommermont, Sommeville, Suzannecourt, Thonnance-lez-Joinville, Troisfontaines-la-Ville, Vallerest, Vecqueville, Villiers-aux-Bois, Voillecomte, Wassy.

DOYENNÉ DE PERTHES. — Allichamps, Ambrières, Arrigny, Arzillières, Basvillage, Bignicourt-sur-Marne, Blacy, Blaise-sous-Arzillières, Braucourt, Champaubert-aux-Bois, Chantecoq, Châtelraould, Cloyes, Éclaron, Écollemont, Écriennes, Farémont, *Frampas*, Frignicourt, Giffaumont, Goncourt, les Grandes-Côtes, Hautevil'e, Heiltz-le-Hutier, Henruel, *Humbécourt*, Isle-sur-Marne, Isson, Landricourt, Larzicourt, Luxémont, Marolles, Matignicourt, *Moëlnins*, Moncetz-l'Abbaye, *Montiérender*, *la Neuville-au-Pont*, Neuville-sous-Arzillières, Norrois, Nuisement-aux-Bois, Orconte, *Perthes*, les Petites-Côtes, *Planrupt*, les Rivières, *Robert-Espagne*, *Robert-Magny*, Saint-Cheron, Saint-Eulien, Saint-Genest, Sainte-Livière, Saint-Remy-en-Bouzemont, Saint-Vrain, Sapignicourt, Thièblemont, *Valcourt*, Vauclerc, *Villiers-en-Lieu*, Villotte, Vitry-le-François, Vouillers.

3. ARCHIDIACONÉ D'ÂTENOIS.

DOYENNÉ DE SAINTE-MENEHOULD. — Argers, Auve, Braux-Sainte-Cobière, Braux-Saint-Remy, la Chapelle-sur-Auve, Châtrices, Chaudefontaine, Courtémont, Dampierre-le-Château, Dampierre-sur-Auve, Daucourt, Dommartin-la-Planchette, Dommartin-sous-Hans, Dommartin-sur-Yèvre, Élize, Felcourt, Florent, Gizaucourt, la Grange-aux-Bois, Hans, Herpont, Maffrécourt, Moiremont, la Neuville-au-Pont, Passavant, Rapsécourt, Saint-Mard-sur-Auve, Sainte-Menehould, Sommebionne, Valmy, Varimont, Verrières, Villers-en-Argonne, Voilemont.

DOYENNÉ DE POSSESSE. — Alliancelles, Ante, Auzécourt, Belval-en-Argonne, Bettancourt-la-Longue, Bussy-le-Repos, Charmont, Charmontois-l'Abbé, le Châtelier, le Chemin, Contault, Éclaires, Épense, Givry-en-Argonne, *Laheycourt*, Nettancourt, la Neuville-aux-Bois, Noirlieu, *Noyers*, Possesse, *Prez*, Remicourt, *Riaucourt*, Saint-Jean-devant-Possesse, Saint-Mard-sur-le-Mont, *Senard*, Sivry-sur-Ante, *Sommaisne*, *Sommeille*, Sommeyèvre, *Triaucourt*, Vanault-le-Châtel, Vanault-les-Dames, *Vaubecourt*, Vernancourt, le Vieil-Dampierre, Villers-le-Sec, Vroil.

4. ARCHIDIACONÉ DE VERTUS.

DOYENNÉ DE VERTUS. — Aulnay-aux-Planches, Aulnizeux, Avize, Bannes, Baye, Beaunay, Bergères-lez-Vertus, la Caure, Chaltrait, Champaubert, la Chapelle-sous-Orbais, Chapelaine, Chevigny, Coizard, Coligny, Congy, Connantray, Connantre, Corroy, Courjeonnet, Étoges, Étrechy, Fèrebrianges, Fère-Champenoise (Saint-Aignan, Saint-Timothée), Flavigny, Fromentières, Fulaines, Gionges, Givry-en-Brie, Gourgançon, Grauves, Haussimont, Joches, Lenbarrée, Loisy-en-Brie, le Mesnil-sur-Oger, Montépreux, Montmort, Morains, Normée, OEuvy, Oger, Ognes, Renneville, Rouffy, Saint-Mard-lez-Rouffy, Sommesous, Soulières. Toulon, Vassimont, Vert, Vertus, Villeneuve-lez-Rouffy, Villers-aux-Bois, Villevenard, Voipreux, Vouzy.

III. DIOCÈSE DE SOISSONS.

En 1789, le diocèse de Soissons était divisé en quatre archidiaconés : le grand archidiaconé, comprenant les doyennés de la Chrétienté ou de Soissons, de Vailly, de Chacrise et de Viviers; l'archidiaconé de la Rivière, divisé entre les doyennés de Vic-sur-Aisne, de Collioles, de Béthizy et de Blérancourt; l'archidiaconé de Brie, duquel dépendaient les doyennés de Châtillon-sur-Marne, de Château-Thierry, d'Orbais, de Chézy, de Dormans et de Montmirail; enfin l'archidiaconé de Tardenois, formé des doyennés de Bazoches, d'Oulchy-le-Château, de Neuilly-Saint-Front et de Fère-en-Tardenois.

Nous donnons ci-après la composition de quatre des divisions décanales comprises dans l'archidiaconé de Brie, parce que leur circonscription a été englobée, en tout ou en partie, par le département de la Marne[1].

Doyenné de Châtillon-sur-Marne. — Anthenay, Baslieux-sous-Châtillon, Binson, Boursault, Champvoisy, Châtillon-sur-Marne, Cuchery, Cuisles, Damery, Festigny, Leuvrigny, Mareuil-sur-Marne, Melleray, OEuilly, Passy-Grigny, Reuil, Vandières-sous-Châtillon, Verneuil-le-Bas, Verneuil-le-Haut, Venteuil, Villers-sous-Châtillon.

Doyenné de Dormans (démembré en 1762 du doyenné de Châtillon). — *Barzy*, *Baulne*, *Celles-lez-Condé*, *la Chapelle-Monthodon*, *le Charmel*, Comblizy, *Condé-en-Brie*, *Connigis*, *Courtemont-Varennes*, Courthiézy, Dormans, Igny-le-Jard, *Monthurel*, Nesle-le-Repons, *Passy-sur-Marne*, *Reuilly*, *Saint-Agnan*, *Saint-Eugène*, Soilly, *Tréloup*, Troissy, Vincelles.

Doyenné de Montmirail (démembré en 1762 du doyenné de Chézy). — *Artonges*, Corrobert, *Courboin*, *l'Épine-au-Bois*, l'Échelle, *Fontenelle*, Janvilliers, *Marchais*, *Montigny-lez-Condé*, *Montlevon*, Montmirail, *Pargny*, *Rozoy-Gâtebled*, Vauchamps, *Vendières-sous-Montmirail*, *Verdelot*, *Vieils-Maisons*, *Villeneuve-sur-Bellot*.

Doyenné d'Orbais. — Ablois-Saint-Martin, le Baizil, le Breuil, Brugny, Corribert, Mancy, Mareuil-en-Brie, Montfélix, Monthelon, Moslins, Orbais, Pierry, Suizy-le-Franc, Vauciennes, Vaudancourt, Verdon, la Ville-sur-Orbais, Vinay.

IV. DIOCÈSE DE SENS.

Le diocèse de Sens était partagé, avant la Révolution, en cinq archidiaconés : le grand archidiaconé ou archidiaconé de Sens, l'archidiaconé de Gâtinais, l'archidiaconé de Melun, l'archidiaconé de Provins et l'archidiaconé d'Étampes.

L'archidiaconé de Provins, qui ne formait qu'un doyenné unique, le doyenné de Provins, comprenait Saint-Genest, communauté rattachée, en 1790, au département de la Marne.

V. DIOCÈSE DE TROYES.

Antérieurement à la Révolution, le diocèse de Troyes se divisait en six parties : l'archiprêtré et cinq archidiaconés. Les archidiaconés étaient le grand archidiaconé de Troyes ou archidiaconé de Troyes, correspondant aux quatre doyennés de Troyes, de Villemaur, de Marigny-le-Châtel et de Pont-sur-Seine, et les archidiaconés de Sézanne,

[1] Les renseignements qui suivent sont empruntés à l'ouvrage de Houillier, *État ecclésiastique et civil du diocèse de Soissons*, Compiègne et Paris, 1783, in-8°.

de Margerie, de Brienne et d'Arcis, identiques, au point de vue territorial, aux doyennés de même nom[1].

Voici quelle était la composition de celles des quatre circonscriptions décanales du diocèse de Troyes qui s'étendaient, totalement ou en partie, sur notre département.

DOYENNÉ DE PONT-SUR-SEINE. — *Barbuise*, Bethon, *Bonsac*, Bouchy-le-Repos, Bricot-la-Ville, la Celle-sous-Chantemerle, *Chalautre-la-Grande*, Chantemerle, Châtillon-sur-Morin, Conflans-sur-Seine, *Crancey*, *Dival*, Esclavolles, les Essarts-le-Vicomte, *Fontaine-sous-Montaiguillon*, la Forestière, *Louan*, *Marnay*, Montgenost, *Montpothier*, Nesle-la-Reposte, *Nogent-sur-Seine*, *Périgny-la-Rose*, le *Plessis-Barbuise*, *Pont-sur-Seine*, Potangis, *Saint-Hilaire*, *Saint-Martin-Chennetron*, *Saint-Nicolas*, la *Saulsotte*, *Villegruis*, *Villenauxe*, *Villeneuve-au-Châtelot*, Villiers-aux-Corneilles.

DOYENNÉ DE SÉZANNE. — Allemanche, Allemant, Anglure, Bagneux, Bannay, Barbonne, Baudement, Bergères-sous-Montmirail, Boissy-le-Repos, Broussy-le-Grand, Broussy-le-Petit, Broyes, *la Celle-sous-Montmirail*, Champguyon, la Chapelle-Lasson, Charleville, Chichey, Corfélix, Courbetaux, Courgivaux, Escardes, les Essarts-lez-Sézanne ou les Grands-Essarts, Esternay, Fayel, Fontaine-Denis, le Gault, Gaye, Granges-sur-Aube, Joiselle, Lachy, Launay, Linthelles, Linthes, Maclaunay, Marcilly-sur-Seine, Marigny, Marsangis, Mécringes, *Meilleray*, le Meix-Saint-Époing, Mœurs, Mondement, *Montdauphin*, *Monteuils*, Montgivroux, *Montolivet*, Morsains, Neuvy, la Noue, Nuisy, Oyes, Peas, Pleurs, Queudes, Reuves, Réveillon, Rieux, Saint-Bon, Saint-Just, Saint-Loup, Saint-Prix, Saint-Quentin-le-Verger, Saint-Remy, Saint-Saturnin, Saron-sur-Aube, Saudoy, Sézanne, Soigny, Soizy-aux-Bois, Soyer, Thaas, le Thoult, Tréfols, Trosnay, Verdey, le Vézier, Villeneuve-la-Lionne, Villeneuve-lez-Charleville, Villeneuve-Saint-Vistre, Vindey, Vouarces.

DOYENNÉ DE MARGERIE. — *Arrembécourt*, *Aulnay*, *Bailly-le-Franc*, *Balignicourt*, *Bétignicourt*, *Beurville*, Brandonvillers, *Braux-le-Comte*, *Brébant*, *Brillecourt*, Bussy-aux-Bois, *Ceffonds*, *Chalette*, Chapelaine, *Chasséricourt*, Châtillon-sur-Broué, *Chavanges*, Corbeil, *Courcelles*, *Dampierre*, *Dommartin-le-Coq*, Domprot, *Donnement*, Drosnay, *Droyes*, Gigny-aux-Bois, *Hampigny*, Hancourt, Humbeauville, *Jasseines*, *Joncreuil*, *Lentilles*, Lignon, *Longeville*, *Looze*, *Magnicourt*, Margerie, le Meix-Tiercelin, Montmorency, *Morambert*, *Nully*, Outines, *Pars*, *Poivre*, *Puellemontier*, *Romaine*, *Rosnay*, Saint-Étienne-aux-Ormes, *Saint-Léger-sous-Margerie*, Saint-Ouen, *Sainte-Suzanne ou le Mothé*, Saint-Utin, *Sauvage-Magnil*, Sommevoire, Somsois, *Thilleux*, *Trémilly*, *Valentigny*, *Vaucogne*, *Villeret*, *Yèvre*.

DOYENNÉ D'ARCIS-SUR-AUBE. — *Abbaye-sous-Plancy*, *Allibaudières*, Angluzelles, *Arcis-sur-Aube*, *Aubeterre*, *Aubigny*, Bessy, *Boulages*, *Champfleury*, *Champgrillet*, Charny, *Chaudrey*, le *Chêne*, Clesles, Courcelles, Courcemain, Dosnon, Droupt-Saint-Basle, Droupt-Sainte-Marie, *Étrelles*, Faux-Fresnay, *Grandville*, *Herbisse*, Isle-sous-Ramerupt, *Lhuître*, *Longueville*, Mailly, *Méry-sur-Seine*, Mesnil-la-Comtesse, *Montsuzain*, Nozay, Ormes, Ortillon, *Plancy*, Ramerupt, *Rhèges*, *Romainecourt*, Saint-Étienne-sur-Barbuise, *Saint-Nabord*, *Saint-Oulph*, *Saint-Remy-sous-Barbuise*, Salon, Semoine, *Torcy-le-Grand*, *Torcy-le-Petit*, Trouan-le-Grand, *Trouan-le-Petit*, *Vaupoisson*, *Viâpres-le-Grand*, *Viâpres-le-Petit*, *Villette*, *Villiers-Herbisse*, *Vinets*, Voué.

---

[1] La liste des paroisses et annexes de ces diverses circonscriptions a été dressée à l'aide du tome III de la *Topographie historique du diocèse de Troyes*, publiée en 1784.

V. PÉRIODE MODERNE.

I. CRÉATION DU DÉPARTEMENT.

Par un décret en date du 11 novembre 1789, l'Assemblée nationale, désireuse d'établir l'unité dans les circonscriptions administratives, judiciaires et ecclésiastiques, avait décidé que la France serait partagée en un certain nombre de départements qui auraient en moyenne 320 lieues carrées. Les députés de la province de Champagne, ou pour mieux dire les représentants de la généralité de Châlons, qui ne comprenait ni Meaux, ni Château-Thierry, ni Provins, ni Sens, formèrent une commission chargée de procéder à cette division en ce qui touchait la région qui les avait élus. Le bien public, de l'avis de plusieurs, aurait demandé que le territoire de la généralité formât trois départements avec Reims, Châlons et Troyes pour chefs-lieux; mais ces départements auraient eu une superficie de 430 à 440 lieues carrées au lieu des 320 prescrites par l'Assemblée. Se conformant alors rigoureusement au décret du 11 novembre, la Commission décida que la province (lisez : la généralité) de Champagne serait divisée en quatre départements : le département de la Champagne septentrionale, le département de Châlons, celui de Troyes et enfin le département de la Champagne méridionale. Telle est l'origine de nos quatre départements des Ardennes, de la Marne, de l'Aube et de la Haute-Marne, qui ne comprennent que fort peu de chose en dehors des territoires composant antérieurement la généralité de Châlons [1].

En décidant la création des quatre départements champenois et en fixant leurs limites extérieures, les commissaires n'avaient accompli que la moindre partie de la tâche qui leur incombait, car la fixation du nombre des circonscriptions divisionnaires du département, et surtout le choix de leurs chefs-lieux, devait donner lieu à bien des compétitions et à des protestations sans nombre. Plus d'une fois, les législateurs

---

[1] Dans les huit premières années de son existence, le département de la Marne ne comprit que huit paroisses étrangères à l'ancienne généralité de Châlons : c'étaient trois paroisses du Clermontois, une paroisse de la généralité de Paris et quatre paroisses de celle de Soissons. Ces dernières paroisses — Montmirail, l'Échelle, Janvilliers et Vauchamps — sont mentionnées dans le décret du 21 janvier 1790 relatif au département de la Marne, décret qui ordonne par contre que cinq autres paroisses de la généralité de Champagne et de l'élection de Sézanne — Mécringes, la Celle, Montcnils, Montolivet et Montdauphin — seraient abandonnées au département de Seine-et-Marne, prescription qui, je me hâte de le dire, ne reçut pas une complète exécution, puisque finalement Mécringes fut compris dans le département de la Marne et la Celle dans le département de l'Aisne.

allaient se trouver en face des prétentions les plus opposées; souvent même les propositions qu'on leur soumettait étaient tout à fait injustifiables.

Dans ce dernier cas, le rôle de la commission était facilité par l'étrangeté même des prétentions. Il n'y avait pas effectivement à se préoccuper des demandes faites dans le but d'obtenir un chef-lieu de district (c'est l'arrondissement d'aujourd'hui) pour des communautés voisines du département de la Marne, auxquelles l'administration d'alors attribuait 125 (Montmorency, au département de l'Aube) ou 211 feux (Chavanges) et qui, aujourd'hui, ont une population, celle-ci de 973, celle-là de 361 habitants. Mais ce fut certainement à regret que la commission, après avoir songé spontanément à Vertus pour le siège d'un des districts du département de la Marne, se vit ensuite dans la nécessité de le lui refuser, en dépit du mémoire que cette ville avait adressé à l'appui de ses prétentions. « Sur la réclamation de Vertus », dit un arrêté des députés de la province, en date du 30 décembre 1789 « il a été décidé à la pluralité des voix, après avoir entendu les députés particuliers de la ville, que le département de Châlons ne serait divisé qu'en six districts, lesquels sont : Châlons, Reims, Sainte-Menehould, Vitry, Épernay et Sézanne ».

On n'accordait donc de chef-lieu de district qu'à chacune des six villes alors en possession d'un siège d'élection. Il était impossible d'agir plus sagement et la décision à laquelle s'était arrêtée la commission ne pouvait être l'objet de critiques sérieuses. C'est en vain que la ville de Vertus fit imprimer en janvier 1790 le mémoire où étaient exposées ses réclamations. C'est aussi en vain que la bourgade de Châtillon-sur-Marne, également frustrée de ses espérances, réclama la conversion de son bailliage royal en tribunal de district, attaquant avec une rare acrimonie la ville d'Épernay, chef-lieu du district dont elle devait faire partie : les députés de la province rejetèrent une proposition qui consistait à réunir Épernay et Vertus en un même district, pour que Châtillon pût devenir de son côté le siège d'un district particulier, et, lorsque Châtillon se fut contenté de réclamer pour lui le tribunal du district d'Épernay, ses prétentions soulevèrent les protestations de plusieurs municipalités de cette circonscription, notamment de la municipalité d'Ay (17 juillet 1790).

En raison de sa situation au centre du département de la Marne, Châlons en devint le chef-lieu et eut en cette qualité le directoire départemental. Mais la ville plus importante de Reims, que, dès le 31 décembre 1789, la députation de la province avait déclaré être seule « susceptible d'alterner » avec Châlons-sur-Marne, reçut, par une juste compensation, le siège du diocèse auquel ressortissait le département tout entier, diocèse à la tête duquel était placé un archevêque. Mais aucune ville ne fut admise à alterner avec les chefs-lieux de district.

Les compétitions qui s'élevèrent au sujet du choix des chefs-lieux de canton furent naturellement plus nombreuses que celles auxquelles le choix des districts avait donné lieu. Les protestations ne manquèrent point non plus, lorsqu'on sut dans le pays comment la commission avait composé les circonscriptions cantonales. Au reste, la tâche offrait de sérieuses difficultés auxquelles les députés du pays, trop préoccupés, semble-t-il, de l'aspect matériel que ces divisions prenaient sur la carte, ne songèrent peut-être pas assez. Au dernier moment (15 janvier 1790), Dorizy, l'un des commissaires, déclarait que le canton de Saint-Amand et celui de Vavray lui ayant paru susceptibles d'un changement, il l'avait exécuté, « ce qui, écrivait-il, ne leur laisse pas sur la carte la figure ridicule qu'ils y avaient », et, quelques jours après, l'un des cantons ainsi remaniés n'existait plus ou, du moins, le chef-lieu qu'on lui avait assigné, Vavray, dépendait du canton de Bassuet. Vers le même temps, les premières dispositions des commissaires reçurent en certains points d'assez sérieuses modifications, qui furent, bien plus vite encore, l'objet de remaniements non moins profonds. Mais ce n'est pas ici le lieu de relater une suite de projets n'ayant d'intérêt qu'au point de vue exclusivement local, et je me borne à donner ci-dessous la division du département de la Marne en six districts et soixante-treize cantons, telle qu'elle fut définitivement arrêtée le 16 mars 1790 [1].

I. DISTRICT DE CHÂLONS-SUR-MARNE.

(8 cantons.)

I. *Canton de Cernon*, 14 municipalités [2]. — Breuvery, Bussy-Lettrée, Cernon, Cheniers, Coupetz,

[1] Les renseignements qui précèdent, ainsi qu'une partie du chapitre suivant, sont empruntés aux Archives du Comité de division (de l'Assemblée nationale), conservées aux Archives nationales sous la cote générale D iv bis, § 2. Les dossiers consultés portent les n°˟ 4 (carton 1), 232 (carton 10), 395 (carton 27) et 683 (carton 67). Les éléments du dénombrement qui suit ont été fournis par une nomenclature imprimée par les soins de l'Assemblée nationale, vers le commencement du mois de mars 1790, et dont un exemplaire est conservé aux Archives nationales, dans le recueil coté NN˟ 12. La nomenclature reproduit avec de légères modifications un état manuscrit, antérieur de quelques semaines, et qui figure dans le dossier 683 des Archives du Comité de division : elle n'est pas exempte de bévues, résultant de fautes de transcription ou de ponctuation, et les erreurs

ont vicié quelques-unes des chiffres qui, dans le *Dénombrement constitutionnel de la France* (Paris, Desenne, 1791, in-8°), indiquent le nombre des municipalités de chaque canton. Il m'a paru utile de le comparer à l'*État général* (officiel) *des départements, districts, cantons et communes de la République*, publié en l'an ii, et l'on trouvera dans les notes des pages suivantes l'indication des différences les plus importantes qui existent entre les deux textes, différences qui ne proviennent vraisemblablement pas toutes de changements administratifs. La carte originale du département, établie sur un fragment de la carte de France de Cassini et signée par les commissaires, est conservée aux Archives nationales, sous la cote N 113.

[2] Le *Dénombrement constitutionnel* donne le chiffre de quinze communes au lieu de quatorze.

Marne.

Écury-sur-Coole, Fontaine-sur-Coole, Mairy-sur-Marne, Nuisement-sur-Coole, Saint-Quentin-sur-Coole, Sogny-aux-Moulins, Soudron, Vatry, Vésigneul-sur-Coole.

II. *Canton de Châlons-sur-Marne*, 8 municipalités. — Châlons-sur-Marne, Compertrix, Coolus, Fagnières, Recy, Saint-Gibrien, Saint-Martin-sur-le-Pré, Saint-Memmie.

III. *Canton de Courtisols*, 6 municipalités. — Courtisols, Lépine, Marson, Poix, Saint-Étienne-au-Temple, Sommevesle.

IV. *Canton de Jaalons*, 11 municipalités. — Athis, Aulnay-sur-Marne, Champagne, Champigneul, Cherville, Écury-le-Petit[1], Jaalons, Matougues, Saint-Pierre-aux-Oies, Thibie, Villers-aux-Corneilles.

V. *Canton de Juvigny*, 13 municipalités. — Aigny, Billy-le-Grand, Bouy, Condé-sur-Marne, les Grandes-Loges, Isse, Juvigny, Livry, Louvercy, Mourmelon-le-Petit, Vaudemange, la Veuve, Vraux.

VI. *Canton de Pogny*, 17 municipalités[2]. — Cheppes, Chepy, Coupéville, Dampierre-sur-Moivre, Francheville, le Fresne, Moivre, Moncets-sur-Marne, Omey, Pogny, Saint-Germain-la-Ville, Saint-Jean-sur-Moivre, Saint-Martin-aux-Champs, Sarry, Togny, Vésigneul-sur-Marne, Vitry-la-Ville.

VII. *Canton de Suippes*, 10 municipalités. — Bussy-le-Château, la Cheppe, Cuperly, Dampierre-au-Temple, Jonchery-sur-Suippe, Mourmelou-le-Grand, Saint-Hilaire-au-Temple, Saint-Hilaire-le-Grand, Suippes, Vadenay.

VIII. *Canton de Vertus*, 30 municipalités. — Aulnizeux, Beaunay, Bergères-lez-Vertus, Bierges, Chaintrix, Chevigny, Clamanges, Colligny, Étoges, Étrechy, Fèrebrianges, Germinon, Givry-en-Brie, Loisy-en-Brie, Pierremorains, Pocancy, Renneville, Rouffy, Saint-Mard-lez-Rouffy, Soulières, Toulon, Trécon, Velye, Vert-la-Gravelle, Vertus, Villeneuve-lez-Rouffy, Villers-aux-Bois, Villeseneux, Voipreux, Vouzy.

II. DISTRICT D'ÉPERNAY.
(10 cantons.)

IX. *Canton d'Avize*, 13 municipalités. — Avize, Cramant, Cuis, Flavigny, Fulaines, Gionges, Grauves, les Istres et Bury, Mancy, le Mesnil-sur-Oger, Monthelon, Moslins, Oger[3].

X. *Canton d'Ay*, 5 municipalités. — Avenay, Ay, Bisseuil, Mareuil-sur-Ay, Mutigny.

XI. *Canton de Châtillon-sur-Marne*, 13 municipalités. — Anthenay, Baslieux-sous-Châtillon, Belval, Châtillon-sur-Marne, Cuchery, Cuisles, Mareuil-Cerseuil, Orquigny, Passy-Grigny, Reuil, Sainte-Gemme et Neuville, Vandières, Villers-sous-Châtillon[4].

---

[1] Écury-le-Petit, ou le Petit-Écury, perdit sans doute bientôt son autonomie, car l'*État général* de l'an II ne le mentionne plus que comme annexe de la commune de Champigneul.

[2] Le *Dénombrement constitutionnel* de 1791 indique dix-huit municipalités au lieu de dix-sept. On atteignait évidemment ce nombre par l'adjonction de Vouciennes, ancienne dépendance de Vitry-la-Ville, qui figure à titre de commune du canton de Pogny dans l'*État général* de l'an II.

[3] L'*État général* de l'an II joint à ces noms celui de Morangis, qui, avant la Révolution, n'était qu'une dépendance de Moslins.

[4] L'*État général* de l'an II indique en ce canton une quatorzième commune, la Neuville-aux-Larris, formée d'un démembrement de Cuchery.

XII. *Canton de Damery,* 5 municipalités. — Boursault, Damery, Fleury-la-Rivière, Vauciennes, Venteuil.

XIII. *Canton de Dormans,* 12 municipalités. — Champvoisy, Comblizy, Courthiézy, Dormans, Festigny, Igny-le-Jard, Leuvrigny, Nesle-le-Repons, Soilly, Troissy, Verneuil, Vincelles.

XIV. *Canton d'Épernay,* 6 municipalités. — Chouilly, Épernay, Mardeuil, Oiry, Pierry, Plivot.

XV. *Canton d'Hautvillers,* 6 municipalités. — Champillon, Cormoyeux et Romery, Cumières, Dizy, Hautvillers, Saint-Imoges.

XVI. *Canton de Louvois,* 9 municipalités. — Ambonnay, Bouzy, Fontaine, Germaine, Louvois, Mutry, Tauxières, Tours-sur-Marne, Trépail.

XVII. *Canton de Montmort,* 6 municipalités. — La Caure, Chaltrait, la Chapelle-sur-Orbais, Lucy, Mareuil-en-Brie, Montmort.

XVIII. *Canton de Saint-Martin-d'Ablois,* 8 municipalités [1]. — Ablois-Saint-Martin, le Baizil, Brugny, Chavot, Moussy, OEuilly, Vaudancourt, Vinay.

III. DISTRICT DE REIMS.

(15 cantons.)

XIX. *Canton d'Auberive,* 7 municipalités. — Auberive, Baconnes, Bétheniville, Dontrien et Saint-Martin-l'Heureux, Saint-Hilaire-le-Petit, Saint-Souplet, Vaudesincourt et Moronvillers [2].

XX. *Canton de Beaumont-sur-Vesle,* 8 municipalités. — Beaumont-sur-Vesle et Courmelois, Beine et Nauroy, Nogent-l'Abbesse, Prosnes, Prunay, Sept-Saulx et les Petites-Loges, Thuizy, Wez [3].

XXI. *Canton de Bourgogne,* 8 municipalités. — Aumenancourt-le-Grand et Aumenancourt-le-Petit, Bazancourt, Boult-sur-Suippe et Ferrières, Bourgogne, Brimont, Fresne, Pomacle, Saint-Étienne-sur-Suippe [4].

XXII. *Canton de Chaumuzy,* 7 municipalités. — Bouilly et Courmas, Champlat, Chaumuzy, Courtagnon, Marfaux, Nanteuil-la-Fosse, Pourcy.

XXIII. *Canton de Cormicy,* 6 municipalités. — Bouvancourt, Gauroy, Cormicy, Hermonville, Sapigneul, Ventelay.

[1] Le *Dénombrement constitutionnel* donne ici le chiffre total de 7 au lieu de 8.

[2] L'*État général* de l'an II mentionne Saint-Martin-l'Heureux et Moronvillers d'une façon indépendante.

[3] Si l'on s'en rapporte à l'*État général* de l'an II, Courmelois, Nauroy et les Petites-Loges auraient bientôt formé trois communes particulières.

[4] Dans l'*État général,* le nom de Ferrières est séparé de celui de Boult et les deux Aumenancourt sont indiqués comme deux communes distinctes.

[5] L'*État général des départements, districts, cantons et communes de la République française,* publié en l'an II, place Chaumuzy dans le canton de Ville-en-Tardenois et indique par contre le canton de Chamery, alors composé de Chamery, *Courtagnon,* Écueil, *Nanteuil-la-Fosse, Pourcy,* Sacy, Sermiers et Villers-Allerand, c'est-à-dire de huit communes, parmi lesquelles figuraient trois de celles (leurs noms sont ici en italique) qui ressortissaient précédemment au canton de Chaumuzy.

XXIV. *Canton de Faverolles*, 10 municipalités. — Bouleuze, Branscourt et Sapicourt, Crugny et Brouillet, Faverolles, Lagery, Poilly, Savigny-sur-Ardres, Serzy-Maupas, Tramery, Treslon [1].

XXV. *Canton de Fismes*, 14 municipalités. — Arcis-le-Ponsart, Baslieux-lez-Fismes, Breuil, Courlandon, Courville, Fismes, Hourges, Jonchery-sur-Vesle et Vendeuil [2], Magneux, Montigny-sur-Vesle, Mont-sur-Courville, Romain, Saint-Gilles, Unchair.

XXVI. *Canton de Gueux*, 12 municipalités. — Coulommes et Vrigny, Gueux, Janvry et Germigny, Méry, les Mesneux, Muizon, Pargny et Jouy, Prémecy et Aubilly, Rosnay, Sainte-Euphraise, Thillois, Villedommange [3].

XXVII. *Canton de Reims*, 1 municipalité. — Reims.

XXVIII. *Canton de Rilly-la-Montagne*, 9 municipalités. — Chamery, Champfleury, Chigny, Écueil, Rilly-la-Montagne, Sacy, Sermiers, Villers-Allerand, Villers-aux-Nœuds [4].

XXIX. *Canton de Saint-Brice*, 11 municipalités. — Bétheny, Bézannes, Champigny, Cormontreuil, la Neuvillette, Ormes, Saint-Brice, Saint-Léonard, Taissy, Tinqueux, Trois-Puits et Montbré [5].

XXX. *Canton de Saint-Thierry*, 12 municipalités. — Bermericourt, Chenay, Courcy, Loivre, Merfy, Pévy, Pouillon, Prouilly, Saint-Thierry, Thil, Trigny et Châlons-sur-Vesle [6], Villers-Franqueux.

XXXI. *Canton de Verzy*, 7 municipalités. — Ludes, Mailly, Sillery et Puisieulx, Verzenay, Verzy, Ville-en-Selve, Villers-Marmery [7].

XXXII. *Canton de Ville-en-Tardenois*, 10 municipalités. — *Aiguizy*, Aougny, Bligny, Chambrecy, Jonquery, Lhéry, Olizy, Romigny, Sarcy, Ville-en-Tardenois [8].

XXXIII. *Canton de Witry-lez-Reims*, 12 municipalités. — Berru, Caurel, Cernay-lez-Reims, Époye, Heutrégiville, Isles-sur-Suippe, Lavannes, Pontfaverger, Saint-Masmes, Selles, Warmeriville, Witry-lez-Reims [9].

---

[1] L'*État général* de l'an II isole les noms de Brouillet et de Sapicourt. Il mentionne aussi, à titre de commune, Cohémy, ancienne annexe de Faverolles.

[2] Vendeuil figure, à titre de commune séparée, dans l'*État général* de l'an II.

[3] Dans l'*État général* de l'an II, le nombre des communes du canton de Gueux s'élève à dix-sept par suite de l'isolement d'Aubilly, de Germigny, de Jouy et de Vrigny et de l'apparition de Courcelles, démembré de Rosnay.

[4] En l'an II, le canton de Rilly ne comprenait plus que les six communes de Champfleury, Chigny, Ludes, Rilly, Ville-en-Selve et Villers-Allerande.

[5] Montbré est indiqué à titre de commune distincte dans l'*État général* de l'an II.

[6] Châlons-sur-Vesle est mentionné, par l'*État géné-*

ral de l'an II, sur le même rang que les autres communes du canton.

[7] En l'an II, Ludes et Ville-en-Selve étaient passés au canton de Rilly, tandis que Puisieulx était devenu une commune distincte de Sillery.

[8] Selon l'*État général* de l'an II, le canton de Ville-en-Tardenois, sensiblement remanié, ne comprenait pas moins de quinze communes en l'an II; c'étaient : Aougny, Bligny, Bouilly, Chambrecy, Champlat, Chaumuzy, Courmas, Jonquery, Lhéry, Marfaux, Olizy, Ourezy, Romigny, Sarcy et Ville-en-Tardenois. Antérieurement, le *Dénombrement constitutionnel* n'accusait qu'un chiffre total de neuf communes.

[9] L'*État général* de l'an II ajoute à ces douze noms celui de Vaudétrée, ancien écart de Warmeriville et d'Heutrégiville.

IV. DISTRICT DE SAINTE-MENEHOULD.

(9 cantons.)

XXXIV. *Canton d'Auve,* 14 municipalités. — Auve, Bellay, la Chapelle, la Croix-en-Champagne, Dampierre-le-Château, Dommartin-sur-Yèvre, Felcourt[1], Herpont, Rapsécourt, Saint-Mard-sur-Auve, Saint-Remy-sur-Bussy, Sommebionne, Sommesuippe, Tilloy.

XXXV. *Canton de la Neuville-au-Pont,* 10 municipalités. — Braux-Sainte-Cohière, Chaudefontaine, Courtémont, Dommartin-sous-Hans, Florent, Hans, la Neuville-au-Pont, Maffrécourt, Moiremont, Valmy.

XXXVI. *Canton de Passavant,* 10 municipalités. — Ante, Belval-en-Argonne, Charmontois-l'Abbé, Charmontois-le-Roi, le Chemin, Éclaires, la Neuville-aux-Bois, Passavant, Sivry-sur-Ante, le Vieil-Dampierre.

XXXVII. *Canton de Saint-Mard-sur-le-Mont,* 9 municipalités. — Le Châtelier, Contault, Épense, Givry-en-Argonne, Noirlieu, Remicourt, Saint-Mard-sur-le-Mont, Sommeyèvre, Varimont.

XXXVIII. *Canton de Sainte-Menehould,* 1 municipalité. — Sainte-Menehould et la Grange-aux-Bois réunies[2].

XXXIX. *Canton de Sommepy,* 11 municipalités. — Fontaine-en-Dormois, Gratreuil, Hurlus, le Mesnil-lez-Hurlus, Perthes-lez-Hurlus, Ripont, Rouvroy, Sainte-Marie-à-Py, Sommepy, Souain, Tahure.

XL. *Canton de Verrières,* 11 municipalités. — Argers, Braux-Saint-Remy, Châtrices, Dampierre-sur-Auve, Daucourt, Dommartin-la-Planchette, Élize, Gizaucourt, Verrières, Villers-en-Argonne, Voilemont.

XLI. *Canton de Vienne-le-Château,* 9 municipalités. — Berzieux, Binarville, *Condé-lez-Autry,* Malmy-en-Dormois, Melzicourt, Saint-Thomas, Servon, Vienne-la-Ville, Vienne-le-Château.

XLII. *Canton de Ville-sur-Tourbe,* 10 municipalités. — *Bouconville,* Cernay-en-Dormois, Laval, Massiges, Minaucourt, Saint-Jean-sur-Tourbe, Sommetourbe, Ville-sur-Tourbe, Virginy, Wargemoulin.

V. DISTRICT DE SÉZANNE.

(12 cantons.)

XLIII. *Canton d'Anglure,* 8 municipalités. — Allemanche, Anglure, la Chapelle-Lasson, Granges-sur-Aube, Launay[3], Marsangis, Saint-Saturnin, Vouarces.

---

[1] Dès l'an II, Felcourt était annexé à la Chapelle dont il dépend encore aujourd'hui.

[2] A s'en rapporter au texte même de la nomenclature des communes imprimée par les soins de l'Assemblée nationale, en mars 1790, la Grange-aux-Bois aurait dû former une commune indépendante.

Cependant le *Dénombrement constitutionnel* n'indique qu'une commune pour le canton de Sainte-Menehould et l'union est attestée formellement par l'*État général* de l'an II.

[3] Launay, uni sans doute déjà à Allemanche, ne figure plus dans l'*État général* de l'an II.

XLIV. *Canton de Barbonne*, 10 municipalités. — Barbonne, la Celle-sous-Chantemerle, Fayel, Fontaine-Denis, Nuisy, Queudes, Saint-Quentin-le-Verger, Saudoy, Villeneuve-Saint-Vistre, Villevotte.

XLV. *Canton de Baye*, 13 municipalités. — Bannay, Baye, Boissy-le-Repos, Champaubert, Coizard, Congy, Corfélix, Courjeonnet, Joches, Saint-Prix, le Thoult, Trosnay, Villevenard.

XLVI. *Canton de Broyes*, 13 municipalités. — Allemant, Broussy-le-Grand, Broussy-le-Petit, Broyes, Charleville, Lachy, Mondement, Montgivroux, Oyes, Péas, Reuves, Soizy-aux-Bois, Villeneuve-lez-Charleville.

XLVII. *Canton de Courgivaux*, 9 municipalités. — Bouchy-le-Repos, Bricot-la-Ville, Courgivaux, Escardes, les Essarts-le-Vicomte, la Forestière, Nesle-la-Reposte, Saint-Bon, Saint-Genest.

XLVIII. *Canton d'Esternay*, 11 municipalités. — Champguyon, Châtillon-sur-Morin, Esternay, Joiselle, Morsains, Neuvy, la Noue, Réveillon, Tréfols, le Vézier, Villeneuve-la-Lionne.

XLIX. *Canton de Fère-Champenoise*, 15 municipalités. — Aulnay-aux-Planches, Bannes, Chapelaine, Connantray, Connantre, Écury-le-Repos, Fère-Champenoise, Haussimont, Lenharrée, Montépreux, Morains-le-Petit, Normée, OEuvy, Vassimont, Vaurefroy.

L. *Canton de Marcilly-sur-Seine*, 8 municipalités. — Chantemerle, Conflans-sur-Seine, Esclavolles, Fontaine-Bethon, Marcilly-sur-Seine, Montgenost, Potangis, Villiers-aux-Corneilles.

LI. *Canton de Montmirail*, 12 municipalités. — Bergères-sous-Montmirail, Courbetaux, l'Échelle, Fromentières, le Gault, Janvilliers, Maclaunay, Mécringes, Montmirail, Rieux, Soigny, Vauchamps [1].

LII. *Canton de Pleurs*, 14 municipalités. — Angluzelles, Corroy, Courcelles [2], Courcemain, Faux-Fresnay, Gaye, Gourgançon, Linthelles, Linthes, Marigny, Ognes, Pleurs, Saint-Loup, Thaas.

LIII. *Canton de Saint-Just*, 6 municipalités. — Bagneux, Baudement, Clesles, Saint-Just, Saron-sur-Aube, Soyer.

LIV. *Canton de Sézanne*, 8 municipalités. — Chichey, les Grands-Essarts ou les Essarts-lez-Sézanne, le Meix-Saint-Époing, Mœurs, Saint-Remy, Sézanne, Verdey, Vindey.

VI. DISTRICT DE VITRY-LE-FRANÇOIS.
(19 cantons.)

LV. *Canton de Bassuet*, 5 municipalités. — Bassuet, Lisse, Saint-Lumier-en-Champagne, Vavray-le-Grand, Vavray-le-Petit

LVI. *Canton de Charmont*, 6 municipalités [3]. — Bettancourt-la-Longue, Charmont, Montiers-l'Abbaye, Possesse, Vernancourt, Vroil.

---

[1] L'*État général* de l'an II mentionne en outre les municipalités de Montcoupot et de Montléant, formées du démembrement de celle de Montmirail, mais supprimées en cette année même.

[2] L'union de Courcelles à Angluzelles est attestée par l'*État général* de l'an II.

[3] Le *Dénombrement constitutionnel* indique, en 1791, sept communes au lieu de six, évidemment trompé par le texte de la nomenclature imprimée qui porte «Montiers, l'Abbaye», au lieu de «Montiers-l'Abbaye», commune que l'*État général* de l'an II désigne sous le nom de «Moutbier et Youval» (*sic*).

LVII. *Canton de Courdemanges*, 8 municipalités. — Blaise-sous-Arzillières, Châtelraould, Courdemanges, Glannes, Henruel, Huiron, les Rivières, Saint-Louvent.

LVIII. *Canton de Giffaumont*, 7 municipalités. — Champaubert-aux-Bois, Chantecoq, Châtillon-sur-Broué, Drosnay, Giffaumont, Nuisement-aux-Bois, Outines.

LIX. *Canton d'Hauteville*, 9 municipalités [1]. — Ambrières, Blaise-sous-Hauteville, les Grandes-Côtes, Hautefontaine [2], Hauteville, Landricourt, la Petite-Ville, les Petites-Côtes, Sainte-Livière.

LX. *Canton d'Heiltz-le-Maurupt*, 6 municipalités. — Alliancelles, Heiltz-le-Maurupt, Heiltz-l'Évêque et Ulmoy, Jussécourt et Gaincourt, Minecourt, Villers-le-Sec.

LXI. *Canton de Larzicourt*, 9 municipalités. — Bignicourt-sur-Marne et Goncourt, Cloyes, Frignicourt, Isle-sur-Marne, Larzicourt, Luxémont, Matignicourt, Moncetz-l'Abbaye, Norrois [3].

LXII. *Canton de Lignon*, 7 municipalités. — Brandonvilliers, Chapelaine, Hancourt, Lignon, Margerie, Saint-Utin, Somsois.

LXIII. *Canton de Loisy-sur-Marne*, 6 municipalités. — Blacy, Drouilly, Loisy-sur-Marne, Maisons-en-Champagne, Pringy, Songy.

LXIV. *Canton de Maurupt*, 8 municipalités. — Bignicourt-sur-Saulx, Blesmes, le Buisson, Étrepy, Maurupt, Pargny-sur-Saulx et le Montois, Ponthion et Brusson, Saint-Lumier-la-Populeuse [4].

LXV. *Canton de Saint-Amand*, 8 municipalités. — Ablancourt, Aulnay-l'Aître, Coulmiers, Couvrot, Mutigny-la-Chaussée, Saint-Amand, Soulanges, Villers-sur-Marne [5].

LXVI. *Canton de Saint-Ouen*, 7 municipalités. — Brébant, Corbeil, Domprot, Humbeauville, le Meix-Tiercelin, Saint-Étienne, Saint-Ouen [6].

LXVII. *Canton de Saint-Remy-en-Bouzemont*, 10 municipalités. — Arrigny, Arzillières, Bussy-aux-Bois, Écollemont, Gigny-aux-Bois, Isson, Neuville-sous-Arzillières, Saint-Cheron, Saint-Genest, Saint-Remy-en-Bouzemont.

LXVIII. *Canton de Sermaize*, 3 municipalités. — Cheminon, Sermaize, Trois-Fontaines [7].

---

[1] Le *Dénombrement constitutionnel* attribue, en 1791, dix communes à ce canton.

[2] En l'an II, d'après l'*État général*, Hautefontaine était déjà annexé à la commune d'Ambrières.

[3] En l'an II, Cloyes était le chef-lieu de l'ancien canton de Larzicourt et, à cette même date, l'*État général* indique Goncourt comme l'annexe de Matignicourt et non plus de Bignicourt-sur-Marne.

[4] Maurupt fut bientôt remplacé par Étrepy comme chef-lieu de ce canton (voir l'*État général* de l'an II, qui, en outre, mentionne Brusson et le Montois à titre de communes distinctes).

[5] L'*État général* de l'an II fait de Mutigny-la-Chaussée une annexe de Coulmiers.

[6] Le *Dénombrement officiel* ne compte, en 1791, que six communes, par cette raison que la nomenclature imprimée de 1790 ne mentionnait pas Humbeauville, dont l'absence résulte certainement d'une erreur typographique. Dans l'*État général* de l'an II, où figure Humbeauville, on n'a toutefois encore que six communes, Saint-Étienne ayant été annexé à Saint-Ouen.

[7] Cette commune figure dans la nomenclature imprimée de 1790 sous la forme : «Trois-Fontaines, l'Abbaye», au lieu de «Trois-Fontaines-l'Abbaye». De là, évidemment, le chiffre de quatre communes, au lieu de trois, qu'on lit dans le *Recensement constitutionnel* de 1791.

II. LES REMANIEMENTS DU DÉPARTEMENT.

L'organisation arrêtée le 16 mars 1790 fut appliquée à peu près sur toute la surface du territoire de la Marne : seuls quelques villages situés aux confins de cette circonscription, mal instruits, ne se conformèrent pas aux décisions de l'Assemblée nationale. Dès le 16 janvier 1790, au cours des études qui l'avaient préparée, on avait représenté aux commissaires que Binarville, Bouconville et Autry ayant des biens communaux indivis entre eux, il serait convenable de placer ces diverses municipalités dans un même département, et le député extraordinaire d'Autry, Prieur, présentait des conclusions identiques en ce qui touchait Condé-lez-Autry, éloigné d'Autry d'une demi-lieue seulement : or Autry devait faire partie du département des Ardennes, alors que Condé-lez-Autry et Bouconville avaient été attribués à celui de la Marne. Les voix des commissaires s'étant partagées, la question avait été renvoyée au Comité de Consultation, sur l'avis duquel l'Assemblée décréta, le 21 janvier 1790, l'union de Condé, de Bouconville et de Binarville au district de Sainte-Menehould. Cependant, dès le premier jour, Bouconville et Condé-lez-Autry, ignorant le texte même du décret les concernant, appartinrent en fait au canton d'Autry et au district de Grandpré, du département des Ardennes, lequel, en vertu des mêmes raisons qui avaient motivé l'annexion illégale de Bouconville et de Condé, réclamait encore Binarville. Les protestations que le district de Sainte-Menehould fit entendre, en 1791 et en l'an III, contre cet état de choses n'y remédièrent point, et le département de la Marne garda Binarville, sans recouvrer les deux communes qu'il n'avait jamais possédées que nominalement.

Le département de la Marne n'eut jamais, sans doute, la possession réelle de la municipalité d'Aiguizy, qui, attribuée au canton de Ville-en-Tardenois par le décret de l'Assemblée nationale, faisait officiellement partie, dès l'an II, du département de l'Aisne (district de Château-Thierry, canton de Coulonges).

Par une autre infraction au décret constitutif du département de la Marne, un faubourg de la petite ville de Montmirail et un important hameau de cette paroisse formèrent les deux communes de Montléant et de Montcoupot. La municipalité de Montmirail adressa à la Convention, au sujet de ce démembrement, une protestation en date du 12 mars 1794, et bientôt Montléant et Montcoupot cessèrent d'avoir une administration municipale distincte. Par contre, nombre de communes, aussi irrégulièrement constituées, virent leur existence confirmée.

Deux des cantons du district de Vitry ne conservèrent pas le chef-lieu qu'on leur avait tout d'abord donné : Cloyes devint le chef-lieu du canton de Larzicourt, et Maurupt celui du canton d'Étrepy.

La répartition des communes entre les cantons subit quelques remaniements, d'une certaine importance, dans la partie de la Montagne de Reims qui est à peu près à mi-chemin de Reims à Épernay : Chaumuzy, notamment, perdit le rang de chef-lieu de canton et fut remplacé en cette qualité par Chamery, dont la circonscription cantonale fut empruntée partie à Chaumuzy, partie à Rilly-la-Montagne.

Cette répartition d'ailleurs, et il en était ainsi pour toute la France, laissait fort à désirer. La multiplicité des cantons, loin d'activer la marche des affaires, était une véritable entrave. La Constitution de l'an III aggrava les difficultés en supprimant les districts pour leur substituer des administrations centrales qu'on ne put organiser d'une manière satisfaisante. La nécessité d'une refonte générale des circonscriptions divisionnaires de chaque département se faisait donc déjà sentir, lorsque la loi du 28 décembre 1798 ajouta un soixante-quatorzième canton au département de la Marne; ce canton, celui d'Orbais, avait appartenu jusque-là au département de l'Aisne et se composait de huit communes : le Breuil, Corribert, Corrobert, Margny, Orbais, Suizyle-Franc, Verdon et la Ville-sous-Orbais.

Par la loi du 17 février 1800, le Premier Consul réorganisa l'administration départementale. Le département, désormais placé sous la direction d'un préfet nommé par le chef du pouvoir administratif, fut divisé en un certain nombre d'arrondissements, assez semblables aux anciens districts, et dont chacun avait à sa tête un sous-préfet également désigné par le chef du pouvoir exécutif. Les arrondissements furent, dès l'origine, au nombre de cinq seulement, le territoire de l'ancien district de Sézanne ayant été attribué à l'arrondissement d'Épernay.

Un arrêté des Consuls, du 25 septembre 1801, en réduisant de soixante-quatorze à trente-deux le nombre total des cantons du département de la Marne, apporta quelques modifications de détail à la composition des arrondissements. Cette dernière organisation subsiste encore aujourd'hui, à de légères différences près, produites par l'union de plusieurs communes peu importantes à leurs voisines[1]. Le tableau suivant indique la composition actuelle des cinq arrondissements et des trente-deux cantons du département de la Marne.

I. ARRONDISSEMENT DE CHÂLONS-SUR-MARNE.
(5 cantons, 104 communes, 61,968 habitants[2].)

1° CANTON DE CHÂLONS-SUR-MARNE
(16 communes, 29,262 habitants.)

Aigny, Châlons-sur-Marne, Compertrix, Condé-sur-Marne, Coolus, Fagnières, les Grandes-Loges, Isse, Juvigny, Recy, Saint-Étienne-au-Temple, Saint-Gibrien, Saint-Martin-sur-le-Pré, Saint-Memmie, la Veuve, Vraux.

2° CANTON D'ÉCURY-SUR-COOLE.
(28 communes, 6,182 habitants.)

Athis, Aulnay-sur-Marne, Breuvery, Bussy-Lettrée, Gernon, Champigneul-Champagne, Cheniers, Cheppes, Cherville, Coupetz, Écury-sur-Coole, Fontaine-sur-Coole, Jaalons, Mairy-sur-Marne, Matougues, Nuisement-sur-Coole, Saint-Martin-aux-Champs, Saint-Pierre-aux-Oies, Saint-Quentin-sur-Coole, Sogny-aux-Moulins, Soudron, Thibie, Togny-aux-Bœufs, Vatry, Vésigneul-sur-Coole, Villers-aux-Corneilles, Vitry-la-Ville, Vouciennes.

3° CANTON DE MARSON.
(18 communes, 6,427 habitants.)

Chepy, Coupéville, Courtisols, Dampierre-sur-Moivre, l'Épine, Francheville, le Fresne, Marson, Moivre, Moncets, Omey, Pogny, Poix, Saint-Germain-la-Ville, Saint-Jean-sur-Moivre, Sarry, Sommevesle, Vésigneul-sur-Marne.

4° CANTON DE SUIPPES.
(16 communes, 12,353 habitants.)

Billy-le-Grand, Bouy, Bussy-le-Château, la Cheppe, Cuperly, Dampierre-au-Temple, Jonchery-sur-Suippe, Livry, Louvercy, Mourmelon-le-Grand, Mourmelon-le-Petit, Saint-Hilaire-au-Temple, Saint-Hilaire-le-Grand, Suippes, Vadenay, Vaudemanges.

[1] Il y a lieu de mentionner en outre, au point de vue des circonscriptions d'arrondissements et de cantons, les changements prescrits par l'ordonnance royale du 21 juillet 1824 : le canton de Vertus fut alors distrait de l'arrondissement d'Épernay pour être joint à celui de Châlons; le canton de Dormans, de l'arrondissement d'Épernay, s'accrut de la commune de Mareuil-le-Port, qui, jusqu'alors, avait appartenu au canton de Châtillon-sur-Marne, de l'arrondissement de Reims.

[2] Les chiffres de population sont ceux du recensement quinquennal de 1886.

5° CANTON DE VERTUS.

(26 communes, 7,744 habitants.)

Aulnay-aux-Planches, Aulnizeux, Bergères-lez-Vertus, Chaintrix-Bierges, Clamanges, Colligny, Écury-le-Repos, Étrechy, Germinon, Givry-lez-Loisy, Loisy-en-Brie, Morains, Pierremorains, Pocancy, Rouffy, Saint-Mard-lez-Rouffy, Soulières, Toulon, Trécon, Velye, Vert-la-Gravelle, Vertus, Villeneuve-Renneville-Chevigny, Villeseneux, Voipreux, Vouzy.

II. ARRONDISSEMENT D'ÉPERNAY.

(9 cantons, 174 communes, 99,688 habitants.)

6° CANTON D'ANGLURE.

(18 communes, 7,722 habitants.)

Allemanche-Launay-Soyer, Anglure, Bagneux, Baudement, la Celle-sous-Chantemerle, la Chapelle-Lasson, Clesles, Conflans-sur-Seine, Esclavolles-Lurey, Granges-sur-Aube, Marcilly-sur-Seine, Marsangis, Saint-Just, Saint-Quentin-le-Verger, Saint-Saturnin, Saron-sur-Aube, Villiers-aux-Corneilles, Vouarces.

7° CANTON D'AVIZE.

(18 communes, 10,080 habitants.)

Avize, Brugny-Vaudancourt, Chavot, Cramant, Cuis, Flavigny, Gionges, Grauves, les Istres-et-Bury, Mancy, le Mesnil-sur-Oger, Monthelon, Morangis, Moslins, Oger, Oiry, Plivot, Villers-aux-Bois.

8° CANTON DE DORMANS.

(16 communes, 11,065 habitants.)

Boursault, le Breuil, Champvoisy, Comblisy, Courthiézy, Dormans, Festigny, Igny-le-Jard, Leuvrigny, Mareuil-le-Port, Nesle-le Repons, OEuilly, Soilly, Troissy, Verneuil, Vincelles.

9° CANTON D'ÉPERNAY.

(11 communes, 27,566 habitants.)

Ablois-Saint-Martin, Chouilly, Damery, Épernay, Fleury-la-Rivière, Mardeuil, Moussy, Pierry, Vauciennes, Venteuil, Vinay.

10° CANTON D'ESTERNAY.

(22 communes, 8,033 habitants.)

Bethon, Bouchy-le-Repos, Champguyon, Chantemerle, Châtillon-sur-Morin, Courgivaux, Escardes, les Essarts-lez-Sézanne, les Essarts-le-Vicomte, Esternay, la Forestière, Joiselle, le Meix-Saint-Époing, Montgenost, Nesle-la-Reposte, Neuvy, la Noue, Potangis, Réveillon, Saint-Bon, Saint-Genest, Villeneuve-la-Lionne.

11ᵉ CANTON DE FÈRE-CHAMPENOISE.
(19 communes, 6,867 habitants.)

Angluzelles-et-Courcelles, Bannes, Broussy-le-Grand, Connantray-Vaurefroy, Connantre, Corroy, Courcemain, Faux-Fresnay, Fère-Champenoise, Gourgançon, Haussimont, Lenharrée, Marigny, Montépreux, Normée, OEuvy, Ognes, Thaas, Vassimont-et-Chapelaine.

12ᵉ CANTON DE MONTMIRAIL.
(23 communes, 8,636 habitants.)

Bergères-sous-Montmirail, Boissy-le-Repos, Charleville, Corfélix, Corrobert, Courbetaux, l'Échelle, Fromentières, le Gault, Janvilliers, Maclaunay, Mécringes, Montmirail, Morsains, Rieux, Soigny, Soizy-aux-Bois, le Thoult-Trosnay, Tréfols, Vauchamps, Verdon, le Vézier, la Villeneuve-lez-Charleville.

13ᵉ CANTON DE MONTMORT.
(23 communes, 7,287 habitants.)

Le Baizil, Bannay, Baye, Beaunay, la Caure, Chaltrait, Champaubert, la Chapelle-sous-Orbais, Coizard-Joches, Congy, Corribert, Courjeonnet, Étoges, Fèrebrianges, Lucy, Mareuil-en-Brie, Margny, Montmort, Orbais, Saint-Prix, Suizy-le-Franc, la Ville-sous-Orbais, Villevenard.

14ᵉ CANTON DE SÉZANNE.
(24 communes, 12,482 habitants.)

Allemant, Barbonne-Fayel, Broussy-le-Petit, Broyes, Chichey, Fontaine-Denis-Nuisy, Gaye, Lachy, Linthelles, Linthes, Mœurs, Mondement-Mongivroux, Oyes, Péas, Pleurs, Queudes, Reuves, Saint-Loup, Saint-Remy, Saudoy, Sézanne, Verdey, Villeneuve-Saint-Vistre-Villevotte, Vindey.

III. ARRONDISSEMENT DE REIMS.
(10 cantons, 181 communes, 191,795 habitants.)

15ᵉ CANTON D'AY.
(18 communes, 18,795 habitants.)

Ambonnay, Avenay, Ay, Bisseuil, Bouzy, Champillon, Cormoyeux-et-Romery, Cumières, Dizy-Magenta, Fontaine, Germaine, Hautvillers, Louvois, Mareuil-sur-Ay, Montigny, Saint-Imoges, Tauxières-Mutry, Tours-sur-Marne.

16ᵉ CANTON DE BEINE.
(19 communes, 11,207 habitants.)

Auberive, Beine, Berru, Bétheniville, Cernay-lez-Reims, Dontrien, Époye, Moronvillers, Nauroy, Nogent-l'Abbesse, Pontfaverger, Prosnes, Prunay, Saint-Hilaire-le-Petit, Saint-Martin-l'Heureux, Saint-Masmes, Saint-Souplet, Selles, Vaudesincourt.

17ᵉ CANTON DE BOURGOGNE.
(25 communes, 17,350 habitants.)

Aumenancourt-le-Grand, Aumenancourt-le-Petit, Bazancourt, Berméricourt, Boult-sur-Suippe, Bourgogne, Brimont, Caurel, Gauroy-lez-Hermonville, Cormicy, Courcy, Fresnes, Heutrégiville, Isles-sur-Suippe, Lavannes, Loivre, Merfy, Pomacle, Pouillon, Saint-Étienne-sur-Suippe, Saint-Thierry, Thil, Villers-Franqueux, Warmériville, Witry-lez-Reims.

18ᵉ CANTON DE CHÂTILLON-SUR-MARNE.
(19 communes, 6,168 habitants.)

Anthenay, Baslieux-sous-Châtillon, Belval, Binson-Orquigny, Champlat-et-Boujacourt, Châtillon-sur-Marne, Courtagnon, Cuchery, Cuisles, Jonquery, Nanteuil-la-Fosse, la Neuville-aux-Larris, Olizy-et-Violaine, Passy-Grigny, Pourcy, Reuil, Sainte-Gemme, Vandières, Villers-sous-Châtillon.

19ᵉ CANTON DE FISMES.
(24 communes, 12,269 habitants.)

Arcis-le-Ponsart, Baslieux-lez-Fismes, Bouvancourt, Breuil-sur-Vesle, Châlons-sur-Vesle, Chenay, Courlandon, Courville, Crugny, Fismes, Hermonville, Hourges, Jonchery-sur-Vesle, Magneux, Montigny-sur-Vesle, Mont-sur-Courville, Pévy, Prouilly, Romain, Saint-Gilles, Trigny, Unchair, Vandeuil, Vantelay.

20ᵉ PREMIER CANTON DE REIMS.
(5 communes, 26,406 habitants.)

Bézannes, Ormes, Reims (en partie), Thillois, Tinqueux.

21ᵉ SECOND CANTON DE REIMS.
(5 communes, 52,320 habitants.)

Bétheny, Champigny, la Neuvillette, Reims (en partie), Saint-Brice-et-Courcelles.

22ᵉ TROISIÈME CANTON DE REIMS.
(5 communes, 24,543 habitants.)

Cormontreuil, Reims (en partie), Saint-Léonard, Taissy, Trois-Puits.

23ᵉ CANTON DE VERZY.
(24 communes, 13,617 habitants.)

Baconnes, Beaumont-sur-Vesle, Chamery, Champfleury, Chigny, Courmelois, Ludes, Mailly, Montbré, les Petites-Loges, Puisieulx, Rilly-la-Montagne, Sept-Saulx, Sermiers, Sillery, Thuisy, Trépail, Verzenay, Verzy, Ville-en-Selve, Villers-Allerand, Villers-aux-Nœuds, Villers-Marmery, Wez.

24° CANTON DE VILLE-EN-TARDENOIS.
(39 communes, 9,120 habitants.)

Aougny, Aubilly, Bligny, Bouilly, Bouleuse, Branscourt, Brouillet, Chambrecy, Chaumuzy, Coulommes, Courcelles-lez-Rosnay, Courmas, Écueil, Faverolles, Germigny, Gueux, Janvry, Jouy, Lagery, Lhéry, Marfaux, Méry-Prémecy, les Mesneux, Muizon, Pargny, Poilly, Romigny, Rosnay, Sacy, Sainte-Euphraise-et-Clairizet, Sapicourt, Sarcy, Savigny-sur-Ardres, Serzy-et-Prin, Tramery, Treslon, Villedommange, Ville-en-Tardenois, Vrigny.

IV. ARRONDISSEMENT DE SAINTE-MENEHOULD.
(3 cantons, 80 communes, 29,568 habitants.)

25° CANTON DE DOMMARTIN-SUR-YÈVRE.
(26 communes, 7,041 habitants.)

Ante, Auve, Belval, Charmontois-l'Abbé, Charmontois-le-Roi, le Châtelier, le Chemin, Contault-le-Maupas, Dampierre-le-Château, Dommartin-sur-Yèvre, Éclaires, Épense, Givry-en-Argonne, Herpont, la Neuville-aux-Bois, Noirlieu, Rapsécourt, Remicourt, Saint-Mard-sur-Auve, Saint-Mard-sur-le-Mont, Saint-Remy-sur-Bussy, Sivry-sur-Ante, Sommeyèvre, Tilloy-et-Belloy, Varimont, le Vieil-Dampierre.

26° CANTON DE SAINTE-MENEHOULD.
(30 communes, 13,452 habitants.)

Argers, Braux-Sainte-Cohière, Braux-Saint-Remy, la Chapelle-Felcourt, Châtrices, Chaudefontaine, Courtémont, la Croix-en-Champagne, Dampierre-sur-Auve, Daucourt, Dommartin-la-Planchette, Dommartin-sous-Hans, Élize, Florent, Gizaucourt, Hans, Laval, Maffrécourt, Moiremont, la Neuville-au-Pont, Passavant, Saint-Jean-sur-Tourbe, Sainte-Menehould, Sommebionne, Sommesuippe, Somme-tourbe, Valmy, Verrières, Villers-en-Argonne, Voilemont.

27° CANTON DE VILLE-SUR-TOURBE.
(24 communes, 9,075 habitants.)

Berzieux, Binarville, Cernay-en-Dormois, Fontaine-en-Dormois, Gratreuil, Hurlus, Malmy, Massiges, le Mesnil-lez-Hurlus, Minaucourt, Perthes-lez-Hurlus, Ripont, Rouvroy, Sainte-Marie-à-Py, Saint-Thomas, Servon-Melzicourt, Sommepy, Souain, Tahure, Vienne-la-Ville, Vienne-le-Château, Ville-sur-Tourbe, Virginy, Wargemoulin.

V. ARRONDISSEMENT DE VITRY-LE-FRANÇOIS.
(5 cantons, 124 communes, 46,475 habitants.)

28° CANTON DE HEILTZ-LE-MAURUPT.
(23 communes, 7,816 habitants.)

Alliancelles, Bassu, Bassuet, Bettancourt-la-Longue, Bussy-le-Repos, Changy, Charmont, Doucey, Heiltz-l'Évêque, Heiltz-le-Maurupt, Jussécourt-Minecourt, Outrepont, Possesse, Rosay, Saint-Jean-devant-Possesse, Sogny-en-l'Angle, Vanault-le-Châtel, Vanault-les-Dames, Vavray-le-Grand, Vavray-le-Petit, Vernancourt, Villers-le-Sec, Vroil.

29ᵉ CANTON DE SAINT-REMY-EN-BOUZEMONT.

(28 communes, 7,556 habitants.)

Ambrières, Arrigny, Arzillières, Blaise-sous-Arzillières, Blaise-sous-Hauteville, Brandonvillers, Bussy-aux-Bois, Champaubert-aux-Bois, Chantecoq, Châtelraould-Saint-Louvent, Châtillon-sur-Broué, Drosnay, Écollemont, Giffaumont, Giguy-aux-Bois, les Grandes-Côtes, Hauteville, Landricourt, Lignon, Margerie-Hancourt, Neuville-sous-Arzillières, Nuisement-aux-Bois, Outines, les Rivières-Henruel, Saint-Cheron, Sainte-Livière, Saint-Remy-en-Bouzemont, Saint-Genest-et-Isson.

30ᵉ CANTON DE SOMPUIS.

(15 communes, 3,660 habitants.)

Brébant, Chapelaine, Coole, Corbeil, Dommartin-Lettrée, Faux-sur-Coole, Humbeauville, le Meix-Tiercelin, Saint-Ouen-et-Domprot, Saint-Utln, Sommesous, Sompuis, Somsois, Soudé-Notre-Dame ou le Petit, Soudé-Sainte-Croix ou le Grand.

31ᵉ CANTON DE THIÉBLEMONT.

(33 communes, 11,367 habitants.)

Bignicourt-sur-Saulx, Blesmes, Brusson, le Buisson, Cheminon, Cloyes-sur-Marne, Domremy, Écriennes, Étrepy, Favresse, Haussignémont, Heiltz-le-Hutier, Isle-sur-Marne, Larzicourt, Matignicourt-et-Goncourt, Maurupt-et-le-Monthois, Moncetz-l'Abbaye, Norrois, Orconte, Pargny-sur-Saulx, Plichancourt, Ponthion, Reims-la-Brûlée, Saint-Eulien, Saint-Lumier-la-Populeuse, Saint-Vrain, Sapignicourt, Scrupt, Sermaize, Thiéblemont-Farémont, Trois-Fontaines, Vauclerc, Vouillers.

32ᵉ CANTON DE VITRY-LE-FRANÇOIS.

(25 communes, 16,076 habitants.)

Ablancourt, Aulnay-l'Aître, Bignicourt-sur-Marne, Blacy, la Chaussée, Courdemanges, Couvrot, Drouilly, Frignicourt, Glannes, Huiron, Lisse, Loisy-sur-Marne, Luxémont-Villotte, Maisons-en-Champagne, Marolles, Merlaut, Pringy, Saint-Amand, Saint-Lumier-en-Champagne, Saint-Quentin-les-Marais, Songy, Soulanges, Vitry-en-Perthois, Vitry-le-François.

LISTE ALPHABÉTIQUE

DES PRINCIPALES SOURCES

OÙ L'ON A PUISÉ LES RENSEIGNEMENTS CONTENUS DANS CE DICTIONNAIRE.

I. Manuscrits.

Amour-Dieu (L'). — Titres de cette abbaye : archives de la Marne.

Andecy. — Titres de cette abbaye : archives de la Marne.

Archevêché de Reims. — Titres : archives de Reims.

Archives de l'Aube. — Divers documents de la série G ont été cités sans indication du fonds auquel ils appartiennent.

Archives de la Marne. — On a cité sous cette seule rubrique, pour l'époque révolutionnaire, un relevé de quelques-uns des vocables nouveaux, lequel se trouvait en 1869 dans le bureau de l'archiviste.

Archives nationales. — Les documents consultés appartiennent principalement à la section historique (séries J, KK, L, LL et S) et à la section administrative (séries P, Q, R et T).

Argensolles. — Titres de cette abbaye : archives de la Marne.

Atlas cadastraux des différentes communes du département.

Avenay. — Titres de cette abbaye : archives de la Marne.

Belleau. — Titres de cette abbaye : archives de la Marne.

Belval (c^ne de Châtillon). — Titres de ce prieuré : archives de la Marne.

Bertin du Rocheret, Mémoires sur Épernay (cités d'après des notes communiquées par M. L. Courajod).

Bricot-les-Nonnains. — Titres de ce prieuré : archives de la Marne.

Bullaire de l'abbaye de Cheminon : archives de la Marne.

Cartulaire de l'Amour-Dieu : archives de la Marne.

Cartulaire † de l'archevêché de Reims : archives de Reims.

Cartulaire d'Avenay : arch. de Reims.

Cartulaire du chantre Guérin (chapitre de l'église cathédrale de Châlons) : archives de la Marne.

Cartulaire du chapitre métropolitain de Reims (coté A et G) : archives de Reims.

Cartulaire de Cheminon : archives de la Marne.

Cartulaire de Coincy : ms. 12021 du fonds français de la Bibliothèque nationale.

Cartulaire des comtes de Bar : ms. 11853 du fonds français de la Bibliothèque nationale.

Cartulaire des comtes de Champagne : copie dans le ms. 56-58 des 600 de Colbert, à la Bibliothèque nationale (voir aussi Liber pontificum et Liber principum).

Cartulaire de l'évêché de Châlons, copie Gaignières : ms. 5211 A du fonds latin de la Bibliothèque nationale.

Cartulaire de Gorze : ms. 76 de la bibliothèque municipale de Metz.

Cartulaire d'Huiron : archives de la Marne.

Cartulaire d'Igny : ms. 9904 du fonds latin de la Bibliothèque nationale.

Cartulaire de Moiremont : archives de la Marne.

Cartulaire de Montiéramey : ms. 5432

du fonds latin de la Bibliothèque nationale.

Cartulaire de Montiérender, t. I : archives de la Haute-Marne. Une copie figurée a été exécutée pour la Bibliothèque nationale, où elle figure sous le n° 1251 des Nouvelles acquisitions latines.

Cartulaire de Montier-la-Celle : archives de l'Aube.

Cartulaires de Montiers : 1° sous le n° 9905 du fonds latin de la Bibliothèque nationale; 2° sous le n° 10946 du même fonds.

Cartulaire de Nesle-la-Reposte : archives de l'Aube.

Cartulaire d'Oyes : archives de l'Aube.

Cartulaire du Paraclet : ms. 2284 de la bibliothèque municipale de Troyes.

Cartulaire de Saint-Corneille, de Compiègne : archives nationales, LL 1622.

Cartulaire de Saint-Denis, de Reims : copie du XVIII° siècle, ms. El 4° 24 de la bibliothèque de Sainte-Geneviève.

Cartulaire de Saint-Jean-des-Vignes, de Soissons : ms. 11004 du fonds latin de la Bibliothèque nationale.

Cartulaire de Saint-Martin-des-Champs, de Paris : archives nationales, LL 1351.

Cartulaire de Saint-Médard, de Soissons : ms. 9986 du fonds latin de la Bibliothèque nationale.

Cartulaire de Saint-Nicaise, de Reims : archives de Reims.

Cartulaires de Saint-Remy, de Reims

(cotés A, C et G) : archives de
Reims.

Cartulaire de Saint-Thierry : archives
de la Marne.

Cartulaire de Saint-Vannes, de Verdun : ms. 5435 du fonds latin
de la Bibliothèque nationale.

Cartulaires de Sellières : 1° aux archives de l'Aube; 2° à la bibliothèque municipale de Troyes
(ms. n° 2290).

Cartulaire de Tiron, copie moderne :
ms. 10107 du fonds latin de la
Bibliothèque nationale.

Cartulaire de la Trinité, de Châlons;
archives de la Marne.

Cartulaire de la Val-Roy : ms. 10945
du fonds latin de la Bibliothèque
nationale.

Chapelle-Hurlay (La). — Titres de ce
prieuré : archives de la Marne.

Chapitre de l'église cathédrale de
Châlons. — Titres : archives de
la Marne.

Chapitre de l'église cathédrale de
Troyes. — Titres : archives de
l'Aube; un carton, consulté en
1869 aux archives de la Marne,
a été réintégré depuis aux archives de l'Aube.

Chapitre de l'église métropolitaine de
Reims. — Titres : archives de
Reims.

Charmoye (La). — Titres de cette
abbaye : archives de la Marne.

Châtrices. — Titres de cette abbaye :
archives de la Marne.

Chemineon. — Titres de cette abbaye :
archives de la Marne.

Du Buisson-Aubenay. — Notes de
voyages en Champagne : ms.
2694 A de la bibliothèque Maza-
rine.

Dureu. — État général de toutes les
paroisses, fiefs, etc., du bailliage
de Chaumont : archives nationales, R* 1119.

Évêché de Châlons. — Titres : archives
de la Marne.

Évêché de Troyes. — Titres : archives
de l'Aube.

Extenta comitatus Campanie et Brie.
— Registre KK 1066 des archives
nationales.

Hautefontaine. — Titres de cette abbaye : archives de la Marne.

Hautvillers. — Titres de cette abbaye :
archives de la Marne.

Hôtel-Dieu-le-Comte, à Troyes. — Titres de cet hôpital : archives de
l'Aube.

Inventaire des titres de la seigneurie
de Marcilly : archives nationales,
T* 126.

Liber pontificum, cartulaire des comtes
de Champagne : ms. 5993 A du
fonds latin de la Bibliothèque
nationale.

Liber principum, cartulaire des comtes
de Champagne : ms. 5992 du
fonds latin de la Bibliothèque
nationale.

Longau. — Titres de ce prieuré : archives de la Marne.

Macheret. — Titres de ce prieuré :
archives de la Marne.

Minutes Gobet : étude de M* Charlot,
notaire à Orbais.

Minutes Longnion : étude de M* Charlot, notaire à Orbais.

Minutes Naudé : étude de M* Charlot,
notaire à Orbais.

Minutier de M* Labbé, notaire à
Montmirail.

Minutier de M* Peignot, notaire à
Marcilly-sur-Seine.

Moiremont. — Titres de cette abbaye :
archives de la Marne.

Moncetz. — Titres de cette abbaye :
archives de la Marne.

Montiéramey. — Titres de cette abbaye : archives de l'Aube.

Montier-la-Celle. — Titres de cette
abbaye : archives de l'Aube.

Montmirail : archives du château et
archives de l'hospice.

Neuville-au-Temple (La). — Titres
de cette commanderie : archives
de la Marne.

Nomenclature des lieux habités, dressée en 1847 par l'Administration
des Postes. — Les cinq volumes
relatifs au département de la
Marne portent les n** 9975 à
9979 des mss. français de la
Bibliothèque nationale.

Notre-Dame, de Braisne. — Titres de
ce prieuré : archives de l'Aisne?

Notre-Dame-en-Vaux, de Châlons. —
Titres de ce chapitre : archives
de la Marne.

Orbais. — Titres de cette abbaye :
archives de la Marne. On a cité
sous cette rubrique un registre,
en date de 1763, contenu dans
l'unique carton renfermant les

titres subsistants de l'ancienne
abbaye.

Paraclet (Le). — Titres de cette abbaye : archives de l'Aube.

Pouillé du diocèse de Châlons, rédigé
en 1405 : ms. 785 du fonds
Moreau, à la Bibliothèque nationale.

Reclus (Le). — Titres de cette abbaye : archives de la Marne.

Registres paroissiaux de Marcilly-sur-
Seine : archives de la commune.

Registres paroissiaux de Mécringes :
archives de la commune.

Registres paroissiaux de Montmirail :
archives de la commune.

Registres paroissiaux de Rieux : archives de la commune.

Religieux d'Orbais (Le). — Voir aux
IMPRIMÉS.

Rentier de Saint-Memmie, en date de
1296 : archives de la Marne.

Revenus de l'abbaye de Saint-Nicaise,
de Reims, en 1715 : ms. 8838
du fonds français de la Bibliothèque nationale.

Saint-Basle. — Titres de cette abbaye :
archives de la Marne.

Sainte-Claire, de Reims. — Titres de
cette abbaye : archives de la
Marne.

Saint-Denis, de Reims. — Titres de
cette abbaye : archives de Reims.

Saint-Étienne, de Reims. — Titres de
cette abbaye : archives de la
Marne.

Saint-Étienne, de Troyes. — Titres de
ce chapitre : archives de l'Aube.
Les documents que l'auteur du
Dictionnaire cite comme appartenant aux archives de la Marne
ont été restitués depuis aux archives de l'Aube.

Saint-Étienne, de Troyes (Grande
chambrerie de). — Titres : archives de l'Aube.

Saint-Jacques, de Vitry. — Titres de
cette abbaye : archives de la
Marne.

Saint-Julien, de Sézanne. — Titres de
ce prieuré : archives de la Marne.

Saint-Maur, de Verdun. — Titres de
cette abbaye : archives de la
Meuse.

Saint-Memmie. — Titres de cette abbaye : archives de la Marne.

Saint-Nicaise, de Reims. — Titres de
cette abbaye : archives de Reims.

Saint-Nicolas, de Sésanne. — Titres de cette église collégiale : archives de la Marne.

Saint-Nicolas, de Troyes. — Titres de cet Hôtel-Dieu : arch. de l'Aube.

Saint-Pierre-aux-Dames. — Titres de cette abbaye : archives de Reims.

Saint-Pierre-aux-Monts. — Titres de cette abbaye : archives de la Marne.

Saint-Remy, de Reims. — Titres de cette abbaye : archives de Reims.

Saint-Symphorien, de Reims. — Titres de cette église collégiale : archives de Reims.

Saint-Thierry. — Titres de cette abbaye : archives de la Marne.

Saint-Thomas. — Les titres de ce prieuré ont passé en 1889 du cabinet de M. Anatole de Barthélemy aux archives de Reims (fonds de Saint-Denis).

Sellières. — Titres de cette abbaye : archives de l'Aube.

Taxe des bénéfices du diocèse de Châlons, en 1542 : seconde partie du ms. 5211 A du fonds latin de la Bibliothèque nationale.

Terrier de la seigneurie de Montmirail : archives du château de Montmirail.

Toussaints. — Titres de cette abbaye : archives de la Marne.

Trinité (La), de Châlons. — Titres de cette église collégiale : archives de la Marne.

Trois-Fontaines. — Titres de cette abbaye : archives de la Marne.

Ulmoy. — Titres de ce prieuré : archives de la Marne.

Valdieu. — Titres de ce prieuré : archives de la Marne.

Vinets. — Titres de ce prieuré : archives de la Marne.

II. — IMPRIMÉS.

Acta sanctorum. Voir Bolland.

Albert d'Aix [-la-Chapelle]. *Historia Hierosolymitana expeditionis, libri XII.* Publié en dernier lieu dans le *Recueil des historiens des croisades*, t. IV des *Historiens occidentaux.*

Ammien Marcellin. *Res gestæ.* Les passages relatifs à la Gaule ont été reproduits en 1738 par Dom Bouquet, dans le *Recueil des historiens des Gaules et de la France*, t. I, p. 542 et suiv.

Annales Bertiniani, publiées en dernier lieu par l'abbé Dehaisnes, 1871, in-8°.

Annuaire de la Marne pour l'an XIII et pour les années 1827, 1846, etc.

Arbois de Jubainville (D'). *Histoire des ducs et des comtes de Champagne*, 1859-1869, 7 vol. in-8°.

— *Pouillé du diocèse de Troyes rédigé en 1207* (publié avec diverses annexes), 1843, in-8°.

Atlas cantonal du département de la Marne, publié sous la direction de M. Poinsignon, 1874-1878, in-fol.

Aubrion (C.). *Recherches historiques sur la Brie. Le Gault et ses hameaux*, 1879, in-18.

Barthélemy (Anatole de). *Liste des noms de lieu inscrits sur les monnaies mérovingiennes*, publiée dans la *Bibliothèque de l'École des chartes*, t. XXVI.

Barthélemy (Édouard de). *Cartulaires de l'évêché et du chapitre de Châlons-sur-Marne*, 1853, in-12.

Barthélemy (Édouard de). *Compte des recettes et dépenses de l'église de Notre-Dame-en-Vaux pour les années 1389 et 1410*, 1862, in-18.

— *Diocèse ancien de Châlons-sur-Marne*, 1861, 2 vol. in-8°.

— *Histoire de Châlons-sur-Marne*, 1854, in-8°.

— *Notice historique et archéologique sur les communes du canton de Verzy*, 1868, in-12.

— *Notice historique et archéologique sur les communes du canton de Ville-sur-Tourbe*, 1865, in-12.

— *Statistique monumentale de l'arrondissement de Sainte-Menehould*, 1852, in-8°.

Beaucourt (G. du Fresne de). Voir Escouchy.

Bergier. *Histoire des grands chemins de l'Empire romain*, 1622, in-4°.

Bibliothèque de l'École des chartes, revue d'érudition dont la publication a été commencée en 1839, in-8°.

Boitel (L'abbé). *Recherches historiques .... sur Esternay, son château et les communes de son canton*, 1850, in-12.

— *Histoire du bienheureux Jean de Montmirail*, 1859, in-12.

Bolland, etc. *Acta sanctorum*, recueil hagiographique dont le premier volume a paru en 1643, in-fol.

Bouquet (Dom). *Recueil des historiens des Gaules et de la France*, in-fol. Le premier volume a été publié en 1738.

Boutaric. *Actes du Parlement de Paris*, 1re série, 1863-1867, 2 vol. in-4°.

Boutiot. *Études sur la géographie ancienne appliquées au département de l'Aube* (p. 6-180 des *Mémoires de la Société d'agriculture du département de l'Aube*, t. XXV).

Boutiot et Socard. *Dictionnaire topographique du département de l'Aube*, 1874, in-4°.

Brussel. *Nouvel examen de l'usage général des fiefs en France*, 1750, 2 vol. in-4°.

Cartulaire de l'abbaye de Saint-Martin d'Épernay. On a indiqué sous ce titre les textes publiés par M. Nicaise dans l'ouvrage intitulé : *Épernay et l'abbaye de Saint-Martin*, 1869, 2 vol. in-8°.

Cassini. *Carte de la France*, 1744-1788, in-fol.

Catalogue des cures du diocèse de Châlons ....., imprimé par ordre de Mgr Claude-Antoine de Choiseul-Beaupré, évêque et comte du Châlons, pair de France, 1749, in-4°.

César. *De bello Gallico.*

Chastillon (Claude). *Topographie française*, 1646-1648, in-fol.

Chronicon Fontanellense abbatiæ, ou *Gesta abbatum Fontanellensium*, publié en dernier lieu par Pertz, *Monumenta*, t. II.

Chronique de Champagne, revue publiée sous la direction de Louis Paris, 1837-1838, 4 vol. in-8°.

Cornet-Paulus. *Dictionnaire géographique et statistique de toutes les villes et communes de la Marne, ainsi que des hameaux, etc.*, 1860, in-12.

Courajod. *Recherches sur l'histoire de l'industrie dans la vallée du Surmelin*, 1868, in-8°.

Courtalon. *Topographie historique de la ville et du diocèse de Troyes*, 1784, in-8° (le tome III et dernier seulement).

Coutume de Sens (Conférence de la) avec le droit romain, etc., par Pelée de Chenouteau, suivie de détails historiques sur le bailliage de Sens, rédigée par M. T[arbé] d[es] S[ablons], avocat au Parlement, 1787, in-4°.

Coutume de Vitry avec le commentaire de Ch. de Saligny, 1676, in-4°.

Coutumes de Chaumont, commentées par Delaistre, 1723, in-4°.

Coutumes de la cité et ville de Rheims, formant le tome II du *Coutumier de Vermandois*, 1728, in-fol.

De l'Isle. *Histoire de la célèbre et ancienne abbaye de Saint-Mihiel*, 1757, in-4°.

Delisle (Léopold). *Essai de restitution d'un volume des Olim, perdu depuis le XVI° siècle* (p. 296-464 du tome II des *Actes du Parlement de Paris*, de Boutaric).

— *Notice sur le cartulaire de Rethel*, publiée dans l'*Annuaire-Bulletin de la Société de l'histoire de France* de 1867, in-8°.

Dénombrement constitutionnel de la France, 1791, in-8°.

Dessailly (L'abbé). *Histoire de Witry-lez-Reims et des villages situés sur son territoire ou relevant de son église et actuellement détruits*, 1869, in-8°.

Dictionnaire des Postes, éditions de 1845, 1869 et 1876, in-4° ou grand in-8°.

Dictionnaire topographique du département de l'Aisne. Voir Matton.

— *de l'Aube.* Voir Boutiot et Socard.

— *de la Meuse.* Voir Liénard.

Dictionnaire universel de la France ancienne et moderne, 1726, 3 vol. in-fol.

Documents pour servir à l'histoire de la géographie du comté de Champagne, formant l'appendice du tome II de l'*Histoire des ducs et des comtes de Champagne*, de

M. d'Arbois de Jubainville, 1860, in-8°.

Du Cange. *Glossarium mediæ et infimæ latinitatis*, édit. Henschel, 1840-1850, 7 vol. in-8°.

Du Chesne. *Histoire généalogique de la maison de Béthune*, 1639, in-fol.

— *Histoire généalogique de la maison de Broyes*, à la suite de celle de la maison de Dreux, 1631, in-fol.

— *Histoire généalogique de la maison de Châtillon*, 1621, in-fol.

— *Histoire généalogique de la maison de Coucy*, à la suite de celle de la maison de Guines, 1631, in-fol.

— *Histoire généalogique de la maison de Guines*, 1631, in-fol.

Du Plessis (Dom Toussaint). *Histoire de l'église de Meaux*, 1731, 2 vol. in-4°.

Escouchy (Mathieu d'). *Chronique*, publiée par M. de Beaucourt avec pièces justificatives, 1863-1864, 3 vol. in-8°.

État général des départements, districts, cantons et communes de la République française, au II, in-fol.

État-Major. *Carte de France.*

Éthicus. *Cosmographia*, édition de Leyde, 1685, in-8°; citée d'après les extraits publiés au tome I de Dom Bouquet.

Eusèbe. La chronique grecque de cet auteur, aujourd'hui perdue, est citée d'après la traduction latine de saint Jérôme.

Expilly (L'abbé). *Dictionnaire géographique des Gaules et de la France*, 1726, 6 vol. in-fol.

Feoda Campanie. Le Dictionnaire de la Marne renvoie, sous ce titre, aux extraits des *Feoda*, que M. d'Arbois de Jubainville a insérés dans l'appendice du tome II de l'*Histoires des comtes de Champagne*.

Flodoard. *Chronicon.* L'édition qui figure au tome III des *Monumenta*, de Pertz, doit être consultée de préférence à toute autre.

— *Historia ecclesiæ Remensis.* C'est à cet ouvrage que renvoie toujours le nom Flodoard avec indication de livre (l.) et de chapitre (c.). La plus récente traduction française qui en ait été donnée, celle de M. Lejeune, a été publiée en 1854 par l'Académie de Reims.

Fortunat. *Vita S. Remigii.*

Fragment d'un polyptyque de l'abbaye de Saint-Remy, de Reims, publié par Varin dans les *Archives législatives de la ville de Reims*, Statuts, t. I, p. 165-170.

Frédegaire. *Chronicon.*

Froissart (Jean). *Chroniques.*

Gallia christiana, t. X, XII et XIV, 1751, 1770 et 1856, in-fol.

Gaufrey, chanson de geste, publiée par Guessard et Chabaille, 1859, in-8°.

Gerbert. *Lettres*, édition Olleris, 1867, in-4°.

Grégoire de Tours. *Historia Francorum.*

— *Miracula Sancti Martini.*

Guérard (Ad.). *Statistique historique de la Marne*, 1862, in-8°.

Guérard (B.). *Cartulaire de l'église Notre-Dame de Paris*, 1850, 4 vol. in-4°.

— *Polyptyque de l'abbaye de Saint-Remi, de Reims*, 1853, in-4°.

Haton (Claude). *Mémoires*, publiés par F. Bourquelot, 1857, in-4°.

Hincmar. *Opera*, édit. Sirmond, 1645, 2 vol. in-fol.

Hommages faits à Thibaut V. Les textes cités ont été empruntés à la partie de ce registre que j'ai publiée à la suite des *Rôles des fiefs du comté de Champagne*, p. 379 et suiv.

Houillier. *État civil et ecclésiastique du diocèse de Soissons*, 1783, in-8°.

Huon de Bordeaux, chanson de geste publiée par Guessard et Grandmaison, 1860, in-8°.

Itinéraire brugeois de la fin du XIV° s'. Ce texte occupe les pages 285 à 308 de l'*Épilogue de la Géographie du moyen âge étudiée par J. Lelewel*, 1857, in-8°.

Itinerarium Antonini, édition Parthey et Pinder, 1848, in-8°.

Joanne. *Dictionnaire géographique de la France*, 1872, in-8°.

Lalore. *Polyptyque de l'abbaye de Montiérender*, 1878, in-8°.

Lengherand (G.). *Voyage .... à Venise, Rome, Jérusalem, etc.*, publié par le marquis de Godefroy-Ménilglaise, 1861, in-8°.

Liénard. *Dictionnaire topographique du département de la Meuse*, 1872, in-4°.

Livre des serfs de Marmoutier, publié par André Salmon, 1864, in-8°.

Lirre des vassaux. Voir Longnon.

Longnon. Études sur les pays de la Gaule, formant le 2ᵉ et le 11ᵉ fascicule de la Bibliothèque de l'École des hautes études, 1869 et 1872, in-8°.

— Livre des vasseux du comté de Champagne et de Brie, 1869, in-8°.

— Rôles des fiefs du comté de Champagne sous le règne de Thibaut le Chansonnier, 1877, in-8°. La plupart des mentions empruntées aux textes que renferme ce volume sont faites avec renvoi aux documents originaux renfermés aux archives nationales, série J.

Mabille. La pancarte noire de Saint-Martin, de Tours, 1866, in-8°.

Mabillon. Annales ordinis S. Benedicti, 1703-1739, 6 vol. in-fol.

— De re diplomatica, 1686. Supplément, 1704, in-fol.

Machaot. Histoire du B. Jean, seigneur de Montmirel et d'Oysi, 1641, in-8°.

Marlot. Metropolis Remensis historia, 1666-1679, 2 vol. in-fol.

— Histoire de la ville, cité et université de Reims, 1843-1845, 4 vol. in-4°.

Mathon (A.). Dictionnaire topographique du département de l'Aisne, 1871, in-4°.

Miracula S. Dionysii, apud Mabillon, Acta sanctorum ordinis S. Benedicti, sæc. III, pars nᵃ, p. 343-364.

Nécrologe de l'église de Reims, publié par Varin (Arch. lég. de la ville de Reims, Statuts, t. II, p. 62-105).

Nicaise (Aug.). Épernay et l'abbaye de Saint-Martin de cette ville, 1869, 2 vol. in-8°.

Nithard. Historia, apud Bouquet, t. VI et VII, et Pertz, Monumenta, t. II.

Noel (Dom). Notice historique sur le canton de Châtillon-sur-Marne, 1875, in-8°.

Notitia provinciarum et civitatum Galliæ.

Pardessus. Diplomata, charta . . . . .

ad res gallo-francicas spectantia, 1843-1849, 2 vol. in-fol.

Pelée de Chenouteau. Voir Coutume de Sens.

Pertz. Monumenta Germaniæ historica, 1826 et suiv., in-fol.

Polyptyque de Montiérender. Voir Lalore.

Polyptyque de S. Remy. Voir Guérard.

Pouillé de Troyes. Voir d'Arbois de Jubainville.

Procès-verbal de la rédaction de la coutume de Vitry en 1509, imprimé à la suite des éditions de la Coutume de Vitry.

Ptolémée. Dom Bouquet (t. I) et Cougny, Extraits des auteurs grecs concernant la géographie et l'histoire des Gaules, t. I, ont reproduit les parties de l'œuvre du géographe grec relatives à la Gaule.

Puiseux. Tableau des appellations révolutionnaires adoptées par les communes du département de la Marne, dans les Mémoires de la Société d'agriculture du département de la Marne, année 1880-1881 (p. 305-307), in-8°.

Radulfus Glaber. Francorum historia, apud Bouquet, t. IV.

Religieux d'Orbais (Le) (Dom du Bout). Histoire de l'abbaye d'Orbais, publiée par M. Et. de Villefosse, 1890, in-8°. Quelques passages ont pu être cités, grâce à la communication gracieuse que M. L. Courajod m'avait faite de notes recueillies par lui.

Roman de Guillaume de Dole, extrait publié par Adelbert Keller, Rouvart, p. 576-588.

[Saugrain.] Nouveau dénombrement du royaume, 1735, in-4°.

Sièges royaux ressortissant directement au Parlement de Paris, rangés par ordre alphabétique, 1776, in-4°.

Socard (Alexis). Chartes inédites extraites des cartulaires de Molème, 1864, in-8°.

Strabon. Dom Bouquet (t. I) et Cougny, Extraits des auteurs grecs

concernant la géographie et l'histoire des Gaules, t. I, ont reproduit tout ce qui, dans l'œuvre du célèbre géographe, intéressait notre pays.

Table de Peutinger. La dernière édition française a été donnée par Ern. Desjardins.

Table des villes et villages régis par la coutume de Vitry, imprimée à la suite de diverses éditions de cette coutume et notamment de l'édition donnée en 1676 par Ch. de Saligny.

Tardif (Jules). Monuments historiques, cartons des rois, 1866, in-4°.

Testament de saint Remy. Ce texte, inséré dans l'Histoire de l'église de Reims, de Flodoard, a été publié plusieurs fois en dehors de cet ouvrage, notamment par Varin (Archives administratives de la villa de Reims, t. I, p. 2-23).

Teulet. Layettes du Trésor des chartes, 1863-1866, 2 vol. in-4°.

Valois (Adrien de). Notitia Galliarum, 1675, in-fol.

Varin. Archives administratives et législatives de la ville de Reims, 1839-1853, 10 vol. in-4°. Ce recueil se divise ainsi : Archives administratives, 3 tomes en 5 volumes ; Archives législatives, 4 volumes, dont 3 consacrés aux Statuts et 1 aux Coutumes ; Table alphabétique des matières, 1 volume.

Vita S. Gaugerici, apud Bolland, Acta sanctorum, t. II augusti, p. 657-693.

Vita S. Remigii. Voir Fortunat.

— écrite par Hincmar, apud Bollund, Acta sanctorum, t. I octobris, p. 131-166.

Vita S. Tresani, apud Bolland, Acta sanctorum, t. II februarii, p. 53 à 55.

Vigneulles (Philippe de). Mémoires, publiés en 1852 par M. Michelant pour la Société littéraire de Stuttgard, in-8°.

Wassebourg (Richard de). Les antiquitez de la Gaule Belgique, 1647, in-fol.

EXPLICATION

DES

ABRÉVIATIONS EMPLOYÉES DANS LE DICTIONNAIRE.

a.	armoire.
abb.	abbaye.
adm.	administratives.
affl.	affluent.
Am.-Dieu.	Amour-Dieu.
anc.	ancien.
And.	Andecy.
ann.	annuaire.
arch.	archives et, quelquefois aussi, archevêché.
arch. nat.	archives nationales.
Argens.	Argensolles.
arrond.	arrondissement.
art.	article.
auj.	aujourd'hui.
b.	boîte.
bapt.	baptême.
bibl.	bibliothèque.
bienh.	bienheureux.
c.	carton, chapitre, colonne.
c. Gaign.	copie Gaignières.
cart.	cartulaire et, quelquefois, carton.
Camp.	Campanie.
capitul.	capitulaire.
capitul. silv.	capitulatiom silvacense.
cat.	catalogue.
Chàl.	Châlons.
chambr.	chambrerie.
Champ.	Champagne.
chap.	chapelle.
Chap.	Chapelle.
chât.	château et, parfois, châtellenie.
Chem., Chemin.	Cheminon.
christ.	christiana.
c^ne	commune.
col.	colonne.
comm.	commencement.

Comp.	Compiègne.
cop.	copie.
cout.	coutume, coutumes.
dét., détr.	détruit, détruite.
dictionn.	dictionnaire.
dioc.	diocèse.
docum.	documents.
égl.	église.
établ.	établissement.
ext.	Extenta.
f.	ferme.
f^ne.	fontaine.
f°.	folio.
fragm.	fragments.
franç.	français.
Gaign.	Gaignières.
Gall.	Gallia.
gén.	général.
géogr.	géographiques.
gr. ch.	grande chambrerie.
h.	hameau.
hab.	habitation.
Hautef.	Hautefontaine.
hist.	histoire.
hosp.	hospice.
ibid.	ibidem.
impr.	imprimé.
instr.	instrumenta.
invent.	inventaire.
is.	isolé.
jugem.	jugement.
l.	liasse, après une indication de fonds; livre, après un nom d'auteur
lég.	législatives.
liv.	livre.
m.	maison.
mém.	mémoires.

mérov.	mérovingiennes.		Rad.	Radulfus.
métr.	métropolitain.		reg.	registre.
mil.	milieu.		r°.	recto.
m^in.	moulin.		ruiss.	ruisseau.
min.	minutes, minutier.		s°.	siècle.
Moirem.	Moiremont.		Ste-Men.	Sainte-Menehould.
m^on.	maison.		S.-Symph.	Saint-Symphorien.
monn.	monnaies.		suppl.	supplément.
Mont.	Montiers.		t.	tome.
ms.	manuscrit.		Touss.	Toussaints.
nécr.	nécrologe.		Trois-Font.	Trois-Fontaines.
Neuv.	Neuville.		tuil.	tuilerie.
n°.	numéro.		univ.	universel.
p.	page.		vass.	vassaux.
pol., polypt.	polyptyque.		v°.	verso et, parfois, verbo.
princip.	principum.		vill.	village.

DICTIONNAIRE TOPOGRAPHIQUE

DE

LA FRANCE.

DÉPARTEMENT

DE LA MARNE.

A

Abbaye (L'), f. c⁰ⁿ de Cheminon-la-Ville; ancienne abbaye d'hommes de l'ordre de Cîteaux, sous l'invocation de la Vierge, fondée en 1110. — *Quidam locus qui vacatur Cheminon*, 1110 (Chem. c. 17). — *Chiminun*, 1161 (cart. de Chem. f° 27 r°). — *Damus de Cheminun*, 1165 (cart. de Montiers, 10946, f° 17 r°). — *Chyminum*, 1191 (Chem. c. 20). — *Abbatia de Chiminon*, 1164-1171 (cart. de Chem. f° 37 v°). — *Chiminum*, 1222 (Chem. c. 17). — *Chyminon*, 1233 (*ibid.*). — *Chemin. l'Abie*, 1243 (*ibid.*). — *Chemynun*, 1248 (ibid. c. 16). — *Chemynon*, 1253 (ibid. c. 15). — *Chemyuon l'Abaye*, 1290 (ibid. c. 3). — *Abbatia de Cheminonno*, 1542 (taxe du dioc. de Châlons, p. 218). — *In hoc loco qui vocatur Cheminio*, 1662 (Chem. c. 15).

Cette abbaye remplaça un petit monastère construit à peu de distance et placé sous l'invocation de saint Nicolas.

Abbaye de Moncetz (L'), chât. c⁰ⁿ de Moncetz-sur-Marne. — C'est l'ancienne abbaye de Moncetz. — Voy. ce nom.

Abbé (Bois de l'), portion de la forêt de la Traconne, comprise dans la commune de Chantemerle.

Abbéval, anc. four à chaux, près Trois-Fontaines. — *Calcis furnum Abbatis Vallis*, 1147 (Trois-Font. c. 1). — *Chaufurnum de Abbeval*, 1150 (*ibid.*) — *Chaufurnum de Abaval*, 1152 (*ibid.*).

Ablancourt, c⁰ⁿ de Vitry-le-François. — *Ambloniscurt*, 850 (cart. du chantre Guérin, f° 8 v°). — *Ambluncurt*, 1110 (cart. de Châl. c. Gaign. p. 73). — *Amblunnicurtis*, 1107 (chap. de Châl. a. 1, l. 1). — *Eblancort*, v. 1220 (liv. des vass. de Champ.). — *Amblancourt*, 1240 (Chem. c. 1). — *Anblancort*, v. 1252 (fiefs de Champ.). — *Emblancourt*, v. 1274 (arch. nat. J 202, 46 *ter*). — *Amblancuria*, 1282 (chap. de Châl. a. 4, l. 8). — *Amblancourt*, 1302 (S.-Pierre-aux-Monts, c. 8 et 21). — *Anblancourt*, 1511 (arch. nat. P 179, 92). — *Ablancourt*, 1542 (taxe du dioc. de Châl. p. 216). — *Amblincourt*, 1556 (arch. lég. de Reims, cout. p. 878). — *Ablancourt*, 1714 (arch. nat. P 223, 352). — *Anblancour*, 1665 (*ibid.* P 191⁴, 43). — *Amblaincourt*, 1728 (lieux régis par la cout. de Châlons). — *Amblancurtis*, 1775 (chap. de Châlons, a. 1, l. 56).

En 1789, Ablancourt faisait partie de l'élection de Vitry et suivait la cout. de Châlons. Diocèse de Châlons, doyenné de Vitry-le-Brûlé; église paroissiale, dédiée à saint Martin, à la présentation du chapitre de l'église cathédrale de Châlons.

Ablois-Saint-Martin, c⁰ⁿ d'Épernay. — *Sanctus Martinus de Avleis*, 1145 (cart. de S.-Martin d'Épernay, p. 130). — *S. Martinus de Aolis*, 1155 (ibid. t. I, p. 79). — *Avelois*, 1219 (cart. d'Avenay, p. 64). — *Aublois, Avlois*, v. 1240 (fiefs de Champ.). —

Avloys, 1245 (liber pontificum, f° 275 v°). — *Ablois*, v. 1252 (fiefs de Champ.). — *Sanctus Martinus de Avlois*, 1262 (la Charmoye, c. 6). — *Avloi*, v. 1274 (arch. nat. J 202, 45). — *Abloiz*, 1409 (ibid. P 182, 314). — *Abloys*, 1462 (ibid. P 180, 162). — *Saint-Martin-d'Ablays*, 1539 (ibid. P 162, 136). — *Sainct-Martin de la Bloys*, 1634 (ibid. P 216, 38). — *Saint-Martin d'Amblois*, 1735 (Saugrain, t. 1, p. 471). — *Saint-Martin d'Hablois*, 1749 (Hautvillers, c. 5). — *Sanctus Martinus in pago Ablensi*, 1783 (Houillier).

En 1789, Ablois faisait partie de l'élection d'Épernay et suivait la cout. de Vitry. Diocèse de Soissons, doyenné d'Orbais; église paroissiale, dédiée à saint Martin, à la présentation de l'abbé de Saint-Martin d'Épernay.

Comme l'ancienne paroisse, la commune fut d'abord appelée *Saint-Martin-d'Ablois;* mais en 1793 ce nom fut remplacé par celui d'*Ablois.*

ACINIACUS, localité, auj. inconnue, du *pagus Tardunensis.* — *Aciniacus*, v. 948 (Flodoard, l. II, c. 10). — *Ascineium*, c. du XI° siècle (polypt. de S.-Remy).

ADÉCOURT, h. c°° de Plichancourt. — *Decort*, 1238 (S.-Jacques de Vitry, c. 4). — *Decourt*, 1261 (Ulmoy). — *Secourt*, en *la par. de Pichancourt*, 1501 (S.-Memmie, c. 6).

ANOYE (RUISSEAU D'), coule sur le territoire de Virginy et se joint à la Tourbe.

AHAN-DE-L'ESFERMERIE (L'), f. détr. c°° de Dampierre-sur-Auve. — *Ung aban ou gaignage appelé l'Ahan de l'Enfermerie, scitué et assis en la ville et finage de Dampierre.* (Moiremont, c. 7).

AIGNY, c°° de Châlons. — *Adenaius*, mil. du IX° siècle (polypt. de S.-Remy). — *Ainneium*, 1195 (arch. nat. S 5035, supp. 38). — *Aigney*, 1262 (Montiers, c. 2). — *Aigneyum*, 1303-1312 (arch. adm. de Reims, t. I, p. 1120). — *Aingneium*, 1315 (cart. de S.-Denis de Reims, p. 345). — *Aingny de lez Condé-sur-Marne*, 1315 (ibid. p. 351). — *Aigny*, 1316 (S.-Denis de Reims, l. A). — *Anguy*, 1372 (chap. de Châl. a. 4, l. 7). — *Aingny-sur-Marne*, 1384 (arch. nat. P 151², 1430). — *Aigny-sur-Marne*, 1456 (S.-Pierre-aux-Monts, c. 32). — *Agny-sur-Marne*, 1556 (arch. lég. de Reims, cout. p. 885). — *Aigny-sur-Marne*, 1602 (arch. nat. Q 667). — *Aigni-sur-Marne*, 1668 (ibid. Q 675, f° 35 r° et 41 r°).

En 1789, Aigny faisait partie de l'élection de Châlons et suivait la cout. de cette même ville. Diocèse de Reims, doyenné d'Épernay. Son église paroissiale, consacrée à saint Martin, était à la présentation de l'abbé d'Hautvillers.

AIGREMONTS (LES), f. c°° de Montmirail. — *Lieu dict en Aigremonlt, Esgremont*, 1480 (chât. de Montmirail). — *Le molin d'Aigremont*, 1480 (ibid.).

AIGREMONTS (RUISSEAU DES), Ru MORIAU ou RU DE LA VOGUE, afll. du Petit-Morin; coule sur le finage de Montmirail. — *Le ru dudict molin de Saint-Martin*, 1603 (arch. nat. P 180, 111). — *Le ru Moreaux*, 1676 (ibid. P 193, 59).

AILERIES (LES), lieu-dit, c°° de Gauroy-lez-Hermonville.

AILLERIES (LES), m°°°, c°° de Fontaine.

AIN (L'), ruiss. afll. du Py. Il prend sa source à Souain et arrose le finage de Saint-Hilaire-le-Grand.

AISNE, riv. afll. de l'Oise; prend sa source à Sommaisne (Meuse), entre dans le dép. de la Marne à Charmontois-l'Abbé et en sort à Servon. — *Axona*, v. 50 avant l'ère chrét. (César, de bello gall. l. II, c. 9). — *Axuenna*, III° siècle (itin. Anton.). — *Axina*, v. 650 (Pardessus, diplomata, t. II, p. 192). — *Asnia*, XII° siècle (de re diplomatica, suppl. p. 101). — *Assona*, 1197 (Châtrices). — *Ahisnia, Aisnia*, 1200 (liber princip. 5592, f° 44 r°). — *Aisna*, 1200 (ibid. f° 160 v°). — *Ausona, Auxona*, v. 1223 (ibid. f° 331 r°). — *La rivière d'Aigne*, 1396 (arch. nat. P 183, 107). — *Aixne*, 1720 (ibid. P 222, 232).

AJOT (L'), f. c°° de Pargny-sur-Saulx. — *Molendinum quod dicitur de l'Ajau*, 1235 (Trois-Font. c. 1). — *Le lieu et terrouer de l'Adjau où souloit avoir moulin et naguères forges à fer et de présent y a maison, granges* (Chemin. c. 2). — *Le lieu et cense de Lageot*, 1634 (arch. nat. P 216, 43). — *Le liau et sense de Lajot*, 1638 (ibid. p. 216, 74 bis). — *Lajo*, XVIII° siècle (Cassini).

ALANCOURT, h. c°° de Mancy. — *Halancourt*, 1735 (Saugrain, t. I, p. 470). — *Allancourt*, XVIII° siècle (Cassini).

ALSVAL, f. c°° de Sainte-Menehould. — *Aleval*, v. 1300 (extenta Campanie, chât. de S°°-Menehould). — *L'estang d'Ailleval*, 1370 (arch. nat. P 183, 25). — *Alleval*, 1735 (Saugrain, t. I, p. 440). — *Lalleval*, 1847 (lieux habités).

ALGER, cendrière, c°° de Berru. — *Les Rosières*, 1835 (état-major).

ALGER, auberge et m°° éclusière, c°° de Cormicy.

ALGER, m. c°° de Prunay.

ALGER, auberge, c°° de Puisieulx. — *Alger ou la Pompelle*, 1862 (Guérard, p. 440).

ALGER, f. c°° de Vaudemanges.

ALLEMANCHE, vill. c°° d'Allemanche-Launay-et-Soyer. — *Alemanche*, v. 1220 (liv. des vass. de Champagne). — *Alemanches*, 1236 (invent. de Montier-la-Celle, f° 1 r°). — *Alemanchia*, v. 1252

(arch. nat. J 195, 96). — *Allemenche*, 1381
(pouillé de Troyes, A, n° 302). — *Alemenchia*,
1407 (ibid. n° 276). — *Alleinanchia*, 1443 (évêché de Troyes, G 22). — *Almanches*, 1507 (arch.
nat. P 165, 242).

En 1789, Allemanche faisait partie de l'élection
de Sézanne et était régi par la cout. de Meaux.
Diocèse de Troyes, doyenné de Sézanne. Son église
paroissiale, dédiée à saint Remy, était à la collation
de l'évêque.

ALLEMANCHE-LAUNAY-ET-SOYER, c°° d'Anglure, commune
formée en 1846 de l'union des anciennes communes
d'Allemanche-Launay et de Soyer.

ALLEMANDERIE (L'), lieu-dit, c°° de la Veuve.

ALLEMANT, c°° de Sézanne. — *Alamannus*, 813 (Gallia
christ. t. XIV, instr. c. 15). — *Alemanni*, 1124-1130
(pouillé de Troyes, n° 277, note). — *Alemanz*,
1202 (cart. d'Oyes, f° 29 r°). — *Villa que dicitur
Alcmant*, 1209 (Montier-la-Celle, c. 19). — *Ale-
ment*, 1320 (arch. adm. de Reims, t. II, p. 259).
— *Alemens*, 1375 (arch. nat. P 202, 172). — *Alementum*, *Alamans*, *Allementum*, 1381 (pouillé de
Troyes, A, n°° 300, 303 et 514). — *Alemanti*,
1443 (évêché de Troyes, G 22). — *Allemanti*,
1503 (Montier-la-Celle, c. 18). — *Allemans*,
Allemeus, 1503 (S.-Nicolas de Sézanne, c. 7).
— *Allamens*, 1508 (arch. nat. P 165, 143). —
Allemant, 1528 (ibid. P 165, 275). — *Alleman*,
Allemand, 1664 (ibid. P 191⁴, 26 bis). — *Almant*,
1728 (arch. de l'Aube, G 526).

Allemant faisait partie, en 1789, de l'élection
de Sézanne et était régi par la cout. de Meaux.
Diocèse de Troyes, doyenné de Sézanne. Son église
paroissiale, dédiée à saint Remy, était à la collation de l'évêque de Troyes, comme abbé de Moutier-
la-Celle.

ALLEO (L'), hab. détruite, c°° de Loivre. — *Quedam
masura et locus antiquitus dictus la maison de l'Aleu
in villa de Libera*, 1472 (cart. de S.-Denis de Reims,
p. 503).

ALLEUX (LES), bois, c°° de Passavant. — *Nemus ec-
elesie nostre [de Castriciis] quod Allodium appellatur*, 1239 (Teulet, trésor des chartes, t. II, p. 412).
— *Li quiex bois est appelé li Aloes, et cil bois est
entre le bois de Biaulieu et la vile d'Esclaires*, 1242
(ibid. t. II, p. 469). — *Les Alloes*, 1259 (dioc. anc.
de Châl. t. I, p. 193).

ALLIANCELLES, c°° d'Heiltz-le-Maurupt. — *Asencella*,
mil. du IX° siècle (polypt. de S.-Remy). — *Aisencella*,
1123 (hist. de la maison de Châtillon, pr. p. 22).
— *Aisencel°*, 1182-1198 (cart. B' de S.-Remy,
p. 147). — *Asancella*, v. 1200 (arch. lég. de Reims,

statuts, t. I, p. 175). — *Aizencelles*, 1208 (cart. A
de S.-Remy, p. 146). — *Asencele*, 1215 (S.-Remy,
c. 41). — *Aillencelle*, 1234 (S.-Pierre-aux-Monts,
c. 21). — *Aisenceles*, 1239 (arch. lég. de Reims,
statuts, t. I, p. 175). — *Aysencella*, 1249 (cart. C
de S.-Remy, f° 11 v°). — *Aylancele*, v. 1252 (fiefs
de Champ.). — *Aysancelle*, *villa de Ancelles supra-
dicta*, 1265 (S.-Remy, l. 41). — *Allencella*, *Allen-
celez*, 1269 (Trois-Font. c. 6). — *Aillenseles*, 1270
(ibid.)— *Allencelles*, 1270 (S.-Remy, l. 41).— *Aillen-
cellæ*, 1302 (ibid.). — *Aullencelles*, 1311 (cart. A de
S.-Remy, p. 413). — *Aillencelles*, 1356 (S.-Pierre-
aux-Monts, c. 15). — *Aillancelles*, 1405 (pouillé
de Châl. f° 78 r°). — *Aillencelles en Pertois*, 1460
(ibid.). — *Argencelles*, 1543 (ibid.). — *Alliancelle*,
1633 (lieux régis par la cout. de Vitry).— *Ailliancelles*, 1652 (arch. lég. de Reims, statuts, t. I,
p. 243 et 245).

En 1789, Alliancelles faisait partie de l'élection
de Châlons et suivait la cout. de Vitry. Diocèse
de Châlons, doyenné de Possesse. Son église paroissiale, consacrée à saint Remy, était à la présentation de l'abbaye de Saint-Remy de Reims.

ALSACE (L'), f. c°° de Vertus. — *La ferme des Alle-
mands*, 1862 (Guérard, p. 127).

AMBIGNY (LA NOCE-D'), lieu-dit, c°° de Prunay.

AMBONNAY, c°° d'Ay. — *Amboniacus*, villa que Ambu-
niacus dicitur, 1020 (cart. de la Trinité, f° 1 r°).
— *Ambunnaium*, XI° s° (fragm. de polypt. p. 106).
— *Ambonai*, 1195 (arch. nat. S 5035, suppl. 38).
— *Aubonnai*, v. 1220 (livre des vass. de Champ.).
— *Ambonaium*, 1238 (chap. de Châl. a. 4, l. 57).
— *Ambonnayum*, 1238 (Avenay, c. 2). — *Ambon-
uaium*, 1238 (chap. de Châl. a. 4, l. 57). — *Ambonaium*, 1267 (liber pontificum, f° 427 v°).—
Ambonayum, 1273 (Avenay, c. 2). — *Ambonnay*,
1277 (S.-Basle, c. 2, l. 25). — *Amboneium*, 1345
(arch. adm. de Reims, t. II, p. 933). — *Ambonneyum*, 1346 (ibid. t. I, p. 1034). — *Ambornai*,
1384 (E. de Barthélemy, canton de Verzy, p. 70).
— *Ambonnoy*, 1428 (arch. nat. Q 673). — *Ambournay*, 1638 (ibid. Q 670).

Ambonnay faisait partie, en 1789, de l'élection
d'Épernay et était régi par la cout. de Vitry. Diocèse de Reims, doyenné d'Épernay. Son église paroissiale, consacrée à saint Remy, était à la présentation de l'abbé de Saint-Denis de Reims.

AMBRIÈRES, c°° de Saint-Remy-en-Bouzemont. — *Ambreriæ*, 1405 (pouillé de Châlons, f° 76 v°).

En 1789, Ambrières faisait partie de l'élection
de Vitry et suivait la cout. de Chaumont. Diocèse
de Châlons, doyenné de Perthes. Son église parois-

1.

siale, dédiée à la Vierge, était à la présentation de l'abbé de Montiérender.

Ambrières (Ru d'), affl. du ru de l'Étang de Queula; arrose le finage d'Ambrières.

Amiony, lieu-dit, c⁰ᵉ de Chambrecy.

Amilly, fief, c⁰ᵉ de Montmirail. — *Le fief d'Amigny*, 1399 (arch. nat. P 180, 97). — *Le fief d'Amilly*, consistant en trois arpens, ung quartier de pré, avecq moitié des terrages dudit Montcouppot, 1603 (ibid. P 180, 101). — *Le fief*, qui est une pièce de trois arpens, ung quartier de pré, appelé le pré d'Aubonnet, 1623 (ibid. P 180, 36).

Amour-Dieu (L'), f. c⁰ᵉ de Troissy. — Abbaye de bénédictines fondée, sous l'invocation de la Vierge, en 1232, et transférée en 1760 à Montmirail. — *Domus Dei de Troissy*, 1232 (Gallia christ. t. X, instr. col. 135). — *Conventus monasterii de Amore Dei*, 1237 (ibid. t. X, col. 136). — *Domus illa que dicitur Amor Dei, sita intra fines parrochie de Troyseio*, 1240 (Am.-D. c. 3). — *Ecclesia moniales Sᵗ Marie de Amore Dei*, 1240 (ibid.). — *Ecclesia Amoris Dei de Trossio*, 1241 (ibid.). — *Conventus de Amore Dei in Troissiacum*, 1241 (ibid.). — *La norele abéie que je ai fondée* entre Boqueingni e Troissi, en l'eveschié de Soixons, qui est apelée l'Amor Dieu, 1243 (ibid.). — *Ecclesia seu monasterium Amoris Dei de Troissi*, 1243 (ibid.). — *Ecclesia monialum Dei juxta Troissiacum*, 1248 (cart. de l'Am.-D. fᵒ 34 rᵒ). — *L'esglise de l'Amour-Dieu dalès Troissi*, 1296 (Am.-D. c. 3). — *L'Ammour-Dieu l'Abéie*, xiiiᵉ siècle (ibid.). — *Nostre-Dame de l'Amour-Dieu delès Troissy*, 1335 (cart. de l'Am.-D. fᵒ 20 vᵒ). — *Couvent de l'Amour-Dieu ou Maison-Dieu lez Troissy*, 1409 (ibid. fᵒ 24 rᵒ). — *L'Amour-Dieu lès Troissy*, 1501 (Am.-D. c. 2). — *L'abbaie de la Mort-Dieu lez ledit Troissy*, 1570 (arch. nat. P 177, 127). — *L'abbaie royale de l'Amour-Dieu, ordre de Citeaux, située à Montmirail, en Champagne*, 1777 (ibid. Q 678). — *La ferme dite de l'Abbaye de l'Amour-Dieu*, 1804 (annuaire de la Marne, an xiii). — *L'Abbaye*, 1860 (Cornet-Paulus).

Amour-Dieu (Ru de l'), affl. de la Marne; traverse le finage de Champvoicy.

✝ **Ancien-Moulin** (L'), mᵒⁿ is. c⁰ᵉ d'Argers.

✝ **Ancien-Moulin** (L'), mᵒⁿ is. c⁰ᵉ de Florent.

✝ **Ancies-Moulin** (L'), f. c⁰ᵉ de Vert-la-Gravelle.

Ancienne-Maison du Moulin (L'), mᵒⁿ is. c⁰ᵉ d'Anthenay.

Anciens-Tuilerie (L'), mᵒⁿ, c⁰ᵉ de Crugny.

Anosey, h. c⁰ᵉ de Baye. — Abbaye de bénédictines fondée, en 1131, sous l'invocation de la Vierge, au dioc. de Châlons. — *Sanctimoniales que de Juliaca adduxi loco Vivi Fontis et Andecie*, 1131 (ch. de Simon de

Broyes; cf. Gallia christ. t. X, instr. col. 165). — *Sanctimoniales ecclesie Vivi Fontis que vulgo dicitur locus Andeceyarum*, milieu du xiiᵉ siècle (Andecy, c. 4). — *Anderciæ*, 1147-1151 (Andecy). — *Andeceiæ*, 1162 (ibid. c. 1). — *Andeceyæ*, 1171 (ibid.). — *Andecei*, 1172 (Andecy). — *Anderceiæ*, 1185 (ibid. c. 1). — *Moniales Andeiciarum*, 1186 (ibid. c. 7). — *Andeceis*, 1218 (liber pontificum, fᵒ 413 vᵒ). — *Andeceies*, 1252 (ibid. fᵒ 447 vᵒ). — *Anderceyæ*, 1268 (And. c. 7). — *Anderceiz*, 1274 (Vinets, c. 5). — *Andeceys*, 1287 (Andecy, c. 1). — *Andeceyes*, 1290 (Andecy). — *Nostre-Dame de Endeceys*, 1297 (ibid. c. 7). — *Andecies*, v. 1300 (extenta Campanie, chât. de Sézanne). — *Andecix*, 1457 (pouillé de Troyes, P nᵒ 10). — *Andecys*, 1498 (Andecy, c. 10). — *Anthecys*, 1526 (ibid. c. 4). — *Andeceyum*, 1542 (taxe du dioc. de Chât. p. 212). — *Andesis*, 1597 (Andecy c. 1). — *Antecy*, 1620, 1721 (ibid. c. 5). — *N.-D. d'Annecy*, 1774 (ibid. c. 1).

Anerie (L'), lieu-dit, c⁰ᵉ de Suippes.

Anglebert, f. c⁰ᵉ d'Ambrières. — *Le fief d'Anglebert*, autrement dit la Cense du Château, 1735 (Saugrain, t. 1, p. 442).

Anglous (Les), f. c⁰ᵉ d'Orbais. — *Les Anglous*, 1763 (Orbais, p. 22).

Anglous (Ru des), affl. du Surmelin; coule sur le finage d'Orbais.

Anglure, arrond. d'Épernay. — *Angluria*, 1128 (pouillé de Troyes, nᵒ 278, note). — *Angleuria*, 1124-1130 (cart. d'Oyes, fᵒ 19 rᵒ). — *Anglitura*, 1131 (Gallia christ. t. X, col. 165). — *Anglaura*, 1133 (Bibl. de l'École des charles, t. XIX, p. 186). — *Anglura*, 1140 (S.-Jul. de Sézanne, c. 4 bis). — *Angleura super Album*, 1175 (cart. d'Oyes, fᵒ 20 vᵒ). — *Angularia*, 1177 (pouillé de Troyes, nᵒ 278). — *Angléure*, v. 1222 (liv. des vass. de Champ.). — *Engléure*, v. 1252 (fiefs de Champ.). — *Engleiure*, fin du xiiiᵉ siècle (arch. nat. J 206; Troyes, nᵒ 3). — *Angleurre*, 1366 (ibid. Q 681¹, fᵒ 101 vᵒ). — *Aingluyre*, 1390 (évêché de Troyes, G 343). — *Angluse*, 1405 (ibid. G 355).

Anglure faisait partie, en 1789, de l'élection de Sézanne et suivait la coul. de Meaux. Son église paroissiale, diocèse de Troyes, doyenné de Sézanne, était consacrée à saint Sulpice et à saint Antoine; l'évêque de Troyes en était collateur.

Anglure, fief, c⁰ᵉ de Vert-la-Gravelle. — *Ung fieff à Vert appellé le fieff d'Anglure*, 1605 (arch. nat. P 190, nᵒ 56). — *Le fief d'Anglure autrement dit Vosienne*, 1673 (ibid. Q¹ 681).

Angluzelles, c⁰ᵉ de Fère-Champenoise. — *Angledura*,

1117 (Montiéramey, 6 H 7). — *Angleura*, 1184 (pouillé de Troyes, n° 378). — *Anglidura*, 1195 (Montiéramey, 6 H 7). — *Engleurella*, 1233 (*ibid.*). — *Anglurella*, 1381 (pouillé de Troyes, A 355). — *Angluella*, 1457 (*ibid.* O 7). — *Anglurelles*, 1501 (Montiéramey, 6 H 7). — *Angluzelles*, 1502 (*ibid.*). — *Angluzel*, 1717 (arch. nat. P 223, 387). — *Anglusella*, 1728 (arch. de l'Aube, G 536). — *Angluselles*, 1739 (arch. nat. P 199, 6). — *Angluzelles-en-Champagne*, 1742 (*ibid.* Q 678).

Angluzelles faisait partie, en 1789, de l'élection de Sézanne et était régi par la cout. de Meaux. Son église paroissiale, diocèse de Troyes, doyenné de Sézanne, était dédiée à saint Blaise; l'abbé de Montiéramey et le prieur du lieu présentaient alternativement à la cure.

Annoyes (Les), écart, c^me de Marœuil-le-Port (Cornet-Paulus).

Anseldars, village détruit, c^ne de Fresne. — *Ansileriœ*, 1119 (cart. de l'arch. f° 178 r°). — *Anserieres*, 1218 (cart. G du chap. de Reims, f° 72 v°).

On prétend, en raison d'une apparente similitude de noms, indiquer l'emplacement de cet ancien village, au lieu-dit l'Arzillière, situé à 800 mètres au sud-ouest de Fresne; c'est également à tort qu'on orthographie *Ancillaire* dans l'Atlas cantonal de la Marne, dirigé par M. Poinsignon.

Ante, c^ne de Dommartin-sur-Yèvre. — *Antra*, cart. du xi° siècle (polypt. de S.-Remy). — *Antre*, 1366 (arch. nat. P 183, 20). — *Entre*, 1394 (*ibid* P 183, 98). — *Hante*, 1651 (évêché de Châlons, c. 9). — *Ente*, 1735 (Saugrain, t. I, p. 436). —

En 1789, Ante faisait partie de l'élection de Sainte-Menehould et suivait la cout. de Vitry. Son église paroissiale, diocèse de Châlons, doyenné de Possesse, était dédiée à Notre-Dame; l'abbé de Toussaints présentait à la cure.

Ante (L'), riv. affl. de l'Aisne; prend sa source au finage de Noirlieu et rejoint l'Aisne à l'extrémité du finage d'Ante. — *Flavius qui dicitur Antre*, 1153-1161 (Moutiers, c. 2). — *Fluvius de Antre*, 1220 (Toussaints, c. 6).

Antes (Ru d'), affluent de l'Ante; arrose le finage d'Ante.

Anthenay, c^ne de Châtillon-sur-Marne. — *Antennacus*, 876 (ann. Bertiniani). — *Antenaium*, c. du xi° s° (polypt. de S.-Remy). — *Antiniacum*, 1125 (Marlot latin, t. II, p. 288). — *Anthenayum*, 1146 (hist. de la maison de Châtillon, p. 25). — *Antenai*, 1154-1159 (cart. d'Igny, f° 2 r°). — *Antenay*, 1198 (Longau, c. 2). — *Anthenai*, 1237 (la Charmoye,

c. 6). — *Entenay*, 1408 (arch. nat. P 180, 142). — Anthenay *lez Fère-en-Tardenoix*, 1501 (Saint-Memmie, c. 6).

Anthenay faisait partie, en 1789, de l'élection d'Épernay et suivait la cout. de Vitry. Son église paroissiale, diocèse de Soissons, doyenné de Châtillon-sur-Marne, était consacrée à saint Symphorien; le chapitre cathédral de Soissons présentait à la cure.

Aougny, c^me de Ville-en-Tardenois. — *Augnei*, 1153 (hist. des comtes de Champ. t. III, p. 442). — *Aogneium*, 1189 (cart. A de S.-Remy, p. 366). — *Oegni*, 1213 (Longau, l. 30). — *Aongneium*, 1215 (cart. d'Igny, f° 212 r°). — *Ogni*, v. 1222 (liv. des vass. de Champ.). — *Aougneium*, 1235 (cart. de S.-Denis de Reims, p. 323). — *Aoigni*, v. 1274 (arch. nat. J 202, 45). — *Aongny*, 1285 (cart. d'Igny, f° 142 r°). — *Aougnœyum*, 1303-1312 (arch. adm. de Reims, t. II, p. 1058). — *Aogny*, 1323 (*ibid.* t. I, p. 349). — *Aoingny*, 1346 (*ibid.* t. II, p. 1059). — *Augny*, 1384 (*ibid.* t. III, p. 601). — *Ougny*, 1384 (arch. nat. P 180, 111). — *Oays*, Onnya, 1395 (*ibid.* P 162, 51-52) — *Hongnil*, 1397 (*ibid.* P 208, 46). — *Ougny*, 1398 (*ibid.* P 208, 53). — *Aougni*, 1442 (S.-Nicaise, c. 8). — *Oingny*, 1676 (arch. lég. de Reims, statuts). — *Ogny*, 1777 (arch. adm. de Reims, t. II, p. 1061).

En 1789, Aougny faisait partie de l'élection de Reims et suivait la cout. de Vitry. Son église paroissiale, diocèse de Reims, doyenné de Fismes, était consacrée à saint Remy; l'abbé de Saint-Denis de Reims présentait à la cure.

Assas-Godinot (L'), m^re, c^ne de Boult-sur-Suippe.

Archambaud, fief, c^ne de Villers-aux-Bois. — *Le fief appellé Archambault, près ledit Villiers*, 1673 (arch. nat. Q 681).

Arcis-le-Ponsart, c^ne de Fismes. — *Arceium*, c. du xi° siècle (polypt. de S.-Remy). — *Arciacum*, 1201 (cart. d'Igny, f° 233 r°). — *Arceium Ponçardi*, 1219 (*ibid.* f° 127 v°). — *Arci*, vers 1222 (liv. des vass. de Champ.). — *Arceyum Ponsardi*, 1233 (chap. de Reims, l. 54). — *Arci le Ponsart*, 1248 (cart. A de S.-Remy, p. 552). — *Aaci*, 1256-1270 (dœum. géogr. n° 579). — *Aceyum Ponçardi*, 1303-1312 (arch. adm. de Reims, t. II, p. 1057). — *Arcy-le-Ponsart*, 1348 (cart. d'Igny, f° 121 v°). — *Arcis*, 1357 (arch. adm. de Reims, t. II, p. 109). — *Arci le Ponsard*, 1384 (*ibid.* t. III, p. 653). — *Arey le Poinsart*, 1416 (arch. nat. P 161, 184). — *Arey le Poinsaart*, 1422 (*ibid.* P 163, 46). — *Arcy le Ponssart*, 1424 (*ibid.* P 180, 155). — *Arey Ponsart*, 1442 (cart. de S.-Denis de Reims, p. 493). —

Arcy-Ponsard, 1777 (arch. adm. de Reims, t. II, p. 1060).

Le personnage auquel Arcis doit son surnom est nommé *Pontius de Arceio* dans une charte du roi Louis le Gros, en 1128 (cart. d'Igny, f° 136 r°), et *Ponzardus de Arceio* dans une pièce de 1130 (Merlot français, t. III, p. 739).

Arcis-le-Ponsard était compris, en 1789, dans l'élection de Reims et suivait la cout. de Vitry. Son église paroissiale, diocèse de Reims, doyenné de Fismes, était consacrée à Notre-Dame; l'abbé de Saint-Denis de Reims présentait à la cure.

Arcis-Séverin, f. c°° d'Arcis-le-Ponsard. — *Arceium Severini,* 1182 (Igny, l. Arcy). — *Arsy-Séverain,* 1514 (arch. nat. P 163, 64). — *Arsy-le-Sévrain,* 1656 (ibid. P 217, 42). — *Arcis-Sévrain,* 1720 (*ibid.* P 223, 342). — *Arcy-Sévrin,* XVIII° siècle (Cassini).

Arcy (Le Grand- et Le Petit-), lieux-dits, c°° de Baye.

Arcy (Ru d'), affl. de l'Ardres; traverse le finage d'Arcis-le-Ponsard et grossit l'Ardres à Courville.

Annenay, h. détruit vers 1655, c°° de Prosnes. — *Ardennaium,* c. du XI° siècle (polypt. de S.-Remy). — *Ardenayum,* 1214 (cart. B du chap. de Reims, f° 365 r°). — *Rogerus de Ardenai,* 1230 (la Neuville, c. 5). — *Ardenay,* 1384 (arch. nat. P 512, 1430).

Ardres (L'), riv. affl. de la Vesle; prend sa source au finage de Sermiers et se jette dans la Vesle au-dessous de Fismes. — *In valle que dicitur Ardre,* 1214 (cart. de S.-Nicaise, f° 80 v°). — *Erdre,* 1224 (S.-Nicaise, l. 7).

Adembécourt (Ru d'), affl. de la Varanne; prend naissance sur le territoire d'Arembécourt (Aube) et se joint à la Varanne sur le finage de Châtillon-sur-Broué.

Argensolles, h. c°° de Moslins. — Abbaye de femmes de l'ordre de Citeaux, fondée en 1223, au diocèse de Soissons, sous l'invocation de Notre-Dame. — Grangia de *Argenceolis,* 1221 (Gall. christ. t. X, col. 131). — *Argençoliæ, Argenceioliæ,* 1222 (liber princip. 5992, f°¹ 299 v° et 318 r°). — *Argenteolæ,* 1224 (cart. de S.-Martin d'Épernay, p. 160). — *Argensoliæ,* 1232 (Gallia christ. t. X, col. 136). — Ecclesia de *Argentellis, Argenceullæ,* 1234 (Argens. c. 2). — *Conventus d'Argensoles,* 1243 (ibid. c. 4). — *Argençoles,* 1251 (arch. nat. J 201, 32). — *Argençolles,* 1257 (*ibid.* J 198, 101). — *Argentoles,* 1262 (arch. adm. de Reims, t. I, p. 811). — *Argentoliæ,* 1263 (Argens. c. 3). — L'esglisse Nostre-Damme d'Argensoles, 1265 (ibid. c. 4). —

Argensolles, 1271 (*ibid.* c. 2). — *Argencelles,* XIII° siècle (*ibid.* c. 4). — *Argensselles,* 1362 (*ibid.* c. 3). — *Argenssolles,* 1381 (*ibid.* c. 2). — *Argensolles,* 1389 (*ibid.* c. 4). — *Argensoliæ,* 1470 (la Charmoye, c. 7). — *Argensolles,* abbaye et paraisse, 1633 (lieux régis par la cout. de Vitry).

Argensolles, lieu-dit, c°° de Connantre. — *Une place séant à Connantre, nommée Argensolles,* en laquelle place salait avoir d'ancienneté ung molin à blef, 1481 (Argensolles, c. 4).

Argentolle (Bois d'), c°°° de Chantecoq et d'Árrigny. — Nemus de *Maignis* situm inter Argneium et Chantecoq, 1236 (Teulet, trésor des chartes, t. II, p. 318).

Argers, c°° de Sainte-Menehould. — *Arg[er]ium,* 1032 (dioc. anc. de Châl. t. II, p. 446). — *Argeiz,* 1138 (Montiers, c. 1). — *Argit,* 1148 (cart. de Moutiers, 10946, f° 1 r°). — *Argiet,* 1154-1161 (Moutiers, c. 1). — *Argier,* 1163 (cart. de Moutiers, 10946, f° 4 r°). — *Argiez,* 1166 (S.-Pierre-aux-Monts, c. 3). — *Argerium,* 1197 (Châtrices). — *Argiers,* v. 1222 (liv. des vass. de Champ.). — *Argirs,* v. 1230 (arch. nat. KK 1064, f° 273 r°). — *Argers,* v. 1240 (fiefs de Champ.). — *Argeriæ,* 1289 (S.-Pierre-aux-Monts, c. 2). — *Argiés,* 1324 (Boutaric, actes du parlement, n° 7432). — *Argières,* 1367 (arch. nat. Q 681, f° 38). — *Argé,* 1484 (ibid. P 162, 277). — *Argierres,* 1657 (ibid. P 217, 47). — *Arger,* 1683 (ibid. P 220, 33).

En 1789, Argers faisait partie de l'élection de Sainte-Menehould et était régi par la cout. de Vitry. Son église paroissiale, diocèse de Châlons, doyenné de Sainte-Menehould, était dédiée à saint Pierre; l'abbé de Saint-Pierre-aux-Monts présentait à la cure.

Anabas (Ru d'), affl. de l'Auve; arrose le territ. d'Argers.

Arly (L'), lieu-dit, c°° de Sandoy.

Anués (L'), fief, à Esternay. — *Le chastel neuf dudit Esternay appellé le chastel de l'Armée,* 1553 (arch. nat. P 178, 71). — *Le fief et seigneurie de Larmée, consistant en douze cens arpens de bois ou environ, scituez proche ladite terre du Meir,* 1720 (*ibid.* P 168, 121). — Cette dernière mention permet d'identifier le fief de l'Armée avec *la forest de l'Armée,* mentionnée dans un titre de 1538 (arch. nat. P 165, 280), et conséquemment avec le *bois de l'Armée,* de la carte de Cassini, XVIII° siècle.

Arne (L'), riv. affl. de la Vesle; prend naissance sur le territ. de Saint-Étienne-à-Arne (Ardennes), et se jette dans la Suippe à Béthéniville. — *Fluvius Arna,* 1066 (Marlot latin, t. I, p. 621).

Arnotay, f. c^{se} de Venteuil. — *Harnotes*, 1735 (Sangrain, t. II, p. 472). — Hernotay, xviiie siècle
(Cassini). — *Harnotay*, 1834 (état-major).

Arnould-Comtesse (Fief d'), à Marson. — *Ung fief
appellé le fief Ernoult Contesse*, 1527 (chap. de
Reims, l. 39).

Arnould-de-Songey (Fief d'), à Bassu. — *Le fief de
Arnould de Songey ou finaige de Bassu*, 1516 (arch.
nat. P 184, 80).

Arpévat, f. c^{se} de Brandonvilliers. — Harpera, 1735
(Saugrain, t. I, p. 443). — *Arpeva*, xviiie s^e (Cassini). — *Le Harpera*, 1804 (ann. de l'an xiii,
p. 34). — *Apervat*, 1837 (état-major).

Arragnat, m^{on} is. c^{se} de la Neuville-au-Poat. — *Malendinum quoddam quod dicitur Arrajat*, 1203 (cart.
de Moiremont, f° 216). — *Arraigart*, 1239 (ibid.
f° 317). — *Arrajas*, 1244 (ibid. f° 319). — *Arren-
jars*, 1396 (ibid. f° 216).

Arniast, c^{se} de Saint-Remy-en-Bouzemont. — *Arneium*, 1122 (cart. de Montiérender). — *Argneyum*,
1187 (cart. d'Huiron, p. 213). — *Argnei*, vers
1222 (liber princip. 5992, f° 295 r°). — *Arni*, vers
1222 (liv. des vass. de Champ.). — *Argneïum*,
1223 (Hautefontaine, c. 6). — *Argney*, v. 1252
(fiefs de Champ.). — *Argny*, *Argné*, v. 1300 (extenta Campanie, Larzicourt). — *Arigny*, 1509 (réd.
de la coul. de Vitry). — *Argny lez Larzicourt*, 1539
(chap. de Châl. a. 5, l. 40). — *Arrigny*, 1563
(Moncetz, c. 1).

En 1789, Arrigny faisait partie de l'élection et
suivait la cout. de Vitry. Son église paroissiale,
diocèse de Châlons, doyenné de Perthes, était dédiée à saint Maurice; l'abbé de Montiérender présentait à la cure.

Arteise, m^{is}, c^{se} de Villedommange.

Artillot, h. c^{se} de Neuvy. — *Artili*, v. 1222 (liv.
des vass. de Champ.). — *Artillen*, 1735 (Saugrain,
t. I, p. 474). — *Artilleu*, 1804 (ann. de l'an xiii,
p. 78).

Arty, h. c^{se} de Venteuil. — *Arthys*, 1735 (Saugrain,
t. I, p. 470). — *Arthy*, xviiie s^e (Cassini). —
Harty, 1834 (état-major).

Arzillière (L'), ch. détruit, c^{se} de Marcilly-sur-
Seine. — C'était de cet «hôtel seigneurial» que
relevait encore, en 1453, paraît-il, la seigneurie
de Marcilly (inventaire de Marcilly, f° 57 v°).

Arzillières, c^{se} de Saint-Remy-en-Bouzemont. —
Arzelière, 1136 (cart. d'Huiron, p. 135). — *Arzil-
leriæ*, 1141 (Hautefontaine, c. 1). — *Arzillères*,
1178 (S.-Pierre-aux-Dames, l. Neuville). — *Argilleriæ*, 1187 (cart. d'Huiron, p. 214). — *Archilleriæ*, 1202 (Chem. c. 14). — *Arzillere*, *Arcilli-

seres, *Artillières*, v. 1220 (liv. des vass. de Champ.).
— *Ardillieres*, 1221 (Chem. c. 14). — *Ardilleriæ*,
1224 (arch. nat. KK 1064, f° 31 v°). — *Arzelleriæ*,
1228 (S.-Pierre-aux-Monts, c. 21). — *Arzileria*,
1246 (Teulet, trésor des chartes, t. II, p. 605). —
Arzill[er]iæ, 1256-1270 (Brussel, usage des fiefs,
p. 716). — *Arsillieres*, 1272 (ibid. p. 165). —
Arzilières, 1298 (cart. de l'Amour-Dieu, f° 5 v°).
— *Argileriæ*, xiiie siècle (cart. de Chem. f° 35 r°).
— *Argillieres*, 1352 (chap. de Châl. a. 6, l. 46).
— *Arzilliers*, 1356 (S.-Pierre-aux-Monts, c. 8). —
Arcillieres, 1444 (arch. nat. P 161, 193). —
Resellier, fin du xve siècle (Ph. de Vigneulles). —
Arguilliers, 1539 (Toussaints, c. 7). — *Arzillière*,
1633 (lieux régis par la cout. de Vitry). — *Argi-
lières*, 1654 (arch. nat. P 167, 54). — *Arzillers*,
Arzillères, 1662 (ibid. P 217, 85). — *Arzelières*,
1762 (Expilly).

En 1789, Arzillières faisait partie de l'élection
de Vitry et était régi par la cout. de cette ville. Son
église paroissiale, diocèse de Châlons, doyenné de
Perthes, était consacrée à saint Antoine; l'abbé de
Montiérender présentait à la cure.

Assecourt (La Brisson-d'), lieu-dit, c^{se} de Margerie.

Assuré (L'), f. c^{se} de Villeneuve-la-Lionne.

Atenois, pagus ou comté de l'époque franque; il a donné
son nom à l'un des quatre archidiaconés du diocèse
de Châlons. — *Pagus Stadunensis*, 803 (cart. de
Gorze, p. 57). — *Stadinensis*, 844 (cart. du chantre
Guérin, f° 6 v°). — *Stadinensis*, 853 (Bouquet,
t. VII, p. 616). — *Stadonensis*, v. 948 (Flodoard, t. II, c. 18). — *Comitatus Staniensis*,
1006 (de l'Isle, Hist. de Saint-Mihiel, p. 432).
— *Comitatus Stadunensis*, 1009-1045 (cart. du
chantre Guérin, f° 38 v°). — *Estanneium*, 1090
(cart. B de S.-Remy, p. 126). — *Archidiaconatus
Astanesiensis*, 1128 (S.-Remy, l. 59). — *Stadeneis*, v. 1130 (Albert d'Aix, l. II, c. 13; l. III,
c. 6 et 36; l. IV, c. 47 et 49). — *Estaneyum*,
1151 (cart. A de S.-Remy, p. 89). — *Estaienois*,
v. 1201 (feoda Campanie, n° 293). — *Stadinensis
archidiaconatus*, 1207 (chap. de Châl. a. 1, l. 1).
— *Archid. de Estenois*, 1244 (Montiers, c. 1). —
Atenois, 1285 (ibid.). — *Archid. Stadiensis*, 1294
(Moiremont, c. 2). — *Archediacre d'Astenois*,
1400 (chap. de Châl. a. 1, l. 9). — *Attenois*,
1412 (arch. nat. P 179, 50). — *Ettenois*, 1436
(ibid. P 179, 56). — *Archediacre d'Astenois*,
1453 (évêché de Châl. c. 3). — *L'archidiaconé
d'Astenay*, 1464 (ibid. c. 16). — *Atthenoys*, 1504
(arch. nat. P 166, 216). — *Athenoys*, 1508 (ibid.
P. 184, 76). — *Arthenois*, 1521 (ibid. P 161, 251).

On peut consulter, sur l'origine et l'étendue de ce pays, le chapitre que nous avons consacré au *pagus Stadunensis* dans nos *Études sur les pagi* de la Gaule, 1er fascicule, p. 5 à 24.

THIS, cᵒⁿ d'Écury-sur-Coole. — *Atteiæ,* vers 948 (Flodoard, l. IV, c. 2). — *Atteia,* 1076 (Merlot français, t. III, p. 711).— *Villa que vocatur Ateias,* 1090 (S.-Basle, l. 21).— *Acioz* pour *Atiez?* v. 1222 (liv. des vass. de Champ.). — *Alies,* v. 1252 (arch. nat. J 202, 47). — *Atheiæ,* 1279 (Saint-Basic, l. 11). — *Athys,* v. 1300 (extenta Campanie, Épernay). — *Atheis,* 1308 (arch. nat. P 1114). — *Athis,* 1303-1312 (arch. adm. de Reims, t. II, p. 1122). — *Athies,* 1346 (*ibid.* t. II, p. 1119). — *Athiis,* 1394 (arch. nat. P 181, 51). — *Atheys,* 1415 (*ibid.* P 182, fᵒ 273 v°).— *This,* 1549 (Saint-Basle, l. 11). — *Aathis,* 1640 (Avenay, c. 1). — *Athie,* 1643 (arch. nat. P 216, 117). — *Atis,* 1676 (Vinets, c. 1). — *Athye,* 1762 (Expilly). — *Athie-sur-Marne,* 1769 (arch. nat. Q 655).

En 1789, Athis était compris dans l'élection d'Épernay et suivait pour partie la cout. de Reims, pour partie celle de Vitry. Son église paroissiale, diocèse de Reims, doyenné d'Épernay, était consacrée à saint Remy; l'abbé de Saint-Basle présentait à la cure.

ATTIGNY (LE JARDIN-D'), lieu-dit, cᵒᵉ de Courmelois.

AUBE (L'), riv. prend sa source dans la cᵒᵉ d'Auberive (Haute-Marne), entre dans le dép. de la Marne par le linage de Granges-sur-Aube et opère sa jonction avec la Seine sur le terr. de Marcilly. — *Flavius Alba,* 877 (dom Bouquet, t. VIII, p. 669). — *Aulbe,* 1493 (Montier-la-Celle, c. 18). — *Aabba,* 1455 (chap. de Sézanne, c. 7).

AUBERCY, h. cᵒᵉ d'Éclaires. — *Haubrecy,* 1724 (cout. général, t. II, p. 590). — *Aubercéy,* 1735 (Saugrain, t. I, p. 407). — *Haubercy,* 1804 (ann. de l'an XIII, p. 48).

AUBERGE DE LA ROUTE (L'), aub. cᵒᵉ d'Étrechy.

ARBERIVE, cᵒᵉ de Beine. — *Alba Ripa,* 1206 (liber pontificum, fᵒ 276 v°). — *Albariba,* v. 1252 (arch. nat. J 202, 47). — *Auberrive,* 1384 (ibid. P 28², 115). — *Aubrive,* 1444 (*ibid.* P 181, 69).

Auberive faisait partie, en 1789, de l'élection de Reims et suivait la cout. de cette ville. Son église paroissiale, diocèse de Reims, doyenné de Bétheniville, était dédiée à saint Pierre; l'abbesse de Saint-Pierre de Reims présentait à la cure.

AUBERIVE, anc. mᵒⁿ, cᵒᵉ d'Épernay. — *Locus qui dicitur Alba Ripa,* 1145 (cart. de S.-Martin d'Épernay, p. 130). — *In molendinis meis de Albaripa,* 1152-1181 (cart. d'Avenay, fᵒ 26 v°). — *Quamdam*

peciam terre apud *Sparnacum* ad *Auberive sitam,* 1230 (cart. d'igny, fᵒ 228 r°). — *In territorio de Sparnaco sub chemino qui vodit apud Choeli, inter Sparnacum et molendina de Alba Ripa* (ibid. fᵒ 220 r°).

AUBETIN (L'), riv. affl. du Grand-Morin; prend naissance sur le territ. de Bouchy-le-Repos et entre dans le dép. de Seine-et-Marue après avoir arrosé le finage de Saint-Genest. — *Flavius Alba,* VIIᵉ siècle (vita S. Eustasii, apud Bouquet, t. III, p. 500). — *Albeta,* 1213 (Valois, notitia Gall. p. 8). — *Aubetain,* 1231 (*ibid.*). — *Anbete,* alias *Aubetin,* 1675 (*ibid.*).

AUBIGNY, anc. mᵒⁿ, à Courtisols. — *Le molin c'on dit au Pierge,* 1311 (S.-Remy, l. 81). — *Ung molin séant en la ville de Courtesoz que on dit le molin Aubierge,* 1384 (arch. adm. de Reims, t. III, p.608).

AUBIGNY, chambre de justice située dans l'enclos de l'abbaye d'Argensolles, cᵒᵉ de Molina. — *Y ayant encores dans l'enclos d'Argensolles une chambre, nommée la chambre d'Aubigny, en laquelle les officiers du bailliage de Vertus ont exercé la justice,* 1673 (arch. nat. Q 681).

AUBILLY, cᵒᵉ de Ville-eu-Tardenois. — *Albiliacus,* mil. du IXᵉ siècle (polypt. de S.-Remy). — *Aubeli,* 1210 (cart. de S.-Jean-des-Vignes, fᵒ 45 v°). — *Aubeilli,* v. 1252 (arch. nat. J 202, 51). — *Aubiligny,* 1256-1270 (feoda Camp. n° 582). — *Ambilli,* v. 1274 (arch. nat. J 202, 45). — *Aubilleyum,* 1285 (Longau, l. 12).— *Aubilli,* c. du XIVᵉ siècle (arch. adm. de Reims, t. I, p. 1089). — *Aubily,* 1359 (ibid. t. III, p. 148). — *Aubilly,* 1493 (chap. de Reims, c. 12).

Aubilly était compris, en 1789, dans l'élection de Reims et était régi par la cout. de Vitry. Son église paroissiale, annexe de celle de Méry, diocèse de Reims, doyenné de la Montagne, était dédiée à sainte Geneviève.

AUBRE (L'), fief, cᵒᵉ de Saint-Étienne-au-Temple. — Il relevait de la commanderie de la Neuville (dioc. anc. de Châl. t. I, p. 238).

AUBREE (L'), écart, cᵒᵉ d'Hautvillers (Cornet-Paulus).

AUCHECOURT, h. cᵒᵉ de Mécringes. — *Ogicort,* v. 1220 (liv. des vass. de Champ.). — *Ogicourt,* 1252 (fiefs de Champ.). — *Ongecourt,* v. 1395 (arch. nat. P 202, fᵒ 89 v°). — *Ougecourt,* 1461 (ibid. P 179, 176). — *Hochecourt,* 1832 (état-major).

AUCHOTTES (RU DES), affl. de la Chée; coule sur le territ. de Sermaize.

AUCOURT, f. cᵒᵉ de Mécringes. — *Haucourt,* XVIIIᵉ siècle (Cassini).

Audéville, lieu-dit, c⁰⁰ de Bouvancourt.

Audricourt, anc. vill. auj. lieu-dit, c⁰⁰⁰ de Heiltz-l'Évêque et de Jussécourt. — *In villa Autheri Curte in eodem comitatu* [*Pertensi*] super *fluvium Saltum*, 904 (cart. du chantre Guérin, f° 25 v°).

Anes-de-Chien (L'), fief, à Heiltz-le-Maurupt. — *Le fief appellé l'Auge de Chien, scis à Helmaurup*, 1737 (arch. nat. P 229, 28).

Acces (Les), h. dét. vers le comm. du xviiᵉ siècle, c⁰⁰ d'Hautvillers.

Acces (Les), riv. affl. de l'Aube; prend sa source près de Lachy et grossit l'Aube à Vouarces. — *L'Auge*, dit aussi la *Superbe*, 1860 (Cornet-Paulus).

Aulnais (Les), h. c⁰⁰ de Chaudefontaine. — *Les Aunais*, xviiiᵉ siècle (Cassini).

Aulnais (Les), f. c⁰⁰ de Glannes. — *Les trois censes, dites les Aulnais*, 1735 (Saugrain, t. I, p. 444).

Aucnay, h. c⁰⁰ de Neuvy. — *Aunay*, 1735 (Saugrain, t. I, p. 474). — *Aulnat*, 1847 (lieux habités).

Aulnay, f. c⁰⁰ de Ville-en-Tardenois. — *Alnetum juxta Sarciacum*, 1273 (chap. de Reims, l. Vrigny).— *La ville d'Aunay en Tardenois*, 1385 (arch. nat. P 180, 113).— Annoy, 1386 (ibid. P 180, 115). — *La ville d'Aulnoy lez Ville-en-Tardenois*, 1508 (ibid. P 180, 170). — *Aunet*, xviiiᵉ siècle (Cassini). — *La ferme d'Aunay*, 1804 (ann. de l'an xiii, p. 91).

Aulnay (La Petit-), village disparu, c⁰⁰ d'Aulnay-aux-Planches. — Le *Petit-Aulnay*, 1641 (arch. nat. P 216, 91).— Le *Petit-Aunay*, 1700 (ibid. P 222, 142). — Les *fermes* du *Petit-Aulnay*, 1804 (ann. de l'an xiii, p. 28).

Aulsay-aux-Planches, c⁰⁰ de Vertus. — *Muidum*, pour *Alnidum*, 696 (Pardessus, diplomata, t. II, p. 238). — *Aunayum*, 1146 (cart. de S.-Martin d'Epernay, p. 132). — *Aunai*, 1152-1181 (*ibid.*) — *Alnetum*, 1200 (liber pontificum, f° 367 v°). — *Aunay ad Plancas*, 1208 (cart. de S.-Martin d'Épernay, p. 151). — *Alnai, Aunoi*, v. 1222 (liv. des vass. de Champ.). — *Alnetum ultra Planchas*, 1259 (la Charm. c. 7). — *Alnetum as Planchas*, xiiiᵉ siècle (arch. nat. P 197, 39). — *Annoy*, v. 1300 (extenta Campanie, Vertus). — *Aunayum ad Plancas*, 1405 (pouillé de Châl. f° 81 v°). — *Alnetum ad Plancas*, 1542 (taxe du dioc. de Châl. p. 215). — *Aulnay-aux-Planches*, 1602 (la Charm. c. 7). — *Aulnay-au-Planche*, 1605 (arch. nat. P 190, 56). — *Aulnoy-aux-Planches*, 1633 (lieux régis par la cout. de Vitry). — *Aulnetz-aux-*Planches, 1659 (arch. nat. Q¹ 680). — *Aunay-aux-Planches*, 1673 (*ibid.* Q¹ 681).

En 1789, Aulnay-aux-Planches faisait partie de Marne.

l'élection de Châlons et était régi par la cont. de Vitry. Son église paroissiale, diocèse de Châlons, doyenné de Vertus, était dédiée à saint Phal; l'abbé de Saint-Sauveur de Vertus présentait à la cure.

Aulnay-l'Aitas, c⁰⁰ de Vitry-le-François. — *Alnidum*, 850 (cart. du chantre Guérin, f° 50). — *Alnetum*, 1107 (chap. de Châl. a. 1, l. 1). — *Auneium*, 1201 (Teulet, trésor des chartes, t. I, p. 229). — *L'Aunoi, Aunoi, Aunai*, v. 1222 (liv. des vass. de Champ.). — *Aunaium*, v. 1240 (arch. nat. J 193, 83). — *Aunoy*, v. 1252 (*ibid.* J 202, 55). — *Aunayum Atrium*, 1301 (chap. de Châl. a. 4, l. 11). — *Aulnay-l'Aistre lez Aunay-le-Chastel*, 1349 (ibid.). — *Aulnoy, Aulnoy-l'Aître*, 1397 (arch. nat. P 179, 13). — *Aunay-l'Aistre*, 1403 (chap. de Châl. a. 4, l. 11). — *Aulneyum Atrium*, 1542 (taxe du dioc. de Châl. p. 217). — *Aulnay-l'Estrée*, 1556 (arch. lég. de Reims, cout. p. 919). — *La terre et seigneurie d'Aunay, près de Chaalons-en-Champaigne*, 1572 (arch. nat. P 179' 125). — *Auney, près de Pougny*, 1711 (ibid. P 222, 270). — *Aulnay-l'Estre*, xviiiᵉ sᵉ (Cassini).

La citation de 1349 montre que l'on distinguait le village et le château d'Aulnay; la distinction subsista jusqu'au siècle dernier. Aussi trouvons-nous : *Alnetum Castrum*, 1273 (Trois-Font. c. 4). — *Aunoy-le-Chastel*, 1291 (S.-Jacques de Vitry, c. 7). — *Aulnay-le-*Chastel, 1392 (S.-Nicolas de Sézanne c. 12). — *Aulnoy-le-Chastel*, 1397 (arch. nat. P 179, 13). — *Aunayum Castrum*, 1405 (pouillé de Châl. f° 76 r°). — *Aunay-le-Chastel*, 1711 (arch. nat. P 223, 527).

En 1789, Aulnay-l'Aître faisait partie de l'élection de Vitry et était régi par la cout. de cette même ville. Son église paroissiale, annexe de celle d'Ablancourt, diocèse de Châlons, doyenné de Vitry-le-Brûlé, était consacrée à saint Pierre et à saint Paul.

Aolnay-sur-Marne, c⁰⁰ d'Écury-sur-Coole. — *Villa quæ vocular Alnidus*, mil. du ixᵉ siècle (dom Bouquet, t. VI, p. 298). — *Aunai*, v. 1222 (des vass. de Champ.). — *Aunoy*, v. 1280 (arch. nat. Q 668). — *Aunoy, Aunayom*, 1285 (chap. de Châl. a. 5, l. 28). — *Alnayum juxta Mathogam*, 1286 (ibid. a. 1, l. 3). — *Aunoy-sur-Marne*, 1383 (arch. nat. P 188, 52). — *Alnayum supra Matronam*, 1405 (pouillé de Châl. f° 73 v°). — *Aulnoy*, 1448 (arch. nat. Q¹ 673). — *Aulnay-sur-Marne*, 1472 (chap. de Châl. a. 2, l. 4). — *Aunayum supra Maternam*, 1542 (taxe du dioc. de Châl. p. 200).

Aulnay-sur-Marne était compris, en 1789, dans

2

l'élection de Châlons et suivait pour partie la
cout. de Châlons, pour partie celle de Vitry. Son
église paroissiale, diocèse de Châlons, doyenné de
Châlons, était consacrée à saint Remy; l'abbé de
·Toussaints présentait à la cure.

AULNES (RUISSEAU DES), c^ne de Dormans; ses eaux se
joignent à celles de la Marne.

AULNIZEUX, c°° de Vertus. — *Aunisieu*, *Aunisel*, v. 1222
(liv. des vass. de Champ.). — *Alniseolum*, 1240 (la
Charmoye, c. 7). — *Aunoyau*, v. 1252 (fiefs de
Champ.). — Misel, pour *Aunisel*, v. 1300 (extents
Camp. Vertus). — *Auniseul*, *Aunizeul*, 1366 (arch.
nat. Q¹ 681¹, f° 198 v°, 199). — *Aulnisuel*, 1508
(ibid. P 207, 12). — *Aulniseux*, *Aulniseul*, 1605
(ibid. P 190, f° 1 v°). — *Aymizeul*, 1633 (lieux
régis par la cout. de Vitry). — *Aunizeuil*, 1673
(arch. nat. Q 681). — *Onizeux*, XVIII° s° (Cassini).
— *Aunizeux*, 1804 (ann. de l'an XIII, p. 29).

En 1789, Aulnizeux faisait partie de l'élection
de Châlons et était régi par la cout. de Vitry. Son
église, annexe de l'église paroissiale de Colligny,
diocèse de Châlons, doyenné de Vertus, était consacrée à saint Martin.

AULNOIS (LES), fief mouvant de la baronnie de Baye.
— Les Aulnois, 1603 (év. de Châlons, c. 15). —
Le *fief*, terre et seigneurie des *Aulnois mouvant* de
ladite baronnie *de* Baye, 1713 (ibid.).

AULNOIS (LES), h. c^ne de Pierry. — *Aunoy*, *Aunoyum*,
1263 (S.-Memmie, c. 7, f° 3 v°). — *Aunoy juxta
Sparnacum*, 1269 (ibid. c. 1). — *Aunoy*, v. 1300
(extenta Camp. Épernay). — *Les Aunoys*, 1305
(Argens. c. 2). — Le *molin d'Aunoy*, 1308 (arch.
nat. P 1114). — *Les Annoys de lez Espernai*, 1320
(S.-Pierre-aux-Monts, c. 9). — *Les Aunois de lez
Espernai*, 1320 (ibid.). — *Les Aulnois*, 1384 (arch.
nat. P 51³, 1460). — Les *Aunoys lez Espernay*,
1398 (S.-Pierre-aux-Monts, c. 9). — Les *Aulnois
lez Espernay*, 1400 (ibid.). — Les *Aulnoix lez Saint-
Julien*, 1453 (ibid.). — Les *Aulnoys*, 1517 (ibid.).
— Les *Ausnoys*, paroisse *d'Épernay*, 1728 (arch.
nat. Q¹ 677).

Le hameau des Aulnois dépendait, avant 1804,
de la commune d'Épernay.

AULNOIS (LES), f. détr. c°° de Suizy-le-Franc. — *Les
Aulnois*, 1735 (Saugrain, t. I, p. 472).

AULTRICOURT, c^ne de Varimont (Cornet-Paulus).

AUMENANCOURT-LE-GRAND, c°° de Bourgogne. — Curtis
Alamannorum, mil. du IX° siècle (polypt. de S.-
Remy). — *Alamannorum Cortis*, v. 948 (Flodoard,
l. 1, c. 24). — *Alemannorum Curtis*, 1093-1125
(cart. A de S.-Remy, f° 574). — *Almerencurtis*,
1171 (cart. B du chap. de Reims, f° 396 r°). — *Ame-

nancorth*, 1174 (cart. B de S.-Remy, p. 132). —
Almenecurtis, 1196 (cart. B du chap. de Reims,
f° 24). — *Aumenencourt*, 1216 (chap. de Reims,
c. 3). — *Aumaucurtis*, 1216 (cart. B du chap. de
Reims, f° 393 r°). — *Aumenancourt*, *Amennaucourt*, 1216 (ibid. f° 395 v°). — *Amenancort*,
1218 (arch. adm. de Reims, t. I, p. 508). —
Aumenancourt, 1232 (chap. de Reims, c. 3). —
Aumenescort Magna, v. 1250 (arch. lég. de Reims,
stat. t. I, p. 107). — *Alemanicurtis*, v. 1260 (nécr.
de l'égl. de Reims, p. 72 et 104). — *Enmenencort*,
v. 1263 (arch. adm. de Reims, t. I, p. 384). —
Almennancourt, 1271 (cart. B du chap. de Reims,
f° 397 r°). — *Amennencourt*, 1274 (cart. de S.-
Denis de Reims, p. 225). — *Amenencourt*, 1295
(chap. de Reims, c. 3). — *Aumenencurtis Magnus*, 1303-1312 (arch. adm. de Reims, t. II,
p. 1063). — *Amenencourt*, 1322 (cart. de Rethel,
n° 292). — *Amenencourt Magnus*, 1328 (cart. A
du chap. de Reims, f° 19 bis r°). — *Amienancurtis
Magnus*, 1346 (arch. adm. de Reims, t. II, p. 1064).
— *Aumennecourt*, 1348 (ibid. t. II, p. 1228).
— *Aumenaincourt-le-Grant*, 1384 (ibid. t. III,
p. 587). — *Almenicurtis*, XIV° siècle (cart. B du
chap. de Reims, f° 393 r°). — *Aumenanacurtis*,
1438 (cart. d'Igny, f° 122 v°). — *Amenencour*, 1675
(Valois, notitia Gall. p. 539). — *Amenaucourt-le-
Grant*, *Aumencourt-le-Grant*, 1556 (arch. lég. de
Reims, cert. p. 902 et 911). — *Aumnencourt-le-
Grand*, 1728 (cout. de Reims, p. 643). — *Grand
Menancourt*, 1748 (chap. de Reims, c. 3).

En 1789, Aumenancourt-le-Grand était compris
dans l'élection de Reims et suivait la cout. de cette
ville. Son église paroissiale, diocèse de Reims,
doyenné de Lavannes, était consacrée à saint Firmin;
le tournaire du chapitre métropolitain présentait à
la cure.

AUMENANCOURT-LE-PETIT, c°° de Bourgogne. — *Aumenescort Parra*, v. 1250 (arch. lég. de Reims, stat.
t. I, p. 107). — *Amuenencurtis* (lisez *Aumenencurtis*)
Parvus, 1303-1312 (arch. adm. de Reims, t. II,
p. 1263). — *Aumenencourt Parvus*, 1328 (cart.
A du chap. de Reims, f° 32 r°). — *Augnenancourt-
le-Petit*, 1400 (chap. de Reims, c. 3). — *Aumenancourt-le-Petit*, 1405 (ibid. l. Bermericourt). —
Augmenencurtis Parvus, 1419 (S.-Symph. c. 1). —
Aulmenancourt-le-Petit, 1500 (S.-Claire, c. 3). —
Aunencourt-le-Petit, 1556 (arch. lég. de Reims,
p. 911). — *Amenancourt-le-Petit*, 1592 (chap. de
Reims, l. 3). — *Aumencourt-le-Petit*, led. *Aulman-
court*, 1593 (ibid.). — Le *Petit-Menancourt*, 1594
(ibid.). — *Amenencourt-le-Petit*, 1629 (ibid. c. 9).

— *Menancourt-le-Petit*, 1672 (S.-Thierry, c. 8, l. 65). — *Aumenancourt-le-Petit*, 1728 (cout. de Reims, p. 643). — *Amnencourt-le-Petit*, 1753 (chap. de Reims, l. 3).

En 1789, Aumenancourt-le-Petit faisait partie de l'élection de Reims et suivait la cout. de cette ville. Son église paroissiale, annexe de celle d'Aumenancourt-le-Grand, diocèse de Reims, doyenné de Lavannes, était dédiée à saint Nicaise.

Acxost (L'), c^{ne} de Saint-Thierry (Cornet-Paulus).

Aunettes (Ru des), c^{ne} de Belval (c^{on} de Châtillon).

Aurillon (L'), ruiss. affl. de l'Ardre; coule sur le territoire de Saint-Gilles.

Ausson, village détruit, c^{ne} de Reims. — *Ausonnum*, v. 1068 (arch. adm. de Reims, t. I, p. 227). — *Mansionarii de Aussons*, 1215 (cart. G de S.-Remy, f° 6 v°). — *Aussaawa*, 1233 (*ibid.* p. 567). — *Auson*, 1256 (cart. A de S.-Remy, p. 186). — *Ausons*, v. 1260 (nécrol. de l'égl. de Reims, p. 88). — *Aussan*, 1324 (arch. adm. de Reims, t. II, p. 381). — *Aussons emprés Reims*, *Aussón lez Reims*, 1384 (*ibid.* t. III, p. 573 et 577). — *Ausonnum*, 1448 (*ibid.* p. 469). — Une cense assise au terroir dudit *Aussons*, 1687 (S.-Remy, l. 309).

Auve, c^{ne} de Dommartin-sur-Yèvre. — *Altare de Summa Alea*, 1131-1142 (cart. de Toussaints, f° 15 v°). — *Alea*, 1157 (Ulmoy). — *Alvia*, 1170 (Moiremont, c. 1). — *Sumalva*, 1197 (Châtrices). — *Hauve*, 1208 (dioc. anc. de Chàl. t. II, p. 189). — *Alve, Auve*, vers 1222 (livre des vass. de Champ.). — *Aura*, 1222-1229 (feoda Camp. n° 402, l'impr. porte *Auna*). — *Aulve*, 1386 (arch. nat. P 183, 42). — La terre de *Aalee en Champaigne*, 1413 (*ibid.* P 179, 52). — *Aulves*, 1676 (dioc. anc. de Chàl. t. I, p. 275). — *Auve*, 1723 (*ibid.* P 223, 106).

Auve était compris, en 1789, dans l'élection de Sainte-Menehould et suivait la cout. de Vitry. Son église paroissiale, diocèse de Châlons, doyenné de Sainte-Menehould, était dédiée à saint Martin; l'abbé de Toussaints présentait à la cure.

Auve (L'), riv. affl. de l'Aisne; prend sa source près d'Auve et se jette dans l'Aisne à Sainte-Menehould. — *Area*, 1132 (dioc. anc. de Châlons, t. II, p. 445). — *Alva*, v. 1220 (livre des vass. de Champ.). — *Alba*, 1231 (cart. de Montiers, n° 9905, f° 53 v°). — La rivière d'*Aulve*, 1389 (arch. nat. P 189, 54).

Auverace (L'), h. formant auj. la partie supérieure du village de Courthiézy.

Aux Asets, lieu-dit, c^{ne} de Sommevesle.

Aux Chemins-des-Monts, m^{on} is. c^{ne} de Muizon.

Avalcourt, anc. lieu-dit, c^{ne} de Blesmes. — *In loco qui dicitur Avalecort*, 1253 (Chem. c. 15).

Avenay, c^{on} d'Ay. — Abbaye de femmes fondée vers 660 sous l'invocation de saint Pierre. — *Locus qui dicitur Avenniacus*, ix° siècle (vita S. Tresani). — *Avennacus*, 864 (annales Bertiniani). — *Aveniacum*, 1121 (Marlot français, t. III, p. 735). — *Advennaium*, 1121 (S.-Nicaise, c. 4, l. 7). — *Avenniacum*, 1137 (cart. d'Avenay, f° 24 r°). — *Avennaium*, 1146 (S.-Denis de Reims, liasse du bois de Vernay). — *Ecclesia Sancti Petri Avenniacensis*, 1147 (cart. d'Avenay, f° 1 r°). — *Avenai*, 1171 (arch. adm. de Reims, t. I, p. 363). — *Avenaium*, 1179 (cart. de Châl. cop. Gaignières, p. 73). — *Sanctus Petrus de Advenaio*, 1203 (Teulet, trésor des chartes, t. I, p. 245). — *Avencium*, 1208 (cart. d'Avenay, f° 6 v°). — *Avenæ*, 1218 (Avenay, l. 2). — *Saint-Pere, Avena, Avenai*, v. 1222 (liv. des vass. de Champ.). — *Ecclesia Sancti Petri ad moniales de Avenayo*, 1231 (arch. nat. S 5035, supp.). — *Aveneyum*, 1266 (cart. A de S.-Remy, p. 168). — *Advenay*, 1400 (arch. nat. P 182, f° 74 r°). — *Avannayum*, 1457 (pouillé de Troyes, P, n° 11). — *Auvenay*, 1715 (revenus de S.-Nicaise, t. I, p. 135).

En 1789, Avenay faisait partie de l'élection d'Épernay et suivait la cout. de Vitry. Son église paroissiale, diocèse de Reims, doyenné d'Épernay, était consacrée à saint Tresain; l'abbesse d'Avenay présentait à la cure.

Avize, arrond. d'Épernay. — *Avizia*, 1172 (B. du Rocheret, mém. sur Épernay, t. I, p. 778). — *Avyzia*, 1200 (S.-Denis de Reims, l. Plivot). — *Avize, Alisia* (sic), v. 1252 (fiefs de Champagne). — *Avyze*, v. 1274 (arch. nat. J 202, 45). — *Avisia*, v. 1280 (ibid. Q 668). — *Advise*, 1641 (ibid. P 216, 89).

En 1789, Avize faisait partie de l'élection de Châlons et suivait la cout. de Vitry. Son église paroissiale, diocèse de Châlons, doyenné de Vertus, était consacrée à saint Nicolas; l'abbé de Saint-Sauveur de Vertus présentait à la cure.

Avaunes (Les), ruiss. affl. de la Livre; coule sur le finage de Fontaine. — *Les Avaunes*, 1862 (Guérard, p. 367).

Ay ou Ay-Champagne, arrond. de Reims. — *Villa quæ dicitur Ageius*, ix° siècle (vita S. Tresani). — *Parochia Aeiensia*, 1118 (cart. de S.-Denis de Reims, p. 16). — *Ay*, 1130 (cart. de S.-Martin d'Épernay, p. 125). — *Aeium*, 1208 (cart. d'Avenay, f° 6 r°). — *Ahi*, v. 1222 (livre des vass. de

Champ.). — *Ayacum*, v. 1252 (fief de Champ.).
— *Aeyum*, 1265 (S.-Denis de Reims, l. Ay). —
Ayum, 1282 (Argens, c. 5). — *Ay lez Esparnay*,
1471 (ibid.) — *Ay sur Marne*, 1472 (Argensolles,
c. 5).

En 1789, Ay faisait partie de l'élection d'Epernay et suivait la cout. de Vitry. Son église paroissiale, diocèse de Reims, doyenné d'Épernay, était
dédiée à saint Brice; l'abbé d'Hautvillers présentait
à la cure.

B

Basotte (La), m^{on}, c^{ne} de Thiéblemont (Cassini).
Bacnot (Le), fief, à Pleurs. — *Le fief du Bachot*,
1652 (arch. nat. Q 679).
Baconnerie (La), m^{on} is. c^{ne} de Cuchery.
Baconnes, c^{on} de Verzy. — *Baconna*, mil. du ixe siècle
(polypt. de S.-Remy). — *Bucnana*, 1066 (cart.
de S.-Nicaise, f° 10 v°). — *Baconnia*, v. 1190 (arch.
nat. S 5036, supp. 24). — *Baconia*, 1222 (cart.
d'Avenay, f° 26 r°). — *Baconne*, 1228 (S.-Basle,
c. 2, l. 26). — *Bacunne*, v. 1252 (fiefs de Champ.).
— *Bacona*, 1271 (fiber pontif. f° 448 r°). — *Ba-*
cone, 1273 (ibid. f° 449 r°). — *Baconnes*, 1516
(arch. nat. P 184, 80). — *Bacconnes*, 1573 (ibid.
P 184, 225). — *Basconne*, 1630 (S.-Basle, c. 1,
l. 7).

Baconnes, compris en 1789 dans l'élection de
Reims, suivait la cout. de Vitry. Son église paroissiale, diocèse de Reims, doyenné de Vesle, était
consacrée à saint Memmie; le doyen de Sainte-Balsamie présentait à la cure.

Bagatelle, m^{on} bourgeoise, c^{ne} de Bignicourt-sur-
Marne.
Bagatelle, pavillon, c^{ne} de Vienne-le-Château.
Bagneux, c^{on} d'Anglure. — *Baniola*, 813 (Gall. christ.
t. XIV, col. 12). — *Balneolum*, 1131 (Andecy).
— *Bagneols*, 1143 (arch. nat. S 4968, n° 11). —
Balneola, 1171 (ibid. c. 1). — *Baigneuels*, vers 1222
(liv. des vass. de Champ.). — *Begnias*, 1313 (Macheret, c. 1). — *Baigneux*, 1318 (ibid.). — *Ba-*
gneux, 1450; *Baigneulx*, 1483 (ibid.). — *Bagneux*
en l'Angle, 1556 (cout. de Sens, p. 451).

En 1789, Bagneux faisait partie de l'élection de
Sézanne et suivait la cout. de Sens. Son église paroissiale, diocèse de Troyes, doyenné de Sézanne,
était dédiée à saint Médard; l'évêque de Troyes en
était collateur.

Baignette (Ruisseau de la), arrose le finage de
Gueux.
Bailleux, fief et m. détr. c^{ne} de Rosnay. — *Fïef mouvant*
de la terre de Ballieux, 1368 (chap. de Reims,
l. Rosnay). — *Les heritages... assis ou terroir de*
Ronnay, appartenant à mess. du chapitre de l'esglise

de Reims, communement appellez la seigneurie de
Bailleux, 1586 (ibid.). — *Une cense scize à Ron-*
nay, appellée la Petite Cense de Bailleux, 1682
(ibid.).
Baillicourt, anc. lieu-dit, près Valmy? — *Bailli-*
cort, 1230 (cart. de Moiremont, f° 445). — *Bail-*
leicort, 1237 (ibid. f° 446).
Baillivrie (La), lieu-dit, c^{ne} de Cuisles.
Baillon (La), ruiss. c^{ne} de Jussécourt-Minecourt. —
La rivière de Bayllon, 1518 (évêché de Châl. c. 3).
— *La rivière dudit Minecourt, appellé la rivière de*
Bail'on, 1662 (arch. nat. P 217, 92).
Baillotenie (La), f. détruite, c^{ne} de Velye (Cassini).
Bailly, h. c^{ne} de Saint-Ouen. — *Baalli*, 1367 (arch.
nat. Q¹ 681, f° 30 v°). — *Bailliacum*, 1407 (pouillé
de Troyes, n° 452).
Bailly, lieu-dit, c^{ne} de Somsois.
Bailly (Le), h. c^{ne} de Verdon. — *Bailly lez Vardon*,
1445 (arch. nat. P 170, 45), — Bailly, xviiie siècle
(Cassini).
Bailly (Bas-), h. c^{ne} de Verdon, 1804 (ann. de l'an xiii,
p. 90).
Bailly, h. détruit, c^{ne} de Vertus. — 1735 (Saugrain,
t. I, p. 404).
Baizil (Le), c^{on} de Montmort. — *Le Baisil*, 1136
(cart. de S.-Martin d'Épernay, p. 128). — *Ba-*
sillum, 1154-1159 (cart. d'Igny, f° 2 r°). — *Basil*,
1167-1169 (cart. de S.-Jean-des-Vignes, f° 101 r°).
— *Baysil prepa Montem Mauri*, 1220 (Teulet,
trésor des chartes, t. I, p. 504). — *Boisil*, v. 1222
(livre des vass. de Champagne). — *Bassillum, Bes-*
sillum, le Baisill, Basyl, le Baizil, le Beisil, le Beisis,
v. 1252 (fief de Champ.). — *Bayssi*, 1263 (la
Charmoye, c. 2). — *Baisilium*, 1266 (ibid. c. 5). —
Le Besill, le Bezill, v. 1274 (arch. nat. J 202, 45).
— *Le Basil*, 1362 (ibid. P 182, f° 158 r°). — *Le*
Bassil, 1365 (ibid. P 182, f° 164 v°). — *Bézy*,
1400 (hist. de la mais. de Béthune, p. 196). —
Le Besil, 1401 (ibid. p. 197). — *Le Baisy*, 1409
(arch. nat. P 182, f° 315 r°). — *Le Bezi*, 1524
(Andecy, c. 1). — *Le Baezil*, 1529 (hist. de la
maison de Béthune, p. 303 et 305). — *Le Besil en*

Brie, 1548 (arch. nat. P 162, 145). — *Le Bézy*, 1549 (*ibid.* P 162, 148). — *Bezil*, xviii° siècle (Cassini).

Le Baizil faisait partie, en 1789, de l'élection de Vitry et était régi par la cout. d'Épernay. Son église paroissiale, diocèse de Soissons, doyenné d'Orbais, était consacrée à saint Sénéric; l'abbé de Valsecret présentait à la cure.

Baizil (Le Bas-), h. c^{ne} du Baizil. — *Le Bas-Bezil*, xviii° siècle (Cassini).

Baizil (Ru du), affl. du Surmelin; coule sur le finage du Baizil.

Balann (Le), h. c^{ne} de Giffaumont.

Balœuvre, f. c^{ne} de Romigny. — *Baluevre*, 1238 (cart. de S.-Corneille de Comp. f° 135 r°). — *Balluerre*, v. 1274 (arch. nat. J 202, 45). — *Baluoive de lez Rommeny-en-Tardenois*, 1383 (*ibid.* P 188, 52). — *Valleuvre*, 1498 (*ibid.* P 180, 168). — *Baleuvre-lez-Romigny*, 1728 (cout. de Reims, p. 643). — Balance, xviii° siècle (Cassini). — *Haut et Bas-Balœuvre*, 1860 (Cornet-Paulus).

Balœuvrel, localité détruite, c^{ne} de Romigny. — *Valleuvrel*, 1498 (arch. nat. P 180, 167).

Baloat, lieu-dit, c^{ne} de Contaut-le-Maupas.

Banché (Le), mⁱⁿ à vent, c^{ne} de Loivre.

Ban-de-Montsuzan (Le), h. c^{ne} de Vésigneul-sur-Coole. — *Ban*, 1834 (état-major). — Le Ban de *Vésigneul*, 1847 (lieux habités). — *Le Ban-le-Mont-Suzan*, 1862 (Guérard, p. 90).

Ban de Moutier (Le), fief, c^{ne} de Villers-aux-Corneilles. — 1693 (dioc. anc. de Châlons, t. I, p. 283).

Ban de Saint-Memmie (Le), fief de l'abbaye de Saint-Memmie, à Moncets-sur-Marne. — 1663 (dioc. anc. de Châlons, t. I, p. 280).

Ban-de-Ville (La), f. c^{ne} de Ville-sur-Tourbe.

Ban Jean-de-Gand (Le), fief, c^{ne} de Faux-sur-Coole. — *Ung autre fief, faisant une portion de la terre et seigneurie de* Faux-sur-Coole, *que l'on dit le Ban Jean-de-Gand*, 1508 (arch. nat. P 207, 12).

Bannay, c^{ne} de Montmort. — *Baslanellum*, 1124-1130 (cart. d'Oyes, f° 18 r°). — *Baanellum*, 1122-1145 (*ibid.* f° 25 r°). — *Banel*, 1162 (Andecy). — *Baenel*, 1168 (hist. de la maison de Broyés, p. 15). — *Baanel*, 1171 (Andecy). — *Bahanellum*, 1175 (cart. d'Oyes, f° 20 v°). — *Banel*, 1200 (Moutier-la-Celle, c. 19). — *Beannay, Baanay*, v. 1252 (arch. nat. J 193, 51). — *Baanniel*, 1258 (Moutier-la-Celle, c. 19). — *Bannel*, 1383 (arch. nat. P 188, 52). — *Bainet*, 1556 (arch. lég. de Reims, coul. p. 911). — *Banay-en-Champagne*, 1734 (arch. nat. Q¹ 681).

Bannay, compris en 1798 dans l'élection de Sézanne, était régi par la cout. de Châlons. Son église paroissiale, succursale de celle de Corfélix, diocèse de Troyes, doyenné de Sézanne, était consacrée à saint Ferréol.

Bannay (Ru de), affl. du Petit-Morin; arrose le finage de Bannay.

Bannes, c^{ne} de Fère-Champenoise. — *Bunna*, 1124-1130 (cart. d'Oyes, f° 19 v°). — *Bane*, v. 1222 (liv. des vass. de Champagne). — *Banne*, v. 1252 (fiefs de Champagne).

En 1789, Bannes faisait partie de l'élection de Châlons. Son église paroissiale, diocèse de Châlons, doyenné de Vertus, était dédiée à saint Vaast; le doyen de Gaye présentait à la cure.

Baraque (La), c^{ne} de Recy.

Baraque (La), m. c^{ne} de Réveillon.

Baraque (La), c^{ne} de Saron.

Baraque (La), f. c^{ne} de Vaudemanges.

Baraque (La), f. c^{ne} de la Veuve. — Il existait jadis en ce bois, dit-on, un abri pour les religieux (les mathurins) à qui appartenait ce lieu.

Baraque-de-Saupique (La), m^{on} is. c^{ne} de Sapignicourt.

Baraque-Hilaire (La), m. c^{ne} de Trois-Fontaines.

Baraques-Parinont (Les), f. c^{ne} de Saint-Thierry.

Barbantal, f. construite vers 1860, c^{ne} de Marcilly-sur-Seine. — Cette ferme porte avec une légère altération le nom de M. le marquis de Barbantane, le dernier propriétaire du domaine de Marcilly.

Barbarie, lieu-dit, c^{ne} de Saint-Gilles.

Barbarie (Chemin de la), anc. voie romaine qui, régnant au pied de la montagne de Reims sur un parcours d'une quarantaine de kilomètres, passe du sud-est au nord-ouest, par les finages de Bouzy, Ambonnay, Vaudemanges, Billy-le-Grand, Villers-Marmery, Verzy, Verzenay, Mailly, Ludes, Rilly-la-Montagne, Villers-Allerand, Sermiers, Chamery, Écueil, Sacy, Villedommange, Jouy, Pargny, Coulommes, Vrigny, Gueux, Janvry, Rosnay, Muizon, et aboutit au-dessous de ce village sur la grande voie de Reims à Soissons. — *Via juxta montes Remorum quæ vocatur Barbaria*, 849-857 (Hincmari opera, t. II, p. 839). — *Via quæ, usque hodie, propter Barbarorum per eam iter, Barbarica nuncupatur*, v. 860 (Hincmar, vita S. Remigli). — *Le grand chemin de la Barbarie* (S.-Remy, l. 387).

On le nomme parfois *la Grande-Barbarie* pour le distinguer du chemin suivant.

Barbarie (Chemin de la Petite-), signalé par les plans

cadastraux de Sermiers, Écueil, Ormes, Coulommes
et Gueux.

Barbâtre (Le), localité annexée à Reims où elle a
laissé son nom à une rue. — *Via Cæsarea*,
ixe siècle (grand test. de Saint-Remy). — *Barbastrum*, 1231 (arch. nat. S 5040, suppl. n° 1). —
Vicus de Barbastre, 1291 (arch. adm. de Reims,
t. I, p. 1055). — *Barbastre*, 1321 (ibid. t. II,
p. 269). — *Le Barbastre*, 1564 (ibid. t. II,
p. 485).

Barbazan, f. c[ne] de Broussy-le-Grand (Cornet-Paulus).

Barbigny, lieu-dit, c[ne] d'Oyes.

Barbilly, lieu-dit, c[ne] de Pontfaverger.

Barbolle, f. c[ne] de Dormans.

Barbonne, c[on] de Barbonne-et-Fayel. — *Barbonia*,
1143 (arch. nat. S. 4968, n° 11). — *Berbona*,
1145 (Gall. christ. t. XII, col. 265). — *Barbona*,
1164 (bibl. de l'École des chartes, t. XIX, p. 186).
— *Barbonia*, 1179 (S.-Nicolas de Sézanne, c. 10).
— *Barbone*, c. du xiiie siècle (cart. de Notre-Dame
de Paris, t. I, p. 145).

En 1789, Barbonne faisait partie de l'élection de
Sézanne et suivait la cout. de Meaux. Son église
paroissiale, diocèse de Troyes, doyenné de Sézanne,
était dédiée à saint Pierre et à saint Paul; le chapitre cathédral de Troyes présentait à la cure.

Barbonne-et-Fayel, c[on] d'Anglure, commune formée
en 1845 de l'union dés anciennes communes de
Barbonne et de Fayel. — *Barbonne-Fayel*, 1860
(Cornet-Paulus).

Barbotte, m[in], c[ne] de Nesle-la-Reposte.

Barbullerie (La), lieu-dit, c[ne] de la Neuville-au-Pont.

Bardeau (Le), m[on] is. c[ne] de Bouchy-le-Repos.

Bardelots (Les), mét. c[ne] de Champillon.

Bardolle (La), m[on], c[ne] d'Écury-sur-Coole. — *La tour
et garenne de la Bardolle*, 1364 (arch. nat. P 36,
8). — *Bardolles, seigneurie*, 1584 (ibid. P 162,
137).

Bardolle (Bois de la), bois, c[ne] de Coolus. — *La
garenne de la Bardelle*, 1364 (arch. nat. P 36, 8).
— *Le bois et la garenne que on dit la Bardolle*,
1383 (ibid. P 188, 52).

Baricaderie (La), lieu-dit, c[ne] d'Orbais.

Barioterie (La), lieu-dit, c[ne] de Montmort.

Barizet, f. détr. c[ne] de Serzy-et-Prin.

Barjotrie (La), lien-dit, c[ne] d'Arcis-le-Ponsart.

Barny, lieu-dit, c[ne] de Braux-Saint-Remy.

Baroche (La), village détruit, c[ne] de Gizaucourt. —
Altare de Sancti Petri Parrochia, 1092 (S.-Pierre-
aux-Monts, c. 2). — *Ecclesia de Perrochia*, 1243
(ibid. c. 2). — *In finagio de Sancti Petri Parrache*,
1253 (ibid. c. 8). — *Sanctus Petrus dictus Parreche*,

128. (arch. nat. Q¹ 668¹). — *La maison et gaignaige de la Perroiche*, 1352 (S.-Pierre-aux-Monts,
c. 8). — *La Barroche de lez Sainct-Martin-sur-
Aulve*, 1454 (ibid.). — *Item, ont lesdits religieux
(de S.-Pierre-aux-Monts) une maison, jardin et chappelle appellée la Parroche, séant près de Saint-Marc-
sur-Auve, en laquelle masura souloit avoir maison,
court, grange, establez*, 1464 (arch. nat. Q¹ 662).
— *Le lieu de Saint-Pierre-la-Parroisse*, 1511
(S.-Pierre-aux-Monts, c. 8). — *Une cense...
appellée la Paroisse*, 1522 (ibid.). — *Saint-Pierre
et la Paroisse, détruits de temps immémorial; il ne
reste que des terres qui sont incultes depuis quelques
années*, 1735 (Saugrain, t. I, p. 412). — *La ferme
dite la Baroche, aussi située audit terroir [de Gizaucourt]*, 1785 (ibid.).

L'église de la Baroche, dédiée à saint Pierre, dépendait de l'abbaye de Saint-Pierre-aux-Monts.

Baronnerie (La), lieu-dit, c[ne] de la Chaussée.

Baronnerie (La), lieu-dit, c[ne] de la Neuville-aux-Bois.

Baronnerie (La), lieu-dit, c[ne] de Sommevesle.

Banses (Les), f. anc. f. c[ne] de Soizy-aux-Bois. — *La
ferme des Barres*, 1734, 1768 (arch. nat. Q¹ 678).

Barricades (Ru des), affl. du Surmelin; traverse le
finage du Breuil.

Bas-Courty (Le), m[on] is. c[ne] de Neuvy. — *Bas-
Courlis*, xviiie siècle (Cassini). — *Bas-Courty*, 1860
(Cornet-Paulus).

Bas-de-Biesme (Le), portion du h. de la Vignette,
c[ne] de Sainte-Menehould.

Bas-Jardon (Le), f. c[ne] de Giffaumont. — *La ferme
du Magnus et celle du Bas-Jarron... situées au
lieu et finage dudit Giffaumont*, 1730 (S.-Étienne
de Troyes, l. 37).

Bas-le-Roi, f. c[nes] d'Étoges et de Montmort. — *Bois-
le-Roy*, 1633 (lieux régis par la cout. de Vitry). —
Basleroy, 1735 (Saugrain, t. I, p. 471). — *Le
Pied ou Bas-le-Roi*, 1827 (annuaire de la Marne,
p. 119).

Bas-Leuny (Les), lieu-dit, c[ne] de Villers-Marmery.

Baslieux, f. c[ne] d'Arcis-le-Ponsard. — *Ballol*, 1150
cart. d'Igny, f° 86 r°). — *Ballolium*, 1156 (ibid.
f° 11 r°). — *Villa que dicitur Balox*, 1168
(ibid. f° 137 r°). — *Baleoli*, 1179 (ibid. f° 136 r°).
— *Balolium*, 1180 (ibid. f° 60 r°). — *Baillios,
Baillos, Bailliex*, 1182 (ibid. f° 20 v°, 21 r° et
234 r°). — *Baylliex*, 1233 (chap. de Reims, l. 54).
— *Bailleul*, 1804 (ann. de l'an xiii, p. 18).

Baslieux, ch. détr. auj. f. c[ne] de Saint-Thierry. —
Babeis, 1171 (Saint-Thierry, l. 7). — *Ballolium*,
1239 (chap. de Reims, l. Ormes). — *Baillex*, 1279
(cart. B du chap. de Reims, f° 215 r°). — [*La*

paroisse de] *Saint-Thierry dont dépendent les restes du château de Bailleux*, 1735 (Saugrain, t. I, p. 483). — *Bailleux*, 1746 (archev. de Reims, c. 2). — *Baslieu*, XVIII° siècle (Cassini).

BASLIEUX-LEZ-FISMES, c° de Fismes. — *Balliolium*, 1100 (S.-Denis de Reims, suppl.). — *Balloium*, 1124 (cart. de S.-Denis de Reims). — *Bolodium*, 1180 (S.-Denis de Reims, l. Breuil). — *Baluel*, v. 1222 (liv. des vass. de Champ.). — *Balleux*, 1229 (cart. de S.-Denis de Reims, p. 118). — *Bailluel*, *Baillex*, 1240 (Teulet, trésor des chartes, t. II, p. 427). — *Bailliex*, 1251 (cart. d'Igny, f° 66 r°). — *Bailluex*, 1261 (cart. de S.-Denis, p. 185). — *Bailleux*, 1270 (ibid. p. 194). — *Baillolium*, 1300 (ibid. p. 300). — *Bailleux*, 1303-1312 (arch. adm. de Reims, t. II, p. 1059). — *Baillieux*, 1329 (S.-Nicaise, l. 1). — *Bailleuc*, 1346 (arch. adm. de Reims, t. II, p. 1059). — *Bailleux dalès Fymes*, 1369 (arch. nat. P 181, 128). — *Bailieux lez Firmas*, 1656 (ibid. P 217, 41). — *Bailleux-lez-Fismes*, v. 1660 (Merlot français, t. III, p. 406). — *Baillieux-lès-Fimes*, 1727 (S.-Nicaise, l. 7).

En 1789, Baslieux-lez-Fismes faisait partie de l'élection de Reims et était régi par la cout. de la même ville. Son église paroissiale, diocèse de Reims, doyenné d'Hermonville, était consacrée à saint Julien; l'abbé de Saint-Denis de Reims présentait à la cure.

BASLIEUX-SOUS-CHÂTILLON, c° de Châtillon. — *In villa que dicitur Balliolis, in pago Bausionensi*, 868 (cart. du chantre Guérin, f° 23 r°). — *Balliolum*, 1100 (arch. adm. de Reims, t. I, p. 252). — *Baileus*, 1154 (cart. d'igny, f° 8 v°). — *Parrochia de Ballolio*, 1154-1159 (ibid. f° 3 r°). — *Bailliex*, 1209 (Longau, l. 13). — *Bailues*, v. 1222 (liv. des vass. de Champ.). — *Ballies*, v. 1274 (arch. nat. J 202, 45). — *Baillieux*, 1386 (ibid. P 180, 116). — *Bailleux*, 1502 (Hautvillers, c. 6). — *Au lieu de Mesleray autrement dict Bailleux*, 1512 (arch. nat. P 181, 4). — *Baillieulx*, 1547 (ibid.). — *Balieux*, 1751 (Hautvillers, à Reims).

Baslieux-sous-Châtillon faisait partie, en 1789, de l'élection d'Épernay et suivait la cout. de Reims. Son église paroissiale, diocèse de Soissons, doyenné de Châtillon, était consacrée à saint Léger; le prieur de Coincy présentait à la cure.

BAS-MONT (LE), f. c° de Warmeriville.

BAS-MOULINS (LES), lieu-dit, c° de Champillon.

BASSE-CHAUSSÉE (LA), h. c° de Mécringes. — *Domus Dei in Calceia Montis Mirabilis*, 1208 (Machaut, hist. du bienh. Jean de Montmirel, p. 411). — *In Calceye*

subtus Monte Mirabili, 1210 (hosp. de Montmirail). — *Hospitale de Calceia*, 1211 (Boitel, hist. du bienh. Jean de Montmirail, p. 509). — *Domus Dei de Calceia sablus Montem Mirellum*, 1233 (Machaut, p. 416). — *L'eglise-Dieu de Montmiral*, 1252 (hosp. de Montmirail). — *La Maison-Dieu de la Chaucie de soz Montmiral*, 1261 (ibid.). — *Maison-Dieu de la Chaussée de Montmirel*, 1261 (Machaut, p. 420). — *Domus Dei de Monte Mirabili*, 1407 (pouillé de Troyes, n° 291). — *L'ostel-Dieu de la Chaussée soubz led. Montmirail*, 1483 (hosp. de Montmirail). — *Le prieuré de l'Hostel-Dieu de la Chaulsée de Montmirail*, 1603 (arch. nat. P 180, 101). — *Chaussée-la-Bassa*, 1847 (lieux habités).

La Basse-Chaussée est le prolongement, sur le finage de Mécringes, de l'ancien hameau de la Chaussée, aujourd'hui faubourg de Montmirail.

BASSE-COUR (LA), lieu-dit, c° d'Arzillières.

BASSE-COCA (LA), f. c° de Baye. — *Ferme de la Basse-Court*, 1708 (évêché de Châl. h. 15).

BASES-COUR (LA), f. c° de Sivry-sur-Ante.

BASSE-FONTAINE (LA), écart, c° de Mécringes (Cornet-Paulus).

BASSEMOULIN, m°°, c° d'Ablois-Saint-Martin. — *Bassimonin*, v. 1240 (arch. nat. J 198, 5). — *Basemolin*, v. 1252 (ibid. J 193, 5). — *Basemolin*, *Basemolins*, 1480 (ibid. P 181, 78). — *Basemolins*, 1550 (ibid. P 162, 208). — *Basse-Moulin*, 1571 (ibid. P 162, 214). — *Bassemoulins*, 1735 (Saugrain, t. I, p. 471). — *Basmoulin*, XVIII° siècle (Cassini).

BASSES-TARTES (LES), m°°, c° de Merfy.

BASSIÈRE (LA), f. détr. c° de Montigny-sur-Vesle. 1735 (Saugrain, t. I, p. 481).

BASSINERIE (LA), lieu-dit, c° d'Étages.

BASSE, c° d'Heiltz-le-Maurupt. — *Bachu*, 1171 (S.-Memmie, c. 11). — *Baçu*, 1183 (ibid. c. 3). — *Bacivum*, 1184 (ibid. c. 7). — *Bazu*, 1213 (S.-Pierre-aux-Monts, c. 2). — *Baças*, 1234-1243 (foods Camp. n° 435). — *Basçu*, v. 1252 (arch. nat. J 202, 55). — *Bassu*, 1258. (ibid. Q¹ 668¹). — *Basu*, 1289 (S.-Pierre-aux-Monts, c. 2).

En 1789, Bassu faisait partie de l'élection de Vitry et suivait la cout. de celle ville. Son église paroissiale, diocèse de Châlons, doyenné de Vitry-le-Brûlé, était dédiée à saint Hilaire; l'abbé de Saint-Memmie présentait à la cure.

BASSUET, c° d'Heiltz-le-Maurupt. — *Bazuël*, 1145 (S.-Pierre-aux-Monts, c. 24). — *Bachuel*, 1200 (ibid. c. 27). — *Bacehuel*, 1230 (la Neuville, c. 5). — *Basçuel*, 1251 (S.-Memmie, c. 8). — *Baçuel*, v. 1252 (arch. nat. J 202, 55). — *Bassuellum*,

128. (arch. nat. Q¹ 681¹). — Bassuel, 1297
(S.-Pierre-aux-Monts, c. 21). — Bassué, xviii° siècle
(Cassini).

Bassuet était compris, en 1789, dans l'élection
et suivait la cout. de Vitry. Son église paroissiale,
diocèse de Châlons, doyenné de Vitry-le-Brûlé,
était consacrée à saint Nicolas; l'abbé de Saint-Paul
de Verdun présentait à la cure.

Bastille (La), m⁰ⁿ is. c⁰ˢ de Sermiers.

Basvillage, h. c⁰ᵉ de Vitry-le-François. — Le Basvillage, 1860 (Cornet-Paulus).

Bataillerie (La), lieu-dit, c⁰ᵉ d'Oyes.

Batel, anc. m⁰, à Condé-sur-Marne. — Molendina videlicet Batel et Mirandais, 1242 (S.-Basle, c. 33).

Bâtis (Les), fermes, c⁰ᵉ du Baizil. — Les Hauts-
Bâtis, xviii° siècle (Cassini). — Le hameau les
Bastics, 1735 (Saugrain, t. I, p. 470). — Les
Pâtis, 1834 (état-major). — Les Bastien, Bosties
ou Patis, 1860 (Cornet-Paulus).

Bâtis (Les), f. détruite, c⁰ᵉ de Cernay-en-Dormois. —
Ung aultre petit arrière-fief nommé les Bastis, estons
de la mouvance du chastel et de la seigneurie de Cernay, 1573 (arch. nat. P 184, 227). — Ung fief appellé les Bastilz, 1574 (ibid. P 185, 1). — Item un
autre petit arrière-fief nommé les Bastilz, estans de la
mouvance du chastel et seigneurie dudit Cernay, ...
lequel arrière-fief concisle en quelque portion de bois,
de terres arables, contenant six vingtz arpens qui, de
present, sont en savars et peu de values, parce que les
hauberges et granges du lieu ont estez bruslée et
destruicte au commencement des troubles; et on n'i a
aucune reparation faite à present, parce que lesdites
terres sont de petite vallue, 1633 (ibid. P 216, 42).

Bâtis (Les), f. c⁰ᵉ d'Étoges. — La ferme des Bâtis,
1804 (ann. de l'an xiii, p. 49). — Les Bâtis ou
les Pâtis, 1827 (ann. de la Marne, p. 119).

Bâtis (Les), m⁰ᵐ, c⁰ᵉ de Fleury-la-Rivière.

Batreau (Le), m⁰, c⁰ᵉ d'Avenay. — Molendinum de
Bateret, 1190 (S.-Nicaise, l. 1). — Molendinum de
Baterez, xii° siècle (cart. de S.-Nicaise, f° 92 r°).
— Le molin de Bateaux, assis sur le ruissel de
Loivre, 1439 (arch. nat. P 181, 65). — Le molin
de Batiaux, 1447 (ibid. P 181, 47). — Le moulin
appellé du Batraut, 1690 (Avenay, c. 1). — Le
moulin à bled du Bastraux, 1691 (ibid.). — Le moulin du Batraux, 1721 (ibid.). — Le moulin et ferme
du Battreau, 1735 (ibid.). — Le Batteraux, 1847
(lieux habités).

Battans (Les), f. c⁰ᵉ de l'Épine.

Battrans (Les), m⁰ détr. c⁰ᵉ de Pogny (Guérard,
p. 203).

Bauchet (Le), bois, c⁰ᵉ de Saint-Memmie. — Le bo-

chet de Mal-Joy, appellé le Bochet-du-Chevalier, 1368
(S.-Memmie, c. 10). — Le Boschet-le-Chevallier,
1531 (ibid.). — Le Bochet-le-Chevalier, 1535 (ibid.).
— Bois-Bauché, 1834 (état-major).

Baudement, c⁰ⁿ d'Anglure. — Baldementum, 1103
(pouillé de Troyes, n° 279). — Baldamentum, 1104
(Gall. christ. t. XII, p. 256). — Baldimentum,
1109 (hist. des comtes de Champagne, t. III,
p. 414). — Baudimentum, 1123 (Du Plessis, hist.
de l'église de Meaux, t. II, p. 23). — Baldement,
Baudement, 1146 (d'Arbois, t. III, p. 434). —
Baldumentum, milieu du xii° siècle (cart. d'igny,
f° 87 v°). — Baldimentum, 1153 (cart. du Paraclet,
f° 6 v°). — Baudementum, 1208 (arch. nat. KK
1064, f° 107 r°). — Baudementum, 1211 (Teulet,
trésor des chartes, t. I, p. 365). — Baudemant,
v. 1222 (liv. des vass. de Champ.). — Bauldement,
1604 (arch. nat. P 178, 61). — C'est à tort que
l'orthographe officielle de ce nom est aujourd'hui
Beaudement.

Baudement était compris, en 1789, dans l'élection de Sézanne et suivait la cout. de Meaux. Son
église paroissiale, diocèse de Troyes, doyenné de
Sézanne, était consacrée à saint Loup de Sens;
l'évêque de Troyes en était collateur.

Baudinerie (La), lieu-dit, c⁰ᵉ de Rieux.

Baudouins (Les), fief mouvant de Saint-Bon. — Le
fief des Baudouyns, 1575 (arch. nat. P 170, 32).
— Le fief des Baudouins, 1734 (ibid. P 198, 10).

Bavisy, vill. détr. c⁰ᵉ de Brimont. — Baviseium,
1119 (cart. + de l'archev. de Reims, f° 178 r°;
cf. Arch. adm. de Reims, t. I, p. 270). — Bavesis,
1218 (cart. G du chap. de Reims, f° 72 v°).

La troisième lettre du nom de Bavisy ayant été
quelquefois prise pour un r, les auteurs de l'Atlas
cantonal de la Marne, dirigé par M. Poinsignon,
ont indiqué l'emplacement de «Barysis» vill. détruit vers l'an 1300», dans la c⁰ᵉ de Fresne, au
lieu-dit Barbu, qui, prétend-on, dériverait de celui
de Barysis.

Bava, m⁰ᵐ, c⁰ᵉ de Mourmelon-le-Grand.

Bayard, un des «Sept-Moulins» de Châlons-sur-Marne.
— Le molin de Baiarl séant à Chaalons, aux Sept-
Moulins, appartenant à mons. l'abbé de Saint-Pierre
aux Mons de Chaalons, 1442 (Toussaints, c. 6). —
L'un (de ces molins à blef) appellé Bayart, 1552 (S.-
Pierre-aux-Monis, c. 5, l. 5).

Bayard, anc. m⁰, c⁰ᵉ de Châtelraould. — Sur la rivière
passant par le village de Chastelraoul, en ung moulin ancien, et qui, par longtemps, avoit esté ca-
ducque et ruyné, appartenant comme l'en disait à
messeigneurs les religieulx, abbé et couvent de l'é-

glise et monastère de Toussains-en-l'Isle de Chaalons, vulgairement appellé le moulin de Bayart, 1488 (Toussaints, c. 6). — Ung moulin nommé Boyart, 1527 (ibid.). — Le molin nommé Bayard, assize audit lieu de Chastelraould, 1564 (ibid.).

BAYARD, anc. m^in, sur la Coole, c^te de Coupetz. — Le molin de Baiart séant outre la ditte ville de Cernon et de Coupel, 1388 (arch. nat. P 188, 52).

BAYARD, anc. m^in, sur la Moivre, près Coupéville. — Molendinum de Baiart, 1260 (S.-Memmie, p. 8).

BAYARD, auc. m^in, c^ne de Dampierre-sur-Auve. — Le moulin à eau dudit lieu de Dampierre, nommé Bayart, 1573 (arch. nat. P 184, 221).

BAYARD, anc. m^in, c^se de Mourmelon-le-Grand.

BAYARD, f. c^ne de Rosay.

BAYAAN, m^in, c^ne de Sainte-Gemma. — La nomenclature des Postes, de 1847, le mentionne comme inhabité.

BAYARD, 3 m^ins, c^ne de Vadenay. — Ancien moulin de Bayard détruit, xviiie siècle (Avenay, 3).

BAYARD, h. c^ne de la Ville-sous-Orbais. — Un fossé que on dit le fossé de Bayort, 1510 (arch. nat. P 179, 184). — Baillart, xviiie siècle (Cassini).

BAYARD (FONTAINE DE), ruiss. c^ne de la Ville-sous-Orbais.

BAYARNE (GUAND-), f. c^ne de Soulanges. — Baierna, 1193 (dioc. auc. de Châl. t. II, p. 119). — Baerna, 1204 (Cheminon, c. 20). — Baikerna, 1218 (cart. de Châl. copie Gaign. p. 75). — Baierne, Bayerne, Bayierne, v. 1252 (arch. nat. J 202, 55 et 54). — Bayerna, 1257 (Cheminon, c. 4). — Baikerne, v. 1274 (arch. nat. J 202, 46 ter). — Baerne, 1316 (la Neuville, c. 5). — Bayerona, 1405 (pouillé de Châlons, f° 76 r°). — Hameau de Beyarne, 1633 (lieux régis par la cout. de Vitry).

BAYARNE (PETIT-), f. c^ne de Soulanges.

BAYE, c^te de Montmort. — Cella Baiæ, 850 (cart. du chantre Guérin, f° 8 v°). — Baia, 1104 (hist. de la maison de Broyes, p. 11). — Baya, 1131 (Andecy). — Baye, 1287 (ibid. c. 1). — Bayes, xive siècle (dioc. anc. de Châlons, t. I, p. 272). — Bay, 1556 (arch. lég. de Reims, cout. p. 919). — Baille, 1727 (arch. nat. Q¹ 679, plan).

En 1789, Baye faisait partie de l'élection de Châlons et suivait la cout. de Sens. Son église paroissiale, diocèse de Châlons, doyenné de Vertus, était consacrée à saint Pierre; l'abbé de Molesmes présentait à la cure.

BAYENNE (RUISSEAU et FANTAINE DE), l'un des trois ruisseaux qui forment la rivière du Moulin de Baye.

BAYOS, f. c^ne de Cernay-en-Dormois. — Au terroir, ban et finage dudict Cernay, y a ung petit fief communément appellé le fiefz de Bayon, 1573 (arch. nat. P 184, 225). — Le fief du Bayon, 1574 (ibid. P 185, 1). — Le fief de Baion, 1633 (ibid. . P 216, 42).

BAYOTTERIE (LA), lieu-dit, c^ne de Faux-sur-Coole.

BAZANCOURT, c^ne de Bourgogne. — Basilicæ Cortis, Basilicæ Curtis, v. 948 (Flodoard, l. I, c. 17; l. III, c. 28). — Basilica Curtis, 953 (Merlot franc. t. II, p. 832). — Basilica Cortis, 987-996 (ibid. t. II, p. 809). — Basilicicurtis, 1148 (arch. adm. de Reims, t. I, p. 391). — Basencurtis, 1200 (S.-Remy, l. 101). — Basencort, 1212 (cart. C de S.-Remy, f° 43 r°). — Basancourt, 1215 (cart. A de S.-Remy, p. 139). — Basancort, 1236 (ibid. p. 588). — Bazencurtis, Bazencort, v. 1263 (arch. adm. de Reims, t. I, p. 834). — Bezancourt, 1371 (chap. de Reims, c. 4). — Basencourt, xive siècle (arch. lég. de Reims, cout. p. 607). — Bazancourt, 1433 (S.-Remy, l. 396). — Bazincourt, 1556 (arch. lég. de Reims, cout. p. 876). — Bazancourt-sur-Suippe, 1728 (cout. de Reims, p. 643). — Buzancourt, 1758 (arch. lég. de Reims, statuts, t. II, p. 860).

En 1789, Bazancourt était compris dans l'élection de Reims et était régi par la cout. de cette ville. Son église paroissiale, diocèse de Reims, doyenné de Vesle, était dédiée à saint Remy; l'abbé de Saint-Remy de Reims présentait à la cure.

BAZIN (ROISEAU), traverse le finage de Baslieux-lez-Fismes.

BEAUAMP, ch. c^ne de Châtelraould. — Allodium de Bochquam, sic dictum, assis en la fin de Chastelrou. En iceluy gaingnage souloit avoir maison, grange, estable, jardins et chappelle fondée en l'onneur de Nostre-Dame, le tout fermé de fossez, contenant six journelz de terre ou environ, 1464 (cart. d'Huiron, p. 567). — La coste de Boquam, 1464 (ibid. p. 568). — Beau-Camp ou Beau-Champ, 1860 (Cornet-Paulus).

BEAUCHARDERIE (LA), lieu-dit, c^ne de Dormans.

BEAUGILET, f. c^ne de Ventelay. — La ferme appellée Beaugillet, 1735 (Saugrain, t. I, p. 434). — Beau-Gillet, 1860 (Cornet-Paulus).

BEAUAIS, f. c^ne de Saron-sur-Aube. — Item, en ladite seigneurie de Chautigny, y a ung aultre fief appellé le fief de Baugis, 1538 (arch. nat. P 178, 13).

BEAUGRAND, auc. f. c^ne de Soisy-aux-Bois. — La ferme de Beaugrand, 1734 (arch. nat. Q¹ 678).

BEAULIEU, f. c^ne de Champaubert-aux-Bois. — Cette ferme est seulement mentionnée par Cassini.

BEAALIEA, anc. h. c^ne de Changy. — 1633 (lieux régis par la cout. de Vitry).

BEAULIEU, f. c^ne d'Élize.

Marne.

BEAULIEU, f. c^ne de Pocancy.

BEAULIEU, f. c^ne de Trois-Fontaines. — *Grangia Belli Loci*, 1141 (Trois-Font. c. 1).

BEAUMETZ, vill. détr. c^ne de Merfy. — Avant 1249, Thomas de Beaumetz, prévôt du chapitre métropolitain de Reims et depuis archevêque de ce siège, avait décidé l'établissement sur le finage de Merfy d'une villa neuve qu'on appela de son nom. — *Noverint universi*, dit Thomas dans la charte constatant l'arrangement d'un différend avec l'abbaye de Saint-Thierry, *quod cum controversia esset inter nos, ex una parte, et ecclesiam Sancti Theodorici, ex altera, super eo quod nos inceperamus construere et fundare quandam novam villam inter villam de Chalon, de Chenay et de Merfi, contra jus ejusdem ecclesie,* 1249 (cart. de Saint-Thierry, f° 20), sous la rubrique : *Quitatio ville de Bello Manso juxta Merfi.* — *Villula nostra que dicitur Byaumée juxta Merfeyum,* 1278 (ibid. f° 159 r°). — Une autre pièce de terre en ce dit terroir dudit Merfy, en lieu-dit en *Beaulx-Moctz,* 1561 (S.-Thierry, c. 7, l. 60).

BEAUMONT, f. c^ne de Blesmes. — *Tota terra Culmentis que nos nunc Bellum Montem vocamus,* 1110 (Cheminon, c. 1). — *Terra que jacet circa Bellum Montem,* 1147-1151 (chap. de Châl. a. 4, l. 23). — *Grangia de Bello Monte* (Cheminon, c. 1). — Biau-Mont, v. 1222 (liv. des vass. de Champ.). — Le *gangnage de Beaumont : Item, ont aussy, à cause de ladicte fondation, de par mesme lettre, la grange et mestairie, ban et terrouer de Beaumont, anciennement de par led.* tiltra appellé le Culmont, 1547 (Chemin. c. 2). — Le *gangnage de Beaulmont,* 1572 (arch. nat. P 179, 123). — La cense de Beaumont *lez Blesmes,* 1601 (Chemin. c. 15). — Beaumon, 1711 (ibid. c. 7). — La ferme de Beaumont, 1747 (ibid.).

BEAUMONT, écart détr. c^ne de Bussy-aux-Bois. — Baumont, 1860 (Cornet-Paulus).

BEAUMONT, ancien ermitage, c^ne de Courbetaux. — Les *hermites du bois de Beaumont lez Montmiral,* 1267 (Machaut, hist. du b. Jean de Montmirail, p. 438). — *Domus heremitorum de Bello Monte,* 1407 (pouillé de Troyes, n° 243). — *Prioratus de Bello Monte monachorum Belgarum canonicum regularium, ex eo restant quedam vestigia in parochia de Curia Berthadi,* xvii° siècle (ibid. p. 154, note).

BEAUMONT, f. détr. c^ne de Nuisement-aux-Bois. — La ferme de Beaumont, 1735 (Saugrain, t. I, p. 445). — Beaumont, 1804 (ann. de l'an xiii, p. 70).

BEAUMONT, écart, c^ne de Servon–Melzicourt (Cornet-Paulus).

BEAUMONT, h. c^ne de Suizy-le-Franc.

BEAUMONT (Forêt de), c^nes de Courbetaux et de Ber-

gères-sous-Montmirail. — *Nemus Belli Montis,* 1200 (Machaut, hist. du b. Jean de Montmirel, p. 437). — Le bois de Beaumont *lez Montmiral,* 1267 (ibid. p. 438).

BEAUMONT (Ru de), affl. du Petit-Morin; traverse la forêt du même nom.

BEAUMONT-SUR-VESLE, c^ne de Verzy. — *Curtis Insana,* 956 (Marlot latin, t. I, p. 594). — *Villa que olim vocabatur Curtis Jusana, modo vero Bellus Mons,* 1178 (S.-Basle, c. 2, l. 25). — *Bellus Mons,* 1190 (ibid. l. 10). — *Pulcher Mons,* 1205 (arch. nat. Q¹ 655). — Beaumont-sur-Veelle, 1383 (ibid. Q¹ 655). — Biaumont-sur-Veelle, 1384 (ibid. P 28¹, 105). — Beaulmont, 1542 (S.-Basle, c. 2, l. 25). — Beaumon, 1769 (arch. nat. Q¹ 655).

Beaumont faisait partie, en 1789, de l'élection de Reims et était régi par la cout. de cette ville. Son église paroissiale, diocèse de Reims, doyenné de Vesle, était dédiée à saint Pierre; l'abbé de Saint-Basie présentait à la cure.

BEAUNAY, c^ne de Montmort. — *Biaunai,* v. 1222 (liv. des vass. de Champ.). — *Baalnoi,* v. 1240 (arch. nat. J 198, 83). — *Byanay,* 1246 (cart. de l'Amour-Dieu, f° 27 v°). — *Biaunayum,* 1281 (la Charmoye, c. 6). — Biannay, 1306 (cart. d'Huiron, p. 32). — Biaunéy, 1308 (arch. nat. P 1114). — Bieunay, 1366 (ibid. Q¹ 681¹, f° 84). — Beaunoy, 1367 (ibid. f° 21 r°). — Braunnay, 1498 (ibid. Q¹ 678). — Beaulnay, 1488 (ibid. Q¹ 681).

Beaunay faisait partie, en 1789, de l'élection de Châlons et était régi par la cout. de Vitry. Son église paroissiale, annexe de celle de Loisy-en-Brie, diocèse de Châlons, doyenné de Vertus, était dédiée à Notre-Dame

BEAUNAY (Ru de), affl. du ru de Fèrebrianges; coule sur le finage de Beaunay.

BEAUNE, h. détr. c^ne du Fresne-et-Moivre. — *Beaune, hameau lez le Fresne,* 1633 (lieux régis par la cout. de Vitry).

BEAUREGARD, fief, c^ne de la Caure. — Le fief de Beauregard, assis au village de la Caure, 1673 (arch. nat. Q¹ 681).

BEAUREGARD, f. c^ne de Champaubert-aux-Bois. — xviii° siècle (Cassini).

BEAUREGARD, f. c^ne de Congy.

BEAUREGARD, ch. c^ne de Coolus. — La maison de Beauregard, 1804 (ann. de l'an xiii, p. 42).

BEAUREGARD, anc. f. c^ne d'Écueil. — *Beauregard, parr. d'Escueil,* 1544 (chap. de Reims, c. 14). — Une maison, court, grange, estable, lieu et pourpris, ... appellée Beau-Regard, ou terroir dudit Escueil, 1576 (ibid.).

BEAUREGARD, f. détr. c⁰ˢ de Fèrebrianges, 1804 (ann. de l'an XIII, p. 49).

BEAUREGARD, f. c⁰ˢ de Fleury-la-Rivière. — *Beauregard*, 1667 (arch. nat. Q¹ 673).

BEAUREGARD, m⁰ⁿ, c⁰ˢ de Fontaine-en-Dormois.

BEAUREGARD, h. c⁰ˢ de Joiselle et de Neuvy.

BEAUREGARD, f. c⁰ˢ de Nuisement-aux-Bois. — XVIIIᵉ siècle (Cassini).

BEAUREGARD, f. c⁰ˢ de Sainte-Menehould.

BEAUREGARD, f. c⁰ˢ de Saint-Remy-en-Bouzemont. — XVIIIᵉ siècle (Cassini).

BEAUREGARD, f. c⁰ˢ de Saint-Utin.

BEAUREGARD, h. détruit, c⁰ˢ de Vitry-le-Brûlé. — 1633 (lieux régis par la cout. de Vitry).

BEAUREGARD-SUR-SOIPPS, fief, c⁰ˢ d'Aumenancourt-le-Petit. — E. du Boulay, écuyer, prête foi et hommage *à cause de plusieurs pièces de terre et droict de pasturage ... appellées le lieu de Beauregard sur Suippo*, 1565 (chap. de Reims, c. 3). — *Le fief appellé le Beau-Regard-sur-Suippe, avec aultres bois, prez et terres ... scis au terroir de Amenancourt-le-Petit*, 1592 (*ibid.*).

BEAUREPAIRE, h. c⁰ˢ de Fostigny-les-Hameaux.

BEAUSÉJOUR, f. c⁰ˢ de Minaucourt.

BEAUSÉJOUR, écart, c⁰ˢ de Sillery (Cornet-Paulus).

BEAUSÉJOUR, auberge, c⁰ˢ de Tilloy.

BEAUSOLEIL, f. c⁰ˢ d'Ambrières.

BEAUVAIS, h. c⁰ˢ de la Noue. — *Beauvais*, 1524 (arch. nat. P 193, 35). — *Beaulvais*, 1571 (*ibid.* P 178, 71).

BEAUVOISIN, f. c⁰ˢ du Baizil.

BÉCASSERIE (LA), m⁰ⁿ, c⁰ˢ de Mousy. — *La Buasserie*, 1735 (Saugrain, t. I, p. 471). — *La Bacasserie*, XVIIIᵉ siècle (Cassini).

BÉCHERELLE (LA), anc. écart, c⁰ˢ du Meix-Saint-Époing. — *La Bécherelle, paroisse du Meix*, 1720 (arch. nat. P 168, 221).

BÉCHERET, h. c⁰ˢ de Bagneux. — *Becherel en la parr. de Baigneulx*, 1464 (Macheret, c. 1).

BÉCHERET, anc. étang et fief, c⁰ˢ de Conflans. — *L'étang du Bescheret, situé sur le terroir de Conflans*, 1771 (arch. nat. Q¹ 679). — Cet étang avait été inféodé en 1724, l'adjudicataire s'engageant à le dessécher à ses frais dans un délai de deux ans.

BÉCHERET, m⁰ⁿ, c⁰ˢ de Conflans. — *Molendinum de Becherele*, v. 1146 (Moutier-la-Gelle, l. 18). — *Molendinum de Becherel*, 1162 (Andecy). — *Le molin de Bescherel*, 1452 (arch. nat. T 126, c. 2).

BÉCHERET, h. c⁰ˢ de Joiselle. — *Bescherel, paroisse de Joisel*, 1645 (min. Labbé, à Montmirail). — *Bescheret*, 1648 (*ibid.*). — *Bas et Haut Bécheret*, XVIIIᵉ siècle (Cassini).

BÉCHERET (LE), ruiss. affl. de la Seine; coule par le finage de Potangis.

BÉCHET (LE), ancien écart, c⁰ˢ de Pleurs. — *Moniales de Becheto*, 1270 (S.-Nicolas de Sézanne, c. 12). — *Le prioré deu Bechet*, v. 1274 (arch. nat. J 202, 45). — *Le Bechaut*, fin du XIIIᵉ siècle (*ibid.* J 206; Troyes, 3). — *Le molin du Bechaul delez Plueire*, 1375 (*ibid.* P 204, 172). — *Le fief du moulin du Baivot, assis à Pleurs*, 1603 (*ibid.* P 178, 98). — *Le fief du Pechot, assis à Pleurs*, 1664 (*ibid.* P 191, 26 bis). — *Le fief du Bechot, à Pleure*, 1732 (*ibid.* P 197, 39).

BECQUETTERIE (LA), lieu-dit, c⁰ˢ du Vézier.

BÉDELLERIE (LA), lieu-dit, c⁰ˢ de Verdon.

BÉFORT, vill. détr. c⁰ˢ de Bazancourt. — *Beefort*, 1203 (arch. lég. de Reims, statuts, t. I, p. 176). — *Beffort*, 1556 (*ibid.* cout. p. 901).

BEHOUZ-CHAMPEAUX (LES), fief, c⁰ˢ de Montmirail. — *Le fief de Champeaux, acitué ou terrouer de Montcoupet*, 1409 (chât. de Montmirail). — *Ou lieu dit les Behoups-Champeaulx*, 1583 (*ibid.*). — *Ung fief assis audict Montcouppet, ... appellé le fief des Behouz-Champeaulx, qui ce consiste en seize arpens de terre labourable en deux pièces*, 1583 (arch. nat. P 180, 36).

BEIGNEAU, h. c⁰ˢ de Rieux. — *Buinaus, Buignais*, comm. du XIIIᵉ siècle (cart. de Notre-Dame de Paris, t. I, p. 145 et 157). — *Boneau*, XVIIIᵉ sᵉ (Cassini). — *Buigneaux*, 1847 (lieux habités). — *Beugnaux*, 1860 (Cornet-Paulus). — *Les Boignets*, 1862 (Guérard, p. 26).

BEIGNELAT, écart, c⁰ˢ de Bagneux (Cornet-Paulus).

BEINE, arrond. de Reims. — *Baina*, mil. du IXᵉ siècle (polypt. de S.-Remy). — *Beinna*, 1112 (arch. lég. de Reims, statuts, t. I, p. 167). — *Bana*, 1153 (Marlot français, t. III, p. 752). — *Bena*, 1173 (S.-Remy, l. 51). — *Bainna*, 1178 (cart. β de S.-Remy, p. 51). — *Benna*, 1179 (*ibid.* p. 146). — *Beine*, 1197 (*ibid.* p. 150). — *Bayna*, 1249 (cart. C de S.-Remy, fⁱ 11 vᵒ). — *Bainne*, 1277 (S.-Romy, l. 51). — *Beingne*, comm. du XIVᵉ siècle (arch. adm. de Reims, t. I, p. 1090).—Bayne, 1358 (*ibid.* t. III, p. 108). — *Baynes*, 1389 (arch. nat. P 183, 59). — *Beinne*, 1433 (*ibid.* Q¹ 656). — Beyno, 1476 (S.-Remy, l. 51). — Beynes, 1556 (arch. lég. de Reims, cout. p. 876).

Beine faisait partie, en 1789, de l'élection de Reims et était régi par la cout. de cette ville. Son église paroissiale, diocèse de Reims, doyenné de Vesle, était consacrée à saint Laurent; l'abbé de Saint-Denis de Reims présentait à la cure.

BEL-AIR, m⁰ⁿ, c⁰ˢ de Beauney.

3.

BEL-AIR, f. c^ne de Faux-Fresnay.

BEL-AIR, f. c^ne de Festigny-les-Hameaux. — *Belair*, 1735 (Saugrain, t. I, p. 470). — *Belaire*, XVIII° siècle (Cassini).

BEL-AIR, f. c^ne du Fresne-et-Moivre.

BELAIR, f. c^ne de Maclaunay.

BELAIR, f. ruinée, c^ne de Noirlieu.

BELAIA, f. c^ne de Remicourt. — *Le Bel-Air*, 1862 (Guérard, p. 503).

BELETTE, m^on détruite? c^ne de Pocancy. — *Fief de la maison de Belette, séant entre icelle ville de Pouquencin et S.-Mard-lez-Roucy*, 1395 (arch. nat. P 182, P 281 v°).

BÉLIN, h. c^ne de Thoult. — *Beellein*, 1219 (hist. de la maison de Broyes, p. 19). — *Beelloim*, 1252 (ibid. p. 33). — *Beslin*, 1735 (Saugrain, t. I, p. 473). — *Bailin*, 1860 (Cornet-Paulus).

BELLASSISE, f. c^ne d'Anglure. — *La Bellassise*, 1735 (Saugrain, t. I, p. 472). — *Bellassise*, 1804 (ann. de l'an XIII, p. 27).

BELLAUCOURT, fief, à Coulommes. — Le 21 juillet 1665, *une maison ... seize au village de Coulommes, en la rue Cauet*, fut érigée en fief en faveur de son possesseur, noble homme André Cocquebert, seigneur de Fleury-la-Rivière, Mutry, etc., conseiller du roi et premier président en l'élection de Reims (Saint-Remy, l. 79). Quelques années plus tard, Claude-André Cocquebert, écuyer, rendait hommage au roi pour *ledit fief Bellaucourt* [alias *Belleaucourt*], *sciz au village de Coulommes, prez Reims, consistant en maison...*, 1679 (ibid.).

BELLAY, écart, c^ne de Binarville (Cornet-Paulus).

BELLAY (LE PETIT-), écart, c^ne de Tilloy-et-Bellay (Cornet-Paulus).

BELLAY (LE VIEUX-), f. c^ne de Tilloy-et-Bellay. — *Bedelt* ou *Bellelt*, comm. du XI° siècle (polypt. de S.-Remy). — *Beloium*, 1145 (arch. adm. de Reims, t. I, p. 313). — *Boloium villa*, 1154 (ibid. t. I, p. 329). — *Belei*, 1197 (ibid. t. I, p. 430). — *Belloi*, 1227 (cart. de Châl. copie Gaign. 92). — *Beloy*, v. 1252 (arch. nat. J 202, 55). — *Certain fief appellé Bellay*, 1516 (ibid. p. 180, 84). — *Belloy*, 1573 (ibid. P 180, 225). — *Ecclesia sanctorum Quintini et Marci de Bellayo, vulgo Bellai*, 1775 (chap. de Châl. a. 1, l. 56).

Une poste aux chevaux, établie le 1er mai 1751 à Bellay, fut transférée en 1761 en un lieu qui reçut, en raison de cette circonstance, le nom de *Neuf*-Bellay; c'est depuis cette époque que Bellay vit l'épithète *vieux* attachée à son nom.

Avant la Révolution, Bellay était compris dans l'élection de Châlons. Son église paroissiale, annexe de celle de la Croix, diocèse de Châlons, doyenné de Bussy, était consacrée à saint Quentin et à saint Marc.

BELLEAE, h. c^ne de Villeneuve-la-Lionne. — Abbaye de femmes de l'ordre de Cîteaux, fondée en 1242 sous l'invocation de Notre-Dame; elle fut détruite en 1567 par les Huguenots et réduite au rang de prieuré de Clairvaux. — *Luque ..., abesse de Bele-Eigue*, 1252 (liber pontif. f° 396 r°). — *Bella Aqua*, 1269 (Belleau). — *Le couvent de Belleau*, 1280 (histoire de la maison de Coucy, p. 381). — *L'eglise de Belle-Yaus*, 139. (arch. nat. P 180, 84). — *Belleaue*, 1399 (ibid. P 180, 97). — *Beleaue*, 1445 (ibid. P 170, 97). — *Belle-Eaue*, 1493 (chât. de Montmirail). — *Bellot*, 1551 (Belleau). — *Bellaue-en-Brie*, 1675 (ibid.). — *Le prieuré de Nostre-Dame de Belleaux-en-Bric*, 1687 (ibid.).

BELLE-EAU, écart, c^ne de Chaudefontaine (Cornet-Paulus).

BELLE-ÉTOILE (LA), m^on, c^ne de Bricot-la-Ville. — *L'Étoile*, 1847 (lieux habités).

BELLE-ÉTOILE (LA), auberge, c^ne de Reims.

BELLEFONTAINE, écart, c^ne de Bréban (Cornet-Paulus).

BELLE-IDÉE (LA), f. c^ne d'Anglure.

BELLE-LOÉS (LA), m^on, c^ne de Bergères-sous-Montmirail.

BELLES-AULNES (LES), bois, c^ne de la Neuville-aux-Bois.

BELLE-SAULX, f. c^ne de Châtelraould. — *Fief Bellesaut*, 1693 (dioc. anc. de Châlons, t. I, p. 284). — *Bellesaux*, 1735 (Saugrain, t. I, p. 443). — *Belseau*; XVIII° siècle (Cassini).

BELLEVUE, m^on, c^ne d'Anglure.

BELLEVUE, m. c^ne de Bassu.

BELLEVUE, m. c^ne de Bétheny.

BELLEVUE, écart, c^ne de Bethon (Cornet-Paulus).

BELLEVUE, f. c^ne de Boursault. — *Une autre cense ou gaignage audict Boursault, communement appellé Belle-Vena*, 1596 (arch. nat. P 170, 46). — *Belle-Veuez*, 1598 (ibid. P 181, 23). — *Bellevue*, 1605 (ibid.). — *La Belle-Veue*, 1662 (ibid. P 191, 20). — *Belveu*, 1735 (Saugrain, t. I, p. 469).

BELLEVUE, f. c^ne de Bussy-aux-Bois.

BELLEVUE, tuileries, c^ne de la Celle-sous-Chantemerle.

BELLEVUE, h. c^ne de Champillon. — *Magister Guillelmus de Ambonnayo, presbiter curatus de Bellovisu*, 1270 (S.-Denis de Reims, l. Ambonnay).

BELLEVUE, cabaret, c^ne de Fontaine-en-Dormois.

BELLEVUE, écart, c^ne d'Hermonville (Cornet-Paulus).

BELLEVUE, h. c^ne de Muizon.

BELLEVUE, m. c^ne de Nesle-la-Reposte.

Bellevue, h. c⁰ⁿ dè la Neuville-aux-Bois. — *Belleru*, 1402 (arch. nat. P 184, 9).

Bellevue, f. c⁰ⁿ de la Neuville-au-Pont.

Bellevue, f. c⁰ⁿ de Sillery.

Bellevue, m⁰ⁿ, c⁰ⁿ de Tinqueux.

Bellevue, écart, c⁰ⁿ de Trigny (Cornet-Paulus).

Réclezenne (Ru), ruiss. coulant sur le finage de l'Échelle-le-Franc.

Bellois (Grands-), bois, c⁰ⁿ de Saint-Soupplet.

Bellois (Petits-), bois, c⁰ⁿ de Saint-Soupplet et de Saint-Martin-l'Heureux.

Bellot, f. c⁰ⁿ d'Écueil. — *Beloi*, 1214 (S.-Nicaise, c. 7, t. 15). — *Beloy*, 1507 (chap. de Reims, l. Écueil). — *Belloy*, 1510 (*ibid.* l. Bezannes). — *Belloy lez Escueil*, 1517 (*ibid.* l. Écueil). — *Balois*, 1735 (Saugrain, t. I, p. 478). — *Balois*, xviii⁰ siècle (Cassini). — *Belloix*, 1804 (ann. de l'an xiii, p. 47).

Belval, c⁰ⁿ de Châtillon. — *Bella Vallis*, 1207 (liber pontif. f° 362 v°). — *Bele-Val*, v. 1300 (extenta Campanie, Châtillon). — *Belleval*, 1310 (cart. d'Igny, f° 52 v°). — *Bellavalis*, 1346 (arch. adm. de Reims, t. II, p. 634). — *Belval*, 1735 (Saugrain, t. I, p. 469). — *Belkival*, 1804 (ann. de l'an xiii, p. 30).

Belval, compris en 1789 dans l'élection de Châtillon, suivait la cout. de Vitry. Son église paroissiale, diocèse de Soissons, doyenné de Châtillon, était consacrée à saint Roch et à Notre-Dame; la cure était à la collation de l'évêque de Soissons.

Belval, c⁰ⁿ de Dommartin-sur-Yèvre. — *Nova villa que Bella Vallis vocatur*, 1044 (Montiers, c. 2). — *Bele-Val, Bella Vallis*, v. 1252 (arch. nat. J 202, 54). — *Belle Val*, 1256 (cart. de Montiers, 9905, f° 188 r°). — *Belleval-en-Argonne*, 1425 (arch. lég. de Reims, statuts, t. I, p. 613). — *Balleval*, 1471 (arch. nat. P 161, 37). — *Bellevaulx*, 1498 (*ibid.* P 161, 228). — *Belleval-en-Argonne*, 1604 (*ibid.* P 161, 264).

En 1789, Belval faisait partie de l'élection de Sainte-Menehould et suivait la cout. de Vitry. Son église paroissiale, diocèse de Châlons, doyenné de Possesse, était consacrée à Notre-Dame; l'abbé de Moutiers-en-Argonne présentait à la cure.

Belval (Forêt de), c⁰ⁿˢ de Belval, d'Ante, du Châtellier, de Givry, de la Neuville-aux-Bois et du Vieil-Dampierre.

Belval (Ru de), affl. de l'Aisne, appelé aussi *ru de Combreuil* ou *des Ribeaux*; arrose les finages de Belval et de Charmontois-le-Roi.

Belval (Ru de), affl. du ru de Camp; traverse le finage de Belval (c⁰ⁿ de Châtillon).

Bémont, vill. détr. vers Huiron. — *Altare de Bemunt*; 1135 (cart. d'Huiron, p. 18).

Béssoil, f. détr. c⁰ⁿ d'Aubilly. — *Bonolium*, 1066 (Marlot latin, t. I, p. 621). — *Bongnuel*, 1238 (cart. de S.-Corneille de Compiègne, f° 135 r°). — *Banena*, comm. du xiv⁰ siècle (arch. adm. de Reims, t. I, p. 1089). — *Boneil*, 1461 (arch. nat. P 171, 153). — *La cense de Benneuil*, 1735 (Saugrain, t. I, p. 480). — *Boneüil*, xviii⁰ siècle (Cassini). — *Benneville*, 1860 (Cornet-Paulus).

Benoîterie (La), lieu-dit, c⁰ⁿ de Passy-Grigny.

Béotenis (La), lien-dit, c⁰ⁿ de Nesle-le-Repons.

Bequart, fief, c⁰ⁿ de Clamanges. — *En la ville de Clamenges et terrouer d'icelle, ung terraige qu'on dit le terraige Bequart*, 1366 (arch. nat. Q¹ 681, 81). — *Le fief de Boqaart*, xviii⁰ siècle (ibid. en marge).

Berceaux (Les), h. détr. c⁰ⁿ de Mécringes. — *Les Bersaulx*, 1466 (chât. de Montmirail). — *Le village nommé les Bressaulx*, 1487 (ibid.). — *Le fief des Bresseaux*, 1728 (arch. de l'Aube, G 605).

Bergères-lez-Vertus, c⁰ⁿ de Vertus. — *Bergeriæ*, 1168 (cart. d'Oyes, f° 32 v°). — *Bercheriæ*, 1219 (liber principum, 5992, f° 190 v°). — *Bergieres*, v. 1222 (liv. des vass. de Champ.). — *Bergère*, 1633 (lieux régis par la cout. de Vitry). — *Bergers*, 1735 (Saugrain, t. I, p. 405)

En 1789, Bergères-lez-Vertus faisait partie de l'élection de Châlons et était régi par la cout. de Vitry. Son église paroissiale, diocèse de Châlons, doyenné de Vertus, était consacrée à saint Memmie; le doyen de Gaye présentait à la cure.

Bergères-sous-Montmirail, c⁰ⁿ de Montmirail. — *Bergeria*, 1194 (hist. de la maison de Broyes, p. 18). — *Bergieres*, 1194 (Machaut, hist. du b. Jean de Montmirel, p. 448). — *Bergieres sous Monmiral*, 1334 (hist. de la maison de Coucy, p. 407). — *Bergers lez Montmirel*, 1634 (arch. nat. P 216, 52). — *Bergères lez Montmiral*, 1636 (ibid. P 1789, f° 84 r°). — *Bergères près Montmirel*, 1641 (ibid. P 216, 95). — *Bergère*, 1735 (Saugrain, t. I, p. 473).

En 1789, Bergères-sous-Montmirail faisait partie de l'élection de Château-Thierry et était régi en partie par la cout. de Vitry, en partie par celle de Meaux. Son église paroissiale, diocèse de Sézanne, doyenné de Troyes, était consacrée à sainte Colombe; l'évêque de Troyes en était collateur.

Bergerie (La), lieu-dit, c⁰ⁿ de Courthiézy.

Bergerie (La), lieu-dit, c⁰ⁿ de Germaine.

Bergerie (La), lien-dit, c⁰ⁿ de Saint-Gilles.

Bergerie (La), f. c⁰ⁿ de Sermaize.

Bergerie (La), lieu-dit, c⁰ⁿ de Villers-Allerand.

Bergnicourt (La Botts-de-), lieu-dit, c⁰ᵉ de Servon-Melzicourt.

Bergois (Le), f. détr. cⁿᵉ d'Outines. — La cense dite le Bergois, 1735 (Saugrain, t. I, p. 445).

Bergonsie (La), lieu-dit, c⁰ᵉ de Sept-Saulx.

Baulae, ancienne mᵒⁿ dont l'emplacement est occupé actuellement par une des rues du faubourg du Temple, à Possesse. — Berlau, 1165 (la Neuville, c. 8). — Besleu, 1221 (ibid.). — Domus ipsorum fratrorum [Templi] de Beslou, 1223 (ibid.). — Domus de Berlaut, 1248 (ibid. c. 4). — La maison et gaingnage de Bellout lez Bussy-le-Repos, 1407 (ibid.). — Ung ahan et gaignage nommé Brelault, scitué au terroir et finaige de Bussy-le-Repos, 1541 (ibid.).

Berle (La), riv. affl. de la Sommesoude; elle arrose les territ. de Bergères-lez-Vertus et de Rouffy. — La Bergère ou la Berle, 1860 (Cornet-Paulus).

Berméricourt, c⁰ᵉ de Bourgogne. — In pago Remensi, in villa Bramerei Curtis, 854 (Tardif, cartons des rois, n° 165). — Bermari Curtis, commencement du xiᵉ siècle (polypt. de S.-Remy). — Brimericurt, 1125 (cart. de S.-Thierry, f° 109 v°). — Bramereicurtis, 1126 (ibid. f° 387 r°). — Brumiricurtis, 1178 (Saint-Thierry, c. 6, l. 42). — Brumericurtis, 1199 (ibid. c. 3, l. 24). — Brumencurtis, 1204 (ibid.). — Bremericort, 1243 (arch. nat. S 5036, suppl. 10). — Bromericort, Brimericort, Brimericurtis, Bremericurtis, 1249 (ibid. suppl. 6 et 7). — Bremericourt, 1253 (arch. adm. de Reims, t. I, p. 740). — Bremericourtis, 1261 (cart. de S.-Thierry, f° 285 r°).

Berméricourt faisait partie, en 1789, de l'élection de Reims et était régi par la cout. de la même ville. Son église paroissiale, succursale de celle de Loivre, diocèse de Reims, doyenné d'Hermonville, était dédiée à saint Sébastien.

Bernard-Balouen (Le Fief), à Vincelles. — Ung autre fief assis audit Vincelles, appellé le fief Bernard Balouen, 1459 (arch. nat. P 181, 161). — Ung autre fief appellé le fief Bernard Baloen, 1484 (ibid. P 181, 165).

Bernouville, lieu-dit, c⁰ᵉ de Montigny-sur-Vesle.

Berquigny (Le Mont-), lieu-dit, c⁰ᵉˢ de la Chaussée et de Dampierre-sur-Moivre.

Berquigny, lieu-dit, cⁿᵉ de Poilly.

Berquigny (Le), lieu-dit, cⁿᵉ de Reims-la-Brûlée.

Berquigny (Les), lieu-dit, cⁿᵉ de Vitry-en-Perthois.

Berne, c⁰ⁿ de Beine. — Berrucum, 1119 (cart. † de l'arch. de Reims, f° 178 r°). — Berru, 1231 (chap. de Reims, l. Béru). — Berrut, 1322 (cart. de Rethel, n° 255). — Berne, 1358 (arch. adm. de Reims, t. III, p. 108). — Berrue, 1494 (S.-Ni-

caise, l. 1). — Berius, 1556 (arch. lég. de Reims, cout. p. 903). — Béru, 1735 (Saugrain, t. I, p. 476). — Béru, 1835 (état-major).

En 1789, Berru dépendait de l'élection de Reims et suivait la cout. de cette ville. Son église paroissiale, diocèse de Reims, doyenné de Lavannes, était consacrée à saint Martin : le chapitre de Saint-Symphorien de Reims présentait à la cure.

Beany, f. cⁿᵉ d'Arcis-le-Ponsart. — Berry, 1735 (Saugrain, t. I, p. 475). — Bérie, xviiiᵉ siècle (Cassini). — Le Béry, 1804 (ann. de l'an xiii, p. 28). — Ferme du Berry, 1847 (lieux habités). — Berry ou Bezy, 1860 (Cornet-Paulus).

Bertaigne, lieu-dit, cⁿᵉ de Songy.

Berteignerie (La), lieu-dit, c⁰ᵉ de Livry.

Bertellerie (La), mᵒⁿ, c⁰ᵉ de Belval (c⁰ⁿ de Châtillon).

Berthauval, f. cⁿᵉ de Vanault-le-Châtel. — Bertheval, xviiiᵉ siècle (Cassini). — La cense de Berthoval, 1804 (ann. de l'an xiii, p. 87).

Berthélescourt, lieu-dit, cⁿᵉ de Vanault-le-Châtel. — Le lieu où souloit estre la maison de Bertecourt, 1604 (arch. nat. P 185, 30).

Berthenay, f. cⁿᵉ d'Anthenay. — Bretenai, 1221 (Longau, l. 8). — Bretenay, 1398 (ibid. l. 2). — Bertenay, 1537; Berthenay, 1539 (ibid. l. 8).

Bertillicourt, f. détr. près de Dampierre-sur-Auve? — Grangia de Bertelleicort, 1235 (cart. de Moiremont, f° 19 v°). — Bertilleicourt, 1243 (S.-Jacques de Vitry, c. 4). — Bertillicourt, 1250 (carl. de Moiremont, f° 74 r°).

Beatins (La), mᵒⁿ is. cⁿᵉ de Nesle-la-Reposte.

Bertoches (Les), fief, cⁿᵉ de Bouchy-le-Repos. — (Boitel, hist. d'Esternay, p. 185).

Bertonnerie (La), m. cⁿᵉ de Prunay. — Bertonnevie, 1860 (Cornet-Paulus).

Bertonnerie (La), lieu-dit, cⁿᵉ de Corrobert.

Berzieux, c⁰ⁿ de Ville-sur-Tourbe. — Villa Berzis, 1052 (Toussaints, c. 1). — Berzil, 1074 (Gall. christ. t. X, p. 156). — Berzeium, Berceium, 1184 (prieuré de S.-Thomas). — Berzyus, 1227 (Toussaints, c. 7). — Ber[z]ius, vers 1240 (arch. nat. J 193, 83). — Bersix, 1240 (cart. de Moiremont, f° 360 v°). — Barzi, 1274 (arch. nat. J 202, 46). — Brezieux, 1290 (Touss. c. 7). — Bersis, 1293 (Moiremont, c. 1). — Bersieux, 1406 (Touss. c. 19). — Berzieux, 1417 (Moiremont, c. 1). — Berzieu, Verseaulx, 1538 (ibid. c. 7). — Berseulx, v. 1538 (ibid.). — Verzeux, Berzieulx, 1539 (ibid.). — Berzeul, 1555 (ibid.). — Berzul, Berzeuil, 1565 (ibid.). — Verzieulx, 1573 (arch. nat. P 162, 397). — Berrieux, 1739 (ibid. Q¹ 683).

En 1789, Berzieux était compris dans l'élection de Sainte-Menehould et suivait la cout. de Vitry. Son église paroissiale, succursale de celle de Vienne-la-Ville, diocèse de Reims, doyenné de Cernay, était consacrée à saint Barthélemy.

Berzieux, f. c^ne de Bussy-le-Repos.

Berzieux (Ru de), affl. de la Bionne; coule sur le finage de Berzieux.

Beschains (Les), h. détr. c^ne de Férebrianges. — Beschay, Beschais, 1633 (lieux régis par la cout. de Vitry). — Les Bischins, 1804 (ann. de l'an xiii, p. 49). — Les Beschains, 1860 (Cornet-Paulus).

Béthenville, c^ne de Beine. — Betiniaca Villa, 842 (Du Plessis, hist. de l'église de Meaux, t. II, p. 5). — Betiniaci Villa, 1123 (arch. adm. de Reims, t. I, p. 275). — Betegnivilla, 1171 (ibid. t. I, p. 367). — Bethniville, 1171 (Marlot latin, t. II, p. 401). — Bitinivilla, 1179 (ibid. t. III, p. 770). — Betinivilla, 1181 (cart. B du chap. f° 18 r°). — Betignivilla, 1198 (chap. de Reims, l. Pontfaverger). — Bettigniaca Villa, 1208 (ibid.). Betiniville, 1215 (S.-Nicaise, l. 18). — Betenivilla, 1217 (ibid.). — Bitiniaca Villa, 1207-1218 (cart. de S.-Denis de Reims, p. 62). — Betigneivilla, 1221 (S.-Symphorien, l. 1). — Betigniville, 1221 (chap. de Reims, l. Pontfaverger). — Bethigneivilla, 1222 (cart. G du chap. f° 101 r°). — Betigno-Ville, v. 1222 (liv. des vass. de Champ.). — Betegnvilla, 1225 (S.-Nicaise, c. 8). — Betingnivilla, 1227 (chap. de Reims, l. Pontfaverger). — Bitigniaca Villa, 1242 (ibid.). — Betagnivilla, 1249 (cart. A du chap. f° 62 r°). — Bettinivilla, 1258 (cart. l de l'arch. f° 10 r°). — Bithigniaca Villa, 1260 (nécr. de l'égl. de Reims, p. 69). — Betingniville, v. 1263 (arch. adm. de Reims, t. I, p. 850). — Bettenivilla, 1286 (cart. † de l'arch. f° 58 v°). — Bethiniville, 1303-1312 (arch. adm. de Reims, t. II, p. 1113). — Bettigniville, 1328 (cart. A du chap. de Reims, f° 62 r°). — Bethegneville, 1335 (cart. de Rethel, p. 428; l'impr. porte Bécheguville). — Boutenivillus, 1353 (arch. adm. t. III, p. 43). — Bettniville, 1374 (cart. A du chap. f° 296 r°). — Bittigniville, 1376 (arch. adm. de Reims, t. III, p. 412). — Becthegniville, 1381 (ibid. t. III, p. 382). — Betenivilla, 1382 (archev. de Reims, l. 83). — Bethenville, 1384 (arch. adm. de Reims, t. III, p. 652). — Betteaville, Bectongvilla, 1389 (ibid. p. 748 et 756). — Bethigniville, xiv° siècle (ibid. t. II, p. 873). — Bettegniville, xiv° siècle (arch. lég. de Reims, cout. p. 607). — Betheniville, 1450 (S.-Nicaise, c. 18). — Bethieille, Berthineville, Bertheneville, 1556 (arch. lég. de Reims, cout. p. 607,

887 et 903). — Bethenneville, 1715 (revenus de S.-Nicaise, t. I, p. 198). — Bethniville, xviii° siècle (Cassini).

Bétheniville faisait partie, en 1789, de l'élection de Reims et était régi par la cout. de la même ville. Son église paroissiale, diocèse de Reims, doyenné de Bétheniville, était consacrée à sainte Marie-Madeleine; le tournaire du chapitre métropolitain présentait à la cure.

Béthemy, c^ne de Reims. — Betenium, comm. du xi° s° (polypt. de S.-Remy). — Botheneium, 1192 (cart. B du chap. de Reims, f° 16 r°). — Betegnei juxta Remis, 1220 (ibid. f° 25 r°). — Beteni, 1248 (cart. de S.-Nicaise, f° 60 r°). — Betteni, comm. du xiv° s° (arch. adm. de Reims, t. I, p. 1090). — Betteny, 1322 (ibid. t. II, p. 319). — Betegni, 1324 (S.-Denis de Reims, l. Burigny). — Bethigny, Becteny, Beterni, 1328 (arch. adm. de Reims, t. II, p. 521, 553 et 558). — Batigni, 1345 (ibid. t. II, p. 931). — Betheni, 1384 (ibid. t. III, p. 627). — Bethegni, fin du xiv° siècle (E. Deschamps, cité dans le Marlot français, t. IV, p. 85). — Bectheny, 1475 (arch. lég. de Reims, stat. t. I, p. 866). — Betheny-lez-Reims, 1512 (chap. de Reims, l. Betheny). — Bethenys, 1556 (arch. lég. de Reims, cout. p. 909). — Bethni, 1728 (cout. de Reims, p. 643). — Bethny, 1777 (arch. adm. de Reims, t. II, p. 1062).

En 1789, Bétheny faisait partie de l'élection de Reims et suivait la cout. de la même ville. Son église paroissiale, diocèse de Reims, doyenné de Lavannes, était dédiée à saint Sébastien de Reims; les contres de l'église présentaient à la cure.

Bethlééem, lieu-dit, c^ne de Corroy.

Bethléem, lieu-dit, c^ne de Moussy.

Bethléem, m. c^ne de Saint-Memmie.

Bethon, c^ne d'Esternay. — Villa Fons Bethunie, v. 1146 (Montier-la-Celle, l. 18). — Fons Betonia, 1147 (cart. du Paraclet, f° 3 v°). — Fons Beton, 1209 (Gallia christ. t. XII, p. 286). — Fons Beton, 1209 (arch. de l'Aube, G 22). — Fontenne-Beton, 1371 (cart. de Nesle, f° 10 r°). — Fontaine-Bethon, 1421 (évêché de Troyes, G 450). — Bethon, 1459 (arch. nat. T 126, c. 2). — Fontaines-Betan, 1465 (arch. de l'Aube, G 558). — Fontaine-Beton, 1526 (ibid.). — Bethon, 1526 (ibid.). — Fontaines-Bethon, 1588 (ibid.). — Fontaine-Betton, 1672 (ibid.).

En 1789, Bethon faisait partie de l'élection de Troyes et suivait la cout. de Meaux. Son église paroissiale, diocèse de Troyes, doyenné de Pont, était consacrée à saint Serein; l'évêque de Troyes en était collateur.

Betin, f. c^ne de Morangis. — Grangia Betifons, 1177

(la Charmoye, c. 1). — *Duas grangias : Benfontem et Gardum*, 1178 (*ibid.*). — *Betenfons, grangia Batefontis*, 1183 (ibid. c. 6). — *Betthefons*, 1185 (ibid. c. 1). — *Beteinfons, Beteynfons*, 1223 (ibid. c. 2). — *Betin*, paroisse *de* Moulins, 1740 (*ibid.*). — *La ferme de Betin*, dite *la* Grande-Cour, v. 1750 (ibid. c. 8). — *Bethin*, 1862 (Guérard, p. 188).

Bettancourt, c^on d'Heiltz-le-Maurupt. — *Bettonis Curtis*, commencement du xi° siècle (polypt. de S.-Remy). — *Bettencurt*, 1150 (cart. d'Huiron, p. 20). — *Bettencort*, 1147 (Trois-Font. c. 1). — *Betuncurt*, 1153-1161 (*ibid.*). — *Bettancurtis*, 1187 (dioc. anc. de Châl. t. I, p. 155). — *Betancort*, v. 1252 (arch. nat. J 202, 55). — *Betuncort*, xiii° siècle (cart. de Cheminon, f° 35 r°). — *Betoncuria*, xiii° siècle (la Neuv. c. 8). — *Boutoncourt, Betancourt*, vers 1300 (ext. Campanie, Vitry). — *Betancourt la Longue*, 1386 (arch. nat. P 179, 14). — *Bethancourt*, 1400 (S.-Remy, l. 43). — Bertoncourt *la* Longue, 1400 (arch. nat. P 179, 20). — *Betancourt en Pertois*, 1403 (ibid. P 179, 25). — *Bethancourt*, 1405 (pouillé de Châl. f° 78 r°). — *Vatancourt la Longue*, 1444 (arch. nat. P 161, 192). — *Allodium de Bituncurte*, 1464 (cart. d'Huiron, p. 554). — *Bedencourt*, 1487 (arch. nat. P 161, 47). — *Betancuria*, 1542 (pouillé de Châl. f° 78 r°). — *Bottancourt*, 1667 (cart. d'Huiron, p. 20). — *Bertancourt*, 1676 (dioc. anc. de Châl. t. I, p. 274).

Bettancourt faisait partie, en 1789, de l'élection de Châlons et était régi par la cout. de Vitry. Son église paroissiale, diocèse de Châlons, doyenné de Possesse? était dédiée à saint Pierre; les chanoines de la Trinité présentaient à la cure.

Bezannes, c^on de Reims. — *Bisennæ*, comm. du xi° s° (polypt. de S.-Remy). — *Besanna*, 1066 (Marlot lat. t. I, p. 621). — *Bisannæ*, 1119 (cart. † de l'archev. f° 178 r°). — *Besanes*, 1177 (Saint-Thierry, l. 1). — *Besanæ*, 1183 (Saint-Remy, l. 57). — *Besenes*, v. 1184 (arch. adm. de Reims, t. I, p. 406). — Besannæ, 1216 (cart. B du chap. de Reims, f° 339 r°). — *Bisannæ*, 1216 (chap. de Reims, l. Ludes). — *Bessannæ*, 1218 (cart. B du chap. f° 652 r°). — *Besennæ*, 1219 (Saint-Symph. c. 1). — *Besunnes*, 1229 (cart. A de S.-Remy, p. 598). — *Besennes*, comm. du xiv° siècle (arch. adm. de Reims, t. I, p. 1090). — *Besenne*, 1328 (ibid. t. II, p. 543). — *Bezannæ*, 1332 (ibid. t. II, p. 663). — *Bezennes*, 1357 (ibid. t. III, p. 19). — *Bezunne*, 1574 (S.-Remy, l. 35).

Bezannes faisait partie, en 1789, de l'élection de Reims et suivait pour partie la cout. de cette

ville, pour partie celle de Vitry. Son église paroissiale, diocèse de Reims, doyenné de la Montagne, était consacrée à saint Martin; le chapitre de Saint-Symphorien de Reims présentait à la cure.

Bezannes (Ru de), affl. de la Vesle; arrose le finage de Bezannes.

Bicon, mairie, c^on d'Athis. — *Item, ont les dis religieux en la ville d'Athis, ou bailliage de Vitry, une marie appellée la marie de Bicor*, 1384 (arch. nat. P 28¹, 105).

Bicqueterie (La), lieu-dit, c^on de Soigny.

Bieages, vill. c^on de Chaintrix-Bierges. — *Biergæ*, 1158 (Touss. c. 1). — *Biergiæ*, 1161 (ibid.). — *Bierzæ*, 1195 (ibid.). — *Bierges*, 1223 (la Charmoye, c. 3). — *Biergeus*, 1605 (arch. nat. P 190, 56). — *Bierge*, 1673 (ibid. Q¹ 681).

En 1789, Bierges était compris dans l'élection de Châlons et était régi par la cout. de Vitry. Son église paroissiale, diocèse et doyenné de Châlons, était consacrée à saint Martin; l'abbé de Toussaints et le prieur de Chaintrix présentaient alternativement à la cure.

Bierln, fief, c^on de Saint-Mard-lez-Roussy. — Le Burelu, 1508 (arch. nat. P 207, 12). — *Ung fief appellé le Bierlu, siz aud. Saint-Murdz*, 1673 (ibid. Q¹ 681).

Biesme (La), riv. affl. de l'Aisne; prend sa source sur le finage de Beaulieu (Meuse), limite les dép. de la Marne et de la Meuse sur une étendue de 13 kilomètres, arrose le finage de Vienne-le-Château et se jette dans l'Aisne près de ce bourg. — *Bieme*, fin du xii° siècle (Moiremont, c. 1). — *Byeme*, 1327 (chap. de Reims, l. 46).

Bièvres, fief, c^on de Binarville. — *Le fief de Bièvres*, situé dans *le terroir de Binarville*, 1712 (arch. nat. P 223, 218).

Bièvres, h. c^on de la Chapelle-sur-Orbais. — *Byèvres*, 1508 (arch. nat. P 161, 316). — *Bièvre*, 1536 (cart. de Coincy, p. 446). — *La ferme de Bièvre*, 1735 (Saugrain, t. I, p. 409). — *Le hameau des Bièvres*, 1804 (ann. de l'an xiii, p. 57). — *Les Bièvres*, 1834 (état-major). — *Les Bièvres*, 1860 (Cornet-Paulus).

Bièvres (Ru des), c^ons de Vienne-le-Château et de Binarville; il se joint à l'Aisne sur le finage d'Autry (département des Ardennes).

Biez (Ru du), affl. de la Chéronne; arrose les territoires de Châtelraould et de Courdemanges.

Biffontaine, h. c^on de Boissy-le-Repos. — *Bifontaines*, v. 1222 (liv. des vass. de Champagne). — *Viffontaine*, 1445 (arch. nat. P 170, 45). — *Biffontaine*, 1461 (ibid. P 179, 176). — *Biffontaine*,

1486 (chât. de Montmirail). — *Bifontaine*, 1735 (Saugrain, t. I, p. 473).

BIGNICOURT-SUR-MARNS, cᵒⁿ de Vitry-le-François. — *Bignicort*, 1187 (cart. d'Huiron, p. 212). — *Bignicort*, 1236 (Cheminon, c. 20). — *Bignicuria super Maternam*, 1557 (chap. de Chât. a. 1, l. 40). — *Bignicourt-sur-Marne*, 1597 (arch. nat. P 191, 21). — *Bignicour près Vitry*, 1665 (dioc. anc. de Chât. t. I, p. 63).

Bignicourt-sur-Marne dépendait, en 1789, de l'élection de Vitry et suivait la cout. de la même ville. Son église paroissiale, annexe de celle de Goncourt, diocèse de Châlons, doyenné de Perthes, était consacrée à saint Louvent.

BIGNICOURT-SUR-SAULX, cᵒⁿ de Thiéblemont. — *Bugnecort*, 1217 (Ulmoy). — *Blanicort*, v. 1222 (liv. des vass. de Champ.). — *Bugnicurt*, 1228 (Cheminon, c. 1). — *Buygnicort*, 1232 (ibid.). — *Bignicourt*, 1240 (ibid.). — *Benigcort*, v. 1240 (arch. nat. J-198, 83). — *Bugnicort*, 1241 (la Neuville, c. 9). — *Buignicort*, v. 1252 (arch. nat. J 202, 55). — *Buignicuria*, 1256-1270 (Brussel, usage des fiefs, p. 716). — *Bugnicourt*, 1273 (Trois-Font. c. 6). — *Bignecourt-sur-Saulx*, 1392 (arch. nat. P 179, 5). — *Bignycourt*, 1395 (ibid. P 208, 37). — *Bignicourt-sur-Saulx*, 1462 (ibid. Q¹ 662). — *Bignicuria*, 1542 (taxe du dioc. de Chât. p. 217). — *Brignicourt-sur-Seau*, 1775 (arch. nat. Q¹ 665). — *Bignicourt-en-Champagne*, 1777 (ibid.).

En 1789, Bignicourt-sur-Saulx faisait partie de l'élection de Vitry et était régi par la cout. de cette même ville. Son église paroissiale, diocèse de Châlons, doyenné de Vitry-le-Brûlé, était consacrée à saint Mathieu ; le prieur de Sermaize présentait à la cure.

BIGNIPOST, f. cⁿᵉ de Chaudefontaine. — *Buygnipont*, v. 1252 (arch. nat. J 202, 52). — *Bugnipont*, 1277 (S.-Pierre-aux-Monts, c. 8). — *Bingnipont*, 1367 (arch. nat. P 183, 23). — *Bignipont*, 1396 (ibid. P 183, 107). — *Bignypont*, 1498 (ibid. P 161, 230). — *Begnipont*, 1682 (ibid. P 219, 240).

BIGONNERIE (LA), lieu-dit, cⁿᵉ de Corribert. — On y signale des meurgers, formés peut-être de débris d'habitation.

BIGOTTERIE (LA), f. cⁿᵉ d'Ablois.

BILLEBAUDERIE (LA), lieu-dit, cⁿᵉ de Saint-Prix.

BILLET (LE), lieu-dit, cⁿᵉ de Vitry-en-Perthois.

BILLET (RU), coule sur le finage de Festigny.

BILLONNERIE (LA), lieu-dit, cⁿᵉ de Bussy-le-Repos.

BILLOABA, nom latin d'un vill. châlonnais détruit dès le commencement du XIIIᵉ s°. — *Domas cujusdam possessionis ubi antiquitus fuit villa dicta*, nomine Billorra, 1122 (cart. de Toussaints, f° 26 r°).

BILLY-LE-GRAND, cᵒⁿ de Suippes. — *Billeium*, 1107 (cart. du chantre Guérin, f° 44 r°). — *Biliacum*, 1259 (chap. de Chât. a. 4, l. 19). — *Billiacum*, 1352 (S.-Denis de Reims, l. Hermonville). — *Billy*, 1405 (chap. de Chât. a. 4, l. 5). — *Billy-le-Grand, le Grand-Billy*, 1581 (ibid. a. 4, l. 19).

En 1789, Billy-le-Grand faisait partie de l'élection d'Épernay et suivait la cout. de Châlons. Son église paroissiale, annexe de l'église de Vandemange, diocèse de Reims, doyenné d'Épernay, était consacrée à saint Laurent.

BILLY-LE-PETIT, h. cⁿᵉ de Vaudemanges. — *La terre et seigneurie du Petit-Billy, village de Vaudommange*, 1523 (chap. de Chât. a. 4, l. 19). — *Billy-le-Petit*, 1581 (ibid.).

BINARVILLE, cᵒⁿ de Ville-sur-Tourbe. — *Buisnartvile*, 1197 (S.-Pierre-les-Dames, l. Neuville). — *Bunntvilla*, 1220 (Moiremont, c. 12). — *Buignardi Villa*, 1243 (cart. de Saint-Nicaise, f° 95 v°). — *Buynarvilla*, 1266 (pr. de S.-Thomas). — *Boinarville*, 1328 (arch. adm. de Reims, t. II, p. 550). — *Bunnarville*, 1346 (ibid. t. II, p. 1100). — *Buinarville*, 1359 (ibid. t. III, p. 128). — *Binarville*, 1366 (arch. nat. P 177, 82). — *Bunarville*, 1384 (arch. adm. de Reims, t. III, p. 607). — *Bunauville*, 1407 (arch. nat. P 187, 27). — *Bynerville*, 1549 (S.-Remy, l. 152). — *Binerville*, 1572 (arch. nat. P 184, 207). — *Bienarville, Biennarville*, 1686 (ibid. P 221, 36). — *Benarville*, 1718 (ibid. Q¹ 683, plan).

En 1789, Binarville faisait partie de l'élection de Sainte-Menehould et suivait la cout. de Vitry. Son église paroissiale, annexe de l'église de Condé-lez-Autry, diocèse de Reims, doyenné de Cernay-eu-Dormois, était dédiée à saint Étienne.

BINETTE (LA), écart, cⁿᵉ de Mailly (Cornet-Paulus).

BINSON, f. cⁿᵉ de Binson-et-Orquigny. — *Bainissone*, VIIᵉ s° (triens mérov.). — *Boise ou Baisonum*, v. 948 (Flodoard, l. II, c. 17 et 19). — *Locus qui dicitur Baixonem*, 1032 (cart. de S.-Martin d'Épernay, p. 113). — *Villa vulgo dicta Bainson*, 1077 (Gallia christ. t. X, p. 99). — *Bainsonium*, 1077 (hist. de la maison de Châtillon, p. 20). — *Basionum*, 1096 (ibid. p. 19). — *Bainsun*, 1182 (cart. d'Igny, f° 20 v°). — *Beinsun*, 1183 (ibid. f° 21 v°). — *Baisona*, 1186-1187 (cart. de Coincy, p. 206). — *Baissonium*, 1189 (hist. de la maison de Châtillon, p. 28). — *Bessonam*, 1193 (cart. de Coincy, p. 152). — *Bainssum*, 1201 (cart. d'Igny, f° 215 v°). — *Bainssun*, 1224 (ibid.

f° 216). — *Bainsson*, 1511 (arch. nat. P 180, 1).
— Bainson, 1646 (ibid. P 167, 51). — *La ferme
de Binson, près Châtillon-sur-Marne*, xviii° siècle
(Amour-Dieu, c. 2).

Binson, qui n'est plus aujourd'hui qu'une ferme,
et dont l'église, située sur le finage de Châtillon,
est aujourd'hui convertie en grange, faisait partie,
en 1789, de l'élection d'Épernay et était régi par
la cout. de Vitry. Son église paroissiale, diocèse de
Soissons, doyenné de Châtillon, était dédiée à saint
Nicolas; le prieur de Coincy présentait à la cure.

Binsonais, pagus ou comté de l'époque franque formé
d'un dénombrement de la cité de Soissons; Binson
en était le chef-lieu. — *Pagus Bagensonisus*, 853
(capitul. de Servais). — *Pagus Bansionensis*, 868
(cart. du chantre Guérin, f° 23 r°).

Binson-et-Orquigny, c°° de Châtillon-sur-Marne, commune formée, en 1790, de l'union des anciennes paroisses de Binson et d'Orquigny. — *Binson-Orquigny*, 1860 (Cornet-Paulus).

Bionne (La), riv. qui prend sa source à Sommebionne
et se joint à l'Aisne près Vienne-la-Ville. — *Bianna*,
1074 (Gallia christ. t. X, c. 156). — *Biona*, 1176
(Barthélemy, caut. de Ville-sur-Tourbe, p. 64). —
Biuna, 1218 (cart. de Moiremont, f° 313).

Bisseuil, c°° d'Ay. — *Altare de villa que dicitur Buisud*,
1125 (cart. de Saint-Nicaise, f° 14 v°). — *Altare S.
Elani de Buxolio*, 1128 (ibid.). — *Buxolium super
Maternam fluvium*, 1136 (ibid. f° 22 v°). — *Buxelium*, 1168 (S.-Denis de Reims, l. Hermonville).
— *Buxuil*, 1169 (arch. adm. de Reims, t. I,
p. 355). — *Buissolium*, 1187 (cart. d'Avenay,
f° 26 v°). — *Buxolium*, 1190 (S.-Nicaise, l. 1).
— *Bullolium*, lisez *Bussolium*, 1190 (cart. † de
l'archev. de Reims, f° 63 r°). — *Buissuel, Buissol*,
v. 1222 (liv. des vass. de Champ.). — *Bussiolum*,
1224 (cart. de S.-Nicaise, f° 192 r°). — *Buissiellium*, 1227 (S.-Remy, l. 71). — *Busolium*, 1234
(S.-Nicaise, l. 1). — *Buissuellum*, 1247 (cart. de
S.-Nicaise, f° 210 v°). — *Buissieul*, 1257 (Saint-
Basle, l. c. l. 38). — *Bussulium*, 1266 (cart.
d'Avenay, f° 48 r°). — *Buseul en la rivière de Marne,
Bouissel*, v. 1274 (arch. nat. J 202, 45). —
Bussell, 1293 (S.-Nicaise, l. 1). — *Buissel*, v. 1300
(ext. Campanie, Épernay). — *Buissuel*, 1308 (arch.
nat. P 1114). — *Buyssuel*, 1318 (cart. C de S.-
Remy, p. 353). — *Buxueil*, 1367 (arch. nat.
P 182). — *Buissieuil*, 1372 (Avenay, 1). — *Bux-
xeil*, 1381 (arch. nat. P 182, f° 5 v°). — *Bussueil*, 1381 (ibid. P 181, 40). — *Bouisseul*, 1383
(ibid. P 188, 52). — *Bussuel*, 1385 (ibid. P 180,
113). — *Buisseuil*, 1387 (S.-Remy, l. 71). —

Buissel, Bouissieul, 1389 (arch. nat. P 177, 100 et
102). — *Buisseux*, 1431 (chap. de Reims, l. Brabant). — *Buisseul-sur-Marne*, 1469 (ibid. a. 2,
l. 4). — *Buysseul*, 1567 (S.-Remy. l. 59). —
Buissculx, 1568 (arch. nat. P 181, 15). — *Buis-
scuil*, 1578 (S.-Remy, l. 69). — *Bysseuil*, 1663
(arch. nat. Q¹ 675). — *Buisseux*, 1676 (lieux
régis par la cout. de Vitry).

En 1789, Bisseuil faisait partie de l'élection
d'Épernay et était régi par la cout. de Vitry. Son
église paroissiale, diocèse de Reims, doyenné d'É-
pernay, était consacrée à saint Hélain; le chapitre
de la Sainte-Chapelle de Paris, succédant aux droits
de l'abbé de Saint-Nicaise de Reims, présentait à la
cure.

Blacy, c°° de Vitry-le-François. — *Blaceium*, 1117
(Toussaints, c. 9). — *Blasci*, v. 1117 (cart. de
Toussaints, f° 26 r°). — *Blaceyum*, 1135 (cart.
d'Huiron, p. 18). — *Balceium*, 1153-1161 (Ulmoy). — *Blacé*, v. 1185 (dioc. anc. de Chât. t. I,
p. 405). — *Blaci*, 1188 (ibid. t. I, p. 406). —
Blacci, v. 1222 (liv. des vass. de Champ.). —
Blacei, v. 1252 (arch. nat. J 202, 55). — *Bloissi*,
vers 1274 (ibid. J 202, 46 ter). — *Blasceium*,
1275 (la Neuville, c. 5). — *Blacey*, 1312 (chap.
de Reims, l. Vaucler). — *Blacy*, 1379 (ibid.). —
Blacy-en-Champaigne, 1461 (arch. nat. P 161,
26). — *Blassey*, 1462 (ibid. Q¹ 662, f° 43 r°).
— *Blassy*, 1530 (ibid. P 161, 93).

Blacy faisait partie, en 1789, de l'élection et
était régi par la cout. de Vitry. Son église paroissiale, diocèse de Châlons, doyenné de Perthes, était
consacrée à saint Martin; l'abbé de Huiron présentait à la cure.

Blaise (La), riv. affl. de la Marne; prend sa source à
Gillancourt (Haute-Marne), pénètre dans le dép. de
la Marne par le finage de Sainte-Livière et fait sa
jonction avec la Marne en face de Larzicourt. —
Blesa, 1028 (Saint-Pierre-aux-Monts, c. 1). —
Flavius Blesia, 1233 (Hautefontaine, c. 2). —
Bloise, 1324 (Barthélemy, hist. de Chât. p. 254).
— *La rivière de Blese*, v. 1500 (Moncetz, c. 1). —
*La riviera de Blesse, séant auprès dudict Victry-la-
Ville*, 1508 (arch. nat. P 179, 78). — *La rivière
de Blaize*, 1509 (ibid. P 179, 86). — *Le ruisseau
de Blaise, fluent audit Blacy*, 1640 (ibid. P 216,
79). — *La rivière de Blaize*, 1650 (ibid. P 126,
141). — *La terre et seigneurie de Pringy, scize près
de Vitry-le-François, sur la rivière de Blaize*, 1666
(ibid. P 168, 10). — *La rivière de Blaise, qui flue
sur le terroir dudit Saint-Martin [-aux-Champs]*,
1700 (ibid. P 222, 190).

A en juger par les citations, en date de 1666 et de 1700, l'Isson, qui, à partir de Saint-Remy-en-Bouzemont, coule parallèlement à la Marne, dont elle n'est séparée que par un marais, est quelquefois considéré comme une dérivation de la Blaise, qui vient de joindre la Marne.

Blaise (La), riv. affl. du Mau; prend naissance sur le finage de Moncets-sur-Marne et se réunit au Mau sur celui de Châlons. — *Aqua quæ vocatur Blesa, subtus Fascinarias*, 1099-1110 (cart. de Toussaints, f° 16 v°). — *De quibusdam pratia sitis intra fines parrochiab's ecclesie prelibate (S. Sulpicii Cathalaunensis), quæ tenet et possidet inter Maternam et Blesam versus forestam Episcopi*, 1259 (chap. de Chât. a. 4, l. 49).

Blaise-sous-Arzillières, c^{ne} de Saint-Remy-en-Bousemont. — *Blessia villa, Blesius villa, Blesia villa*, 1141 (dioc. auc. de Chât. t. I, p. 361). — *Blesa*, 1131-1142 (chap. de Chât. a. 4, l. 5). — *Bloisa*, 1216 (liber princip. 5992, f° 58 r°). — *Blesia villa, via juxta Ardillerias*, 1244 (Teulet, trésor des chartes, t. II, p. 529). — *Blesia subtus Arzillerias*, 1252 (Saint-Pierre-aux-Dames, l. Neuville). — Blayse, Bloise, v. 1252 (arch. nat. J 202, 54 et 55). — *Bloise delez Arzillieres*, 1305 (chap. de Chât. a. 4, l. 21). — *Bloise-soubz-Arzillieres*, 1366 (ibid.). — *Blaisse-soubz-Arzillieres*, 1445 (ibid. a. 2, l. 3). — *Blaise-soubz-Arzillieres*, 1460 (arch. nat. P 179, 69). — *Blaise-soubz-Arzilliers*, 1553 (chap. de Chât. a. 4, L. 1). — *Bloize-soubz-Arzillieres*, 1563 (ibid.). — *Blaize-sous-Arzilleres*, 1662 (arch. nat. P 217, 85). — *Blaises-sous-Arzillers*, 1735 (Saugrain, t. I, p. 443). — *Blesa sub Arzillariis*, 1755 (chap. de Chât. a. 1, l. 56).

En 1789, Blaise-sous-Arzillières faisait partie de l'élection et était régi par la cout. de Vitry. Son église paroissiale, diocèse de Châlons, doyenné de Perthes, était consacrée à saint Louvent; le chapitre cathédral de Châlons présentait à la cure.

Blaise-sons-Hauteville, c^{ne} de Saint-Remy-en-Bouzemont. — *Blesia villa*, 1141 (Hautefontaine, c. 1). — *Bloise dessoubz Haulteville-en-Pertois*, 1384 (arch. nat. P 163, 19). — *Blesia*, 1405 (pouillé de Chât. f° 77 v°). — *Bloise-soubz-Haulteville*, 1456 (arch. nat. P 179, 62). — *Blayse-soubz-Haulteville*, 1459 (ibid. P 161, 19). — *Blaize-soubz-Aulte-ville*, 1521 (ibid. P 163, 19). — *Blaize*, 1642 (ibid. P 216, 100). — *Blaise-sur-Hauteville*, 1676 (dioc. anc. de Chât. t. I, p. 276).

Blaise-sous-Hauteville était compris, en 1789, dans l'élection et suivait la cout. de Vitry. Au spirituel, il dépendait de la paroisse de Hauteville.

Blancherie (La), c^{ne} de Montmort. — Le hameau ap-

pelé *la Blancherie*, 1735 (Saugrain, t. I, p. 471). — *Blancherie*, 1862 (Guérard, p. 248).

Blancoirie (La), lien-dit, c^{ne} de Châtrices.

Blanchis (Les), f. détruite au commencement du siècle, c^{ne} de Servon-Melzicourt. — Le *Blanchis*, xviii° siècle (Cassini).

Blandinerie (La), f. c^{ne} de la Chapelle-sur-Orbais. — *Au lieu de la Blandynnerie, paroisse de la Chappelle-sur-Orbais, où sont scitués lesdits logis, bastiment et héritages*, 1673 (Orbais). — *Blandinnerie*, xviii° s° (Cassini).

Blanquefort, tuileries isolées, c^{ne} de la Celle-sous-Chantemerle. — *Blanceffert*, 1734 (arch. nat. P 227, 57). — *La ferme de Blanquesfort*, 1766 (ibid. Q¹ 661). — *Blancfort*, 1784 (Courtelon. t. III, p. 233).

Blanzy (Roiseau de). Il prend naissance à Blanzy-lez-Fismes (Aisne) et se jette dans la Vesle en face de la ville de Fismes.

Blencourt, lieu-dit, c^{ne} de Soulanges. — Les usages *de Blencourt*, 1758 (chap. de Chât. a. 4, l. 44).

Bléry, lieu-dit, c^{ne} de Mont-sur-Courville.

Blesart, affl. de la Chéronne, c^{ne} de Courdemanges. — *Le moulin dudit Courdemange, assis sur ung bief en ung ruisseau appellé Blesart, auquel lieu il n'y a ne eut apparence de moulin dès le temps des grans Anglais*, 1464 (cart. d'Huiron, p. 559).

Blesmes, c^{ne} de Thiéblemont. — *Belesma*, 1094 (Teulet, trésor des chartes, t. I, p. 30). — *Belesma*, 1110 (Cheminon, c. 1). — *Belesme*, 1110-1125 (cart. de Cheminon, f° 9 v°). — *Belisma*, 1148 (arch. nat. P 193, 38). — *Belesmæ*, 1147-1151 (chap. de Chât. a. 4, l. 23). — *Belesmia*, 1153-1161 (Trois-Font. c. 8). — *Belleismum*, 1179 (Ulmoy). — *Belesmes*, 1181 (Trois-Font. c. 1). — *Belisma*, 1183 (ibid. a. 6, l. 103). — *Belesmeium*, 1193 (S.-Menge, c. 7). — *Belaezne*, v. 1222 (liv. des vass. de Champ.). — *Belemes*, 1239 (Cheminon, c. 15). — *Belesmes*, vers 1252 (arch. nat. J 202, 55). — *Balesma*, 1253 (Cheminon, c. 15). — *Belaume, Bellaume*, vers 1276 (arch. nat. J 202, 46 ter). — *Belaume-sur-Perruie*, v. 1300 (extenta Campanie, Vitry). — *Blesme, Blaine*, 1405 (pouillé de Chât. f° 75 v° et 76 r°). — *Blesmes*, 1458 (arch. nat. P 179, 65). — *Balesme*, 1461 (ibid. P 166, 310). — *Boulesmes*, 1469 (ibid. P 161, 36). — *Blame*, 1480 (ibid. P 161, 40). — *Bellesme*, 1634 (ibid. P 216, 122). — *Blelismum*, vulgo Bleme, 1755 (dioc. de Chât. a. 1, l. 56).

Blesmes faisait partie, en 1789, de l'élection et suivait la cout. de Vitry. Son église paroissiale, diocèse de Châlons, doyenné de Vitry-le-Brûlé, était consacrée à Notre-Dame; le chapitre cathédral de Châlons présentait à la cure.

BLIGNY, c⁰ⁿ de Ville-en-Tardenois. — *Blaingneium*, 1197 (cart. B du chap. de Reims, f° 286 r°). — *Blenniacum*, 1198 (Longau, l. 2). — *Blangneium*, 1255 (chap. de Reims, l. Clairizet). — *Blaigni*, v. 1274 (arch. nat. J 202, 45). — *Blangny*, 1303 (S.-Denis de Reims, l. Chaumuzy).—*Blaigny*, 1303-1312 (arch. adm. de Reims, t. II, p. 1052). — Bleigny, 1320 (hist. de la maison de Châtillon, p. 243). — *Blaingny*, 1346 (arch. adm. de Reims, t. II, p. 1055). — Blenny, 1395 (arch. nat. P 161, 171). — *Bleugny*, 1461 (*ibid*. P 162, 82). — Blegny, 1484 (ibid. P 162, 96). — Blagny, 1485 (ibid. P 162, 101). — Bleny, 1508 (chap. de Reims, l. Écueil). — *Blaigniacum*, 1516 (*ibid*.).

En 1789, Bligny faisait partie de l'élection de Reims et était régi par la cout. de Vitry. Son église paroissiale, diocèse de Reims, doyenné de la Montagne, était consacrée à saint Pierre; le grand archidiacre de l'église de Reims présentait à la cure.

BLOSSIÈRE, h. détr. cⁿᵉ de Chaintrix. — *Bolocieres*, 1200 (la Charmoye, c. 7). — *Belocieres*, 1217 (*ibid*.). — *Belocerie*, 1220 (*ibid*. c. 1). — *Balocerie*, 1220 (*ibid*.). — *Beloceres*, 1223 (Argensolles, c. 1). — *Belocier*, 1224 (ibid. c. 3). — *Balocieres*, 1428 (arch. nat. Q¹ 673). — *Ballosierie*, 1470 (la Charmoye, c. 7). — *Ballossières*, 1656 (arch. nat. P 217, 35). — *Bellocières*, 1673 (ibid. P 1762, l° 18 v°). — *La Ballossière*, 1673 (ibid. Q¹ 681). — *Balossière*, 1677 (*ibid*. P 219, 124). — Les Brossières, 1693 (dioc. anc. de Châl. t. I, p. 286). — *Blossière*, xv111ᵉ siècle (Cassini). — La *Balossière*, 1860 (Cornet-Paulus).

BLOSSIÈRE (La), mⁱⁿ, cⁿᵉ de Thaas. — *La Blossière*, 1664 (arch. nat. P 191¹, 27).

BLOUQUETERIE (La), h. cⁿᵉ de Saint-Mard-sur-le-Mont.

BLOUSSES (LES), f. cⁿᵉ d'Hauteville. — Les *Blousses*, les Brousses, 1860 (Cornet-Paulus).

BLUTERIES (LES), lieu-dit, cⁿᵉ d'Orbais.

BOBANNERIES (LES), lieu-dit, cⁿᵉ de Plivot.

BOCHETTERIE (LA), f. c^{bⁱᵉ} du Breuil. — *La Bauchetterie*, xviiiᵉ siècle (Cassini). — *La Banchetterie*, 1860 (Cornet-Paulus).

BOCQUET, écart, cⁿᵉ de Trigny (Cornet-Paulus).

BOCQUETIÈRE (La), m. écartée, cⁿᵉ de Trigny.

BOCQUETTERIE (LA), f. c^{nᵉ} de Verdon. — *La Bocqueterie*, xviiiᵉ siècle (Cassini). — La *Boquetterie*, 1862 (Guérard, p. 241).

† BŒUF, f. cⁿᵉ de Germaine. — *La cense de Bœuf*, 1663

(arch. nat. Q¹ 675). — Les *Bœufs*, 183. (état-major).

BOHAN, fief, c^{bⁱᵉ} de Ludes (Barthélemy, canton de Verzy, p. 30).

BOIDART (RUISSEAU), coule sur le finage de Ville-en-Selve.

⊥ BOIS (LS), anc. écart, cⁿᵉ de Joiselle. — 1784 (Courtalon, t. III, p. 286).

† BOIS (LE), anc. f. à Vésigneul-sur-Marne. — La place de la court du *Boix*, à *Vézigneul*... qui est entre la rivière de Marne et le bras du bout de la Selle, 1478 (évêché de Châlons, c. 7). — L'*ahan* et gaingnaige du *Boix* à *Maidey*, audict *Vézigneul*, 1497 (*ibid*.).

† BOIS-BRÛLÉ, f. c^{nᵉ} d'OEuilly. — Le *Bois-Brûlé*, Bois-*Brûlés*, xviiiᵉ siècle; ce sont les noms que Cassini donne à deux fermes distinctes; mais l'une d'elles paraît être la ferme de la Ville-au-Bois.

† BOIS-CAILLET (LE), fief relevant d'Esternay. — Le fief du *Bois-Caillot*, 1524 (arch. nat. P 193, 35).

† BOIS-COTEBRAS, anc. h. c^{nᵉ} d'Esternay. — Le *hameau* appellé *Boys-Cotebras*, 1553 (arch. nat. P 178, 71).

⊥ BOIS-DE-CHAMPEAUX (LES), fief, cⁿᵉ de Broyes. — *Item*, environ quatre-vingts arpens de bois appellez les Bois-*Champeaulx*, 1375 (arch. nat. P 202, 172). — Le fief du *Boys-de-Champeaulx*, 1518 (ibid. P 165, 264). — Les boys de *Champeaulx*, le fief à *Champeaulx*, 1523 (ibid. P 178, 67). — Y a au terroir dudict *Broyes* une piasse de terre contenant environ quatre-vingtz ou cens arpens, apellée les Bois-Champeaulx, laquelle souloit estre tout en bois, 1664 (ibid. P 191⁴, 26 bis).

† BOIS-DE-L'ARBRE, m⁰ⁿ et tuilerie, cⁿᵉ de Bouvancourt.

† BOIS-DE-L'ARBRE, chât. et scierie pour pierre dure, c^{ᵗᵉ} d'Hermonville.

† BOIS-DE-L'ARBRE, écart, cⁿᵉ de Pévy (Cornet-Paulus).

⊥ BOIS-DE-L'ARBRE (RU DU), affl. du ru de Montjouy; coule sur le territ. de Prouilly.

† BOIS-DE-LA-BRANLE (LE), anc. écart, cⁿᵉ de la Villeneuve-lez-Charleville. — 1784 (Courtalon, t. III, p. 328).

† BOIS-DE-LA-CONGE (LE), fief, cⁿᵉ de Courmelois. — L'érection de ce fief, mouvant de Courmelois, est du 17 avril 1741 (Barthélemy, canton de Verzy, p. 21).

† BOIS-DE-MEAUX (LE), anc. écart, cⁿᵉ de Réveillon. — 1784 (Courtalon, t. III, p. 328).

† BOIS-DE-MONCETZ (LE), f. détruite, cⁿᵉ de Vouillers. — *Ung petit gaingnaige nommé le Bois-de-Moncetz, ou ban et finaige de Vouilliers*, v. 1500 (Moncetz, c. 1).

† BOIS-D'ÉPENSE (LE), faïencerie, c^{nᵉ} de Sᵗᵉ-Menehould. — La terre et seigneurie de *Bienne, communément*

appellé *la Maison-en-Bieme* ou *le Bois-d'Espance*, *scis au finage* de Sainte-Menehould, 1659 (arch. nat. P 217, 63). — *Le fief de la Maison-Ambiene*, *dit le Bois-d'Epence*, 1684 (ibid. P 220, 76). — *Le fief de Biesme* ou *Bois-d'Epense, le fief du Bois-d'Espance autrement Biesme*, 1700 (ibid. P 222, 169 et 185). — *La* terre et *seigneurie du Bois-d'Epense*, 1707 (ibid. P 223, 591). — *Le Bois des Pences*, 1838 (état-major).

Bois-na-Perthe (Le), f. c⁻ de Crugny.

Bois-de-Preslant (Le), fief, près de Soizy-aux-Bois. — *Le fief deu* Bois *de Preslant assiz entre Soisy-au-Bois et le bois de la forest de la Bransle, appartenant aux religieux du Valdieu*, 1603 (arch. nat. P 178, 98).

Bois-des-Chambres (Le), h. c⁻ de Châtrices. — Le *Bois des Chambres*, 1735 (Saugrain, t. I, p. 434).

Bois-des-Dames (Le), cense détruite, c⁻ de Belval, c⁻ de Dommartin-sur-Yèvre (dioc. anc. de Chât. t. II, p. 220).

Bots-des-Hautes-Vignes (La), écart, c⁻ de Pontfaverger.

Bois-de-Ville (Le), f. c⁻ de Ville-sur-Tourbe.

Bois-d'Ormont (Le), h. c⁻ de Lagery. — *Dormont*, xviii⁰ siècle (Cassini). — *Bois-d'Osmont*, 1860 (Cornet-Paulus).

Bois-d'Ormont (Ru du), affl. du ru de Brouillet; coule sur le territ. de Lagery.

Bois-du-Fay, fief, c⁻ de Verneuil. — *Bois du Fay, aultrement dict Maison de Verneuil*, 1603 (arch. nat. P 181, 22)

Bats-du-Pré, tuilerie, c⁻ de Pouillon. — *Tuilerie*, 1835 (état-major).

Bois-du-Roi (Le), bois, f. et usine, c⁻ de Pargny-sur-Saulx.

Bots-Faais (La), h. c⁻ de Villeneuve-la-Lionne. — Le *Bois-Frez*, 1551 (Belleau, f° 34 r°). — *Boisfrès*, 1675 (ibid. 2⁰ partie). — *Boisfray*, 1735 (Saugrain, t. I, p. 475).

Bois-Gaillet (Le), f. c⁻ de Vanault-les-Dames. — *Bois-Guyet*, 1838 (état-major).

Bois-Gérard, fief, à Argers. — *Le fief du Bois-Gérard, scitué au village d'Arger*, 1685 (arch. nat. P 220, 110). — *Ledit fief du Bois-Gérard consiste en quatorze arpens de terre labourable au lieu-dit le Bois-Gérard, appellé communement la cense de Bois-Gérard*, 1686 (ibid. Q¹ 658).

Bois-Gateaard, f. détr. vers la fin du xvii⁰ s⁰, c⁻ de Montmirail. — *Le Boys-Guichart*, 1536 (chât. de Montmirail). — *Le Bois-Guichart*, 1563 (ibid.). — *Le Bois-Guischard*, 1586 (ibid.). — *La maison et cense du Bois-Guichard*, 1603 (arch. nat. P 180, 111). — *La ferme du Boys-Guychart*, 1634 (chât.

de Montmirail). — Elle est encore mentionnée en 1681 (ibid.).

L'emplacement de cette ferme est indiqué au cadastre par le lieu-dit *Bois-Biscard*.

Bois-Guillot (Le), bois, c⁻ de Givry-en-Argonne. — *Nemus Guillot*, 1229 (dioc. anc. de Chât. t. II, p. 210). — *Ung autre* [boys] *qu'on appelle le Boys Guillot*, 1512 (arch. nat. P 179, 93). — *Le Bois Guillot*, 1538 (ibid. P 184, 94).

Bois-Jacquot, fief, c⁻ de Gigny-aux-Bois. — 1693 (dioc. anc. de Chât. t. I, p. 284).

Boisjapin, anc. f. située dans l'élection de Châlons et dont la situation est aujourd'hui indéterminée (Saugrain, t. I, p. 405).

Bois-Jeannot, fief, à Compertrix. — 1693 (dioc. anc. de Châlons, t. I, p. 278).

Bots-Lambert (Le), fief, c⁻ de Landricourt (Guérard, p. 573).

Bois-le-Chien (La), fief, c⁻ de Recy. — *Ung saulsoy et azeray assis sur ladicte riviere de Marne, appellee de present le Bois-le-Chien, et jadis estoit appellé le Bois messire Remy de Folet*, 1483 (chap. de Chât. a. 5, l. 60). — *Certain fief assis en la ville et terroir de Recey . . ., appellé le fief du Bois-le-Chien*, 1533 (ibid.). — *Le fief appellé le Boys-le-Chien*, 1561 (ibid.).

Bois-le-Cours (La), quartier de Verneuil.

Bois-le-Doux (La), fief, c⁻ de Rilly-la-Montagne. — (Barthélemy, cant. de Verzy, p. 133.)

Bots-le-Moine (Le), m⁰⁰ is. c⁻ de Crugny.

Bois-le-Roi (Le), fief et m⁰⁰, c⁻ de Montmort. — Alain Jouen tenait de l'abbaye de la Charmoye un fief; c'est à savoir envyron xx et iv arpens de *bois c'on dit au Bois-le-Roy qui fu Jehan de Saint-Mart*, xiv⁰ s⁰ (la Charmoye, c. 2). — *La moitié de quarante-huit arpens de bois par indivis séant au Bois-le-Roy en Brie, tenant d'une part à la Rohardiere et d'autre part aux bois d'Oye et aux bois de Blunt*, 1424 (ibid.). — *Le fief, terre et seigneurie du Bois-le-Roy*, 1619 (ibid.). — Il se consiste en *une maison mannable couverts de thuilles, granges, estables, court, jardin, coullombier à pied*, 1638 (ibid.).

Bois-les-Converts, f. détr. c⁻ de Champaubert-aux-Bois. — *La Bois-lez-Converts*, 1633 (liste des lieux régis par la cout. de Vitry, v⁰ Champaubert). — Le *Bois lès Couverts*, 1735 (Saugrain, t. I, p. 443). — *Les Convers*, xviii⁰ siècle (Cassini). — *Bois-les-Converts*, 1860 (Cornet-Paulus).

Bois-le-Seigneur (Le), fief, c⁻ d'Ablancourt. — Le *fief, appellé le Bois-le-Seigneur*, 1699 (arch. nat. P 222, 131).

Bots-l'Hermite (La), bois et ruisseau, c⁻ de la Ville-sous-Orbais.

Bois-Malet, h. c^ie de Baye. — *Nemus de Malet*, 1131 (Andecy). — *Malet*, xviiie siècle (Cassini). — Bois-Malet ou *Marlet*, 1860 (Cornet-Paulus).

·Bois-Quatresols, m^in à vent, c^ne de Courmelois.

Bois-Raimbault, bois, c^ne de Mondement-Mongivroux. — *Nemus Reimbodi*, nemus *quod vocatur Raimbodi*, 1124-1130 (cart. d'Oyes, f° 19 r°). — *Nemus Rembodi*, 1122-1145 (ibid. f° 25 v°). — *Nemus Reimboldi*, 11[4]2 (*ibid.* f° 4 r°). — *Nemus Raimboldi*, 1175 (ibid. f° 20 v°). — *Nemus Raimbost*, 1226 (ibid. f° 4 v°). — *Nemus Reimbost*, 1239 (ibid. f° 5 r°). — Item, environ deux cent trente arpens de bois *appellez les* Bois-Rimbaux, 1375 (arch. nat. P 202, 172). — *Ung bois ou pièce de bois nommé le Bois-Rambault, assis au finage de Montgivrost*, 1477 (Montier-la-Celle, 19). — Le Bois *Rimbault*, 1652 (arch. nat. Q¹ 679).

Bois-Ralaa, bois, c^ne de Montmort. — Les bois de Blunt, 1494 (la Charmoye, c. 2). — Le bois de Billon, 1508 (arch. nat. P 207, 12). — *La seigneurie* des bois de *Rislan*, 1734 (ibid. Q¹ 681).

Bois-Rivière, f. c^ne de Cernay-en-Dormois. — Le Bois-*Rivière*, 1862 (Guérard, p. 509).

Bois-Roulois (Le), h. c^ne du Vezier. — Bois-*Boulois*, xviiie siècle (Cassini). — Le *Bois*-Bouillon, 1847 (lieux habités).

Bois-Royae, bois, c^ne de Possesse.

Bois-Royal, bois, c^ne de Vernancourt.

Bois-Royal (Ru du), affl. de la Vière; coule sur les territ. de Possesse et de Contaut-le-Maupas.

Bois-Saint-Jean (Le), anc. h. c^ne de Vertus. — Le Bois-*Saint-Jean*, 1633 (lieux régis par la cout. de Vitry). — *Le fief*, terre et seigneurie *de* Bois-*Saint-Jean*, 1734 (arch. nat. Q¹ 681).

Boissy, c^ou de Montmirail. — Boissy *le Repos*, 1131 (Gall. christ. t. X, p. 167). — *Buxeium*, 1138 (pouillé de Troyes, n° 284). — *Buxei villa*, 1147-1151 (Andecy). — *Buxiacum*, 1202 (Machaut, hist. du bienheureux Jean de Montmirel, p. 424). — *Bussi*, 1205 (le Reclus, c. 2). — *Busseiacum*, 1209 (Gall. christ. t. XII, p. 285). — *Buxeium juxta Montem Mirabilem*, 1223 (le Reclus, c. 2). — *Bussiacum*, 1284 (*ibid.*). — *Boissiacum Absconditum*, 1381 (pouillé de Troyes, A 306). — Boissy *le Repost*, 1403 (*ibid.*). — *Boicy* le *Repost*, 1445 (arch. nat. P 170, 45). — *Bouissy* le *Repost*, 1459 (le Reclus, c. 2). — *Boissy-le-Repost*, 1650 (min. Labbé, à Montmirail). — *Boisy*, 1735 (Saugrain, t. I, p. 473). — Boissy, xviiie siècle (Cassini). — *Boissiacum Repostum*, 1784 (Courtalon, t. III, p. 273).

En 1789, Boissy faisait partie de l'élection de Sézanne et était régi par la cout. de Paris. Son église paroissiale, diocèse de Troyes, doyenné de Sézanne, était dédiée à saint Martin; l'évêque de Troyes en était collateur.

Boissy-le-Grand et Boissy-le-Petit, écarts, c^ne de Boissy. — Le Grand et *le Petit* Boissy, 1784 (Courtalon, t. III, p. 273). — *Boissy-le*-Grand et *Boissy-le-Petit*, 1860 (Cornet-Paulus).

Boncourt, ch. détruit au xixe s^e, c^ne d'Ante. — Boncort, 1204 (cart. de Montiers, 9905, f° 132 r°). — *Boncroe, Booncort*, v. 1222 (liv. des vass. de Champ.). — *La maison de Boncourt près d'Entre*, 1394 (arch. nat. P 183, 98). — *La maison* de Boncourt *lez Antre*, 1439 (ibid. P 184, 57).

Bonloisir, anc. m^in, c^ne d'Hermonville. — Le *moulin de Bonloisir*, 1612 (S.-Remy, l. 321).

Bonnebise, fief dépendant de Charmontois-le-Roi. — *La terre* et seigneurie de Charmontois-*le-Roy* et le *fief* de Bonnebise en *dépendant*, 1764 (arch. nat. Q¹ 657).

Bonne-Maison (La), f. c^ne de Courville. — *Domus de la* Bonne-Maison *prope Curvillam*, 1395 (cart. de S.-Denis de Reims, p. 468).

Bonnevais, f. c^ne de Champaubert-aux-Bois. — *Altare de Bona Vasia*, 1094 (cart. de la Trinité, f° 20). — *Bonevax*, 1141 (Hautefontaine, c. 1). — *Bonnevaix*, 1141 (Gall. christ. t. X, p. 152). — *Grangia de Bonevais*, 1218 (Hautefontaine, c. 1). — *Le gaingnaige de Bonnevais*, 1516 (cart. d'Huiron, p. 103). — *Bonavaix*, xviiie siècle (Cassini). — *Bonnevaie-la-Grange*, v. 1830 (cadastre). — *Bonnevois* ou *Bonnevaux*, 1860 (Cornet-Paulus).

Bonneval, ermitage, c^ne de Verrières. — Saint Bouin, fondateur de l'abbaye de Beaulieu-en-Argonne, y mourut, dit-on, vers 680 (dioc. anc. de Châl. t. II, p. 155).

Bonneval (Ru de), affl. du Grand-Morin; coule sur·les territ. de Morsains et de Tréfols. — Le *rüe de Bonnevalle*, 1748 (arch. nat. Q¹ 678).

Bonnevaux, fief, à Sommevesle. — 1693 (dioc. anc. de Châl. t. I, p. 282).

Bonru, f. c^ne de Champvoisy. — *Bonrus*, xviiie siècle (la Chapelle-Hurlay).

Bon-Secours (Le), m^on, c^ne de Broussy-le-Grand. — *Bon*-Secours, 1860 (Cornet-Paulus).

Bontemps, m^in à vent, c^ne de Beine.

Bonval (Bois de), c^nes de Ville-en-Tardenois et de Jonquéry. — *Nemus, Grossa Villa nominatum, et desuper Jonquery situm*, 1244 (Teulet, trésor des chartes, t. II, p. 531).

Bonvoisin, un des «Sept-Moulins» de Châlons-sur-Marne. — *Molendinum quod dicitur Bœuf-Voisins*,

1245 (la Neuville, c. 4). — *Unum* [*molendinum*], in loco qui dicitur *Setmolins*, quod appellatur *Biauvoisin*, 1248 (*ibid.*). — *Le malin de Bon-Voisin*, 1258 (S.-Pierre-aux-Monts, c. 5, l. 5). — *Super quodam molendino quod habent apud Cathalaunum, sito in loco qui dicitur ad Septem Molendina, quod molendinum recatur Bonus Vicinus*, 1276 (la Neuville, c. 4).

Boqueux (Le), lieu-dit, c^{ne} de Corfélix. — Vers le milieu de ce siècle, on y a, dit-on, observé des substructions.

Bord (Ru du), affl. de l'Ante; arrose les finages d'Épense et de la Neuville-aux-Bois.

Borde (La), m^{on}, c^{ne} de Bassu.

Bonne (La Patite-), lieu-dit, c^{ne} de Courdemanges.

Bonne (La), f. c^{ne} d'Huiron. — *Cella Bordæ*, 1187 (cart. d'Huiron, p. 211).

Borde (La), lieu-dit, c^{ne} de Lisse.

Bonne (La), f. c^{ne} de Mardeuil.

Bonne (La), h. détr. c^{ne} de Pringy. — 1633 (lieux régis par la cout. de Vitry).

Borde (La), lieu-dit, c^{ne} de Saint-Remy-en-Bouzemont.

Borde (La), anc. f. c^{ne} de Thogny-aux-Bœufs. — *Grangia de Tunneio*, 1161 (bullaire de Cheminon, p. 7). — *Grangia de Toigni*, 1179 (*ibid.* p. 8). — *Grangia de Tugni*, 1186 (*ibid.*). — *Domus* ou *grangia dicta la Borde de Toigny*, 1332 (*ibid.*). — *Une maison que on dit la Borde de lez Toigny*, 1332 (Cheminon, c. 16). — *Grangia vulgariter la Borde à Thogny nuncupata*, 1398 (*ibid.*).

Borde (La), fief, près Vernancourt. — *Le fief communement appellé le fief de la Borde*, 1654 (arch. nat. P 217, 18).

Bordeau (La), lieu-dit, c^{ne} de Champigneul.

Bordeaux (Les), lieu-dit, c^{ne} de Guys. — *Les terrages c'on dit les Bourdiaux, séant au terroir de Cuis*, 1381 (arch. nat. P 182, f° 174 r°).

Bordes (Les), f. c^{ne} de Bergères-sous-Montmirail.

Bordes (Les), h. c^{ne} de Mœurs. — *Borda*, vers 1252 (arch. nat. J 195, 96). — *Les Bordes*, vera 1274 (*ibid.* J 205, 31).

Bordes (Les), anc. écart, c^{ne} de Réveillon. — 1784 (Courtalon, t. III, p. 328).

Bordes (Les), fief, c^{ne} de Soudé-Sainte-Croix. — *A Soudé Sainte-Croix y a un fief appellé les Bordes*, 1673 (arch. nat. Q₁ 681).

Bordet (La), h. c^{ne} du Breuil. — *Les Bordets*, xviiie s^e (Cassini). — *Le Bordez*, 1804 (ann. de l'an xiii, p. 60). — *Le Bordel*, 1834 (état-major).

Bordet (La), lieu-dit, c^{ne} de la Chaussée.

Bordets (Les Bas- et Les Hauts-), lieu-dit, c^{ne} de Pierry.

Bossants (Les), f. c^{ne} de Cheminon-la-Ville. — *Les Bossards*, 1862 (Guérard, p. 589).

Botrait (Bois du), bois, c^{nes} d'Oyes et de Soisy-aux-Bois.

Bouc-aux-Pierres (Ls), fief, c^{ne} de Baye. — *La ferme nommée le Bouc-aux-Pierres*, 1713 (évêché de Châl. c. 15). — *Boucampierre*, 1775 (arch. nat. Q¹ 663). — *Boucaupierre*, xviiie siècle (Cassini). — *Boucaupierre*, 1804 (ann. de l'an xiii, p. 30). — *Boucs-aux-Pierres, ferme de Boucaupierre*, 1860 (Cornet-Paulus).

Boucaer, m^{on}, c^{ne} de Plichancourt. — *Jehans de Mairoles, sires de la maison deu Boschet*, 1361 (Saint-Memmie, c. 10). — *Le Bochet, près de Vitry*, 1441 (*ibid.*). — *Le Boschet*, 1547 (chap. de Reims, c. 39). — *Le fief du Bauchet*, 1696 (arch. nat. P 232, 4). — *Le fief, terre et seigneurie de Beauchet, scis à Plichancourt*, 1739 (*ibid.* P. 230, 44).

Boucaerie (La), m^{on}, c^{ne} de Fontaine.

Bouchers (Fief des), fief, c^{ne} de Marcilly-sur-Seine. — *Le fief des Bouchiers, en Marsilly*, 1606 (arch. de l'Aube, G 467, f° 6 v°).

Boccuetterie (La), écart, c^{ne} de Corrobert (Cornet-Paulus).

Boucnots (Les), bois, c^{ne} de Champaubert-aux-Bois.

Boueur, lieu-dit, c^{ne} de Broyes.

Boueur, lieu-dit, c^{ne} de Fontaine-Denis.

Bouchy-le-Repos, c^{ne} d'Esternay. — *Buccidum*, 859 (dom Bouquet, t. VIII, p. 558). — *Busseium*, 1171 (Andecy). — *Buissiacum*, 1213 (cart. de Nesle, f° 31 v°). — *Boissi*, 1213 (fiber pontif. f° 237 r°). — *Boussiacum, Boussyacum subtus Monte Acuto*, 1301 (Sellières, 9 H, 1). — *Boissy desouz Mont-Aguillon*, 1313 (*ibid.*). — *Buissincum*, 1381 (pouillé de Troyes, A 250). — *Buussy soubz Montaguillon*, 1404 (cart. de Nesle, f° 9 r°). — *Bouchiacum Absconditum*, 1443 (évêché de Troyes, G 22). — *Boissiacum*, 1457 (pouillé de Troyes, M 15). — *Boyssy*, xve siècle (cart. de Nesle, f° 22). — *Bussiacum*, 1784 (Courtalon, p. 226).

Bouchy-le-Repos faisait partie, en 1789, de l'élection de Troyes et était régi par la cout. de Meaux. Son église paroissiale, diocèse de Troyes, doyenné de Pont-sur-Seine, était consacrée à saint Nicolas: l'abbé de Nesle-la-Reposte présentait à la cure.

Bouclenay, vill. détr. c^{ne} de Souain. — *Burdenacum*, peut-être pour *Burolenacum?* v. 948 (Flodoard, l. 1, c. 22). — *Burdenaius? Burdennaius?* commencement du xie siècle (polypt. de Saint-Remy). — *Boclenay*, 1214-1222 (Brussel, usage gén. des fiefs, p. 945). — *Boclenai, Bucelenay*, v. 1222 (liv. des vass. de Champ.). — *Bouclenai*, 1235 (cart. de S.-Nicaise, f° 191 v°). — *Bloquenai*, 1237 (Moiremont, c. 10). — *Buclenaium*, 1244 (chap. de Reims, l. Béru). — *Bouclenayum*, 1249 (Saint-Thierry, c. 6, l. 42). — *Bouclenay*, v. 1252 (arch. nat. J 202, 52). — *Bouclené*, v. 1274 (*ibid.* J 202, 46). — *Blouquenay*, 1366 (*ibid.* P 103, 19). — *Blouquenoy*, 1389 (*ibid.* P 183, 63). — *Bloucknay*, 1409 (*ibid.* P 184, 32). — L'emplacement de ce village est indiqué au cadastre par le lieu-dit *Bloucnay.*

Au XIV° siècle, l'église paroissiale de Bouclenay, diocèse de Reims, doyenné de Bétheniville, était consacrée à saint Pierre; l'abbesse de Saint-Pierre-aux-Dames de Reims présentait à la cure.

Bounon, écart, c^{ne} de Trigny (Cornet-Paulus).

Bouet, f. c^{ne} de Noirlieu. — [Le *gaingnage* de] *Bouez qui est ung finage à part et séparé par bornes, termes et autres enseignemens à l'encontre des autres finages circonvoisins, contenant environ unze cens arpens de terre joingnant aux finages de Sainct-Mard-sur-le-Mont, de Conthauld, de Sommièvre et de Noirlieu*, 1538 (cart. de Moutiers, 9905, f° 252 r°).—Bois, 1735 (Saugrain, t. I, p. 410). — Le Bois, XVIII° siècle (Cassini).

Bouffeaux, fief, c^{ne} de Mardeuil. — *Ung certain fiefz nommé le grand fié et saussoy de Precigny et appartenances, aultrement dit le fief de Bouffeaulx*, 1491 (arch. nat. P 181, 86). — *Le fief de Bouffeaulx*, 1637 (ibid. P 246, 73).

Bouguerie (La), anc. f. c^{ne} de Villevenard. — *En la ville de Vilevenart, ou leu que on dit la Bouguerie*, 1300 (Andecy, c. 7). — La *Bouguerie, le gangnage de la Bongrie*, v. 1700 (ibid. c. 3).

Bouillonfontaine, font. c^{ne} de Verneuil.

Bouilly, c^{ne} de Ville-en-Tardenois. — *Beulli*, 1191 (cart. d'Igny, f° 24 v°). — *Bouilleyum*, 1211 (Teulet, trésor des chartes, t. I, p. 366). — *Boulleium*, 1255 (chap. de Reims, l. Clairizet). — *Builleium*, v. 1260 (nécrol. de S.-Remy, p. 80). — *Boulleyum*, 1273 (S.-Denis de Reims, l. Chaumuzy). — *Boilli*, v. 1274 (arch. nat. J 202, 45). — Bouilli, 1280 (cart. B du chap. de Reims, f° 437 v°). — Boulli, comm. du XIV° s° (arch. adm. de Reims, t. I, p. 1089). — *Builli*, 1346 (ibid. t. II, p. 1051). — *Bouilly en la Montagne de Reims*, 1403 (arch. nat. P 162, 61). — *Bouilly*, 1496 (chap. de Reims, c. 8).

Bouilly était compris, en 1789, dans l'élection de Reims et était régi par la cout. de Vitry. Son église paroissiale, diocèse de Reims, doyenné de la Montagne, était consacrée à saint Remy; le su-

périeur du séminaire de Reims présentait à la cure.

Boujacourt, c^{ne} de Champlat. — *Burgerti Cortis*, Burtchart Curtis, commencement du XI° siècle (polypt. de S.-Remy). — *Burjaucourt*, 1196 (cart. B du chap. de Reims, f° 272 v°). — *Bourjaucourt*, Burjaudi Curia, v. 1260 (nécr. de l'église de Reims, p. 77 et 102). — *Bonjacort*, 1280 (cart. B du chap. de Reims, f° 437 v°). — *Bojacours*, Boyacourt, 1346 (arch. adm. de Reims, t. II, p. 1053 et 1056). — *Bougacourt*, 1410 (arch. nat. P 181, 58). — Boujacourt, 1535 (Sainte-Claire, c. a). — *Bougencour*, XVIII° siècle (Cassini).

Boujacourt (Ru de), affl. de l'Ardre; arrose les finages de Champlat et de Poilly.

Boulangerie (La), h. c^{ne} de Moslins.

Boulante, h. c^{ne} de Mécringes. — *Boullentres*, 1478 (chât. de Montmirail). — *Boulentres*, 1481 (ibid.). — *Bolentres*, 1484 (ibid.). — *Boulentre*, Boulantre, 1642 (reg. de bapt. de Mécringes).

Boularderie (La), f. c^{ne} de Janvilliers.

Bouleaux (Les), h. c^{ne} de la Chapelle-sur-Orbais. — *Les Boulleaux*, XVIII° siècle (Cassini).

Bouleaex (Les), h. c^{ne} de Montmort. — *Les Bouleaux*, 1508 (arch. nat. P 207, 12). — Le *fief du Bouleaux*, 1509 (évêché de Châlons, c. 15). — *La terre et seigneurye des Bouleaux*, 1603 (ibid.). — *Les Boulleaux*, Boulleaux, 1605 (arch. nat. P 190, 56). — Les Boulots, 1735 (Saugrain, t. I, p. 471). — *Les Boulots*, 1804 (ann. de l'an XIII, p. 68). — Boulots ou Roulots, 1860 (Cornet-Paulus).

Bouleaux-les-Petits, h. c^{ne} de Courbetaux.

Bouletrie, lieu-dit, c^{ne} de la Chapelle-et-Felcoort.

Bouletterie (La), lieu-dit, c^{ne} d'Auve.

Bouleuse, c^{ne} de Ville-en-Tardenois. — *Bouleuse*, 1346 (arch. adm. de Reims, t. II, p. 1051). — *Bouleuze*, 1367 (S.-Denis de Reims, suppl. l. Chambrecy). — *Boulleuze*, 1636 (arch. nat. P 216, 66). — *Bouleuze*, 1728 (cout. de Reims, p. 643).

En 1789, Bouleuse faisait partie de l'élection et suivait la cout. de Reims. Son église paroissiale, diocèse de Reims, doyenné de la Montagne, était dédiée à saint Clément; le prieur de Saint-Thibaud de Soissons présentait à la cure.

Bouligny, lieu-dit, c^{ne} de Fresne.

Boulisy, lieu-dit, c^{ne} de Montigny-sur-Vesle.

Boullemouche, f. c^{ne} de Lucy. — *Bonnemouche*, 1735 (Saugrain, t. I, p. 470). — *Bonne-Mouche*, XVIII° siècle (Cassini). — La *Bonne-Mouche* ou *Boulle-Mouche*, 1860 (Cornet-Paulus). — *La Boulle-Mouche*, 1827 (ann. de la Marne, 1827, p. 98). — Boule-Mouche, 1862 (Guérard, p. 257).

Roulos (Le), m^{ⁿⁿ}, c^{ⁿᵉ} de Verdon.

Boulonnerie (La), lieu-dit, c^{ⁿᵉ} de la Chapelle-sur-Orbais.

Boulonnerie (La), f. c^{ⁿᵉ} de Festigny-les-Hameaux. — La *Boulonnerie*, 1735 (Saugrain, t. I, p. 470). — *Bolonnerie*, xviii° siècle (Cassini). — *La Boulannerie*, *Boulonnerie*, 1860 (Cornet-Paulus).

Cette ferme appartenait autrefois à un M. de Boulon ; de là son nom.

Boulonnerie (La), f. détr. c^{ⁿᵉ} de Soilly. — *Ferme de la Boullonnerie*, 1735 (Saugrain, t. I, p. 471). — *La Boulonnerie*, 1804 (ann. de l'an xiii, p. 84).

Bouloye (Bois de la), bois, c^{ⁿᵉ} de Boursault.

Boultats (Les), f. c^{ⁿᵉ} de Saint-Genest. — *Les Boulletas*, xviii° siècle (Cassini). — *Les Boullats*, 1860 (Cornet-Paulus).

Boult-sur-Suippe, c^{ⁿᵉ} de Bourgogne. — *Bou*, 1213 (arch. lég. de Reims, statuts, t. I, p. 181). — *Bodillum*, 1226 (cart. B du chap. de Reims, f° 271 v°). — *Beu*, comm. du xiv° siècle (arch. adm. de Reims, t. I, p. 1089). — *Boul-sur-Suipe*, 1384 (ibid. t. III, p. 582). — *Boult-sur-Suppe*, 1394 (chap. de Reims, c. 9). — *Boult-sur-Suppe*, 1556 (arch. lég. de Reims, cout. p. 885). — *Boul-sur-Suippe*, 1728 (cout. de Reims, p. 643).

En 1789, Boult-sur-Suippe faisait partie de l'élection et était régi par la cout. de Reims. Son église paroissiale, diocèse de Reims, doyenné de Lavannes, était dédiée à saint Martin ; le tournaire du chapitre métropolitain de Reims présentait à la cure.

Boucigny, h. c^{ⁿᵉ} de Troissy. — *Boukeni*, 1222 (cart. de Saint-Médard, f° 8 r°). — *Boqueingni*, *Boquegni*, 1243 (Amour-Dieu, c. 3). — *Bouquegniacum*, 1247 (ibid.). — *Bouquigni*, xiii° siècle (ibid.). — *Bouqueingni*, 1301 (ibid.). — *Bouquigny*, 1308 (ibid.). — *Boucquegny*, 1511 (arch. nat. P 181, 1). — *Boucquigny*, 1550 (ibid.). — *Bouquiny*, Bocquiny, 1570 (ibid. P 177, 127). — *Bouecquigny*, 1572 (ibid. P 166, 255). — *Bouquiny*, xviii° siècle (Cassini).

Bourbetière (La), f. c^{ⁿᵉ} d'Unchair. — *Bourbetière*, 1847 (lieux habités). — *La Bourbetière*, *la Bourtière*, 1860 (Cornet-Paulus).

Bourbière (La), ruiss. c^{ⁿᵉ} de Janvry.

Rouraiao, lieu-dit, c^{ⁿᵉ} de Sézanne.

Bourdonnerie (La), f. c^{ⁿᵉ} de Soilly. — *Bourdonnerie*, 1860 (Cornet-Paulus).

Bourbons (Les), f. c^{ⁿᵉ} de Corribert. — *Le Bourdon*, 1834 (état-major). — *Bourdons*, 1860 (Cornet-Paulus).

Marne.

Bourellerie (La), lieu-dit, c^{ⁿᵉ} de Dormans.

Bourenville, fief, c^{ⁿᵉ} de Dommartin-la-Planchette. — 1662 (dioc. anc. de Châl. t. I, p. 286).

Bo̅ ac-d'Écry, anc. lieu-dit, c^{ⁿᵉ} de Brimont. — Le lieu appellé *Bourg-d'Escry*, *près du village de Brimenté*, 1621 (arch. nat. P 190, 55).

Bourg de Vesle (Le), anc. quartier de Reims. — *Burgum Vidale*, 1195 (arch. adm. de Reims, t. I, p. 426). — *Molendina de Burgo Vidula*, 1215 (cart. A de Saint-Remy, p. 231). — Le *Beurc de Veele*, 1324 (arch. adm. de Reims, t. III, p. 380). — *Beure de Velle*, 1328 (ibid. t. III, p. 547). — *Beure de Veelle*, 1347 (ibid. t. II, p. 1181). — *In vice qui dicitur Bourg de Veelle*, 1363 (Gall. christ. t. X, p. 68). — *La marye du Bourg de Veesle*, 1384 (arch. nat. P 28, 27). — *A Reins, en la rue du Bourg de Veesle*, 1455 (Sainte-Claire, c. 2).

Bourgeois (Les), f. c^{ⁿᵉ} de Charmont.

Bourgeois (Les Granes-), f. c^{ⁿᵉ} de Châtillon-sur-Broué. — *La cense* des Bourgeois, 1735 (Saugrain, t. I, p. 443). — Grand-*Bougeois*, xviii° siècle (Cassini).

Bourgeois (Les Petits-), f. c^{ⁿᵉ} de Châtillon-sur-Broué. — Petit-*Bougeois*, xviii° siècle (Cassini).

Bourgeoiserie (La), lieu-dit, c^{ⁿᵉ} de Mécringes.

Bourg-Godart (Le), lieu-dit, c^{ⁿᵉ} de Bourgogne.

Bourginiotte (La), f. dépendant de l'abbaye du Reclus. — *La ferme de la Bourginiotte*, 1629 (Reclus, t. I, dén. de la terre, f° 52 v°).

Bourg-Nové (Le), h. détr. c^{ⁿᵉ} de Mourmelon-le-Grand.

Bourgogne, c^{ⁿᵉ} de Reims. — *Burgundia*, 1190 (S.-Remy, l. 54). — *Burgundia*, 1216 (chap. de Reims, l. 3). — *Bourgoigne*, 1274 (cart. de S.-Denis de Reims, p. 225). — *Bourgongne*, 1278 (arch. adm. de Reims, t. I, p. 960). — *Bourgoinne*, 1291 (ibid. t. I, p. 1062). — *Buergoigne*, 1326 (cart. A du chap. de Reims, f° 89 r°). — *Bourgondia juxta Remis*, 1328 (ibid. f° 80 r°). — *Bourgogne lez Reims*, 1384 (arch. adm. de Reims, t. III, p. 568). — *Bourgoingne*, 1398 (chap. de Reims, l. 48). — *Bourgungne*, xiv° s° (cart. A du chap. de Reims, f° 136 r°). — *Bourgoine*, xv° s° (chap. de Reims, c. 9).

En 1789, Bourgogne faisait partie de l'élection et était régi par la cout. de Reims. Son église paroissiale, diocèse de Reims, doyenné de Lavannes, était dédiée à saint Pierre ; le tournaire du chapitre métropolitain de Reims présentait à la cure.

Bourgogne (Bais), lieu-dit, c^{ⁿᵉ} de Barbonne-et-Fayel.

Bourgogne (La Carme-de-), lieu-dit, c^{ⁿᵉ} de Loisy-en-Brie.

Bourgogne, lieu-dit, cⁿᵉ de Saint-Hilaire-au-Temple.

Bourgogne (La), mⁿⁿ auj. détr. cⁿᵉ du Thoult. — Bourgogne, xviiiᵉ sᵉ (Cassini). — La Bourgogne, 1847 (lieux habités).

Bourgogne, h. cⁿᵉ de Ventelay. — Bourgogne-Ventelay, 1847 (lieux habités).

Bourgognes (Les Grandes- et Les Petites-), lieu-dit, cⁿᵉ de Haussimont.

Bourgonne (La), f. détr. cⁿᵉ de Sermaize. — Ung gain-gnaige appellé la Bourgonne ou finaige dudit Sermaises, 1516 (arch. nat. P 193, 38).

L'emplacement de ce gagnage est indiqué aujourd'hui par le lieu-dit la Bourgogne.

Bourinnerie (La), lieu-dit, cⁿᵉ de Warmeriville.

Bournonville, h. cⁿᵉˢ de Vieil-Dampierre et de la Neuville-aux-Bois. — En 1498, Jean de Conflans, chevalier, seigneur de Viels-Maisons, rendit hommage au roi pour son fief dit les Boys-de-Confflans, séans près du Vieil-Dampierre, à luy appartenant à cause de Marguerite de Bornonville (arch. nat. P 161, 229). — Mon fief de Dampierre, vulgairement appellé les Bois-de-Conflans, près le Viel-Dampierre, contenant six cens soixante et dix arpens de bois et environ troys faulchéez de pré avec tous les droiz de justice et autres qui en deppendent, 1508 (ibid. P 184, 79). — Brenonville, 1529 (cart. de Moutiers, 9905, f° 183 v°). — Bournonville, 1538 (ibid. f° 253 r°). — La terre et seigneurie de Barnonville, 1553 (arch. nat. P 161, 256). — Bernonville, 1596 (ibid. P 170, 47). — Bournonville, 1610 (ibid. P 161, 265).

Bournonvilles (Les Basses- et Les Hautes-), lieu-dit, cⁿᵉ de Mancy.

Bournonneries (Les), lieu-dit, cⁿᵉ de Cuchery.

Bourreaux, vill. détr. cⁿᵉ de Francheville.

Bourron, lieu-dit, cⁿᵉ d'Hautvillers. — Une maison en ladicte ville d'Auviller, en lieu-dit en Bourron, 1384 (arch. nat. P 51², 1430).

Boursault, cᵒⁿ de Dormans. — Bursoldum, 1128 (cart. de S.-Martin d'Épernay, p. 122). — Borsaout, 1222 (Longau, 2). — Borsost, v. 1222 (liv. des vass. de Champ.). — Bourssout, v. 1252 (arch. nat. J 202, 47). — Boursolt, 1394 (ibid. P 170, 125). — Boursault-sur-Marne, 1442 (ibid. P 162, 77). — Boursault-en-Brie, 1461 (ibid. P 161, 208). — Boursaut, 1462 (ibid. P 180, 162).

Boursault faisait partie, en 1789, de l'élection d'Épernay et suivait la cout. de Vitry. Son église paroissiale, diocèse de Reims, doyenné de Lavannes, était consacrée à saint Remy; l'université de Reims présentait à la cure.

Boursois, f. cⁿᵉ de Boursault. — Bursoium, 1102

(Merlot français, t. III, p. 722). — Boursois, 1735 (Saugrain, t. I, p. 469).

Rouazy (La), lieu-dit, cⁿᵉ de Prosnes.

Rousses (Les), écart, cⁿᵉ d'Hauteville.

Boutavant, h. cⁿᵉ de Bergères-sous-Montmirail. — Boutavant, xviiiᵉ sᵉ (Cassini). — Bontavant, 1804 (ann. de l'an xiii, p. 31). — Bontavant ou Bontavaux, Boutavent, 1860 (Cornet-Paulus).

Beut-de-la-Ville (Le), h. cⁿᵉ de Charleville.

Bout-d'en-Haut (Le), anc. écart, cⁿᵉ d'Escardes. — 1784 (Courtalon, t. III, p. 282).

Bout-du-Val (Le), h. cⁿᵉ de Charleville. — La cense, appartenant à icelle église (de S.-Julien de Sézanne), séant en la parroisse de Charleville, en lieu dit ou Val, 1503 (S.-Julien de Sézanne, c. 4).

Bouteillerie-aux-Bourgeois (La), fief, à Champagne. — 1693 (dioc. anc. de Châl. t. I, p. 278).

Boutillière (La), lieu-dit, cⁿᵉ de Blacy.

Boutillis (Le), f. cⁿᵉ de Sarvon-Melzicourt.

Boutonville, écart de Montmirail (Cornet-Paulus).

Bouttrou, f. cⁿᵉ de Jonchery-sur-Suippe.

Bouvancourt, cⁿᵉ de Fismes. — Bovonis Curtis, v. 948 (chron. Flodoardi). — Bovini Curtis, 1082 (Du Plessis, hist. de l'église de Meaux, t. II, p. 14). — Bovencort, 1220 (cart. B du chap. de Reims, f° 528 v°). — Bouvencort, 1237 (cart. de S.-Thierry, f° 69 r°). — Bouvencourt, Bouvencurtis, 1303-1312 (arch. adm. de Reims, t. II, p. 1056 et 1059). — Bouvancourt, 1328 (cart. A du chap. de Reims, f° 12 r°). — Bouvancour, 1639 (arch. nat. P 216, 71).

Bouvancourt était compris, en 1789, dans l'élection de Reims et était régi par la cout. de Vitry. Son église paroissiale, diocèse de Reims, doyenné d'Hermonville, était dédiée à saint Remy; le tournaire du chapitre métropolitain de Reims présentait à la cure.

Bouvancourt (Ru de), affl. de la Vesle; coule sur les territ. de Bouvancourt et de Breuil-sur-Vesle.

Bouverie (La), f. cⁿᵉ d'Ambrières.

Bouverie (La), fief, cⁿᵉ de Brouillet. — Ung autre fief appellé la Bouverie, assis et scitué en la terre et seigneurie de Bruillet, 1511 (S.-Remy, L 61).

Bouverie (La), f. cⁿᵉ de Nesle-la-Reposte.

Bouverie (La), lieu-dit, cⁿᵉ de Saint-Ouen.

Bouverie (La), lieu-dit, cⁿᵉ de Vertus.

Bouver, écart, cⁿᵉ de la Noue (Cornet-Paulus).

Bouvotte (Ruisseau de la), cⁿᵉ de Sermiers.

Bouvreaux, h. détr. cⁿᵉ de Francheville (Guérard, p. 94).

Bouy, cᵒⁿ de Suippes. — Boeium, 1116 (cart. de S.-Denis de Reims, p. 14). — Allodium Boyensis,

1137 (cart. d'Avenay, f° a a v°). — *Boi*, 1133-1142 (la Neuville, c. 9). — *Boe*, 1147-1151 (*ibid.* c. 8). — *Boiacum*, 1164 (bibl. de l'École des chartes, t. XXIX, p. 187). — *Boyacum*, 1189 (cart. d'Avenay, f° 24 v°). — *Boy*, 1218 (la Neuville, c. 8).

En 1789, Rony faisait partie de l'élection de Reims et suivait la cout. de Vitry. Son église paroissiale, diocèse de Reims, doyenné de Vesle, était consacrée à saint Hilaire; l'abbé de Saint-Denis de Reims présentait à la cure.

Bouzemonts (Les), lieu-dit, c°° de Saint-Remy-en-Bouzemont. — Suivant la tradition, c'est en ce lieu qu'était originairement le village.

Bouzerie (La), lieu-dit, c°° du Thoult-Trosnay.

Bouzy, c°° d'Ay. — *Vieus Balbiacus?* v. 948 (Flodoard, l. IV, c. 9). — *Bauseyum*, 1119 (Gall. christ. t. X, p. 36). — *Bouzeium*, 1168 (S.-Denis de Reims, l. Rouzy). — *Buseium*, 1193 (arch. adm. de Reims, t. I, p. 424). — *Bozeie*, 1195 (arch. nat. S 5035, suppl. 38). — *Buini*, fin du XII° siècle (dioc. auc. de Chal. t. I, p. 403). — *Bausi*, v. 1222 (liv. des vass. de Champ.). — *Bouzy*, 1228 (S.-Basle, l. 26). — *Bousaium*, 1267 (*ibid.* l. 12). — *Ecclesia de Bauseis*, 1299 (la Neuville, c. 5). — *Bouzys*, 1303-1312 (arch. adm. de Reims, t. II, p. 1121). — *Bousis*, 1346 (*ibid.* t. II, p. 1120). — *Bouzis*, 1676 (lieux régis par la cout. de Vitry).

Bouzy faisait partie, en 1789, de l'élection d'Épernay et suivait en partie la cout. de Reims, en partie celle de Vitry. Son église paroissiale, diocèse de Reims, doyenné d'Épernay, était consacrée à Notre-Dame; le prieur de Tours-sur-Marne présentait à la cure.

Bouzy, f. détr. c°° de Beaunay.

Bove (La), fief mouvant de Possesse. — *Le fief communément appelé le fief de la Bove*, 1571 (arch. nat. P 183, 9).

Boyard, h. détr. c°° de Mécringes. — Substructions aux lieux-dits *les Fonds de Boyard* et *les Prés de Boyard*.

Brabant, vill. détr. c°° de Condé-sur-Marne. — *Braiban, altare de Braibant*, 1196 (chap. de Reims, l. Brabant). — *Braiban juxta Condatum*, v. 1197 (cart. B de Saint-Remy, p. 153). — *Braybam*, 1213 (S.-Pierre-aux-Monts, c. a). — *Brabancium, Brabencium*, 1220 (cart. B du chap. de Reims, f° 276 r°). — *Braibans*, v. 1250 (arch. lég. de Reims, stat. t. I, p. 107). — *Brebentium, Braibentium*, v. 1260 (nécr. de l'égl. de Reims, p. 67 et 84). — *In molendinis de Condeto supra Maternam, dictis de Braibant*, 1276 (Saint-Remy, L 317). — *Brebancium*, 1303-1312 (arch. adm. de Reims, t. II, p. 1121).

— *Braybant*, 1328 (cart. A du chap. de Reims, f° 64 r°). — *Brabant*, 1346 (arch. adm. de Reims, t. II, p. 1122). — *La ville de Braybant près de Condé-sur-Marne*, 1384 (arch. nat. P 51², 1460). — *L'église de Breban*, 1401 (Saint-Remy, l. 65). — *Bresban*, 1431 (chap. de Reims, l. Brabant). — *Brébant*, 1588 (Saint-Remy, l. 317). — *Le hameau de Brabant*, 1735 (Saugrain, t. I, p. 469).

L'archevêque de Reims, Maurice Letellier, éteignit et supprima, par ordonnance du 5 octobre 1674, rendue dans le cours de ses visites, le titre curial de Brabant, autrefois paroisse et village de son diocèse (arch. adm. de Reims, t. II, p. 1123). L'église paroissiale, comprise dans le doyenné d'Épernay et consacrée à saint Sulpice, était à la présentation de l'un des chanoines de l'église métropolitaine de Reims.

L'emplacement du village est indiqué aujourd'hui par le lieu-dit *le Brabant*.

Brachy (Le Petit-), fief, c°° de Broyes. — *L'autre [fief] nommé le boys du Petit-Brachy, assis entre Broyes et Allemans*, 1518 (arch. nat. P 165, n° 264). — *Le fief du Petit-Brachy, ... une pièce de boys contenant trente-six arpens ou environ, appellée vulgairement le Petit-Brachy, assis entre les boys dudit Broyes et Almant*, 1523 (*ibid.* P 178, 67). — *Brachy*, 1566 (*ibid.* P 165, 275). — *Ung autre bois taillis vulgairement appellé le Petit-Brachy*, 1603 (*ibid.* P 178, 98).

Braultel. ruiss. affl. du ru de Braux; arrose le territ. de Braux-Saint-Remy.

Brandonvilliers, c°° de Saint-Remy-en-Bouzemont. — *Brandonis Villare*, 1118 (pouillé de Troyes, p. 459). — *Brandovillare*, 1164 (cart. de Montiéramey, à Troyes). — *Brandoviler*, v. 1172 (Brussel, usage général des fiefs, p. 945). — *Brandoviler*, 1197 (Saint-Remy, l. 400). — *Brandonviller*, 1256 (cart. de Montiers, 9905, f° 188 r°). — *Brandon de Villers*, 1366 (arch. nat. Q¹ 681, f° 128 v°). — *Brandonvillers*, 1367 (*ibid.* f° 39). — *Brandovillers*, 1375 (*ibid.* f° 65 v°). — *Brandonviler*, 1381 (pouillé de Troyes, A 389). — *Brandovilier*, 1602 (arch. nat. P 178, 94). — *Brandonvilliers*, 1723 (cout. de Chaumont, p. xi).

En 1789, Brandonvilliers faisait partie de l'élection de Vitry en suivait en partie la cout. de Vitry, en partie celle de Chaumont. Son église paroissiale, diocèse de Troyes, doyenné de Margerie, était consacrée à saint Michel; l'abbé de Montiéramey présentait à la cure.

Brandonvilliers (Ru de), affl. du Meldançon; arrose le territ. de Brandonvilliers.

5.

BRANDOUILLE (Rivière de), affl. de l'Ardre; arrose le finage de Pourcy.

BRANDOUILLE (Ru de), affl. de la Semoigne; arrose Grigny, h. de la c^ne de Passy.

BRANDOUILLE (Rivière) ou Ru de Vandières, c^ne de Vandières.

BRANJEON, f. c^ne de Margerie-Hancourt. — *Branjon*, xviiie siècle (Cassini).

BRANSCOURT, c^ne de Ville-en-Tardenois. — *Branzon-curtis*, 1066 (cart. de Saint-Nicaise, f° 10 v°). — *Branzonis* Curtis, 1109 (ibid. f° 13 v°). — *Bronce-cort*, 1207 (cart. d'Igny, f° 41 r°). — *Brancecurt*, 1212 (Igny, l. Montazin). — *Brancecurtis*, 1225 (Saint-Thierry, c. 4, l. 51). — *Branchecort*, 1248 (cart. de Saint-Nicaise, f° 59 v°). — *Brancecourt*, 1303-1312 (arch. adm. de Reims, t. II, p. 1059). — *Bransecourt*, 1336 (ibid. t. II, p. 779). — *Brancuria*, 1345 (ibid. t. II, p. 930). — *Brancicuria*, *Brancicourt*, 1345 (ibid. t. II, p. 932). — *Brans-cocourt*, v. 1390 (arch. nat. P 180, 135). — *Brans-secourt*, 1405 (ibid. P 181, 147).

En 1789, Branscourt faisait partie de l'élection de Reims et suivait la cout. de Vitry. Son église paroissiale, diocèse de Reims, doyenné de Fismes, était consacrée à saint Remy; les religieux de Saint-Nicaise de Reims présentaient à la cure.

BRASLOT, m^on, c^ne d'Esternay.

BRAUX (LE), f. c^ue du Buisson. — *Allodium de Braus*, 1164 (S.-Pierre-aux-Monts, e. 28). — *Bras*, v. 1222 (liv. des vass. de Champ.). — *Bronx*, 1223 (la Neuville, c. 8). — *Braaus*, xiiie siècle (cart. de Cheminon, f° 18 v°). — *Une maison et grange appellée la maison de Broux, près de la ville du Boisson*, 1384 (arch. nat. P 51², 1460). — *Une maison et gaingnage assise près de la ville du Buisson, appellée la maison du Broux*, 1464 (ibid. Q 662). — *Le hameau et cense du Bronx*, 1633 (lieux régis par la cout. de Vitry). — *Les Braux*, 1837 (état-major). — *Le Bro*, 1847 (lieux habités).

BAAUX (Ru ns), affl. de la Bruxenelle; arrose les territ. de Brusson et de Ponthion.

BRAUX (Ru de), affl. du ru des Grosprés; coule sur le territ. de Braux-Saint-Remy.

BRAUX-SAINTE-COHIÈRE, c^on de Sainte-Menehould. — *Braux*, 1208 (cart. de Moiremont, f° 311 v°). — *Braux Sancte Cohierie*, 1263 (ibid. f° 447 v°). — *Braus Sancte Choierie*, 1265 (Moiremont, c. 1). — *Braus Sainte-Cochiere*, Branz, v. 1300 (extents Campanje, Sainte-Menehould). — *Braux Sainte-Cohiere* 1309 (Moiremont, c. 1). — *Braulx Sonete Coherie*, 1405 (pouillé de Chât. f° 79 r°). — *Braulx Saincte-Cohiere*, 1498 (arch. nat. P 161, 230). — *Bracens*

Sancte Coherie, 1542 (taxe des bénéf. du dioc. de Chât. p. 226). — *Brianx Sainte-Cohière*, 1602 (arch. nat. J 202, f° 46 bis). — *Cohière*, 1676 (dioc. de Chât. t. I, p. 275). — *Braux Sainte-Cohère*, 1709 (arch. nat. P 222, 267). — Curiale *beneficium Sancti Petri ad Vincula seu sanctæ cate-narum Petri cohærentiæ, vulgo Braux-Sainte-Cohière*, 1775 (chap. de Chât. a. 1, l. 56). — Mont-*Braux* ou *Braux-sous-Valmy*, 1794 (arch. nat. F², 7).

Braux-Sainte-Cohière faisait partie, en 1789, de l'élection de Sainte-Menehould et était régi par la cout. de Vitry. Son église paroissiale, diocèse de Châlons, doyenné de Sainte-Menehould, était dédiée à saint Pierre ès Liens; le chapitre cathédral de Châlons présentait à la cure.

BRAUX-SAINT-REMY, c^on de Sainte-Menehould. — Brs. comm. du xie siècle (polypt. de S.-Remy, c. 13, § 4). — *Villa que dicitur Brous*, 1128 (Saint-Remy, l. 59). — *Braus*, 1132 (dioc. anc. de Chât. t. II, p. 445). — *Breox*, 1154 (arch. adm. de Reims, t. I, p. 330). — *Brai*, xiie siècle (fragm. de polypt. p. 169). — *Braux*, 1206 (Teulet, trésor des chartes, t. I, p. 308). — *Braus, villa Sancti Remigii Remensis*, 1239 (Saint-Remy, l. 59). — *Braus Sancti Remigii*, 1242 (Montiers, c. 2). — *Broux*, v. 1252 (arch. nat. J 202, 52). — *Brauz Sancti Rimagii*, 1296 (Toussaints, c. 6). — *Braus Saint-Remi*, 1312 (cart. A de Saint-Remy, p. 609). — *Braudum Sancti Remigii*, 1320 (Saint-Remy, l. 59). — *Braux de lez Sainte-Menehoust*, 1326 (arch. adm. de Reims, t. II, p. 426). — *Braux dit Saint-Remy, de lez Daucoart*, 1328 (Saint-Remy, l. 59). — *Braux Saint-Remi*, 1392 (arch. nat. P 183, 85). — *Brachus Sancti Remigii*, 1405 (pouillé du dioc. de Châlons, f° 78 v°). — *Braulx-Sainct-Remy*, 1509 (arch. nat. P 207, 135). — *Bracens Sancti Remigii*, 1542 (taxe du diocèse de Châlons, p. 226³). — *Brauxval*, 1794 (arch. nat. F², 7).

En 1789, Braux-Saint-Remy faisait partie de l'élection de Sainte-Menehould et suivait la cout. de Vitry. Son église paroissiale, diocèse de Châlons, doyenné de Sainte-Menehould, était consacrée à saint Remy; les religieux de l'abbaye de Saint-Remy de Reims présentaient à la cure.

BRÉBANT, c^on de Sommepuis. — *Braibant*, vers 1222 (liv. des vass. de Champ.). — *Braybant*, 1392 (arch. nat. P 180, 190). — *Braiban*, v. 1490 (Ph. de Vigneulles, p. 279). — *Brebant*, 1552 (arch. de l'Aube, G 604). — *Breban*, xvie siècle (ibid.). — *Braban*, 1723 (cout. de Chaumont, p. xi).

En 1789, Brébant était compris dans l'élection

de Bar-sur-Aube et suivait en partie la cout. de Vitry, en partie celle de Chaumont. Son église paroissiale, annexe de celle de Corbeil, diocèse de Troyes, doyenné de Margerie, était dédiée à saint Léonard.

Brécourt (Le), lieu-dit, c^ne de Saint-Vraio. — *Item, ung boschel* en *Brécourt, selon la fin de Heiz et de Longchamp*, 1508 (arch. nat. P 179, 81).

Brédée, f. c^ne de Cheminon-la-Ville. — *Rivulus qui dicitur Braidis*, 1110 (cart. de Cheminon, f° 3 v°). — *Grangia* Braidé, 1180 (bullaire de Cheminon, p. 9). — *Grangia* de Braidi, 1187 (ibid. p. 13). — *La cense* de *Braidey*, 1547 (Cheminon, c. 1). — *Le gaïnage* de *Bredé, lez ladicte* abbaye de Cheminon, 1547 (ibid. c. 7). — *Bredey*, 1633 (lieux régis par la cout. de Vitry). — *Breday*, 1847 (lieux habités).

Brémoncets ou Brinmoncets, lieu-dit, c^ne de Maffrécourt.

Bretons (Les), lieu-dit, c^ne de Connantre.

Breuil (Le), c^ne de Dormans. — *Brueil*, 1399 (arch. nat. P 180, 100). — *Le Brueil en Brye*, 1503 (ibid. P 161, 305). — *Le Brueil*, 1510 (ibid. P 179, 184).

Le Breuil faisait partie, en 1789, de l'élection de Château-Thierry et était régi par la cout. de Vitry. Son église paroissiale, diocèse de Soissons, doyenné d'Orbais, était consacrée à saint Martin; le prieur de Montmirail présentait à la cure.

Bacoil, c^ne de Fismes. — *Broilum*, 849-857 (Hinemari opera, t. II, p. 839). — *Broil super Vitulam*, 1153 (cart. d'Igny, f° 8 v°). — *Matrix ecclesia* de Brool, 1154 (arch. adm. de Reims, t. I, p. 329). — *Brolium*, 1156 (cart. d'Igny, f° 10 r°). — *Broil*, 1154-1159 (ibid. f° 2 v°). — *Brullum*, 1174 (ibid. f° 136 r°). — *Brul*, 1178 (cart. B de Saint-Remy, p. 51). — *Broelium*, 1180 (cart. d'Igny, f° 59 v°). — *Brolium super Vitulam*, 1233 (chap. de Reims, l. 54). — *Bruiel*, 1265 (cart. d'Igny, f° 72 v°). — *Bruuil-sur-Veelle*, v. 1274 (arch. nat. J 202, 45). — *Bruuil-sur-Veelle*, 1300 (S.-Denis de Reims, l. Breuil). — *Bruel*, 1304 (cart. d'Igny, f° 80 r°). — *Bruel-sor-Veelle*, 1307 (S.-Denis de Reims, l. Breuil). — *Breuil-sur-Veelle*, 1392 (arch. nat. P 181, 129). — *Le Bruuil*, 1523 (ibid. P 163, 68).

En 1789, Breuil-sur-Vesle était compris dans l'élection de Reims et suivait la cout. de Vitry. Son église paroissiale, diocèse de Reims, doyenné de Fismes, était consacrée à Notre-Dame; l'archevêque de Reims en était collateur.

Breuil (Le), fief, c^ne de Montmort. — *Un autre fief proche ledit* Montmort, *appellé la seigneurie* du Breuil, (arch. nat. Q¹ 681).

Breuil (Le), écart détr. c^ne de Plichancourt. — *Brolium*, 1310 (Trois-Font. c. 6).

Breville (La), f. et ch. c^ne des Rivières-Henruel. — *La Breuille*, 1460 (arch. nat. P 179, 69). — *La Breuille*, 1633 (lieux régis par la cout. de Vitry). — *La Breuille*, 1641 (arch. nat. P 216, 82). — *La Breulle*, 1657 (ibid. P 217, 52). — *La Brosuille*, 1687 (ibid. P 221, 80). — *La Breuil*, 1717 (ibid. P 222, 247).

Breuille (Moulin de la), c^ne de Sarcy. — *La Breuil*, 1847 (lieux habités).

Basuille (Ru de la), affl. du ru de Boujacourt; arrose les finages de Ville-en-Tardenois et de Sarcy.

Brecvery, c^ne d'Écury-sur-Coole. — *Brevereium*, 1163 (la Neuville, c. 4). — *Breverie*, 1165 (dioc. anc. de Châl. t. II, p. 48). — *Berverei*, v. 1165 (cart. de Montiers, 10946, f° 25 v°). — *Berveraium, avant* 1190 (cart. de Châlons, copie Coignières, p. 82). — *Brecarium*, v. 1277 (ibid. p. 100). — *Breverey*, 1296 (routier de Saint-Memmie, f° 23 r°). — *Brutreyum*, 1405 (pouillé de Châlons, f° 74 v°). — *Brev[er]ay*, 1556 (arch. lég. cout. p. 919).

Breuvery faisait partie, en 1789, de l'élection et était régi par la cout. de Châlons. Son église paroissiale, annexe de celle de Saint-Quentin-sur-Coole, diocèse de Châlons, doyenné de Coole, était dédiée à Notre-Dame.

Breux, h. c^ne de Brugny-Vaudancourt. — *Breue*, 1735 (Saugrain, t. I, p. 469). — *Beuves*, 1860 (Cornet-Paulus).

Breville (Pont-de-), lieu-dit, c^ne de Sermaize.

Brice, m^n, c^ne de Brugny.

Bricole (La), f. c^ne de Dommartin-l'Étrée.

Bricolles (Les), écart, c^ne d'Ablois-Saint-Martin.

Bricot-la-Ville, c^ne d'Esternay. — *Bicer*, vers 1221 (liber pontif. f° 300 r°). — *Bicort, Blicor*, vers 1221 (liv. des vass. de Champ.). — *Le Blicor*, v. 1252 (arch. nat. J 195, 96). — *Blicort*, v. 1274 (ibid. J 205, 31 bis). — *Bricolium*, 1407 (pouillé de Troyes, n° 226). — *Le Bricor-la-Ville*, 1409 (Saint-Julien de Sézanne, c. 3). — *Bricot-la-Ville*, 1505 (arch. nat. P 165, 38). — *Le Bricol-la-Ville*, 1538 (ibid. P 165, 280). — *Briquot-la-Ville*, 1722 (ibid. P 223, 181). — *Bricol-la*-Ville, Brico ou Blicol, 1784 (Courtalon, t. III, p. 227).

En 1789, Bricot-la-Ville faisait partie de l'élection de Troyes et était régi par la cout. de Meaux. Son église paroissiale, diocèse de Troyes, doyenné de Pont-sur-Seine, était consacrée à saint Loup; l'évêque de Troyes en était collateur.

Bricot-les-Nonnains, c^ne de Bricot-la-Ville. — Abbaye de femmes de l'ordre de Saint-Benoît, fondée

au XIIe siècle sous l'invocation de Notre-Dame;
elle fut transférée en 1629 à Sézanne et prit alors
le nom d'*abbaye royale de Notre-Dame des Bois de
Sézanne* (Courtalon, t. III, p. 321). — *Ecclesia
Sancte Marie de Nemore*, 1153 (Montier-la-Celle,
3). — *Monasterium de Blicor*, 1163 (invent. de
Montier-la-Celle, f° 43 v°). — *In loco qui dicitur
Bichor*, 1173 (ibid. f° 62 r°). — *In novella ecclesia
Beate Marie de Bosco*, 1196 (Bricot, c. 3). — *Ecclesia de Bosco*, 1207 (cart. de Nesle, f° 5 r°). —
Bicar, 1221 (Teulet, trésor des chartes, t. I,
p. 534). — *Ecclesia de Boscho*, 1224 (Bricot, c. 1).
— *Moniales de Dublecor*, 1234 (ibid. c. 4). — *Moniales de Bricolio*, 1270 (Saint-Nicolas de Sézanne,
c. 12). — *Moniales de Blicorio*, 1273 (Bricot,
c. 3). — *L'abaesse dou Blicor*, 1287 (ibid. c. 3). —
Blicolium, 1273 (ibid.). — *Conventus de Blicolyo*,
1293 (ibid. c. 1). — *L'eglise Nostra-Dame deu Bricor
emprès le Meez-Saint-Espoing*, 1329 (ibid. c. 4). —
L'abbaye du Bricor, 1395 (ibid. c. 3). — *Le Bricol*,
1493 (arch. nat. Q¹ 680). — *Le couvant du Bricot-les-
Nonnains*, 1553 (ibid. P 178, 72). — *Monasterium
monialum Beate Marie de Sezania alias de Bricolio*,
1625 (Bricot, c. 3). — *Locus gallice Bricol*, 1770
(Gall. christ. t. XI, p. 578). — *Bricol ou Bricot-
aux-Nonnains*, 1830 (Cornet-Paulus).

BRIDE (LA), fief mouvant de Possesse. — *Le fief appellé communément le fief de la Bride*, 1657 (arch.
nat. P 217, 51).

BRIE, f. c^{ne} de Mondement. — *Audit Mondement la
ferme de Brie*, 1733 (arch. nat. P 198, 3).

BRIGOTTERIE (LA), f. c^{ue} d'Ablois-Saint-Martin.

BRILLERIE (LA), f. c^{ne} de Sainte-Gomme. — *Le hameau
de la Brière*, 1735 (Saugrain, t. I, p. 471).

BRIMONT, c^{on} de Bourgogne. — *Brimons*, 1171 (cart.
B du chap. de Reims, f° 396 r°). — *Brimont*, 1233
(ibid. f° 401 v°). — *Bramant*, 1274 (cart. de S.-
Denis de Reims, p. 225). — *Brimond*, 1329 (arch.
adm. de Reims, t. II, p. 604). — *Brymont*, 1381
(ibid. t. III, p. 380). — *Brinonlt*, 1528 (chap. de
Reims, c. 7). — *Brymont*, 1550 (ibid.).

En 1789, Brimont faisait partie de l'élection et
suivait la cout. de Reims. Son église paroissiale,
diocèse de Reims, doyenné de Lavannes, était
dédiée à saint Remy; l'université de Reims présentait à la cure.

BRIMONTEL, vill. détr. c^{ne} de Brimont. — *Brimontel*,
1219 (cart. B du chap. de Reims, f° 405 r°). — *Brimontellum*, 1222 (ibid. f° 403 v°). — *Brumontel*,
1274 (cart. de Saint-Denis de Reims, p. 225). —
Bremontel, 1384 (arch. adm. de Reims, t. III,
p. 586). — *Brymontel*, 1556 (arch. lég. de Reims,

cout. p. 876). — *Brimonté*, 1621 (arch. nat. P 190,
55). — *Brimontel ou le Petit-Brimont*, 1860 (Cornet-Paulus).

BRIQUENAY, lieu-dit, c^{ne} de Gizaucourt.

BRIQUERIE (LA), lieu-dit, c^{ue} de Bettancourt-la-Longue.

BRIQUSRIA (LA), lieu-dit, c^{ne} de Marolles.

BRIQUERIE (LA), lieu-dit, c^{ne} de Plichancourt.

BRIQUERIE (LA), lieu-dit, c^{ne} de Vitry-le-François.

BRIQUETERIE (LA), lieu-dit, c^{ne} d'Ambrières.

BRIQUETERIE (LA), lieu-dit, c^{ne} de Brugny.

BRIQUETERIE (LA), lieu-dit, c^{ne} de Brusson.

BRIQUETERIE (LA), lieu-dit, c^{ne} de Cernay-en-Dormois.

BRIQUETERIE (LA), h. c^{ne} de Corrobert. — *La Bricquetterie, paroisse de Corobert*, 1628 (minutes Longnion, à Orbais).

BRIQUETERIE (LA), lieu-dit, c^{ne} de Favresse.

BRIQUETERIE (AU-DESSUS DE LA), lieu-dit, c^{ne} de Fismes.

BRIQUETERIE (LA), f. c^{ne} d'Hautvillers.

BRIQUETERIE (LA), briq. c^{ne} de la Neuville-aux-Bois.
— *La Bricqueterie assise audit lieu de la Neufville*,
1494 (arch. nat. P 184, 94).

BRIQUETERIE (LA), lieu-dit, c^{ne} de Sainte-Menehould.

BRIQUETERIE (LA), lieu-dit, c^{ne} de Saint-Hilaire-au-
Temple.

BRIQUETERIE (LA), c^{ne} de Servon-Melzicourt.

BRIQUETERIE (LA), lieu-dit, c^{ne} de Soizy-aux-Bois.

BRIQUETERIE (LA), f. détr. c^{ne} du Thoult. — *Une ferme
appellée Briquetière*, 1751 (arch. nat. Q¹ 678). —
La Bicterie, XVIIIe siècle (Cassini).

BRIQUETERIE DE LA MORINE, c^{ne} de Florent. — *Tuillerie*,
XVIIIe siècle (Cassini).

BRISEVILLE, lieu-dit, c^{ne} de Barbonne-et-Fayel. —
En lieudit Briseville, 1493 (arch. nat. Q¹ 671).

BROCHERON, f. c^{ne} du Breuil.

BRONNE, h. c^{ne} de Vanault-le-Châtel. — *Barona*, 1141
(Trois-Font. c. 1). — *Barona*, 1147 (ibid.). —
Grangia Bozonie, v. 1150 (ibid.). — *Boronia*,
1153-1161 (ibid. c. 8). — *Boronna*, 1266 (ibid.
c. 5). — *Beronne*, 1295 (chap. de Reims, c. 20).
— *Berona*, 1306 (Trois-Font. c. 4).

BROSSARD, m^{on} forestière, c^{ne} de Trois-Fontaines. —
Brassart, 1860 (Cornet-Paulus).

BROSSE (LA), lieu-dit, avec vestiges de constructions,
c^{ne} de Champvoisy.

BROSSES (LES), écart, c^{ne} du Vézier (Cornet-Paulus).

BROUILLE (RUISSEAU DE LA), c^{ne} de Virginy.

BROUILLET, c^{on} de Ville-en-Tardenois. — *Broilletum*,
1223 (cart. d'Igny, f° 37 r°). — *Bruillet*, 1303-
1312 (arch. adm. de Reims, t. II, p. 1059). —
Brouillet, 1516 (S.-Remy, l. 33). — *Brouillet*, 1556
(arch. lég. de Reims, cout. p. 901).

Brouillet faisait partie, en 1789, de l'élection

et était régi par la cout. de Reims. Son église paroissiale, annexe de celle de Crugny, diocèse de Reims, doyenné de Fismes, était consacrée à Notre-Dame.

BROUILLET (RU DE), affl. de l'Ardre; coule sur les territ. de Lhéry et de Crugny.

BROUSSE (LA), ruiss. c⁰⁰ d'Avenay.

BROUSSES (LES), f. c⁰⁰ de Vernancourt.

BROUSSY-LE-GRAND, c⁰⁰ de Fère-Champenoise. — *Pagus Bruciacensis*, 790 (Mabille, pancarte noire de Saint-Martin de Tours, p. 220). — *Vicaria Brociacensis*, 813 (Gallia christ. t. IV, instr. p. 125). — *Brociacum*, 1128 (pouillé de Troyes, n° 286). — *Broceium*, 1131 (Andecy). — *Bruceium Magnum*, 1140 (hist. de la maison de Broyes, p. 14). — *Brociacum Magnum*, 1161 (cart. d'Oyes, f° 28 r°). — *Brocyacum Magnum*, 1175 (*ibid.* f° 20 v°). — *Broceyum Magnum*, 1202 (*ibid.* f° 29 r°). — *Bruciacum Magnum*, 1239 (Andecy, c. 1). — *Brouci, Broucé-le-Grant*, 1252 (liber pontif. f° 447 v°). — *Brouciacum*, 1256-1270 (feoda Campanie, n° 597). — *Broceum Magnum*, 1272 (hist. de la maison de Broyes, p. 30). — *Brocey-lou-Grant*, 1284 (cart. d'Oyes, f° 6 v°). — *Brocy-le-Grant*, 1375 (chap. de Sézanne, c. 2). — *Brossy-le-Grant*, 1459 (Saint-Julien de Sézanne, c. 4). — *Broussy-le-Grand*, 1556 (chap. de Sézanne, c. 2). — *Broucy-le-Grant*, 1561 (arch. nat. P 165, 297). — *Le Grand-Broussy* (Andecy, c. 5). — *Brossiacum, Brosceyum*, 1784 (Courtalon, t. III, p. 274).

En 1789, Broussy-le-Grand était compris dans l'élection de Sézanne et suivait la cout. de Meaux. Son église paroissiale, diocèse de Troyes, doyenné de Sézanne, était dédiée à saint Apollinaire; l'évêque de Troyes en était collateur.

BROUSSY-LE-PETIT, c⁰⁰ de Sézanne. — *Minor Brociacus*, 1135 (Du Plessis, hist. de l'église de Meaux, t. II, p. 28). — *Broceium Minor*, 1183 (Andecy, c. 9). — *Broceium Parvum*, 1220 (*ibid.*). — *Brocy-le-Petit*, 1375 (arch. nat. P 202, 172). — *Broceyum Parvum*, 1407 (pouillé de Troyes, n° 287). — *Brouci-le-Petit*, 1509 (arch. nat. P 178, 64). — *Bourcy-le-Petit*, 1537 (Andecy, c. 4, p. 25). — *Broicy-le-Petit*, 1539 (arch. nat. P 165, 282). — *B[r]oucy-le-Petit*, 1664 (*ibid.* f° 167, 239). — *Le Petit-Broussy*, 1731 (*ibid.* P 225, 45).

En 1789, Broussy-le-Petit faisait partie de l'élection de Sézanne et était régi par la cout. de Meaux. Son église paroissiale, diocèse de Troyes, doyenné de Sézanne, était consacrée à saint Pierre et à saint Hubert; la collation de la cure appartenait à l'évêque de Troyes.

BROYES, c⁰⁰ de Sézanne. — *Brias*, 813 (Gall. christ. t. XIV, instr. n° 12). — *Castrum Breiæ*, 1049-1060 (hist. de la maison de Broyes, p. 8). — *Breiæ*, 1089 (*ibid.* p. 10). — *Castrum Brecense*, 1110 (Socard, chartes de Molême, p. 96). — *Breis*, 1130 (cart. de S.-Martin d'Épernay, p. 132; cf. Albert d'Aix, l. I, c. 7). — *Castrum quod appellatur Brescus*, 1135 (Du Plessis, hist. de l'église de Meaux, t. II, p. 28). — *Brecæ*, 1141 (pouillé de Troyes, p. 285). — *Drogo de Broiis*, 1154 (Toussaints. c. 7 bis). — *Broies*, 1252 (liber pontif. f° 447 v°). — *Broca*, 1253 (hist. de la maison de Broyes, p. 33). — *Brois*, 1284 (le Rectus, c. 2). — *Broys*, 1529 (arch. nat. P 165, 275). — *Broye*, 1537 (Andecy, c. 4, p. 56). — *Broie*, 1598 (arch. nat. P 165, 321).

Broyes faisait partie, en 1789, de l'élection de Sézanne et suivait la cout. de Meaux. Son église paroissiale, diocèse de Troyes, doyenné de Sézanne, était consacrée à saint Martin; le chapitre de Saint-Blier de Broyes présentait à la cure.

BRUANT (LE), f. c⁰⁰ de Cheminon-la-Ville. — *La cause du Bruan*, 1684 (Cheminon, c. 2). — *La ferme du Bruant*, 1730 (*ibid.*).

BRUANT, f. c⁰⁰ d'Isle-sur-Marne. — *La cense de Bruant*, 1735 (Saugrain, t. I, p. 444). — *Le Bruant*, 1860 (Cornet-Paulus).

BRUANTS (LES), fief, à Bussy-le-Château. — 1693 (dioc. anc. de Châl. t. I, p. 278).

BRUELLE, fief, c⁰⁰ de Verneuil. — *Le fié Bruelle, séant audit Verneul et ou terrouer*, 1388 (arch. nat. P 180, 116).

BRUGNY, vill. c⁰⁰ de Brugny-Vaudancourt. — *Broneium*, 1130 (cart. de S.-Martin d'Épernay, p. 125). — *Brognacum*, 1179 (*ibid.* p. 140) — *Brugneium*, 1183 (la Charmoye, c. 6). — *Brugni*, 1185 (*ibid.*). — *Brugniacum*, 1198 (Longan, l. 2). — *Brogniacum, Brogny*, 1209 (hist. de la maison de Broyes, p. 35 et 36). — *Broigni*, 1216 (la Charmoye, c. 7). — *Broniacum*, 1225 (Amour-Dieu, c. 2). — *Broigneium*, 1227 (la Charmoye, c. 6). — *Broignyacum*, 1266 (*ibid.* c. 1). — *Broigni*, 1308 (arch. nat. P 1114). — *Brongny*, 1330 (la Charmoye, c. 2). — *Brungny*, 1342 (*ibid.* c. 6). — *Bruigni*, 1345 (S.-Pierre-aux-Monts. c. 9). — *Broigny*, 1357 (la Charmoye, c. 6). — *Brougny*, 1362 (arch. nat. P 181, 36). — *Berigny*, milieu du XVIᵉ siècle (Delisle, restitution d'un volume des Olim, n° 498).

En 1789, Brugny était compris dans l'élection d'Épernay et était régi par la cout. de Vitry. Son église paroissiale, diocèse de Soissons, doyenné

d'Orbais, était dédiée à saint Sébastien; l'abbé de
Saint-Martin d'Épernay présentait à la cure.

BARONY (RU DE), affl. du Sourdon; arrose les territ.
de Brugny et de Vinay.

BRUGNY-VAUDANCOURT, c^on d'Avize, commune formée
en 1852 de l'union des anciennes communes de
Brugny et de Vaudancourt.

BRÛLARD, f. c^ne de Champvoisy. — *La ferme dite
Bruslard*, 1735 (Saugrain, t. I, p. 469). — *Ferme
de Brustard*, xviiie siècle (la Chap.-Hurlay; plan
terrier).

BRÛLERIE (LA), lieu-dit, c^ne de Gratreuil.

BRÛLERIE (LA), lieu-dit, c^ne de Hurlus.

BRÛLERIE (LA), lieu-dit, c^ne de Saint-Hilaire-au-
Temple.

BRÛLERIE (LA), c^ne de Trécon.

BRÛLERIES (LES), lieu-dit, c^ne de Saint-Amand.

BRÛLERIES (LES), lieu-dit, c^ne de Saint-Mard-lez-
Rouffy.

BRÛLÉS (LES), f. près Huiron.

BAULLY, lieu-dit, c^ne de Louvois.

BRULLY, lieu-dit, c^ne d'Oger.

BRUMEHAIE (GRAND- et PETIT-), étangs dans les bois
dits les Petits-Bâtis, c^ne de Moiremont. — *Sexaginta
arpenta nemoris de parte mea in duobus locis qui di-
runtur Cancha et Bermehez*, 1229 (arch. nat. KK
1064, f° 293 r°).

BRUNERIE (LA), h. c^ne de Sailly.

BRUNET, m^in, c^ne de Damery.

BRUNET (RU DE), affl. de la Marne; coule sur les finages
de Cormoyeux, Fleury-la-Rivière et Damery.

BRUXETTE (LA), m. c^ne de Villers-Marmery.

BRUSSON, c^ne de Thiéblemont. — *Bruisson, Broisson*,
1240 (Cheminon, c. 1). — *Bruxon*, v. 1252 (arch.
nat. J 202, 55). — *Broisson-la-Vile*, 1270 (Cheminon, c. 11). — *Broson*, xiiie siècle (cart. de
Cheminon, f° 21 r°). — *Bruisson*, v. 1300 (extenta
Campanie, Vitry). — *Brusson-la-Ville*, 1474 (N.-D.-
en-Vaux, b. 2). — *Bresson*, 1508 (arch. nat.
P 207, 5). — *Brusson lez Ponthion*, 1542 (Saint-
Memmie, c. 8).
     En 1789, Brusson faisait partie de l'élection et
suivait la cout. de Vitry. Au spirituel, il dépendait, comme aujourd'hui, de la paroisse de Ponthion.

BRUSSON-LES-FORGES, h. c^ne de Cheminon-la-Ville. —
La cense de Brusson-les-Forges lez Cheminon, 1662
(Cheminon, c. 5). — *Brusson*, xviiie s^e (Cassini).
— *Brusson-lez-Forges*, 1860 (Cornet-Paulus).

BRUXENELLE (LA), riv. affl. de la Saulx; prend sa source
dans le finage de Cheminon-la-Ville et se joint à la
Saulx près Vitry-le-Brûlé. — *Fluvius Broscion*,

900 (cart. du chantre Guérin, f° 41 r°). — *Flavius
Bruxio*, 908 (Marlot français, t. II, p. 829). —
Aqua Brosson, 1110 (Cheminon, c. 1). — *Rivas de
Crusson*, 1169 (ibid. c. 7). — *Aqua que vocatur
Bruissuns*, 1171 (ibid. c. 20). — *Rivulus de
Bruxum*, 1182 (Trois-Font. c. 1). — *Bruissons*,
1199 (ibid. c. 9). — *In riparia de Brosson*, 1200
(Cheminon, c. 9). — *Broisson*, 1207 (ibid.). —
Broissons, 1207 (ibid. c. 8). — *La rivière dudit
Belesme, appellée Bruissenelles*, 1459 (arch. nat.
P 179, 67). — *Le ruisseaulx de Brussenel, appellé
la rivière de Blesme*, 1525 (ibid. P 179, 125). —
La Bruxenelle, 1699 (ibid. P 222, 136).
     On prononce *la Brussenelle*.

BRUYÈRE (LA), auc. m^on, à Louvois. — *Une maison
assize audit Loupvois, appellée la maison de la
Bruyère*, 1653 (arch. nat. P 191³, 9).

BRUYÈRES (LES), f. c^ne d'Orconte.

BUANDERIE (LA), lieu-dit, c^ne de Sivry-sur-Ante.

BUAT (LE), cense détr. c^ne de Grauves. — *Une cense
au terroir dudict Grosves, appellée la cense du Buat*,
1574 (arch. nat. P 181, 118).

BUCHY (PETIT-), lieu-dit, c^ne de Corbeil.

BUCHY, lieu-dit, c^ne de Trigny.

BARREAUX (LA), f. c^ne de la Ville-sous-Orbais. — *La
ferme ou cense de la Buffrie*, 1763 (Orbais, p. 38).

BUIRONNE (LA), ruiss. c^ne de Binarville.

BUISSOS (LE), c^ne de Thiéblemont. — *Dumus*, 1201
(feoda Campanie, n° 191). — *Bossun*, 1204
(Cheminon, c. 20). — *Boisson*, 1213 (Trois-
Fout. c. 3). — *Le Buisson*, 1219 (ibid. c. 2).
— *Le Bouisson*, 1220 (ibid. c. 4). — *Bosson,
Buisun*, 1220 (Cheminon, c. 16). — *Buisson,
Boschun, Boschon*, 1227 (ibid.). — *Buschun*, 1237
(ibid.). — *Le Boisson*, 1255 (ibid.). — *Le Bois-
chon*, 1256 (S.-Pierre-aux-Monts, c. 19). —
Buissun, xiiie siècle (cart. de Cheminon, f° 35 v°),
— *Le Buysson*, 1482 (arch. nat. P 161, 222).
Le Buisson-en-Partois, 1498 (ibid. P 161, 48). —
Le Buisson, 1527 (ibid. P 179, 101). — *Le Buisson-
sur-Saulx*, 1571 (ibid. P 161, 122). — *Le Buisson-
sur-Saulx*, 1588 (ibid. P 161, 140). — *Le Buisson-
sur-Soux*, 1642 (ibid. P 216, 99).
     En 1789, le Buisson faisait partie de l'élection
et suivait la cout. de Vitry. Son église paroissiale,
diocèse de Châlons, doyenné de Vitry-le-Brûlé, était
consacrée à Notre-Dame; le chapitre cathédral de
Châlons présentait à la cure.

BUISSAS (LE) m^ons is. c^ne de Giffaumont. — *Les deux
censes, dites le Bouchon ou le Buisson*, 1735 (Saugrain, t. I, p. 444). — *Le Boucheu ou le Buisson*,
1860 (Cornet-Paulus).

Buisson (Le), f. c^ne d'Huiron. — Voy. Grenoble.

Buisson (Le), f. c^ne de Ventelay. — *Le lieu, terre et seigneurie dudit lieu de Buisson et de Neufchastel, séans et assis à la parroisse de Ventelay*, 1361 (arch. nat. P 177, 119). — *Le Buisson*, 1639 (*ibid.* P 216, 74). — *Le château du Buisson*, 1772 (*ibid.* Q¹ 654). — *Buisson*, xviii⁰ siècle (Cassini).

Buisson (Le), m^on, c^ne de Verdon.

Buisson (Le), f. c^ne de Villevenard.

Buisson (Ru de), affl. du ru de Linthelles; arrose le finage de Linthelles.

Buisson-le-Comte (Le), bois, c^ne de Saint-Imoges. — *Un boys appellé le Buisson-le-Conte, assis delez ladicte Ville Neuve Sainct-Ymoge*, 1377 (chap. de Reims, c. 9). — *Une pièce de boys ou forest appellée, par lesditz du chapitre, le Buisson-le-Comte*, 1549 (*ibid.*).

Buissonnière (La), h. c^ne de Verdon. — *La Buissonnerie*, 1832 (état-major).

Buisson-Noir (Le), f. c^ne de Giffaumont. — *La ferme du Buisson-Noir, paroisse de Giffaumont*, 1789 (S.-Étienne de Troyes, G 650).

Buissoa-Putefin (Le), fief relevant de Troissy. — *Ung fief nommé le Buisson-Puttefin*, 1511 (arch. nat. P 181, 1). — *Onze arpens de boys tailliz et plus, appellez le Buisson-Peutefin*, 1560 (*ibid.* P 181, 11). — *Ung fief nommé le Buisson-Peutefin*, 1570 (*ibid.* P 177, 127).

Buisson-Renard (Le), f. détr. c^ne de Pleurs. — *La ferme du Baisson-Renard*, 1682 (arch. nat. P 194¹, 1). — *Le Baisson-Regnard*, 1860 (Cornet-Paulus).

Bollin, h. c^ne de Marfaux. — *Bulain*, 1270 (cart. B du chap. f° 169 r°). — *Bullain*, 1568 (arch. nat. P 181, 15). — *Bulin*, 1860 (Cornet-Paulus).

Balmont, m^in, c^ne de Rosay. — *Aladium quoddam Busnimundum vocatum*, 1113-1121 (S.-Pierre-aux-Monts, c. 20). — *Busneius Mons*, 1121-1126 (*ibid.*). — *Bunemont*, 1168 (Trois-Font. c. 7). — *Malendinum quod situm est apud Buisnemunt*, 1213 (*ibid.* c. 2). — *Molendinum situm juxta Rosetum, quod molendinum vocatur Buinemont*, 1236 (*ibid.*). — *Molendinum de Bunemont*, 1255 (*ibid.* c. 20). — *Lor molin de Bugnimont*, 1257 (*ibid.*). — *Molendinum de Buygnemont*, 128. (arch. nat. Q¹ 668¹). — *Buignemont*, 1295 (S.-Pierre-aux-Monts, c. 20). — *Locum dictum Buynemont*, 1302 (Ulmoy). — *Bunemont*, 1414 (S.-Pierre-aux-Monts, c. 20). — *Une maison ou terroir dudit Rosay, appellé le moulin de Bugnemont, séant près de ladite carpière, lequel moulin est totalement en ruine*, 1462 (arch. nat. Q¹ 662). — *Le moulin à eaux de Bullemont*, 1644 (S.-Pierre-aux-Monts, c. 20).

Boloa, h. détruit, c^ne de Louvois. — *Buiron*, 1225 (S.-Remy de Reims, l. 411). — *Buiron juxta Louvoies*, 128. (arch. nat. Q¹ 668). — *Bulon*, 1299 (Saint-Basle, c. 17). — *La mairie de Louvoix, de laquelle sont les villes de Bulon et de Vertuelle*, 1352 (arch. nat. P 181, 31). — *En la ville de Buron lès Louvois*, 1462 (*ibid.* Q¹ 662). — *Bullon*, 1629 (*ibid.* P 191, 7).

Bulzy, lieu-dit, c^ne de Ville-sur-Tourbe.

Bonot, f. c^ne de Verneuil. — *Une maison assise à Verneul, ... appellé le Baignol*, 1508 (arch. nat. P 180, 169). — *Le lieu, assia et paurprins... assis audit Verneul-sur-Marne, appellé d'anciennetté le fief du Grand-Foynon autrement dit le Bugnot*, 1512 (*ibid.* P 181, 6). — *Le fief, terre et seigneurie du Bugnot, assiz à Vernueil*, 1570 (*ibid.* P 162, 170). — *Le Bunot ou Bugnot*, 1862 (Guérard, p. 2065).

Burial, fief, à Saint-Vrain. — 1615 (dioc. auc. de Châl. t. II, p. 313).

Burigny, vill. détruit, c^ne de Vitry-lez-Reims. — *Buriniacum*, v. 850 (polypt. de Saint-Remy de Reims). — *Buregnies*, 1247 (Saint-Symphorien, c. 4). — *Buregni*, 1249 (Saint-Denis de Reims, l. Barigny). — *Burigneium prope Remis, Burrigneium*, 1258 (cart. B du chap. de Reims, f° 273 v° et 275 v°). — *Novum Burigny, Burigniacum*, v. 1260 (nécr. de l'église de Reims, p. 64 et 97). — *Burgneyam, Burgneium*, 1263 (cart. B du chap. de Reims, f° 653 r°). — *Burigny*, 1266 (*ibid.* f° 654 r°). — *Burini*, 1282 (*ibid.* f° 281 v°). — *Burgny*, 1363 (S.-Denis de Reims, l. Burigny). — *Buregneyum*, xiv⁰ siècle (cart. A du chap. de Reims, f° 94 r°). — *Burigny lez Victry*, 1556 (arch. lég. de Reims, cout. p. 877). — *Burigny estoit autrefois une village qui n'est plus à présent*, 1663 (arch. nat. Q¹ 675; état des biens de l'abb. d'Hautvillers). — *La mairie de Brugny ou Burigny, scituée dans l'estendue du village et parroisse de Vuitry*, 1736 (chap. de Reims, l. Burigny).

Au xiv⁰ siècle, Burigny avait une église paroissiale, consacrée à saint Jean-Baptiste, succursale de l'église de Vitry-lez-Reims.

Baricar, lieu-dit, c^ne de Warmériville.

Bury (Le Ru-de-), lieu-dit, c^ne de Courville.

Bury, écart, c^ne d'Hermonville (Cornet-Paulus).

Bury, vill. c^ne des Istres-et-Bury. — *Bareiam*, 1180 (Vinets, 2, cartulaire). — *Buju*, v. 1205 (foods Camp. n° 353: il fallait sans doute lire *Buri*). — *Le Bury*, 1303-1312 (arch. adm. de Reims, t. II, p. 1020). — *Buiry*, 1634 (arch. nat. P 216, 36).

Bury (Les), lieu-dit, c^ne de Villers-aux-Nœuds.

Buscuère, écart, c^{ne} de Giffaumont (Cornet-Paulus).

Bussemont, chât. c^{nt} de Saint-Lumier-la-Populeuse. — *Bussemont*, 1634 (arch. nat. P 216, 124). — *Busmont*, 1847 (lieux habités).

Bassets (Ruisseau des), c^{ne} de Verzy.

Busseuil, loc. disparue, près Gratreuil. — *Bussel lez Gratereul*, 1392 (arch. nat. P 161, 166).

Bussy, ban, c^{ne} de Courtisols. — *Le ban et finaige que on dit le ban de Bussy*, 1506 (arch. nat. P 184, 80). — *Le ban de Bussy, à Courtisolt*, 1509 (ibid. P 184, 78). — *Bussy lez le village de Courtizolt*, 1633 (lieux régis par la cout. de Vitry). — *Les fief, terre et seigneurie, dit ban de Bussy, à Courtisols*, 1772 (arch. nat. Q¹ 671).

Bussy, fief, à Fismes. — *Bucy*, 1498 (arch. nat. P 163, 56). — *Bussy*, 1609 (ibid. P 181, 163). — *Le fief sis en la ville et terroir de Fismes, appellé le fief de Bussy*, 1646 (ibid. P 191, 17). — *Un fief scize en la ville et terroir de Fimes, appellé le fief de Bussi,... sçavoir la maison ou chef-lieu scize audit Fimes, en la rue de Beuzard*, 1684 (ibid. P 220, 131).

Bussy, h. c^{ne} de Saint-Amand. — *Bussy-le-Petit*, 1860 (Cornet-Paulus). — *Le Petit-Bussy*, 1861 (dioc. auc. de Châl. t. II, p. 116).

Bussy, h. détr. c^{ne} de Vertus. — *Bussy, hameau lez Vertu*, 1633 (lieux régis par la cout. de Vitry).

Bussy-aux-Bois, c^{on} de Suint-Remy-en-Bouzemont. — *Buxiacum*, v. 1252 (arch. nat. J 202, 55). — *Buissi*, v. 1274 (ibid. J 202, 46 bis). — *Buissy*, 1372 (Aube, 1 G 654). — *Buissy-soubz-Arzillières*, 1460 (arch. nat. P 179, 69). — *Bussy-le-Bois*, 1503 (ibid. Q¹ 657). — *Bussy-au-Bois*, 1508 (ibid. P 207, 5). — *Buisai-soubz-Arzillières*, 1508 (ibid. P 207, 12). — *Le village, terre et seigneurie de Bussy-aux-Bois soubz le nom du fief de Toulonjon*, 1636 (ibid. P 215, 36). — *Ung autre [fief] scis à Bussy-au-Bois*, 1641 (ibid. P 216, 82). — *La ville, terre et seigneurie de Bussy-aux-Bois sous le nom du fief de Toulanjon*, 1732 (ibid. P 198, 4).

Bussy-aux-Bois faisait partie, en 1789, de l'élection de Vitry; il était régi en partie par la cout. de Chaumont, en partie par celle de Vitry. Son église paroissiale, annexe de l'église de Gigny-aux-Bois, diocèse de Troyes, doyenné de Margerie, était dédiée à saint Denis.

Bussy-aux-Bois (Ru de), affl. de l'Isson; coule sur le territ. de Bussy-aux-Bois.

Bussy-le-Château, c^{on} de Suippes. — *Buxidum*, v. 850 (polypt. de Saint-Remy de Reims). — *Buxitum castellum meum, municipium Buxiti castri*, v. 1066 (cart. B de Saint-Remy, p. 139-141). —

Bussiacum, 1092 (Gall. christ. t. X, p. 158). — *Buxeium*, 1124-1130 (cart. de Châlons, copie Gaignières, p. 81). — *Altare sancti Hylarii de Buxito*, 1136 (cart. de S.-Nicaise, f° 22 v°). — *Busseium*, 1133-1142 (la Neuville, c. 9). — *Baissi*, 1161 (S.-Memmie, c. 1). — *Villa Buseti*, 1164 (cart. de S.-Nicaise, f° 19 r°). — *Buisseyum*, 1170 (chap. de Reims, l. Brabant). — *Buiseium*, 1170 (ibid. l. Vadenay). — *Buxi*, 1170 (cart. de Toussaints, f° 55 v°). — *Baissi*, 1172 (feods Camp. n° 26). — *Bussi*, 1178 (Saint-Memmie, c. 1). — *Buissiacum*, 1214-1222 (feoda Camp. n° 362). — *Boissi, Bussi*, vers 1222 (liv. des vass. de Champ.). — *Bussi Castrum*, 1248 (cart. de S.-Nicaise, f° 60 r°). — *Buixiacum*, v. 1252 (arch. nat. J 202, 47). — *Bussey*, 1263 (S.-Memmie, c. 7, f° 7 v°). — *Buisseium*, 1256-1270 (feoda Camp. n° 644). — *Boissi-le-Chutel*, v. 1274 (arch. nat. J 202, 47). — *Bussy-le-Chastel*, 1314 (Moiremont, c. 10). — *Buissy, Buyssi*, 1352 (arch. nat. P 18173 o). — *Buxi-le-Chastel en Champaigne*, 1392 (ibid. P 162, 237). — *Buissy-le-Chastel*, 1396 (ibid. P 183, 107). — *Bussiacum Castrum*, 1465 (pouillé de Châl. f° 73 v°). — *Bussy-en-Champagne*, 1546 (arch. nat. P 184, 106). — *Le curé de Bussy-la-Chappe*, 1720 (reven. de Saint-Nicaise, n. 262). — *Bussy-les-Mottes*, 1794 (arch. de la Marne).

En 1789, Bussy-le-Château était compris dans l'élection de Châlons et suivait la cout. de Vitry. Son église paroissiale, diocèse de Châlons, doyenné de Bussy, était consacrée à saint Hilaire; le trésorier de la Sainte-Chapelle de Paris, succédant aux droits de l'abbé de Saint-Nicaise de Reims, présentait à la cure.

Bussy-le-Repos, c^{on} d'Heiltz-le-Maurupt. — *Buxeium*, 1123 (dioc. anc. de Châl. t. II, p. 417). — *Busaiacum*, 1130 (Andecy). — *Basseum*, 1135 (ibid. c. 1). — *Busseia*, 1132-1141 (Toussaints, c. 1). — *Bussi*, 1154-1161 (cart. de Moutiers, 10946, f° 1 r°). — *Busseium Repostum*, 1176 (Ulmoy). — *Buissi-le-Repost*, 1195 (Toussaints, c. 1). — *Boissi*, v. 1222 (liv. des vass. de Champ.). — *Boissi-le-Repout*, 1248 (la Neuville, c. 4). — *Bussiacum Repositum*, 1331 (ibid. c. 8). — *Buxi-le-Repost*, 1346 (ibid.). — *Buissil-le-Repost*, 1374 (ibid.). — *Bussy-le-Repost*, 1407 (ibid.). — *Buissiacum*, 1454 (S.-Pierre-aux-Monts, c. 18). — *Buissy-le-Repot*, 1462 (arch. nat. Q¹ 662, f° 69). — *Bussi-le-Repos*, 1469 (S.-Pierre-aux-Monts, c. 18). — *Bussi-le-Repotz*, 1531 (Toussaints, c. 6). — *Bussi-le-Repos*, 1771 (arch. nat. Q¹ 662).

Bussy-le-Repos faisait partie, en 1789, de l'élection de Châlons et suivait la cout. de Vitry. Son église paroissiale, diocèse de Châlons, doyenné de Possesse, était dédiée à saint Pierre; l'abbé de Toussaints présentait à la cure.

Bussy-Lettrais, c⁰⁰ d'Écury-sur-Coole. — *Busseium*, 1121 (chap. de Châl. a. 2, l. 32). — *Buxeium*, *Buisseium*, 1218 (*ibid*. a. 4, l. 25). — *Buissy de lez Lestrée*, *Bussy lez l'Estrée*, 1383 (arch. nat. P 188, 52). — *Buisseyum*, 1405 (pouillé de Châl. f° 73 r°). — *Buissy*, 1462 (chap. de Châl. a. 4, l. 24). — *Buissy lez l'Estrée*, 1464 (arch. nat. P 36, 8). — *Bussy lez Laistrée*, xv° siècle (cart. de l'év. de Châl. p. 115). — *Bussy-l'Estrée*, 1501 (S.-Memmie, c. 6). — *Bussiacum juxta Stralam*, 1542 (taxe du dioc. de Châl. p. 197). — *Buissy-Lestrée*, 1551 (chap. de Châl. a. 4, l. 24). — *Bussiacum Strata*, v. 1600 (*ibid*. a. 1, l. 56). — *Busciacum juxta Stralom*, 1755 (*ibid*.). — *Bussy-Lettrée*, 1860 (Cornet-Paulus).

En 1789, Bussy-Lettrée faisait partie de l'élection de Châlons et était régi par la cout. de cette même ville. Son église paroissiale, diocèse et doyenné de Châlons, était dédiée à saint Étienne; le chapitre cathédral de Châlons présentait à la cure.

Buteaux (Les), h. c⁰⁰ˢ de Champguyon et de Morsains. — *Une grande rue appelée des Butteaux*, 1764 (Aubrion, p. 83). — *H[am]eau des Butheaux*, xviii° s° (Cassini). — *Les Butors*, 1735 (Saugrain, t. I, p. 474). — *Les Buteaux*, 1860 (Cornet-Paulus).

Buteaux (Les Caakus-), f. c⁰⁰ de Morsains. — *Ferme [des Butheaux]*, xviii° siècle (Cassini). — *Les Grands-Butors*, 1832 (état-major).

But-Fin (Ruisseau du), c⁰⁰ de Janvry.

Butigny (Le), lieu-dit, c⁰⁰ d'Aulnizeux.

Butte-à-Chien (La), m. c⁰⁰ de Réveillon.

Buzz (La), écart, c⁰⁰ de Saint-Gilles.

Buzacquier (Le), écart, c⁰⁰ d'Igny-le-Jard (Cornet-Paulus).

Buzons (Les), h. c⁰⁰ de Molins.

Buzy, vill. détruit par les Impériaux au milieu du xvi° siècle, c⁰⁰ de Massiges. — *Busiacum*, comm. du xi° siècle (pol. de S.-Remy). — *Buissy*, 1304 (cart. de Moiremont, f° 361 v°). — *Buissi*, 1346 (arch. adm. de Reims, t. II, p. 1099). — *Busy*, 1413 (cart. de Moiremont, f° 494 r°). — *Buzy*, 1517 (arch. nat. P 162, 324). — *Une seigneurie appellée de toute ancienneté le ban de Buzy*, 1538 (*ibid*. P 184, 90). — *Le ban de Buzil*, 1601 (Barthélemy, canton de Ville-sur-Tourbe, p. 99).

C

Cabaret (Le), lieu-dit, c⁰⁰ de Courgivaux.

Cabochonnerie (La), lieu-dit, c⁰⁰ d'Auve.

Cabrionnerie (La), lieu-dit, c⁰⁰ de Bussy-aux-Bois.

Cacquerel, fief mouvant de Dormans. — 1613 (arch. nat. P 181, 22).

Cadetterie (La), lieu-dit, c⁰⁰ du Baizil.

Cadrin (La), lieu-dit, c⁰⁰ de la Neuville-aux-Bois.

Cahordrie (La), lieu-dit, c⁰⁰ de Vernancourt.

Caillat (Le), m⁰⁰, c⁰⁰ de Sommevesle.

Caillatterie (La), lieu-dit, c⁰⁰ de Drosnay.

Caillaudries (Les), lieu-dit, c⁰⁰ de Cormoyeux-Romery.

Cailletterie (La), lieu-dit, c⁰⁰ de Festigny.

Caillots (Les), f. c⁰⁰ du Vézier. — *Les Caillets*, 1784 (Courtalon, t. III, p. 293). — *Caillot*, 1847 (lieux habités).

Calais (Ruisseau de), c⁰⁰ de Baye.

Californie (La), f. c⁰⁰ de Beine.

Callibordet, anc. cense, c⁰⁰ de Corroy. — *Cailly-Bordel*, 1602 (arch. nat. P 178, 87). — *Le fief de Caillibordet, scitué entre Corroys et Œuvis*, 1736 (*ibid*. P 228, 43). — *Le fief de Caillibordel, scis*

audit lieu, 1739 (*ibid*. P 229, 19). — *Calliburdet*, xviii° s° (Cassini).

Calloterie (La), h. c⁰⁰ du Baizil.

Cameuterie (La), verrerie, c⁰⁰ de Sainte-Menehould. — *La Camuterie*, xviii° siècle (Cassini).

Cette maison doit son nom à un nommé Camus, qui la construisit en 1556 sur l'emplacement du Bois-Forêt (dioc. anc. de Châl. t. II, p. 143).

Camois (Le), f. c⁰⁰ de Vauciennes.

Camp (Ru du), affl. de la Marne; arrose les terril. de Port-à-Binson et de Cuchery.

Camp d'Attila (Le), oppidum gaulois, c⁰⁰ de la Cheppe. — Voy. Vieux-Châlons (Le).

Canal (Le), f. c⁰⁰ de Frignicourt. — *La terre et seigneurie de Frignicourt et du Canal*, 1730 (arch. nat. P 231, 24). — *Petit-Canal, Grand-Canal*, xviii° s° (Cassini).

Canetière (La), chât. détruit, c⁰⁰ de Rosay. — *La maison que en dit la Canetiere, assise dessous ladite ville de Rosay, ... la Quenetière*, 1296 (S.-Pierre-aux-Monts, c. 19). — *Une place près dudit Rosay, toute close de fossez, en laquelle souloit avoir ung*

6.

. *chasteau* ou *forte maison appellée la Canetiere*, 1462 (arch. nat. Q¹ 662).

CANILLARD (LE), écart, c⁰ᵉ de Saint-Prix (Cornet-Paulus).

CANONNERIE (LA), lieu-dit, c⁰ᵉ du Thoult-Trosnay.

CANONNIÈRE (LA), lieu-dit, c⁰ᵉ de Vauchamps.

CANTONNERIE (LA'), lieu-dit, c⁰ᵉ de Rieux.

CAQUERET (LA) ou LA CAQUERIE, lieu-dit, c⁰ᵉ de l'Échelle-le-Franc. — On y voit des vestiges de construction.

CARASIN (LE), écart, c⁰ᵉ de Barbonne-et-Fayel.

CARBONNEAUX (LES), tuil. c⁰ᵉ de Crugny.

CARBONNERIE (LA), mᵒⁿ is. c⁰ᵉ de Pargny.

CARBONNIOTERIE (LA), lieu-dit, c⁰ᵉ de la Ville-sous-Orbais.

CARBONNISERIE (LA), mᵒⁿ, c⁰ᵉ de Broussy-le-Grand.

CARCANNERIE-DE-LARCHER, mᵒⁿ, c⁰ᵉ de Compertrix. — 1847 (lieux habités).

CARDONNERIE (LA), lieu-dit, c⁰ᵉ de Courbétaux.

CARIBERY, f. détr. c⁰ᵉ de Moussy. — *La ferme Caribery*, 1735 (Saugrain, t. I, p. 471).

CARMERIE (LA), lieu-dit, c⁰ᵉ d'Auberive.

CARPION, mᵒⁿ is. c⁰ᵉ de Saint-Memmie.

CARRES (LES), f. c⁰ᵉ d'Hancourt.

CARRIÈRE-BRANSCOURT, mᵒⁿ, c⁰ᵉ de Branscourt.

CARRIÈRES (LES), écart, c⁰ᵉ d'Avize.

CARBOUGERIES (LES), lieu-dit, c⁰ᵉ de Baye.

CARROUGES (FIEF DES), c⁰ᵉ de Champguyon (histoire d'Esternay, p. 210).

CARRUAUX (LES), fief, à Fagnières. — 1693 (dioc. anc. de Châlons, t. I, p. 279).

CARTENAY, h. c⁰ᵉ de Nanteuil-la-Fosse. — *Cardenay*, 1735 (Saugrain, t. I, p. 481).

CARTONNERIE (LA), lieu-dit, c⁰ᵉ d'Ablois.

CASENERIE (LA), lieu-dit, c⁰ᵉ de Janvilliers.

CASSINE (RU DE LA), affl. de la Vesle; coule sur le finage de Sommevesle.

CASSINES (RU DE), affl. du ru de Grange-aux-Bois; coule sur le finage de Champvoisy.

CASTALONNERIE (LA), lieu-dit, c⁰ᵉ de Bussy-le-Repos.

CAUCELLA, nom latin d'un ancien village voisin de la Livre. — *Villa quæ vocatur Caucella secus Libram rivulum sita*, v. 948 (Flodoard, l. I, c. 22; variante du ms. de Montpellier : *Canoella*).

CAURASSERIE (LA), lieu-dit, c⁰ᵉ de Dormans.

CAURS (LA), c⁰ⁿ de Montmort. — *Courra*, 1183 (Andecy). — *Corra*, 1248 (la Charmoye). — *La Corra*, v. 1252 (arch. nat. J. 193, 51). — *Coorra*, 1263 (la Charmoye, c. 2). — *La Coulre*, 1508 (arch. nat. P 207, 12). — *La Caulre*, 1752 (min. Gobet, à Orbais). — *La Caure*, 1834 (état-major).

En 1789, la Caure faisait partie de l'élection et suivait la . cout. de Vitry. Son église paroissiale,

annexe de celle de Montmort, diocèse de Châlons, doyenné de Vertus, était consacrée à saint Pierre.

CAURE (LA), f. c⁰ᵉ de Scrupt. — *Grangia de Chasson*, 1223 (Cheminon, c. 1). — *Chassun, Chasun*, XIIIᵉ s⁰ (cart. de Chem. fᵒˢ 29 et 30). — *Ung ban et terrouer, d'anciennetté appellé Chasson et de present aultrement dict la Caorre*, 1547 (Chem. c. 2). — *La cense de la Caure*, 1711 (ibid. p. 7). — *Ferme de la Core*, XVIIIᵉ siècle (ibid. p. 17, plan).

CAUREL, c⁰ᵉ de Bourgogne. — *Correllum*, 1190 (S.-Remy, l. 55). — *Correal*, 1249 (cart. A du chap. de Reims, fᵒ 310 v°). — *Caurel*, 1252 (cart. B du chap. de Reims, fᵒ 498 r°). — *Chaureel, Caureel*, v. 1260 (nécr. de l'église de Reims, p. 64). — *Corallum juxta Lavannam*, 1265 (S.-Denis de Reims, l. Caurel). — *Caurellum juxta Lavannam*, 1282 (cart. B du chap. de Reims, fᵒ 281 v°). — *Chaurel*, 1324 (S.-Denis de Reims, l. Burigny). — *Caurrel*, 1333 (arch. adm. de Reims, t. II, p. 672). — *Caurel-lèz-Lavenne*, 1446 (cart. de S.-Denis de Reims, p. 495). — *Caurelles les Lavannes*, 1804 (ann. de l'an XIII, p. 36).

En 1789, Caurel faisait partie de l'élection de Reims et suivait la cout. de Reims. Son église paroissiale, diocèse de Reims, doyenné de Lavannes, était dédiée à saint Basle; le tournaire du chapitre de l'église métropolitaine présentait à la cure.

CAURETTE (RU DE), affl. de la Vesle; coule sur le territ. de Montigny-sur-Vesle.

CAUROY-LEZ-HERMONVILLE, c⁰ᵉ de Bourgogne. — *Colridas*, v. 948 (Flodoard, l. IV, c. 28). — *Libera ville Sancte Marie*, 1124 (cart. de S.-Denis de Reims, p. 21). — *Colroi*, 1156 (cart. de Saint-Thierry, fᵒ 384 v°). — *Carreiam*, 1168 (Saint-Thierry, c. 4, l. 34). — *Charvoi*, 1177 (ibid. l. 1). — *Coriletum*, 1209 (ibid. c. 3, l. 25). — *Coruletum*, 1225 (ibid. c. 7, l. 51). — *Cauretum*, 1256 (arch. nat. S 5034, suppl. n° 5). — *Caurretum*, 1262 (S.-Denis de Reims, l. Cauroy). — *Couretum propo villam nostrum de Courmissiaco*, 1280 (cart. + de l'arch. de Reims, fᵒ 5 v°). — *Caurretum juxta Courmissiacum*, 1284 (cart. de Saint-Thierry, fᵒ 367 v°). — *Courrai*, 1328 (arch. adm. de Reims, t. II, p. 559). — *Corroi*, 1352 (cart. d'Igny, fᵒ 70 v°). — *Cauroy*, 1358 (arch. adm. de Reims, t. III, p. 108). — *Cauroy delaz Hermanville*, comm. du XIVᵉ siècle (ibid. t. I, p. 1090). — *Cauroy lez Harmonville*, 1556 (arch. lég. de Reims, cout. p. 902). — *Caurois*, 1622 (Saint-Thierry, c. 8).

En 1789, Cauroy-lez-Hermonville faisait partie de l'élection et suivait la cout. de Reims. Son église paroissiale, diocèse de Reims, doyenné d'Hermonville, était dédiée à Notre-Dame; l'abbé de Mouzon présentait à la cure.

Cave (La), f. c^ne de Boursault.

Cave (La), fief, à Humbercourt. — *Le fief de la Cave-lez-Humbescourt*, 1662 (arch. nat. P 217, 87).

Caves (Les), m^on, c^ne de Champillon.

Caves (Les), fief, c^ne de Conflans. — *Le fief des Caves, paroisse de Conflanz*, 1766 (arch. nat. Q¹ 671).

Gaves (Les), fief, c^ne de Saint-Prix. — *Les Caves, parroisse de Sainct-Prix*, 1569 (le Reclus, c. 1). — *Le fief des Caves*, 1603 (arch. nat. P 178, 98).

Cazon, m^on is. c^ne de Possesse.

Celle-sous-Chantemerle (La), c^ne d'Anglure. — *Cella*, v. 1146 (Montier-la-Celle, l. 18). — *Cella Sancti Sereni*, 1155 (ibid.). — *Cella Cantumerule*, 1176 (hist. des comtes de Champ. t. III, p. 465). — *Cella sub Cantumerula*, 1194 (Montier-la-Celle, l. 18). — *Celle*, v. 1222 (liv. des vass. de Champ.). — *Lacalla*, v. 1240 (arch. nat. J 193, 83). — *La Celle-souz-Chantemelle*, fin du xɪɪɪ° siècle (ibid. J 206; Troyes, 3). — *La Celle, la Celle-soubz-Chantemerle*, 1375 (ibid. P 171, 157). — *Cella subtus Cantumerulam*, 1381 (pouillé de Troyes, A 509; c'est par erreur que dans le même document — A 243 — ce lieu est nommé *Capella*). — *La Selle-soubz-Chantemerle*, 1507 (arch. nat. P 165, 242). — *Le village de la Selle*, 1538 (ibid. P 178, 13). — *La Scelle*, 1587 (ibid. P 178, 59). — *La Sel soulz Chantemelle*, 1650 (minutes Peignot, à Marcilly).

En 1789, la Celle-sous-Chantemerle faisait partie de l'élection de Troyes et suivait la cout. de Meaux. Son église paroissiale, diocèse de Troyes, doyenné de Pont-sur-Seine, était consacrée à Notre-Dame; l'évêque de Troyes, comme abbé de Montier-la-Celle, en était collateur.

Candarlas (La), m^on, c^ne de Germigny.

Cendrières (La), tuil. c^ne de Villevenard.

Cense (La), lieu-dit, c^ne d'Arrigny.

Cense (La), lieu-dit, c^ne de Bazancourt.

Cesse (La), m^on is. c. de Belval, c^ne de Châtillon. — *La Cena*, 1847 (lieux habités).

Cense (La), lieu-dit, c^ne de Binarville.

Casse (La), lieu-dit, c^ne de Blacy.

Cense (La), lieu-dit, c^ne de Courtagnon.

Cense (La), f. c^ne de Faux-Fresnay.

Casse (La), lieu-dit, c^ne de Gueux.

Cense (La), lieu-dit, e^ne d'Heiltz-l'Évêque.

Casse, f. c^ne d'Huiron.

Cense (La), lieu-dit, c^ne de la Neuville-aux-Bois.

Cense (La), lieu-dit, c^ne de Pierremorains. Il y avait

Jadis, en ce lieu, une ferme appartenant à l'une des abbayes de Vertus; elle fut vendue en 1790.

Cense (La), lieu-dit, c^ne de Saint-Mard-sur-le-Mont.

Cense (La), lieu-dit, c^ne de Suizy-le-Franc.

Cense (La), lieu-dit, c^ne de Vanault-le-Châtel.

Cense (La), f. c^ne de Vendières-sous-Châtillon.

Cense-Aubin (La), lieu-dit, c^ne du Baizil.

Cense-aux-Groseilles (La), lieu-dit, c^ne de Bourgogne.

Cense-aux-Moines (La), lieu-dit, c^ne de Soulières.

Casse-Baugé (La), m^on, c^ne de Barbonne. — *Cense de Beaugé*, xvɪɪɪ° s° (Cassini). — *La Cense-Beauger*, 1862 (Guérard, p. 267).

Cense-Bethon (La), f. c^ne de Fontaine-Bethon. — *La cense Letu*, xvɪɪɪ° siècle (Cassini).

Cense-Bizet (La), f. et m^in, c^ne de Vertus. — *Le moulin de la Motte ou Cense Bizet*, 1673 (arch. nat. Q¹ 681). — *La ferme dite Bizet; le moulin de la Cense-Bizet*, 1804 (ann. de l'an xɪɪɪ, p. 90-91). — *Bizet*, 1860 (Cornet-Paulus).

Cense-Bassy (La), f. c^ne de Villars-en-Argonne. — *Cense Brissier*, xvɪɪɪ° siècle (Cassini). — *La Cense-Brissier*, 1804 (ann. de l'an xɪɪɪ, p. 92). — *La Cense*, 1847 (lieux habités).

Crass-Brûlée (La), f. c^ne de Saiale-Menehould. — *La Cense-Brûlée*, 1735 (Saugrain, t. I, p. 440).

S'il est exact que cette ferme ait été construite par un certain Bruley, on devrait écrire, avec M. E. de Barthélemy (dioc. anc. de Châlons, t. II, p. 143), *la Cense Bruley*.

Cense-Carrée (La), f. c^ne d'OEuilly. — *La Cense-Carrée*, 1735 (Saugrain, t. I, p. 471). — *La Cense-Quarrée*, xvɪɪɪ° siècle (Cassini).

Cense-Carrée (Ru de la), affl. de la Marne; passe à Montvoisin, h. de la c^ne d'OEuilly.

Cense-de-Blacy, f. c^ne de Blacy.

Cense-de-Saint-Jacques (La), écart, c^ne de Larzicourt.

Cense-des-Prés (La), h. c^ne de Saint-Amand. — *La Cense-des-Prez*, 1735 (Saugrain, t. I, p. 445). — *Les Censes-des-Prés*, xvɪɪɪ° siècle (Cassini).

Cense-des-Présents (La), anc. f. c^ne de Dampierre-sur-Auve. — *Une aultre cense appellée la Canse-de-Dampierre, aultrement dicte et appellée la Cense-des-Presencts*, 1572 (arch. nat. P 184, 99). — *La Cense-des-Persevoiz*, 1576 (ibid. P 185, 12).

Cense-du-Chemin (La), f. c^ne de Saint-Ouen. — *Ferme du Chemin*, xvɪɪɪ° siècle (Cassini).

Cense-du-Couvent (La), anc. f. c^ne de Braux-Saint-Remy. — *Une cense et métairie appellée la Canse-du-Couven*, 1644 (S.-Remy de Reims, l. 59). — *Une cense et gaingnage appellé la Han-du-Gouvent, ... scituée au finage de Braux-Saint-Remy*, 1672 (ibid.). — *La cense appellée l'Ahan-du-Couvent*,

1704 (*ibid.*). — *La cense* du *Couvent-de-Han*, 1740 (*ibid.*).

CENSE-DU-PUITS (LA), f. c⁰ᵉ de Glannes.

GENSE-DU-RUD, f. cⁿᵉ de Janvilliers.

CENSE-FLANCOURT (LA), écart, cⁿᵉ de Faverolles.

CENSE-FOSTAINS (LA), f. cⁿᵉ de Magneux.

CENSE-GROUARD (LA), f. détruite, près Ablois-Saint-Martin. — *Une autre cense appellée la Cense-Grouart, laquelle est en friche et bruière, de quoy l'on ne tire aalcua profit, d'aultant qu'elle a esté desmolie et délaissez par et depuis les guerres civiles*, 1634 (arch. nat. P 216, 38).

CENSE-HABZAA (LA), f. cⁿᵉ de Montmort. — *La Cense-Hubault*, 1624 (la Charmoye, c. 4).

CENSE-LACHET (LA), f. disparue, cⁿᵉ de Sainte-Mene-hould. — Cette ferme fut construite au XVIIᵉ siècle par un nommé Lachat (dioc. anc. de Châlons, t. II, p. 145). — *La Cense Laschet*, 1735 (Saugrain, t. I, p. 440). — *La Cense-Lachée*, XVIIIᵉ sᵉ (Cassini).

CENSE-NEUVS (LA), f. cⁿᵉ de Margerie-Hancourt. — *Canse-Neuve*, XVIIIᵉ siècle (Cassini).

CESSE-NEUVE (LA), f. détr. cⁿᵉ de Saint-Ouen. — *La Cense-Neuve*, 1735 (Saugrain, t. I, p. 445).

CENSE-NEUVS (LA), f. détr. cⁿᵉ de Saint-Remy-en-Bouzemont. — *La cense neuve du sieur Duhamel*, (Saugrain, t. I, p. 446). — *La Canse-Neuve*, 1804 (ann. de l'an XIII, p. 80).

CESSE-PERNET (LA), f. détr. cⁿᵉ de Montmort. — *La Cense-Pernet*, 1735 (Saugrain, t. I, p. 471).

GANSE-PICARD (LA), f. cⁿᵉ de Nesle-la-Reposte.

CENSE-PRUDHOMME (LA), f. disparue, cⁿᵉ de Comblizy. — *L'autre ferme ou cense appellée la Cause-Preudhomme*, 1560 (arch. nat. P 181, 11).

CENSE-ROUGE (LA), f. cⁿᵉ de Congy. — *Cense-Rouge*, XVIIIᵉ siècle (Cassini).

CENSES (LES), lieu-dit, cⁿᵉ de Warmeriville.

CENSES-DU-CALTEAU (LES), f. cⁿᵉ de Lagery. — *Allenlour de la maison seigneurialle et en plusieurs endroictz dudit terroir dudict Lagery, trois censes ou fermes appellées communement les Censes-du-Chasteau*, 1606 (arch. nat. P 181, 24).

CANSES-TRUCS (LES), censes, cⁿᵉ de Saint-Memmie.— C'étaient des fiefs appartenant à la famille Truc, de Châlons (dioc. anc. de Châlons, t. II, p. 30).

CENSIÈRE (RU DE LA), aff. de l'Orcontel; arrose les finages de Vouillers et d'Orconte.

CEST-FOSSES, anc. aub. cⁿᵉ de Thil. · ·

CÉRASIER (LE), mⁿ, cⁿᵉ de Vitry-le-François.

CERNAY-EN-DORMOIS, cⁿ de Ville-sur-Tourbe. — *Sarneium*, comm. du XIᵉ siècle (polypt. de S.-Remy). — *Sarneium*, 1154 (arch. adm. de Reims, t. I,

p. 329). — *Sarnai*, 1163 (ibid. t. I, p. 339). — *Sarnacum*, 1176 (prieuré de S.-Thomas). — *Sarnaium*, 1202 (arch. nat. S 5038, n° 40). — *Sarnayum*, 1214 (ibid. n° 12). — *Sarnarum in Dormoys*, 1244 (cart. de S.-Nicaise, f° 95 r°). — *Sernaium, Sarnay*, v. 1252 (arch. nat. J 202, 48 et 55). — *Sarnai-en-Dormois*, 1254 (cart. d'Avenay, f° 43 r°). — *Cerneium*, vers 1260 (nécr. de l'église de Reims, p. 74). — *Cernacum in Dormisio*, 1303-1312 (arch. adm. de Reims, t. II, p. 1098). — *Sarnacum in Dormesio*, 1336 (ibid. t. II, p. 735). — *Sernay - en - Dormois*, 1396 (arch. nat. P 208, 28). — *Charny*, XIVᵉ siècle (Froissart, l. II, c. 185). — *Cernay - en - Dormoya*, 1411 (arch. nat. P 166, 299).

En 1789, Cernay-en-Dormois faisait partie de l'élection de Sainte-Menehould et suivait la cout. de Vitry. Son église paroissiale, diocèse de Reims, doyenné de Cernay, était dédiée à Notre-Dame; l'abbé de Saint-Remy de Reims présentait à la cure.

CERNAY-LEZ-RAIMS, cⁿ de Beine. — *Sarnacum*, 1103 (arch. adm. de Reims, t. I, p. 262). — *Sarnaium*, 1213 (arch. lég. de Reims, statuts, t. I, p. 181). — *Cernai*, v. 1222 (liv. des vass. de Champ.). — *Sernacum*, 1247 (cart. B du chap. de Reims, f° 507 v°). — *Sarnay*, 1248 (cart. de S.-Nicaise, f° 60 r°). — *Sarnacum juxta Remis*, 1275 (S.-Nicaise, c. 15). — *Sarnai*, 1286 (arch. adm. de Reims, t. I, p. 1014). — *Sarney*, commencement du XIVᵉ siècle (ibid. t. I, p. 1090). — *Sernoy*, 1328 (ibid. t. II, p. 552). — *Sarnacum le Pelé*, 1346 (ibid. t. II, p. 1062). — *Se[r]nay-le-Pelé lez Reims*, 1384 (ibid. t. III, p. 624). — *Sernay devant Reims*, 1384 (ibid. t. III, p. 584). — *Sernais-lez-Reims*, 1556 (arch. lég. de Reims, coul. p. 881):

Cernay-lez-Reims était compris, en 1789, dans l'élection et suivait la cout. de Reims. Son église paroissiale, diocèse de Reims, doyenné de Lavannes, était consacrée à saint Martin; le tournaire du chapitre métropolitain présentait à la cure.

·CERNON, cⁿ d'Écury-sur-Coole. — *Milo de Cernone, Cernonium*, 1132 (la Neuville, c. 4). — *Cernun*, 1135 (cart. d'Huiron, p. 18). — *Gernon*, 1140 (cart. de Montiers, 9905, f° 117 r°). — *Celnun, Cernoul*, 1164-1191 (Vinets, c. 5). — *Celnum*, v. 1222 (livre des vassaux de Champ.). — *Sernom*, 1256-1270 (docum. géogr. n° 602). — *Cernonnum*, 1405 (pouillé de Châlons, f° 74 v°). — *Cernon-sur-Coole*, 1556 (arch. lég. de Reims, cout. p. 919). — *Cernon-sur-Colle*, 1573 (arch. nat. P 184, 225).

En 1789, Cernon était compris dans l'élection et suivait la cout. de Châlons. Son église paroissiale, diocèse et doyenné de Châlons, était dédiée à saint Hippolyte; l'abbé d'Huiron présentait à la cure.

CERSEUIL, h. c⁰ᵉ de Mareuil-le-Port. — *Cersoilus*, commencement du xiᵉ siècle (polypt. de Saint-Remy). — *Cersueil*, 1201 (cart. de Saint-Remy, f° 3o v°). — Cerseuil, v. 1220 (livre des vass. de Champagne). — *Cerceull*, 1253 (Amour-Dieu, c. 2). — *Cersolium*, 1254 (cart. de l'Amour-Dieu, f° 17 v°). — *Cersuel*, v. 1274 (arch. nat. J 202, 45). — *Cerceuil*, 1749 (Hautvillers, c. 5). — *Serseuil*, 1735 (Saugrain, t. I, p. 470).

CERSEUIL, fief, à Ormes. — *Feodum de Cersuel situm apud Urmas juxta Remis* (cart. B du chap. métr. de Reims, f° 210 r°).

CERTINE (LA) ou LA CERTAINE, f. c⁰ᵉ de Courdemange. — *Certain*, 168. (dioc. anc. de Châl. t. II, p. 37).

CEVILLY, f. disparue, c⁰ᵉ d'Argers. — *Une autre cense appellée Cevilly*, 1762 (arch. nat. Q¹ 658).

CAABOTTS (LA), m⁰ⁿ⁰ is. c⁰ᵉ de Germigny.

CHACRATERIE (LA), lieu-dit, c⁰ᵉ de Varimont.

CHACOTINIÈRE (LA), lieu-dit, c⁰ᵉ de Nogent-l'Abbesse.

CHAFFAUX (LES), m⁰ⁿ, c⁰ᵉ de Sommevesle.

CUAGAV, vill. détruit, c⁰ᵉ de Warmeriville. — *Communias de Warmerivilla et de Chanhugni*, 1234 (chap. de Reims, f° 41 bis). — *Chaugny*, 1278 (ibid.).

CHAILLOT (MONT), c⁰ᵉ de la Veuve.

CHAILLOTS (ROISSRAU DES), c⁰ᵉ de Suizy-le-Franc.

CUAILLY, fief, c⁰ᵉ d'Unchair. — *Un fief séant en la ville dudit Unchair, appellé le fief de Chailly*, 1435 (arch. nat. P 181, 154). — 1735 (ibid. Q 654).

CHAISE (LA BASSE- et LA HAUTE-), fief, c⁰ᵉ de Pargny-sur-Saulx (Guérard, p. 598).

CASIATAIX, c⁰ᵉ de Vertus. — *Molendinum de Chintry*, 1162 (Andecy). — *Chintri*, 1200 (la Charmoye, c. 3). — *Sinteriacum*, 1213 (S.-Pierre-aux-Monts, c. 2). — *Chintreium*, 1216 (la Charmoye, c. 3). — *Sintreiacum*, 1289 (S.-Pierre-aux-Monts, c. 2). — *Chintery*, 1381 (arch. nat. P 181, 38). — *Le prieuré de Chintry de coste Vertus*, 1384 (ibid. P 51², 1460). — *Chaintry*, 1396 (chap. de Sézanne, c. 3). — *Chintreyum*, 1405 (pouillé de Châlons, f° 73 r°).

En 1789, Chaintrix faisait partie de l'élection de Châlons et suivait la cout. de Vitry. Son église paroissiale, annexe de l'église de Bierges, diocèse de Châlons, doyenné de Vertus, était consacrée à Notre-Dame.

CHAISE (LA), fief et m⁰ⁿ, à Taissy. — *Damas de la Chayse*, 1284 (S.-Remy, l. Taissy). — *Ils ont, en la ville de Taissy-les-Reins, une maison appellée la maison de la Chiesa*, 1398 (ibid.). — *La maison et cense de la Chieze*, 1422 (ibid.). — *La cense de la Chaize*, 1605 (ibid.). — *La cense de la Cheze*, 1682 (ibid.). — *La cense et seigneurie de la Chesée scize au lieu et terroir de Taissy*, 1730 (ibid.). — *La Chezée*, 1739 (ibid.). — *La cense et seigneurie de la Chesse scize au lieu et terroir de Taissy*, 1764 (ibid.). — *Un corps de ferme... vulgairement appellé le fief de la Ghesce*, 1779 (ibid.).

CHAISE (LA), m⁰ⁿ, c⁰ᵉ de Tréfols.

CHAÏTILLON, lieu-dit, c⁰ᵉ de Vadenay.

CHALADRERIE (LA), lieu-dit, c⁰ᵉ de Villers-Allerand.

CHALAIDES (LES), f. c⁰ᵉ de Sainte-Menehould.

CHALANDERIE (LA), lieu-dit, c⁰ᵉ du Baizil.

CHALLERANGE, f. c⁰ᵉ de Taissy.

CHALMEL, f. détr. c⁰ᵉ de Bourgogne. — *Chalmel*, 1804 (ann. de l'an xiii, p. 34).

CHALMELLE (LA), h. c⁰ᵉ de la Forestière. — *Charmeia*, 1147 (Paraclet, 24 H1). — *Carmeia*, 1165 (Gall. chr. t. XII, col. 271). — *La Charmoise*, autrement *dit la Challemolle*, 1213 (cart. de Nesle, f° 32 r°). — *La Charmoye*, 1371 (ibid. f° 10 r°). — *L'ostel, terre et seigneurie... assis à la Charmoye, aultrement dit la Challemelle*, au bailliage de Sézanne, 1516 (arch. nat. P 178, 65). — *Le fief de la Charmoye dict Challemelle, assis près la Forestière*, 156. (ibid. P 165, 307). — *La maison assise audict lieu de la Forestier, vullegairement appelée la fiefas des Mouche*, 1650 (minutes Peignot, à Marcilly). — *La Chalamelle, paroisse de la Forestière*, 1686 (arch. dép. de l'Aube, Q 679). — *La Charmelle*, 1735 (Saugrain, t. I, p. 465). — *Le fief et seigneurie de la Chalmelle, autrement apellé les Mouches, par. de la Forestière*, 1756 (arch. nat. Q¹ 678). — *Charmel*, 1804 (ann. de l'an xiii, p. 58).

CHÂLONNAIS, ancien pagus ou comté dont le chef-lieu était Châlons-sur-Marne. — *Territorium Catalauninse*, mil. du viiᵉ siècle (chronic. Fredegarii, c. 42). — *Pagus Cathalaunensis*, 844 (cart. du chantre Guérin, f° 6 v°). — *Catalaunium*, 853 (capitul. Silvac. apud Bouquet, t. VII, p. 646). — *Pagus Catalaunensis*, 865 (ibid. f° 10 r°). — *Pagus Catalonicus*, avant 1050 (Rad. Glaber, l. II, c. 11). — *Chaalonois*, 1675 (Valois, notitia Galliarum, index franç.). — *Châlonois*, 1726 (dictionn. univ. de la France, t. I, p. 691). — *Chălonnois*, 1745 (dom Bouquet, t. II, p. 745).

CHÂLONS-LE-VERGEUR, h. c⁰ᵉ de Bouvancourt. — *Chaullon?* 1261 (Machaut, hist. du bienh. J. de Mont-

mirel, p. 43a). — *Chalon?* 1311 (hist. de la maison
de Guines, p. 395). — *Chalon-le-Merdex*, comm.
du xiv° siècle (arch. adm. de Reims, t. I, p. 1090).
— *Chaalons-le-Merdeux*, 1556 (arch. lég. de
Reims, cout. p. 891). — *Chalon-le-Meldeux*, 1735
(Saugrain, t. I, p. 477). — *Chaalons-le-Vergeur*,
1804 (ann. de l'an xiii, p. 34).

Châlons-le-Vergeur doit son surnom actuel à
la famille qui le possédait dans les derniers siècles;
en 1556, Nicolas Le Vergeur était «seigneur usu-
fructuaire de Chaalons-le-Merdeux» (arch. lég. de
Reims, cout. p. 891).

CHÂLONS-SUR-MARNE, ch.-l. du département. — *Durocatelauni*, iii° siècle (itinér. d'Antonin). — *Apud
Catalaunos*, iv° siècle (chron. d'Eusèbe, ann. 273).
— *Urbs Catelauni*, iv° siècle (Amm. Marcellin, l. V,
c. 11; l. XXVII. c. 2). — *Civitas Catuellaunorum*,
fin du iv° s° (notitia civitatum Galliæ). — *Calala cive*
(monn. mérov. n° 115). — *Catalaunicum castrum*,
v. 834 (chron. Fontanall. c. 17). — *Cadhellonica*,
Cadhellonensis, *Cadelonensis urbs*, 842 (Nithard).—
Cavalonum, v. 850 (polypt. de S.-Remy). — *Cata-
launica urbs*, v. 948 (Flodoard, l. I, c. 3). — *Cota-
loni*, v. 1045 (Rad. Glaber, t. II, c. 7). — *Catalaunum*, 1113 (Barthélemy, hist. de Châl. p. 157). —
Chatalaunensis moneta, 1148 (cart. d'Igny, f° 4 v°).
— *Katalauni*, 1151 (cart. de Touss. f° 45 r°). —
Cathalaunum, 1171 (arch. adm. de Reims, t. I,
p. 363). — *Kathalanum*, 1200 (la Charmoye, c. 5).
— *Chatalaun.* 1201 (S.-Denis de Reims, l. Hermonville). — *Chalon*, *Chaalons*, *Chaaluns*, *Chaclons*, v. 1222 (livre des vass. de Champ.). — *Calha-
lanum*, 1228 (liber principum, 599², f° 325 v°).
— *Châlons*, 1240 (liber pontificum, f° 270 v°). —
Catalauna, v. 1263 (arch. adm. de Reims, t. I,
p. 852). — *Chaalonz*, 1284 (chap. de Châl. a. 6,
l. 51). — *Chaalon*, 1290 (Barthélemy, cart. de
l'évêché, p. 60). — *Chaluns*, *scilicet Cathalaunum*,
fin du xiii° siècle (annales Stadenses, apud Pertz,
t. XVI, p. 335). — *Cathalonum*, 1313 (Boutaric,
actes du parlem. de Paris, n° 4167). — *Chaallons*,
1383 (Brussel, usage des fiefs, p. 758). —*Chaallon
en Champaigne*, 1486 (voyage de G. Lengherand).
— *Chaallon*, 1540 (arch. nat. P 179, 107). —
Chaslons, 1567 (mém. de Cl. Haton, p. 497). —
Châlons-en-Champagne, 1743 (arch. lég. de Reims,
statuts, t. II, p. 652).

Châlons-sur-Marne était le chef-lieu de la généralité de Champagne qui, en 1789, comprenait douze élections; la coût. de cette ville était
suivie par une cinquantaine de villages. — L'église
cathédrale de Châlons est consacrée à saint Étienne.

CAÂLOSS-SUR-VESLE, c°° de Ville-en-Tardenois. —
Chalon villa, 1125 (cart. de S.-Thierry, f° 109 v°).
— *Villa Cavalio*, 1126 (arch. adm. de Reims,
t. I, p. 278). — *Chalun*, 1132 (S.-Thierry, l. 25).
— *Villa que dicitur Chalonis*, *Chalons*, 1137 (arch.
adm. de Reims, t. I, p. 291). — *Chalona*, 1143
(S.-Thierry, c. 6, l. 42). — *Villa Chalon, que
est in parrochia ipsius Triniaci*, 1156 (cart. de
Saint-Thierry, p. 383). — *Calon*, 1171 (Saint-
Thierry, l. 1).— *Chalun*, 1182 (cart. de S.-Thierry,
f° 18 v°). — *Chalon super Vidulam*, 1270 (arch.
adm. de Reims, t. I, p. 911). — *Chalon-sur-Veelle*,
Chalon supra Veele, 1270 (cart. de S.-Thierry,
f° 312 v°). — *Châlon-Louvel*, v. 1274 (arch. nat.
J 202, 45). — *Châlon-sur-Veele*, 1358 (arch.
adm. de Reims, t. III, p. 108). — *Chalonnum supra
Vidulam*, 1372 (S.-Thierry, l. 23). — *Challon*,
xiv° siècle (cart. A du chap. de Reims, f° 128 r°). —
Chalon-sur-Veelle, 1413 (S.-Remy, l. 396). —
Chaalons, 1432 (arch. lég. de Reims, cout. p. 583).
— *Chaulan*, 1481 (arch. adm. de Reims, t. I,
p. 121). — *Chaulons-sur-Vesle*, 1515 (S.-Thierry,
l. 71). — *Chaslons-sur-Vesle*, 1761 (ibid. l. 11).

En 1789, Châlons-sur-Vesle faisait partie de
l'élection de Reims et était régi par la cout. de
Vitry. Son église paroissiale, annexe de l'église de
Trigny, diocèse de Reims, doyenné d'Hermonville,
était dédiée à sainte Marie-Madeleine.

CHALTERIE (LA), lieu-dit, c°° de Boursault.

CHALTRAIT, c°° de Montmort. — *Chalestra*, v. 1222
(livre des vass. de Champ.). — *Chaletreiam*,
1233 (la Charmoye, c. 1). — *Chaletroi*, v. 1252
(arch. nat. J 193, 51). — *Challetroi*, 1271 (dioc.
anc. de Châlons, t. II, p. 437). — *Chaletroy*, 1317
(la Charmoye, c. 1). — *Chaletray*, 1367 (arch. nat.
Q¹ 681¹, 15). — *Challetray*, 1381 (ibid. P 181,
39). — *Chaltrey*, 1539 (ibid. P 165, 282). —
Chaltreyum, 1542 (tax. du dioc. de Châl. p. 215).
— *Challetraict*, 1576 (arch. nat. Q 681¹). —
Chaltray, 1605 (ibid. P 190, 56, f° 1 v°). —
Chaltraict, 1673 (ibid. Q¹ 681). — *Chaltrait-aux-
Bois*, 1834 (état-major).

Chaltrait était compris, en 1789, dans l'élection
de Châlons et suivait la cout. de Vitry. Son église
paroissiale, diocèse de Châlons, doyenné de Vertus,
était dédiée à Notre-Dame; l'évêque de Châlons en
était collateur.

CHAMBRECY, c°° de Ville-en-Tardenois. — *Camarcia-
cum in pago Remensi*, v. 948 (Flodoard, l. II, c. 11).
— *Cambreceius*, c. du xi° siècle (polypt. de S.-
Remy). — *Chambreciacum*, 1178 (Longau, l. 20).
— *Chambreceyum*, 1198 (cart. B du chap. de

Reims, f° 411 r°). — *Chambriciacum*, 1201 (Longau, l. 20). — *Chambreci*, 1224 (*ibid.*). — *Cham-
breceium*, 1225 (chap. de Reims, l. Chambrecy). —
Chambreci, v. 1260 (cart. d'Igny, f° 224 r°). —
Chambrecy, 1401 (arch. nat. P 179, 21).

Chambrecy faisait partie, en 1789, de l'élection
et était régi par la cout. de Reims. Son église-
paroissiale, diocèse de Reims, doyenné de la Montagne, était consacrée à saint Julien; le tournaire
du chapitre métropolitain présentait à la cure.

CHAMBRE-DES-MALADES (LA), lieu-dit, c°° de Tours-sur-
Marne.

CHAMERY, c°° de Verzy. — *Camerai*, v. 1067 (arch.
adm. de Reims, t. I, p. 218). — *Cameriacum*, 1074
(hist. des comtes de Champ. t. I, p. 489). —
Chamereium, 1130 (cart. de S.-Martin d'Épernay, p. 124). — *Chammeré*, xiii° siècle (frag. d'un
polypt. de S.-Remy, p. 167). — *Chanmereium*,
1200 (cart. de Saint-Nicaise, f° 77 r°). — *Chemery*, 1209 (cart. de S.-Martin d'Epernay, p. 153).
— *Chanmeri*, 1219 (cart. d'Igny, f° 241 r°). —
Chammery, 1270 (*ibid.* f° 243 v°). — *Chanmeria-
cum*, 1303 (chap. de Reims, c. Écueil). — *Chanmeri*, 1303 (arch. nat. J 626, n° 146). — *Chameri*, 1303-1312 (arch. adm. de Reims, t. II,
p. 1053). — *Chameriacum*, 1343 (*ibid.* t. III,
p. 883). — *Chamereyum*, 1357 (*ibid.* t. III,
p. 100). — *Chenmeri*, 1363 (*ibid.* t. III, p. 281).
— *Chanmery en la Montaigne de Reins*, 1384
(*ibid.* t. III, p. 597). — *Chanmery*, 1443 (archer.
de Reims, c. 14).

En 1789, Chamery faisait partie de l'élection de
Reims et suivait pour partie la cout. de Reims,
pour partie celle de Vitry. Son église paroissiale,
diocèse de Reims, doyenné de la Montagne, était
dédiée à saint Pierre et à saint Paul; l'abbé de Saint-
Denis de Reims, qui présentait à la cure, avait
remplacé comme présentateur, postérieurement au
xiv° siècle, l'abbé de Saint-Martin d'Épernay.

CHAMOISERIE (LA), f. c°° de l'Épine.

CHAMPAGNE, contrée naturelle dont le nom devint, à
l'époque mérovingienne, celui d'un duché, puis, au
xi° siècle, la dénomination populaire et, au commencement du xiii° siècle, l'appellation officielle de
l'État féodal formé par les comtes de Troyes. —
Campania, fin du vi° siècle (Grég. de Tours, l. III,
c. 15). — *Campanenses*, ethnique, fin du vi° siècle
(*ibid.* l. V, c. 14). — *Champaigne*, *Campaigne*,
v. 1222 (livre des vass. de Champ.). — *Champainne*, 1245 (liber pontificum, f° 399 r°). —
Champaine, 1265 (cart. d'Igny, f° 140 r°). —
Champaigne, 1273 (arch. nat. J 195, 52). —

Champeigne, 1287 (chap. de Châl. a. 4, l. 1).
— *Champangne*, 1296 (cart. de S.-Médard de
Soissons, f° 125 v°). — *Champoingne*, 1377
(Montier-la-Celle, l. 33). — *Champoigne*, 1385
(arch. dép. de l'Aube, G 988). — *Conté de Cham-
peigne*, 1514 (arch. nat. P 162, 317).

CHAMPAGNE, vill. c°° de Champigneul. — *Camponia*,
865 (cart. du chantre Guérin, f° 10 r°). — *Campona*,
1131-1142 (cart. de Toussaints, f° 51 r°). — *Campoigne*, 1185 (Audecy). — *Campania*, 1215 (cart.
de l'égl. de Châlons, cop. Gaign. p. 78). — *Champoingne*, 1215 (chap. de Châlons, a. 4, l. 26). —
Chanpangne, v. 1222 (livre des vass. de Champ.).
— *Champoigne*, 1261 (dioc. anc. de Châlons, t. I,
p. 422). — *Champaingne*, 128. (arch. nat. Q¹ 668¹).
— *Champaigne*, 1405 (pouillé du dioc. de Châlons,
f° 73 v°). — *Ung fief ou ung lieu où jadis souloit
avoir village nommé Champaigne emprès Champigneilles*, 1465 (chap. de Châl. a. 4, l. 28). —
Champainne, 1469 (*ibid.* a. 2, l. 4). — *Champagne-
lez-Champignolles*, 1515 (Barthélemy, hist. de Châlons, p. 280). — *Champagne-lez-Champigneulle*,
1580 (évêché de Châlons, c. 10).

Champagne faisait partie, en 1789, de l'élection
et suivait la cout. de Châlons. Son église paroissiale, annexe de l'église de Champigneul, diocèse et
doyenné de Châlons, était dédiée à saint Germain.

CHAMPAGNENAY, h. c°° de Joiselle. — *Champaimé*, 1780
(Courtalon, t. III, p. 286). — *Champagnenney*,
1862 (Guérard, p. 214).

CHAMPAONY, lieu-dit, c°° de Sept-Saulx.

CHAMPAUBERT ou CHAMPAUBERT-LA-BATAILLE, c°° de
Montmort. — *Campus Alberti*, 1124-1130 (cart.
d'Oyes, f° 19 v°). — *Campus Auberti*, Champaubert, 1162 (Andecy). — *Champobert*, 1526 (*ibid.*
c. 3, f° 4 v°).

Champaubert était compris, en 1789, dans
l'élection de Châlons et suivait la cout. de Vitry.
Son église paroissiale, diocèse de Châlons, doyenné
de Vertus, était dédiée à saint Remy; l'abbé de
Saint-Sauveur de Vertus présentait à la cure.

CHAMPAUBERT-AUX-BOIS, c°° de Saint-Remy-en-Bouzemont. — *Campus Auberti*, 1218 (chap. de Châl.
a. 5, l. 55). — *Champaubert*, v. 1252 (arch. nat.
J 202, 55). — *Champ-Aubert*, v. 1300 (extenta
Campanie, Larzicourt).

En 1789, Champaubert-aux-Bois faisait partie
de l'élection et suivait la cout. de Vitry. Son
église paroissiale, diocèse de Châlons, doyenné de
Perthes, était dédiée à saint Laurent; l'abbé de
Montiérender présentait à la cure.

CHAMPATÉ, h. c°° de Dormans. — *Champaier*, 1400

(arch. nat. P 180, 134). — *Champayé*, 1442 (ibid.
P 180, 156). — *Champaié*, 1459 (ibid. P 180,
161). — *Champpaié*, 1603 (ibid. P, 181, 21). —
Champaillet, XVIII° siècle (Cassini). — *Champaillé*,
1860 (Cornet-Paulus).

CHAMPBERTRAND, hameau détr. c°° d'Esternay. — *Le
hameau de Champbertrand*, 1612 (Andecy, c. 4).

CHAMP-BIGOT (LE), m^in, c°° de Champillon.

CHAMPCOURT (RUISSEAU DE), affl. du ru de Saint-Nicolas, c°° de Maffrecourt.

CHAMP-D'ASILE (LE) ou LA RIONNERIE, m°°, c°° de Courbetaux.

CHAMP-D'ASILE (LE), écart, c°° de Margerie (Cornet-
Paulus).

CHAMP-DE-RILLY (LE), fief, c°° de Rilly-la-Montagne
(Barthélemy, canton de Verzy, p. 48).

CHAMP-DES-CHÈVRES (LE), h. c°° de Suizy-le-Franc. —
Le fief, terre et seigneurie du Champ-aux-Chèvres,
1713 (évêché de Châl. c. 15). — *Le Champ des
Chièvres*, 1735 (Saugrain, t. I, p. 85). — *Le Chant
des Chèvres*, XVIII° siècle (Cassini). — *Champ
Destrures* (faute typographique), 1804 (ann. de
l'an XIII, p. 85).

CHAMPDONNANT, f. c°° d'Orbais. — *Champdonant*,
XVIII° siècle (Cassini). — *Chaudonnaut*, 1804 (ann.
de l'an XIII, p. 71-72).

CHAMPEAU (LE), f. c°° du Thoult.

CHAMPEAUX (LES), f. c°° de Chaltrait. — *Champeaulx*,
1508 (arch. nat. P 207, 12). — *Les Champeaux et
fief d'iceulx*, 1605 (ibid. P 190, 56). — *Un autre
fief sciz audit Chaltraict, appellé le fief Champeaux*,
1673 (ibid. Q¹ 681). — *Les Champaux, les Champeaux*, 1734 (ibid.).

CHAMPEAUX, ferme, puis fief, c°° de Saint-Prix-les-
Hameaux. — *Le gaingnaige du Talus apellé les
Champeaulx*, 1509 (évêché de Châlons, c. 15). —
*Item, les gaignages qui souloient estre aud. Tallus,
appellez les Champeaulx*, 1603 (ibid.). — *Le fief
de Champeaux, scitué audit Tallus*, 1713 (ibid.
c. 15).

CHAMPEAUX, f. détr. c°° de Villevenard. — *Ung
aultre gaingnaige audit Villevenard appellé les
Champeaulx*, 1509, 1603 (évêché de Châl. c. 15).
— *Les Champaulx*, 1625 (ibid.).

CHAMPENOIS (LE FIEF DU), à Vincelles. — *Ung fief...
audit Vincelles qui fut le Champenoie de Guys*, 1459
(arch. nat. P 180, 161). — *Ung fief appelé le fief
Champenois*, 1484 (ibid. P 180, 165).

CHAMPERRIER, f. et tuileries, c°° d'Ay.

CHAMPÉVRARD, loc. détruite, vers Sézanne. — *Villa
Campi Ebrardi*, 1155 (Montier-la-Celle, c. 3). —
Campus Evrardi, 1168 (Gall. chr. t. XII, c. 272).

-. *Le Champ-Évrart*, v. 1222 (livre des vass. de
Champ.).

CHAMPFLEURY, c°° de Verzy. — *Campus Floridus*, 1154
(arch. adm. de Reims, t. I, p. 329). — *Champ-
flori*, v. 1274 (arch. nat. J 202, 45). — *Chanflori*,
c. du XIV° s° (arch. adm. de Reims, t. I, p. 1090).
— *Champflory*, 1384 (ibid. t. III, p. 626). —
Champflory-lez-Reins, 1516 (S.-Remy, l. 33). —
Champfleury, 1519 (ibid. l. 306). — *Chanfleury*,
1556 (arch. lég. de Reims, cout. p. 876). —
Champfleuri, 1728 (cout. de Reims, p. 643).

En 1789, Champfleury faisait partie de l'élection et suivait la cout. de Reims. Son église paroissiale, diocèse de Reims, doyenné de Vesle, était
consacrée à saint Jean-Baptiste; l'abbé de Saint-
Remy de Reims présentait à la cure.

CHAMPFLEURY (PETIT-) dit L'AUBERGE, m°°, c°° de Champfleury.

CHAMPGILLART, h. c°° de Tréfols. — *Changilart*, c. du
XIII° siècle (cart. de N.-D. de Paris, t. I, p. 157).
— *Campus Gillardi*, 1222 (liber principum,
f° 290 v°). — *Jean-Gilardet*, 1735 (Saugrain, t. I,
p. 475). — *Jean-Gillardet*, 1832 (état-major). —
Champ-Gillard ou *Jean-Gillard*, 1860 (Cornet-
Paulus).

CHAMPGUICHER, loc. détruite, c°° d'Ay. — *Campus
Wuicherii*, v. 1172 (feoda Campanie). — *Une pièce
de terre assise devant le bois d'icelle Male-Maison,
en lieu dit le Champ-Guichei*, 1491 (arch. nat.
P 177, 121).

CHAMPGUYON, c°° d'Esternay. — *Campus Guidonis*,
1161 (cart. d'Oyes, f° 27 r°). — *Champ-Guidonis,
Champ-Guion, Chaup-Guion, Champ-Guis*, v. 1222
(livre des vass. de Champ.). — *Cham-Guian*, v. 1252
(arch. nat. J 195, 96). — *Changuon, fin du XIII° s°*
(ibid. J 206; Troyes, 3). — *Champguion*, v. 1395
(ibid. P 201, f° 89 r°). — *Campus Guydonis*, 1407
(pouillé de Troyes, n° 288). — *Champiguion*, 1553
(arch. nat. P 178, 71). — *Chamguyon*, 1735
(Saugrain, t. I, p. 473). — *Champguyon*, 1768
(Orbais). — *Changuyon*, 1804 (ann. de l'an XIII,
p. 37). — On a aussi écrit abusivement, au
XVII° et au XVIII° siècle, *Chaudion.*

Champguyon était compris, en 1789, dans l'é-
lection de Sézanne et était régi par la cout. de
Meaux. Son église paroissiale, diocèse de Troyes,
doyenné de Sézanne, était dédiée à saint Étienne;
l'évêque de Troyes en était collateur.

CHAMPIGNEUL, c°° d'Écury-sur-Coole. — *Campinolum*,
1107 (chap. de Châl. a. 1, l. 1). — *Campenolia*,
1147-1151 (Andecy). — *Campinolia*, 1213 (S.-
Pierre-aux-Monts, c. 2). — *Champoignilla*, 1215

(chap. de Châl. a. 4, l. 28). — *Champinole*, 1263 (S.-Memmie, c. 7, f° 2 r°). — *Campaniola*, 1289 (S.-Pierre-aux-Monts, c. 2). — *Champyguoles*, 128. (arch. nat. Q¹ 681¹). — *Champignole*, v. 1300 (exenta Campanie, Épernay). — *In villa et finagio de Champignol*, 1307 (S.-Pierre-aux-Monts, c. 2). — *Champignoles*, 1313 (N.-D.-en-Vaux). — *Champigneules*, 1326 (S.-Pierre-aux-Monts, c. 9). — *Champignol*, 1330 (chap. de Châl. a. 4, l. 28). — *Champignolia*, 1333 (ibid. a. 4, l. 33). — *Champigneilles*, 1465 (ibid. a. 4, l. 28). — *Champigneullez*, 1469 (ibid. a. 2, l. 4). — *Champigneulles*, 1472 (ibid.). — *Champignolles*, 1515 (hist. de Châl. p. 280). — *Champigneulle*, 1521 (chap. de Châl. a. 1, l. 37). — *Champinelle*, 1526 (Andecy, c. 3). — *Champignolle*, 1537 (ibid. 4, p. 34). — *Champineules*, *Champigneles*, 1556 (arch. lég. de Reims, cout. p. 878 et 919). — *Champigneuille*, 1626 (arch. nat. P 191, 5). — *Champigneul-lès-Escuris*, v. 1700 (Andecy, c. 3). — *Campinoliæ juxta Campaniam, vulgo Champigneulle*, 1755 (chap. de Châl. a. 1, l. 56).

En 1789, Champigneul faisait partie de l'élection et suivait la cout. de Châlons. Son église paroissiale, diocèse et doyenné de Châlons, était consacrée à saint Remy; le semainier du chapitre cathédral de Châlons présentait à la cure.

CHAMPIGNY, c^me de Reims. — *Villa quæ dicitur Campaniaca, super fluvium Vidulam*, v. 940 (Flodoard, l. II, c. 11). — *Villa Campiniaci*, 1067 (arch. adm. de Reims, t. I, p. 218). — *Campiniaca villa*, v. 1067 (ibid.). — *Campaniacum*, 1180 (cart. B du chap. de Reims, f° 312 r°). — *Champigniacum*, 1204 (arch. adm. de Reims, t. II, p. 98). — *Champigneium*, 1226 (S.-Symph. c. 1). — *Champigni*, 1244 (cart. de S.-Denis de Reims, p. 146). — *Campeneyum juxta Reims*, 1258 (S.-Denis de Reims, l. Champigny). — *Champigny*, *Champigney*, 1261 (ibid.). — *Champigni de lez Rains*, 1263 (ibid.). — *Champaigni*, v. 1274 (arch. nat. J 202, 45). — *Champigniacum*, 1294 (S.-Thierry, c. 4, l. 31). — *Campigniacum*, 1299 (arch. adm. de Reims, t. II, p. 104). — *Champigneyum*, 1305 (S.-Denis de Reims, l. Champigny). — *Champigny prope Remos*, 1340 (arch. adm. de Reims, t. II, p. 108).

Champigny était compris, en 1789, dans l'élection et suivait la cout. de Reims. Son église paroissiale, diocèse de Reims, doyenné de la Montagne, était consacrée à saint Théodulphe; l'abbé de Saint-Denis de Reims présentait à la cure.

CHAMPIGNY, lieu-dit, c^me de Broussy-le-Petit.

CHAMPILLON, c^me d'Ay. — *Champoulan*, v. 1252 (arch. nat. J 202, 47). — *Champ-Poulain*, 1265 (Hautvilliers, c. 4). — *Champolans*, 1308 (arch. nat. P 1114). — *Campus Pullanus*, 1303-1312 (arch. adm. de Reims, t. II, p. 1122). — *Campus Pullain*, 1346 (ibid. t. II, p. 1122). — *Champillon*, 1384 (arch. nat. P 51², 1430). — *Champillon*, 1556 (arch. lég. de Reims, cout. p. 911). — *Champillion*, 1614 (arch. nat. Q¹ 671). — *Champillon, paroisse de Dizy*, 1633 (ibid. Q¹ 673).

En 1789, Champillon faisait partie de l'élection et était régi par la cout. de Reims. Son église paroissiale, annexe de l'église de Saint-Images, diocèse de Reims, doyenné d'Epernay, était dédiée à saint Barnabé; au xiv° siècle, c'était une simple chapelle sous l'invocation de sainte Marie-Madeleine.

CHAMPILLON, anc. village, réduit aujourd'hui à un moulin, c^me de Glannes. — *Altare da Campilonia*, 1135 (cart. d'Huiron, p. 18). — *Campilo*, 1136 (ibid. p. 135). — *Champillon*, 1153-1162 (ibid. p. 25). — *Champilonia*, 1187 (ibid. p. 211). — *Champillum*, 1189 (cart. de la Trinité, f° 88 v°). — *Champignon*, 1225 (Trois-Font. c. 5). — *Champillon*, 1383 (arch. nat. P 188, 52). — *Champpillon*, 1508 (ibid. P 207, 5). — *Champillion*, 1687 (ibid. P 221, 80). — *Le moulin de Champillon, paroisse de Courdemange*, 1763 (cart. d'Huiron, p. 581). — *Depuis un tems dont n'est mémoire, il n'est plus parlé de Champillon; on croit qu'il a été détruit vers l'an..... Il n'en reste que quelques vestiges d'un cimetière, sur lesquels est une croix où, chaque année, les religieux bénédictins vont en procession, et un moulin assis sur le ruisseau de la Chérone : il est reconnu estre de la paroisse de Courdemange*, 1787 (ibid. p. 587). — *Champignon, moulin*, 1847 (lieux habités).

CHAMPILLON (RUISSEAU DE), formé par les ruisseaux de Bellevue, des Bardelots et de la Dhuy. Il coule par le finage de Champillon.

CHAMPIONNERIE (LA), m^me, c^me de Montmirail.

CHAMPIONNERIE (LA), f. c^me de la Ville-sous-Orbais.

CHAMPLAY, c^me de Châtillon-sur-Marne. — *La Nuevile-Chanlard*, v. 1300 (exenta Campanie, Châtillon). — *Chanlarde*, v. 1300 (ibid. Épernay). — *La Ville-Nueve Chanlart*, 1300 (Longau, c. 4). — *Nova Villa Chanlardi*, 1303-1312 (arch. adm. de Reims, t. II, p. 1054). — *Nova Villa*, 1346 (ibid. t. II, p. 1058 et 1056). — *Nuefville-Chanlart*, 1410 (arch. nat. P 182, f° 223 r°). — *Neufville-Champlatz*, 1580 (évêché de Châl. c. 10). — *Chanlat*, 1627 (ibid.). — *Champla*, xviii° siècle (Cassini).

Le nom de ce village se prononce Chanla.

En 1789, Champlat était compris dans l'élection de Reims et suivait la cout. de Vitry. Son église paroissiale, diocèse de Reims, doyenné de la Montagne, était dédiée à saint Denis; le grand archidiacre présentait à la cure.

Champlona, f. c^ne de Courgivaux. — *Champlone*, vers 1222 (liv. des vass. de Champ.). — *Campus Lungus*, v. 1252 (arch. nat. J 195, 96). — *Chanlon, en la mairie d'Escarde*, v. 1395 (ibid. P 201, f° 96 r°). — *Champlong*, *Champlan*, 1758 (ibid. Q¹ 678).

Champ-Marisy (Le), lieu-dit, c^ne de Vitry-en-Perthois.

Champ-Martin, f. c^ne de Corrobert. — *Champ-Martin*, 1464 (cart. de Coincy, p. 540). — *Chamartin*, 1654 (Montmirail, reg. de bapt.). — *Chammartin*, 1663 (ibid. reg. de mar.).

Champmonin, écart, c^ne de Corrobert.

Champmoulin, étang dont le nom rappelle un moulin détruit, c^ne de la Neuville-aux-Bois. — *Ung autre estang appellé l'estang Jehan-Malin*, 1392 (arch. nat. P 183, 78). — *L'estang Jehan-Moulin*, 1538 (ibid. P 184, 94). — *Ung molin à eaux appellé Jehan-Molin*, 1572 (ibid. P 184, 200). — *L'estang de Champmoulin anciennement appelé Jean-Moulin, contenant... le moulin, la maison du meusnier*, 1733 (ibid. Q¹ 657).

Champ-Moyen, écart, c^ne de Nesle-la-Reposte (Cornet-Paulus).

Champoudot, f. c^ne de Neuvy. — *Champoudet*, 1735 (Saugrain, t. I, p. 474). — *Champondet*, 1804 (ann. de l'an xiii, p. 70). — *Champ-Oudet ou Champ-Houdot*, 1860 (Cornet-Paulus).

Champoulain, f. détruite, c^ne de Cuys. — *Un gaingnage appellé Champt-Poulain*, 1394 (arch. nat. P 181, 48). — *La maison et gaignage de Champoulain*, 1414 (ibid. P 182, f° 305 v°). — *Ung gaingnage appellé Champ-Poulain, auquel eust jadis maison*, 1491 (ibid. P 181, 84).

Champ-Plaidon, quart. de Verneuil.

Champramont (Ru de), affl. du Petit-Morin; coule sur le finage de Boissy-le-Repos.

Champrenault, f. c^ne de la Ville-sous-Orbais. — *Grangia de Campo Renaudi*, 1269 (ms. du religieux d'Orbais). — *Champ-Regnault*, 1510 (arch. nat. P 179, 184). — *Champregnault*, 1591 (Orbais). — *Champt-Renaut*, 1763 (ibid. p. 40). — *Champerneau*, 1847 (lieux habités).

Champ-Rond, f. c^ne de Villeneuve-la-Lionne. — *Campus Rotondus*, 1170 (cart. de S.-Jean des Vignes, f° 107 r°). — *Champroond, Champroont*, v. 1222 (liv. des vass. de Champ.).

Champrovert, anc. fief, auj. lieu-dit, c^ne de Saron. —

Pierre Chanot, de Champrovard, 1493 (Moutier-la-Celle, l. 18). — *Champrouvière mouvant en plein fief de ladicte terre et seigneurie de Levrigny*, 1538 (arch. nat. P 178, 13). — *Champrovert*, 1571 (ibid. P 178, 55). — *Champ-Provert*, 1604 (ibid. P 178, 61). — *La motte de Champrovert*, 1773 (ibid. Q¹ 672).

Les lieux-dits : *la motte de Champrovert* et *la rue de Champrovert* semblent attester l'existence d'une maison forte et d'un village disparus depuis longtemps déjà.

Champs-Élysées (Les), écart, c^ne de Chaumuzy (Cornet-Paulus).

Champs-Élysées (Les), m^ons, c^ne de Tinqueux.

Champtin, éc. détruit, c^ne de Courbetaux. — *Chambetain*, 1466 (chât. de Montmirail). — *Champetain* 1563 (ibid.). — *Seigneur de Chanptin*, 1597 (Montmirail, reg. de bapt.). — *Champtin*, 1605 (chât. de Montmirail). — *Sieur de Champtain*, (Hôtel-Dieu de Montmirail).

Champ-Vieux, écart, c^ne de Magneux (Cornet-Paulus).

Champvoisy, c^ne de Dormans. — *Campus Vicini*, 1185-1187 (cart. de Coincy, p. 210). — *Cobosi*, v. 1220 (liv. des vass. de Champ.). — *Chanvassiacum*, 1233 (cart. de l'Amour-Dieu, f° 33 v°). — *Champ-Voisy*, 1399 (arch. nat. P 180, 97). — *Chanvoisi*, 1399 (ibid. P 180, 132). — *Champvoissy*, 1408 (ibid. P 180, 141). — *Champvoisy*, 1674 (ibid. P 1154, f° 200 v°). — *Champvoicy*, xviii° siècle (Cassini).

En 1789, Champvoisy était compris dans l'élection d'Épernay et suivait la cout. de Vitry. Son église paroissiale, diocèse de Soissons, doyenné de Châtillon, était dédiée à Notre-Dame; le chapitre de l'église cathédrale de Soissons présentait à la cure.

Champvoisy (Ruisseau de), c^ne de Champvoisy et de Passy-Grigny.

Chaingy, c^ne d'Heiltz-lo-Maurupt. — *Vicus qui dicitur Camisiacus*, 853 (cart. du chantre Guérin, f° 2 v°). — *Chainsei*, 1131-1142 (Ulmoy). — *Keansi*, 1168 (Saint-Memmie, c. 1). — *Chamsiacum*, 1171 (ibid.). — *Chenseium*, 1179 (Ulmoy). — *Chanseiacum*, 1183 (Saint-Memmie, c. 3). — *Chainseium*, 1193 (ibid. c. 7). — *Cheinseium*, 1213 (ibid. c. 8). — *Chinsil*, v. 1222 (liv. des vass. de Champ.). — *Changeium*, 1224 (Ulmoy). — *Chainseyum*, 1238 (Saint-Memmie, c. 8). — *Cheinsi*, *Cheinsei*, 1240 (Cheminon, c. 1). — *Chainseum*, 1251 (Saint-Memmie, c. 8). — *Chaynseium*, *Chayusi*, v. 1252 (arch. nat. J 202, 55). — *Chanseium*, 1255 (S.-Pierre-aux-Monts, c. 27). —

Cheynsi, Chainsy, 1266 (Ulmoy). — *Chainsei,*
1297 (S.-Jacques de Vitry, c. 4). — *Changiacum,*
v. 1300 (extenta Campanie, Vitry). — *Changy,*
1380 (arch. nat. P 178, 107). — *Changy,* 1396
(ibid. P 161, 7). — *Changeyum,* 1405 (pouillé de
Chål. f° 76 r°). — *Chamze,* 1440 (arch. nat. P 161,
17). — *Chancy,* 1462 (ibid. P 161, 28). —
Chaingy, 1463 (ibid. P 161, 30). — *Changey,*
1469 (ibid. P 161, 36). — *Changy-en-Champaigne,*
1482 (ibid. P 161, 42). — *Chaingeyum,* 1486
(Saint-Memmie, c. 8). — *Chamsi,* 1499 (arch.
nat. P 161, 234). — *Changy, Chavigny,* 1508
(ibid. P 207, 6). — *Champgy,* 1516 (ibid. P 166,
388). — *Changey,* 1696 (ibid. P 222, 1).
    Changy faisait partie, en 1789, de l'élection et
suivait la cout. de Vitry. Son église paroissiale, diocèse de Châlons, doyenné de Vitry-le-Brûlé, était
consacrée à saint Étienne; l'abbé de Saint-Mommie
présentait à la cure.

CAANGY (PAYS DE), pagus ou comté démembré de la
cité de Châlons; il paraît avoir été réuni dès la fin
du II° siècle au Perthois, et Vitry [-le-Brûlé] hérite
dès lors de la prééminence de Changy. — *Pagus
Camsicensis,* 844 (cart. du chantre Guérin, f° 6 v°).
— *Camizium,* 853 (capitul. Sily. apud Bouquet,
t. VII, p. 616). — *Pagus Camsicensis,* 878 (Mabille, pancarte noire de S.-Martin de Tours). —
Comitatus Camsiacensis, 900 (cart. du chantre Guérin, f° 4 r°).

CHANLAIRE, f. c° de Moncetz-l'Abbaye.

CHANOISERIE (LA), lieu-dit, c° de Warmeriville.

CAANOISE (LA), f. c° de la Neuville-aux-Bois.

CAANCLLES, f. c° de Villiers-aux-Corneilles. — *Chanola,* v. 1146 (Moutier-la-Celle, c. 18). — *Curtis
de Chaenella,* 1165 (Gallia christ. t. XII, p. 271).
— *Chamele, Chasnelle,* v. 1222 (liv. des vass. de
Champ.). — *Chasnelle,* 1227 (cart. de Sellières,
f° 61 r°). — *Chenolles,* 1398 (arch. nat. P 171,
46). — *Chasnolles,* 1722 (ibid. P 197, 3).

CAANTEAU, h. détruit, c° de Chaltrait. — 1633
(lieux régis par la cout. de Vitry).

CHANTECOQ, c° de Saint-Remy-en-Bouzemont. —
Chantecoc, v. 1222 (liber pontif. 5592, f° 295 r°).
— *Chantecoq,* 1236 (Teulet, trésor des chartes,
t. II, p. 318). — *Chantechoc,* 1237 (cart. de
Montiers, 9905; f° 426 r°). — *Chantecocq,* 1634
(Moncetz, c. 4).

CHANTECOQ, f. détruite, c° de Possesse. — *La place
ou meiz où souloit estre la ferme de Chantecoq,* 1508
(arch. nat. P 181, 166).

CAANTECOQ (RU DE), affl. de la Droyes; arrose les
finages de Chantecoq et de Giffaumont.

CHANTELOUP-LES-HAMEAUX, h. détruit, c° de Saint-
Vrain. — 1633 (lieux régis par la cout. de Vitry).

CHANTEMERLE, c° d'Esternay. — *Cantumerula,* 1062-
1080 (hist. des comtes de Champ. t. I, p. 504).
— *Cantumella,* 1128 (pouillé de Troyes, p. 186).
— *Cantimerla,* 1131 (Andecy). — *Cantumellum,*
Cantumerulum, v. 1146 (Moutier-la-Celle, l. 18).
— *Cantumerula,* 1171 (Andecy, c. 1). — *Cantum
merule,* 1214 (Teulet, trésor des chartes, t. I,
p. 409).— *Chantemelle, Chante-Mele, Chantemerle,*
v. 1222 (liv. des vass. de Champ.). — *Chantemelle,*
1344 (arch. nat. J 194, 33). — *Chantemarle,* 1489
(ibid. P 165, 202). — *Chantemerles,* 1535 (Sellières, c. 1). — *Cantumerulium,* 1655 (Montier-la-
Celle, c. 3). — *Chantemesle,* 1690 (arch. nat.
Q¹ 679).
    Chantemerle était compris, en 1789, dans l'é-
lection de Troyes et suivait la cout. de Meaux. Son
église paroissiale, diocèse de Troyes, doyenné de
Pont-sur-Seine, était consacrée à saint Serein et à
saint Sébastien; l'abbé du lieu présentait à la cure.

CAANTERAINE, f. c° de Champlat. — *Chante-Rainne,*
1303 (arch. nat. JJ 126, n° 146). — *Chantay-
rayne,* 1333 (arch. adm. de Reims, t. II, p. 709).
— *Chante-Rainne de lez Chaumisi,* 1338 (Saint-
Basle, l. 17). — *Chantrainne,* 1580 (évêché de
Chål. c. 17). — *Chantraine,* 1860 (Cornet-Paulus).

CHANTERAINE, f. c° de Jonchery-sur-Suippe. — *La
maison de Saint-Lauren dit Chanterainne,* paroisse
de Jonchery, 1633 (arch. nat. P 216, 27). — *Le
chasteau de Sainct-Laurent dit Chantraine,* paroisse
de Jonchery, 1643 (ibid. P 216, 113). — *Le château et le moulin de Chantraine,* 1735 (Saugrain,
t. I, p. 479). — *Chantereine,* 1862 (Guérard,
p. 113).

CHANTERAINS, anc. m¹⁸, situé vers Margerie. — *Malendinum de Canturane,* 1147, 1194 (cart. du Paraclet, p. 9 et 102). — *Le molin de Chanteraigne,*
1566 (Hôtel-Dieu le Comte à Troyes; lay. 1, c. A,
n° 6).

CHANVRET, fief relevant de Possesse. — *Ung aultre arrière fief appellé le fief de Ch. nvray,* 1571 (arch.
nat. P 183, 9).

CHANVRIEULLE, m¹⁸, c° de Moiremont. — *Molendinum
de Chanverelles,* 1229 (chap. de Reims, l. 46). —
Bannum de Chanverueles, 1236 (ibid.). — *Chan-
vrieulles,* 1250 (cart. de Moiremont, f° 74 r°). —
Chamvrieulle, XVIII° siècle (Cassini). — *Chanvrieule,* 1862 (Guérard, p. 490).

CAAPATERIE (LA), lieu-dit, c° de Sainte-Menehould.

CHAPELAINE, c° de Soumpuis. — *Capline,* v. 850
(polypt. de Montiérender). — *Chaplaignes, Cha-*

plainnes, v. 1222 (liv. des vass. de Champ.). — *Chapelanæ*, 1228 (S.-Remy, l. 400). — *Chaplaines*, v. 1274 (arch. nat. J 202, 45). — *Chapplaines de lez Sonsoiz*, 1375 (ibid. P 171, 157). — *Chappellainnes*, 1392 (ibid. P 179, 2). — *Chappelaines*, 1417 (ibid. P 208, 57). — *Chapelenes*, xvi⁴ siècle (arch. dép. de l'Aube, G 657). — *Chapellaine*, xvi⁴ siècle (ibid. G 604). — *Chappellaines*, 1604 (arch. nat. P 179, 139). — *Chapelaine*, *Chappelaine*, 1636 (ibid. P 215, 36). — *Chapalmae*, 1732 (ibid. P 198, 4). — *Capellania*, 1784 (Courtalon, t. III, p. 347). — *Chapelaine-sous-Marguerie*, 183. (état-major). — *Chapelaine*, autrefois *Chapelaine-le-Chétif*, 1860 (Cornet-Paulus).

En 1789, Chapelaine était compris dans l'élection de Vitry et suivait la cout. de Chaumont. Son église paroissiale, annexe de l'église de Hancourt, diocèse de Troyes, doyenné de Margerie, était consacrée à saint Eusèbe.

CHAPELAINE, h. c⁴ de Vassimont. — *Caplenæ*, 1124-1130 (cart. d'Oyes, f⁰ 19 v⁰). — *Chaplaignes*, vers 1172 (feoda Campanie, n⁰ 78). — *Chapleuœ*, 1175 (cart. d'Oyes, f⁰ 21 r⁰). — *Chapleniæ*, 1226 (la Charmoye, c. 3). — *Chapleines*, vers 1230 (arch. oat. KK 1064, f⁰ 281 r⁰). — *Chaplainnes*, *Chappeleine*, 1231 (Argensolles, c. 7). — *Chapleinnes*, 1242 (la Charmoye, c. 2). — *Chapeleines*, v. 1300 (extenta Campanie, Vertus). — *Chappelaines*, *Chappelennes*, *Chappelennes*, 1336 (arch. nat. Q¹ 681, f⁰⁴ 73, 211 et 215). — *Chappellaines*, 1367 (ibid. f⁰ 12 r⁰). — *Chapplaines*, 1375 (ibid. f⁰ 73 v⁰). — *Chappelainnes*, 1508 (ibid. P 207, 12). — *Chappellainnes*, 1542 (taxe du dioc. de Chål. p. 213). — *Chappellaine*, 1605 (arch. nat. P 190, 56, f⁰ 1 v⁰). — *Chapelainea*, 1633 (lieux régis par la cout. de Vitry). — *Chaplaines*, 1673 (arch. pat. Q¹ 681).

En 1789, Chapelaine faisait partie de l'élection de Châlons et était régi par la cout. dé Vitry. Son église paroissiale, annexe de l'église de Haussimont, diocèse de Châlons, doyenné de Vertus, était dédiée à saint Jean.

CHAPELAINERIE (LA), lieu-dit, c⁴ de Passy-Grigny.

CHARSLLS (LA), f. c⁴ d'Aulnizeux. — *La Chappellette de lez Aunineul*, 1366. (arch. nat. Q¹ 681, f⁰ 401). — *La Chappellette*, 1508 (ibid. P 207, 12). — *La Chapelle*, 1633 (lieux régis par la cout. de Vitry). — *La Chapelle-sur-Aulnizeux*, 1847 (lieux habités).

CHAPELLE (LA), lieu-dit, c⁴ de Broyes.

CHAPELLE (LA), lieu-dit, c⁴ de Champillon. — *Audit*

Champillon, ... derrière la *Chapelle en l'Heremitage*, 1651 (arch. nat. Q¹ 675).

CHAPELLE (LA), vill. c⁴ de la Chapelle-et-Felcoort. — *Capella*, 1197 (dioc. auc. de Chål. t. I, p. 364). — *La Chapele*, v. 1274 (arch. nat. J 202, 46). — *La Chappelle-sur-Auve*, 1406 (ibid. P 184, 25). — *La Chappelle-sur-Aulve*, 1508 (ibid. P 207, 45). — *Capella supra Alvam*, 1542. (taxe du dioc. de Chål. p. 226³).

En 1789, la Chapelle faisait partie de l'élection de Sainte-Menehould et suivait la cout. de Vitry. Son église paroissiale, diocèse de Châlons, doyenné de Sainte-Menehould, était dédiée à sainte Menehould; l'évêque de Châlons en était collateur.

CHAPELLE (LA), lieu-dit, c⁴ de Charmontois-lo-Roi.

La contiguïté de ce lieu-dit et du lieu-dit *la Gibecienne* peut faire supposer que cette chapelle était dédiée à sainte Marie l'Égyptienne. Cf. le nom parisien de la «chapelle de la Jussienne», dont le second membre est devenu celui d'une rue du vieux Paris.

CHAPELLE (LA), lieu-dit, c⁴ de Conflans.

CHAPELLE (LA), lieu-dit, c⁴ de Fagnières.

CHAPELLE (LA), écart détr. c⁴ de Festigny. — *La Chapelle-lez-Fetigny*, 1506 (arch. nat. P 180, 172). — *La cense de la Chapelle-les-Festigny*, 1670 (ibid. Q¹ 670³). — *La Chapelle-lez-Festigny*, 1673 (ibid. Q¹ 674).

CAPELLE (LA), m¹ⁿ, c⁴ de Nesle-la-Reposte. — *Le moulin de la Chapelle*, 1758 (arch. de l'Aube, G 753).

CAPCLLE (LA), f. c⁴ de Servon-Melzicourt.

CHAPSLLS (LA), lieu-dit, c⁴ de Serzy-et-Prin.

CHAPELLE (LA), éc. c⁴ de Ville-sur-Tourbe (Cassini).

CAPELLE (LA), f. c⁴ de Villers-en-Argonne. — *La Croix ?* 1847 (lieux habités).

CHAPELLE (LA), lieu-dit, c⁴ de Vroil.

CUAPSLLE (LA), lieu-dit, c⁴ de Wez.

CHAPÉLLE (RU'DE), affl. du ru de la Grange-aux-Bois; coule sur le finage de Champvoisy.

CHAPELLE-DE-FER (LA), lieu-dit, ç⁴ de Voilemont. — *Le chappellain de la chappelle que on dit la Chappelle-de-Fer*, 1389 (arch. nat. P 177, 98).

CHAPELLE-ÉT-FELCOURT (LA), c⁴ de Sainte-Menehould; commune formée en 1790 de l'union des anciennes paroisses de la Chapelle et de Felcourt. — *Felcourt*, 1794 (arch. nat. F² 7).

CHAPELLE-HUBLAY (LA), h. c⁴ de Champvoicy. — *Ecclesia que Capella vocatur*, 1135 (hist. de l'égl. de Meaux, t. II, p. 28). — *La Chapelle-à-Usloi*, 1284 (arch. nat. J 732, 105). — *La Chapelle-de-Volay*, la *Chapelle-de-Wlay*, v. 1300 (extenta

Campanie, Châtillon). — La Chapelle-de-Vullay, fin du XIII° s° (feoda Campanie, B 27). — Capalla-de-Ullois, 1346 (arch. adm. de Reims, t. II, p. 634). — Le prieur d'Urlay, Urley, 1412 (arch. nat. P 180, 151). — La Choppelle-de-Urelay, 1500 (la Chap.-Hurlay). — La Chappelle-Urlay, 1656 (ibid.). — La Chapelle, 1735, (Saugrain, t. I, p. 469). — La Chap[elle]-de-Bonru, XVIII° siècle (Cassini). — La Chapelle-Hourlay, 1860 (Cornet-Paulus).

CHAPELLE-LASSON (LA), c° d'Anglure. — Capella, Capella-de-Laçon, 1238 (Teulet, trésor des chartes, t. II, p. 385). — Capalla-Lapsonis, 1407 (pouillé de Troyes, n° 265). — Capella Lassonis, 1443 (évêché de Troyes, G 22). — Cappella-Lassonis, 1457 (pouillé de Troyes, N 35). — La Chapelle-do-Lasson, 1493 (arch. nat. Q¹ 671). — Capella-Lassonie, 1532 (arch. de l'Aube, G 671). — La Chappelle-de-Lasson, 1535 (Sellières, 9 H 1).

La Chapelle-Lasson était compris, en 1789, dans l'élection de Sézanne et suivait la cout. de Meaux. Son église paroissiale, diocèse de Troyes, doyenné de Sézanne, était consacrée à saint Pierre; le grand prieur de France, de l'ordre de Malte, présentait à la cure.

CHAPELLERIE (LA), lieu-dit, c° de Baye.

CHAPELLERIE (LA), lieu-dit, c° de Dompremy.

CHAPELLERIE (LA), lieu-dit, c° de Laval.

CHAPELLERIE (LA), lieu-dit, c° de Treslon.

CHAPELLERIES (LES), lieu-dit, c° de Cuchery.

CHAPELLES (LES), lieu-dit, c° de Moutbelon.

Vestiges de constructions.

CHAPELLE-SAINT-LÉGER (LA), écart, c° de l'Épine.

CHAPELLE-SAINT-NICOLAS (LA), 2 m°°, c° de Châtrices.

CHAPELLE-SUR-COOLE (LA), f. détruite, c° de Faux-sur-Coole. — In villa et finagio de Capella, Cathal. dyocesis, juxta villam que Cole vulgaliter appellatur, 1276 (Toussaints, e. 16). — La Chapelle-sur-Coole, 1515 (Barthélemy, hist. de Chal. p. 279). — La Chappelle-sur-Coole, 1570 (Touss. c. 16). — La Chapelle-sur-Coole, 1735 (Saugrain, t. I, p. 408). — La Chapelle, 1860 (Cornet-Paulus).

CHAPELLE-SUR-ORBAIS (LA), c° de Champ. — Capella in Bria, 1405 (pouillé de Chal. f° 82 r°). — Capella in Brya, 1542 (taxe des bénéf. p. 214). — Luceval, 1794 (arch. nat. F¹ 7). — La Chapelle-sur ou sous-Orbais, 1860 (Cornet-Paulus).

La Chapelle-sur-Orbois faisait partie, en 1789, de l'élection de Châlons et suivait la cout. de Vitry. Son église paroissiale, diocèse de Châlons, doyenné de Vertus, était dédiée à saint Pierre; l'abbé d'Orbais présentait à la cure.

CHAPOTTE (LA), f. c° de Vaucienes. — Une petite terre appelée la Chapotte, relevant de Sa dite Majesté à cause de son domaine d'Épernay, 1604 (arch. nat. Q¹ 673). — La Chapote, 1735 (Saugrain, t. I, p. 472).

CHAPRS (A LA), lieu-dit, c° de Prouilly.

CHAPTON, h. et ch. c° de Villeneuve-lez-Charleville. — Chapetons, 1202 (hist. de la maison de Broyes, p. 23). — Chaptons, 1499 (arch. nat. P 165, 230). — Chappeton-en-Brye, 1518 (ibid. P 165, 263). — Chappetons-en-Brie, 1522 (ibid. P 165, 267).

CHARAMONT, lieu-dit, où se voient des traces d'habitations, c° de Vauchamps. — On écrit indifféremment Charamont ou Champramont.

CHARBONNERIE (LA), lieu-dit, c° de l'Échelle-le-Franc.

CHARBONNERIE (LA), f. c° de Leuvrigny. — La ferme de la Charbonnière, 1735 (Saugrain, t. I, p. 470). — Charbonnerie, 1834 (état-major).

CHARBONNERIE (LA), lieu-dit, c° de Sommevesle.

CHARBONNIÈRE (LA), f°° minérale, c° de Toulon.

CHARBONNISTERIE (LA), f. c° de Ville-sur-Orbais. — La Carbonnisterie, 1847 (lieux habités).

CHABOTTEL, f. c° de Margerie. — Charboté, XVIII° s° (Cassini). — Chalbotel, 1734 (Courtalon, t. III, p. 354).

CHARDONNERIE (LA), lieu-dit, c° de Coolus.

CHARDONNERIE (LA), lieu-dit, c° de Souain.

CHARIGNIÈRE (LA), lieu-dit, c° d'Alliancelles.

CHARIOT-D'OR (LA), auberge, sur la route de Reims à Laon, c° de Saint-Thierry.

CHARLEFONTAINE, église et h. détruits, c° d'Hautvillers. — Capella de Carolifonte... salvo jure Altovillarensis monasterii in cujus parrochia cadem capella sita est, 1123 (arch. adm. de Reims, t. I, p. 275). — Ecclesia Beate Marie de Caroli Fonte, v. 1150 (cart. de S.-Denis de Reims, p. 37). — Prior de Karolifonte, 1224 (S.-Denis de Reims, l. Charlefontaine). — Domus Karofontis (sic), 1242 (ibid. suppl. l. dudit). — Challefontaigne, v. 1274 (arch. nat. J 202, 45). — Challefontaine, 1308 (ibid. P 1114). — Charlefonteinne, 1334 (S.-Denis de Reims, l. Hermonville). — Les bois de Charlefontaine, 1342 (arch. nat. P 181, 27). — Charlefontainne, 1352 (ibid. P 181, 30). — Charlefontaingne, 1393 (ibid. P 181, 42 bis). — Challefontainne, 1396 (S.-Denis de Reims, l. Arcy-le-Ponsard). — Jean Priou, recteur de Charles-Fontaine, 1452 (cart. de S.-Denis de Reims, p. 497). — Prieuré de Charlefontayne, 1639 (S.-Denis de Reims, l. dudit). — Le hameau de Charles-Fontaine, 1735 (Saugrain, t. I, p. 470).

1 Le prieuré de Charlefontaine, consacré à la

Vierge, dépendait de l'abbaye de Saint-Denis de Reims.

CHARLEVAUX, m^{in}, c^{ne} de Binarville. — *L'estang de Charlevaulx*, 1549 (S.-Remy de Reims, l. 152). — *Le moulin Charlevaux*, 1735 (Saugrain, t. I, p. 433).

CHARLEVILLE, c^{on} de Montmirail. — Villa Caroli, 1063 (histoire des comtes de Champ. t. I, p. 487). — *Carlivilla, Carrivilla*, 1110 (Socard, chartes de Molême, p. 96 et 98). — *Carolivilla*, 1179 (S.-Nicolas de Sézanne, c. 9). — Karoli *Villa*, commencement du xiii° siècle (cart. de Notre-Dame de Paris, t. I, p. 145). — *Charlivile, Charleville*, vers 1222 (liv. des vass. de Champ.). — *Challeville*, v. 1274 (arch. nat. J 205, 31 *bis*). — *Cherleville*, 1491 (S.-Julien de Sézanne, c. 4). — *Charville*, 1499 (arch. nat. P 165, 230).

Charleville était compris, en 1789, dans l'élection de Sézanne et suivait la cout. de Meaux. Son église paroissiale, diocèse de Troyes, doyenné de Sézanne, était dédiée à saint Pierre, à saint Paul et à saint Loup; l'abbé de Chézy-sur-Marne présentait à la cure.

CHARLEVILLE, f. c^{ne} de Moiremont.

CHARMAT, f. c^{ne} de Berru.

CHARME (LE), f. détr. et m^{in}, c^{ne} d'Écolemont. — *La cense et le moulin du Charme*, 1735 (Saugrain, t. I, p. 443).

CHARMINET, f. c^{ne} de Morsains.

CHARMOISE (LA), h. c^{ne} de Belval, c^{on} de Châtillon-sur-Marne. — *Charmoisse*, v. 1222 (liv. des vass. de Champ.). — *La Charmoise*, 1522 (Belval, c. 1). — *La Chermoise*, 1613 (*ibid.*). — *La Charmoise ou Charmille*, 1860 (Cornet-Paulus).

CHARMOISE (LA), f. c^{ne} de Corrobert.

CHARMONT, c^{on} d'Heiltz-le-Maurupt. — *Calmons in pago Stadunensi*, 803 (cart. de Gorze, p. 57). — *Callimons*, 1137 (dioc. anc. de Châlons, t. II, p. 227). — *Colvus Mons*, 1142-1147 (*ibid.* t. I, p. 397). — *Villa quæ dicitur Chaumunt*, 1149 (Montiers, c. 1). — *Chavimont*, 1163 (cart. de Moutiers, 10946, f° 4 v°). — *Allodium in Carum Montem*, 1164 (cart. d'Huiron, p. 555). — *Calmont*, 1187 (*ibid.* p. 211). — *Chaumont*, 1195 (Montiers, c. 1). — *Chermon*, 1244 (S.-Pierre-aux-Monts, c. 18). — *Charmont*, 1248 (la Neuville, c. 4). — *Chermant*, 1257 (cart. de Montiers, 9905, f° 454 r°). — *Charmon*, 1767 (cart. d'Huiron, p. 449).

En 1789, Charmont faisait partie de l'élection de Châlons et suivait la cout. de Vitry. Son église paroissiale, diocèse de Châlons, doyenné de Pos-

sesse, était dédiée à Notre-Dame; l'abbé de Huiron présentait à la cure.

CHARMONT, m^{on}, c^{ne} de Saint-Quentin-le-Verger. — *Une maison platte appellée l'hostel de Charmont*, 1571 (arch. nat. P 178, 55).

CHARMONT, m^{in} à vent, c^{ne} de Vert-la-Gravelle.

CHARMONTELLE, f. c^{ne} de Charmont. — *Chaumuntel*, 1155 (dioc. auc. de Châlons, t. II, p. 227). — *Chalmuntel*, 1154-1161 (Montiers, c. 1). — *Calmontels*, 1165 (la Neuville, c. 8). — *Charmantel*, 1187 (cart. d'Huiron, p. 213). — *Chaumontel juxta Possessam*, 1245 (liber pontif. f° 367 r°). — *Chautmontel*, v. 1252 (arch. nat. J 205, 48). — *Chermontel*, 1387 (chap. de Châl. a. 4, l. 45). — *Chermontelz*, 1409 (arch. nat. P 161, 182).

CHARMONTOIS-L'ABBÉ, c^{on} de Dommartin-sur-Yèvre. — *Ecclesia Beate Marie de Charmontois*, 1294 (chap. de la Trinité de Châlons). — *Chermontois-l'Abbé*, 1518 (*ibid.*). — *Charmontois-l'Abbé*, 1542 (taxe du dioc. de Châl. p. 229). — *Charmontoys-l'Abbé*, 1588 (*ibid.*). — *Curiale beneficium Beate Marie de Caromonte, vulgo Charmontois*, 1775 (chap. de Châl. a. 1, l. 56). — *Charmontel*, 1794 (arch. nat. F 2, 7). — *Charmontois-l'Abbé ou sur-Orme*, (ann. de l'an xiii, p. 38).

En 1789, Charmontois-l'Abbé était compris dans l'élection et suivait la cout. de Châlons. Son église paroissiale, diocèse de Châlons, doyenné de Possesse, était consacrée à Notre-Dame; les chanoines de la Trinité de Châlons présentaient à la cure.

CHARMONTOIS-LE-ROI, c^{on} de Dommartin-sur-Yèvre. — *Chaumontois*, 1218 (Saint-Jacques de Vitry). — *Chaumontois*, v. 1300 (extenta Campanie, Passavant). — *Chermontois*, 1338 (Moiremont, c. 4). — *Charmontoys*, v. 1338 (chap. de la Trin. de Châl.). — *Charmontois*, 1405 (pouillé de Châl. f° 78 r°). — *Chermontois-l'Abbé*, 1412 (arch. nat. P 179, 50). — *Chermontoy-le-Roy*, 1508 (chap. de la Trin. de Châl.). — *Chermontois-le-Roi*, 1518 (*ibid.*). — *Charmontois-le-Roy*, 1539 (*ibid.*). — *Charmontoy-le-Roy*, 1662 (arch. nat. P 192, 22). — *Charmontois*, 1794 (arch. nat. F 2, 7). — *Charm.-sur-Aisne*, 1804 (ann. de l'an xiii, p. 38).

Charmontois-le-Roi faisait partie, en 1789, de l'élection de Châlons et était régi par la cout. de Vitry. Il dépendait, au spirituel, de la paroisse de Charmontois-l'Abbé.

CHARMOTTE (LA), m^{on}, c^{ne} de Boissy-le-Repos. — *Charmotte*, xviii° siècle (Cassini).

CHARMOR, h. c^{ne} de la Celle-sous-Chantemerle. — *Charmoi*, v. 1222 (liv. des vass. de Champ.). — *Char-*

moy, la *Charmoye*, 1398 (arch. nat. P 171, 46). —
Charmoy-aux-Asnes, 1537 (*ibid.* P 165, 277). —
Charmois, 1784 (Courtalon, t. III, p. 233). —
Charmoie, 1862 (Guérard, p. 173).

CHARMOT (LE BAS-), f. c⁰ᵉ de Saint-Genest.

CHARMOT (LE HAUT-), h. c⁰ᵉ de Saint-Genest.

CHARMOYE (LA), h. c⁰ᵉ de Montmort. — Ancienne abbaye d'hommes de l'ordre de Cîteaux, fondée en 1167, au diocèse de Châlons, sous l'invocation de Notre-Dame. — *Charmoia*, 1168 (cart. d'Oyes, f° 32 v°). — *Charmeia*, 1170 (la Charmoye, c. 1). — *Carmoia*, 1185 (*ibid.* c. 6). — *Karmeia*, 1197 (*ibid.* c. 1). — *Conventus de Carmeia, Carmeia*, 1199 (*ibid.*). — *Carmeya*, 1200 (liber pontif. f° 367 r°). — *Gharmeya*, 1223 (la Charmoye, c. 5). — *Karmeya*, 1223 (*ibid.* c. 2). — *Charmoya*, 1248 (*ibid.* c. 6). — *La Chermoie*, 1250 (*ibid.*). — *La Chermoye*, 1267 (*ibid.* c. 2). — *La Charmoye*, 1295 (*ibid.* c. 1). — *Abbatia de Charmodia, Charmodya*, 1295 (*ibid.* c. 2). — *Monasterium de Carmeya in Bria*, 1306 (*ibid.* c. 6). — *L'église de la Chermoye-en-Bois*, 1310 (*ibid.* c. 1). — *La Chermoye-en-Brie*, 1316 (*ibid.* c. 2). — *La Charmoie-au-Bois*, 1353 (*ibid.* c. 4). — *La Charmoye-au-Boyx*, 1372 (*ibid.*). — *Charmoya in Bosco*, 1374 (*ibid.*). — *Nostre-Dame de la Chermoie-en-Brie*, 1382 (*ibid.* c. 5). — *Nostra-Dame de la Charmoye-ou-Bois*, 1398 (*ibid.* c. 7). — *La Charmoye-au-*Baiz, la *Charmoise-au-Bois*, 1438 (arch. nat. Q¹ 673). — *Nostre-Dame de la Chermoie-aux-Bois*, 1458 (la Charmoie, c. 2). — *Carmeria in Bosco*, 1461 (*ibid.* c. 1). — *La Charmoye-aux-Boys*, 1514 (*ibid.* c. 4). — *Chermoyes-l'Abbaye*, 1633 (lieux régis par la cout. de Vitry). — *La Charmoye-aulx-Bois*, 1638 (la Charmoye, c. 2). — *La Charmoise*, 1804 (ann. de l'an XIII, p. 68).

CHARNET (RUISSEAU DE), affl. de l'Ardre, c⁰ᵉ de Serzy-et-Prin.

CHARPENTERIE (LA), lieu-dit, c⁰ᵉˢ de Fromentières et de Janvilliers.

CHARPENTERIE (LA), lieu-dit, c⁰ᵉ de Lavannes.

CHARPOGNE (RUISSEAU DE), c⁰ᵉ de Glannes.

CHARTOA, h. détr. c⁰ᵉ d'Esternay (hist. d'Esternay, p. 6).

CHASELLES, m⁰ⁿ détruite, c⁰ᵉ de Louvois. — *Domus de Chaseles*, 1218 (hist. de la maison de Châtillon, p. 39).

CHASSEBOEUF, f. c⁰ᵉ de Neuvy. — *Le fief de Chassebœuf, ... assis en la parroisse de Neufvy*, 1607 (arch. nat. P 178, 102). — *Le fief des Chasses-Bœufs*, 1771 (*ibid.* Q¹ 678).

CHASSIEUX (LE RU-DE-), lieu-dit, c⁰ᵉ de Mareuil-le-Port.

CHAT (MAISON DU), m. seigu. auj. détr. c⁰ᵉ de Saint-Bon; c'était le chef-lieu du *fief Le Chat* possédé en 1408 par Hugues Le Chat et elle est mentionnée dans de nombreux textes du XVᵉ et du XVIᵉ siècle (hist. d'Esternay, p. 396-398).

CHAÎTÉ ou CHAÎTÉE, lieu-dit, c⁰ᵉ de Chenay.

CHAÎTÉ (BAS-DE- et MONT-DE-), lieux-dits, c⁰ᵉ d'Hermonville.

CHÂTEAU (FERME DU), f. c⁰ᵉ de Fontaine-Denis. — *Une ferme appellée vulgairement la ferme du Château, ... sur le terroir de Fontaine-Denis*, 1766 (arch. nat. Q¹ 661).

CHÂTEAU (FERME DU), f. c⁰ᵉ de Pleurs. — *Audit lieu de Pleurre, la ferme dite du Château*, 1739 (arch. nat. Q¹ 679).

CHÂTEAU (FIEF DU), anc. f. c⁰ᵉ de Sommevesle. — *Une ferme ou gaigniage, appellée le fief du Château*, 1683 (arch. nat. P 194¹, 1).

CHÂTEAU (LE), m⁰ⁿ is. c⁰ᵉ de Taissy.

CHÂTEAU (LE), f. c⁰ᵉ de Vadenay.

CHÂTEAU-D'EAU (LE), m⁰ⁿ, c⁰ᵉ de Reims.

CHÂTEAU-DE-BUSSY (LE), nom d'une des mottes de Bussy-le-Château. — *La mothe et siège de la tour que on dist le chastel de Bussy, ... lequel est de présent en ruyne*, 1509 (arch. nat. P 184, 78).

CHÂTEAU-DE-CHARLEMAGNE, anc. enceinte, c⁰ᵉ de Servon-Melzicourt. — *Es bois de Hauzi, en lieu dit ou Chaatellet, tenant à la rivière d'Aisne*, 1392 (arch. nat. P 183, 73).

CHÂTEAU-DES-BOIS (LE), c⁰ᵉ de Nouvy.

CHÂTEAU-DES-LOURS (LE), c⁰ᵉ de Cheminon.

CHÂTEAU-DES-PRÉS (LE), f. c⁰ᵉ de Neuvy.

CHÂTEAU-DU-THOULT (LE), fief et f. c⁰ᵉ du Thoult. — *La ferme appellée le fief du Châtel-de-Toul, scis en la paroisse de Toul*, 1751 (arch. nat. Q¹ 678).

CHÂTEAU-GAILLARD, bois, c⁰ᵉ de Maclaunay.

CHÂTEAU-GAILLARD, auc. lieu-dit, c⁰ᵉ de Montmirail. — *Chastieau-Galliart*, 1546 (chât. de Montmirail).

CHÂTEAU-GAILLARD, m⁰ⁿ, c⁰ᵉ de Morsains.

CHÂTEAU-GAILLARD, m⁰ⁿ is. c⁰ᵉ de Rieux.

CHÂTEAU-GALIVRAT (LE), lieu-dit, c⁰ᵉ de Cheminon.

CHÂTEAU-JEAN-GUILLAUME, f. détr. au lieu-dit le Tertre, c⁰ᵉ de Bussy-Lettrée.

CHÂTEAU-LE-VIDAME (LE), une des mottes de Bussy-le-Château. — *Audit Bussy, la mothe et chastel nommé le Chastel-le-Vidame, qui souloit catre mouvant en plain fief de nostre chastel dudit Bussy, ... lequel chastel, fossez, mothe et circuit d'icelluy est de present en ruyne*, 1509 (arch. nat. P 184, 78). — *Le Chastel-de-Vidame*, 1573 (*ibid.* P 184, 225).

CHÂTEAU-MESSIRE-HUON (LE), auc. ch. à Lagery. — *La place où jadict estoit le chastel anciennement nommé le*

Chastel-Messire-Huon, estant de present en ruyne, 1522 (arch. nat. P 181, 3).

CHÂTEAU-MOUGHY (LE), lieu-dit, c^{ne} de Juvigny.

CHÂTEAU-MOUZIN (LE), lieu-dit, c^{ne} de Cernay-lez-Reims.

CHÂTEAUNEUF, f. c^{ne} de Montmirail. — *Neufchâteau*, XVIIIe siècle (Cassini).

CHÂTEAU-OUDARD (LE), fief, c^{ne} d'Ablois-Saint-Martin. — *Un autre fief communément appellé le Chasteau-Oudart, ... fermé de fossé, situé et assis audit Ablois*, 1634 (arch. nat. P 216, 38).

CHÂTEAU-RENAAD, bois, c^{ne} de Givry-en-Argonne.

CHÂTELAT, lieu-dit, c^{ne} de Cernon.

CHÂTELET (LE), lieu-dit, c^{ne} de Bettancourt-la-Longue.

CHÂTELET (LE), lieu-dit, c^{ne} de Braux-Saint-Remy.

CHÂTELAT ou CHÂTELAT, lieu-dit, c^{ne} de Bussy-Lettrée. — Vestiges de constructions.

CHÂTELET (LE), lieu-dit, c^{ne} de Chigny. — *Plusieurs pièces d'héritaiges scizes sur le terroir de Choigny, apellé le Châtelet et les Chaufours*, 1669 (Saint-Remy de Reims, l. 71).

CHÂTELET (LE), lieu-dit, c^{ne} de Dormans.

CHÂTELET (LE), lieu-dit, c^{ne} de Faguières.

CHÂTELET (LE), lieu-dit (bois), c^{ne} de Germaine.

CHÂTELET (LE), lieu-dit, c^{ne} de Joiselle.

CHÂTELET (LE), lieu-dit, c^{ne} de Maclaunay.

CHÂTELET (LE BUISSON-DU-), lieu-dit, c^{ne} du Mesnil-lez-Hurlus.

CHÂTELET (LE), lieu-dit, c^{ne} de Pouillon.

CHÂTELET (LE), anc. vill. auj. m^{tu}, c^{ne} de Ripont. — *Castellare*, 1208 (Barthélemy, canton de Ville-sur-Tourbe, p. 58). — *Castellare juxta Tahure*, 1253 (cart. de Moiremont, f° 392 r°). — *Chastellare*, 1303-1312 (arch. adm. de Reims, t. II, p. 1100). — *Castellare juxta Ripontem*, 1346 (*ibid.*). — *Le Châtelier ne subsiste plus*, 1735 (Saugrain, t. I, p. 482).

CHÂTELET (LE), lieu-dit, c^{ne} de Sermaize.

CHÂTELET (LE), lieu-dit, c^{ne} de Thoult-Trosnay. — *Audit Tranay une aultre maison qui siet en lieu dit ou Chastellet*, 1461 (arch. nat. P 179, 196).

CHÂTELET (BOIS DU), c^{ne} de Vavray-le-Petit. — *Quinze ou vingtz arpens de boys séans es bois du Petit-Wavrey, apellez communement le boys du Chastellet*, 1521 (arch. nat. P 179, 100). — Ce bois portait le nom de son possesseur, Pierre du Châtelet, chevalier, seigneur de Deuilly, en 1521.

CHÂTELET (LE), lieu-dit, c^{ne} de Velye.

CHÂTELET (LE), lieu-dit, c^{ne} de Vienne-la-Ville. — Cette localité est parsemée de débris de tuiles romaines.

CHÂTELET (LE), lieu-dit, c^{ne} de Ville-sur-Tourbe.

CHÂTELET (LE), îlot de m^{son} de Villevenard. — *Grangia de Chasteler*, 1171 (Andecy, c. 1).

CHÂTELET-DE-FOUAOUA (LE), lieu-dit, c^{ne} de Ventelay.

CHÂTELET-DE-TRIE (LE), lieu-dit, c^{ne} de Dormans.

CHÂTELIER (LE), c^{on} de Dommartin-sur-Yèvre. — *Castellare*, 1218 (S.-Jacques de Vitry, c. 4). — *Chastelers*, v. 1222 (liv. des vass. de Champ.). — *Le Chasteler*, 1228 (S.-Jacques de Vitry, c. 2). — *Chateleium*, 1229 (arch. nat. KK 1064, f° 286 v°). — *Castellarium*, 1233 (Moutiers, c. 1). — *Castellarum*, 1233 (cart. de Montiers, 10946, f° 38 r°). — *Le Chasteler*, 1234 (Cheminon, c. 8). — *Le Chasteleir*, 1237 (Moutiers, c. 4). — *Chastellier*, 1279 (cart. de Moutiers, 9905, f° 43 r°). — *Le Chateler*, 1294 (Montiers, c. 2). — *Le Chateler de lès Remicourt*, 1302 (S.-Jacques de Vitry, c. 4). — *Le Chasteller*, 1389 (arch. nat. P 183, 61). — *Le Chastellier-en-Champaigne*, 1504 (*ibid.* P 166, 367). — *Le Chastelier*, 1510 (*ibid.* P 207, 45). — *Chastelier*, 1514 (ibid. P 162, 118). — *Le Chasteliers*, 1515 (Montiers, c. 2). — *Le Chastellier-en-Argonne*, 1566 (arch. nat. P 161, 122). — *Chasteliers*, 1606 (ibid. P 161, 149). — *Chasteliere*, 1633 (lieux régis par la cout. de Vitry; au mot : Rup Morel). — *Les Chastilliers*, 1662 (arch. nat. P 192, 22). — *Chateliers*, 1724 (ibid. P 223, 74). — *Le Chatelier*, 1731 (ibid. P 231, 15). — *Châtellier*, XVIIIe siècle (Cassini).

En 1789, le Châtellier faisait partie de l'élection de Châlons et suivait la cout. de Vitry. Son église paroissiale, diocèse de Châlons, doyenné de Possesse, était dédiée à Notre-Dame; l'abbé de Montiers-en-Argonne présentait à la cure.

CHÂTELIER (LE HAUT-), f. c^{ne} du Châtelier. — *Haut Châtellier*, XVIIIe siècle (Cassini).

CHÂTELIERS (LES), lieu-dit, c^{ne} de Vitry-en-Perthois.

CHÂTEL-LECLERC (LE), lieu-dit, c^{ne} de Sommetourbe.

CHÂTELLERIE (LA), lieu-dit, c^{ne} de Saint-Étienne-sur-Suippe.

CHÂTELLERIE (LA), lieu-dit, c^{ne} de Souain.

CHÂTELLERIE (LA), lieu-dit, c^{ne} de Saint-Ouen.

CHÂTELLIER (LE), f. détruite, c^{ne} de Nesle-la-Reposte. — *La cense du Chastellier... estant de present en désert et non vollear, situé et assis pres de Montaguillon, prevôté de Chantemerle*, 1488 (Andecy, c. 4). — *Le finage du Grand et Petit-Chastellier*, 1691 (ibid. c. 4). — *Les seigneuries, fiefs et terres des Grands et Petits-Chasteliers, scis en la parroisse de Nesle*, 1701 (arch. nat. c. 10). — *La rense des Chasteliers, ... les Grands et Petits-Chasteliers dans la paroisse de Nesle-le-Repos*, 1759 (ibid. c. 4).

CHÂTELLIERS (LES GRANDS- et LES PETITS-), lieux-dits,

cⁿᵉ de Pleurs. — Les Grands-Châtelliers formaient jadis une sorte d'île entourée de marais.

CHÂTELLIERS (LES), lieu-dit, cⁿᵉ de Sézanne.

CHÂTEL-MEUNIER (LE), lieu-dit, cⁿᵉ d'Écollemont.

CHÂTELOT (LE), lieu-dit, cⁿᵉ d'Arzillières.

CHÂTELOT (LE), lieu-dit, cⁿᵉ de Blesmes.

CHÂTELOT (LE), lieu-dit, cⁿᵉ de Chigny.

CHÂTELOT (LE), h. cⁿᵉ des Essarts-le-Vicomte. — *Un des pourprins appellé le Hault-Chastellet, et l'autre pourprins appellé le Bas-Chastellet*, 1376 (grande chantr. de S.-Étienne de Troyes, 6 G 24). — *Ou dit finaige [des Essars]..... le Hault-Chastellot et le Bas-Chastellot*, 1404 (ibid.). — *Chasteloz*, 1623 (S.-Étienne de Troyes, l. 26). — *Chastelet*, 1700 (grande chantr. de S.-Étienne de Troyes, l. 24). — *Le Châtelet*, XVIIIᵉ siècle (Cassini). — *Le Châtelot ou Châtelet*, 1784 (Courtalon, t. III, p. 293).

CHÂTELOT (LE), lieu-dit, cⁿᵉ de Saint-Lumier-en-Champagne.

CHÂTELOIS (LES), lieu-dit, cⁿᵉ de Bannes.

CHÂTELOTS (LES), cⁿᵉ de Fère-Champenoise.

CHÂTELRAOULD, vill. cⁿᵉ de Châtelraould-Saint-Louvent. — *Castrum Radulfi*, 1091-1125 (cart. de Toussaints, fᵒ 39 rᵒ). — *Adelardus de Castro Radulfo*, 1131-1142 (Ulmoy). — *Castellum Bodulfi*, 1131-1142 (Toussaints, c. 1, l. 1). — *Castellum Radulphi*, 1168 (S.-Pierre-aux-Monts, c. 16). — *Castrum Rodulfi*, 1178 (S.-Memmie, c. 1). — *Chatourou*, av. 1190 (cart. de Châlons, cop. Gaignières, p. 82). — *Chautonru*, 1392 (arch. nat. P 178, 113). — *Chasteau-Rou*, 1445 (chap. de Chât. a. a, l. 3). — *Chasteau-Roux*, 1464 (Toussaints, c. 19). — *Chastelrou*, 1464 (cart. d'Huiron, p. 567). — *Chasteau-Ra·l*, 1469 (chap. de Chât. a. 2, l. 4). — *Chastel-Rous*, *Chastiau-Rous*, 1527 (Toussaints, c. 5). — *Chastel-Roux*, 1549 (chap. de Chât. a. 4, l. 45). — *Chastelraould*, 1553 (ibid. a. 4, l. 21). — *Chastelraould*, 1565 (Toussaints, c. 19). — *Chatelleroux*, 1651 (évêché de Châl. c. 9). — *Chatelraoud*, 1693 (dioc. anc. de Châl. t. I, p. 284). — *Chatelroux*, 1739 (arch. nat. Q¹ 683). — *Chastelroux en Champagne*, 1787 (ibid. Q¹ 663). — *Chatrou*, XVIIIᵉ siècle (Cassini).

En 1789, Châtelraould était compris dans l'élection de Vitry et suivait la coutume de cette ville. Son église paroissiale, diocèse de Châlons, doyenné de Perthes, était consacrée à Notre-Dame; le chapitre cathédral de Châlons présentait à la cure.

CHÂTELRAOULD-SAINT-LOUVENT, cⁿᵉ de Saint-Remy-en-Bouzemont, commune formée en 1851 de l'union des anciennes communes de Châtelraould et de Saint-Louvent.

CAÎTET, lieu-dit, cⁿᵉ de Saudoy.

CHÂTILLERIE (LA), lieu-dit, cⁿᵉ de Saint-Mard-sur-le-Mont.

CHÂTILLON, lieu-dit, cⁿᵉ d'Ay.

CHÂTILLON, lieu-dit, cⁿᵉ de Braux-Saint-Remy. — *Ou lieu que on dit delès Chastillon*, 1328 (cart. A de S.-Remy de Reims, p. 660).

CHÂTILLON, chât. détr. au XVᵉ siècle, cⁿᵉ de Courjeonnet. — En 1242, Eudes de Broyes, seigneur de Soisy, fut autorisé par Thibaut IV, comte de Champagne et roi de Navarre, à construire une maison forte *infra maresium de Broceio in loco qui dicitur Mota de Chastellon* (Teulet, trésor des chartes, t. II, p. 467). — *Domus fortis de Chatellons*, v. 1252 (arch. nat. J 195, 96). — *Jehanz de Broies, aire de Chastillon*, 1273 (S.-Nicol. de Troyes, l. 38, c. 45). — *Chastillon*, 1375 (arch. nat. P 202, 172). — *Chastillon-sur-Fiens*, 1525 (le Reclus, c. 1). — *Castillon*, XVIᵉ siècle (feoda Camp. p. 130). — *Le fief de Chastillon au grand marestz, en ma terre et justice de Broussy*, 1607 (arch. nat. P 178, 101¹). — L'inaxessible place de Chastillon sur le marais, 1610 (Chastillon, topographie, pl. 55).

CHÂTILLOS (SUR), lieu-dit, cⁿᵉ d'Éclaires.

CHÂTILLON, f. cⁿᵉ d'Élize. — *Ladite ville appellée Chastillon*, 1402 (arch. nat. P 184, 9). — *Ou lieu dit en Chasteillon*, 1408 (ibid. P 179, 35).

CHÂTILLON (LE FOND-DE-), lieu-dit, cⁿᵉ d'Épense.

CHÂTILLON (LA CÔTE-), lieu-dit, cⁿᵉ de Glannes.

CHÂTILLON, lieu-dit, cⁿᵉ du Mesnil-sur-Oger. — *Les vignes au terroir du Mesnil, au lieu apelez lès Chastillon*, XVIᵉ siècle (S.-Memmie, c. 9).

CHÂTILLON, lieu-dit, cⁿᵉ d'Omey.

CHÂTILLON (LE MONTANT-DE-), lieu-dit, cⁿᵉ de Rapsécourt.

CHÂTILLON, lieu-dit, cⁿᵉ de Saint-Jean-sur-Tourbe.

CHÂTILLON, lieu-dit, cⁿᵉ de Saint-Remy-sur-Bussy.

CHÂTILLON (LE), cⁿᵉ de Saron.

CHÂTILLON, lieu-dit, cⁿᵉ de Sommeyèvre.

CHÂTILLON, lieu-dit, cⁿᵉ de Soudé-Notre-Dame.

CHÂTILLON, lieu-dit, cⁿᵉ de Trigny.

CHÂTILLON-SUR-BROUÉ, cⁿᵉ de Saint-Remy-en-Bouzemont. — *Chatillon*, 1289 (Saint-Étienne de Troyes, l. 25). — *Chastillon-sur-Broué*, 1376 (ibid.). — *Castellio*, 1407 (pouillé de Troyes, nᵒ 490). — *Castellio subtus Broé*, 1443 (évêché de Troyes, G 22). — *Chastillon-soubz-Broé*, 1508 (arch. nat. P 207, 12). — *Chastillon-soubz-Brauel*, 1520 (évêché de Troyes, l. 25). — *Chatillon-sur-Brouey*, 1607 (ibid.). — *Châtillon-sous-Broué*, XVIIIᵉ siècle (Cassini).

Châtillon-sur-Broué faisait partie, en 1789, de

l'élection de Vitry et suivait la coutume de Troyes. Son église paroissiale, diocèse de Troyes, doyenné de Margerie, était dédiée à la Vierge; l'évêque de Troyes en était collateur.

CHÂTILLON-SUR-MARNE, arr. de Reims. — *Castrum quoddam quod Herivens, nepos Herivei quondam archiepiscopi, super fluvium Maternam tenebat*, 940 (chron. Flodoardi). — *Herivens..... habens munitionem quam ædificaverat citra Maternam*, 947 (*ibid.*). — *Castrum quondam Herivei, videlicet Castellionem*, 949 (*ibid.*). — *Catellio, Castellio*, comm. du xi° siècle (polypt. de S.-Remy). — *Castillio*, 1090-1095 (hist. des comtes de Champagne, t. I, p. 509). — *Castilio*, 1132 (cart. d'Igny, f° 1 r°). — *Chastellio*, 1215 (liber principum, 5992, f° 67 v°). — *Chastellon*, 1220 (Du Plessis, hist. de l'église de Meaux, t. II, p. 111). — *Chasteillon, Chastelon*, v. 1222 (livre des vass. de Champ.). — *Chastillon*, 1223 (cart. d'Igny, f° 37 r°). — *Chasteillon-sur-Marne*, 1231 (Teulet, trésor des ch. t. II, p. 218). — *Chatelon*, 1234 (Amour-Dieu, c. 3). — *Chasteilon*, 1243 (*ibid.*). — *Castellio super Marne*, 1244 (Teulet, trésor des chartes, t. II, p. 531). — *Castellio supra Maternam*, v. 1260 (nécrol. de l'église de Reims, p. 102). — *Castilhio*, vers 1263 (arch. adm. de Reims, t. I, p. 825). — *Chateillon, Chastoillon, Chastilon*, v. 1274 (arch. nat. J 202, 45). — *Chastillon-sur-Marne*, 1285 (feoda Camp. C 87). — *Chastillons*, 1296 (Amour-Dieu, c. 2). — *Chatillon*, 1307 (Igny, l. Troissy). — *Castillon-sur-Marne*, 1324 (cart. de l'Amour-Dieu, f° 8 v°). — *Chasteillon-sur-Marne*, 1341 (S.-Denis de Reims, l. Hermonville). — *Chastillon-en-Champaigne*, 1437 (arch. nat. P 161, 188). — *Castellulum, Castelliolum*, xvi° siècle (feoda Camp. p. 126 et 128). — *Chastillion-sur-Marne*, 1464 (Belval, c. 2). — *Montagne-sur-Marne*, 1794 (arch. nat. F 2, 7).

Châtillon-sur-Marne était compris, en 1789, dans l'élection d'Épernay et suivait la cout. de Vitry. Son église paroissiale, diocèse de Soissons, doyenné de Châtillon, était consacrée à Notre-Dame; le prieur de Coincy présentait à la cure.

CHÂTILLON-SUR-MORIN, c°⁰ d'Esternay. — *Castellio*, 1196 (Bricot, c. 3). — *Castellum*, 1218 (*ibid.*). — *Chastelon*, v. 1222 (liv. des vass. de Champ.). — *Castellio super Morein*, v. 1240 (arch. nat. J 193, 83). — *Castellio supra Moram*, 1276 (Bricot, c. 3). — *Chatillon*, 1287 (*ibid.*). — *Chastelun*, 1298 (*ibid.*). — *Chasteillon*, v. 1300 (extenta Campanie, Sézanne). — *Chasteillon-sur-Morain*, 1339 (Bricot, c. 3). — *Castelleo subtus Morain*, 1381

(pouillé de Troyes, A 260). — *Chastillon-sur-Morin*, 1411 (hist. de la maison de Châtillon, p. 6). — *Castellum sublus Moram*, 1443 (évêché de Troyes, G 22). — *Castalio*, 1457 (pouillé de Troyes, A 45). — *Castellio supra Macram*, 1569 (Bricot, c. 3).

En 1789, Châtillon-sur-Morin faisait partie de l'élection de Troyes et suivait la cout. de Meaux. Son église paroissiale, diocèse de Troyes, doyenné de Pout-sur-Seine, était dédiée à saint Léger; l'abbesse du Bricot présentait à la cure.

CHATONNERIE (LA), lieu-dit, c°° de Margny.

CHÂTRICES, c°° de Sainte-Menehould. — Ancienne abbaye d'hommes de l'ordre de Saint-Augustin, fondée vers 1145 sous le vocable de la Vierge. — *Ecclesia de Castriciis*, 1107 (chap. de Châl. a. 1, l. 1). — *Castrilia*, 1132 (dioc. auc. de Châl. t. II, p. 446). — *Monasterium Sancte Marie Castricensis*, 1197 (Châtrices). — *Chastriciæ*, 1229 (Toussaints, c. 6). — *Chastrices*, 1242 (arch. nat. J. 197, 53). — *Castricium*, 1266 (liber pontif. f° 403 v°). — *Chatrisses*, 1308 (chap. de Châl. a. 1, l. 45). — *Castricss*, 1346 (arch. adm. de Reims, t. II, p. 636). — *Chastrice*, 1389 (arch. nat. P 183, 55). — *Chastrisses*, 1535 (*ibid.* P 184, 189). — *L'abbaye de Chatris*, 1777 (*ibid.* Q¹ 660).

En 1789, Châtrices faisait partie de l'élection de Sainte-Menehould et était régi par la cout. de Vitry. Son église paroissiale, diocèse de Châlons, doyenné de Sainte-Menehould, était consacrée à Notre-Dame; le prieur de l'abbaye de Châtrices présentait à la cure.

CHÂTRICES (FORÊT DE), c°° de Châtrices.

CHATLERIE (LA), lieu-dit, c°° de Louvois.

CHAUDEFONTAINE, c°° de Sainte-Menehould. — *Calida Fontana, Qualida Fontana*, 1132 (dioc. auc. de Châl. t. II, p. 445). — *Calidus Fons*, 1201 (Moiremont, c. 1). — *Callidus Fons*, v. 1252 (arch. nat. J 202, 52). — *Chaudefontaine*, 1346 (Moiremont, c. 3). — *Chaudefontaine*, 1370 (arch. nat. P 183, 25). — *Chaudefontaingne*, 1408 (Moiremont, c. 3). — *Chaudeffontaine*, 1439 (arch. nat. P 184, 65). — *Chateaufontaine*, 1749 (*ibid.* Q¹ 658).

En 1789, Chaudefontaine était compris dans l'élection de Sainte-Menehould et suivait la cout. de Vitry. Son église paroissiale, diocèse de Châlons, doyenné de Sainte-Menehould, était dédiée à la Sainte Croix; le recteur des Jésuites de Reims présentait à la cure.

CHAUDERUE, h. c°° de Montmort. — *La Chaudrue*, 1701 (la Charmoye, c. 2). — *La Chauderue*, 1735 (Saugrain, t. I, p. 471). — *La Chaude-Rüe*, 1736 (*ibid.*). — *Chaudru*, xviii° siècle (Cassini). — *Chauderue*, 1804 (ann. de l'an xiii, p. 67).

CAUDIS, écart, c^te d'Aulnizeux (Guérard, p. 128).

CHAUDRONNERIE (LA), m^on, c^te de Neuvy.

CHAUDRUE, loc. détruite, aux environs de Fismes. — *Une masure ou lieu dit Chauderue*, 1392 (arch. nat. P 181, 133). — *Chaudrus*, 1609 (*ibid.* P 181, 163). — *Chaudru*, 1646 (*ibid.* P 191, 17). — *Chaudreu*, 1684 (*ibid.* P 220, 131).

CHAUFOUR (LE), lieu-dit, c^te d'Aougny.

CHAUFOUR (LE), lieu-dit, c^te d'Ay.

CHAUFOUR, lieu-dit, c^te de Berru.

CHAUFOUR, lieu-dit, c^te de Cernay-en-Dormois.

CHAUFOUR, lieu-dit, c^te de Champillon. — *Audit Champillon, lieu-dit Chaufourt, ou Deriere la Chapelle*, ou *l'Heremitage*, 1651 (arch. nat. Q^1 675).

CHAUFOUR (LE), lieu-dit, c^te de Charmont.

CHAUFOUR, lieu-dit, c^te de Chaudefontaine.

CHAUFOUR (LE), lieu-dit, c^te de Cheminon.

CHAUFOUR (LE), lieu-dit, c^te de Coole.

CHAUFOUR, lieu-dit, c^te de Courcy.

CHAUFOUR (LE), lieu-dit, c^te de Courthiézy.

CHAUFOUR, lieu-dit, c^te de Doucey.

CHAUFOUR, lieu-dit, c^te d'Élize.

CHAUFOUR (LE), lieu-dit, c^te de Fère-Champenoise.

CHAUFOUR (LE), lieu-dit, c^te de Fismes.

CHAUFOUR (LE CUL-DU-), lieu-dit, c^te de Germaine.

CHAUFOUR (LE), lieu-dit, c^te de Gueux.

CHAUFOUR (LE), lieu-dit, c^te de Jonquery.

CHAUFOUR, lieu-dit, c^te de Loisy-en-Brie.

CHAUFOUR (LE), sub. c^te de Loivre. — *Le Petit-Chauffour*, 1862 (Guérard, p. 395).

CHAUFOUR, lieu-dit, c^te du Mesnil-sur-Oger. — *Au Mesnil, lieu dit Chauffour*, 1678 (Argensolles, c. 5).

CHAUFOUR (LE), lieu-dit, c^te de Montigny-sur-Vesle.

CHAUFOUR (LE), lieu-dit, c^te de Mont-sur-Courville.

CHAUFOUR (LE), lieu-dit, c^te d'Oger.

CHAUFOUR (LE), lieu-dit, c^te de Passavant.

CHAUFOUR (LE), lieu-dit, c^te de Romain.

CHAUFOUR, lieu-dit, c^te de Rosay.

CHAUFOUR (LE), lieu-dit, c^te de Sacy.

CHAUFOUR (LE), lieu-dit, c^te de Soilly.

CHAUFOUR, aub. c^te de Thil. — *Le Petit-Chauffour*, 1862 (Guérard, p. 398).

CHAUFOUR, lieu-dit, c^te de Vertus.

CHAUFOUR, lieu-dit, c^te de Verzenay.

CHAUFOUR, f. c^te de Villars-Franqueux. — *Le Grand-Chauffour*, 1862 (Guérard, p. 399).

CHAUFOURS (LES), lieu-dit, c^te de Bergères-lez-Vertus.

CHAUFOURS (LES), lieu-dit, c^te de Breuil-sur-Vesle.

CHAUFOURS (LES), lieu-dit, c^te de Champillon.

CHAUFOURS (LES), lieu-dit, c^te de Châtillon-sur-Marne.

CHAUFOURS (LES), h. c^te de Chavot. — *Vicus de Chaufor, intra fines porrochie de Monte Felici...*, *in vico de Chofor*, 1266 (la Charmoye, c. 6). — *Choffour*, 1395 (arch. nat. P 181, 49). — *Chaufour soubz Montfelix*, 1455 (*ibid.* P 181, 72). — *Chauffourt soubz Mont-Felix*, 1456 (*ibid.* P 181, 72 *bis*). — *Le hameau d'Eschaufourt*, 1735 (Saugrain, t. I, p. 469). — *Les Chaufours*, 1804 (ann. de l'an xiii, p. 40).

CHAUFOURS (LES), lieu-dit, c^te de Chigny. — *Les Chaufours*, 1669 (S.-Remy, l. 71).

CHAUFOURS (LES), lieu-dit, c^te de Condé-sur-Marne.

CHAUFOURS (LES), f. c^te de Corrobert. — *Les Chaufours*, xviii° siècle (Cassini). — *Les Chaufour*, 1804 (ann. de l'an xiii, p. 43).

CHAUFOURS (LES), lieu-dit, c^te d'Éclaires.

CHAUFOURS (LES), lieu-dit, c^te de Fèrebrianges.

CHAUFOURS (LES), faubourg de Montmirail. — *Le chauffour à chau est comme de nulle valeur*, 1478 (arch. nat. K 25). — *Lieu dit es Chauffours*, 1492 (chât. de Montmirail). — *Les Chaurfours*, 1659 (min. Labbé, à Montmirail).

CHAUFOURS (LES), lieu-dit, c^te de Recy.

CHAUFOURS (LES), lieu-dit, c^te de Trigny.

CHAUFOURS (LES), lieu-dit, près Troissy. — *Le Chaufour*, 1570 (arch. nat. P 177, 127).

CHAUFOURS (LES), lieu-dit, c^te de Verzy.

CHAUFOURS (LES), lieu-dit, c^te de Ville-en-Selve.

CHAUFOURS (LES), lieu-dit, c^te de Villeneuve-Renneville-Chevigny.

CHAUFOURS (LES), lieu-dit, c^te de Villers-Allerand.

CHAUFOURS (LES), lieu-dit, c^te de Villers-Franqueux.

CHAUFOURS (LES), lieu-dit, c^te de Vincelles.

CHAUMAY, fief, c^te de Bouchy-le-Repos (hist. d'Esternay, p. 186).

CHAUMUZY, c^ne de Ville-en-Tardenois. — *Vicus cui vocabulus est Calmiciacus*, fin du vi° siècle (Fortunat, vita sancti Remigii). — *Calmisiacum*, ix° siècle (grand testament de S.-Remy). — *Calmisiacum*, v. 1067 (arch. adm. de Reims, t. I, p. 221). — *Chalmisiacum, Camilsiacum*, 1082 (Du Plessis, hist. de l'église de Meaux, t. II, p. 12 et 14). — *Chaumisi*, 1145 (hist. des comtes de Champ. t. III, p. 431). — *Chalmisiacum*, 1150 (cart. d'Igny, f° 86 v°). — *Chaumisiacum*, 1154 (cart. A de S.-Remy de Reims, p. 362). — *Chalmisi*, 1156 (cart. d'Igny, f° 10 r°). — *Chalmiseium*, 1158 (ibid. f° 13 v°). — *Chaumesiacum*, 1178 (Longau, c. 20). — *Chaumusiacum*, 1203 (cart. de Saint-Denis de Reims, p. 73). — *Chalmisyacum*, 1218 (cart. B du chap. de Reims, f° 652 r°). — *Chaumusi, Caumisi*,

Chaumesi, Chaumusci, Chaumuisi, v. 1222 (liv. des vass. de Champ.). — *Chaumiseyum,* 1229 (cart. de Saint-Nicaise, f° 94 v°). — *Chaumisy,* 1270 (chap. de Reims, l. 24). — *Chaumussiacum,* 1273 (cart. de Saint-Denis de Reims, p. 223). — *Chomorci,* v. 1274 (arch. nat. J 202, 45). — *Charmissiacum,* 1277 (cart. de Saint-Denis de Reims, p. 238). — *Chaimisy,* v. 1300 (extenta Campanie, Château-Th.). — *Chaumusy,* 1304 (cart. B du chap. de Reims, f° 312 v°). — *Chamisiacum, Chaumissyacum,* 1304 (ibid. f° 315 r°). — *Chaumizy,* 1328 (arch. adm. de Reims, t. II, p. 529). — *Chaumiciacum,* 1333 (ibid. t. II, p. 709). — *Chaimusy,* 1340 (ibid. t. II, p. 838). — *Chaumussy, Chammussy,* xiv° siècle (ibid. t. II, p. 853 et 883). — *Chamusy,* 1556 (arch. lég. de Reims, cout. p. 909). — *Chaulmusy,* 1566 (chap. de Reims, l. Chaumuzy). — *Calmusiacum,* 1583 (arch. lég. de Reims, statuts, t. I, p. 120). — *Chomusye,* 1645 (chap. de Reims, l. Chaumusy).

En 1789, Chaumuzy faisait partie de l'élection et suivait la cout. de Reims. Son église paroissiale, diocèse de Reims, doyenné de la Montagne, était consacrée à saint Cancien; le tournaire du chapitre métropolitain présentait à la cure.

CHAUSOT, anc. enceinte fortifiée, c°° de Mareuil-sur-Ay, sur la rive gauche de la Marne, entre Ay et Chouilly. — *Quoddam* castrum *Remensis ecclesiæ* quad vacant *Causostem,* super *Maternam fluvium, ab Artaldo* praesule constructum, 938 (chron. Flodoardi).

La forteresse, construite en 938 par l'archevêque Artaud, fut rasée en 940 (ibid.).

CHAUSOT (LE PETIT-), lieu-dit, c°° de Mareuil-sur-Ay.

CHAUSSE (LA), m°° forestière, c°° de Trois-Fontaines.

CHAUSSÉE (LA), c°° de Vitry-le-François. — *La Chaussée-lez-Coulumier,* 1633 (lieux régis par la cout. de Vitry). — *Calceia,* 1755 (chap. de Châl. a. 1, l. 56). — *La Chausée,* 1673 (arch. nat. Q¹ 676). — *La Chaussée-sur-Marne,* 1834 (état-major).

En 1789, la Chaussée était compris dans l'élection de Châlons et suivait la cout. de Vitry. Son église paroissiale, diocèse de Châlons, doyenné de Bussy, était consacrée à saint Pierre; le chapitre cathédral de Châlons présentait à la cure.

CHAUSSÉE (LA), faubourg de Montmirail. — *La Haute-Chaussée, paroisse de Montmirail,* 1729 (arch. de l'Aube, G 726).

CHAUSSÉE (LA), écart, c°° de Vauciennes.

CHAUSSÉE BRUNEHAUT, ancien nom de la voie romaine de Reims à Soissons par Fismes. — *La Chaussée*

Brunehault, 1535 (chap. de Reims, l. Jonchéry). — Ce nom figure encore aux plans cadastraux de Baslieux-lez-Fismes et de Fismes.

CHAUSSÉE BRUNEHAUT, ancien nom de la voie romaine de Troyes à Soissons par Sézanne et Montmirail. — *Chaucée de Brunehaut,* 1646 (notes de voyage de Du Buisson-Aubenay). — *La chaussée dite de Brénehault,* milieu du xvii° siècle (papiers de Du Buisson-Aubenay).

CHAUSSÉE-DE-DAMERY (LA), h. c°° de Vauciennes.

CHAUSSÉE-DE-VEAU (LA), m°°, c°° de Vitry-le-Brûlé.

CHAUSSÉE FERRÉE (LA), anc. chemin, c°° d'Aigny.

CHAUSSON, m. c°° de Cernay-en-Dormois. — *La maison de Chaussons,* 1395 (arch. nat. P 208, 33). — *Ung aultre fief communement appellé le fiefz de Chausson, estans au ban dudict Cernay,* 1... (ibid. P 184, 227). — *Le fief du Chausson,* 1574 (ibid. P 185, 1).

CHAUVIGNY, f. c°° de Saron-sur-Aube. — *Chauvigny,* 1375 (arch. nat. P 202, 230). — *Chauvygny,* 1467 (cart. de Sellières, des arch. de l'Aube, f° 20).

CHAVENAY, h. c°° de Dormans. — *Chavenay,* 1239 (cart. de l'Amour-Dieu, f° 13 r°). — *Chavenay,* xviii° siècle (Cassini). — *Chauvenet,* 1804 (ann. de l'an xiii, p. 46).

CHAVOT, c°° d'Avize. — *Chavost,* 1201 (cart. de Saint-Martin d'Épernay, p. 145). — *Chavort,* 1237 (la Charmoye, c. 6). — *Chavot,* 1470 (ibid.).

Chavot faisait partie, en 1789, de l'élection d'Épernay et suivait la cout. de Vitry. Son église paroissiale, qui n'est autre que celle de Montfélix, diocèse de Soissons, doyenné d'Orbais, était dédiée à saint Martin; le prieur de Montfélix présentait à la cure.

CHAYÈSE (LA), f. c°° du Vieil-Dampierre. — *Chahere,* 1154-1161 (cart. de Moutiers, 10946, f° 11 v°).

CHAYÈSE (RU DE LA), affl. de l'Ante; coule sur le finage d'Ante.

CHÉE (LA), affl. de la Saulx; prend naissance sur le territoire des Marats (Meuse) et se jette dans la Saulx près Merlaut. — *Flavius Callus,* commencement du xi° siècle (polypt. de Saint-Remy). — *Fluvius Cheel,* 1154-1161 (cart. de Moutiers, 10946, f° 8 v°). — *Cheel,* 1183 (Moutiers, c. 4). — *La rivière de Chez,* 1528 (cart. de Moutiers, 9905, f° 533 r°).

CAER-DE-VILLE (LE), anc. f. c°° de Marigny-le-Grand. — *Audit lieu de Marigny, la ferme de Chedville,* 1682 (arch. nat. P 194, 1).

CHIGNEUX (LES), h. c°° de Tréfols. — *Chenex,* v. 1222 (liv. des vass. de Champ.). — *Les Chigneux,* 1607 (arch. nat. P 178, 102). — *Les Chignoux*, 1735 (Saugrain, t. I, p. 475). — *Les Chegneux*, xviii° siècle (Cassini). — *Chegneux*, 1784 (Courtalon, t. III, p. 326). — *Les Chinoux*, 1804 (ann. de l'an xiii, p. 87).

Chémery, fief, c** de Vernancourt. — *Un autre arrière-fief appellé le fief de Chimerye*, 1634 (arch. nat. P 207, 18). — *Le fief de Chemerye*, 1657 (*ibid.* P 217, 51). — *Un autre fief appellé le fief de Chémery, situé à Vernancourt*, 1774 (*ibid.* Q¹ 664).

Chemin (Le), c** de Dommartin-sur-Yèvre.
En 1789, le Chemin faisait partie de l'élection de Sainte-Menehould et suivait la cout. de Châlons. Son église paroissiale, diocèse de Châlons, doyenné de Possesse, était dédiée à saint Claude; l'abbé de Beaulieu présentait à la cure.

Chemin (Le), f. c** d'Anthenay. — *Le Chemin*, 1294 (Longau, c. 1).

Chemin (Le), auc. f. c** de Saint-Ouen. — *Cense et fief du Chemin*, 1784 (Courtalon, t. III, p. 372).

Chemin (Le), chap. c** de Vindey. — *Capellanus du Chemin apud Vindehium*, 1443 (évêché de Troyes, G 22).

Chemin-de-Courville (Le), tuilerie, c** d'Arcis-le-Ponsard.

Chemin-de-l'Archevêque, aub. c** de Saint-Thierry.

Chemin de la Reine (Le), anc. voie, c** de Barbonne-Fayel.

Chemin de la Serre, ancienne voie allant de la ferme de la Serre vers Sainte-Menehould (état-major). — *Via supra Serra que tendit ad Sancte Maneheld*, 1163 (cart. de Montiers, 10945, f° 4 v°). — *Ainsy que le chemin royal vad par dessus le mont de la Serre, allant à Saincte-Menehould, ... icelluy chemin de la Serre*, 1538 (*ibid.* 9905, f° 252 v°).

Chemin de la Voie-Herbue, anc. chemin, c** de Coolus.

Casain des Allemanas, anc. chemin, c** d'Ognes.

Chemin des Bretons, anc. chemin, qui, selon la tradition, conduisait de Fère-Champenoise à Épernay; mais cette dénomination, que les plans cadastraux indiquent dans les communes d'Aulnay-aux-Planches, Bannes, Bergères-lez-Vertus, Clamanges et Morains, paraît y avoir été appliquée à divers chemins du moyen âge.

Chemin des Chevaliers, anc. chemin, c** de Voipreux.

Chemin des Gendarmes, nom appliqué à d'anciens chemins des communes d'Ablois, Champlat, Coolus, Courjeonnet, Écury-sur-Coole, le Fresne-et-Moivre et Maffrecourt.

Chemin des Huguenots, nom commun à plusieurs chemins des communes de Beaunay, Bisseuil, Breuil-

sur-Vesle, les Essarts-lez-Sézanne et Gionges-Saint-Fergeux.

Chemin des Lorrains, auc. chemin, communes de Sainte-Gemme et Saudoy.

Chemin-des-Loups ou Voie des Loups, anc. chemin, c** de Louvois.

Chemin-des-Morts (Le), écart, c** de Muizon.

Chemin du Lombard, anc. chemin, c** de Champvoisy.

Chemin Fassé, nom commun à plusieurs anciennes voies de communication des communes de Berzieux, Chichey, Chouilly, Courtemont, les Essarts-lez-Sézanne, Minaucourt, Morangis, Nanteuil-la-Fosse, Virginy, Wargemoulin.

Chemin-d'Huon, m°°, c** de Reims.

Chemin du Parey, auc. chemin, c** de Lurey. — 1766 (arch. nat. Q¹ 671).

Cheminon, c°° de Thiéblemont. — *Chiminum*, 1116 (Gall. christ. t. X, c. 161). — *Chemenon*, 1120 (*ibid.* col. 163). — *Chiminum*, 1153-1161 (Trois-Fontaines, c. 8). — *Cheminunvilla*, 1187 (Cheminon, c. 1). — *In villa de Chemen*, 1204 (*ibid.* c. 20). — *Chiminon*, 1240 (*ibid.*). — *Chyminio*, 1267 (Trois-Font. c. 1). — *Chemynon villa*, 1270 (Cheminon, c. 1). — *Cheminon-la-Ville*, 1342 (cart. de Cheminon, f° 20 v°). — *Cheminonnum*, 1405 (pouillé de Cheminon, f° 75 v°). — *Cheminio*, 1407 (Cheminon, c. 1). — *Chemynon-la-Ville*, 1542 (*ibid.* c. a).

En 1789, Cheminon faisait partie de l'élection et suivait la cout. de Vitry. Son église paroissiale, diocèse de Châlons, doyenné de Vitry-le-Brûlé, était dédiée à saint Nicolas; l'abbé de Cheminon présentait à la cure.
Sur l'abbaye de Cheminon, voy. le mot Abbaye (L').

Chemins (Les), anc. f. et h. c** de Saint-Ouen. — xviii° siècle (fiefs de Chaumont, p. 209).

Chénarderie (La), f. c** de Passy. — *Chenarderie*, xviii° siècle (Cassini). — *La Chénehardrie*, 183. (état-major). — *La Chenarderie*, 1862 (Guérard, p. 410).

Chenay, c°° de Fismes. — *Cannacum*, vii° siècle (triens mérovingien). — *Chaineium*, commencement du xi° siècle (polypt. de S.-Remy). — *Chanaium*, 1090 (arch. adm. de Reims, t. I, p. 242). — *Villa Chanadii que est de parochia Sancti Theoderici*, 1126 (*ibid.* p. 280). — *Chanaia*, 1146 (Saint-Thiorry, l. 44). — *Canaium*, 1151 (cart. A de Saint-Remy, p. 89). — *Canadium*, 1156 (cart. de Saint-Thierry, f° 383 v°). — *Channacum*, xii° siècle (fragm. de polypt. p. 167). — *Chenaium*, 1182 (cart. de Saint-Thierry, f° 18 v°). — *Chaneium*,

1226 (cart. A de Saint-Remy, p. 141). — *Chiennaium*, 1234 (cart. de Saint-Thierry, f° 29 r°). — *Chiennait*, 1237 (*ibid.* f° 98 r°). — *Chiennai*, 1237 (Saint-Thierry, l. 44). — *Chiennaiam*, 1238 (cart. de Saint-Thierry, f° 98 v°). — *Chenay*, 1249 (*ibid.* f° 20 r°). — *Chenayum*, 1259 (*ibid.* f° 357 v°). — *Chenayum*, 1260 (arch. adm. de Reims, t. I, p. 393). — *Chenai*, 1274 (cart. de S.-Thierry, f° 327 r°). — *Chyennai*, 1278 (*ibid.* f° 364 r°). — *Chiengnayum*, 1298 (Saint-Thierry, l. 25). — *Chiennayum*, 1303-1312 (arch. adm. de Reims, t. II, p. 1058). — *Chennay*, 1336 (Saint-Remy de Reims, l. 65). — *Chinay*, 1384 (arch. adm. de Reims, t. III, p. 622). — *Cenay*, xiv° siècle (arch. lég. de Reims, cout. p. 607). — *Chesnay*, 1556 (*ibid.* p. 884).

En 1789, Chenay faisait partie de l'élection et suivait la cout. de Reims. Son église paroissiale, diocèse de Reims, doyenné d'Hermonville, était consacrée à saint Nicolas; l'archevêque de Reims en était collateur.

Caène (Le), h. disparu, c^ne de Hautefontaine. — 1633 (lieux régis par la cout. de Vitry).

Chène (Le), h. c^ne de Mécringes. — *Le Chesne*, 1395 (arch. nat. P 201, f° 89 v°). — *Le Chasne*, 1472 (chât. de Montmirail).

Chène (Le), f. c^ne du Thoult. — *Une autre ferme appellée le Chesne*, 1751 (arch. nat. Q¹ 678).

Chène (Le), f. c^ne de Ventelay. — *Le Chesne en la parroisse de Ventelay*, 1392 (arch. nat. P 181, 132). — *Le Chesne au Vantel*, 1657 (*ibid.* P 217, 47). — *Le Ghesne les Vantelets, le Chesne au Vantelet*, 1683 (*ibid.* P 220, 32 et 41). — *Chesne*, 1725 (*ibid.* P 223, 29). — *Le fief du Chesne, scis à Vantelay*, 1733 (*ibid.* P 226, 59). — *Le fief, terre et seigneurie du Chesne*, 1772 (*ibid.* Q¹ 654). — *Le Chaine*, xviii° siècle (Cassini).

Chène (Le), h. c^ne du Vézier. — *Le Chesne*, 1650 (min. Labbé, à Montmirail). — *Les Chênes*, 1784 (Courtalon, t. III, p. 293). — *Le Chêne*, 1847 (lieux habités).

Chène (Bois du), c^ne de Dormans.

Chèneaux (Les), h. c^ne de Rieux. — *Canales, Chenex*, commencement du xiii° siècle (cart. de Notre-Dame de Paris, t. I, p. 145 et 157). — *Chanons*, v. 1220 (liv. des vass. de Champ.). — *Les Chasneaux, les Chesneaux*, v. 1395 (arch. nat. P 201, f° 91 r°). — *Les Chenots*, xviii° siècle (Cassini). — *Les Chenaux*, 1784 (Courtalon, t. III, p. 309). — *Les Chainaux*, 1847 (lieux habités).

Chène-Fondu (Le), f. c^ne de Boursault. — *Le Chesne*, xviii° siècle (Cassini).

Chêne-la-Reine, h. c^ne de Leuvrigny et de Festigny-les-Hameaux. — *Le Champ-de-la-Reine*, 1735 (Saugrain, t. I, p. 470).

Chênes (Les), f. c^ne de Margerie-Hancourt. — *Le château des Chesnes*, 1847 (lieux habités).

Cheneuse (La), m^lin, c^ne de Mourmelon-le-Petit.

Cheneux (Ruisseau de), c^ne de Janvry.

Chénevières, village détruit, c^ne de Givry-en-Argonne. — *Chaneveriæ*, 1164-1167 (cart. de Montiers, 10946, f° 8 r°). — *Canabariæ*, 1213 (Saint-Pierre-aux-Monts, c. 2). — *Ecclesia sancti Petri de Chennevieres*, 1233 (*ibid.* c. 15). — *Canaberiæ*, 1234 (la Charmoye, c. 2). — *Une maison, grange et chapelle appellée la maison de Chenevieres, et souloit estre un prieuré*, 1384 (arch. nat. P 512, 460). — *Une maison, grange et chappelle appellée la maison de Chenevières, qui est assise à demye lieue près de Saint-Mard-en-sur-le-Mont, où estoit d'ancienneté un prioré*, 1462 (*ibid.* Q¹ 662). — *La maison des Chenevières*, 1510 (*ibid.* P 207, 431). — *Ouquel finaige de Givry soulloit avoir une maison appellée la maison de Chenevières, ... qui de longtemps est en ruyne*, 15.. (*ibid.* P 185, 39). — *Cheniers* [annexe de Givry], 1542 (taxe du dioc. de Châl. p. 230).

Chenevières, h. c^ne de Saint-Quentin-le-Verger. — *Chenevriæ*, 1171 (Andecy). — *Chenevieres, Caneviers*, v. 1222 (liv. des vass. de Champ.). — *Chenevière*, xviii° siècle (Cassini).

Chenevry, anc. fief relevant de la barounie de Baye, auj. lieu-dit, c^ne de Coizard-Joches. — *L'estang de Chenevry* [fief], 1509 (évêché de Châl. c. 15). — *Le fief, estang et prairye de Chenevry*, 1603 (*ibid.*). — *Chenevry*, 1625 (*ibid.*).

Chenezard, f. c^ne de Rieux. — *Champnerart*, 1493 (chât. de Montmirail). — *Champnézart*, 1650 (min. Labbé, à Montmirail). — *Champlézart*, 1784 (Courtalon, t. III, p. 309).

Cheniers, c^ne d'Écury-sur-Coole. — *Chennier*, 1238 (la Charmoye, c. 2). — *Chenehier, Cheneier*, vers 1252 (arch. nat. J 193, 51). — *Chingneium*, 1256-1270 (feoda Campanie, n° 602). — *Chenniers*, 1308 (la Charmoye, c. 2). — *Cheners*, 1405 (pouillé de Châl. f° 73 r°). — *Chanyer*, 1508 (arch. nat. P 207, 12). — *Cheniers*, 1542 (taxe du dioc. de Châl. p. 197). — *Chenières*, 1556 (arch. lég. de Reims, coul. p. 919). — *Chenevri vulgo Cheniers*, 1775 (chap. de Châl. a. 1, l. 56). — *Chesniers*, xviii° siècle (Cassini).

Cheniers était compris, en 1789, dans l'élection et suivait la cout. de Châlons. Son église paroissiale, diocèse et doyenné de Châlons, était dédiée à saint

Remy; le chapitre cathédral de Châlons présentait à la cure.

Caznois (Le), cabaret, c^me de Tinqueux.

Chenois (Les), f. c^me de Bétheny.

Chesnoy (Le), h. disparu, c^me de Bignicourt-sur-Saulx et d'Étrepy. — *Le Chesnoy ou finaige dudit Bigui-court*, 1516 (arch. nat. P 179, 99). — *Le Chesnay*, 1633 (lieux régis par la cout. de Vitry, à la suite du nom: Étrepy). — *Le fief du Chasnay, avec un étang près dudit Étrepy, appellé l'estung du Vierbat*, 1735 (arch. nat. Q¹ 655). — *Le fief Duchesnoy, finage de Bignicourt*, 1750 (*ibid.*).

Cheppe (La), c^me de Suippes. — *Villa que dicitur Cappa*, 1128 (cart. de Saint-Nicaise, f° 18 v°). — *Cappœ* (sic), 1160 (*ibid.* f° 15 r°). — *Apud Cappas*, 1170 (chap. de Reims, liasse Vadenay). — *La Chape*, 1229 (liber princip. 5992, f° 353 r°). — *Capa*, 1248 (cart. de Saint-Nicaise, f° 60 v°). — *Villa que dicitur Chape*, 1248 (la Neuville, c. 4). — *La Chappe*, v. 1252 (arch. nat. J 202, 48). — *La Cheppe*, 1396 (*ibid.* P 183, 107). — *La Chepte*, 1645 (*ibid.* P 167, 303). — *La Chaippe*, 1715 (revêhus de Saint-Nicaise, p. 49).

En 1789, la Cheppe faisait partie de l'élection et suivait la cout. de Châlons. Son église, annexe de l'église paroissiale de Bussy-le-Château, diocèse de Châlons, doyenné de Bussy, était consacrée à saint Martin.

Cheppes, c^me d'Écury-sur-Coole. — *Altare de villa Caipis*, 1141 (Toussaints, c. 8). — *Cheipæ*, 1238 (Cheminon, c. 16). — *Chaippes*, 1240 (*ibid.* c. 1). — *Capæ*, 1318 (Doutarir, actes du parlement de Paris, n° 5129). — *Chepes*, 1406 (Toussaints, c. 19). — *Cheppez*, 1508 (arch. nat. P 179, 78). — *Cappæ*, 1542 (taxe du diocèse de Châlons, p. 225). — *Cheippes*, 1565 (Toussaints, c. 19). — *Cheppe*, 1600 (chap. de S.-Étienne de Châlons, a. 1, l. 37).

Cheppes était compris, en 1789, dans l'élection et suivait la cout. de Vitry. Son église paroissiale, diocèse de Châlons, doyenné de Coole, était dédiée à saint Georges; l'abbé de Toussaints présentait à la cure.

Chepy, c^me de Marson. — *Capeium*, 1107 (chap. de S.-Étienne de Châl. a. 1, l. 1). — *Chapei*, 1171 (Saint-Memmie, c. 1). — *Chepeium*, 1164-1191 (Vinets, c. 5). — *Chapis*, 1234-1243 (feoda Camp. n° 435). — *Chapi*, v. 1252 (arch. nat. J 193, 51). — *Chapeium, Chappi*, v. 1252 (*ibid.* J 202, 55). — *Chapey*, 1263. — *Chappeium*, 1263. — *Chap-pey*, 1296 (reatier de Saint-Memmie, f° 31 r°). — *Chepy*, 1338 (Moiremont, c. 4). — *Chepey*, 1349

(chap. de Saint-Étienne de Châl. a. 1, l. 45). — *Cheppy*, 1369 (Saint-Memmie, c. 7). — *Cheppey*, 1383 (arch. nat. P 188, 52). — *Chaipi de lez Saint-Germain*, XIV° siècle (dioc. anc. de Châl. t. I, p. 270). — *Chepeyum*, 1405 (pouillé du dioc. de Châl. f° 74 r°). — *Cheppeyum*, 1542 (taxe du dioc. de Châl. p. 208). — *Chepeia*, 1775 (chap. de Châl. a. 1, l. 56).

En 1789, Chepy faisait partie de l'élection de Châlons et était régi par la cout. de Vitry. Son église paroissiale, diocèse de Châlons, doyenné de Bussy-le-Château, était consacrée à saint Jean-Baptiste; le chapitre cathédral de Châlons présentait à la cure.

Chérie-Fontaine, l'un des trois ruisseaux formant la rivière du Bord, c^me d'Épense.

Chéronne (La), affl. de l'Isson; arrose les finages de Saint-Chéron et de Courdemange. — *Le ruisseau de la Chérone*, 1767 (cart. d'Huiron, p. 587).

Cherpiony, fief dépendant de la seigneurie de Pos-sesse. — *Les terraiges d'entre Cheppy et Moncelz, cenes et vinaiges que on dit de Herpigny..., la jus-tice haute, moyenne et basse de Herpigny*, 1551 (arch. nat. P 183, 8). — *Cherpigny*, 1571 (*ibid.* P 183, 9). — *La justice de Champigny moyenne et basse*, 1654 (*ibid.* P 217, 18).

Cherville, c^me d'Écury-sur-Coole. — *Caprilla*, 1076 (Marlot français, t. III, p. 711). — *Capprillæ*, 1090 (Saint-Basle, l. 1). — *Villa que vocatur Che-vrilles*, 1161 (*ibid.* l. 11). — *Chevrillæ*, 1214 (liber princip. 9992, f° 191 r°). — *Chevrillies*, 1233 (Saint-Basle, l. 11). — *Chevrillez*, 1389 (*ibid.*). — *Chevrilles-lez-Jalon*, 1493 (arch. nat. P 181, 90). — *Chevrille*, 1511 (Saint-Basle, l. 11). — *Ch[e]r-ville*, 1549 (*ibid.*). — *Chierville*, 1728 (cout. de Reims, p. 643).

En 1789, Cherville était compris dans l'élection d'Épernay et suivait pour partie la cout. de Vitry, pour partie celle de Reims. Son église paroissiale, annexe de celle d'Athis, diocèse de Reims, doyenné d'Épernay, était dédiée à saint Basle.

Chesx, lieu-dit, c^me de Prosnes.

Cheseaux (Les), fief, c^me de Verdey. — *Les fiefs de Placart, Villers et les Chenaux, assis en la pa-roisse de Vindé*, 1725 (arch. nat. P 223, 46). — *Les fiefs ... de Placard, Villiers et des Chesneaux, si-tués ès paroisses de Sézanne et de Verdey*, 1737 (*ibid.* P 229, 25).

Chesnoy (Le), f. détruite, c^me de Ville-sur-Tourbe. — *Le Chenoy-en-Dormois*, 1384 (arch. adm. de Reims, t. III, p. 603). — *Une cense appellée communement la cense du Chesnoy, assise et scituée au ban, terroir *et finaige de Ville-sur-Tourbe*, *Buzy*, *Cernay-en-Dormois et autres finaiges circonvoisins*, 1549 (S.-Remy, 152).

CHÉTIEN, f. c^ne de Janvilliers.

GUÉTILLON, lieu-dit, c^ne du Mesnil-sur-Oger.

CHEVAL-BAYARD (LE RU DU), c^ne de Boissy.

CHEVALERIE (LA), fief, à Cernay-lez-Reims. — *Ung fief à la Chevalerie de Chaallons*, 1383 (Brussel, usage des fiefs, p. 759).

CHEVALERIE (LA), m^on, c^ne de Comblizy.

CHEVALERIE (LA), lieu-dit, c^ne de Courtisols.

CHEVALIERS (LES), h. disparu, c^ne de Villeneuve-lez-Roufly. — 1633 (lieux régis par la cout. de Vitry).

COEVAL-MONT (RAVIN DU), c^ne de Bouchy-lo-Repos.

CHEVÉ, anc. m^in, situé près l'Épine. — *Sublas ecclesiam Beate Marie prope molendinum quod dicitur malendinum ad Chevé*, 1270 (S.-Pierre-aux-Monts. c. 7). — *Molendinum quod dicitur ad Chivei*, 1273 (ibid.).

CHEVIGNY, vill. c^ne de Villeneuve-Renneville-Chevigny. — *Caviniacus*, 850 (cart. du chantre Guérin, f° 5 v°). — *Chevigni*, 1217 (la Charmoye, c. 7). — *Chaveigni*, *Chœvigni*, *Chevigny*, v. 1222 (liv. des vass. de Champ.). — *Cheveigneyum*, 1238 (la Charmoye, c. 3). — *Chevigneium*, *Chevignei*, v. 1252 (arch. nat. J 193, 51).

En 1789, Chevigny faisait partie de l'élection de Châlons et était régi par la cout. de Vitry. Son église, annexe de l'église paroissiale de Voipreux, diocèse de Châlons, doyenné de Vertus, était consacrée à saint Hélain.

CHEVILLONNERIE (LA), lieu-dit, c^ne du Châtelier.

CHEZELLES, f. c^ne de Fismes. — *Casellæ*, commencement du XIe siècle (polypt. de S.-Remy). — *Cheseles*, 1150 (cart. d'Igny, f° 85 r°). — *Chasellæ*, 1158 (ibid. f° 12 v°). — *In territorio de Chezellis, de parrochia de Fimiis*, 1227 (ibid. f° 95 v°). — *Chesellæ*, 1251 (ibid. f° 111 v°). — *Chezelles*, *Chezelle*, *Chaiselles*, 1329 (ibid. f°s 113-115). — *Chazelles*, 1392 (arch. nat. P 181, 133). — *Un fief appelé le fief des Hizelles*, 1498 (ibid. P 163, 57). — *Grandzelle*, XVIIIe siècle (Cassini).

CHEZELLES (LES PETITES-), f. c^ne de Saint-Gilles. — *Petite-Zelle*, XVIIIe siècle (Cassini).

CHÉZY, h. détruit, c^ne de Bisseuil. — *Gazeiam, insula Catzeia*, v. 850 (polypt. de S.-Remy de Reims). — *Caziacum*, 987-996 (Marlot français, t. II, p. 809). — *Cheziacum*, 1090 (arch. adm. de Reims, t. I, p. 242). — *Villa ejusdem sancti [Remigii] que Cazeiacus dicitur*, v. 1114 (S.-Remy, l. 69). — *Chaceium*, 1148 (arch. adm. de Reims, t. I, p. 321). — *Catheium*, 1154 (ibid. t. I, p. 349). — *Chiezi*, 1190 (S.-Nicaise, l. 1). — *Chisi*, 1198

(cart. † de l'arch. de Reims, f° 63 r°). — *Chezei*, XIIe siècle (fragm. de polypt. p. 167). — *Checciacum*, 1215 (cart. A de S.-Remy, p. 91). — *Cazeia villa nostra*, 1226 (ibid. p. 152). — *Checeium*, 1227 (S.-Remy, l. 69). — *Chezeium*, v. 1227 (cart. C de S.-Remy, f° 8 v°). — *Chezi*, v. 1252 (arch. nat. J 202, 47). — *Chezeium juxta Buxolium*, 1311 (cart. A de S.-Remy, p. 337). — *Cheisi*, 1316 (ibid. p. 346). — *Chézy*, 1367 (arch. nat. P 182, f° 14 r°). — *Cheay-les-Buissueil*, 1387 (S.-Remy, l. 71). — *Chezy-les-Buysseul*, 1567 (ibid. l. 69). — *Segy-lez-Buisseulx*, 1568 (arch. nat. P 181, 15). — *Chezy-le-Buisseuil*, 1621 (S.-Remy, l. 69). — *Le banc de Chesy*, 1715 (revenus de S.-Nicaise, p. 35). — *Sur le terroir de Chiezy, ... il y a une chapelle de Saint-Gibrien, qui, avec deux maisons éloignées de ladite chapelle, et située proche le pont de Bisseuil, est ce qui reste de l'ancien village dudit Chiezy*, 1750 (S.-Remy, l. 71). — *Chezil*, XVIIIe siècle (Cassini).

CHÉZY (LA CESSE DE), lieu-dit, c^ne de Lagery.

CHICHEY, c^on de Sézanne. — *La Marche*, v. 1220 (liv. des vass. de Champ.). — *Marchia*, 1234-1243 (feoda Campanie, n° 441). — *Chichiacum prope Sezaniam*, 1327 (S.-Nicolas de Sézanne, c. 7). — *Chichey*, 1401 (chap. de Sézanne, c. 8). — *La Marche, dit Chiché*, 1597 (pouillé de Troyes, n° 166, note c). — *Chicheium*, 1784 (Courtalon, t. III, p. 278).

La Marche, nom primitif de la paroisse, est aujourd'hui celui d'un lieu-dit du finage; cette circonstance permet de croire qu'à l'origine Chichey était un écart de la paroisse de la Marche.

En 1789, Chichey était compris dans l'élection de Sézanne et suivait la cout. de Meaux. Son église paroissiale, diocèse de Troyes, doyenné de Sézanne, était dédiée à saint Étienne; l'évêque de Troyes en était collateur.

CHIEN-DE-SAINT-GERMAIN (LE), fief, c^ne de Villers-aux-Cornailles (Barthélemy, dioc. auc. de Châl. t. II, c. 28).

CHIGNICOURT, m^in, c^ne d'Isles-sur-Suippe.

CHIGNY, c^on de Verzy. — *Chigniacum*, 1181 (cart. B de S.-Remy, p. 56). — *Chenneium*, XIIe siècle (fragm. de polypt. p. 168). — *Chagneium*, 1223 (S.-Remy, l. 133). — *Chaigni*, 1277 (ibid. l. 70). — *Chainneyum juxta Rilly*, 128. (arch. nat. Q¹ 668¹). — *Changy*, v. 1300 (extenta Campanie, Louvois). — *Chaugni*, *Cheinni*, commencement du XIVe siècle (arch. adm. de Reims, t. I, p. 1089, 1090). — *Chaigny*, 1330 (ibid. t. II, p. 621). — *Chaingny delez Ludes*, 1349 (chap. de Châl. a. 6,

l. 46). — *Channy,* 135a (*ibid.*). — *Chaingny in Montana,* 1370 (S.-Denis, l. Courtaumont). — *Chavigny,* mauvaise lecture[1] pour *Chaingny, Chavigny en la Montaingne,* 1384 (arch. admin. de Reims, t. III, p. 585). — *Chaingny en la Montaigne de Reins,* 1472 (chap. de Châl. a. 2, l. 4). — *Chagny,* 1516 (S.-Remy, l. 33). — *Chigni,* 1642 (*ibid.* l. 70). — *Chaigni-en-la-Montaigne,* 1728 (cout. de Reims, p. 643). — *Chigny-en-Montagne,* 1735 (Saugrain, t. I, p. 477).

Chigny faisait partie, en 1789, de l'élection et suivait la cout. de Reims. Son église paroissiale, diocèse de Reims, doyenné de Vesle, était consacrée à saint Nicolas ; l'abbé de Saint-Remy de Reims présentait à la cure.

CHILLY, f. cᵉ de Vauchamps. — *Chilly, paroisse de Vaulchamps,* 1643 (minutes Naudé, à Orbais).

CHINERIE, fief, cᵉ de Sainte-Menehould. — *Cheuerie,* 1662 (dioc. anc. de Châl. t. I, p. 287). — *La seignourie de la Petitte-Chinery,* 1723 (arch. nat. P.222, 230). — *Le fief de la Chinerie,* 1722 (ibid. P 223, 235).

CHIVELLE, écart, cᵉ de l'Épine.

CHOBBY, lieu-dit, cᵉ de Lisse.

CHOISEAU, mᵐ détruit, cᵉ de Trigny. — *Malendinum quod vocatur Choysiaus... inter Trigniacum et Chiennai,* 1237 (Saint-Thierry, c. 6, l. 44). — *Quoddam molendinum quod dicitur Choisiax,* 1238 (cart. de Saint-Thierry, fᵒ 98 vᵉ).

CHOISEL, f. et mᵗⁿ, cᵉ de Clichey. — *Fratres de Choisello,* 1365 (S.-Nicolas de Sézanne, c. 1a). — *Choisellum,* 1381 (pouillé de Troyes, A 296). — *Le moulin de Choyel,* 1735 (Saugrain, t. I, p. 473).

CHOISEL, anc. nom du mᵗⁿ dit auj. mᵗ de Saint-Martin, cᵉ de Montmirail. — *Le moulin de Choisel soubz Saint-Martin,* 1393 (chât. de Montmirail).

CHOISEL, mᵗⁿ détruit, à Pierry. — *Ung moulin qui est à Pierry que l'on apele Choisuel,* v. 1274 (arch. nat. J 202, 45). — *Choisel,* 1326 (S.-Pierre-aux-Monts, c. 9).— *Une place et masure... entre ledit Pierry et les Aulnois, laquelle place est nommée Choisel et y souloit avoir une masure, court, grange, estables,* 1462 (arch. nat. Qᵘ 662).— *La maison qui sont de présent au places, places et jardins oppellés l'astel de Choisel, séans ès terroirs, bans et finages de Saint-Julien de Pierry come ès terroirs voisins,* 1464 (S.-Pierre-aux-Monts, c. 9). — *Une place et masure séant audit Pierry, en lieu dit en Choysel,* 1507 (ibid.).— *Le moulin de Choisel,* 1519 (ibid. c. 10). — *Le moulin dit le molin de Chasel,* 1523 (ibid.). — *Le Choysel,* 1552 (ibid.). — *Une maison, jardin, lieu et pourprins séant audit*

Pierry, en lieu dit en Chasel lez ledit Pierry, 1723 (ibid.). — *Choiselle,* 1862 (Guérard, p. 268).

CHOISEL, lieu-dit, cᵉ de Vouarces.

CHOISEL (RU DE), affl. de l'Aube; prend naissance près Queudes et se joint à l'Aube à Soyer.

CHOMET, h. cᵉ de Bouchy-le-Repos. — *Chomay,* 1651 (min. Peignot, à Marcilly). — *Lhomé* (pour *Chomé*), 1735 (Saugrain, t. I, p. 463). — *Chomé* ou *Charmay* (Courtalon, t. III, p. 226). — *Chaumay,* xviiiᵉ siècle (Cassini). — *Chaumet,* 1833 (état-major).

CHOMPRUT (LE), f. cᵉ d'Arrigny. — *Chommont,* 1837 (état-major). — *Le Champrupt,* 1862 (Guérard, p. 567).

CHORUPT (RAVIN DE), cᵉ de Cheminon.

CHOUANNERIE (LA), lieu-dit, cᵉ d'Aulnay-l'Aître.

CHOUILLY, cᵉ d'Épernay. — *Culleium,* commencement du xiᵉ siècle (polypt. de S.-Remy). — *Chailaium,* 1144 (Toussaints, c. 7 bis). — *Chooilli,* 1178 (Hautefontaine, c. 6). — *Cheollum,* 1187 (dioc. anc. de Châl. t. I, p. 357). — *Choilli,* 1188 (arch. adm. de Reims, t. I, p. 410). — *Chealy,* 1188 (S.-Remy, l. 51). — *Choeli,* 1189 (cart. B de S.-Remy, p. 60).— *Choelli,* 1190 (S.-Nicaise, l. 1). — *Choolli,* 1226 (Argens. c. 3). — *Choelleium, Choeylleium,* 1231 (chap. de Reims, l. Berru). — *Choelleium, Choylli,* 1234 (cart. d'Avenay, fᵒ 21 vᵉ). — *Choely,* 1237 (la Charmoye, c. 6). — *Choolly,* 1242 (liber pontif. fᵒ 391 rᵉ). — *Choilleium,* 1260 (Argens. c. a). — *Choilly,* v. 1260 (nécr. de l'église de Reims, p. 72). — *Choillei,* 1265 (Argens. c. 4). — *Chooly,* v. 1300 (extenta Campanie, Épernay). — *Choilleyum,* 1303-1312 (arch. adm. de Reims, t. II, p. 1120). — *Choilly,* 1372 (Argens. c. 4). — *Chailley,* 1383 (arch. nat. P 188, 52). — *Cholly,* 1406 (Toussaints, c. 19). — *Choily,* 1430 (Hautvillers, c. 4). — *Choully,* 1532 (arch. nat. P 162, 200).

Chouilly faisait partie, en 1789, de l'élection d'Épernay et était régi par la cout. de Vitry. Son église paroissiale, diocèse de Reims, doyenné d'Épernay, était dédiée à Notre-Dame ; l'abbé d'Hautvillers présentait à la cure.

CHOUILLYS (LES), lieu-dit, cᵉ de Coulommes.

CAUCRY, lieu-dit, cᵉ de Baconnes.

CINQ-FONTAINES (RUISSEAU DES), cᵉ de Binarville.

CINQ-PILES (BOIS DES) ; cᵉ d'Arcis-le-Ponsard et de Brouillet.

CIRETTERIES (LES), lieu-dit, cᵉ de Cuchery.

CLAISS-FOLIE (LA), lieu-dit, cᵉ de Saint-Gibrien.

CLAIREFONTAINE, vill. détruit, cᵉ de Condé-sur-Marne.

— *In alodio de Condeto, tam in nemore quam in*

9.

pratis, in villa que Claras Fons nuncupatur et in Condeto, 1215 (cart. C de S.-Remy, f° 30 v°).

CLAIREFONTAINE, h. détruit depuis plusieurs siècles, c°° de Mécringes, aux lieux-dits *les Rus* et *les Bouchers*.

CLAIRFOND (LE GRAND- et LE PETIT-), ruiss. affl. de la Noblette, c°° de Vadenay.

CLAIRIES (LES), lieu-dit, c°° de Fleury-la-Rivière.

CLAIRIZET, h. c°° de Saint-Euphraize. — *Claricellum*, v. 850 (polypt. de S.-Remy de Reims). — *Clarissellum*, 1160 (arch. adm. de Reims, t. I, p. 338). — *Molendinum quod dicitur Clarisel*, mol. de Clarisello, 1186 (cart. B du chap. de Reims, f° 304 et 305). — *Clarissel*, 1285 (arch. adm. de Reims, t. I, p. 997). — *Clariset*, 1344 (ibid. t. II, p. 895). — *Clarisel en la Montaigne de Reims*, 1493 (chap. de Reims, l. 121). — *Clairiset*, 1522 (arch. lég. de Reims, cout. p. 755). — *Clarizet*, 1556 (ibid. p. 876). — *Clerizet*, 1692 (ibid. statuts, t. II, p. 963). — *Clairizé*, 1716 (chap. de Reims, l. Clairizet). — *Clairizet*, 1746 (ibid.). — Clairizet *lez Saint-Euphraise*, 1755 (ibid.). — *Cleriset*, xviii° siècle (Cassini).

CLAIRMARAIS, h. c°° de Reims. — Ancienne abbaye de femmes de l'ordre de Citeaux, fondée en 1222; détruite par les Anglais, elle fut transférée à Reims en 1363. — *Moniales ordinis Cisterciensis de Claro Marisco juxta Remis*, 1222 (Gallia christiana, t. X, c. 58). — *Clarmariscum*, 1233 (arch. adm. de Reims, t. I, p. 567). — *Clermarès*, 1259 (ibid. t. I, p. 792). — *Cleremarès*, 1310 (arch. nat. P 51¹, 1410). — *Clermarez*, 1324 (arch. adm. de Reims, t. II, p. 380). — *Clesmarès*, Clers-Mairès, *Clevemaret*, 1328 (ibid. t. II, p. 495, 545 et 554). — *Clermarès lès Reins*, 1384 (arch. nat. P·51¹, 1424). — *Clemarès*, 1384 (arch. adm. de Reims, t. III, p. 574). — *Clermaretz près de Reims*, 1475 (arch. lég. de Reims, statuts, t. I, p. 806). — *Clemarest*, 1522 (ibid. cout. p. 756).

CLAMANGES, c°° de Vertus. — *Clamangia*, 1107 (chap. de Châl. a. 1, l. 1). — *Clemengia*, 1124-1130 (cart. d'Oyes, f° 19 r°). — *Clemengiæ*, 1142 (ibid. f° 31 r°). — *Clamangiæ*, 1175 (ibid. f° 21 v°). — *Clamengiæ*, 1216 (la Charmoye, c. 7). — *Clamaignes*, Clamanges, v. 1222 (liv. des vass. de Champ.). — *Clamenges*, 1307 (la Charmoye, c. 6). — *Clamenges in Campania*, 1391 (Notre-Dame-en-Vaux, boîte 1). — *Nicolaus de Clemangis*, xv° siècle (nom d'un célèbre théologien). — *Clamenge*, 1507 (ibid.). — *Clamange*, 1633 (lieux régis par la cout. de Vitry).

En 1789, Clamanges était compris dans l'élection de Châlons et suivait la cout. de Vitry. Son église paroissiale, diocèse de Châlons, doyenné de Vertus, était dédiée à Notre-Dame; l'abbaye de Notre-Dame de Vertus présentait à la cure.

CLAMARD (LE), f. c°° de Giffaumont.

CLAUDIN (RU DE), affl. du Surmelin; coule sur le finage de Corribert.

CLAUDINS (LA), h. détruit, c°° de Villevenard.

CLAUSETS (LES), anc. f. située non loin de Cheminon. — *La ferme des Clauzetz, despendant de l'abbaye de Cheminon*, 1647 (Cheminou, c. 7). — *La ferme des Clauseis*, 1706 (ibid.).

CLESLES, c°° d'Anglure. — *Cleellæ*, 1124-1130 (cart. d'Oyes, f° 18 r°). — *Clelle*, 1128 (pouillé de Troyes, n° 385). — *Chaeles* (sic), 1168 au plus tard (arch. de l'Aube, G 987). — *Esclellæ*, 1202 (cart. d'Oyes, f° 29 r°). — *Cleelæ*, 1206 (Macheret, c. 1). — *Claellæ*, 1209 (arch. de l'Aube, G 22). — *Claelle*, Clavella, v. 1222 (liv. des vass. de Champ.). — *Claelæ*, 1226 (Montier-la-Celle, l. 19). — *Cleeleæ*, 1284 (ibid.). — *Claeelles*, Claelles, Cleelles, 1313 (Macheret, c. 1). — *Claesles*, 1506 (Montier-la-Celle, c. 19). — *Cleesle*, 1532 (Andecy, c. 6). — *Clesle*, xviii° siècle (Cassini).

En 1789, Clesles faisait partie de l'élection de Troyes et était régi par la cout. de Sens. Son église paroissiale, diocèse de Troyes, doyenné d'Arcis, était consacrée à saint Sulpice; le grand séminaire de Troyes présentait à la cure.

CLICAR (LA), m°°, c°° de Moussy.

CLINCARDERIE (LA), lieu-dit, c°° de Binson-Orquigny.

CLIQUOT, m°, c°° de Taissy.

CLIVES (LES), f. c°° de Courmelois.

CLIVY, lieu-dit, c°° de la Croix-en-Champagne et de Saint-Remy-sur-Bussy.

CLOCAS (LA), fr. c°° des Essarts-lez-Sézanne.

CLOQUENARD (FAUBOURG DE), c°° de Broussy-le-Petit.

CLOQUETIER (LE), ruisseau qui arrose le territ. de Songy et se jette dans l'Isson. — *Le Cloquis*, 1860 (Cornet-Paulus).

CLOS (LE), m°°, c°° d'Avize.

CLOS (LE), anc. gaignage, c°° de Fromentières. — *Ung aultre gaingnaige appellé le Clos*, 1509 (évêché de Châl. 1. 9). — *Ung aultre gaingnage appellé le Clausey*, 1603 (ibid.).

CLOS (LE), m°°, c°° de Taissy.

CLOS-BARBAUD (RU DU), affl. du Darcy; arrose le finage de Grauves.

CLOS-D'AVAUX, f. c°° de Leuvrigny.

CLOS-DE-COURCELLES (LE), fief mouv. de Pleurs. — *Le fief du Clos-de-Courcelles*, 1682 (arch. nat. P 194¹, 1).

CLOS-HUSERT (LE), écart, c°° de la Ville-sous-Orbais.

Clos-le-Grand, écart, c⁰⁰ de Giffaumont (Cordet-Paulus).

Clos-Léonard (Le), f. c⁰⁰ de Dormans.

Clos-le-Roi, h. c⁰⁰ de Charleville. — *Clausum*, 1161 (hist. des comtes de Champagne, t. III, p. 452). — *Clauzum*, 1171 (*ibid.* p. 460). — *Le Clos*, v. 1222 (liv. des vass. de Champ.).

Clos-Milon (Le), f. c⁰⁰ de Comblizy. — *La Grange-Millon*, 1484 (arch. nat. P 180, 165). — *Le Clos-Millon*, 1512 (*ibid.* P 181, 4). — *Clos-Millan*, xviiiᵉ siècle (Cassini).

Clos-Mortier, fief, à Luxémont. — 1693 (dioc. anc. de Châl. t. I, p. 285).

Cloterie (La), lieu-dit, c⁰⁰ de Brugny.

Clavère (Ru de la), affl. de la Bruxenelle; coule sur les finages de Cheminon et de Maurupt.

Cloyes-sur-Marne, c⁰⁰ de Thiéblemont. — *Cloies*, 1196 (Andecy, c. 9). — *Cleis*, v. 1222 (liv. des vass. de Champ.). — *Cloies*, 1235 (cart. de Châl. p. 91). — *Gloia*, Cloyes, v. 1252 (arch. nat. P 202, 48 et 55). — *Claye*, Cloye-sur-Marne, 1582 (*ibid.* P 166, 431). — *Clair*, 1633 (lieux régis par la cout. de Vitry). — *Cloye*, 1657 (arch. nat. P 217, 52).

En 1789, Cloyes-sur-Marne était compris dans l'élection et suivait la cout. de Vitry. Son église, annexe de l'église paroissiale de Moncetz, diocèse de Châlons, doyenné de Perthes, était dédiée à saint Louvent.

Clozenois (Les), fief, à Saint-Germain-la-Ville. — 1693 (dioc. anc. de Châl. t. I, p. 281).

Cochuet, c⁰⁰ de Comblizy. — *La ferme ou cense de Cocherel*, 1560 (arch. nat. P 181, 11).

Cochetterie (La), lieu-dit, c⁰⁰ des Istres-et-Bury.

Cochot (Ruisseau de), affl. de la Vesle; arrose les finages de Pévy et de Prouilly.

Cœon-Martin, lieu-dit, c⁰⁰ de Villeneuve-Saint-Vistre-et-Villevotte.

Cofferenies (Les), lieu-dit, c⁰⁰ de Cormoyeux-Romery.

Couédon, h. détr. c⁰⁰ de Chaumuzy.

Cohémy, h. c⁰⁰ de Faverolles. — *Culmedi*, *Cumi*, commencement du xiᵉ siècle (polypt. de S.-Remy). — *Cuingneyum*, *Cuimi*, 1239 (cart. B du chap. de Reims, fᵒ 209 et 210). — *Cuineium*, 1241 (chap. de Reims, l. S.-Morel). — *Camy*, v. 1300 (extenta Campanie, Épernay). — *Cuimy*, 1303-1312 (arch. adm. de Reims, t. II, p. 1054). — *Commi*, 1308 (arch. nat. P 1114). — *Cuymy*, *Guymi*, 1346 (arch. adm. de Reims, t. II, p. 1051 et 1055). — *Coymy*, 1390 (arch. nat. P 180, 118). — *Coimy*, 1433 (*ibid.* Qⁱ 656). — *Cofmy*, 1753 (chap. de Reims, l. Tramery). — *Coëmie*, 1777 (arch. adm. de Reims, t. II, p. 1055).

Cahetts (Bois de la), c⁰⁰ de Jonquéry et de Champlat.

Coinche (Bois de la), c⁰⁰ de Moiremont. — *La Concha*, 1321 (arch. nat. J 194, 15). — *Bois de la Conche*, 1322 (*ibid.*).

Coires (Les), fief, c⁰⁰ de Saint-Étienne-au-Temple (dioc. anc. de Châl. t. II, p. 56).

Coix, f. c⁰⁰ de Rieux (Cassini).

Coizard, vill. c⁰⁰ de Coizard-Joches. — *Coherardus*, 1131 (Gall. christ. t. X, p. 165). — *Curia Herardi*, vers 1150 (cart. d'Oyes, fᵒ 3 rᵒ). — *Coheirart*, 1164 (Gall. christ. t. II, p. 270). — *Choairardus*, 1175 (cart. d'Oyes, fᵒ 21 vᵒ). — *Coerart*, 1197 (Andery, c. 9). — *Coherart*, 1202 (Montiéramey, 6 H 7). — *Courrart*, 1366 (arch. nat. Qⁱ 681, fᵒ 24 vᵒ). — *Coirart*, 1375 (*ibid.* P 204, 172). — *Coyzard*, 1405 (pouillé de Châl. fᵒ 81 rᵒ). — *Courard*, 1508 (arch. nat. P 207, 12). — *Caerrard*, 1526 (Andecy, 3, fᵒ 27 vᵒ). — *Gorrard*, *Garard*, 1537 (arch. nat. P 190, 56). — *Coirard*, 1542 (Gall. christ. t. XII, p. 270). — *Gayrard*, 1571 (arch. nat. P 72, 72). — *Coyezartz*, 1603 (*ibid.* P 178, 98). — *Couerard*, *Couerat*, *Coisart*, 1605 (*ibid.* P 190, 56). — *Coisart*, 1633 (lieux régis par la cout. de Vitry). — *Coizar*, 1652 (arch. nat. Qⁱ 679). — *Croizard*, 1673 (*ibid.* Qⁱ 681). — *Coisarts*, v. 1700 (*ibid.* K 1155, p. 42). — *Coizard*, 1770 (Andecy, c. 10). — *Coizart*, 1860 (Cornet-Paulus).

Coizard faisait partie, en 1789, de l'élection de Châlons et était régi par la cout. de Vitry. Son église paroissiale, diocèse de Châlons, doyenné de Vertus, était consacrée à saint André; l'abbé de Notre-Dame de Vertus présentait à la cure.

Coizard-Joches, c⁰⁰ de Montmort, commune formée en 1847 de l'union des deux anciennes communes de Coizard et de Jaches.

Calabois (Les), lieu-dit, c⁰⁰ de Verneuil.

Colart-Bouquin, fief, près Cramant. — *Le fief appellé le fief Colart-Bouquin*, 1414 (arch. nat. P 182, fᵒ 306 vᵒ).

Colinette (Ru de), c⁰⁰ de Fleury-la-Rivière.

Colin-Gombaux, fief, c⁰⁰ de Brébant (fief du baill. de Chaumont, p. 194).

Colinière (Ruisseau de la), c⁰⁰ de Leuvrigny.

Colinières (Les), lieu-dit, c⁰⁰ de Vinay.

Collard-du-Buisson, fief, c⁰⁰ de Vavray. — *Ung fief scis à Vavry, nommé le fief Collart du Buisson*, 1661 (arch. nat. P 216, 82). — *Le fief Colort du Buisson*, 1662 (*ibid.* P 217, 85).

Colléard, f. c⁰⁰ de Saint-Prix-les-Hameaux. — *Corleart*, 1200 (Montier-la-Celle, l. 19). — *Corlear-*

dum, 1209 (hist. de la maison de Broyes, p. 25). — *Corleiart*, 1212 (cart. d'Oyes, f° 6 v°). — *Co-lierart*, v. 1222 (liv. des vass. de Champ.). — *Co-leard*, 1223 (le Reclus, c. 2). — *Cortliart*, 1224 (hist. de la maison de Broyes, p. 19). — *Courliart*, 1267 (*ibid.* p. 35). — *Courthiart*, 1272 (ibid. p. 30). — *Couleiart*, 1284 (cart. d'Oyes, f° 7 v°). — *Coleart*, 1288 (ibid. f° 30 r°). — *Corleart*, 1495 (le Reclus, c. 1). — *Cvelliard*, 1507 (*ibid.*). — *Coulliart*, 1510 (ibid. c. 3). — *Coillart, de la parroisse de Saint-Pris*, 1512 (ibid. c. 1). — *Coelliart*, 1513 (*ibid.*). — *Cou-liart*, 1518 (*ibid.*). — *Couliard*, v. 1520 (*ibid.*). — *Couillart*, 1523 (*ibid.*). — *Coullartz*, 1561 (ibid. c. 2). — *Couillard*, 1565 (*ibid.* c. 1). — *Couillars*, 1566 (*ibid.*). — *Couliars*, 1629 (ibid. dén. f° 50 r°). — *Coléard*, 1860 (Cornet-Paulus).

Colletterie (La), h. c°° de Passy-Grigny. — *La Co-letria*, XVIII° siècle (Cassini).

Colligny, c°° de Vertus. — *Colagni*, v. 1222 (liv. des vass. de Champ.). — *Colegni*, v. 1252 (arch. nat. J 193, 51). — *Coullegni*, 1270 (S.-Nicolas de Sézanne, c. 12). — *Coloigné*, *Coleigny*, v. 1300 (extenta Campanie, Vertus). — *Coulogny*, 1366 (arch. nat. Q¹ 681, f° 215 v°). — *Colligny*, 1367 (ibid. f° 21 v°). — *Coligny*, 1405 (pouillé de Chål. f° 81 r°). — *Couligny*, 1489 (arch. nat. Q¹ 681). — *Coulligny*, 1508 (*ibid.* P 207, 12). — *Coli-gneyum*, 1542 (taxe du dioc. de Chål. p. 213). — *Couilligny*, 1554 (arch. nat. Q¹ 683). — *Collegny*, 1659 (ibid. Q¹ 680). — *Coligny*, 1860 (Carnet-Paulus).

En 1789, Colligny était compris dans l'élection de Châlons et suivait la cout. de Vitry. Son église paroissiale, diocèse de Châlons, doyenné de Vertus, était dédiée à saint Sulpice; l'abbé de Notre-Dame de Vertus présentait à la cure.

Colombier (Le), f. détruite, c°° d'Argers. — *La cense du Colombyer*, 1572 (arch. nat. P 184, 99). — *Une maison et grange oppellée la cense du Colombier*, 1762 (ibid. P 184¹, 657).

Colombière (La), anc. f. c°° de Pleurs. — *La Coulombière*, 1682 (arch. nat. P 191¹, 1). — *Co-lombière*, 1733 (ibid. J 226, 12). — *La Colam-bière*, 1738 (ibid. P 199, 6). — *La Collombière*, 1739 (ibid. Q¹ 679).

Colotte (La), m°° forestière, c°° de Cheminon-la-Ville. — *Le gaignage de la Loge-Collot*, 1547 (Chem. c. 2). — *La Lage-Colotte*, 1684 (ibid.). — *La Lochecolote*, 1735 (Saugrain, t. I, p. 443). — *Loche-Colotte*, 1861 (dioc. anc. de Chål. t. II, p. 108).

Collotterie (La), lieu-dit, c°° du Baizil.

Colson (Le), f. c°° de Villers-aux-Nœuds.

Comblizy, c°° de Dormans. — *Cublisi*, 1158 (cart. de S.-Jean-des-Vignes, f° 24 v°). — *Coubliseium*, 1241 (Amour-Dieu, c. 2). — *Coubleseium*, *Cuble-seium*, 1249 (cart. de l'Amour-Dieu, f° 19 r°). — *Coblisi*, v. 1252 (arch. nat. J 193, 51). — *Co-blisiacum*, 1256-1270 (Brussel, p. 56). — *Cou-blisy*, 1268 (arch. nat. J 198, 49). — *Comblesi*, *Courblessi*, *Comblesi*, v. 1274 (*ibid.* J 202, 45). — *Coublesi*, 1285 (cart. de l'Amour-Dieu, f° 19 v°). — *Comblissy*, 1462 (arch. nat. P 180, 162). — *Comblisy-en-Brie*, 1494 (ibid. P 207, 28). — *Com-blizy*, 1501 (ibid. P 166, 360). — *Coublizy*, 1512 (ibid. P 181, 4).

En 1789, Comblizy faisait partie de l'élection d'Épernay et était régi par la cout. de Vitry. Son église paroissiale, annexe de celle d'Igny-lo-Jard, diocèse de Soissons, doyenné de Dormans, était consacrée à saint Martin.

Comerupt (Ru de), aff. de la Chée; arrose les finages de Contaut et de Possesse.

Commanderie (La), f. c°° de Barbonne.

Commanderie (La), c°° de Saint-Amand. — Cet éta-blissement de l'ordre de Malte est figuré sur la carte de Cassini.

Commanderie (La), lieu-dit, c°° de Soigny.

Commanderie (La), f. c°° de Tréfols.

Commelles (Les), f. c°° de Prunay. — *Les Camelles*, 1860 (Cornet-Paulus).

Commercy, m°°, c°° de Courgivaux.

Commercy, f. c°° de Gionges-Saint-Ferjeux. — *Le fief, terre et seigneurie de Commercy*, 1673 (arch. nat. Q¹ 681). — *La ferme de Neuville-les-Commercy, la ferme de la Neufville autrement Commercy; scituez en la paroisse de Saint-Quentin autrement Fulaine*, 1708 (Argensolles, c. 4). — *La ferme de Commercy*, 1727 (*ibid.*). — *La ferme de la Neuville-lès-Saint-Ferjeux, autrement appellée Commercy*, 1735 (Sau-grain, t. I, p. 431). — *La ferme appellée le fief de Commercy*, 1773 (*ibid.*).

Commérupt (Le), ruiss. c°° de Vroil.

Commetreuil, f. c°° de Bouilly. — *Cormestrol*, 1200 (S.-Remy, l. 101). — *Cormertuel*, 1256-1270 (foo la Camp. n° 583). — *Commetreul*, 1463 (arch. nat. P 180, 163). — *Commestrueil*, 1516 (S.-Remy, l. 148). — *Cometreux*, 1525 (chap. de Reims, l. Écueil). — *Commetreuil*, 1530 (ibid. c. 8). — *Com metreux*, v. 1550 (Longau, l. 3). — *Commetreuil*, 1550 (chap. de Reims, l. Écueil). — *Comtreuille*, 1777 (arch. adm. de Reims, t. II, p. 1052). — *Comtreuil*, XVIII° siècle (Cassini).

Communaille, ancien nom d'une forêt voisine de Sainte-Menehould. — *Silva que dicitur Communalia Sancte*

Mamahildis, 1197 (Châtrices). — *Nemus de Sancta Mamahuldis quod dicitur nemus des Cuminailles*, 1248 (liber pontif. f° 462 v°).

Comont (Le), motte (féodale?), c° de Gigny-aux-Bois.

Coupensé, mⁱⁿ, c° de Châlons-sur-Vesle. — *Compensé*, 1156 (cart. de S.-Thierry, f° 383 r°). — *Malendinum Sancti Theoderici... de Compensé*, 1436 (S.-Thierry, c. 4, l. 31; le cartulaire où cette pièce est reproduite, f° 114 v°, donne *Campenseit*). — *Un molin, li queil molin on apelle Compensei*, 1267 (cart. de S.-Thierry, f° 306 v°). — *Moulin Compenée* (sic), XVIII° siècle (Cassini).

Coupertrix, c° de Châlons-sur-Marne. — *Bertrici Curtis*, 1028 (S.-Pierre-aux-Monts, c. 1). — *Curtis Bertrici*, 1213 (ibid. c. 2). — *Villa de Coubertreio*, 1262 (ibid. c. 6). — *Coubertriacum juxta Cathalaunum*, 1279 (ibid.). — *Coubertriz*, 128· (arch. nat. Q¹ 681). — *Curtis Bertricis*, 1289 (S.-Pierre-aux-Monts, c. 2). — *Coubretrix*, 1360 (ibid. c. 6). — *Une villette appellée Courbertrix*, 1384 (arch. nat. P 51³, 1460). — *Combertrix*, 1387 (S.-Pierre-aux-Monts, c. 6). — *Compertrix*, 1405 (pouillé de Châl. f° 73 r°). — *Compartrix*, 1448 (S.-Pierre-aux-Monts, c. 6). — *Coupertrix*, 1495 (chap. de Châl. a. 4, l. 49). — *Coapertrix*, 1511 (S.-Pierre-aux-Monts, c. 6). — *Coupertrix*, 1563 (Touss. r. 7). — *Combartrix*, 1599 (Barthélemy, hist. de Châlons, p. 225). — *Coupertery*, 1612 (arch. nat. Q¹ 670).

En 1789, Compertrix était compris dans l'élection et suivait la cout. de Châlons. Son église paroissiale, annexe de celle de Coole, diocèse et doyenné de Châlons, était consacrée à saint Martin.

Compointerie (La), lieu-dit, c° de Vauchamps.

Conte (Ru le), affl. du Grand-Morin; coule sur le territ. de Joiselle.

Contesse (Bois de la), s'étend sur les finages de Nesle-la-Reposte (Marne) et de Fontaine-sous-Montaiguillon (Seine-et-Marne).

Conchérite (Ruisseau de la), c° de Cheminon.

Condé-sur-Marne, c° de Châlons. — *Condiacum*, 850 (cart. du chantre Guérin). — *Condatum*, 868 (polypt. de S.-Remy, c. XXVIII). — *Condatum*, 1152 (ibid. t. III, p. 751). — *Cundatum*, 1152 (S.-Remy, l. 73). — *Condeium*, 1168 (S.-Denis de Reims, l. Hermonville). — *Condatum supra Maternam*, 1197 (arch. lég. de Reims, statuts, t. I, p. 72). — *Candé, Condeit*, XII° siècle (fragm. de polypt. p· 167). — *Condata*, 1215 (cart. A de S.-Remy, p. 91). — *Condé*, v. 1222 (liv. des vass. de Champ.). — *Condetum prope Turres super Maternam*, v. 1230 (arch. nat. KK 1064, f° 278 v°). —

Condey-sur-Marne, 1317 (S.-Remy, l. 317). — *Montagne-sur-Marne*, 1793 (arch. de la Marne).

En 1789, Condé-sur-Marne faisait partie de l'élection d'Épernay et suivait pour partie la cout. de Reims, pour partie celle de Vitry. Son église paroissiale, diocèse de Reims, doyenné d'Épernay, était dédiée à saint Remy; l'abbé de Saint-Remy présentait à la cure.

Condri, h. c° de Neuvy. — *En la chatelerie de Sezanne une vile c'on apelle Condri*, v. 1374 (arch. nat. J 202, 45).

Conflans ou **Conflans-sur-Seine**, c° d'Anglure. — *Conflant*, 1155 (Montier-la-Celle, c. 3). — *Coflanz*, 1196 (pouillé de Troyes, n° 20). — *Conflanz*, 1200 (ibid.). — *Coflans*, 1211 (cart. de Nesle, f° 36 v°). — *Cofflans, Cofflanz, Conflans*, v. 1222 (liv. des vass. de Champ.). — *Coufflant*, v. 1252 (arch nat. J 196, 50). — *Cofflantium* (cart. de Sellières, f° 54 r°). — *Conflens*, 1375 (arch. nat. P 202,230). — *Conflantum*, 1381 (pouillé de Troyes, A 261). — *Confflans*, 1398 (arch. nat. P 171, 46). — *Conflancium*, 1443 (évêché de Troyes, G 22). — *Conflans-sur-Seine*, 1493 (arch. nat. Q¹ 671).

La prononciation vulgaire de ce nom de village est encore *Couflant*, comme au moyen âge.

Conflans faisait partie, en 1789, de l'élection de Troyes et suivait la cout. de Meaux. Son église paroissiale, diocèse de Troyes, doyenné de Pont-sur-Seine, était dédiée à saint Étienne; l'évêque de Troyes en était collateur.

Conflans, anc. cli. auj. f. c° de Villeseneux. — *Confluentia*, 1131-1142 (cart. de Toussaints, f° 15 r°). — *Coflans*, v. 1172 (feods Camp. n° 80). — *Confleans*, 1177 (Gall. christ. t. X, p. 174). — *Confluentium*, 1178 (Hautefontaine, c. 6). — *Coflanz*, 1196 (Montier-la-Celle, l. 19). — *Couflanz*, 1200 (cart. d'Oyes, f° 15 r°). — *Cofflanz*, 1201 (liber princip. 5592, f° 235 r°). — *Cofflans*, v. 1201 (fooda Camp. n° 148). — *Covelans*, 1218 (arch. nat. KK 1064, f° 189 r°). — *Covlanz*, 1219 (cart. de Châl. cop. Gaignières, p. 86). — *Couvlans*, 1220 (la Charmoye). — *Govelant*, 1221 (ibid. c. 6). — *Couflant*, 1224 (Brussel, usage des fiefs, p. 879). — *Covlenz*, 1228 (cart. d'Oyes, f° 16 v°). — *Couflans*, 1230 (cart. B du chap. de Reims, f° 532 r°). — *Conflans*, 1238 (la Charmoye, c. 2). — *Convlanz*, 1239 (ibid. c. 1). — *Covelenz*, 1247 (Andecy, c. 7). — *Covlans, Coufflanz*, v. 1252 (arch. nat. J 193, 51). — *Conflantum*, 1256-1270 (feoda Camp. n° 148). — *Cofflantium*, 1263 (liber pontif. f° 913 r°). — *Conflanz*, 1264 (ibid. f° 412 v°). — *Convulanz*, 1270 (la Charmoye, c. 1). — *Confluent*,

Confluencium, 1271 (arch. nat. J 198, 117). —
Coullans, 1278 (Boutaric, actes du parl. de Paris,
n° 2097). — *Conflanz*, 1293 (cart. d'Oyes, f° 15 r°).
— *Couflancium*, 1303 (chap. de Reims, l. Écueil).
— *Confflens*, 1315 (S.-Denis de Reims, l. Hermonville). — *Conflancium*, 1372 (hist. de la maison de Broyes, p. 49). — *Confflans*, 1498 (arch.
nat. P 161, 230). — *Conflanc*, 1633 (lieux régis
par la cout. de Vitry). — *Confluentium*, *Conflen-
tinum*, 1784 (Courtalon, t. III, p. 230).

En 1789, Conflans avait une église succursale
de celle de Villeseneux; elle était consacrée à saint
Maurice.

Conge (La), f. c°° de Giffaumont.

Conos (Ru de la), affl. de la Coole; arrose le territ.
de Vésigneul-sur-Coole.

Conge (La), ruiss. affl. de la Suippe; coule sur les
finages de Beine et d'Époye.

Conge (La), ruiss. affl. de la Vesle; coule sur le finage
de Courmelois.

Conges (Ruisseau des), c°° de Férebrianges.

Conay, c°° de Montmort. — *Congei*, 1131 (Gall christ.
t. X, col. 165). — *Congeium*, 1168 (cart. d'Oye,
f° 32 v°). — *Congeyum*, 1200 (ibid. f° 15 v°). —
Congye, 1209 (Andecy, c. 4). — *Cungi*, v. 1222
(liv. des vass. de Champ.). — *Congiacum*, 1249
(arch. nat. J 202, 26). — *Congi*, v. 1252 (ibid.
J 193, 51). — *Congey*, 1298 (la Charmoye, c. 2).

En 1789 Congy faisait partie de l'élection de
Châlons et était régi par la cout. de Vitry. Son église
paroissiale, diocèse de Châlons, doyenné de Vertus,
était dédiée à saint Remy; la collation de la cure appartenait à l'évêque de Châlons.

Conor (Ru de), affl. du Cubersault; coule sur le
territ. de Congy.

Connantray, vill. c°° de Connantray-Vaurefroy. —
Conantrel, 1131-1142 (chap. de Châl. a. 4, l. 5). —
Connantrel, 1168 (cart. d'Oyes, f° 32 v°). —
Conentrel, 1183 (la Charmoye, c. 1). — *Conantrellum*, 1295 (ibid. c. 2). — *Connentray*, 1367 (arch.
nat. Q¹ 681, f° 36). — *Connantrellum*, 1542 (taxe
du dioc. de Châl. p. 215). — *Commentray*, 1603
(arch. nat. P 178, 95). — *Connentrey*, 1605 (ibid.
P 190, 76). — *Conantray*, 1683 (lieux régis par
la cout. de Vitry). — *Conantret*, 1738 (arch. nat.
P 197, 7). — *Conantriacum*, alias *Conantrellum*,
vulgo Conantray, 1755 (chap. de Châl. a. 1, l. 56).

En 1789, Connantray était compris dans l'élection de Châlons et suivait la cout. de Vitry. Son
église paroissiale, diocèse de Châlons, doyenné de
Vertus, était consacrée à saint Hilaire; le chapitre
de Châlons présentait à la cure.

Connantray-Vaurefroy, c°° de Fère-Champenoise,
commune formée en 1867 de l'union des anciennes
communes de Connantray et de Vaurefroy.

Connantre, c°° de Fère-Champenoise. — *Conantrium*,
1131 (Andecy). — *Conantrum*, 1173 (le Reclus,
c. 2). — *Conantre*, 1189 (ibid. c. 1). — *Connantre*,
vers 1222 (liv. des vass. de Champ.). — *Conentre*,
v. 1229 (arch. nat. KK 1064, f° 283 v°). — *Con-
neutre*, 1375 (ibid. P 202, 231). — *Connantra*,
1542 (pouillé de Châl. p. 215).

Connantre faisait partie, en 1789, de l'élection
de Châlons et était régi par la cout. de Meaux. Son
église paroissiale, diocèse de Châlons, doyenné de
Vertus, était dédiée à saint Sulpice et à saint Caprais;
l'évêque de Châlons en était collateur.

Connardins, f. c°° de Moussy. — *Les trieges des Cor-
nardins*, 1665 (arch. nat. P 1155, f° 37 r°). — *Le
Conardin*, XVIII° siècle (Cassini).

Conroyes (Les), fiefs, vers Saint-Just et Clesles. — *Le
fief des Grands et Petis Conroys*, 1606 (arch. de
l'Aube, G 467, f° 6 r°).

Constantine, écart, c°° de Berru (Cornet-Paulus).

Constantine, m°°, c°° de la Chapelle-et-Felcourt.

Constantine, écart, c°° d'Écury-sur-Coole (Cornet-
Paulus).

Constantine, m°°, c°° d'Oiry.

Constantine, aub. c°° de Prosnes.

Constantine, m°°, c°° de Vassimont.

Contaut, un des « Sept-Moulins » de Châlons-sur-Marne.
— *Deux molins à blef assiz sur la rivière de Marne,
au lieu dict de Sept-Molins au dedans de la ville, l'un
appellé Bayart et l'autre Contaut*, 1552 (S.-Pierre-
aux-Monts, c. 5, l. 5).

Contaut-le-Maupas, c°° de Dommartin-sur-Yèvre. —
Contau, 1147-1151 (dioc. anc. de Châl. t. I,
p. 398). — *Conthau*, 1154-1161 (Moutiers, c. 1).
— *Contaut*, 1165 (la Neuville, c. 5). — *Cuntaut*,
1165 (dioc. auc. de Châl. t. I, p. 403). — *Conto*,
v. 1165 (cart. de Montiers, f° 22 v°). — *Contaudium*, 1405 (pouillé de Châlons, f° 78 r°). —
Conthauld, 1538 (cart. de Montiers, 9905,
f° 252 r°). — *Contault-en-Champagne*, 1771 (arch.
nat. Q¹ 662). — *Contaut-le-Maupas*, XVIII° siècle
(Cassini).

En 1789, Contaut-le-Maupas faisait partie de
l'élection de Châlons et était régi par la cout. de
Vitry. Son église paroissiale, diocèse de Châlons,
doyenné de Possesse, était consacrée à saint Laurent; l'abbé de Saint-Sauveur de Vertus présentait
à la cure.

Contel, f. détruite, près Vienne-la-Ville. — *Bois de
Contel*, v. 1222 (liv. des vass. de Champ.). — *La*

ferme du Contel fut donnée en 1236 par le comte de Grandpré à l'abbaye de Moiremont (dioc. auc. de Châl. t. I, p. 158).

CANVESS (LES), f. c⁰ᵉ de Baye. — *Deux molins en Baye, sur le ruel de la fontaine de Trois-Fauz, que on apele molins à Convers*, 1252 (hist. de la maison de Broyes, p. 33). — *Le molin des Convers*, 1509 (évêché de Châl. c. 15). — *J'ay droict à trois moulins bannaulx en mad. terre et seigneurie [de Baye], l'un desquelz s'appelle le moulin des Convers et est à présent en ruyne*, 1603 (ibid.). — *La ferme des Convers, seize en ladite parroisse [de Baye]*, 1713 (ibid.). — *Convert*, xvIIIᵉ siècle (Cassini).

CONVERS (LES), f. disparue, c⁰ᵉ de Champaubert-aux-Bois.

CONVERS (LES), bois et f. détruite, c⁰ᵉ de la Neuville-aux-Bois. — *Silva de Sancto Georgio*, 1164-1167 (cart. de Montiers, 10946, fᵒ 21 rᵒ). — *Nemus Sancti Georgii*, v. 1165 (ibid. fᵒ 22 vᵒ). — *Le bois Saint-Jorge*, 1268 (ibid. fᵒ 192 rᵒ). — *La cense et gainnage du bois des Convers, les Convers*, 1529 (ibid. 9905, fᵒ 183 vᵒ). — *Ung petit fief scitué audict bailliage dudict Vitry, en la prevosté de Saincte-Menehould, nommé le boys des Canters de present, lequel du passé on appelloit le boys Saint-George*, 1538 (ibid. fᵒ 253 rᵒ).

CONVERSERIE (LA), lieu-dit, c⁰ᵉ de Chaudefontaine.

CONVERSERIE (LA), lieu-dit, c⁰ᵉ du Chemin.

CONVERSERIE (LA), lieu-dit, c⁰ᵉ de Tilloy-Bellay.

CONVERSERIE (LA), f. c⁰ᵉ de Tramery. — *La cense de la Converserye, paroisse dudict Tramery*, 1603 (chap. de Reims, l. Tramery). — *Néanmoins sous prétexte que la région ou contrée de ladite parraisse de Tramery, en laquelle cette ferme est située, a esté appellée et desnommée par quelqu'uns les Malades sans qu'on puisse sçavoir la cause de cette dénomination, aucuns ont prétendu que cette métairie de la Converserie estoit une maladrerie bien qu'elle n'en ayt jamais eu la moindre marque ni la moindre apparence*, 1674 (ibid.). — *La ferme appellée la Cense aux Malades*, 1720 (Saugrain, t. I, p. 484). — *Un autre corps de ferme appelé la Comercery* (sic) ou *ferme des Malades*, 1753 (ibid.). — Voy. MALADES (LES).

COOLE, c⁰ᵉ de Sompuis. — *Villa Coslus*, 869 (cart. du chantre Guérin, fᵒ 11 rᵒ). — *Curtis quædam vocatur Cosla*, 983 (dioc. auc. de Châlons, t. II, p. 39). — *Colla*, commencement du xIᵉ sᵉ (polypt. de Saint-Remy). — *Coele*, 1117 (cart. de Toussaints, fᵒ 26 rᵒ). — *Kosla*, 1135 (cart. d'Huiron, p. 18). — *Coola, castrum Coole*, 1187 (ibid. p. 211 et 213). — *Cola*, 1191 (la Neuville, c. 4). — *Cossla*, 1210 (cart. de Châlons, cop.

Gaignières, p. 84). — *Cale*, v. 1222 (liv. des vass. de Champ.). — *Coule, Goulle*, v. 1252 (arch. nat. J 202, 55). — *Coole*, 1263 (S.-Memmie, c. 7, fᵒ 4 vᵒ). — *Villa que Cole vulgaliter appellatur*, 1276 (Toussaints, c. 16). — *Coosle*, 1469 (arch. nat. P 179, 69). — *Coole-en-Champaigne*, 1504 (Cheminon, c. 14).

Coole était compris, en 1789, dans l'élection de Châlons et suivait la cout. de Vitry. Son église paroissiale, diocèse de Châlons, doyenné de Coole, était dédiée à saint Memmie; l'abbé d'Huiron présentait à la cure.

COOLE (LA), affl. de la Marne; prend naissance sur le finage de Coole et se jette dans la Marne au-dessous de Coolus. — *Fluvius Cosla*, 896 (cart. du chantre Guérin, fᵒ 12 vᵒ). — *Riveria de Cola*, 1239 (cart. de la Trinité de Châlons, fᵒ 89 rᵒ). — *Coolle*, 1696 (arch. lég. de Reims, statuts, t. II, p. 979).

COOLUS, c⁰ᵉ de Châlons-sur-Marne. — *Coslud*, 1158 (Toussaints, c. 1). — *Cosluz*, 1180 (Vinets, c. 4). — *Cooluz*, 1185 (Andecy, c. 1). — *Corlus*, 1195 (Touss. c. 1). — *Collud*, 1253 (ibid. c. 4). — *La ville de Coullus séant prés de Saint-Lorent, en le diosèze de Chaalons*, 1308 (S.-Pierre-aux-Monts, c. 6, l. 2). — *Coulus*, 1383 (Brussel, usage des fiefs, p. 758). — *Une ville appellée Caelus, à une lieue près de Chaalons*, 1384 (arch. nat. P 51³, 1460). — *Colux*, 1405 (pouillé de Châl. fᵒ 73 rᵒ). — *Colux*, 1405 (ibid.). — *Coolus*, 1508 (S.-Pierre-aux-Monts, c. 6, l. 2). — *Coulu*, 1636 (arch. nat. P 215, 36).

En 1789, Coolus faisait partie de l'élection de Châlons et était régi par la cout. de Vitry. Son église paroissiale, diocèse et doyenné de Châlons, était consacrée à saint Martin; l'abbé de Toussaints et l'abbé de Saint-Sauveur de Vertus présentaient alternativement à la cure.

COPENSERIE (LA), lieu-dit, c⁰ᵉ de Dormans.

COQ (LE), écart, c⁰ᵉ de Germigny (Cornet-Paulus).

COQ (LE), anc. écart, c⁰ᵉ de Villeneuve-la-Lionne. — 1784 (Courtalon, t. III, p. 328).

COQS (LES), f. c⁰ᵉˢ de Courthiézy. — *La ferme les Cocqs*, 1735 (Saugrain, t. I, p. 469).

COQUENAUDERIE (LA), lieu-dit, c⁰ᵉ de Belval-sous-Châtillon.

COQUEREL, fief, près Châtillon. — *Le fief de Quoquerel, le fief Coquerel*, 1402 (arch. nat. P 180, 151).

COQUILLART (RUISSEAU DU), c⁰ᵉ d'Aumenancourt-le-Grand.

COQUINS (ROISEAU DES), c⁰ᵉ d'Hermonville; se déverse dans la Loivre.

CORBEIL, c⁰ᵉ de Sompuis. — *Corobilium*, IVᵉ siècle (table

de Peutinger). — *Corbolium*, 1179 (la Charmoye, c. 5). — *Corbueil*, v. 1200 (Hôtel-Dieu le Comte, à Troyes, l. 17, c. v, 4). — *Corboil*, 1234-1243 (feoda Camp. n° 436). — *Corbeil*, 1367 (arch. nat. Q¹ 681, f° 27 v°). — *Corbel*, 1522 (Hôtel-Dieu le Comte, à Troyes, l. 17, c. v, 4). — *Corbeile*, 1556 (arch. lég. de Reims, cout. p. 919). — *Corbert*, 1566 (Hôtel-Dieu le Comte, à Troyes, l. 17, c. iv, 5). — *Corbeil-lez-Dampierre*, 1573 (*ibid.*). — *Corbeille*, 1655 (arch. nat. P 217, 24). — *Corbeil*, 1667 (Hôtel-Dieu le Comte, à Troyes, l. 17, c. iv, 5). En 1789, Corbeil était compris dans l'élection de Bar-sur-Aube et suivait la cout. de Vitry. Son église paroissiale, diocèse de Troyes, doyenné de Margerie, était dédiée à saint Pierre ès Liens; le chapitre cathédral de Troyes présentait à la cure.

CORBEILLON (LE), ruiss. c^ne de Brebant.

CORBERIE (LA), lieu-dit, c^ne d'Igny-lo-Jard.

CORBERIE (LA), lieu-dit, c^ne de Sommevesle.

CORBERON, fief, auj. lieu-dit, c^ne de Baudement. — *Corberon*, 1493 (Mont.-la-Celle, l. 18). — *Croberon*, 1493 (arch. nat. Q¹ 671). — *La terre et seigneurie de Corberon*, assise à Baudement, 1574 (*ibid.* P 165, 208).

CORBEVILLE? m^in, c^ne de Saint-Utin. — *Molendinum de Sancto Augustino quod dicitur Corbevile*, 1239 (Hôtel-Dieu le Comte, à Troyes, l. 1, c. A, 44). — *Molendinum quod dicitur Couberule situm in media villa [de Sancta Augustino]*, 1245 (*ibid.*).

CORBINERIS (LA), lieu-dit, c^ne de Baye.

CONSUNOT, lieu-dit, c^ne de Minaucourt.

CORDELIÈRE (LA), m^on, c^ne de Baudement.

CORDELIÈRES (LES), f. détr. c^ne de Champguyon. *La ferme dite les Cordeliers*, 1720 (Saugrain, t. I, p. 473). — *La ferme de la Cordeillere*, 1784 (Courtalon, t. III, p. 277).

CORDONNERIE (LA), lieu-dit, c^ne de Corribert. — On y voit des vestiges de constructions.

CORDONNERIE (LA), lieu-dit, c^ne de Dontrien.

CORDONNERIE (LA), lieu-dit, c^ne de Villers-aux-Bois.

CORÉE (LA), h. disparu, c^ne de Maurupt. — 1633 (lieux régis par la cout. de Vitry).

CONÊTS (LES), f. c^ne de Morsains.

CORFÉLIX, c^on de Montmirail. — *Curtis Felix*, 1110 (Socard, chartes de Molême, p. 96). — *Curtis Felicis*, 1124-1130 (cart. d'Oyes, f° 191 r°). — *Corfelis*, 11[4]a (ibid. f° 4 v°). — *Courfelis*, 1148 (ibid. f° 3 v°). — *Curfelis*, 1174 (Montier-la-Celle, l. 19). — *Carfelis*, 1209 (le Reclus, c. 3). — *Corfelix*, 1209 (hist. de la maison de Broyes, p. 25). — *Courfelix*, 1381 (pouillé de Troyes, A 310).

— *Curia Felicis*, 1443 (évêché de Troyes, G 22). — *Courflix, Courfilx*, 1458 (évêché de Châl. e. 11). — *Corferis*, 1513 (le Reclus, c. 1). — *Corfellix*, 1629 (*ibid.*). — *Corferix*, 1641 (arch. nat. P 216, 93). — *Corfelix, vulgairement Corfli; Corde Felici*, 1784 (Courtalon, t. III, p. 280).

En 1789, Corfélix faisait partie de l'élection de Sézanne et était régi par la cout. de Paris. Son église paroissiale, diocèse de Troyes, doyenné de Sézanne, était dédiée à saint Memmie; l'évêque de Troyes présentait à la cure.

CORINGAUX (LES), fief, c^ne de Rilly-la-Montagne (Barthélemy, cant. de Verzy, p. 133).

CORINTHE, m^on, c^ne de Trois-Puits. — Cette maison fut construite en 1847 (lieux habités).

CORMICY, c^on de Bourgogne. — *Culmisiacum, Culmisciacum*, v. 948 (Flodoard, hist. eccl. Rem.). — *Culmisiacum*, v. 1067 (arch. adm. de Reims, t. I, p. 218). — *Colmisiacum*, 1123 (*ibid.* t. I, p. 273). — *Curmusi, Curmissi*, 1171 (ibid. t. I, p. 363 et 367). — *Curmessiacum*, 1179 (ibid. t. I, p. 383). — *Cormisseium*, 1159-1181 (cart. de l'abb. de S.-Denis de Reims, p. 52). — *Cormesseium*, 1182 (S.-Denis de Reims, l. Cormicy). — *Curmisiacum*, 1188 (cart. de S.-Thierry, f° 55 v°). — *Culmissyacum*, 1192 (cart. B du chap. de Reims, f° 15 v°). — *Courmissiacum*, 1218 (ibid. f° 404 v°). — *Cormesi, Cormisi, Carmessi*, v. 1220 (liv. des vass. de Champ.). — *Cormissia*, 1225 (cart. de S.-Thierry, f° 18 r°). — *Courmissy*, 1227 (cart. + de l'archev. de Reims, f° 7 r°). — *Courmisiacum*, 1233 (arch. adm. de Reims, t. I, p. 566). — *Cormisiacum*, v. 1263 (*ibid.*). — *Courmissi*, 1270 (cart. de S.-Thierry, f° 273 v°). — *Curmisseium*, xiii° s° (cart. de S.-Nicaise, f° 91 r°). — *Courmissy*, 1314 (Boutaric, actes du parl. de Paris, n° 4219). — *Courmecy*, 1328 (arch. adm. de Reims, t. II, p. 481). — *Courmisy*, 1340 (ibid. t. II, p. 834). — *Courmicy*, xiv° siècle (ibid. t. II, p. 853). — *Gormessy*, 1640 (S.-Denis de Reims, l. Cormicy).

Cormicy était compris, en 1789, dans l'élection et suivait la coutume de Reims. Son église paroissiale, diocèse de Reims, doyenné d'Hermonville, était dédiée à saint Cyr et à sainte Juliette; l'abbé de Saint-Denis de Reims présentait à la cure.

CORMICY (RU DE), affl. de la Loivre; coule sur le finage de Loivre.

CORMONT, m^in, c^ne de Trigny.

CORMONT, montagne boisée, c^ne de Vertus. — *Le bois que l'on appelle Cormont*, v. 1360 (extenta Campanie, Vertus). — *Les bois de Curemont au-dessus de Vertus*, 1367 (arch. nat. Q¹ 681, f° 8 v°). —

Le bois de Cormois, 1605 (*ibid.* P 190, 56). — *Le fief de Cormont*, 1673 (*ibid.* Q¹ 681).

CORMONTREUIL, 3ᵉ canton de Reims. — *Curtis Monasterialis*, v. 850 (polypt. de S.-Remy de Reims). — *Curtis Monasterii*, 1168 (Marlot latin, t. II, p. 396). — *Curtis Monasterialis*, 1169 (arch. adm. de Reims, t. I, p. 355). — *Curmestrol*, 1197 (*ibid.* t. I, p. 430). — *Curmustrellum*, 1197 (cart. B de S.-Remy, p. 150). — *Cortmosteruel*, v. 1197 (*ibid.* p. 153). — *Cortmusteruel*, v. 1200 (*ibid.* p. 211). — *Cormonstruel*, v. 1200 (arch. lég. de Reims, statuts, t. I, p. 174). — *Courmosteriolum*, 1201 (arch. adm. de Reims, t. I, p. 445). — *Cormostruel*, 1203 (arch. lég. de Reims, statuts, t. I, p. 177). — *Cormestrol*, *Cormosteroul*, *Cormosterol*, 1203 (cart. B de S.-Remy, p. 156, 161 et 164). — *Cormonstruel*, 1212 (cart. C de S.-Remy, f° 44 r°). — *Curtis Monasterioli*, 1216 (arch. lég. de Reims, statuts, t. I, p. 185). — *Cormothoriolum*, 1230 (S.-Nicaise, l. 3). — *Cormousteruel*, 1230 (cart. de S.-Nicaise, f° 101 r°). — *Cormostruel*, 1232 (S.-Pierre-aux-Dames, c. 4). — *Cormosteruel*, 1242 (S.-Étienne de Reims, p. 1). — *Cultis Monasteriorum*, 1248 (cart. de S.-Nicaise, f° 59 v°). — *Courmousteruel*, 1252 (S.-Pierre-aux-Dames, c. 4). — *Gourmousteruel*, 1256 (*ibid.*). — *Courmonstruel*, 1278 (arch. adm. de Reims, t. I, p. 961). — *Courmonteruel*, 1282 (S.-Étienne de Reims, p. 1). — *Cormonstrolium*, 1291 (S.-Pierre-aux-Dames, c. 4). — *Cour-monstrueil*, 1294 (cart. † de l'archev. de Reims, f° 178 r°). — *Cormonstrerueil*, commencement du XIVᵉ siècle (arch. adm. de Reims, t. I, p. 961). — *Courmonsteruel*, 1303-1312 (*ibid.* t. II, p. 1047). — *Courmonstereul*, 1307 (chap. de Reims, l. 24). — *Cormonterellum*, 1317 (arch. nat. S 5049, n° 4). — *Cour-Monteruil*, v. 1320 (hist. de la maison de Châtillon, p. 243). — *Courmonsterol*, 1324 (arch. adm. de Reims, t. II, p. 383). — *Courmonstrelium*, 1357 (*ibid.* t. III, p. 100). — *Courmonsterueil*, 1363 (*ibid.* t. III, p. 281). — *Courmonstervel*, 1384 (*ibid.* t. III, p. 621). — *Courmonstreul-lez-Reims*, 1384 (*ibid.* t. II, p. 624). — *Cormonteruel*, 1395 (arch. nat. P 161, 171). — *Courmonsterevl*, 1422 (S.-Nicaise, l. 3). — *Curmonstrolium*, 1425 (S.-Pierre-aux-Dames, c. 4). — *Cormonstrolium*, 1456 (S.-Nicaise, c. 8). — *Comonstruel*, 1507 (chap. de Reims, l. Écueil). — *Cormonstruil*, 1510 (*ibid.*). — *Courmonsterueil*, *Courmonstrueil*, 1556 (arch. lég. de Reims, cout. p. 881 et 909). — *Cormontreul*, 1560 (chap. de Reims, l. 36). — *Cormonstreuil*, 1615 (S.-Symph.

l. 1). — *Cormontreil*, 1692 (arch. lég. de Reims, statuts, t. II, p. 968). — *Cormontreuille*, 1771 (S.-Étienne de Reims, l. 1).

Cormontreuil faisait partie, en 1789, de l'élection et était régi par la coutume de Reims. Son église paroissiale, diocèse de Reims, doyenné de Vesles, était consacrée à saint André; l'abbé d'Hautvillers présentait à la cure.

COSMAYEUX, vill. cⁿᵉ de Cormoyeux-Romery. — *Cormoiers*, 1222 (cart. d'igny, f° 235 r°). — *Caurmayer*, 1303-1312 (arch. adm. de Reims, t. II, p. 1052). — *Courmoier*, 1346 (*ibid.* t. II, p. 1052). — *Cormoyeux*, 1604 (arch. nat. Q¹ 674).

En 1789, Cormoyeux était compris dans l'élection de Reims et suivait pour partie la coutume de Reims, pour partie celle de Vitry. Son église paroissiale, diocèse de Reims, doyenné de la Montagne, était consacrée à saint Clément; l'abbé d'Hautvillers présentait à la cure.

CORMOYEUX-ROMERY, cⁿᵉ d'Ay; nom officiel de la commune dont Cormoyeux est le chef-lieu. Romery était déjà, antérieurement à la Révolution, l'écart le plus important du finage de Cormoyeux.

CORNAILLE (LA), mⁿⁿ, cⁿᵉ du Vézier. — *Cornaille*, 1860 (Cornet-Paulus).

CORNANTIER, h. cⁿˢ de Maclaunay et de Courbetaux. — *Cornentier*, 1477 (chât. de Montmirail). — *Caurnantier*, 1479 (*ibid.*). — *Cornantis*, 1720 (Saugrain, t. I, p. 473). — *Cornentiers* ou *Carnontis*, 1784 (Courtalon, t. III, p. 295). — *Cornentiers*, XVIIIᵉ siècle (Cassini). — *Le Cornantier*, 1860 (Cornet-Paulus).

CORNEBUIRE, h. disparu, cⁿᵉ de Vitry-le-Brûlé. — 1633 (lieux régis par la cout. de Vitry).

CORNEILLE, fief, à Sézanne. — *Le fief de Corneille, consistant en une maison, où on pend pour enseigne l'image de Sainte-Barbe assis en la ville de Sézanne, près la porte Goyá*, 1600 (arch. nat. P 178, 80).

CORPS-DE-GARDE, cⁿᵉ de Dontrien (Cassini).

CORPS-DE-GARDE, cⁿᵉ de Saint-Hilaire-le-Grand (Cassini).

CARPS-DE-GARDE, cⁿᵉ de Saint-Masmes.

COARPS-DE-GARDE, cⁿˢ de Vaudesincourt (Cassini).

CORRE (ROISSAAA DE LA), cⁿᵉ de Courdemanges.

CORRIBERT, cⁿᵉ de Montmort. — *Curtis Riberti*, 1147-1151 (Andecy). — *Corribert*, 1190 (cart. de Saint-Martin d'Épernay, p. 142). — *Corribertum*, 1220 (arch. nat. J 197, 21). — *Curebert*, vars 1222 (liv. des vass. de Champ.). — *Couribert*, 1526 (Andecy, c. 3, f° 29 v°). — *Curtis Eriberti*, 1783 (état du dioc. de Soissons, p. 189).

En 1789, Corribert faisait partie de l'élection de

Château-Thierry et suivait la cout. de Vitry. Son église, annexe de l'église paroissiale de Marcuil-en-Brie, au diocèse de Soissons, doyenné d'Orbais, était dédiée à Notre-Dame.

CORRIBERT (Ru DE), aff. du Surmelin ; coule sur le linage de Corribert.

CORRIGOT, h. c⁰ᵉ de Pierry. — *Corrigo*, 1462 (arch. nat. Q¹ 662). — *Une pièce de terre size au terroir de Pierry, lieu dict les Courigotz*, 1594 (*ibid.* Q¹ 677). — *Courigot, paroisse de Montfélix*, 1694 (*ibid.* Q¹ 676). — *Corrigaut*, 1732 (*ibid.* Q¹ 662). — *Corrigeot*, 1860 (Cornet-Paulus).

CORROBERT, c⁰ᵃ de Montmirail. — *Curtis Roberti*, 1085 (Gall. christ. t. X, p. 101). — Curi[a] Rob[er]ti, 1193 (cart. de Coincy, p. 152). — *Courobert*, 1213 (Machaut, hist. du bienheur. Jean de Montmirel, p. 442). — *Corrobert, Courrobert*, 1292 (cart. de Coincy, p. 54). — *Court-Robert*, 1300 (cart. d'Igny, f° 246 r°). — *Corrobert-en-Brie*, 1464 (cart. de Coincy, p. 538). — *Corobert*, 1628 (minutes Longnion, à Orbais).

En 1789, Corrobert était compris dans l'élection de Château-Thierry et suivait la coutume de Vitry. Son église, annexe de l'église paroissiale de Janvilliers, au diocèse de Soissons, doyenné de Montmirail, était consacrée à saint Barthélemy.

CORROY, c⁰ᵃ de Fère-Champenoise.— *Colreium*, 1121 (chap. de Châl. a. 2, l. 47). — *Correium*, 1174 (c. d'Oyes, f° 2 v°). — *Correis*, 1176 (*ibid.* f° 24 v°). — [C]arroi, 1209 (cart. de S.-Thierry, f° 54 r°). — *Cuvrai*, 1223 (Argensolles, c. 1). — *Courroy*, v. 1263 (S.-Memmie, c. 7, f° 3 v°). — *Caurroi, Cauroi*, 1270 (cart. de S.-Thierry, f° 207 r°). — *Caurretum juxta Hermondivillam*, 1271 (*ibid.* f° 298 r°). — *Corroi*, v. 1274 (arch. nat. J 202, 45). — *Ecclesia Beate Marie de Corrayo*, 1265 (Saint-Nicolas de Sézanne, c. 12). — *Corroy*, 1403 (chap. de Châl. a. 4, l. 47). — *Corretum*, 1405 (pouillé de Châlons, f° 82 r°). — *Caulroy*, 1501 (S.-Memmie, c. 6). — *Courray-en-Champaigne*, 1508 (arch. nat. P 165, 246). — *Cauretum*, 1542 (taxe du dioc. de Châl. p. 213). — *Carroys*, 1736 (arch. nat. P 229, 43). — *Beneficium Beate Marie de Correio alias de Coreto, vulgo Cauroi*, 1775 (chap. de Châl. a. 1, l. 56).

En 1789, Corroy faisait partie de l'élection de Châlons et était régi par la cout. de Meaux. Son église paroissiale, diocèse de Châlons, doyenné de Vertus, était dédiée à Notre-Dame ; le chapitre cathédral de Troyes présentait à la cure.

CONVÉES (LES), f. c⁰ᵉ de Bergères-lez-Vertus. — *Cor-*

veiœ subtus Montom Himeri, v. 1252 (arch. nat. J 193, 51). — *Les Corvées*, 1336 (*ibid.* Q¹ 681, f° 101 v°). — *Les Corvées dessous Montaimé*, 1734 (*ibid.* Q¹ 681).

COSSÉ, mⁱⁿ, c⁰ᵉ de la Celle-sous-Chantemerle. — Ce moulin a sans doute pris le nom de son fondateur. En 1847, André Cossé était propriétaire à Bellevue, même commune.

COSSON (LE), f. c⁰ᵉ de Sermiers. — *Le Cosson*, 1573 (arch. nat. P 184, 214). — *Cosson, le Cosson*, 1715 (revenus de S.-Nicaise, p. 67 et 126). — *Le château du Coson*, 1720 (Saugrain, t. I, p. 483). — *La maison Coson*, 1804 (ann. de l'an XIII, p. 83).

COSSONNIÈRE (LA), lieu-dit, c⁰ᵉ de Coupéville.

CÔTE (LA), mⁱⁿ, c⁰ᵉ d'Ay.

CÔTE (Ru DE LA), aff. de la Vière; coule sur les territ. de Contault-le-Maupas et de Possesse.

CÔTE-À-VIGNES (LA), f. c⁰ᵉ de la Neuville-au-Pont. — 1676 (dioc. anc. de Châlons, t. I, p. 277).

CÔTE-CARRRAUT, f. c⁰ᵉ de Sainte-Menehould. — C'était originairement, dit-on, une maladrerie construite au commencement du XIIIᵉ siècle sur un coteau que venait de défricher un certain Carraut; elle portait le nom de *Petit-Ahon* et fut réunie dans le XVᵉ siècle à l'Hôtel-Dieu de Sainte-Menehould (dioc. anc. de Châlons, t. II, p. 143). — *Ferme de la Côte*, XVIIIᵉ siècle (Cassini).

CÔTE-DE-BIESUE (LA), h. c⁰ᵉ de Sainte-Menehould.

CÔTE-DE-BIESME (Ru DE LA), aff. du ru de Sougniat; arrose le finage de Sainte-Menehould.

COTENNERIES (LES), lieu-dit, c⁰ᵉ de Dormans.

CÔTE-SAINT-PIERRE (LA), f. c⁰ᵉ d'Écollemont. — *Le fief de la Côte-S.-Pierre*, 1720 (Saugrain, t. I, p. 443). — *Côte-Saint-Pierre*, XVIIIᵉ siècle (Cassini). — *La Côte-de-Saint-Pierre*, 1860 (Cornet-Paulus).

COTINIÈRE (LA), lieu-dit, c⁰ᵉ de Moronvilliers.

COUBERLIN, lieu-dit, c⁰ᵉ de Vaudesincourt.

GOUCHIS (LES), ruiss. aff. du Salon; coule sur le territoire de Faux-Fresnay.

COUDIER, f. c⁰ᵉ de Marfaux. — *Courguyer*, v. 1300 (arch. adm. de Reims, t. I, p. 1089). — *Corriguef*, 1321 (Boutaric, actes du parl. de Paris, n° 6545). — *Courguehiés*, 1415 (chap. de Reims, c. 24). — *Corguehier*, 1489 (*ibid.*). — *Courguyé*, 1528 (ibid. l. Marfaux). — *Caurier*, 1720 (Saugrain, t. I, p. 480).

COUDRE (LE), f. c⁰ᵉ d'Igny-le-Jard. — *La seigneurie de la Caurre*, assise aussi près ledit *Dormans* que dudit *Coublizi*, 1560 (arch. nat. P 181, 11). — *La Coudre*, 1560 (*ibid.* P 162, 150). — *La Couldre*, 1564 (*ibid.* P 181, 14). — *La Corre*, 1720 (Saugrain, t. I, p. 470).

Coulemelles (Les), éc. détr. cⁿᵉ de Courcy. — Colomella, v. 850 (polypt. de S.-Remy).

Coulerie (La), lieu-dit, cⁿᵉ de Sillery.

Couleuvreux, vill. détruit, cⁿᵉ de Caurel. — Villa Colubrosa, v. 948 (Flodoard, l. I, c. 25). — Coulameulx [lisez Couluvreulx] lez Caurel, 1556 (arch. lég. de Reims, cout. p. 876).

Coullietterie (La), lieu-dit, cⁿᵉ de l'Épine.

Coulmiers, vill. cⁿᵉ de la Chaussée. — Columbarium, commencement du xiᵉ siècle (polypt. de S.-Remy). — Colemeria, 1093-1125 (S.-Pierre-aux-Monts, c. 21). — Colomeirs, 1113-1122 (ibid. c. 20). — Alodium de Columbariis, 1147 (cart. d'Avenay, fᵒ 1 rᵒ). — Colomerum, 1213 (S.-Pierre-aux-Monts, c. a). — Coulemiers, Colemiers, 1238 (Avenay, c. a). — Colomiers, 1238 (Cheminon, c. 16). — Malendina de Colom[er]is, 1240 (ibid. c. 1). — Columiers, vers 1252 (arch. nat. J 202, 54). — Colommiers, 1274 (ibid. J 202, 46 ter). — Coulomiers, 1326 (chap. de Chàl. a. 5, l. 42). — Coulemiers-en-Champaigne, 1396 (arch. nat. P 208, 49). — Coulommiers, 1508 (ibid. P 161, 60). — Caullemiers, 1509 (réd. de la cout. de Vitry). — Coulemier près la Chaussée, 1513 (arch. nat. Qⁱ 655; aveu, p. 121). — Coulemiers-lez-Montigny, 1565 (Toussaints, c. 19). — Coulemiere, 1633 (lieux régis par la cout. de Vitry). — Coulommier, 1714 (arch. nat. P 223, 380). — Coulmier-lez-la-Chaussée, 1733 (ibid. P 227, 24). — Le fief de Coulmier et celui de la Chau[s]sée ne formoient originairement qu'un seul et même fief sous la dénomination simple de Coulmier, où il se trouve divisé en deux parties dès le xivᵉ siècle : l'une, où était le château et l'église paroissiale, portait le nom de Coulmier-la-Chaussée; l'autre celui de Coulmier-le-Meix, 1763 (ibid. Qⁱ 676). — Coulmiers et Mutigny-la-Chaussée, 1793 (état général des communes, an 11). — Coulmier la Chaussée et Mutigny, 1804 (ann. de la Marne, an xiii).

En 1789, Coulmiers faisait partie de l'élection et suivait la cout. de Chàlons. Son église paroissiale, diocèse de Chàlons, doyenné de Bussy-le-Chàteau, était dédiée à saint Pierre; le chapitre cathédral de Chàlons présentait à la cure.

Coulmy, lieu-dit, cⁿᵉ de Bétheny.

Coulommes, cⁿᵉ de Ville-en-Tardenois. — Colomna, Columna, v. 850 (polypt. de S.-Remy). — Columnæ, in comitatu Remensi, 975 (Marlot latin, t. II, p. 28). — Colombæ, commencement du xiᵉ siècle (polypt. de Saint-Remy). — Columnæ, 1145 (arch. adm. de Reims, t. I, p. 312). — Columnes, Columei, xiᵉ siècle (fragm. de polypt. p. 167 et 168).

Columnes, 1201 (cart. C de S.-Remy, fᵒ 30 vᵒ). — Colommes, 1223 (arch. adm. de Reims, t. I, p. 312). — Coulommes, 1276 (chap. de Reims, l. Vrigny). — Colomes, 1345 (arch. adm. de Reims, t. II, p. 928). — Caulomes, 1358 (ibid. t. III, p. 109). — Coulommes à la Montaigne, v. 1375 (ibid. t. III, p. 416). — Coullommes, 1377 (arch. nat. S 5035, n° 17). — Coulommes en la Montaigne de Reims, 1384 (arch. adm. de Reims, t. III, p. 601). — Coulommes en la Montaigne, 1433 (arch. nat. Qⁱ 656). — Coulongnes en la Montaigne, Coulonnes-lès-Reims, 1556 (arch. lég. de Reims, cout. p. 903 et 911). — Collommes, 1557 (S.-Remy, l. 77). — Coulomme, 1665 (ibid. l. 76). — Coulommes en Montagnes, 1720 (Saugrain, t. I, p. 477). — Coulomme-la-Montagne, 1777 (arch. adm. de Reims, t. II, p. 1053).

Coulommes était compris, en 1789, dans l'élection et suivait la coutume de Reims. Son église paroissiale, diocèse de Reims, doyenné de la Montagne, était consacrée à saint Remy; le chapitre cathédral de Chàlons présentait à la cure.

Coulonnerie (La), lieu-dit, cⁿᵉ de Marson.

Coulons (Les), h. disparu, cⁿᵉ de Voipreux. — 1633 (lieux régis par la cout. de Vitry). — Le fief et seigneurie des Coullons, 1678 (arch. nat. Qⁱ 681).

Coulvagny, h. cⁿᵉ de Saint-Amand. — Collevinier, 1183 (chap. de Chàl. a. 6, l. 13). — Coulevancier, 1556 (arch. lég. de Reims, cout. p. 919). — Coulvanier, 1775 (chap de Chàl. a. 1, l. 56). — Coulvagnier, xviiiᵉ siècle (Cassini).

L'église de Coulvagny, annexe de l'église paroissiale de Saint-Amand, diocèse de Chàlons, doyenné de Vitry-le-Brûlé, était dédiée à saint Nicolas.

Corré, mⁱⁿ, cⁿᵉ de Condé-sur-Marne. — Le moulin de Couppel, Couppetz, 1785 (S.-Remy, l. 317).

Coupenderie (La), lieu-dit, cⁿᵉ de Morsains.

Courarie (La), lieu-dit, cⁿᵉ de Humbeauville.

Coupetz, cⁿᵉ d'Écury-sur-Coole. — Copa, 1028 (dioc. auc. de Chàlons, t. I, p. 356). — Couppel, 1187 (cart. d'Huiron, p. 211). — Coupel, 1269 (S.-Pierre-aux-Monts, c. 32). — Coupellum, 1285 (chap. de Chàl. a. 4, l. 52). — Couppez, 1464 (arch. nat. P 36, 8). — Coupez-sur-Coole, 1556 (arch. lég. de Reims, cout. p. 919). — Couppetz, 1584 (arch. nat. P 162, 137). — Coupetz, 1622 (ibid. Qⁱ 670). — Coupets, 1778 (ibid.).

Coupetz faisait partie, en 1789, de l'élection de Chàlons et était régi par la cout. de Chàlons. Son église paroissiale, annexe de l'église de Cernon, au diocèse de Chàlons, doyenné de Coole, était consacrée à saint Laurent.

Coupéville, c⁰ⁿ de Marson. — *Ecclesia de Copeel super Moviam*, 1107 (chap. de Chàl. a. 1, l. 1). — *Capci Villa*, 1154-1161 (Trois-Font. c. 8). — *Cupevilla*, 1154-1161 (cart. de Moutiers, 10946, f° 15 v°). — *Copevilla*, 1181 (*ibid.* 9905, f° 8 r°). — *Copelvilla*, 1197 (Châtrices). — *Copesville*, v. 1220 (liv. des vass. de Champ.). — *Coupelvilla*, 1226 (cart. de la Trinité, f° 48 r°). — *Choupelvile*, 1237 (cart. de Montiers, 9905, f° 426 v°). — *Coupeauville*, *Coupeavile*, v. 1252 (arch. nat. J 202, 55). — *Copealvile*, 1253 (Trois-Font. c. 5). — *Coupeville*, 1260 (S.-Memmie, c. 8). — *Coupiauville*, *Coupelville*, v. 1274 (arch. nat. J 202, 46 et 46 *ter*). — *Coupeel Villa*, 1276 (la Neuville, c. 4). — *Coupiauvilla*, 1280 (*ibid.* c. 8). — *Coupolvilla*, 1283 (chap. de Chàl. a. 5, l. 4). — *Copadivilla*, 1289 S.-Pierre-aux-Monts, c. 2). — *Couppeville*, 1367 (arch. nat. Q¹ 681, f° 38 v°). — *Coupesvilla*, 1405 (pouillé de Chàl. f° 73 v°). — *Coppeville*, 1418 (arch. nat. P 162, 252). — *Coupesville*, 1461 (chap. de Châlons, a. 5, l. 2). — *Couppelz-Ville*, 1501 (Saint-Memmie, c. 6). — *Couppesville*, 1520 (chap. de Châlons, a. 5, l. 3). — *Compessrilla*, 1542 (taxe du diocèse de Châlons, p. 208). — *Coupesville-sur-Moivre*, 1580 (évéché de Châlons, c. 10). — *Coupevilla*, 1775 (chap. de Châlons, a. 1, l. 56).

En 1789, Coupéville était compris dans l'élection et suivait la coutume de Châlons. Son église paroissiale, diocèse de Châlons, doyenné de Bussy-le-Château, était dédiée à saint Memmie; le chapitre cathédral de Châlons présentait à la cure.

Coupigny, chât. c⁰ᵉ d'Orbais. — *Coupigny*, xviiiᵉ s° (Cassini). — *Compigny*, 1804 (ann. de l'an xiii, p. 71).

Coupigny, f. c⁰ᵉ de Passy-Grigny. — *Coupigny*, xviiiᵉ siècle (Cassini). — *Cupigny*, 1862 (Guérard, p. 410).

Coupigny, f. c⁰ᵉ de Sainte-Gemme. — *Coupigni*, *Coupigniacum*, 1251 (arch. nat. S 5035, n° 30). — *Compeigny*, v. 1300 (extenta Campanie, Châtillon). — *Coppigny*, 1531 (arch. nat. P 162, 131).

Couppe, m⁰ⁿ détruite, entre Ay et Mareuil-sur-Ay. — *Une pièce de terre séant entre Ay et Mareul*, nommé *Couppe; une masure assize en icelle pièce de terre*, 1398 (arch. nat. P 182, f° 303 r°).

Couppetz, fief, à Ville-en-Tardenois. — *Ung autre fief assiz à Ville-en-Tardenois, appellé le fief de Couppetz*, 1580 (évéché de Chàl. c. 10).

Cour (La), lieu-dit, c⁰ᵉ de Belval-sous-Châtillon.

Cour (La), anc. m⁰ⁿ, c⁰ᵉ de Cuperly. — *Une maison que l'on dit la maison de la Court*, 1397 (arch. nat. P 183, 112).

Cour (La), h. c⁰ᵉ de Fismes. — *Cours*, 1609 (arch. nat. P 191, 163). — *Le Cours*, 1860 (Cornet-Paulus).

Coor (La), ch. détr. c⁰ᵉ des Grandes-Côtes. — *La maison seigneuriale appelée la Cour*, 1720 (Saugrain, t. I, p. 444).

Cour (La), anc. f. c⁰ᵉ du Thoult. — *Une autre ferme appellée de la Cour*, 1751 (arch. nat. Q 678).

Cour (La), h. c⁰ᵉ de Villevenard. — *La Cour*, xviiiᵉ s° (Cassini). — *Court*, 1860 (Cornet-Paulus).

Cour (La), lieu-dit, c⁰ᵉ de Vitry-en-Perthois.

Cour-au-Seigneur (La), lieu-dit, c⁰ᵉ de Villevenard.

Couraux, f. c⁰ᵉ de Puisieulx. — *Curtis Hrodoldi*, v. 850 (polypt. de S.-Remy). — *Curtis Rodoldi*, comm. du xiᵉ siècle (*ibid.*). — *Dua molendina et quedam domus dictis molendinis propinq[u]a que sunt juxta Syllareiam, in loco qui dicitur Corraul*, 1240 (S.-Basle, l. 12). — *Curtis Radulphi*, 1259 (S.-Denis de Reims, l. Puisieulx). — *Feoda de Courraus, Courraul*, 1350 (*ibid.* l. Hermonville). — *Molendinum de Courraux*, 1377 (S.-Basle, l. 12). — *Les molins de Courrouz*, 1384 (arch. nat. P 28¹, 105). — *La fosse du moulin de Couriaux*, 1400 (*ibid.* P 182, f° 75 v°). — *La fosse du moulin de Couriaux*, 1410 (*ibid.* P 182, f° 40 r°). — *En lieu dit et vulgairement appellé Courault*, 1517 (S.-Basle, c. 2, l. 23). — *Couraulx-lez-Puysieux*, 1521 (décl. de l'Hôtel-Dieu de Reims). — *La fosse du moulin de Corroux près Puisieux*, 1629 (arch. nat. P 191, 7). — *Le moulin de Courot*, 1720 (Saugrain, t. I, p. 481). — *Couraux, Couroux*, 1860 (Cornet-Paulus). — *Courreau*, 1847 (lieux habités).

Cour-aux-Maiclasos (La), lieu-dit, c⁰ᵉ de Charleville.

Courban (Le), f. c⁰ᵉ de Pocancy. — *Le fief du Courban*, près *Vouzie*, 1673 (arch. nat. Q¹ 681).

Courbehaut, f. c⁰ᵉ du Breuil. — *Fossé c'on dit le fossé de Courbehost*, 1399 (arch. nat. P. 180, 100).

Courbes (Les), f. c⁰ᵉ de l'Échelle-le-Franc.

Courbetaux, c⁰ᵉ de Montmirail. — *Villa que Cur[i]a Bertodi appellatur*, v. 1159 (arch. de l'Aube, G 464). — *Curia Bertodi subtus Montem Mirabilem*, 1263 (hist. de la maison de Broyes, p. 35). — *Courbetost*, 1381 (pouillé de Troyes, A 311). — *Curia Berthauldi, Curia Berthaudi*, 1443 (évéché de Troyes, G 22). — *Corbetout*, 1479 (château de Montmirail). — *Corbethout*, 1520 (Andecy, c. 3, f° 31 r°). — *Corbetolt*, 1544 (*ibid.* c. 1). — *Corbetost*, 1597 (*ibid.*). — *Courbetot*, 1604 (*ibid.*). — *Courbetoult*, 1700 (arch. de l'Aube, G 605). — *Courbetou*, v. 1700 (Andecy, c. 3). — *Courbetaut, Courbetost ou Courbeton*, 1784 (Courtalon, t. III, p. 279).

En 1789, Courbetaux faisait partie de l'élection de Sézanne et était régi par la cout. de Meaux. Son église paroissiale, diocèse de Troyes, doyenné de Sézanne, était dédiée à saint Georges ; l'évêque de Troyes en était collateur.

Courbetons (Les), lieu-dit, c⁰ᵉ de Louvercy.

Courbouvin, h. c⁰ᵉ de Verdon. — *Courbovin*, 1214 (religieux d'Orbais, p. 70). — *Le fief de Corbovain*, 1445 (arch. nat. P 170, 45). — *Courbouvain*, 1581 (*ibid.* P 180, 25).— *Courbovin*, 1832 (état-major).

Courbouvin (Le Petit-), h. c⁰ᵉ de Verdon (Cassini).

Cous-Broc (La), f. c⁰ᵉ de Reims-la-Brûlée.

Cour-Brûlée (La), lieu-dit, c⁰ᵉ du Baizil.

Cour-Brûlée (La), lieu-dit, c⁰ᵉ de Corrobert.

Courbrut, lieu-dit, c⁰ᵉ de Blacy.

Cour-Cabrée (La), lieu-dit, c⁰ᵉ de Trépail.

Courcelles, h. c⁰ᵉ d'Angluzelles. — *Corceles*, 1197 (Montiéramey, 6 H 7). — *Courcelles*, 1538 (arch. nat. P 165, 281). — *Courcelle*, 1664 (*ibid.* P 191, 4).

Courcelles, lieu-dit, c⁰ᵉ de Changy. — *In magno campo de Carrelles*, 1251 (S.-Memmie, c. 8).

Courcelles, f. c⁰ᵉ de Corribert. — *Corcellæ*, v. 1222 (liv. des vass. de Champ.). — *Courceles*, v. 1252 (arch. nat. J 193, 51).

Courcelles, h. c⁰ᵉ de Montmirail. — *Courceles*, vers 1252 (arch. nat. J 195, 96). — *Courcelles*, 1492 (chât. de Montmirail). — *Courselle*, 1495 (arch. nat. P 207, 27). — *Coursel*, 1597 (Andecy, c. 1).

Courcelles, loc. disparue, c⁰ᵉ de Reims. — *Cour-celles lez Aussan*, 1384 (arch. adm. de Reims, t. III, p. 627).

Courcelles, h. c⁰ᵉ de Saint-Brice. — *Curcellæ*, v. 850 (polypt. de S.-Remy de Reims). — *Courcella juxta Remis*, 1278 (S.-Nicaise, c. 3, l. 24). — *Cour-celles au l'orious*, commencement du xivᵉ siècle (arch. adm. de Reims, t. I, p. 1090). — *Curçelle prope Remos*, 1304 (cart. de S.-Denis de Reims, p. 320). — *Courcelles*, 1325 (S.-Thierry, c. 4, l. 31). — *Gaurcelles delez Reims*, 1360 (arch. adm. de Reims, t. III, p. 161). — *Courcelles*, 1384 (arch. nat. P 28, 27). — *Courcelles-lez-Reims*, 1522 (arch. lég. de Reims, cout. p. 754). — *Courcelle*, 1558 (chap. de Reims, l. 36).

Courcelles, loc. détruite, non loin de Saint-Memmie. — *In domo Alnuffi que est inter Sanctum Memmium et Curcellas*, 1132 (la Neuville, c. 4).

Courcelles-lez-Rosnay, c⁰ᵉ de Ville-en-Tardenois. — *Corcellæ*, 1213 (liber princip. 5992, f° 145 v°). — *Curcellæ*, 1216 (cart. B du chap. de Reims, f° 174 r°). — *Courcelles*, commencement du xivᵉ s

(arch. adm. de Reims, t. I, p. 1089). — *Courcelle-lez-Ronnay*, 1433 (arch. nat. Q¹ 656). — *Cour-celle-lès-Rosnay*, 1771 (*ibid.* Q¹ 678).

Antérieurement à la Révolution, Courcelles-lez-Rosnay dépendait de la paroisse de Rosnay.

Courcemain, c⁰ᵉ de Fère-Champenoise. — *Corcemain*, 1109 (Andecy, charte fausse ou mal datée, l'abbaye d'Andecy n'ayant été fondée qu'en 1131). — *Curcimain*, 1194 (Paraclet, 24 H 1). — *Corsi-manum*, 1205 (Macheret, c. 1). — *Curciamanus*, 1443 (évêché de Troyes, G 22). — *Coussemain*, 1521 (arch. de l'Aube, G 608). — *Coursemain*, 1524 (Andecy, c. 4). — *Courssemain*, 1537 (*ibid.* c. 4, p. 26).

Courcemain faisait partie, en 1789, de l'élection de Troyes et était régi par la cout. de Meaux. Son église paroissiale, diocèse de Troyes, doyenné d'Andecy, était dédiée à saint Martin ; l'évêque de Troyes en était collateur.

Courcemain (Ru de), affl. du Salon, coule sur le territ. de Courcemain.

Courcemont, h. c⁰ᵉ de Suizy-le-Franc. — *Corsammont*, v. 1222 (liv. des vass. de Champ.). — *Coursermon*, vers 1252 (arch. nat. J 202, n° 47). — *Cursus Mons*, 1260 (bibl. nat. t. LXI des 500 de Colbert, f° 721°). — *Coursemont*, 1628 (arch. nat. Q¹ 678).

Coua-Colis (La), lieu-dit, c⁰ᵉ de Lisse.

Cour-Condé (La), lieu-dit, c⁰ᵉ de Doucey.

Courcourt, h. c⁰ᵉ de Chavot-Courcourt. — *Coucourt*, 1362 (arch. nat. P 182, f° 156 v°). — *Courcourt*, 1550 (*ibid.* P 166, 409). — *Coucour*, 1575 (*ibid.* P 162, 222). — *Courcour*, 1633 (la Charmoye, c. 6). — *Courcout*, 1691 (*ibid.*).

Avant 1852, Courcourt faisait partie de la commune de Vaulancourt. C'est à la suite de son union à la commune de Chavot que celle-ci a pris le nom de Chavot-Courcourt.

Courcy, c⁰ⁿ de Bourgogne. — *Carccium*, v. 1067 (arch. adm. de Reims, t. I, p. 218). — *Courceyum*, 1248 (*ibid.* t. I, p. 704). — *Courceium*, 1249 (*ibid.* t. I, p. 709). — *Curci*, 1260 (S.-Sympho-rien, b. 1). — *Courci*, 1261 (*ibid.*). — *Curceyum*, 1303-1312 (arch. adm. de Reims, t. II, p. 1058). — *Cou[r]cy lez Reims*, 1384 (*ibid.* t. III, p. 594). — *Courcy delez Reims*, 1400 (S.-Thierry, l. 7). — *Courcy-la-Neuvillette*, 1860-1870 (nom porté par la commune de Courcy, à laquelle fut unie de 1822 à 1870 l'ancienne commune de la Neuvi-lette, rétablie en 1870).

Courcy était compris, en 1789, dans l'élection et suivait la coutume de Reims. Son église parois-siale, diocèse de Reims, doyenné d'Hermonville, était consacrée à saint Hippolyte; le trésorier de l'église métropolitaine présentait à la cure.

COUNCY, vill. détr. c^{te} de Villers-Allerand. — *Duas partes terre sitam in dicto territorio de Villare-Aleran*, *inter villam de* Goursi, 1271 (cart. A de S.-Remy, p. 564).

COUR-DE-CHAVANGES (LA), fief, c^{ne} de Somsois. — *Auquel lieu de Sompsois il y a un fief appellé la Cour-do-Chavange*, 1732 (arch. nat. P 198, 4).

COUR-DE-LA-FOLIE (LA), lieu-dit, c^{ne} de Saint-Quentin-les-Marais.

COURDEMANGES, c^{on} de Vitry-le-François. — *Curtis Dominica*, 1135 (cart. d'Huiron, p. 18). — *Curia Dominica*, 1136 (ibid. p. 135). — *Dominica Villa*, 1178 (ibid. p. 23). — *Curia Dominici*, 1194 (Machaut, hist. du bienh. Jean de Montmirel, p. 448). — *Court-Domange*, 1256 (Cheminon, c. 4). — *Courdomanche*, 1292 (cart. d'Huiron, p. 79). — *Cortdemenge*, 1299 (ibid. p. 133). — *Gourdomange*, 1464 (ibid. p. 527). — *Courdommange*, 1508 (arch. nat. P 207, 5). — *Courtdommange*, 1516 (cart. d'Huiron, p. 111). — *Courtdommenge*, 1554 (ibid. p. 123). — *Cordemanche*, 1556 (arch. nat. P 166, 418). — *Courdemange*, 1687 (ibid. P 221, 80). — *Cour-de-Mange*, 1767 (cart. d'Huiron, p. 435).

En 1789, Courdemange faisait partie de l'élection et suivait la coutume de Vitry. Son église paroissiale, diocèse de Châlons, doyenné de Coole, était dédiée à saint Denis; l'abbé d'Huiron présentait à la cure.

COUR-DES-BOULARDS (LA), lieu-dit, c^{ne} d'Étoges.
COUA-DES-BUCHETTES (LA), lieu-dit, c^{ne} d'Étoges.
COUS-DES-HOUELLES (LA), lieu-dit, c^{ne} de Soilly.
COCA-DES-SALLES (LA), lieu-dit, c^{ne} de Charmont.
COURDOMANGE, loc. détr. près Chaumuzy. — *Courdommange*, 1508 (A. N. c. 6). — *Courdommange*, 1597 (ibid.).

COUR-DU-SENTRAIE (LA), lieu-dit, c^{ne} de Fagnières.

COURGAIN, f. c^{ne} d'Herpont. — *Courgain* ou *Petite-Herpine*, 1860 (Cornet-Paulus).

COURGIVAUX, c^{on} d'Esternay. — *Gurgivolt*, 1149 (Paraclet, 24 H 1). — *Curgivolt*, 1153 (cart. du Paraclet, f° 6 v°). — *Corgivout*, 1197 (ibid. f° 259 r°). — *Corgivodium*, 1199 (pouillé de Troyes, n° 295). — *Curia Givoldi*, 1209 (arch. de l'Aube, G 22). — *Cortgivolt, Corgivot, Corgivolt, Corgivost, Corgivrout*, v. 1222 (liv. des vass. de Champ.). — *Courgivout*, v. 1252 (arch. nat. P 195, 96). — *Courgivot*, 1288 (compte du Paraclet, f° 18 v°). — *Courgivost*, 1407 (pouillé de Troyes, n° 295). — *Gourgivot*, 1412 (la Neuville, c. 5). — *Cor-*

givotum, 1443 (évêché de Troyes, G 22). — *Courgivoust*, 1499 (arch. nat. P 165, 226). — *Courgivault*, 1602 (ibid. P 178, 91). — *Courgivaut* ou *Courgivot, Curia Givati*, 1784 (Courtalon, t. III, p. 281).

En 1789, Courgivaux était compris dans l'élection de Sézanne et suivait la cout. de Meaux. Son église paroissiale, diocèse de Troyes, doyenné de Sézanne, était consacrée à saint Maur; l'évêque de Troyes en était collateur.

COURJABAT, lieu-dit, c^{ne} de Sézanne.

COURJEONNET, c^{on} de Montmort. — *Courgenès*, 1494 (Andecy, c. 10). — *Courgenetz*, 1526 (ibid. c. 3, f° 24 r°). — Courgenay, 1556 (arch. lég. de Reims, cout. p. 919). — *Courgeny-en-Baye*, 1556 (coutume de Sens, p. 451). — *Courjonnais*, v. 1700 (arch. nat. K 1155, p. 142 d'une brochure imprimée). — *Courjonnet*, v. 1700 (Andecy, c. 3). — *Courgennet*, 1713 (évêché de Chàl. c. 15). — Courjeonnet, 1775 (arch. nat. Q¹ 663).

En 1789, Courjeonnet faisait partie de l'élection de Châlons et était régi par la cout. de Sens. Son église paroissiale, diocèse de Châlons, doyenné de Vertus, était dédiée à saint François de Sales; le doyen de Gaye présentait à la cure.

COURLAKCY, écart, c^{ne} de Reims, entre le faubourg de Vesle et les moulins de Fléchambault. — *Curtis Lonceia*, v. 850 (polyptyque de S.-Remy). — *Courcelancé, Courcelanci*, 1233 (arch. adm. de Reims, t. I, p. 567). — Guido de Corceranceio, 1235 (cart. A de S.-Remy, p. 195). — *Le fief de la maison de Courcelanci et des appartenances, lez Reins*, 1278 (cart. † de l'archev. de Reims, f° 60 v°). — *Curselency*, 1328 (arch. adm. de Reims, t. III, p. 495). — *La maison ou manoir que l'en dit Courcelancy, assise sur la rivière de Veele, delez Rains*, 1334 (ibid. t. II, p. 716). — *Courcelency*, 1363 (ibid. t. III, p. 379). — *Courlanies* [pour *Courlancies*], 1847 (lieux habités).

COURLANDON, c^{ne} de Fismes. — *Curtis Landonis*, 1146 (S.-Thierry, c. 6, l. 42). — *Corlandon*, 1146 (cart. de S.-Denis de Reims, p. 33). — *Curlandon*, 1148 (Call. christ. t. X, p. 45). — *Curlando*, Curtlandon, 1156 (cart. d'Igny, f° 11). — *Curlandun*, 1158 (ibid. f° 13 v°). — *Curia Landonis*, 1160 (liber princip. 5992, f° 8 r°). — *Curtlandun*, 1164 (cart. de S.-Jean-des-Vignes, f° 19 v°). — *Corlandon*, 1187 (cart. d'Igny, f° 62 v°). — *Corlando*, 1207 (ibid. f° 41 r°). — *Corlandum*, v. 1222 (liv. des vass. de Champ.). — *Collendon*, 1234 (S.-Denis de Reims, l. Vendières). — *Courllandon*, v. 1252 (arch. nat. J 202, 47). — *Courlando, Coullando,*

1255 (cart. d'Igny, f° 132 r°). — *Collandonnum*, 1255 (ibid. f° 71 r°). — *Collandom*, 1256-1270 (feoda Camp. n° 580). — *Coullandonum*, 1270 (cart. d'Igny, f° 74 r°). — *Coulandon, Coullandon*, v. 1274 (arch. nat. J 202, 45). — *Courlandon*, 1300 (S.-Denis de Reims, l. Breuil, au suppl.). — *Courlandonnum, Courlandum*, 1306 (*ibid.*). — *Courlandunum, Courlandum*, 1303-1312 (arch. adm. de Reims, t. II, p. 1057).

Courlandon était compris, en 1789, dans l'élection de Reims et suivait la cout. de Vitry. Son église paroissiale, diocèse de Reims, doyenné d'Hermanville, était consacrée à saint Laurent; l'archevêque de Reims en était collateur.

Coua-Lavsux (La), lieu-dit, c°° de Morangis.

Cous-Madame-Antoine (La), lieu-dit, c°° de Blacy.

Cour-Maaciasse (La), lieu-dit, c°° d'Oyes.

Courmas, c° de Ville-en-Tardenois. — *Comart*, 1211 (Teulet, trésor des chartes, t. I, p. 366). — *Cormarz, Comarz*, v. 1222 (liv. des vass. de Champ.). — *Courmart*, 1255 (chap. de Reims, l. 24). — *Courmars*, 1272 (cart. de S.-Denis de Reims, p. 219). — *Comnart*, 1286 (chap. de Reims, l. 24). — *Coumarz*, v. 1300 (extenta Campanie, Châtillon). — *Courmay*, 1392 (arch. nat. P 180, 121). — *Carmars*, 1507 (chap. de Reims, l. Écueil). — *Courmatz*, 1618 (arch. nat. P 162, 196).

Courmas faisait partie, en 1789, de l'élection de Reims et suivait la cout. de Vitry. Il n'y avait alors en ce lieu qu'une chapelle de tolérance, dédiée à saint Remy et dépendant de l'église paroissiale de Bouilly.

Courmelois, c°° de Verzy. — *Villa nomine Colmelecta*, 948 (Flodoard, l. II, c. 15). — *Curmeleia*, 1090 (S.-Basle, l. 1). — *Curmelia*, 1178 (ibid. l. 25). — *Curmeleium, Curmelois*, 1214 (ibid. l. 27). — *Courmelois*, 1215 (ibid. l. 12). — *Cormerois*, 1267 (*ibid.*). — *Courmeloy*, 1298 (ibid. l. 1). — *Courmelui*, 1302 (arch. adm. de Reims, t. II, p. 25). — *Cormeloy*, 1411 (arch. nat. Q¹ 655). — *Cormelois*, 1646 (S.-Remy, l. 310).

En 1789, Courmelois faisait partie de l'élection et suivait la coutume de Reims. Son église paroissiale, annexe de l'église de Beaumont-sur-Vesle, diocèse de Reims, doyenné de Vesle, était dédiée à saint Maur.

Cour-Mirquet (La), lieu-dit, c°° de Vitry-en-Perthois.

Courmont, m¹°, c°° de Trigny. — *Moulin de Courmont*, 1644 (S.-Thierry, c. 4, l. 31).

Courmont (Bois de), c°° de Ville-en-Tardenois.

Coua-Mutiée (La), lieu-dit, c°° de Bergères-lez-Vertus.

Courpagnon, lieu-dit, c°° du Vézier.

Coor-Saint-Père (La), lieu-dit, c°° de Courthiézy.

Cour-Salin, fief situé dans la cité de Reims. — *Alodium de Corte Salonis*, v. 1075 (Gallia christ. t. X, p. 29). — *Curtis Salonis*, v. 1260 (nécrologe de l'église de Reims, p. 65). — *Coursalain*, 1286 (arch. adm. de Reims, t. I, p. 1015). — *Cour-Sulain*, 1291 (ibid. t. I, p. 1055). — *Coursalin*, 1321 (ibid. t. II, p. 270). — *Vicus de Coursalano*, 1325 (ibid. t. II, p. 403).

Cours-Brûlées (Les), f. c°° de Champagne. — *La ferme des Cours-Brûlées*, 1804 (ann. de la Marne, an XIII, p. 36).

On a dit que la cense de *la Cour*, brûlée en 1792, s'appelle depuis lors *les Cours-Brûlées* (dioc. anc. de Châlons, t. II, p. 37). Nous ne nous permettrons pas de contester le fait de l'incendie; nous ferons seulement remarquer que, dès le milieu du XVIII° siècle, elle était nommée *les Cours-Brûlées*. En effet, la carte de Cassini la désigne déjà sous ce nom.

Cours-Brûlées (Les), vill. détr. c°° de Flavigny.

Cuers-le-Roi (Le), fief, c°° de Ripont.

Cours-Louis (Les), fief, à Brandonvillers. — *Le fief sans justice appelé les Cours-Louis*, audit lieu de *Brandonvilliers*, 1732 (arch. nat. P 198, 4).

Court, écart, c°° de Villeneuve-la-Lionne. — *Courts*, 1860 (Cornet-Paulus). — *Court*, 1862 (Guérard, p. 220).

Courtagnon, c°° de Châtillon-sur-Marne. — *Cortaignon*, 1207 (S.-Nicaise, c. 4, l. 7). — *Courtangnon*, 1211 (liber pontif. f° 441 r°). — *Courtaignon*, 1281 (arch. adm. de Reims, t. II, p. 103). — *Courtaingnon*, v. 1300 (ibid. t. I, p. 1089). — *Courtignon*, 1384 (ibid. t. III, p. 621). — *Courteignon*, 1412 (S.-Denis de Reims, l. Vendières). — *Courteingnon*, 1449 (arch. nat. P 181, 71).

En 1789, Courtagnon était compris dans l'élection de Reims et suivait la cout. de Vitry. Son église paroissiale, diocèse de Reims, doyenné de la Montagne, était consacrée à la sainte Croix; le commandeur du Temple de Reims présentait à la cure.

Courtamblon, h. détr. c°° de Lucy. — *Cortamblon*, v. 1252 (arch. nat. J 193, 51). — *Courtamblon*, vers 1300 (extenta Campanie, Vertus). — *Courtimblon*, 1366 (arch. nat. Q¹ 681, f° 214). — *Courtemblon, Courteblon*, 1508 (ibid. P 207, 12). — *Courtamblon*, 1605 (ibid. P 190, 56).

Courtaumont, h. c°° de Sermiers. — *Curtis Otmundi*, v. 850 (polypt. de S.-Remy de Reims). — *Cortosmont*, 1209 (cart. A de S.-Remy, p. 126). —

Cortomont, 1242 (S.-Denis de Reims, l. Courlau-
mont). — *Courtomont*, 1245 (*ibid.*). — *In domo
sua de Corthomont que sita est infra limites parrochia
de Salmiers*, 1252 (*ibid.*). — *Cortaumont*, 1282
(*ibid.*). — *Courtenmont*, 1343 (arch. adm. de Reims,
t. II, p. 883). — *Courtaumont*, 1370 (S.-Denis de
Reims, l. Courtaumont). — *Courtaumont en la Montaigne*, 1384 (arch. nat. P 28, 115). — *Courtaumont in Montana Remensi*, 1415 (S.-Denis de Reims,
l. Fleury).
COURT-CUL, lieu-dit, c[ne] de Cumières.
COURT-DEMANGE, f. c[ne] de Baslieux-sous-Châtillon.
COURTEMARTIN, vill. détr. c[ne] de Caurel. — *Courte-
martin*, 1249 (S.-Symph. c. 4). — *Territorium de
Cortemartin*, 1263 (cart. B du chap. de Reims,
f° 653 r°). — *Courmartin*, xive siècle (cart. A du
chap. de Reims, f° 128 r°). — *Courte-Martin*, 1556
(arch. lég. de Reims, cout. p. 876). — *Court-
martin*, 1566 (chap. de Reims, l. 12).
COURTÉMONT, c[on] de Sainte-Menehould. — *Corteisius
mont*, 1131-1142 (chap. de Châl. a. 4, l. 21). —
Curteismunt, 1180 (Gallia christ. t. X, p. 176). —
Cormont, v. 1222 (liv. des vass. de Champ.). —
Cortoymont, 1244 (évêché de Châl. a. 4, l. 59). —
Cortoimont, 1255 (*ibid.* a. 4, l. 58). — *Curtis
Mons*, 1255 (chap. de Châl. a. 1, l. 56). — *Cortois-
mont*, 1261 (*ibid.*). — *Curialis Mons*, 1339 (*ibid.*).
— *Courtesmont*, 1400 (*ibid.* a. à, l. 59). — *Cour-
lesmont*, 1427 (*ibid.* a. 4, l. 58). — *Courtoynmont*,
1469 (chap. de Châl. a. 2, l. 4). — *Courtrimont*,
1548 (arch. nat. P 162, 352). — *Courtaumont*,
1573 (*ibid.* P 162, 397). — *Courtoimont*, 1651
(évêché de Châl. c. 9). — *Courtoismont*, 1696
(Moiremont. c. 13). — *Courtement*, 1722 (arch.
nat. P 223, 336).
En 1789, Courtémont faisait partie de l'élection
de Sainte-Menehould et était régi par la cout. de
Vitry. Son église paroissiale, diocèse de Châlons,
doyenné de Sainte-Menehould, était dédiée à saint
Pierre; le chapitre cathédral de Châlons présentait
à la cure.
COURTÉMONT, lieu-dit, c[ne] de Bétheny.
COURTÉMONT (RU DE), affl. de la Bionne; arrose le
territ. de Courtémont.
COURTENON, écart, c[ne] de la Celle-sous-Chantemerle.
COURTENOT, h. c[ne] de Réveillon. — Courtenot,
xviiie s[e] (Cassini). — *Coutenot*, 1862 (Guérard,
p. 219).
COURTEVRAIN (RU DE), affl. du ru du Vézier; coule sur
le finage du Vézier.
COURTHIÉZY, c[on] de Dormans. — *Courtisy*, 1400 (arch.
nat. P 180, 134). — *Courthiessy*, 1512 (*ibid.* P

181, 4). — *Courthiéry*, 1720 (Saugrain, t. I,
p. 469).
En 1789, Courthiézy faisait partie de l'élection
d'Épernay et suivait la coutume de Vitry. Son église
paroissiale, diocèse de Soissons, doyenné de Dormans, était dédiée à saint Omer et à la présentation
du chapitre cathédral de Soissons.
COURTHIÉZY (RU DE), affl. de la Marne; arrose le finage
de Courthiézy.
COURTIBOUT, loc. détr. vers Pleurs. — *Courtiboult*,
1538 (arch. nat. P 165, 281).
COURTILLOTTE (RU DE LA), affl. du Jardon; arrose le
finage de Charmont.
COURTISOLS, c[on] de Marson. — *Curtis Acutior*, 847;
— *Curtis Aguliar*, v. 850 (polypt. de S.-Remy,
p. 57). — *Curtis Ausorum*, 987-996 (Marlot français, t. II, p. 809). — *Otiosorum Curtis*, 1028
(S.-Pierre-aux-Monts, c. 1). — *Ausorum Curtis*,
1043 (*ibid.*). — *Curia Ausorum*, 1132 (la Neuville, c. 4). — *Cortesor*, 1165 (Saint-Memmie,
c. 8). — *Courtesorium*, 1181 (cart. B de Saint-
Remy, p. 56). — *Cortesort*, 1185 (cart. A de
Saint-Remy, p. 616). — *Curtis Auxorum*, xiie s[e]
(fragm. de polypt. p. 167). — *Cortoisor*, 1203
(cart. B. de S.-Remy, p. 155). — *Cortoisour*, 1212
(arch. lég. de Reims, statuts, t. I, p. 183). —
Cortisor, 1213 (Teulet, trésor des chartes, t. I,
p. 388). — *Cortesal*, 1213 (liber princip. 5992,
f° 45 v°). — *Courtisor*, 1218 (cart. A de S.-Remy,
p. 624). — *Cortiso, Corteiot, Corteisor*, v. 1222
(liv. des vass. de Champagne). — *Cortiseyum*,
1230 (cart. A de S.-Remy, p. 618). — *Cortysiex*,
1230 (S.-Remy, l. 81). — *Cortisuel*, 1231 (*ibid.*).
— *Cortisou*, 1238 (chap. de Châl. a. 4, l. 57).
— *Courtisour*, 1239 (cart. de Châlons, cop. Gaignières, p. 96). — *Cortisoz*, v. 1240 (*ibid.*). —
Courtisout, Cortisout, Cortisot, v. 1252 (arch.
nat. J 202, 52 et 54). — *Cortysor*, 1262 (Vinets,
c. 5). — *Courtiseur*, 1263 (S.-Memmie, c. 7,
f° 4 v°). — *Courtisac?* v. 1263 (arch. adm. de
Reims, t. I, p. 28). — *Courtisuel*, 1266 (cart. A
de S.-Remy, p. 623).— *Courtisore*, 1274 (S.-Pierre-
aux-Monts, c. 7). — *Cortysor*, 1275 (S.-Remy,
l. 81). — *Cortisex*, 1288 (Vinets, c. 5). — *Courtisaut*, 128. (arch. nat. Q¹ 668¹). — *Cortisore*,
1294 (S.-Pierre-aux-Monts, c. 7). — *Courtisot*,
v. 1300 (extenta Campanie, Vitry). — *Courtisuex*,
1311 (S.-Remy, l. 81). — *Courtiseux*, 1322 (arch.
adm. de Reims, t. II, p. 301). — *Courtesoz*, 1384
(*ibid.* t. III, p. 601). — *Courtiseur*, 1391 (Vinets,
c. 5). — *Courtisoul*, xive siècle (dioc. auc. de Châl.
t. I, p. 272). — *Courtiseul*, 1402 (Vinets, c. 5).

— Courtiso, 1405 (*ibid.*). — *Cortisors*, 1405 (pouillé de Chàl. f° 74 r°). — *Courtizot*, 1407 (S.-Remy, l. 82). — *Courtisolt*, 1419 (Vinets, c. 5). — *Courtisors*, 1542 (taxe du dioc. de Chàl. p. 207). — *Courtizore*, 1543 (S.-Remy, l. Courtisols). — *Courtisol*, 1564 (*ibid.*). — *Courtizols*, 1581 (chap. de Chàl. a. 5, l. 52, terrier). — *Courtizaurum* seu *Courtizolt*, 1604 (S.-Remy, l. Courtisols). — *Courtisold*, 1607 (S.-Pierre-aux-Monts, c. 7). — *Courtisou*, 1627 (arch. nat. P 167, 92). — *Courtizou*, 1692 (S.-Remy, l. 11). — *Gourtisous*, 1755 (chap. de Chàl. a. 1, l. 56). — *Courtisolles*, 1756 (évêché de Chàl. c. 15). — *Courtizol*, 1773 (S.-Remy, l. 82).

En 1789, Courtisols faisait partie de l'élection et suivait la cout. de Châlons. Ce village, du diocèse de Chàlons, doyenné de Bussy-le-Château, avait trois églises paroissiales : 1° l'église de Saint-Martin, à la présentation de l'abbé de Saint-Remy de Reims; 2° l'église de Saint-Julien, à la présentation du chapitre cathédral de Châlons; 3° l'église de Saint-Memmie, annexe de la précédente.

COURTISOLS, f. c^ne de Sivry-sur-Ante. — *Curtesor*, 1206 (Teulet, trésor des chartes, t. I, p. 308). — *Domas de Cortesor*, 1206 (S.-Remy, l. 395). — *Courtisolium, Cortisolium*, 1234 (*ibid.* l. 59). — *Gourtizous*, XVIII° siècle (Cassini).

COURTOISON, lieu-dit, c^ne de Montigny-sur-Vesle.

COURTAN, h. détr. c^ne de Pourcy. — *Courton, ville*, v. 1300 (arch. adm. de Reims, t. I, p. 1089). — *Courton assis en la montaigne de Reims*, 1461 (arch. nat. P 162, 86). — *Courtan*, 1674 (*ibid.* P 1154, f° 200 r°). — *Le château de Courton*, 1720 (Saugrain, t. I, p. 481). — *La maison Courton*, 1804 (ann. de l'an XIII, p. 74).

COURTOS (BOIS DE), c^nes de Marfaux et de Chaumuzy.

COURT-PALAIS, écart, c^ne de Réveillon (Cornet-Paulus).

COURTS-BAROSS (LES), lieu-dit, c^ne de Vendeuil.

COURVILLE, c^ne de Fismes. — *Curba Villa*, v. 948 (Flodoard, l. II, c. 10). — *Curva Villa*, v. 1067 (arch. adm. de Reims, t. I, p. 221). — *Curvilla*, 1160 (*ibid.* t. I, p. 338). — *Corville*, 1210 (cart. d'Igny, f° 206 r°). — *Corvile*, v. 1250 (arch. lég. de Reims, statuts, t. I, p. 106). — *Corvilla*, 1255 (cart. A de S.-Remy, p. 399). — *Corvilla*, 1258 (cart. B du chap. de Reims, f° 274 r°). — *Curville*, 1281 (cart. † de l'arch. de Reims, f° 42 r°). — *Courville*, 1291 (*ibid.* f° 5 v°). — *Courbeville*, 1328 (arch. adm. de Reims, t. II, p. 486).

Courville faisait partie, en 1789, de l'élection et suivait la coutume de Reims. Son église paroissiale, diocèse de Reims, doyenné de Fismes, était dédiée à saint Julien; le tournaire du chapitre métropolitain présentait à la cure.

COUVILLE (BOIS DE), c^ne de Crugny.

COURY (LE), h. détr. c^ne d'Esternay (Boitel, hist. d'Esternay, p. 8).

COUAZY, lieu-dit, c^ne de Romigny.

COUTURE (MAIRIE DE LA), à Reims. — *La mairie de la Cousture de Reims*, 1385 (arch. nat. P 30).

COUTURE (LA), m^me de vigneron, c^ne de Trigny.

COUVRIS (LE), h. disparu, près Esternay. — *Le hameou du Covrir*, 1553 (arch. nat. P 178, 71). — *La rue du hameau du Couvrix*, 1553 (*ibid.* P 178, 72). — *Le Couvry, le Courry*, 1595 (*ibid.* P 178, 79 et 80).

COUVROT, c^ne de Vitry-le-François. — *Villa Covras*, 900 (cart. du chantre Guérin, f° 4 r°). — *Villa que vocatur Cuerodt*, 1043 (S.-Pierre-aux-Monts, c. 1). — *Gouvront*, 1138 (cart. de Châlons, cop. Gaignières, p. 80). — *Govrat*, 1209 (Ulmoy). — *Covroth*, 1223 (Trois-Font. c. 1). — *Covrost*, 1251-1253 (*ibid.*). — *Couvrost*, 1331 (S.-Memmie, c. 8). — *Couvrotum*, 1405 (pouillé de Chàl. f° 75 r°). — *Couverot*, 1501 (S.-Memmie, c. 6). — *Couvrout*, 1515 (arch. nat. P 161, 173).

Couvrot était compris, en 1789, dans l'élection et suivait la coutume de Vitry. Son église paroissiale, diocèse de Châlons, doyenné de Vitry-le-Brûlé, était consacrée à saint Martin; le chapitre cathédral de Châlons présentait à la cure.

COUTOTERIE (LA), lieu-dit, c^ne de Courtisols.

COUZEL (LE), f. c^ne du Vézier. — *Cauzel*, XVIII° siècle (Cassini). — *Caurzelle*, 1832 (état-major). — *Couzella*, 1847 (lieux habités). — *Le Cousel*, 1860 (Cornet-Paulus). — *Couzelles*, 1862 (Guérard, p. 237).

CRACATT (LE), fief, à Juvigny-sur-Marne. — 1581 (E. de Barthélemy, cart. de l'évêché de Châlons, p. 54).

CRAMANT, c^ne d'Avize. — *Villa que dicitur Cremantis*, 1130 (cart. de S.-Martin d'Épernay, p. 124). — *Cramant*, 1145 (*ibid.* p. 130). — *Cramen*, 1170 (arch. nat. Q¹ 681, f° 222 v°). — *Cremant*, v. 1222 (liv. des vass. de Champ.). — *Cramanz*, 1229 (liber principum, 5992, f° 354 v°). — *Craman*, 1248 (Argens. c. 1). — *Cramentum*, 1303-1312 (arch. adm. de Reims, t. II, p. 1122). — *Cramant*, 1381 (arch. nat. P 182, f° 167 r°).

Cramant était compris, en 1789, dans l'élection d'Épernay et suivait la cout. de Vitry. Son église paroissiale, diocèse de Reims, doyenné d'Épernay, était consacrée à saint Gibrien; l'abbé de Saint-Martin d'Épernay présentait à la cure.

CRAMANT, ruiss. affl. de la Bionne, c^ne de Courtémont.

CRAN (BÂTIS DU), plateau boisé, c^ne de Bouzy.

CRANCÉ, fief, à Bussy-le-Château. — *Le fief de Crancy*, 1516 (arch. nat. P 184, 80). — *Le fief de Crancé, sis audit Bussy*, 1772 (ibid. Q¹ 671).

CRAN-DE-BRIMONT, ouverture faite de main d'homme pour le passage de la voie romaine qui, de Reims, se dirigeait vers le nord.

CRAN-DE-LUDS (LE), h. c^ne de Lude. — *Le Craon de Ludes*, 1860 (Cornet-Paulus).

CRAPAUDINE, fief, c^ne de Potangis. — Voy. CRAPEAU.

CRAPAUDINE (LA), écart, c^ne de Sompuis (Cornet-Paulus).

CRAPEAU, fief, c^ne de Potangis. — *Le fief de Crapaux*, 1722 (arch. nat. P 223, 327). — *Le fief de Crapeau et Crapaudine mouvant de S. M. à cause de son chasteau de Sézanne*, 1725 (ibid. P 223, 41).

CRAQUERIE (LA), lieu-dit, c^ne d'Athis.

CRAUDON, anc. cense, à Villeneuve-Renneville-Chevigny. — *Une cense ou gaignage . . . séant à Villeneufve au bout devers Renneville, appellé d'ancienneté la cense de Craudon*, 1485 (arch. nat. Q¹ 681).

CRAUSY (LES), lieu-dit, c^ne de l'Épine.

CRAYÈRE (LA), f. détr. c^ne de Granges-sur-Aube. — *Ung petit gaingnage nommé le gaingnage de la Crayère*, 1523 (arch. nat. P 178, 67).

CRÊLE, f. c^ne de Villeneuve-Renneville-Chevigny. — *Cresle*, 1735 (Saugrain, t. I, p. 411). — *Cresles*, 1860 (Cornet-Paulus). — *Crêle*, XVIIIe s^e (Cassini).

CRÉPY, vill. détr. c^ne de Witry-lez-Reims.

CRESSON, m^in. détruit, c^ne de Suippe. — *Molendinum de Cresson*, 1215 (cart. d'Avenay, f° 15 v°). — *Une place ou siège où jadis souloit avoir molin, que l'on appelloit le molin de Crisson*, 1490 (Avenay, c. 3). — *Le molin appartenant ausd. dames [d'Avenay], assis sur la rivière de Suippes, nommé et appellé le moulin de Crusson qui, de présent, est molin à fouler draps*, 1519 (ibid.). — *Le molin de Cresson proche ledit Suippe*, 1602 (ibid.). — *Ancien moulin de Cression, destruit*, XVIIIe siècle (ibid.).

CREUSOTTES (LES), ruiss. c^ne de la Ville-sous-Orbais.

CREVEAUX (LES), m^on seign. c^ne de Ludes. — *La haulte maison aux Creveaulx au bas de ladicte ville [de Ludes]*, 1501 (arch. nat. P 181, 99).

CRÈVECŒUR, f. c^ne de Sainte-Menehould. — Elle fut, paraît-il, construite au XVIIIe siècle par un gentilhomme verrier du nom de Crèvecœur (dioc. anc. de Châlons, t. II, p. 143).

CRIÈNES (LA), chap. à Béthenville. — 1777 (arch. adm. de Reims, t. II, p. 1116).

CRILLY, f. c^ne d'Ambonnay. — C'est une ancienne maison de l'ordre de Saint-Jean de Jérusalem. —

Domus Hospitalis de Cliveio, 1224 (arch. nat. S 5037, 14). — *Domus Hospitalis Jherosolonitani de Clinii, Remensis dyocesis*, 1248 (ibid. 20). — *Cliveyum*, 1270 (Avenay, c. 2). — *Clineyum*, 1292 (arch. nat. S 5037, 4). — *Clini*, 1316 (ibid. S 5035, 12). — *Cliny de lez Ambonnay*, 1366 (ibid. 15). — *Crilly le Moulin*, 1720 (Saugrain, t. I, p. 469). — *Clivet, Crilly*, 1830 (Cornet-Paulus).

CROCUERET, m^in, c^ne d'Huiron.

CROCHERET (LE), ruiss. affl. de la Chéronne; il forme la limite entre le finage de Courdemanges et celui d'Huiron.

CROCHET (BOIS DU), c^ne de Troissy. — *In omnibus suis nemoribus et forestis dictis du Crochet, de Bouquigny et de Neelle*, 1391 (hist. de la maison de Châtillon, p. 262).

CROCHETEL, un des moulins de la Porte-Marne, à Châlons-sur-Marne. — *Deux moulins assis au bourg de Porte-Morne, dudit Chaulons, l'un nommé Crochetel et l'autre la Rive*, 1461 (chap. de Châl. a. 2, l. 25). — *Les deux molins à bief de Porte-Marne... l'autre [nommé] Crochettel*, 1490 (la Neuville, c. 5).

CRODON, f. détr. c^ne de Sézanne. — *Crahaudon*, 1162 (Andecy). — *Molendinum de Craalduno*, 1175 (cart. d'Oyes, f° 20 v°). — *Craudon*, 1215 (Gall. christ. t. X, p. 135). — *Craoudou*, 1229 (liber principum, 5992, f° 354 v°). — *Graaudun*, 1234 liber pontif. f° 439 v°). — *Graudon, Creandun*, v. 1252 (arch. nat. J 195, 96). — *Crandonnum*, 1275 (Bricot, B). — *Craudunum*, 1407 (pouillé de Troyes, p. 375; l'impr. porte à tort Crandinium). — *Au terroir dudit Sézanne, ou lieu-dit en la rue de Craudon*, 1514 (chap. de Sézanne, c. 7).

CROHANNERIE (LA), lieu-dit, c^ne de la Caure.

CROISÉE (LA), m^on de garde, c^ne du Baizil. — *La ferme la Croisée*, 1720 (Saugrain, t. I, p. 470).

CROISETTE (LA), h. détr. dit-on, en 1430, c^ne de Saint-Memmie. — *Ung lieu appellé la Croisette*, milieu du XVe siècle (Jean Chartier, c. 73).

CROIX (LA), ff. c^ne d'Huiron.

CROIX (LA), f. détr. c^ne de Soulières. — *La cense de la Croix. Il n'y a ni maison, ni mazure à la cense de la Croix*, 1720 (Saugrain, t. I, p. 412).

CROIX-EN-CHAMPAGNE (LA), c^ne de Sainte-Menehould. — *Crux Terræa?* 1074 (Marlot français, t. III, p. 710). — *Crux*, v. 1252 (arch. nat. J 202, 52). — *Lacroix*, 1366 (ibid. P 183, 19). — *La ville de la Croix*, 1368 (S.-Memmie, c. 10). — *La Croix-en-Champaigne*, 1389 (arch. nat. P 183, 42). — *Crux in Campania*, v. 1600 (chap. de Châl.

a. 1, l. 56). — *La Croix-de-Champaigne*, 1653
arch. nat. P 217, 40). — *Montbouy*, 1793 (ibid.
F² 7). — *Belair*, 1793 (dioc. auc. de Châl. t. II,
p. 69). — *Lacroix en Champagne*, 1804 (ann. de
l'an xiii, p. 58).

En 1789, la Croix-en-Champagne faisait partie
de l'élection de Châlons et était régie par la cout.
de Vitry. Son église paroissiale, diocèse de Châlons,
doyenné de Bussy-le-Château, était dédiée à saint
Sylvain; le chapitre cathédral de Châlons présentait
à la cure.

Croix-Marot, f. c⁰ᵉ de la Chapelle-sur-Orbais. —
Croix-Marotte, 1763 (Orbais, p. 22). — *La Croix-
Marot*, 1804 (ann. de l'an xiii, p. 57). — *La Croix-
Marotte*, 1860 (Cornet-Paulus).

Croix-Rouge (**Ruisseau de la**), affl. de la Vesle, c⁰ᵉ de
Courlandon.

Croix-Sainte-Berthe (**La**), lieu-dit, c⁰ᵉ d'Avenay.

Crolière (**La**), ch. détr. c⁰ᵉ de Gionges-Saint-Ferjeux.
— *La Crollière*, 1605 (arch. nat. P 190, 56). —
La Croslière, 1737 (la Charmoye, c. 6). — *La
ferme de la Crouillière*, 1804 (ann. de l'an xiii,
p. 53). — *La Crolière, Crouyère* ou *Crouillère*,
1860 (Cornet-Paulus).

Croq (**Le**), h. c⁰ᵉ de Villeneuve-la-Lionne. — *Le
Croc*, xviii⁰ siècle (Cassini). — *Le Crocq*, 1833
(état-major).

Croquetaires (**Les**), m⁰⁰ˢ, près de Neuvy. — *Troys
ou quatre maisons appelées les Croquetaires*, 1553
(arch. nat. P 178, 71). — *Les Crocquetaires*, 1595
(ibid. P 178, 80).

Croquette (**La**), anc. cense, à Daucourt. — *La cense
de la Croquette*, 1689 (arch. nat. P 195, 37).

Crouelle (**La**), lieu-dit, c⁰ᵉ de Baconnes. — Vestiges
de constructions.

Crugny, c⁰ᵉ de Fismes. — *Crusciniacum, Cruciniacum*,
v. 948 (Flodoard, l. II, c. 17). — *Crusniacum*,
953 (cart. A de S.-Remy, p. 12). — *Crusneium*,
commenc. du xi⁰ siècle (polypt. de S.-Remy). —
Crusniacum, 1149 (cart. A de S.-Remy, p. 90). —
Crusni, Crusnei, 1156 (cart. d'igny, f⁰ˢ 10 et 11).
— *Cruisniacum*, 1203 (cart. A de S.-Remy, p. 160).
— *Cruneium*, 1212 (cart. d'Igny, f⁰ 33 r⁰). — *Cru-
neyum*, 1239 (cart. A de S.-Remy, p. 153). — *Cru-
gniacum*, 1250 (cart. d'Igny, f⁰ 86 r⁰). — *Cruyni*,
v. 1252 (arch. nat. J 202, 51). — *Cruni*, 1261
(S.-Denis de Reims, l. Crugny). — *Cruny*, 1276
(S.-Remy, l. 85). — *Crugnyum*, 1277 (ibid.). —
Cruigni, 1312 (arch. adm. de Reims, t. II, p. 142).
— *Crugny*, 1728 (cout. de Reims, p. 643).

En 1789, Crugny était compris dans l'élection
de Reims et suivait la cout. de cette ville. Son église

paroissiale, diocèse de Reims, doyenné de Fismes,
était consacrée à saint Pierre; l'abbé de Saint-Remy
de Reims présentait à la cure.

Cubercseau (**Le**), anc. hauts fourneaux, c⁰ᵉ de Toulon.

Cuberseau (**Le**), ruiss. affl. du Petit-Morin; coule sur
les territ. de Joches et Férebrianges. — *Le Cubersaut*, 1860 (Cornet-Paulus).

Cubray (**Le**), ruiss. c⁰ᵉ d'Ay.

Cubry (**Le**), ruiss. qui prend sa source sur le finage
de Molina et se jette dans la Marne à Épernay. —
Corberu, comm. du xiii⁰ s⁰ (cart. d'Igny, f⁰ 110 r⁰).
— *Le ruissel de Coubera*, 1439 (arch. nat. P 181,
65). — *Le ruz de Corberu*, 1498 (B. du Rocheret,
mém. d'Épernay, t. I, p. 164). — *Le ru de Cubery*, 1598 (arch. nat. P 181⁴, 19). — *Le ru de
Cubry*, 1680 (ibid. Q¹ 674).

Cuchery, c⁰ⁿ de Châtillon-sur-Marne. — *Corcheracum,
Corchereium*, commencement du xi⁰ siècle (polypt.
de S.-Remy). — *Cucheri, Cucheroi*, v. 1300 (extenta Campanie, Châtillon). — *Cuichery*, 1522
(Belval, c. 1). — *Chuchery*, 1598 (ibid. c. 2).

En 1789, Cuchery faisait partie de l'élection
d'Épernay et était régi par la cout. de Vitry. Son
église paroissiale, diocèse de Soissons, doyenné de
Châtillon, était dédiée à saint Maurice; le prieur
de Belval présentait à la cure.

Cuis, c⁰ᵉ d'Avize. — *Cuiz*, 1210 (liber principum,
5992, f⁰ 160 r⁰). — *Cuys*, 1230 (cart. d'Igny,
f⁰ 225 r⁰). — *Cuis*, 1233 (Teulet, trésor des
chartes, t. II, p. 257). — *Cuix*, 1315 (cart. de
S.-Denis de Reims, p. 345). — *Cuy*, 1741 (arch.
nat, Q¹ 683).

En 1789, Cuis faisait partie de l'élection d'Épernay et suivait la coutume de Vitry. Son église paroissiale était dédiée à saint Nicaise; l'abbé d'Hautvillers présentait à la cure.

Cuisles, c⁰ⁿ de Ville-en-Tardenois. — *Cullia, Cuillia*,
1146 (histoire de la maison de Châtillon, p. 25).
— *Coille*, 1197 (S.-Remy, l. 165). — *Quille*,
1202 (cart. de S.-Médard de Soissons, f⁰ 28 v⁰).
— *Coile, Coili, Coilli, Coillir, Coulle, Cuel, Cuile,
Cuille*, v. 1222 (liv. des vass. de Champ.). — *Cule*,
v. 1240 (arch. nat. J 198, 83). — *Cuilli*, 1282
(cart. de S.-Médard de Soissons, f⁰ 252). — *Caile-
lès-Châtillon*, fin du xiv⁰ siècle (arch. adm. de Reims,
t. III, p. 686). — *Cuylles*, 1559 (arch. nat. P 162,
159).

Cuisles était compris, en 1789, dans l'élection
d'Épernay et suivait la cout. de Vitry. Son église
paroissiale, annexe de l'église de Melleroy-Baslieux,
diocèse de Soissons, doyenné de Châtillon, était
dédiée à saint Gervais et à saint Protala.

Cuissat, m^{in}, c^{ne} de Prouilly. — Gaissau, xviiie siècle (Cassini).

Cuissy, lieu-dit, c^{ne} de Saint-Gilles.

Cuitron, h. c^{ne} de Marfaux. — Guitron, v. 1300 (arch. adm. de Reims, t. I, p. 1089). — Couyteron en la paroche de Merfaut, 1384 (ibid. t. III, p. 597). — Couitron, 1384 (arch. nat. P 28, 27). — Coitteron, 1415 (chap. de Reims, l. 24). — Cuytron, 1489 (ibid.).

Cul-de-Sac (Le), m^{on}, c^{ne} de Vertus. — Le Cul-de-Sac, 1847 (lieux habités). — Cul-de-Sac, 1860 (Cornet-Paulus).

Culots (Les), f. c^{ne} de Corfélix.

Cumières, c^{on} d'Aÿ. — Cumeriæ, 1229 (cart. de S.-Médard de Soissons, f° 9 r°). — Cumières, 1251 (ibid. f° 11 v°). — Cuymery, v. 1300 (extenta Campanie, Épernay). — Cunnnières, 1346 (arch. adm. de Reims, t. II, p. 1013). — Cumières-lez-Damery, 1508 (arch. nat. P 180, 170). — Cumeris, 1728 (cart. de Reims, p. 643).

Cumières faisait partie, en 1789, de l'élection d'Épernay et suivait pour partie la coutume de Reims, pour partie celle de Vitry. Son église paroissiale, diocèse de Reims, doyenné d'Épernay, était consacrée à saint Jean-Baptiste; l'abbé d'Hautvillers présentait à la cure.

Cunilly, fief compris dans la seigneurie de Bouchy-le-Repos. — Dans ladite seigneurie [de Bouchy] sont situé[s] deux fief[z], l'un dit de Cunilly et l'autre de la Rivierre, 1728 (arch. de l'Aube, G 753).

Cuperly, c^{on} de Suippe. — Copeella, 1132 (la Neuv. c. 4). — Cup[er]leium, Cuperly, 1170 (chap. de Reims, l. Vadenay). — Coppelleia, 1197 (cart. A de S.-Remy, p. 165). — Coperlie, Copellie, Cuperli, vers 1222 (liv. des vass. de Champ.). — Copellies,

1223 (arch. nat. KK 1064, f° 317 v°). — Cuperlie, 1225 (Cheminon, c. 16). — Copeillie, 1226 (liber princip. 5992, f° 337 v°). — Cupelleïe, 1227 (cart. de Châlons, cop. Gaignières, p. 92). — Cupelli, 1240 (Cheminon, c. 1). — Corpellies, v. 1240 (arch. nat. J 193, 83). — Cuperleie, 1241 (cart. de Châlons, cop. Gaignières, p. 91). — Cuprelee, 1248 (la Neuville, c. 4). — Courpellie, Coupellie, v. 1252 (arch. nat. J 202, 47 et 48). — Coupelli, 1257 (S.-Basle, c. 2, l. 38). — Cupellia, Capelliacum, v. 1260 (nécr. de l'église de Reims, p. 81 et 95). — Cuperlé, 1396 (arch. nat. P 208, 40). — Cupelly, 1397 (ibid. P 208, 47). — Cuperleyum, 1542 (taxe du diocèse de Châlons, p. 209).

En 1789, Cuperly était compris dans l'élection et suivait la coutume de Châlons. Son église paroissiale, diocèse de Châlons, doyenné de Bussy-le-Château, était dédiée à sainte Marie-Madelaine; le chapitre de l'église métropolitaine de Reims présentait à la cure.

Cupilly, lieu-dit, c^{ne} de Fagnières.

Cure (La), f. détr. c^{ne} d'Heiltz-le-Maurupt (dioc. auc. de Châlons, t. II, p. 120).

Custonne (La), ff. c^{ne} de Sompuis. — La cense de la Custonme, 1720 (Saugrain, t. I, p. 446). — La Custonne, xviiie siècle (Cassini). — Les Cuttonnes, deux fermes séparées, 1847 (lieux habités). — Les Custonnes, 1862 (Guérard, p. 582).

Cuterie (La), lieu-dit, c^{ne} de Cuchery.

Cuve (La), cabaret, c^{ne} d'Aÿ.

Cuve (La Petite-), f. c^{ne} du Thoult.

Cyvrigny, m^{on} détr. aux environs de Reims. — Une maison prez de Reims que on appelle Cyvrigny, 1384 (arch. adm. de Reims, t. III, p. 604).

D

Dagnoderie (La), lieu-dit, c^{ne} de Dampierre-sur-Moivre.

Dagône, h. c^{ne} du Gault. — Dagasne, 1764 (Aubrion, p. 82). — Dagone, 1771 (arch. nat. Q^1 673). — Le fief d'Agône, situé en la paroisse du Gault, 1773 (ibid.). — Dagonne, xviiie siècle (Cassini).

Dagotterie, lieu-dit, c^{ne} de Tréfols.

Damary, lieu-dit, c^{ne} de Coulommes.

Damasserie ou Henriville, f. c^{ne} de Bannes.

Dame-Béatrix (Le Fief), à Marson. — Le fief Dame-Biétrix, 1527 (chap. de Reims, l. 39).

Damery, c^{on} d'Épernay. — Domnus Regius, 840-877

(Tardif, monum. histor. n° 212). — Ville que vocatur Dameriacus, 1101 (cart. de S.-Médard de Soissons, f° 21 r°). — Damariacum, 1123 (cart. A de S.-Remy, f° 169). — Damery, 1151 (hist. des comtes de Champagne, t. III, p. 440). — Dameriæ, 1153 (ibid. p. 442). — Damerium, 1165 (cart. d'Huiron, p. 21). — Dammeryacum, Dameryacum, 1171 (cart. de S.-Médard, f° 9 v°). — Dammeriacum, 1198 (arch. nat. S 5035, suppl. n° 40). — Dammereium, 1200 (cart. de S.-Médard, f° 16 v°). — Dameri, 1222 (liv. des vass. de Champ.). — Damereyum, 1230 (cart. de S.-Médard de Soissons, f° 6 r°). — *Damereium*, 1232 (cart. d'Igny, f° 221 v°). — *Dammeri*, XIIIᵉ siècle (cart. d'Huiron). — *Damery-sur-Marne*, 1503 (cart. de l'évêché et du chap. de Châl. p. 93). — *Dammery*, 1553 (cart. de Coincy, p. 593). — *Dameris*, XVIᵉ sᵉ (documents géogr. p. 126).

Damery faisait partie, en 1789, de l'élection d'Épernay et suivait la cout. de Vitry. Son église paroissiale, diocèse de Soissons, doyenné de Châtillon, était dédiée à saint Médard; l'abbé de Saint-Médard de Soissons présentait à la cure.

Dames (Les), abb. ruinée, cᵐᵉ de Vanault-les-Dames (Cassini). — Voy. VANAULT-LES-DAMES.

Damoiselles (Les), fief, cⁿᵉ de Lignon (fiefs du baill. de Chaumont, p. 204).

Dampierre (Château de), chât. cⁿᵉ de Hans. — Ce château appartenait en 1847 à M. Duval, comte de Dampierre[-le-Château] (lieux habités).

Dampierre (Bais de), cᵐᵉ de Margerie et de Brondonvilliers.

Dampierre-au-Temple, cⁿᵉ de Suippes. — *Dampnus Petrus*, 1134 (la Neuville, c. 4). — *Dampetrus*, 1163 (*ibid.*). — *Dampetrus villa scilicet sita super Vidulam fluvium*, 1188. A cette date, Dampierre fut donné par Germond le Gras, de Mareuil, aux Templiers; de là son surnom actuel (*ibid.* c. 5). — *Dampetra super Vidulam*, 1189 (*ibid.*). — *Villa que dicitur Dompna Petra*, 1248 (*ibid.* c. 4). — *Dampetra ad Templum*, 1296 (*ibid.* c. 5). — *Dampierre-au-Temple*, 1390 (S.-Pierre-aux-Monts, c. 4, l. 3). — *Mont-Dampierre*, 1794 (arch. nat. F² 7).

Dampierre-au-Temple était compris, en 1789, dans l'élection de Châlons et était régi par la cout. de Vitry. Son église paroissiale, diocèse de Châlons, doyenné de Bussy-le-Château, était consacrée à saint Pierre; le chapitre de Notre-Dame-en-Vaux de Châlons présentait à la cure.

Dampierre-le-Château, cⁿᵉ de Dommartin-sur-Yèvre. — *Petrus de Dunperrun*, v. 1130 (Albert d'Aix, l. II, c. 15). — *Domnus Petrus*, 1138 (Montiers, c. 1). — *Domni Petri oppidum*, 1141 (Toussaints, c. 6). — *Domnus Petrus in Estanneio*, 1144 (cart. de S.-Martin-des-Champs-lès-Paris, LL 1351, f° 7 v°). — *Damperr, Damperre, Dampetra*, 1154-1161 (cart. de Montiers, 10946, f° 6 et 7). — *Dampiere*, 1165 (Montiers, c. 1). — *Dampperr.* v. 1165 (cart. de Montiers, 10946, f° 9 v°). — *Castrum Dampierre*, en opposition avec *Vetus Dampierre*, v. 1180 (ibid. f° 34 v°). — *Petrus de Donjun Dampni Petre*, 1185 (Ulmoy). — *Dompetra*, 1191 (dioc. anc. de Châl. t. I, p. 409). — *Damna Petra*, v. 1191 (la Neuville, c. 9). — *Dompna Petra*,

1197 (Châtrices). — *Dampetrum-en-Estaienois*, v. 1201 (feuda Camp. n° 293). — *Dampnus Petra* (sic), 1202 (liber principum, 5592, f° 187 r°). — *Damnus Petrus, Dannus Petrus*, 1202 (Moutiers, c. 2 et 4). — *Danni Petra*, 1191-1202 (la Neuville, c. 9). — *Novus Dampierre*, 1204 (cart. de Montiers, 9905, f° 132 r°). — *Domna Petra*, 1207 (Cheminon, c. 8). — *Dampetra in Estenois*, 1219 (S.-Jacques de Vitry, c. 4). — *Domperre, Domnus Petrus*, v. 1222 (liv. des vass. de Champ.). — *Domni Petra*, 1226 (Ulmoy). — *Dannipetra in Estenoia*, 1234 (Cheminon, c. 8). — *Damp-Pierre*, 1237 (cart. de Montiers, 9905, f° 179 r°). — *Dampetrum in Esteneys, Dona Petra en Estenois, Dona Petrum*, v. 1252 (arch. nat. J 202, 54 et 45). — *Dompni Petra*, 1255 (Ulmoy). — *Dampierre-en-Estanois*, 1256 (cart. de Montiers, 9905, f° 188 r°). — *Dampetra castrum*, 1262 (Moutiers, c. 2). — *Dampetra Castrum en Estenois*, 1283 (cart. de Montiers, 9905, f° 61 r°). — *Dampetra in Atenois*, 1285 (Moutiers, c. 1). — *Damppierre-en-Estenois*, 128. (arch. nat. Q¹ 668). — *Dant-Pierre-le-Chastel*, 1312 (cart. A de S.-Remy, p. 609). — *Dampierre-en-Atenois*, 1324 (Trois-Font. c. 8). — *Dampierre-en-Athenais*, 1325 (Boutaric, actes du parl. de Paris, n° 7672). — *Damppierre-le-Chastel*, 1384 (arch. nat. P 51², 1460). — *Dampierre-le-Chastel*, 1392 (ibid. P 183, 85). — *Dampierre-le-Chastel*, 1408 (Moutiers, c. 8). — *Dampierre-en-Attenois*, 1412 (arch. nat. P 179, 50). — *Dampierre-en-Ettenoiz*, 1436 (ibid. 56). — *Dampierre-le-Chastel-en-Estenois*, 1456 (ibid. 62). — *Dompt-Pierre-en-Attenoix*, 1460 (ibid. 69). — *Dampierre-en-Atthenoys*, 1504 (ibid. P 166, 216). — *Dampierre-en-Athenoys*, 1508 (ibid. P 184, 76). — *Dampierre-en-Arthenois*, 1521 (ibid. P 161, 251). — *Dampierre-en-Atenoys*, 1548 (ibid. P 161, 254). — *D'Ampierre*, 1607 (ibid. P 161, 250). — *Dampierre-le-Châtel*, 1633 (lieux régis par la cout. de Vitry). — *Dampierre-sur-Yèvre*, 1794 (arch. nat. F² 7).

En 1789, Dampierre-le-Château était compris dans l'élection de Sainte-Menehould et suivait la cout. de Vitry. Son église paroissiale, diocèse de Châlons, doyenné de Sainte-Menehould, était consacrée à saint Maurice; l'abbé de Toussaints présentait à la cure.

Dampierre-sur-Auve, cⁿᵉ de Sainte-Menehould. — *Domnus Petrus super Alvam*, 1132 (dioc. anc. de Châlons, t. II, p. 446). — *Dampetra*, 1181 (Toussaints, c. 6). — *Dampierre, Dampierre-sur-Auve et sur-Alve*, v. 1222 (liv. des vass. de Champ.). — *Dampetra super Alvam*, 1223 (S.-Pierre-aux-Mouls,

c. 27). — *Dampetra super Album*, 1231 (cart. de Moutiers, 9905, f° 53 v°). — *Dampaa Petra super Alvum*, 1235 (cart. de Moiremont, f° 19 v°). — *Domnipetra super Auvam*, 1236 (cart. de S.-Denis de Reims, p. 125). — *Domnipetra super Alvvam*, 1237 (S.-Denis de Reims, l. Dampierre). — *Donna Petra super Alvam*, vers 1252 (arch. nat. J 202, 55). — *Dampetrum super Alvam*, 1256 (Montiers, c. 2).— *Dampierre-sur-Aulve*, 1392 (Moiremont, c. 1). — *Dampierre-sur-Alve*, 1416 (ibid. c. 3). — *Dampierre-sur-Aube*, 1567 (arch. nat. P 185, 12).

Dampierre-sur-Auve faisait partie, en 1789, de l'élection de Sainte-Menehould et était régi par la cout. de Vitry. Son église paroissiale, diocèse de Châlons, doyenné de Sainte-Menehould, était dédiée à saint Pierre; l'abbé de Moiremont présentait à la cure.

DAMPIERRE-SUR-MOIVRE, c^on de Marson. — *Ecclesia de Danino Petro*, 1107 (chap. de Châl. a. 1, l. 1). — *Domnus Petrus super Meriam*, 1121 (ibid. a. 2, l. 32). — *Dampaa Petra*, 1195 (la Neuville, c. 9). — *Dampetra super Meviam*, 1229 (liber principum, 5992, f° 327 r°). — *Dampierre*, 1229 (ibid. f° 323 r°). — *Dampierre-sur-Moyve*, 1383 (arch. nat. P 188, 52). — *Dampetra super Meviam*, 1405 (pouillé de Châl. f° 73 v°). — *Dampierre-sur-Moyvre*, 1464 (évêché de Châl. c. 16). — *Dump-Pierre*, 1464 (arch. nat. P 36, 8). — *Dampierre-sur-Marne*, 1572 (ibid. P 179, 122). — *Dampetra ad Meviam*, 1775 (chap. de Châl. a. 1, l. 40).

Dampierre-sur-Moivre était compris, en 1789, dans l'élection et suivait la cout. de Châlons. Son église paroissiale, diocèse et doyenné de Châlons, était dédiée à saint Pierre; le chapitre de Châlons présentait à la cure.

DANCY (LE), lieu-dit, c^ne de la Ville-sur-Orbais.

DANISERIE (LA), lieu-dit, c^ne de Charleville.

DANSERIE (LA), lieu-dit, c^ne de Marson.

DAPET-MOREL (LE), h. détr. c^ne de Chaltrait. — 1633 (lieux régis par la cout. de Vitry).

DARCY (LE), m^in, c^ne de Grauves. — *Toute l'eaue descendans et venans en la ville de Grauve d'une fontainne appellée la Fontaine-de-Darcy . . jacques au molin appartenant audit Godefroy [de Grauve] et qui jadis fut feu Regnault de Grauve*, 1407 (Argensolles, c. 4). — *Une place où jadiz souloit avoir ung molin... à lad. place où estoit ledit malin séant au terroir de Grauve, en lieu dit Dacey*, 1466 (ibid.). — En 1487, on donne à vie et pour quarante ans après le trépas du prenant, à noble homme Colin Péricard, de Troyes, *deax esclusas et le court de l'eaue pour faire un molin ou terroir de Grauve en lieu dit*

du Dacy, 1487 (ibid.). — *Le moulin appellé le moulin de Darsy*, 1522 (ibid.). — *Deux moulins à eaux faisant de bled farine scis au terroir de Grauve appellé les moulins du Darsy*, 1648 (ibid.). — *Les deux moulins du Darsy avec toutes les dépendance et appartenance, consistant en deux moulins séparés, scavoir le moulin appellé le grand moulin de Hault avec le moulin de Bas*, 1657 (ibid.). — Simon Henry, meunier, s'engage *de faire bastir à neuf un moullin à eau au lieu dit du Darsy, où cy-devant il y en avait eu, appellé le moulin de Hault, qui a esté péry*, 1671 (ibid.). — *Lesditz moullins au Darsy*, 1680 (ibid.). — *Les deux molins à eaux... sur le terroir de Grauve, lieu dit les molins du Darcy*, 1694 (ibid.). — Les deux moulins sont encore mentionnés en 1729 (ibid.).

DARCY (RU DC), afll. du Cubry; coule sur le territ. de Grauves. — Voy. l'article précédent, à la date de 1407.

DARNICOURT, vill. détr. non loin de Possesse. — *Villa que dicitur Darneicort*, 1154-1161 (Moutiers, c. 1).

DAUCOURT, c^on de Sainte-Menehould. — *Altare de Dalcourt*, 1092 (S.-Pierre-aux-Monts, c. 1). — *Daucort*, 1232 (cart. C de S.-Remy de Reims, f° 28 v°). — *Daucourt*, 1328 (S.-Remy, l. 59; dans le cartul. A de S.-Remy, p. 660, on trouve la forme vérieuse *Dantourt*). — *Dancourt*, 1366 (arch. nat. P 183, 16). — *Daucour*, 1522 (ibid. Q¹ 657). — *Daulcourt*, 1535 (ibid. P 184, 89).

Daucourt faisait partie, en 1789, de l'élection de Sainte-Menehould et était régi par la cout. de Vitry. Son église paroissiale, annexe de celle d'Élize, diocèse de Châlons, doyenné de Sainte-Menehould, était consacrée à saint Nicolas.

DAUCOURT (MOULIN DE), m^in, c^ne de Châtrices.

DAUCOURT (RU DE), afll. de l'Ante; arrose le finage de Daucourt.

DAUPHINERIE (LA), lieu-dit, c^ne de Cheminon.

DAUPHINERIE (LA), lieu-dit, c^ne de Sainte-Gemme.

DAVA (LE), écart, c^ne de Vadenay (Cornet-Paulus).

DAVIGNY (LE), lieu-dit, c^ne de Blesme.

DEADERIE (LA), f. c^ne de l'Épine.

DÉBAILLERIE (LA), f. détr. c^ne de Sainte-Menehould. — 1720 (Saugrain, t. I, p. 440).

DÉBATS (LES), h. c^ne de Neuvy.

DÉFENSE (LA), h. c^ne de Champvoisy. — *La Defense*, 1720 (Saugrain, t. I, p. 469). — *La Deffence*, xviiie siècle (Cassini).

DEFONGERIE (LA), lieu-dit, c^ne de la Chaussée.

DRAAIE-EN-BRIE (LA), habit. de garde, c^ne de Mareuil-en-Brie.— *La de Haubry*, 1720 (Saugrain, t. I, p. 470). — *La Dehaye-en-Brie*, xviiie siècle (Cassini). — La

Dehaubrie ou *La Dehaia-en-Brie*, 1860 (Cornet-Paulus).

DEBAILLY, lieu-dit, c⁰ᵉ de Pontfaverger.

DEMOISELLE (FIEF DE LA), fief, à Lignon. — *Dans lequel village [de Lignon] est assis un fief appellé le fief de la Demoiselle*, 1732 (arch. nat. P 198, 4).

DENISERIE (LA), f. c⁰ᵉ de Verdon. — *La Deniseris*, 1832 (état-major). — *La Denuserie*, 1862 (Guérard, p. 241).

DERRIÈRE-RIMAUCOURT, fief mouvant de Possesse. — *Un autre arrière-fief appelé le fief Derrier-Rimaulcourt*, 1654 (arch. nat. P 207, 18). — *Le fief Derrière-Rimaulcourt*, 1657 (ibid. P 217, 51). — *Le fief Derrière-Rinnaucourt*, 1774 (ibid. Q¹ 664).

DÉSERT (LE), blanchisserie, c⁰ᵉ de Vitry-le-François. — *Le Désert* ou *Montvierge*, cense, 1720 (Saugrain, t. I, p. 446).

DÉSERTES (LES), mⁿ is. c⁰ᵉ de Chamery. — *Les Desertes*, 1847 (lieux habités). — *Le hameau de Desertres*, 1862 (Guérard, p. 435).

DÉSERTS (LES), h. c⁰ᵉ de Champaubert-la-Bataille. — *Terra de Desertis*, 1124-1130 (cart. d'Oyes, f° 19 v°). — *Derragium de Desertis Campi Alberti*, 1175 (ibid. f° 21 r°). — *Ferme des Déserts*, 1775 (arch. nat. Q¹ 663).

DÉSERTS (RU DES), affl. de la Verdenelle; coule sur les territ. de Fromentières et de Margny.

DÉSIRÉ, fief, c⁰ᵉ de Châtillon-sur-Morin. — *Un autre fief scis audit Châtillon, apellé le fief de Désiré*, 1751 (arch. nat. Q¹ 678).

DÉSIRÉ, ch. c⁰ᵉ du Gault. — Vers 1252, «Philippon Desirée» tenait vingt setiers sur le terrage du Gault eu fief de Jean de la Motte de Pocancy (arch. nat. J 195, 96). — *La meson de Desirrée*, possédée par «Felipe de Desirée», v. 1274 (ibid. J 205, 31 *bis*). — *Desiré*, 1483 (Aubrion, p. 52).

DÉAIRÉE (LA), f. c⁰ⁿ de Margerie.

DEUX-MAISONS (LES), m¹ᵒⁿ, c⁰ᵉ de Gratreuil. — *La Folie*, 1847 (lieux habités).

DEUX-MAISONS (LES), f. c⁰ᵉ de Prunay.

D'HUYE (LA), ruiss. c⁰ᵉ de Varimont.

DIEUDONNÉ, écart, c⁰ᵉ de Brugny. — *Dieu-Donné*, 1735 (Saugrain, t. I, p. 469).

DIEU-LE-MIRE, hôpital situé jadis dans la banlieue de Reims et auquel la porte Dieu-le-Mire, improprement nommée *Dieu-Lumière*, doit son nom. — *Dieulimire*, 1233 (arch. adm. de Reims, t. I, p. 567). — *Prior de Diulimire*, 1258 (ibid. t. I, p. 787). — *Hospitale de Deo Medico*, 1262 (ibid. t. I, p. 811). — *Hospitale de Deo Merito juxta Remos*, 1265 (ibid. t. I, p. 866). — *Diu-li-Mire*, 1285 (ibid. t. I, p. 1000). — *Diex-li-Mire*, 1328 (ibid. t. II,

p. 559). — *Dei Memoria*, 1346 (ibid. t. II, p. 1029). — *La porte Dieu-li-Mire*, 1357 (ibid. t. II, p. 109). — *Dieu-Lymire*, 1475 (arch. lég. de Reims, statuts, t. I, p. 806). — *Dieu-ly-Miere*, 1478 (arch. adm. de Reims, t. II, p. 577). — *Porte de Dix-Lumières*, 1522 (arch. lég. de Reims, cout. p. 753). — *Dylimire*, 1549 (ibid. statuts, t. I, p. 696). — *Porte-Dieu-Lumière*, 1564 (ibid. t. I, p. 485). — *Villa seu colonia de Dixlumier nuncupata*, 1617 (Gall. christ. t. X, texte, p. 87). — *Terre de Dilumière*, 1652 (arch. lég. de Reims, statuts, t. I, p. 235).

DIZY, c⁰ⁿ d'Ay. — *Villa Disiacum cum ecclesia et altars beati Timothei martyris*, v. 662 (Gall. christ. t. X, c. 1). — *Diciacum*, v. 948 (Flodoard, l. II, c. 10). — *Divisiacum*, commencement du xiᵉ siècle (polypt. de S.-Remy). — *Diziacum*, 1303-1312 (arch. adm. de Reims, t. II, p. 1120). — *Dyseium*, 1346 (ibid. t. II, p. 1121). — *Dysy*, 1358 (ibid. t. III, p. 109). — *Dizi*, 1409 (arch. nat. P 180, 147). — *Dizy*, 1664 (ibid. Q¹ 675). — *Disy-la-Rivière*, 1860 (Cornet-Paulus). — *Dizy-la-Rivière* ou plus récemment *Dizy-sur-Marne*, 1862 (Guérard, p. 366).

En 1789, Dizy faisait partie de l'élection d'Épernay et était régi par la cout. de Reims. Son église paroissiale, diocèse de Reims, doyenné d'Épernay, était dédiée à saint Timothée et à saint Apollinaire; l'abbé d'Hautvillers présentait à la cure.

DOMBALLE, lieu-dit, c⁰ᵉ de Cernay-en-Dormois.

DOMMARTIN LA-PLANCHETTE, c⁰ⁿ de Sainte-Menehould. — *Domnus Martinus super Arram*, 1132 (dioc. auc. de Châl. t. II, p. 445). — *Danmartinus super Alvam*, 1218 (Moiremont, c. 1). — *Domnus Martinus super Alvam*, v. 1230 (arch. nat. KK 1064). — *Dompnus Martinus*, 1250 (cart. de Moiremont, f° 74 r°). — *Dammartin-sur-Aube, Dommartin-sur-Auve*, vers 1274 (arch. nat. J 202, 46). — *Dommartin-sur-Auve*, v. 1300 (extenta Campanie, Sᵗᵉ-Menehould). — *Dompmartin-sur-Auve*, 1309 (cart. de Moiremont, f° 454 v°). — *Dontmartin-sur-Auve*, 1310 (Moiremont, c. 1). — *Dommartin-sur-Aulre*, 1367 (arch. nat. P 183, 23). — *Dommartin-sur-Aube*, 1392 (ibid. P 183, 83). — *Dommartin-à-la-Planchette*, 1396 (ibid. P 208, 40). — *Dommartin-la-Planchette*, 1396 (ibid. P 179, 9). — *Dompmartin-sur-Auve*, 1446 (ibid. P 184, 63). — *Dompmartin-à-la-Plancete*, 1498 (ibid. P 161, 230). — *Donnas Martinus ad Planch.* 1542 (taxe des bénéf. du dioc. de Châl. p. 238). — *Domnus Martinus ad Plancas*, 1557 (S.-Pierre-aux-Monts, c. 5, l. 8). — *Dompmartin-la-Planchette*, 1574 (arch. nat. P 184, 202). — *Dompmartin-sur-Aulve,* autrement dict la Planchette, 1575 (ibid. P 192, 20).

Dommartin-la-Planchette faisait partie, en 1789, de l'élection de Sainte-Menehould et était régi par la cout. de Vitry. Son église paroissiale, annexe de celle de Dampierre-sur-Auve, diocèse de Châlons, doyenné de Sainte-Menehould, était dédiée à saint Martin.

DOMMARTIN-LETTRÉE, c^{on} de Sompuis. — *Donnus Martinus,* 1115 (cart. de S.-Nicaise, f° 17 v°). — *Danmartin,* v. 1222 (liv. des vass. de Champ.). — *Dommartin,* 1240 (Cheminon, c. 1). — *Donmartin,* 1247 (ibid. c. 14). — *Donam Martini,* xiii° siècle (cart. de Cheminon, f° 34 r°). — *Domnus Martinus,* 1405 (pouillé du dioc. de Châl. f° 74 v°). — *Dompmartin-lez-Lestrée,* 1501 (S.-Memmie, c. 6). — *Dompmartin-Lestrée,* 1504 (Cheminon, c. 14). — *Donnus Martinus juxta Stratum,* 1542 (taxe des bénéf. du dioc. de Châl. p. 226). — *Dommartin-Létrée,* 1605 (arch. nat. P 190, 56, f° 1 v°). — *Dompmartin-Lestrées,* 1715 (revenus de S.-Nicaise, t. 1, p. 71). — *Domartin-l'Estrée,* xviii° siècle (Cassini).

Dommartin-Lettrée était compris, en 1789, dans l'élection de Châlons et suivait la cout. de Vitry. Son église paroissiale, diocèse de Châlons, doyenné de Coole, était dédiée à saint Martin; l'évêque de Châlons en était collateur.

DOMMARTIN-SOUS-HANS, c^{on} de Sainte-Menehould. — *Domnus Martinus super Biunam,* 1220 (Moiremont, c. 12). — *Dommartin dessous Hans,* 1346 (ibid.). — *Dompmartin dessoubz Hans,* 1398 (ibid. c. 1). — *Dommartin desoubz Hans,* 1406 (Toussaints, c. 19). — *Dampmartin soubz Hans,* 1548 (arch. nat. P 162, 352). — *Dampmartin soubz Han en Champaigne,* 1564 (S.-Remy, l. 350). — *Dommartin soubz Byonne,* 1565 (Toussaints, c. 19). — *Dompnus Martinus subtus Hans,* v. 1600 (chap. de Châl. a. 1, l. 56). — *Donnas Martinus infra Hammam,* 1755 (ibid.).

En 1789, Dommartin-sous-Hans était compris dans l'élection de Sainte-Menehould et suivait la cout. de Vitry. Son église paroissiale, diocèse de Châlons, doyenné de Sainte-Menehould, était consacrée à saint Martin; le chapitre de la Trinité de Châlons présentait à la cure.

DOMMARTIN-SUR-YÈVRE, arrond. de Sainte-Menehould. — *Domnus Martinus,* 1138 (Montiers, c. 1). — *Dammartin,* 1148 (cart. de Montiers, 10946, f° 1 r°). — *Dommartin,* 1178 (Toussaints, c. 7 bis). — *Dammartin juxta castrum de Dampetra,* 1195 (ibid. c. 1). — *Domnus Martinus super Evram,* 1233

(cart. de Montiers, 10946, f° 153 v°). — *Dam-Martin,* 1237 (Moutiers, c. 4). — *Dammartin juxta Dampetram, Donmartinus,* v. 1252 (arch. nat. J 202, 54 et 55). — *Donmartin-sur-Yèvre,* v. 1300 (extenta Campanie, Ste-Menehould). — *Dommartin-sur-Èvre,* 1406 (Toussaints, c. 19). — *Dompmartin emprés Warimont,* 1408 (arch. nat. P 179, 35). — *Dommartin-sur-Yève,* 1416 (Moutiers, c. 2). — *Dannus Martinus,* 1425 (cart. de Montiers, 9905, f° 78 v°). — *Dompnus Martinus,* 1491 (Toussaints, c. 7 bis). — *Dompmartin-sur-Yèvre,* 15.. (arch. nat. P 185, 39). — *Donmartin-sur-Yèvre,* 1717 (ibid. P 223, 382). — *Daumartin-sur-Yèvre,* 1722 (ibid. P 223, 231).

En 1789, Dommartin-sur-Yèvre faisait partie de l'élection de Sainte-Menehould et était régi par la cout. de Vitry. Son église paroissiale, diocèse de Châlons, doyenné de Sainte-Menehould, était dédiée à Notre-Dame; l'abbé de Toussaints présentait à la cure.

DOMPRAINE, écart, c^{ne} de Saint-Ouen (Cornet-Paulus).

DOMPREMY, c^{on} de Thiéblemont. — *Danmartinus,* 1161 (S.-Memmie, c. 1). — *Domnus Remigius,* 1163 (ibid. c. 7). — *Dumremeius,* 1183 (ibid. c. 3). — *Donremeius,* 1193 (ibid. c. 7). — *Domremi, Donremei,* v. 1252 (arch. nat. J 202, 54 et 55). — *Donremy,* 1366 (S.-Memmie, c. 9). — *Dompremy-en-Pertoiz,* 1384 (ibid.). — *Dompremi,* 1401 (ibid.). — *Dampremy,* v. 1500 (ibid.). — *Dompremy,* 1501 (ibid. c. 6). — *Dampnus Remigius,* 1532 (ibid. c. 9).

En 1789, Dompremy était compris dans l'élection et suivait la cout. de Vitry. Son église paroissiale, annexe de celle de Favresse, diocèse de Châlons, doyenné de Vitry-le-Brûlé, était dédiée à saint Remy.

DOMPROT, vill. c^{ne} de Saint-Ouen-Domprot. — *Damperet,* 1145 (cart. de S.-Martin d'Épernay, p. 130). — *Domperotum,* 1152 (Gall. christ. t. XII, p. 268). — *Domperret,* 1215 (la Charmoye, c. 7). — *Domperretum,* 1247 (liber pontificum, f° 531 r°). — *Domperetum,* 1252 (arch. nat. J 203, 66). — *Domprot, Domperrote,* 1366 (ibid. Q¹ 681, f° 129 et 130). — *Damperotum,* 1381 (pouillé de Troyes, A 394). — *Domniperrotum,* 1443 (évêché de Troyes, G 22). — *Dompaua Perottus,* 1457 (pouillé de Troyes, P 34). — *Domperot,* 1508 (arch. nat. P 207, 12). — *Domp-Perrot,* 1543 (S.-Pierre-aux-Monts, c. 8).

Domprot était compris, en 1789, dans l'élection de Vitry et suivait la cout. de Chaumont. Son église paroissiale, diocèse de Troyes, doyenné de Mar-

gerie, était dédiée à saint Pierre ès Liens ; l'abbé
de Moncetz présentait à la cure.

Avant 1835, Domprot formait une commune
particulière.

Dongrève, loc. détr. c** de Vitry-en-Perthois. —
Dongreve, 1153-1161 (Trois-Font. c. 10). —
Dengreve, v. 1222 (livre des vass. de Champ.).

Donjeux, f. c** de Charmont. — *Dongeux*, 1289
(Trois-Fontaines, c. 5). — *Dongeux*, 1409 (arch.
nat. P 161, 182). — *Dougny*, 1805 (ann. de
l'an XIII, p. 38).

Dontries, c** de Beine. — *Domnus Trajanus*, 1066
(cart. † de l'archev. de Reims, f° 10 v°). — *Donte-
reium*, 1103 (cart. d'Avenay, f° 4 v°). — *Domnus
Trajanus*, 1099-1118 (cart. de S.-Nicaise, f° 12 r°).
— *Domnus Trojanus*, 1135 (Marlot, métr. Rem. historia, t. II, p. 322). — *Donterianum*, 1200 (cart. de
S.-Nicaise, f° 77 v°). — *Dontrien, Dontrièm, Dontria-
cum*, 1221 (S.-Symph. l. 1). — *Donterien*, 1237
(cart. B du chap. de Reims, f° 318 r°). — *Duntrien*,
1242 (S.-Basle, l. 11). — *Dontrianum*, 1248 (cart.
de S.-Nicaise, f° 59 v°). — *Dontreium*, v. 1260 (nécr.
de l'église de Reims, p. 90). — *Donteranum*, 1267
(S.-Nicaise, l. 18). — *Dontrian*, 1285 (arch. adm.
de Reims, t. I, p. 1009). — *Dontherien*, 1328
(*ibid.* t. II, p. 481). — *Donterain*, 1343 (ibid.
t. II, p. 883). — *Deictoyan*, 1556 (arch. lég. de
Reims, cout. p. 902). — *Ontrian*, 1676 (lieux
régis par la cout. de Vitry). — *Demptrien, Dompt-
trient*, 1715 (revenus de S.-Nicaise, p. 73). —
Domtrien, 1758 (arch. lég. de Reims, statuts, t. II,
p. 860).

Dontrien faisait partie, en 1789, de l'élection
de Reims et suivait pour partie la coutume de
Reims, pour partie celle de Vitry. Son église paroissiale, diocèse de Reims, doyenné de Béthéniville,
était dédiée à saint Laurent ; l'abbé de Saint-Nicaise
de Reims présentait à la cure.

Dorat, substructions d'un château, c** de Mécringes,
au lieu-dit *le Bois-Dorat.*

Dorjaterie (La), b. c** de Montmirail. — *La Dargeaterie*, 1862 (Guérard, p. 231).

Dormans, arrond. d'Épernay. — *Vicus Duromannensis*,
1085 (Gallia christ. t. X, p. 101). — *Duromagnis*,
1129 (cart. de Tiruo, p. 246). — *Dormant*, 1111-
1143 env. (*ibid.* p. 244). — *Dormanz*, 1150
(cart. d'Igny, f° 86 v°). — *Dormannum*, 1151
(hist. des comtes de Champ. t. III, p. 440). —
Duromannum, 1178 (cart. de S.-Martin d'Épernay,
p. 138). — *Vicus Duromanensis, Duromagnum*,
1186-1187 (cart. de Coincy, p. 206 et 208). —
Duromannum, 1193 (ibid. p. 152). — *Dormans*,

v. 1222 (livre des vass. de Champ.). — *Dormentz*,
1231 (arch. nat. J 197, 109). — *Dormanum*,
1272 (liber pontificum, f° 492 v°). — *Dourmant*,
v. 1274 (arch. nat. J 202, 45). — *Dourmans*,
1322 (Amour-Dieu, c. 2). — *Dormens*, 1344
(arch. nat. J 194, 33). — *Dorment*, 1354 (arch.
adm. de Reims, t. III, p. 45).

Dormans était compris, en 1789, dans l'élection
d'Épernay et suivait la cout. de Vitry. Son église
paroissiale, diocèse de Soissons, doyenné de Dormans, était consacrée à saint Hippolyte ; le prieur
de Coincy présentait à la cure.

Dormans (Ru de), affl. de la Marne ; coule sur le territ.
de Dormans.

Dormans (Les), cense détruite, c** de Belval. — *Le
fief, terre et seigneurie de Dormans les Chastelliers,
audict bailliage de Vitry-le-François*, 1614 (arch.
nat. P 185, 43). — *Les Dormans*, 1661 (ibid.
P 167, 64). — *Dormans*, 1662 ; cette localité est
alors désignée comme ruinée par les guerres (ibid.
P 192, 23). — *La cense des Dormans*, 1678 (ibid.
P 194, 62). — *Les censes des Dormans, terres incultes et en bruyères depuis un temps immémorial*,
1720 (Saugrain, t. I, p. 404).

Dormanton, vill. disparu, c** de Dormans. — *Villa de
Dormanton*, 1272 (liber pontificum, f° 492 v°).

Dormois (Le), pagus ou comté démembré de la cité
de Reims ; Doulcon (Meuse) en était le chef-lieu.
— *Pagus Dulcomensis*, v. 832 (Flodoard, l. II,
c. 19). — *Dulmensis*, 870 (ann. Bertin). — *Dolmensis*, 893 (Wassebourg, t. I, f° 174 r°). — *Dulcu-
mensis, Dolomensis*, v. 940 (Flodoard). — *Dulmi-
niacius*, mil. du XII° siècle (acta Sanctorum, t. VII,
maii, p. 645). — *Dormois*, 1254 (cart. d'Avenay,
f° 43 r°). — *Dormisium*, 1303-1312 (arch. adm.
de Reims, t. II, p. 1098). — *Dormesium*, 1336
(*ibid.* t. II, p. 735).

Sur la circonscription du Dormois, consulter nos
Études sur les pays de la Garde, 2° fascicule,
chap. III.

Dormoise (La), riv. affl. de l'Aisne ; prend naissance
sur le finage de Tahure et se joint à l'Aisne près de
Cernay-en-Dormois.

Dorville, lieu-dit, c** de Lavannes.

Doucey, c** d'Heiltz-le-Maurupt. — *Docei*, 1147-
1151 (Trois-Font. c. 5). — *Douci*, 1234 (S.-Pierre-
aux-Monts, c. 27). — *Douceium*, 1243 (ibid.). —
Doucey, 1261 (Ulmoy). — *Doucey-le-Petit*, 128.
(arch. nat. Q¹ 668). — *Doucei, Douceyum*, 1299
(S.-Pierre-aux-Monts, c. 20 et 27). — *Doulcey*,
1462 (arch. nat. Q¹ 662). — *Doucé*, XVIII° siècle
(Cassini).

En 1789, Doucey faisait partie de l'élection et était régi par la cout. de Vitry. Son église paroissiale, annexe de celle de Vavray-le-Petit, diocèse de Châlons, doyenné de Vitry-le-Brûlé, était consacrée à Notre-Dame.

Doussigny, f. c^{oe} de Tréfols. — *Daussigny*, 1377 (arch. nat. P 202, 177). — *Doussigny*, 1547 (chap. de Sézanne, c. 7). — *La terre et seigneurie [de] Douzigny, assize en la paroisse de Tresfaulx; Ousigny*, 1607 (arch. nat. P 178, 102). — *Ouzigny*, 1607 (ibid. P 167, 138). — *Oussigny*, 1612 (ibid. P 165, 341).

Doutre (La), ch. c^{ne} de Margerie. — *La Doultre*, 1508 (arch. nat. P 207, 12). — *La maison de la Doitre soubz Saincte-Margerie*, 1673 (ibid. Q¹ 681). — *La Doutre*, 1720 (Saugrain, t. I, p. 445). — *La Doutre, hameau détruit dans les guerres civiles de la minorité de Louis XIV*, 1784 (Courtalon, t. III, p. 354). — *La Droute*, 1805 (ann. de l'an xiii, p. 64).

Doyau, écart, c^{ne} de Chambrecy (Cornet-Paulus).

Drosnay, c^{on} de Saint-Remy-en-Rouzemont. — *Droniacum*, 1171 (Andecy, c. 1). — *Droenaium*, vers 1172 (Brussel, usage des fiefs, p. 124). — *Dronayum*, 1222 (Hôtel-Dieu le Comte, lay. 1, c. A, n° 44). — *Droegnai*, 1228 (arch. nat. KK 1064, l° 350). — *Dronnaium*, 1251 (liber pontificum, l° 486 r°). — *Dronaium*, 1255 (Hôtel-Dieu le Comte, lay. 1, c. A, n° 44). — *Dranay, Dronnay*, v. 1274 (arch. nat. J 202, 45). — *Droenay*, 1366 (ibid. Q¹ 681). — *Dronayum*, 1407 (pouillé de Troyes, p. 469).

En 1789, Drosnay faisait partie de l'élection de Vitry et suivait la cout. de Chaumont. Son église paroissiale, diocèse de Troyes, doyenné de Margerie, était dédiée à Notre-Dame; l'évêque de Troyes en était collateur.

Drouillerie (La), f. c^{ne} de Sarry.

Drouilly, c^{on} de Vitry-le-François. — *Druliacum*, 987-996 (Marlot français, t. II, p. 809). — *Drulleiam*, comm. du xie siècle (polypt. de S.-Remy). — *Druleyum*, 1135 (cart. d'Huiron, p. 18). — *Drulleyum*, 1150 (ibid. p. 20). — *Druylleium, Druileium*, 1187 (ibid. p. 211). — *Druleium*, xiie siècle (fragm. de polypt. p. 169). — *Drullé*, 1230 (Ulmoy). — *Druilli*, v. 1240 (Cheminon, c. 1). — *Druillei*, v. 1252 (arch. nat. J 202, 55).

— *Druilley*, 1263 (S.-Memmie, c. 7, f° 7 r°). — *Drailly*, 1366 (arch. nat. Q¹ 681¹, f° 85). — *Drouilleyum*, 1405 (pouillé de Châl. f° 74 v°). — *Deuilly, Deuilly-sur-Marne*, 1636 (arch. nat. P 216, 52). — *Dreuilly-sur-Marne*, 1656 (ibid. P 191, 18). — *Drouilly-sur-l'Isson*, 1860 (Cornet-Paulus).

Drouilly faisait partie, en 1789, de l'élection et suivait la coutume de Vitry. Son église paroissiale, diocèse de Châlons, doyenné de Coole, était dédiée à saint Hilaire; l'abbé d'Huiron présentait à la cure.

Drouinnerie (La), lieu-dit, c^{ne} de Belval-sous-Châtillon.

Drouoise (La), cense, c^{ne} d'Argers. — *La cense de la Drouoise, d'ancienneté appellée la cense de Cullyeret et Franzan*, 1572 (arch. nat. P 184, 99).

Droyes (La), riv. affl. de la Voire; prend sa source au finage d'Éclaron (Haute-Marne), traverse les territ. de Champaubert-aux-Bois et de Giffaumont, et rentre dans le dép. de la Haute-Marne.

Druelle (La), h. c^{nes} de Champaubert-aux-Bois et de Giffaumont. — *Le gagnage de la Droyelle*, 1507 (S.-Étienne de Troyes, G 25). — *Les deux censes de la Druelle*, 1720 (Saugrain, t. I, p. 444). — *La ferme Druelle et celle de la seconde Druelle, scituées au finage et territoire de Giffaumont-les-Druelles*, 1783 (Saint-Étienne de Troyes. 6 G 50). — *La ferme des Druelles*, 1785 (ibid. 6 G 25). — *Druele*, xviiie siècle (Cassini).

Due (La), ruiss. affl. de la Sommesoude, c^{ne} de Chaintrix.

Dugny, loc. détr. c^{ne} de Mailly. — *Duigni*, 126. (liber pontificum, f° 442 v°). — *Batissia de Duigny*, 1343 (chap. de Reims, c. 21). — *Lambert Péchié, de Bricor, escuyer, seigneur de Dugny et de Sillery*, 1388 (S.-Basle, l. 31). — *Guillaume Couchon, sieur de Dugny*, 1526 (ibid.).

L'emplacement de cette ancienne localité est indiqué sur le plan cadastral par le lieu-dit *le Dugny*.

Duponnerie (La), lieu-dit, c^{ne} de Morangis.

Duponnerie (La), f. détr. c^{ne} de Giffaumont. — *La maison nommée la Duponnerie*, 1720 (Saugrain, t. I, p. 444). — *La Dupomerie*, 1860 (Cornet-Paulus).

Duruterie (La), f. c^{ne} de Janvilliers. — *La Déruterie*, 1860 (Cornet-Paulus). — *La Dureterie*, 1862 (Guérard, p. 235).

E

ECHALT, lieu-dit, c^{ne} d'Oger.

ÉCHELLE (L'), c^{ne} de Montmirail. — Voy. LÉCHELLE.

ÉCHELLE (L'), f. détr. c^{ne} de Binarville. — *Fief du bois de l'Eschelle*, 1499 (canton de Ville-sur-Tourbe, p. 19). — *Leschelle*, 1572 (arch. nat. P 184, 207). — *La cense de l'Echelle*, 1720 (Saugrain, t. I, p. 433). — *Le fief de l'Échelle, situé à Binarville*, 1764 (arch. nat. Q¹ 661).

ECHELLE (RUISSEAU DE L'), c^{ne} de Binarville.

ÉCHELLE (L'), fief, c^{ne} de Châtillon-sur-Morin. — *Ung fief assis audit Châtillon, appellé le fief de Leschelle*, 1553 (arch. nat. P 178, 71). — *Le fief scis audit Châtillon, apellé le fief de l'Échelle*, 1751 (ibid. Q¹ 678).

ÉCHELLE (L'), écart, c^{ne} de Drosnay.

ÉCHELLE (L'), m^{on}, à Montgenost. — *La maison appellée la maison de l'Echelle*, 1766 (arch. nat. Q¹ 678).

ÉCHELLE (L'), h. c^{ne} d'Orbais. — *Leschieles*, 1246 (liber pontificum, f° 485 r°). — *Leschelle-sur-Orbais*, 1628 (arch. nat. Q¹ 678). — *Léchelle*, 1763 (Orbais, p. 38).

ÉCHELLE (L'), h. c^{ne} de Reuil-sur-Marne. — *Leacheriæ*, 1145 (cart. de S.-Martin d'Épernay, p. 130). — *Licheriæ, Scala*, 1146 (hist. de la maison de Châtillon, p. 25). — *Lecheliæ*, 1178 (cart. de S.-Martin d'Épernay, p. 139). — *Leschierres*, vers 1222 (liv. des vass. de Champ.). — *Leschieles juxta Radolium*, 1243 (Teulet, trésor des chartes, t. II, p. 491). — *Leschielle*, 1389 (arch. nat. P 180, 117). — *Leschiele-lez-Chastillon*, 1395 (chap. de Reims, l. Clairizet). — *Leschielle-sur-Marne*, 1408 (arch. nat. P 180, 138). — *Lescelle*, 1506 (ibid. P 162, 111).—*Leschelle*, 1526 (ibid. P 166, 236).

ÉCHENAUX (LES), f. c^{ne} de Festigny-les-Hameaux. — *Les Échenaux*, 1834 (état-major). — *Les Échenaux*, 1862 (Guérard, p. 199).

ÉCLAIRES, c^{ne} de Dommartin-sur-Yèvre. — *Escleræ*, 1154-1161 (Moutiers, c. 2). — *Esclères*, v. 1165 (cart. de Moutiers, 10946, f° 26 r°). — *Escleires*, 1190 (cart. de Moiremont, f° 86 r°). — *Escleires*, 1212 (Moutiers, c. 2). — *Escleriæ*, 1220 (Moiremont, c. 12). — *Ecleriæ*, 1249 (cart. de Moiremont, f° 100 r°). — *Escleriæ*, 1250 (liber pontificum, f° 337 r°). — *Escleirs*, xiv° siècle (Moutiers, c. 2). — *Esclères en Argonne*, 1420 (Moiremont, c. 2). — *Esclers*, 1502 (cart. de Moutiers,

10946, f° 129 v°). — *Escleire*, xvi° siècle (ibid. f° 130 v°).

En 1789, Éclaires était compris dans l'élection et suivait la cout. de Châlons. Son église paroissiale, diocèse de Châlons, doyenné de Possesse, était consacrée à saint Vanne; l'abbé de Moiremont présentait à la cure.

ÉCLIN, f. c^{ne} de Chaumuzy. — *Esclain*, 1384 (arch. nat. P 180, 111). — *Ecclain*, 1508 (archev. de Reims, c. 6). — *Éclin*, xviii° siècle (Cassini). — *Esquelin*, 1720 (Saugrain, t. I, p. 477).

ÉCLISSE (BOIS DE L'), c^{ne} de Chambrecy, de Champlat et de Chaumuzy.

ÉCLUSE (L'), m^{on} is. c^{ne} d'Hautvillers.

ÉCLUSE (L'), m^{on}, c^{ne} de Mareuil-sur-Ay.

ÉCLUSE (L'), sur le canal latéral à la Marne, c^{ne} de Vraux.

ÉCLUSE DE COURÉ (L'), m^{on} éclusière, c^{ne} de Condé-sur-Marne.

ÉCLUSE DE DIZY (L'), m^{on} éclusière, c^{ne} d'Hautvillers.

ÉCLUSE DE PRISE D'EAU (L'), m^{on}, c^{ne} de Couvrot.

ÉCLUSE DES LONGUES-ROUES (L'), m^{on}, c^{ne} d'Isses.

ÉCLUSE D'ISSES (L'), m^{on}, c^{ne} d'Isses.

ÉCLUSE DU CHAMP-BONGARÇON (L'), m^{on}, c^{ne} d'Isses.

ÉCLUSE DU FOSSÉ-RODEZ (L'), m^{on}, c^{ne} d'Isses.

ÉCLUSE DU PRÉ-SAINT-MARTIN (L'), m^{on}, c^{ne} d'Isses.

ÉCOLLEMONT, c^{on} de Saint-Remy-en-Bouzemont. — *Alodium Scoblei Montis*, 1131-1141 (Hautefontaine, c. 6). — *Escollemont*, 1633 (lieux régis par la cout. de Vitry). — *Écolemont*, xviii° siècle (Cassini).

En 1789, Écollemont faisait partie de l'élection et suivait la cout. de Vitry. Son église paroissiale, annexe de celle de Nuisement-aux-Bois, diocèse de Châlons, doyenné de Perthes, était consacrée au saint Sauveur.

ÉCORCHERIE (L'), lieu-dit, c^{ne} de Champaubert-la-Bataille.

ÉCOUTE-S'IL-PLEUT, mⁱⁿ, c^{on} de Cormoyeux-Romery. — *Écoute-s'il-Pleut, paroisse de Cormoyeux*, 1598 (arch. nat. Q¹ 675). — *Le molin d'Écoute-s'il-Pleut*, 1602 (ibid. Q¹ 673; le moulin existait alors depuis quatre générations). — *Ung moulin à eau scis au terroir dudit Cormoyeux, lieu-dit Escoute-s'il-Pleut*, 1625 (ibid. Q¹ 675). — *Escoute-s'il-Pleut*, 1675 (ibid. Q¹ 676). — *Écoute-s'il-Pleut*, 1691 (ibid.). — *Écoutte-s'il-Pleut*, 1713 (ibid.).

ÉCOUTE-S'IL-PLEUT (LES), lieu-dit, c^{ne} de Courthiézy.

ÉCRIENNES, c^{on} de Thiéblemont. — *Escrienes*, 1213

(chap. de Chàl. a. 5, l. 8). — *Escrinœ*, 1227
(Trois-Font. c. 5). — *Escrenes*, v. 1252 (arch.
nat. J 202, 55). — *Escriengnes*, 1380 (chap.
de Reims, l. Vaucler). — *Escriniœ*, 1405 (pouillé
de Chàl. f° 76 v°). — *Escrienn[e]s*, 1410 (Cheminon, c. 3). — *Escryennes-lez-Victry-en-Partois*,
1503 (chap. de Chàl. a. 5, l. 8). — *Escreniœ*,
1542 (taxe du dioc. de Chàl. p. 210²). — *Escrienne*,
1571 (arch. nat. P 179, 113). — *Écrienne*, 1739
(*ibid.* P 230, 7). — *Écriennes*, 1755 (chap. de
Chàl. a. 1, l. 56).

Écriennes faisait partie, en 1789, de l'élection et
suivait la cout. de Vitry. Son église paroissiale,
diocèse de Chàlons, doyenné de Perthes, était consacrée à saint Hilaire ; le chapitre cathédral de Chàlons présentait à la cure.

ÉCUEIL, c°⁰ de Ville-en-Tardenois. — *Scoilum*, comm.
du xi° siècle (polypt. de Saint-Remy de Reims). —
Escolium, 1074 (d'Arbois, hist. des comtes de
Champ. t. I, p. 489). — *Esculium*, 1090-1095
(hist. de la maison de Chàtillon, p. 21). — *Escuel*,
v. 1222 (liv. des vass. de Champ.). — *Escuell*, 1224
(S.-Remy de Reims, l. 7). — *Escuil*, 1229 (Teulet,
trésor des chartes, t. II, p. 160). — *Escuelh*, vers
1263 (arch. adm. de Reims, t. I, p. 825). — *Escueil*, v. 1274 (arch. nat. J 202, 45). — *Esquex*,
1318 (S.-Denis de Reims, suppl. l. Courtaumont).
— *Scuel*, 1357 (arch. adm. de Reims, t. III,
p. 108). — *Equeu*, 1454 (arch. nat. P 161, 197).
— *Escueil en la Montaigne de Reins*, 1463 (ibid.
P 180, 163). — *Escueille*, 1512 (chap. de Reims,
l. Écueil). — *Escueil* (sic), 1565 (*ibid.*). — *Escœuil*, 1698 (*ibid.*).

Écueil était compris, en 1789, dans l'élection de
Reims et suivait la cout. de Vitry. Son église paroissiale, diocèse de Reims, doyenné de la Montagne,
était dédiée à saint Crépin ; l'abbé de Saint-Martin
d'Épernay et le doyen du chapitre métropolitain de
Reims présentaient alternativement à la cure.

ÉCURY (LE HAUT D'), lieu-dit, c°° de Cernay-en-Dormois.

ÉCURY-LE-GRAND. — Voy. SAINT-GEORGES.

ÉCURY-LE-PETIT, h. c°° de Champigneul. — *Scureiacum*,
1028 (S.-Pierre-aux-Monts, c. 1). — *Escureium*,
1147-1151 (cart. d'Andecy, f° 5 v°). — *Escureium
super Saue*, 1213 (S.-Pierre-aux-Monts, c. 2). —
Escureium super Saue, 1289 (ibid.). — *Escurey*,
Escury, 128. (arch. nat. Q¹ 668¹). — *Escurey-
le-Cheitif*, 1383 (ibid. P 188, 52). — *Escurreyum*, 1405 (pouillé de Chàl. f° 73 v°). — *Escury-
le-Chietifz*, 1472 (chap. de Chàl. a. 2, l. 4). —
Escury-le-Ghétif, 1515 (Barthélemy, hist. de Chàl.

p. 280). — *Escury-le-Petit*, 1581 (Barthélemy,
cart. de l'évêché de Chàl. p. 53). — *Les Escuryes*,
les Escuries, Escuries, 1679 (arch. nat. Q¹ 668).
— *Écury-le-Chétif*, 1693 (dioc. anc. de Chàlons,
t. I, p. 279). — *Ecclesia Sancti Georgii de Ecuriaco
Captiva, quondam Écury-le-Chétif, nunc les Petites-
Écuries*, 1755 (chap. de Chàl. a. 1, l. 56).

Avant 1845, Écury-le-Petit formait une commune distincte de celle de Champignoul.

ÉCURY-LE-REPOS, c°° de Vertus. — *Capella Escuriaci*,
1124-1130 (cart. d'Oyes, f° 19 r°). — *Ecclesia de
Escuriaci villa*, 1142 (ibid. f° 31 r°). — *Villa que
Escureis nuncupatur*, 1146 (ibid. f° 32 r°). — *Es-
cureiam*, 1171 (Montier-la-Celle, l. 19). — *Escuri*,
v. 1222 (liv. des vass. de Champ.). — *Escureyum*,
1228 (cart. d'Oyes, f° 17 r°). — *Escurry*, 1367
(arch. nat. Q¹ 681¹, f° 25). — *Escurreyum*, 1405
(pouillé de Chàl. f° 73 r°). — *Escuri-le-Repos*, 1508
(arch. nat. P 207, 12). — *Escury-le-Repoz*, 1571
(ibid. P 72, 73).

En 1789, Écury-le-Repos faisait partie de l'élection et suivait la cout. de Chàlons. Son église paroissiale, diocèse et doyenné de Chàlons, était consacrée à Notre-Dame ; l'abbé de Notre-Dame de
Vertus présentait à la cure.

ÉCURY-SUR-COOLE, arrond. de Chàlons. — *Escureium*,
1173 (chap. de Chàl. a. 5, l. 11). — *Escureium
supra Collam*, 1244 (ibid.). — *Escureium supra
Maternam*, 1274 (ibid.). — *Esquiri super Colam*,
Escuri, 1270 (S.-Basle, l. 13). — *Escury-sur-
Colls*, 1406 (chap. de Chàl. a. 5, l. 10). — *Escury-
sur-Coole*, 1472 (ibid. a. 2, l. 4). — *Escurey-sur-
Coole*, 1556 (P. de Chenouleau, cout. de Sens,
p. 452). — *Escury près de Chaulons*, 1603 (arch.
nat. P 178, 98). — *La terre et seigneurie de Scury-
sur-Coole*, 1636 (ibid. P 215, 36). — *Escurie*,
1693 (arch. lég. de Reims, statuts, t. II, p. 979).
— *Escuris*, v. 1700 (Andecy, c. 3). — *Ecuriacum
ad Coslam*, 1755 (chap. de Chàl. a. 1, l. 56). —
Écurie, 1764 (S.-Basic, l. 13).

Écury-sur-Coole faisait partie, en 1789, de
l'élection et suivait la cout. de Sens. Son église paroissiale, diocèse et doyenné de Chàlons, était dédiée à saint Alpin ; le chapitre cathédral de Chàlons
présentait à la cure.

ÉCUYERS (FIEF DES), à Bézannes. — *La terre et seigneurie, justice haute, moyenne et basse de la ville
de Bézannes, appellée le fief des Escuyers*, 1580
(évêché de Chàl. c. 10).

ÉCUYERS (FIEF DES), c°° de Chapelaine-sous-Margerie.
— *Dans lequel lieu et finage [de Chapelaine] est le
fief des Écuyers*, 1732 (arch. nat. P 198, 4).

Écuyers (Ban des), c⁰ᵉ de Moncets. — *Une partie de la terre et seigneurie de Moncelz-lès-Sarrey, au lieu-dit ou ban et justice des Escuiers,* 1464 (arch. nat. P 36, 8).

Effrain, f. c⁰ᵉ de Maffrécourt. — 1732 (arch. nat. P 226, 81).

Églisottes (Les), lieu-dit, c⁰ᵉ de Condé-sur-Marne. Il y avait, paraît-il, en ce lieu une chapelle consacrée à saint Denis et démolie vers 1700.

Élizs, c⁰ᵉ de Sainte-Menehould. — *Alisia,* 1130 (Moiremont, c. a). — *Helesia,* 1132 (dioc. anc. de Châl. t. II, p. 445). — *Elisia,* 1170 (Moiremont, c. 1). — *Elysia,* 1203 (cart. de Moiremont, f⁰ 140 r⁰). — *Alise, Elisie,* vers 1222 (liv. des vass. de Champ.). — *Helisia,* 1223 (Toussaints, c. 6). — *Elisiæ,* v. 1252 (arch. nat. J 202, 55). — *Élise,* v. 1274 (ibid. J 202, 46). — *Eslise,* 1389 (ibid. P 183, 26). — *Elizia,* 1405 (pouillé de Châl. f⁰ 78 v⁰). — *Eslize,* 1498 (ibid. P 162, 295). — *Élize, Élisze,* 1535 (ibid. P 184, 89).

En 1789, Élize faisait partie de l'élection de Sainte-Menehould et suivait la cout. de Vitry. Son église paroissiale, diocèse de Châlons, doyenné de Sainte-Menehould, était dédiée à saint Julien; l'abbé de Châtrices présentait à la cure.

Élize (Ru d'), affl. de l'Ante; coule sur le territ. d'Élize.

Émerlots (Ru des), affl. de la Maroline; arrose le finage de Vienne-la-Ville.

En-Bas-de-la-Garenne, m⁰ⁿ is. c⁰ᵉ de Thillois.

Enghien (Forêt d'), c⁰ᵉ de Festigny et d'Ablois-Saint-Martin. — *Haia d'Arbloi,* 1234 (liber pontificum, f⁰ 77 r⁰). — *Foresta d'Ablois,* 1258 (ibid. f⁰ 488 r⁰). — *Le bois mons⁰. d'Anguiein,* 1362 (arch. nat. P 182, f⁰ 154 r⁰). — *La haye d'Ablois,* 1441 (ibid. f⁰ 121 r⁰). — *Le bois d'Anguien,* 1441 (ibid. f⁰ 253 r⁰). — *Le bois d'Anghien,* 1461 (ibid. P 181, 73). — *La forest d'Anguien,* 1596 (ibid. P 170, 46).

Cette forêt tire son nom de la famille d'Enghien, qui, au xiv⁰ et au xv⁰ siècle, possédait les seigneuries de la Nonnelle et d'Ablois, confisquées par Louis XI sur Louis d'Enghien.

En-Joany, lieu-dit, c⁰ᵉ de Prouilly.

Enjorbois, chap. détruite, c⁰ᵉ de Sommepy. — *Une rente assise en Haults Champaigne, arrière de tous villages, où souloit avoir maison et chappelle, mais à présent est en ruyne et s'appelle le lieu où souloit estre la dite chapelle : En Jorrois; qui est entre le terroir de Sompy d'un costé et les terroirs de Bouclenay et Tahur d'autre,* xiv⁰ siècle (S.-Pierre-aux-Dames, c. 6).

Entre-Deux-Ponts, quartier de Reims, au bourg de Vesle. — *Quatuor molendina ad Duos Pontes super Vidulam,* 1067 (arch. adm. de Reims, t. I, p. 23). — *Entre-Deux-Ponts,* 1347 (ibid. t. II, p. 1138). — *Les moulins de Vesle entre Deux-Pons,* v. 1375 (ibid. t. III, p. 422). — *Aux molins que on dit d'Entre-Deulx-Ponts,* 1381 (ibid. t. III, p. 508). — *Ung molin sur ladicte rivière [de Veelle]-lez-Reims, en lieu dit Entre-Deux-Pons,* 1384 (ibid. t. III, p. 650).

Épauls, lieu-dit, c⁰ᵉ de la Chapelle-et-Felcourt.

Épargneval, m⁰ⁿ is. c⁰ᵉ de Saint-Mard-lez-Rouffy. — *L'Épargnerol,* 1860 (Cornet-Paulus).

Épargneval (Bois d'), c⁰ⁿ de Saint-Mard-lez-Rouffy.

Épées (Les), h. c⁰ᵉ de Lachy. — *Espois juxta Lachi,* 1159, 1181 (le Reclus, c. 2). — *In Spissis de Lachi,* 1171 (la Charmoye, c. 1). — *Les Espeuis,* v. 1222 (liv. des vass. de Champ.).

Épense, c⁰ⁿ de Dommartin-sur-Yèvre. — *Spantia,* v. 948 (Flodoard, l. III, c. 26). — *Spancia,* 1138 (Moutiers, c. 1). — *Espancia,* 1140 (ibid.). — *Iapancia,* après 1140 (cart. de Moutiers, 9905, f⁰ 66 v⁰). — *Ecclesia de Espancis,* 1144 (cart. de S.-Martin-des-Champs de Paris, LL 1351, f⁰ 7 v⁰). — *Espance,* 1240 (arch. nat. KK 1064, f⁰ 271 v⁰). — *Spansia,* 1231 (c. de Moutiers, 9905, f⁰ 68 v⁰). — *Espencia,* 1234 (dioc. auc. de Châl. t. I, p. 383). — *Espense, Espances,* 1253 (cart. de Rethel, n⁰ 92 et 109). — *Eponse,* 1733 (arch. nat. P 227, 49).

En 1789, Épense faisait partie de l'élection de Sainte-Menehould et était régi par la cout. de Vitry. Son église paroissiale, diocèse de Châlons, doyenné de Possesse, était dédiée à saint Paul; l'abbé de Montiers-en-Argonne présentait à la cure.

Épense (Ru d'), affl. de l'Ante; coule sur le territ. d'Épense.

Épensival, f. c⁰ⁿ d'Épense. — *In Valle Spanciensis,* 1138 (Montiers, c. 1). — *Grangia que dicitur Spancia Vallis,* 1148 (cart. de Montiers, 16940, f⁰ 1 r⁰). — *Espanciavallis,* v. 1160 (ibid. 9905, f⁰ 63 r⁰). — *Spantia Vallis, Espancivallis,* 1154-1161 (ibid. f⁰ 13 v⁰ et 18 v⁰). — *Spantievallis,* avant 1164 (ibid. f⁰ 28 r⁰). — *Pancheval, Pacievallis,* 1182 (ibid. 9905, f⁰ 7 v⁰ et 8 v⁰). — *Espancival,* 1204 (ibid. f⁰ 132 r⁰). — *Spanciavallis,* 1218 (S.-Jacques de Vitry, c. 4). — *Espanceival,* 1258 (Montiers, c. 1). — *Espencival,* 1270 (cart. de Montiers, 9905, f⁰ 57 r⁰). — *Spancival,* 1272 (ibid. f⁰ 58 v⁰). — *Espenceval,* 1279 (Montiers, c. a). — *La maison d'Espanseval,* 1402 (arch. nat. P 184, 11). — *Espan-*

cyval, 1536 (Moutiers, c. 2). — *Epencival*, 1720 (Saugrain, t. I, p. 436). — *Espensival*, xviiiᵉ sᵉ (Cassini).

Épensival (Ru d'), aſſl. du Bord; arrose les finages de la Neuville-aux-Bois et d'Épense.

Épernay, ch.-l. d'arrond. — *Sparnacus*, viᵉ siècle (testam. de saint Remy). — *Sparneacum*, 1042 (hist. des comtes de Champ. t. I, p. 483). — *Sparniacum*, v. 1114 (S.-Remy, l. 69). — *Sparnai*, 1151 (la Neuville, c. 9). — *Spernacum*, 1152 (S.-Remy, l. 73). — *Sparnaium*, 1163-1170 (Montiers, c. 2). — *Esparnaium*, 1190 (la Neuville, c. 8). — *Esparnacum*, 1195 (Andecy, c. 1). — *Esparnai*, *Espernai*, v. 1220 (liv. des vass. de Champ.). — *Apargnai*, 1222 (la Charmoye, c. 5). — *Sparnascum*, v. 1223 (liber principum, 5992, f° 304 r°). — *Espurnai*, 1248 (la Neuville, c. 4). — *Espargnei*, 1249 (cart. A de S.-Remy de Reims, p. 269). — *Pernascum*, v. 1252 (arch. nat. J 202, 47). — *Pernacum*, 1257 (cart. d'Igny, f° 75 v°). — *Esparnay*, 1285 (feoda Campanie, G 93). — *Espernayum*, 1302 (E. de Barthélemy, hist. de Châlons, p. 254). — *Espernay*, 1308 (arch. nat. P 1114). — *Abbas Spernicensis*, 1346 (arch. adm. de Reims, t. II, p. 633). — *Esparnaiz*, xviiᵉ siècle (Rogier, cité dans les Arch. lég. de Reims, statuts, t. I, p. 606).

En 1789, Épernay, ch.-l. de l'élection de ce nom, suivait la cout. de Vitry. Son église paroissiale, diocèse de Reims, doyenné d'Épernay, était dédiée à Notre-Dame; elle dépendait de l'abbaye de Saint-Martin d'Épernay.

Épernay (Forêt d'), cᵉ d'Épernay. — *Sparnaci foresta*, 1120 (cart. de S.-Denis de Reims, p. 120). — *Nemus quod vocatur Baticius juxta Spernacum*, 1235 (Teulet, trésor des chartes, t. II, p. 300).

Épine (L'), cᵉⁿ de Marson. — *Sainte-Marie à l'Espine*, v. 1230 (cart. C de S.-Remy de Reims, f° 27 v°). — *Apud Cortisor, in capite dicte ville, sablas ecclesiam Beate Marie*, 1270 (Vinets, c. 5). — *In finagio Beate Marie de Spina, de Cortisor*, 1271 (ibid.). — *Apud Cortisor au chief dicte ville versus ecclesiam Beate Marie*, 1273 (ibid.). — *Ecclesia Beate Marie de Cortisex dicta à l'Espine*, 1288 (ibid.). — *Ecclesia Beate Muria de Spina*, 1341 (ibid.). — *Capellania Sancte Maris de Spina*, 1405 (pouillé de Châlons, f° 74 r°). — *Nostra-Dame de l'Espine*, 1486 (Vinets, c. 5). — *Prioratus cura Beate Virginis de Spina*, 1511 (Touss. c. 9). — *L'Espine*, 1531 (S.-Memmie, c. 10). — *Spina*, 1542 (taxe du diocèse de Châl. p. 209). — *L'Espine*, 1720 (Saugrain, t. I, p. 409). — *N.-D. de l'Epine*, xviiiᵉ siècle (Cassini).

En 1789, l'Épine faisait partie de l'élection et suivait la coutume de Châlons. Son église paroissiale, diocèse de Châlons, doyenné de Bussy-le-Châlcau, était dédiée à Notre-Dame; l'abbé de Toussaints présentait à la cure.

Épine (L'), cᵉ de Boursault. — *Lépine*, 1720 (Saugrain, t. I, p. 469).

Épine (L'), f. cᵉ de Saint-Ouen-et-Domprot. — *L'Épine des Essarts*, 1720 (Saugrain, t. I, p. 446). — *La Grosse-Épine, finage et parroisse de Saint-Ouen*, 1732 (arch. nat. P 198, 4).

Épinois (L'), écart, cᵉ de Bouchy-le-Repos. — *Lespinoux*, 1720 (Saugrain, t. I, p. 463). — *Lépinois* ou *les Pinons*, 1784 (Courtalon, t. III, p. 226).

Épinolles (Les), bois, cᵉ de Vertus. — *Nemus d'Espinole*, 1268 (la Charmoye, c. 6). — *En ce lieu de Vertuz ha un bois commun... et appelle-t-on ce bois Espinole*, v. 1300 (extenta Campanie, Vertus). — *Bois de l'Espinolle*, 1367 (arch. nat. Q¹ 681¹, 11). — *Deux mille arpens de bois appellez les Espinolles, assiz entre les terroirs de Soullières, la Charmoye, Argensolles, Villers et Vertus*, 1508 (ibid. P 207, 12). — *Les boays des usages de Vertus appellez les Espignoles*, 1547 (ibid...). — *Le fief des Espinolles*, 1673 (ibid. Q¹ 681). — *Les bois d'Espignolles*, 1681 (ibid.). — *Le bois des Espinolles*, 1734 (ib'd.).

Époye, cᵉ de Beine. — *Spida*, v. 948 (Flodoard, l. II, c. 9). — *Spoia*, 1126 (arch. adm. de Reims, t. I, p. 280). — *Spoya*, 1156 (cart. de Saint-Thierry, f° 384 r°). — *Espoia*, *Espoie*, 1224 (Saint-Thierry, c. 4, l. 26). — *Espoya*, v. 1263 (arch. adm. de Reims, t. I, p. 851). — *Espoye*, 1326 (chap. de Reims, l. Époye). — *Espoys*, xivᵉ siècle (cart. A du chap. de Reims, f° 85 r°). — *Espoir*, *Espoy*, 1556 (arch. lég. de Reims, cout. p. 885 et 911). — *Espois*, 1663 (arch. nat. Q¹ 675).

Époye était compris, en 1789, dans l'élection et suivait la cout. de Reims. Son église paroissiale, diocèse de Reims, doyenné de Lavannes, était dédiée à saint Pierre; l'archevêque de Reims en était collateur.

Époye (Ru d'), aſſl. de la Suippe; arrose les territ. d'Époye et de Saint-Masme.

Érale (Ru de l'), cᵉ d'Igny-le-Jard.

Ermitage (L'), f. cᵉ du Breuil. — *L'Hermitage*, xviiiᵉ siècle (Cassini).

Ermitage (L'), ch. cᵉ de Brimont. — *L'Hermitage*, 1847 (lieux habités).

Ermitage (L'), lieu-dit, cᵉ de Venteuil.

Escardes, cᵉ d'Esternay. — *Escaardes*, 1219 (liber principum, 5992, f° 186 r°). — *Eschaardes*, 1219 (arch. nat. KK 1064, f° 157 v°). — *Escarda*, 1222 (cart. de Nesle, f° 5 v°). — *Equararde*, v. 1274 (arch. nat. J 205, 31 *bis*). — *Escarde*, v. 1300 (extenta Campanie, Sézanne). — *Escardia*, 1381 (pouillé de Troyes, A 312). — *Écardes*, 1847 (lieux habités).

Escardes faisait partie, en 1789, de l'élection de Sézanne et était régi par la cout. de Meaux. Son église paroissiale, diocèse de Troyes, doyenné de Sézanne, était dédiée à saint Antoine et à saint Sulpice; l'évêque de Troyes en était collateur.

ESCLAVOLLES, c^on d'Anglure. — *Sclavolla*, 1165 (Gall. christ. t. XII, p. 271). — *Esclavele*, *Esclavelles*, *Eclavelle*, v. 1222 (liv. des vass. de Champ.). — *Esclavola*, 1240 (arch. nat. J 193, 83). — *Esclavalla*, *Esclavella*, 1247 (Montier-la-Celle, c. 18). — *Esclavole*, v. 1252 (arch. nat. J 196, 44). — *Esclavolla*, 1407 (pouillé de Troyes, 197). — *Esclavolla*, 1408 (S.-Julien de Sézanne, c. 4). — *Esclavolæ*, 1521 (arch. de l'Aube, G 632). — *Esclavolles*, 1535 (Sellières, 9 H, c. 1). — *Eclavolles*, 1728 (arch. de l'Aube, G 632). — *Eclavolle*, 1759 (arch. nat. Q¹ 678).

En 1789, Esclavolles faisait partie de l'élection de Sézanne et était régi par la cout. de Meaux. Son église paroissiale, diocèse de Troyes, doyenné de Pont-sur-Seine, était dédiée à saint Martin; le seigneur du lieu présentait à la cure.

ESPÉRANCE (L'), aub. c^on d'Auberive.

ESPÉRANCE (L'), m^on, c^on de Brimont.

ESPÉRANCE (L'), écart, c^on de Gratreuil.

ESPÉRANCE (L'), cense disparue, c^on d'Hauteville. — *Le gagnage l'Espérance*, 1734 (arch. nat. P 228, 22).

ESPÉRANCE (L'), m^on, c^on de Marson.

ESPÉRANCE (L'), écart, c^on de Montépreux.

ESPÉRANCE (L'), m^on, c^on de Noirlieu.

ESPÉRANCE (L'), écart, c^on de Vavray-le-Grand.

ESPÉRANCE (L'), f. c^on de Verzenay.

ESPÉRANCE (L'), m^on, c^on de Vroil.

ESPILLY, h. c^on de Chaumuzy. — *Sepilly*, 1279 (cart. † de l'archev. de Reims, f° 53 r°). — *Cepilly*, *Cepilleyum*, 1304 (chap. de Reims, l. Chaumuzy). — *Spilliacum*, 1343 (arch. adm. de Reims, t. II, p. 883). — *Epillez*, xiv° siècle (*ibid.*). — *Spilly*, 1499 (archev. de Reims, c. 6). — *Expilly*, 1764 (Expilly, t. II, p. 304). — *Espilly*, 1766 (arch. nat. Q¹ 683). — *Espiller*, xviii° siècle (Cassini).

ESSARS (LES), f. c^on de Champaubert. — *Les Essars*, xviii° siècle (Cassini).

ESSARTS (LES), f. détr. c^on de la Neuville-aux-Bois. — *Le fief et seigneurie des Essartz*, 1665 (arch. nat.

Q¹ 657). — *Les Essarts*, 1678 (ibid. P 194, 62). — La ferme est encore figurée par Cassini.

ESSARTS (LES), écart, c^on de Verdey.

ESSARTS-L'ABBÉ (LES), h. détr. et bois, c^on de Montmort et de Chaltrait. — *In territorio de Chaletrot*, *que terre dicuntur l'Essarz-l'Abbé*, 1259 (la Charmoye, c. 1). — *L'Essart-l'Abbé*, 1508 (arch. nat. P 207, 12). — En 1633, le hameau de *Lessart-l'Abbé* existait encore et est indiqué comme dépendance de Chaltrait (lieux régis par la coutume de Vitry).

ESSARTS-LE-VICOMTE (LES), c^on d'Esternay. — *Essarta*, 1171 (Andecy). — *L'Essart*, v. 1222 (liv. des vass. de Champ.). — *Les Essarts*, *les Essarts-le-Visconte*, 1370 (cart. de Nesle, f° 27 r°). — *Essarta Vicecomitis*, 1407 (pouillé de Troyes, n° 209). — *Les Essartz-le-Viconte*, 1553 (arch. nat. P. 178, 71). — *Essarti Vicecomitis*, 1784 (Courtalon, t. III, p. 238). — *Les Essartz*, 1571 (mém. de Cl. Halon, p. 648). — *Les Essarts-l'Unité*, 13 oct. 1793 (hist. d'Esternay, p. 304). — *Beaux-Essarts*, 1794 (arch. nat. F² 7, où on lit *Beaucessarts*).

En 1789, les Essarts-le-Vicomte était compris dans l'élection de Troyes et suivait la coutume de Meaux. Son église paroissiale, diocèse de Troyes, doyenné de Pont-sur-Seine, était consacrée à saint Michel; l'évêque de Troyes en était collateur.

ESSARTS-LEZ-SÉZANNE (LES), c^on d'Esternay. — *Exarta*, 1179 (S.-Nicolas de Sézanne, c. 9). — *Essart*, *Essarz*, comm. du xiii° siècle (cart. de Notre-Dame de Paris, t. II, p. 157). — *Essarta*, 1220 (liber pontif. f° 421 v°). — *Villa dicti capitali* [*Trecensis*] *que dicitur li Essort*, 1262 (arch. de la Marne, S.-Étienne de Troyes). — *La parroche des Essars*, 1339 (grande chambrerie de S.-Étienne de Troyes, 6 G, 24). — *Les Essars lez ledit Sézanne*, 1502 (S.-Étienne de Troyes, l. 50). — *Les Essartz-lès-Sézanne*, 1556 (arch. de la Marne, S.-Étienne de Troyes). — *Les Essarts*, 1700 (grande chambrerie de S.-Étienne de Troyes, c. 24). — *Les Essards*, 1728 (*ibid.*). — *Les Grands-Essarts* ou *Les Essarts-sous-Sézanne*, *Essarti*, *Essarta subtus Sezaanam*, 1784 (Courtalon, t. III, p. 293).

Les Essarts-lez-Sézanne faisait partie, en 1789, de l'élection de Sézanne et était régi par la cout. de Meaux. Son église paroissiale, diocèse de Troyes, doyenné de Sézanne, était dédiée à saint Mesmin (*Mennorius*); le chapitre de Saint-Étienne de Troyes présentait à la cure.

ESSERT, f. c^on de la Neuville-au-Pont. — *Essartum*, 1205 (cart. de Moiremont, f° 118 r°). — *Esseres*, 1208 (*ibid.* f° 113 v°). — *Essers*, 1224 (ibid.

f° 344 r°). — *Domus de Esserto*, 1292 (Moiremont, c. 2; **Cassini**). — *Essert*, 1720 (Saugrain, 1738). — *Esserts*, 1805 (ann. de l'an xiii, p. 438).

ESSERTÉES (LES), f. c^ne de Saint-Ouen. — *Les Essertés*, 1636 (arch. nat. P 215, 36). — *Les Essertez, finage et paroisse de Saint-Ouen*, 1732 (*ibid.* Q¹ 657). — *Les Esserté*, xviii° siècle (**Cassini**). — *Les Essarts* ou *Esserté*, 1784 (Courtalon, t. III, p. 372). — *Les Essertères*, 1835 (état-major). — *Les Essartés*, 1860 (Cornet-Paulus). — *Les Essertis*, 1862 (Guérard, p. 583).

ESTERNAY, arrond. d'Épernay. — *Hesterniacum*, 1202 (liber pontif. f° 484 v°). — *Esternacum*, 1209 (arch. de l'Aube, G 22). — *Esterniacum*, 1209 (Gallia christ. t. XII, c. 295). — *Esternaium*, 1219 (KK 1064, f° 189 v°). — *Esternai*, v. 1222 (liv. des vass. de Champ.). — *Esternayum*, 1278 (cart. du Paraclet, f° 159 v°). — *Esternay*, milieu du xiii° siècle (liber principum, 5992, f° 185 r°). — *Estarnayum*, 1381 (pouillé de Troyes A 314). — *Esternayum*, 1407 (ibid. A, n° 299). — *Esternay-en-Brie*, 1553 (arch. nat. P 178, 71). — *Esterney*, 1553 (*ibid.* P. 178, 72). — *Sternay*, 1735 (ibid. P 168, 204). — *Eternay*, 1768 (*ibid.* Q¹ 679).

Esternay était compris, en 1789, dans l'élection de Sézanne et suivait la cout. de Meaux. Son église paroissiale, diocèse de Troyes, doyenné de Sézanne, était consacrée à saint Remy; l'évêque de Troyes en était collateur.

ESTERNAY-LE-FRANC, h. c^ne d'Esternay. — *Le hameau le Franc*, 1720 (Saugrain, t. I, p. 473). — *Le Franc*, 1860 (Cornet-Paulus).

ESTRÉES, h. détr. c^ne de Montmirail. — *Estrée*, 1369 (chât. de Montmirail). — *Estrée soubz N.-D. de Monthelean*, 1396 (*ibid.*). — *Estrez, Estreez, Estrées, Etreez, Etrez*, 1466 (*ibid.*). — *Estrée soubz Monthelean*, 1581 (ibid.).

ESTUY, fief, c^ne de Linthes. — *Le fief d'Estuy* assis audit *Linthe*, 1652 (arch. nat. Q¹ 679).

ÉTANCHOTTES ou ÉTANGS-CHOTTES (RUISSEAU DES), c^ne de Cheminon.

ÉTANG (L'), écart, c^ne de Belval, cant. de Dommartin-sur-Yèvre.

ÉTANG (L'), f. c^ne de Moussy.

ÉTANG (L'), f. c^ne de Pleurs. — *L'Etang*, 1847 (lieux habités). — *La Ferme-de-l'Étang*, 1862 (Guérard, p. 273).

ÉTANG (L'), m^in, c^ne de Saint-Souplet.

ÉTANG (L'), m^in, c^ne de Sillery.

ÉTANG (L'), écart, c^ne de Sommevesle (Cornet-Paulus).

ÉTANG (RU DE), c^ne de Belval, c^on de Dommartin-sur-Yèvre.

ÉTANG (RU DE L'), c^on de Châtelraould-Saint-Louvent.

ÉTANG (RU DE L'), afll. de l'Isson; coule sur les territoires de Loisy-sur-Marne et de Maisons.

ÉTANG (RU DE L'), afll. de la Tourbe; arrose le finage de Massiges.

ÉTANG (RUISSEAU DE L') ou RUISSEAU DE GERCOURT, c^ne de Reims-la-Brûlée.

ÉTANG (RUISSEAU DE L'), c^ne de Vanault-le-Châtel.

ÉTANG-BRIQUET (ROISSEAU DE L'), c^ne de Cheminon.

ÉTANG-CLAUDIN (L'), f. c^ne de Montmort. — *L'Étang Claudia*, 1633 (lieux régis par la cout. de Vitry). — *Étang-Claudia*, 1862 (Guérard, p. 268).

ÉTANG-DE-BÈCBE (RU DE L'), dit LE GROS RU, c^ne de Suizy-le-Franc.

ÉTANG-DE-BELVAL (L'), m^on de campagne, c^ne de Belval, c^on de Dommartin-sur-Yèvre.

ÉTANG-DE-FLANCOURT (RU DE L'), afll. de l'Isson; coule sur le finage de Saint-Laurent.

ÉTANG-DE-HAUT (RU DE L'), afll. de l'Ante; arrose le territoire de la Neuville-aux-Bois.

ÉTANG-DE-LA-FORÊT (ROISSEAU DE L'), c^ne de Saint-Eolien.

ÉTANG-DE-LA-PIÈCE-ROUCS (RUISSEAU DE L'), c^ne de Maurupt.

ÉTANG-DE-LA-VILLE (RU DE L'), afll. du Grand-Morin; coule sur les territoires de Neuvy et d'Escardes.

ÉTANG-DE-LOMBROIE (RUISSEAU DE L'), c^ne de Trois-Fontaines.

ÉTANG-DE-MARCELLE (RU DE L'), afll. de l'Aisne; arrose le finage d'Éclaires.

ÉTANG-DE-MONTOY (RUISSEAU DE L'), c^ne de Maurupt.

ÉTANG-DE-PARGNY (RUISSEAU DE L'), c^ne de Maurupt.

ÉTANG-DE-QUEULA (RU DE L'), afll. de la Blaise; coule sur le territoire de Landricourt.

ÉTANG-DE-SAINT-JEAN (RU DE L'), afll. de la Bruxenelle; arrose le finage de Maurupt.

ÉTANG-DES-FRANCHES-SAULES (RU DE L'), afll. de l'Aisne; coule sur le finage d'Éclaires.

ÉTANG-DES-FRESNES (RU DE L'), afll. de la Bruxenelle; arrose les territoires de Scrupt et de Blesme.

ÉTANG-DES-MORTES-EAUX (L'), m^on, c^ne de Sapicourt. — *L'Étang des Mortereaux, l'une de ces maisons est dite aussi Colignon, du nom de son possesseur*, 1847 (lieux habités). — *L'Étang des Mortes-Eaux*, 1860 (Cornet-Paulus).

ÉTANG-DE-SOMMEVESLE (L'), f. c^ne de Sommevesle.

ÉTANG-DES-PETITS-BÂTIS (RU DE L'), afll. de l'Aisne; arrose le territoire de Vienne-la-Ville.

ÉTANG-DU-RU (L'), fief, près Ste-Menehould. — *Fief de l'Estang-du-Ruz*, 1564 (arch. nat. P 162, 373).

ÉTANG-DU-VERBIAT (L'), fief, c^ne d'Étrepy. — *Un autre fief proche dudit lieu de Pargny, finage d'Étrepy*, lieu dit *les hautes et basses Chesnes*, appellé l'*Étang-du-Verbiat*, 1750 (arch. nat. Q¹ 665).

Étang-Jean (Roisseau de l'), c^m de Maurupt.

Étang-la-Vieille (Ruisseau de l'), c^me de Cheminon.

Étang-Machaut (L'), fief mouvant de Vanault-le-Châtel. — *Certain fief mouvant dudit chastel de Wano, appellé le fief de l'Estang-Machault*, 1516 (arch. nat. P 184, 86). — *Certain fief nommé le fief de Jehan de Machault, qui est en certain estang nommé l'Estang-Machault*, 1573 (*ibid.* P 184, 225). — *Le fief que tenait cy-devant Jehan de Machault, escuyer, ...,* 1604 (*ibid.* P 185, 30). — *Le fief que souloit tenir Jean de Machaud, escuyer, tant en estang, prez, rentes, comme l'estang de Machauld et aultres choses,* 1647 (*ibid.* P 216, 141).

Étang-Petit-Pierre (Ru de l'), aff. de l'Aisne; coule sur le territoire de Passavant.

Étangs (Roisseau des), aff. de l'Ante; coule sur le finage de Daucourt.

Étangs (Ru des), aff. de l'Aisne; coule sur le territoire d'Éclaires.

Étangs (Ruisseau des), c^me de Drosnay.

Étangs (Ruisseau des), c^ne de Passavant.

Étangs-Bardée (Ru des), aff. de la Bruxenelle; arrose le finage de Maurupt.

Étangs-du-Bois-de-Châtrices (Ru des), aff. de l'Aisne; coule sur le finage du Châtelier.

Étang-Sec (Ru de l'), aff. de l'Aisne; coule sur le finage du Châtellier.

Étau (L'), f. c^me d'Olizy-Violaine. — *Le fief de Lietault*, 1720 (Saugrain, t. I, p. 481). — *Le Tot*, xviiie siècle (Cassini). — *Le fief de l'Étau*, 1805 (ann. de l'an xiii, p. 71). — *L'Étaut*, 1860 (Cornet-Paulus).

Étoges, c^me de Montmort. — *Stogiæ*, 1130-1142 (cart. d'Oyes, f° 19 r°). — *Stogium*, 1142 (*ibid.* f° 31 v°). — *Estoiches*, 1230 (cart. B du chap. de Reims, f° 531 v°). — *Eatoges*, 1238 (cart. de l'Amour-Dieu, f° 4 v°). — *Estoiges*, 1249 (arch. nat. J 202, 26). — *Estagiæ*, v. 1252 (*ibid.* J 193, 51). — *Estouges*, 1367 (*ibid.* Q¹ 681, f° 14 v°). — *Estogues*, 1508 (*ibid.* P 207, 12). — *Eatauges*, 1508 (chap. de Reims, l. Écueil). — *Estoge*, 1633 (lieux régis par la cout. de Vitry).

En 1789, Étoges faisait partie de l'élection de Châlons et était régi par la cout. de Vitry. Son église paroissiale, diocèse de Châlons, doyenné de Vertus, était dédiée à saint Sulpice et à saint Antoine; l'abbé de Montier-la-Celle, succédant aux droits de l'abbé d'Oyes, présentait à la cure.

Étoile (L'), écart, c^me de Bricot-la-Ville.

Étoile (L'), m^on, c^me de Vavray-le-Grand.

Étrechy, c^ne de Vertus. — *Estrepeium*, 1185 (Andecy, c. 1). — *Stricheium*, 1189 (arch. nat. Q¹ 681¹, f° 227). — *Estrechi*, 1211 (Teulet, trésor des chartes, t. I, p. 365). — *Estrichi*, 1216 (la Charmoye, c. 6). — *Estrepai*, v. 1222 (livre des vass. de Champ.). — *Estrecheium*, 1234 (la Charmoye, c. 2). — *Trichy, Truchy*, v. 1300 (extenta Camp. Vertus). — *Estrichy*, 1508 (arch. nat. P 207, 12). — *Estrechy*, 1576 (*ibid.* Q¹ 681).

En 1789, Étrechy était compris dans l'élection de Châlons et suivait la cout. de Vitry. Son église paroissiale, annexe de celle de Soulières, diocèse de Châlons, doyenné de Vertus, était dédiée à saint Martin.

Étrechy (Le Petit-), aub. et m^in, c^me d'Étrechy.

Étrée (L'), h. c^ne de Dommartin-l'Étrée. — *Capella Sancti Nicholai secus villam quæ Strata dicitur sita*, xiie siècle (cart. de Saint-Nicaise). — *Estreie*, fin du xiie siècle (annales Stadenses, apud Pertz, t. XVI, p. 335). — *L'Estrée*, 1240 (Cheminon, c. 1). — *Domus et capella quæ habetis in loco qui dicitur l'Estrée*, 1248 (cart. de S.-Nicaise, f° 60 v°). — *Lectrez de lez Soderon*, 1375 (arch. nat. P 171, 157). — *Estreis*, fin du xive siècle (itinéraire brugeois). — *Lestrez lez Saudron-en-Champaigne*, 1600 (arch. nat. P 178, 84). — *Lottrée*, 1862 (Guérard, p. 582).

C'est au voisinage de l'Étrée que les villages de Dommartin-l'Étrée et Bussy l'Étrée doivent leur surnom, qui autrefois était *lez l'Estrée*.

Étrées (Les), lieu-dit, c^ne de Loivre.

Étrées (Les), lieu-dit, c^ne de Sainte-Marie-à-Py.

Étrées (Les), lieu-dit, c^ne de Souain.

Étrepy, c^ne de Thiéblemont. — *Stirpeium*, comm. du xie siècle (polypt. de S.-Remy). — *Sterpeium*, 1131-1142 (Hautefontaine, c. 6). — *Strepeium*, 1148 (arch. nat. P 193, 38). — *Estrepiacum*, 1159 (Ulmoy). — *Estrepi*, 1273 (Trois-Font.). — *Estrepeium*, 1179 (Ulmoy). — *Esterpeium*, 1196 (Chemin. c. 17). — *Stirpeium*, 1199 (*ibid.* c. 9). — *Stirpeyum*, 1220 (la Neuville, c. 9). — *Estripei, Estrepie*, v. 1222 (livre des vass. de Champ.). — *Estrepeyum*, 1227 (cart. de la Trinité de Châlons, f° 17 v°). — *Strepeium*, 1228 (Cheminon, c. 1). — *Strepi, Stripeium*, v. 1240 (arch. nat. J 193, 83). — *Estripeium*, 1243 (S.-Pierre-aux-Monts, c. 4). — *Estrepi*, 1273 (Chemin. c. 47). — *Styrpeium*, xiiie siècle (cart. de Chemin. f° 35 r°). — *Estrepé*, v. 1300 (extenta Campanie, Vitry). — *Estrepy*, 1400 (arch. nat. P 161, 8). — *Estreppy*, 1411 (cart. de Montiers, 9905, f° 18 v°). — *Étrepie*, 1723 (arch. nat. P 223, 126).

En 1789, Étrepy faisait partie de l'élection et suivait la cout. de Vitry. Son église paroissiale, diocèse de Châlons, doyenné de Vitry-le-Brûlé, était consacrée à saint Maurice; le prieur de Sermaize présentait à la cure.

Evae (Ru d'), affl. de l'Hardillon; arrose le finage d'Éclaires.

Évry, fief, à Fismes. — *Un autre fief séant à Fymes*, *appellé le fief d'Évry*, 1435 (arch. nat. P 181, 154).

Excommunié (Ruisseau de l'), c⁰ᵉ de Marolles.

F

Farins (Les) ou Les Rapins, f. c⁰ᵉ de Moslins.

Fagnières, c⁰ⁿ de Châlons. — *Fascinariæ*, vɪ* siècle (test. de s. Remy). — *Fassineriæ*, 1028 (S.-Pierre-aux-Monts, c. 1). — *Fasneriæ*, 1094 (cart. de la Trin. de Chal. f° 3 r°). —*Clarenbaudus Fesneria-censis*, 1123 (cart. de Touss. f° 27 r°). — *Faisne-riæ*, 1121-1126 (S.-Pierre-aux-Monts). — *Fasne-riæ*, 1138 (cart. de Châlons, cop. Gaign. p. 80).— *Fainieres*, 1146 (cart. d'Avenay, f° 28 v°). — *Fai-gneriæ*, 1161 (S.-Memmie, c. 1). — *Faisneriæ*, *Feisneriæ*, 1171 (ibid.). — *Faneriæ*, *Feneriæ*, 1188 (Vinets, c. 5). — *Faisnières*, 1190 (S.-Ni-caise, l. 1). — *Faineriæ*, 1164-1191 (cart. de Chemin. f° 37 v°). — *Fuisner*. 1201 (chap. de Reims, l. Mourmelon). — *Fainères*, *Fanères*, *Fai-niers*, *les Fainieres*, *Frainieres*, *Fresnieres*, v. 1222 (livre des vass. de Champ.). — *Fasnier*. 1252 (cart. de la Trinité, f° 51 r°). — *Fenieres*, v. 1252 (arch. nat. J 202, 47). — *Faniers*, 1273 (liber pontificum, f° 449 r°). — *Faignieres*, v. 1274 (arch. nat. J 202, 45). — *Fanieria*, 1276 (la Neu-ville, c. 4). — *Fayneriæ*, 1278 (Chemin. p. 17). — *Les Fenieres*, v. 1300 (extenta Camp. Épernay). — *Fannyeres*, 1323 (Notre-Dame-en-Vaux, b. 2). — *Faignieres*, 1324 (cart. de Rethel, p. 353). — *Fesnieres*, 1371 (chap. de Châlons, a. 5, l. 12). — *Fagneriæ*, 1405 (pouillé de Châlons, f° 73 v°). — *Fagnierez*, *Fayniéres*, 1406 (Toussaints, c. 19). — Fagnières était compris, en 1789, dans l'élection et suivait la cout. de Châlons. Son église paroissiale, diocèse et doyenné de Châlons était dédiée à saint Remy; le chapitre de la Trinité de Châlons présen-tait à la cure.

Fagnières (Le Petit-), écart, c⁰ᵉ de Fagnières.

Faïencerie (La), lieu-dit, c⁰ᵉ de Villers-Allerand.

Faillé, écart, c⁰ᵉ de Grauves (Cornet-Paulus).

Failly, f. c⁰ᵉ de Châtrices. — *Failly*, 1128 (dioc. auc. de Châl. t. II, p. 151). — *Faillé*, 1720 (Saugrain, t. I, p. 434). — *Faille*, xvɪɪɪ* siècle (Cassini). — Fuillet, 1862 (Guérard, p. 481).

Fainéants (Ravin des), ruiss. c⁰ᵉ de Bouchy-le-Repos.

Faisanderie (La), f. c⁰ᵉ d'Ablois-Saint-Martin.

Faisanderie (La), lieu-dit, c⁰ᵉ de Sainte-Menehould.

Faîté (Le), f. c⁰ᵉ de Ventelay. — *Le Ceté*, 1720 (Saugrain, t. I, p. 404). — *Le Fété*, 1805 (ann. de l'an xɪɪɪ, p. 89).

Faîté (Ru du), affl. du ru de Bouvancourt; coule sur le territoire de Ventelay.

Faligny, lieu-dit, c⁰ᵉ de Virginy.

Faligodon (La) ou mieux, petit-être, La Folis-Gau-don, lieu-dit, c⁰ᵉ de Molins.

Farémont, vill. c⁰ⁿ de Thiéblemont-Farémont. — *F[ar]-ramunt*, 1135 (cart. d'Huiron, p. 18).— *Farram-mont*, 1187 (ibid. p. 211).— *Faremont*, v. 1201 (feoda Campanie, n° 228). — *Faresmont*, v. 1222 (livre des vassaux de Champagne). — *Fareimont*, *Farenmont*, v. 1252 (arch. nat. J 202, 55). — *Faireimont*, 1263 (S.-Memmie, c. 7, f° 4 v°). — *Fafainmont*, v. 1274 (arch. nat. J 202, 46 ter). — *Fairimont*, 1296 (rentier de S.-Memmie). — *Phareinmont*, xɪɪɪ* siècle (cart. de Chemin. f° 34 r°). — *Fareinmont*, 1302 (Trois-Font., c. 5). — *Fa-remmont*, 1379 (chap. de Reims, l. Vaucler). — *Farremont*, 1500 (chap. de Reims, l. 39).

Farémont était compris, en 1789, dans l'élection et suivait la cout. de Vitry. Son église paroissiale, annexe de celle de Thiéblemont, diocèse de Châ-lons, doyenné de Possesse, était consacrée à Notre-Dame.

Faubourg (Le), écart, c⁰ᵉ de Bethon.

Faubourg, lieu-dit, c⁰ᵉ de Thiéblemont-Farémont.

Faubourg-Colsenet (Le), écart, c⁰ⁿ de Mourmelon-le-Petit.

Faubourg de Cérès, à Reims.

Faubourg de la Folie, c⁰ᵉ d'Épernay.

Faubourg d'Épernay, à Reims. — *Sainte-Geneviève*, succursale, xvɪɪɪ* siècle (Cassini).

Faubourg Saints-Anse, à Reims.

Faubourg Saint-Laurent, c⁰ᵉ d'Épernay.

Fauconnerie (La), lieu-dit, c⁰ᵉ de Troissy.

Fauconnier (La), fief et m⁰ᵉ, c⁰ᵉ de Saint-Remy-sur-Bussy. — *La maison et fief du Faulconnières*, *scituée* audit Saint-Remy, à la rue la Dame, 1691 (arch. nat. Q¹ 657).

Faucoux (À), lieu-dit, c⁰ᵉ de Fismes.

Faux (Ru ᴅᴇ), affl. du Salon; coule sur le finage de Faux-Fresnay.

Faux-Fresnay, c⁰ᵉ de Fère-Champenoise. — *Fagus*, v. 948 (Flodoard, l. II, c. 18; l. III, c. 23). — *Fuugi*, 1133 (arch. nat. S. 4968, n° 11). — *Folli*, 1145 (pouillé de Troyes, p. 390). — *Folz*, 1209 (arch. de l'Aude, G 22). — *Faus*, 1294 (Argensolles, c. 1). — *Fox*, 1229 (*ibid.* c. 1). — *Fouga*, 1682 (arch. nat. P 194¹, 1). — *Faux*, 1742 (*ibid.* Q¹ 678). — *La paroisse de Faux-Fresnay*, 1765 (*ibid.* Q¹ 683). — *Fagi* ou *Folü*, 1784 (Courtalon, t. III, p. 457).

En 1789, Faux[-Fresnay] faisait partie de l'élection de Troyes et était régi par la cout. de Meaux. Son église paroissiale, diocèse de Troyes, doyenné d'Arcis, était dédiée à saint Pierre; l'abbé de Montiéramey présentait à la cure.

Fauxgiras, mᵐˢ, c⁰ᵉ de Nesle-le-Repons. — *Fauxgiras*, 1847·(lieux habités). — *Faugiras*, 1860 (Cornet-Paulus).

Faux-sur-Coole, c⁰ᵉ de Sompuis. — *Fax*, 1188 (Vinets, c. 5). — *Faus*, 1225 (Gallia christ. t. X, c. 135). — *Fauz-en-Champaingne*, 1325 (évêché de Châlons, c. 3). — *Faux*, 1350 (Vinets, c. 5). — *Faulx*, 1464 (évêché de Châlons, c. 16). — *Faulx-sur-Coole*, 1508 (S.-Memmie, c. 6). — *Falces*, 1542 (taxe du diocèse de Châlons, p. 226). — *Faulz-sur-Colle*, 1556 (arch. lég. de Reims, cout. p. 878).

En 1789, Faux-sur-Coole était compris dans l'élection de Châlons et suivait la cout. de Vitry. Son église paroissiale, diocèse de Châlons, doyenné de Coole, était consacrée à Notre-Dame; l'abbé de Toussaints présentait à la cure.

Faveresac, f. c⁰ᵉ de Grauves.

Faveriotteries (Lᴇs), lieu-dit, c⁰ᵉ de Leuvrigny.

Faverolles, vill. c⁰ᵉ de Faverolles-et-Coémy. — *Faveroles*, 1156 (cart. d'Igny, f° 11 r°). — *Faverola*, 1158 (*ibid.* f° 15 r°). — *Faverola*, 1182 (*ibid.* f° 21 r°). — *Faverole*, 1303-1312 (arch. adm. de Reims, t. II, p. 1054). — *Faverallez*, 1327 (cart. de Rethel, n° 403). — *Faverolliæ*, 1333 (arch. adm. de Reims, t. II, p. 705). — *Faveroliæ*, 1346 (*ibid.* t. II, p. 1055). — *Favrolle*, 1753 (chap. de Reims, l. Tramery). — *Faverolle*, XVIIIᵉ sᵉ (Cassini).

Faverolles faisait partie, en 1789, de l'élection de Reims et était régi par la cout. de Vitry. Son église paroissiale, diocèse de Reims, doyenné de la Montagne, était dédiée à saint Hippolyte; le supérieur du séminaire de Reims présentait à la cure.

Faverolles-et-Coémy, c⁰ᵉ de Ville-en-Tardenois, com-

mune formée, antérieurement à 1805, de l'union des anciennes communes de Faverolles et de Coémy.

Favières (Fassé), ruiss. c⁰ᵉ de Blaise-sous-Arzillières.

Favresse, c⁰ᵉ de Thiéblemont. — *Faveresces*, 1145 (S.-Pierre-aux-Monts, c. 24). — *Favereciæ*, 1150 (Trois-Font. c. 1). — *Favareciæ*, 1161 (S.-Memmie, c. 1). — *Favereces*, 1163 (*ibid.* c. 7). — *Favericiæ*, 1171 (*ibid.* c. 1; Cheminon, c. 20). — *Ecclesiu de Faveroliis*, 1183 (S.-Memmie, c. 3). — *Faverociæ*, 1193 (*ibid.* c. 7). — *Favereces*, 1223 (Chemin. c. 9). — *Favereciæ*, 1234 (Ulmoy). — *Favereses*, 1268 (Chemin. c. 11). — *Faveressez*, 1459 (S.-Memmie, c. 7). — *Favresse*, 1651 (évêché de Châlons, c. 9).

Favresse était compris, en 1789, dans l'élection et suivait la cout. de Vitry. Son église paroissiale, diocèse de Châlons, doyenné de Vitry, était consacrée à saint Martin; l'abbé de Saint-Memmie présentait à la cure.

Favresse, lieu-dit, c⁰ᵉ de Grauves.

Fay (Lᴇ), forêt où fut construite l'abbaye de la Chatmoye, c⁰ᵉ de Montmort. — *Totum Fagetum meum ad construendam ibidem Cisterciensis ordinis abbatiam*, 1177 (charte du comte Henri Iᵉʳ; la Charmoye, c. 1). — *Tatum Fagetum ubi ecclesia vestra [de Carmeia] est, quod vobis comes donarit*, 1183 (la Charmoye, c. 1). — *Nemus de Fageta*, 1183 (*ibid.* c. 2). — *Le bois dou Fail*, 1270 (*ibid.*).

Fayel, vill. c⁰ᵉ de Barbonne-et-Foyel. — *Faiel*, 1146 (Montier-la-Celle, l. 18). — *Faiellum*, 1199 (pouillé de Troyes, n° 300). — *Fayellum*, 1381 (*ibid.* A 315).

En 1789, Fayel faisait partie de l'élection de Sézanne et suivait la coutume de Meaux. Son église paroissiale, diocèse de Troyes, doyenné de Sézanne, était dédiée à sainte Marie-Madeleine et à la présentation du chapitre cathédral de Troyes.

Fayet, fief, c⁰ᵉ de Cernay-en-Dormois.

Fays (Lᴇ), h. c⁰ᵉˢ de Cheminon-la-Ville et de Trois Fontaines.— *Le Feys*, 1720 (Saugrain, t. I, p. 443). *Le Saiya*, XVIIIᵉ siècle (Cassini). — *Faÿs-Cheminon*, *Faÿs-Trois-Fontaines*, 1847 (lieux habités). — *Le hameau des Fays*, 1862 (Guérard, p. 605).

Fenbrie (Lᴀ), lieu-dit, c⁰ᵉ de Saint-Remy-en-Bouzemont.

Felcourt, vill. c⁰ᵉ de la Chapelle-et-Felcourt. — *Felecort*, 1213 (S.-Pierre-aux-Monts, c. 2). — *Fellecourt*, v. 1252 (arch. nat. J 202, 52). — *Felecourt*, 128. (*ibid.* Q¹ 688). — *Fallecourt*, 1293 (cart. de Moutiers, 9905, f° 113v°). — *Falecourt*, 1352 (S.-Pierre-aux-Monts, c. 8).

En 1789, Felcourt faisait partie de l'élection de

Sainte-Menehould et suivait la coutume de Vitry. Son église paroissiale, annexe de celle de la Chapelle, diocèse de Châlons, doyenné de Sainte-Menehould, était dédiée à saint Martin.

Feume-Noyée (Ruisseau de la) ou des Gougelots, c^ns de Margerie.

Fèrebrianges, c^on de Montmort. — *Feria Breisangie*, 1133-1142 (Toussaints, c. 1). — *Feria Brie*, 1147-1151 (Andecy). — *Fera Briange*, 1162 (*ibid.*). — *Farc Brierange, Fere Brierange*, v. 1252 (arch. nat. J 193, 51). — *La ville de Fere de lez Congy*, 1310 (la Charmoye, c. 1). — *Fere Berange*, 1366 (arch. nat. Q^l 681^l, f° 211 r°). — *Fera Briengiæ*, 1405 (pouillé de Châlons, f° 81 v°). — *Ferebrienge*, 1406 (Toussaints, c. 19). — *Ferebrianges*, 1537 (Andecy, c. 4, p. 27). — *Ferebrienges*, 1571 (arch. nat. P 72, 72). — *Terre-Brianges*, 1605 (ibid. P 190, 56). — *Falebriange*, 1633 (lieux régis par la cout. de Vitry). — *Ferbriange*, v. 1700 (Andecy, c. 3). — *Ferrebriange*, xviiie siècle (ibid. c. 7).

En 1789, Fèrebrianges faisait partie de l'élection de Châlons et était régi par la cout. de Vitry. Son église paroissiale, diocèse de Châlons, doyenné de Vertus, était dédiée à saint Médard ; l'abbé de Toussaints présentait à la cure.

Fèrebrianges (Ru de), aff. du Cubersault; arrose le territoire de Fèrebrianges

Fère-Champenoise, arr. d'Épernay. — *Feria Campaniensis*, 1131-1142 (cart. de Toussaints, f° 55 v°). — *Fara Champenoise*, v. 1252 (arch. nat. J 193, 51). — *Fera Campaniensis*, 1293 (la Charmoye, c. 2). — *Fère Champpenoise*, 1375 (arch. nat. P 175, 157). — *Fèra Campanie*, 1405 (pouillé de Châlons, f° 81 v°). — *Fera Campanica*, 1542 (taxe du diocèse de Châlons, p. 214). — *La Fère Champenoise*, 1602 (arch. nat. P 165, 329). — *Fère-Champenois*, v. 1700 (Andecy, c. 3). — *Fer-Champenoisse*, xviiie siècle (ibid. c. 7).

En 1789, Fère-Champenoise était compris dans l'élection de Châlons et suivait la cout. de Meaux. Ce bourg, du diocèse de Châlons, doyenné de Vertus, avait deux églises paroissiales : l'église de Saint-Aignan était à la présentation de l'abbé de Molesmes ; l'église de Saint-Timothée, à la présentation de l'abbé de Toussaints.

Ferme (La), lieu-dit, c^ne d'Aougny.

Ferme (La), f. c^ne de Coizard.

Ferme-Bleue, f. c^ne de Bouvancourt (Cassini).

Ferme-Crèté (La), lieu-dit, c^ne de Lisse.

Ferme-de-la-Basse, f. c^ne de Sivry sur-Ante. — *La Basse-Vaurelle*, xviiie siècle (Cassini).

Ferme-de-l'Abbaye (La), f. c^ne de Bethon (Cassini).

Ferme-de-la-Côte (La), f. c^ne de Sainte-Menehould.

Frame-d'en-Bas (La), f. c^ne de Joiselle.

Ferme-d'en-Bas (La), lieu-dit, c^ne de Taissy.

Franc-d'en-Bas (La), écart, c^ne de la Ville-sous-Orbais.

Ferme-Derval (La), c^ne de Courdemange. — C'est le nom que les religieux d'Huiron donnaient au «quart «d'une maison et au quart en tous les héritages tant «terres, prez et vignes scises audit Courdemange, à «Huiron, à Glanne et lieux circonvoisins, venants «de la succession du sieur Ch. Derval contre le sieur «de Vienne, seigneur d'Arzilliers, à luy appartenant «par droit de confiscation, [acquises] moyennant la «somme de 250 livres, tant en principal que pour «nostre part aux dettes du sieur Derval, du 2 juin «1710», 1767 (cart. d'Huiron, p. 439).

Ferme-des-Bois (La), f. c^ne de Soyer.

Ferme-des-Moineaux (La), f. c^ne de Saint-Ouen-et-Domprel.

Ferme-des-Prés (La), f. c^ne du Vézier (Cornet-Paulus).

Ferme-du-Château (La), f. détr. c^ne de Bierges. — *La Ferme du Château*, 1805 (ann. de l'an xiii, p. 31).

Feaus-du-Château (La), f. c^ne de Rapsécourt.

Ferme-du-Grand-Marquis (La), f. c^ne de Wez.

Ferme-en-Ville, f. c^ne d'Aulnizeux, à 2 kil. du village.

Frans-Godot (La), f. détruite vers 1850, c^ne de Villeneuve-Saint-Vistre-Villevotte. — Elle portait le nom de son possesseur, M. Godot des Bordes.

Ferme-Guinaumont (La), f. c^ne de Mairy-sur-Marne. — *Ferme Guinaumont*, 1847 (lieux habités). — *La ferme de Guinaumont ou Maison-Dieu*, 1862 (Guérard, p. 97).

Cette ferme doit son nom à la famille Loisson de Guinaumont, qui depuis 1710 possède le domaine de Mairy-sur-Marne.

Ferme-la-Croix (La), f. c^ne d'Huiron (Cornet-Paulus).

Franz-Loisson (La), f. c^ne de Mairy-sur-Marne. — De même que la Ferme-Guinaumont, cet établissement agricole dépend du château de Mairy, que la famille Loisson de Guinaumont occupe depuis 1710.

Ferme-Nauve (La), f. c^ne de Plaurs.

Ferme-Neuve (La), f. c^ne de Saint-Ouen-et-Domprot. — *Ferme-Neuve*, xviiie siècle (Cassini).

Ferme-Oudat (La), lieu-dit, c^ne de Soudé-Sainte-Croix.

Fermes (Les), f. c^ne d'Isle-sur-Marne, la même peut-être que l'ancienne *Cense Bruant* (dioc. anc. de Châlons, t. II, p. 312).

Fernonville, écart, c^ne d'Aulnizeux (Cornet-Paulus).

Ferrières, h. c^ne de Boult-sur-Suippes. — *Ferrières*, 1236 (cart. A de S.-Remy, p. 588). — *Hameau de*

Ferrières-sur-Suippe, 1785 (S.-Remy de Reims, l. Boult, plan). — Le plan de 1785 nous montre que le hameau de Ferrières, que ne nomment ni la carte de Cassini ni celle de l'état-major, n'est autre que la portion de Boult située sur la rive gauche de la Suippe.

Ferté (La), lieu-dit, c^ne de Servon-Melzicourt.

Fertés (Les), lieu-dit, c^ne d'Hauteville. — *La saison des Fertés*, 1734 (arch. nat. Q¹ 663).

Fescot, anc. m^in, c^ne de Bazancourt. — *Apud Basilicurtem molendina que vocantur Fescas*, 1148 (arch. adm. de Reims, t. I, p. 321). — *Festot*, 1164 (cart. B-de-S.-Remy, p. 31).

Festigny, c^ne de Châtillon-sur-Marne. — *Festiniacum*, 1158 (cart. de S.-Jean-des-Vignes, f° 24 v°). — *Festeigniacum*, 1170 (arch. nat. Q¹ 681¹, f° 223). — *Festigni*, v. 1222 (livre des vass. de Champ.). — *Feteigny*, v. 1300 (extenta Campanie, Châtillon). — *Festegny*, 1358 (arch. adm. de Reims, t. III, p. 108). — *Fetigniacum*, 1369 (S.-Remy de Reims, l. 65). — *Festigny*, 1397 (arch. nat. P 181, 128). — *Fetigny*, 1419 (*ibid.* P 180, 152). — *Fetigny lez Ygny-le-Jard*, 1494 (*ibid.* P 180, 166). — *Fuligny*, 1510 (*ibid.* P 162, 114). — *Festigny*, 1549 (Hautvillers, c. 4, f° 6 v°). — *Festigny-les-Hameaux*, XVIII° siècle (Cassini). — *Festigniacum*, 1783 (état du dioc. de Soiss. p. 230).

En 1789, Festigny faisait partie de l'élection d'Épernay et était régi par la cout. de Vitry. Son église paroissiale, diocèse de Soissons, doyenné de Châtillon, était consacrée à saint Laurent; les religieux d'Hautvillers présentaient à la cure.

Feuillés (La), ch. détr. à Saint-Vrain. — *Le chastel et forte maison de la Feuillie lez ledict Saint-Verain*, 1508 (arch. nat. P. 179, 81). — *La Feully*, 1515 (*ibid.* P 161, 249). — *La Feuillée lez Saint-Vrain*, 1691 (*ibid.* P 221, 108). — *Le fief de ladite Feuillé lez Saint-Vrain*, 1693 (*ibid.* Q¹ 665).

Fief-Bâtard, fief mouvant de Plivot. — *Ung fief appellé fief Bastart, que tient Thibault Chevalier*, 1394 (arch. nat. P 182, 219 v°). — *Ung fief appellé fief Bastard* (*ibid.* P 181, 70).

Fief-Bâtard, fief, à Verneuil-sur-Marne. — *Ung autre fief assis audit Vernoil, appellé le fief Bastard*, 1459 (arch. nat. P 180, 161).

Fief-Boilleau, f. c^ne de Sept-Saulx.

Fief-Chufflet, fief, c^ne de Sept-Saulx. — Pierre Chufflet rendit hommage de ce fief à l'archevêque de Reims le 26 avril 1631 (Barthélemy, canton de Verzy, p. 80).

Filainerie (La), lieu-dit, c^ne de Vienne-le-Château.

Fillebarderie (La), auc. f. située aux environs de l'abbaye du Reclus. — *La ferme de la Fillebarderye*, 1629 (Reclus, c. 1, dénombr. de la terre, f° 51 r°).

Finoterie (La), m^in, c^ne de Nesle-la-Reposte.

Fion (Le), affl. de la Marne; prend naissance près Bassu et se joint à la Marne à la Chaussée. — *La rivière dudit Aulnay, appellée la rivière de Fion*, 1727 (arch. nat. P 227, 21). — *Le ruisseau du Fyon*, 1763 (*ibid.* Q¹ 666).

Fismes, arr. de Reims. — *Fines*, III° siècle (itin. d'Antonin). — *Fimmes*, 907 (Marlot, hist. de la ville, cité et univers. de Reims, t. II, p. 128). — *Fimæ*, 1154 (hist. des comtes de Champ. t. III, p. 445). — *Fimiæ*, 1156 (Igny, l. Raray). — *Finies*, 1183 (S.-Remy de Reims, l. 57). — *Fismes, Fimes, Fumes*, v. 1222 (livre des vass. de Champ.). — *Fymes*, 1256-1270 (feoda Campanie, n° 637). — *Fimæ*, 1271 (cart. d'Igny, f° 48 v°). — *Fymeæ*, 1332 (arch. adm. de Reims, t. II, p. 663). — *Fysmes*, 1345 (*ibid.* t. II, p. 931). — *Fymez-en-Laonnoiz*, 1397 (arch. nat. P 181, 140). — *Fusmes*, 1481 (*ibid.* P 163, 53). — *Fismes-en-Tardenois*, 1515 (*ibid.* P 163, 66). — *Feismes*, 1529 (*ibid.* P 163, 67). — *Fixmes*, 1609 (*ibid.* P 181, 163). — *Firme*, 1700 (*ibid.* Q¹ 654). — *Fisme*, 1735 (*ibid.*)

Fismes faisait partie, en 1789, de l'élection de Reims et suivait la cout. de Vitry. Son église paroissiale, diocèse de Reims, doyenné de Fismes, était dédiée à sainte Macre; le tournaire du chapitre métropolitain de Reims présentait à la cure.

Fismette, h. c^ne de Fismes. — *Fimette*, 1324 (arch. adm. de Reims, t. II, p. 385). — *Fimettes*, 1395 (arch. nat. P 208, 17). — *Fymettes*, 1396 (*ibid.* P 181, 139). — *Fymettes lez ledit Fymes*, 1498 (*ibid.* P 181, 157). — *Fimette*, 1609 (*ibid.* P 181, 163). — *Finette*, XVIII° siècle (Cassini).

Flacoterie (La), lieu-dit, c^ne de Brugny.

Flacourt, m^in sur la Vesle, près Châlons-sur-Vesle. — *Les molins de Flacourt*, 1356 (S.-Thierry, c. 6, l. 42).

Flagot (Le), affl. de la Marne; prend naissance près Igny-le-Jard et se jette dans la Marne à Mareuil-le-Port.

Flamet, f. c^ne de Saint-Chéron. — *Flumet*, 1837 (état-major).

Flamiers (Les), cense, c^ne de Châlons-sur-Marne. — *Une pièce de terre arrable assise ou terroir dudit Chaalons, en lieudit les Flamiers*, 1514 (évêché de Châlons, c. 3). — *La cense des Flamiers*, 1686 (*ibid.*)

Flançon (Le), affl. de la Chée; coule par le finage de Doucey.

Flançon (Le), affl. de la Vière; coule sur le territoire de Saint-Mard-sur-le-Mont.

Flancourt, f. c⁰ᵉ de Faverolles-et-Coémy. — *Feluncort*, 1215 (cart. d'Igny, f° 33 r°). — *En la ville de Faveroles*, *c'est assavoir en la rue de Flaucourt*, 1294 (*ibid.* f° 159 r°). — *Flencort*, xiiiᵉ siècle (*ibid.* f° 33 r°). — *Felancort*, 1456 (arch. nat. P 179, 62). — *Francourt*, xviiiᵉ siècle (Cassini). — *La Rente Flancourt*, 1847 (lieux habités).

Flavigny, c⁰ᵉ d'Avize. — *Flaviniacum*, 1158 (Touss. c. 8).— *Flavini*, 1176 (hist. des comtes de Champ. t. III, p. 466). — *Flaveigni, Fluigni, Flavigné, Flavigny*, v. 1222 (livre des vass. de Champ.). — *Flavigni, Flavegni*, v. 1252 (arch. nat. J 202, 47). — *Flavigney*, 1263 (S.-Memmie, c. 7, f° 2 r°). — *Flavigneyum*, 1506 (Touss. c. 11).

Flavigny était compris, en 1789, dans l'élection de Châlons et suivait la cout. de Vitry. Son église paroissiale, diocèse de Châlons, doyenné de Vertus, était consacrée à saint Thibaud; l'abbé de Toussaints présentait à la cure.

Fleurigny (Les), lieu-dit, c⁰ᵉ de Prosnes.

Fleury (Le Petit-), h. c⁰ᵉ de Sermiers. — *Floreium*, v. 850 (polypt. de S.-Remy.) — *Florei*, 1218 (S.-Nicaise, c. 3, l. 9). — *Flori*, 1251 (S.-Remy de Reims, l. 184). — *Floreyum*, 1252 (S.-Denis de Reims, l. Courtaumont). — *Flouri in Montana, Floureyum*, 1271 (S.-Remy, l. 184). — *Floury*, 1303-1312 (arch. adm. de Reims, t. II, p. 1053). — *Flory de lès Reins*, 1335 (S.-Nicaise, c. 5, l. 9). — *Flory-en-la-Montaingne*, 1377 (chap. de Reims, l. Fleury). — *Floriacum in Montana Remensi*, 1380 (*ibid.* l. Vaucler). — *Florey-en-la-Montaigne*, 1509 (*ibid.* l. Fleury). — *Fleury in Montana Remensi*, 1530 (*ibid.* c. 46). — *Fleury en-la-Montangne-de-Reims*, 1551 (*ibid.*). — *Fleury-à-la-Montaigne*, 1554 (*ibid.*). — *Fleury-en-la-Montagne*, 1676 (*ibid.*). — *Fleury-le-Petit*, 1860 (Cornet-Paulus).

Fleury, lieu-dit, c⁰ᵉ de Virginy.

Fleury-la-Rivière, c⁰ᵉ d'Ay. — *In quadam villa, in Remensi comitatu sita, cui est vocabulum Floriacus*, 866 (Tardif, monum. histor. n° 194). — *Flouri*, 1225 (cart. de S.-Médard de Soissons, f° 12 v°).— *Flori*, 1230 (*ibid.* f° 8 v°). — *Floreyum*, 1303-1312 (arch. adm. de Reims, t. II, p. 1053). — *Floreium in Riparia*, 1346 (*ibid.* t. II, p. 1054). — *Fleury-sur-Marne*, 1580 (évêché de Châl. c. 10). — *Flory-en-la-Rivière-de-Marne*, 1676 (cout. de Vitry, liste).

En 1789, Fleury-la-Rivière faisait partie de l'élection de Reims et était régi par la cout. de

Vitry. Son église paroissiale, diocèse de Reims, doyenné de la Montagne, était dédiée à saint Maur; l'abbé de Saint-Denis de Reims présentait à la cure.

Florent, c⁰ᵉ de Sainte-Menehould. — *Villa de Florentia*, 1226 (cart. B du chap. de Reims, f° 430 r°). — *Nova villa que dicitur Florentia*, 1229 (cart. de Moirem. f° 4 v°). — *Florenz*, 1229 (*ibid.* f° 97 v°). — *Florence*, v. 1252 (arch. nat. J 202, 52). — *Florens*, 1293 (Moiremont, c. 4). — *Florant, Floranz*, v. 1300 (extenta Campanie, Sᵗᵉ-Menehould). — *Florens*, 1327 (chap. de Reims, l. 46). — *Florent, Florans*, 1406 (Moiremont, c. 3). — *Floran dedans le bois*, fin du xvᵉ siècle (Ph. de Vigneulles). — *Fleurent*, 1669 (arch. nat. P 219, 38). — *Fleurant*, 1676 (*ibid.* P 168, 53 *bis*). — *Florent-les-Sept-Moulins*, ancien surnom du village (renseignement local).

En 1789, Florent était compris dans l'élection de Sainte-Menehould et suivait la cout. de Vitry. Son église paroissiale, diocèse de Châlons, doyenné de Sainte-Menehould, était consacrée à saint Étienne; l'abbé de Moiremont présentait à la cure.

Fluuet, écart, c⁰ᵉ de Saint-Chéron (Cornet-Paulus).

Foignon (Le Fief du), à Vincelles. — *Ung aultre fief nommé le fief de Foisnon, assis à Vincelles*, 1603 (arch. nat. P 181, 21). — *Un autre fief nommé le fief de Fesnon, assis à Vincelle*, 1686 (*ibid.* P 194¹, 17).

Foignon-du-Plessier (Fief de), c⁰ᵉ de Germinon. — *Ung autre hommage ou fief que doit tenir de moy Foignon du Plessier, escuier, à cause dudit Chaily, c'est assavoir la terre et seigneurie qu'il tient à Germignon*, 1430 (arch. nat. P 182, f° 93 r°). — *Ung fief séant à Germignon, que tient Gaucher de Thorottes, seigneur de Conflans, appellé le fief Foygnon du Plessier*, 1474 (*ibid.* P 181, 74).

Foignon-du-Pré (Fief), à Verneuil. — *Le fief de Foynon du Pré*, 1512 (arch. nat. P 181, 4). — *Ung fief nommé le fief du Pré assis audit Verneul, contenant maison, grange, etc.* 1539 (*ibid.* P 181, 6). — *Le fief de Foignon-du-Prez*, 1603 (*ibid.* P 181, 22).

Fol, lieu-dit, où existait une tuilerie, aux environs d'Hautvillers. — *Une tieullerie ou lieu que on dit à Fol, dalez le bois que on dit dou Deffois*, 1352 (arch. nat. P 182, f° 252 v°).

Folin (Fief de la), c⁰ᵉ de Baudement. — Voy. Guindal.

Folis (La), quartier occidental de Bergères-sous-Montmirail.

Folis (La), lieu-dit, c⁰ᵉ de Bézannes.

Folie (La), lieu-dit, c⁰ᵉ de Blesmes.

Folis (La), lieu-dit, c⁰ᵉ de Bouvancourt.

Folie (La), fief, c⁰ᵉ de Bussy-aux-Bois. — *C'est ce*

que ledit messire Ligier [de] Dinteville tient à Bussy-noubz-Arzillières, à la Folie et appartenances, et y souloit avoir environ cent livrées de terre, et à présent ne vault que environ XXV *livres,* 1460 (arch. nat. P 179, 69). — *Le fief de la Follie-lez-Arzillières,* 1641 (ibid. P 216, 82). — *Le fief de la Folie-lez-Arzillères,* 1662 (ibid. P 217, 85).

Folis (La), f. c⁰ᵉ de Châlons-sur-Marne. — *Quandam domum suam cum ejus appendiciis... sitam inter villam de Meleta et civitatem Cathalaunensem, que vulgariter appellatur la Folie,* 1307 (Saint-Pierre-aux-Monts, c. 7). — *Une maison hors de Chaalons, près à demie-lieus, appellée la Folie,* 1384 (arch. nat. P 51², 1460). — *La ferme appelée la ferme de la Folie, dépendante de la mense abbatiale, scituée dans le ban Saint-Pierre[-aux-Monts],* 1781 (ibid. Q¹ 667).

Folie (La), lieu-dit, c⁰ᵉ de Chaltrait.

Folie (La), lieu-dit, c⁰ᵉ de Champaubert-aux-Bois.

Folie (La), fief, c⁰ᵉ de Charmont. — *La Follie,* 1634 (dioc. anc. de Châl. t. II, p. 227). — *Le fief de la Folie près Vernancourt et Chaumont, paroisse dudit Chaumont,* 1771 (arch. nat. Q¹ 663).

Folis (Les Plants-de-la-), lieu-dit, c⁰ᵉ du Châtelier.

Folie (La), écart, c⁰ᵉ de Châtillon-sur-Morin.

Folis (La), lieu-dit, c⁰ᵉ de Clamanges.

Folie (La), mⁿ, c⁰ᵉ de Cloyes.

Folis (La), lieu-dit, c⁰ᵉ de Coizard-Joches.

Folis (La), lieu-dit, c⁰ᵉ de Condé-sur-Marne.

Folis (La), lieu-dit, c⁰ᵉ de Crugny.

Folie (La), lieu-dit, c⁰ᵉ de Damery.

Folie (La), f. c⁰ᵉ de Dizy.

Folis (La), lieu-dit, c⁰ᵉ d'Écriennes.

Folis (La), lieu-dit, c⁰ᵉ d'Épense.

Folie (La), lieu-dit, c⁰ᵉ de Favresse.

Folie (Ruisseau de la), c⁰ᵉ de Favresse.

Folis (La), lieu-dit, c⁰ᵉ de Fère-Champenoise.

Folis (La), lieu-dit, c⁰ᵉ de Fleury-la-Rivière.

Folis (La), lieu-dit, c⁰ᵉ de Fontaine-Denis.

Folie (La), lieu-dit, c⁰ᵉ de Fontaine-en-Dormois.

Folie (La), mⁿ, c⁰ᵉ de Frignicourt.

Folis (La), mⁿ, c⁰ᵉ de Germaine.

Folis (La), lieu-dit, c⁰ᵉ de Giffaumont.

Folis (La), f. c⁰ᵉ de Glannes.

Folis (La), h. c⁰ᵉ de Gratreuil.

Folis (La), lieu-dit, c⁰ᵉ de Hans.

Folis (La), lieu-dit, c⁰ᵉ de Loisy-en-Brie.

Folis (La), lieu-dit, c⁰ᵉ de Mancy.

Folis (La), lieu-dit, c⁰ᵉ de Moutmort.

Folis (La), lieu-dit, c⁰ᵉ de Morangis.

Folis (La), lieu-dit, c⁰ᵉ de la Neuville-au-Pont.

Folis (La), lieu-dit, c⁰ᵉ de la Neuvillette.

Folie (La), lieu-dit, c⁰ᵉ d'Outines.

Folie (La), lieu-dit, c⁰ᵉ de Pargny-sur-Saulx.

Folis (La), lieu-dit, c⁰ᵉ de Prouilly.

Folis (La), lieu-dit, c⁰ᵉ de Rosay.

Folie (La), lieu-dit, c⁰ᵉ de Saint-Brice-Courcelles.

Folis (La), lieu-dit, c⁰ᵉ de Sainte-Marie-à-Py.

Folis (La), h. c⁰ᵉ de Saint-Quentin-les-Marais. — 1620 (lieux régis par la cout. de Vitry). — *La cense de la Folie,* 1720 (Saugrain, t. I, p. 446).

Folis (La), f. c⁰ᵉ de Saint-Remy-en-Bouzemont. — *La Folie, seigneurie et hameau,* 1633 (lieux régis par la cout. de Vitry). — *La maison seigneuriale de la Folie,* 1720 (Saugrain, t. I, p. 445).

Folis (La), lieu-dit, c⁰ᵉ de Saint-Remy-sur-Busay.

Folis (La), lieu-dit, c⁰ᵉ de Saint-Thierry.

Folis (La), lieu-dit, c⁰ᵉ de Sarry.

Folis (La), lieu-dit, c⁰ᵉ de Sermaize.

Folis (La), lieu-dit, c⁰ᵉ de Souain.

Folis (La), lieu-dit, c⁰ᵉ de Tours-sur-Marne.

Folis (La), lieu-dit, c⁰ᵉ de Trois-Fontaines.

Folis (La), lieu-dit, c⁰ᵉ d'Unchair.

Folis (La), lieu-dit, c⁰ᵉ de Vauchamps.

Folis (La), f. c⁰ᵉ de Vertus. — *La Folie,* 1428 (arch. nat. Q¹ 673). — *La Folie, autrement dit la Madeleine,* 1720 (Saugrain, t. I, p. 404). — *Baury-la-Folie,* XVIIIᵉ siècle (Cassini).

Folis (La), lieu-dit, c⁰ᵉ de Vitry-en-Perthois.

Folie (La), f. détr. c⁰ᵉ de Voipreux (dioc. auc. de Châl. t. II, p. 370). — *La Folie-sur-le-Pré,* 1860 (Cornet-Paulus).

Folis Coquebert (La), écart, c⁰ᵉ de Besannes (Cornet-Paulus).

Folie-de-Paris (La), lieu-dit, c⁰ᵉ de la Forestière.

Folie-des-Bœufs (La), lieu-dit, c⁰ᵉ de Bannes.

Folie-Doucet (La), écart, c⁰ᵉ de Tramery. — *La Folie-Doucet ou la Montagne-du-Retour,* 1860 (Cornet-Paulus). — *Le Retour ou la Folie-Doucet,* 1862 (Guérard, p. 464).

Folie-Fallet (La), lieu-dit, c⁰ᵉ de Montmort.

Folis-Féret (La), mⁿ, c⁰ᵉ d'Ormes.

Folie-Gobia (La), mⁿ et f. c⁰ᵉ de Montmirail. — *La Folie,* 1847 (lieux habités).

Folie-Guisora (La), lieu-dit, c⁰ᵉ de Sainte-Gemme.

Folie-Lambert (La), lieu-dit, c⁰ᵉ de Fismes.

Folie-Nicolas (La), lieu-dit, c⁰ᵉ de Saint-Utin.

Folie-Roger (La), lieu-dit, c⁰ᵉ de Dormans.

Folize (Les), lieu-dit, c⁰ᵉ de Cormoyeux-Romery.

Folies (Les), lieu-dit, c⁰ᵉ de Cramant.

Folies (Les), lieu-dit, c⁰ᵉ de Cuchery.

Folies (Les), lieu-dit, c⁰ᵉ de Fèrebrianges.

Folies (Les), lieu-dit, c⁰ᵉ de Fismes.

Folies (Les), lieu-dit, c⁰ᵉ de Heiltz-l'Évêque.

Folies (Les), lieu-dit, cⁿᵉ de Herpont.

Folies (Les), lieu-dit, cⁿᵉ de Mancy.

Folies (Les), lieu-dit, cⁿᵉ d'Œuilly.

Folies (Les) et Les Hautes-Folies, lieux-dits, cⁿᵉ d'Œuvy.

Folies (Les), lieu-dit, cⁿᵉ d'Ormes.

Folies (Les), lieu-dit, cⁿᵒ de Pierry.

Folies (Les), lieu-dit, cⁿᵉ de Pleurs.

Folies (Les), lieu-dit, cⁿᵉ de Vavray-le-Grand.

Folirs (Les), lieu-dit, cⁿᵉ de Villevenard.

Follet, mⁿ détr. à Herpont. — *La maison de Follet*, 1412 (arch. nat. P 179, 50). — *Le fief de Follet, où souloit avoir maison, coulombier, et de présent n'en y a point;... ung estang appellé l'estang de Follet*, 1510 (ibid. P 207, 43). — *Le fief de Follet, scize au finage de Herpon*, 1665 (ibid. Qˡ 657). — *Le fief Follet, sans maisons*, 1720 (Saugrain, t. I, p. 437).

Fond (Bois du), cⁿᵉ de Lucy.

Fond-de-Bonru (Le), f. cⁿᵉ de Champvoisy. — *La ferme dite Fonds de Morue*, 1720 (Saugrain, t. I, p.466). — *Le Fond de Bonru*, xviiiᵉ siècle (Cassini). — *Le Fonds de Bon-Rupt*, 1860 (Cornet-Paulus).

Fond-de-la-Nous (Ravin du), ruisa. cⁿᵉ de Treslon.

Fonderie (La), lieu-dit, cⁿᵉ de Châtillon-sur-Marne.

Fonderie (La), lieu-dit, cⁿᵉ de Damery.

Fonderie (La), lieu-dit, cⁿᵉ de Passy-Grigny.

Fonderie (La), lieu-dit, cⁿᵉ de Songy.

Fonderie (La), lieu-dit, cⁿᵉ de Vandières-sous-Châtillon.

Fonderie (La), lieu-dit, cⁿᵈ de Vaudesincourt.

Fonderies (Les), lieu-dit, cⁿᵉ de Dontrien.

Fonderies (Les), lieu-dit, cⁿᵉ d'Épernay.

Fonds-de-Ruez (Le), écart, cⁿᵉ de Bouilly.

Fondy, lieu-dit, cⁿᵉ d'Oger.

Fonlava, mⁱᵉ, cⁿᵉ de Cormicy (Cassini).

Fontaine, cⁿ d'Ay. — *Fontanæ*, 1086 (Barthélemy, canton de Verzy, p. 143). — *Fontaneæ*, 1168 (S.-Denis de Reims, l. Hermonville). — *Fons*, v. 1222 (livre des vass. de Champ.). — *Fontaignes*, v. 1274 (arch. nat. J 202, 45). — *Fontanæ juxta Mutareium*, 1292 (S.-Basle, c. 11). — *Fontainnes*, 1346 (arch. adm. de Reims, t. II, p. 1120). — *Fontainne*, 1350 (arch. nat. P 181, 29). — *Fontaines*, 1372 (Avenay, c. 1). — *Fontaine*, 1639 (arch. nat. P 191, 7). — *Fontaines-sur-Avenay*, xviiᵉ siècle (dioc. auc. de Châl. t. I, p. 243).

Fontaine faisait partie, en 1789, de l'élection d'Épernay et suivait la cout. de Vitry. Son église paroissiale, diocèse de Reims, doyenné d'Épernay, était dédiée à saint Aignan; l'abbé d'Hautvillers présentait à la cure.

Fontaine (Ruisseau de la), affl. de l'Ante; coule sur le territoire de Daucourt.

Fontaine (Ruisseau de la), cⁿᵉ de Vauclerc.

Fontaine (Ru de la), affl. de la Vière; coule sur le territoire de Vavray-le-Grand.

Fontaine Adhuy (Ru de la), affl. du Meldenson; coule sur le territoire de Lignon.

Fontaine-à-Fère, cⁿᵉ de Fèrebrianges. — *Le hameau de la Fontaine-Afert*, 1805 (ann. de l'an xiii, p. 49). — *Fontaine-Afère*, 1860 (Cornet-Paulus).

Fontaine-à-Louis (La), lieu-dit, cⁿᵉ de Blaise-sous-Arzillières.

Fontaine-Armée, h. cⁿᵉ de Rieux. — *Fontaine-Armé*, xviiiᵉ siècle (Cassini).

Fontaine-au-Bron, h. cⁿᵉ de Vauchamps. — *Fons Abran*, 1139 (arch. nat. K 23, nᵒ 4⁴). — *Fontaine Haut-Bren, Fontaine-Hartbren de lez la Matière*, 1375 (ibid. P 171, 157). — *Fontaine-Haubran*, 1458 (évêché de Châl. c. 15). — *Fontaine-Haubron*, 1509 (ibid.). — *Fontaine-Aubrum*, 1603 (ibid.). — *Fontaine-Aubrun*, 1645 (ibid.). — *Fontaine-Aubron*, 1713 (ibid.). — *Fontaine-Aubran ou Fontaine-Aabran*, 1784 (Courtalon, t. III, p. 274).

Fontaine au Bron (Ru de), affl. du Petit-Morin; coule sur le finage de Boissy-le-Repos.

Fontaine-au-Coulon (La), f. cⁿᵉ de Verdon. — *Fontaine-au-Coulong*, xviiiᵉ siècle (Cassini). — *Fontaine-au-Coulon*, 1805 (ann. de l'an xiii, p. 90).

Fontaine-au-Mortier (La), ruiss. affl. de la Biesme, cⁿᵉ de Vienne-le-Château.

Fontaine-au-Peuple (La), f. cⁿᵉ de Saint-Utin.

Fontaine aux Barons (Ruisseau de la), cⁿᵉ de Vienne-le-Château et de Binarville. — *La Fontaine-au-Bâton*, 1860 (Cornet-Paulus).

Fontaine aux Charmes (Ru de), affl. de la Biesme, cⁿᵉ de Vienne-le-Château.

Fontaine-aux-Larrons (La), h. détr. près Châtillon-sur-Morin. — *Le hameau de la Fontaine-aux-Larrons*, 1553 (arch. nat. P 178, 72).

Fontaine aux Ponceaux (Ruisseau de la), cⁿᵉ de Faverolles.

Fontaine-Blanche (La), mᵒⁿ, cⁿᵉ de Lachy.

Fontaine-Bleue, f. cⁿᵉ de Bouvancourt (Cassini).

Fontaine Bouillante et Ru de la Fontaine Bouillante, cⁿᵉ de Joiselle.

Fontaine-Chacrn, h. cⁿᵉ de Margny. — *La ferme de Chacun scize à Margni*, 1763 (Orbais, p. 39).

Fontaine-Creuse (La), f. cⁿᵉ de Dormans. — *La Fontaine-Creuse*, 1720 (Saugrain, t. I, p. 470). — *Fontaine-Creuse*, xviiiᵉ siècle (Cassini).

Fontaine Creuse (Ru de la), affl. de la Marne; arrose le territoire de Dormans.

Fontaine-de-Bérenger (La), f. disp. c^ne de Congy (dioc. anc. de Châl. t. II, p. 348).

Fontaine de Favresse (Ruisseau de la), c^ne de Favresse.

Fontaine de la Trinité, f^me, c^ne de Louvois.

Fontaine de Lor (Roisseau de la), c^ne de Saint-Euphraise-et-Clairizet.

Fontaine-Danis, c^ne de Sézanne. — Fonticulus qui nuncupatur Fons Danilus, xie siècle (vita S. Sereni, apud Acta sanctorum, t. I, octobr. p. 346). —Fons, Fontein de Nois, la Fontene de Aneis, Font de Deineis, v. 1222 (livre des vass. de Champ.). — Fontanæ, v. 1252 (arch. nat. J 195, 96). — Fontaine-Denis en Champaigne, 1404 (ibid. P 190, 78). — Fons Dionisii, 1407 (pouillé de Troyes, c. 301). — Fons Dionysii, 1443 (évêché de Troyes, G 22). — Fontaine-Deni, 1666 (arch. nat. P 167, 269).

Fontaine-Denis était compris, en 1789, dans l'élection de Sézanne et suivait la cout. de Meaux. Son église paroissiale, diocèse de Troyes, doyenné de Sézanne, était consacrée à saint Quentin; l'évêque de Troyes en était collateur.

Fontaine des Fées (Roisseau de la), c^ne de Treslon.

Fontaine des Fièvres (Ruisseau de la), lieu-dit, c^ne de Favresse.

Fontaine Des Huguenots (La), f^me, c^ne de Sogny-en-l'Angle.

Fontaine des Jouennes (La), ruiss. affl. du Flagot, c^ne de Nesle-le-Repons.

Fontaine de Sournos (La), m^in, c^ne d'Ablois.

Fontaine des Sarbazias, source min. c^ne de Sermaize.

Fontaine d'Olive (Ru de la), affl. de l'Aisne; arrose le finage de Saint-Mard-sur-le-Mont.

Fontaine de Champ-Moyer (La), ruiss. affl. du Flagot, c^ne de Nesle-le-Repons.

Fontaine du Mortier (Ru de la), affl. de la Biesme, c^ne de Vienne-le-Château.

Fontaine du Praillon (La), f^me et ruiss. c^ne de Saint-Lumier-la-Populeuse.

Fontaine du Seigneur (Roisseau de la), c^ne de Treslon.

Fontaine-Épiat, f. c^ne de Trois-Fontaines-la-Ville.

Fontaine-en-Dormois, c^ne de Ville-sur-Tourbe. — Fontaines, 1261 (cart. de Moiremont, f° 418 r°). — Fontaines-lez-Sarnay-en-Dormois, 1389 (arch. nat. P 183, 57). — Fontaine, 1572 (ibid. P 184, 203). — Fontaines-en-Dormois, 1574 (ibid. P 162, 406).

En 1789, Fontaine-en-Dormois faisait partie de l'élection de Reims et était régi par la cout. de Vitry. Son église paroissiale, diocèse de Reims, doyenné de Cernay-en-Dormois, était consacrée à saint Remy; l'abbé de Saint-Remy de Reims présentait à la cure.

Fontaine-Essart, h. c^ne de Courbétaux. — Fontaine-Isart, 1650 (min. de Naudé, à Orbais).

Fontaine-Gérard (La), fief, auc. m^on, c^ne de Crugny.
— Une masure où jadis fut maison assise en ladite ville de Cruny, en lieu-dit à la Fontaine-Gérart, 1461 (Saint-Remy de Reims, L 89). — Certain fief..., et premier une maison assize en la ville de Cruny, en lieu que l'on dit à la Fontaine-Gérart, 1486 (ibid.).

Fontaine Glérois (Ruisseau de la), c^ne de Prouilly.

Fontaine Lassin (Ruisseau de la), c^ne de Suizy-le-Franc.

Fontaine l'Aunaie (La), ruiss. affl. de l'Isson; arrose le finage de Gigny-aux-Bois.

Fontaine la Ville (Ru de la), affl. du ru de Rosay; coule sur le territoire de Rosay.

Fontaine Notre-Dame (Ruisseau de la), f^me, c^ne de Chaltrait.

Fontaine-Notre-Dame (La), m^in, c^ne de Marolles.

Fontaine Notre-Dame (Ru de la), affl. de la Saulx; arrose les territoires de Marolles et de Vitry-le-François.

Fontaine Notre-Dame (Ruisseau de la), affl. de la Vesle; coule sur le territoire de Breuil-sur-Vesle.

Fontaine-Pasquier (La), h. c^ne de Monthelon.

Fontaine Pissevache (Roisseau de la), c^ne de Vauclerc.

Fontaine Rerion (Ru de la), affl. du ru de Noron; arrose le finage de Sainte-Euphraise-et-Clairizet.

Fontaines (Les), f. c^ne de Loivre.

Fontaines (Ruisseau des), c^ne d'Alliancelles.

Fontaines (Roisseau des), c^ne de Vanault-le-Châtel.

Fontaine Saint-Augustin, f^me, c^ne de Saint-Utin.

Fontaine Saint-Ayoult, f^me, c^ne de Bagneux.

Fontaine Saint-Claude, f^me, c^ne de Vrigny.

Fontaine Sainte-Claire, f^me, c^ne de Bagneux.

Fontaine Sainte-Gemme, f^me, c^ne de Champvoisy.

Fontaine Sainte-Marie, f^me, c^ne de Ventelay.

Fontaine Saint-Gengoul, f^me, c^ne de Marsangis.

Fontaine Saint-Jacques, f^me, c^ne de Courcelles-lez-Rosnay.

Fontaine Saint-Léger, f^me, c^ne de Châtillon-sur-Morin.

Fontaine Saint-Martin, f^me, c^ne de Soilly.

Fontaine Saint-Maurice, f^me, c^ne de Songy.

Fontaine Saint-Memmie, f^me, c^ne de Bergères-lez-Vertus.

Fontaine Saint-Memmie, f^me, c^ne de Gourgançon.

Fontaine-Saint-Phal (La), partie du vill. d'Aulnay-aux-Planches.

Fontaine Saint-Pierre, f^me, c^ne de Baye.

Fontaine Saint-Prix, f^me, c^ne d'Esternay.

14.

FONTAINE-SAINT-REMY, écart, c⁹ˢ de Suippe (Cornet-Paulus).

FONTAINE SAINT-SAUVEUR, fⁱᵉ, cⁿᵉ d'Écollement.

FONTAINE SAINT-YPHORE, fᵐᵉ, cⁿᵉ de Baslieux-sous-Châtillon.

FONTAINE-SUR-COOLE, cᵒⁿ d'Écury-sur-Coole. — *Villa que dicitur Fontes*, XIIIᵉ siècle (cart. de Cheminon, fᵒ 14 rᵒ). — *Fontaingnes*, 1350 (Vinets, c. 5). — *Fontaines-sur-Coole*, 1384 (arch.ͺnat. P 51², 1460). — *Fonteinnes*, *Fontainnes*, 1406 (Toussaints, c. 19). — *Fontaine-sur-Coole*, 1462 (arch. nat. Q¹ 662). — *Fontainne*, 1508 (ibid. P 207, 12). — *Fontaine*, 1538 (ibid. P 161, 98). — *Fontanæ*, 1542 (taxe du dioc. de Châl. p. 226). — *Fontaine-sur-Colle*, 1633 (lieux régis par la cout. de Vitry). — *Fontaine-soubz-Coolle*, 1636 (arch. nat. P 215, 36).— *Fontanæ ad Coslam*, vulgo *Fontaine-sur-Colle*, 1755 (chap. de Châl. a. 1, l. 56).

En 1789, Fontaine-sur-Coole était compris dans l'élection de Châlons et suivait la cout. de Vitry. Son église paroissiale, diocèse de Châlons, doyenné de Coole, était dédiée à saint Jean-Baptiste; le chapitre cathédral de Châlons présentait à la cure.

FONTAINE-THIBAULT (LA), écart, cⁿᵉ de la Celle-sur-Chantemerle (Cornet-Paulus).

FONTAINETTES (RU DES), affl. de la Vesle; arrose le territoire de Baslieux-lez-Fismes.

FONTAINE-VAUNOISE (LA), mⁱⁿ, cⁿᵉ de Nesle-la-Reposte.

FONTAINE-VERLAC (LA), écart, cⁿᵉ de Fismes.— *La Fontaine-Perlac*, 1847 (lieux habités). — *La Fontaine-Verlac*, 1860 (Cornet-Paulus).

FONTENAY, h. cᵒⁿ de Festigny-les-Hameaux. — *Moulin de Fontenay*, 1720 (Saugrain, t. I, p. 470).

FONTENAY, f. cⁿᵉ de Saint-Memmie.

FONTENAY (RU DE), affl. du Flagot; arrose le finage de Festigny-les-Hameaux.

FONTENEAU (LE), ruiss. affl. du Fion, cⁿᵉ de Lisse.

FONTENELLE, 2 aub. et mⁱⁿ, cⁿᵉ de Cuperly.

FONTENT, lieu-dit, cⁿᵉ de Saint-Gilles.

FONTIGNY, lieu-dit, cⁿᵉ de Perthes-lez-Hurlus.

FORCE (LA), affl. de la rivière des Auges; coule sur le territoire de Faux-Fresnay.

FORCHEF (FIEF), mouvant de Broyes. — *Ung autre fief qu'on dit le fief Forchef et de Corgnies*, 1375 (arch. nat. P 178, 172).

FORESTIÈRE (LA), cᵒⁿ d'Esternay. — *Foletarium*, 1146 (Montier-la-Celle, l. 18). — *Folitaria*, 1155 (ibid. l. 3). — *Folletheria*, 1165 (Gallia christ. t. XII, p. 271). — *La Foletiere*, 1214 (Teulet, trésor des chartes, t. I, p. 409). — *La Foreitiere*, *la Foretière*, 1214 (liber princip. 5992, p. 180). — *Forestair*, *la Forteresciere*, v. 1222 (livre des vass. de Champ.). — *Foresteria*, 1250 (liber pontificum, fᵒ 313 vᵒ). — *Foleteria*, v. 1252 (arch. nat. J 195, 96). — *Forestaria*, 1381 (pouillé de Troyes, p. 210). — *Foresteria*, 1407 (ibid.). — *Foretiere*, 1493 (arch. nat. Q¹ 672). — *La Forestier*, 1650 (min. Poignot, à Marcilly). — *La Fortier*, 1651 (ibid.). — *La Fortière*, 1686 (arch. de l'Aube, G 679).

La Forestière faisait partie, en 1789, de l'élection de Sézanne et était régie par la cout. de Meaux. Son église paroissiale, diocèse de Troyes, doyenné de Pout-sur-Seine, était consacrée à saint Barthélemy; l'évêque de Troyes en était collateur.

FORESTIÈRE (LA), mᵒⁿ isolée, cⁿᵉ d'Ante.

FORESTIÈRE (LA), mᵐᵉ de garde, cⁿᵉ du Moix-Saint-Époing.

FORÊT (LA), fief, cⁿᵉ de Tréfols. — *Le fief de la Forest, assis en la terre et seigneurie de Doussigny*, 1748 (arch. nat. Q¹ 678).

FORÊTS (LES), écart, cⁿᵉ de Drosnay.

FORGE, établ. détr. cⁿᵉ de Bergères-sous-Montmirail. — Son souvenir est conservé par le lieu-dit *le Pré-de-la-Forge*.

FORGE (LA), lieu-dit, cⁿᵉ du Breuil, sur la rive gauche du Surmelin, à l'ouest de Molignon.

FORGE (LE MARAIS-), lieu-dit, cⁿᵉ de Champigny.

FORCE (LA), lieu-dit, cⁿᵉ des Grandes-Loges.

FORGE (LA), f. cⁿᵉ de Mareuil-en-Brie.

FOROS (LA), lieu-dit, cⁿᵉ de Pargny-sur-Saulx.

FORGE (LA), lieu-dit, cⁿᵉ de Recy.

FORGX (L'ENCLOS-DE-LA-), lieu-dit, cⁿᵉ de Servon-Melzicourt.

FORGE (LA), cⁿᵉ de la Ville-sur-Orbais. — Le souvenir de la forge, à laquelle la ferme doit son nom, est également conservé par les lieux-dits *les Masures-de-la-Forge* et *le Gain-de-la-Forge*, au finage de la Ville.

FORGENIE (LA), écart, cⁿᵉ de Mareuil-en-Brie.

FORGES (LES), f. cⁿᵉ de Corfélix.

FORGES (LES), mⁱⁿ, cⁿᵉ d'Épernay. — *Les Forges*, 1720 (Saugrain, t. I, p. 470). — *La ferme des Forges*, 1805 (ann. de l'an XIII, p. 48).

FORGES (LES), lieu-dit, cⁿᵉ des Mesneux.

FORGES (LES), lieu-dit, cⁿᵉ de Passy-Grigny.

FORGES (LES), f. et mⁱⁿ, cⁿᵉˢ de Pierry et d'Épernay. — *Le moulin des Forges, appellé Saint-Julien*, 1720 (Saugrain, t. I, p. 471). — *Le moulin des Forges*, 1805 (ann. de l'an XIII, p. 73).

FORGES-DE-BROCHERON (LES), lieu-dit, cⁿᵉ du Breuil, sur la rive gauche du Surmelin.

FORGETTE (LA), lieu-dit, cⁿᵉ de Châlons-sur-Vesle.

FORGETTES (LES), lieu-dit, cⁿᵉ de Belval, cⁿᵉ de Châtillou-sur-Marne.

Fort (Le), chât. c** de Neuvy. — *Ung chastel appellé communément le Fau de Neufviz*, 1606 (arch. nat. P 178, 91). — *Le Fau de Neufvy*, 1665 (ibid. P 167, 251). — *La terre et seigneurie du Fort de Neuvy*, 1731 (ibid. P 230, 71). — *Le chastel dudit Fort de Neuvy, appellé communément le Fort de Neuvy, environné de fossés et arriers-fossés, lesquels chastel et fossés sont entièrement en ruine*, 1739 (ibid. Q¹ 678).

Fort (Le), f. c** de Verdon. — *Le Fort*, xviii° siècle (Cassini). — *Lefort*, 1805 (ann. de l'an xiii, p. 90).

Fortelle (La), h. c** de Cuchery. — *La Fortelle*, 1613 (Belval, c. 1). — *La Grande et la Petite-Fortelle*, 1640 (ibid.). — *La Fortette*, 1720 (Saugrain, t. I, p. 469).

Fortelle (La), fief, c** de Rilly-la-Montagne (Barthélemy, cant. de Verzy, p. 133).

Fortelle (Roisseau de la), c** de Mareuil-le-Port.

Fortelles (Les), fief, c** de Soulières. — *Le fief et seigneurie des Fortelles, près Soulières*, 1605 (arch. nat..P 190, 56, f° 2 v°). — *Fortelles*, 1673 (ibid. Q¹ 681).

Forte-Maison (La), fief, c** de Fismes, vers Rosnay. — *Le fief de la Forte-Maison*, 1572 (arch. nat. P 163, 72).

Fortes-Maisons (Les), lieu-dit, c** de Villedommange.

Fortfontaine, h. disp. c** de Congy. — *Forfontaingne*, 1289 (Andecy, c. 6). — *Forfontaine*, 1515 (ibid.). — *Fortfontaine*, v. 1700 (ibid. c. 3).

Fortfontaine (Ru de), affl. du ru de Moulin; arrose le finage de Baye.

Fortons (Les), f. c** de Boursault (Cassini).

Forts (Les), f. c** de Léchelle.

Fosse (La), f. c** de Champvoisy.

Fosse (La), h. c** de Julselle.

Fosse (La), f. c** de Passy-Grigny.

Fosse (La), m** disp. c** de Saint-Memmie. — *Medietas territorii Sancti Memmii quod est inter domum Fovee et Cartesor*, 1165 (S.-Memmie, c. 8).

Fosse (La), f. c** du Vézier.

Fosse-au-Bois (La), écart, c** de Brandonvilliers.

Fosse-aux-Fées (La), lieu-dit, c** de la Forestière.

Fosse-aux-Pleux (La), écart, c** de Vindey. — 1720 (Saugrain, t. I, p. 475).

Fosse-Bénard, h. détruit par les guerres, c** d'Esternay (hist. d'Esternay, p. 10).

Fosse d'Adecourt (La), ruiss. affl. de la Bruxenelle; arrose le territoire de Vauclère.

Fosse-des-Sarrazins (La), lieu-dit, près Vertus. — 1659 (arch. nat. Q¹ 680).

Fossé (Le), anc. vill. englobé par Courcy. — *Courcy, Fosse et Rocquincourt ne font qu'un village*, 1720 (Saugrain, t. I, p. 477).

Fossé (Le), ruiss. affl. du Flagot; coule sur le finage de Nesle-le-Repons.

Fossé Brazart (Le), ruiss. c** de Gaye.

Fossé de Blain-Pré (Le), ruiss. c** d'Éclaires.

Fossé de Céaon (Le), ruiss. c** d'Éclaires.

Fossé de la Fourmillière (Le), ruiss. affl. du Radet, c** de Saint-Remy-en-Bouzemont.

Fossé de la Planchette (Le), ruiss. c** d'Arrigny.

Fossé de l'Étang (Le), affl. du Radet, c** de Saint-Remy-en-Bouzemont.

Fossé de Maurupt (Le), ruiss. c** d'Éclaires.

Fossé de Saint-Rouin (Le), ruiss. c** d'Éclaires.

Fossé des Ajaux (Le), ruiss. affl. de l'Isson, c** d'Arrigny.

Fossé des Rouliers (Ru du), affl. de l'Isson; coule sur les territoires de Saint-Remy-en-Bouzemont et d'Arrigny.

Fosses (Les), m°°*, c** de Montmirail.

Fossés (Les), fief mouvant de Chantemerle. — *La terre et seigneurie des Fossez*, 1578 (arch. nat. P 165, 214). — *La dite terre, fief et seigneurie des Fossés*, 1766 (ibid. Q¹ 679).

Fossé Sainte-Joie (Le), ruiss. affl. de la Marne, c** d'Isle-sur-Marne.

Fossigny, lieu-dit, c** de la Croix-en-Champagne.

Fouleau (La), hab. et m¹⁹, c** d'Ablois-Saint-Martin.

Foulerie (La), lieu-dit, c** de Baslieux-sous-Châtillon.

Foulerie (La), anc. écart, c** de Boult-sur-Suippe. — 1805 (ann. de l'an xiii, p. 33).

Foulerie (La), lieu-dit, c** de Brouillet.

Foulerie (La), écart, c** d'Heutrégiville (Cornet-Paulus).

Foulerie ruinée, c** de Lagery. — *J'ay un autre moulin ou foulerie sur le terroir de Lagery qui est en ruine*, 1782 (arch. nat. Q¹ 657).

Foulerie (Sur-la-), lieu-dit, c** de Laval.

Foulerie (La), lieu-dit, c** d'Orbais.

Foulerie (La), lieu-dit, c** de Pontfaverger. — *Ung molin à draps*, 1485 (chap. de Reims, c. 31). — *Ung moulin foulon*, 1512 (ibid.). — *La foullerie d'Avassée au-dessoubz du village dudit Pont-Faverger*, 1533 (ibid.). — *Molin de la Folerie de Sainct-Medard, audit Pontfaverger*, 1541 (ibid.). — *Les dittes deux foulleries de Pont-Faverger*, 1723 (ibid.). — *Une place masure où estoil une foulerie*, 1739 (ibid.).

Foulerie (La), lieu-dit, c** de Saint-Étienne-au-Temple.

Foulerie (La), m**, c** de Sarcy.

Foulcaie, auc. usine, à Sogny-aux-Moulins. — *Molendinam fullatorum quod habetis apud Sugniacum*, 1178 (S.-Memmie, c. 8).

Foulerie (La), lieu-dit, cⁿᵉ de Ventelay.

Foulerie (La), lieu-dit, cⁿᵉ de Verneuil.

Fouleries (Les), mᵗⁿ, à Châlons-sur-Marne. — *Les moulins foullants assiz à Porte-Marne, au-devant dudit Chaalons*, 1464 (évêché de Chål. c. 16). — *La Grande et la Petite Fouleries, dépendantes du domaine de l'évêché dudict Chaulons, étant sur la rivière et près la Porte-Marne de ladicte ville*, 1740 (ibid. c. 7).

Foulerie-Saint-Remy (La), écart, cⁿᵉ de Suippes.

Foulons (Les), h. cⁿᵉ d'Esternay. — *Ung molin à foullon assis en madite seigneurie d'Esternay*, 1553 (arch. nat. P 178, 71). — *Les Foulons*, 1720 (Saugrain, t. I, p. 473).

Four (Le), f. cⁿᵉ d'Hauteville.

Four (Le), lieu-dit, cⁿᵉ de Noirlieu.

Four (Le), lieu-dit, cⁿᵉ de Prouilly.

Four (Le), lieu-dit, cⁿᵉ de Saint-Jean-devant-Possesse.

Four-à-Chaux (Le), lieu-dit, cⁿᵉ d'Ablois-Saint-Martin.

Four-à-Chaux (Le), lieu-dit, cⁿᵉ du Baizil.

Four-à-Chaux (Le), lieu-dit, cⁿᵉ de Boissy.

Four-à-Chaux (Le), lieu-dit, cⁿᵉ de Bouvancourt.

Four-à-Chaux (Le), lieu-dit, cⁿᵉ du Breuil.

Four-à-Chaux (Le), lieu-dit, cⁿᵉ de Brugny.

Four-à-Chaux (Le), lieu-dit, cⁿᵉ de Cauroy-lez-Hermonville.

Four-à-Chaux (Le), lieu-dit, cⁿᵉ de Champillon.

Four-à-Chaux (Le), lieu-dit, cⁿᵉ de Champlat.

Four-à-Chaux (Le), lieu-dit, cⁿᵉ de Courcy.

Four-à-Chaux (Le), lieu-dit, cⁿᵉ de Cuchery.

Four-à-Chaux (Le), lieu-dit, cⁿᵉ de Dormans.

Four-à-Chaux (Le), lieu-dit, cⁿᵉ des Essarts-le-Vicomte.

Four-à-Chaux (Le), lieu-dit, cⁿᵉ d'Esternay.

Four-à-Chaux (Le), lieu-dit, cⁿᵉ de Lagery.

Four-à-Chaux (Le), lieu-dit, cⁿᵉ de Mareuil-en-Brie.

Four-à-Chaux (Le), lieu-dit, cⁿᵉ de Mondement-Montgivroux.

Four-à-Chaux (Le), lieu-dit, cⁿᵉ d'OEuilly.

Four-à-Chaux (Le), lieu-dit, cⁿᵉ de Rieux.

Four-à-Chaux (Le), lieu-dit, cⁿᵉ de Vauchamps.

Fourbanrupt (Ru de), affl. de l'Ante; coule sur le finage du Châtellier.

Four-aux-Verres (Le), f. cᵉ de Châtrices. — Cette localité doit son nom à une ancienne verrerie établie en 1518 avec permission du roi (dioc. anc. de Châlons, t. II, p. 151).

Fourche (La), écart, cⁿᵉ de Fagnières.

Fourcherie (La), lieu-dit, cⁿᵉ de Thillois.

Fourches (Bois les), bois, cⁿᵉ de Fromentières.

Four-Cuivaux (Le), lieu-dit, cⁿᵉ de Blacy.

Fourchives (Les), fief relevant d'Esternay. — *Le fief dit présentement des Fourchives*, 1751 (arch. nat. Q¹ 678).

Fous-de-Paris (Le), h. cⁿᵉˢ de Vienne-le-Château et de Binarville. — Ce hameau s'étend hors du département.

Foureaux (Les), anc. écart, cⁿᵉ de Venteuil. — *Les Foureaux*, 1720 (Saugrain, t. I, p. 472). — *Les Fourneaux*, 1805 (ann. de l'an XIII, p. 92).

Fourmerie (La), lieu-dit, cⁿᵉ d'Écriennes.

Fourneau, fourn. cⁿᵉ de Trois-Fontaines.

Fourneau-à-Chaux (Le), lieu-dit, cⁿᵉ du Gault.

Fourneau-Philippin, four à chaux, cⁿᵉ d'Olizy. — *Ung fourneau à chaulx appellé communément le Fourneau-Philippin*, 1550 (arch. nat. P 181, 114).

Fourneaux (Les), lieu-dit, cⁿᵉ de Chamery.

Fourneaux (Les), f. cⁿᵉ de Corrobert. — *La ville des Fourneaux*, 1289 (cart. de Coincy, p. 407). — *Les Fournaux*, 1805 (ann. de l'an XIII, p. 43).

Fourneaux (Les), lieu-dit, cⁿᵉ d'Écriennes.

Fourneaux (Les), lieu-dit, cⁿᵉ d'Écury-le-Repos.

Fourneaux (Les), lieu-dit, cⁿᵉ d'Esternay.

Fourneaux (Les), lieu-dit, cⁿᵉ de Fontaine.

Fourneaux (Le Ru- et Le Gué-des-), lieux-dits, cⁿᵉ de Janvilliers.

Fourneaux (Les), lieu-dit, cⁿᵉ de Loivre.

Fourneaux (Les), lieu-dit, cⁿᵉ de Mécringes.

Fourneaux (Les), lieu-dit, cⁿᵉ de Rieux.

Fourneaux (Les), écart, cⁿᵉ de Villers-sous-Châtillon (Cornet-Paulus).

Fournelleries (Les), mⁿᵒⁿˢ, cⁿᵉ du Breuil. — *La Fournellerie*, 1860 (Cornet-Paulus).

Fours (Le Fief des), à Fismes. — *Un autre fief nommé le fief du Four de Fymes, situez et assis au terrauer de Fymes*, 1498 (arch. nat. P 163, 57). — *Ung fief nommé le fief des Fours dudict Fymes*, 1507 (ibid. P 207, 20). — *Le fief des Fours, consistant en la moitié des fours banaux de Fymes*, 1629 (ibid. P 191, 4). — *Le fief de Fours, sciz en la ville de Fismes*, 1656 (ibid. P 167, 58).

Fours-à-Chaux (Les), lieu-dit, cⁿᵉ de Mareuil-le-Port.

Fours-à-Chaux (Les), lieu-dit, cⁿᵉ de Villers-sous-Châtillon.

Four-Saint-Georges, f. disp. cⁿᵉ de Loisy-en-Brie. — 1633 (lieux régis par la cout. de Vitry).

Fraivent, f. cⁿᵉ de Suizy-le-Franc. — *Frévent*, XVIIIᵉ sᵉ (Cassini).

France (Motte de), mⁿᵒⁿ forlo détr. cⁿᵉ de Blacy. — *Une autre mothe appelée France, où je soulais avoir maison et de présent est en ruyne*, 1509 (arch. nat. P 207, 14). — *Une autre motte ou place environnée de fossez, contenant en emplastre environ ung journal, y comprins lesdits fossez, assise à Blacy, commune-*

ment nommée la Motte-de-France. . . ; les deux mottes et fiefs de Sorcy et de France, 1538 (*ibid.* P 179, 103). — *Le fief de la Motte-de-France, scis audit Blacy,* 1754 (*ibid.* Q¹ 666).

FRANCARPENT, h. cᵒⁿ de Villeneuve-la-Lionne.

FRANCERIE (LA), lieu-dit, cⁿᵉ de Villeseneux.

FRANCMECOURT, fief; cⁿᵉ de Chapelaine. — XVIIIᵉ siècle (fiefs du baill. de Chaumont, p. 196).

FRANCHES-SAULES (BOIS ET ÉTANG DES), cⁿᵉ du Vieil-Dampierre.

FRANCHEVILLE, cⁿᵉ de Marson. — *Francavilla,* 1195 (la Neuville, c. 9). — *Francheville,* 1229 (liber principum, 5992, fᵒ 328 rᵒ). — *Franchavilla,* vers 1252 (arch. nat. J 202, 47). — *Francheville,* 128. (*ibid.* Q¹ 668). — *Francheville-sur-Moivre,* 1805 (ann. de l'an XIII, p. 51).

Francheville était compris, en 1789, dans l'élection et suivait la cout. de Châlons. Son église paroissiale, annexe de celle de Dampierre-sur-Moivre, diocèse de Châlons, doyenné de Bussy-le-Château, était dédiée à saint Nicolas et à saint Gérald.

FRANCŒUR (AU BOIS-), lieu-dit, cⁿᵉ de Fismes.

FRANCSAUGES, h. cⁿᵉ de Verdon. — *Francsanges,* XVIIIᵉ siècle (Cassini). — *Fransauge,* 1805 (ann. de l'an XIII, p. 60). — *Frausauge,* 1862 (Guérard, p. 241).

FRÉCUL, f. cⁿᵉ de Bussy-le-Repos. — *Frigidum Culum,* 1331 (la Neuville, c. 8). — *Froilcul,* 1346 (*ibid.*). — *Froycu,* 1508 (arch. nat. P 207, 6). — *In curia domo sua grangia vulgariter appellata Froiscul, et dicta domus seu grangia — gallice, cause — de Froiscul est situata sub dicta parrochia de Bussaco,* 1531 (la Neuville, c. 8). — *Froicul,* 1551 (arch. nat. P 183, 8). — *Fraiseau, Fraiseu-lez-Sommievre,* 1633 (lieux régis par la cout. de Vitry). — *Le fief de Frescu,* 1654 (arch. nat. P 217, 18). — *Un autre arrière-fief appellé le fief de Fresues,* 1657 (*ibid.* P 222, 33). — *Frescul,* 1692 (*ibid.* P 222, 33). — *Frecu,* XVIIIᵉ siècle (Cassini). — *Frescu* ou *Froideu,* 1860 (Cornet-Paulus).

FRÉCUL, chât. cⁿᵉ de Sézanne, aujourd'hui SANS-SOUCI. — Voy. ce nom.

FREGINVILLE, vill. détr. cⁿᵉˢ de Noirlieu et de Sommeyèvre. — *Frisivilla,* 1140 (Montiers, c. 1). — *Friseivilla,* 1147-1151 (cart. de Montiers, 9905, fᵒ 26 vᵒ). — *Friseivila,* avant 1164 (*ibid.* 10946, fᵒ 28 rᵒ). — *Friseivile, Frescivilla, Friseivile,* v. 1165 (*ibid.* fᵒˢ 23 vᵒ, 24 rᵒ et 25 rᵒ). — *Freseivile,* v. 1170 (*ibid.* fᵒ 27 rᵒ). — *Freseivile,* v. 1172 (*ibid.* fᵒ 37 vᵒ). — *Freseivilla,* v. 1185 (*ibid.* fᵒ 36 rᵒ). — *Friseivilla,* 1202 (Montiers, c. 2). — *Frigevile,* 1210 (cart.

de Montiers, 9905, fᵒ 28 vᵒ). — *Fresiville,* 1216 (*ibid.* fᵒ 30 rᵒ). — *Fresivilla,* 1233 (Montiers, c. 1). — *Fregevilla,* 1389 (arch. nat. P 183, 44). — *Seurgeville,* 1435 (*ibid.* P 162, 102). — *Le ban et fuaige de Fregeville, situé et assis entre Sommièvre, Busay-le-Repos, Contault, Sainct-Mard-en-son-le-Mont, où souloit avoir villaige et de si longtemps qu'il n'est mémoire a esté démoly, et la plupart des habitants desdictz villaiges se sont boutez intraz et prins les héritaiges et applicqués à leur prouffit sans en vouloir paier aucune redevance,* 1510 (*ibid.* P 207, 43). — *La terre et seigneurie de Fergeville,* 1512 (*ibid.* P 179, 93). — *Frigeville,* XVIᵉ siècle (cart. de Montiers, 9905, fᵒ 34 vᵒ). — *Ung fief appellé Fregeinville,* 1665 (arch. nat. Q¹ 657). — *Freginville,* 1759 (*ibid.*).

L'emplacement de ce village est indiqué aux plans cadastraux de Noirlieu et de Sommeyèvre, par le lieu-dit *Furginville* ou *Furgenville.*

FRÉMAUFONTAINE, vill. détr. aux environs de Montmort. — *Fremaufontaine,* v. 1252 (arch. nat. J 193, 51). — *Fromeuse-Fontaine,* v. 1300 (extenta Campanie, Château-Thierry).

FRAÎNE (LE), f. cⁿᵉ de Broussy-le-Petit. — *Fraxinus,* v. 1252 (arch. nat. J 195, 96). — *Les molins de Fruisne,* 1252 (liber pontificum, fᵒ 447 vᵒ). — *Frasna,* XVIᵉ siècle (fcoda Campanie, p. 130). — *Fraisne,* 1603 (arch. nat. P 178, 98). — *Fraisne,* 1664 (*ibid.* P 191⁴, 26 bis). — *La ferme du Fresnc,* 1720 (Saugrain, t. I, p. 473).

FRENOY (MONT-), cⁿᵉ de la Cheppe.

FRESNAY, h. cⁿᵉ de Faux-Fresnay. — *Frasneium,* 1208 (Montiéramey, 6 H 7). — *Fresnay-lez-Fol,* 1501 (S.-Memmie, c. 2). — *Frenay,* 1682 (arch. nat. P 191⁴, 2). — *Fresnoy,* 1742 (*ibid.* Q¹ 678). — *Frenayum,* 1784 (Courtalon, t. III, p. 457).

FRESNE, par. détr. de laquelle dépendaient, au XIIᵉ siècle, les chapelles de Bouzy et de Tauxières. — *Fraxina,* 1109 (Gallia christ. t. X, col. 36). — *Frayne, Fraingne, Fresnes,* 1399 (arch. nationales, P 182, fᵒˢ 309 rᵒ et 312).

FRESNE (LE) ou LE FRESNE-SUR-MOIVRE, cⁿᵉ de Muraoo. — *Villa nova ad Fraxinum,* 1212 (arch. nat. KK 1064, fᵒ 184 rᵒ). — *Villa nova quæ Fraxinus dicitur,* 1213 (Teulet, trésor des chartes, t. I, p. 388). — *Villa que dicitur Fraine,* 1247 (liber pontificum, fᵒ 496 rᵒ). — *Fraxinus,* v. 1252 (arch. nat. J 202, 55). — *Le Fraine,* 1253 (Trois-Font. c. 5). — *Le Freene,* v. 1274 (arch. nat. J 202, 46 ter). — *Fruisne,* 1280 (la Neuville, c. 9). — *In finagio de Frassigno de Mevia,* 1286 (chap. de Châl. a. 2, l. 3). — *Le Frayne,* XIVᵉ siècle (dioc. auc. de Châl. t. I,

p. 271). — *Fresne*, 1492 (chap. de Châl. a. 6, l. 24). — *Le Frasne-ea-Perthois*, 1665 (arch. nat. Q¹ 666). — *Fresnes*, 1693 (dioc. auc. de Châlons, t. I, p. 278).

Le Fresne faisait partie, en 1789, de l'élection de Châlons et était régi par la cout. de Vitry. Son église paroissiale, annexe de celle de Moivre, diocèse de Châlons, doyenné de Bussy-le-Château, était consacrée à Notre-Dame.

FRESNE (LE), h. détr. cⁿᵉ de Scrupt. — *Le Fraisne-en-Perthois*, ... *la place ou circuit où souloit estre jadiz une maison appellée la maison du Fraisne*, 1401 (arch. nat. P 179, 22). — *Le siège où souloit avoir une maison appellée la maison du Fraysne*, 1401 (ibid. P 179, 28). — *Ung fief séant à Secru, nommé le fief du Fresne*, 1508 (ibid. P 207, 5). — *Le Baut du Fresne, ladite terre et seigneurie du Baut*, 1511 (ibid. P 161, 68). — *Le Frasne*, 1521 (ibid. P 179, 100). — *Le Fresne*, 1572 (ibid. P 179, 125).

Le nom de ce hameau subsiste dans celui de l'*étang* du *Fresne*, situé dans la cⁿᵉ de Scrupt, sur la lisière du bois de Maurupt.

FRESNES, cⁿᵉ de Bourgogne. — *Fraineium* ou *Frasneium*, 1119 (arch. adm. de Reims, t. I, p. 370). — *Villa que vulgo Fraxinus dicitur*, 1190 (S.-Remy, l. 54). — *Fratna* (1193 (chap. de Reims, l. 48). — *Fresnai*, v. 1222 (livre des vass. de Champ.). — *Fraisne*, 1248 (cart. B du chap. de Reims, f. 317 v°). — *Fraxina*, v. 1260 (nécr. de l'église de Reims, p. 77). — *Fraines*, 1281 (chap. de Reims, l. 48). — *In villa de Fraine juxta Remis*, 1294 (cart. X de l'archev. de Reims, f° 199 v°). — *Frasne emprez Reims*, 1384 (arch. adm. de Reims, t. III, p. 574). — *La ville et terre de Fresnes-lez-Boul et lez Bourgoingne*, 1398 (chap. de Reims, l. 48). — *Fraisne*, 1433 (arch. nat. Q¹ 656). — *Fruisne-lez-ledict-Reims*, 1519 (chap. de Reims, l. Curzy). — *Frêne*, XVIIIᵉ siècle (Cassini).

En 1789, Fresnes était compris dans l'élection de Reims et suivait pour partie la coutume de Vitry, pour partie celle de Reims. Son église paroissiale, diocèse de Reims, doyenné de Lavannes, était consacrée à saint Martin; le chapitre de Saint-Symphorien de Reims présentait à la cure.

FRESNOT (LE), f. cⁿᵉ de Fromentières. — *Ung autre gaignage appellée le Fresnoy*, 1603 (évêché de Châl. c. 15).

FRESNOY, auc. mⁱⁿ, cⁿᵉ de Saint-Mard-sur-Auve. — *Molendinum de Sancto Medardo quod dicitur malendinum de Fraisnoi*, 1245 (Moiremont, c. 6).

FAETONS (LES), auc. écart, cⁿᵉ de Boursault. — Cet

écart est mentionné, en 1720, par Saugrain (t. I, p. 469). — Cornet-Paulus (p. 101) le dit situé dans la cⁿᵉ de Venteuil.

FRÉVENT, auc. f. cⁿᵉ de Suizy-le-Franc. — *Frevend*, 1720 (Saugrain, t. I, p. 472). — *Frevant*, 1805 (ann. de l'an XIII, p. 85).

FRÉVENT, écart, cⁿᵉ de Venteuil. — *Frevent*, 1720 (Saugrain, t. I, p. 472). — *Frevend*, 1860 (Cornet-Paulus).

FREVERGE (LA), h. cⁿᵉ de Cuchery.

FAEYS (LES), écart, cⁿᵉ du Chemin (Cornet-Paulus).

FRICHAMBAULT (MOULINS DE), à Reims. — *Molendinum de Frichambaut*, 1215 (cart. A de S.-Remy, p. 226). — *Molendinum fullonarium faciendum in Frichembaut*, 1218 (arch. lég. de Reims, stat. t. I, p. 188). — *Molendina fullonaria de Frichembaldo*, v. 1230 (cart. C de S.-Remy, f° 5 v°). — *Vincentius de Frichembaut*, 1235 (cart. A de S.-Remy, p. 195). — *Molendina de Frichembaudo*, v. 1260 (nécr. de l'église de Reims, p. 96). — *Les mollins de Frichembault*, 1456 (arch. nat. JJ 183, n° 158). — *La pesche de la rivière de Veesle à prendre depuis Fleichembault*, 1575 (S.-Remy de Reims, l. 25). — *Les moulins de rue des Moulins, proche de Fléchembaux*, 1652 (arch. lég. de Reims, stat. t. I, p. 244). — *Rue du fauxbourg Fléchembault*, 1769 (ibid. t. I, p. 237).

FRICOTS (LES), f. cⁿᵉ de Saron. — *Au même lieu de Saron, la ferme appellée des Fricots*, 1775 (arch. nat. Q¹ 672).

FRIGNICOURT, cⁿⁿ de Vitry-le-François. — *Frogneicort*, 1136 (cart. de Toussaints, f° 47 v°). — *Frenilcurtis*, 1131-1142 (Toussaints, c. 1). — *Fregneicort*, v. 1145 (cart. de Toussaints, f° 48 r°). — *Freignicort*, 1153 (Toussaints, c. 8). — *Frenicuria*, 1158 (ibid.). — *Fregnicort*, 1166-1187 (ibid. c. 8). — *Frigneicort*, 1164-1191 (Trois-Font. c. 5). — *Frignicort*, 1237 (ibid.). — *Frignicourt*, 1240 (Cheminon, c. 1). — *Fregnicourt, Fraignicort*, v. 1252 (arch. nat. J 202, 55). — *Frenicourt*, 1267 (Trois-Font. c. 5). — *Frimgicuria Cathalaunensis dyocesis*, 1293 (S.-Pierre-aux-Monts, c. à, l. 2). — *Freignicourt*, v. 1300 (extenta Campanie, Vitry). — *Fregnicuria*, 1316 (S.-Pierre-aux-Monts, c. 14). — *Frignicourt*, 1353 (Trois-Font. c. 5). — *Fraignicuria*, 1380 (chap. de Reims, l. Vauclerc). — *Frignicuria*, 1405 (pouillé de Châlons, f° 77 r°). — *Frignicourt-sur-Marne*, 1464 (S.-Pierre-aux-Monts, c. 14).

En 1789, Frignicourt faisait partie de l'élection et suivait la cout. de Vitry. Son église paroissiale, diocèse de Châlons, doyenné de Perthes, était dédiée à saint Louvent et à la présentation de l'abbé de Toussaints.

FRITINIACUM, nom latin d'une ferme détr. près Sermaize dans la forêt de Trois-Fontaines. — *Fritiniacum*, 1094 (Teulet, trésor des chartes, t. I, p. 30). — *Grangia de Fritiniaco*, 1180 (bullaire de Cheminon, p. 10).

FAOIDMONT, f. détr. dans la région de Montiers-en-Argonne. — *Grangia que dicitur Frigidus Mons*, 1163 (cart. de Montiers, 10946, f° 4 r°). — *Hugo de Froimont*, 1256 (cart. de la Trinité, f° 57 v°). — *Les terres de Froymont*, 1513 (cart. de Montiers, 9905, f° 323 r°).

FROMENTIÈRES, c° de Montmirail. — *Fromenteriæ*, 1162 (Andecy). — *Frumentariæ*, 1171 (*ibid.*). — *Frumenteriæ*, 1227 (cart. d'Oyes, f° 10 v°). — *Fraumentières*, 1287 (Andecy, c. 1). — *Froumentières*, 1401 (hist. de la maison de Béthune, p. 197). — *Formentières*, 1404 (*ibid.* p. 261). — *Froumenteriæ*, 1405 (pouillé de Chàl. f° 81 r°). — *Fromentiers, Froumentiers*, 1464 (cart. de Coincy, p. 541 et 543). — *Frommenteriæ*, 1542 (taxe du diocèse de Chàl. f° 81 r°). — *Fourmentier*, 1650 (min. Peignot, à Marcilly). — *Fromentière*, XVIII° s° (Cassini).

En 1789, Fromentières était compris dans l'élection de Châlons et suivait la cout. de Sens. Son église paroissiale, diocèse de Châlons, doyenné de Vertus, était dédiée à sainte Marie-Madeleine; l'abbé de Saint-Sauveur de Vertus présentait à la cure.

FROTTE-AU-BORD, f. c° de Bergères-sous-Montmirail.

FULAINE-SAINT-QUENTIN, vill. c° de Gionges-Saint-Ferjeux. — *Fuenes*, v. 1222 (livre des vass. de Champ.). — *Fiveleines, Fulaines*, 1235 (Argensolles, c. 1). — *Fiulaingnes*, 1270 (la Charmoye, c. 6). — *Fulaines*, 1405 (pouillé de Chàl. f° 81 r°). — *Fulannes*, 1542 (taxe du diocèse de Chàl. p. 214). — *Fullaines, présentement dit Saint-Quentin*, 1673 (arch. nat. Q¹ 681). — *Fulaine*, 1734 (*ibid.*). — *La paroisse de Saint-Quentin, autrement Fulaine*, 1773 (Argensolles, c. 4). — *Fulaines-Saint-Quentin*, XVIII° siècle (Cassini).

Fulaines faisait partie, en 1789, de l'élection de Châlons et était régi par la cout. de Vitry. Son église paroissiale, diocèse de Châlons, doyenné de Vertus, était consacrée à saint Quentin; l'abbé de Saint-Sauveur de Vertus présentait à la cure.

FUMERDERIE ou FUMERDRY, lieu-dit, c° de Courtémont.

FURETTERIE (LA), lieu-dit, c° de Dormans.

FUSSY, vill. détr. près Sermiers. — *Homines et communitates villarum de Esquex, de Nogent, de Fucy, de Courtomont et de Flory,..... Johannes dictus Corbillons de Fussy*, 1318 (Saint-Denis de Reims, l. Courtaumont).

G

GAGNAGE-BAZIS (LE), fief, près Blaise-sous-Hauteville. — 1734 (arch. nat. P 228, 20).

GAGNAGE-D'AVAL (LE), gagn. c° d'Huiron. — *Le gaignage qu'on dit le gaignage d'Avalle*, 1446 (cart. d'Huiron, f° 137 v°).

GAGNAGE-DE-BRESSE (LE), fief, près Blaise-sous-Hauteville. — 1734 (arch. nat. P 228, 20).

GAGNAGE-DE-CLAUDE-MADCLERC (LE), anc. f. près Hauteville. — 1734 (arch. nat. P 228, 22).

GAGNAGE-DE-DAME-ANNE (LE PETIT-), f. c° d'Heiltz-le-Maurupt. — *Le gaignage et mesloirie du village de Heiz-le-Mauru, appellé le petit gaignaige de Dame-Anne*, 1539 (arch. nat. P 161, 99).

GAGNAGE-DE-M'-PIERRE (LE), à Landricourt. — *Ung autre petit gaignage nommé le gaignage de M' Pierre*, 1641 (arch. nat. P 216, 82). — *Le gaignage de M' Pierre*, 1662 (*ibid.* P 217, 85).

GAGNAGE-EN-LA-PERTE (LE), dans la vallée d'Huiron. — *Le gaignage de la Perte, la place ou la maison*, 1446 (cart. d'Huiron, p. 137).

GAGNAGE-MORAST (LE), fief, près Blaise-sous-Hauteville. — 1734 (arch. nat. P 228, 20).

GAGNAGE-SEREY (LE), près Hauteville. — *Le gagnage Serey*, 1734 (arch. nat. P 228, 22).

GAINCOURT, f. c° d'Étrepy, ancien prieuré dépendant de l'abbaye de Rebais, au diocèse de Meaux. — *Domus de Guioncurt*, 1222 (la Charmoye, c. 7). — *Domus de Goincort* (Ulmoy). — *Guidonis Curia*, 1265 (*ibid.*). — *Prioratus de Guincuria*, 1542 (taxe du diocèse de Chàl. p. 219). — *Quincourt ou Guincourt*, 1860 (Cornet-Paulus).

GALANTERIE (LA), lieu-dit, c° de Boursault.

GALAAMERIE (LA), ff. c° de Villers-en-Argonne.

GALBODINE (LA), ff. c° de Sompuis. — *Grangia que dicitur Galabaldium*, 1218 (Hautefont. c. 1). — *La grange dite Gombelaudine*, 1366 (arch. nat. Q¹ 681, f° 167 v°). — *La cense de la Gaillebaudine, size au terrayr de Sampuys*, 1537 (Hautefont. c. 6). — *Ung gaignage deppendant de vostre dicte abbaye assis au finage de   , appellé com-*

munément Caillebaudine, comm. du XVIIe s[e] (*ibid.*).
— *Le fief de la Galbaudine*, 1636 (arch. nat.
P 215, 36). — *Gallebodine ou Claudine; ce lieu est
un fief de la paroisse de Sompuis*, XVIIIe siècle
(fiefs du baill. de Chaumont, p. 200). — *Galbeaudine*, XVIIIe s[e] (Cassini). — *Galbodine*, 1835 (état-
major). — *Claudine*, 1860 (Cornet-Paulus).

GALBY (LE), lieu-dit, c[ne] de Montigny-sur-Vesle.

GALLANDRE, f. détr. c[ne] de Corroy. — *Audict Corroy,
ung gangnage appellé communement Ballandre*, 1602
(arch. nat. P 178, 87). — *Audict Corroy, ung
gangnage appellé communement Gollandre*, 1602
(ibid. P 178, 89).
Le lieu-dit *les Calendes*, au finage de Corroy,
paraît indiquer l'emplacement de la ferme susdite.

GALLEVESSE (LA) ou LA GRAVELLE, ruiss. affl. du ruiss.
du Moulin d'Hoyau; coule sur les territoires de
Villé-en-Tardenois et Chambrecy.

GALLICHETTERIE (LA), lieu-dit, c[ne] de Vandières-sous-
Châtillon.

GALLICHONS (LES), écart, c[ne] de Drosnay.

GALOPINERIE (LA), h. c[ne] de Pussy-Grigny.— *La Galap-
conerie*, XVIIIe siècle (Cassini). — *La Galopinerie*,
1847 (lieux habités). — *La Galopinnerie*, 1862
(Guérard, p. 410).

GANERIE (LA), fief, c[ne] de la Cheppe. — *Le fief de la
Ganerie consistant en une maison et ses dépendances,
scituées au bout du village de la Cheppe*, 1772 (arch.
nat. Q¹ 671).

GARDE-DE-DIEU (LA), m[on], c[ne] de Frignicourt.

GARENNE (LA), motte, c[ne] de Poix. — *Le propriétaire de cette tombelle y a élevé une colonne romaine
servant de logement à un garde*, 1847 (lieux habités).
— On a attaché à cette motte le nom de *Tombeau
de Théodoric* en la considérant, à tort, comme la
sépulture du roi des Visigoths mort en combattant
Attila, et le Dictionnaire des Postes (édition de
1876, p. 1374) désigne la colonne susdite sous le
nom de *Tour-Théodoric.*

GARENNE (GRINOE-), bois, c[ne] de Villers-aux-Corneilles.

GARENNE (PETITE-), bois, c[ne] de Villers-aux-Corneilles.

GARENNE (FONTAINE ou RUISSEAU DE LA), c[ne] de Saint-
Eulien.

GARENNE-DE-GUEUX (LA), bois, c[nes] de Gueux, Muizon
et Thillois.

GARETERIE (LA), f. c[ne] de Sainte-Menehould (Cassini).

GARGANÇONNERIE (LA), lieu-dit, c[ne] d'Étrepy.

GARGANERIE (LA), lieu-dit, c[ne] de Soudron.

GARLANDS, ch. détr. c[ne] du Gault. — *La maison et les
appartenances de Gallandes, séant en la paroisse du
Gaut*, 1375 (arch. nat. P 204, 173). — *Assavoir
que, au dit lieu de Garlende, n'a presentement homme
ne femme demourant*, tout est inutile et sens quel-
conque revenue, et n'y a eu aucune personne demourant, ne qui y ait tenu mesnaige dès vint ans a ou
environ, v. 1346 (chât. de Montmirail). — *La vallée
de Garlendez, la vallée de Gallendes*, 1493 (arch. nat.
Q¹ 680). — *Gallendres*, 1514 (ibid. P 165, 251).
— *Le fief, terre et seigneurie de Garlande, . . . assis
en la paroisse du Gault*, 1732 (ibid. P 224, 64). —
Bois, dit de Guirlande, 1784 (Courtalon, t. III,
p. 291).

GARNIÈRE (LA), lieu-dit, c[ne] d'Ante.

GARNIÈRE (RUISSEAU DE LA), c[ne] d'Ante.

GARSAULT, f. détr. c[ne] de Larzicourt. — *Fratres de
Gunhardi Saltu*, 1133 (Hautefont. c. 6). — *Et in
campo de Goharsalto qui incipit a Suanna et finit ad
liciam Alte Ville*, 1132-1141 (Ulmoy). — *Domus
de Gonharsalt*, 1152 (chap. de Châl. a. 5, l. 21).
— *Grangia de Gunharsalt*, 1168 (Hautefont.
c. 6). — *Terra de Goharsath*, 1178 (ibid.). —
Terra sito inter Larzicuria et grangia de Goharsaut,
1180 (ibid.). — *Grangia Altifontis que dicitur
Coharsaut*, 1186 (S.-Pierre-aux-Monts, c. 4). —
Grangia de Gorsaut, 1218 (Hautefontaine, c. 1).—
Leur maison de Gouarsout, 1314 (ibid. c. 6). —
Garsaut, 1341 (ibid.). — *Gorsault*, 1362 (ibid.).
— *Goursault*, 1399 (ibid.). — *Garsaulx*, XVIIIe s[e]
(ibid. au dos d'une pièce de 1180).

GASCOGNE, vill. détr. dans les environs de Broussy.
— *Wasconia in vicaria Brotiacinse*, 813 (Gallia
christiana, t. XIV, c. 17). — *Villa que vocatur Gascognia*, 1155 (cart. d'Oyes, f° 1 r°).

GAUDINA (LA), h. c[ne] des Essarts-lez-Sézanne. — *La
Godine*, 1728 (grande chambrerie de S.-Étienne
de Troyes, 6 G 24).

GAUDINS (LES), f. c[ne] de Boursault. — *Les Godins*,
XVIIIe siècle (Cassini).

GAULES (LES), ruiss. c[ne] de Voilemont.

GAULT (LE) ou LE GAULT-LA-FORÊT, c[ne] de Montmirail. — *Villa dol Galt*, 1133 (arch. nat. S 4968,
n° 13). — *Waldam*, 1162 (Andecy). — *Waudam*,
1176 (Teulet, trésor des chartes, t. I, p. 112). —
Gualdum, 1179 (S.-Nicolas de Sézanne, c. 10). —
Guudam, 1179 (pouillé de Troyes, n° 248). —
Wais pour Waus, comm. du XIIIe siècle (cart. de
Notre-Dame de Paris, t. I, p. 157). — *Gauz*,
comm. du XIIIe siècle (ibid. t. I, p. 147). — *Gaut*,
1203 (S.-Nicolas de Sézanne, c. 11). — *Le Gaut*,
v. 1222 (livre des vass. de Champ.). — *Gaudium*,
v. 1252 (arch. nat. J 197, 110). — *Le Goud*,
v. 1300 (extenta Campanie, Sézanne). — *Le Gauld*,

1493 (arch. nat. Q¹ 686). — *Gaud*, 1538 (ibid.
P 165, 281). — *Le Gault*, 1604 (ibid. Q¹ 679).
— *Godum*, 1784 (Courtalon, t. III, p. 290).

Le Gault était compris, en 1789, dans l'élection de Sézanne et suivait la cout. de Meaux. Son église paroissiale, diocèse de Troyes, doyenné de Sézanne, était dédiée à saint Nicolas; l'abbé de Notre-Dame de Vertus présentait à la cure.

GAULT (FORÊT DU), s'étend sur les communes du Gault, Champguyon, les Essarts-le-Vicomte et Charleville. — *Nemus dou Waut*, 1163 (Socard, chartes de Molême, p. 117). — *Nemus de Gaut*, 1197-1201 (liber princip. 5992, f° 337 v°). — *Foresta de Waut*, 1207 (Teulet, trésor des chartes, t. I, p. 450). — *Nemus de Wauda*, 1229 (liber princip. 5992, f° 337 v°). — *Nemus dou Gaut*, 1238 (arch. de la Marne, chap. de Troyes). — *Nemus de Gaudo*, 1244 (liber pontif. f° 440 v°). — *Le bois dou Gaut*, v. 1274 (arch. nat. J 205, 31 bis). — *La forestz* du Gault, 1502 (S.-Étienne de Troyes, l. 50).

GAUHARDERIE (LA), lieu-dit, c⁰⁰ d'Ablois.

GAUPELLERIES (LES), lieu-dit, c⁰⁰ de Cuchery.

GAUTHIÈRE (LA), lieu-dit, c⁰⁰ de Vincelles.

GAUTIER-DE-MARSON (FIEF), c⁰⁰⁰ d'Arzillières et Huiron. — *Ung autre fief catant audict Arzillières et à Huyron, nommé communément le fief Gaultier de Marson*, 1508 (arch. nat. P 207, 5). — *Ung autre fief audit Arzillières et à Huiron, nommé communément le fief de Gauler de Marçon*, 1641 (ibid. P 216, 82).

GAUTIEZTERIE (LA), lieu-dit, c⁰⁰ de Moslins.

GAYE, c⁰⁰ de Sézanne. — *Waia*, 1079 (Gallia christ. t. XII, c. 253). — *Gaya*, 1119 (Teulet, trésor des chartes, t. I, p. 42). — Gaia, 1138 (pouillé de Troyes, n° 343). — *Gayum*, 1153-1162 (cart. de Toussaints, f° 31 v°). — *Gaie*, v. 1222 (livre des vass. de Champ.).

En 1789, Gaye était compris dans l'élection de Sézanne et suivait la cout. de Meaux. Son église paroissiale, diocèse de Troyes, doyenné de Sézanne, était consacrée à Notre-Dame; le chapitre du lieu présentait à la cure.

GÉZERY, h. détr. c⁰⁰ de Loivre. — *Jehereyum*, 1278 (cart. B du chap. de Reims, f° 278 r°). — *Jehereium*, 1289 (ibid. f° 279 r°). — *Jeheri*, comm. du xɪⱽᵉ siècle (arch. adm. de Reims, t. I, p. 1090). — *Gehori*, 1358 (ibid. t. III, p. 108). — *Une ville appelée Gehery, qui est de la parroche et de ladite marie de Loivre*, 1384 (arch. nat. P 28, 27); une copie de ce texte, imprimée dans les arch. admin. de Reims, t. III, p. 587, donne à tort *Cochery* au

lieu de *Gehery*. — *Gehery ne subsiste plus*, 1720 (Saugrain, t. I, p. 481).

Le nom de ce hameau parait subsister en composition, mais légèrement altéré par la prononciation, dans celui d'un lieu-dit de la c⁰⁰ de Loivre : La *Gloye-Chéry*.

GELENAUX, h. disp. c⁰⁰ de Saint-Eulien. — *Geleno*, hameau, lez S.-Eulien, ... *Gelleur*, 1633 (lieux régis par la cout. de Vitry).

GENCIGNICOURT, loc. disp. c⁰⁰ d'Huiron. — *Alodium de Gencinei Curte apud Oriun*, 1107 (chap. de S.-Étienne de Chál. a. 1, l. 1).

GENDERIE (LA), lieu-dit, c⁰⁰ de Comblizy.

GENLIS (BOIS DE), c⁰⁰ du Breuil.

GEOFFROY-DE-GUY (FIEF), c⁰⁰ de Pargny-sur-Saulx. — *Le fief de Geoffroy de Guy, ... séant audit Pargny*, 1551 (arch. nat. P 183, 8).

GEORGERIE, lieu-dit, c⁰⁰ de Sommevesle.

GÉRARD-DE-RONCÈRES (FIEF), à Verneuil. — 1512 (arch. nat. P 181, 4).

GERCOURT (LE), lieu-dit, c⁰⁰ d'Écriennes.

GERGEAU, m^in, c⁰⁰ de Sainte-Menehould. — *Les moulins de Gergaut*, 1367 (arch. nat. P 183, 23). — *Le malin de Gergeault*, 1573 (ibid. P 167, 70). — *Ung fief appelé le moulin de Gergeault lez ledit Saincte-Menehould*, 1574 (ibid. P 184, 222). — *Le moulin de Gergeau*, 1587 (ibid. P 162, 421). — *Le fief et moulin de Bergeault*, 1600 (ibid. P 162, 425). — *Le moulin à eaux de Gergeaux, scize sur la rivière d'Aulve, près la ville dudit Sainte-Manehould*, 1635 (ibid. P 216, 65). — *Fief Gergeaux, à Sainte-Menehould*, 1676 (dioc. anc. de Chál. t. I, p. 276). — *Le fief du moulin de Gerjeau*, 1683 (arch. nat. P 220, 12). — *Gerjau*, 1683 (ibid. P 220, 58). — *Le fief du moulin de Gerjeaux*, 1684 (ibid. P 220, 94). — *Les Gorgeaux*, 1720 (Saugrain, t. I, p. 440). — *Le fief et moulin de Gergault*, 1733 (arch. nat. P 227, 31).

GERGEAU (LE PETIT-), m⁰⁰ is. c⁰⁰ de Sainte-Menehould. — *Petits Gergeaux*, 1860 (Cornet-Paulus).

GERICOURT, lieu-dit, c⁰⁰ de Blacy.

GERMAISE, c⁰⁰ d'Ay. — *Germanium*, 1086 (canton de Verzy, p. 143). — *Germania*, 1121 (S.-Nicaise, c. 4, l. 7). — *Germannia*, 1220 (S.-Remy, l. 28). — *Germene, Germaine*, v. 1222 (livre des vass. de Champ.). — *Germaigne*, v. 1252 (arch. nat. J 193, 51). — *Germeigne, Germaigne*, v. 1274 (ibid. J 202, 31 et 45). — *Germaingne*, v. 1300 (arch. adm. de Reims, t. I, p. 1089). — *Germaines*, v. 1340 (hist. de la maison de Châtillon, p. 48). — *Germagne, Germaignes*, 1345 (arch. nat. J 197, 60). — *Germaignia*, 1346 (arch. adm.

de Reims, t. II, p. 1121). — *Germaingnes*, 1384 (arch. nat. P 180, 111). — *Germainnes*, 1508 (chap. de Reims, c. 27).

En 1789, Germaine faisait partie de l'élection d'Épernay et était régi par la cout. de Vitry. Son église paroissiale, diocèse de Reims, doyenné d'Épernay, était dédiée à la sainte Croix; l'abbé de Saint-Basle présentait à la cure.

GERMERIES (LES), fabrique de tourneur en bois, c^{ne} de Sainte-Menehould. — *Les Germeries*, 1847 (lieux habités). — *Les maisons, dites les Germeries*, 1862 (Guérard, p. 479).

GERMIGNY, c^{on} de Ville-en-Tardenois. — *Germaniacum*, v. 940 (Flodoard, l. II, c. 5). — *Germigné*, xiie siècle (fragm. de polypt. p. 167). — *Germinyacum*, 1216 (cart. B du chap. de Reims, f°s 174-175). — *Gemegni*, v. 1222 (livre des vass. de Champ.). — *Germigni*, 1228 (arch. adm. de Reims, t. I, p. 544). — *Germeni*, 1248 (chap. de Reims, l. Germigny). — *Germineium juxta Rannaium*, v. 1260 (nécr. de l'église de Reims, p. 69). — *Germigni*, 1322 (arch. adm. de Reims, t. II, p. 287). — *Germigny-en-Montagne*, 1433 (arch. nat. Q^t 656). — *Germigny-en-la-Montagne*, 1522 (arch. lég. de Reims, cout. p. 754). — *Jermigny*, xviiie siècle (Cassini).

Germigny était compris, en 1789, dans l'élection et suivait la cout. de Reims. Son église paroissiale, annexe de celle de Janvry, diocèse de Reims, doyenné de Fismes, était consacrée à Notre-Dame.

GERMINON, c^{on} de Vertus. — *Germinan*, 1146 (Toussaints, c. 3). — *Germsignon*, 1181 (Vinets, c. 5). — *Germignum*, 1185 (Andecy). — *Germignun*, 1217 (la Charmoye, c. 7). — *Germenon*, v. 1222 (livre des vass. de Champ.). — *Germinonnum*, 1405 (pouillé de Châl. f° 73 r°). — *Germignon-en-Champaigne*, 1430 (arch. nat. P 181, 62). — *Germignonnum*, 1470 (la Charmoye, c. 7).

Germinon faisait partie, en 1789, de l'élection de Châlons et était régi par la cout. de Vitry. Son église paroissiale, diocèse de Châlons, doyenné de Châlons, était dédiée à saint Martin; l'abbé de Saint-Sauveur de Vertus présentait à la cure.

GERTRUMOULIN, lieu-dit, près d'Épense. — *Locus qui dicitur Gertrudis Molendinum*, 1179 (cart. de Montiers, 10946, f° 32 r°).

GERVILLE, lieu-dit, c^{ne} de Cernay-en-Dormois.

CEUX (LES), lieu-dit avec substr. c^{ne} de Mécringes.

GÈVRES (BOIS DE), c^{ne} de Verneuil.

GIBARTS (LES), h. détr. c^{ne} de Troissy. — *Hameau des Gibart*, 1720 (Saugrain, t. I, p. 472).

GIBERMATE, ruiss. c^{ne} de Verrières.

GIFFAUMONT, c^{ne} de Saint-Remy-en-Bouzemont. — *Girfacmont*, 1179 (S.-Jacques de Vitry, c. 3). — *Girfacmunt*, 1187 (*ibid.*). — *Girfaumont*, 1239 (Ulmoy). — *Gifaumont*, 1271 (S.-Étienne de Troyes, c. 25). — *Giffaumont, Giffaudimons*, 1284 (*ibid.*). — *Giffaumons*, 1335 (*ibid.*). — *Giffodimons*, 1405 (pouillé de Châl. f° 77 v°). — *Giffaulmont*, 1515 (grande chambrerie de S.-Étienne de Troyes, 6924). — *Gifaulmont*, 1542 (S.-Étienne de Troyes, c. 37). — *Giffaulmond*, 1543 (*ibid.*). — *Chiffaulmont*, 1561 (*ibid.*).

En 1789, Giffaumont était compris dans l'élection de Vitry et suivait la cout. de Chaumont. Son église paroissiale, diocèse de Châlons, doyenné de Perthes, était consacrée à sainte Marie-Madeleine; le chapitre de Saint-Étienne de Troyes présentait à la cure.

GIGNY-AUX-BOIS, c^{ne} de Saint-Remy-en-Bouzemont. — *Gigni*, 1167 (Hautefont. c. 6). — *Gignei*, vers 1252 (arch. nat. J 202, 55). — *Nostre chastel de Gygny, Giny*, 1302 (arch. de l'Aube, G 654). — *Gigney*, 1366 (arch. nat. Q^t 681¹, f° 129 r°). — *Gigneyum*, 1381 (pouillé de Troyes, A 410³). — *Gigny*, 1636 (arch. nat. P 215, 36).

En 1789, Gigny-aux-Bois faisait partie de l'élection de Vitry et était régi par la cout. de Chaumont. Son église paroissiale, diocèse de Troyes, doyenné de Margerie, était dédiée à sainte Julienne; l'abbé de Montiéramey présentait à la cure.

GIONGES ou SAINT-FERJEUX, c^{ne} d'Avize. — *Giu[n]giæ*, 1107 (chap. de S.-Étienne de Châl. a. 1, l. 1). — *Giunge, Gionge, Gionges*, v. 1222 (livre des vass. de Champ.). — *Gyongiæ, Giongiæ*, v. 1252 (arch. nat. J 193, 51). — *Gyonges*, 1508 (*ibid.* P 207, 12). — *Guurges* (sic), 1542 (taxe du diocèse de Châl. p. 214). — *Gionges, présentement dit Saint-Fergeul*; Saint-Fergeul, 1673 (arch. nat. Q^t 681). — *Gionge ou Saint-Quentin*, 1720 (Saugrain, t. I, p. 411). — *Gionge*, 1741 (évêché de Châl. c. 3). — *Gionge-Saint-Ferjeu*, 1767 (Touss. c. 8).

En 1789, Gionges était compris dans l'élection de Châlons et suivait la cout. de Vitry. Son église paroissiale, diocèse de Châlons, doyenné de Vertus, était consacrée à saint Ferréol; l'abbé de Saint-Sauveur de Vertus présentait à la cure.

GIRONDE, loc. disparue, aux environs de Sézanne. — *Hue de Gironde*, v. 1222 (livre des vass. de Champ.). — *Regnaudus de Girunda*, 1225 (Bricot, c. 1).

GIRONDE (LA) ou PISSELEU, affl. de la Marne, prend naissance près Thibie et joint la Marne à Saint-Gibrien.

GIVRY, fief, c^{ne} de Vauciennes. — *Le fief, maison et*

seigneurie de Givry, assiz au dedans du *village et terroir dudict Vaulsiennes*, 1596 (arch. nat. P 170, 46). — *Le fief de Givry*, 1662 (*ibid.* P 191, 20). — *Le fief, maison, terre et seigneurie de Givry*, 1685 (*ibid.* Q¹ 672).

GIVRY-EN-ARGONNE, cᵐᵉ de Dommartin-sur-Yèvre. — *Givré*, 1164-1167 (cart. de Montiers-en-Argonne, 10946, fᵒ 8 rᵒ). — *Givriei*, 1229 (dioc. anc. de Chål. t. II, p. 209). — *Givreium*, 1231 (liber pontif. fᵒ 344 vᵒ). — *Giveri*, 1237 (Moutiers, c. 4). — *Gyvereium*, v. 1252 (arch. nat. J 202, 55). — *Givrei*, 1256 (cart. de Montiers, 9905, fᵒ 188 vᵒ). — *Gyvrei*, 1266 (Montiers, c. 2). — Gyvri, 1286 (*ibid.*). — *Givri*, 1288 (*ibid.* c. 1). — *Giorey*, 1317 (*ibid.* c. 2). — *Givery*, 1392 (arch. nat. P 208, 4). — *Civery*, 1498 (*ibid.* P 161, 228). — *Guery*, 1514 (*ibid.* P 162, 118). — *Givry-en-Nergonne*, 1534 (*ibid.* P 162, 340). — *Givrys*, 1551 (*ibid.* P 166, 410). — *Givry-en-Argonne*, 1553 (*ibid.* P 161, 256).

Givry-en-Argonne faisait partie, en 1789, de l'élection de Sainte-Menehould et était régi par la cout. de Vitry. Son église paroissiale, diocèse de Châlons, doyenné de Possesse, était dédiée à saint Laurent; l'abbé de Saint-Pierre-aux-Monts présentait à la cure.

GIVRY-LEZ-LOISY, cᵐᵉ de Vertus. — *Civri*, v. 1222 (livre des vass. de Champ.). — *Gyvri, Gyvrei*, v. 1252 (arch. nat. J 193, 51). — *Givery-lez-Vertus*, 1367 (*ibid.* Q¹ 681¹, fᵒ 17 vᵒ). — *Givry*, 1542 (taxe du diocèse de Chål. p. 213).

Givry-lez-Loisy était compris, en 1789, dans l'élection de Châlons et suivait la cout. de Vitry. Son église paroissiale, annexe de celle de Loisy, diocèse de Châlons, doyenné de Vertus, était consacrée à saint Pierre.

GIZAUCOURT, cᵐᵉ de Sainte-Menehould. — *Giselis Cortis*, comm. du xiᵉ siècle (polypt. de S.-Remy de Reims). — *Giserdi Cortis*, 1028 (S.-Pierre-aux-Monts, c. 1). — *Gisardis Curtis*, xiiᵉ siècle (fragments de polyptyque, p. 169). — *Gisiacurtis*, 1132 (dioc. anc. de Chål. t. II, p. 446). — *Giserdicurtis*, 1142 (S.-Pierre-aux-Monts, c. 1). — *Gisacort*, 1213 (*ibid.* c. 2). — *Jusaucort*, v. 1252 (arch. nat. J 202, 52). — *Gisacourt*, 128. (*ibid.* Q¹ 668¹). — *Gisancort*, 1289 (S.-Pierre-aux-Monts, c. 2). — *Jusaucourt*, 1333 (*ibid.* c. 8). — *Jusaucourt*, 1352 (*ibid.*). — *Gisacourt*, 1382 (*ibid.*). — *Giraucourt*, 1385 (arch. nat. P 161, 162). — *Gisaucourt*, 1409 (*ibid.* P 178, 10). — *Gysaucourt*, 1502 (*ibid.* P 162, 303). — *Gizacourt*, 1512 (cart. de Montiers-en-Argonne, 9905, fᵒ 101 rᵒ).

— *Gisecourt*, 1516 (arch. nat. P 184, 81). — *Gisocourt*, 1529 (*ibid.* P 184, 88). — *Gizaulcourt*, 1572 (*ibid.* P 184, 202).

Gizaucourt faisait partie, en 1789, de l'élection de Sainte-Menehould et était régi par la cout. de Vitry. Son église paroissiale, diocèse de Châlons, doyenné de Sainte-Menehould, était dédiée à saint Pierre; l'évêque de Châlons présentait à la cure.

GLACIÈRE, mⁿ, cᵐᵉ d'Épense (Cassini).

GLACIÈRE (LA), mⁿ, cᵐᵉ de Sillery.

GLACOURT, hab. détr. cⁿᵉ de Saint-Martin-aux-Champs. — *Glaicort*, 1213 (S.-Pierre-aux-Monts, c. 2). — *V faulchées de pré entre Saint-Martin et Songy, en la terre de Glacourt*, xivᵉ siècle (dioc. anc. de Chål. t. I, p. 272). — *A cause de ladicte seigneurie de Chappes nous appartient, au lieu de Sainct-Martin, la rivière vulgairement appellée la rivière de Glacourt*, 1604 (arch. nat. P 179, 140).

GLASSOLE (LA), fief, cᵐᵉ de Ripont. — *Glajole*, 1384 (arch. adm. de Reims, t. III, p. 661). — *La Glajolle*, 1517 (arch. nat. P 162, 324). — *La viconté, terre et seigneurie de la Glajolle, assise entre Ripo[n]t et ledict Rourroy*, 1538 (*ibid.* P 184, 90).

GLANNERIE (LA), lieu-dit, cⁿᵉ de Brébant.

GLANNES, cⁿᵉ de Vitry-le-François. — *Glanna*; 1136 (cart. d'Huiron, p. 135). — *Glènne*, 1262 (Trois-Font. c. 11). — *Glanney*, 1269 (*ibid.* c. 3). — *Glanne*, 1282 (*ibid.* p. 28). — *Glane*, 1556 (arch. nat. P 166, 249).

En 1789, Glannes était compris dans l'élection et suivait la cout. de Vitry. Au spirituel, Glannes dépendait de la paroisse d'Huiron.

GLAPIGNY (RUE DE), à Huiron.

GLATIGNY, f. détr. cᵐᵉ de Baye. — *La ferme de Glatigny, scize en ladite paroisse de Baye*, 1713 (évêché de Chål. c. 15). — *Grétigny*, ferme existant encore en 1827 (Chalette, ann. de la Marne, p. 146).

GLAYÈRES (RUISSEAU DES), lieu-dit, cⁿᵉ de Brusson.

GLOYE (RUISSEAU DE LA), cⁿᵉ de Janvry.

GOBANCERIE (LA), lieu-dit, cⁿᵉ de Champvoisy.

CODARDERIE (LA), lieu-dit, cⁿᵉ de Codarderie.

GODAT (LE), f. cⁿᵉ de Cauroy-lez-Hermonville. — *La ferme du Godart*, 1720 (Saugrain, t. I, p. 477). — *Gauda*, xviiiᵉ siècle (Cassini). — *Le Gauda*, 1835 (état-major). — *Le Godart*, 1860 (Cornet-Paulus). — *La Goda*, 1862 (Guérard, p. 391), signale le «moulin à eau, dit le Moulin du Godaⁿ, sur le territoire de Loivre).

GODINS (LES), f. cⁿᵉ de Boursault. — *Les Godins*, 1720 (Saugrain, t. I, p. 469).

GOESSE (LA) ou LA GOISSA, mⁱⁿ, cⁿᵉ d'Épernay. — *Le fief du moulin de la Gouesse au fauxbourg d'Es-*

pernay, ... *ledict moulin sciz sur le ruz de Cubry,* *fauxbourg d'Épernay, lieu dict Grand-Pierre, vul-* *gairement appellé le moulin de la Gouesse,* 1646 (arch. nat. P 216, 131). — *Le moulin de la Goisse,* 1720 (Saugrain, t. I, p. 470). — *La Couasse,* 1847 **《**lieux habités). — *Laguesse,* 1860 (Cornet-Paulus).

Goisse (La), c^{ne} de Serniers. — 1715 (revenus de S.-Nicaise, p. 217).

Gomicourt, hab. détr. c^{ne} de Givry-en-Argonne. — *Capellania de Gomercurt,* 1233 (cart. de Moutiers-en-Argonne, 10946, f° 38 r°). — *Gomecort, Go-* *mercort,* 1233 (S.-Pierre-aux-Monts, c. 15). — *La maison de Gomécourt,* 1367 (arch. nat. P 183, 23). — *Harmycourt,* 1498 (ibid. P 161, 228). — *Le siège de Gomescourt où d'ancienneté souloit avoir* *une maison, etc.* 1509 (ibid. P 207, 13). — *Gomez-* *court,* 1596 (ibid. P 170, 47). — *Gomicourt,* 1673 (ibid. P 168, 45). — *La terre et seigneurie de Gomi-* *court,* 1759 (ibid. Q^l 657).

Le nom de Gomicourt est resté à une fontaine de la commune de Givry.

Gomicourt (Le Petit-), m. détr. c^{ne} dé Givry-en-Argonne. — *Le Petit Gomecourt, situé et assis au finaige dudit* *Givry,* 1511 (arch. nat. P 185, 39).

Goncourt, vill. c^{ne} de Matignicourt. — *Godonis Cort,* 900 (cart. du chantre Guérin, f° 4 r°). — *Goncour,* 1187 (cart. d'Huiron, p. 212). — *Gooncort,* 1215 (arch. nat. J 193, 13). — *Goncort,* 1221 (Che-minon, c. 20). — *Goncort,* v. 1252 (arch. nat. J 202, 54). — *Guuncort,* xiiie siècle (cart. de Che-minon, f° 35 r°). — *Gooncuria,* 1542 (taxe du diocèse de Châl. p. 210, 3).

En 1789, Goncourt faisait partie de l'élection et était régi par la cout. de Vitry. Son église paroissiale, diocèse de Châlons, doyenné de Perthes, était dédiée à Notre-Dame; le chapitre de la Trinité de Châlons présentait à la cure.

Gorge (Ruisseau de la), affl. de l'Ardre, c^{ne} de Serzy-et-Prin.

Gorge des Massouillers (Rû de la), affl. de l'Aisne; coule au finage de Saint-Mard-sur-Auve.

Gouény, h. détr. c^{ne} de Champigny. — *Gohereium...* *infra parrochiam de Campiniaco,* 1103 (S.-Sym-phorien, c. 1). — *Goeri,* xviie siècle (au dos de la charte de 1103). — *Au terroir de Champigny...* *en lieu dit en Gohery,* 1544 (Ste-Claire, c. 2).

L'emplacement de ce hameau est indiqué au plan cadastral de Champigny par le lieu-dit *le Gouéry.*

Couvrac (Bois), c^{nes} de Germaine et de Saint-Imoges.

Gouillonnerie (La), lieu-dit, c^{ne} de Soilly, où l'on trouve aussi les lieux-dits la *Fosse-à-Gouillon* et *l'Orme-à-Gouillon.*

Goujarderie (La), lieu-dit, c^{ne} de Montmort.

Goulaine (Ravin de la), affl. du Flagot, c^{ne} de Nesle-le-Repons.

Goulet (Roisaeao du), c^{ne} de Châtelraould-Saint-Louvent.

Goulot (Le), f. c^{ne} de Fleury-la-Rivière.

Coulot (Le), f. c^{ne} de Montigny-sur-Vesle. — *La ferme* *du Gouleau,* 1720 (Saugrain, t. I, p. 481). — *Les* *Gouleaux,* xviiie siècle (Cassini). — *Le Gouleau,* 1805 (ann. de l'an xiii, p. 67).

Goulot; fief, à Recy. — 1693 (dioc. anc. de Châl. t. I, p. 281).

Gourdonnerie (La), f. c^{ne} de Passy-Grigny.

Gourgançon, c^{ne} de Père-Champenoise. — *Gurganzun,* 1161 (S.-Memmie, c. 1). — *Gurgunceun,* 1171 (ibid.). — *Gorganzun,* 1175 (cart. d'Oyes, f° 21 v°). — *Altare sancti Memmii de Gorgançon,* 1183 (S.-Memmie, c. 1). — *Gorganceon,* v. 1222 (livre des vassaux de Champagne). — *Gourgançon,* 1263 (S.-Memmie, c. 7, f° 3 v°). — *Courcanson,* v. 1300 (extenta Campanie, Sézanne). — *Gourgansonnum,* 1324 (Touss. c. 4). — *Gourganson,* 1330 (S.-Memmie, c. 8). — *Gonlganson,* 1331 (ibid.). — *Gourguenson,* 1338 (ibid.). — *Gourgansson,* 1486 (ibid.). — *Gorguansson,* 1555 (S.-Nicolas de Sé-zanne, c. 12).

En 1789, Gourgançon était compris dans l'élec-tion de Châlons et suivait la cout. de Meaux. Son église paroissiale, diocèse de Châlons, doyenné de Vertus, était consacrée à saint Memmie; l'abbé de Saint-Memmie présentait à la cure.

Gourxénil, lieu-dit, c^{ne} de Nesle-le-Repons.

Gournay, vill. disp. c^{ne} de Sept-Saulx. — *Gournay* *prope Septem Salices,* 1302 (S.-Basle, l. 15).

Gournal, lieu-dit, c^{ne} d'Allemant.

Goutte-s'il-Pleut, lieu-dit, c^{ne} de Hourges.

Grâce (La), c^{ne} de Courbétaux; ancienne abbaye de femmes de l'ordre de Cîteaux, fondée en 1223, au diocèse de Troyes sous l'invocation de la Vierge; détruite au xvie siècle, elle fut remplacée par un prieuré d'hommes soumis à l'abbaye de Clair-vaux. — *Ecclesia de Gratia Beate Marie subtus* *Montem Mirabilem,* 1263 (hist. de la maison de Broyes, p. 35). — *Maniales de Gracia,* 1270 (S.-Nicolas de Sézanne, c. 12). — *L'abbaye de la Grace* *dessoulz Mommiral,* 1278 (hist. de la maison de Guines, p. 381). — *Couvent de la Grace Nostre-* *Dame-souz-Mommiral,* 1334 (ibid. p. 407). — *L'esglise de Nostre-Dame de la Grace-soubz-Montmi-* *rail,* 1390 (arch. nat. P 180, 84). — *Abbatia mo-* *nialium de Gratia,* 1407 (pouillé de Troyes, p. 269).

Graillat, écart, c^{ne} de Lavannes (Cornet-Paulus).

GRAIN-DE-SEL, écart, c^ne de Mareuil-sur-Ay (Cornet-Paulus).

GRAIS (LES), f. c^ne du Vézier. — *Les Gris*, 1847 (lieux habités). — *Les Grés*, 1860 (Cornet-Paulus).

CAAMMONT, écart, c^ne de Bassu.

GRANDCHAMBRE (LA), gagnage, c^ne de Fromentières. — *Le gangnaige appellé la Grant-Chambre*, 1509 (évêché de Châl. c. 15). — *La Grande-Chambre*, 1603 (*ibid.*).

GRANDCHAMP, maladr. détr. c^ne de Marfaux. — *Leprosi de Magno Campo*, 118. (chap. de Reims). — *Domus leprosorum Grandis Campi*, 120. (*ibid.*). — *Capella domus sue [presbiteri de Millesagis] de Grandi Campo*, 1217 (chap. de Reims, c. 24). — *Domus leprosorum de Magno Campo in Montana prope Remis*, 1262 (*ibid.*). — *Magnus Campus juxta Marfaulx*, 1265 (arch. adm. de Reims, t. I, p. 886). — *Domus leprosorum de Magno Campo desuper Chaumisiacum*, 1272 (*ibid.*). — *Domus leprosorie de Grandi Campo supra Chammereyum*, 1276 (chap. de Reims, c. 24). — *Grant-Champ*, 1304 (*ibid.* l. Chaumuzy). — *Au terroir dudit Merfaud a une maison que on dit la maison de Grant-Champ aux Malades*, 1384 (arch. nat. P 28, 27). — *Grant-Champ les Malades*, 1508 (archevêché de Reims, c. 6). — *Une maison appartenant audict hospital [de Saint-Antoine de Reims], appellée la maison du Grand-Champ Sainct-Antoine*, 1594 (chap. de Reims, c. 24).

GRANDCHAMP (PETIT-), f. détr. c^ne de Marfaux. — *Au terroir dudit Merfaud a une maison appellée le Petit Grant-Champ*, 1384 (arch. nat. P 28, 27).

GRANDCHAMP, m^le et m^on, c^ne de Verzy.

GRANDCHARME, montagne, c^nes de Courtisols et de l'Épine.

GRAND-CHAUFFOUR (LE), écart, c^ne de Villers-Franqueux.

GRANDCLOS, fief, c^ne d'Ablancourt. — *Le fief appellé Grand-Clos ou l'Ozier, deppendant dudit Amblancourt*, 1699 (arch. nat. P 222, 131). — *Le fief appellé le Grand-Clos ou Losier*, 1732 (*ibid.* P 225, 7).

GRAND-CLOS (LE), f. c^ne de Giffaumont. — *La cense du Grand-Clos*, 1720 (Saugrain, t. I, p. 444).

GRANDCOUR, fief, à Cuchery. — *Le fief de Grandcour, size à Cuchery*, 1703.

GRANDCOURT (LA), fief, c^ne de Passy-Grigny. — *Le fief de Grigny et de Passy, appellé le fief de la Grand-Court*, 1568 (arch. nat. P 181, 15).

GRANDCOURT (LA), fief, c^ne de Verneuil-sur-Marne. — *Le fief de la Grandcourt, assis à Verneul-sur-Marne*, 1571 (arch. nat. P 161, 268).

GRANDCOURT (LA), fief, c^ne de Ville-en-Tardenois. — *Le fief de la Grand-Court à Villes-en-Tardenois*, 1568 (arch. nat. P 151, 18).

GRANDE-CENSE (LA), près Oiry. — *Une cense appellée d'ancienneté la Grant-Cense*, 1498 (arch. nat. P 181, 95).

GRANDE-CENSE-DU-VIDAME (LA), anc. f. c^ne de Bourgogne. — *Leur cense dudit Bourgongne appellée la Cense le Vidame*, 1482 (chap. de Reims, c. 9). — *La cense appellée la Grande Cense du Vidame, . . . située au villaige de Bourgongne*, 1534 (*ibid.*).

GRANDE-COUR (LA), f. c^ne de la Cheppe.

GRANDE-ÉPINE (LA), f. c^ne de Saint-Ouen. — *La Grande-Épine, finage et parraisse de Saint-Ouen*, 1732 (arch. nat. Q^1 657). — Cf. ÉPINE (L').

GRANDE-FONTAINE, f. c^ne de Corfélix. — *Grande-Fontaine*, xviiie siècle (Cassini). — *Fontaine-la-Grande*, 1847 (lieux habités). — *La Grande-Fontaine*, 1862 (Guérard, p. 233).

GRANDE-FONTAINE (RU DE LA), affl. du Petit-Morin; arrose le territoire du Thoult-Trosnay.

GRANDE-FOSSE, pavillon, c^ne d'Ablois-Saint-Martin. — *Grand-Losse*, 1720 (Saugrain, t. I, p. 471). — *Grand-Fosse*, xviiie siècle (Cassini). — *Grande-Fosse-le-Pavillon, château*, 1847 (lieux habités). — *La Grande-Fosse*, 1862 (Guérard, p. 158).

GRANDE-COUTE (RU DE), affl. du Rouillat; coule sur le finage de Herpont.

GRANDE-LAYE (LA), fief et bois, c^nes de Congy et de Fèrebrianges. — *Nemus de Loya*, 1224 (cart. de S.-Martin d'Épernay, p. 160). — *Cinq arpens de bois en lieu que on dit la Grant-Laye et la Tournelle*, 1366 (arch. nat. Q^1 681, f° 85). — *Le fief de la Grande-Laye des bois de Congy*, 1673 (*ibid.* Q^1 681).

GRANDES-BORNES (LES), fief, à Pocancy. — 1693 (dioc. auc. de Châl. t. I, p. 281).

GRANDES-BROSSES (LES), h. c^ne du Vézier. — *Les Grandes Brosses*, xviiie siècle (Cassini). — *Les Brosses-les-Grandes*, 1847 (lieux habités).

GRANDES-CÔTES (LES), c^ne de Saint-Remy-en-Bouzemont. — *Costæ*, 1218 (chap. de Châl. a. 5, l. 55). — *Les Costes d'Ambrières*, 1367 (arch. nat. Q^1 681, f° 39). — *Les Grandes-Costes*, 1539 (*ibid.* P 183, 1). — *Grandes-Côtes*, xviiie s^e (Cassini).

Les Grandes-Côtes faisaient partie, en 1789, de l'élection et suivaient la cout. de Vitry. L'église paroissiale, diocèse de Châlons, doyenné de Perthes, était dédiée à Notre-Dame; l'évêque de Châlons en était collateur.

GRANDE-SERRE, m^on, c^ne de Troissy. — *Une maison, grange, estable, court devant, jardin derrière, nommée*

la maison de la Grant-Serre séant au mont, 1511
(arch. nat. P 181, 1).

GRANDES-FONTAINES (LES), anc. f. c^e d'Unchair. —
La ferme des Grandes-Fontaines, 1720 (Saugrain,
t. I, p. 484). — *La Grande-Fontaine*, XVIIIe siècle
(Cassini).

GRANDES-LOOES (LES). — Voy. LOOES (LES GRANDES-).

GRANDES-MARES (LES), cense, à Braux-Saint-Remy. —
*La cense des Grandes-Mares, scize à Braux-Saint-
Remy*, 1652 (arch. lég. de Reims, statuts, t. I,
p. 243).

GRANDES-ROCUES (BORS DES), c^te de Leuvrigny.

GRAND-ESSART (LE), écart, c^te de Vandières-sous-
Châtillon. — *Le Grand-Essart*, 1720 (Saugrain,
t. I, p. 472). — *Les Essars*, XVIIIe siècle (Cassini).
— *Les Grands-Essarts*, 1834 (état-major).

GRAND-ESSART (RU DU), c^te de Vandières-sous-Châtillon.

GRANDES-TUILERIES (LES), f. c^te de Sézanne.

GRANDES-VALLÉES (LES), fief, c^te de Moivre (dioc.
auc. de Châl. t. II, p. 79).

GRAND-ÉTANG (LE), affl. de l'Isson, c^te de Gigny-aux-
Bois.

GRANDE-TRANCHÉE (LA), route dans les bois, c^tes de
Florent et de Sainte-Menehould.

GRANDE-TRANCHÉE (LA), fief, c^te de Landricourt (Guérard, p. 573).

GRANDE-TUILERIE (LA), tuil. détr. auj. lieu-dit, c^te de
Bouvancourt.

GRAND-FOSSÉ (LE), f. c^te de Verdon.

GRAND-HAMEAU (LE), h. c^te de Romain. — *Les Grands
Hameaux de Romain, composez de fiefs, autrefois ap-
pelez Moncel, Louvrecourt et Senicourt*, 1646 (arch.
nat. P 216, 139). — *Les Grands-Hameaux, les
Hameaux*, 1773 (ibid. Q^1 654). — *Le Grand Hameau, dit le Romain*, 1862 (Guérard, p. 428).

GRAND-HAMEAU (RU DU), affl. du ru de Bouvancourt;
arrose le finage de Romain.

GRAND-HAN (LE), lieu-dit, c^te de Ripont.

GRAND-JARDIN (LE), quart. de Verneuil.

GRAND-MESNIL (LE), écart, c^te de Villeneuve-la-
Lionne.

GRAND-MOULIN (LE), m^in dépendant de la baronnie de
Baye. — *J'ay droict à trois moulins bannaulx en madicte terre et seigneurye, l'un desquelz...; les deux
autres, qui sont le Grand-Moulin et le Moulin-des-
Regnardz, sont en bon estat*, 1603 (évêché de Châl.
c. 15).

GRAND-MOULIN (LE), m^in, c^te de Corfélix.

GRAND-MOULIN (LE), lieu-dit, c^te de Lachy.

GRAND-MOULIN (LE), m^in, c^te de la Neuville-au-Pont, à
500 mètres en amont du village.

GRAND-MOULIN (LE), m^in, c^te de Romain. — *Nous avons
audit lieu de Romain un moulin à eaux appellé le
Grand-Moulin*, 1773 (arch. nat. Q^1 654).
L'atlas cadastral nomme ce lieu *les Grands-Moulins.*

GRAND-MOULIN (LE), m^in, c^te de Saint-Gilles.

GRAND-MOULIN (LE), lieu-dit, c^te de Ventelay.

GRAND-MOULIN-DE-LACHY (LE), anc. m^in, à Sézanne. —
Apud Sezan. grande molendinum de Lachi, 1179
(S.-Nicolas de Sézanne, c. 10).

GRAND-MOULIN-DE-LA-NOUE (FIEF DU), c^te de la Noue.
— *Le fief du Grant-Malin de la Noe*, 1524 (arch.
nat. P 193, 35). — *Le fief du Grand-Moulin dudit
Beauvais dit le moulin de la Noue*, 1751 (ibid.
Q^1 678).

GRAND-OSERAY, fief, c^te d'Aulnay-sur-Marne. — *Le fief
appellé le Grant-Oseray et saulsay d'Aulnay-sur-
Marne*, 1538 (arch. nat. P 161, 252).

GRANDPIERRE, h. c^te d'Épernay. — *Grant-Pierre*, 1439
(arch. nat. P 181, 65).

GRANDPRÉ, h. c^te de Belval, c^te de Châtillon. — *Grant-
Pré*, v. 1222 (livre des vass. de Champ.). — *Gran-
pré*, 1767 (Belval, c. 1). — *Grand-Prez*, XVIIIe s^e
(Cassini).

GRANDPRÉ, m^in, c^te d'Épernay. — *Un moulin à eaux
séant à Grandpré, en la paroisse d'Épernay*, 1442
(arch. nat. P 182, f° 214 r°).

GRAND-RU, cense fief et étang, à Vieil-Dampierre.
— *L'estang que on dit Grant-Ru, séant ou boix de
la Neufville-au-Boix*, 1389 (arch. nat. P 183, 44).
— *L'estang de Grand-Ruz*, 1519 (cart. de Montiers-en-Argonne, 9905; f° 184 r°). — *Le gaingnage et estang de Grant-Ru*, 1538 (ibid. f° 253 v°).
— *La cense du Grand-Ru*, 1618 (arch. nat. P 179,
149). — *Grandrup*, 1662 (dioc. anc. de Châl. t. I,
p. 286). — *Le fief de Graarup*, 1733 (arch. nat.
P 226, 42).
La cense de Grand-Ru existait sans doute encore
au milieu du siècle dernier, car Cassini figure une
maison au bord de l'étang.

GRANDES-BOULEAUX (LES), f. c^te de la Chapelle-sur-Orbais. — *Les Boulleaux*, XVIIIe siècle (Cassini).

GRANDS-MOULINS (LES), lieu-dit, c^te de Vitry-en-Perthois.

GRANDS-PRÉS (RUISSEAU DES), c^te de Janvry.

GRANGES (LA), f. c^te d'Arcis-le-Ponsart. — *Les Granges-
Digny*, XVIIIe siècle (Cassini). — *Les fermes d'Égny-
Grange*, 1805 (ann. de l'an XIII, p. 28). — *Égny-
Granges*, 1860 (Cornet-Paulus).

GRANGE (LA), fief, à Gigny-aux-Bois. — 1693 (dioc.
auc. de Châl. t. I, p. 284).

GRANGE (LA), anc. écart, c^te de la Noue. — *Domus de*

Granchia apud *Noam*, 1407 (pouillé de Troyes, n° 354).

GRANGE-À-DIZY (LA), f. détr. c^ne d'Hautvillers.

GRANGE-ALBEAU (LA), f. c^ne de Châtrices. — *La Grange-Albaut*, 1720 (Saugrain, t. I, p. 39).

GRANGE-ANDRÉ (LA), f. détr. aux environs d'Épernay. — *Grangia Andreæ*, 1284 (cart. de S.-Martin d'Épernay, p. 172).

GRANGE-À-PRÉVÔT (LA), lieu-dit, c^ne de Saint-Eulien.

GRANGE-AU-CHAMP (LA), f. disp. c^ne de Connantre (dioc. anc. de Chàl. t. II, p. 360).

GRANGE-AU-PRÊTRE (LA), f. c^ne du Thoult-Trosnay. — *La Grange-au-Prebstre*, paroisse dudit *Thou*, 1623 (le Reclus, c. 1). — *La Grange-aux-Prêtres*, 1720 (Saugrain, t. I, p. 473). — *La Grange-au-Prestre*, xviiie siècle (Cassini). — *La Grange-du-Prêtre*, 1847 (lieux habités). — *Grange-aux-Prêtres*, 1860 (Cornet-Paulus).

GRANGE-AUX-BAINS (ROISEAU DE LA), lieu-dit, c^ne de Châtelraould-Saint-Louvent.

GRANGES-AUX-BARRES (LA), lieu-dit, c^ne de Vertus.

GRANGE-AUX-BOIS (LA), f. c^ne de Chavot. — *La Grange-au-Bois*, 1455 (arch. nat. P 181, 72). — *La Grange-aux-Bois*, 1720 (Saugrain, t. I, p. 469).

GRANGE-AUX-BOIS (LA), h. détr. c^ne de Dormans. — 1720 (Saugrain, t. I, p. 470).

GRANGE-AUX-BOIS (LA), lieu-dit, c^ne de Lachy.

GRANGE-AUX-BOIS (LA), auc. f. c^ne de Mondement-Montgivroux. — *La Grange-au-Bois*, 1397 (Montier-la-Celle, c. 19). — *Le fief de la Grange-au-Boya*, 1528 (arch. nat. P 165, 274). — *La Grange-aux-Boys*, 1607 (ibid. P 178, 101).

GRANGE-AUX-BOIS (LA), f. c^ne de Sainte-Gemme.

GRANGE-AUX-BOIS (LA), h. c^ne de Sainte-Menehould. — *La Grange-au-Bois*, v. 1300 (extents Camp. Ste-Menehould). — *La maison que on dit la Grange-du-Bos lès Sainte-Menehould*, 1370 (arch. nat. P 183, 25). — *Deux autres fiez appellez la Grange et la Grangette-au-Bays*, assiz lez Sainte-Manehoust, 1554 (ibid. P 162, 364). — *La Grange-au-Bois*, 1602 (ibid. J 202, 46 bis).

GRANGE-AUX-BOIS (LA), chât. c^ne de Sézanne. — *La Grange-au-Bois*, 1508 (arch. nat. P 165, 243). — *L'ostel seigneurial de la Grange-aux-Boys*, 1509 (ibid. P 178, 64).

GRANGE-AUX-BOIS (LA), f. ruinée, c^ne de Troissy. — *La maison... assize au terroir de Troissy à la Grange-au-Boys*, 1512 (Amour-Dieu, c. 2). — *Une petite ferme appellée la Grange-aux-Bois*, 1777 (arch. nat. Q¹ 678).

GRANGE-AUX-BOIS (LA), f. c^ne de Vandières-sous-Châtillon.

GRANGE-AUX-BOIS (LA), lieu-dit, c^ne de Vertus.

GRANGE-AUX-BOIS (RU DE), afíl. de la Semoigne; coule sur le territoire de Champvoisy.

GRANGE-AUX-BOURGEOIS (LA), f. détr. c^ne de Lachy. — *La Grange-au-Bourgeois, assise vers Lachy près de Sézanne*, 1344 (arch. nat. J 194, 33). — *La Grange-aux-Bourgois*, 1375 (ibid. P 204, 172). — *Deux cens arpens de bois ou environ estant des appartenances de la terre et seigneurie de la Grange-aux-Bourgois assiz es paroisses de Lachy et Charville*, 1499 (ibid. P 165, 230). — *La Grange-aux-Bourgeois*, 1602 (chap. de Sézanne, c. 1). — *Une maison, colombier et autres bâtimens dont il n'existe plus que quelques fondations*, 1771 (arch. nat. Q¹ 679).

GRANGE-AUX-CHAMPS (LA), lieu-dit, c^ne de Rosay.

GRANGE-AUX-CHAMPS (LA), lieu-dit, c^ne de Soulières.

GRANGE-AUX-CHAMPS (LA), lieu-dit, c^ne de Villers-le-Sec.

GRANGE-AUX-MATINS (LA), f. disp. c^ne de Villeneuve-la-Lionne. — *Nostre granche appellée la Grange-aux-Mastins*, 1511 (Belleau). — *Une ferme et mestayrie... appellez vulguerement la Grange-aux-Matins près ledict Belleau*, 1573 (ibid.). — *La Grange-aulx-Matins en la parroisse de Villeneufve-la-Lionne*, 1591 (ibid.).

GRANGE-AUX-MOINES (LA), lieu-dit, c^te de Chichey.

GRANGE-AUX-PRÉS (LA), lieu-dit, c^ne de Châtelraould-Saint-Louvent.

GRANGE-DAME-LUCIS (LA), hah. disp. c^ne de Sainte-Menehould. — *La place et le pourpris et jardins où jadis seoit ladite maison que on disait la Grange-Dame-Lucie*, 1370 (arch. nat. P 183, 25).

GRANGE-DE-COUGY (LA), f. c^ne de Saudoy. — *Connegi*, v. 1252 (arch. nat. J 195, 96). — *La ferme la Grange de Cougy*, 1720 (Saugrain, t. I, p. 474). — *La Grange de Congy*, 1805 (ann. de l'an xiii, p. 82).

GRANGE-D'ESTOQUE (LA), lieu-dit, c^ne de Vésigneul-sur-Marne.

GRANGE-DIZY, f. c^ne d'Hautvillers-Saint-Hilaire. — *Une maison près dudit Auviller appellée la Grange-de-Dizy*, 1384 (arch. nat. P 51³, 1430). — *Une belle cense appellée la Grange-à-Dizy*, 1663 (ibid. Q¹ 675). — *La Grange*, 1847 (lieux habités).

GRANGE-DU-HAUT-CHEMIN (LA), lieu-dit, c^ne de Poix.

GRANGE-DU-VAUX (LA), f. c^ne de Champaubert. — *La Grange-du-Vaux*, 1673 (arch. nat. Q¹ 681). — *Grange-du-Veaux*, xviiie siècle (Cassini). — *La Grange-de-Vaux*, 1834 (état-major).

GRANGE-GAUCHER (LA), h. c^ne d'Igny-le-Jard. — *J'ay joignant en madicte forest de Wassy ung lieu que l'on appelle la Grange-Gauchet qui, pareillement, a*

esté en ruyne et non valleur, et est commencée à def-
fricher, 1510 (arch. nat. P 179, 184).

GAANGE-JABLET (LA), f. c⁰ᵉ de Brugny-Vaudancourt.
— La Grange-Ablet, 1720 (Saugrain, t. I, p. 469).
— La Grange à bled, xviii° siècle (Cassini). — La
Grange-à-Jabled, 1847 (lieux habités). — La
Grange-à-Jablot, 1860 (Cornet-Paulus). — La
Grange-Joblot, 1862 (Guérard, p. 182).

GRANGE-L'ABBESSE (LA), f. disp. c⁰ᵉ d'Ablois-Saint-
Martin. — Une place mazure close de fossé, nommé
communément la Grange-l'Abbesse, avec cent arpens
de terre en friches, hayes et buissons, assise au-
dessus de Violennes, à charge d'edifier sur ladite
place une maison, grange et sstable et de payer de
loyer cent sols par an, 1499 (arch. nat. Q¹ 655;
Avenay, 132; bail pour 99 ans). — Ladite cense et
gaignage assise au finage Saint-Martin d'Ablois, appellé de toutte ancienneté la Grange-l'Abbesse, 1508
(ibid.).

GRANGE-L'ABBESSE (LA), f. disp. c⁰ᵉ d'Epernay. — La
cense de la Grange-l'Abbesse en la paroisse d'E-
pernay, 1640 (Avenay, c. 1).

GRANGE-LAURENT (LA), f. c⁰ᵉ de Congy. — Une maison
appellée la Grange-Lorent, 1366 (arch. nat. Q¹ 681,
f° 82). — La Grange-Laurens, 1404 (hist. de la
maison de Béthune, p. 261). — La Grange-Laurent, 1508 (arch. nat. P 207, 12).

GRANGE-LE-COMTE (LA), f. c⁰ᵉ de Brugny-Vaudancourt.
— La Grange-le-Conte, 1362 (arch. nat. P 181,
35).

GAANGE-LUA (LA), f. c⁰ᵉ d'Ablois-Saint-Martin. —
La Grande-Lua, 1720 (Saugrain, t. I, p. 471). —
Lua, xviii° siècle (Cassini).

GRANGEOTTE, lieu-dit, c⁰ᵉ de Péas.

GAANGE-ROUGE (LA), lieu-dit, c⁰ᵉ de Charleville.

GAANGE-ROUGE, f. détr. c⁰ᵉ des Essarts-lez-Sézanne. —
La Grange-Rouge, 1511 (grande chambr. de S.-
Étienne de Troyes, 6 G 24). — Grange-Rouge,
1623 (S.-Étienne de Troyes, l. 36). — La terre et
seigneurie des Essarts, Chastelet et Grange-Rouge,
1700 (ibid. l. 24). — Sur ledit terroir des Essarts,
en ladite contrée de Grange-Rouge, 1740 (ibid.).

GAANGES (LES), écart, c⁰ᵉ de Grauves (Cornet-Paulus).

GRANGES (LES), f. c⁰ᵉ d'Huiron. — Allodium de Camponia, 1135 (cart. d'Huiron, p. 19). — Allodium
Grangearum, jadis appellé Camponia, que les dessus
dits fondeurs d'icelle église, c'est assavoir Guido ad
Barbam et Hugo, frater ejus, Engecindisque soror
eoram, donnèrent en dauaire à ladite église en la
fondation d'icelle (1135), 1464 (ibid. p. 540). —
Granges, 1633 (lieux régis par la cout. de Vitry).
— Grange, xviii° siècle (Cassini).

GRANGES (LES), anc. chât. c⁰ᵉ de la Noue. — Le fief des
Granges, 1722 (arch. nat. P 223, 181). — C'est
sur l'emplacement de ce château que fut construit,
en 1771, le château de la Noue (hist. d'Esternay,
p. 283). — Le château dit des Granges, 1862 (Guérard, p. 215).

GRANGES-GUÉBART (LES), terrage, c⁰ᵉ de Boursault. —
Audict fief de Givry ung terrage appelé les Granges-
Guebart, 1596 (arch. nat. P 170, 46).

GRANGES-SUR-AUDE, c⁰ᵉ d'Anglure. — Granges, 1076
(hist. des comtes de Champ. t. III, p. 466). — Granchiæ, 1195 (Montiéramey, 617). — Grangiæ,
1197 (ibid.). — Les Granches, la Granche, les
Granges, v. 1222 (livre des vass. de Champ.). —
Grangiæ super Albam, v. 1252 (arch. nat. J 195,
96). — Granches, 1274 (ibid. J 203, 84). —
Granges-seur-Aube, Granches-seur-Aube, 1375 (ibid.
P 175, 157). — Granchiæ super Albam, 1381
(pouillé de Troyes, A 316). — Grange super Albam, 1443 (évêché de Troyes, G 22). — Granges-
sur-Aulbe, 1471 (chap. de Sézanne). — Grange
sur la rivière d'Aulbe, 1518 (arch. nat. P 165,
264). — Les Granges-sur-Aube, 1603 (ibid. P 165,
332). — Grunchia, 1781 (Courtalon, t. III,
p. 285).

Granges-sur-Aube était compris, en 1789, dans
l'élection de Sézanne et suivait la cout. de Meaux.
Son église paroissiale, diocèse de Troyes, doyenné
de Sézanne, était consacrée à saint Maurice; l'é-
vêque de Troyes en était le collateur.

GRANGETTE (LA), lieu-dit, c⁰ᵉ de Soizy-aux-Bois.

ORANGATTE (LA), h. c⁰ᵉ de Villeneuve-lez-Charleville
(Cassini).

GRANGETTE (LA), h. disp. c⁰ᵉ de Vitry-le-Brûlé. —
1633 (lieux régis par la cout. de Vitry).

GRANGETTE-AUX-BOIS (LA), m⁰ⁿ, c⁰ᵉ de Sainte-Menehould.
— La Grangette-au-Boys, 1554 (arch. nat. P 162,
364). — La Grangette-aux-Bois, 1641 (ibid.
P 216, 87). — Le fief de la Grangette, 1712 (ibid.
P 222, 243). — Les Grangettes, 1838 (état-ma-
jor). — La Grangette, 1847 (lieux habités).

GRANGETTES (LES), h. détr. c⁰ᵉ de Pierremorains. —
Grangettes, v. 1252 (arch. nat. J 193, 5). — Les
Grangettes, 1367 (ibid. Q¹ 681, f° 23 r°). — Les
Granchettes, 1508 (ibid. P 207, 12). — La Grangette, 1605 (ibid. P 190, 56, f° 1 v°). — Il ne reste
plus rien aux Grangettes, 1730 (Saugrain, t. I,
p. 411).

GRAS (BOIS DE), c⁰ᵉ de Vitry-le-François.

GRATIÈRES (LES), débit, c⁰ᵉ d'Hermonville.

CAATIONY (RUE DE), à Oiry.

GRATREUIL, c⁰ⁿ de Ville-sur-Tourbe. — Gratterue, 1251

(chartes de S.-Nicaise; bibl. nat, fonds latin, 12779, f° 131). — *Gratereus*, 1261 (cart. de Moiremont, f° 418 r°). — *Grattreul*, 1278 (chartes de S.-Nicaise; bibl. nat. ms. latin, 12779, f° 134). — *Graterrel*, 1386 (arch. nat, P 177, 629). — *Gratreul*, 1411 (compte de Notre-Dame-en-Vaux, p. 6). — *Gratereuil-en-Champagne*, 1636 (arch. nat. Q¹ 661). — *Gratreuil, Gratteuil*, 1637 (ibid., P 216, 73).

En 1789, Gratreuil faisait partie de l'élection de Reims et était régi par la cout. de Vitry. Son église paroissiale, annexe de celle de Fontaine-en-Dormois, diocèse de Reims, doyenné de Cernay-en-Dormois, était dédiée à saint Nicolas.

GRATRY, lieu-dit, c⁻⁾ d'Herpont.

GRATTE-CAILLES (**LES**), écart, c⁻⁾ de Damery (Cornet-Paulus).

GRATTERIE, lieu-dit, c⁻⁾ de Bussy-le-Château.

GRAUVES, c⁻⁾ d'Avize. — *Grava*, 1224 (cart. de S.-Martin d'Épernay, p. 161). — *Graves*, 1233 (Teulet, trésor des chartes, t. II, p. 257). — *Grauva*, 1252 (arch. nat. J 202, 47). — *Grave*, v. 1300 (extenta Campanie, Épernay). — *Grauve*, 1308 (arch. nat. P 1114). — *Grauves*, 1367 (ibid. Q¹ 681, f° 21 v°). — *Grauvez*, 1515 (Argensolles, c. 1). — *Grama* (sic), 1542 (taxe du diocèse de Châl. p. 214). — *Grosves*, 1574 (arch. nat. P 181, 118). — *Grove*, 1574 (ibid. P 162, 168). — *Graulve*, 1575 (ibid. P 181, 116). — *Graves*, 1664 (ibid. P 191⁴, 26 bis). — *Graulves*, 1673 (ibid. P 1762, f° 116 r°).

En 1789, Grauves était compris dans l'élection de Châlons et suivait la cout. de Vitry. Son église paroissiale, diocèse de Châlons, doyenné de Vertus, était consacrée à Notre-Dame; l'abbé de Saint-Sauveur de Vertus présentait à la cure.

GRAVANS (MONT-), c⁻⁾ de Saint-Hilaire-au-Temple.

GRAVELINES, h. c⁻⁾ de Couvrot-et-Villers.

GRAVELLE (**LA**), chât. c⁻⁾ de Vert-la-Gravelle. — *La Gravelle*, 1605 (arch. nat. P 190, f° 561 v°). — *La Gravel*, 1633 (lieux régis par la cout. de Vitry). — *Gravelle*, xviii° siècle (Cassini).

GRAVELLE (**RUISSEAU DE LA**), affl. du Petit-Morin; coule sur le territoire de Vert-la-Gravelle.

GRAVELOTTE (**LA**), ruiss. c⁻⁾ d'Aigny.

GRAVELOTTE (**LA**), affl. de la Bruxenelle; arrose le finage de Blesmes.

GRAVIÈRE (**LA**), h. c⁻⁾ d'Heiltz-le-Hutier.

GRAVIÈRE (**LA**), ruiss. affl. de la Bruxenelle; passe au hameau de Saint-Étienne, c⁻⁾ de Vitry-le-Brûlé.

GRENET, m¹⁻⁾, c⁻⁾ de Faux-Fresnay.

GRENOBLE, f. c⁻⁾ d'Huiron. — *Grenoble dit Boiselle*,

xviii° siècle (Cassini). — *Le Buisson-Grenoble*, 1847 (lieux habités).

GRENOTTE (**LA**), h. c⁻⁾ de Romain.

GRENOUILLÈRE (**LA**), f. c⁻⁾ de Glannes. — *Grenouillère*, 1720 (Saugrain, t. I, p. 444). — *La Gernouillière*, 1767 (cart. d'Huiron, p. 415).

GRENOUILLÈRE (**LA**), affl. de la Guenelle; coule sur le territoire de Glannes.

GRÈVENIE (**LA**), écart, c⁻⁾ de Sainte-Menehould (Cornet-Paulus).

GRÈVES (**LES**), h. c⁻⁾ de Bagneux.

GNÈVES (**LES**), f. c⁻⁾ de Loisy-sur-Marne.

GUÉVY, lieu-dit, c⁻⁾ de Witry-lez-Reims.

GREZ (**LE**), m¹⁻⁾, c⁻⁾ d'Avenay. — *Un moulin à bled appellé Moulin du Grez, estant sur ledit ruisseau du Livre*, 1656 (arch. nat. P 217, 35). — *Le Grais*, 1742 (Avenay, c. 1). — *Grez*, 1834 (état-major).

GRIGNY, lieu-dit, c⁻⁾ d'Avenay.

GRIGNY, a. c⁻⁾ d'Éclaires. — *Griny*, xvi° siècle (cart. de Moutiers, 9905, f° 130 v°). — *Grigny, Grugny*, 1860 (Cornet-Paulus).

GRIGNY, f. c⁻⁾ d'Élize. — *Grinium*, 1197 (Châtrices).

GRIGNY, h. c⁻⁾ de Passy-Grigny. — *Grigny*, 1372 (arch. nat. P 208, 23).

GRIL-D'ARGAN (**BOIS DU**), c⁻⁾ de la Noue.

GRILARDERIE (**LA**), m¹⁻⁾, près Cormoyeux. — *Le moulin de la Grilarderie*, 1667 (arch. nat. Q¹ 673).

GRIMON (**LA**), m⁻ⁿ, c⁻⁾ de Romain. — *La Grimon*, 1847 (lieux habités). — *Grimone*, 1860 (Cornet-Paulus).

GRIMPRET, f. c⁻⁾ de Chavot-Courcourt. — *Grimpé*, xviii° siècle (Cassini). — *Grimperet*, 1860 (Cornet-Paulus). — *Grimpré*, 1862 (Guérard, p. 188).

GRIPPERIE (**LA**), lieu-dit, c⁻⁾ de Boursault.

GRISARDERIES (**LES**), lieu-dit, c⁻⁾ de Cormoyeux-Romey.

GRIVAGE, auc. faub. de Nesle-la-Reposte (Guérard, p. 217).

GRIVAS (**RU DE**), affl. de la Marne; arrose le territoire de Fleury-la-Rivière.

GRIVOIS, anc. f. c⁻⁾ de Courdemange. — *Grivoys*, 1720 (Saugrain, t. I, p. 443). — *Les Grivois*, 1805 (ann. de l'an xiii, p. 44).

GRIVORGE (**LE**), m¹⁻⁾, c⁻⁾ de Mareuil-sur-Ay. — *La Grivorge*, 1860 (Cornet-Paulus). — *Le moulin dit du Grivorge*, 1862 (Guérard, p. 372).

GROS-BOORG (**LE**), lieu-dit, c⁻⁾ de Soulières.

GROSCHÊNE, f. c⁻⁾ de Baye (Cassini).

GROSEILLIERS (**LES**), f. c⁻⁾ de Corrobert. — *Les Groisiers*, 1805 (ann. de l'an xiii, p. 143), — *Les Groisiliers*, 1860 (Cornet-Paulus).

GROS-GAGNAGE (**LE**), gagn. c⁻⁾ de Vernancourt. — *Une*

métayrie ou *gannaige* assise audit *Vernancourt*, appellé le *Gros-Ganaiga*, 1571 (arch. nat. P 183, 9).
— *Une maitairie*... *appellé le Gros-Gaignage*,
1657 (*ibid.* P 217, 51).

Gros-Meyane (Le), h. disp. c^{ne} d'Aulnay-aux-Planches. — *Le Gros-Meyane, le Gros-Mayant*, 1633
(lieux régis par la cout. de Vitry).

Gros-Milon (Le), écart, c^{ne} de Comblisy. — *Gros-
Millon*, 1860 (Cornet-Paulus). — *Le Gros-Milan*,
1862 (Guérard, p. 198).

Gros-Mont, écart, c^{ne} de Lavannes (Cornet-Paulus).

Gros-Morains, fief, près Morains. — *Le Gros-
Morains*, 1508 (arch. nat. P 207, 12). — *La
terre, fief et seigneurie de Groismorains*, 1605
(*ibid.* p. 190, 56). — *Gros-Morains*, 1734 (*ibid.*
Q^1 681).

Gros-Moulin (Le), lieu-dit, c^{ne} de Corribert.

Gros-Moulin (Le), h. c^{ne} de Montmort. — *Moulin-
Faipeu*, 1570 (Chalette, ann. de la Marne, 1827,
p. 39). — *Le Gros Moulin*, 1720 (Saugrain, t. I,
p. 471). — *Gros-Moulin*, 1860 (Cornet-Paulus).

Gros-Prés (Ruisseau des), c^{ne} de Châtillon-sur-Broué.

Grosprés (Ru des), affl. du ru de Daucourt; arrose
le finage de Daucourt.

Gros-Prés (Ruisseau des), affl. de la Chéronne, c^{ne} de
Outines.

Gros-Ru (Le), affl. du Surmelin; coule sur le territoire de la Ville-sous-Orbais.

Grossa-Silva, anc. nom latin d'un bois, près Jonquery. — *Nemus quod dicitur Grossa Silva et est
situm, ut dicitur, desuper Jonqueri*, 1243 (liber
pontif. f° 518 v°).

Grosse-Chaussée (La), chemin, c^{ne} de Clamanges.

Grosse-Épine (La), fief, c^{ne} de Chapelaine-sous-Margerie. — *La Grosse-Épine, assis à Chappelaine*, 1636
(arch. nat. P 215, 36).

Grosse-Ferme (La), f. c^{ne} d'Aulnay-aux-Planches. —
Grand-Aulnay, xviiie siècle (Cassini).

Grosse-Ferme (La), c^{ne} de Brugny. — *La Grande-
Ferme*, xviiie siècle (Cassini).

Grosse-Ferme-du-Sourdon (La), f. c^{ne} d'Ablois-Saint-
Martin.

Grosse-Pierre (La), m^{on}, c^{ne} de Passy-Grigny. — *La
Grossepierre*, 1720 (Saugrain, t. I, p. 471).

Gros-Sourdons (Ruisseau des), c^{ne} de Cormoyeux-
Romery.

Grottes (Les), m^{on}, c^{ne} de Sézanne.

Gruerie (Bois de la), c^{ne} de Romigny.

Grugnet (Mont du), c^{ne} de Mareuil-sur-Ay.

Gué-Barré (La), f. c^{ne} des Essarts-lez-Sézanne. —
La ferme du Gué-Barré, 1720 (Saugrain, t. I,
p. 473). — *Guebarre*, xviiie siècle (Cassini). — *Le

Guébarre, 1784 (Courtalon, t. III, p. 293). —
Gué-Barré, 1860 (Cornet-Paulus).

Gué-de-Saint-Lambert (Le), lieu-dit, c^{ne} de la Chapelle-Lasson.

Gué-la-Pierre (Le), m^{in}, c^{ne} de Blaise-sous-Hauteville.

Gué-Marion, m^{on} éclusière, c^{ne} de Cormicy.

Guenelle (La), affl. de la Chéronne; arrose le territoire de Glannes. On donne quelquefois ce nom
à la Chéronne elle-même, comme le prouve le texte
de 1723. — *A Glanne... sus un petit ruisseau appellé Glenelle*, 1464 (cart. d'Huiron, p. 559). —
· *La rivière qui flue le long desdits finages [de Huiron,
Glannes et Courdemange], vulgairement appellée la
Genelle*, 1713 (*ibid.* p. 621).

Guénonnière (La), lieu-dit, c^{ne} de Morangis.

Guépière (La), h. c^{ne} de Drosnay. — *La Guepiere-lez-
Othines*, 1503 (arch. nat. Q^1 657). — *La Guespière*, 1508 (*ibid.* P 207, 12). — *Le fief, terre et
seigneurie de la Guespière, qui est une rue du village
d'Outhine dépendant de la paroisse dudict Drannay*,
1736 (*ibid.* P 215, 36). — *La Guespierre*, 1720
(Saugrain, t. I, p. 443). — *Rue de la Guépierre*,
1847 (lieux habités). — *Gué-Pierre*, 1860 (Cornet-Paulus).

Guérite (La), éminence ou butte qui semble avoir
été une position fortifiée, c^{ne} de Molins.

Guerlet (Moulin de), c^{ne} d'Aumenancourt-le-Petit.
— *La sense de Grelet*, 1567 (chap. de Reims, c. 3).
— *La cense de Guerlet*, 1646 (*ibid.*). — *Le molin
de Greslet*, 1652 (*ibid.*). — *Le moulin à eau nommé
Guerlet*, 1720 (Saugrain, t. I, p. 476). — *La
cense de Grallée*, 1753 (*ibid.*). — *Grelée*, 1780
(*ibid.*).

Guerleterie (La), lieu-dit, c^{ne} de Corrobert.

Guette (La), anc. tuilerie, c^{ne} de Sézanne. — *La
Guette-Thuillerie*, 1720 (Saugrain, t. I, p. 474).
— *La Guetta-Tuilerie*, 1805 (ann. de l'an xiii,
p. 83).

Gueux, c^{on} de Ville-en-Tardenois. — *Gothi*, v. 850
(polypt. de S.-Remy). — *Geux*, 1191 (Igny,
l. Montbeton). — *Gueuz, Goez*, vers 1201 (feoda
Campanie, n°s 203 et 204). — *Gouz*, 1216
(Igny, l. Montazin). — *Guez*, 1219 (cart. d'Igny,
f° 36 v°). — *Goti*, 1220 (cart. † de l'arch. de
Reims, f° 3 v°). — *Chati, Colhi*, 1221 (S.-Remy
de Reims, l. 115). — *Gueux*, 1227 (cart. † de
l'arch. de Reims, f° 4 r°). — *Gex*, 1248 (cart. de
S.-Nicaise, f° 60). — *Gues*, v. 1263 (arch. adm.
de Reims, t. I, p. 850). — *Guex*, 1355 (cart.
d'igny, f° 52 r°). — *Geuz emprez Reims*, 1384
(arch. adm. de Reims, t. III, p. 574). — *Gueus*,

xiv° siècle (arch. lég. de Reims, cout. p. 607). —
Gueulx, 1508 (arch. nat. P 180, 169).

En 1789, Gueux faisait partie de l'élection de
Reims et suivait pour partie la coutume de Reims,
pour partie celle de Vitry. Son église paroissiale,
diocèse de Reims, doyenné de la Montagne, était
dédiée à saint Timothée et à saint Apollinaire ; le
grand archidiacre de l'église de Reims présentait à
la cure.

GUIDOT (LE), m°°° is. c° de Neuvy. — *Le Guidot*,
1833 (état-major). — *Guédot*, 1847 (hist. d'Esternay, p. 359). — *La ferme des Guidots*, 1862
(Guérard, p. 218).

GUIGNAUDERIE (LA), lieu-dit, c°° de Boursault.

GUILLAUCOURT, lieu-dit, c°° de Cuperly.

GUILLAUME-DE-BRICOS (FIEF), c°° d'Arzillières et de
Neuville-sous-Arzillières. — *Ung autre fief nommé
le fief Guillaume-de-Bricons, séant tant au finaiga
dudit Arzillières comme de Neufville*, 1508 (arch.
nat. P 207, 5). — *Ung aaltre fief nommé le fief
Guillaume de Briconny*, 1641 (ibid. P 216, 82).

GUILLAUME-DE-VAUX (FIEF), à Savigny-sur-Ardre. —
*Ung autre fief assis audit lieu [de Savigny], appellé
le fief Guillaume-de-Vaulx*, 1580 (évêché de Châl.
c. 10).

GUILLAUME-DU-FOUR (FIEF), à Verneuil. — 1512 (arch.
nat. P 181, 4).

GUILLAUME-PRÉT (FIEF), c°° de Chaltrait. — *Un fief
assis audict Chaltraict, autrefois appellé le fief de
Vivré et depuis le fief Guillaume-Prest*, 1673 (arch.
nat. Q¹ 681).

GUILLEBAUTS (LES), anc. écart, c°° de Mœurs. — *Les
Guillebauts*, 1720 (Saugrain, t. I, p. 474). —
Guillebaut, 1860 (Cornet-Paulus).

GUIMBARDERIE (LA), lieu-dit, c°° de Vandières-sous-
Châtillon.

GUINDAL (LE), fief, c°° de Baudement. — *Le fief
de Guindal, assis au lieu de Baudement*, 1574
(arch. nat. P 165, 209). — *Le fief de la Motte-
Guindal, scis à Baudement*, 1574 (ibid. P 224,
68). — *Le fief de Mornay, scis à Baudement*,
1722 (ibid. P 223, 312). — *Le fief de la Folie,
autrement le fief de Guindal ou de Marnay, consistant en une pièce de vingt-deux arpens de terre
situés sur la terre dudit Sarron, au canton de la
Folie, entre Sarran et Baudement*, 1773 (ibid. Q¹
672). — *Fief Gondal*, 1784 (Courtalon, t. III,
p. 272).

GUINGUETTE (LA), f. c°° de Damery.

GUINGUETTES (LES), h. c°° de Fagnières.

GUISOTTERIE (LA), lieu-dit, c°° de Courbétaux.

GUISE (LE MONT-DE-), lieu-dit, c°° de Suippes.

GUMONT, h. c°° d'Éclaires. — *Gumant*, xiv° siècle
(Montiers, c. 2). — *Gaumont*, 1502 (cart. do
Montiers, 9905, f° 129 v°).

GARES (RUISSEAU DES), c°° de Saint-Jean-devant-Possesse.

GUYANCOURT (LE PETIT-), écart, c°° de Cormicy. —
Les Tuileries ou le Petit-Guyancourt, 1847 (lieux
habités).

GUYONCOURT, lieu-dit, vers Changy. — *Vinea que dicitur
de Guioncort*, 1251 (S.-Memmie, c. 8).

H

HACOTERIE (LA), lieu-dit, c°° de Saint-Amand-sur-Fion.

HAIE-AUX-LOUPS (LA), m°°, c°° d'Arcis-le-Ponsard. —
La Hay-au-Loup, xviii° siècle (Cassini). — *La
Haie-au-Loup*, 1805 (ann. de l'an xiii, p. 28).

HAIE-D'AVAUX (LA), f. c°° de Tréfols. — *La Haye-
d'Aveau*, xviii° siècle (Cassini). — *La Haie-Davaux*,
1832 (état-major). — *La Haie-Davau*, 1863 (Guérard, p. 240).

HAIE-LE-CHAT (RU DE), aff. de la Bruxenelle ; coule
sur les territoires de Scrupt et de Blesmes.

HAIES (LES), h. c°° de Chaumuzy. — *Les Hayes*,
xviii° siècle (Cassini).

HAIES (LES), f. c°° de Germaine.

HAIES-DES-BERGERS (LES), m°°° is. c°° de Champaubert-
aux-Bois.

HAILLY (LE), lieu-dit, c°° de Vauchamps.

HALIGNICOURT, vill. détr. c°° d'Arrigny. — *Haligne-
court*, 1498 (arch. nat. P 166, 345). — Cf. Diocèse ancien de Châlons, t. II, p. 336.

HALLUIS (LE), f. c°° d'Igny-le-Jard. — *Les Hollois*,
1720 (Saugrain, t. I, p. 470). — *Le Hallets*,
xviii° siècle (Cassini). — *Le Hallet*, 1860 (Cornet-
Paulus). — *Le Hallait*, 1862 (Guérard, p. 200).

HALLAIS (RU DE), aff. du Gros-Ru ; arrose le finage
de la Ville-sous-Orbais.

HALLANDRIER (LE), f. c°° de Châtrices. — *La Halan-
drie*, 1735 (Saugrain, t. I, p. 434). — *Halandrier*,
xviii° siècle (Cassini).

HAM (LE), écart, c°° d'Ay (Cornet-Paulus).

HAMEAU (LE), écart, c°° de Vantelay (Cornet-Paulus).

HAMEAU-DE-LA-PETITE-ROUTE (LE), écart, c°° d'Isla-
sur-Marne (Cornet-Paulus).

Han, loc. détr. c^ne de Juvigny. — L'existence de cette localité parait attestée par le nom de la rue de Ham, à Juvigny, et par ceux de la *Vaio-de-Han* et de la *Nau-de-Han*, lieux-dits du territoire.

Hancourt, vill. c^ne de Margerie-Hancourt. — *Hancuria*, 1222 (Hôtel-Dieu le Comte, à Troyes, t. 17, c. V, n° 4). — *Hancourt*, 1255 (ibid. c. A, l. 44). — *Huncour*, 1745 (arch. de l'Aube, G 657).

En 1789, Hancourt était compris dans l'élection de Vitry et suivait la cout. de Chaumont. Son église paroissiale, diocèse de Troyes, doyenné de Margerie, était consacrée à saint Christophe; l'abbé de Montiéramey présentait à la cure.

En 1851, Hancourt, qui formait alors une commune particulière, a été uni à Margerie.

Hannotterie (La), f. c^ne de Baye. — *La ferme de la Hanotterye*, 1668 (Andecy, c. 6). — *La ferme nommée la Hannoterie, scize en la parraisse et proche le bourg dudit Baye*, 1713 (évêché de Châl. c. 15).

Hans, c^on de Sainte-Menehould. — *Ham*, 1132 (dioc. anc. de Châlons, t. II, p. 445). — *Hans*, fin du XIIe siècle (Touss. c. 3). — *Hanz*, 1250 (liber pontif. f° 501 r°). — *Hans-en-Champaigne*, 1382 (chap. de Châl. a. 5, l. 20). — *Han-en-Champaigne*, XVe siècle (Ph. de Vigneulles, éd. Michelant, p. 141). — *Han*, 1573 (cloche de l'égl. de Vigny). — *Hans in Campania*, v. 1600 (chap. de Châl. a. 1, l. 56). — *Hans-le-Grand*, 1860 (Cornet-Paulus).

En 1789, Hans faisait partie de l'élection de Sainte-Menehould et suivait la cout. de Vitry. Son église paroissiale, diocèse de Châlons, doyenné de Sainte-Menehould, était dédiée à Notre-Dame; le chapitre cathédral de Châlons présentait à la cure.

Hans (Ru de), affl. de la Bionne; arrose le territoire de Bionne.

Hans-aux-Planches, loc. détr. aux environs de Dampierre-le-Château. — *Hans-au-Planches, Hans ad Planch*es, v. 1252 (arch. nat. J 202, 48 et 55). — *Hans-as-Planches*, 1256 (cart. de Montiers, 9905, f° 189 r°).

Hantes (Les), f. c^ne de Morsains. — *Les Hautes*, 1720 (Saugrain, t. 1, p. 474). — *Les Hautes*, XVIIIe siècle (Cassini). — *Les Haalles*, 1805 (ann. de l'an XIII, p. 68). — *Les Haultes ou les Hautes*, 1860 (Cornet-Paulus).

Harazée (La), b. c^ne de Vienne-le-Château. — *Hariseia*, 1268 (cart. de Bar, f° 41). — *Le fié de la Harauzie*, 1268 (ibid. f° 36). — *La Harassée*, 1529 (cant. de Ville-sur-Tourbe, p. 89). — *La Harassé*, 1718 (arch. nat. Q^1 683, plan).

Hardemoulin, m^in détr. c^ne de Marfaux. — *In malen-*

dina et pratis de Hardemoulin, 1203 (cart. de S.-Denis de Reims, p. 72). — *Nostre moulin de Hard-de-Malin*, 1270 (cart. B du chap. de Reims, f° 168 v°). — *Le moulin de Hard-de-Melin, Hard-de-Moulin*, 1277 (chap. de Reims, c. 24). — *In loco qui dicitur à Hart-de-Moulin*, 1300 (S.-Denis de Reims, l. Marfaux). — *In territorio de Bulain, in loca qui dicitur ad Molendinum de Hardemolin*, 1309 (S.-Timothée, c. 1).

Hardillon (Ru de), affl. de l'Aisne; il prend naissance près Waly (Meuse) et arrose, dans le départ. de la Marne, les finages d'Éclaires et du Chemin.

Haricourt, m^ne détr. c^ne de Ripont. — Voy. les textes, plus loin, au nom Horicourt.

Harnière (La), lieu-dit, c^ne d'Igny-le-Jard.

Hausette (La), faub. de Reims, c^ne de Tinqueux.

Haussignemont, c^ne de Thiéblemont. — *Halcignimons*, 1161 (S.-Memmie, c. 1). — *Haucignimont*, 1183 (ibid. c. 3). — *Halceignimont*, 1193 (ibid. c. 7). — *Aucegnimont*, 1218 (Trois-Font. c. 3). — *Hauceignimont*, 1229 (S.-Pierre-aux-Monts, c. 27). — *Hascignemont, Haucigneimont*, 1237 (Cheminon, c. 16). — *Haceignimont*, 1239 (ibid. c. 11). — *Haucignimont*, 1245 (Trois-Font. c. 3). — *Haucegnimont*, v. 1252 (arch. nat. J 202, 55). — *Haucineymont*, 1263 (S.-Memmie, c. 7). — *Haucignimont*, 1268 (Cheminon, c. 11). — *Hausenigmont*, 1275 (S.-Pierre-aux-Monts, c. 28). — *Hauchenimont, Hauseignimont, Haucenim*. *Haurineigmont*, XIIIe siècle (cart. de Cheminon, f^a 10 v°, 18 v°, 20 r° et v°). — *Aucignimont*, v. 1300 (extenta Campanie, Vitry). — *Hausignimont*, 1337 (S.-Memmie, c. 9). — *Haussignymont*, 1396 (arch. nat. P 161, 5). — *Haussinus Mans*, 1405 (pouillé de Châl. f° 76 r°). — *Haussignemont*, 1417 (S.-Memmie, c. 9). — *Hausegnimont*, 1461 (arch. nat. P 166, 310). — *Haussegnymont*, 1469 (ibid. P 161, 36). — *Haussinemont*, 1489 (S.-Memmie, c. 9). — *Haulsinomont*, 1491 (ibid.). — *Haulcegniemont*, 1509 (arch. nat. P 207, 40). — *Haussinemons*, 1542 (taxe du dioc. de Châl. p. 217). — *Haulsignemont*, 1572 (arch. nat. P 179, 125). — *Haulsignemont*, 1605 (ibid. P 190, 56). — *Haussignemont*, 1633 (lieux régis par la cout. de Vitry). — *Ossinemont*, 1698 (arch. nat. P 222, 82). — *Aussignimont*, 1717 (ibid. P 223, 390). — *Hossignemont*, 1720 (ibid. P 223, 390). — *Haussignimont*, 1736 (ibid. P 228, 54). — *Hosignemont*, 1787 (Cheminon, c. 12).

Haussignemont était compris, en 1789, dans l'élection et suivait la cout. de Vitry. Son église paroissiale, diocèse de Châlons, doyenné de Vitry-lo-

Brûlé, était consacrée à saint Pierre; l'abbé de Saint-Pierre-aux-Monts présentait à la cure.

Haussimont, c^ne de Fére-Champenoise. — *Helceius Mons*, 1032 (hist. des comtes de Champ. t. I, p. 470). — *Alceius Mans*, 1130 (cart. de S.-Martin d'Épernay, p. 124). — *Haucimons*, 1131-1142 (chap. de Chât. a. 4, l. 5). — *Calceius Mons* (leç. fautive), *Helceimont*, 1145 (cart. de S.-Martin d'Épernay, p. 130). — *Asseimont*, v. 1222 (livre des vass. de Champ.). — *Haucimont*, 1231 (Argensolles, c. 1). — *Houssimont, Haussimont*, 1366 (arch. nat. Q¹ 681¹, f⁰⁵ 75 et 215). — *Haussimons*, 1405 (pouillé de Chât. f⁰ 81 v°). — *Haulsinemons*, 1508 (arch. nat. P 207, 12). — *Haussimon*, XVIII⁰ s⁰ (Cassini).

Haussimont était compris, en 1789, dans l'élection de Châlons et suivait la cout. de Vitry. Son église paroissiale, diocèse de Châlons, doyenné de Vertus, était dédiée à saint Gengoul; le doyen du chapitre cathédral de Châlons et le doyen de Gaye présentaient alternativement à la cure.

Haut-Arbre (Le), fief, à Hauteville. — *Le fief du Haut-Arbre ou Clos-Meran, assis au finage de Haulteville*, 1661 (arch. nat. P 207, 68).

Haut-Caemin (Le), voie romaine de Reims à Trèves. *Le hault chemin par lequel on va de Reims à Mouson... sur la rivière de Suippe, à l'endroit du chemin publique par lequel l'on va communement dudit lieu de Reims en la ville de Mouson, entre les molins de Vaulx-d'Estrep et ladicte ville de Warmeriville*, 1415 (S.-Remy, l. 113).

Haut-Chemin-Verdunois, nom donné dans les environs de Vienne-le-Château, en 1509, à l'ancienne voie romaine de Reims à Verdun (canton de Ville-sur-Tourbe, p. 93).

Haut-d'Escardes (Le), h. c^ne d'Escardes. — *Le Haut d'Escardes*, 1720 (Saugrain, t. I, p. 473). — *Le Haut-Escarde*, 1847 (lieux habités). — *Le Haut-Escardes*, 1862 (Guérard, p. 213).

Haute (La), f. c^ne de Montmort.

Haute-Auve, écart, c^ne d'Auve (Cornet-Paulus). — Il faut peut-être rapprocher de cette dénomination le nom de *Summa Alva* sous lequel, au XII⁰ siècle, on désignait en latin une partie, au moins, du village d'Auve. — Voy. **Auve**.

Hautebert, h. disp. c^ne de Saint-Vrain. — *Une certaine contrée de bois appellée Hodebert*, 1489 (Moncetz, c. 1). — *Une contrée de boys appellé communement Houdebert*, 1497 (ibid. c. 2). — *Ung gaignnaige nommé Hodebert, situé et assis au bois de Luyer, ou ban et finaige de Sainct-Veraia*, v. 1500 (ibid. c. 1). — *Haudeber*, 1517 (ibid. c. 2). — *Haulde-

bart*, 1563 (ibid.). — *Hautebert*, 1633 (lieux régis par la cout. de Vitry). — *Houttebert*, 1695 (Moncetz, c. 3).

Haute-Borne (La), gagn. à Boursault. — *Audict Boursault une cense ou gaignage communement appelée la Haulte-Borne aultrement la Boulaye*, 1596 (arch. nat. P 170, 46). — *Une cense..... appelée la Haulte-Barne, autrement le Boulloys*, 158 (ibid. P 181, 19). — *Une cense:.... appellée la Haulte-Borne, autrement la Boulaie*, 1605 (ibid. P 181, 23).

Haute-Charmoise (Bats de la), c^ne de Villers-sous-Châtillon.

Haute-Chaussée (La), lieu-dit, c^ne de Vienne-la-Ville.

Haute-Chevauchée (La), ancien chemin traversant la forêt d'Argonne dans la direction du nord-ouest au sud-est. Il n'appartient au département de la Marne que par son passage à l'extrémité nord-est du finage de Vienne-le-Château. — *Via qua dicitur Equitata*, 1150 (cant. de Ville-sur-Tourbe). — *Nemus quod dicitur Chevauchié*, 1220 (cart. de Moiremont, f⁰ 18). — *Via que dicitur Chevauchié*, 1228 (arch. nat. J 197, 23). — *Chevauchia*, 1235 (cart. de Moiremont, f⁰ 19 v°). — *Via que dicitur Cavalcata*, 1240 (cart. B du chap. de Reims, f⁰ 431 r°). — *Haute-Chevauché*, 1551 (cant. de Ville-sur-Tourbe, p. 95).

Hautecourt, f. c^ne d'Épense. — *Ecclesia de Curtis*, 1147 (cart. de S.-Martin-des-Champs, LL 1351, f⁰ 9 v°). — *Curt, Radulfus de Churt*, 1151-1161 (cart. de Montiers-en-Argonne, 10946, f⁰ 13 v° et 19 v°). — *Radulfus de Ostricurt*, v. 1165 (ibid. f⁰ 9 v°). — *Semita procedens a villula qua dicitur Curt per Trebellau vera Dampierre*, v. 1165 (ibid. f⁰ 26 r°). — *Altrecurt*, 1234 (cart. de Moutiers, 9905, f⁰ 61 v°). — *Autrecuria*, 1235 (Moutiers, c. 4). — *Les franes de l'opitail d'Autrecort*, 1270 (cart. de Montiers, 9905, f⁰ 57 v°). — *Altricuria, Autrecourt*, 1284 (Moutiers, c. 2). — *La maison d'Autrecourt appartenant aux Hospitaliers*, 1402 (arch. nat. P 184, 19). — *Ung chemin ou sante qui vient dudit Autrecourt passant par ung lieu appellé Trebleu tirant vers ledict Dampierre-le-Chastel*, 1538 (cart. de Montiers, 9905, f⁰ 252 v°). — *Hautecourt*, XVIII⁰ siècle (Cassini). — *Haute-Cour*, 1838 (état-major).

Hautefeuille, h. c^ne de Lécholle. — *Haultefeuille*, 1650 (minutes Labbé, à Montmirail).

Hautefontaine, chât. c^ne d'Ambrières. — Ancienne abbaye d'hommes de l'ordre de Citeaux fondée en 1136, au diocèse de Châlons, sous l'invocation de la Vierge. — *Ecclesia Sancte Marie de Alto Fonte*, 1141 (Gallia christ. t. X, p. 171). — *Haute-Fon-

tainne, v. 1250 (cart. de Montiers-en-Argonne, 9905, f° 40 r°). — *Hautefontaine*, 1263 (Moncetz, c. 4). — *Haute-Fonteigne*, v. 1274 (arch. nat. J 202, 46 *ter*). — *Haulte-Fontaine*, 1399 (chap. de Châl. a. 6, l. 33). — *Haultefontayne*, 1600 (Hautefontaine, c. 2). — *Haute-Fontaine*, 1837 (état-major).

HAUTE-FONTAINE (RU DE), afll. de la Blaise; coule sur le territoire des Grandes-Côtes.

HAUTE-FOY (LA), f. c^ne de Verdon. — *Les Hautes-Fois*, xviii° siècle (Cassini). — *Hautefoy*, 1805 (ann. de l'an xiii, p. 90).

HAUTE-LAMPE, f. c^ne de Saint-Vrain. — 1633 (lieux régis par la cout. de Vitry).

HAUTE-MAISON, écart, c^ne de Bouchy-le-Repos (Cornet-Paulus).

HAUTE-MAISON, lieu-dit, c^ne de Châtrices.

HAUTE-MAISON (LA), f. c^ne de Sainte-Menehould. — *Haute-Maison*, xviii° siècle (Cassini). — *La Haute-Maison*, 1805 (ann. de l'an xiii, p. 81).

HAUTE-PENSÉE, f. c^ne de Montmort. — *Haute-Pensée*, xviii° siècle (Cassini).

HAUTERIVE, loc. disp. près Villers-en-Argonne. — *Alta Ripa*, 1206 (Teulet, trésor des chartes, t. I, p. 308).

HAUTE-RUE (LA), à Blacy. — *Audit Blacy, à la Haute-Rue*, 1680 (arch. nat. Q¹ 666).

HAUTE-RUE (LA), écart, c^ne de Drosnay.

HAUTE-RUE (LA), c^ne d'Outines. — *Haute-Rüe*, xviii° s° (Cassini).

HAUTE-RUE, 2 m^ons de vignerons, c^ne de Pouillon.

HAUTE-SALLE (FIEF DE LA), près le Baizil. — *Le fief de Haulte-Sullier*, 1636 (arch. nat. P 216, 52). — *Le fief de Haulte-Salle*, 1656 (*ibid*. P 191, 18).

HAUTE-SENTELLE (LA), m^in à vent, c^ne de Courcy.

HAUTE-TRANCHÉE (LA), lieu-dit, c^ne de Valmy.

HAUTE-VIGNE (LA), f. c^ne du Thoult-Trosnay. — *Grangia que appellatur Vinea*, 1228 (le Reclus, c. 1). — *La cense de la Haulte-Vigne*, 1507 (*ibid*.). — *La ferme et méterye de la Haulte-Vingue*, paroisse du *Thou*, 1688 (*ibid*.). — *La ferme, terre et seigneurie de la Haute Vigne*, 1713 (évêché de Châlons, c. 15). — *Haute-Vigne*, xviii° siècle (Cassini).

HAUTEVILLE, c^ne de Saint-Remy-en-Bouzemont. — *Alta Villa*, 1141 (Hautefont. c. 1). — *Haute-Ville sur Bloiches*, v. 1300 (extenta Campanie, Larzicourt). — *Haulteville*, 1399 (de Châl. a. 5, l. 21). — *Aulte-Ville*, 1521 (arch. nat. P 163, 19). — *Hauteville sous Hautefontaine*, 1790 (Saugrain, t. I, p. 444).

Hauteville faisait partie, en 1789, de l'élection et suivait la cout. de Vitry. Son église paroissiale, diocèse de Châlons, doyenné de Perthes, était con-

sacrée à saint Louvent; l'abbé de Montiérender présentait à la cure.

HAUTE-VOIE (LA), lieu-dit, c^ne de Condé-sur-Marne et d'Isse.

HAUT-MÉNIL (LE), lieu-dit, c^ne de Bergères-sous-Montmirail.

HAUT-PAS (LE), fief, c^ne de Giffaumont (fiefs du baill. de Chaumont, p. 200).

HAUT-PAVÉ (LE), h. c^ne d'Épernay.

HAUTS-BÂTIS (BOIS DES), c^ne de Vienne-le-Château. — *Les batis de Vienne*, 1415 (prieuré de S.-Thomas). — *Les Hauts-Battis*, 1759 (arch. nat. Q¹ 679).

HAUTS-FOURNEAUX (LES), lieu-dit, c^ne de Vauclerc.

HAUTS-GAÈS (LES), f. c^ne de Saint-Genest. — *Les Grais*, xviii° siècle (Cassini). — *Le Haut-Gré*, 1833 (état-major). — *Les Hauts-Grès*, 1860 (Cornet-Paulus).

HAUTS-MOULINS (LES), lieu-dit, c^ne de Champillon.

HAUTVILLERS, c^ne d'Ay. — Ancienne abbaye d'hommes de l'ordre de Saint-Benoît fondée vers 662, au diocèse de Reims, sous l'invocation de saint Pierre. — *Locus Altivillaris in fine Remensi*, v. 662 (Gallia christ. t. X, c. 1). — *Cella nostra quæ vocatur Altum Villore*, 856-870 (Marlot latin, t. p. 281). — *Ecclesia Beati Petri Altovillarensis*, xii° siècle (Hautv. c. 5). — *Altviller*, 1156 (cart. d'Igny, f° 11 r°). — *Altvileir*, 1183 (hist. de la maison de Châtillon, p. 31). — *Ahautviler, Hautviler, Auviler, l'abaie de Vilers*, v. 1222 (livre des vass. de Champ.). — *Auviller*, 1272 (cart. d'Avenay, f° 53 v°). — *Auvillier*, 1318 (Boutaric, actes du parlement de Paris, n° 2516). — *Auvillers*, 1323 (Barthélemy, cart. de l'évêché de Châl. p. 123). — *Auvilliers*, 1478 (arch. nat. Q¹ 673). — *Auviliers*, 1652 (*ibid*. Q¹ 674). — *Aautvilliers*, 1662 (*ibid*.). — *Haultvilliers*, 1664 (*ibid*. Q¹ 677). — *Auvilés*, 1715 (revenus de S.-Nicaise, p. 35). — *Ovillé*, 1739 (arch. nat. Q¹ 683). — *Hautvillers-lès-Épernay*, 1777 (arch. adm. de Reims, t. II, p. 1121). — *Hautvillers-Saint-Hilaire*, 1834 (état-major). — *Hautvillers*, 1847 (lieux habités).

En 1789, Hautvillers était compris dans l'élection d'Épernay et suivait la cout. de Reims. Son église paroissiale, diocèse de Reims, doyenné d'Épernay, était dédiée à saint Sindulphe; l'abbé d'Hautvillers présentait à la cure.

HAUZY, chât. détr. c^ne de Servon-Melzicourt. — *Hausei*, 1204 (E. de Barthélemy, cant. de Ville-sur-Tourbe, p. 16). — *Le ban de Hauzey*, 1234 (Saint-Maur de Verdun, aux archives de la Meuse). — *Hasi*, vers 1240 (arch. nat. J 193, 83). — *Hauzei*, 1240 (cartulaire de Moiremont, f° 320 v°). — *Territorium de Hauzi*, 1250 (liber pontificum, f° 5o1 r°). — *Hausi*, v. 1274 (arch. nat. J 202, 46). — *Hauseyum*, 1290 (Touss. c. 7). — *Hausis*, 1303-1312 (arch. adm. de Reims, t. II, p. 1102). — *La maison de Hauzey, séant entre Vyayne et Lemezecourt*, 1389 (arch. nat. P 183, 58). — *La maison de Hauzy*, 1392 (*ibid.* P 183, 73). — *Haulzy*, 1459 (*ibid.* P 184, 65). — *La maison de Housy*, 1524 (*ibid.* P 162, 331). — *Auzy*, 1573 (ibid. P 162, 397). — *Les bois d'Auzy*, 1711 (ibid. P 223, 515). — *Le fief des bois de Hauzy et de Joinville*, 1712 (ibid. P 223, 499). — *Les bois de Chauzy*, 1728 (ibid. P 168, 79).

HAUZY (Bats DE), c^me de Servon-Melzicourt.

HAYE (RU DE L'), affl. de l'Yèvre; arrose le territoire de Varimont.

HAYE-DE-COURT, lieu-dit, c^me de Soigny.

HAZEAU (LE), f. c^me de Verdon. — *Le fief du Hazeau*, 1763 (Orbais, p. 24). — *Hasiot*, XVIII° siècle (Cassini). — *Lehaze*, 1805 (ann. de l'an XIII, p. 90). — *Le Hazot*, 1862 (Guérard, p. 241). — *Le Hazan*, 1864 (état-major).

HAZEL (LE), f. c^me de Verdon. — *Le Hazel*, 1580 (arch. nat. P 180, 25). — *Hasel*, XVIII° siècle (Cassini). — *Les Hazelles*, 1805 (ann. de l'an XIII, p. 90).

HAZETTE (LA), f. c^me de Cormoyeux. — *La Hazette*, XVIII° siècle (Cassini).

HEILTZ-LE-HUTIER, c^me de Thiéblemont. — *Hes*, 1135 (cart. d'Huiron, p. 18). — *Heis*, 1163 (dioc. auc. de Châl. t. I, p. 366). — *Altare de Hery*, — lisez *Heix*, 1187 (cart. d'Huiron, p. 213). — *Hesum Witeri*, 1218 (Hautefont. c. 1). — *Hes l'Uitier*, 1232 (Trois-Font. c. 5). — *Heis le Witier*, 1236 (*ibid.*). — *Hasum Witeri*, 1248 (*ibid.*). — *Hessum le Wuitier, Hex le Wuitier*, v. 1252 (arch. nat. J 202, 55). — *Hez le Vitier*, 1269 (Trois-Font. c. 5). — *Hez le Vetier*, v. 1274 (arch. nat. J 202, 45). — *Heiz le Withier*, 1302 (Trois-Font. c. 5). — *Heis l'Uytier*, 1341 (Hautefont. c. 6). — *Hez le Huitier*, 1343 (chap. de Châl. a. 4, l. 55). — *Hesium Uteri*, 1405 (pouillé de Châl. f° 76 v°). — *Haye l'Uytier*, 1464 (cart. d'Huiron, p. 552). — *Heys l'Uytier*, 1464 (Huiron, c. 4, f° 30 r°). — *Heis l'Uitier*, 1466 (Trois-Font. c. 5). — *Heiz l'Uitier*, 1508 (arch. nat. P 207, 36). — *Hezium Uteri*, 1542 (taxe du dioc. de Châl. p. 211). — *Heez*, 1615 (dioc. anc. de Châl. t. II, p. 313). — *Heiltz-Luitier*, 1618 (chap. de Reims, c. 39). — *Heilutier*, 1651 (évêché de Châl. c. 9). — *Hélutier*, 1656 (arch. nat. P 191, 18). — *Heiltz-le-Huitier*, 1693 (dioc. anc. de Châl. t. I, p. 285). — *Heitz-Luthier*, XVIII° siècle (Cassini). — On prononce *Héluthier*.

En 1789, Heiltz-le-Hutier était compris dans l'élection et suivait la cout. de Vitry. Son église paroissiale, diocèse de Châlons, doyenné de Perthes, était dédiée à saint Remy; l'abbé d'Huiron présentait à la cure.

HEILTZ-LE-MAURUPT, arrond. de Vitry-le-François. — *Heis*, 1121-1126 (S.-Pierre-aux-Monts, c. 21). — *Heiis*, 1147-1151 (Ulmoy). — *Heeys*, v. 1165 (cart. de Moutiers, f° 22 v°). — *Hesum Amaurici, Hes*, 1174 (Ulmoy). — *Heis Amaurici*, 1181 (*ibid.*). — *Heez*, 1184 (dioc. anc. de Châl. t. II, p. 120). — *Hesum Amalrici*, 1213 (Ulmoy). — *Hesum Almarici*, 1217 (*ibid.*). — *Heys le Mauru*, 1219 (Trois-Font. c. 6). — *Hex*, v. 1222 (livre des vass. de Champ.). — *Hesum Almurrici*, 1229 (S.-Pierre-aux-Monts, c. 2). — *Hasum Maurici*, 1232 (Cheminon, c. 2). — *Hesium*, 1233 (S.-Pierre-aux-Monts, c. 27). — *Hesium Ammalrici*, 1234 (Ulmoy). — *Hasum*, 1239 (*ibid.*). — *Hees le Mauri*, 1241 (*ibid.*). — *Hesium Emmarici*, 1243 (*ibid.*). — *Heiz*, v. 1252 (arch. nat. J 202, 55). — *Heilz*, 1259 (dioc. anc. de Châl. t. II, p. 120). — *Heys l'Esmauri*, 1261 (Ulmoy). — *Hes le Mauri*, v. 1274 (arch. nat. J 202, 46 ter). — *Hesum Marrici*, 1280 (Ulmoy). — *Hesium Almarauci*, 1285 (S.-Pierre-aux-Monts, c. 27). — *Heys le Maurri*, 1290 (Trois-Fontaines, c. 6). — *Hez*, 1297 (S.-Pierre-aux-Monts, c. 21). — *Hesyum*, 1298 (*ibid.*). — *Hesyum Almarrici*, 1304 (*ibid.* c. 27). — *Hezium Almarici*, 1307 (*ibid.*). — *Heix lou Marri*, 1309 (Ulmoy). — *Heis l'Amaury*, 1324 (Cheminon, c. 7). — *Hez le Maury*, 1381 (arch. nat. P 181, 37). — *Hez le Maurri*, 1384 (*ibid.* P 512, 1460). — *Heiz le Maulru*, 1388 (S.-Pierre-aux-Monts, c. 21). — *Heiz le Maulru*, 1401 (arch. nat. P 179, 19). — *Heilz le Maulru*, 1443 (évêché de Châl. c. 3). — *Heiz la Molru*, 1502 (Ulmoy). — *Helmaurup*, 1524 (chap. de Châl. a. 6, l. 24). — *Het le Mauru*, 1530 (arch. nat. P 161, 92). — *Heillemauru*, 1547 (Cheminon, c. 2). — *Holmorup*, 1633 (lieux régis par la cout. de Vitry). — *Heilmauru, Hailmoru*, 1651 (évêché de Châl. c. 9). — *Heiltz-le-Maurupt*, 1676 (dioc. anc. de Châl. t. I, p. 275). — *Elmaurup*, 1730 (arch. nat. Q¹ 661). — *Elmorup*, 1765 (ibid.). — *Helmaurupt*, 1767 (ibid. Q¹ 663). — *Helmorup*, 1633 (ibid. Q¹ 661). — *Helmorup-en-Champagne*, 1768 (ibid. Q¹ 661). — *Elmaurupt*, 1773 (*ibid.*). — *Heilmorup*, 1777 (ibid. mém. imp.). — On prononce *Helmauru*.

En 1789, Heiltz-le-Maurupt faisait partie de l'élection et était régi par la cout. de Vitry. Son église paroissiale, diocèse de Châlons, doyenné de

Vitry-le-Brûlé, était consacrée à saint Maurice; le prieur d'Ulmoy présentait à la cure.

HEILTZ-L'ÉVÊQUE, c^on d'Heiltz-le-Maurupt. — *Hesium Episcopi*, 1257 (Cheminon, c. 4). — *Heiz l'Évesque*, 1383 (arch. nat. P 188, 52). — *Helz l'Evesque*, xiv° siècle (dioc. anc. de Châlons, t. I, p. 273). — *Heiltz l'Evesque*, 1443 (évêché de Chàl. c. 3). — *Helesvesque*, 1459 (*ibid.*). — *Hez l'Evesque*, 1464 (S.-Pierre-aux-Monts, c. 27). — *Heix l'Evesque*, 1509 (procès-verbal de la cout. de Vitry). — *Hezium Episcopi*, 1542 (taxe du dioc. de Chàl. p. 216). — *Helvesque*, 1671 (évêché de Chàl. c. 3). — *Heilevezque*, 1699 (arch. nat. Q¹ 666). — *Hez-l'Évêque*, 1728 (lieux régis par la cout. de Châlons). — On prononce *Helvêque*.

En 1789, Heiltz-l'Évêque faisait partie de l'élection de Vitry et était régi par la cout. de Châlons. Son église paroissiale, diocèse de Châlons, doyenné de Vitry-le-Brûlé, était consacrée à saint Maurice; l'évêque de Châlons en était collateur.

HENRIVILLE ou DAMASSERIE, c^ne de Bannes.

HANROEL, vill. c^ne des Rivières-et-Henruel. — *Hanruei, Hanruoi*, 1183 (S.-Memmie, c. 3). — *Hanrueil*, 1198 (Ulmoy). — *Henrué, Anrué*, v. 1222 (livre des vass. de Champ.). — *Henruelz*, 1366 (arch. nat. Q¹ 681¹, f° 130 v°). — *Hanruel*, 1367 (*ibid.* Q¹ 681¹, f° 30). — *Henruel*, 1532 (S.-Memmie, c. 9). — *Chernouel*, 1588 (arch. nat. P 161, 137). — *Henrvel*, 1633 (lieux régis par la cout. de Vitry). — *Henruex*, 1700 (arch. nat. P 222, 149). — *Henruelle*, 1721 (*ibid.* P 223, 175). — *Hanruelle*, xviii° siècle (Cassini).

Henruel était compris, en 1789, dans l'élection et suivait la cout. de Vitry. Son église paroissiale, annexe de celle de Saint-Chéron, diocèse de Châlons, doyenné de Perthes, était dédiée à Notre-Dame.

HERBAUMONT, f. détr. c^ne de Sommeyèvre. — *La coye de Herbaumont*, 1404 (arch. nat. P 179, 27). — *Herbaulmont*, 1541 (Touss. c. 15). — *Une cense et mettairie assize au village de Sommyèvre, communement appellée Herbaulemont*, 1547 (cart. de Montiers, 9905, f° 294 r°).

HERCONVAL, f. détr. c^ne d'Auve. — *Curia de Haconvallis*, 2197 (Châtrices). — *Horconval*, 1685 (arch. nat. P 221, 48). — *La cense d'Erconval, ruinée*, 1790 (Saugrain, t. I, p. 432).

HERMITAGE (L'), lieu-dit, c^ne du Breuil.

HERMITAGE (L'), lieu-dit, c^ne de la Neuville-au-Pont.

HERMITAGE (L'), lieu-dit, c^ne de Pouillon.

HERMITAGE (L'), f. détr. c^ne de Sainte-Menehould. — En 1632, un ermite du nom de Roch résidait, parais-

il, en ce lieu, et se distingua par son dévouement lorsque la peste ravagea Sainte-Menehould. Quand le fléau eut cessé, les échevins de cette ville édifièrent une petite chapelle qu'ils dédièrent au patron de l'ermite, saint Roch, et, peu après, grâce à quelques donations pieuses, on vit s'élever en cet endroit une ferme qui prit le nom de l'*Hermitage* et fut la propriété de l'Hôtel-Dieu de Sainte-Menehould. Une croix marque aujourd'hui l'emplacement de la chapelle que figure Cassini (dioc. anc. de Chàl. t. II, p. 145). — *L'Hermitage*, 1720 (Saugrain, t. I, p. 440). — *Hermitage-Saint-Roch*, xviii° siècle (Cassini).

HERMITE (L'), h. c^ne de Champguyon et des Essarts-lez-Sézanne. — *Lermite en la parroisse des Essars*, 1502 (chap. de S.-Étienne de Troyes, c. 50). — *L'Hermitte*, 1526 (S.-Julien de Sézanne, c. 3). — *L'Hermitte, paroisse de Champuion*, 1768 (Orbais). — *L'Hermite*, xviii° siècle (Cassini). — *L'Heremite*, 1833; *l'Hermite*, 1868 (état-major).

HERMONVILLE, c^on de Fismes. — *Villa Herimundi*, vi° s° (Flodoard, test. de saint Remy). — *Hermundivilla*, 987-996 (Marlot français, t. II, p. 809). — *Herimandi Villa*, comm. du xi° siècle (polypt. de S.-Remy). — *Hermunville, Hermunvilla*, 1203 (cart. B de S.-Remy, p. 155). — *Heremondivilla*, 1205 (S.-Remy, l. 101). — *Domus d'Ermonvilla*, 1212 (cart. C de S.-Remy, f° 43 r°). — *Hermonvilla*, 1213 (arch. lég. de Reims, cout. p. 181). — *Hermondivilla*, 1223 (S.-Remy, l. 133). — *Hermonvile*, 1261 (S.-Symphorien, b. 1). — *Hermonneville*, 1556 (arch. lég. de Reims, cout. p. 876). — *Armonville*, xviii° siècle (Cassini).

Hermonville faisait partie, en 1789, de l'élection de Reims et suivait pour partie la coutume de Reims, pour partie celle de Vitry. Son église paroissiale, diocèse de Reims, doyenné d'Hermonville, était consacrée au Saint Sauveur; l'archevêque de Reims en était collateur.

HERMONVILLE (Ru D'), affl. de la Loivre; arrose le territoire d'Hermonville.

HÉRONNIÈRE (L'), fief, c^ne de Landricourt. — *Le fief de la Héronnière sans justice, sis au finage dudit Landricourt*, 1771 (arch. nat. Q¹ 663).

HERPINE, f. détr. c^ne d'Herpont. — *Molendinum de Herpine*, 1219 (liber pontif. f° 187 v°). — *Domus de Herpine*, 1253 (Montiers, c. 2).

HERPONT, c^on de Dommartin-sur-Yèvre. — *Villa Helpondam*, 1141 (Toussaints, c. 8). — *In finibus Helpondis*, 1156 (Moutiers, c. 2). — *Erpe*, 1154-1161 (cart. de Montiers, 10946, f° 8 v°). — *Herpon, Herpum*, v. 1165 (*ibid.* f°° 10 r° et 21 r°).

— *Herpunt*, 1175 (Mont. c. 1). — *Helpon*, 1178 (Touss. c. 7 *bis*). — *Elpons*, *Erpons*, 1197 (Châtrices). — *Helpun*, v. 1200 (cart. de Montiers, 10946, f° 96 r°). — *Herpont*, 1219 (liber princip. 5992, f° 188 r°). — *Erpont*, v. 1300 (extenta Campanie, Ste-Menehould). — *Herpons*, 1314 (acte latin; Touss. c. 8). — *Harpant*, 1368 (S.-Memmie, c. 10). — *Herpond*, 1408 (Touss. c. 8). — *Erpon*, *Herpoys*, 1461 (arch. nat. P 161, 24 et 25). — *Arpont*, 1471 (*ibid.* P 161, 37). — *Herpons*, 1510 (acte français; arch. nat. P 207, 43). — *Harpont*, 1512 (arch. nat. P 179).

Herpont était compris, en 1789, dans l'élection de Sainte-Menehould et suivait la cout. de Vitry. Son église paroissiale, diocèse de Châlons, doyenné de Sainte-Menehould, était dédiée à saint Georges; l'abbé de Toussaints présentait à la cure.

HERQUIGNY, lieu-dit, c^ne d'Auve.

HERRESIVILLE, cense détr. c^ne d'Herpont (dioc. anc. de Châl. t. II, p. 189).

HERRES (LES), f. détr.? c^ne de Dampierre-sur-Auve. — *Une maison, grange, haubergement... séans ou finaige de Dampierre-sur-Aulve, appellée la maison des Herres*, 1389 (arch. nat. P 183, 54).

HERVELOS, c^ne de Pévy. — *Harvelon*, XVIII° siècle (Cassini). — *Ervelon, Revillon* ou *Ervelier*, 1860 (Cornet-Paulus).

HERVISCY, lieu-dit, c^ne de Chenay.

HEUDRELISCOURT, vill. détr. c^ne de Pontfaverger. — *Heudrellisicourt, succursus Sancti Medardi [de Ponte-Fabricato]*, 1303-1312 (arch. adm. de Reims, t. II, p. 1062). — «*Heudrezilcourt*, vill. détr. vers 1650» (atlas cantonal publié sous la direction de M. Poinsignon).

HEUREUSE-RENCONTRE (L'), aub. c^ne de Lavannes.

HEURTEBISE, f. détr. c^ne de Sainte-Gamme.

HEURTEBISE, f. c^ne de Villedommange.

HEUTRÉGIVILLE, c^ne de Bourgogne. — *Huldriciaca Villa*, VI° siècle (Flodoard, test. de saint Remy). — *Ad Suppiam in Hildrizei Villa, Uldrizei Villa*, comm. du XI° siècle (polypt. de S.-Remy). — *Houdrisivilla*, 1181 (cart. B du chap. de Reims, f° 18 v°). — *Huldrisivilla*, 1217 (S.-Nicaise, c. 18). — *Hondrisevilla*, v. 1260 (nécrol. de l'église de Reims, p. 77). — *Heudrésiville*, 1303 (arch. adm. de Reims, t. II, p. 42). — *Houdrisiville*, 1309 (cart. B du chap. de Reims, f° 665 r°). — *Heudresivilla*, 1303-1312 (arch. adm. de Reims, t. II, p. 1062). — *Heudezierville*, 1328 (ibid. t. II, p. 521). — *Heudrisivilla*, 1384 (arch. nat. P 51¹, 1410). — *Heudriville, Heudreville*, 1384 (arch. adm. de Reims, t. III, p. 495 et 653). — *Heu-*

drissivilla, 1390 (ibid. t. III, p. 769). — *Heudrisgivilla*, avant 1400 (nécrol. de l'église de Reims, p. 63). — *Heudrezivilla*, 1433 (arch. nat. Q¹ 656). — *Heudregisville, Heuderegivaille, Heudréguiville*, 1556 (arch. lég. de Reims, cout. p. 884, 903 et 908). — *Utergiville, Utregiville*, 1676 (chap. de Reims, l. S.-Masmes). — *Heudréziville*, 1733 (arch. nat. Q¹ 656). — *Hutrégiville*, 1779 (ibid. S 503²).

En 1789, Heutrégiville faisait partie de l'élection et suivait la cout. de Reims. Son église paroissiale, diocèse de Reims, doyenné de Lavannes, était consacrée à sainte Marie-Madelaine; le tournaire du chapitre métropolitain de Reims présentait à la cure.

HOCARDERIE (LA), f. c^ne de Sainte-Menehould. — Elle doit sa fondation et son nom à Germain Hoccart, écuyer, conseiller du roi et greffier en la prévôté, qui la fit construire dans la première moitié du XVII° siècle (dioc. anc. de Châl. t. II, p. 144). — *La Hoccarderie*, 1722 (arch. nat. P 222, 230).

HOCHOT (LE), auc. f. c^ne de Saint-Vrain. — *Le Hochot*, 1720 (Saugrain, t. I, p. 446). — *Hochot* (Cornet-Paulus).

HOIRS MESSIRE GEOFFROY-D'APREMONT (FIEF DES), mouvant de Possesse. — *Le fief des hoirs messire Geoffroy-d'Appremont, de la maison et bois de Margnoux*, 1657 (arch. nat. P 217, 51).

HOMME-MORT (RUISSEAU DE L'), c^ne de Binarville.

HOMME-MORT (RU DE L'), affl. du ru de la Bièvre; coule sur les finages de Souain et de Saint-Hilaire-le-Grand.

HÔPITAL (L'), m^on de l'ordre de Saint-Jean-de-Jérusalem, c^ne de Noirlieu. — *Le gaingnage appellée l'Ospital, assiz au bon et finage de Noirlieu*, 1491 (cart. de Moutiers, 9905, f° 84 r°).

HÔPITAL (BOIS DE L'), c^ne de Mairy-sur-Marne.

HORGNES (LES), f. détr. c^ne d'Ante. — *La maison aux bois que on dit les Horgnes*, 1389 (arch. nat. P 183, 26). — *La maison des Horgoies*, 1396 (ibid. P 113, 107). — *Horgnes*, 1570 (S.-Remy, l. 46). — *La maison du fief des Horgues*, 1739 (arch. nat. P 230, 13).

HASGNEA (RU DES), affl. de l'Ante; coule sur le territoire de Sivry-sur-Ante.

HORICOURT ou mieux HARICOURT, m^on détr. c^ne de Ripont. — *Domus noster de Haricurte juxta Repont*, 1250 (Moirem. c. 1; le liber pontificum, f° 337 v°, donne à tort *Horicurte*). — A cette date (1250), l'abbé de Moiremont s'associait avec Thibaut IV, comte de Champagne, pour y fonder une ville neuve; mais ce projet ne paraît pas avoir été réalisé.

Hotte (La), f. c^{ne} de Châtrices. — *La Hotte*, 1720 (Saugrain, t. I, p. 434).

Hotte, mⁱⁿ, c^{ne} de Jonchery-sur-Vesle.

Hotte (La), écart, c^{ne} de Vandières (Cornet-Paulus).

Houies (Les), f. c^{ne} de Sainte-Menehould. — *Les Houyes*, 1720 (Saugrain, t. I, p. 440). — *Les Houies*, XVIIIe siècle (Cassini). — *Houyes*, 1860 (Cornet-Paulus).

Houletterie (La), lieu-dit, c^{ne} d'Orbais.

Houppe (Bais de la), c^{nes} de Vertus et de Gionges-Saint-Fergeux.

Hourges, c^{ne} de Fismes. — *Haurges*, XIIe siècle (fragm. de polypt. de S.-Remy, p. 167). — *Haorgiæ*, 1211 (Longau, l. 39). — *Haorges*, 1211 (cart. d'Igny, f° 61 v°). — *Haourges*, 1260 (ibid. f° 78 v°). — *Haourgiæ*, 1268 (ibid. f° 77 v°). — *Huauga*, 1345 (arch. adm. de Reims, t. II, p. 933). — *Ourges*, 1777 (ibid. t. II, p. 1061). — *Ourge*, XVIIIe siècle (Cassini).

En 1789, Hourges était compris dans l'élection et suivait la coutume de Reims. Son église paroissiale, diocèse de Reims, doyenné de Fismes, était dédiée à saint Rufin et à saint Valère; le tournaire du chapitre métropolitain présentait à la cure.

Hources (Ru de), affl. du ru d'Unchair; arrose le finage de Hourges.

Houx (Bois du), c^{ne} de Festigny-les-Hameaux.

Houyers (Les), fief, à Moivre. — *Le fief des Houyers, dit Grandes-Vallées*, 1693 (dioc. auc. de Châl. t. I, p. 281).

Hovette (La), f. c^{ne} de Gueux. — *La Hauvette, paroisse dudit Escueil*, 1675 (chap. de Reims, c. 14). — *La Houette*, 1720 (Saugrain, t. I, p. 478). — *La Hogette*, XVIIIe siècle (Cassini). — *La Hovette*, 1805 (ann. de l'an XIII, p. 54).

Hoyau, mⁱⁿ, c^{ne} de Chambrecy. — *Le moulin Doyau*, 1720 (Saugrain, t. I, p. 477).

Hublets (Les), h. c^{nes} de Joiselle et de Villeneuve-la-Lionne. — *Les Hublets*, 1771 (arch. nat. Q¹ 678). — *Les Hud-bleds*, 1833 (état-major). — *Les Hublots*, 1862 (Guérard, p. 214).

Huguenauderie (La), lieu-dit, c^{ne} de Rouvroy.

Huguenie (Le Paé-de-la-), lieu-dit, c^{ne} d'Huiron.

Huguenoterie (La), lieu-dit, c^{ne} de Remicourt.

Huguenoterie (La), lieu-dit, c^{ne} de Vroil. — Près de ce lieu-dit se trouve celui du *Grand Temple* qui rappelle sans doute le souvenir d'un prêche protestant; il faut aussi signaler, — dans cet ordre d'idée, — sur le même finage, le lieu-dit *le Gros Genève*.

Huguenots (Caemin des). — Voy. au mot Caemin des Huguenots.

Huguenots (Contrée-des-), lieu-dit, c^{ne} de Chepy.

Huguenots (Les), lieu-dit, c^{ne} de la Neuville-aux-Ponts.

Huguenots (Cimetière-des-), lieu-dit, c^{ne} de Sermaize.

Huilerie (L'), lieu-dit, c^{ne} de Courthiézy.

Huileris (L'), lieu-dit, c^{ne} de Dormans.

Huilerie (L'), lieu-dit, c^{ne} de Leuvrigny.

Huileris (L'), lieu-dit, c^{ne} de Moncetz-l'Abbaye.

Huileris (L'), mⁱⁿ, c^{ne} de Saint-Gilles. — *Huilerie des Deux-Moulins*, 1847 (lieux habités).

Huilerie (L'), lieu-dit, c^{ne} de Saint-Prix.

Huileris (L'), h. détr. c^{ne} de Serzy-et-Prin.

Huiron, c^{ne} de Vitry-le-François. — Abbaye d'hommes de l'ordre de Saint-Benoît fondée vers 1075, au diocèse de Châlons, sous le vocable de saint Martin. — *Oirum, Orrum*, 1107 (chap. de S.-Étienne de Châl. a. 1, l. 1). — *Oyron, villa Oyrensis*, 1135 (cart. d'Huiron, p. 17 et 19). — *Orion*, 1136 (ibid. p. 135). — *Oiron*, 1157 (dioc. anc. de Châl. t. I, p. 359). — *Wiron*, 1154-1161 (cart. d'Huiron, p. 24). — *Ecclesia Beati Martini de Oiran*, 1177 (ibid. p. 8). — *Oirunt*, 1183 (la Charmoye, c. 7). — *Monasterium Sancti Martini Oyrensis*, 1181-1185 (cart. d'Huiron, p. 17). — *Galterus, Oriensis dictus abbas*, 1186 (arch. nat. L 1089). — *Conventus Sancti Martini de Monte Oriensis*, 1198-1216 (cart. d'Huiron, p. 26). — *Orio*, 1254 (cart. de la Trinité, f° 55 r°). — *Uyron*, 1270 (dioc. anc. de Châl. t. II, p. 41). — *Uiron*, v. 1300 (extents Campanie, Vitry). — *Orions*, 1405 (pouillé de Châl. f° 74 v°). — *Huyron*, 1408 (cart. d'Huiron, p. 35). — *Item et en icelle ville d'Uyron*, située au sommet de ladite montainne comme dit est, est assise ladite eglise ou monastere de S.-Martin que l'on souloit appeler de Monte Orientis, lequel nom est mué et changé en ce langaige d'Uyron, par la corruption dudit languaige, 1464 (ibid. p. 525). — *Vayron*, 1586 (cart. d'Huiron, p. 281).

En 1789, Huiron faisait partie de l'élection et était régi par la cout. de Vitry. Son église paroissiale, diocèse de Châlons, doyenné de Coole, était consacrée à saint Martin; l'abbé du lieu présentait à la cure.

Hois (L'), h. c^{ne} du Breuil. — *Luis*, 1399 (arch. nat. P 180, 100). — *Luys*, 1636 (ibid. P 216, 52). — *Lhuis*, 1656 (ibid. P 191, 18).

Huitvoisins, h. c^{ne} de Romain. — *Ung aaltre petit fief appellé Hutte-Voisin*, 1646 (arch. nat. P 216, 139). — *Vitoisin*, XVIIIe siècle (Cassini). — *Huit-Voisin*, 1862 (Guérard, p. 428).

Ce fief faisait partie des *Grands-Hameaux* de Romain. — Voy. ce nom.

Halots (Les), f. c^ne d'Angluzelles. — *Le Hulot*, 1847 (lieux habités). — *Les Grands-Halots*, 1860 (Cornet-Paulus). — *Le Mulot*, 1862 (Guérard, p. 223).

Humbauville, c^ne de Sommepuis. — *Humbaut-Vile*, 1244 (liber pontif. f° 528 r°). — *Humbaudivilla*, 1252 (ibid. f° 534 r°). — *Humbauvilla*, v. 1252 (arch. nat. J 202, 55). — *Humbauville*, v. 1274 (ibid. J 202, 45). — *Hamberville*, 1723 (cout. de Chaumont, p. 12). — *Humboville*, 1732 (arch. nat. P 198, 4). — *Humbeauville, Aymbonville, Ymboville*, 1784 (Courtalon, t. III, p. 358).

Humbauville était compris, en 1789, dans l'élection de Vitry et suivait la cout. de Chaumont. Son église paroissiale, annexe de celle du Meix-Thiercelin, diocèse de Troyes, doyenné de Margerie, était dédiée à Notre-Dame.

Humbert, m^in détr. c^ne de Vertus. — *Ung aultre moulin assis audit terrouer [des Vertus], ou lieu dit Humbert*, 1605 (arch. nat. P 190, 56).

Hubets (Les), m^ux is. c^ne de Bussy-aux-Bois.

Huriaux (Les), f. c^ne d'Unchair. — *Huriot*, 1847 (lieux hab.). — *Le Huriot*, 1860 (Cornet-Paulus).

Hurlotte (Ruisseau de la), lieu-dit, c^ne de Vanault-le-Châtel.

Hurlus, c^ne de Ville-sur-Tourbe. — *Ursluus*, comm. du xi° siècle (polypt. de S.-Remy). — *Ullas, Urlus*, 1303-1312 (arch. adm. de Reims, t. II, p. 1098, où on a imprimé fautivement *Ulliis*, et 1102). — *Urlu, Hurlu*, 1686 (arch. nat. P 194¹, 10).

Hurlus faisait partie, en 1789, de l'élection de Reims et était régi par la cout. de Vitry. Son église paroissiale, annexe de celle de Perthes-lez-Hurlus, diocèse de Reims, doyenné de Cernay-en-Dormois, était dédiée à saint Remy.

Huron (Le), écart, c^ne d'Unchair (Cornet-Paulus).

Hurtebise, f. c^ne de Baslieux-sous-Châtillon. — *La cense de Heurtebise lez Bailleux*, 1502 (Hautvillers, c. 6). — *Heurtebize*, 1525 (Longau, l. 13). — *Urtebize*, 1550 (Hautvillers, c. 6, f° 15). — *Heuretebize*, 1659 (ibid. à la bibl. de Reims). — *Hurtebize, Hurthebize*, 1663 (arch. nat. Q¹ 675). — *Hurtebise*, xviii° siècle (Cassini). — *Heurtebise*, 1860 (Cornet-Paulus).

Hurtebise, m^on détr. c^ne de Fagnières. — *Oudit terroir de Faignières, devant et près de la porte de la maison de Hurtebise*, 1378 (chap. de Châl. a. 5, l. 12).

Hurtebise, f. disp. c^ne d'Orbais-l'Abbaye. — *Hurtebise, ferme*, 1705 (Orbais, p. 22). — Le nom d'Hurtebise a été conservé par un étang de la commune d'Orbais.

Hussoxnerie (La), lieu-dit, c^ne de la Ville-sous-Orbais.

Hutennerie (La), partie du village de Champvoisy.

Hottias, f. c^ne de Moiremont. — *Hylion*, 1509 (Moirem. c. 10). — *Huthion*, 1860 (Cornet-Paulus).

Huyas (L'), f. c^ne du Breuil. — *Les Luias*, xviii° s° (Cassini). — *L'Huya*, 1805 (ann. de l'an xiii, p. 60). — *Les Luyas*, 1834 (état-major).

Ioes-de-Bury (Les), fief, c^ne des Istres. — *Le fief des Ides-de-Bury près Flavigny, du costé de Renneville*, 1673 (arch. nat. Q¹ 681, fin).

Igny, chât. c^ne d'Arcis-le-Ponsard. — Ancienne abbaye d'hommes de l'ordre de Citeaux, fondée en 1126, au diocèse de Reims, sous l'invocation de Notre-Dame. — *Igneium*, comm. du xi° siècle (polypt. de S.-Remy). — *Igniacum*, 1130 (Marlot français, t. III, p. 738). — *Monasterium Sancte Marie Igniacensis*, 1154-1159 (cart. d'Igny, f° 1 v°). — *Monachi de Hinnei*, 1162 (ibid. f° 169 v°). — *Signi*, v. 1222 (livre des vass. de Champ.). — *Conventus de Ignei*, 1234 (cart. d'Igny, f° 237 v°). — *Ecclesie Igniaci in Tardenois*, 1247 (ibid. f° 97 v°). — *Igniacum in Tardano*, 1248 (ibid. f° 252 r°). — *Igny-en-Tardenois*, 1265 (ibid. f° 140 v°). — *Igneyum in Tardano*, 1278 (ibid. f° 228 v°). — *Igny-l'Abbéye-en-Tardenois*, 1304 (ibid. f° 80 r°).

Ygniacum, 1303-1312 (arch. adm. de Reims, t. II, p. 1061). — *Abbaye-Digny*, xviii° siècle (Cassini).

Igny, m^on forte détr. c^ne du Vieil-Dampierre. — *Une maison close de fossez appellée la maison d'Igny, séant au-dessoubz de la chaussée dudit estang*, 1389 (arch. nat. P 183, 42). — *Le fief du boys d'Igny*, 1697 (ibid. P 222, 49). — *Le fief et seigneurie d'Ygny*, 1703 (ibid. P 223, 644).

Igny (Étang d'), c^ne du Vieil-Dampierre. — *Les boys et l'estang d'Igny, ès boys que on dit les boys de Damperre*, 1397 (arch. nat. P 183, 111). — *L'Apôtre*, xviii° siècle (Cassini).

Igny (Ru d'), affl. du ru d'Orillon; arrose le finage de Saint-Gilles.

Igny-le-Jard, c^ne de Dormans. — *Igniacum*, 1151 (hist. des comtes de Champ. t. III, p. 440). — *Igny-le-Gard*, 1221 (cart. de S.-Martin d'Épernay, p. 159). — *Hugni, Igniacum de Jars*, 1260 (liber pontif. f° 104 v° et 395 r°). — *Igniacum* Jardi, 1263 (Argens. c. 1). — *Igniacum Jardum*, 1295 (Boutaric, actes du parlem. de Paris, n° 2890). — *Igny-le-Jars*, v. 1300 (extenta Campanie, Châtillon). — *Ygniacum Jardi*, 1346 (arch. adm. de Reims, t. III, p. 634). — *Ingniacum Jardi*, 1346 (ibid. t. II, p. 1029). — *Ygny*, 1399 (arch. nat. P 180, 100). — *Igny-le-Jard*, 1400 (ibid. P 180, 134). — *Aigny-le-Jard*, 1408 (ibid. P 180, 147).

Igny-le-Jard était compris, en 1789, dans l'élection d'Épernay et suivait la cout. de Vitry. Son église paroissiale, diocèse de Soissons, doyenné de Dormans, était dédiée à saint Nicolas; le chapitre cathédral de Soissons présentait à la cure.

Île-du-Gué (L'), 2 m^ons, c^ne de la Neuville-au-Pont. — *L'Ile-de-Gui*, 1847 (lieux habités). — *L'Isle-au-Gué*, 1860 (Cornet-Paulus). — *L'Isle-du-Gué*, 1862 (Guérard, p. 488).

Île-Sainte-Hélène (L'), aub. c^ne de Bligny.

Îlette (L'), m^on, c^ne de Virginy. — *L'Islette*, 1860 (Cornet-Paulus).

Îlots (Les), f. c^ne de Hauteville. — *Audit lieu d'Hauteville, une ferme appellée les Islots*, 1699 (arch. nat. Q¹ 663). — *Les deux censes des Islots*, 1720 (Saugrain, t. I, p. 444). — *Jalots*, xviii° siècle (dioc. anc. de Châl. t. II, p. 320).

Indes (Les Grandes-), h. c^ne de Blacy. — *Les maisons appellés les Indes*, 1720 (Saugrain, t. I, p. 443). — *Les Grandes-Indes*, xviii° siècle (Cassini).

Indes (Les Petites-), h. c^ne de Blacy (Cassini).

Inglure, colombier, c^ne de Broussy-lo-Petit. — *Anglitura, grangia de Anglitura*, 1131 (Andecy). — *La grange de Anglure*, 1252 (liber pontificum, f° 447 v°). — *Angluurelle-lez-Broucy*, 1488 (Andecy, c. 10). — *Angluze*, 1526 (ibid. c. 3, f° 37 v°). — *La sanse d'Anglure*, 1537 (ibid. c. 4, p. 23). *Le fief, ferme et métairie d'Anglure-sur-Fiens, scituée dans la paroisse de Broussy-le-Grand*, 1719 (ibid. c. 5).

Inois, fief, c^ne de Drosnay. — *Le fief d'Irois*, 1732 (arch. nat. P 198, 4).

Irval, f. c^ne de Vandeuil. — *Aureval*, 1209 (cart. d'Igny, f° 34 v°). — *Erval*, 1223 (ibid. f° 39 v°). — *Hierval*, 1224 (ibid. f° 33 v°). — *Yerval*, 1461 (arch. nat. P 171, 153). — *Yrval*, 1535 (chap. de Reims, l. Jonchery). — *Giervale*, xviii° siècle (Cassini).

Irval (Ruisseau d'), affl. de la Vesle; coule sur les finages de Vandeuil et de Jonchery-sur-Vesle.

Isles (Ru d'), affl. de la Suippe; coule sur le territoire d'Isles-sur-Suippe.

Isles-Bury (Les), fief, à Vouzy. — *Ung petit fieff nommée les Isles-Buery*, 1605 (arch. nat. P 190, 56).

Isle-sur-Marne, c^on de Thiéblemont. — *Hisle*, 1135 (cart. d'Huiron, p. 18). — *Hiisle*, 1150 (ibid. p. 20). — *Insula*, 1165 (dioc. anc. de Châl. t. I, p. 402). — *Isles*, 1187 (cart. d'Huiron, p. 211). — *Villa mea que dicitur Insula juxta Larzicurtem*, 1207 (Hautefontaine, c. 6). — *Insulæ*, 1216 (arch. nat. KK 1064, f° 118 v°). — *Illes, les Illes*, v. 1220 (livre des vass. de Champ.). — *Yale*, 1633 (lieux régis par la cout. de Vitry).

En 1789, Isle-sur-Marne faisait partie de l'élection et suivait la cout. de Vitry. Son église paroissiale, diocèse de Châlons, doyenné de Bussy-le-Château, était consacrée à saint Denis; l'abbé d'Huiron présentait à la cure.

Isles-sur-Suipps, c^on de Bourgogne. — *Insula super Suppia, Isla*, comm. du xi° siècle (polypt. de S.-Remy). — *Isleum*, xii° siècle (fragm. de polypt. p. 167). — *Yle*, 1292 (S.-Timothée, c. 1). — *Ylle*, 1384 (arch. adm. de Reims, t. III, p. 604). — *Yrle*, 1448 (S.-Remy de Reims, l. 113). — *Isle*, 1453 (ibid.). — *Isles*, 1621 (arch. nat. P 190, 55). — *L'Isle*, 1652 (arch. lég. de Reims, statuts, t. I, p. 243). — *Isle*, 1720 (Saugrain, t. I, p. 479). — *Ille*, 1721 chap. de Reims, c. 31).

En 1789, Isles-sur-Suippe était compris dans l'élection et suivait la cout. de Reims. Son église paroissiale, diocèse de Reims, doyenné de Lavannes, était consacrée à saint Remy; l'abbé de Saint-Remy de Reims présentait à la cure.

Isse, c^on de Châlons-sur-Marne. — *Escia*, v. 850 (polypt. de S.-Remy). — *Eysce*, 1090 (arch. adm. de Reims, t. I, p. 242). — *Villa que dicitur Exsia*, 1106 (cart. de S.-Denis de Reims, p. 13). — *Exsia*, 1114 (S.-Remy de Reims, l. 121). — *Essia*, 1123 (arch. adm. de Reims, t. II, p. 274). — *Hissa*, 1129 (cart. de S.-Denis de Reims, p. 26). — *Hissia*, 1149 (ibid. p. 35). — *Issia*, 1155 (fragm. de polypt. de S.-Remy, p. 166 et 167). — *Eysse*, 1215 (cart. A de S.-Remy de Reims, p. 91). — *Yssa*, v. 1222 (livre des vass. de Champ.). — *Eyse*, 1249 (cart. C de S.-Remy de Reims, f° 11 v°). — *Ysia*, 1266 (cart. A de S.-Remy de Reims, p. 168). — *Ysse*, v. 1274 (arch. nat. J 202, 45). — *Isse*, 1303 (cart. de S.-Denis de Reims, p. 316). — *Issæ*, 1303-1312 (arch. adm. de Reims, t. II, p. 1121). — *Isse super Maternam*, 1316 (cart. de S.-Denis de Reims, p. 353). — *Issy*, 1656 (arch. nat. P 217, 28).

En 1789, Isse faisait partie de l'élection d'Épernay et était régi par la cout. de Vitry. Son église paroissiale, annexe de celle d'Ambonnay, diocèse de Reims, doyenné d'Épernay, était dédiée à saint Martin.

Isse (L'), ruiss. canalisé qui se jetait dans la Marne près de Condé-sur-Marne, après avoir traversé les finages d'Isles et de Condé. — *Fluviolus Escio*, v. 850 (polypt. de S.-Remy). — *Rivulus qui, veniens ab Hissa justa Condatum, influit in Materne fluvium*, 1252 (S.-Remy de Reims, l. 73). — *Rivulus de Issia*, 1224 (S.-Remy, l. 174). — *Le ruissel qui vient d'Isse et chiet en ladite rivière de Marne*, 1493 (*ibid.* c. 174).

Isson, vill. c⁰ⁿ de Saint-Remy-en-Bouzemont. — *Essum*, 1167 (cart. d'Huiron, p. 209). — *Ysson*, 1187 (*ibid.* p. 211). — *Heysson*, 1464 (*ibid.* p. 550).

En 1789, Isson faisait partie de l'élection et suivait la coutume de Vitry. Son église paroissiale, annexe de celle de Saint-Remy-en-Bouzemont, diocèse de Châlons, doyenné de Vitry-le-Brûlé, était dédiée à Notre-Dame.

Isson (L') ou Le Cavet, affl. de la Marne; prend sa source sur le finage de Drosnay et se jette dans la Marne près Thogny-aux-Bœufs. — *Blaise*, dans la locution *Thongny sur Blaise*, 1551 (arch. nat. Q¹ 670). — *La rivière de Blaise qui flue sur le terroir dudit Saint-Martin-[aux-Champs]*, 1700 (ibid.).

Istres (Les), vill. c⁰ˢ des Istres-et-Bury. — *Les Isles*, 1190 (S.-Nicaise, l. 1). — *Ystes*, v. 1222 (livre des vass. de Champ.). — *Les Ystes*, 128. (arch. nat. Q¹ 668¹). — *Istiœ*, 1303-1312 (arch. adm. de Reims, t. II, p. 1120). — *Istiœ*, 1346 (ibid. t. II, p. 1120). — *Les Ystes*, 1406 (Touss. c. 19). — *Les Heistes*, 1464 (ibid.). — *Les Ystes*, 1575 (arch. nat. P 162, 226).

Les Istres étaient compris, en 1789, dans l'élection d'Épernay et suivaient la coutume de Vitry. L'église paroissiale, diocèse de Reims, doyenné d'Épernay, était consacrée à sainte Hélène; l'abbé d'Hautvillers présentait à la cure.

Istres-et-Bury (Les), c⁰ⁿ d'Avize, commune formée à la Révolution de l'union des anciennes paroisses des Istres et de Bury.

Jaalons ou Jaalons-les-Vignes, c⁰ⁿ d'Écury-sur-Coole. — *Villa Gelonis*, 865 (cart. du chantre Guérin, f° 10 r°). — *Gelloni*, v. 940 (Flodoard, test. de saint Remy). — *Villa que dicitur Galones*, 1079 (S.-Pierre-aux-Monts, c. 1). — *Ecclesia de Galone*, 1107 (chap. de Châl. a. 1, l. 1). — *Jalons*, 1215 (ibid. a. 5, l. 27). — *Jalon*, 1263 (S.-Memmie, c. 7. f° 2 r°). — *Jalonnum*, 1333 (chap. de Châl. a. 4, l. 33). — *Jallonum*, 1405 (pouillé de Châl. f° 73 r°). — *Jallon*, 1504 (chap. de Châl. a. 5, l. 27). — *Jallons*, 1555 (cout. de Sens, p. 451). — *Jaalon*, 1568 (chap. de Châl. a. 5, l. 27). — *Sanctus Ephrem de Gellonis*, alias *de Jalono*, vulgo *Jaalons*, 1755 (ibid. a. 1, l. 56).

Jaalons faisait partie, en 1789, de l'élection de Châlons et suivait la cout. de Sens. Son église paroissiale, diocèse de Châlons, doyenné de Châlons, était dédiée à saint Éphrem; le chapitre cathédral de Châlons présentait à la cure.

Jacques-Allard (Fief de), fief, c⁰ⁿˢ de Bignicourt-sur-Saulx et de Pargny. — *Le fief de Jaquet-Alard, appartenant de present à Jacques le Lièvre, ... assis es finaiges dudit Bignicourt et Pargny, qui s'extend en environ trois cens arpens de bois en deux pièces*, 1516 (arch. nat. P 179, 99). — *Ung aultre*

fief nommé Jacquette-Allart, 1633 (ibid. P 216, 13). — *Un autre fief appellé Jacques-Ailort*, 1682 (ibid. P 220, 49). — *Le fief appellé le Bois-Jaquette-Hacart, scize au finage de Pargny*, 1750 (ibid. Q¹ 665).

Jailles (Les), h. détr. c⁰ⁿ d'Oger.

Jameray, partie du village des Rivières. — *La terre de Jumerel*, 1367 (chap. de Châl. a. 4, l. 21). — *Les habitans de la rue de Jameray*, 1717 (arch. nat. P 222, 247).

Janolles (Les), f. à Sarou-sur-Aube. — *La ferme nommée Jeannoles*, 1773 (arch. nat. Q¹ 672).

Janvilliers, c⁰ⁿ de Montmirail. — *Gentovilare*, 1087 (Gallia christ. t. X, p. 101; on a imprimé à tort *Gentonillare*). — *Nongentum Villare, Janvillare villa*, 1186-1187 (cart. de Coincy, p. 206 et 209). — *Gainvilliers*, 1769 (arch. nat. Q¹ 678). — *Jainvilliers*, 1778 (ibid.). — *Gentonillare*, 1783 (état du diocèse de Soissons, p. 245).

En 1789, Janvilliers faisait partie de l'élection de Château-Thierry et suivait la coutume de Vitry. Son église paroissiale, diocèse de Soissons, doyenné de Montmirail, était dédiée à saint Léger; le prieur de Coincy présentait à la cure.

Janvry, c⁰ⁿ de Ville-en-Tardenois. — *Genvereium*,

987-996 (Marlot français, t. II, p. 809). — *Genereium*, comm. du xi⁰ siècle (polypt. de S.-Remy). — *Genvreium*, 1090 (arch. adm. de Reims, t. I, p. 242). — *Genvereyum*, 1145 (ibid. t. I, p. 312). — *Janverei*, 1179 (cart. B de S.-Remy, p. 146). — *Janveré, Janvereium*, xii⁰ siècle (fragm. de polypt. p. 167, 168). — *Jenvreium*, 1213 (cart. B du chap. de Reims, f° 555 r°). — *Jenvereium, Jenveryacum*, 1216 (ibid. f°⁰ 174 r°, 175 v°). — *Janvery*, 1303-1312 (arch. adm. de Reims, t. II, p. 1058). — *Gentvry-en-la-Montaigne de Reims*, 1384 (ibid. t. III, p. 603).

Janvry était compris, en 1789, dans l'élection et suivait la cout. de Reims. Son église paroissiale, diocèse de Reims, doyenné de Fismes, était consacrée à saint Remy; l'abbé de Moiremont présentait à la cure.

JARD (LE), f. c⁰⁰ de Chavot-Courcourt. — *Wardum*, 1077 (Gallia christ. t. X, c. 174). — *Grangia de Gardo*, 1177 (la Charmoye, c. 1). — *Granchia de Jardo*, 1183 (ibid. c. 6). — *La maison du Jarc*, 1342 (ibid.). — *La ferme le Jard*, 1720 (Saugrain, t. I, p. 472).

JARD (LE), écart, c⁰⁰ d'Orbais (Cornet-Paulus).

JARDIN (LE), c⁰⁰ de Pleurs. — Ancienne abbaye de femmes de l'ordre de Citeaux, dédiée à la Vierge et connue dès l'an 1229; elle fut détruite au xvi⁰ s⁰ par les Huguenots. — *Le Jardin Notre Dame*, 1257 (arch. nat. J 198, 101). — *Moniales Beale Marie de Jardino*, 1270 (S.-Nicolas de Sézanne, c. 12). — *Jardinam*, 1285 (arch. adm. de Reims, t. I, p. 1001). — *Le Jardin*, v. 1300 (extenta Campanie, Sézanne). — *Bois-Jardin*, chapelle ruinée, xviii⁰ siècle (Cassini).

L'emplacement de cette abbaye est marqué aujourd'hui par le lieu-dit *Bois-du-Jardin*.

JARDINET (LE), chât. c⁰⁰ de Loisy-sur-Marne.

JARDINET (LE), f. détr. c⁰⁰ de Passavant.

JARDINET (LE), f. détr. à Valmy. — *Une cense de Valemy appellée le Jardinet*, 1602 (arch. nat. J 202, 46 bis). — *Le fief du Jardinet, scitué à Valmy*, 1685 (ibid. P 220, 109).

JARDINS (LES), fief, à Lignon. — *Audit Lignon, un fief appellé le fief des Jardins, anciennement Guyot-Maslot*, 1732 (arch. nat. P 198, 4).

JARDON (RU DE), aff. de la Vière; arrose les territoires de Vanault-le-Châtel et de Vanault-les-Dames.

JARILLY, lieu-dit, c⁰⁰ de Clesles.

JAT (LE), m⁰⁰⁰ is. c⁰⁰ de Bergères-sous-Montmirail. — *Le Gât*, 1784 (Courtalon, t. III, p. 272). — *Le Jal*, 1847 (lieux habités). — *Les Jats, le Jat*,

1860 (Cornet-Paulus). — *Les Jats*, 1862 (Guérard, p. 232).

JAUVINET (LE), f. détr. c⁰⁰ de Sainte-Menehould. — *Le Jauvinal*, 1720 (Saugrain, t. I, p. 440). — *Le Jovinat*, 1805 (ann. de l'an xiii, p. 81). — *Le Jauvinat*, 1860 (Cornet-Paulus).

JEAS-BOUTEFEU (FIEF DE), mouvant de Broyes. — *Ung autre fief qu'on dit le fief monseigneur Jehan Boutefeu*, 1375 (arch. nat. P 178, 172).

JEAN-DE-BÔNE, f. c⁰⁰ de Sainte-Menehould.

JEAN-DE-BRIEULLE (FIEF DE), c⁰⁰ de Saint-Jean-devant-Possesse. — *Le fief de Jean-de-Briolle*, 1405 (arch. nat. P 217, 18). — Au xviii⁰ siècle, ce fief, réuni à celui de «Thierry-Gratien», était dit *fief de la Labbe*. — Voy. ce nom.

JEAN-DE-CRÉCY (FIEF DE), à Dampierre-le-Château. — *Le fief Jan-de-Cressy, sciz à Dampierre-le-Chastel*, 1596 (arch. nat. P 170, 47).

JEAN-DE-MEULIÈRES (FIEF DE), c⁰⁰ de Sompuis. — *Le fief Jan-de-Meulières, sciz à Sommyèvre et à Espance*, 1596 (arch. nat. P 170, 47).

JEAN-D'HEURES, m⁰⁰ forestière, c⁰⁰ de Trois-Fontaines.

JEAN-GUEUX (RU DE), affl. de la Vieille-Marne; arrose le finage de Mardeuil.

JEAN-LE-GRAND, m⁰⁰ forestière, c⁰⁰ de Trois-Fontaines. — *Jean-le-Gand*, 1847 (lieux habités). — *Jean-le-Grand*, 1862 (Guérard, p. 305).

JEAN-LE-MARESCAAL (CENSE), cense détr. près Belval-en-Argonne. — Un dénombrement de 1662 nous apprend qu'elle fut détruite pendant les guerres (arch. nat. P 192, 22).

JEANNE-LAMY (FIEF DE), c⁰⁰⁰ de Blaise et d'Hauteville. — *Le fief appellé communement de Jehanne Lamy, appartenant à présent aux héritières de feu Robert Cauchon, escuier, ... assiz tant au finage dudit Blaize que celay de Haulteville*, 1642 (arch. nat. J 216, 165).

JEANNETERIE (LA), lieu-dit, c⁰⁰ de Remicourt.

JEANNOT-DE-CERGIVAL (FIEF DE), près Cuperly. — *Le fief de Jannot de Gergival*, 1604 (arch. nat. P 185, 30).

JE-M'EN-MOQUE, m⁰⁰, c⁰⁰ d'Avize.

JERCOURT (RU DE), affl. de la Bruxenelle; coule sur les territoires de Reims-la-Brûlée et de Vitry-le-Brûlé.

JERSEY, m⁰, ê⁰ de Neuvy.

JEUGNY, lieu-dit, c⁰⁰ de Villevenard.

JIREY, écart, c⁰⁰ du Thoult-Trosnay (Cornet-Paulus).

JIAIS (LA), lieu-dit, c⁰⁰ de Mondement-Montgivroux.

JIVERNIE (LA), f. c⁰⁰ de Léchelle. — On prononce la *Jiverrerie*.

JOBEROERIE (LA), f. c⁰⁰ de Nesle-la-Reposte.

Jocnes, vill. c⁰⁰ de Coizard-Joches. — *Jache,* 1131 (Andecy). — *Joiches,* 1151 (cart. d'Oyes, l° 4 r°). — *Jochœ,* 1178 (bibl. de l'École des chartes, 5ᵉ série, t. IV, p. 463). — *Jockes,* 1223 (la Charmoye, c. 3). — *Josse,* 1556 (arch. lég. de Reims, cout. t. I, p. 911). — *Jochez,* 1756 (évêché de Châl. c. 15).

En 1789, Joches faisait partie de l'élection de Châlons et était régi par la cout. de Sens. Son église paroissiale, annexe de celle de Courjeonnet, diocèse de Châlons, doyenné de Vertus, était dédiée à saint Amand.

Joisville, lieu-dit, c⁰ᵉ de Servon-Melzicourt. — *Ung autre pièce de pré en lieu-dit en Joinville,* 1459 (arch. nat. P 184, 65).

Joiselle, c⁰ⁿ d'Esternay. — *Joirel,* v. 1222 (livre des vass. de Champ.). — *Joerellum,* 1270 (S.-Nicolas de Sézanne, c. 12). — *Jorellum,* 1407 (pouillé de Troyes, p. 249). — *Joisellum,* 1443 (évêché de Troyes, G 22). — *Joissellum,* 1457 (pouillé de Troyes, N 14). — *Joysel,* 1493 (arch. nat. Q¹ 680). — *Joisel,* 1603 (ibid. P 178, 98). — *Joizel,* 1652 (ibid. Q¹ 679). — *Joiselle,* 1758 (ibid. Q¹ 678). — *Josellum,* 1784 (Courtalon, t. III, p. 286).

En 1789, Joiselle était compris dans l'élection de Sézanne et suivait la cout. de Meaux. Son église paroissiale, diocèse de Troyes, doyenné de Sézanne, était consacrée aux SS. Innocents et à saint Antoine; l'abbé de Notre-Dame de Vertus présentait à la cure.

Joisotteries (Les), lieu-dit, c⁰ᵉ de Beaunay.

Jolicot, m⁰, c⁰ᵉ de Merlaut.

Jolivot, m⁰, c⁰ᵉ de Suippes. — *Le moulin de Jolivet,* 1639 (arch. nat. Q¹ 655; Avenay, 87). — *Moulin de Jollivet,* xviiiᵉ siècle (Cassini).

Jonchery-sur-Suippe, c⁰ⁿ de Suippes. — *Juncheri, Guncheri,* v. 1252 (arch. nat. J 202, 47). — *Joncherium,* v. 1260 (nécr. de l'église de Reims, p. 95). — *Jonchereyum,* 1262 (Montiers-en-Argonne, c. 2). — *Jonchery, Jongereium,* 1272 (Avenay, c. 2). — *Joncherium,* 1274 (ibid.). — *Joncheri,* 1285 (feoda Camp. C 98). — *Joncheyum supra Soppiam,* 1303-1312 (arch. adm. de Reims, t. II, p. 1115). — *Jonchery-lez-S.-Ylier-le-Menessier, Jonchery-sur-Suippe,* 1522 (arch. nat. P 182, 322 v°). — *Janchery sur la rivière de Suippe,* 1491 (ibid. P 181, 82). — *Junchery,* 1502 (ibid. P 181, 100).

En 1789, Jonchery-sur-Suippe faisait partie de l'élection de Reims et était régi par la cout. de Vitry. Son église paroissiale, diocèse de Reims,

Marne.

doyenné de Bétheniville, était dédiée à saint Pierre; l'Université de Reims présentait à la cure.

Jonchery-sur-Vesle, c⁰ⁿ de Fismes. — *Juncaracus,* 849-857 (Hincmari op. t. II, p. 839). — *Junchereium, Junchereiacum,* 1156 (cart. d'Igny, f° 10 r°). — *Junchereum,* 1154-1159 (ibid. f° 2 v°). — *Junchereyum,* 1198 (cart. B du chap. de Reims, f° 411 r°). — *Joncherium, Joncheri,* 1220 (cart. d'Igny, f° 58 v°). — *Jonchereium,* 1221 (ibid. f° 38 r°). — *Jonchereyum, Juncheri,* 1223 (chap. de Reims, l. 54). — *Juncherium,* 1263 (cart. d'igny, f° 77 v°). — *Janchery supra Vidulam,* 1328 (cart. A du chap. de Reims, f° 26 v°). — *Jonchery-sur-Veelle,* 1337 (arch. adm. de Reims, t. II, p. 777). — *Junchereyum supra Vidulam,* 1345 (chap. de Reims, c. 16). — *Joincheri,* xivᵉ siècle (cart. A du chap. de Reims, f° 198 r°). — *Joncheriacum super Vidalom,* av. 1400 (nécr. de l'église de Reims, p. 68). — *Juncheri-sur-Vesle,* 1480 (chap. de Reims, c. 16).

Jonchery-sur-Vesle était compris, en 1789, dans l'élection et suivait la cout. de Reims. Son église paroissiale, diocèse de Reims, doyenné de Fismes, était dédiée à saint Georges; le tournaire du chapitre métropolitain de Reims présentait à la cure.

Joncs (Les), f. c⁰ᵉ du Vézier.

Jonnière (La), m⁰ⁿ, c⁰ᵉ de Verdon.

Jonquery, c⁰ⁿ de Châtillon-sur-Marne. — *Jonqueriacum,* 1146 (hist. de la maison de Châtillon, p. 25). — *Jonqueri,* v. 1222 (livre des vass. de Champ.). — *Jonquery,* 1244 (Teulet, trésor des chartes, t. II, p. 531). — *Junkereium,* v. 1260 (nécr. de l'église de Reims, p. 101). — *Jonkeri,* 1270 (chap. de Reims, l. Ville-en-Tardenois). — *Jonquereyum,* 1303-1312 (arch. adm. de Reims, t. II, p. 1052). — *Joquery,* 1356 (ibid. p. 1054). — *Joncquery,* 1511 (Longau, c. 2). — *Joncqueri,* 1631 (Belval, c. 2). — *Joncri,* 1692 (arch. lég. de Reims, stat. t. II, p. 963). — *Junquery,* 1720 (Saugrain, t. I, p. 479).

Jonquery faisait partie, en 1789, de l'élection de Reims et suivait pour partie la coutume de Reims, pour partie celle de Vitry. Son église paroissiale, diocèse de Reims, doyenné de la Montagne, était consacrée à saint Martin; le tournaire du chapitre métropolitain de Reims présentait à la cure.

Jonquery (Ru de), affl. du ru de Camp; arrose les finages de Cuisles et de Jonquery.

Jonquières, écart, c⁰ᵉ de Bligny (Cornet-Paulus).

Josaphat, lieu-dit, c⁰ᵉ d'Esternay.

Josselins (Fief des), à Sainte-Menehould. — *Le fief de*

Maubué et des Josselins, 1512 (arch. nat. P 162, 313). — *Le fief de Josselin*, 1573 (*ibid.* P. 167, 70). — *Le fief des Josselins*, 1573 (*ibid.* P 192, 19).

Jouette (La), f. cⁿᵉ de Marolles.

Jouissance (La), f. cⁿᵉ de Cernay-lez-Reims.

Joubuas (Ru des), cⁿᵉ de Montmort.

Jourdonnerie (La), lieu-dit, cⁿᵉ de Dormans.

Journizet, fief, à Reims-la-Brûlée. — 1693 (dioc. anc. de Chât. t. I, p. 285).

Jouy, cⁿ de Ville-en-Tardenois. — *Gaugiacus in pago Remensi*, v. 948 (Flodoard, l. I, c. 24). — *In villa Gaugiaco quam rex Theodericus eidem sancto Theoderico, adhuc viventi in carne, pro ressuscitatione filiæ suæ tradidit*, 1122 (S.-Thierry, c. 4, l. 35). — *Joe*, xiiᵉ siècle (fragm. de polypt. p. 167). — *Villa Joeium*, v. 1260 (nécr. de l'église de Reims, p. 72). — *Joy*, comm. du xivᵉ siècle (arch. adm. de Reims, t. I, p. 1089). — *Jouy-lez-Reims*, 1860 (Cornet-Paulus).

Jouy était compris, en 1789, dans l'élection de Reims et suivait la coutume de Vitry. Son église, siège d'un vicariat indépendant de la paroisse de Coulommes, diocèse de Reims, doyenné de la Montagne, était dédiée à Notre-Dame.

Jouy, h. cⁿᵉ de Boursault. — *Jouy-le-Conte*, 1550 (arch. nat. P 181, 114).

Jouy, h. cⁿᵉ du Gault. — *Joi*, v. 1222 (livre des vass. de Champ.).

Jaoy, lieu-dit, cⁿᵉ de la Neuville-aux-Bois.

Jouy-sur-Coocs, vill. détr. cⁿᵉ de Coole. — *Joiacum super Collam, Johiacum super Colam*, 1220 (Cheminon, c. 12 et 14). — *Joy, Joyacum*, 1221 (*ibid.* c. 12 et 14). — *Joiacum supra Collem*, 1228 (arch. nat. KK 1064, fⁱ 320 rⁱ).

Joyeuse, fief, à Francheville. — 1693 (dioc. anc. de Chât. t. I, p. 279).

Jubercy, f. cⁿᵉ de Gionges-Saint-Ferjeux.

Juilly, f. détr. cⁿᵉ de Lachy. — *Ung gaingnaige, place et masure où jadiz souloit avoir maison, grange et estables appelé d'anciénnetté Jully, lesquelz gaingnaige, place et masures sont closes de murs..., séans tant au finaige et terroir de Laichy, comme autres finaiges et terroirs voisins*, 1481 (chap. de Sézanne, c. 1). — *Une voie venant de Juilly à l'église de Lachy*, 1493 (arch. nat. Qⁱ 680).

Le lieu-dit Juilly, du finage de Broyes, rappelle le souvenir de cette habitation.

Jubée (La), écart, cⁿᵃ de Villeneuve-la-Lionne.

Jusaignicourt, loc. détr. cⁿᵉ de Ville-sur-Tourbe. — *Item, pronuntiamus quod decima de Jusaigneicort pertineat ad decimam de Villa super Turbam*, 1235 (cart. de Moiremont, fⁱ 19 vⁱ).

Jussécourt, cⁿ d'Heiltz-le-Maurupt. — *Jusicort*, 1165 (Ulmoy). — *Jarricort*, v. 1222 (livre des vass. de Champ.). — *Jusecourt*, 1261 (Ulmoy). — *Jussicourt*, 1274 (arch. nat. J 202, 46 ter). — *Jusecort*, 1280 (S.-Pierre-aux-Monts, c. 21). — *Juzecourt*, 1309 (*ibid.* c. 8). — *Juzicuria*, 1409 (pouillé de Chât. fⁱ 75 vⁱ). — *Juzecuria*, 1542 (taxe du dioc. de Chât. p. 216).

En 1789, Jussécourt faisait partie de l'élection et suivait la cout. de Vitry. Son église paroissiale, diocèse de Châlons, doyenné de Vitry-le-Brûlé, était consacrée à saint Laurent; l'abbé de Rebais présentait à la cure.

Jussécourt, lieu-dit, cⁿᵉ de Blaise-sous-Hauteville.

Jutis (Les), écart, cⁿᵃ de Verneuil (Cornet-Paulus).

Jovigny, cⁿ de Châlons. — *Juvenia*, 1142 (cart. de Touss. fⁱ 44 rⁱ). — *Juvinna*, v. 1142 (*ibid.* fⁱ 46 rⁱ). — *Juveniacum*, 1158 (Touss. c. 1). — *Juviniacum*, 1192 (arch. adm. de Reims, t. I, p. 421). — *Juvegniacum*, 1215 (cart. de Chât. c. Gaign. p. 78). — *Juvigni*, v. 1222 (livre des vass. de Champ.). — *Juveigneium*, 1248 (dioc. anc. de Chât. t. I, p. 417). — *Juvignei, Juvegni*, v. 1252 (arch. nat. J 202, 47). — *Juveigneium*, 1264 (Vinets, c. 5). — *Juvigneyum*, 1272 (la Neuville, c. 8). — *Juvinneium*, 1287 (arch. nat. S 5035). — *Juvignay*, 1296 (rentier de S.-Menge, fⁱ 23 vⁱ). — *Juvigny*, v. 1300 (extenta Campanie, p. 1). — *Ecclesia Beate Marie de Juvigneyo*, 1311 (chap. de Reims, l. Juvigny). — *Juvigny*, 1342 (S.-Pierre-aux-Monts, c. 32). — *Juviny*, 1353 (arch. nat. P 183, fⁱ 133 vⁱ). — *Juvigny-en-Champaigne*, 1377 (S.-Pierre-aux-Monts, c. 8). — *Juvigny-des-Loges*, 1383 (Brussel, usage des fiefs, p. 759). — *Juvigny-le-Chastel*, 1416 (arch. nat. P 182, fⁱ 240 vⁱ). — Saint-Martin de Juvigny [et] Notre-Dame de Juvigny, xviiiᵉ siècle (Cassini).

En 1789, Juvigny était compris dans l'élection et suivait la cout. de Châlons. Ce village, du diocèse de Châlons, doyenné de Bussy-le-Château, avait deux églises paroissiales : l'église de Notre-Dame, à la présentation du chapitre de Notre-Dame-en-Vaux, et l'église de Saint-Martin, annexe de celle de la Veuve.

Juvigny, lieu-dit, cⁿᵉ de Bouleuse.

L

Lacat, c⁰ᵃ de Sézanne. — *Lachi*, 1096 (hist. des comtes de Champ. t. I, p. 514). — *Laschy*, 1131 (Gallia christ. t. X, instr. p. 167). — *Lacheium*, 1131 (Andecy). — *Laceium*, 1143 (arch. nat. S 4968, n° 11). — *Lacheum*, 1172 (hist. de la maison de Broyes, p. 16). — *Lachiacum*, 1226 (Teulet, trésor des chartes, t. II, p. 78). — *Laichy*, v. 1300 (extenta Campanie, Sézanne). — *Lachry*, 1345 (arch. nat. J 194, 33). — *Lachitiacum*, 1457 (pouillé de Troyes, N 15). — *Laichy-lez-Verdey*, 1509 (Montier-la-Celle, c. 33).

En 1789, Lachy faisait partie de l'élection de Sézanne et était régi par la cout. de Meaux. Son église paroissiale, diocèse de Troyes, doyenné de Sézanne, était dédiée à saint Gervais et à saint Protais; l'abbé de Notre-Dame de Vertus présentait à la cure.

Lacroix (Les Femmes-), écart, c⁰ᵃ d'Huiron.

Ladore, écart, c⁰ᵃ de Rosnay (Cornet-Paulus).

Laduy, riv. affl. de la Sommesoude; coule sur le territoire de Chaintrix.

Lafonzt ou La Forzt, lieu-dit, c⁰ᵃ de Vandières-sous-Châtillon.

Laffrappe, gagn. détr. c⁰ᵃ de Sermaize. — *Ung gaingnaige communement appellé Lafrappe, assis* audit *finaige de Sermaises*, 1516 (arch. nat. P 193, 38); il était déjà ruiné à cette époque.

Laoert, c⁰ᵃ de Ville-en-Tardenois. — *Lagereium*, *Latgereium*, comm. du XIᵉ siècle (polypt. de S.-Remy de Reims). — *Lageri*, 1156 (cart. d'Igny, f¹ 11 r°). — *Largeriacum*, 1163 (arch. adm. de Reims, t. I, p. 339). — *Lageriacum*, 1164 (cart. de S.-Thierry, f° 96 v°). — *Lageriacum*, 1168 (cart. d'Igny, f° 137 r°). — *Legeri*, 1186 (arch. nat. L 1039). — *Lageregium*, 1192 (cart. d'Igny, f° 25 v°). — *Lagerium*, 1207 (arch. nat. J 206, 2). — *Lagereyum*, 1270 (S.-Denis de Reims, l. Lagery). — *Lagery-en-Tardenois*, 1390 (arch. nat. P 180, 118). — *Largery*, 1509 (procès-verbal de réd. de la cout. de Vitry). — *Lagericum*, *Lagerie*, 1583 (arch. lég. de Reims, statuts, t. I, p. 115). — *La Gerye*, *la Cerie*, 1741 (arch. nat. Q¹ 679).

Lagery était compris, en 1789, dans l'élection de Reims et suivait la cout. de Vitry. Son église paroissiale, diocèse de Reims, doyenné de Fismes, était consacrée à saint Martin; l'abbé de Saint-Denis de Reims présentait à la cure.

Lagery (Ru de), affl. du ru de Brouillet; coule sur le finage de Lagery.

Laires (Les), f. c⁰ᵃ de Drosnay. — *La ferme des Laires*, 1746 (arch. dép. de l'Aube, G 624).

Laleval (Ru de), affl. de l'Aisne; arrose le territoire de Saint-Mard-sur-Auve.

Lambourgs (Les), f. c⁰ᵃ d'Ablois-Saint-Martin.

Lamizy ou La Mizy, lieu-dit, c⁰ᵃ de Mareuil-le-Port. Il donne son nom à un ruisseau du même finage.

Lancourt, h. c⁰ᵃ de Barbonne-et-Fayel. — *Une maison... assise en la ville de Barbonne, en la rue de Laincourt*, 1342 (S.-Étienne de Troyes, G 539). — *Une maison, grange, asain et pourprins... en la ville de Barbonne, en lieu dit en Lencourt,... la maison de Lencourt*, 1392 (S.-Nicolas de Sézanne, c. 12). — *Liancourt*, 1833 (état-major). — *Hancourt*, 1862 (Guérard, p. 267).

Lancroix, f. c⁰ᵃ de Saint-Utin.

Landais (Les), f. c⁰ᵃ de Montmirail. — *Le ru des Landetz*, 1489 (chât. de Montmirail). — *La cense des Landetz*, 1555 (ibid.). — *Landetz*, 1563 (ibid.). — *Les Landez*, 1625 (ibid.). — *Les Landés*, 1683 (ibid.).

Landais (Les Hauts-), hab. détr. c⁰ᵃ de Montmirail.

Landau, aub. et m⁰ᵐ de culture, c⁰ᵃ de Brimont. — *Landeau*, 1860 (Cornet-Paulus).

Landeuil, m¹ᵒ, c⁰ᵃ de Crugny. — *Molendinum quod dicitur Alanduel apud Cruneyum*, 1274 (S.-Remy de Reims, l. 90). — *Un molin à eaue que l'en dit le molin de Landueil*, 1488 (ibid. l. 89).

Landrecy, lieu-dit, c⁰ᵃ de Fismes.

Landres (Les Basses-), f. c⁰ᵃ de Saint-Remy-en-Bouzemont. — *Le hameau des Landres*, 1633 (lieux régis par la cout. de Vitry). — *Les Basses-Landres*, 1657 (dioc. anc. de Châl. t. II, p. 327). — *Les Landres, paroisse de Saint-Remy-en-Bouzemont*, 1767 (cart. d'Huiron, p. 489).

Landres (Les Hautes-), f. c⁰ᵃ de Saint-Remy-en-Bouzemont. — *Les Hautes-Landres*, 1657 (dioc. anc. de Châl. t. II, p. 327). — *Les Landres*, XVIIIᵉ siècle (Cassini).

Landricourt, c⁰ᵃ de Saint-Remy-en-Bouzemont. — *Ledriaca curtis*, 801-814 (hist. des comtes de Champ. t. I, p. 434). — *Landricuria*, 1141 (Gallia christ. t. X, p. 172). — *Landricort*, 1198 (Ulmoy). — *Ladricuria*, 1218 (Hautefont. c. 1). — *Landreicourt*, 1294 (Montiers, c. 4). — *Landrecourt*,

1296 (S.-Jacques de Vitry, c. 2). — *Landreycourt*, 1317 (ibid. c. 2). — *Lendricourt*, 1521 (arch. nat. P 161, 251). — *Landricour*, 1661 (ibid, P 217, 68). — *Landricurtis*, 1755 (chapitre de Châlons, a. 1, 1. 56).

Landricourt faisait partie, en 1789, de l'élection et suivait la coutume de Vitry. Son église paroissiale, diocèse de Châlons, doyenné de Perthes, était dédiée à saint Cyriaque; le chapitre de la Trinité de Châlons présentait à la cure.

LANDRIÈRES (LES), lieu-dit, c^ne des Rivières-et-Henruel.

LANGE (FIEF DE), c^ne de Dormans. — *Le fief nommé le fief de Lange*, 1522 (arch. nat. P 181, 4). — *Le fief de Lange, situé en la ville de Dormans, consiste en une grande maison située rue du Château, communément nommée le fief de Lange*, 1763 (ibid. Q¹ 672).

LANGLERCY, lieu-dit, c^ne de Passy-Grigny.

LANGRANGE, fief, près Sézanne. — 1771 (arch. nat. Q¹ 679).

LANTERNE (LA), fief, c^ne de l'Épine.

LAPORTE, f. détr. c^ne de Cheminon-la-Ville. — *Une cense et gaingnaige... scize joignant l'encloz de ladite abbaye communement appellée la cense de Laporte*, 1592 (Cheminon, c. 7).

LARCONNÉ, écart, c^ne de Germigny (Cornet-Paulus).

LARGERIES (LES), lieu-dit, c^ne de Troissy.

LARRONS (LES), h. détr. c^ne d'Esternay.

LARTERIE (LA), lieu-dit, c^ne de Gionges.

LARZICOURT, c^ne de Thiéblemont. — *Larzeicurtis*, 1133 (Hautefont. c. 6). — *Larcicurt*, 1136 (cart. d'Huiron, p. 135). — *Larzicurtum*, 1141 (Hautefont. c. 1). — *Larzicort*, 1153 (cart. de Touss. f° 28 v°). — *Larzeicort*, 1158 (Touss. c. 1). — *Larzeicourt*, 1161 (cart. de Touss. f° 57 v°). — *Larzicurt*, v. 1165 (cart. de Montiers, 10946, f° 21 r°). — *Larzicurt*, 1167 (Hautefont. c. 6). — *Larzicuria*, 1179 (S.-Jacques de Vitry, c. 3). — *Larzecuria*, 1179 (Trois-Font. c. 10). — *Larzecurt*, 1200 (ibid. c. 1). — *Larzicurtis*, 1207 (Hautefont. c. 8). — *Largicort*, 1213 (Cheminon, c. 20). — *Larcicort, Lazicort, Lazicor*, v. 1222 (livre des vass. de Champ.). — *Larzecourt*, 1234 (cart. de la Trinité, f° 45 r°). — *Larzicourt*, v. 1252 (arch. nat. J 202, 55). — *Larzeycort*, 1299 (Trois-Font. c. 8). — *Lazicourt*, v. 1300 (extenta Campanie, Larzicourt). — *Largicurtis*, 1346 (arch. adm. de Reims, t. II, p. 637). — *Larzicour*, xviii° siècle (Cassini).

Larzicourt était compris, en 1789, dans l'élection et suivait la coutume de Vitry. Son église paroissiale, diocèse de Châlons, doyenné de Perthes,

était consacrée à saint Georges; l'abbé de Saint-Léon de Toul présentait à la cure.

LASALLE, ch. détr. c^ne de la Forestière.

LASALLE, h. c^ne de Saint-Jean-sur-Tourbe.

LAASON, h. englobé par la Chapelle-Lasson. — *Latcio*, 813 (Gallia christ. t. XIV, col. 17). — *Latio*, 1124 1130 (cart. d'Oyes, f° 19 r°). — *Lazun*, 1171 (Montier-la-Celle, c. 19). — *Laçon*, 1238 (Teulet, trésor des chartes, t. II, p. 385).

LAUMS (RU DE LA), affl. de la Saulx; coule sur les finages de Mognéville et d'Andernay (Meuse), ainsi que sur celui de Sermaize (Marne). — *Rivulus de Gemellis*, 1094 (Teulet, trésor des chartes, t. I, p. 30). — *La Lanne*, 1838 (état-major).

LAUNAT, h. c^ne du Meix-Saint-Époing. — *Launay*, 1720 (Saugrain, t. I, p. 473).

LAUNAY, vill. c^ne d'Allemanche-Launay-et-Soyer.

LAVA, f. c^ne de Brébant.

LAVA, m^on, c^ne de Rieux. — *Laval*, v. 1222 (livre des vass. de Champ.). — *Lavast*, 1784 (Courtalon, t. III, p. 309). — *Lava*, 1847 (lieux habités).

LAVA (BOIS DE), c^ne de Villeseneux et de Cheniers.

LAVAL ou LAVAL-SUR-TOURBE, c^ne de Sainte-Menehould. — *Laval*, v. 1252 (arch. nat. J 202, 55). — *La Val*, 1397 (ibid. P 183, 111). — *Laval-sur-Tourbe*, 1516 (ibid. P 184, 80).

En 1789, Laval faisait partie de l'élection de Sainte-Menehould et suivait la coutume de Vitry. Son église paroissiale, annexe de celle de Saint-Jean-sur-Tourbe, diocèse de Reims, doyenné de Cernay-en-Dormois, était dédiée à saint Pierre.

LAVAL, portion du village de Nesle-le-Repons. — *Une maison faicte en appentis... assise audit Nesle, audict lieu de Laval, ... une maison, estable, court et jardin séant en lieu dit la rue de Laval*, 1549 (Hautvillers, l. 4, f° 32 et 86).

LAVAL, lieu-dit, à Plivot. — *Une autre maison séant en lieu dit à Laval*, 1394 (arch. nat. P 182, f° 217 r°).

LAVAL, fief, à Thogny-aux-Bœufs. — 1693 (dioc. anc. de Châl. t. I, p. 282).

LAVAL-LE-COMTE, f. c^ne de Saint-Ouen-et-Domprot. — *Laval-le-Comte*, 1720 (Saugrain, t. I, p. 446). — [*Fief*] *Delaval, finage et parroisse de Saint-Ouen*, 1732 (arch. nat. P 198, 4). — *La ferme de Laval, anciennement de Vaux-le-Comte, finage de Saint-Ouen, existait en 1194*, 1784 (Courtalon, t. III, p. 340).

LAVANNE, anc. écart situé aux env. d'Épernay. — *La Vanne*, v. 1252 (arch. nat. J 202, 47). — *Lavene*, 1269 (liber pontif. f° 442 v°).

LAVANNES, c^on de Bourgogne. — *Lavenna*, v. 1190

(S.-Remy de Reims, I. 54). — *Larenne*, 1248 (la Neuville, c. 4). — *Lavania*, 1252 (cart. B du chap. de Reims, f° 498 r°). — *Lacannu*, 1272 (*ibid.* f° 23 r°). — *La Venne*, 1302 (arch. adm. de Reims, t. II, p. 23). — *La Veinne*, 1384 (chap. de Reims, l. Lavanne). — *Lavanne*, 1546 (*ibid.* c. 18). — *Lavannes*, 1556 (arch. lég. de Reims, cout. p. 876).

En 1789, Lavannes faisait partie de l'élection de Reims et suivait pour partie la coutume de Reims, pour partie celle de Vitry. Son église paroissiale, diocèse de Reims, doyenné de Lavannes, était dédiée à saint Lambert; le tournaire du chapitre métropolitain présentait à la cure.

LAVAT (RUISSEAU DE), c°° de Doucey.

LAVENTURE, m^in à vent, c°° de Bouleuse. — *Laventure*, (lieux habités). — *Lavanture*, 1860 (Cornet-Paulus).

LAVEUX, écart, c°° de Loivre (Cornet-Paulus).

LEAU, fief, c°° de Blesme. — *Le fief de Leaus réuni à ladite seigneurie de Blesme, lequel fief consistait, suivant les anciens dénombrements, en cinquante-trois journels de terre et sept fauchées de terre et demy de prés, situés sur le terroir de Blesme, Haussignemont et lieux voisins*, 1763 (arch. nat. Q¹ 665).

LEBERCICOURT, loc. détr. située, suivant toute apparence, aux environs de Vitry. — *Guido, sacerdos de Lebercicort*, 1153 (Toussaints, c. 8).

LE BEUF, fief, c°° de Brébant (fiefs du baill. de Chaumont, p. 194).

LÉCUELLE, c°° de Montmirail. — *Lecherie*, 1131 (Gallia christiana, t. X, p. 167). — *Lescheria*, 1194 (histoire de la maison de Broyes, p. 18). — *Lescheres*, v. 1220 (liv. des vass. de Champ.). — *Leschelles*, 1480 (chât. de Montmirail). — *Leschelle lès Montmirail*, 1508 (Andecy, c. 1). — *Leschelle-soubz-Montmirel*, 1630 (*ibid.*). — *Leschel-le-Franc*, 1714 (*ibid.*). — *L'Échelle*, 1724 (*ibid.*). — *Leschelles-le-Franc*, v. 1760 (Cassini). — *L'Échelle-le-Franc, Scala, l'Eschelle*, 1783 (état du diocèse de Soissons, p. 219 et 254).

En 1789, Léchelle était compris dans l'élection de Château-Thierry et suivait la coutume de Vitry. Son église paroissiale, diocèse de Soissons, doyenné de Montmirail, était dédiée à saint Timothée et à saint Symphorien; l'évêque de Soissons en était collateur.

LEIRSIA, f. c°° de Prosnes.

LENHARÉE, c°° de Fère-Champenoise. — *Laherium*, 1131-1142 (cart. de Touss. f° 15 v°). — *Lanheriacum*, 1183 (S.-Memmie, c. 9). — *Lanharri*, v. 1222 (livre des vass. de Champ.). — *Lanhari*, v. 1252 (arch. nat. J 193, 51). — *Lanhereyum*,

1275 (S.-Pierre-aux-Monts, c. 25). — *Lanharey, Lanhary, Lanharay*, 1366 (arch. nat. Q¹ 681, f°° 110, 211 et 215). — *Lanharé*, 1383 (ibid. P 188, 52). — *Lenhareyum*, 1405 (pouillé de Châl. f° 81 v°). — *Lenhorré, Lanhary*, 1406 (Tousa. c. 19). — *Laharay*, 1522 (le Reclus, c. 1). — *Lanhareyum*, 1542 (taxe du dioc. de Châl. p. 214). — *Lanha[r]é*, 1605 (arch. nat. P 190, 56, f° 1 v°). — *L'Enharé*, 1629 (ibid. P 194, 65). — *L'Enharré*, 1673 (ibid. Q¹ 681). — *Lenharé*, 1678 (Touss. c. 9). — *Lentharré*, 1738 (arch. nat. P 199, 7). — *L'Enharrá*, 1744 (Argensolles, c. 3).

En 1789, Lenharée était compris dans l'élection de Châlons et suivait la cout. de Vitry. Son église paroissiale, diocèse de Châlons, doyenné de Vertus, était consacrée à saint Étienne; l'abbé de Toussaints présentait à la cure.

LENHARÉE (FIEF DE), relevant d'Esternay. — *Ung autre fief séant au levant de ladicte forest de l'Armée, qui consiste en quarente ou cinquante arpens de boys nommé le Bois-Colard, lequel fief appartient à Jehan de Lenharré*, 1534 (arch. nat. P 193, 35). — *Ung fief appellé le fief de Lanharey*, 1571 (ibid. P 178, 71). — *Le fief de Lenharé*, 1595 (ibid. P 178, 79).

LERIS (LES), anc. f. c°° de Drosnay. — *La ceuse des Leris*, 1720 (Saugrain, t. I, p. 443). — *Les Leris*, 1805 (ann. de l'an xiii, p. 47).

LESCHÉ-DES-FOSSÉS, fief, c°° de Neuvy. — *Le fief de Lesché deu Fossel, assis en la parraisse de Neufvy*, 1607 (arch. nat. P 178, 102). — *Le fief Lesché-des-Fossés*, 1748 (ibid. Q¹ 678).

LESCHÈRE (LA), f. c°° de Sivry-sur-Ante. — *Domus de Leschiere*, 1214 (Touss. c. 6). — *Domus de Lecheria, terra sita apud la Leschiere*, 1220 (ibid. c. 6 et 7 bis). — *Domus de Lescheria*, 1223 (ibid. c. 6). — *La maison de la Lichiere*, 1406 (ibid. c. 19). — *L'ahan et gaingnage appellé la cense de la Lichiere*, 1563 (ibid. c. 7). — *La Léchère ou Lichère*, 1860 (Cornet-Paulus). — *La Lochère*, 1862 (Guérard, p. 504).

LEUSY (LE), lieu-dit, c°° de Pévy.

LEUVRIGNY, c°° de Dormans. — *Luvriniacum*, 1158 (cart. de S.-Jean des Vignes, f° 24 v°). — *Luvregni*, 1394 (arch. nat. P 180, 125). — *Lucrigny*, 1397 (ibid. P 180, 128). — *Luvregny*, 1398 (ibid. P 208, 43). — *Leuvrigny*, 1510 (ibid. P 207, 41). — *Lerrigay*, 1538 (ibid. P 178, 13). — *Livrigny*, 1571 (ibid. P 178, 55). — *Luvrigny, Lucrigny*, autrefois *Notre-Dame de Mizy*, 1783 (état du diocèse de Soissons, p. 256).

Leuvrigny était compris, en 1789, dans l'élection d'Épernay et suivait la cout. de Vitry. Son église paroissiale, diocèse de Soissons, doyenné de Châtillon-sur-Marne, était consacrée à saint Martin ; le prieur de Coincy présentait à la cure.

Leuze, h. c^ne de Morsains. — *Louses*, 1179 (S.-Nicolas de Sézanne, c. 9). — *Lauses*, v. 1222 (livre des vass. de Champ.).

Levrigny, chât. détr. c^ne de Saron-sur-Aube. — *Laurigny*, 1375 (arch. nat. P 204, 172). — *Levrigni*, 1773 (ibid. Q¹ 672).

Levay, f. c^ue de Léchelle-le-Franc. — *L'Heuvry, paraisse dudit Leschelle*, 1643 (minutes Naudé, à Orbais). — *Leuvry*, xviiie siècle (Cassini).

Lhéry, c^on de Ville-en-Tardenois. — *Laireium*, 1100 (arch. adm. de Reims, t. I, p. 153). — *Lairiacum*, 1179 (cart. d'Igny, f° 46 r°). — *Lyri*, 1215 (S.-Basle, l. 22). — *Leri*, v. 1222 (livre des vass. de Champ.). — *Lereyum*, 1233 (cart. d'Igny, f° 252 r°). — *Lairi*, 1238 (cart. de S.-Corneille de Comp. LL 1622, f° 135 r°). — *Lercium*, 1247 (cart. d'igny, f° 46 r°). — *Lireium*, v. 1260 (nécr. de l'église de Reims, p. 76). — *Leireium*, 1271 (S.-Denis de Reims, l. Lhéry). — *Laireium*, 1282 (cart. B du chap. de Reims, f° 485 r°). — *Lery*, 1300 (cart. d'Igny, f° 246 r°). — *Lery prope Lagery*, 1477 (S.-Denis de Reims, l. Lhéry). — *Lhérry*, 1641 (arch. nat. P 216, 89).

Lhéry faisait partie, en 1789, de l'élection de Reims et était régi par la cout. de Vitry. Son église paroissiale, diocèse de Reims, doyenné de Fismes, était dédiée à saint Nicolas ; l'abbé de Saint-Denis de Reims présentait à la cure.

Lhéat, f. c^ne de Lagery.

Lhéry (Bois de), h. c^ot de Lagery et d'Aougny.

L'Hors-du-Ru, h. c^ne de Pierry.

Lhut, h. c^ne de Chamery. — *Lu*, xviiie siècle (Cassini).

Lhuys (Les Grands- et Les Petits-), h. détr. c^ne d'Hautvillers. — *Il y a dans l'estendue de ladite paroisse la cense appellée de l'Huys*, 1663 (arch. nat. Q¹ 675).

Lhuts, lief, près Reuil-sur-Marne. — *Les fiefz et boys de Lhuys*, 1526 (arch. nat. P 166, 236).

Liabre (La), ruiss. affl. de l'Aisne ; arrose le finage de Sainte-Menehould.

Liberté (La), m^in à vent, c^ne de Ludes.

Lie (La), autrement dit La Petite-Marne ou Les Vieilles-Eaux, cours d'eau, c^ne d'Isle-sur-Marne.

Liébry, lieu-dit, c^ne de Tahure.

Liéay (Le Bas- et Le Haut-), lieux-dits, c^ne de Bisseuil.

Liessards (Les), f. c^ne de Courthiézy. — *Les Lienards*, 1720 (Saugrain, t. I, p. 469). — *Les Linas*,

xviiie siècle (Cassini). — *Les Lennards*, 1847 (lieux hab.). — *Les Lesnards* ou *Liénards*, 1860 (Cornet-Paulus).

Lieucy, Le Grand-Lieucy et Le Petit-Lieucy, lieux-dits, c^ne de Baslieux-sous-Châtillon.

Lieue (La), f. c^ne de Remicourt. — *Alodium de Santmaart que est inter fluvium qui dicitur Antre et villam que dicitur Spantia ; alodium de Santmart ; alodium de Santmahart*, 1154-1161 (cart. de Montiers-en-Argonne, 10946, f° 13 r°, 6 r° et 15 r°). — *Grangia que dicitur Alodium*, 1163 (ibid. f° 4 v°). — *Alodium de Saint-Maart*, v. 1165 (ibid. f° 23 v°). — *Grangia que vacatur Allodium*, v. 1190 (Montiers, c. 1). — *Terra inter Sanctum Medardum et grangiam Monasterii que vocatur Allodiam*, v. 1200 (cart. de Moutiers, 9905, f° 32 r°). — *La grange que on dit l'Alues*, 1294 (Mont. c. a). — *Le gaingnage de Lalieu*, 1494 (cart. de Mont. 9905, f° 48 r°). — *La cense de l'Alues*, 1510 (Mont. c. 1). — *La cense et mettairie de la Lyeue*, 1547 (cart. de Moutiers, 9905, f° 242 v°). — *La Lieuf*, 1720 (Saugrain, t. I, p. 409). — *La Lieu*, xviiie siècle (Cassini).

Lignière, f. c^ne de Joiselle. — *Lignieres, Linnières*, v. 1222 (livre des vass. de Champ.). — *Linieres*, v. 1252 (arch. nat. J 195, 96). — *Lynieres*, 1522 (ibid. P 165, 269). — *Le fief de Vignières* (sic), 1602 (ibid. P 178, 91). — *Lignière*, 1731 (ibid. P 230, 75). — *Lignères*, 1784 (Courtalon, t. III, p. 286).

Lignière-Courmont (La), écart, c^ne de Muizon.

Lignières, f. c^ne de Baye. — *Une cense et mettayrie, deppendante de madicte baronnye, appellée la cense de Ligniers*, 1603 (évêché de Chậl. c. 15). — *Lignerre, paroisse dudit Baye*, 1646 (ibid. c. 14). — *La ferme de Lignières*, 1713 (ibid. c. 134).

Lionos, c^on de Saint-Remy-en-Bouzemont. — *Villa Linonis*, 860 (cart. du chantre Guérin). — *Villa que dicitur Linum*, 1203 (Montiéramey, 6 H 34). — *Linon*, 1262 (S.-Jacques de Vitry, c. 1).

Lignon était compris, en 1789, dans l'élection de Vitry et suivait la cout, de Chaumont. Son église paroissiale, annexe de celle de Brandonvilliers, diocèse de Troyes, doyenné de Margerie, était consacrée à saint Remy.

Limbersy, lieu-dit, c^ne de Saint-Hilaire-le-Petit.

Limonet (Le), écart, c^ne de Damery. — *Les Limonets*, 1860 (Cornet-Paulus). — *Le Limonet*, 1862 (Guérard).

Limons (Les), h. c^ne de Brugny. — *Les Limonds*, 1720 (Saugrain, t. I, p. 469).

Limons (Les), f. c^ne de Vanciennes.

LIMOSENNERIE (LA), lieu-dit, c⁰ᵉ de Léchelle.

LINDY, lieu-dit, c⁰ᵉ de Fresue.

LINGERIES (LES), lieu-dit, c⁰ᵉ de Belval-sous-Châtillon.

LINGONXE (LA), lieu-dit, c⁰ᵉ d'Avenay.

LINGUET (LE), h. c⁰ᵉ de Witry-les-Reims. — *Le Linguet*, 1847 (lieux habités). — *Linguet*, 1860 (Cornet-Paulus).

LINTHELLES, c⁰ⁿ de Sézanne. — *Lintelle*, 1128 (pouillé de Troyes, p. 347). — *Lintellæ*, 1124-1130 (cart. d'Oyes, f° 19 r°). — *Lintelles*, 1204 (*ibid.* f° 18 r°). — *Lintheles*, 1225 (le Reclus, c. 1). — *Linthellæ*, 1239 (Andecy, c. 1). — *Linteles*, v. 1252 (arch. nat. J 195, 96). — *Linthelle*, 1443 (évêché de Troyes, G 22). — *L'Inthelles*, 1664 (arch. nat. P 191⁴, 26 *bis*). — *Linthel*, 1754 (*ibid.* Q¹ 678). — *Lintel*, xviii° siècle (Cassini).

En 1789, Linthelles faisait partie de l'élection de Sézanne et suivait la cout. de Meaux. Son église paroissiale, diocèse de Troyes, doyenné de Sézanne, était dédiée à saint Memmie; l'évêque de Troyes en était collateur.

LINTHELLES (RU DE), aff. de la Vaure; arrose le finage de Linthelles.

LINTHES, c⁰ⁿ de Sézanne. — *Limes, Limites*, 813 (Gallia christ. t. XIV, c. 17; l'impr. porte *Lunites*). — *Linthia*, 1131 (Andecy). — *Linthæ*, 1140 (hist. de la maison de Broyes, p. 14). — *Lintæ*, 1145 (Gallia christ. t. XII, p. 265). — *Lintes*, 1186 (Andecy, c. 7). — *Linthæ*, 1220 (*ibid.* c. 9). — *Lintez*, 1295 (le Reclus, c. 1). — *Linte*, 1381 (pouillé de Troyes, I, n°318). — *Linthe*, 1443 (évêché de Troyes, G 22). — *L'Inthes*, 1629 (arch. nat. P 194, 64). — *L'Inthe, L'Intes*, 1664 (*ibid.* P 191⁴, 26 *bis*). — *Linthes*, 1784 (Courtalon, t. III, p. 293).

En 1789, Linthes était compris dans l'élection de Sézanne et suivait la cout. de Meaux. Son église paroissiale, diocèse de Troyes, doyenné de Sézanne, était consacrée à saint Pierre et à saint Hubert; l'évêque de Troyes en était collateur.

LISSE, c⁰ⁿ de Vitry-le-François. — *Licia*, 1142 (livre des serfs de Marmoutier, p. 179). — *Lices*, 1240 (Cheminon, c. 1). — *Lice*, 1303 (S.-Pierre-aux-Monts, c. 26). — *Lisses*, 1378 (*ibid.* c. 21). — *Lissez*, 1462 (arch. nat. Q¹ 662). — *Lisse lez ledit Saint-Lumyer*, 1563 (Argensolles, c. 7). — *L'Isle lez Saint-Lumier-en-Champagne, village et paroisse*, 1633 (lieux régis par la cout. de Vitry).

En 1789, Lisse faisait partie de l'élection et suivait la coutume de Vitry. Son église paroissiale, annexe de celle de Saint-Lumier-en-Champagne, diocèse de Châlons, doyenné de Vitry-le-Brûlé, était dédiée à saint Michel.

LISSE (LA), aff. du Fion; coule sur le territoire de Lisse.

LIVOS (LE), aff. de la Seine; prend sa source sur le finage de Longueville (Aube) et se joint à la Seine sur le territoire de Saron. Cette rivière semble couler dans l'ancien lit de la Seine. — *Le ruisseau de Lyvon*, 1538 (arch. nat. P 178, 13). — *Ru de Lyvon*, 1548 (*ibid.* P 178, 54).

LIVRE (LA), aff. de la Marne; arrose les finages de Louvois et d'Avenay. — *Libra*, v. 948 (Flodoard, l. IV, c. 47). — *La rivière de Loyvre*, 1372 (Avenay, c. 1). — *Le ruissel de Loivre*, 1439 (arch. nat. P 181, 65).

LIVRIGNY, fief mouvant de Baye. — *Le fief de Lievrigny*, 1509 (évêché de Chât. c. 15).

LIVRY ou LIVRY-SUR-VESLE, c⁰ⁿ de Suippes. — *Livreiium*, comm. du xi° siècle (polypt. de S.-Remy). — *Liwreium*, 1189 (cart. de Toussaints, f° 10 v°). — *Livereium*, 1215 (S.-Basle, l. 27). — *Liri*, v. 1222 (livre des vass. de Champ.). — *Livrei*, 1263 (S.-Memmie, c. 7, f° 7 v°). — *Livri*, 1334 (arch. adm. de Reims, t. II, p. 716).

Livry-sur-Vesle était compris, en' 1789, dans l'élection de Reims et suivait la cout. de Vitry. Son église paroissiale, diocèse de Reims, doyenné de Vesle, était consacrée à saint Remy; le chapitre de Sainte-Marie-Madeleine de Verdun présentait à la cure.

LOBBE (LA), fief, c⁰ᵉ de Saint-Jean-devant-Possesse. — *Fiefz de Thierry Grucian et de Jean de Brielle, scitués à Saint-Jean devant Possesse, autrement appellés le fief de la Labbe; ... ledit fief de la Lobbe, composé de fiefs compris dans les anciens dénombrements sous les dénominations de fiefs de Thierry Gracian et de Jean de Brieulle*, 1774 (arch. nat. Q¹ 664).

LOBERIE (LA), lieu-dit, c⁰ᵉ de Saint-Jean-devant-Possesse.

LOCHÈRE (RUISSEAU DE LA), c⁰ᵉ de Vanault-le-Châtel.

LOGE (LA), f. c⁰ᵉ de Giffaumont. — Au siècle dernier, il existait trois fermes de ce nom sur le finage de Giffaumont; Saugrain, en 1720, les appelle *la Haute, la Moyenne* et *la Basse Loge*, vocables que Cassini remplace par ceux de *la Grande-Loge, la Moyenne-Loge* et *la Petite-Loge;* malheureusement la comparaison de la carte de Cassini et de celle de l'état-major ne permet pas de constater laquelle a subsisté. — *Le gaingnage de la Grand-Loge*, 1528 (S.-Étienne de Troyes, 6 G 25). — *Un aultre gangnage assis audit finage de Giffaulmont, appellé le gangnage de la Moyenne-Loge*, 1549. — *Ung aultre gangnaige assis audict finage de Giffaulmont, ap-*

pellé le gangnage de la Moyenne Loge; ... ung aullre gangnage appellé le gangnaige de la Grande-Loge, xvi° siècle (S.-Étienne de Troyes, 6 G 5o). — *La ferme de la Haute-Loge, paroisse de Giffaumont*, 1772. — *La ferme de la Moyenne-Loge*, 1788 (S.-Étienne de Troyes, 6 G 5o).

Loge (La), f. c°° de Moussy. — *La Loge-Turbanne*, xviii° siècle (Cassini).

Loge (La), écart, c°° d'Outines. — *La Loye*, 1720 (Saugrain, t. I, p. 445). — *La Laie ou la Loge*, 186o (Cornet-Paulus).

Loge (La), m°° forestière, c°° de Sermaize.

Loge-à-Gault (Forêt de la), c°° d'Esternay. — *La forest de Larmée*, 1553 (arch. nat. P 178, 71). — *La forest du roy appellée la forest du Gault*, 1553 (ibid. P 178, 72). — C'est la même que la *forêt de l'Armée* (Voy. ce nom).

Loge-Brassa (La), écart, c°° de Trois-Fontaines.

Logefontaine, f. c°°° de Ventelay et de Bourgogne. — *La ferme de Lochefontaine*, 1720 (Saugrain, t. I, p. 476). — *La Loge-Fontaine*, xviii° siècle (Cassini). — *Loge-Fontaine*, 1835 (état-major).

Loge-Pinard (La), h. c°° de Moussy.

Loges (Les Grandes-), c°° de Châlons. — *Villa que Logias dicitur*, 1103 (cart. d'Avenay, f° 5 r°). — *Logiæ*, 1132 (la Neuville, c. 4). — *Loogiæ*, 1134 (ibid.). — *Les Grans-Loges*, 1420 (arch. adm. de Reims, t. III, p. 5o). — *Les dictes Loges*, 1483 (S.-Denis de Reims, 1. Bouy).

En 1789, les Grandes-Loges faisaient partie de l'élection d'Épernay. L'église paroissiale, diocèse de Reims, doyenné d'Épernay, était dédiée à saint Nicaise; l'abbé d'Hautvillers présentait à la cure.

Loges (Les Petites-), c°° de Verzy. — *Lobiæ*, 1090 (S.-Basle, c. 1, l. 1). — *Logiæ*, 1190 (ibid. l. 10). — *Logiæ Sancti Basoli*, 1206 (ibid.). — *Lobiæ Sancti Bazoli*, 1214 (ibid. l. 27). — *Les Loges*, v. 1222 (livre des vass. de Champ.). — *Lobiæ que vocantur Sancti Bazoli*, 1236 (S.-Basle, c. 2, l. 25). — *Les Logales Sancti Bazoli*, 1271 (ibid. l. 31). — *Les Loges*, 1280 (arch. adm. de Reims, t. I, p. 970). — *La ville des Petites Loges, les Petitez Loges*, 1384 (arch. nat. P 28¹, 105). — *Les Loges de Saint-Baalle*, 1346 (S.-Basle, c. 12). — *Les Petites-Loches*, 1436 (arch. nat. Q¹ 655). — *Les Loges Sainct-Basle*, 1522 (arch. lég. de Reims, cout. t. I, p. 754). — *Parvæ Logiæ*, 1525 (S.-Basle, l. 10). — *Les Petittes-Loges*, 1556 (arch. lég. de Reims, cout. p. 901).

Les Petites-Loges étaient comprises, en 1789, dans l'élection et suivaient la coutume de Reims. L'église paroissiale, annexe de celle de Sept-Saulx,

diocèse de Reims, doyenné de Vesle, était consacrée à saint Pierre.

Louettes (Les), m°° disp. c°° de Beaumont-sur-Vesle. — *Lobiolæ juxta Prunetum*, 1178 (S.-Basle, c. 2, l. 25). — *Une maison appellée les Logetes près de Biaumont-sur-Vesle*, 1384 (arch. nat. P 28¹, 105).

Logettes (Les), écart, c°° des Petites-Loges (Cornet-Paulus).

Lohan, f. ancien prieuré, c°° de Mareuil-en-Brie. — *Ecclesia Beate Marie de Lohan*, 1170 (arch. nat. Q¹ 681¹, f° 221 v°). — *Les religieux du Lohan*, 1381 (ibid. P 182, f° 171 r°). — *Les bons hommes du Lohan*, 1428 (ibid. Q¹ 673). — *Lohan-aux-Bois*, xviii° siècle (Cassini). — *Le Lohan-au-Bois*, 1847 (lieux habités).

Lohan, f. c°° de la Ville-sous-Orbais. — *La petite maison... au Petit-Lohan de la Ville-sur-Orbais*, 1763 (Orbais, p. 3o). — *Le Petit-Loan* [hameau]; *le Grand-Loan* [ferme], xviii° siècle (Cassini). — *Lohan-la-Ville*, 1847 (lieux habités).

Loi (La), écarts, c°° de Gionges (Cornet-Paulus).

Loi (Ru de la), c°° de Soilly.

Lois (La), f. c°° d'Outines. — *L'Alue*, v. 1222 (livre des vass. de Champ.). — *La Loie*, 1284 (Ulmoy). — *La Loy*, xviii° siècle (Cassini). — *La Loye*, 186o (Cornet-Paulus).

Loins (Les), m°° disp. près Hautvillers. — *Une maison près de Auviller appellée les Loins*, 1384 (arch. nat. P 51², 1430).

Loiselet, écart, c°° d'Huiron. — *Loiselet*, 186o (Cornet-Paulus). — *Le Loiselet*, 1862 (Guérard, p. 539).

Loisy-en-Brie, c°° de Vertus. — *Loisi*, 1215 (la Charmoye, c. 2). — *Losci, Loisci, Loyssi*, v. 1222 (livre des vass. de Champ.). — *Loisiacum*, 1223 (Argensolles, c. 1). — *Loysiachum*, 1242 (la Charmoye, c. 1). — *Loisie*, 1248 (dioc. anc. de Chât. t. I, p. 417). — *Loiseium*, v. 1252 (arch. nat. J 193, 51). — *Loysi*, 1267 (la Charmoye, c. 1). — *Louesy, Louisy*, 1366 (arch. nat. Q¹681¹, f° 212 et 214). — *Loisy*, 1405 (pouillé de Chât. f° 81 r°). — *Loysiacum*, 1542 (taxe du dioc. de Chât. p. 213). — *Loisie-sur-Marne*, 1633 (lieux régis par la cout. de Vitry). — *Loissy*, 1728 (arch. de l'Aube, G 536). — *Loyzy, Loizy*, 1734 (arch. nat. Q¹ 681).

Loisy-en-Brie était compris, en 1789, dans l'élection de Châlons et suivait la cout. de Vitry. Son église paroissiale, diocèse de Châlons, doyenné de Vertus, était dédiée à saint Georges; l'abbé de Notre-Dame de Vertus présentait à la cure.

Loisy-le-Petit, écart, c°° de Loisy-en-Brie.

Loisy-sur-Marne, c°° de Vitry-le-François. — *Loisia*,

1117 (Touss. c. 9). — *Loiseium*, 1121 (chap. de Chât. a. 2, l. 32). — *Loseium*, 1147-1151 (Andecy). — *Loisiacum*, 1227 (Teulet, trésor des chartes, t. II, p. 131). — *Loysie*, v. 1252 (arch. nat. J 202, 55). — *Losya*, 1256-1270 (feoda Camp. n° 606). — *Loysiacum*, 1286 (la Neuv. c. 9). — *Loisya*, 1405 (pouillé de Chât. f° 74 v°). — *Loisye*, 1464 (Touss. c. 19). — *Loysi*, v. 1500 (Moncetz, c. 1). — *Loisis-sur-Marae*, 1535 (la Neuv. c. 9). — *Loysie-en-Brie* (sic), 1557 (Touss. c. 9). — *Loysia*, v. 1600 (chap. de Chât. a. 1, l. 56). — *Loisia ad Matronam, vulgo Loisio-sur-Marne*, 1755 (*ibid.*).

En 1789, Loisy-sur-Marne faisait partie de l'élection et suivait la cout. de Vitry. Son église paroissiale, diocèse de Châlons, doyenné de Coole, était consacrée à saint Julien; le chapitre cathédral de Châlons présentait à la cure.

LOIVRE, c^{ne} de Bourgogne. — *Louvria*, 1159-1181 (cart. de S.-Denis de Reims, p. 52). — *Lovria*, 1182 (S.-Denis de Reims, l. Cormicy). — *Oivre*, v. 1220 (livre des vass. de Champ.). — *Libera*, v. 1260 (nécr. de l'église de Reims, p. 72). — *Loyvre*, 1334 (arch. adm. de Reims, t. II, p. 680). — *Loivres*, 1344 (*ibid.* t. II, p. 894). — *Loivre*, 1386 (chap. de Reims, c. 20).

En 1789, Loivre était compris dans l'élection et suivait la cout. de Reims. Son église paroissiale, diocèse de Reims, doyenné d'Hermonville, était dédiée à saint Remy; l'archevêque et le grand archidiacre présentaient alternativement à la cure.

LOIVRE (LA), affl. de l'Aisne; coule sur le territoire de Loivre.

LOLETTERIS (LA), m^{on} is. c^{ne} d'Olizy-Violaine. — *La Lotterie*, 1720 (Saugrain, t. I, p. 461). — *La Loterie*, 1805 (ann. de l'an XIII, p. 71).

LOMBAAB (FIEF), c^{ne} de Saint-Bon (hist. d'Esternay, p. 398).

LOMBARDERIE (LA), lieu-dit, c^{ne} de Congy.

LOMBARDERIE (LA), lieu-dit, c^{ne} de Lucy.

LOMBARDIE (LA), lieu-dit, c^{ne} d'Avenay.

LOMBARDIE (RUE DE), lieu-dit, à Chapelaine.

LOMBARDS (CARREFOUR DES), lieu-dit, c^{ne} de Dormans.

LOMBARDS (LES), lieu-dit, c^{ne} d'Épernay.

LOMBARDS (RUE DES), au Mesnil-sur-Oger.

LOMBROIE, f. c^{ne} de Trois-Fontaines. — *Lombraucum*, 1117 (Trois-Font. c. 1). — *Lombracum*, 1147 (*ibid.*). — *Longberoy*, XVIII° siècle (Cassini). — *Lombroy*, 1860 (Cornet-Paulus). — *Lombroye*, 1862 (Guérard, p. 605).

LONDEAU (LE), f. détr. c^{ne} de Baslieux-sous-Châtillon. — *La ferme du Londeau*, 1720 (Saugrain, I, l,

p. 469). — *Le Landeau*, 1805 (ann. de l'an XIII, p. 29).

LONDEAU, écart, c^{ne} de Morsains (Cornet-Paulus).

LOSAU ou mieux LONGUEAU, anc. prieuré, auj. f. c^{ne} de Châtillon-sur-Marne. — *Longa Aqua, Longueau*, 1146 (hist. de la maison de Châtillon, p. 25). — *Longua Aqua*, 1158 (Longau, c. 3). — *Moniales Longe Aque*, 1189 (hist. de la maison de Châtillon, p. 28). — *Longuael*, 1198 (Longau, l. 21). — *Lange-Eaue*, v. 1252 (arch. nat. J 202, 55). — *Longueyaue*, 1286 (arch. adm. de Reims, t. I, p. 1016). — *Longue-Eau de Roz Chatelon-sur-Marne*, XIII° siècle (Lougau, l. 30). — *Longuyaue*, 1313 (*ibid.* c. 3). — *Longueaue, Longueau*, 1328 (arch. adm. de Reims, t. II, p. 495 et 526). — *Longues-Eaues*, 1393 (arch. nat. P 208, 8). — *Longue-Yau*, 1398 (*ibid.* P 180, 131). — *Longuioue*, 1408 (*ibid.* P 180, 142). — *Longueaux*, 1516 (Longau, l. 8). — *Longeaue*, 1529 (*ibid.* l. 30). — *Longue-Eaue*, 1541 (*ibid.* c. 2). — *Prieuré et couvent de Notre-Dame de Longueaue*, 1613 (*ibid.*). — *Longuiaulx*, 1645 (Belval, c. 2). — *Longueau lez Chastillon*, 1674 (arch. nat. P 1154, f° 38 r°). — *Langou*, 1834 (état-major). — *Longault*, 1847 (lieux habités).

Le prieuré de Longau fut transféré à Reims en 1622.

LONGBAIEN, lieu-dit, c^{ne} d'Hautvillers. — *En ycelle ville [d'Auvilez], une maison en lieudit en Long-Baien*, 1384 (arch. nat. P 51°, 1480).

LONGCHAMP, h. c^{ne} de Mareuil-le-Port. — 1570 (arch. nat. P 177, 127).

LONGEROIS (LES), m^{on}, c^{ne} de Fismes.

LONGEVAS, h. c^{ne} de Montcetz. — *Longavallis*, 1217 (cant. de Ville-sur-Tourbe, p. 61). — *Longeval*, 1861 (dioc. anc. de Chât. t. II, p. 75).

LONGVOISIN, f. c^{ne} de Ventelay. — *Lonvoisin*, 1327 (cart. d'Igny, f° 83 r°).

LORGERIN, fief, à Plichancourt. — *Le fief de Largehin ... consiste en une maison plate ... assiz au village et lieu dudit Plichancourt*, 1552 (chap. de Reims, c. 39). — *Le fief de Lorgerin*, 1618 (*ibid.*).

LORIOTTE, raiss. c^{ne} de Bergères-sous-Montmirail.

LORY (LE), fief mouvant de la baronnie de Baye. — *Le Lory*, 1546 (hist. de la maison de Béthune, l. 337). — *Le Lorry*, 1713 (évêché de Chât. c. 15).

LOCANE, écart, c^{ne} de Montigny-sur-Vesle (Cornet-Paulus).

LOUVERCT, c^{ne} de Suippes. — *Luperciacum*, v. 850 (polypt. de S.-Remy). — *Louvrecyum*, 1053 (cart. de Saint-Martin d'Épernay, p. 115). — *Louverceium*, 1130 (*ibid.* p. 124). — *Louverceinm*,

1145 (*ibid.* t. I, p. 630). — *Loverceium*, 1186 (la
Neuville, c. 9). — *Louverci*, v. 1252 (arch. nat.
J 202, 47). — *Louvracy*, 1303-1312 (arch. adm.
de Reims, t. II, p. 1117).

En 1789, Louvercy faisait partie de l'élection
de Reims et était régi par la cout. de Vitry. Son
église paroissiale, diocèse de Reims, doyenné de
Vesle, était consacrée à saint Martin; le chapitre
de Sainte-Marie-Madeleine de Verdun présentait à
la cure.

LOUVERIE (LA), lieu-dit, c^{nes} de Comblisy et de Dormans.

LOUVETERIE (LA), f. détr. c^{ne} du Thoult-Trosnay.

LOUVIÈRE (LA), h. disp. dépendant de la seigneurie de
Châtillon-sur-Morin. — *La Loupvière*, 1553 (arch.
nat. P 178, 72). — *Ung hameau appellé la Louvière*, 1595 (*ibid.* P 178, 80).

LOUVIGNIE (LA), lieu-dit, c^{ne} de Nesle-le-Repons.

LOUVILLIN (FIEF DE), à Lagery. — *Le fief de Louvillin*,
à Lagery, 1634 (arch. nat. P 191, 14).

LOUVOIS, c^{on} d'Ay. — *Lupi Via*, v. 850 (polyptyque
de S.-Remy de Reims). — *Loveiæ*, 1148 (arch.
adm. de Reims, t. I, p. 321). — *Villa que dicitur
Lupivias*, 1178 (S.-Basle, c. 2, l. 25). — *Lovois*,
1188 (Vinets, c. 5). — *Luviæ*, 1198 (Brussel,
usage des fiefs, p. 118). — *Loveia*, vers 1201
(feoda Camp. n° 205). — *Luvois*, 1203 (cart.
B de S.-Remy de Reims, p. 155). — *Lovoies*,
1212 (arch. lég. de Reims, statuts, t. I, p. 176).
— *Lovrais*, v. 1222 (livre des vass. de Champ.).
— *Luporum Viæ*, 1225 (chap. de Reims, l. Mailly).
— *Louvoies*, v. 1252 (arch. nat. J 202, 47). —
Lovoie, 1256-1270 (feoda Camp. n° 642). — *Louvoy*, v. 1300 (extenta Campanie, Ste-Menehould).
— *Louvoy*, 1344 (arch. adm. de Reims, t. II,
p. 923). — *Louvoys*, 1352 (arch. nat. P 181,
31). — *Louvoe*, 1359 (arch. adm. de Reims,
t. III, p. 129). — *Louvoyas*, 1362 (arch. nat.
P 181, 34). — *Loupvoie*, 1384 (*ibid.* P 51²,
1460). — *Loupvoix, Loupvoix, Loupvoiez*, 1393
(*ibid.* P 181, 43). — *Loupvoyes, Loupvoies,
Louvoiz, Loupvois*, 1393 (*ibid.* P 182, f°s 60 r°,
64 v° et 67 r°). — *Loupvoye*, 1462 (cart. de
S.-Denis de Reims, p. 500). — *Loupvoys*, 1534
(arch. nat. P 162, 204).

Louvois était compris, en 1789, dans l'élection
d'Épernay et suivait la cout. de Vitry. Son église
paroissiale, diocèse de Reims, doyenné d'Épernay,
était dédiée à saint Hippolyte; l'abbé de Saint-Remy
de Reims présentait à la cure.

LOUVRECOURT, fief, c^{ne} de Romain. — C'était un des
fiefs composant les Grands-Hameaux de Romain.

— *Lovrecourt*, 1646 (arch. nat. P 216, 139).
— *Louvrecourt*, 1773 (*ibid.* Q¹ 654). — Voy.
GRANDS-HAMEAUX (LES).

LOYE (LA), h. détruit, c^{ne} de Molins. — *La Loye*, 1508
(arch. nat. P 207, 12). — *La Loys*, 1633 (lieux
régis par la cout. de Vitry). — *La Loy*, alors détruite, 1720 (Saugrain, t. I, p. 413). — *Le Loy*,
1734 (arch. nat. Q¹ 681).

LUACY, loc. disp. c^{nes} de Baslieux-sous-Châtillon. —
Luacy, v. 1550 (Longau, l. 3).

LUCHES, chât. détr. à Thuisy. — *Le chasteau de Luches*,
prés Thuisy, 1475 (arch. lég. de Reims, statuts,
t. I, p. 307). — *Le fief de Luches assis à Thuizy*,
*appellé d'ancienneté le fief de la senechaussée de
Reims, mouvant du chastel de Sept-Saulx*, 1510
(arch. adm. de Reims, t. I, p. 415, note).

LUCY, c^{on} de Montmort. — *Lucheyum*, 1235 (la Charmoye, c. 6). — *Lucheium, Luchi juxta Basilium*,
1237 (*ibid.*). — *Luchiæ*, v. 1252 (arch. nat.
J 193, 51). — *Luchy*, 1605 (*ibid.* P 190, 56). —
Lucy, 1734 (*ibid.* Q¹ 681). — *Lucy-Sainte-Colombe*,
1783 (état du dioc. de Soissons, p. 263).

Lucy faisait partie, en 1789, de l'élection d'É-
pernay et était régi par la cout. de Vitry. Son église
paroissiale, annexe de celle du Baizil, diocèse de
Soissons, doyenné d'Orbais, était consacrée à sainte
Colombe.

LUDES, c^{on} de Verzy. — *Lucida*, v. 818 (Flodoard,
l. 11, c. 19). — *Luidum*, 1147 (cart. d'Avenay,
f° 1 v°). — *Luidia*, 1215 (S.-Basle, l. 27). —
Lusdia, 1216 (chap. de Reims, l. Ludes). — *Lude*,
1220 (S.-Remy, l. 186). — *Luide, la Lude*, v. 1222
(livre des vass. de Champ.). — *Luida*, 1233 (cart. A
de S.-Remy de Reims, p. 190). — *Luyda*, 1257
(arch. nat. S 5036). — *Luisdia*, v. 1260 (nécr. de
l'église de Reims, p. 102). — *Luda*, v. 1263
(arch. adm. de Reims, t. I, p. 855). — *Ludya*,
1276 (S.-Basle, l. 13). — *Luyde*, 1295 (S.-
Pierre-aux-Monts, c. 19). — *Ludia*, 1303-1312
(arch. adm. de Reims, t. I, p. 1117). — *Ludes*,
1349 (chap. de Châl. a. 6, l. 46). — *Luydes*,
Luides, 1353 (arch. nat. P 182, f°s 132 et 133 v°).
— *Luddes*, 1602 (*ibid.* P 181, 126). — *Ludde*,
1662 (*ibid.* P 193, 63).

Ludes était compris, en 1789, dans l'élection de
Reims et suivait la cout. de Vitry. Son église paroissiale, diocèse de Reims, doyenné de Vesle, était
dédiée à saint Jean-Baptiste; le commandeur du
Temple de Reims présentait à la cure.

LUMBES (LES), f. c^{ne} d'Ablois-Saint-Martin.

LUMERY, lieu-dit, c^{ne} de Saint-Remy-sur-Bussy.

LUNE (LA), f. c^{nes} de Gizaucourt.

Lurault, fief, c⁰ᵉ de Fulaine-Saint-Quentin. — *Un autre fief, appellé le fief de Lurault, au ban dudit Saint-Quentin,* 1673 (arch. nat. Q¹ 681).

Lurey, c⁰ᵉ d'Anglure. — *Lori,* 1212 (Bricot, c. 4). — *Lorri,* 1222 (cart. de Sellières, à la bibl. de Troyes). — *Lorinci,* v. 1222 (livre des vass. de Champ.). — *Loiri,* 1227 (Bricot, c. 4). — *Luré,* 1720 (Saugrain, t. I, p. 464). — *Terre et seigneurie de Lurey et Montillier,* autrement dit de *Dampierre,* 1743 (arch. nat. Q¹ 671). — *La terre et seigneurie de Lurey, anciennement appellée de Montilliers, de Dampierre, située en Champagne, paraisse de Conflans . . . le château et maison seigneuriale dudit lieu de Lurey, ci-devant appellée de Montilliers ou autrement de Dampierre,* 1766 (*ibid.*).

En 1789, Lurey faisait partie de l'élection et suivait la coutume de Troyes; il dépendait, au spirituel, de la paroisse de Conflans.

Luthernay, f. c⁰ᵉ de Bouvancourt. — *Noiternacum,* comm. du XIᵉ siècle (polypt. de S.-Remy de Reims). —*Nocturnacum,* 1126 (S.-Thierry, l. 1). — *Nocturniacum,* 1149 (cart. de S.-Thierry, f⁰ 112 v°). — *Nuitrenai, Nutrenai,* 1225 (*ibid.* f⁰ˢ 64 v°, 65 r°). — *Nutrenayum,* 1269 (*ibid.* f⁰ 294 r°). — *Nuytrenai,* 1284 (ibid. f⁰ 367 r°). — *Cultura de Nocturniaco que est de territorio Vallium,* XIIIᵉ siècle

(cart. de S.-Remy de Reims, f⁰ 165 r°). — *Luttrenay,* 1419 (S.-Thierry, c. 4, l. 30). — *Nuternay,* 1595 (*ibid.* l. 1). — *Luternay,* XVIII⁰ ˢ (Cassini).

Luxembourg, aub. c⁰ᵉ de Gauroy-lez-Hermonville.

Luxembourg, lieu-dit, c⁰ᵉ du Mesnil-lez-Hurlus.

Luxembourg, lieu-dit, c⁰ᵉ de Ripont.

Luxémont, vill. c⁰ᵉ de Luxémont-et-Villotte. — *Lucimont,* 1131 (Gallia christ. t. X, c. 167). — *Lecimant,* 1152 (S.-Pierre-aux-Monts, c. 27). —*Lucemont,* 1179 (Ulmoy). — *Lucidus Mans,* 1196 (S.-Pierre-aux-Monts, c. 17). — *Lucius Mons,* 1200 (Trois-Font. c. 11). — *Lucini Mans,* 1214 (Cheminon, c. 20; sceau de Jean de Luxémont). — *Lussemant,* v. 1274 (arch. nat. J 202, 45). — *Luceinmont,* 1284 (Trois-Font. c. 3). — *Luxémont,* 1508 (arch. nat. P 207, 36). — *Luxemont,* 1641 (*ibid.* P 216, 89). — *Lucilimons,* 1775 (chap. de Châl. a. 1, l. 56). — *Lucemon,* XVIII⁰ ˢ (Cassini).

En 1789, Luxémont était compris dans l'élection et suivait la coutume de Vitry. Son église paroissiale, annexe de celle de Marolles, diocèse de Châlons, doyenné de Perthes, était dédiée à saint Étienne.

Luxémont-et-Villotte, c⁰ⁿ de Vitry-le-François, commune formée vers 1824 de l'union des anciennes communes de Luxémont et de Villotte.

M

Mablerie (La), lieu-dit, c⁰ᵉ de la Chapelle-sur-Orbais.

Macarderie (La), ancien nom d'une maison à la Neuville-aux-Bois. — *Une autre maison scituée audit lieu de la Neuville, cy-devant Macarderie, lieu-dit la Grande-Rue au-dessaus de l'église,* 1733 (arch. nat. Q¹ 657).

Machelignots (Les), f. c⁰ᵉ de Giffaumont. — *Le gaignage de Machevinotz, parroisse de Giffaulmont,* 1549 (S.-Étienne de Troyes, c. 37). — *Ung gaignage appellé le grant gangnaige des Machevineaulx,* 1549 (*ibid.* c. 1, f⁰ 76 v°). — *Machevynous,* XVI⁰ ˢ (*ibid.* c. 37). — *Les deux censes des Macheligneaux,* 1720 (Saugrain, t. I, p. 444). — *Les Machelinos,* XVIII⁰ siècle (Cassini). — *Les Machelinots,* 1860 (Cornet-Paulus).

Plusieurs documents du XVIII⁰ siècle distinguent les Hauts et les Bas-Machelignots : *ladite ferme des Bas-Machelinaux,* 1730 (S.-Étienne de Troyes, c. 37). — *La ferme des Hauts-Machelignots, paraisse dudit Giffaumont,* 1772 (*ibid.*).

Macheret, h. ancien prieuré de l'ordre de Grandmont,

c⁰ᵉ de Saint-Just. — *Boni homines de Machereio,* 1168 (arch. de l'Aube, G 987, copie). — *Macherium, Macheray,* 1168 (Gallia christ. t. XII, c. 272 et 273). — *Boscum meum de Macherai,* 1168 au plus tard (arch. de l'Aube, G 987). — *Fratres nastri apud Sanctum Justum commorantes in nemore de Marchereio,* v. 1168 (*ibid.*). — *Macheroutum,* 1184 (Macheret, c. 1). — *Machereyum,* 1190 (arch. de l'Aube, G 987). — *Machertum,* 1206 (*ibid.* G 988). — *Macherai prope Sanctum Justum,* 1220 (Macheret, c. 1). — *Machareium,* 1226 (*ibid.*). — *Machareyum,* 1240 (*ibid.* G 988). — *La maison dou Macheray en l'Aingle de Saint-Just,* 1308 (*ibid.*). — *Le Macheroy,* 1310′ (*ibid.*). — *Macheroy,* 1312 (*ibid.* c. 1). — *Le Macheray,* 1313 (*ibid.*). —*Macheray,* 1385 (chap. de Sézanne, c. 1). — *Macherettum,* 1407 (pouillé de Troyes, n° 272). — *Prior de Machareto,* 1443 (évêché de Troyes, G 22). — *L'église Nostra-Dame du Mascheroy,* 1450 (Macheret, c. 1). — *Macheretz,* 1472 (*ibid.*). — *Macherés,* 1476 (*ibid.*). — *Macherel,*

1517 (arch. nat. G 915). — *Macherès lez Sainct-Just-en-Langle*, 1523 (*ibid.* G 991).

MACLAUNAY, c⁰ⁿ de Montmirail. — *Maconaunoi*, 1223 (cart. de S.-Jean des Vignes, f° 115 v°). — *Maconaulnoy*, 1399 (arch. nat. P 180, 97). — *Moscou-Aunoy*, 1407 (pouillé de Troyes, n° 305). — *Mascolanelum*, 1443 (évêché de Troyes, G 22). — *Masconaulnoy*, 1445 (arch. nat. P 170, 45). — *Mascon Alnetum*, 1457 (pouillé de Troyes, n° 71). — *Maconaulnay*, 1461 (arch. nat. P 179, 176). — *Maconaunay*, 1478 (*ibid.* R 25). — *Masconaunoy*, 1487 (chât. de Montmirail). — *Masquelaunay*, 1494 (*ibid.*). — *Macquelaunoy*, 1567 (*ibid.*). — *Maclonay*, 1667 (arch. de l'Aube, G 713). — On prononce *Maclauna*.

En 1789, Maclaunay faisait partie de l'élection de Sézanne et était régi par la cout. de Meaux. Son église paroissiale, diocèse de Troyes, doyenné de Sézanne, était consacrée à saint Laurent; l'évêque de Troyes en était collateur.

MACO, h. c⁰ᵉ de Merfy. — *Molendinum Maschot*, 1126 (arch. adm. de Reims, t. I, p. 280). — *Mascoht*, 1129 (S.-Thierry, l. 71). — *Mascoth*, 1156 (*ibid.* l. 1). — *Mascot*, 1236 (*ibid.* l. 31). — *Maascot*, 1254 (arch. adm. de Reims, t. I, p. 760). — *Molendinum de Macot*, 1294 (S.-Thierry, l. 31). — *Maco*, 1456 (cart. de S.-Denis de Reims, p. 498). — *Macquo*, 1464 (S.-Thierry, l. 7). — *Le molin de Maquo*, 1554 (*ibid.* l. 31). — *Le molin de Macquot*, 1558 (*ibid.* l. Renseignements). — *Le moulin de Maquot*, 1596 (*ibid.* l. 31). — *Les deux moulins ... appellés les moulins de Macot*, 1620 (*ibid.* l. 34). — *Les moulins de Macotz*, 1665 (*ibid.*).

MAÇONNERIE (LA), lieu-dit, c⁰ᵉ de la Chapelle-sur-Orbais.

MADELEINE (LA), tuil. c⁰ᵉ d'Avize.

MADELEINE (LA), lieu-dit, c⁰ᵉ de Chenay.

MADELEINE (LA), lieu-dit, c⁰ᵉ de Juvigny.

MADELEINE (LA), lieu-dit, c⁰ᵉ de Scrupt.

MADELEINE (LA), f. c⁰ᵉ de Saint-Utin.

MADELEINE (LA), lieu-dit, c⁰ᵉ de Ventelay.

MADELEINE (LA), h. c⁰ᵉ de Vertus. — *La Magdelayne sur ledit Vertus*, 1576 (arch. nat. Q¹ 681). — *La Magdeleine*, 1633 (lieux régis par la cout. de Vitry). — *Le village, terre et seigneurie de la Folie, présentement appellé la Magdelaine*, 1673 (arch. nat. Q¹ 681). — *La Folie*, 1734 (*ibid.*).

MADELEINE (LA), lieu-dit, c⁰ᵉ de la Veuve.

MAFFRÉCOURT, c⁰ⁿ de Sainte-Menehould. — *Maufricuria*, 1194 (dioc. auc. de Châl. t. II, p. 178). — *Mafroicort*, 1218 (arch. nat. KK 1064, f° 10 r°). — *Mafroicourt*, 1219 (*ibid.* J 198, 42). —

Mafreicourt, 1222 (cart. de Moiremont, f° 299 r°). — *Maufricort*, 1224 (arch. nat. J 206, 4). — *Mafreicort*, 1225 (cart. de Moiremont, f° 5 v°). — *Mafricort*, 1229 (*ibid.* f° 4 v°). — *Mafreincort*, 1232 (*ibid.* f° 490 r°). — *Maufreicourt*, v. 1252 (arch. nat. J 202, 48). — *Maifroicort, Maufrecourt*, v. 1252 (*ibid.* J 202, 56). — *Mafrecourt*, 1257 (cart. de Moiremont, f° 120 r°). — *Maufroicourt*, v. 1274 (arch. nat. J 202, 46). — *Mauffricourt, Marfricort*, v. 1300 (extenta Campanie, S⁰-Menehould). — *Maffroicourt*, 1389 (arch. nat. P 183, 49). — *Maffroacourt*, 1410 (Moiremont, c. 3). *Marfroicourt*, 1461 (arch. nat. P. 161, 213). — *Mauffroicourt*, 1519 (*ibid.* P 161, 250). — *Mafroycourt*, 1530 (évêché de Châl. b. 3; litres divers). — *Malfrecourt*, 1548 (arch. nat. P 162, 352). — *Maffraicourt*, 1732 (*ibid.* P 226, 81). — *Mafrécourt*, 1860 (Cornet-Paulus).

Maffrécourt était compris, en 1789, dans l'élection de Sainte-Menehould et suivait la cout. de Vitry. Son église paroissiale, diocèse de Châlons, doyenné de Sainte-Menehould, était dédiée à saint Nicolas; l'abbé de Moiremont présentait à la cure.

MAGENTA, m⁰ⁿ, c⁰ᵉ de Bassuet.

MAGENTA, m⁰ⁿ, c⁰ᵉ de Beine.

MAGNEUX, c⁰ⁿ de Fismes. — *Masnelia*, 1154 (arch. adm. de Reims, t. I, p. 329). — *Capella de Masnelibus*, 1164 (cart. B de S.-Remy de Reims, p. 30). — *Maisnils*, 1181. — *Manul, Maniles*, v. 1222 (livre des vass. de Champ.). — *Les Maisniex*, 1255 (cart. d'Igny, f° 132 r°). — *Le Meniux*, 1274 (arch. nat. J 205, 31). — *Les Menix de lez Fymes*, 1308 (*ibid.* P 1114). — *Manulli*, 1303-1312 (arch. adm. de Reims, t. II, p. 1057). — *Mannulli ante Fimas*, 1346 (*ibid.* t. II, p. 1059). — *Esmainieulx de lez Fismes*, 1384 (*ibid.* t. III, p. 662). — *Les Mesgnieux*, 1392 (arch. nat. P 181, 130). — *Les Mesneux lez Fiames*, 1676 (cout. de Vitry; liste). — *Les Maisneulx*, XVIIᵉ siècle (arch. adm. de Reims, t. I, p. 329, n° 1). — *Maigneux lès Fismes*, 1720 (Saugrain, t. I, p. 480).

Magneux faisait partie, en 1789, de l'élection de Reims et était régi par la cout. de Vitry. Son église paroissiale, diocèse de Reims, doyenné de Fismes, était consacrée à saint Jean-Baptiste; l'archevêque de Reims en était collateur.

MAGNIS (LES), lieu-dit, c⁰ᵉ de Corbeil.

MAGNIS (LES), f. disp. c⁰ᵉ de Giffaumont. — *Ung mcnayr..., appellé communément le gangnaige des Mangniz*, 1567 (gr. ch. de S.-Étienne de Troyes, G 625). — *Bail du gaignage des Magnils à Giffaumont, qu'on dit à présent des Magneux*, XVIIᵉ siècle (*ibid.* cote au dos de la pièce de 1567). — *La ferme des Magnus*, 1730 (*ibid.* 6 G 37). — *Les Maigneux*, 1782 (*ibid.* 6 G 50).

MAGNY (LE), lieu-dit, c⁰⁰ de Glannes.

MAIGNEUX, 2 f. c⁰⁰ de Valmy. — *Mainillia*, 1249 (Moiremont, c. 6). — *Mainilli, Menilli*, v. 1252 (arch. nat. J 202, 52). — *Masnix*, 1274 (S.-Memmie, c. 1). — *Mainiès-en-Champaigne*, v. 1274 (arch. nat. J 202, 46). — *Manyeus*, 128. (*ibid.* Q¹ 668¹). — *A Walemès, terre que l'on dit Maisnil*, v. 1300 (extenta Campanie, Sᵗᵉ-Menehould). — *Maisnieux en Champagne*, 1309 (Moiremont, c. 1). — *Mainnez*, 1310 (*ibid.*). — *Mesnieux*, 1366 (arch. nat. P 183, 16). — *Maisnieux*, 1367 (*ibid.* P 183, 23). — *Maignieux*, 1389 (ibid. P 183, 42). — *Maisgnieux*, 1417 (*ibid.* P 184, 47 *bis*). — *Maisnieulr*, 1459 (*ibid.* P 184, 65). — *Maisnuel*, 1461 (*ibid.* P 161, 213). — *Maisnyeux*, 1509 (*ibid.* P 207, 13). — *Le Mesnil, à présent appellé la garenne de Hans*, 1548 (*ibid.* P 162, 352).

Maigneux était jadis un hameau.

MAIGNEUX, f. c⁰⁰ de Vanault-le-Châtel.

MAILLARDERIE (LA), lieu-dit, c⁰⁰ⁿ de Baye, de Champaubert-la-Bataille et de Congy.

MAILLY, c⁰⁰ de Verzy. — *Malliacum super fluvium Vidulam*, v. 948 (Flodoard, l. II, c. 7). — *Malleium*, comm. du xiᵉ siècle (polypt. de S.-Remy de Reims). — *Milleium*, v. 1100 (nécr. de l'église de Reims, p. 92). — *Rogerus de Malleis*, 1138 (la Neuville, c. 4). — *Mallli*, 1188 (arch. adm. de Reims, t. I, p. 410). — *Maleium*, 1221 (chap. de Reims, l. Mailly). — *Mailleium*, 1221 (cart. B du chap. de Reims, f° 160 r°). — *Maileium*, 1231 (chap. de Reims, l. Mailly). — *Malli*, 1254 (*ibid.*). — *Miliacum*, v. 1260 (nécr. de l'église de Reims, p. 92). — *Maailli*, v. 1300 (extenta Campanie, Louvois). — *Maalliacum*, 1312 (arch. adm. de Reims, t. II, p. 141). — *Mailly*, 1343 (chap. de Reims, l. 21). — *Maly*, 1436 (arch. nat. P 182, f° 138 v°).

En 1789, Mailly était compris dans l'élection et suivait la cout. de Reims. Son église paroissiale, diocèse de Reims, doyenné de Vesle, était dédiée à saint Calixte; le tournaire du chapitre métropolitain de Reims présentait à la cure.

MAILLY (LES), lieu-dit, c⁰⁰ de Villers-Marmery.

MAILLYTERIS (LA), lieu-dit, c⁰⁰ de Villeneuve-Renneville-Chevigny.

MAIRIE (LA), h. c⁰⁰ de Hans.

MAIRIE (LA), écart, c⁰⁰ de Vadenay (Carnel-Paulus).

MAIRIE-AUX-AJAUX (LA), fief, c⁰⁰ de Villers-aux-Corneilles (dioc. anc. de Chál. t. II, p. 28).

MAISY, vill. détr. auj. c⁰⁰ de Vitry-lez-Reims. —

Maireium, 1119 (cart. † de l'archev. f° 178 r°). A cette date, Mairy avait une chapelle dépendant de l'église de Witry.

L'emplacement de MAIRY parait indiquer aujourd'hui le lieu-dit *la Mairie*.

MAIRY-SUR-MARNE, c⁰⁰ d'Écury-sur-Coole. — *Mairei*, 1043 (S.-Pierre-aux-Monts, c. 1). — *Maireium*, 1092 (*ibid.*). — *Mairi*, 1161 (S.-Memmie, c. 1). — *Meriacum*, v. 1240 (arch. nat. J 193, 83). — *Moireis super Maternam*, 1234-1243 (fooda Camp. n° 435). — *Mairey*, 1263 (S.-Memmie, c. 7, f° 3 v°). — *Maireyum*, 1308 (S.-Pierre-aux-Monts, c. 4). — *Mairy*, 1383 (arch. nat. P 188, 52). — *Méry*, xivᵉ siècle (dioc. auc. de Chál. t. I, p. 270). — *Meray-sur-Marne*, 1526 (arch. nat. P 161, 88). — *Merey près Chaolons en Champaigne*, 1540 (*ibid.* P 161, 107). — *Méry-sur-Marne*, 1542 (*ibid.* P 161, 104). — *Ecclesia de Matreio*, 1755 (évêché de Chál. a. 1, l. 56).

En 1789, Mairy-sur-Marne faisait partie de l'élection de Châlons et était régi par la cout. de Vitry. Son église paroissiale, diocèse de Châlons, doyenné de Coole, était consacrée à saint Léger; l'abbé de Saint-Pierre-aux-Monts présentait à la cure.

MAISENETTE (LA), lieu-dit, c⁰⁰ de Trigny.

MAISON-ALLOUETTE, lieu-dit, c⁰⁰ de Tréfols.

MAISON-AUX-BOIS (LA), h. c⁰⁰ de Gigny-aux-Bois. — *Dans le finage duquel lieu de Gigny est assis un hameau qui consiste en plusieurs fermes, vulgairement appellé la Maison-aux-Bois*, 1636 (arch. nat. P 215, 36).

MAISON-AUX-BOIS (LA), fief, c⁰⁰ de Pargny-sur-Saulx (Guérard, p. 598).

MAISON-AUX-BOIS (LA), m. détruite, c⁰⁰ de Remicourt. — *Domus mea in Bosco*, 1217 (Montiers-en-Argonne, c. 2). — *Domus in Bosco*, 1219 (ibid. c. 1). — *Domus mea in Bosco juxta grangiam eorumdem fratrum [Monasteriorum] que Allodium appellatur*, 1242 (cart. de Montiers, 9905, f° 47 v°). — *La maison appellée la Maison-au-Bois, assize prez d'Éspance, entre ladite ville d'Éspance et les villes de Saint-Mard et de la Neuville-au-Bois*, 1403 (arch. nat. P 184, 14). — *La Maison-aur-Bois*, 1538 (*ibid.* P 184, 94).

MAISON-AUX-BOIS (LA), fief, c⁰⁰ de Rilly-la-Montagne (Barthélemy, cant. de Verzy, p. 133).

MAISON-AUX-CHAMPS (LA), lieu-dit, c⁰⁰ de Giffaumont. — *Cinq journelz de terre en une pièce assi: au finage dudict Giffauhmont, lieu-dict la Maison-aux-Champs*, 1569 (S.-Étienne de Troyes, 6 G 37).

MAISON-AUX-CHAMPS (LA), m. détr. c⁰⁰ de Sommeyèvre. — *Lieu-dit* sur *la Maison-au-Champ*, 1673 (arch. nat. P 218, 46).

MAISON-AUX-LOMBARDS (LA), à Laucourt, c^{ne} de Barbonne. — *Une maison,... assise en ladite ville de Barbonne, en ladicte rue [de Laincourt], appellée la Maison-aux-Lombars, sus le chemin roial d'une part*, 1342 (S.-Étienne de Troyes, 6 G 39).

MAISON-BLANCHE (LA), f. c^{ne} d'Ay.

MAISON-BLANCHE (LA), écart, c^{ne} de Blacy.

MAISON-BLANCHE (LA), lieu-dit, c^{ne} de Boissy.

MAISON-BLANCHE (LA), f. c^{ne} d'Igny-le-Jard.

MAISON-BLANCHE (LA), f. c^{ne} de Ludes ou de Mailly (Cassini).

MAISON-BLANCHE (LA), m^{on}, c^{ne} de Vésigneul-sur-Coole.

MAISON-BRÛLÉE (LA), 2 tuileries, c^{ne} de Beaunay.

MAISON-BRÛLÉE (LA), m^{in}, c^{ne} de Courcemain.

MAISON-BRÛLÉE (LA), lieu-dit, c^{ne} de Suippes.

MAISON-BRÛLÉE (LA), lieu-dit, c^{ne} de Villeneuve-Saint-Vistre-et-Villevotte.

MAISON-CARPION (LA), m^{on}, c^{ne} de Saint-Memmie.

MAISONCELLE (BOIS DE), c^{nes} de Gionges-Saint-Fergeux et d'Oger.

MAISONCELLE, h. c^{ne} de Grauves.

MAISON-COLIQUET, m^{on}, c^{ne} de Breuvery.

MAISON-DE-GABDE, c^{ne} de Leuvrigny.

MAISON-DE-LA-CARRIÈRE, m^{on}, c^{ne} d'Avize.

MAISON-DE-LA-FORÊT (LA), m^{on} disp. près la Celle-sous-Chantemerle. — *La maison de la Forest*, 1375 (arch. nat. P 171, 157).

MAISON-DE-L'AHAN (LA), m^{on} disp. c^{ne} de Cuperly. — *Un aultre ahan que on dit le Grand-Ahan, où il a une maison que on dit la Maison-de-l'Ahan*, 1397 (arch. nat. P 183, 112).

MAISON-DE-LA-HUCHETTE (LA); m^{on} disp. vers Fismes. — 1609 (arch. nat. P 181, 163).

MAISON-DE-L'ANCIEN-MOULIN, m^{on}, c^{ne} de Belval, c^{on} de Châtillon.

MAISON-DE-LA-PRELLE, m^{on}, c^{ne} de Saint-Amand.

MAISON-DE-LÉANS (LA), m^{on} disp. c^{ne} de Blesme. — *Le gaingnaige appellez la Maison-de-Léans*, 1509 (arch. nat. P 207, 40).

MAISON-DE-L'ÉCLUSIER-DU-CANAL, m^{on}, c^{ne} de Vitry-le-Brûlé.

MAISON-DE-L'ÉGLISE (LA), m^{on}, c^{ne} de Venteuil.

MAISON-D'ENGHIEN, m^{on}, c^{ne} de Festigny-les-Hameaux.

MAISON-DE-RENDEZ-VOUS (LA), m^{on}, c^{ne} d'Igny-le-Jard.

MAISON-DE-ROBERT-LA-CROISETTE, m^{on}, c^{ne} de Thuizy. — Cette maison était habitée en 1847 par un sieur Robert (lieux habités).

MAISON-DES-BOIS (LA), m. seign. détr. c^{ne} de Marcilly-sur-Seine. — *La terre de Ponviel*, 1614 (invent. de

Marcilly, f° 68 r°). — *La maison, fief et seigneurie de Pontvieux, anciennement la maison des Bois, sise à Marcilly-sur-Seine*, 1615 (ibid. f° 59 v°). — *La maison ... de Pontvieil, vulgairement appelé la Maison des Bois, close de fossez, par lesquels la rivière s'écoule sous deux ponts levis*, 1615 (ibid. f° 86 v°).

MAISON-DES-BOIS (LA), m^{on}, c^{ne} de Vertus.

MAISON-DES-CHAMPS (LA), m. détr. c^{ne} de Vertus. — *Dehors Vertus ay maison gracieuse, ‖ Où j'avoye par long temps demouré, ‖ Où pluseurs ont mené vie joyeuse; ‖ Maison des Champs l'ont pluseurs appelé : ‖ Mais, Dieu merci, toute plaine de blé, ‖ Ont les Anglès le feu bouté dedans; ‖ Deux mille francs m'a leur guerre cousté. ‖ J'aroy dès or à non Brulé des Champs*, v. 1380 (Eustache des Champs, édit. Crapelet, p. 1-2).

MAISON-DES-EAUX (LA), f. c^{ne} de Lurey. — *La maison appellée des Eaux, couverte de paille*, 1766 (arch. nat. Q^t 671).

MAISON-DES-PRÉS (LA), f. c^{ne} de Saint-Remy-en-Bouzemont.

MAISON-DES-VOISINS (LA), à Verneuil-sur-Marne. — *La maison nommée la Maison-des-Voisins*, 1513 (arch. nat. P 161, 313).

MAISON-DIEU (LA), lieu-dit, c^{ne} de Bergères-sous-Montmirail.

MAISON-DIEU (LA), lieu-dit, c^{ne} de Cernon.

MAISON-DIEU (LA), f. c^{ne} de Sainte-Menehould. — *La Maison-Dieu-en-Bieme*, 1367 (arch. nat. P 183, 23). — *Ung ahan ou gaingnaige situé et assis en la ville, ban et finaige de Verrières, ... appellée d'ancienneté la Maison-Dieu*, 1467 (évêché de Châl. c. 3; titres divers). — *La Maison-Ambian, appartenant à l'hostel de Sainte-Mannehould*, 1602 (arch. nat. P 202, 46 bis). — *La Maison-Dieu*, XVIIIe s^e (Cassini). — *Dieu-en-Biesme*, 1860 (Cornet-Paulus).

MAISON-DIEU (RU DE LA), affl. de l'Ante; arrose le finage de la Neuville-aux-Bois.

MAISON-DIEU-AUX-BOIS (LA), f. c^{ne} de Remicourt. — *La Maison-Dieu-au-Bois*, 1485 (arch. nat. P 162, 102). — *La Maison-Dieu-aux-Boys*, 1596 (ibid. P 170, 47). — *Maison-Dieu-aux-Bois*, 1810 (ibid. P 161, 265).

MAISON-DU-BATELIER (LA), m^{on} de bac, c^{ne} de Condé-sur-Marne.

MAISON-DU-BOIS-AMANDRY (LA), m^{on} détr. près Poguy. — *La Maison du Bois, lez Vesignuel-sur-Marne*, 1383 (arch. nat. P 188, 52). — *Le siège de la maison, jardins et places, où auparavant des guerres avait une belle et notable maison appellée la Maison-du-*

Bois-Amandry, assis entre les villes de Puyguy et de Vézigneul-sur-Marne, 1464 (arch. nat. P 36, 8).

Maison-du-Fief-Gaucher (La), près Mareuil-sur-Ay. — *Une maison appellée la Maison-du-Fief-Gaucher*, 1381 (arch. nat. P 182, f° 6 r°).

Maison-du-Garde, dans le bois de Boursault, c^ne de Boursault.

Maison-Dumortier (La), dit Catois, m^on, c^ne d'Isses; habitée en 1847 par le s^r Dumortier (lieux habités).

Maison-du-Pas (La), m^on, c^ne de Condé-sur-Marne.

Maison-du-Patis (La), f. c^ne d'Igny-le-Jard.

Maison-Éclusière (La), m^on, c^ne de Châlons-sur-Marne.

Maison-Éclusière (La), m^on, c^ne de Juvigny.

Maison-Éclusière (La), m^on, c^ne de Sarry.

Maison-Ferdinand (La), m^on, c^ne de Vendeuil.

Maison-Georges (La), lieu-dit, c^ne de Virginy.

Maison-Géraard, f. c^ne de Sainte-Menehould (Cassini).

Maison-Grammont (La), lieu-dit, c^ne de Souain.

Maison-Isolée (La), m^on, c^ne de Bouy.

Maison-Jean-Louis (La), lieu-dit, c^ne de Leuvrigny.

Maison-la-Jacquette (La), lieu-dit, c^ne de Soudron.

Maison-Lamblet (La), m^on détr. c^ne d'Hautvillers. — *La maison Lamblet a esté ruynée par les gens de guerre*, 1663 (arch. nat. Q¹ 675; état d'Hautvillers).

Maison-Latierce (La), écart, c^ne de Thil.

Maison-Lequeux (La), m^on, c^ne de Recy.

Maison-Longuet (La), écart, c^ne de Châtillon-sur-Marne.

Maison-Mandary (La), m^on, c^ne de Recy.

Maison-Marquet (La), m^on, c^ne de Crugny.

Maison-Midi (La), lieu-dit, c^ne d'Igny-le-Jard.

Maisonnages (Les), m^on détr. c^ne du Châtelier.

Maisonnette (La), lieu-dit, c^ne de Cernay-en-Dormois.

Maisonnette (La), lieu-dit, c^ne de Germinon.

Maisonnette (La), lieu-dit, c^ne de Saint-Mard-lez-Rouffy.

Maison-Neuve (La), lieu-dit, c^ne de Belval-sous-Châtillon.

Maison-Neuve (La), f. c^ne de Courtisols. — *Cabaret de la Maison-Neuve*, XVIIIe siècle (Cassini).

Maison-Neuve (La), lieu-dit, c^ne de Dizy.

Maison-Neuve (La), m^on, à Étrepy. — *Une maison appellée la Maison-Neufve, avec les granges, estables, court et pourprins, assise audit Estrepy, lez et devant ledit chasteau*, 1510 (arch. nat. P 179, 90).

Maison-Neuve (La), lieu-dit, c^ne de Verdon.

Maison-Neuve (La), f. c^ne de Verneuil.

Maison-Platet (La), m^on, c^ne de Bergères-lez-Vertus.

Maison-Ragot (La), écart, c^ne de Crugny.

Maison-Ragot (La), lieu-dit, c^ne de Thil.

Maison-Rigot, f. c^ne d'Ambonnay.

Maison-Rouge (La), f. c^ne de Bussy-le-Château. — *Les Maisons-Rouges, écart ou hameau*, 1847 (lieux habités).

Maison-Rouge (La), f. c^ne de Coulant-le-Maupas.

Maison-Rouge (La), lieu-dit, c^ne de Courmelois.

Maison-Rouge, m^on, c^ne de Couvrot.

Maison-Rouge (La), m. détr. c^ne du Gault. — *L'hostel de la Maison-Rouge*, 1512 (Aubrion, p. 56).

Maison-Rouge (La), lieu-dit, c^ne de Giffaumont.

Maison-Rouge, m^on, c^ne de Joiselle.

Maison-Rouge (La), lieu-dit, c^ne de Leuvrigny.

Maison-Rouge (La), f. c^ne de Morangis.

Maison-Rouge, m^on, c^ne de Troissy. — *Le bacq, passaige et rivière de la Rouge-Maison*, 1511 (arch. nat. P 181, 1).

Maison-Rauge (La), f. détr. c^ne d'Unchair. — *La Maison-Rauge*, 1590 (arch. nat. P 161, 179).

Maison-Rouge (La), lieu-dit, c^ne de Vaudesincourt.

Maison-Rouge, m^on détr. c^ne de Voipreux. — 1633 (lieux régis par la cout. de Vitry).

Maisons, c^ne de Vitry-le-François. — *Mansiones*, 1117 (Touss. c. 9). — *Maisons*, v. 1117 (cart. de Touss. f° 26 r°). — *In villa quæ vocatur Mansionum*, 1148 (arch. nat. P 193, 38). — *Masiones*, 1147-1151 (Andecy). — *Mansio in Campania*, 1227 (Teulet, trésor des chartes, t. II, p. 131). — *Mesons*, v. 1252 (arch. nat. J 202, 48). — *Maisons-en-Champaigne*, 1403 (chap. de Châl. a. 5, l. 37). — *Ecclesia de Domibus in Campania*, 1405 (pouillé de Châl. f° 74 v°). — *Maison-en-Champaigne*, 1502 (cart. d'Huiron, p. 224).

En 1789, Maisons faisait partie de l'élection et suivait la cout. de Vitry. Son église paroissiale, diocèse de Châlons, doyenné de Vitry, était dédiée à saint Pierre; le chapitre cathédral de Châlons présentait à la cure.

Maisons-Brûlées (Les), lieu-dit, c^ne de Beaunay.

Maisons-Brûlées (Les), lieu-dit, c^ne de Couvrot.

Maisons-de-Champagne (Les), f. c^ne de Cernay-en-Dormois. — *Les maisons de Champagne*, 1720 (Saugrain, t. I, p. 434). — *Maison de Champagne*, XVIIIe siècle (Cassini). — *Les maisons de campagne*, 1862 (Guérard, p. 509).

Maisons-de-la-Route (Les), écart, c^ne d'Omey.

Maisons-de-la-Route (Les), 4 m^ons, c^ne de Saint-Germain-la-Ville.

Maisons-Éclusières-du-Canal (Les), 2 m^ons, c^ne de Saint-Just.

Maisons-Rouges (Les), écart, c^ne de Bussy-le-Château.

Maison-Ternaut, écart, c^ne de Rilly-la-Montagne (Cornet-Paulus).

Maison-Verte (La), f. c⁰ᵉ de Cormicy.

Maisonvigny, vill. détr. c⁰ᵉ de Contaut. — *Masanvinier, Masunvinel,* 1154-1161 (Montiers-en-Argonne, c. 1). — *Masum Winith,* 1163-1164 (*ibid.* c. 3). — *Maisunvinier, Maisonvinier,* apud *Domos Wisnier,* 1165 (ibid. c. 1). — *Masumvisner, Maisumvisnier,* 1165 (cart. de Montiers, 10946, f° 22 r°). — *Domus Vinerii,* 1237 (Moutiers, c. 1). — *Maison-Vigny,* 1244 (S.-Pierre-aux-Monts, c. 18). — *Meson-Vignier,* v. 1252 (arch. nat. J 202, 55). — *La Maison-Vignier,* 1287 (dioc. anc. de Châl. 1. I, p. 432). — *La ville de Maison-Vignier,* 1374 (la Neuv. c. 8). — *La Maison-Vigny où souloit avoir une maison,* 1405 (arch. nat. P 217, 18). — *Ecclesia de Domo Vigneri,* 1405 (pouillé de Châl. f° 78 r°). — *Maison-Vigney,* 1462 (arch. nat. Q¹ 662). — *Marsan-Vigny,* 1633 (lieux régis par la cout. de Vitry). — Claude *Belval, laboureur, demeurant à Vigny,* 1635 (Touss. c. 6). — *Maison-Dugny,* 1722 (arch. nat. P 223, 300). — *Maison-Vuigny,* 1732 (ibid. P 163, 34). — *Maison-de-Vrigny,* 1737 (ibid. P 229, 3). — *Maison-Vigni a été détruit totalement lors des guerres des Bourguignons, et son finage réuni à Contault,* 1773 (ibid. Q¹ 662).

Maiterel, loc. disp. près les Rivières. — 1600 (arch. nat. P 178, 84).

Maizières (Les), fief, c⁰ᵉ de Blesmes. — *Les Maizières-en-Blesme,* 1676 (dioc. auc. de Châlons, t. I, p. 275).

Majourion, fief relevant de Bussy-le-Château. — *Le fief appellé le Majourion, consistant en cent quarantequatre journels de terre ou environ, dans laquelle sout compris l'emplacement où était autrefois le moulin Saint-Basle,* 1772 (arch. nat. Q¹ 671).

Maladerie (La), lieu-dit, c⁰ᵉ d'Aigny.

Maladerie (La), lieu-dit, c⁰ᵉ d'Anthenay.

Maladerie (La), lieu-dit, c⁰ᵉ d'Avenay.

Maladerie (La), lieu-dit, c⁰ᵉ d'Avize. — *Une pièce de vigne assize au terroir d'Avise, en lieu dict la Maladerie,* 1450 (chap. de Châl. a. 4, l. 10).

Maladerie (La), lieu-dit, c⁰ᵉ de Beaumont-sur-Vesle.

Maladerie (La), lieu-dit, c⁰ᵉ de Beine.

Maladerie (La), lieu-dit, c⁰ᵉ de Bergères-sous-Montmirail.

Maladerie (La), lieu-dit, c⁰ᵉ de Blacy.

Maladerie (La), lieu-dit, c⁰ᵉ de Brébant.

Maladerie (La), lieu-dit, c⁰ᵉ de la Caure.

Maladerie (La), lieu-dit, c⁰ᵉ de Cauroy-lez-Hermonville.

Maladerie (La), lieu-dit, c⁰ᵉ de Changy.

Maladerie (La), lieu-dit, c⁰ᵉ de Cheppes.

Maladerie (La), lieu-dit, c⁰ᵉ de Condé-sur-Marne.

Maladerie (La), lieu-dit, c⁰ᵉ de Coupéville.

Maladerie (La), lieu-dit, c⁰ᵉ de Crugny.

Maladerie (La), lieu-dit, c⁰ᵉ de Dontrien.

Maladerie (La), lieu-dit, c⁰ᵉ de Dormans. — Ce lieu-dit indique l'emplacement de la maladrerie de Dormans, unie vers ¹695 à l'Hôtel-Dieu de Château-Thierry.

Maladerie (La), lieu-dit, c⁰ᵉ d'Hautvillers.

Maladerie (La), lieu-dit, c⁰ᵉ d'Heiltz-le-Maurupt.

Maladerie (La), lieu-dit, c⁰ᵉ d'Isles-sur-Suippe.

Maladerie (La), c⁰ᵉ de Loivre; nom vulgaire du lieu-dit *le Bois-de-Bacle*.

Maladerie (La), lieu-dit, c⁰ᵉ de Luxémont-et-Villotte.

Maladerie (La), lieu-dit, c⁰ᵉ de Moiremont.

Maladerie (La), lieu-dit, c⁰ᵉ de Montmort.

Maladerie (La), lieu-dit, c⁰ᵉ de la Neuville-au-Pont.

Maladerie (La), lieu-dit, c⁰ᵉ d'Orbais.

Maladerie (La), lieu-dit, c⁰ᵉ d'Oyes.

Maladerie (La), lieu-dit, c⁰ᵉ de Pomacle.

Maladerie (La), lieu-dit, c⁰ᵉ de Romain.

Maladerie (La), lieu-dit, c⁰ᵉ de Saint-Memmie.

Maladerie (La), lieu-dit, c⁰ᵉ de Saron.

Maladerie (La), lieu-dit, c⁰ᵉ de Sarry.

Maladerie (La), lieu-dit, c⁰ᵉ de Sermaize.

Maladerie (La), lieu-dit, c⁰ᵉ de Sommesous.

Maladerie (La), lieu-dit, c⁰ᵉ de Sommeyèvre.

Maladerie (Au-dessus-de-la-), lieu-dit, c⁰ᵉ de Sompuis.

Maladerie (La), lieu-dit, c⁰ᵉ de Soudé-Notre-Dame.

Maladerie (La Grande-), lieu-dit, c⁰ᵉ de Taissy.

Maladerie (La), lieu-dit, c⁰ᵉ de Toulon. — Substructions.

Maladerie (La), lieu-dit, c⁰ᵉ de Trigny.

Maladerie (La), lieu-dit, c⁰ᵉ d'Unchair.

Maladerie (La), lieu-dit, c⁰ᵉ de Ventelay. — Ce lieu-dit indique l'emplacement de la maladrerie de Ventelay, unie en 1695 à l'Hôtel-Dieu de Reims.

Maladerie (La), lieu-dit, c⁰ᵉ de Vienne-la-Ville.

Maladerie (La), lieu-dit, c⁰ᵉ de Villeneuve-Renneville-Chevigny.

Maladerie (La), lieu-dit, c⁰ᵉ de Virginy.

Maladeries (Les), lieu-dit, c⁰ᵉ d'Œuilly.

Maladeries (Les), lieu-dit, c⁰ᵉ de Pierry.

Maladeries (Les), lieu-dit, c⁰ᵉ de Rilly-la-Montagne.

Maladeries (Les), lieu-dit, c⁰ᵉ de Verzy.

Malades (Les), auj. La Converserie, f. c⁰ᵉ de Tramery. — *Au terroir de la dilla rille a une maison appellée la maison de la Maladerie de Tramery,* 1384 (arch. nat. P 28, 27). — Voy. pour les formes postérieures à 1384, le mot : Converserie (La).

Maladière (La), lieu-dit, c⁰ᵉ de Bussy-aux-Bois.

MALADIÈRE (LA), lieu-dit, cᵉ de Giffaumont.

MALADIÈRE (LA), lieu-dit, cᵉ de Somsois.

MALADRERIE (LA), lieu-dit, cᵉ d'Auberive.

MALADRERIE, cᵉ d'Ay, anc. m. de l'ordre de Saint-Lazare, unie en 1695 à l'Hôtel-Dieu de Reims.

MALADRERIE (LA), lieu-dit, cᵉ de Béru.

MALADRERIE (LA), lieu-dit, cᵉ de Breuil-sur-Vesle.

MALADRERIE (LA), cᵉ de Broyes, anc. m. de l'ordre de Saint-Lazare, unie en 1695 à l'hôpital de Sézanne. — Son souvenir est conservé, au plan cadastral, par le lieu-dit la Maladrille.

MALADRERIE (LA), lieu-dit, cᵉ de la Cheppe.

MALADRERIE (LA), lieu-dit, cᵉ de Chigny.

MALADRERIE (LA), cᵉ de Chouilly, anc. m. de l'ordre de Saint-Lazare, unie en 1695 à l'Hôtel-Dieu de Reims.

MALADRERIE (LA), cᵉ de Coole, anc. m. de l'ordre de Saint-Lazare, unie en 1695 à l'hôpital général de Vitry-le-François.

MALADRERIE (LA), lieu-dit, cᵉ de Courmas.

MALADRERIE (LA), lieu-dit, cᵉ de Dompremy.

MALADRERIE (LA), lieu-dit, cᵉ d'Esternay.

MALADRERIE (LA), lieu-dit, cᵉ de Fère-Champenoise.

MALADRERIE (LA), cᵉ de Fismes, anc. m. de l'ordre de Saint-Lazare, unie en 1695 à l'Hôtel-Dieu de Reims.

MALADRERIE (LA), cᵉ de Larzicourt, anc. m. de l'ordre de Saint-Lazare, unie en 1695 à l'hôpital général de Vitry-le-François.

MALADRERIE (LA), lieu-dit, cᵉ de Lavannes.

MALADRERIE (LA), cᵉ de Loisy-sur-Marne, anc. m. de l'ordre de Saint-Lazare, unie en 1695 à l'hôpital général de Vitry-le-François.

MALADRERIE (LA), lieu-dit, cᵉ de Mourmelon-le-Grand.

MALADRERIE (LA), cᵉ de Possesse, anc. m. de l'ordre de Saint-Lazare, unie en 1695 à l'hôpital général de Vitry-le-François.

MALADRERIE (LA), cᵉ de Sainte-Marie-à-Py, anc. m. de l'ordre de Saint-Lazare, unie en 1695 à l'Hôtel-Dieu de Reims.

MALADRERIE (LA), cᵉ de Saint-Hilaire-le-Grand, anc. m. de l'ordre de Saint-Lazare, unie en 1695 à l'Hôtel-Dieu de Reims.

MALADRERIE (LA), lieu-dit, cᵉ de Saint-Hilaire-le-Petit.

MALADRERIE (LA), lieu-dit, cᵉ de Savigny-sur-Ardres.

MALADRERIE (LA), cᵉ de Sézanne, mᵐ de l'ordre de Saint-Lazare, unie en 1695 à l'hôpital de Sézanne.

MALADRERIE (LA), lieu-dit, cᵉ de Sogny-en-l'Angle.

MALADRERIE (LA), cᵉ de Sommevesle, mᵐ de l'ordre de Saint-Lazare, unie en 1695 à l'hôpital de Châlons-sur-Marne.

MALADRERIE (LA), cᵉ de Tours-sur-Marne, mᵐ de l'ordre de Saint-Lazare, unie en 1695 à l'Hôtel-Dieu de Reims.

MALADRERIE (LA), cᵉ de Verneuil, mᵐ de l'ordre de Saint-Lazare, unie vers 1695 à l'Hôtel-Dieu de Château-Thierry.

MALADRERIE (LA), lieu-dit, cᵉ de Vincelles.

MALADERIE (LA). — Voy. MALADERIE (LA).

MALADRILLE (LA), cᵉ de Mareuil-sur-Ay.

MALAITERIE (LA), lieu-dit, cᵉ de la Chapelle-sur-Orbais.

MALASSISE (LA), écart, cᵉ d'Arrigny (Cornet-Paulus).

MALASSISE (LA), f. cᵉ de Moivre.

MALASSISE (LA), f. détr. cᵉ de Sainte-Menehould. — Figure encore sur Cassini, milieu du xviiiᵉ siècle.

MALASSISE (LA), lieu-dit, cᵉ de Venteuil.

MALATIÈRE (LA), lieu-dit, cᵉ de Thibie.

MALGOUVERNE (LA), écart, cᵉ de Chigny (Cornet-Paulus).

MALGRANGE, lieu-dit, cᵉ de Warmeriville.

MALLE (LA), chât. cᵉ de Saint-Brice. — La maison de la Malle, 1464 (S.-Thierry, l. 7). — Le chasteau de la Malle, 1653 (archev. de Reims, c. 3). — Ferme de la Malle, 1720 (Saugrain, t. I, p. 482).

MALMAISON (LA), mᵐ détr. cᵉ d'Arcis-le-Ponsard. — Oudit terroir, ville et finage dudit Arcy, a un manoir appellé la Malle-Maison, ... la Male-Maison, 1406 (arch. nat. P 181, 149).

MALMAISON (LA), f. cᵉ d'Ay. — Mala Domus, v. 1252 (arch. nat. J 202, 47). — La Male-Maison, 1273 (cart. de S.-Denis de Reims, p. 221). — La Malle-Maison, v. 1274 (arch. nat. J 202, 45). — La Male-Maison de lès Challefontaine, 1299 (S.-Basle, l. 17). — La Male-Mason, 1352 (arch. nat. P 181, 30). — La Malmaison près Esparnay, 1575 (ibid. P 181, 119).

MALMAISON (LA), lieu-dit, cᵉ du Buisson.

MALMAISON (LA), h. cᵉ de Champaubert-aux-Bois. — En ladite ville [ds Champaubert] ung gaingnage nommé la Male-Maison, 1456 (arch. nat. P 179, 62). — Deux métairies appelées la Malle-Maison, 1773 (ibid. Q¹ 663).

MALMAISON (LA), f. cᵉ de Gigny-aux-Bois. — La Male-Meson-au-Bois, v. 1274 (arch. nat. J 202, 46 ter). — Le fief de la Malmaison-lez-Gigny, 1641 (ibid. P 216, 82).

MALMAISON (LA), lieu-dit, cᵉ de Saint-Étienne-au-Temple.

MALMAISON (LA), h. cᵉ de Verneuil.

MALMY, cᵉ de Ville-sur-Tourbe. — Malemeias, 1049 (Gall. christ. t. XIII, col. 559). — Malmy, 1234 (S.-Maur de Verdun; aux arch. de la Meuse). —

Malmeis, 1290 (Touss. c. 7). — *Malemeis,* 1333 (S.-Pierre-aux-Monts, c. 8).—*Malemi,* 1346 (arch. adm. de Reims, t. II, p. 1100). — *Molemy,* 1389 (arch. nat. P 183, 58). — *Malmy-en-Dormois,* 1845 (dictionn. des postes).

En 1789, Malmy faisait partie de l'élection de Sainte-Menehould et était régi par la cout. de Reims. Son église paroissiale, annexe de celle de Melzicourt, diocèse de Reims, doyenné de Cernay-en-Dormois, était consacrée à saint Remy.

MALNUE, f. détr. c^{ne} de Voilemont.

MALONGE (LA), f. m^{in} à vent, c^{nes} de Verzy et de Villers-Marmery.

MALOTERIE (LA), lieu-dit, c^{ne} de Vauciennes.

MALOTIÈRE (LA), lieu-dit, c^{ne} d'Herpont.

MALOUSIN, f.. c^{ne} de Ventelay. — *La cense de Maloisin,* 1657 (arch. nat. P 217, 45). — *Malouzin, paroisse de Ventelay,* 1738 (ibid. P 230, 61). — *Malonsin,* 1860 (Cornet-Paulus).

MALQUETTERIE (LA), lieu-dit, c^{ne} de Festigny. — Substructions.

MALTON, m^{on}, c^{ne} d'Étoges.

MALTOURNÉE (LA), m^{on}, c^{ne} de Sainte-Menehould.

MALTOURNÉE (LA), f. c^{ne} de Vassimont.

MALTOURNÉES (RUISSEAU DES), c^{ne} de Dizy.

MALVOISINE, loc. détr. située dans la seign. d'Esternay. — 1571 (arch. nat. P 178, 71).

MALWÈS, m^{on} détr. c^{ne} de Dompremy. — *La maison de Male-Weis, assise de lez la ville de Donremy,* 1366 (S.-Memmie, c. 9).

MANCY, c^{on} d'Avize.— *Mancy, Mansy,* 1162 (Audecy). — *Menziacum, Mensiacum,* 1178 (cart. de S.-Martin d'Épernay, p. 138-139). — *Manceium,* 1213 (ibid. t. 1, p. 81). — *Minciaci, Maiaci,* vers 1222 (livre des vass. de Champ.). — *Manceyum,* 1224 (cart. de S.-Martin d'Épernay, p. 160). — *Manci,* 1225 (Argens. c. 1). — *Mantiacum,* 1262 (la Charmoye, c. 6). — *Mancey,* 1311 (Argens. c. 1). — *Mency,* 1381 (arch. nat. P 181, 37). — *Mansy,* 1515 (Argens. c. 1).

M$_{an}$cy était compris, en 1789, dans l'élection d'Épernay et suivait la cout. de Vitry. Son église paroissiale, diocèse de Soissons, doyenné d'Orbais, était dédiée à saint Hubert; l'abbesse de Notre-Dame de Soissons présentait à la cure.

MANDRE, f. c^{ne} de la Chaussée-sur-Marne.

MANDRES (LES), h. c^{ne} des Rivières.

MANICORNE (LA) ou MARICORNE, écart, c^{ne} de Villeneuve-la-Lionne (Cornet-Paulus).

MANNERIE (LA), lieu-dit, c^{ne} de Dormans.

MANSARDIE (LA), lieu-dit, c^{ne} d'Aulnay-aux-Planches.

MAQUERELLE (LA), h. c^{ne} d'Olizy-et-Violaine. — *La*

Macquerelle, 1557 (Longau, l. 32). — *Macrelle,* XVIII° siècle (Cassini). — *Maquerelle,* 1860 (Cornet-Paulus). — *La Marquerelle,* 1862 (Guérard, p. 409).

MAQUERRIE (LA), m^{on} détr. c^{ne} de Saint-Remy-en-Bouzemont. — *Une petite pièce de terre où autrefois il y a eu une maison, scituée au Radit, appellée la Maquerrie,* 1722 (arch. nat. Q¹ 684).

MARAIS (LES), ch. c^{ne} d'Athis.

MARAIS (LES), f. c^{ne} de la Chapelle-Lasson.

MARAIS (LES), m^{in} détr. près Châtillon sur-Marne. — *Molendinum des Marès,* 1146 (hist. de la maison de Châtillon, p. 25).

MARAIS (LES), m^{ons}, c^{ne} de Clesles. — *Grand-Marais,* XVIII° siècle (Cassini). — *Les Marais de Clesles,* 1847 (lieux habités).

MARAIS (LES), h. c^{ne} d'Épernay.

MARAIS (LES), cabaret et tuilerie, c^{ne} de Jouy.

MARAIS (LES), chât. f. et usine à sucre, c^{ne} de Merfy. — *Les Maretz,* 1847 (lieux habités).

MARAIS (LES), chât. c^{ne} de Montmirail. — *Les Maretz,* 1563 (chât. de Montmirail).

MARAIS (LES), f. c^{ne} de Villeneuve-Saint-Vistre-et-Villevotte.

MARAIS (LES), h. c^{ne} de Warmeriville.

MARAIS (RU DES), affl. de l'Ante; coule sur le territoire de Sivry-sur-Ante.

MARAIS (RU DU), affl. de l'Auve, c^{ne} de Braux-Sainte-Cohière.

MARAIS (RU DES), affl. du Meldenson; arrose le finage de Margerie-Hancourt.

MARAIS-DE-NEUF-ANS (LE), f. c^{ne} de Trigny.

MARAIS-DE-TRANLAIS (RUISSEAU DU), c^{ne} de Prouilly.

MARAITERIE (LA), lieu-dit, c^{ne} de Courjeonnet.

MARANDERIE (LA), lieu-dit, c^{ne} de Marsangy.

MARANGUET, fief, c^{ne} de Gionges. — *Le fieff des Marenguets les ledit Fontaine,* 1605 (arch. nat. P 196, 56). — *Un fief appellé le fief de Maranguetz proche ledit Fulaine-Saint-Quentin,* 1673 (ibid. Q¹ 681).

MARAUDS (RUE-DES-), lieu-dit, c^{ne} de Troissy.

MARCHAIS (LE), fief mouvant de Broyes. — *Le fief du Marchas que ledit Huguenins de Broyes tient en fié dudit seigneur [de Broyes],* 1375 (arch. nat. P 178, 172). — *Dans laquelle terre [d'Allemand] est enclavez le fief de Marchais,* 1664 (ibid. P 191⁴, 26 bis). — *Le fief du Marchais,* 1732 (ibid. P 197, 39).

MARCHÉ (LE), quartier de Châlons-sur-Marne dont une famille féodale portait le nom. — *Radulfus miles de Foro,* 1198 (Touss. c. 10). — *Raouls du Marchié de Chaalons,* v. 1222 (livre des vass. de Champ.).

MARCHEVILLE, fief, c⁰ᵉ de Charmont. — *Marchanville*, 1634 (dioc. anc. de Chàl. t. II, p. 127). — *Le fief de Marchainville, situé... au ban et finaige de Charmant et Charmontelle*, 1768 (arch. nat. Q¹ 664). — *Le fief de Marcheville*, 1774 (*ibid.*).

MARCILLY-SUR-SEINE, c⁰ᵉ d'Anglure. — *Marcilleium*, 1165 (Gall. christ. t. XII, p. 271). — *Marcelli*, 1176 (hist. des comtes de Champ. t. III, p. 466). — *Marcelleium*, 1209 (arch. de l'Aube, G 12). — *Marcelliacum*, 1211 (cart. de Nesle, f° 36 v°). — *Marcillei, Marcilli, Marsilli*, v. 1222 (livre des vass. de Champ.). — *Marsilliacum*, v. 1240 (arch. nat. J 193, 83). — *Marciliacum*, 1263 (Andecy). — *Marcillacum juxta Conflencium*, 1288 (cart. de Sellières, bibl. de Troyes, f° 56 r°). — *Marcili*, fin du XIIIᵉ siècle (arch. nat. J 206; Troyes, 3). — *Marcilly-sur-Sainne*, 1403 (arch. nat. P 184, 13). — *Marcilly-sur-Seine*, 1595 (reg. paroissiaux de Mailly). — *Marsilly*, 1667 (*ibid.*). — *Murcili-sur-Aube vel Marsilli où faut Aube*, 1667 (Valois; notitia Galliarum, p. 315). — *Maxilly*, 1722 (arch. nat. T 126¹).

Marcilly faisait partie, en 1789, de l'élection de Sézanne et était régi par la cout. de Meaux. Son église paroissiale, diocèse de Troyes, doyenné de Sézanne, était consacrée à saint Ferréol; l'abbé de Chantemerle présentait à la cure.

MARDAILLE (LA), écart, c⁰ᵉ de Serzy-et-Prin.

MARDELLES, h. c⁰ᵉ de Montmort. — *Marsella*, 1215 (la Charmoye, c. 2). — *Murzeles*, 1238 (*ibid.*). — *Mardeles*, 1250 (*ibid.*). — *Mardellæ*, 1268 (*ibid.*). — *Mardelles*, 1307 (*ibid.* c. 6). — *La forge de Mardelles*, 1546 (hist. de la maison de Béthune, c. 337). — *Mardelle*, 1633 (lieux régis par la cout. de Vitry). — *La Mardelle*, XVIIIᵉ siècle (Cassini).

MARDEUIL, c⁰ᵉ d'Épernay. — *Merdoil*, comm. du XIᵉ s° (polypt. de S.-Remy de Reims). — *Mardolium*, 1198 (Épernay et l'abb. de S.-Martin, t. II, p. 21). — *Marduel*, 1222 (la Charmoye, c. 5). — *Martolium*, 1239 (cart. d'Igny, f° 226 r°). — *Mardueil*, v. 1274 (arch. nat. J 202, 45). — *Marduel*, v. 1308 (*ibid.* P 1114). — *Mordueil*, 1318 (Boutaric, actes du parl. de Paris, n° 5584). — *Merdeul*, 1362 (arch. nat. P 182, l° 167 v°). — *Mardeul*, 1442 (*ibid.* P 182, f° 205 v°).

Mardeuil était compris, en 1789, dans l'élection d'Épernay et suivait la coutume de Vitry. Son église paroissiale, diocèse de Reims, doyenné d'Épernay, était dédiée à saint Thomas de Cantorbéry; l'abbé de Saint-Martin d'Épernay présentait à la cure.

MARE AUX-BŒUFS (RUISSEAU DE LA), c⁰ᵉ de Binarville.

MARÉCAGE (LE), f. c⁰ᵉ de Sainte-Menehould. — *Les Marécages*, 1861 (dioc. anc. de Chàl. t. II, p. 146).

MARÉCHAUDERIE (LA), lieu-dit, c⁰ᵉ de Couvrot.

MARE-DES-FAUCONNIERS (LA), écart, c⁰ᵉ de Brimont.

MARE-LA-CONVERSE (RUISSEAU DE LA), c⁰ᵉ de Maurupt-Montoy.

MAREMBOURG (FOSSÉ DE), ruiss. c⁰ᵉ de Saint-Lumier-la-Populeuse.

MARENGOTE (LA), écart, c⁰ᵉ de Sivry-sur-Ante.

MARES (LES), f. c⁰ᵉ de Braux-Saint-Remy. — *Nemus quod vocatur les Mars*, 1220 (S.-Remy de Reims, l. 59). — Anseau, avoué de Braux, fait hommage à l'abbaye de Saint-Remy *de feodo quod tenet ab eadem ecclesia... videlicet de Marchis*, 1239 (*ibid.*). — *La maison des Mars*, 1312 (*ibid.*). — *Une censa aut gainaige... nuncupata vulgariter la cense des Petitz-Mars... in territorio aut finagio de Braulx Sancti Remigii*, 1520 (*ibid.*). — *Une maison, court, grange, lieu et pourpris comme le tout se comporte, assise au ban et finaige de Braulx-Sainct-Remy, appellée vulgairement la cense des Grans-Mars*, 1565 (*ibid.*). — *Les censes des Grands et Petits-Mars, quy souilloit par ci-devant consister en deux maisons, de present en ruyne tant à l'occasion des guerres que aultrement*, 1598 (*ibid.*). — *La cense des Mars*, 1662 (*ibid.*). — *La cense des Grands et Petits-Mars*, 1758 (*ibid.*). — *La ferme des Marts*, 1847 (lieux habités).

MAREUIL-EN-BRIE, c⁰ⁿ de Montmort. — *Marollum*, 1131 (Gallia christ. t. X, c. 166). — *Marueil*, v. 1222 (livre des vass. de Champ.). — *Marolium*, 1231 (Teulet, trésor des chartes, t. II, p. 214). — *Maruel*, v. 1252 (arch. nat. J 193, 51). — *Maroil de lez Orbez*, 1270 (la Charmoye, c. 2). — *Marueilg*, 1280 (cart. d'Igny, f° 146 v°). — *Mareul*, 1330 (la Charmoye, c. 1). — *Mareuil-en-Brye*, 1393 (arch. nat. P 180, 87). — *Maroil*, 1397 (*ibid.* P 180, 128). — *Marueil-en-Brie*, 1399 (*ibid.* P 180, 200). — *Le chastel et chastellenie de Mareuil-en-Brie, en laquelle appartient Mareuil-la-Ville*, 1404 (hist. de la maison de Béth. p. 261). — *Marœul-en-Brie*, 1529 (*ibid.* p. 303). — *Mareuille-en-Brie*, XVIIIᵉ siècle (Cassini). — *Mareuil-sur-Brie, Marollium subtus Orbacum*, 1783 (état du diocèse de Soissons). — *Mareuil-en-Brie* ou *sur-le-Moulin*, 1860 (Cornet-Paulus).

En 1789, Mareuil-en-Brie faisait partie de l'élection d'Épernay et était régi par la cout. de Vitry. Son église paroissiale, diocèse de Soissons, doyenné d'Orbais, était consacrée à saint Remy; l'abbé de Valsecret présentait à la cure.

MAREUIL-LE-PORT, c⁰ⁿ de Dormans. — *Marolium*, 1100

(cart. de S.-Jean des Vignes, f° 32 r°). — *Maroilum, Marroilum*, 1110 (*ibid.* f°* 25 v° et 28 r°). — *Marueil*, 1146 (hist. de la maison de Châtillon, p. 25). — *Maroil*, v. 1222 (livre des vass. de Champ.). — *Mareul*, fin du xiii° siècle (feoda Camp. B 25). — *Maruel-dessus-Chastillon, Maruelsoubz-Chastillon*, 1358 (arch. adm. de Reims, t. III, p. 108 et 109). — *Mareuil-sous-Châtillon-sur-Marne*, 1546 (arch. nat. Q¹ 674).

En 1789, Mareuil-le-Port était compris dans l'élection d'Épernay et suivait la cout. de Vitry. Son église paroissiale, diocèse de Soissons, doyenné de Châtillon-sur-Marne, était dédiée à saint Remy; l'abbé de Saint-Jean-des-Vignes de Soissons présentait à la cure.

MAREUIL-SUR-AY, c°ⁿ d'Ay. — *Locus supra Maternam fluvium qui dicitur Marogillus, in quo ecclesia beati Hilarii Pictaviensis episcopi nomine dedicata*, ix° siècle (vita sancti Tresani). — *Mariculum*, 1042 (hist. des comtes de Champagne, t. I, p. 482). — *Paganis Maroliensis*, 1103 (cart. d'Avenay, f° 5 r°). — *Marogilum*, v. 1114 (Saint-Remy de Reims, l. 69). — *Marolium Castellum*, 1122 (Touss. c. 11). — *Signum Malogiensis Rogeri*, 1125 (cart. d'Avenay, f° 5 v°). — *Marrolium*, 1154 (S.-Denis de Reims, l. du bois de Vernay). — *Maroilum*, 1186 (cart. d'Avenay, f° 3 r°). — *Marolum, Maroil*, 1188 (Vinets, c. 5). — *Marol*, 1189 (la Neuville, c. 5). — *Marolium super Maternam*, 1219 (arch. nat. Q¹ 655; Avenay, 1). — *Marueil*, v. 1222 (livre des vass. de Champ.). — *Maruel*, 1239 (Teulet, trésor des chartes, t. II, p. 400). — *Mareil, Maroliæ*, v. 1252 (arch. nat. J 202, 47 et 48). — *Maruoil*, v. 1300 (extenta Campanie, Épernay). — *Maruel*, 1316 (arch. nat. S 3035). — *Mareul*, 1320 (S.-Pierre-aux-Monts, c. 9). — *Mareul-sur-Marne*, 1381 (arch. nat. P 182, f° 6 v°). — *Marueil-lez-Ay*, 1428 (*ibid.* Q¹ 673). — *Marolium supra Matronam*, 1481 (chap. de Reims, b. 54). — *Marueuil-sur-Marne*, 1490 (Argens. c. 5). — *Mareuille-[sur]-Ay*, 1676 (lieux régis par la cout. de Vitry).

En 1789, Mareuil-sur-Ay faisait partie de l'élection d'Épernay et était régi par la cout. de Vitry. Son église paroissiale, diocèse de Reims, doyenné d'Épernay, était consacrée à saint Hilaire; l'abbesse d'Avenay présentait à la cure.

MARFAUX, c°ⁿ de Ville-en-Tardenois. — *Merfaus*, 1209 (chap. de Reims, l. Marfaux). — *Millefagi*, 1217 (ibid. c. 24). — *Marfaus*, 1251 (ibid.). — *Marfaulx*, 1265 (arch. adm. de Reims, t. I, p. 886). — *Merfaut*, 1270 (cart. B du chap. de Reims,

f° 168 v°). — *Merfaux*, 1274 (cart. de S.-Denis de Reims, p. 226). — *Marfaut*, 1287 (arch. adm. de Reims, t. I, p. 1030). — *Merfaudium*, 1304 (chap. de Reims, l. Chaumuzy). — *Marfau*, 1317 (Boutaric, actes du parl. n° 5035). — *Merfaudum*, 1319 (ibid. n° 5881). — *Marfaudium*, 1321 (ibid. n° 6545). — *Marffaut*, 1333 (arch. adm. de Reims, t. II, p. 655). — *Merfau*, 1337 (ibid. t. II, p. 759). — *Merfaud*, 1384 (arch. nat. P 28, 27). — *Merfault*, 1433 (ibid. Q¹ 656). — *Marfault en la montaigne de Reims*, 1482 (chap. de Reims, c. 24).

Marfaux était compris, en 1789, dans l'élection et suivait la cout. de Reims. Son église paroissiale, diocèse de Reims, doyenné de la Montagne, était dédiée à saint André; le tournaire du chapitre métropolitain de Reims présentait à la cure.

MARFAUX (Ru de), affl. de l'Ardre; coule sur le territoire de Marfaux.

MARGERIE, vill. c°ⁿ de Margerie-Hancourt. — *Sancta Margareta*, 1119 (Teulet, trésor des chartes, t. I, p. 42). — *Sancta Margarita*, 1222 (liber princip. 5992, f° 298 r°). — *Mergerie*, 1222 (Hôtel-Dieu le Comte, à Troyes, l. 17, c. v, n° 4). — *Sainte-Margerie*, v. 1222 (livre des vass. de Champ.). — *Sainte-Margerie-en-Champaigne*, 1327 (Boutaric, actes du parl. n° 7902). — *Margerye*, 1566 (Hôtel-Dieu le Comte, à Troyes, l. 17, c. v, n° 6).

Margerie faisait partie, en 1789, de l'élection de Vitry et était régi par la cout. de Chaumont. Son église paroissiale, diocèse de Troyes, doyenné de Margerie, était sous le patronage de la sainte Croix (Exaltation); le prieur de Margerie, de l'ordre de Cluny, présentait à la cure.

MARGERIE-HANCOURT, c°ⁿ de Saint-Remy-en-Bouzemont, commune formée en 1851 de l'union des anciennes communes de Margerie et d'Hancourt.

MARGNY, c°ⁿ de Montmirail. — *Mareigni, Maregni*, 1214 (cart. de S.-Jean-des-Vignes, f° 92 r°). — *Marregny*, 1215 (arch. nat. J 205, 5). — *Marignis supra Orbascum*, v. 1252 (ibid. J 197, 190). — *Margny en Brie*, 1720 (Saugrain, t. I, p. 77). — *Margny ou Margely*, 1805 (ann. de l'an xiii, p. 65).

Margny était compris, en 1789, dans l'élection de Château-Thierry et suivait la cout. de Vitry. Son église paroissiale, annexe de celle de Verdon, diocèse de Soissons, doyenné d'Orbais, était dédiée à saint Sulpice.

MARGOTIÈRE (LA), lieu-dit, c°ⁿ de Grauves.

MARGUILLERIES (LES), lieu-dit, c°ⁿ de Cuchery.

MARIAMBOURG, ca-dit, c°ⁿ de Possesse.

Mariembourg, lieu-dit, c^{on} de Brouillet.

Mariembourg (Chemin de), c^{ne} de Chambrecy.

Marigny-le-Grand, c^{on} de Fère-Champenoise. — *Marinni*, v. 1146 (Montier-la-Celle, l. 18). — *Marigny de lez Pieerre*, *Maregni*, 1293 (cart. d'Oyes, f° 16 v°). — *Marigny-les-Jardins*, 1682 (arch. nat. P 194¹, 1). — *Marigny*, xviii° siècle (Cassini).

En 1789, Marigny-le-Grand faisait partie de l'élection de Sézanne et était régi par la cout. de Meaux. Son église paroissiale, annexe de celle de Thaas, diocèse de Troyes, doyenné de Sézanne, était consacrée à saint Pierre et à saint Laurent.

Marigny-le-Petit, h. c^{ne} de Marigny-le-Grand.

Marisais (Les), f. c^{ne} d'Allemant. — *Le fief du Marisais enclavé dans ladite terre et seigneurie d'Allemans*, 1603 (arch. nat. P 178, 98).

Marizy, lieu-dit, c^{ne} de Fagnières.

Marlit, f. c^{ne} d'Orbais.

Marlière (La), h. c^{nes} de Janvilliers et de Margny. — *La Merlière*, 1289 (cart. de Coincy, p. 407). — *La Marlière*, 1464 (ibid. p. 545). — *Marillier*, xviii° siècle (Cassini).

Marly (Le), lieu-dit, c^{ne} de Pevy.

Marmeria, écart, c^{ne} de Nanteuil-la-Fosse (Cornet-Paulus).

Marmery, vill. détr. c^{ne} de Villers-Marmery. — *Marmareium*, 1085 (E. de Barthélemy, canton de Verzy, p. 143). — *Marmoreia*, 1090 (ibid. p. 142). — *Villa quæ dicitur Marmoriacum*, 1172 (Gallia christ. t. X, c. 48).

Le lieu-dit *les Marmery* indique l'emplacement de ce village.

Marne (La), riv. affl. de la Seine, prend sa source dans le finage de Balasmes (Haute-Marne), entre dans le département de la Marne par le territoire de Hautefontaine et en sort par celui de Courthiézy, après avoir traversé le département du sud-est au nord-ouest. — *Matrona*, 1er siècle av. J.-C. (Cæsar, de bello gallico). — *Fluvius Maternæ*, v. 670 (Gall. christ. t. X, c. 1). — *Maternæ flumen*, 1128 (S.-Pierre-aux-Monts, c. 1). — *Marna*, 1141 (dioc. auc. de Chât. t. I, p. 361). — *Maderna*, 1142 (S.-Pierre-aux-Monts, c. 1). — *Merna*, comm. du xii° siècle (Pertz, t. XVI, p. 335). — *Marne*, v. 1222 (livre des vass. de Champ.).

Marne (La Rivière de la), fief à la Chaussée. — *Le fief de la Rivière*, *situé à Mutigny-lez-la-Chaussée*, 1713 (arch. nat. P 223, 388). — *Le fief de la Rivière de Marne, à Mutigny*, 1737 (ibid. P 229, 59). — *Fief de la rivière de Marne : ce fief est composé du cours de la Rivière de Marne à commencer le ..... de Seine amont l'eau, au-dessus de l'emplacement des*

anciens moulins de Marne-la-Maison, en descendant jusqu'au guey d'Omey, 1763 (ibid. Q¹ 666).

Marne-la-Maison, h. détr. c^{ne} de la Chaussée. — *Matrona*, v. 1252 (arch. nat. J 202, 55). — *Materna*, 1273 (S.-Jacques de Vitry, c. 8). — *Marna*, 1283 (ibid.). — *Les moulins de Marne-la-Maison*, *Marne*, 1364 (ibid.). — *Ung petit fief à Marne*, 1571 (ibid. P 179, 116). — *Fief de Marne-la-Maison : ce fief est situé dans l'étendue de la paroisse de la Chaussée*, 1763 (ibid. Q¹ 666).

Marneria (La), lieu-dit, c^{ne} de Ville-sur-Tourbe.

Marnies (Les), f. détr. c^{ne} de Vitry-le-François. — *Les Marnies*, 1720 (Saugrain, t. I, p. 446). — *Les Mormies*, *les Marnées*, 1860 (Cornet-Paulus).

Marny, lieu-dit, c^{ne} de Dommartin-la-Planchette.

Marois, auc. f. c^{ne} de Villevenard. — *La cense Marois*, *scize en la paroisse de Villevenard*, v. 1700 (Andecy, c. 3).

Marclise (Ru de), affl. de la Bionne; arrose le finage de Vienne-la-Ville.

Marolles, c^{ne} de Vitry-le-François. — *Mairoles*, 1196 (S.-Pierre-aux-Monts, c. 17). — *Mayroles*, 1213 (ibid. c. 2). — *Murales*, *Marrales*, v. 1252 (arch. nat. J 202, 55). — *Mairoliæ*, 1254 (S.-Jacques de Vitry, c. 3). — *Marroliæ*, 1267 (S.-Pierre-aux-Monts, c. 28). — *Mercles*, v. 1274 (arch. nat. J 202, 46 ter). — *Mairroliæ*, 1280 (S.-Pierre-aux-Monts, c. 14). — *Maroles de costs Vitry*, 1384 (arch. nat. P 51², 1460). — *Maroliæ*, 1405 (pouillé de Chât. f° 76 v°). — *Mairolles*, 1459 (S.-Pierre-aux-Monts, c. 14). — *Maroialæ*, *vulgo Marolles*, 1775 (chap. de Chât. a. 1, l. 56).

En 1789, Marolles était compris dans l'élection et suivait la coutume de Vitry. Son église paroissiale, diocèse de Châlons, doyenné de Perthes, était dédiée à Notre-Dame; le chapitre de Châlons présentait à la cure.

Marolles (Les), f. détr. c^{ne} d'Ablois-Saint-Martin. — *Les Marolles*, 1550 (arch. nat. P 162, 208). — *Une autre cense ou gauniage audit finage d'Ablois, communément appelée les Marolles*, 1634 (ibid. P 216, 38).

Maroyea (Les), fief, à Cernay-lez-Reims. — 1581 (E. de Barthélemy, cart. de l'évêché de Chât. p. 54).

Marqgerie (La), f. c^{ne} de Suizy-le-Franc. — *La Marcris*, 1847 (lieux habités).

Marquetterie (La), h. c^{ne} de Pierry. — *La Marqueterie, paroisse de Pierry*, 1709 (arch. nat. Q¹ 677).

Marqueuse, vill. détr. c^{nes} de Fresne et de Pomacle. — *Marconei Curtis ?* 1119 (Gall. christ. t. X, c. 36). — *Marcoase*, 1218 (cart. G de l'arch. de Reims, f° 72). — *Markeuse*, 1233 (chap. de Reims, c. 20).

— *Marqueuse,* v. 1260 (nécr. de l'égl. de Reims,
p. 84). — *Marqueuze,* 1324 (S.-Denis de Reims,
l. Burigny). — *Marquise,* 1556 (arch. lég. de
Reims, cout. p. 876).

Le village de Marqueuse fut détruit par les
guerres de la minorité de Louis XIV; son église,
succursale de celle de Witry-lez-Reims, existait encore en 1687, mais elle était démolie dès 1697.

Marquise (La), f. c^ne de Wez. — Cette ferme fut bâtie
en 1828. En 1862, Guérard (statist. de la Marne,
p. 449) l'appelle *la Marquise.*

Marsangis, c^on d'Anglure. — *Massangy,* 1131 (Andecy). — *Massingi,* v. 1146 (Montier-la-Celle,
c. 18). — *Massengeium,* 1155 (*ibid.* c. 3). —
Massengi, Massengy, 1176 (hist. des comtes de
Champagne, t. III, p. 465). — *Masseigni,* v. 1222
(livre des vassaux de Champ.). — *Maussengi,*
v. 1252 (arch. nat. J 195, 96). — *Massegny,*
1376 (*ibid.* J 176, 74). — *Marsangeyum,* 1381
(pouillé de Troyes, A 319). — *Massangeyum,*
1407 (*ibid.* n° 307). — *Marsangny,* 1489 (chap.
de Sézanne, c. 7). — *Marsangy,* 1508 (*ibid.*). —
Marsougy, 1508 (*ibid.*).

En 1789, Marsangis faisait partie de l'élection
de Sézanne et était régi par la coutume de Meaux.
Son église paroissiale, diocèse de Troyes, doyenné
de Sézanne, était consacrée à saint Gengoul; la cure
était à la collation de l'évêque de Troyes.

Marsangis (Ru de), affl. du ru de Choisel; arrose le
territoire de Marsangis.

Massenet (Le), affl. de la Moivre; coule sur les finages
de Marson et de Francheville. — On écrit quelquefois, mais à tort, *Marcenet.*

Marson, arr. de Châlons. — *Martio,* comm. du xie s^e
(polypt. de S.-Remy de Reims). — *Villa que vocatur
Marçons,* 1218 (S.-Jacques de Vitry, c. 4). — *Mar-
çon-le-Grant,* 1240 (Cheminon, c. 1). — *Marçan-
num,* 1278 (cart. de Montiers, 9905, f° 367 r°).
— *Marsunnum,* 1289 (S.-Pierre-aux-Monts, c. 2).
— *Marçons,* 1379 (chap. de Reims, l. Vauclerc).
— *Marçon d'amont* et *Marçon d'aval,* 1380 (chap.
de Reims, c. 39). — *Marsons,* 1380 (*ibid.*
l. Vauclerc). — *Marsonnus superior* et *inferior,*
1542 (taxe du dioc. de Châl. p. 208). —
Sanctus Nicolaus *de Morsans,* 1775 (chap. de Châl.
a. 1, l. 50).

Marson était compris, en 1789, dans le diocèse
et suivait la coutume de Châlons. Son église paroissiale, diocèse de Châlons, doyenné de Bussy-le-
Château, était dédiée à saint Nicolas; le chapitre
de la cathédrale de Châlons présentait à la cure. —
Plusieurs des textes, cités plus haut, montrent

Marson divisé en deux parties : Marson d'Aval et
Marson d'Amont; la première subsiste seule aujour-
d'hui.

Marson, vill. détr. c^ne de Courmelois. — *Marcedonus,*
956 (Marlot fr. t. II, p. 836). — *Quoddam alodium habebat in archiepiscopatu Remensi, in villa que
Marcianus dicitur, super fluvium Vitulam sita, in quo
erant molendina, sed, infestatione predonum, adeo
erant destructi quod nichil inde habere poterunt pre-
dicte ecclesie canonici,* 1019 (S.-Basle, l. 18). —
Predium Marcedonium dictum super fluvium Vitulam,
v. 1020 (cart. de la Trinité de Châl. f° 1 r°). —
Marçon, 1270 (la Neuv. c. 5). — *Marsonnum,* 1319
(cart. de la Trinité, f° 65 r°). — *Le molin de
Marson,* 1322 (S.-Basle, c. 1, l. 7).

Marson (Ru de), affl. de la Tourbe; arrose le territoire de Mesnil-lez-Hurlus et de Massiges.

Marsonnel, motte, c^ne de Saint-Remy-sur-Bussy. —
*La mothe et fossé du lieu de Marsonnel, assiz près
dudict moulin Sainct-Basle,* 1647 (arch. nat.
P 216,139).

Marteau-d'Andecy (Le), m^in détr. c^ne de Montmort. —
*Ung siège et place à faire usine de forge, molin-marteau
ou aultre où, à present, a ung marteau à marteler
fer, que les dites religieuses bailleresses [d'Andecy]
ont d'ancienneté, assis et scitué au lieu et seigneurie
de Montmort, sur le ruisseau venant de Mardelles,
au lieudit les Orfèvres, appelé d'ancienneté le Marteau d'Andecys,* 1510 (Courajod, rech. sur la vallée
du Surmelin, p. 38). — *Une place où soulloit astra
anciennement bastie et construite une forge et usine,
ses appartenances et aysances avec la retenue d'eau,*
1601 (*ibid.*).

Martiony, lieu-dit, c^ne d'Époye.

Martinerie (La), lieu-dit, c^ne de Courthiézy.

Martinette (La), écart, c^ne de Verneuil.

Martinière (La), lieu-dit, c^ne de Courdemanges.

Martinière (La), f. détr. dépendant de Courgivaux. —
Une ferme appellée la Martinière, 1665 (arch. nat.
P 191^b, 30 bis). — *Item, dépend dudit châtel [de
Courgivaux] une place où il y a eu autrefois une
ferme nommée la Martinière,* 1733 (*ibid.* Q¹ 678).

Martinières (Les), lieu-dit, c^ne de Passy-Grigny.

Marton (La), fief près Maurupt. — *La terre et sei-
gueurie du Marton proche Maurup,* 1750 (arch. nat.
Q¹ 665).

Martroy (Le), vill. détr. v. Saint-Chéron. — *La ville
dou Martroy,* 1375 (arch. nat. P 171, 157). —
Saint-Ylier et le Martroy, . . . le Martray, 1406
(Touss. c. 19).

Marui, f. détr. c^ne de Vitry-le-François. — *Maruiel,*
1199 (S.-Pierre-aux-Monts, c. 24). — *Maruels*

Maruil, v. 1220 (livre des vass. de Champ.). — *Maruel*, 1230 (S.-Pierre-aux-Monts, c. 21). — *Marué*, 1263 (Brussel, p. 715-716).

MARZELLE, m. c^{ne} de Trigny. — *Villam quædam que dicitur Marzella sita in pago Remensi*, 922 (arch. adm. de Reims, t. I, p. 71). — *Marsella*, 965 (Marlot franç. t. III, p. 690). — *In villa que Mairiasal dicitur*, 1122 (S.-Thierry, c. 4, l. 34). — *In villa Triniaco vel Marcella*, 1156 (cart. de S.-Thierry, f° 383 v°). — *Marseles*, 1240 (ibid. f° 101 r°).

MARZELLES (LES), écart, c^{ne} de Wez.

MARZILLY, h. c^{ne} d'Hermonville. — *Marzelli juxta Hermundivillam*, *Marzili*, *Marzilliacum*, 1225 (cart. A de S.-Remy de Reims, p. 318). — *Marzeillis*, *Marzelis*, 1225. — *Marzilli*, 1252 (curl. A de S.-Remy, p. 139). — *Marzelli*, 1260 (S.-Symphorien, b. 1). — *Marzilli*, 1263 (cart. de S.-Thierry, f° 307 r°). — *La rüe des déserts de Marsilly*, 1522 (arch. lég. de Reims, cout. p. 754).

MASSELAIN, mⁱⁿ détr. aux environs de Saint-Thierry. — *Molendinum de Macelan*, 1125 (cart. de S.-Thierry, f° 109 v°). — *Molendinum Macele*, 1126 (arch. adm. de Reims, t. I, p. 286). — *Molendinum quod dicitur Mascele*, 1129 (S.-Thierry, l. 71). — *Mannascelna*, 1156 (ibid. l. 1). — *Molendinum Maschelen*, *Mascelen*, 1168 (ibid. c. 4, l. 34). — *Maschelain*, 1177 (ibid. l. 1). — *Molendinum de Macclain*, 1233 (cart. de S.-Thierry, f° 250 v°). — *Macelen*, 1236 (S.-Thierry, c. 4, l. 34). — *Molendinum dictum Masselain*, 1252 (ibid. l. 7). — *Masselayn*, 1254 (cart. de S.-Thierry, f° 304 v°). — *Le molin de Masselem*, 1356 (S.-Thierry, c. 6, l. 42). — *Marcelin*, 1464 (ibid. l. 7).

MASSIGES, c^{ne} de Ville-sur-Tourbe. — *Masceium?* comm. du xi° siècle (polypt. de S.-Remy). — *Mathigium*, 1154 (arch. adm. de Reims, t. I, p. 329). — *Massigiæ*, 1303-1312 (ibid. p. 1099). — *Masigiæ*, 1346 (ibid.). — *Maciges*, 1363 (arch. nat. P 183, 72). — *Massiges*, 1391 (ibid. P 183, 72). — *Masseiges*, 1391 (ibid. P 183, 71). — *Massigez*, 1396 (ibid. P 208, 31). — *Massige*, xviii° s° (Cassini).

Massiges était compris, en 1789, dans l'élection de Sainte-Menehould et suivait la cout. de Vitry. Son église paroissiale, diocèse de Reims, doyenné de Cernay-en-Dormois, était dédiée à saint Maurice; l'abbé de Saint-Remy de Reims présentait à la cure.

MASSIGES (RU DE), affl. de la Tourbe; arrose le finage de Massiges.

MASURE (LA), lieu-dit, c^{ne} de Fèrebrianges.

MASURE (A LA), lieu-dit, c^{ne} de Fismes.

MASURE (LA), lieu-dit, c^{ne} de Fontaine-Denis.

MASURE (LA), lieu-dit, c^{ne} d'Oger.

MASURE (LA), lieu-dit, c^{ne} d'Olizy-et-Violaine.

MASURE (LA), lieu-dit, c^{ne} d'Orbais.

MASURE (LA), lieu-dit, c^{ne} de Pomacle.

MASURE (LA), f. détr. c^{ne} de Serzy-et-Prin.

MASURE-AUX-BŒUFS (LA), lieu-dit, c^{ne} de Courbétaux.

MASURE-BOULANGER (LA), lieu-dit, c^{ne} de Corribert.

MASURE-CHOPIN (LA), lieu-dit, c^{ne} de Nanteuil-la-Fosse.

MASURE-DU-FOUR (LA), lieu-dit, c^{ne} de Leuvrigny.

MASURES (LES), lieu-dit, c^{ne} de Bergères-lez-Vertus.

MASURES (LES), f. détr. c^{ne} de Béru.

MASURES (LES), m^{ou} détruites, c^{ne} d'Époye.

MASURES (LES), lieu-dit, c^{ne} de Faux-sur-Coole.

MASURES (LES), restes d'un petit château fort détruit au xv° siècle, c^{ne} d'Hautvillers.

MASURES (LES), lieu-dit, c^{ne} de Monthelon.

MASURES (LES), f. détr. c^{ne} d'Oger.

MASURES (LES), f. détr. c^{ne} de Pocancy.

MASURES (LES), lieu-dit, c^{ne} de Sermiers.

MASURES (LES), lieu-dit, c^{ne} de Thuisy.

MASURES (LES), lieu-dit, c^{ne} de Villedommange.

MASURES-CHANTEREAU (LES), lieu-dit, c^{ne} du Baizil.

MASURES-MAUBOURG (LES), m^{ons} détr. c^{ne} de Trigny.

MASURE-TALUS (LA), lieu-dit, c^{ne} de Suizy-le-Franc.

MASURETTES (LES) et LES MASURETTES-DES-COQS, h. détr. c^{ne} de Courthiézy.

MASURIAUX (LES), lieu-dit, c^{ne} de Sommepy.

MATHURINS (LES), église, c^{ne} de la Veuve. — Ancienne ministrerie de l'ordre de la Rédemption des captifs, autrement dit des Trinitaires ou des Mathurins, établie en 1334 (dioc. anc. de Châl. t. I, p. 217).

MATIGNICOURT, c^{ne} de Thiéblemont. — *Matignicort*, v. 1222 (livre des vass. de Champ.). — *Mategnicort*, v. 1252 (arch. nat. J 202, 55). — *Matignecourt*, 1285 (feoda Camp. C 86). — *Matignicourt*, *Matigniairia*, 1320 (Trois-Font. c. 5). — *Matignecourt*, 1380 (chap. de Reims, l. Vauclerc). — *Matignicourt*, 1389 (arch. nat. P 183, 55). — *Matignicuria*, 1405 (pouillé de Châl. f° 77 r°). — *Matignicourt*, autrefois *Malignicourt*, 1860 (Cornet-Paulus).

Matignicourt faisait partie, en 1789, de l'élection et suivait la coutume de Vitry. Son église paroissiale, diocèse de Châlons, doyenné de Perthes, était consacrée à saint Pierre; le prieur de Larzicourt présentait à la cure.

MATOUGUES, c^{ne} d'Écury-sur-Coole. — *Vicus Matusgus*, v. 948 (Flodoard, l. IV, c. 9). — *Matosga*, 1028 (S.-Pierre-aux-Monts, c. 1). — *Matusga*,

1101 (cart. de Touss. f° 24 r°). — *Matusgua*, 1135 (ministr. de la Veuve, c. 1). — *Matogga*, 1146 (Touss. c. 10).—*Matuga*, v. 1200 (la Neuville, c. 8). — *Matoga*, 1213 (S.-Pierre-aux-Monts, c. 1). — *Mathoga*, 1237 (Vinets, c. 5). — *Matougue*, 1252 (arch. nat. J 202, 47). — *Matouga*, 1264 (le Reclus, c. 2).—*Matougua*, 1275 (*ibid.*).—*Mathougue*, 1308 (arch. nat. P 1114).—*Matougues*, 1342 (S.-Pierre-aux-Monts, c. 42).—*Mathougua*, 1351 (Touss. c. 8). — *Mathoguez*, 1363 (*ibid.* c. 10). — *Mathougues*, 1383 (arch. nat. P 188, 52). — *Mathogue*, 1406 (Touss. c. 19). — *Mathouga*, 1542 (taxe du dioc. de Châl. p. 200). — *Matougues*, autrefois *Matongnes*, 1860 (Cornet-Paulus).

En 1789, Matougues était compris dans l'élection et suivait la cout. de Châlons. Son église paroissiale, diocèse et doyenné de Châlons, était dédiée à saint Georges et à saint Vrain; l'abbé de Toussaints présentait à la cure.

MAUBUÉ, fief, c⁰⁰ de Sainte-Menehould. — *Le fief de Maubué et des Josselins*, 1512 (arch. nat. P 162, 313). — *Deux fiefs assis sur la halle et hallage de Saincte-Manehoust, l'un nommé le fief de Muubué et l'autre nommé le fief de Josselin*, 1554 (ibid. P 162, 364). — *Mambué*, 1573 (ibid. P 167, 70). — *Le fief de Josselin et de Maubuet*, 1663 (ibid. P 168, 41).

MAUCOURT, vill. sur l'emplacement duquel on construisit, en 1545, la ville de Vitry-le-François. — *Mauri Curtis*, comm. du XI° s° (polypt. de S.-Remy). — *Morcorz*, 1165 (dioc. anc. de Châlons, t. I, p. 402). — *Morcort*, 1225 (S.-Pierre-aux-Monts, c. 28). — *Morcuria*, 1225 (Hautefontaine, c. 6). — *Morcourt*, 1240 (Cheminon, c. 1). — *Villa de Moncort*, 1248 (la Neuv. c. 4). — *Mocort*, v. 1252 (arch. nat. J 202, 55). — *In villa que dicitur Marcors*, 1273 (la Neuville, c. 4). —*Maucourt*, 1275 (S.-Pierre-aux-Monts, c. 28). — *Mocourt*, 1326 (la Neuv. c. 5). — *Mortiscuria*, 1405 (pouillé de Châl. f° 76 v°). — *Moncourt*, 1545 (dioc. auc. de Châl. t. II, p. 297). — *Commanderie de la Neuville-au-Temple et Maucours-lès-Vitry, son annexe*, 1778 (la Neuv. c. 2).

MAUCREUX, f. c⁰⁰ de Suizy-le-Franc. — *Le fief de Maulcreux*, 1509 (évêché de Châl. c. 15). — *Maucreux*, 1603 (ibid.). — *Les fiefs et seigneuries de Maucreux et de la Tour de Maucreux*, 1713 (*ibid.*). — *Mameraux*, 1805 (ann. de l'an XIII, p. 85). — *Moucreux*, 1847 (lieux habités). — *Mausreux*, 1860 (Cornet-Paulus).

MAUO (LE), riv. affl. de la Marne, arrose les territoires de Saint-Memmie et de Saint-Martin-sur-le-Pré. — *Rivulus Maudum*, 1133 (cart. de Toussaints,

f° 35 r°). — *Le ruissel du Mau*, 1370 (S.-Memmie, c. 5). — *Le ruissel du Grand-Mau*, 1455 (*ibid.*).

MAUGRÉ, loc. détr. près Bétheny. — *Maugré lès Betheny*, 1384 (arch. nat. P 28, 115).

MAUJEANTERIE (LA), lieu-dit, c⁰⁰ de Saint-Mard-sur-Auve.

MAUJOUY, vill. ou m. détr. c⁰⁰ de la Neuville-aux-Bois. — *Damas dicti militis (Anselmi le Voé) que dicitur Mal-Joie, sita in finagio dicte ville [de Nova villa]*, 1260 (cart. de Montiers, 9905, f° 167 r°). — *La ville appellé Mal-Joie*, 1389 (arch. nat. P 183, 61). — *Maljaye*, 1392 (ibid. P 288, 4). — *Mau-Jaye*, 1402 (ibid. P 184, 19). — *La petite cense de Mal-Joy, Mauljouy*, 1538 (ibid. P 184, 94). — *Maujouys*, 1656 (ibid. P 217, 46).

MAUSY, f. c⁰⁰ d'Escardes. — *Many*, XVIII° siècle (Cassini). — *Le Many*, 1784 (Courtalon, t. III, p. 282). — *Masny*, 1833 (Chât-major). — *Le Mauny*, 1862 (Guérard, p. 213).

MAUPARLANT, fief, c⁰⁰ de Brébant. — *Le fief de Mauparlant, assis à Brébant*, 1636 (arch. nat. P 215, 36).

MAUPAS, loc. détr. c⁰⁰ de Contant.

MAUPAS, f. détruit, c⁰⁰ d'Heiltz-le-Maurupt.— *Maupas*, 1217 (Trois-Font. c. 6). — *Grangia que dicitur Malus Passus*, 1220 (*ibid.*).

MAUPAS, f. et m^in, c⁰⁰ de Serzy-et-Prin.— *Malus Passus*, 1177 (S.-Remy, l. 134). — *Malpas*, 1183 (ibid. l. 57). — *Maupas*, 1185 (cart. de S.-Nicaise de Reims, f° 80 r°). — *Malpast, Malpastum*, v. 1222 (livre des vass. de Champ.). — *Maulpas*, 1568 (arch. nat. P 181, 15).

MAUPAS, f. détr. c⁰⁰ de Villers-le-Sec. — *Grangia de Mala Passu juxta Villare Siccum*, 1264 (Ulmoy).— *Plusieurs masures, jardins, etc., assis à l'environ du lieu appelé Maupas, près de Villers-le-Secq*, 1469 (chap. de Châl. a. 2, l. 4). — *Le fief de Maupas*, 1767 (arch. nat. Q¹ 663).

MAUPAS, h. disp. c⁰⁰ de Vitry-le-Brûlé. — 1633 (lieux régis par la cout. de Vitry).

MAUPERTUIS, f. c⁰⁰ de Voilemont. — *Malum Pertusum*, 1241 (cart. de Montiers, 9905, f° 370 v°). — *Malpertuis*, v. 1252 (arch. nat. J 202, 55). — *Maulpertuis*, 1330 (cart. de Moutiers, 9905, f° 114 r°). — *Maupertuis*, 1359 (arch. nat. P 183, 50). — *Maupertuix*, 1457 (ibid. P 161, 193). — *Maupertuys*, 1462 (ibid. P 162, 277). — *Malpertuys*, 1498 (ibid. P 162, 296). — *Maupertuyz*, 1516 (ibid. P 162, 319). — *Mauperthuis*, 1529 (ibid. P 184, 88). — *Malum Foramen*, 1542 (pouillé de Châl. p. 228). — *Maulperthuys*, 1572 (arch. nat. P 184, 99 .—

Maulperthuis, 1574 (ibid. P 184, 202). — Mau-pertails, 1683 (ibid. P 220, 33).

MAUBIENNE (LA), riv. afll. de la Vaure; coule sur les finages d'Ognes et de Gourgançon.

MAURUPT, c⁰⁰ de Thiéblemont. — Malru, 1174 S.-Pierre-aux-Monts, c. 8). — Super quandam eccle-siam ville cujusdam nuper constructe que Malus Rivus dicitur, 1179 (ibid.). — Mosru, 1223 (la Neuv. c. 8). — Mau-Ru, 1393 (Cheminon, c. 16). — Maulru, 1410 (ibid. c. 3). — Maurru, 1457 (arch. nat. P 161, 20). — Mauru en Partoys, 1462 (ibid. P 162, 261). — Mourux, 1525 (ibid. P 166, 396). — Murul, 1586 (ibid. P 166, 434). — Maul-rup, 1604 (ibid. P 179, 141). — Maurup, 1624 (ibid. P 167, 192). — Moulrue, 1633 (ibid. P 216, 13). — Maurupt ou Maurupt-le-Montois, 1837 (dictionn. des postes).

En 1789, Maurupt faisait partie de l'élection et suivait la coutume de Vitry. Son église parois-siale, diocèse de Châlons, doyenné de Vitry-le-Brûlé, était consacrée à Notre-Dame; le chapitre cathédral de Châlons et l'abbé de Saint-Pierre-aux-Monts présentaient alternativement à la cure.

MAURUPT (RU DE), afll. de l'Aisne; arrose le finage de Passavant.

MAURUPT (RU), afll. du Petit-Morin, c⁰⁰⁰ de Baye et de Villevenard.

MAURY, lieu-dit, c⁰⁰ de Sommepy.

MAUVARAIN, fief, près de Vernancourt. — Le fief de Mauvarain lès Vernancourt, 1774 (arch. nat. Q¹ 664).

MAZIÈRES (LES), bois, c⁰⁰⁰ de Louvois et de Villers-Marmery.

MAZAGRAS, aub. c⁰⁰ d'Avize.

MAZEGAAN, m. c⁰⁰ de la Chapelle-Felcourt.

MAZAISOANDE (LA), écart, c⁰⁰ de Vandeuil (Carnet-Paulus).

MAZELLES (RU DES), afll. de la Vière. — Le ruisseau des Mazelles, 1530 (cart. de Montiers, 9905, fᵒ 260 rᵒ).

MAZET, écart, c⁰⁰ de Blacy (Cornet-Paulus).

MAZET (LE), afll. de la Berle, c⁰⁰ de Bergères-lez-Vertus.

MEAUX (BOIS DE), c⁰⁰ de Réveillon.

MÉCRINGES, c⁰⁰ de Montmirail. — Mescringiæ, v. 1159 (arch. de l'Aube, G 464). — Mecringiæ, 1210 (Machaut, hist. du bienh. J. de Montm. p. 414). — Meschringes, 1210 (le Reclus, c. 1). — Mesclenges, v. 1222 (livre des vass. de Champ.). — Mesringes, 1232 (Gall. christ. t. X, c. 135). — Mescringes, 1232 (Amour-Dieu, c. 2). — Mesgrives (sic), 1239 (ibid.). — Meclinges, 1271 (liber pontif. fᵒ 440 rᵒ). — Meiclinges, v. 1272 (arch. nat. J 205, 31 bis).

— Mescranges, v. 1395 (ibid. P 201, fᵒ 92 rᵒ). — Mescringe, 1443 (évêché de Troyes, G 22). — Mécringe-sous-Montmirel, 1729 (arch. de l'Aube, G 726).

Mécringes était compris, en 1789, dans l'élec-tion de Sézanne et suivait la coutume de Meaux. Son église paroissiale, diocèse de Troyes, doyenné de Sézanne, était dédiée à saint Gervais et à saint Protais; l'évêque de Troyes en était collateur.

MÉDÉAH, deux mⁿⁿ, c⁰⁰ de Sommepy.

MÉDÉAH, mᶜⁿ, c⁰⁰ de Wez.

MEDIA MOLENDINA, nom latin d'un anc. moulin du territoire de Pogny. — Duo molendina in territorio villa nostre de Poigneio, supra riparium de Mevia, que vulgariter appellabantur Media Molendina, 1292 (chap. de Châl. a. 5, l. 42).

MEHARD, h. c⁰⁰ de Montmort. — Mehara, 1633 (lieux régis par la cout. de Vitry). — Meure, 1720 (Sau-grain, t. I, p. 471). — Meard, xviiiᵉ sᵉ (Cassini). — Mehart, 1860 (Cornet-Paulus).

MEILLERAY, f. c⁰⁰ du Breuil. — Melaray en la parroche de Breuil, 1399 (arch. nat. P 180, 100). — Mel-leray, xviiiᵉ sᵉ (Cassini).

MEIX-DE-LA-CROIX (FIEF DU), c⁰⁰ de Drouilly (Guérard, p. 537).

MEIXÉRICOURT, f. c⁰⁰ de Margerie. — Merchericurtis, 1147 (Gall. christ. t. XII, c. 267). — Machericur-tis, 1154 (hist. de la maison de Broyes, p. 19). — Marrurii Curtis, 1189 (arch. de l'Aube, G 650). — Merkerelicurtis, 1198 (hist. des comtes de Champ. cat. des actes, nᵒ 479). — Mégricour, xviiiᵉ siècle (Cassini). — Méricourt, 1847 (lieux habités). — Meix-Éricourt, 1862 (Guérard, p. 479).

MEIX-GIRAUD (LES), partie du vill. de Cuys. — Une partie d'icelle ville [de Cuys], appellé le Meix-Giraud, 1491 (arch. nat. P 181, 84).

MEIX-GUILLEMIN (LE), lieu-dit, c⁰⁰ des Grandes-Côtes (arch. nat. P 226, 75).

MEIX-LA-COUR (LE), gagn. c⁰⁰ d'Arzillières. — Audit Arzillières ung gaingnage nommé le gaingnage du Meiz, 1508 (arch. nat. P 207, 5). — Ung gai-gnaige nommé de Melz de la Cour, 1641 (ibid. P 216, 82). — Ung gaignaige nommé le Meiz de la Cour, 1662 (ibid. P 207, 85).

MEIX-SAINT-ÉPOING (LE), c⁰⁰ d'Esternay. — Ad illo Manso super fluvium Magra, 813 (Gall. christ. t. XIV, nᵒ 12). — Villa que dicitur Agilli Mansio, 1135 (hist. de l'église de Meaux, t. II, p. 28). — Mesus, v. 1222 (livre des vass. de Champ.). — Mansus Sancti Spani, 1232 (Bricot, c. 3). — Masus, 1274 (S.-Nicolas de Sézanne, c. 7). — Le Méza, la ville du Mées-Saint-Espoin, 1324 (cart.

de Nesle, f° 26 r°). — *Masus Sancti Yspani*, 1407 (pouillé de Troyes, n° 308). — *Mazus Sancti Hispani*, 1443 (évêché de Troyes, G 22). — *Meix-Sainct-Espoing*, 1516 (arch. nat. P 165, 256). — *Le Meiz-Sainct-Espoind*, 1524 (*ibid.* P 193, 35). — *Le Meix-Saint-Espoint*, 1720 (*ibid.* P 168, 121).

Le Meix-Saint-Époing faisait partie, en 1789, de l'élection de Sézanne et était régi par la coutume de Meaux. Son église paroissiale, diocèse de Troyes, doyenné de Sézanne, était consacrée à saint Épain; le chapitre de Saint-Martin de Tours présentait à la cure.

Meix-Tiebcelin (Le), c^ne de Sompuis. — *Villa que dicitur Mansus Tescelini*, 1127 (Saint-Pierre-aux-Monts, c. 8). — *Mansus Tecelini*, 1131-1142 (Toussaints, c. 11). — *Mansus Thieselin*, 1183 (pouillé de Troyes, p. 475). — *Masus Tecelini*, 1203 (Montiéramey, 6^h 34). — *Mesus Tecelini*, 1213 (Saint-Pierre-aux-Monts, c. 2). — *Le Meix-Tiercelin, le Meis, la Meson Tiecelin*, v. 1222 (livre des vass. de Champagne). — *Masus Thieceliai*, 1232 (S.-Pierre-aux-Monts, c. 8). — *Mesus Thecelini*, 1252 (liber pontif. f° 434 r°). — *Mansus Tesselini, Masus Thycelini*, 1260 (la Charmoye, c. 7). — *Masus Thyecelini*, 1261 (*ibid.*). — *Mesus Thecelini,* 1269 (S.-Pierre-aux-Monts, c. 8). — *Le Mes, le Meis Thiecelin*, 1271 (S.-Nicolas de Troyes, l. 34, c. D). — *Masus Thiesceliai*, 128. (arch. nat. Q¹ 668¹). — *Mazus Thiecelin*, 1348 (S.-Nicolas de Troyes, l. 58, cote EE, n° 10). — *Le Meix-Thiecelin*, 1384 (arch. nat. P 51², 1460). — *Masus Thierselini*, 1407 (pouillé de Troyes, n° 475). — *Mex-Tiercelin*, 1407 (S.-Nicolas de Troyes, l. 42, n° 8). — *Le Mestiesselin*, 1464 (Touss. c. 19). — *Le Mez-Thiecelin*, 1482 (*ibid.* c. 11). — *Le Mectz-Tiercelin*, 1502 (arch. nat. P 163, 15). — *Le Mex-Thiercelin*, 1508 (*ibid.* P 181, 165). — *Le Metz-Tiercelin*, 1531 (*ibid.* P 163, 22). — *Le Meiz-Tiercelin*, 1533 (S.-Nicolas de Troyes, l. 42). — *Le Mestiercelin*, 1535 (*ibid.* l. 58). — *Le Meitiercelin*, 1545 (*ibid.* l. 42). — *Meythiercelin*, 1565 (Touss. c. 19). — *Meilz-Tiercelin*, 1609 (arch. nat. P 163, 41). — *Métier-celin*, 1612 (S.-Nicolas de Troyes, l. 58). — *Mitiercelin*, 1682 (arch. nat. P 219, 191).

Le Meix-Tiercelin était compris, en 1789, dans l'élection de Vitry et suivait la coutume de Chaumont. Son église paroissiale, diocèse de Troyes, doyenné de Margerie, était dédiée à saint Quentin; l'évêque de Troyes en était collateur.

Meldanson (Le), riv. affl. de l'Aube; prend naissance

sur le finage de Brandonvillers, sort du département de la Marne par le territoire de Saint-Utin et se jette dans l'Aube vers Nogent-sur-Aube.

Mèles (Ricole des), ruiss. c^ne de Thaas.

Melette, anc. vill. aujourd'hui ferme, c^ne de l'Épine. — *Meleta*, 1107 (chap. de S.-Étienne de Châl. a. 1, l. 1). — *Meileta*, 1131-1142 (cart. de Touss. f° 15 v°). — *Melete*, 1178 (Argensolles, c. 2). — *Mellete, Meletta*, v. 1252 (arch. nat. J 202; 52). — *Melette*, 1368 (S.-Memmie, c. 10). — *Meslette*, 1556 (arch. lég. de Reims, cout. p. 879). — *Mellette*, 1573 (arch. nat. P 184, 225).

Le village de Melette était détruit dès le xvii° s°; son église s'écroula en 1752 (dioc. anc. de Châl. t. II, p. 64).

Mellerai, h. c^ne de Baslieux-sous-Châtillon. — *Mellerayunn*, 1146 (hist. de la maison de Châtillon, p. 25). — *Melereium*, 1182 (cart. d'Igny, f° 211 r°). — *Mellerium*, 1193 (cart. de Coincy, p. 152). — *Mellereium*, 1198 (Longau, l. 2). — *Meleroi*, 1208 (*ibid.* c. 13). — *Melori*, v. 1222 (livre des vass. de Champ.). — *Melleroy*, 1265 (Longau, c. 2). — *Melleray*, 1388 (arch. nat. P 188, 116). — *Meleray*, 1464 (bibl. nat. fonds fr. 770). — *Le lieu de Mesleray aultrement dict Bailleux*, 1603 (arch. nat. P 181, 22). — *Milleray*, xviii° s° (cart. de Coincy, p. 152). — *Milleret*, 1860 (Cornet-Paulus).

Melzicouet, vill. c^ne de Servon-Melzicourt. — *Limozei Curtis*, comm. du xi° s° (polypt. de S.-Remy). — *Lemezicort*, v. 1240 (arch. nat. J 193, 83). — *Lemesicourt*, v. 1274 (*ibid.* J 202, 46). — *Leme-zicurtis, Lemezicourt*, 1303-1312 (arch. adm. de Reims, t. II, p. 1100 et 1102). — *Lemezeicourt, Lemezecourt*, 1389 (arch. nat. P 183, 58). — *Lemessicourt*, 1459 (*ibid.* P 184, 65). — *Melsecourt*, 1538 (*ibid.* P 162, 352).

En 1789, Melzicourt faisait partie de l'élection de Sainte-Menehould et était régi par la coutume de Vitry. Son église paroissiale, diocèse de Reims, doyenné de Cernay-en-Dormois, était consacrée à sainte Marie-Madeleine; le supérieur du séminaire de Reims présentait à la cure.

Ménagerie (La), f. détr. c^ne de Cheminon-la-Ville. — *Ferme de la Ménagerie*, xviii° s° (Cheminon, c. 17, plan).

Menesson, f. c^ne de Dontrien (Cassini).

Ménétrerie (La), lieu-dit, c^ne de Chaintrix-Bierges.

Ménétrie (La), lieu-dit, c^ne de Vandières-sous-Châtillon.

Menicourt, h. c^ne de Cuchery. — *Menicourt*, 1613 (Belval, c. 1). — *Menicour*, 1640 (*ibid.*).

Ménicourt (Ru de), affl. du ruiss. de Camp; arrose le territoire de Cuchery.

Ménil (Le). Voy. pour les localités de ce nom, au mot Mesnil.

Ménissiers (Les), fief, c^ne d'Arzillières. — *Ung fief audict Arzillières, nommé le fief des Ménissiers*, 1508 (arch. nat. P 207, 5).

Mer (La), léproserie, c^ne de Changy. — *Domus leprosorum que Mare nuncupatur*, 1213 (S.-Memmie, c. 8). — *Robiaus, leprosus de Mari juxta Chenæium*, 1247 (ibid.). — *La maison de la Mer delès Chainsi*, 1276 (ibid.). — *La chapelle Sainct-Nicolas fondée au lieu de Changy appellée d'ancienneté la Mère-à-Changy*, 1452 (ibid.). — *Au finaige de Chainsy, en lieudit le Pasquis de la Metz à Chamsy*, 1537 (ibid.). — *La Mère à Changy*, 1542 (ibid.). — *Une cense de ladite abbaye [de Saint-Monge] appellée la cense de La Merachangy*, 1588 (ibid.). — *La Metz*, 1633 (lieux régis par la cout. de Vitry). — *La Meth*, XVIIIe s^e (S.-Memmie, c. 8).

Mèrefontaine (Ru de), affl. de l'Ante; arrose le finage de Daucourt. — *Le ruissel de Mèrefontaine entre Verrières et Daucourt*, 1396 (arch. nat. P 208, 31). — *Le rouyssel de Merulfontaine*, 1396 (ibid. P 183, 26).

Merfy, c^ne de Bourgogne. — *Milfiacum*, v. 850 (Marlot français, t. I, p. 1090). — *Melfegium*, 1122 (S.-Thierry, c. 4, l. 34). — *Melfeia*, 1126 (arch. adm. de Reims, t. I, p. 279). — *Melphi*, 1138 (ibid. t. I, p. 293). — *Malfsi*, 1146-1156 (S.-Thierry, l. 7). — *Melfeium*, 1168 (ibid. l. 1). — *Melfigia*, 1171 (ibid.). — *Merfeium*, 1187 (ibid. l. 7). — *Melfi*, 1225 (ibid. l. 34). — *Merfeyum*, 1273 (cart. de S.-Thierry, f° 356 v°). — *Merfy*, 1356 (S.-Thierry, l. 1). — *Merphy*, 1549 (ibid. l. 71).

En 1789, Merfy était compris dans l'élection et suivait la coutume de Reims. Son église paroissiale, annexe de celle de Chenay, diocèse de Reims, doyenné d'Hermonville, était dédiée à sainte Marie-Madeleine.

Merlaut, c^ne de Vitry-le-François. — *Merlaus*, 878 (Mabille, pancarte noire de S.-Martin de Tours, n° 228). — *Villa que dicitur Merlo*, 1179 (Ulmoy). — *Marlau*, 1237 (Teulet, trésor des chartes, t. II, p. 342). — *Mellou*, 1248 (la Neuville, c. 4). — *Mellau, Mellaut*, 1251 (S.-Memmie, c. 8). — *Merlaut*, 1380 (arch. nat. P 178, 107). — *Maurlat*, 1392 (ibid. P 178, 112). — *Merlautum*, 1451 (S.-Memmie, c. 8). — *Murlaud*, 1458 (arch. nat. P 179, 65). — *Merlauld*, 1459 (ibid. P 179, 67). — *Marlaut*, 1462 (ibid.

Q¹ 662, f° 46 v°). — *Meurlâu*, 1463 (ibid. P 161, 30). — *Meurlault*, 1469 (ibid. P 161, 36). — *Mer[l]ot*, 1550 (ibid. P 161, 255). — *Meurlaux*, 1561 (ibid. P 161, 115). — *Marlot*, 1572 (ibid. P 179, 125). — *Meurtault* (sic), 1587 (ibid. P 166, 435).

En 1789, Merlaut faisait partie de l'élection et était régi par la coutume de Vitry. Son église paroissiale, annexe de celle de Changy, diocèse de Châlons, doyenné de Vitry-le-Brûlé, était consacrée à saint Martin.

Merlu (Le), f. c^ne de Montmort. — *Marlüe*, 1633 (lieux régis par la cout. de Vitry). — *Le Marlu*, 1673 (arch. nat. Q¹ 681).

Merlu (Ru du), affl. du Surmelin; coule sur le territoire de Montmort.

Merluet, f. c^ne d'Ambrières.

Merly, lieu-dit, c^ne d'Hermonville.

Merval, m^on seigneuriale du Buisson, c^on de Thiéblemont. — *Le fief de Murvaux ou Morvaux*, 1571 (arch. nat. Q¹ 665). — *La maison seigneurialle dudit lieu [ou Buisson] en-devant le fief de Murmaux ou Merval, fermée de pont-levis et de fossés*, 1733 (ibid. P 227). — *La maison seigneurialle dudit lieu appellée en-devant le fief de Merval*, 1763 (ibid. Q¹ 665).

Méry, vill. c^ne de Méry-et-Prémecy. — *Villa Mairiacum*, 1126 (arch. adm. de Reims, t. I, p. 280). — *Meiri, Meri*, v. 1222 (livre des vass. de Champ.). — *Maireium*, 1237 (cart. B du chap. de Reims, f° 258 v°). — *Meriacum in Tarduno*, 1256-1270 (fooda Camp. n° 583). — *Maireyum in Montana*, 1285 (Longau, l. 12). — *Mairi*, comm. du XIVe s^e (arch. adm. de Reims, t. I, p. 1089). — *Mairy*, 1303-1312 (ibid. t. II, p. 1055). — *Méry-en-Tardenoiz*, 1476 (chap. de Reims, l. Germigny). — *Mairye*, 1556 (arch. lég. de Reims, cout. p. 902). — *Mairy-la-Montagne*, 1777 (arch. adm. de Reims, t. II, p. 1053).

Méry était compris, en 1789, dans l'élection de Reims et suivait la coutume de Vitry. Son église paroissiale, diocèse de Reims, doyenné de la Montagne, était dédiée à Notre-Dame; le grand archidiacre de Reims présentait à la cure.

Mésy (Ru de), affl. du ru de Noron; arrose le finage de Méry-et-Prémecy.

Méry-et-Prémecy, c^ne de Ville-en-Tardenois, commune formée antérieurement à 1805 de l'union des anciennes communes de Méry et de Prémecy.

Mesle (Ru de la), c^ne de Flcary-la-Rivière.

Mesneux (Les), c^ne de Ville-en-Tardenois. — *Mesnix*, XIIe s^e (fragm. de polypt. p. 167). — *Maisnix*,

1177 (S.-Remy de Reims, l. 127). — *Apud Maisnillos*, 1220 (S.-Timothée, c. 1). — *Manillum*, 1280 (arch. adm. de Reims, t. I, p. 970). — *Les Mainius*, 1295 (*ibid.* t. I, p. 1094). — *Les Mainiex*, comm. du xiv° s° (*ibid.* t. I, p. 1090). — *Menellia prope Remis*, 1319 (Boutaric, actes du parlement de Paris, n° 5881). — *Les Maisnieux, les Maisnuex, Masnilla*, 1346 (archives adm. de Reims, t. II, p. 1013, 1017 et 1052). — *Mainilla*, 1357 (*ibid.* t. III, p. 100). — *Les Mesnieux*, 1362 (*ibid.* i. III, p. 121). — *Les Mainiulz*, 1365 (S.-Pierre-aux-Monts, c. 6). — *Esmainieulx devant Reims*, 1372 (*ibid.*). — *Maynuex, les Maignuelx*, 1374 (cart. A de l'archev. de Reims, f° 290 r°). — *Les Mainniex, Mainiex*, 1375 (arch. adm. de Reims, t. III, p. 394 et 398). — *Maynnex, Mainelx, Maignuelx*, v. 1375 (ibid. t. III, p. 407, 416 et 425). — *Maineulx vers Reims*, 1384 (arch. nat. Q¹ 656). — *Les Maisniex de lès Reims*, 1384 (*ibid.* P 28, 115). — *Mainieulx-vers-Reims, Mainieux-lez-Reims, Mainieu-devant-Reims, les Mainieulx-lez-Reims*, 1384 (arch. adm. de Reims, t. III, p. 575, 580, 619 et 655). — *Les Mesgneux-lez-Reims*, 1433 (arch. nat. Q¹ 656). — *Les Mainneulx-lès-Reims*, 1458 (S.-Nicaise de Reims, c. 7, l. 15). — *Les Maingneux-lez-Reims*, 1464 (chap. de Reims, c. 20). — *Les Maisneux-lès-Reims*, 1522 (arch. lég. de Reims, cout. p. 754). — *Les Maigneux*, 1553 (S.-Remy de Reims, l. 127). — *Maigneux*, 1565 (chap. de Reims, c. 20). — *Maignex*, 1571 (*ibid.*). — *Mesgneux*, 1599 (*ibid.*). — *Les Meneux*, 1691 (arch. lég. de Reims, statuts, t. II, p. 968). — *Les Mesneux*, xviii° s° (Cassini).

Les Mesneux faisaient partie, en 1789, de l'élection et suivaient la coutume de Reims. L'église paroissiale, diocèse de Reims, doyenné de la Montagne, était consacrée à saint Remy; l'abbé de Saint-Remy présentait à la cure.

Mesnil (Le), loc. disp. c°° de Barbonne-et-Fayel. — *Le Mesnil de Barbonne*, 1314 (gr. chambr. de S.-Étienne de Troyes, 6 G 39). — *Le Mesnil*, 1468 (*ibid.* 6 G 24). — *Le Mesnil lez Barbonne*, 1493 (*ibid.* 6 G 26). — *Le Magny lez Barbonne*, 1603 (*ibid.* 6 G 39). — *Le Maisgnil lez Barbonne*, 1668 (*ibid.*).

Mesnil (Le), f. c°° du Breuil.

Mesnil (Le), lieu-dit, c°° de Brusson. — *Une pièce de terre contenant demye fauchée, assise au finaige de Brusson-lez-Ponthion, en lieudit le Mesnil*, 1542 (S.-Memmie, c. 8).

Mesnil (Le), h. c°° de la Caure. — *Mainil juxta*

Courram, 1183 (Andecy). — *Le Mesnil lez la Coulre*, 1508 (arch. nat. P 207, 12). — *Le Mesnil lez la Caure*, 1673 (*ibid.* Q¹ 681). — *Le Mesnil lez la Corre*, 1734 (*ibid.*). — *Ménil-la-Caure*, xviii° s° (Cassini). — *Le Mesnil-la-Caure*, 1847 (lieux habités).

Mesnil (Le), h. c°° de Clesles. — *Granchia sua de Mainillo in parrochia de Claelles*, 1240 (Macheret, c. 1). — *Menillum*, v. 1252 (arch. nat. J 196, 50). — *Le Mesnil de Claelles*, 1450 (Macheret, c. 1). — *Le hameau du Megnil*, 1720 (Saugrain, t. I, p. 464). — *Mesnil*, xviii° s° (Cassini). — *Le Menil de Clesles*, 1847 (lieux habités).

Mesnil (Le), lieu-dit, c°° des Essarts-lez-Sézanne. — *Ou lieu que l'on dit au Mesnil des Essarts, et ou terrour d'icelui Mesnil*, 1346 (gr. chambr. de S.-Étienne de Troyes, 6 G 24).

Mesnil (Le), h. c°° de Granges-sur-Aube. — *Menillum, Mainillum*, v. 1252 (arch. nat. J 195, 96). — *Le Menil de Granges*, 1375 (*ibid.* P 178, 61). — *Le Mesnil lez Granges*, 1507 (*ibid.* P 165, 242). — *Le Ménil lez Granges-sur-Aube*, 1600 (*ibid.* P 178, 84). — *Ménil de Granges*, xviii° s° (Cassini).

Mesnil (Le), loc. détr. près Hautvillers. — *Le Mesnil prés Ovillé*, 1739 (arch. nat. Q¹ 683).

Mesnil (Le), lieu-dit, c°° d'Hermonville. — *In territorio de Hermondivilla, in loco qui dicitur ad Maisnil*, 1254 (S.-Remy de Reims, l. 101).

Mesnil (Les), loc. détr. c°° de Mareuil-le-Port. — *Menillum*, 1242 (cart. de l'Amour-Dieu, f° 29 v°). — *Le Mesnil*, 1349 (*ibid.*). — *Le Mesnil près le Port*, 1349 (*ibid.*). — *Le Mesnil près dudit Port de Abençon*, xv° s° (*ibid.*). — *Ung aultre fief assis près du Mesnil et de Champ de Bonne-Nesle* (arch. nat. P 181, 21). — *Un autre fief assis au Mesnil et du Champ de Bonnel*, 1686 (*ibid.* P 194¹, 17).

Mesnil (Le), loc. détr. c°° de Saint-Jean-sur-Tourbe. — *Le Maignil à Saint-Jehan*, v. 1274 (arch. nat. J 202, 45).

Mesnil (Le), m°° détr. près Sézanne. — *Terra de Manillo ubi salebal esse damus... cum tota terra continuata usque ad viam que ducit apud Retortoi*, 1248 (S.-Nicolas de Sézanne, c. 12).

Mesnil (Le), lieu-dit, c°° de Sogny-en-l'Angle.

Mesnil (Les), lieu-dit, c°° de Sompuis. — *En terreoir que on apele Courbe-Val et le Maynil vers la grange de Evlois*, 1260 (la Charmoye, c. 7).

Mesnil (Ru du), affl. de la Nonnelle; coule sur le finage d'Igny-le-Jard.

Mesnil-Broussy, h. c°° de Broussy-le-Petit. — *Menillum*, v. 1252 (arch. nat. J 195, 96). — *La vile que l'on apele le Maisnil de lez Broucé le*

Grant, 1262 (fiber pontif. f° 447 v°). — *Le Mesnil*, 1375 (arch. nat. P 202, 172). — *Mansionile*, xvi° s° (feoda.Camp. p. 123).

MESNIL-HATIZE (LE), h. c°° de Festigny-les-Hameaux. — *Mesnil, Maisni*, v. 1222 (livre des vass. de Champ.). — *Le Maisnil en la perroiche de Festigny*, 1356 (S.-Julien de Sézanne, c. 3). — *Le Maignil, le Mesnil, le Magnil*, 1397 (arch. nat. P 180, 128). — *Le Mesnyl-Luitier*, 1504 (ibid. P 162, 110). — *Le Maigny-Huitier*, 1510 (ibid. P 162, 114). — *Mesnil-Huytier*, 1530 (ibid. P 162, 130). — *Mesnil-Hutier*, 1634 (ibid. P 216, 38). — *Le Menil-Huttier*, 1774 (ibid. Q¹ 677). — *Le Mesnil-le-Hutier*, 1862 (Guérard, p. 199).

MESNIL-LEZ-HURLUS (LE), c°° de Ville-sur-Tourbe. — *Apud Lumesnil*, 1232 (cart. de l'Amour-Dieu, f° 35 r°). — *Manillum*, 1253 (canton de Ville-sur-Tourbe, p. 34). — *Meisniz, le Maisnil*, v. 1300 (extents Campanie, S¹°-Menehould). — *Le Maisnil*, 1366 (arch. nat. P 183, 22). — *Le Maynil delez Urlus, le Maignil*, 1389 (ibid. P 183, 37 et 42). — *Le Menil delez Ullus*, 1391 (ibid. P 183, 71). — *Le Menil en Champaigne, près Saint-Telier*, xv° siècle (cart. de l'Amour-Dieu, f° 35 r°). — *Le Mesnil lez Urlus*, 1516 (arch. nat. P 184, 30). — *Mesnix*, 1573 (ibid. P 162, 397). — *Aulmeny* pour au *Meny*, 1604 (ibid. P 185, 30). — *Ménil-lès-Hurlus*, 1765 (ibid. Q¹ 665). — *Le Ménil*, xviii° s° (Cassini).

Le Mesnil-lez-Hurlus était compris, en 1789, dans l'élection de Reims et suivait la coutume de Vitry. Son église paroissiale, annexe de celle de Perthes-lez-Hurlus, diocèse de Reims, doyenné de Cernay-en-Dormois, était dédiée à saint Pantaléon.

MESNIL-SUR-OGER (LE), c°° d'Avize. — *Mainel*, 1185 (la Charmoye, c. 1). — *Mainil*, 1216 (ibid. c. 7). — *Maenile, Maigni-sur-Chastelon?* v. 1222 (livre des vass. de Champ.). — *Mainillum*, 1232 (la Charmoye, c. 2). — *Nova Villa apud Maisnil*, 1238 (cart. de l'Amour-Dieu, f° 5 r°). — *Maisnillum*, v. 1252 (arch. nat. J 193, 51). — *Mainil*, v. 1300 (extenta Campanie, Vertus). — *Le Maisnil*, 1341 (Argeus. c. 5). — *Le Manil*, 1347 (ibid.). — *Au Mainil-lès-Oger, ou lieu qu'on dit en la Nuefville*, 1366 (arch. nat. Q¹ 681, f° 82). — *La ville du Mesnil*, 1375 (Argensolles, c. 5). — *La Viez Ville du Mesnil*, 1377 (ibid.). — *Le Mesnil emprès Vertus*, 1404 (hist. de la maison de Béthune, p. 262). — *Manillum*, 1405 (pouillé de Châl. f° 82 r°). — *La Nuefville de Mainil lès Oger*, 1441 (hist. de la maison de Béthune, p. 285). — *Le Mes-*

nil-lez-Vertus, 1476 (chap. de Châl. a. 6, l. 7). — *Le Maisgnil, le Maignil-les-Vertus*, 1483 (ibid.). — *La Vielzville et la Neufville du Mesnil*, 1508 (arch. nat. P 207, 12). — *Le Mesnil de Vertus*, 1539 (chap. de Sézanne, c. 1). — *La Vieulx-Ville et Neuf-Villa du Mesnil*, 1605 (arch. nat. P 190, 56). — *La Neuville du Mesnil*, 1673 (ibid. Q¹ 681). — *La Vieuxville et Neufville du Mesnil*, 1734 (ibid.).

En 1789, le Mesnil-sur-Oger faisait partie de l'élection de Châlons et suivait la coutume de Vitry. Son église paroissiale, diocèse de Châlons, doyenné de Vertus, était consacrée à saint Nicolas; l'abbé de Toussaints présentait à la cure.

MESNIL-TARTARIN (LE), h. c°° de Villeneuve-la-Lionne. — *Le Maisnil*, v. 1222 (livre des vass. de Champ.). — *Le Menil delez Ville-Nueve la Lioyne*, 1298 (S.-Nicolas de Sézanne, c. 12). — *Le Mesud-Tartarin*, 1551 (Belleau, 2° partie).

MESSIRE ROGCA DE HANGEST (FIEF DE), c°° de Bassu. — *Le fief que souloit tenir cy-devant messire Roch de Hangest, chevallier, esdictz lieux de Bassu et de Doulcey*, 1604 (arch. nat. P 185, 30). — *Le fief de messire Rogue de Hangest séant audit Bassu*, 1516 (ibid. P 184, 80).

MÉTAIRIE (LA), lieu-dit, c°° de Billy-le-Grand.

MÉTAIRIE (LA), lieu-dit, c°° des Petites-Loges.

MÉTAIRIES (LES), lieu-dit, c°° de Chenay.

MÉTAIRIES (LES), lieu-dit, c°° de Comblizy.

MÉTAIRIAS (LES), lieu-dit, c°° de Rilly-la-Montagne.

MÉTIOIE, lieu-dit, c°° de Saint-Hilaire-le-Grand.

METZ (FIEF DU), c°° de Saint-Bon (Boitel, hist. d'Esternay, p. 398).

MEUDON, f. écart, c°° de Vauciennes. — *Moudon*, 1834 (état-major). — *Meudon*, 1847 (lieux habités).

MEULIÈRES (LES), f. c°° d'Ablois-Saint-Martin. — *Les Meuliers*, 1720 (Saugrain, t. I, p. 471). — *Les Meulières*, xviii° s° (Cassini).

MEULIÈRES, fief, près Sommeyèvre. — *Le fief de Meuillières sciz entre Saumièvre et Espance*, 1665 (arch. nat. Q¹ 657).

MEUXIÈRES (LES), lieu-dit, c°° de Corrobert. — On y a autrefois extrait du minerai de fer, ce qui permet de croire que le nom primitif était *les Minières*.

MEURISSONS (RU DES), affl. de la Bienne; passe au hameau de Harazée.

MEURTET (LE), m¹⁰, c°° d'Ay.

MEUSE, f. c°° de Boissy-le-Repos. — *Le moulin à bled situé sur la rivière du Petit-Marin appellé le moulin de Meuse*, 1788 (arch. de la Marne; chap. de Troyes).

MEXICO, m. c°° de Vaudeuil.

Mézières (Les), fief, c^ne de Blesmes. — *Le fief des Mazières assciz aux finage et village de Blesme, le fief des Masiers*, 1636 (arch. nat. P 216, 55 et 57).

Mézières (Les), lieu-dit, c^ne du Vézier.

Michauderie (La), lieu-dit, c^ne de la Caure.

Michaudière, lieu-dit, c^ne de Barbonne-et-Fayel.

Michaux (Le), affl. de la Vesle; arrose le territoire de Fismes.

Michel-Renaud, m^in, c^ne de Sarcy.

Miclànerie (La), lieu-dit, c^ne de l'Épine.

Migeonnerie (La), lieu-dit, c^ne de Sainte-Menehould.

Mignoncourt, lieu-dit, c^ne de Saint-Mard-sur-le-Mont. — *Terragia de Mignoncourt... in finagio de Sancto Medardo in Monte*, 1278 (cart. de Moutiers, 9905, f° 367 r°). — *Le terrage que on apele de Milloncourt, qui sont au finage de Saint-Maart-en-son-le-Mont*, 1295 (ibid. f° 369 r°).

Mignonnerie (La), lieu-dit, c^ne de Belval (c^m de Châtillon).

Mignoterie (La), lieu-dit, c^ne de Sommevesle.

Milan, f. c^ne d'Époye.

Milan, m^in, c^ne de Lavannes.

Milianaa, m^on, c^ne d'Auberive.

Mille-en-Parlent, f. c^ne de Champvoisy. — *Mille-en-Parlent*, 1847 (lieux habités). — *Mille-en-Parlent ou Milempart*, 1880 (renseignement local).

Millet, f. c^ne d'Ante. — *La maison aux boix que on dit la Maison-Millet sur Aisne*, 1389 (arch. nat. P 183, 26). — *La maison que on dit Millet*, 1396 (ibid. P 183, 107). — *La terre et seigneurie de Millez, parraisse d'Ente*, 1673 (ibid. Q¹. 657). — *Le Millet*, 1862 (Guérard, p. 496).

Millionnerie (La), m^on de camp. c^ne de Sainte-Menehould.

Mi-Moulin (Le), c^ne de Saint-Hilaire-au-Temple.

Minaucourt, c^on de Ville-sur-Tourbe. — *Cortis Magnaldi*, v. 948 (Flodoard, l. II, c. 78). — *Manum Curtis*, 1103 (dioc. auc. de Châl. t. II, p. 445). — *Minocurtis*, 1184 (prieuré de S.-Thomas). — *Magnicort*, 1214-1222 (feoda Camp. n° 396). — *Minocourt*, v. 1274 (arch. nat. J 202, 46). — *Minorum Curtis*, 1303-1312 (arch. adm. de Reims, t. II, p. 1100). — *Minaulcourt*, 1602 (arch. nat. J 202, 46 bis).

En 1789, Minaucourt était compris dans l'élection de Sainte-Menehould et suivait la coutume de Vitry. Son église paroissiale, diocèse de Reims, doyenné de Cernay-en-Dormois, était dédiée à Notre-Dame; l'abbé de Moiremont présentait à la cure.

Minecourt, vill. c^ne de Jussecourt-Minecourt. — *Mediana Curtis*, 1045-1063 (cart. du chantre Guérin, f° 40 r°). — *Musnecort*, 1157 (Ulmoy). — *Munei-*

court, 1154-1161 (cart. de Montiers, 10946, f° 11 v°). — *Moinecorth*, 1179 (Ulmoy). — *Moiennecort*, v. 1252 (arch. nat. J 202). — *Minecort*, 1261 (ibid.). — *Media Curia*, 1279 (ibid.). — *Miennecourt*, 1309 (ibid.). — *Minicourt lez ledit Heiz-l'Evesque*, 1464 (ibid. P 36, 8). — *Mynecourt*, 1530 (ibid. P 161, 92). — *Mincuria*, 1542 (taxe du dioc. de Châl. p. 216). — *Mynecour*, 1547 (Cheminon, c. 2). — *Minecour*, 1682 (arch. nat. P 219, 205). — *Minnecourt*, 1696 (ibid. P 222, 11). — *Mincourt*, 1749 (ibid. Q¹ 666).

En 1789, Minecourt faisait partie de l'élection et suivait la coutume de Vitry. Son église paroissiale, diocèse de Châlons, doyenné de Vitry-le-Brûlé, était consacrée à sainte Menehould; l'évêque de Châlons en était collateur.

Minières (Les), f. c^ne de Corribert.

Ministrerie (La), chap. c^ne de Vitry-le-Brûlé (Cassini).

Minonnière (La), lieu-dit, c^ne de Mont-sur-Courville.

Mionnerie (La), lieu-dit, c^ne de Sainte-Menehould.

Mirandois, auc. m^in, à Condé-sur-Marne. — *Malendina videlicet Batel et Mirandois*, 1242 (S.-Basle, c. 33).

Mirmier, fief, c^ne d'Hauteville. — *Ung autre fief estant à Haulteville, nommé le fief de Mirmier*, 1641 (arch. nat. P 216, 82).

Miroir (Le), fief, à Juvigny-sur-Marne. — 1581 (Barthélemy, cart. de l'évêché de Châl. p. 54).

Misy, anc. vill. aujourd'hui ferme, c^ne de Leuvrigny. — *Minziacum*, 1162 (cart. de S.-Thierry, f° 73 r°). — *Misiacum*, 1186-1187 (cart. de Coincy, p. 211). — *Misei*, XVIII° s° (Amour-Dieu, c. 2). — *Misi*, *Misy*, 1335 (cart. de l'Amour-Dieu, f° 20 v°). — *Missy*, 1374 (arch. nat. P 208, 3). — *Le fief de Mysy appellé le fief des Tournelles*, 1570 (ibid. P 177, 127). — *Mizy*, 1720 (Saugrain, t. I, p. 470).

L'auteur de l'«État du diocèse de Soissons», publié en 1783, en désignant la paroisse dont dépendait Missy par le nom de *Leuvrigny*, autrefois *Notre-Dame de Mizy* (p. 256), indique assez clairement, à notre avis, que Misy était autrefois le chef-lieu de cette paroisse.

Mitimerlin, fief, c^ne de Contault. — *Mitimerlin à Maison-Vigny*, 1861 (dioc. anc. de Châl. t. I, p. 276).

Mivaux, fief et m^on, c^ne du Buisson. — *Une maison appelée le fief de Myvault..., tenant au chemin de Bignicour*, 1571 (arch. nat. P 179, 115).

Mochonnerie (La), aub. c^ne de Sarry.

Mocquerault, h. c^ᵉ de Mutry. — *Thuileries de Moncquebault*, XVIIIe siècle (Cassini). — En 1847, ce hameau se composait de dix tuileries (lieux habités). — *Moquebeau*, 1860 (Cornet-Paulus).

Modelain, f. c^ᵗ. de Tinqueux.

Modelins (Les), écart, c^{ʳᵉ} de Betheny. — *Madelin*, 1860 (Cornet-Paulus).

Modeste (La), f. c^{ᵃᵉ} d'Outines. — *La Modestie*, 1837 (état-major).

Modon, h. c^{ᵗᵉ} de Combliay.

Mœurs, c^{ᵒⁿ} de Sézanne. — *Moire*, 1178 (Duchesne, hist. de la mais. de Broyes, p. 16). — *Marha*, 1179 (S.-Nicolas de Sézanne, c. 10). — *Morian*, v. 1222 (livre des vass. de Champ.). — *Mora*, v. 1252 (arch. nat. J 195, 96). — *Meura*, 1256-1270 (Brussel, usage des fiefs, p. 946). — *More*, v. 1274 (arch. nat. J 205, 31 *bis*). — *Meure*, v. 1300 (Orbais). — *Meure lez Sézanne*, 1501 (S.-Memmie, c. 6). — *Meure lez ledict Sézanne*, 1552 (Orbais). — *Meurs-en-Brye qui est un village assis à une lieue près de Sézanne*, 1600 (arch. nat. P 178, 84).

Mœurs était compris, en 1789, dans l'élection de Sézanne et suivait la coutume de Meaux. Son église paroissiale, diocèse de Troyes, doyenné de Sézanne, était dédiée à saint Martin ; l'évêque de Troyes en était collateur.

Mœurs (Ru de), affl. du Grand-Morin ; coule sur le territoire de Mœurs.

Mogador, aub. c^{ᵗᵉ} de Caurel-lez-Lavonne.

Moineaux (Les), f. c^{ⁿᵉ} de Saint-Ouen-et-Domprot.

Moine-de-Verneuil (Fief du), à Verneuil. — *Le fief du Moyne de Verneuil*, 1512 (arch. nat. P 181, 4).

Moinerie (La), lieu-dit, c^{ⁿᵉ} de Binarville.

Moinerie (La), lieu-dit, c^{ⁿᵉ} de Champvoisy. — Vestiges de constructions.

Moinerie (La), lieu-dit, c^{ⁿᵉ} de la Croix-en-Champagne.

Moinerie (La), lieu-dit, c^{ⁿᵉ} de Saint-Jean-devant-Possesse.

Moinerie (La), lieu-dit, c^{ⁿᵉ} de Sormiers.

Moines (Bois des), c^{ⁿᵉ} de Champaubert.

Moiremont, c^{ᵒⁿ} de Sainte-Menehould ; abbaye d'hommes, au diocèse de Châlons, fondée, au VIIIe siècle, sous l'invocation des saints Colocer et Parthenias, ruinée au IXe siècle, puis rétablie comme abbaye de l'ordre de Saint-Benoît en 1074. — *Bannum sanctorum martyrum Coloceri et Parthenii*, 1074 (Marlot français, t. III, p. 710). — *Morimons*, 1130 (Moirem. c. 2). — *Mauri Mons*, 1132 (dioc. anc. de Châl. t. II, p. 445). — *Morimundum*, 1154-1161 (Montiers, c. 1). — *Morimont*, 1164-1179 (cart. de Cheminon, f° 37 v°). — *Morimons*, 1194 (liber pontificum, f° 338 v°). — *Morimont*, 1200 (liber

principum, 5992, f° 44 v°). — *Muri Mons*, v. 1223 (ibid. f° 331 r°). — *Meuremont*, 1253 (Moirem. c. 4). — *Maurimont*, 1293 (ibid.). — *Moremont*, v. 1300 (extenta Campanie, Ste-Menehould). — *Muyremont*, 1300 (Moirem. c. a). — *Muiremont*, 1302 (ibid. c. 1). — *Marimont*, 1346 (ibid. c. 12). — *Myremont*, 1323 (arch. nat. J 194, 15). — *Mouiremont*, 1326 (Moirem. c. 4). — *Muirimont*, 1327 (jugem. du bailli de Vitry). — *Murrimons*, 1346 (arch. adm. de Reims, t. II, p. 636). — *Mouyremont*, 1374 (Moirem. c. 3). — *Amyremont*, 1403 (ibid. c. 1). — *Les religieux de Mivemont*, 1395 (arch. nat. P 183, 104). — *Mayremont*, 1469 (Moirem. c. 1). — *Moirmont*, 1676 (arch. nat. P 168, 53). — *Moirmont*, 1714 (Moirem. c. 13).

Moiremont faisait partie, en 1789, de l'élection de Sainte-Menehould et était régi par la coutume de Vitry. Son église paroissiale, diocèse de Châlons, doyenné de Sainte-Menehould, était consacrée à sainte Marie-Madeleine ; l'abbé de Moiremont présentait à la cure.

Une charte du cartulaire de Moiremont, des dernières années du XIIe siècle (f° 497 r°), est relative à l'église de *Maugremont* ou *Mangremont*, localité qu'on a voulu reconnaître dans un lieu-dit du finage de Saint-Remy-sur-Bussy (renseignement local fourni par l'instituteur ; cf. «Diocèse ancien de Châlons», t. II, p. 69) ; mais cette identification ne peut être admise. En effet, le lieu-dit indiqué comme rappelant le nom de Maugremont (village qu'on suppose avoir été détruit d'assez bonne heure, puisqu'on n'en trouve pas d'autre mention que celle qui nous occupe) se nomme en réalité *la Noue-Grimaud*, ce qui constitue un nom tout à fait distinct de celui de *Maugremont*. En outre, d'après la charte susdite, un même prêtre administrait, antérieurement à 1130, la paroisse de *Maugremont* et celle de Courtémont, ce qui amène à chercher *Maugremont* non loin de ce dernier village. Il semble dès lors raisonnable de voir dans *Maugremont* une faute de copiste pour *Maurremont* ou pour quelque autre forme ancienne du nom de Moiremont, car, avant la fondation de la Neuville-au-Pont, c'est-à-dire avant 1203, le finage de Courtémont et celui de Moiremont étaient contigus.

Moiremont (Ru de), affl. de l'Aisne ; arrose le territoire de Moiremont.

Mois (Le), anc. f. c^{ⁿᵉ} de Vienne-la-Ville. — *La cense du Mois*, v. 1587 (Moiremont, c. 1).

Moitié-Blanc ou Moutier-Blanc, lieu-dit, c^{ⁿᵉ} de Bagneux.

Moivre, c^{on} de Marson. — *Mevia, Movia*, 1153-
1161 (Trois-Font. c. 7). — *Moyva*, v. 1252
(arch. nat. J 202, 55). — *Moivre*, 1380 (S.-
Pierre-aux-Monts, c. 39). — *Moyvrs*, 1464 (arch.
nat. P 36, 8).

Moivre était compris, en 1789, dans l'élection
de Châlons et suivait la coutume de Vitry. Son
église paroissiale, diocèse de Châlons, doyenné de
Bussy-le-Château, était dédiée à saint Pierre et à
saint Paul; l'abbé de Saint-Memmie présentait à
la cure.

Moivre (La), affl. de la Marne; prend naissance sur
le territoire de Francheville et joint la Marne
au-dessus du village de Moivre. — *Mevia*, 1121
(chap. de Châlons, a. 2, l. 32).— *Movia, Mouvia*,
1152 (Trois-Fontaines, c. 1). — *Mueva*, 1227
(Teulet, trésor des chartes, t. II, p. 128).— *Moyva,
Moyve*, v. 1252 (arch. nat. J 202, 55). — *Moria*,
1256-1270 (feoda Campanie, n° 602). — *In riparia de Moive*, 1280 (la Neuville, c. 9). — *Ripparia de Menia* (sic), 1289 (chap. de Reims,
l. 2).— *La rivière de Moyvre*, 1464 (arch. nat.
P 36, 8).

Moivrerie (La), lieu-dit, c^{ne} de Saint-Remy-en-Bouzemont.

Molarderie (La), fief, à Esternay-le-Franc (hist.
d'Esternay, p. 5).

Molignon, f. c^{ne} du Breuil. — *Molignons*, 1399
(arch. nat. P 180, 100).

Nolinaro, lieu-dit, c^{ne} de Vouarces.

Molincourt, h. c^{ne} de Rieux. — *Melancort?* v. 1222
(livre des vass. de Champ.). — *Moulaincourt*,
v. 1395 (arch. nat. P 201, f° 91 r°). — *Mollancourt*, 1489 (chât. de Montmirail). — *Mollincourt*,
1645 (min. Labbé, à Montmirail). — *Mollin-Cour*,
1651 (min. Peignot, à Marcilly). — *Molincourt*,
1729 (arch. de l'Aube, G 726). — *Molincourt*,
xviiie s^e (Cassini).

Molincourt (Ru de), affl. du ru de Vinet; arrose le
territoire de Rieux.

Molinet (Le), anc. mⁱⁿ, c^{ne} de Pierry. — *Le Molinet,
près Pierry*, 1496 (S.-Pierre-aux-Monts, c. 10).
— *Une maison couverte de royeaulx en laquelle a
ung molin à cheoir eaue*, etc., *icelle maison et malin
appellé communément le Molinet assis à Picry*, 1502
(arch. nat. P 131, 100). — *Le Molinet du Ruz*,
1507 (S.-Pierre-aux-Monts, c. 9). — *Le moulin
vulgairement appellé le Molinet dudit Saint-Julien*,
1508 (ibid.). — *Ung molin à Choisel, appellé communément le Molinet, seant au lieu de Pierry-Saint-
Julien*, 1523 (ibid.).

Ce moulin ne parait pas devoir être distingué

du moulin de *Choisel*, mentionné plus haut, p. 67
col. 1.

Molinots (Les), f. c^{ne} de Margny. — *Molinot*, xviiie s^e
(Cassini). — *Malineaux*, 1860 (Cornet-Paulus).

Molinots (Les), f. c^{on} de Suizy-le-Franc. — *Les Molinots*, 1763 (Orbais, p. 22). — *Les Molinos*,
xviiie s^e (Cassini).

Moliss, c^{on} d'Avize. — *Molin*, 1157 (dioc. anc. de
Châl. t. I, p. 359). — *Molendina, Molins*, v. 1172
(feoda Campanie, n° 83). — *Les Moulins, le Moulin, Moulins*, v. 1222 (livre des vass. de Champagne, traduction du latin *Molendina*). — *Molinam*,
1225 (Gallia christiana, t. X, p. 134). — *Moulins*, 1398 (Argensolles, c. 2). — *Le fief de Molins
lez Espernay*, 1445 (arch. nat. P 170, 15). — *Moulins-en-Brye*, 1573 (ibid. P 181, 116). — *Moslins,
Moslinum in Campania*, 1783 (état du diocèse de
Soissons, p. 279).

En 1789, Molins était compris dans l'élection
d'Épernay et suivait la coutume de Vitry. Son église
paroissiale, diocèse de Soissons, doyenné d'Orbais,
était dédiée à saint Pierre; le seigneur du lieu présentait à la cure.

C'est à tort que *Moslina* est aujourd'hui l'orthographe officielle du nom de cette commune.

Moscrau (Le), écart, c^{ne} de Merfy. — *Le Montceau*,
1860 (Cornet-Paulus).

Monceaux, m^{ins} détr. c^{ne} de Bazancourt. — *Monçaz*,
1166 (S.-Remy de R ims, l. 50). — *Molendina
Dompni Petri prioris qui sunt in loco qui dicitur
Monceaus*, 1191 (ibid.). — *Quidam molendina que
fuerant magni prioris dicti monasterii, sita et posita
in territorio de Basilica Curte, in loco qui dicitur
Moncellus*, 1290 (cart. A de S.-Remy de Reims,
p. 592).

Monceaux, auc. mⁱⁿ, c^{ne} de Taissy. — *Molendina ad
Moncellis de Taisseio*, 1218 (S.-Nicalae de Reims,
c. 9).

Moncel, écart, c^{ne} de Châtrices (Cornet-Paulus).

Moncel (Les), loc. disp. c^{ne} de Fontaine-Denis. —
Le Montcel, 1766 (arch. nat. Q¹ 661).

Moncel (Le), h. c^{ne} d'Igny-le-Jard. — *Le Monciel*,
1365 (arch. nat. P 142, f° 160 r°). — *Le Monsel*,
1394 (ibid. P 180, 125). — *Le Monset*, xviiie s^e
(Cassini). — *Le Moncet*, 1847 (lieux habités). —
Le Montcet, 1860 (Cornet-Paulus).

Moncal, mⁱⁿ détr. c^{ne} de Loivre. — *Quoddam molendinum suum situm, ut dicebant, super Loivre, juxta
Moncellum*, 1242 (S.-Basle, c. 43).

Moncel, l'un des fiefs composant les Grands-Hameaux
de Romain, c^{ne} de Romain. — *Le fief nommé le
Moncel aurement dict le Colombier*, 1529 (arch. nat.

P 163, 67). — *Le Moncel autrement dict le Coulombier*, 1575 (*ibid.* P 163, 73).

Moncel, f. c^ne de Voilecomte. — *Curia de Moncellis; in fine Moncellorum*, 1197 (Châtrices). — *Moncets*, 1847 (lieux habités).

Moncet (Le), m^in, c^ne d'Avenay. — *Apud Monceaux*, 1208 (cart. d'Avenay, f° 8 v°). — *Molendinum de Moncello*, v. 1252 (arch. nat. J 202, 47). — *Le moulin du Moncel*, v. 1274 (*ibid.* J 202, 47). — *Un molin séant au terroir d'Avenay, nommé le malin de Mansel, sur le ruissel de Loivre*, 1439 (*ibid.* P 181, 65). — *Le moulin de Moncel*, 1595 (Avenay, c. 1). — *Le moulin de Montcel*, 1656 (arch. nat. P 217, 37). — *Le Moncetz*, 1847 (lieux habités).

Moncet (Le), f. c^ne de Baslieux-sous-Châtillon. — *Moncet*, xviii° s° (Gassini). — *Moncetz*, 1847 (lieux habités). — *Le Montcet*, 1860 (Cornet-Paulus).

Moncet, h. c^ne du Breuil. — *Le Moncel*, 1399 (arch. nat. P 180, 100). — *Moncel*, 1510 (*ibid.* P 179, 84). — *Le Moncel lez Igny-le-Jard*, 1674 (*ibid.* P 1154, f° 155 r°). — *Moncet*, xviii° s° (Cassini). — *Le Montcet*, 1860 (Cornet-Paulus).

Moncet (Le) ou Le Montcet, écart, c^ne de Fismes (Cornet-Paulus).

Moncet (Les), h. c^ne de Rieux. — *Le Moncel*, xviii° s° (Cassini). — *Montcet de Rieux*, 1847 (lieux habités). — *Le Montcet*, 1860 (Cornet-Paulus).

Moncet, f. c^ne de Saint-Masmes (Cassini). — *La ferme du Mousset*, 1720 (Saugrain, t. I, p. 483).

Moncet (Le), h. c^ne de Ventelay. — *Moncel de Vantelai*, v. 1274 (arch. nat. J 202, 45). — *Moncé*, 1392 (*ibid.* P 181, 132). — *Le Moncel*, 1575 (*ibid.* P 181, 162). — *Mousset, situé en la paroisse de Vantelet*, 1696 (*ibid.* P 222, 39). — *Le Moncet*, 1725 (*ibid.* P 223, 29). — *Le Monsai*, xviii° s° (Cassini). — *Le Montcet*, 1860 (Cornet-Paulus).

Moncet (Le), h. c^ne du Vézier. — *Moncel*, xviii° s° (Cassini). — *Les Montcetz*, 1832 (état-major). — *Le Moncet de Vézier*, 1847 (lieux habités). — *Montcel, le Montcet*, 1860 (Cornet-Paulus).

Moncets, c^ne de Marson. — *Ecclesia sancte Marie de Moncel, Monceaus*, 1161 (S.-Memmie, c. 1). — *Manceia*, 1171 (*ibid.*). — *Moncelli*, 1178 (*ibid.*). — *Monceus*, 1199 (S.-Pierre-aux-Monts, c. 24). — *Monticuli*, 1213 (*ibid.* c. 2). — *Monciaus*, v. 1252 (arch. nat. J 193, 51). — *Monciax, Moncex*, 1268 (S.-Memmie, c. 8). — *Monciaux*, v. 1274 (arch. nat. J 202, 46 ter). — *Monceaus deleis Chaalons*, v. 1300 (extenta Campanie, Vitry). — *Moncetz lès Sarry*, 1383 (arch. nat. P 188, 52). — *Monicets*, 1503 (Barthélemy, hist. de Châlons,

p. 47). — *Monceaux*, 1508 (arch. nat. P 181, 166). — *Montcetz-lez-Chépy*, 1633 (lieux régis par la cout. de Vitry). — *Moncets*, 1653 (S.-Memmie, c. 8).

En 1789, Montcets faisait partie de l'élection de Châlons et était régi par la coutume de Vitry. Son église paroissiale, diocèse et doyenné de Châlons, était consacrée à Notre-Dame; l'abbé de Saint-Memmie présentait à la cure.

Moncets (Les), f. c^ne de Tréfols.

Moncetz, écart, c^ne d'Élize.

Moncetz (Le Petit-), h. disp. c^ne de Saint-Vrain. — 1633 (lieux régis par la cout. de Vitry).

Moncetz-l'Abbaye, c^ne de Thiéblemont. Ancienne abbaye d'hommes, de l'ordre de Prémontré, fondée en 1142, au diocèse de Châlons, sous l'invocation de Notre-Dame. — *Sancta Maria de Betiniaca Curte: prefata ecclesia Beats Marie, et sanctorum nostrorum Mauricii et sociorum ejus, et beati Nicolai atque omnium sanctorum*, 1147 (Moncetz, c. 1). — *Moncelli*, 1163 (dioc. anc. de Châl. t. I, p. 366). — *Monticelli*, 1174 (Moncetz, c. 3). — *Monciaus*, vers 1222 (livre des vassaux de Champagne). — *Teobaldus, miles de Moncés*, 1230 (Ulmoy). — *Monciaux*, v. 1252 (arch. nat. J 202, 55). — *Moncelz*, 1256 (S.-Pierre-aux-Monts, c. 8). — *Villa de Moncellis super Maternam*, 1257 (Cheminon, c. 4). — *Monasterium de Moncellis en Pertois, quondam de Avigneio*, 1285 (Moncetz, c. 1). — *L'abbei et le courent de Monciaus en Pertuis*, 1296 (*ibid.*). — *Monceaus*, xiii° siècle (cart. de Cheminon, f° 35 r°). — *Moncelz-en-Pertois*, 1304 (S.-Remy-aux-Monts, c. 8). — *Moncelli in Pertisiaco*, 1310 (*ibid.* c. 21). — *Monceaux*, 1331 (Moncetz, c. 1). — *Abbas et conventus monasterii de Betignicuria, ordinis Premonstratensis*, Cathal. dyocesis, 1336 (*ibid.*). — *Li abbés et couvens de l'esglise de Betigny, lez la ville de Moncelz en-Pertois*, 1345 (*ibid.*). — *L'esglise de Moncelz l'Abbaye*, 1353 (*ibid.*). — *Moncels*, 1356 (S.-Pierre-aux-Monts, c. 8). — *La ville de Monceaulx-en-Pertois, près Larzicourt*, 1388 (*ibid.*). — *Moncellum*, 1405 (pouillé de Châlons, f° 77 r°). — *Mancel-lez-Nonnains*, 1462 (arch. nat. Q¹ 662, f° 42 v°). — *Le Moncel-lez-Nonnains*, 1464 (S.-Pierre-aux-Monts, c. 14). — *L'abbaye et monasters de Nostra-Dome de Moncelz*, 1485 (Moncetz, c. 1). — *Moncelz-la-Ville lez Arzillières*, v. 1500 (*ibid.*). — *Moucets*, 1509 (procès-verbal de la cout. de Vitry). — *Moncelz-sur-Marne*, 1517 (Moncetz, c. 2). — *Moncelz*, 1524 (*ibid.* c. 3). — *Moncets-l'Abbaye*, 1633 (lieux régis par la cout. de Vitry). — *L'abbaÿe de Moncetz*,

1687 (arch. nat. P 221, 80). — *L'abbaye [de] Moncels, qui autres fois s'apelloit Beligny, a pour patron saint Maurice dont elle tient par tradition avoir l'os du bras gauche,* 1690 (Moncetz, c. 1). — *Nostra-Dame de Monsaist,* 1695 (*ibid.* c. 3). — *Montcelz,* 1765 (S.-Jacques de Vitry, c. 1). — *L'abbaye Nostre-Dame de Montcetz,* 1768 (Moncels, c. 1).

Moncetz-l'Abbaye était compris, en 1789, dans l'élection et suivait la coutume de Vitry. Son église paroissiale, diocèse de Châlons, doyenné de Perthes, était dédiée à saint Calixte; l'abbé de Saint-Pierre-aux-Monts présentait à la cure.

MONCHEUX, f. c⁰ˢ de Courmelois. — *Moncheux,* 1835 (état-major). — *Montcheux,* 1860 (Cornet-Paulus).

MONCIEUX, anc. mᵗⁿ, cⁿᵉ de Warmeriville. — *In molendinis de Warmerivile, sitis in loco qui dicitur Montieus,* 1249 (chap. de Reims, l. 41 bis).

MONDANT, h. cⁿᵉ de Courbétaux. — *Mondaon, Mondant,* 1479 (chât. de Montmirail). — *Mondans,* 1487 (*ibid.*). — *Mondaons,* 1490 (*ibid.*). — *Montdaon,* 1510 (Andecy, c. 1). — *Mondam,* 1526 (*ibid.* c. 3, fᵒˢ 31 et 33 rᵒ). — *Montdant,* 1862 (Guérard, p. 234).

MONDELAIN, f. cⁿᵉ d'Orbais. — *Mandelin,* xvᵉ sᵉ (E. de Barthélemy, cart. de l'évêché de Chât. p. 115). — *Grand et Petit Mandalin,* xviiiᵉ sᵉ (Cassini). — *Mondelaine,* 1836 (état-major). — *Montdelin,* 1860 (Cornet-Paulus).

MONDEMENT, vill. cⁿᵉ de Mondement-Montgivroux. — *Mons Ademanni, Mons Huldemanni,* 1128 (pouillé de Troyes, n° 313). — *Mons Idemanni,* 1124-1130 (cart. d'Oyes, fᵒ 18 vᵒ). — *Mons Idomanni,* 1175 (*ibid.* lᵒ 20 vᵒ). — *Mondemant,* 1202 (*ibid.* fᵒ 29 rᵒ). — *Mondement,* 1223 (hist. de la maison de Broyes, p. 26). — *Monhudement,* 1226 (Andecy). — *Mondemane,* 1407 (pouillé de Troyes, n° 313). — *Mondementus,* 1443 (évêché de Troyes, G 22). — *Mondementum,* 1457 (*ibid.* N 79). — *Montdoment,* 1805 (ann. de l'an xiii, p. 67). — *Montdement,* 1860 (Cornet-Paulus).

En 1789, Mondement était compris dans l'élection de Sézanne et suivait la coutume de Meaux. Son église paroissiale, diocèse de Troyes, doyenné de Sézanne, était dédiée à Notre-Dame; l'évêque de Troyes, et, plus anciennement, le prieur de Saint-Good, en était collateur.

MONDEMENT-MONTGIVROUX, cⁿᵉ de Sézanne, commune formée en 1845 de l'union des anciennes communes de Mondement et de Montgivroux.

MON-DÉSIS, f. cⁿᵉ de Moivre. — *Mon-Désir,* 1847 (lieux habités). — *Montdésir,* 1860 (Cornet-Paulus).

MONDÉSIR, écart, cⁿᵉ de Passavant. — *Montdésir,* 1860 (Cornet-Paulus).

MON-IDÉE, f. cⁿᵉ de Brimont. — *Mon-Idée,* 1847 (lieux habités). — *Monidée,* 1860 (Cornet-Paulus).

MON-LUÉE, mᵒⁿ, cⁿᵉ de Cormicy.

MONJOIE (LA), f. détr. cⁿᵉ de Léchelle. — *La Monjoye,* 1563 (chât. de Montmirail).

L'emplacement de cette ferme est marquée, au cadastre de Léchelle, par le lieu-dit *la Mangeois.*

MON-PLAISIR, f. cⁿᵉ de Courtisols. — *Montplaisir,* 183. (état-major).

MON-PLAISIR, f. cⁿᵉ de Malmy. — *Mon-Plaisir,* 1847 (lieux habités). — *Montplaisir,* 1860 (Cornet-Paulus).

MONSIEUR-VAUX, auc. mᵒⁿ, cⁿᵉ de Landricourt. — *Une maison appellée Monsieur Vaulx,* 1641 (arch. nat. P 216, 82).

MONSIGNY, lieu-dit, cⁿᵉ de Sainte-Marie-à-Py.

MONT (LE), f. cⁿᵉ de Clamanges. — *Le Mont,* v. 1222 (livre des vass. de Champ.). — *Grangia de Moum,* 1228 (le Reclus, c. 2). — *Les meisons dou Maon,* 1300 (*ibid.* c. 1). — *Domus nostra dicta dou Mahon, sita in parrochia de Clamengiis,* 1306 (chap. de Chât. a. 4, l. 56). — *Domus religiosorum virarum et honestorum de Recluso, nuncupata gallice le Mahan,* 1349 (le Reclus, c. 1). — *Le gangnaige... du Maon,* 1346 (*ibid.*). — *Nostre cense du Mand,* 1522 (*ibid.*).

MONT (LE), f. cⁿᵉ de Soigny. — *Le fief du Mont, assis au village de Soigny,* 1742 (arch. nat. Q¹ 672).

MONT (RU DU), affl. de la Sommesoude; sépare les finages de Lenbarée, Normée et Clamanges, des territoires de Soudron et de Villeseneux.

MONTAGNE (LA), f. cⁿᵉ de Bricot-la-Ville. — *Une maison...: assis audit lieu de la Montagne,* 1619 (Bricot, c. 1). — *La Montagne, paroisse de Bricol-la-Ville,* 1650 (minutes Peignot, à Marcilly).

MONTAANS (LA), h. cⁿᵉ de Courgivaux.

MONTAGNE (LA), h. détr. cⁿᵉ de Montmirail. — *La Montagne,* 1563 (chât. de Montmirail). — *Le lieu et maison appellée la Montagne; .... ledit lieu de la Montaigne sera appellé le fief de la Montaigne,* 158. (*ibid.*). — *Le fief de la Montaigne qui est un petit hameau près dudit Montcouppot, où il n'y a plus aulcuns habitans demeurans, à l'occasion des guerres et des mortalitez,* 1603 (arch. nat. P 180, 101).

MONTAGNE (LA), h. détr. cⁿᵉ d'Oger. — *La Montaigne d'Ogier,* 1383 (arch. nat. P 188, 52).

MONTAGNE (LA), carrières, cⁿᵉ de Pouillon.

MONTAGNE (LA), f. et mᵗⁿ à vent, cⁿᵉ de Trigny.

MONTAGNE (LA), écart, cⁿᵉ de Villers-Franqueux.

Montagne-de-Crotte (La), écart, c** de Sézanne (Cornet-Paulus).

Montagne-de-Nanteuil (La), m**, c** de Cormoyeux.

Montagne de Reims (La), région naturelle représentée par les hauteurs qui séparent le bassin de la haute Vesle du bassin de l'Ardre. Son nom est devenu de bonne heure celui d'un des doyennés du diocèse de Reims et celui d'une prévôté de l'abbaye de Saint-Remy de Reims. — *Montana*, xii* s* (fragm. de polypt. p. 168). — *Prepositus de Montana*, 1212 (cart. C de Saint-Remy de Reims, f° 44 r°). — *In aliquibus villis in Montana*, v. 1263 (arch. adm. de Reims, t. I, p. 844). — *La Montaingne de Reims*, comm. du xiv* siècle (ibid. t. I, p. 1089). — *Decanatus de Montana*, 1303-1312 (ibid. t. II, p. 1051). — *La Montainne*, 1337 (ibid. t. II, p. 747). — *Doyennez de la Montagne*, 1363 (ibid. t. III, p. 278). — *La prevostée de la Montaingne de Reims*, xiv* s* (arch. lég. de Reims, cout. p. 607). — *Montana Remensis*, av. 1400 (nécr. de l'église de Reims, p. 67). — *La Montangne de Reims*, 1458 (S.-Nicaise, c. 8).

Montagne-de-Reims (Forêt de la), s'étendant sur les finages de Verzy, Villers-Marmery, Verzenay, Mailly, Ludes, Ville-en-Selve, Chigny, Rilly-la-Montagne, Villers-Allerand, Sermiers, Courtagnon, Saint-Imoges, Germaine, Ville-en-Selve, Mutigny et Avenay. — *Nemus Rigetium*, v. 948 (Flodoard, l. II, c. 3). — *Sylva Archiepiscopi*, 1121 (Marlot français, t. III, p. 734). — *Silva de Vauhunem*, 1197 (arch. lég. de Reims, statuts, t. I, p. 171). — *Nemus de Verdenai*, v. 1252 (arch. nat. J 202, 47). — *Foresta de Villari Aleran*, v. 1263 (arch. adm. de Reims, t. I, p. 855). — *Nemus S. Basoli*, 1267 (liber pontif. f' 115 v°). — *In bosci seu nemoribus . . . , silis apud locum qui Montana vulgariter dicitur, juxta Remis*, 1294 (S.-Remy de Reims, L 411). — *En ses bois assis et situés ès Montaignes de Reims*, 1397 (ibid.). — *La forêt de la Route*, 1854 (Flodoard, traduction Lejeune, t. I, p. 233).

Montsues, h. c** de Bagneux. — *Montaon*, xiii* s* (arch. de l'Aube, G 987). — *Monthaon*, 1860 (Cornet-Paulus).

Montaigu, chât. détr. c** de Bisseuil. — *Mont-Agu*, v. 1222 (livre des vass. de Champ.).

Mont-Aimé, mont. isolée, c** de Bergères lez-Vertus. Un château fort, construit sur cette montagne vers 1210, par Blanche, comtesse régente de Champagne, fut détruit au milieu du xv* siècle. — *Mons Wavinarum*, 696 (Pardessus, diplomata, t. II, p. 238, mauv. copie). — *Mons Witmar*, 877 (annales Bertin). — *Mons Aymeri*, 1162 (Andecy). — Capella de Monte Ymeri que sita est in parrochia nostra de Bergeriis, 1219 (liber pontif. f° 233 r°). — *Mont Huimeri*, v. 1220 (livre des vass. de Champ.). — *Moimer*, 1225 (Andecy, c. 1). — *Mons Widomari*, *Mons Wimari*, v. 1240 (chronicon Alberici). — *Mons Hymeri*, *Moimeri*, *Mohimer*, v. 1252 (arch. nat. J 193, 51). — *Moymeri*, *Moymerum*, 1256-1270 (foods Camp. n°* 590 et 698). — *Moymer*, 1273 (la Charmoye, c. 6). — *Momneri en Campaigne*, fin du xiii* siècle (Gaufrey, p. 67). — *Monaymé*, 1360 (arch. nat. K 1155). — *Montymer*, 1366 (ibid. Q¹ 681, f° 102). — *Le chastel et forteresse de Maymer lequel est noble, beaux et grans, et de grant antiquité; Maymer*, 1367 (ibid. f°¹ 11 et 21 r°). — *Moismer*, 1425 (arch. lég. de Reims, statuts, t. I, p. 614). — *La mothe de Maymer-le-Chastel, assize lez ledit Vertus*, 1508 (arch. nat. P 207, 12). — *La tour de Mymaz*, 1574 (mémoires de Cl. Haton, p. 770). — *Montaymé*, 1605 (arch. nat. P 190, 56). — *Le chasteau de Moeymé*, 1636 (ibid. P 215, 36). — *Moymez*, *Moismé*, 1659 (ibid. Q¹ 680). — *L'ancien château et ville de Montaimé*, 1673 (ibid. Q¹ 681).

Les habitations groupées autour de la forteresse portaient le nom de Moymer-la-Ville qu'on rencontre dans plusieurs documents du xiii* au xvi* siècle. — *Moymer villa*, v. 1129 (arch. nat. KK 1064, f° 283 v°). — *Momyer la Ville*, 1366 (ibid. Q¹ 681¹, f° 223 v°). — *Moymer la Ville*, 1489, 1508 (ibid. Q¹ 681, P 207, 12).

Le Mont-Aimé paraît avoir été le siège d'un ancien *oppidum* dont le nom n'est pas connu d'une manière certaine, mais qui, si l'on en juge par les distances qu'indique la Table de Peutinger, et par le parcours des chemins antiques, pourrait fort bien être *Bibe*, station romaine située au point de jonction de voies aboutissant à Reims, à Troyes et à Meaux (par Cbailly). Les importants vestiges d'un autre âge, qu'on y voyait avant l'an 1210, date de la construction du château féodal, furent considérés comme les restes du fabuleux château de *Hautefeuille*, demeure du traitre Ganelon; cette croyance est relatée, notamment, dans la chanson de geste qui a titre «Gaufrey» (p. 67, 146, 152, etc.) et dans plusieurs chroniques romanesques.

La statistique dressée par l'administration des postes, en 1847, indique, à deux lieues de Colliguy et sur le territoire de cette commune, une maison isolée qui porterait le nom de Mont-Aimé.

Montalard, f. c** d'Oyes. — *Hereditagium Montis Alardi*, 1174 (cart. d'Oyes, f° 2 v°). — *Le fief de Montalard*, 1768 (arch. nat. Q¹ 678).

22.

MONTALET (LE), h. c^{ne} de Saint-Memmie (Cassini).

MONTANEUF, h. c^{ne} de Sermiers. — *Montauneuf*, 1385 (arch. nat. P 178, 108). — *Montainieu*, 1429 (*ibid.* P 162, 73). — *Montanneux*, 1556 (S.-Nicaise de Reims, l. 7 *bis*). — *Montaneux*, 1626 (arch. nat. P 167, 370). — *Montanier, Montaniere*, 1630 (*ibid.* P 167, 26 et 33). — *Montaneu*, 1630 (*ibid.* P 191, 11).

MONT-AOÛT, mont. c^{ne} de Broussy-le-Petit. — *Mons Avotus, Mons Avold*, 1131 (Andecy). — *Vinea de Montavot*, 1159-1181 (le Reclus, c. 2). — *Montaoust*, 1607 (arch. nat. P 178, 101²). — *Montahoût*, xixe siècle (cadastre de Broussy-le-Grand).

MONT-À-PEINE, f. c^{ne} de Belval (canton de Châtillon).

MONT-À-PEINS, c^{ne} de Cuchery.

MONT-À-PEINE. — Voy. aussi MONTE-À-PEINE.

MONTARMÉ, f. détr. c^{ne} de Montmort. — *Montormé*, 1508 (arch. nat. P 207, 12). — *Ung fief à Montormel*, 1509 (évêché de Châl. c. 15). — *Montarmé*, 1603 (*ibid.*). — *Le fief du Haut et Bas Montarmé*, 1713 (*ibid.*). — *Montarmé, ferme ruinée*, 1720 (Saugrain, t. I, p. 470). — *Bois Mont-Armé* [bois], 1834 (état-major).

MONTAUBAN, h. c^{ne} de Monthelon. — *Montauban*, 1720 (Saugrain, t. I, p. 471). — *Montaubant*, 1805 (ann. de l'an XIII, p. 73).

MONTAZIN, f. c^{ne} de Savigny. — *Mons Haiseium*, 1145 (Igny, l. Montazin). — *Grangia de Monthasen*, 1154-1159 (cart. d'Igny, f° 2 r°). — *Mons Hasain*, 1159 (*ibid.* f° 17 r°). — *Mons Husan*, 1174 (Igny, l. Montazin). — *Monthasain*, 1174 (cart. d'Igny, f° 22 v°). — *Mons Haisain*, 1182 (Igny, l. Montazin). — *Monthasan*, 1198 (cart. d'Igny, f° 27 v°). — *Mons Hasein*, 1208 (*ibid.* f° 32 r°). — *Monhasain*, 1243 (Igny, l. Flancourt). — *Mouhazein*, 1269 (*ibid.* l. Montazin). — *Monhazain*, 1292 (cart. d'Igny, f° 158 v°). — *Monthazain*, 1294 (Igny, l. Montazin). — *Monthazin*, 1721 (chap. de Reims, l. Jonchery). — *Monthassin*, 1860 (Cornet-Paulus).

MONTBADEL, chât. détr. c^{ne} de Sommesuippe. — *Montbadel*, 1502 (arch. nat. Q¹ 655; Avenay, p. 72). — *Le chastel, terre et seigneurie de Montbadel entre Suippe et Sommesuippes*, 1516 (arch. nat. P 184, 80). — *Le fief, terre et seigneurie, chastel, etc., de Monbardel*, 1604 (*ibid.* P 185, 30). — *Montbaudet*, 1647 (*ibid.* P 216, 141). — *Montbaudel*, 1680 (arch. nat. Q¹ 655; Avenay, p. 78). — *La terre et seigneurie de Montbardel*, 1772 (arch. nat. Q¹ 671). — *Mont-Budel ou Mont-Baudel*, 1860 (Cornet-Paulus).

MONTBAVIER, loc. détr. près Possesse. — *Mons Baivier*, 1165 (la Neuville, c. 5). — *Munt-Bavier*, 1165 (dioc. anc. de Châl. t. I, p. 403).

MONTBAYEN, h. c^{ne} de Saint-Martin-d'Ablois. — *Mons Biduenus*, 1032 (histoire des comtes de Champ. t. I, p. 469). — *Montbaien*, 1235 (arch. nat. J 197, 40). — *Montbaien vers Espernay*, 1269 (cart. d'Igny, f° 228 v°). — *Montbaein, Mont-Bauin*, v. 1300 (extents Campanie, Épernay). — *Mons Bayennus, Mont-Bayem*, 1318 (Boutaric, actes du parlem. de Paris, n°° 5216 et 5343). — *Montbayen*, 1598 (arch. nat. P 181, 19). — *Montbasin*, 1634 (*ibid.* P 216, 38).

MONTBERGON, m^{on} de camp. c^{ne} de Vitry-le-François.

MONT-BERNON, mont. c^{ne} d'Épernay.

MONTBETON, maison détr. c^{ne} de Crugny. — *Hugo de Montbeton*, v. 1172 (feodu Campanie). — *Petrus de Monbeton*, 1253 (cart. de S.-Thierry de Reims, f° 62 v°). — *Huet de Montbeton*, 1259 (S.-Remy de Reims, l. 89). — *Ung fief appelé le fief de Montbetton assis audit Cruny, auquel fief append une maison ou hostel appelé l'ostel de Montbetton, auquel a une tour quarrée, court, grange et jardin*, 1486 (*ibid.*).

MONT-BILOARA, mont. c^{ne} de Bussy-le-Repos.

MONTBLÉRU, h. c^{ne} de Neuvy. — *Montbleré*, v. 1222 (livre des vass. de Champ.). — *Montbleru*, v. 1252 (arch. nat. J 195, 96). — *Mons Bleru*, 1317 (Boutaric, actes du parlem. de Paris, n° 4539). — *Mombléru*, 1401 (chap. de Sézanne, c. 8). — *Montblairu*, xviiie siècle (Cassini).

MONTBOEUF, mⁱⁿ à vent, c^{ne} de Verzenay.

MONTBRÉ, c^{ne} de Verzy. — *Mumbrès*, 1197 (cart. A de S.-Remy, p. 120). — *Munbrès*, v. 1200 (arch. lég. de Reims, statuts, t. I, p. 471). — *Montbrés*, 1201 (*ibid.* t. I, p. 175). — *Montbayen*, 1203 (cart. de l'Amour-Dieu, f° 35 v°). — *Mombrès; comm. du* xive siècle (arch. adm. de Reims, t. I, p. 1090). — *Mombretum*, 1303-1312 (*ibid.* t. II, p. 1048). — *Monbret*, 1374 (cart. A du chap. de Reims, f° 290 r°). — *Montbret*, v. 1375 (arch. adm. de Reims, t. III, p. 416). — *Mombret*, 1433 (arch. nat. Q¹ 656). — *Mombré*, 1652 (arch. lég. de Reims, statuts, t. I, p. 240). — *Monbré*, 1748 (chap. de Reims, l. 37).

Montbré faisait partie de l'élection et suivait la coutume de Reims. Son église paroissiale, annexe de celle de Trois-Puits, diocèse et doyenné de Reims, était consacrée à saint Remy.

MONTBUSSEUY, fief, c^{ne} de Saint-Hilaire-au-Temple (dioc. auc. de Châl. t. I, p. 239).

MONTCHÂTÉ, écart, c^{ne} d'Hermonville (Cornet-Paulus).

— Cet écart prétendu répond au lieu-dit *Mont-de-Châté.*

MONTCHENIL, mont. où se trouvait le gîte des chiens du comte de Champagne, c^{ne} de Vertus. — *Domus de Monte Canino*, 1179 (Gall. christ. t. X, c. 175).

MONTCHENOT, h. c^{ne} de Villers-Allerand. — *Caniculæ, Caniculæ*, 1067 (arch. adm. de Reims, t. I, p. 218 et 221). — *Monchenot*, XVIIIe s^e (Cassini). — *Montgenaux*, 1860.(Coruet-Paulus).

MONTCOCHET, h. c^{ne} de Minaucourt.

MONTCOUPOT, h. c^{ne} de Montmirail. — *Moncopet*, v. 1222 (livre des vass. de Champ.). — *Montcoupet*, v. 1252 (arch. nat. J 195, 96). — *Mantcouppot*, 1405 (*ibid.* P 179, 31). — *Moncoupot*, 1409 (chât. de Montmirail). — *Montcoupot*, 1436 (arch. nat. P 179, 3 f° 174). — *Montcopot*, 1480 (chât. de Montmirail). — *Montcoppot*, 1484 (*ibid.*). — *Moncopot*, 1495 (arch. nat. P 179, 179). — *Montcoulpault*, 1510 (Andecy, c. 1). — *Montcoupaut*, 1603 (arch. nat. P 162, 23). — *Moncoupaux*, 1604 (Andecy, c. 1). — *Montcoupault*, 1643 (minutes Naudé, à Orbais).

MONTCOUVENT, f. c^{ne} de Corribert (Cassini).

MONT-CONÉ (LE), h. c^{ne} de Bouy.

MONT-D'ARÈNE (LE), lieu-dit, c^{ne} de Reims. — *Hareaœ*, 1136 (Marlot français, t. III, p. 796). — *Le Mont d'Araine*, v. 1250 (Huon de Bordeaux, édition Grandmaison, p. 6). — *Le Mont d'Arainne*, 1324 (arch. adm. de Reims, t. II, p. 380). — *Les mons d'Areinne* (*ibid.* t. II, p. 554). — *Le Mont d'Aresne*, comm. du XVIIIe siècle (Lacourt, cité par Varin; arch. adm. de Reims, t. I, p. 1056).

Le nom du Mont-d'*Arène* indique le site de l'amphithéâtre romain de Reims.

MONT-DE-BILLY (LE), maisons, c^{ne} de Billy-le-Grand.

MONT-DE-BILLY (LE), h. c^{ne} des Petites-Loges et de Sept-Saulx.

MONT-DE-CRCOUET (LE), mont. c^{ne} de Mareuil-sur-Ay.

MONT-DE-L'AUBE (LE), fief, c^{ne} de Saint-Étienne (dioc. auc. de Châl. t. II, p. 56).

MONT-D'ENFIGNY, lieu-dit, c^{ne} de Francheville.

MONT-D'ORMES, m^{in}, c^{ne} des Mesneux.

MONTE-À-PRISE, f. c^{ne} de Romigny.

MONTE-À-PRISE. — Voy. aussi MONT-À-PRISE.

MONTE-EN-PRINE, m^{in} à vent, c^{ne} de Champfleury.

MONTGIRAULT, lieu-dit, c^{ne} de Saint-Just.

MONTENAIL, écart, c^{ne} de la Celle-sur-Chantemerle (Cornet-Paulus).

MONTÉPREUX, c^{ne} de Fère-Champenoise. — *Mons Speratorii*, 1032 (hist. des comtes de Champagne, t. I, p. 469). — *Mons Espervier*, 1131-1142 (chap. de Châl. a. 4, l. 5). — *Mont Esperoir;*

v. 1222 (livre des vass. de Champ.). — *Mons Espereeur, Montespereour*, v. 1252 (arch. nat. J 195, 96). — *Montesperour*, 1349 (*ibid.* Q^t 681^t, f° 90). — *Montespereur*, 1366 (pouillé de Châl. f° 20 r°). — *Mons Superior*, 1405 (*ibid.* f° 81 v°). — *Montespreux*, 1508 (arch. nat. P 207, 12). — *Motespreux*, 1521 (*ibid.* P 178, 66). — *Mantepreulx*, 1605 (*ibid.* P 190, 56). — *Ecclesia de Monteprozo*, alias *de Monte Superiori, vulgo Montepreux*, 1775 (chap. de Châl. a. 1, l. 56).

Montépreux faisait partie, en 1789, de l'élection de Châlons et était régi par la coutume de Vitry. Son église paroissiale, diocèse de Châlons, doyenné de Vertus, était consacrée à saint Gengoul; le chapitre cathédral de Châlons présentait à la cure.

MONT-ESSEY (LE), lieu-dit, c^{ne} de Souain.

MONTÉVIGNY (CAEMIS DE), lieu-dit, c^{ne} de Louvercy.

MONTFÉLIX, chât. détr. c^{ne} de Chavot. — Flodoard rapporte la construction d'une forteresse *in loco qui dicitur Mons Felicia*, 952 (Flodoard, anno 952). — *Altare Sancti Martini in Monte Falicii*, 1032 (hist. des comtes de Champ. t. I, p. 469). — *Mons Felicias*, 1042 (*ibid.* t. I, 482). — *Hugo de Monte Felici*, 1120 (S.-Denis de Reims, l. du bois de Vernay). — *Felicius Mons*, 1143 (arch. nat. S 4968). — *Mons Felix*, 1201 (cart. de Saint-Martin d'Épernay, p. 145). — *Montfelix*, v. 1222 (livre des vass. de Champ.). — *Le Mont-Falis*, v. 1274 (arch. nat. J 202, 45). — *Monflix*, 1321 (S.-Pierre-aux-Monts, c. 10). — *Monffelis*, 1327 (*ibid.*). — *Mauffelix*, 1328 (cart. de S.-Remy de Reims, p. 378). — *Montfélix*, 1328 (arch. nat. P 182, f° 155 r°). — *Monfélix*, 1383 (*ibid.* P 188, 52). — *Montfélix* ou *Montheureux*, 1860 (Cornet-Paulus). — Les gens du pays l'appellent *Montafilant* (hist. des comtes de Champagne, t. IV, p. 904).

L'église paroissiale de Saint-Martin de Montfélix (diocèse de Soissons, doyenné d'Orbais) subsiste encore aujourd'hui comme église paroissiale de Chavot.

MONTFERGAULT (LE CAITEAU DU), lieu-dit, c^{ne} de Marson.

MONT-FERRÉ, lieu-dit, c^{ne} de Baconnes.

MONTFERRÉ, m^{in}, c^{ne} de Taissy. — *Mons Ferrulus*, v. 1067 (arch. adm. de Reims, t. I, p. 218). — *On terroir de Taissy, en lieu dit au Mont Ferré*, 1491 (S.-Symphorien, c. 4). — *Au lieu dit le Montferré, au terroir de Tessy*, 1720 (revenus de S.-Nicaise, t. II, p. 20).

Cassini marque vers l'emplacement de ce moulin un arbre qu'il nomme *l'Arbre de Montferet.*

MONTFLAMBERT, f. c^{ne} de Mutigny.

MONTFOUBERT, anc. loc. c^{ne} de Saint-Prix. — *Mons Forberli*, 1170 (hisl. de la maison de Broyes, p. 16). — *Montfouberlh*, 1172 (ibid. p. 16). — *Montfoubert*, 1219 (ibid. p. 19).

MONTFOURNOIS, f. c^{ne} de Ludes. — *Mont-Fournois*, 1847 (lieux habités). — *Montfournoy*, 1860 (Cornet-Paulus).

MONTFOURNOIS (LE), m^{le} à vent, c^{ne} de Mailly.

MONTGARNY, f. c^{ne} de Charmont. — *La maison de Maugarnie*, 1508 (arch. nat. P 181, 166). — *La Maugarnye*, 1530 (cart. de Moutiers, 9905, f° 260 v°). — *Les bois de Maulgarnye*, 1538 (ibid. f° 250 v°). — *La maison et boys de Malgarnye*, 1571 (arch. nat. P 183, 9). — *Maulgarnys*, 1572 (ibid. P 183, 10). — *Montfarnys, le hameau de Maugarnie*, 1683 (lieux régis par la cout. de Vitry). — *Maugarny*, 1736 (arch. nat. P 228, 50). — *Le fief appellé Maugarny-lès-Charmont*, 1774 (ibid. Q¹ 664). — *Montgarnier*, 1847 (lieux habités). — *Mangarnie*, 1862 (Guérard, p. 558).

MONTGARNY (LA PETITA), fief, c^{ne} de Charmont. — *Le fief de la Petite Maugarnie, situé dans le ban et finage de Charmont*, 1768 (arch. nat. Q¹ 664). — *Le fief de la Petite Maugarnye*, 1774 (ibid.).

MONTGARNY, ruines, c^{ne} de Comblizy. — *Les masures et estang de Maugarny*, 1494 (arch. nat. P 180, 165). — *Ou terroir et finage dudit Coubliz y a ung fief nommé Maugarny*, 1512 (ibid. P 181, 4).

MONTGENOST, c^{on} d'Esternay. — *Mons Genoldi*, 1165 (Gall. christ. t. XII, c. 271). — *Montgenout*, 1211 (cart. de Nesle, f° 36 v°). — *Mongeno*, 1221 (ibid. f° 36 r°). — *Mungenolt*, v. 1222 (livre des vass. de Champ.). — *Mons Genodi*, 1222 (cart. de Nesle, f° 4 v°). — *Mongenout*, v. 1240 (arch. nat. J 193, 83). — *Montgenuit*, v. 1252 (ibid. J 196, 91). — *Mongenodi*, 1381 (pouillé de Troyes, A 258). — *Montgenouil*, 1398 (arch. nat. P 171, 46). — *Montgenost*, 1411 (cart. de Sellières, f° 27). — *Moultgenost, Moltgenost*, xve s^e (cart. de Nesle, f° 32 r°). — *Mongenost*, 1567 (Cl. Haton, p. 494). — *Montgenost*, 1833 (état-major). — *Mongenot*, 1703 (arch. nat. P 222, 222).

En 1789, Montgenost était compris dans l'élection de Sézanne et suivait la coutume de Meaux. Son église paroissiale, diocèse de Troyes, doyenné de Pont-sur-Seine, était dédiée à saint Remy; l'évêque de Troyes en était collateur.

MONTGÉRARD, h. c^{ne} de Vinay. — *Montgérard*, xviiie s^e (Cassini). — *Montgirard*, 1860 (Cornet-Paulus).

MONTGIBERT, h. détr. c^{ne} de Troissy. — *Montgibert*, 1511 (arch. nat. P 181, 1). — *La grand rue de Montgibert*, 1570 (ibid. P 177, 127).

Cette localité n'est peut-être pas différente de celle que Saugrain, en 1720, appelle le *hameau des Gibart;* voy. plus haut, p. 116, col. 1.

MONTGIVROUX, vill. c^{ne} de Mondement-Montgivroux. — *Mons Givroldi*, 1124-1130 (cart. d'Oyes, f° 18 r°). — *Mons Gyvroth*, 1170 (hist. de la maison de Broyes, p. 16). — *Montgirbout*, v. 1220 (livre des vass. de Champ.). — *Montgivrot*, 1246 (Audecy). — *Mons Givrotus*, 1246 (ibid. c. 1). — *Mongiv[r]out, Montgevrout*, v. 1252 (arch. nat. J 196,50). — *Mongivrost*, 1375 (ibid. P 202, 172). — *Montgivrost*, 1397 (Montier-la-Celle, c. 19). — *Montgivrolst*, 1754 (arch. nat. Q¹ 678). — *Montgivroult*, xviiie siècle (Cassini). — *Mongivroux*, 1834 (état-major).

En 1789, Montgivroux faisait partie de l'élection de Sézanne et était régi par la coutume de Meaux. Son église paroissiale, annexe de celle de Mondement, diocèse de Troyes, doyenné de Sézanne, était consacrée à saint Antoine.

MONTGIVROUX (RU DE), affl. du Petit-Morin; arrose le territoire d'Oyes.

MONTGRIMAUX, h. c^{ne} de Grauves. — *Mont-Graimaut*, 1374 (Argensolles, c. 1). — *Montgrimault*, 1430 (arch. nat. P 181, 63). — *Mont-Grimeau*, xviiie s^e (Cassini).

MONTHELON, c^{on} d'Épernay. — *Mons Allonis*, v. 948 (Flodoard, l. II, c. 10). — *Montelon*, 1201 (cart. de Saint-Martin d'Épernay, p. 59). — *Monterun*, 1222 (S.-Jacques de Vitry). — *Monteron*, v. 1252 (arch. nat. J. 202, 47). — *Mantellan*, v. 1252 (ibid. J 202, 47). — *Monstelon*, 1303 (S.-Pierre-aux-Monts, c. 32). — *Montillon*, 1394 (arch. nat. 181, 45). — *Monthelon*, 1580 (ibid. Q¹ 672). — *Mons Hellonis* ou *Ellonis*, 1783 (état du dioc. de Soissons, p. 283).

En 1789, Monthelon était compris dans l'élection d'Épernay et suivait la coutume de Vitry. Son église paroissiale, diocèse de Soissons, doyenné d'Orbais, était dédiée à saint Nicolas; le prieur de Montfélix présentait à la cure.

MONTHOULIER, gagnage, c^{ne} de Saint-Remy-en-Bouzemont. — *Le gaignage de Monthoulier*, 1481 (arch. nat. P 216, 82).

MONTHUY-DE-MARGNEUSE (LE), écart, c^{ne} de Lavannes (Cornet-Paulus).

MONTIER-ARTON, lieu-dit, c^{ne} d'Athis.

MONTIERS, fief, c^{ne} de Francheville (dioc. de Chål. t. II, p. 79).

MONTIERS, f. c^{ne} de Possesse. — Ancienne abbaye

d'hommes, de l'ordre de Citeaux (elle avait d'abord appartenu à l'ordre de Saint-Augustin), fondée en 1134, au diocèse de Châlons, sous l'invocation de la Vierge. Elle occupait d'abord l'emplacement de la ferme de Vieux-Moutiers, c^ne de Sommeilles (Meuse), et fut transférée au lieu où elle subsista jusqu'à la Révolution. — Geoffroy, évêque de Châlons, donne à Eustache, «venerabilis abbas Sancte Dei genitricis Marie», *locus et ecclesia que Monasterium dicitur*, 1134 (cart. de Moutiers, 9905, f° 1 r°). — *Monasterium in Arguana*, 1138 (Moutiers, c. 1). — *Ecclesia Monasteriorum*, 1135-1142 (cart. de Montiers, 10946, f° 19 et 20 r°). — *Sancta Maria de Monasteriis*, 1148 (ibid. f° 1 r°). — *Manasterium de Argonia*, 1163 (ibid.). — *Monasterium in Argonia*, 1197 (Cheminon, c. 20). — *Monasterium in Argoua*, 1200 (Moutiers, c. 1). — *Mostiers-en-Argonne*, 1232 (cart. de Moutiers, 9905, f° 376 r°). — *Monasteria in Argona*, 1234 (dioc. auc. de Châl. t. I, p. 383). — *Moustier-en-Argone*, 1250 (Montiers, c. 2). — *Moustiers-en-Argone*, 1255 (ibid.). — *Mostier-en-Argonne*, 1266 (cart. de Moutiers, 9905, f° 90 v°). — *Montiers-en-Argonne*, 1268 (Moutiers, c. 4). — *Montiers en la prevosté de Sainte-Menehot*, v. 1274 (arch. nat. J. 202, 45). — *Moutiers-en-Argonne*, 1302 (S.-Jacques de Vitry, c.1). — *Monstiers-en-Argonne*, 1367 (arch. nat. P 183, 23). — *Monstier-en-Argonne*, 1525 (Montiers, c. 1). — *Monthiers*, 1838 (état-major). — *Yonval*, 1793 (Puiseux, p. 305).

Montieval, f. c^ne de Possesse. — *Nantival*, 1507 (arch. nat. P 166, 374). — *Le fief, terre et seigneurie de Nantival, lez ledit Charmont, appellé d'ancienneté le fief Moucheron*, 1508 (ibid. P 179, 81). — *Nantyval*, 1518 (cart. de Montiers, 9905, f° 278 v°). — *Le gaignage appellé Notyval*, 1524 (Montiers, c. 2). — *La cense de Notival*, 1673 (ibid. c. 1).

Montiary, h. c^ne de Binson-Orquigny. — *Montigniacum*, 1146 (hist. de la maison de Châtillon, p. 25). — *Montiniacum*, 1148 (arch. adm. de Reims, t. I, p. 321). — *Montigny de lès Chastillon*, 1433 (S.-Remy de Reims, l. 396).

Montigny, lieu-dit, c^ne de Courtisols.

Montigny, lieu-dit, c^ne de Dommartin-la-Planchette.

Montigny, lieu-dit, c^ne de la Neuville-aux-Bois.

Montigny, lieu-dit, c^ne de Perthes-lez-Hurlus.

Montigny-sur-Vesle, c^ne de Fismes. — *Montigneium*, 1154-1159 (cart. d'Igny, f° 2 r°). — *Montiniacum, Montigniacum*, 1190 (ibid. f° 23 v° et 57 r°). — *Montegneium, Montegni*, 1198 (cart. † de l'archev. de Reims, f° 63 v°). — *Muntenei, Montinei*, xii° s°

(fragm. de polypt. p. 171). — *Monteni*, 1202 (cart. d'Igny, f° 60 r°). — *In villa dicti prepositi Remensis que vacatur Montignis*, 1222 (cart. B du chap. f° 16 v°). — *Montignyacum*, xiii° s° (cart. d'Igny, f° 67 r°). — *Montigneyum*, 1303-1312 (arch. adm. de Reims, t. II, p. 1056). — *Montigay-sur-Vcle*, 1384 (ibid. t. III, p. 597). — *Montigni*, 1443 (ch. de Reims, 29).

Montigny-sur-Vesle était compris, en 1789, dans l'élection et suivait la coutume de Reims. Son église paroissiale, diocèse de Reims, doyenné d'Hermonville, était dédiée à saint Pierre et à saint Paul; le prévôt de l'église métropolitaine de Reims présentait à la cure.

Montillon, f. c^ne de Courdemange. — *Montillon*, 1847 (lieux habités). — *Montilleux*, 1860 (Cornet-Paulus).

Montilly, lieu-dit, c^ne de Ville-sur-Tourbe.

Montjallon, f. c^ne de Mairy-sur-Marne. — *Mons Jalun, Monjalun*, 1161 (S.-Memmie, c. 1). — *Monjalum*, 1171 (ibid.). — *Mongalum*, 1178 (ibid.). — *Mons Jalons*, 1234-1243 (fonds Camp. n° 435). — *Mont Jalon*, v. 1252 (arch. nat. J 202, 55). — *Mons Jalonis*, 1256-1270 (fonds Campanie, n° 602). — *Monjallon*, 1540 (arch. nat. P 179, 107). — *Montjaullon*, 1561 (ibid. Q¹ 670). — *Mont Jallon*, 1612 (ibid.). — *Mont-Jalons*, 1860 (Cornet-Paulus).

Mont-Juli, mont c^ne de Villers-Allerand.

Montjouet (Ru de), affl. de la Sommesoude; coule sur les finages d'Athis et des Istres.

Montjouy, lieu-dit, c^ne de Faguières.

Montjouy, f. c^ne de Voilemont. — *Montjouy*, 1734 (arch. nat. P 227, 50). — *Un autre petit fief apelée Maujouis scitué au terroir de Voislemont*, 1793 (ibid. Q¹ 657). — *Monjoui*, xviii° siècle (Cassini). — *Maujouy*, 1862 (Guérard, p. 494). — *Maujouis*, 1847 (lieux habités).

Montjouy (Ru de) ou **du Petit-Moulin,** affl. de la Vesle; arrose le finage de Prouilly.

Montméant, anc. prieuré cluniste dépendant du prieuré de Coincy, auj. faub. de Montmirail. — *Ecclesia Sancte Marie de Montemirello*, 1139 (arch. nat. K 23, n° 4). — *Mons Elianus*, 1126-1152 (cart. de S.-Jean-des-Vignes, f° 38 v°). — *Prioratus de Monte Helye*, 1235 (ibid. f° 98 v°). — *Mons Heliæ*, 1250 (Du Plessis, hist. de l'église de Meaux, t. II, p. 153). — *L'esglise de Nostre-Dame de Mont-Elien*, 1287 (Bricot, c. 3). — *Monthelien lez Montmirail*, 1395 (Montier-la-Celle, c. 19). — *Nostre-Dame de Monthian*, v. 1395 (arch. nat. P 201, f° 93 r°). — *Monthelean*, 1396 (chât. de Montmirail). —

Monteleen, 1399 (arch. nat. P 180, 97). — *Mont-helyen*, 1461 (ibid. P 179, 176). — *Montelyen*, 1466 (chât. de Montmirail). — *Le prieuré de Nostre-Dame de Montleem*, 1526 (Andecy, c. 3, f° 31 v°). — *Montelien*, 1597 (ibid. c. 1). — *Montleam*, XVI° siècle (ibid.). — *Monthellean*, 1623 (arch. nat. P 180, 136): — *Montlohan*, 1640 (Machaut, hist. du bienh. Jean de Montmirel). — *Mon-thelean*, 1645 (minutes Labbé, à Montmirail). — *Le prieuré de Monthelye*, autrement dit *Monthelien*, 1657 (ibid.). — *Montléan*, 1756 (arch. de l'Aube, G 605). — *Monthléan*, 1757 (ibid. G 713). — *Montléhan*, 1781 (arch. nat. Q¹ 678). — *Monthlean*, 1784 (Courtalon, t. III, p. 279). — *Manthe-lean*, 1788 (chap. de S.-Étienne de Troyes, aux arch. de la Marne). — *Montheléant*, XVIII° siècle (Cassini). — *Mont-Léan* ou *Mont-Léau*, 1860 (Cornet-Paulus).

MONTLIBAUT, f. c°° d'Orbais. — *Mont-Libaut*, XVIII° s° (Cassini). — *Monliban*, 1805 (ann. de l'an XIII, p. 71). — *Montlibault*, 1860 (Cornet-Paulus). — *Montibault*, 1834 (état-major).

MONTMÉDY (LES), lieu-dit, c°° de Villers-Marmery.

MONTMERGY, h. c°° de Nesle-le-Repons. — *Mont-mergis*, *Montmersy*, 1549 (Hautvillers, c. 4, f°¹ 70 et 123). — *Mommergis*, 1758 (ibid. c. 5). — *Montmergis*, 1768 (ibid.). — *Montmurgy*, XVIII° siècle (Cassini). — *Mont-Mergey*, 1834 (état-major).

MONTMIDY, lieu-dit, c°° de Fleury-la-Rivière.

MONTMIRAIL, arrond. d'Épernay. — *Castellum quod dicitur Mons Mirellas*, 1125 (cart. de S.-Jean-des-Vignes, f° 26 v°). — *Mons Mirabilis*, 1131 (Gall. christ. t. X, p. 167). — *Montmirail*, 1147 (hist. de la maison de Châtillon, p. 24). — *Mons Miralli*, 1148 (cart. d'Oyes, f° 3 v°). — *Mons Mirail*, 1154-1159 (cart. d'Igny, f° 2 v°). — *Mont-miralt*, 1169 (cart. de S.-Médard de Soissons, f° 30 r°). — *Monmiral*, 1182 (hist. de la maison de Broyes, p. 21). — *Montmiral*, 1190 (Hautefont. c. 6). — *Monmiral*, 1222 (livre des vass. de Champ.). — *Montmirel*, 1261 (Machaut, hist. du bienh. Jean de Montmirel, p. 420). — *Mommiral*, 1278 (hist. de la maison de Guines, p. 381). — *Montmirail-en-Brie*, 1391 (arch. nat. P 161, 278). — *Mommiral-en-Brie*, 1419 (hist. de la maison de Coucy, p. 445). — *Montmiraille*, 1622 (le Reclus, c. 1). — Le roi change «le nom de la dite terre de Montmirel en celuy de *Louvois la Ville*», 1716 (arch. nat. X¹° 8716, f° 11 r°); mais les lettres patentes données à cet effet ne semblent point avoir été exécutées. — *Mon-Mirelle*, 1778

(ibid. Q¹ 678, lettre). — *Montmirail-Marne*, 1859 (dictionnaire des postes).

Montmirail faisait partie, en 1789, de l'élection de Château-Thierry et était régi par la coutume de Vitry. Son église paroissiale, diocèse de Soissons, doyenné de Montmirail, était consacrée à saint Martin; l'abbé de Saint-Jean-des-Vignes de Soissons présentait à la cure.

MONTMITOU, m°°° isolées, c°° de Villeneuve-la-Lionne. — *Montmiton*, 1720 (Saugrain, t. I, p. 475). — *Montmitou*, 1805 (ann. de l'an XIII, p. 92).

MONTMORET, f. c°° de Courdemanges. — *Domus Montis Morelli*, 1187 (cart. d'Huiron, p. 213). — *Mons Morelli* figure comme léproserie, 1289 (Boutaric, actes du parlem. de Paris, n° 2678). — *Le gain-guage de Monmorel situé et assis en ban et territoire d'Uyron*, 1502 (cart. d'Huiron, p. 224). — *Mon-moret*, 1558 (ibid. p. 152). — *Montmoret*, 1781 (arch. nat. Q¹ 664).

MONTMORT, arrond. d'Épernay. — *Mons Maurus*, 1042 (hist. des comtes de Champ. t. I, p. 482). — *Mons Mauri*, 1102 (Du Plessis, hist. de l'église de Meaux, t. II, p. 18). — *Montmort*, v. 1147 (hist. de la maison de Châtillon, p. 24). — *Mont-maur*, v. 1210 (feods Camp. n° 300). — *Munmor*, 1210 (Andecy, c. 1). — *Montmor*, *Monmor*, v. 1222 (livre des vass. de Champ.). — *Mammar*, 1256-1270 (Brussel, usage des fiefs, p. 56). — *Monmort-en-Brie*, 1349 (arch. adm. de Reims, t. II, p. 1176). — *Momtmor*, 1366 (arch. nat. Q¹ 681, f° 80). — *Le chastel de Momorambrie*, 1375 (ibid. P 178, 62). — *Montmore*, 1739 (ibid. Q¹ 679).

Montmort était compris, en 1789, dans l'élection de Vertus et suivait la coutume de Vitry. Son église paroissiale, diocèse de Châlons, doyenné de Vertus, était dédiée à saint Pierre et à saint Paul; le prieur du lieu présentait à la cure.

MONTOIS (LE), h. c°° de Maurupt. — *Montolium*, 1232 (Cheminon, c. 1). — *Montoil*, 1140 (ibid.). — *Monteil*, XIII° siècle (cart. de Cheminon, f° 32 r°). — *Montois*, v. 1300 (extenta Campanie, Vitry). — *Le Montay*, 1510 (arch. nat. P 179, 90). — *Montoy*, 1511 (ibid. P 179, 91). — *Le Monthoy*, 1572 (ibid. P 179, 123). — *Le Montoy-lez-Maulrue*, 1633 (ibid. P 216, 13). — *Montoys*, 1634 (Cheminon, c. 2). — *Le Montoir*, XVIII° siècle (Cassini). — *Le Montoy*, 1837 (état-major).

MONTOLIN (RUISSEAU DE), c°° de Mareuil-le-Port.

MONTORGUEIL, h. c°° de Fleury-la-Rivière. — *Mon-torgueil*, 1225 (cart. de S.-Médard de Soissons, f° 12 v°). — *Mons Superbie*, 1226 (*ibid.* f° 11 r°). — *Montorguel*, v. 1252 (arch. nat. J 202, 47).

Montpas, m⁰⁰, c⁰⁰ de Vitry-le-Brûlé.

Montpertuis, f. c⁰⁰ de Baye.

Mont-Piolin, m¹ⁿ à vent, c⁰⁰ de la Neuvillette.

Montplet, m¹ⁿ à vent détr. c⁰⁰ de Witry-lez-Reims. — *Le moulin de Montplet, paroisse de Witry*, 1606 (Dessailly, hist. de Witry, p. 536).

Mastaeau, lieu-dit, c⁰⁰ de Courcy.

Montreau (Le), lieu-dit, c⁰⁰ de Ludes.

Montremoy, mont. c⁰⁰ de Berzieux. — *Montremoy*, fief, 1573 (arch. nat. P 162, 397). — *Mont-Trémois*, 1865 (Barthélemy, canton de Ville-sur-Tourbe, p. 15).

Montreval, m¹ⁿ à vent, c⁰⁰ de Villers-Allerand.

Montrigul, f. détr. c⁰⁰ de Sermiers. — *In Monte Reguli*, 1114 (cart. de S.-Nicaise de Reims, f° 21 r°). — *Nemus domus Montis Reguli*, 1200 (*ibid.* f° 44 r°). — *In territorio cujusdam domus ejusdem ecclesie [Sancti Nicasii] de Monte Reolo, super rivulum de Ardre*, 1124 (S.-Nicaise, l. 7). — *Capella quam habetis, in loco qui Mons Regulus dicitur*, 1248 (cart. de S.-Nicaise, f° 59 v°). — *Les bois de Montreuil*, 1649 (S.-Nicaise, l. 7 bis). — *Les bois de Morieul*, 1666 (*ibid.*). — *Monrieul*, 1699 (*ibid.* c. 4, l. 7). — *Les bois de Montrieul*, 1705 (*ibid.* l. 7 bis). — *La cense, terre et seigneurie de Mantrieul*, 1715 (revenus de S.-Nicaise, t. I, p. 143). — *le terroir de Morieülle*, 1746 (S.-Nicaise, l. 7 bis). — *Les buissons de Montreuil*, 1751 (*ibid.*). — *Moreuille ou Montreuille*, 1860 (Cornet-Paulus).

Montrieul (Roisseau de), c⁰⁰ de Sermiers.

Montrizan (Le), m¹ⁿ à vent, c⁰⁰ de Verzenay.

Montrobert, h. c⁰⁰ de Rieux. — *Mont-Robert*, v. 1395 (arch. nat. P 178, f° 89 v°). — *Monrobert*, 1487 (chât. de Montmirail). — *Montrobard*, xviii⁰ siècle (Cassini). — *Mont-Robert ou Rabert*, 1860 (Cornet-Paulus).

Mont-Roland (Le), h. c⁰⁰ de Molins.

Montry, fief, c⁰⁰ de Frignicourt. — *La seigneurie du ban de Montry qui est enclavés audit Frignicourt*, 1735 (arch. nat. P 228, 34).

Mont-Saint-Bernard, f. c⁰⁰ de Tilloy.

Mont-Saint-Hélain (Le), bois situés dans la Montagne de Reims. — *Les bois et buissons en la montagne de Reims, appelet le Mont-Saint-Hélain et la Sablonnière*, 1665 (arch. nat. P 1755, f° 52 r°).

Mont-Saint-Juventin, lieu-dit, c⁰⁰ de Cheppes.

Mont-Saint-Michel (Le), écart, c⁰⁰ de Faignières.

Mont-Saint-Pierre, vill. détr. auj. m⁰⁰ isolée, c⁰⁰ de Thillois. — *Mons Sancti Petri*, 1154 (S.-

Thierry, c. 4, l. 32). — *Mont-Saint-Pierre*, comm. du xiv⁰ siècle (arch. adm. de Reims, t. I, p. 1090). — *Le Mont-Saint-Pierre*, 1442 (S.-Thierry, c. 2, l. 13). — *Le Mont-Saint-Pierre lez Reims*, 1509 (S.-Denis de Reims, l. Merfy). — *Ecclesia parrochialis de Monte Sancti Petri et suus succursus de Thillois et annexu de Tinqueulx*, 1571 (chap. de Reims, l. Thillois). — L'archevêque de Reims, considérant que *l'église de Mont, située dans l'estendue de ce doyenné de la [Montagne], soubz l'invocation de saint Pierre, est présentement abandonnée, de manière que n'y ayant eu de mémoire d'homme aucun vestige de bastiments es environs, transporta la cure à Thillois*, 1675 (*ibid.*). — L'emplacement de cette paroisse est marqué dans Cassini par une croix dite *la croix de Saint-Pierre*.

Mont-Saint-Remy (Le), lieu-dit, c⁰⁰ de Saint-Hilaire-le-Petit. — La tradition locale le désigne comme l'emplacement d'un couvent ou d'un ancien cimetière.

Monts-Ferrés (Les), lieu-dit, c⁰⁰ de Cormontreuil.

Monts-Marains (Les), f. c⁰⁰ de Saint-Ouen. — *Les Monts-Marins*, 1636 (arch. nat. P 215, 36). — *Montmarins*, xviii⁰ siècle (Cassini). — *Les Montsmarains*, 1805 (ann. de l'an xiii, p. 79). — *Les Monts-Morains*, 1847 (lieux habités). — *Montmarin*, 1860 (Cornet-Paulus). — *Les Montmarrins*, 1862 (Guérard, p. 583).

Mont-sur-Courville, c⁰⁰ de Fismes. — *Montes*, comm. du xi⁰ siècle (polypt. de S.-Remy de Reims). — *Mons-lès-Courville*, 1280 (cart. B du chap. de Reims, f° 437 v°). — *Montes supra Curvillam*, 1289 (Igny, l. Courville). — *Montes super Curvillam*, 1324 (arch. adm. de Reims, t. II, p. 383). — *Mont desour Coureille*, 1329 (cart. d'Igny, f° 115 r°). — *Mons dessus Courville*, 1384 (arch. adm. de Reims, t. III, p. 653). — *Montz*, xiv⁰ s⁰ (*ibid.* t. II, p. 883). — *Mons-sur-Courville*, 1526 (S.-Symph. de Reims, c. 1). — *Mont-sur-Courville*, 1665 (N.-D. de Braisne).

En 1789, Mont-sur-Courville faisait partie de l'élection et suivait la coutume de Reims. Son église paroissiale, doyenné de Reims, était consacrée à Notre-Dame; le tournaire du chapitre métropolitain de Reims présentait à la cure.

Montsuzain (Le), m⁰⁰ détr. ? vers Mareuil-sur-Ay. — *Leur maison ou Mont-Suzain*, 1428 (arch. nat. Q¹ 673).

Mont-Télu, mont. c⁰⁰ de Cernay-en-Dormois.

Mont-Trouilly (Le), lieu-dit, c⁰⁰ de Villers-aux-Nœuds.

Monturé, fief relevant de Bussy-le-Château. — *Le fief de Monturé*, 1772 (arch. nat. Q¹ 671).

MONTVALOIS, lieu-dit de la c⁰ᵉ de Reims, qui au moyen âge donna son nom à une mairie. — *Mons Vallosus, Mons Valerius*, 1100 (Marlot .franç. t. III, p. 757 et 762). — *Mons Valesius*, 1201 (arch. adm. de Reims, t. I, p. 447). — *Mons Valerii*, 1201 (Gall. christ. t. X, p. 53). — *Mon-Valois*, 1252 (arch. adm. de Reims, t. I, p. 736). — *Mont-Valois*, 1253 (ibid. t. I, p. 745). — *In territorio de Monte Valoisio*, 1255 (arch. nat. S 5040, n° 21). — *Monvaloys*, 1259 (ibid. n° 19). — *Montvaloys*, 1261 (ibid. n° 16). — *Mons Valoysius*, 1265 (ibid. S 5039, n° 12). — *Monvaleis*, v. 1263 (arch. adm. de Reims, t. I, p. 853). — *Monvaloy, Montvaloy*, 1328 (ibid. t. II, p. 551).

MONTVINAULT, h. c⁰ᵉ. du Gault. — *Mauvinez*, 1229 (liber pontif. f° 508 v°). — *Mauvignez*, 1240 (ibid. f° 275 r°). — *Malum Vicinum*, 1381 (pouillé de Troyes, A 266). — *Prioratus de Malovicino, ordinis S. Benedicti, in parochia de Gaudomc*, 1457 (ibid. p. 156). — *Mauvinos*, 1487 (chât. de Montmirail). — *Mauvinault*, 1493 (arch. nat. Q¹ 680). — *Maulvinault*, 1619 (chât. de Montmirail). — *Montvinault*, 1681 (chap. de S.-Étienne de Troyes; aux arch. de la Marne). — *Monvinaut*, 1730 (Amour-Dieu, c. 2). — *Mantvinot*, xviiiᵉ siècle (Cassini).

MONTVOISIN, h. c⁰ᵉ d'OEuilly. — *Ung fief nommé le fief de Mauvoisin*, 1511 (arch. nat. P 181, 1). — *Monvaysin*, xviiiᵉ siècle (Cassini). — *Montvoisin*, 1862 (Guérard, p. 204).

MONTVOISIN (RU DE), aff. de la Marne; arrose le finage d'OEuilly.

MOQUS-SOURIS (LES), lieu-dit, c⁰ᵉ de Champvoisy.

MOQUS-SOURIS (LES), lieu-dit, c⁰ᵉ de Mancy.

MOQUS-SOURIS, lieu-dit, c⁰ᵉ du Mesnil-sur-Oger.

MORAINS, c⁰ⁿ de Vertus. — *Moveins*, 1171 (Montierla-Celle, c. 19). — *Morains*, 1172 (Brussel, usage des fiefs, p. 397). — *Morain*, v. 1290 (livre des vases de Champ.). — *Mourains*, v. 1252 (arch. nat. J 193, 51 et 96). — *Maurains*, v. 1700 (ibid. K 1155, factum impr.). — *Petit-Morains*, xviiiᵉ siècle (Cassini). — *Moroins-le-Petit*, 1834 (état-major).

En 1789, Morains était compris dans l'élection de Sézanne et suivait la coutume de Vitry. Son église paroissiale, annexe de celle d'Aulnay-aux-Planches, diocèse de Châlons, doyenné de Vertus, était dédiée à saint Alpin.

MORAMBERT, fief, c⁰ᵉ de Hauteville. — *Ung autre fief assis audit finage de Haulteville et de Blaize que tenait aultrefois Guillaume Cochart, icelluy fief appellé communement le fief des Cocharts ou de Mo-* rambert, 1642 (arch. nat. P 216, 100). — *Le fief de Morambert*, scis audit *Hauteville*, 1682 (ibid. P 219, 231).

MORAMBERT, fief, c⁰ᵉ de Vauclerc. — Geoffroy de Boutigny, écuyer, seigneur de Morambert et de Blaincourt, avoue tenir en fief du chapitre de Reims *ung fief situé et assis en la seigneurie et finage dudit Vaucler communement appelé le fief de Morembert*, 1547 (chap. de Reims, c. 39). — *Le fief de Morambert*, 1552 (ibid.).

MORAMPONT, f. c⁰ᵉ de Saint-Utin. — *Montrampon*, 1139 (hist. des comtes de Champ. t. III, p. 426). — *Monrampont*, 1150 (Trois-Font. c. 1). — *Munrampun*, 1153-1161 (ibid. c. 7). — *Mons Ramponis*, 1161 (S.-Pierre-aux-Monts, c. 8). — *Monranpon*, 1177 (Touss. c. 13). — *Mont Rampont*, 1180 (S.-Memmie, c. 6). — *Munrampon*, xiiiᵉ siècle (cart. de Cheminon, f° 9 v°). — *Mons Rampan*, 1202 (Touss. c. 13). — *Montranpon*, v. 1222 (livre des vass. de Champ.). — *Montranppon*, v. 1252 (arch. nat. J 196, 44). — *Morampon*, v. 1204 (ibid. J 202, 45). — *Mourampon*, 1508 (ibid. P 207, 12). — *Moranpon*, 1732 (ibid. P 198, 4).

MORANGIS, c⁰ⁿ d'Avize. — *Montrangis*, 1262 (la Charmoye, c. 6). — *Monvengnis*, xiiiᵉ 8ᵉ (Argensolles, c. 4). — *Mourangis*, 1307 (la Charmoye, c. 2). — *Mont-Rengis*, 1382 (arch. nat. P 182, f° 186 r°). — *Morengis*, 1495 (ibid. P 181, 92). — *Grand Morangis*, xviiiᵉ siècle (Cassini).

Morangis, érigé en commune dès 1790, était avant la Révolution une dépendance de Molins.

MORANGIS (LE PETIT-), h. c⁰ᵉ d'Avize.

MOBELLERIE (LA), lieu-dit, c⁰ᵉ de Marson.

MORETRIE (LA), lieu-dit, c⁰ᵉ de Cherville.

MOREVAUX (LES), f. c⁰ᵉ de Saint-Ouen. — *Les Morevaux*, xviiiᵉ 8ᵉ (Cassini). — *Morevaux*, 1835 (état-major). — *Les Morivaux, Les Morrevaux*, 1860 (Cornet-Paulus).

MORFONTAINE, f. c⁰ᵉ d'Igny-le-Jard.

MORFONTAINE (RU DE), aff. du Gros-Ru; arrose le territoire de Ville-sur-Tourbe.

MORGRANGE, lieu-dit, c⁰ᵉ de Troissy.

MORIANDERIE, lieu-dit, c⁰ᵉ de Nesle-le-Repos.

MORICERIE (LA), f. c⁰ᵉ de la Caure. — *La Moriseride*, 1683 (lieux régis par la cout. de Vitry, art. Montmort). — *La Moricerie*, xviiiᵉ siècle (Cassini). — *La Morisserie*, 1860 (Cornet-Paulus).

MORIGNY (NAUX), lieu-dit, c⁰ᵉ de Chepy.

MORILLONVEZ, f. détr. c⁰ᵉ du Buisson. — *Pratum de Morellonvado*, 1169 (Cheminon, c. 7). — *Une pièce de pré appellé le Pré entre deux yaues, séant* devant *Morillon-Wey*, 1385 (*ibid.*). — *Ung gai-gnaige et mestairye qui conciste en maisons, granges, estables, court, jardins, edifices, prez, terres, le tout coms il se comporte assis audict lieu de Morillonvoy*, 1535 (*ibid.*). — *La cense de Morillon-Vays*, 1647 (*ibid.*).

Morin (Le Grand-), affl. de la Marne; prend naissance dans la commune de Lachy, sort du département par le finage de Villeneuve-la-Lionne et se jette dans la Marne à Condé-Sainte-Libière (Seine-et-Marne). — *Mogra*, 813 (Gall. christ. t. XIV, c. 16). — *Mucra*, 1230 (Teulet, trésor des chartes, t. II, p. 175). — *La rivière de Morrain*, 1551 (Belleau, 2ᵉ partie). — *Morain*, 1553 (arch. nat. P 178, 71). — *Le Grand Morain*, 1602 (*ibid.* P 178, 91).

Morin (Le Petit-), affl. de la Marne; prend sa source sur le territoire de Morains-le-Petit, arrose une partie de l'arrondissement d'Épernay, quitte le département de la Marne en limitant le finage de Mécringes (Marne), d'une part, ceux de Marchais et Vendières (Aisne), de l'autre. Il arrose alors une très faible partie du département de l'Aisne, entre bientôt dans celui de Seine-et-Marne et se joint à la Marne sur le territoire de la Forté-sous-Jouarre. — *Morein*, 1168 (Gall. chr. t. XII, p. 272). — *Aqua de Morains*, 1209 (hist. de la maison de Guines, p. 25). — *Ripparia de Morains*, 1227 (le Reclus, c. 3). — *Morain*, 1252 (hist. de la maison de Broyes, p. 27). — *Mourein*, 1272 (*ibid.* p. 30). — *Morin*, 1278 (hist. de la maison de Guines, p. 381).

Morine (La), tail. cᵐᵉ de Florent. — *Tuillerie*, xviiiᵉ siècle (Cassini). — *Briqueterie de la Morgine*, 1835 (état-major).

Mornay, fief, à Baudement. — *Le fief de Mornay scis à Baudement*, 1723 (arch. nat. P 223, 312).

Moronvilliers, cᵐᵉ de Beine. — *Muronis Villars*, 1066 (Marlot, t. I, p. 621). — *Moironviller*, 1200 (cart. de S.-Nicaise, fᵒ 77 vᵒ). — *Moirunviller*, 1221 (S.-Symph. de Reims, c. 1). — *Muyronviler*, 1231 (chap. de Reims, l. Mailly). — *Moronviller*, 1240 (S.-Basle, l. 12). — *Morenviler*, v. 1252 (arch. nat. J 202, 47). — *Muironviler*, 1254 (chap. de Reims, l. Mailly). — *Mouyronvillare*, 1303-1312 (arch. adm. de Reims, t. II, p. 1114). — *Moironvillers*, 1367 (arch. nat. P 181, 32). — *Moironviller, Meuronviller, Mourronviller*, 1376 (archev. de Reims, l. 83, fˢ 4, 5 et 11). — *Morronvillers*, 1381 (arch. adm. de Reims, t. III, p. 380). — *Mouironviller*, 1384 (arch. nat. P 51¹, 1410). — *Mouronvillers*, 1573 (*ibid.* Q¹ 656). — *Mo-*

ronvilliers, 1629 (S.-Remy de Reims, l. 650). — *Moronvillers*, 1630 (S.-Symph. c. 3). — *Mauronvillier*, 1655 (chap. de Reims, l. Chaumuzy). — *Moronvilliers*, détruit et en bois, 1720 (Saugrain, t. I, p. 479).

Moronvilliers était compris, en 1789, dans l'élection de Rethel et suivait la coutume de Vitry. Son église paroissiale, diocèse de Reims, doyenné de Bétheniville, était dédiée à saint Remy; le commandeur du Temple de Reims présentait à la cure.

Morsains, cᵒⁿ de Montmirail. — *Morains*, 1179 (S.-Nicolas de Sézanne, c. 9). — *Morci*, v. 1222 (livre. des vass. de Champ.). — *Morcini*, 1381 (pouillé de Troyes, A 263). — *Marsins, Moursins*, v. 1395 (arch. nat. P 202, fᵒ 89 rᵒ). — *Morsini*, 1457 (pouillé de Troyes, N 18). — *Marsin*, 1731 (arch. nat. P 1731, 7). — *Morcins*, 1784 (Courtalon, t. III, p. 301).

Morsains faisait partie, en 1789, de l'élection de Sézanne et était régi par la coutume de Meaux. Son église paroissiale, diocèse de Troyes, doyenné de Sézanne, était consacrée à saint Denis; l'abbé de Saint-Jacques de Provins présentait à la cure.

Mortes-Eaux (Étang des), cᵒⁿ de Branscourt. — *Les Mortes Yaues*, 1432 (arch. lég. de Reims, cout. p. 567). — Voy. Étang des Mortes-Eaux.

Mortière (La), h. cᵒⁿ du Thoult. — *La Mortière*, 1650 (minutes Labbé, à Montmirail).

Morvois (Le), pagus ou comté de l'époque franque; formé d'un démembrement de la *civitas Tricassium*, il tirait son nom du *vicus Mauriopes*, qui en était le chef-lieu, et dont l'emplacement, appelé Mont-Morvois au xiiᵉ et au xiiiᵉ siècle, est occupé aujourd'hui par le parc de Pont-sur-Seine (géogr. de la Gaule au viᵉ siècle, p. 341). Il était représenté dans l'ancienne topographie ecclésiastique par le doyenné de Pont-sur-Seine (du diocèse de Troyes), qui s'étendait pour partie sur le département de l'Aube, pour partie sur celui de la Marne. — *Pagus Morevinsis*, 813 (Gallia christ. c. 18). — *Pagus Moripensis*, 840 (ann. ordinis S. Bened. t. II, p. 644).—*Pagus Mauripensis*, 841, 859 (ann. Bertiniani). — *Morvisus*, 853 (capit. de Servais). — *Comitatus Morivensis*, 859 (historiens de France, t. VIII, p. 558). — *Pagus Morvensis*, 872 (ibid. t. XIII, p. 642).

Moscou, f. cᵐᵉ de Prosnes.

Motte (La), fief, cᵒⁿ de Blesme. — *Le fief de la Mote, séant à Belesme*, 1405 (arch. nat. P 161, 11). — *Le fief de la Motte-les-Mézières, scitué à Blesme*, 1694 (ibid. Q¹ 665).

Motte (La), chât. cᵐᵉ de Brandonvillers. — *La*

maison seigneuriale dudit *Brandonviller* appellée la *Motte*, 1732 (arch. nat. Q¹ 657).

MOTTE (LA), auc. m⁰ⁿ, c⁰ᵉ du Buisson. — *Une maison assize audict lieu du Buisson communement appellée la Mothe*, 1661 (arch. nat. P 217, 75).

MOTTE (LA), chât. détr. c⁰ᵉ de Châtelraould-Saint-Louvent. — *Une place nommée vulgairement la Mote, close tout à l'entour de fossés où souloit avoir grans edifices, cave, chapelle, maison, grange et jardins contenant environ quatre journées, tenant d'une part au moulin de mess. du chappitre et d'aultre part à Estiene le Pelizat, et de l'ung des bouts sur le chemin royal et de l'autre bout aux usages de ladicte ville de Chasteau-Rous*, 1527 (Toussaints, c. 6).

MOTTE (LA), chât. détr. c⁰ᵃ de Courtisols. — *Guillelmus, miles de Mota de Cortisor*, 1274 (S.-Memmie, c. 10). — *La maison de La Mote que on dit Courtisor... ladicte maison séanz à Courtisor; — le fief de la Mote*, 1368 (*ibid.*). — *Ung autre fief... assis en nostre dit ban de Bussy... assouoir une maison clouse de fossez, pont-levis, que on dit et appelle communement et d'ancienneté la Mothe*, 1516 (arch. nat. P 184, 80). — *Au lieu de Courtisot en nostre ban de Bussy, la maison de la Mothe avec les fossez*, 1604 (*ibid* P 185, 30). — *La terre, fief et seigneurie de la Mothe de Courtisols*, 1772 (*ibid.* Q¹ 671).

Le château de la Motte est figuré par Cassini.

MOTTE (LA), chât. à Dormans. — *Domus fortis dicta de Mota sita apud Dormanum*, 1272 (liber pontif. p. 492). — *La terre de la Mote lez Dormans*, 1396 (arch. nat. P 161, 1). — *Ung chastel commencié à faire ou lieu dit la Motte*, 1459 (*ibid.* P 180, 161). — *Ung chastel où fut... commencié à faire ou lieudit à la Mothe séant au-dessus dudit Dormans*, 1484 (*ibid.* P 180, 165). — *Le chastel ou maison seigneurialle dudict Dormans [appellée] anciennement la Mothe, assis au-dessous de la ville audict Dormans, fermée de fossés plains d'eau*, 1603 (*ibid.* P 181, 21). — *La Mote*, 1686 (*ibid.* P 194¹, 17).

MOTTE (LA), m⁰ⁿ, à Esclavolles. — *La maison de la Mote, les jardins, les fossez jusques au pont devant, séant à Esclavole*, 1375 (arch. nat. P 202, 229).

Cette maison de la Motte était probablement située sur la motte qu'on désignait au xvᵉ siècle sous le nom d'*Ognes*. — Voy. ce nom.

MOTTE (LA), h. c⁰ᵉ de Giffaumont.

MOTTE (LA), fief, à Larzicourt. — *Fief de la Motte ou de Collette de Sommeyèvre*, 1673 (dioc. anc. de Châl. t. I, p. 285).

MOTTE (LA), f. c⁰ᵉ de Moncets. — *La Motte*, 1847 (lieux habités).

MOTTE (LA), nom sous lequel les anciens titres désignent une maison forte, située à Pocancy. — *Mote*, v. 1252 (arch. nat. J 202, 47). — *Une maison séant audit Ponquancin nommée la Motte, laquelle est close de fossez*, 1399 (*ibid.* P 182, f⁰ 282 v°).

MOTTE (LA), f. c⁰ᵉ de Scrupt. — *La petite ferme de La Motte de Saut size audit lieu; — la Petitte Ferme*, 1765 (arch. nat. Q¹ 665).

MOTTE (LA), fief avec m. du Vieil-Dampierre. — *Une ferme appellée le fief de la Motte scituée au Vieil-Dompierre*, 1755 (arch. nat. Q¹ 657).

MOTTE (LA), f. détr.? c⁰ᵉ de Villevenard. — *Le gangnaige de Villevenard appellé La Motte; — la maison de La Motte*, 1519 (évêché de Châl. c. 15).

MOTTE-BROUILLARD (LA), f. détr. vers Heiltz-le-Maurupt. — *Le bois de La Mote-Bruillart*, 1324 (Cheminon, c. 7). — *La petite cense de La Motte-Rouillard, la Motte-Brouhars*, 1684 (*ibid.* c. 1). — *La cense de La Motte-Rouillart consistant en trente-six journaux de terres et trois fauchées de prez ou environ*, 1735 (*ibid.* c. 7).

MOTTE-CONFLANS (LA), c⁰ᵉ de Bergères-lez-Vertus.

MOTTE-DE-CHANOLLES (LA), fief, c⁰ᵉ de Villiers-aux-Corneilles. — *Un autre fief appellé la Mothe de Chanolle situé assés prés dudit lieu de Villiers entre Conflans et led. Villiers*, 1742 (arch. nat. Q¹ 672).

MOTTE-DE-MAMPUS (LA), fief mouvant de Châtillon-sur-Marne. — *Ung autre fief appellé La Mote de Mampus*, 1416 (arch. nat. P 166, 300).

MOTTE-DES-PRÉS (LA), f. c⁰ᵉ de Vertus. — *La Motte des Moutons*, 1633 (lieux régis par la cout. de Vitry).

MOTTE-HÉRITON (LA), f. c⁰ᵉ de Vanault-lo-Châtel. — *La Mote-à-Hériton*, xviiiᵉ siècle (Cassini). — *Le Mont-Ériton*, 1860 (Cornet-Paulus).

MOTTE-NEUVE (LA), f. détr.? c⁰ᵉ de Voipreux (dioc. anc. de Châl. t. II, p. 370).

MOTTE-NOIRE (LA), c⁰ᵉ de Vertus.

MOTTE-RECY (LA), m. c⁰ᵉ de Vertus.

MOTTERIE (LA), lieu-dit, c⁰ᵉ de Verzy.

MOTTE-ROUGE (LA), c⁰ᵉ de Vertus.

MOTTE-SERMIÈRES (LA), fief, c⁰ᵉ de Sermiers. Ce fief fut érigé, par lettres archiépiscopales du 7 mai 1628, pour Claude Souyer, bailli de la duché-pairie (Barthélemy, canton de Verzy, p. 88).

MOUCAIRO (RU), c⁰ᵉ de Belval-sous-Châtillon.

MOUCHERIE (LA), lieu-dit, c⁰ᵉ de Chantecoq.

MOUCHERY, vill. ruiné vers 1657, c⁰ᵉ de Beine. — *Mos-*

cherium, 1145 (arch. adm. de Reims, t. I, p. 312).
— *Muscherium,* 1154 (*ibid.* t. I, p. 329). — *Capella
de Muscereio,* 1164 (cart. B de S.-Remy de
Reims, p. 30). — *Mascheri,* 1197 (*ibid.* p. 150).
— *Mascheri, Muscherei,* 1197 (cart. A de S.-
Remy de Reims, p. 120 et 165). — *Muscherez,*
1197 (arch. lég. de Reims, statuts, t. I, p. 171).
— *Maucherei,* v. 1200 (*ibid.* t. I, p. 175). —
Moucheri, Mouchery, 1271 (S.-Remy de Reims,
l. 51 et 46). — *Mozcheri,* 1328 (arch. adm.
de Reims, t. II, p. 541). — *Croix et ruines de
Mauchery,* XVIIIe siècle (Cassini). — *Montcheri,*
1862 (Guérard, p. 376).

MOULIGNON, fief relevant de Saron. — *Le fief de
Moulignon... tenu en plain fief dudict Saron et en
arrière-fief dudict Chantemerle,* 1538 (arch. nat.
P 178, 13). — *Ung autre fief appellé Molignon,*
1548 (*ibid.* P 178, 54).

MOULIS (LE), lieu-dit, c[ne] d'Aulnay-l'Aître.

MOULIN (AU), lieu-dit, c[ne] de Baslieux-lez-Fismes. —
Maison détruite.

MOULIN (FOSSE DU), lieu-dit où existait jadis un m[in],
c[ne] de Bassuet.

MOULIN (LE), lieu-dit, c[ne] de Bergères-lez-Vertus.

MOULIN (LE), lieu-dit, c[ne] de Braux-Saint-Remy.

MOULIN (LE), lieu-dit, c[ne] de Brimont.

MOULIN (LE), lieu-dit, c[ne] de Brouillet.

MOULIN (LE), lieu-dit, c[ne] de Chaintrix-Bierges.

MOULIN (LE), f. et m[in], c[ne] de Champvoisy.

MOULIN (LE), lieu-dit, c[ne] du Châtelier.

MOULIN (LE), lieu-dit, c[ne] de la Chaussée.

MOULIN (LE), lieu-dit, m[in] à vent détr. c[ne] de Cloyes-
sur-Marne.

MOULIN (LE), lieu-dit, c[ne] de Comblizy.

MOULIN (LE), lieu-dit, c[ne] de Dontrien.

MOULIN (LE), lieu-dit, c[ne] de Dormans.

MOULIN (LE), lieu-dit, c[ne] d'Écueil.

MOULIN (LE), lieu-dit, c[ne] de Festigny.

MOULIN (LE), lieu-dit, c[ne] de Florent. — Moulin détruit, sur la Biesme.

MOULIN (LE), fief, à Francheville (dioc. anc. de Châlons, t. I, p. 279).

MOULIN (LE), lieu-dit, c[ne] de Gaye.

MOULIN (LE), lieu-dit, c[ne] de Givry-en-Argonne.

MOULIN (LE), lieu-dit, c[ne] d'Heutrégiville.

MOULIN (LE), lieu-dit, c[ne] de Hurlus.

MOULIN (LE), lieu-dit, c[ne] de Juvigny.

MOULIN (LE), lieu-dit, c[ne] de Margerie.

MOULIN (LE), lieu-dit, c[ne] de Nauroy.

MOULIN (LE), lieu-dit, c[ne] de Nesle-le-Repons.

MOULIN (LE), lieu-dit, c[ne] d'Oger. — Ancien moulin à
vent.

MOULIN (LE), lieu-dit, c[ne] de Perthes-lez-Hurlus..

MOULIN (LE), lieu-dit, c[ne] de Prouilly.

MOULIN (LE), lieu-dit, c[ne] de Ripont.

MOULIN (LE), lieu-dit, c[ne] de Saint-Eulien. — Moulin
à vent détruit.

MOULIN (LA CONTRÉE DU), lieu-dit, c[ne] de Saint-Gibrien.

MOULIN (LE), lieu-dit, c[ne] de Saint-Lumier-en-Cham
pagne.

MOULIN (LE), lieu-dit, c[ne] de Scrupt.

MOULIN (LE), lieu-dit, c[ne] de Soilly.

MOULIN (LE), lieu-dit, c[ne] de Soulières.

MOULIN (LE), lieu-dit, c[ne] de Valmy. — Moulin à vent
détruit.

MOULIN (LE), lieu-dit, c[ne] de Velye.

MOULIN (LE), lieu-dit, c[ne] de Vert-la-Gravelle.

MOULIN (LE), lieu-dit, c[ne] de la Veuve. — Moulin à
vent détruit.

MOULIN (LE), lieu-dit, c[ne] de Villeneuve - Renneville -
Chevigny.

MOULIN (LE), lieu-dit, c[ne] de Villers-aux-Nœuds.

MOULIN (LE), lieu-dit, c[ne] de Vouillers.

MOULIN (LE), lieu-dit, c[ne] de Vouzy.

MOULIN (Ru DU), affl. de la Bruxenelle; arrose le
finage de Favresse.

MOULIN-A-CARTON (LE), m[in], c[ne] d'Ablois-Saint-Martin.

MOULIN-A-EAU (LE), lieu-dit, c[ne] de Bassu.

MOULIN-A-EAU (LE), lieu-dit, c[ne] de Fismes.

MOULIN-A-EAU (LE), lieu-dit, c[ne] de Saint-Mard-sur-
le-Mont.

MOULIN-A-ÉCORCE (LE), m[in] détr. près Chouilly. — *Le
siège du moulin à escorsse lequel est en desert et pour
le present ne vault aucune chose en revenus,* 1416
(arch. nat. P 182, f° 129 r°).

MOULIN-A-ÉCORCE (LE), anc. m[in], c[ne] de Vinay. — *Le
molin à batre escorsse de Vinay,* 1381 (arch. nat.
P 182, f° 175 v°). — *Le molin à battre escorse de
Vinay dessus le Maux,* 1634 (*ibid.* P 216, 36).

MOULIN-A-FOULON (LE), à Châlons; ce moulin était
situé sur le Naud, à la Porte-Marne. — *Molendinum
fullatorium quod est situm ad Portam Materne,*
1147-1151 (chap. de Châl. a. 4, l. 23). — *Molendinum constructum in urbis porta, super fluvium
Nantua,* 1158 (Toussaints, c. 1).

MOULIN-A-FOULON (LE), m[in] détr. c[ne] de Lagery. —
*Ung aultre moullin ou foulerye, sur le terroir dudit
Lagery, qui est en ruine,* 1605 (arch. nat. P 181,
23).

MOULIN-A-HOTTE (LE), m[in], c[ne] d'Arcis-le-Ponsard. —
1804 (ann. de l'an XIII, p. 28).

MOULIN-A-HOTTE (LE), m[in] à eau, c[ne] de Jonchery-
sur-Vesle.

MOULIN-A-HUILE (LE), m[in] détr. c[ne] de Voilemont — *Une*

place ou *masure où soulait avoir une pilles à piller oille et chanve, séant ou circuit de ladite maison de Maupertuis, lesquelles pilles sont demolies et abatuez, et tellement ruynées qu'elles 'sont de nulle valeur ou proffit de present*, 1508 (arch. nat. P 207, 46). — *Une pilerie appellée Houta laquelle est de longtemps en ruine*, 1656 (*ibid.* P 217, 47).

MOULIN-À-L'EAU (LE), fief, c^{ne} de Saint-Quentin-le-Verger. — *Le fief du Moulin à l'Eau, paroisse de Saint-Quentin*, 1759 (arch. nat. Q¹ 678).

MOULIA-ALIX (LE), auc. mⁱⁿ, près de Queudes. — *In Molendino Aelès*, 1179 (S.-Nicolas de Sézanne, c. 9).

MOULIN-À-L'OIE (LE), mⁿ, c^{ne} de Favresse.

MOULIN-ANON (LE), lieu-dit, c^{ne} d'Igny-le-Jard.

MOULIN-À-PAPIER (LE), lieu-dit, c^{ne} de Muizon.

MOULIN-À-POUDRE (LE), mⁱⁿ, c^{ne} de Châlons-sur-Marne. — *Le moulin moulant farine, appellé le Moulin à Poudre, situé sur la rivière et pont de la Petite-Marne de la ville de Chaalons en Champagne*, 1718 (arch. nat. Q¹ 667).

MOULIN-ARDOIS (LE), lieu-dit, c^{ne} de la Ville-sur-Orbais.

MOULIN-À-REBOURS, lieu-dit, c^{ne} de Fontaine-Denis.

MOULIN-ARNAUD, anc. lieu-dit, c^{ne} de Muizon. — *In territorio de Maisons, in loco qui dicitur ad Malins-Ernaut*, 1245 (cart. de S.-Denis de Reims, p. 148). — *In loco dicto ad Molendinum Ernaut*, 1278 (*ibid.* p. 241).

MOULIN-À-TAN, indiqué par les titres, à Cuchery. — *Le moulin à tandu dit Cuchery*, 1522 (Belval, c. 1).

MOULIN-À-TAN, indiqué par les titres, près d'Esternay. — *Ung moulin à than assis au-dessus du pont de Hai*, 1553 (arch. nat. P 178, 71).

MOULIN-À-TAN, c^{ne} de Fismes.

MOULIN-À-TAN, indiqué par les titres, près Montmirail. — *Le molin à tan*, 1399 (arch. nat. P 180, 97).

MOULIN-À-TAN, c^{ne} de Montmort.

MOULIN-À-TAN, c^{ne} d'Orbais.

MOULIN-À-TOUCHEBOEUF, mⁱⁿ détr. près Vertus. — *Ung moulin en Espinolle, appellé le moulin à Touchebeuf*, 1366 (arch. nat. Q¹ 681¹, f° 23 v°).

MOULIN-AU-FOULON, anc. m^{on}, à Verlus. — *Une maison assise audit Vertus appellée le Moullin au Foullon*, 1605 (arch. nat. P 190, 56).

MOULIN-AU-VERLAN, anc. mⁱⁿ, c^{ne} de Courtisols. — *Un molin c'on dit au Verlan séant à Courtisuex, entre le molin c'on dit au Pierge, de une part, et le molin de la Court, d'autre part*, 1311 (S.-Remy, l. 81). — *Molendinum situm apud Courtisuel quod dicitur au Verlant*, 1313 (*ibid.*).

MOULIN-AUX-CHAMPS (LE), auc. mⁱⁿ, c^{ne} de Saint-Mard-sur-le-Mont. — *Ung molin qui siet en finage de Saint-Maart que on apele le Molin as Chams*, 1295 (cart. de Montiers, 9905, f° 369 r°). — *Le Moulin aus Champs*, 1295 (*ibid.* f° 377 r°).

MOULIN-AUX-SAULX, nom d'un auc. mⁱⁿ, c^{ne} de Vertus. — *Apud Virtutum ante molendinum ad Salices*, 1222 (la Charmoye, c. a).

MOULIN-À-VENT (LE); lieu-dit, c^{ne} d'Aigny.

MOULIN-À-VENT (LE), mⁱⁿ, c^{ne} d'Ambonnay.

MOULIN-À-VENT (LE), lieu-dit, c^{ne} d'Ambrières.

MOULIN-À-VENT (LE), lieu-dit, c^{ne} d'Arcis-le-Ponsard.

MOULIN-À-VENT (LE), mⁱⁿ, c^{ne} d'Athis.

MOULIN-À-VENT (LE), mⁱⁿ, c^{ne} d'Aumenancourt-le-Grand.

MOULIN-À-VENT (LE), m^{on}, c^{ne} d'Auve. — *Le Moulin*, 1847 (lieux habités).

MOULIN-À-VENT (LE), lieu-dit, c^{ne} d'Avenay.

MOULIN-À-VENT (LE), lieu-dit, c^{ne} du Baizil.

MOULIN-À-VENT (LE), lieu-dit, c^{ne} de Barbonne-et-Fayel.

MOULIN-À-VENT (LE), lieu-dit, c^{ne} de Bassu.

MOULIN-À-VENT (LE), mⁱⁿ, c^{ne} de Bassuet.

MOULIN-À-VENT (LE), lieu-dit, c^{ne} de Bergères-lez-Vertus.

MOULIN-À-VENT (LE), lieu-dit, c^{ne} de Berméricourt.

MOULIN-À-VENT (LE), lieu-dit, c^{ne} de Béru.

MOULIN-À-VENT (LE), lieu-dit, c^{ne} de Berzieux.

MOULIN-À-VENT (LE), lieu-dit, c^{ne} de Bétheniville.

MOULIN-À-VENT (LE), lieu-dit, c^{ne} de Bethon.

MOULIN-À-VENT (LE), mⁱⁿ, c^{ne} de Bisseuil.

MOULIN-À-VENT (LE), mⁿ, c^{ne} de Bourgogne.

MOULIN-À-VENT (LE), lieu-dit, c^{ne} de Bouzy.

MOULIN-À-VENT (LE), lieu-dit, c^{ne} de Broyes.

MOULIN-À-VENT (LE), lieu-dit, c^{ne} de Cauroy-lez-Hermonville.

MOULIN-À-VENT (LE), lieu-dit, c^{ne} de Charmontois-le-Roi.

MOULIN-À-VENT (LE), lieu-dit, c^{ne} de Choppes.

MOULIN-À-VENT (LE), mⁱⁿ, c^{ne} de Cormontreuil.

MOULIN-À-VENT (LE), mⁱⁿ, c^{ne} de Courcy.

MOULIN-À-VENT (LE), lieu-dit, c^{ne} de Cumières.

MOULIN-À-VENT (L'AILE DU), lieu-dit, c^{ne} de Dommartin-sur-Yèvre.

MOULIN-À-VENT (LE), lieu-dit, c^{ne} de Dormans.

MOULIN-À-VENT (LE), lieu-dit, c^{ne} d'Épense.

MOULIN-À-VENT (LE), lieu-dit, c^{ne} d'Épernay.

MOULIN-À-VENT (LE), lieu-dit, c^{ne} d'Époye.

MOULIN-À-VENT (LE), lieu-dit, c^{ne} des Essarts-le-Vicomte.

MOULIN-À-VENT (LE), lieu-dit, c^{ne} d'Étoges.

MOULIN-À-VENT (LE), lieu-dit, c^{ne} d'Étrechy.

MOULIN-À-VENT (LE), lieu-dit, c^{ne} de Florent.

MOULIN-À-VENT (LE), mⁱⁿ, c^{ne} de Fresnes.

Moulin-à-Vent, détr. c°° de Fromentières. — Les lieux-
dits *Entre-le-Moulin-et-la-Charpenterie*, *Entre-le-
Moulin-et-la-Route*, *Près-du-Moulin*, *Sur-le-Chemin-
du-Moulin*, au finage de Fromentières, permettent
facilement de reconnaître l'éminence où s'élevait ce
moulin.

Moulin-à-Vent (Le), m°° écartée, c°° de Germigny.

Moulin-à-Vent, m°°° isolées, c°° de Giffaumont.

Moulin-à-Vent (Le), m°° et f. c°° de Giguy-aux-Bois.

Moulin-à-Vent (La Côte du), lieu-dit, c°° de Glannes.

Moulin-à-Vent (Le), lieu-dit, c°° de Gourgançon.

Moulin-à-Vent (Le), lieu-dit, c°° de Gueux.

Moulin-à-Vent (Le), lieu-dit, c°° de Hans.

Moulin-à-Vent (Le), lieu-dit, c°° d'Hermonville.

Moulin-à-Vent (Le), lieu-dit, c°° d'Huiron.

Moulin-à-Vent, détr. c°° de Janvilliers. — *Item,
avoient deux moulins en leur dite seigneurie [de
Janvilliers], c'est-à-sçavoir : un à vent, séant entre
ladite ville de Corrobert et Janvilliers comme my-
chemin, lequel moulin est tresbuché et cheut, et n'y
demeure que la tour; lequel moulin estoit bannal
comme on dit,* 1464 (cart. de Coincy, p. 545). —
*Item avaient un moulin à vent entre ledit Cor-
robert et Janvilliers, lequel est de nulle valeur,* 1553
(*ibid.* p. 588). — Au xviiiᵉ siècle, Cassini indique
encore ce moulin comme ruiné.

Moulin-à-Vent (Le), lieu-dit, c°° de Joiselle.

Moulin-à-Vent (Le), lieu-dit, c°° de Léchelle, près
du hameau d'Hautefeuille.

Moulin-à-Vent (Le), m°°, c°° de Lignon.

Moulin-à-Vent (Le), m°°, c°° de Loivre.

Moulin-à-Vent (Le), lieu-dit, c°° de Ludes.

Moulin-à-Vent (Le), lieu-dit, c°° de Malmy.

Moulin-à-Vent (Le Haut du), lieu-dit, c°° de Marcilly-sur-Seine.

Moulin-à-Vent (Le), m°°, c°° des Mesneux.

Moulin-à-Vent (Le), lieu-dit, c°° du Mesnil - lez -
Hurlus.

Moulin-à-Vent (Le), lieu-dit, c°° du Mesnil-sur-Oger.

Moulin-à-Vent (Le), lieu-dit, c°° de Mutigny.

Moulin-à-Vent (Le), lieu-dit, c°° de Nanteuil - la -
Fosse.

Moulin-à-Vent (Le), m°° démoli en 1864, c°° de Nogent-l'Abbesse.

Moulin-à-Vent (Le), lieu-dit, c°° d'OEuvy.

Moulin-à-Vent (Au), lieu-dit, c°° de Passavant.

Moulin-à-Vent (Les Pointes du), lieu-dit, c°° de
Pleurs.

Moulin-à-Vent (Le), lieu-dit, c°° de Prouilly.

Moulin-à-Vent (Le), lieu-dit, c°° de Rieux.

Moulin-à-Vent (Le), lieu-dit, c°° de Rilly - la - Montagne.

Moulin-à-Vent (Le), lieu-dit, c°° de Saint-Gilles.

Moulin-à-Vent (Le), lieu-dit, c°° de Saint - Hilaire -
au-Temple.

Moulin-à-Vent (Le), lieu-dit, c°° de Saint-Imoges.

Moulin-à-Vent (Le), lieu-dit, c°° de Saint-Mard-sur-
le-Mont.

Moulin-à-Vent (Le Tertre du), lieu-dit, c°° de Saint-
Ouen.

Moulin-à-Vent (Le), démoli depuis environ trente ans,
c°° de Saint-Remy-en-Bouzemont.

Moulin-à-Vent (Le), lieu-dit, c°° de Savigny - sur -
Ardre.

Moulin-à-Vent (Le), lieu-dit, c°° de Sézanne.

Moulin-à-Vent (Le), lieu-dit, c°° de Sivry-sur-Ante.

Moulin-à-Vent (Le), lieu-dit, c°° de Soilly.

Moulin-à-Vent (Le), lieu-dit, c°° de Sommebionne.

Moulin-à-Vent (Le), lieu-dit, c°° de Sommepy.

Moulin-à-Vent (Le), lieu-dit, c°° de Sommesous.

Moulin-à-Vent (Le), lieu-dit, c°° de Sommesuippe.

Moulin-à-Vent (Le), lieu-dit, c°° de Sommevesle.

Moulin-à-Vent (Le), lieu-dit, c°° de Songy.

Moulin-à-Vent (Le), lieu-dit, c°° de Thillois.

Moulin-à-Vent (Le), lieu-dit, c°° de Tours-sur-
Marne.

Moulin-à-Vent (Le), lieu-dit, c°° de Trécon.

Moulin-à-Vent (Le), lieu-dit, c°° de Trépail.

Moulin-à-Vent (Le), lieu-dit, c°° de Vanault - le -
Châtel.

Moulin-à-Vent (Le), lieu-dit, c°° de Vaudemange.

Moulin-à-Vent (Le), lieu-dit, c°° de Vertus.

Moulin-à-Vent (Le), lieu-dit, c°° de Villeneuve-Saint-
Vistre-et-Villevotte.

Moulin-à-Vent (Le), m°°, c°° de Villers-aux-Nœuds.

Moulin-à-Vent (Le), lieu-dit, c°° de Villers-en-Argonne.

Moulin-à-Vent (Le), m°°, c°° de Villers-Franqueux.

Moulin-à-Vent (Le), lieu-dit, c°° de Villers-Marmery.

Moulin-à-Vent (Le), lieu-dit, c°° de Vouzy.

Moulin-à-Vent (Le), lieu-dit, c°° de Vrigny.

Moulin-à-Vent-de-Charmont (Le), m°°, c°° de Vert-
la-Gravelle.

Moulin-à-Vent-de-Crilly (Le), lieu-dit, c°° d'Isse.

Moulin-à-Vent-de-la-Côte (Le), m°°, c°° d'Ay.

Moulin-à-Vent-de-Sept-Saulx (Le), lieu-dit, c°° de
Ludes.

Moulin-à-Vent-Georget (Le), lieu-dit, c°° de Saint-
Mard-sur-le-Mont.

Moulin-Baillet, m°°, c°° de Courville.

Moulin-Balaas (Le), anc. m°° des environs de Baye.
— *Le molin que tient Jehan Bulhan;* — ledict *Molin
Balhan,* 1515 (Andecy, c. 3).

Moulin-Barbotte (Le), c°° de Nesle-la-Reposte. —

Le Moulin-Barbotte, 1750 (archives de l'Aube, G 753). — *Moulin-de-la-Barbotte*, 1860 (Cornet-Paulus).

Moulin-Bartaut (Le), anc. m^{in}, c^{ne} de Vertus. — *Molendinum de Bertout*, 1223 (Argensolles, c. 4). — *Molendinum de Bertol situm prope Virtutum*, 1229 (ibid. c. 1). — *Molendinum de Beltol*, 1233 (la Charmoye, c. 3). — *Le molin de Bertoul*, 1317 (Argens. c. 4). — *Le molin à Berthou*, 1477 (la Charmoye, c. 4). — *Ung molin à blef séan[t] lez ledit Vertus, sur la rivière* d'il$q$c, *appellé de toute ancienneté le malin à Barthou*, 1509 (Argens. c. 4). — *Le molin Barthou*, 1518 (ibid.). — *Le mollin Barthoul*, 1604 (ibid.). — *Le malin de Bartou*, 1619 (ibid.). — *Mollin Bartoult*, 1622 (ibid.). — *Le moulin de Burtout*, 1738 (ibid.). — *Le moulin, moulage, maison et lieux en dépendons, situé sur la rivière de Vertus à Voipreux, appelé le moulin de Bartaut*, 1746 (ibid.). — *Le moulin Bartault*, 1754 (ibid.). — *Le moulin Barthault*, 1781 (ibid.). — *Le moulin Barthaut*, 1786 (ibid.). — Voy. Moulin-d'Argensolles (Le).

Moulin-Bas (Le), m^{in}, c^{ne} de Ripont.

Moulin-Bas (Le), lieu-dit, c^{ne} de Vavray-le-Grand.

Moulin-Baudet (Le), m^{in} détr. c^{ne} de Suippes. — *Le moulin de Baudet*, 1348 (Avenay, c. 3). — *Le moulin de Baudel*, 1502 (arch. nat. Q^1 655'; Avenay, p. 72). — *La foullerie de Baudel*, 1580 (Avenay, c. 3). — *Ancien moulin destruit nommé Baudet*, XVIIIe s^e (ibid.).

Moulin-Bayard (Le), m^{in} détr. c^{ne} de Sainte-Genime.

Moulin-Bazin (Le), lieu-dit, c^{ne} de Béru.

Moalin-Bécheret (Le), lieu-dit, c^{ne} de Gourgançon.

Moulin-Béchet (Le), m^{in}, c^{ne} de Gourgançon.

Moulin-Bertaud (Le), auc. m^{in}, près Sermaize. — *Le pré du Molin Bertaud*, 1516 (arch. nat. P 193, 38, p. 7).

Moulin-Bigot (Le), lieu-dit, c^{ne} de Troissy.

Moulin-Bleu (Le), m^{in}, c^{ne} d'Ablois-Saint-Martin. — Il est ainsi nommé, paraît-il, à cause de son toit d'ardoise.

Moulin-Boitret (Le), c^{ne} de Vertus. — *Ung autre maullin appellé le Moullin-Botheré, assis au terrouer de Vertuz*, 1605 (arch. nat. P 189, 56, f° 3 r°). — *Le moullin Boterel*, 1673 (ibid. Q^1 681). — *Un autre moulin appellé Botterel*, 1734 (ibid.). — *Le moulin de Boytrait*, 1781 (Argensolles, c. 4). — *Le moulin Boitrait*, 1786 (ibid.).

Moulin-Boivin (Le), m^{in}, c^{ne} de Coulommes.

Moulin-Boucher (Le), usine, c^{ne} de Lavannes.

Moulis-Bouain (Le), écart, c^{ne} de Coulommes (Cornet-Paulus).

Moulin-Bouain (Le), lieu-dit, c^{ne} de Muizon.

Moulin-Brouard (Le), anc. m^{in} situé probablement dans le finage de Sézanne. — *Molendinum de Beruard*, 1162 (Andecy, c. 1). — *Molendinum de Boroardo*, 1179 (S.-Nicolas de Sézanne, c. 10). — *Une place où lieu où, dès lors* (dès 1229), *avoit assis un molin appellé Brouart*, 1410 (S.-Julien de Sézanne, c. 5).

Moulin-Bruant (Le Plan et le Bois du), lieux-dits, c^{ne} de Courtagnon.

Moulin-Brûlé (Le), lieu-dit, c^{ne} d'Allemant.

Moulin-Baûlé (Le), lieu-dit, c^{ne} de Clamanges.

Moulin-Brûlé (Le), m^{in} détr. c^{ne} de Cuchery. — Ce moulin est baillé à vie, par le prieur de Belval, à François Marlié, 1517 (Belval, c. a). — *Un mollin à eaue sis au village de Cuchery; il était dès lors ruiné*, 1609 (ibid. c. 1). — *Le Moulin-Bruslé*, 1613 (ibid.). — *Ung moulin bruslé dict le Moulin-Marliez*, 1624 (ibid. c. 2). — *Une maison appellée le Moulin-Bruslé*, 1648 (ibid.). — *La masure, terre et accin du Moulin-Brûlé, qui est de present en ruyne, scitué entre le susdit moulin de Jean Dulet et le villaige de Cuchery*, 1640 (ibid. c. 1). — *Lieudit « derrière le Moulin-Bruslé »*, 1680 (arch. nat. Q^1 674). — *La terre du Moulin-Bruslé*, 1760 (Belval, c. 1).

Moulin-Brûlé (Le), m^{in} détr. c^{ne} d'Épernay. — *Le Moulin-Bruslé, situé sur le ruisseau d'Espernay, ayant esté démoly pendant les guerres*, 1663 (arch. nat. Q^1 675). — Le nom de ce moulin est conservé par un lieu-dit du finage.

Moulin-Brûlé (Le), lieu-dit, c^{ne} de Faux-Fresnay.

Moulin-Brûlé (Le), lieu-dit, c^{ne} de Gigny-aux-Bois.

Moulin-Brûlé (Le), lieu-dit, c^{ne} d'Hermonville.

Moulin-Brûlé (Chemin du), lieu-dit, c^{ne} de Normée.

Moulin-Brûlé (Le), lieu-dit, c^{ne} de Villevenard.

Moulin-Camus (Le), lieu-dit, c^{nes} de Branscourt et de Sapicourt.

Moulin-Canardeau (Le), m^{in}, c^{ne} de Lagery. — *Le moulin Canardeau*, 1605 (arch. nat. P 181, 23). — *Un moulin à eau sur le terroir de Lagery appellé le Moulin-Courandeau*, 1782 (ibid. Q^1 657).

Moulin-Carré ou Quarré (Le), m^{in}, c^{ne} de Binson-Orquigny et de Châtillon-sur-Marne.

Moulin-Carré (Le), m^{in}, c^{ne} d'Hermonville.

Moulin-Carré (Le), m^{in}, c^{nes} de Passy-Grigny et de Verneuil.

Moulin-Catat (Le) ou plutôt Le Moulin-Caillat, lieu-dit, c^{ne} de Fontaine-Denis.

Moulin-Charlon (Le), auc. m^h, c^{ne} de Saint-Mard-sur-Auve. — *In quodam molendino sito in villa de Sancta Medardo quod dicitur Molendinum Charlon*, 1253 (Moutiers, c. 3).

Moulin-Caarton, m^{in} détr. c^{ne} de Nuisement-sur-Coole.

Moulin-Caaté (Le), m^{in} à vent, c^{ne} d'Hermonville.

Moulin-Caiennet (Le), anc. m^{in}, c^{ne} de Saint-Lumier-en-Champagne. — *Le malin dudit Saint-Lemier appellé le Malin-Chiennet*, 1462 (arch. nat. Q^1 662).

Moulin-Choiset (Le), lieu-dit, c^{ne} de Loisy-sur-Marne.

Moulin-Clicquot (Le), anc. m^{in}, c^{ne} de Saint-Quentin-le-Verger. — *Le moulin Clicquot qui est de la seigneurye et en la justice dudit Saint-Quentin ; — item, ung moulin à bled tournant à eaue qui est sur ledict ruisseau et tourne par le temps de grande eau seulement, appelé vulgairement le moulin de Quinquempoix, aultrement de Clicquot*, 1571 (arch. nat. P 178, 55). — *Le moulin de Quinquanpoix autrement Clicquot*, 1604 (*ibid.* P 178, 61). — Voy. pour les textes postérieurs, au mot Quincampoix.

Moulin-Clicquot (Le), m^{in}, c^{ne} de Taissy. — *Moulin de Clico*, XVIIIe siècle (Cassini).

Moulin-Cochaad (Le), m^{in} détr. c^{ne} de Condé-sur-Marne. — *Une place où souloit estre ung molin appelé le Molin Cochart, sur le ruisseau d'Isse, qui a esté bruslé par les Huguenots*, 1571 (S.-Remy de Reims, l. 74).

Moulin-Collot (Le), lieu-dit, c^{ne} des Essarts-le-Vicomte.

Moulin Colmey (Le), c^{ne} de l'Épine.

Moulis-d'Alesmont (Le), m^{in}, c^{ne} de Florent. — 1720 (Saugrain, t. I, p. 436).

Moulin-d'Andecy (Ru du), c^{ne} de Baye ; nom que prend, au-dessous du moulin d'Andecy, le ruisseau de Fortfontaine. Ce ruisseau est ensuite l'un des trois cours d'eau qui forment le ruisseau du Moulin-de-Baye.

Moulin-Dannequin (Le), m^{in}, c^{ne} de Coulommes.

Moulin-d'Anthenay (Le), m^{in}, c^{ne} de Binson-Orquigny. — *Moulin d'Anthenay*, 1847 (lieux habités). — *Le Moulin d'Anthay*, 1860 (Cornet-Paulos).

Moulin-d'Aoust (Le), m^{in} à vent, situé sur le mont Août, c^{ne} de Broussy-le-Petit (Cassini).

Moulin-d'Ardres (Le), m^{in}, c^{ne} de Pourcy. — *Moulin de l'Ardres*, 1847 (lieux habités).

Moulin-d'Argensolles (Le), m^{in}, c^{ne} de Vertus. — Ce moulin n'est peut-être pas différent du Moulin-Bartaut, qui, situé sur le finage de Vertus, appartenait, avant la Révolution, à l'abbaye d'Argensolles. — Voyez Moulin-Bartaut (Le).

Moulin-d'Abrigny (Le), m^{in}, c^{ne} de Brusson.

Moulin-d'Abrigny (Le), lieu-dit, c^{ne} de Larzicourt.

Moulin-de-Bas (Le), m^{in}, c^{ne} d'Athis.

Moulin-de-Bas (Le), lieu-dit, c^{ne} de Châtelraould-Saint-Louvent.

Moulin-de-Bas (Le), lieu-dit, c^{ne} de Clamanges.

Moulin-de-Bas (Le), m^{in}, f. c^{ne} de Fontaine.

Moulin-de-Bas (Le), lieu-dit, c^{ne} de Pogny.

Moulin-de-Bas (Le), lieu-dit, c^{ne} de Warmerville.

Moulin-de-Bastien (Le), m^{in} à vent, c^{ne} de Juvigny.

Moulin-de-Baye (Ruisseau du), affl. du Petit-Morin, formé des trois ruisseaux du Moulin-d'Andecy, de Calais et de Bayenne ; il arrose les finages de Baye et de Villevenard.

Moulin-de-Beuret (Le), usine, c^{ne} de Condé-sur-Marne. — *Ung malin à blef* assiz audit Condé, sur ledit cours d'eau, appellé d'ancienneté *le molin de Baudel*, 1538 (S.-Remy de Reims, l. 317). — *Le molin Baudet*, 1569 (*ibid.*). — *Le molin de Bautel*, 1588 (*ibid.*). — *Le molin de Bostel*, 1771 (*ibid.*). — Cette usine était encore dirigée, en 1847, par un sieur Beautet (lieux habités).

Moulin-de-Beuvon (Le), m^{in} détr. c^{ne} de la Cheppe. — *Le moulin de Beuvan qui siet delez la Chappe*, 1384 (arch. nat. P 183, 32). — *Le molin de Buefvon*, 141. (*ibid.* P 184, 36). — *Le siège du malin de Beuvon*, 1526 (*ibid.* P 184, 87).

Moulin-de-Bras (Le), auc. m^{in}, c^{ne} d'Hautvillers. — *En une pièce size en la prairie d'Auviller en lieu dit proche le moulin de Bras*, 1643 (arch. nat. Q^1 673). — *Le moulin de Bras*, 1663, 1716 (*ibid.* Q^1 673 et 675).

Moulin-de-Cader (Le), m^{in} à vent, c^{ne} de Juvigny.

Moulin-de-Charmat (Le), anc. m^{in}, c^{ne} de Vavray-le-Petit. — *Molendinum dictum de Charmoel situm [in] rippariam de Vera, subtus dictam villam de Wavrez Parvo*, 1272 (S.-Pierre-aux-Monts, c. 27).

Moulin-de-Cheppes (Le), anc. m^{in}, à Courtisols. — *Le molin de Cheppes séant audit Courtisols*, 1516 (arch. nat. P 184, 80).

Moulin-de-Clesles (Le), m^{in}, c^{ne} de Clesles. — Petit-Marais, m^{in} à eau ainsi nommé en opposition au hameau de Grand-Marais, XVIIIe siècle (Cassini).

Moulin-de-Cocherel (Le), anc. m^{in}, à Vertus. — *Apud Virtutum, . . . hoc quod habebam in molendino de Cachanello ; . . . apud Virtutum, III sextorios annone in molendino de Cacheriello*, 1179 (S.-Nicolas de Sézanne, c. 10).

Moulin-de-Croisé (Le), ancien lieu-dit, c^{ne} de Fontaine-Denis. — *Lieu dit le Moulin de Croisée*, 1766 (arch. nat. Q^1 661).

Moulin-de-Daucourt (Le), f. c^{ne} de Châtrices.

Moulin-de-Folat (Le), anc. m^{in}, c^{ne} de Sézanne. — *Molendinum quad dicitur Folat apud Sezanniam ; molendinum de Folat apud Crahaudon*, 1162 (Andecy, c. 1). — *Molendinum de Folet*, 1179 (S.-Nicolas de Sézanne, c. 10).

Moulia - de - Fontains - sur - Coole (Fief du), à Fontaine-sur-Coole. — *Le fief du Moulin de Fontaine-soubz-Coole*, 1636 (arch. nat. P 215, 36).

Moulin-de-Haut (Le), lieu-dit, c^{ne} de Pogny.

Moulin-de-Haut (Le), lieu-dit, c^{ne} de Saint-Souplet.

Moulin-de-Haut (Le), lieu-dit, c^{ne} de Warmeriville. — *Moulin-Haut*, xviiie siècle (Cassini). — *Moulin d'en Haut*, 1835 (état-major). — *Moulin-de-Haut*, 1847 (lieux habités).

Moulin-de-l'Abbaye (Le), anc. m^{in}, c^{ne} du Meix-Thiercelin. — *Ung moulin à eaue appelé le Moulin de l'Abbaye*, 1605 (arch. nat. P 183, 15).

Moulin-de-l'Abbaye (Le), m^{in}, c^{ne} de Nesle-la-Reposte (Cornet-Paulus).

Moulin-de-l'Abbesse (Le), anc. m^{in}, près Jonchery-sur-Vesle, 1554 (chap. de Reims, c. 16).

Moulin-de-l'Abbesse (Le), m^{in}, c^{ne} de Saint-Brice-Courcelles.

Moulin-de-la-Buse (Le), m^{in}, c^{ne} de Saint-Gilles.

Moulin-de-la-Chaise (Le), auc. m^{in} des environs de Sézanne. — *Molendinum de la Chese*, 1204 (S.-Julien de Sézanne, c. 4 bis).

Moulin-de-la-Charme (Le), écart, c^{nes} de Courcy et de Thil (Cornet-Paulus).

Moulin-de-la-Charmoise (Le), lieu-dit, c^{ne} de Belval-sous-Châtillon.

Moulin-de-la-Clicotte (Le), lieu-dit, c^{ne} de Cuchery.

Moulin-de-la-Conche (Le), n^{in}, c^{ne} de Saint-Masmes.

Moulin-de-la-Cour (Le), auc. m^{in}, à Courtisols. — *Molendinum sitam apud Cortyzor ante curiam, sive prope curiam Sancti Remigii, in banna, districto, protestate, juridictionis et dominio temporale dicti monasterii Sancti Remigii*, 1273 (S.-Remy de Reims, l. 81). — *Molin de la Court*, 1311 (ibid.).

Moulia-de-la-Croix (Le), lieu-dit, c^{ne} de Saint-Remy-sur-Bussy.

Moulin-de-la-Folie (Le), m^{in} détr. c^{ne} de Saint-Amand. — *Molendinum dictum de la Folie situm apud Sanctum Amandum*, 1261 (chap. de Chât. a. 6, l. 15). — *Molendinum nostrum dictum à la Folie*, 1357 (ibid.). — *Le molin à la Folie*, 1385 (ibid.). — *Le molin de la Follye*, 1506 (ibid.). — *Ung moulin à blef qui a esté ruyné, destruit et bruslé par les ennemys à la venue de l'Empereur en l'an mil cinq cens quarante quattre, icelluy moulin appellé le Moulin de la Fallie*, 1545 (ibid.). — *Le Moulin à la Folie reparait cependant en* 1632 (ibid.).

Moulin-de-la-Folie (Le), anc. m^{in}, à Suippes. — *Le Moulin de la Folie*, 1644 (arch. nat. Q^1 655; Avenay, 87).

Moulin-de-la-Fonêt (Le), m^{in} à vent, c^{ne} de Prosnes.

Moulin-de-la-Fosse-aux-Larrons (Le), m^{in} dépendant de la seigneurie d'Esternay. — *L'ancien moulin de la Fosse-aux-Larrons*, 1751 (arch. nat. Q^1 678).

Moulin-de-la-Halle (Le), m^{in}, à Orbais. — *Le moulin de la Halle, scis à Orbais au quartier de la Halle*, 1763 (Orbais, p. 21).

Moulin-de-la-Hart (Le), m^{in} détruit en 1834 pour l'ouverture d'une nouvelle route, c^{ne} d'Esternay (histoire d'Esternay, p. 8).

Moulin-de-la-Housse (Le), m^{in} à vent situé, avant 1519, sur le finage de Reims, et transporté, après cette époque, sur celui de Villers-Allerand. — *Le molin à vent de la Housse derriere Sainct-Nicaise, appellé communement le Molin de la Housse*, 1519, 9 juillet. A cette date, Jean Germain, meunier, obtenait la permission de démolir ce moulin et la maison voisine, et de «transporter ledict molin, maison, en la terre et seigneurie de Villers-Allerant» (S.-Remy de Reims, l. 188).

Moulia-de-l'Aître (Le), anc. m^{in}, c^{ne} de Saint-Amand. — *Ung leur molin appellé le Molin le Souchantre, séant en ladite ville de Saint-Amand*, 1428 (chap. de Chât. a. 1, l. 12). — *Le molin le Soubz-Chantre*, 1449 (ibid.). — *Ung malin à blef, appellé le Molin de l'Aistre, assis près de l'eglise dudit Saint-Amand*, 1471 (ibid.). — *Le moulin du Soubz-Chantre, assis derriere l'eglise dudict Sainct-Amand*, 1472 (ibid. a. 2, l. 4). — *Ung moulin à eaue appellea communement le Moulin de l'Aistre, alias le Soubz-Chantre*, 1600 (ibid. a. 1, l. 12). — *Le Moulin de Lestre, alias le Soubz-Chantre*, 1609 (ibid.).

Moulin-de-la-Lanterne (Le), m^{in}, c^{ne} de l'Épine.

Moulin-de-la-Liberté (Le), m^{in} à vent, c^{ne} de Ludes.

Moulin-de-la-Madeleine (Le), m^{in}, c^{ne} de Vertus.

Moulin-de-la-Monnaie (Le), fief, c^{ne} de Fontaine-sur-Coole. — 1693 (dioc. auc. de Chât. t. I, p. 279).

Moulin-de-la-Motte (Le), m^{in} à eau, c^{ne} de Vertus.

Moulin-de-la-Muls (Le), m^{in}, c^{ne} de Boursault (Cornet-Paulus).

Moulin-de-la-Neuville (Le), m^{in}, c^{ne} de la Neuville-au-Pont. — *Grand-Moulin*, xviiie siècle (Cassini). — *Le Grand-Moulin*, 1847 (lieux habités).

Moulis-de-la-Perrière (Le), anc. m^{in}, c^{ne} du Meix-Thiercelin. — *Molendinum dictum est apud Perrariam*, 1213 (S.-Pierre-aux-Monts, c. 2). — *In quodam molendino apud Mansum Tecelini* (ibid. c. 8). — *In molendino dictorum religiorum, de Meso Thecelin, quod molendinum dicitur la Perriere*, 1269 (ibid.).

Moulin-de-la-Petite-Rous (Le), auc. m^{in}, c^{ne} de Sézanne. — *Le molin assiz au fauxbourg de Broyes dudict Sézanne, vulgairement appellée le Moulin de la*

Petite-Roue, 1594 (chap. de Sézanne, c. 3). — *Le mollin de la Petite-Roue*, 1641 (*ibid.*).

MOULIN-DE-LA-PLACE (LE), anc. m[in], c[ne] de Moussy. — *Le molin que on dit de la Place, séant en la ville de Maussy*, 1381 (arch. nat. P 182, f° 175 r°).

MOULIN-DE-LA-PLANCHE (LE), m[in], c[ne] d'Avenay.

MOULIN-DE-LA-PLANCAE (LE), auc. m[in], à Courtisols. — *Le Molin à la Planche estant en la dicte ville [de Courtesoz]*, 1384 (arch. adm. de Reims, t. III, p. 601).

MOULIN-DE-LA-PLANCHE (LE), m[in], à Épernay. — *Molendinum quod dicitur ad Plancam*, 1130 (cart. de S.-Martin d'Épernay, p. 124). — *Le moulin de la Planche*, 1769 (arch. nat. Q¹ 673).

MOULIN-DE-LA-PORTE-DU-PIN (LE), m[in], c[ne] de Sainte-Menehould. — Il fut construit en 1597 (dioc. anc. de Chàl. t. II, p. 146).

MOULIN-DE-LA-POTERNE (LE), un des m[ins] de la Porte-Marne, à Châlons. — *Le moulin à bled de la Poterne*, 1634 (évêché de Châlons, c. G).

MOULIN-DE-L'ARCHEVÊQUE (LE), m[in], c[ne] de Saint-Brice.

MOULIN-DE-LA-ROSE (LE), m[in], c[ne] de l'Épine.

MOULIN-DE-LA-RUE (LE), m[in] détr. c[ne] de Saint-Amand. — *Molendinum situm apud Sanctum Amandum quod dicitur En la Rue*, 1261 (chap. de Chàl. a. 6, l. 15). — *Molendinum dictum de la Rue*, 1269 (*ibid.*). — *Le moulin de la Rue*, 1416 (*ibid.*). — *Ung moulin audict Saint Amand appellé le Moulin à la Ruelle, qui dès longtemps a esté tout demoly et n'y a que la place*, 1472 (*ibid.* a. a, l. 4).

MOULIN-DE-LA-RUE-AUX-VACHES (LE), m[in], c[ne] de Nesle-la-Reposte.

MOULIN-DE-LA-RUELLE (LE), auc. m[in], à Châlons-sur-Marne. — *Ung moulin à bled appellé le Moulin de la Ruelle, assiz près des murs de la fermeté dudit Chaalons, sur la rivière de Marne, au-dessoubz de la porte Myrier*, 1464 (évêché de Chàl. c. 16).

MOULIN-DE-LA-SAVATE (LE), m[in], c[ne] de Villers-sous-Châtillon. — *Moulin-Savatte*, 1834 (état-major). — *La Savatte*, 1847 (lieux habités).

MOULIN-DE-L'ASNIER (LE), m[in], c[ne] de Mareuil-le-Port.

MOULIN-DE-LA-TOUR (LE), m[in] à vent, c[ne] de Villedomange.

MOULIN-DE-LA-VALLÉE (LE), m[in], c[ne] de la Cheppe.

MOULIN-DE-LA-VALLÉE (LE), m[in], c[ne] de Savigny-sur-Ardre.

MOULIN-DE-LA-VERDIÈRE (LE), auc. m[in], c[ne] de Louvois. — *Un moulin à eau scis à Loupvois appellé le Moulin de la Verdière*, 1653 (arch. nat. P 191³, 9).

MAULIN-DE-LA-VESLE (LE), m[in], c[ne] de Fismes.

MOULIN-DE-LA-VICOMTÉ (LE), m[in], c[ne] de Verneuil.

MOULIN-DE-LA-VILLE (LE), m[in], c[ne] de Fismes.

MOULIN-DE-LA-VILLE (LE), m[in] détr. c[ne] de Jonchery-sur-Vesle. — *Un moulin assis sur la rivière dudit Jonchéry, vulgairement appellé le Molin de la Ville, qui est à présent ruyné*, 1633 (arch. nat. P 216, 26).

MOULIN-DE-LA-VILLE (LE), m[in] détr. à Sézanne. — *Le malin à blef dudit Sézanne*, 1486 (S.-Julien de Sézanne, c. 5). — *Ung molin à bled... assiz en la ville de Sézanne, appellé communément le Molin de la Ville*, 1601 (*ibid.*). — *Une place et masure avec le sault et cours de l'eaue, où soulloit naguer y avoir ung mollin appellé le Molin de la Ville*, 1633 (*ibid.*).

MOULIN-DE-LA-VOISELLE, m[in], c[ne] de Villers-sous-Châtillon. — *Moulin-Voiselle*, 1834 (état-major). — *La Voiselle*, 1847 (lieux habités).

MOULIN-DE-L'ÉCAILLE (LE), m[in], c[ne] de Bezannes, d'Ormes et de Tinqueux.

MOULIN-DE-L'ÉPICIER (LE), m[in], c[ne] de Larzicourt.—*Leur malin du Coste de Bloise... ledict molin quasy en ruyne; — le moulin du Couste de Bloise, aultrement dict le molin de l'Espycier; — le molin à bled... séant près de Larzicourt, sur la rivière de Blaise, ou lieudict le Coulde de Blaise*, 1588 (chap. de Chàl. a. 5, l. 40). — *Les moulins à bled et chanvre... assis sur la rivière de Blaise près du villaige d'Argny-lès-Larzicourt appellez d'ancienneté les Moulins du Gaulle de Blaise*, 1539 (*ibid.*). — *Le Molin le Coute de Bloize*, 1570 (*ibid.*).

MOULIN-DE-L'ESWAREL-DE-COMMENIÈRE (LE), auc. m[in], à Wargemoulin. — *A Warge-Moulin souloit avoir un molin qui estoit l'Eswarel de Gominieres*, 1389 (arch. nat. P 183, 42). — *A Wargemolin... un molin qui estoit l'Eswarel de Commenieres*, 1392 (*ibid.* P 183, 85).

MOULIN-DE-L'ÉTANG (LE), m[in], c[ne] de Châtillon-sur-Marne.

MOULIN-DE-L'ÉTANG (ROISEAU DU), c[ne] de Loisy-sur-Marne.

MOULIN-DE-L'ÉTANG (LE), m[in], c[ne] de Moussy. — *Item y a en ladicte seigneurie de Chaval ung moulin bannal appellé vulgairement le Moulin de l'Estang*, 1634 (arch. nat. P 216, 25). — *Le Moulin dit l'Estang*, 1720 (Saugrain, t. I, p. 469). — *Le moulin dit Destang*, 1804 (ann. de l'an XIII, p. 40).

MOULIN-DE-L'ÉTANG (LE), m[in], c[ne] de Saint-Souplet.

MOULIN-DE-LETTRE (LE), m[in], c[ne] d'Esternay. — *Ung aultre moulin... assis au-dessoubz de la chaussée de l'estang de l'Aistre; — le moulin de Lastre*, 1553 (arch. nat. P 178, 71). — *Le moulin de Lestre*, 1595 (*ibid.* P 178, 80).

24.

Moulin-de-Lhéry, m^{in}, c^{ne} de Lagery.

Moulin-de-l'Homme-Mort, m^{in}, c^{ne} de Binarville.

Moulin-de-Liey (Le), anc. m^{in}, c^{ne} de la Neuville-au-Pont. — *Terræ de Lyei*, 1220 (cart. de Moiremont, f° 18). — *Molendinum de Lyei*, 1231 (ibid. f° 119 r°). — *Lyeium*, 1235 (ibid. f° 20). — *Molendinum dictum Lyei, situm juxta Novam Villem ad Pontém*, 1239 (ibid. f° 313 r°). — *Liei*, 1250 (ibid. f° 235 v°). — *Molendinum de Lyé prope villam de Ponte*, xiii° s° (ibid. f° 328 r°). — *Le moulin c'on dit le moulin de Liey, séant ledit moulin de lez la Neuville-au-Pont*, 1327 (Moiremont, c. 2). — *Le moulin de Lyé*, 1367 (ibid.). — *Le Moulin Lyei*, 1861 (dioc. auc. de Chât. t. I, p. 157).

Moulin-de-Longpont, anc. m^{in}, à Vertus. — *Ung moulin assis audit Vertuz appellé le Maullin de Longpont*, 1605 (arch. nat. P 190, 56). — *Ung moulin, assis audit Vertus appellé le Longpont*, 1734 (ibid. Q^1 681).

Moulin-de-l'Orcomté, m^{in}, c^{ne} de Frignicourt.

Moulin-de-Luivalo (Le), anc. m^{in}, près de Mœurs. — *Molendinum de Luivalo*, 1179 (S.-Nicolas de Sézanne, c. 10).

Moulin-Demain (Le), m^{on} et usine, c^{ne} de Witry-lez-Reims.

Moulin-de-Marigny (Fief du), c^{ne} de Marigny-le-Grand. — *Le fief cy-devant appellé fief du Moulin de Marigny*, 1682 (arch. nat. P 194, 1^1).

Moulin-de-Mère-en-Dieu (Le), m^{in}, c^{ne} de Vitry-le-Brûlé.

Moulin-de-Meule (Le), c^{ne} de Boursault.

Moulin-de-Michel-Regnault (Le), c^{ne} de Sarcy (Cornet-Paulus).

Moulin-de-Milliendre (Le), usine, c^{ne} de Condé-sur-Marne. — *Un molin à blef assiz sur le cours de la rivière de Brabant lez Condé, appellé d'ancienneté le Malin de Millandel; — ung molin à eaues assis audit Condé, en lieu dit en Millandeuille*, 1538 (S.-Remy de Reims, l. 317). — *Les molins à bled de Millandeuil*, 1569 (ibid.). — *Le mollin de Mylandeuil*, 1611 (ibid.). — *Le moulin de Millandeu*, 1749 (ibid.). — *Le moulin de Milandeuille*, 1771 (ibid.).

Moulin-d'Emmi-la-Ville (Le), m^{in}, à Sainte-Menehould. — *Les molins dudit Sainte-Manehoult appellez les Mollins d'emmi la ville*, 1389 (arch. nat. P 183, 54). — *Les Moulins d'en my la ville*, 1461 (ibid. P 161, 213). — *Ung moulin, vulgairement appellé le Moulin d'Emmy-la-Ville, assis sur le cours de la rivière d'Aulve au-dedans de la ville de Saincte-Manehoud*, 1573 (ibid. P 184, 290). — *Le moulin d'emmy la ville de Sainte-Manehoud*, 1576

(ibid. P 185, 12). — *Le fief du moulin Damy-la-Ville*, 1664 (ibid. P 167, 240).

Moulin-d'Emmi-la-Ville (Le), m^{in} détr. c^{ne} de Sommevesle. — *Le Molin d'Emmy-la-Ville, alors ruiné*, 1633 (arch. nat. P 194^1, 4).

Moulin-de-Monsieur-de-Flavigny (Le), nom donné au xvii° siècle à un moulin voisin de Corroy. — *Le mollin de Monsieur de Flavigny*, 1602 (arch. nat. P 178, 87).

Moulin-de-Mont-Bosor (Le), m^{in}, c^{ne} de Verzenay (Cornet-Paulus).

Moulin-de-Montempeine (Le), m^{in}, c^{ne} de Cormoyeux-Romery. — *Le moulin de Montempeine*, 1847 (lieux habités). — *Moulin de Mont-en-Point*, 1860 (Cornet-Paulus).

Moulin-d'en-Bas (Le), m^{in}, c^{ne} de Cuchery. — Jean Doullet, *musnier du moulin de Cuchery*, est condamné à évacuer ce moulin, 1629 (Belval, c. 1). — *Le moulin Dulet, sciz à Cuchery*, 1634 (ibid.). — *Ung moulin à bled assize au terroir de Cuchery, lieudict et appecllez le Moulin Taillefer*, 1638 (ibid.). — *Vostre molin sy-devant appellé le Malin Jehan Dulet*, 1640 (ibid. c. 1). — *Un moulin.., communement appellé le Moulin Jean Dulet*, 1650 (ibid. c. 2). — *Un moulin à eoue... scitué au-dessous dudit Cuchery, appellé communément le Moulin du Bas*, 1720 (ibid.). — *Le molin de bas de Cuchery*, 1768 (ibid.).

Moulin-d'en-Bas (Le), m^{in} détr. c^{ne} de Montmort. — *Moulin d'Enbas*, 1648 (recherches sur la vallée du Surmelin, p. 40).

Moulin-d'en-Bas (Le), m^{in}, c^{ne} de Verdon.

Moulin-d'en-Haut (Le), m^{in}, c^{ne} de Cuchery. — *Un moulin à eoue... cituté au-dessous dudit Cuchery appellé communement le moulin de Hault*, 1720 (Belval, c. 2). — *Le moulin de Haut*, 1735 (ibid.). — *Le moulin appellé le Haut-Moulin*, 1750 (ibid.). — *Le moulin de Haut de Cuchery*, 1768 (ibid. c. 1).

Moulin-d'en-Haut (Le), m^{in}, c^{ne} de Vauciennes.

Moulin-d'en-Haut (Le), m^{in}, c^{ne} de Verdon.

Moulin-d'en-Haut (Le), m^{in}, c^{ne} de Verneuil.

Moulin-de-Pierre (Le), m^{in}, à Dommartin-l'Étrée. — *Molendinum de Petra*, 1137 (cart. de S.-Nicaise, f° 18 v°). — *L'abbaye [de S.-Nicaise] possédait audit lieu [de Dommartin] une cense avec un moulin dit le Moulin-de-Pierre*, 1715 (revenus de S.-Nicaise, t. I, p. 72).

Moulin-de-Pisana-Baé (Le), anc. m^{in}, vers Lachy. — *Molendinum de Petro Bae*, 1179 (S.-Nicolas de Sézanne, c. 10).

Baé était le nom d'une famille noble de la châtellenie de Sézanne : on trouve, vers 1172, menlion d'un Girard *Baes* (livre des vass. de Champ. n°° 2519 et 2522).

MOULIN-DE-PONTREUIL (LE), lieux-dits, c°° de Bouy et de Vadenay.

MOULIN-DE-PRUSSE (LE), anc. m^{in}, c°° d'Hermonville. — *Molendinum de Piris*, 1168 (S.-Thierry de Reims, c. 4, 1. 34). — *Le moulin de Prusse, paroisse dudit Harmonville*, 1669 (*ibid.* c. 8, l. 72).

MOULIN-DE-SACY (LE), m^{in} à vent, c°° de Villedomange.

MOULIN-DE-SAINT-BRICE (LE), m^{in}, c°° de Pontfaverger. — *Les deux moulins à bled... assis audit Pontfaverger en la paroisse Sainct-Brice*, 1529 (chap. de Reims, c. 31). — *Es dis moulins de Sainct-Brice*, 1541 (*ibid.*). — *Le moulin de Saint-Brice*, 1741 (*ibid.*).

MOULIN-DE-SAINT-GOND (LE), lieu-dit, c°° de Dormans.

MOULIN-DE-SAINT-JEAN (LE), auc. m^{in}, à Vertus. — *Le molin de Sainct-Jehan prés de la porte de Chaalons*, 1511 (la Charmoye, c. 4). — *Le molin de Sainct-Jehan dudit Vertus*, 1538 (*ibid.*).

MOULIN-DE-SAINT-LYÉ (LE), m^{in} à vent, c°° de Villedomange.

MOULIN-DE-SAINT-PIERRE (LE), auc. m^{in}, à Connantre. — *Molendinum Sancti Petri apud Conantre*, 1231 (cart. d'Oyes, f° 17 v°).

MOULIN-DE-SAINT-QUENTIN (LE), lieu-dit, c°° de Saint-Quentin et de Villeneuve-Saint-Vistre-et-Villevotte.

MOULIN-DE-SAINT-REMY (LE), auc. m^{in}, à Cormontreuil. — *Molendinum Sancti Remigii juxta Curmustrellum*, v. 1200 (cart. A de S.-Remy de Reims, p. 120). — *Molendinum de Curte Monasterioli*, 1216 (*ibid.* p. 126).

MOULIN-DE-SALVÉ (LE), bât. ruraux, c°° de Fontaine.

MOULIN-DESANLIS (LE), m^{in} et usine, c°° de Pogny. — Ce moulin était occupé, en 1847, par le sieur Desanlis (lieux habités).

MOULIN-DES-ARCHAS (LE), m^{in} détr. c°° de Sainte-Menehould. — Ce moulin, établi en 1528, fut détruit, parait-il, en 1590 (dioc. anc. de Châl. t. II, p. 146).

MOULIN-DES-AUNETTES (LE), m^{in}, c°° de la Ville-sur-Orbais. — 1763 (Orbais, p. 40).

MOULIN-DES-BATTANTS (LE), anc. m^{in}, à Possesse. — *Molendina mea de Possessa*, 1219 (cart. de Montiers-en-Argonne, 9905, f° 7 v°). — *Les moulins dudit Possesse*, 1411 (*ibid.* f° 16 v°). — *Le Molin des Balans*, 1508 (arch. nat. P 181, 166). — *Molin des Battans*, XVI° siècle (cart. de Moutiers, 9905, f° 7 v°).

MOULIN-DES-BOIS (LE), m^{in}, c°° de Romain et de Montigny-sur-Vesle.

MOULIN-DES-CHIENS (LE), anc. m^{in}, c°° de Jonchery-sur-Suippe. — *Un autre molin communement appellé le Molin des Chiens assis sur la presente riviere [de Suippe]; le moulin vulgairement nommé le Moulin des Chiens, lequel est rétabli, quant à present*, 1633 (arch. nat. P 216, 26 et 27).

MOULIN-DES-FOURCHES (AU-DESSUS DU), lieu-dit, c°° de fleuves.

MOULIN-DES-MUNITIONS (LE); m^{hi}, c°° de Rilly-la-Montagne. — *Moulin-des-Munitions*, 1847 (lieux habités). — *Le Moulin des Moutions* (sic), 1862 (Guérard, p. 441).

MOULIN-DES-PAILLARDS (LE), anc. m^{in}, près de Verneuil. — *Le moulin des Paillars*, 1574 (arch. nat. P 181, 17).

MOULIN-DES-PLANCHES (LE), m^{in}, c°° de Villers-Allerand.

MOULIN-DES-PLUQUES (LE), m^{in}, c°° de Villers-Marmery (Cornet-Paulus).

MOULIN-DES-PRÉS (LE), m^{in} détr. c°° de Blacy. — *Un petit moulin à bled, nommé le moulin des Prés, scitué sur la rivière de Blaize, finage de Blacy, lequel est présentement ruiné, ayant esté brulé pendant les guerres*, 1737 (arch. nat. Q¹ 666).

MOULIN-DES-PRÉS (LE), m^{in}, c°° de Grauves.

MOULIN-DES-PRÉS (LE), anc. m^{in} détr. c°° de Montmort. — *Molendinum in Pratis*, 1223 (la Charmoye, c. 2). — *Molendinum de Pratis*, 1248 (*ibid.*). — *Le molin des Prez*, 1250 (*ibid.*). — *Le Moulin des Prez*, v. 1272 (arch. nat. J 202, 45).

MOULIN-DES-PRÉS (LE), m^{in}, c°° de Sainte-Menehould.

MOULIN-DES-PRÉS (LE), lieu-dit, c°° de Saint-Thomas et de Vienne-le-Château.

MOULIN-DES-RENARDS (LE), m^{in} situé dans la baronnie de Baye. — *J'ay droict à tous moulins bannaulx en madicte terre et seigneurye, l'un desquelz..., les deux autres qui sont le Grand Moulin et le Moulin des Regnardz sont en bon estat*, 1603 (aveu de la baronnie de Baye, évêché de Châl. c. 15).

MOULIN-DES-ROCHES (LE), anc. m^{in}, près de Fismes. — *Le moulin des Roches*, 1672 (arch. nat. Q¹ 673).

MOULIN-DES-ROCHES (LE), m^{in}, c°° de Nesle-la-Reposte.

MOULIN-DES-ROSEAUX (LE), m^{in}, c°° de Cormoyeux-Romery.

MOULIN-DES-ROULOTS (LE), m^{in}, c°° de Montmort. — *Molendinum quod sedet inter ecclesiam Montis Mauri Beati Petri et Aurifabros*, 1131 (Gall. christ. t. X, p. 166). — *Molendinum quod situm est apud Aurifabros in parrochia Montis Mauris*, 1213 (la Charmoye, c. 2). — *Molendinum de Aurifabris subtus Montem Mauri*, 1219 (*ibid.*). — *Une maison* et *pourprins* ainsi come elle se comporte tant en molin, balerie à escorce, masures, come autres choses, appellée la maison des Orfèvres, située et assise ou terrouer de Montmor-en-Brye, 1457 (*ibid.* c. 3). — *Moulin des Orfèvres, dit des Roullots,* 1687 (recherches sur la vallée du Surmelin, p. 31). — *Le moulin à euue des Roullots,* 1740 (la Charmoye, c. 2). — *Le moulin des Roulots,* 1768 (*ibid.*). — *La cense dite des Rouleoux,* 1827 (Chalette, annuaire de la Marne, p. 102).

Ce moulin était occupé, en 1584, par Louis Roullot (recherches sur la vallée du Surmelin, p. 31), et c'est à cette circonstance qu'il doit d'avoir quitté son ancien nom.

MOULIN-DESTREZ (LE), m[in], c[ne] de Fismes.

MOULIN-DES-WARDES (LE), m[in], c[ne] de Rilly-la-Montagne. — *Le moulin des Wardes,* 1862 (Guérard, p. 441). — *Moulin des Wardes et des Moutons,* 1867 (Barthélemy, canton de Verzy, p. 49).

MOULIN-DE-TAHURE (LE), m[in], c[ne] de Ripont.

MOULIN-DE-TARETTE, anc. m[in], près de Pocancy. — *Une place où eust jadiz ung moulin sur ladite rivière nommé le Moulin de Tarete,* 1399 (arch. nat. P 181, 54).

MOULIN-DE-TINOUE (LE), auc. m[in], près de Changy. — *Molendinum sitam ad Tynoei inter villam de Chanseio et villam de Wavreio. Magno,* 1255 (S.-Pierre-aux-Monts, c. 27). — *Molendinum de Tinoe,* 1259 (*ibid.*).

MOULIN-DE-TOURTAY (LE), m[in], c[ne] de Méry-Prémecy. — *Moulin-de-Tourtail,* 1860 (Cornet-Paulus).

MOULIN-DE-TOURY (LE), m[in], c[ne] de Villevenard. — *L'affinerie, fonderie et marteau de la forge de Thourry,* 1509 (évêché de Châl. c. 15). — *L'affinerie et fonderie et marteau de la forge de Tourry,* 1603 (*ibid.*). — *Le moulin bannal de Villevenard, vulgairement nommé le Moulin de Toury, scis en la parroisse dudit Villevenard,* 1713 (*ibid.*). — *Moulin-de-Thoury,* 1860 (Cornet-Paulus).

MOULIN-DE-VAUCLERC (RUISSEAU DU), c[ne] de Vauclerc.

MOULIN-D'HOYAU (RUISSEAU DU), c[ne] de Chambrecy.

MOULIN-D'HUON (LE), m[in], c[ne] de Reims. — *Molendina Hugonis,* 1154 (arch. adm. de Reims, t. I, p. 329). — *Molendinum Hugonis,* 1216 (arch. lég. de Reims, stat. t. I, p. 185). — *Molin Huon,* 1311 (S.-Pierre-aux-Dames, c. 4). — *Le moulin Huon,* 1459 (arch. lég. de Reims, stat. t. I, p. 249). — *Le voisinage du moulin se nommait terre d'Huon,* en 1652 (*ibid.* t. I, p. 235). — *Moulin d'Huon,* 1653 (S.-Remy de Reims, l. 346). — *Moulin d'Hirson,* xviiie siècle (Cassini).

. MOULIN-DRUOT (LE), auc. m[in], c[ne] d'Hermonville. — *Le moulin des Raulx*... ou terroir dudit *Hermonville,* 1582 (S.-Thierry, c. 8, l. 72). — Jean Culdaut était *meusnier du moulin des Ruaux,* 1676 (*ibid.*). — *Le moulin Druaux, scitué dans la paroisse d'Hermonville, appellé vulgairement le Moulin Culdaut,* 1722 (*ibid.*). — A cette dernière date, *le moulin dit vulgairement le Moulin Druot ou Culdaut* est donné à bail à Jean Caldaut, charrou et charpentier, 1722 (*ibid.*). — L'emplacement de ce moulin est indiqué au cadastre par le lieu-dit *le moulin des Reaux.*

MOULIN-DU-BAS (LE), c[ne] de Verrières.

MOULIN-DU-BEAUCHÉ (LE), m[in], c[ne] de Loivre (Cornel-Paulus).

MOULIN-DU-CHAMP-BICOT (LE), m[in], c[ne] de Champillon.

MOULIN-DU-CHAMP-FERRAT (LE), m[in], c[ne] de Bézannes (Cornet-Paulus).

MOULIN-DU-CHARME (LE), m[in], c[ne] d'Écollemont.

MOULIN-DU-CHEMIN-DES-VIGNES (LE), usine, c[ne] de Condé-sur-Marne.

MOULIN-DU-CLAON (LE), lieu-dit, c[ne] de Florent.

MOULIN-DU-CLOS (LE), lieu-dit, c[ne] de Lachy.

MOULIN-DU-COURS (LE), m[in], c[ne] de Villeneuve-la-Lionne.

MOULIN-DU-GRAND-CHAMP (LE), m[in], c[ne] de Verzy.

MOULIN-DU-GRAVIER (LE), anc. m[in], à Sézanne. — *Le moulin Jehan d'Egremont, escuyer, seigneur de la Cousture, assis à Sézanne delez le Poncelet dou Gravier,* 1326 (chap. de Sézanne, c. 7). — *Ung molin à blef et ung à escorce*... *assis à Sézanne, ou lieudit au Gravier,* 1398 (*ibid.* c. 7). — *Ung molin à blef, ensamble ung jardin séant en la rue Goyer*... *nommé le Molin du Gravier,* 1454 (*ibid.*). — *Le mollin du Gravier, assis au faubourgs Goyer dudict Sézanne,* 1604 (*ibid.*).

MOULIN-DU-GRIVORGE, m[in], c[ne] de Mareuil-sur-Ay. — *Le molin de Grivorge appartenans aux religieux de Chartreuse,* 1439 (arch. nat. P 181, 65). — *Le molin de Grivorge,* 1447 (*ibid.* P 181, 68). — Voy. les textes plus modernes au mot GRIVORGE.

MOULIN-DU-GUÉ-LA-PIERRE (LE), m[in], c[ne] de Blaise-sous-Hauteville.

MOULIN-DU-HAM-DE-BÉTHENY (LE), m[in], c[ne] de Cernay-lez-Reims (Cornet-Paulus).

MOULIN-DU-HAUT (LE), m[in] à eau, c[ne] de Gourgançon.

MOULIN-DU-HAUT (LE), m[in], c[ne] de Saint-Souplet (Cornet-Paulus).

MOULIN-DU-HAUT (LE), f. et m[in], c[ne] de Verrières.

MOULIN-DU-JOUR (LE), m[in], c[ne] de Binson-Orquigny.

MOULIN-DU-MEIX (LE), auc. m[in], près d'Aulnay-l'Aître. — *Le moulin de Meis,* 1397 (arch. nat. P 208,

48). — *Le molin du Meys*, 1440 (*ibid.* P 179, 60). — *Le moulin du Mez*, 1571 (*ibid.* P 179, 116).

MOULIN-DU-MONCEL (LE), anc. m^{in}, c^{ne} de Taissy. — *In quodam molendino sito apud Taissy super riperiam Vidule, in* loco *qui dicitur au Moncel*, 1294 (cart. de l'archev. de Reims, f° 38 r°).

MOULIS-DU-MONT-DE-LA-PERCHE (LE), lieu-dit, c^{ne} de Saint-Romy-sur-Bussy.

MOULIN-DU-PAVILLON (LE), m^{in} détr. à Sommevesle. — *Le molin de l'avillon*, 1508 (arch. nat. P 179, 78). — *Le moulin du Pavillon* (alors *ruiné*), 1683 (*ibid.* P 194¹, 4).

MOULIN-DU-PERRET (LE), m^{in}, c^{ne} de Lurey. — *Le molin du Perré*, 1378 (arch. nat. P 202, 233). — *Le moulin à eau, tournant par-dessus, vulgairement appellé Parey*, 1766 (*ibid.* Q¹ 671). — *Moulin du Parré*, 1847 (lieux habités). — *Moulin-du-Paré, Moulin-du-Perrey*, 1860 (Cornet-Paulus).

MOULIN-DU-PETIT-CHARROIS (LE), anc. m^{in}, c^{ne} de Courtisols. — *Le moulin du Petit Charrois dudit Courtizou appellé le moulin du Petit-Charrois*, 1692 (S.-Remy de Reims, l. 81).

MOULIN-DU-POMMERAT (LE), m^{in}, c^{ne} de Montigny-sur-Vesle.

MOULIN-DU-PONT (LE), anc. m^{in}, à Courtisols. — *Ung petit molin que on dit au Pont sur le molin de Béchegrain, sur la rivière de Veelle setant en la dicte ville*, 1384 (arch. adm. de Reims, t. III, p. 601). — *Le molin à grains de Courtisot appellé le Moulin du Pont*, 1530 (S.-Remy de Reims, l. 81).

MOULIN-DU-PONT (LE), lieu-dit, c^{ne} d'Orbais.

MOULIN-DU-PONT (LE), anc. nom du moulin de Saint-Julien, c^{ne} de Pierry. — *Molendinum de Sancto Juliano*, 1237 (la Charmoye, c. 5). — *Molendinum prope pontem de Sancto Juliano, quod molendinum est dicte ecclesie de Charmeya*, 1239 (*ibid.*). — *Leur moulin séant en la ville de Saint-Julien, sur ladicte rivière de Courberu, appellé le Moulin au Pont*, 1347 (*ibid.*). — *Ung molin, maison, court et jardin, prez et autres appendances dudict moulin situé et assis à Saint-Julian, au lieudict la Chaussée*, 1536 (*ibid.*).

MOULIS-DU-PONT-DE-PIERRE (LE), m^{in}, c^{ne} de Montmort.

MOULIN-DU-RUET, anc. m^{in} de situation indéterminée. — *Le moulin du Ruet*, 1567 (chap. de Châl. a. 6, l. 15). — *Le molin de Ruel*, 1577 (*ibid.*). — *Le moulin du Ruel*, 1696 (*ibid.*). — *Le moulin du Ruet*, 1722 (*ibid.*).

MOULIN-DU-TORTOIR (LE), m^{in}, c^{ne} de Fismes.

MOULIN-DU-VAL-DIEU, m^{in}, c^{ne} de Verdey (Cornet-Paulus).

MOULIN-DU-VIDAME, l'un des Sept-Moulins de Châlons-sur-Marne. — *In molendino Vice Domini, sito inter molendina qui vocatur Septem Molendina*, 1236 (Touss. c. 13).

MOULINEAU, écart, c^{ne} de Suisy-le-Franc (Cornet-Paulus).

MOULIN-EN-BOILEAU (LE), m^{in} détr. c^{ne} d'Hermonville. — *Ung molin à hotte vulgairement appellé le Molin en Boileaue, assis et scitué sur le terroir, ban et finage de Harmonville*, 1575 (S.-Thierry, c. 8, l. 72). — *Une pièce de terre où anciennement estoit ung moulin, deppendance de l'aumosne de l'abbaye de Sainct-Thiéry, scize au terroir de Hermonville, en lieudite en Boileau*, 1634 (*ibid.*). — *Aux tairoir dudit Harmonville, lieudit en Bouliaux, ou autrement dis Molein-Fondus*, 1651 (*ibid.* c. 8, l. 72). — *Au lieu dit au Moulin-Boileau*, 1680 (*ibid.*).

MOULIN-EN-BOIS (LE), c^{ne} de Cheppes.

MOULIN-EN-BOIS (LE), m^{in}, c^{ne} de Soudron.

MOULINET (LE), lieu-dit, c^{ne} de Bagneux.

MOULINET (LE), lieu-dit, c^{ne} de la Chapelle-Felcourt.

MOULINET (LE), f. c^{ne} de Dommartin-sur-Yèvre.

MOULINET (Ru du), affl. de la Vière, c^{ne} de Doucey.

MOULINET (ÉTANG et Ru du), affl. de l'Isson, c^{ne} de Gigny-aux-Bois.

MOULINET (LE), lieu-dit, c^{ne} de Luxémont-et-Villotte.

MOULINET (LE), m^{in}, c^{ne} de Marolles.

MOULINET (LE), lieu-dit, c^{ne} de Moncetz-l'Abbaye.

MOULINET (LE), m^{in}, c^{ne} de la Neuville-au-Pont. — *Petit-Moulin*, XVIII° siècle (Cassini).

MOULINET (LE), m^{in}, c^{ne} de Saint-Gilles.

MOULINET (LE), lieu-dit, c^{ne} de Saint-Just et de Bagneux. — *Ou finage de S.-Just* ou *lieudit au Molinet*, 1483 (Macheret, c. 1). — *Oudit finage de Baigneulx*, ou *lieudit au Molinot*, 1500 (*ibid.*).

MOULINET (LE), lieu-dit, c^{ne} de Saint-Lumier-en-Champagne.

MOULINET (LE), lieu-dit, c^{ne} de Soudé-Sainte-Croix.

MOULINET (LE), lieu-dit, c^{ne} de Trépail.

MOULINET (LE), lieu-dit, c^{ne} de Vanault-le-Châtel.

MOULINET (LE), f. c^{ne} de Vienne-la-Ville. — *La cense du Moulinet*, 1804 (ann. de l'an XIII, p. 91).

MOULINET (Ru du), affl. de la Saulx, c^{ne} de Vitry-en-Perthois.

MOULINET-DE-CHANTECOQ, anc. lieu-dit, c^{ne} de Possesse. — *A Possesse, une fauchiée et demy de pré séant au Moulinet de Chantecoq*, 1469 (S.-Pierre-aux-Monts. c. 18).

MOULINETTE (LA), lieu-dit, c^{ne} de Moncets.

MOULIN-FANTASQUE (LE), m^{in}, c^{ne} de l'Épine.

Moulin-Farry (Le), m^{in} de Porte-Marne, à Châlons-sur-Marne. — *Le Moulin Ferry*, 1464 (évêché de Châl. c. 16). — *Ung molin appartenant à Mgr de Chaalons*, séant sur le pont de Porte-Marne, appellé le Malin-Ferry, 1445 (chap. de Châl. a. 2, l. 3). — *Trois moulins despandant dudict évêché, sciz sur la rivière de Marne, l'un appellé le Moulin Ferry*, 1663 (évêché de Châl. c. 6).

Moulin-Foucon, anc. m^{in}, à Saudoy. — *Apud Saudoiam molendinum quod fuit defuncti Fulconis*, 1179 (S.-Nicolas de Sézanne, c. 9).

Moulin-Frérot (Le), anc. m^{in}, à Mancy. — *Un aultre molin à eaue appellée communement le Malin-Frérot*, 1574 (arch. nat. P 181, 118).

Moulin-Galand (Le), lieu-dit, c^{ne} d'OEuilly.

Moulin-Gibert (Le), anc. m^{in}, c^{ne} d'Huiron. — *Malendinam Gilberti*, 1187 (cart. d'Huiron, p. 213). — *Ung moulin jadis appellé Ancon et de présent Gibert, situé et assis sur ung ruisseau appellé Crocheret, entre les deux villes de Huyron et Courtdommange, en lieudit en Mellin*, ... *lequel moulin a esté fait et édiffié par l'abbé présent*, tout neuf, *depuis sept ans en ça, à grans frais; car, en iceluy lieu, de le commencement des guerres et plus de cinquante ans a, n'y avoit eu moulin*, 1464 (ibid. p. 539).

Moulin-Grêleu (Le), m^{in}, c^{ne} de Moussy. — *Le Moulin-Gresleu*, 1720 (Sangrain, t. I, p. 471). — *Le moulin de Gresleu*, 1805 (ann. de l'an XIII, p. 69). — Moulin *des Grêlés* ou *Greleu*, 1860 (Cornet-Paulus).

Moulin-Grignon (Le), lieu-dit, c^{nes} de Gueux et de Vrigny.

Moulin-Grimblot (Le), m^{in}, c^{ne} d'Orbais.

Moulia-Guérard (Le), m^{in} à vent, c^{ne} de Prosnes.

Moulin-Guérin (Le), lieu-dit, c^{ne} de Vienne-le-Château.

Moulin-Guillot (Le), m^{in}, c^{ne} de Saint-Lumier-en-Champagne.

Moulin-Haquin (Le), m^{in} à eau, c^{ne} de Broyes.

Moulin-Hardouin (Le), m^{in} voisin d'Orbais. — *Au moulin Hardouin, la pièce de terre tenante audit moulin avec un aulnois sur le ruisseau*, 1763 (Orbais, p. 30).

Moulin-Haut (Le), m^{in}, à Pargny-sur-Saulx. — *Le mollin hault dudit Pargny*, 1604 (arch. nat. P 179, 142).

Moulin-Henry (Le), f. et m^{in}, c^{ne} de Bergères-sous-Montmirail. — *Le molin de la Meize, lequel lesdits chevalier et dame [de Bergères], avec plusieurs autres choses, tiennent en fief de nous à cause de la chastellerie de Mommiral*, 1334 (hist. de la maison de Coucy, p. 407). — *Molin Henry*, 1479 (chât.

de Montmirail). — *Le moulin Henry*, 1604 (Andecy, c. 1).

Moulin-Holigner (Le), usine, c^{ne} de Lavannes.

Moulin-Huart (Le), anc. m^{in}, c^{ne} de Cuperly. — *Molendinum de Cuprelee quod dicitur Molendinum Huart*, 1248 (la Neuv. c. 4).

Moulin-Hubert (Le), anc. m^{on}, c^{ne} de Vertus. — *Une autre maison assise audit terroir de Vertus, appellée le Moulin-Hubert*, 1673 (arch. nat. Q^1 681).

Moalin-Huot (Le), lieu-dit, c^{ne} de la Chapelle-Lassoa.

Moulin-Husson (Le), m^{in}, c^{ne} de Saint-Amand. — *Ung moulin audit lieu de Sainct-Amand, appellé d'ancienneté le Moulin de la Chayere, et n'y a de present que la place*, 1472 (chap. de Châl. a. 2, l. 4). — *Ung moulin à bled estant au terroir dudit Saint-Amand, sur la rivière dudit lieu, appellé le Moulin de la Cheize, autrement dict le Moulin Husson*, 1549 (ibid. a. 6, l. 15). — *Le Moulin de la Chaize, aultrement le Moulin Husson*, 1620 (ibid.). — *Le Moulin de la Chaise, aultrement le Moulin-Hussan*, 1649 (ibid.). — *Le Moulin-Husson*, 1741 (ibid.). — *Moulin-Ussan*, 1847 (lieux habités).

Moulin-Huyard (Le), auc. m^{in}, c^{ne} de Saint-Prix-les-Hameaux. — Jean de Béthune, seigneur de Baye, accense à Pierre Postel, laboureur et marchand de Saint-Prix, *une place à faire ung mollin à blé ou aultre usine, séant en nostre terre et seigneurie de Taluz, en lieudit le Molin-Huyart*, 1540 (le Reclus, c. 1).

Moulin-Jeandasse (Le), anc. lieu-dit, près de Cormoyeux. — 1667 (arch. nat. Q^1 673). — *La grande pièce, tant terre que pré, dite le Moulin-Jeandasse ou des Roseaux*, 1787 (ibid.).

Moulin-Jean-Gueux (Le), m^{in}, c^{ne} de Boursault. — *Le moulin Jean-Gueux*, 1720 (Saugrain, t. I, p. 469). — *Moulin-de-Jean-Gueux*, 1860 (Cornet-Paulus).

Moulin-Jumelle (Le), m^{in} à eau, c^{ne} de Lagery. — *Le Moullin-Jumelle*, 1605 (arch. nat. P 181, 23). — *Moulin-Jumelle*, 1782 (ibid. Q^1 657).

Moulin-Lamery (Le), anc. m^{in}, c^{ne} de Gourgançon. — *Ung mollin à mouldre blef, tornant par eaux, vulguairement appellez le Mollin-Lamery, sçéant en terrays et finage dudit Gorguansson*, 1555 (S.-Nicolas de Sézanne, c. 12).

Moulin-l'Archevêque (Le), auc. m^{in}, c^{ne} de la Neuvillette. — *Les molins à blé et cellui à chanvre du chasteau de la Neufville nommé le Chasteau-l'Arcevesque lez Reims*, 1475 (archev. de Reims, c. a). — *Les molins du Chastel-l'Arcevesque*, 1558 (ibid.). — *Les moulins appellez les Moulins-l'Arcevesque*,

1617 (*ibid.*). — *Le molin l'Archevesque*, 1656 (*ibid.*).

Moulin-le-Bras (Le), lieu-dit, c⁰ᵉ de Cumières.

Moulin-le-Coute (Le), mⁱⁿ, c⁰ᵉ de Joiselle. — *Moulin le Comte*, 1720 (Saugrain, t. I, p. 473). — *Le moulin Lecomte*, 1804 (ann. de l'an xiii, p. 56).

Moulin-le-Comte (Le), m⁰ˢ isol. et mⁱⁿ, c⁰ᵉ de Passy-Grigny. — *Moulin le Comte*, 1720 (Saugrain, t. I, p. 471). — *Château-le-Comte*, xviiiᵉ sᵉ (Cassini). — *Moulin Lecomte*, 1804 (ann. de l'an xiii, p. 73).

Moulin-le-Comte (Le), mⁱⁿ, c⁰ᵉ de Vendières-sous-Châtillon. — *Le Moulin le Compte*, 1720 (Saugrain, t. I, p. 472). — *Le moulin Lecomte*, 1805 (ann. de l'an xiii, p. 88).

Moulin-le-Comte (Le), mⁱⁿ, à Vertus. — *Ung mollin à eaue à faire farinne, assise audit Vertus, appellé d'ancienneté le Moulin-le-Comte*, 1622 (Vinets, c. 4). — Ce moulin est encore nommé en 1757 (*ibid.*).

Moulin-Lefèvas (Le), mⁱⁿ, c⁰ᵉ de Cuchery (Cornet-Paulus).

Moulin-Legrand (Le), mⁱⁿ, c⁰ᵉ de la Neuville-au-Pont.

Moulin-le-Roi (Le), anc. mⁱⁿ, c⁰ᵉ de Sézanne. — *Molendinum de Petra*, 1179 (S.-Nicolas de Sézanne, c. 9). — *Molendinum de Petra quod est in via de Craaudon apud Sezaniam*, 1223 (Argensolles, c. 1). — Le roi de Navarre, Thibaud, amoisonne aux religieuses d'Argensolles *le magnum molendinam de Sezanna quod dicitur ad Petram*, 1235 (*ibid.*). — *Un mollin tornant par eaue appellé le Mollin le Roy, assiz au fauxbourg Goyer*, 1581 (*ibid. c. 2*). — *Ung molin appellé le Grand-Molin-le-Roy, assis aux faulxbourgs Goyé dudict Sézanne*, 1611 (*ibid. c. 7*). — *Le Moulin-le-Roy, de Sézanne*, 1632 (*ibid. c. 2*). — *Ung mollin dit vulgairement le Mollin-le-Roy ou de la Pierre sciz au faubourgs de Sézanne*, 1679 (*ibid.*). — *Le moulin bannal le Roi*, 1711 (*ibid.*).

Moulin-Leroux (Le), mⁱⁿ, c⁰ᵉ de Fismes.

Moulin-l'Étang (Le), auc. mⁱⁿ, c⁰ᵉ de Châlons-sur-Marne. — *Le moulin l'Étang*, 1720 (Saugrain, t. I, p. 469).

Moulin-l'Étang (Le), anc. mⁱⁿ, c⁰ᵉ de Chavot-Courcourt. — *Moulin dit l'Estang*, 1790 (Saugrain, t. I, p. 469).

Moulin-l'Évêque (Le), l'un des trois moulins épiscopaux de Porte-Marne, à Châlons-sur-Marne. — *Le Moulin l'Évesque*, 1464 (évêché de Châl. c. 16). — On le trouve encore mentionné en 1663 (*ibid. c. 6*).

Moulin-l'Évêque (Le), auc. mⁱⁿ, sur la Chée, c⁰ᵉ de Vitry-le-Brûlé. — *Molendinum Episcopi*, 1210 (Ulmoy). — *Molendina Episcopi propo Vitriacum*

sita, 1237 (Teulet, trésor des chartes, t. II, p. 342). — *Molendina que sunt supra Vitri, que molendina Episcopi appellantur*, 1248 (la Neuv. c. 4). — *Le Moulin le Vesque*, 1265 (Ulmoy).

Moulin-le-Vieux (Le), mⁱⁿ, c⁰ᵉ de Sept-Saulx.

Moulin-Ludot (Le), lieu-dit, c⁰ᵉ de Gourgançon.

Moulin-Luparis (Le), anc. mⁱⁿ, près d'Huiron. — *Molendinum Luparis*, 1187 (cart. d'Huiron, p. 214).

Moulin-Macabré (Le), auc. mⁱⁿ, à Francheville. — *Ung moulin assiz à Francheville appellé le Moulin-Macabré*, 1580 (évêché de Châl. c. 10).

Moulin-Macquart (Le), mⁱⁿ, c⁰ᵉ de Beaunay. — *Moulin-Macard*, xviiiᵉ siècle (Cassini).

Moulin-Malot, lieu-dit, c⁰ᵉ d'Hermonville.

Moulin-Marchais (Le), lieu-dit, près le Gault. — *Le Moulin-Marchais* [prés et bois], 1725 (arch. nat. P 226, 66). — *Huit arpens de prés appellés le Moulin-Marchais*, 1753 (*ibid.* Q¹ 678).

Moulin-Mariette (Le), lieu-dit, c⁰ᵉ de Bazancourt.

Moulin-Marthe (Le), mⁱⁿ, c⁰ᵉ de Vienne-la-Ville (Cornet-Paulus).

Moulin-Mézières (Le), mⁱⁿ, c⁰ᵉ de Saint-Memmie.

Moulin-Minette (Le), mⁱⁿ, c⁰ᵉ d'Orbais. — *Ung mollin à bled vulgairement appellé le Mollin-Mette* (sic), *assez proche la Fontaine-Notre-Dame*, 1607 (Orbais, p. 41). — *Le Moulin-Minette*, 1619 (*ibid.*).

Moulin-Moineau (Le), mⁱⁿ, c⁰ᵉ de Fismes. — *Moulin-Moineau*, 1847 (lieux habités). — *Les moulins Moineaux*, 1862 (Guérard, p. 417).

Moulin-Moineaa (Ru du), affl. de la Vesle; arrose le finage de Fismes.

Moulin-Morimot (Le), lieu-dit, c⁰ᵉ de Souain.

Moulin-Nantay (Le), mⁱⁿ, c⁰ᵉ de Leuvrigny. — *Moulin-Nantet*, 1720 (Saugrain, t. I, p. 470). — *Moulin-Nantel*, 1805 (ann. de l'an xiii, p. 62).

Moulin-Near (Le), un des mⁱⁿˢ de Porte-Marne, à Châlons-sur-Marno. — *Trois moulins despendant dudict evesché soiz sur la rivière de Marne, l'un..., l'autre appellé le Moulin-Neuf*, 1663 (évêché de Châl. c. 6).

Moulin-Neuf (Le), anc. mⁱⁿ, près de Courcemain. — *In Molendino Novo sito inter Fagos et Corcemain*, 1225 (Montiéramey, 6 H 7).

Moulin-Neuf (Le), auc. mⁱⁿ, près d'Esternay. — *Ung autre moulin appellé le Moulin-Neuf, autrement le Moulin des Aules*, 1604 (arch. nat. P 178, 99).

Moulin-Neuf (Le), mⁱⁿ, c⁰ᵉ de Fismes.

Moulin-Neuf (Le), mⁱⁿ, c⁰ᵉ de Gizaucourt. — *Le moulin de Gizaucourt appellé le Moulin-Neuf, moulin séant sur la rivière dudit Gizaucourt*, 1733 (arch. nat. P 227, 41).

Maulin-Neuf, c^{ne} de Montmort. — *Molendinum quod Novum Molendinum dicitur*, 1210 (Andecy).

Maulin-Near (Le), m^{in}, c^{ne} de Sapicourt.

Moulin-Neuf (Le), quartier de Verneuil.

Moulinot (Le), lieu-dit, c^{ne} de Contaut.

Moulinot (Le Sentier du), lieu-dit, c^{ne} d'Écriennes.

Moulis-Oddard (Le), anc. m^{in}, c^{ne} de Montmort. — *Molendinum Odardi*, 1192 (la Charmoye, c. 12). — *Molendinum Odard quod est juxta Montem Mauri*, 1215 (*ibid.*).

Moulin-Petit (Le), m^{in}, c^{ne} de Villers-sous-Châtillon (Cornet-Paulus).

Moulin-Petitot (Le), m^{in} et usine, c^{ne} de Pogny. — Ce moulin était exploité, en 1847, par le sieur Petitot (lieux habités).

Moulin-Picot (Le), m^{in} à vent, c^{ne} de Saint-Memmie.

Moulin-Poudra (Le), m^{in}, c^{ne} de Belval-sous-Châtillon.

Moulin-Prellois (Le), anc. m^{in}, c^{ne} de Nanteuil-la-Fosse. — *Le molin Praelloiz*, 1386 (arch. nat. P 180, 115). — *Le molin Praelloys*, 1398 (*ibid.*). — *Le molin de Presle, ... le molin dudict Nantheul appellé d'ancienneté le molin Presboys* (sic), 1568 (*ibid.* P 181, 15).

Moulin-Quarré (Le). — Voy. Moulin-Carré.

Moulin-Quernet (Le), lieu-dit, c^{ne} de Fontaine-Denis.

Moulin-Richard, anc. lieu-dit, c^{ne} d'Orbais. — *Les terres et prés de Mont-Rabat et du Moulin-Richard*, 1763 (Orbais, p. 30).

Moulin-Roland (Le), m^{in}, c^{ne} de Fismes. — *Malendinum Rolandi*, 1153 (cart. d'Igny, f° 8 v°). — *Le molin Roland*, 1397 (arch. nat. P 181, 140). — *Le maullin Rolland*, 1646 (*ibid.* P 191, 17).

Moulin-Rolle (Le), m^{in}, c^{ne} de Montigny-sur-Vesle.

Moulin-Rouge (Le), m^{in} détr. c^{ne} de Montmort. — *Une pièce de terre de prés où soulloit avoir par cydevant un biès d'écluse et retenue d'eaus, ... sise en la seigneurie de Montmort, appellée d'ancienneté le Moulin-Rouge*, 1640 (recherches sur la vallée du Surmelin, p. 39).

Moulin-Rouge (Le), m^{n}, c^{ne} de Villeneuve-Saint-Vistre-et-Villevotte.

Moulins (Les), lieu-dit, c^{ne} de Bassu. — Cornet-Paulus, en 1860, l'indique comme lieu habité.

Moulins (Les), lieu-dit, c^{ne} de Cuperly.

Moulins (Les), m^{ons} isol. c^{ne} de Mareuil-le-Port.

Moulins (Derrière les), lieu-dit, près de l'emplacement de deux anciens m^{ins} à vent, c^{ne} de Soudé-Notre-Dame.

Moulins (Les), lieu-dit, c^{ne} de Vitry-en-Perthois.

Moulins (Ru des), affl. de l'Ardre; coule sur le territoire de Savigny-sur-Ardre.

Moulin-Sablon (Le), c^{ne} de Binson-et-Orquigny. — *Nostre moulin dou Sablon desouz Chastillon*, 1305 (Saint-Remy, l. 60). — *Molendinum dictum du Sablon subtus villam Castellionis*, 1378 (*ibid.*). — *Le molin de Sablon qui est soubz Chastillon-sur-Marne*, 1384 (arch. adm. de Reims, t. III, p. 602). — *Le molin à Subelan*, 1433 (S.-Remy, l. 396). — *Sablon-malin*, 1574 (*ibid.* l. 35). — *Sabelon* [ferme], 1598 (Amour-Dieu, c. 2). — *Moulin-Sablon*, 1720 (Saugrain, t. I, p. 471). — *Moulin-Sablat*, 1805 (ann. de l'an XIII, p. 32). — *Sablons*, 1874 (lieux habités). — *Moulin Sabot ou Sablon*, 1860 (Cornet-Paulus). — *Les Sablons*, 1862 (Guérard, p. 406).

Moulin-Sainte-Anne (Le), m^{in} à vent, c^{ne} de Reims.

Moulin-Saint-Géris (Le), m^{in}, c^{ne} de Saint-Memmie.

Moulins-à-Vent (Les), m^{ins}, c^{ne} de Condé-sur-Marne.

Moulins-à-Vent (Les), lieu-dit, c^{ne} de Prosnes.

Moulins-Babeaux (Les), m^{ins}, c^{ne} de Grauves.

Moulins-de-Marne-la-Maison (Les), anc. m^{ins}, c^{ne} de la Chaussée. — *Duo molendina fullentia seu fullatoria, ac duo molendina molentia seu bladatoria... sita in aqua seu flumine Materne inter Mutigneyum et Amblancuria, scilicet molendina domine Nigre vulgaliter appellata*, 1287 (S.-Pierre-aux-Monts, c. 8). — *Molendina sua sita apud Maternam, que molendina vulgaliter appellantur Molendina domine Nigre de Materna*, 1290 (*ibid.*). — *Les moulins de Marne-la-Maison*, 1339 (*ibid.* c. 13). — Voy. Marne-la-Maison.

Moulins-de-Porte-Marne (Les), à Châlons-sur-Marne. — *Malendino nostra apud Partam Maternam, Cathalaunis sita*, 1291 (S.-Pierre-aux-Monts, c. 5, l. 5).

Moulins-de-Saint-Remy (Les), anc. m^{ins}, c^{ne} de Prunay. — *Sedes cujusdam molendini, quod molendinum appellatur molendinum Sancti Remigii, que sita est in. aquis Vidale inter Prunetum et Pontveroit*, 1227 (Saint-Basle, l. 22). — *Malendina qui dicitur molendina Sancti Remigii subtus Prunoy*, 1304 (*ibid.*).

Moulins-du-Bourg (Les), m^{ins} à vent, c^{ne} de Reims.

Moulins-Foulerets (Les), anc. m^{ins}, c^{ne} de Reims. — *Molendina Fuleret qui sant sub Frincambaut*, 1164 (cart. B de S.-Remy de Reims, p. 92).

Moulin-Tast (Le), lieu-dit, c^{ne} de Comblizy.

Moulin-Tayot (Le), anc. m^{in}, c^{ne} d'Hermonville. — *Le Molin-Tuyot*, 1494 (S.-Thierry. c. 2, l. 15). — *Un petit moulin appellé le Moulin de Tayot, asciz sur ung petit ruisseau qui descend de Marzilly*, 1522 (*ibid.*).

L'emplacement de ce moulin est indiqué aujourd'hui par le lieu-dit *le Moulin Tayaux*.

Moulin-Thiennet (Le), anc. mⁱⁿ, c^{ne} de Saint-Lumier-en-Champagne. — *Le molin dudit Saint-Lemier, appellé le Molin Thiennet*, 1464 (S.-Pierre-aux-Monts, c. 14).

Moulin-Thomas (Le), anc. mⁱⁿ, près de Jonchery-sur-Suippe. — *Le molin Thomas*, 1502 (arch. nat. P 181, 100). — *Le Moulin-Thomas, parroisse de Juncheri-sur-Suippe*, 1612 (Avenay, c. 3).

Moulin-Victor (Le), mⁱⁿ, c^{ne} de Mareuil-le-Port.

Moulin-Vieux (Le), mⁱⁿ, c^{ne} de Saint-Souplet.

Moulins, h. c^{ne} de Baye.

Moulin (Ru de), affl.: du Petit-Morin; arrose les finages de Baye et de Saint-Prix.

Mourmelon-le-Grand, c^{ne} de Suippes. — *Mormero*, 1100 (S.-Denis de Reims; suppl. l. Lagery). — *Mormoreium major*, 1123 (arch. adm. de Reims, t. I, p. 276). — *Villa que vocatur Murmerona*, 1178 (S.-Basle, c. 2, l. 25). — *Murmurum*, 1190 (cart. B du chap. de Reims, f° 218 r°). — *Mormeronne*, 1201 (*ibid.* f° 555 v°). — *Mormeron Magnum*, 1243 (chap. de Reims, l. Mourmelon). — *Murmeron*, 1217 (cart. d'Avenay, f° 26 r°). — *Murmerom*, 1222 (cart. B du chap. de Reims, f° 52 v°). — *Murmenrium*, 1222 (arch. adm. de Reims, t. I, p. 524). — *Murmereium*, 1222 (S.-Basle, l. 33). — *Mormeronnum*, 1223 (cart. B du chap. de Reims, f° 558 r°). — *Marmelon*, v. 1252 (arch. nat. J 202, 47). — *Mormeeium Magnum, Murmureium, Mormoleium*, v. 1260 (nécrol. de l'égl. de Reims, p. 72, 74 et 99). — *Murmslonnum Magnum*, 1267 (cart. B du chapitre de Reims, f° 505 v°). — *Mormelain Magnum*, 1271 (liber pontificum, f° 448 r°). — *Marmelonnum Magnum*, 1273 (*ibid.* f° 449 r°). — *Mourmoron Magnum*, xiv° siècle (cart. A du chap. f° 128 r°). — *Maurmeronnum Magnum*, 1303-1312 (arch. adm. de Reims, t. II, p. 1118). — *Mourmeron*, 1328 (cart. A du chap. de Reims, f° 7 r°). — *Mormelon-le-Grant*, 1384 (arch. adm. de Reims, t. III, p. 584). — *Mormellon-le-Grant*, 1502 (chap. de Reims, l. Mourmelon). — *Le Grant-Maurmelon*, 1547 (*ibid.* l. Cuperly). — *Grand Mormelon*, 1633 (lieux régis par la cout. de Vitry).

Mourmelon-le-Grand était compris, en 1789, dans l'élection de Reims et suivait pour partie la coutume de Vitry, pour partie celle de Reims. Son église paroissiale, diocèse de Reims, doyenné de Vesle, était consacrée à saint Remy; le tournaire du chapitre métropolitain de Reims présentait à la cure.

Mourmelon-le-Petit, c^{ne} de Suippes. — *Mormoreium*

Parvum, 1123 (arch. adm. de Reims, t. I, p. 276). — *Mormerio Minor*, 1145 (B. du Rocheret, mém. d'Épernay, t. I, p. 630). — *Murmeron Minor*, 1155 (*ibid.* t. I, p. 79). — *Murmer Parvulum*, 1201 (cart. G du chap. de Reims, f° 43 r°). — *Marmara parvum*, 1201 (chap. de Reims, l. Mourmelon). — *Mourmeronnum Parvum*, 1208 (cart. B du chap. de Reims, f° 556 v°). — *Murmereium Parvum*, 1215 (chap. de Reims, l. Mourmelon). — *Murmureium Parvum*, 1223 (*ibid.*). — *Mormelon Parvum*, 1271 (liber pontificum, f° 448 r°). — *Mormelonnum Parvum*, 1273 (*ibid.* f° 449 r°). — *Mormelon-le-Petit*, 1384 (arch. adm. de Reims, t. III, p. 585). — *Petit-Montmelon*, 1384 (Barthélemy, canton de Verzy, p. 70). — *Mourmoron Parvum*, xv° siècle (cart. A du chap. de Reims, f° 198 r°). — *Mardian-le-Petit*, 1486 (voyage de G. Lengherand). — *Le Petit-Mourmelon*, 1556 (arch. lég. de Reims, cout. p. 908). — *Petit-Mormelon*, 1633 (lieux régis par la cout. de Vitry).

En 1789, Mourmelon-le-Petit faisait partie de l'élection de Reims et était régi en partie par la coutume de Vitry, en partie par la coutume de Reims. Son église paroissiale, annexe de celle de Louvercy, diocèse de Reims, doyenné de Vesle, était dédiée à saint Basle.

Macau (Roisaxio de), affl. de l'Aisne, c^{ne} de Passavant.

Mouny, lieu-dit, c^{nes} de Prunay et de Wez.

Mausser, écart, c^{ne} de Saint-Masmes (Cornet-Paulus).

Moussiras (Les), fief, c^{ne} d'Arzillières. — *Ung fief audict Arzillieres nommé le fief aux Maussiers*, 1641 (arch. nat. P 216, 82).

Moussy, c^{ne} d'Épernay. — *Monceiacum*, 1213 (B. du Rocheret, mém. d'Épernay, t. I, p. 81). — *Muissi*, v. 1222 (livre des vass. de Champ.). — *Moisseium*, 1237 (la Charmoye, c. 6). — *Moussi, Mossi, Moissi*, v. 1252 (arch. nat. J 202, 47). — *Moisiacum*, 1262 (la Charmoye, c. 6). — *Muissy*, v. 1300 (extenta Campanie, Épernay). — *Mouissi*, 1308 (arch. nat. P 1114). — *Moissy*, 1362 (*ibid.* P 182, f° 157 v°). — *Mourssy*, 1381 (*ibid.* f° 173 r°). — *Mussy*, 1394 (*ibid.* P 208, 3). — *Moissy*, 1404 (bibl. nat. ms. fr. 8329, f° 2 v°). — *Moinssy*, 1428 (arch. nat. Q¹ 673). — *Mousy*, 1665 (la Charmoye, c. 6). — *Moyssy*, 1673 (arch. nat. P 1762, f° 95 r°).

En 1789, Moussy était compris dans l'élection d'Épernay et suivait la coutume de Vitry. Il dépendait, au point de vue spirituel, de la paroisse de Montfélix.

Moutardrris (La), h. c^{ne} de Verdon.

Mautira (Le), lieu-dit, cᵐᵉ de Branscourt et de Sapicourt.

Moutier (Le), fief, cⁿᵉ de Villers-aux-Corneilles (dioc.
auc. de Chât. t. II, p. 28).

Moutiers (Les), lieu-dit, cⁿᵉ de Chaudefontaine.

Moctoss des Verrières (Genss des), à Élize, 1689
(arch. nat. P 195, 37). — Cette cense tirait son
nom de la famille Mouton.

Matenns-Loos (La), auc. f. cⁿᵉ de Giffaumont. — Voy.
Loges (Les).

Muire, h. cⁿᵉ de Tinqueux. — Domus sita de Muire,
1187 (cart. B. de S.-Remy de Reims, p. 64). —
Muire juxta Remos, 1276 (cart. de S.-Denis de
Reims, p. 234). — Muyre, 1344 (arch. adm. de
Reims, t. II, p. 895).

Muire (Basse-), f. cⁿᵉ de Bézannes.

Muire (La), ruiss. cⁿᵉ de Bézannes.

Muizon, cᵒⁿ de Ville-en-Tardenois. — Mutatio, Mutationes, vers 850 (polypt. de S.-Remy de Reims,
c. 2, 4 et 26). — Villa que Maisons nominatur,
1216 (cart. B du chapitre de Reims, f° 174 r°).
— Muison, 1217 (ibid. f° 174 v°). — Mouisons,
1220 (arch. adm. de Reims, t. I, p. 516). — Muysons, 1221 (cart. d'Igny, f° 38 r°). — Muyson,
1222 (ibid. f° 39 r°). — Moisons, 1223 (S.-Basle,
c. 3). — Moison, 1240 (cart. de S.-Thierry de
Reims, f° 101 r°). — Mussons, 1256 (chap. de
Reims, b. 54). — Mouisan, 1300 (Igny, suppl.
l. Muizon). — Moinson, 1354 (arch. adm. de Reims,
t. III, p. 45). — Mouyson, 1451 (S.-Denis de
Reims, l. Vantelay). — Muyson-sur-Vesle, 1500
(S.-Basle, c. 1, l. 1).

En 1789, Muizon faisait partie de l'élection de
Reims et était régi par la coutume de Vitry. Son
église paroissiale, diocèse de Reims, doyenné de
Fismes, était consacrée à saint Symphorien ; le supérieur du séminaire de Reims présentait à la cure.

Muloterie (La), lieu-dit, cⁿᵉ de Boissy.

Munet, écart, cⁿᵉ de Bétheniville (Cornet-Paulus).

Morigny, lieu-dit, cⁿᵉ de Nauroy.

Murigny, f. cⁿᵉ de Reims. — Moriniagum, Murinia-
cum, v. 850 (polypt. de S.-Remy de Reims). —
Murini, 1160 (cart. de S.-Nicaise, l° 15 v°).
— Moriniacum, 1181 (cart. B de S.-Remy de
Reims, p. 56). — Murigniacum, 1915 (cart. A de
S.-Remy de Reims, p. 231). — Murigni, 1218
(ibid. p. 129). — Mureneyum, Murinieum, 1223
(ibid. p. 98 et 189). — Marigny, 1324 (arch.
adm. de Reims, t. II, p. 380). — Marigny-les-
Reins, 1432 (arch. lég. de Reims, cout. p. 582).
— La cense de Meurigny, 1652 (arch. lég. de Reims,
stat. t. I, p. 243).

Murs (Les), f. détr. cⁿᵉ de Grauges-sur-Aube.— Un
gangnage en la ville et terrauer do Granges-sur-
Aube, appellé le gangnage des Murs, 1600 (arch.
nat. P 178, 84). — Le fief et seigneurie de Semoine, vulgairement appellé le fief des Murs, situé
ès paroisses de Grange-sur-Aube et circonvoisins,
1751 (ibid. Q¹ 672).

Muse, h. cⁿᵉ de Montmort, 1827 (Chalette, annuaire
de la Marne, p. 102).

Motigny, cᵒⁿ d'Ay. — Locus qui dicitur Mutiniacus,
ix° siècle (vita sancti Tressni). — Matignei, 1244
(cart. d'Avenay, f° 17 v°). — Mutigneium, 1273
(Avenay, c. 2). — Mutigneyum, 1303-1312 (arch.
adm. de Reims, t. II, p. 122).

Mutigny était compris, en 1789, dans l'élection
d'Épernay et suivait la coutume de Vitry. Son
église paroissiale, diocèse de Reims, doyenné d'É-
pernay, était consacrée à saint Martin ; l'abbesse
d'Avenay présentait à la cure.

Mutigny, vill. réuni à celui de la Chaussée, cⁿᵉ de la
Chaussée. — Montigniacum, v. 1252 (arch. nat.
J 202, 55). — Mutigneyum, Matigny, 1263
(S.-Memmie, c. 7, f° 3 v°). — Muligneium, 1278
(cart. de Montiers, 9905, f° 367 r°). — Mu-
tigney, 1295 (ibid. l° 368 v°). — Mutegny, 1331
(S.-Memmie, c. 8). — Mutigny-sur-Marns, 1392
(arch. nat. P 179, 35). — Mütugny, 1396 (ibid.
P 208, 40). — Mutigny lez la Chaussée, 1642 (ibid.
P 216, 103). — Mutigny-la-Chaussée, 1696
(ibid. P 222, 22). — Montigny lez la Chaussée,
1699 (ibid. P 221, 96).

Mutiant, fief, cᵒⁿ de Possesse. — Le fief de Mutigny
en la fin de Possesse, 1508 (arch. nat. P 181, 166).

Mutry, cᵒⁿ d'Ay. — Mutreium, 1152 (S.-Remy de
Reims, l. 73). — Mutheri, 1152 (cart. de Touss.
f° 31 r°). — Nutriacum pour Mutriacum, 1154
(hist. des comtes de Champagne, t. III, p. 445).
— Mutereium, 1157 (dioc. anc. de Chât. t. I,
p. 359). — Mitreium, 1163 (la Neuville, c. 4).
— Mutri, 1178 (Hautefont. c. 6). — Miltreium,
xii° siècle (fragm. de polypt. de S.-Remy, p. 169).
— Muteri, Muitri, Mutré, Musteri, v. 1222 (liv.
des vass. de Champ.). — Mutereyum, 1238 (cart.
† de l'archev. de Reims, f° 8 r°). — Muterei,
1243 (S.-Pierre-aux-Monts, c. 5, l. 5). — Muttri,
1286 (cart. A. de S.-Remy de Reims, f° 22 v°).
— Mutrieyum, 1303-1312 (arch. adm. de Reims,
t. II, p. 22). — Murtry, 1415 (arch. nat. P 182,
f° 17 r°). — Mitry, 1515 (ibid. P 166, 229). —
Multry, 1516 (ibid. P 184, 80).

Mutry faisait partie, en 1789, de l'élection
d'Épernay et était régi par la coutume de Vitry. Son

église paroissiale, annexe de celle de Tauxières, diocèse de Reims, doyenné d'Épernay, était dédiée à saint Remy.

Mutry, lieu-dit, c⁰ᵉ d'Avenay.

Motry, fief, c⁰ᵉˢ de Binson-Orquigny et de Villers-sous-

Châtillon. — *A Orquigny et à Villers, ung fief appellé le fief de Mutry*, 1511 (arch. nat. P 181, 1).

Mutry, lieu-dit, c⁰ᵉ de Fleury-la-Rivière.

Mutry et Fief-Mutry, lieux-dits, c⁰ᵉ de Mareuil-sur-Ay.

N

Nacelle (La), m. c⁰ᵉ d'Alliancelles.

Nageries (Les), lieu-dit, c⁰ᵉ de Reuves.

Nailleries (Les), lieu-dit, c⁰ᵉ de Plivot.

Naissy, lieu-dit, c⁰ᵉ de Saint-Remy-sur-Bussy.

Nanry, lieu-dit, c⁰ᵉ de Bourgogne.

Nanteuil (Ru de), affl. de l'Ardre; arrose les finages de Nanteuil-la-Fosse et de Pourcy.

Nanteuil-la-Fosse, c⁰ᵉ de Châtillon-sur-Marne. — *Nantoilum*, v. 850 (polypt. de S.-Remy de Reims). — *Nantolium*, vers 1172 (feoda Campanie). — *Nantuel, Nantueil*, v. 1222 (liv. des vassaux de Champagne). — *Nanthueil*, 1229 (chap. de Reims, l. Tramery). — *Nanthuiel*, 1240 (S.-Remy de Reims, l. 76). — *Nantoil*, 1251 (tome LVII des 500 de Colbert, p. 453). — *Namptolium*, 1260 (cart. de l'Amour-Dieu, f° 23 r°). — *Nantholium in Tardano*, 1303-1312 (arch. adm. de Reims, t. II, p. 1052). — *Nanthueil*, 1352 (cart. de S.-Denis de Reims, p. 428). — *Nanthueil es Montaingnes de Rains; Nanthueil en la Montaigne de Reims*, 1396 (arch. nat. P 166, 285 et 287). — *Nantheul-en-la-Fosse*, 1415 (ibid. P 162, 70). — *Nantueil-la-Fosse*, 1455 (ibid. P 162, 78). — *Nanthueil-le-Fossé*, 1465 (ibid. P 161, 215). — *Nampteuil-la-Fosse*, 1522 (arch. lég. de Reims, cout. p. 754). — *Nampthueil-en-la-Fosse*, 1543 (arch. nat. P 162, 139). — *Nanthueil-la-Fosse*, 1777 (arch. adm. de Reims, t. II, p. 1054).

Nanteuil-la-Fosse était compris, en 1789, dans l'élection de Reims et suivait la coutume de Vitry. Son église paroissiale, diocèse de Reims, doyenné de la Montagne, était consacrée à saint Pierre; le commandeur du Temple de Reims présentait à la cure.

Nantivet, h. c⁰ᵉ de Suippes.

Nantouillet, gagn. à Saint-Remy-en-Bouzemont. — *Le gaingnage de Nantoullet*, 1508 (arch. nat. P 207, 5).

Nappes, h. c⁰ᵉ de Chaumuzy. — *Nappes*, 1576 (chap. de Reims, c. 14). — *Naples, Nappe*, 1661 (Longau, c. 3). — *Napple*, 1678 (ibid.). — *Naple*, 1715 (ibid.). — *Nape*, XVIIIᵉ siècle (Cassini).

Nappes (Ru de), affl. du ru de Saint-Pierre; arrose le finage de Chaumuzy.

Narailly, lieu-dit, c⁰ᵉ de Saint-Remy-sur-Bussy.

Naud (Le), riv. qui coule à travers Châlons et qui, à l'intérieur même de cette ville, joint ses eaux à celles du Maud. — *Fluvius Nautha*, 1062 (cart. de Touss. f° 2 v°). — *Fluvius Nauda*, 1092 (cart. de la Trinité, f° 3 r°). — *Nauta*, 1151 (cart. de Touss. f° 23 r°). — *La rivière de Nau*, 1757 (Touss. c. 6). — *Les ponts de Nau*, 1779 (arch. nat. Q¹ 667).

Naugis, lieu-dit, c⁰ᵉ de Prosnes.

Nauroy, c⁰ᵉ de Beine. — *Nueridum*, vers 850 (polyptyque de Saint-Remy de Reims). — *Nocerium*, 1145 (arch. adm. de Reims, t. I, p. 312). — *Noerium*, 1154 (ibid. t. I, p. 329). — *Nouroi, Naeroi*, 1197 (cart. A de S.-Remy de Reims, p. 120 et 152). — *Noeroi*, v. 1200 (arch. lég. de Reims, stat. t. I, p. 245). — *Noroy*, 1382 (archev. de Reims, l. 83, f° 2 r°). — *Nourroy*, 1436 (cart. B de S.-Remy de Reims, p. 10). — *Naurois*, 1652 (arch. lég. de Reims, stat. t. I, p. 245). — *Nauroy*, 1740 (arch. nat. Q¹ 683).

En 1789, Nauroy faisait partie de l'élection de Reims et suivait pour partie la coutume de Reims, pour partie celle de Vitry. Son église paroissiale, annexe de celle de Beine, diocèse de Reims, doyenné de Vesle, était consacrée à saint Jean-Baptiste.

Nauroy, écart, c⁰ᵉ de Prouilly.

Nauson, écart, c⁰ᵉ de Bézannes (Cornet-Paulus).

Naux (La), écart, c⁰ᵉ d'Ay (Cornet-Paulus).

Nauze (La), riv. affl. de la Seine; arrose les finages de la Forestière et de Nesle-la-Reposte, entre ensuite dans le département de l'Aube et se jette dans la Seine sur le territoire de la Saulsotte. — *Fluvius Balbucia*, 840 (cart. de Nesle, f° 170). — *La Villenace*, 1656 (carte de Sanson, citée dans le dict. top. du dép. de l'Aube, p. 110). — *La rivière de Nesle*, 1784 (Courtalon, t. III, p. 227). — *Villaaauxs, Noxe, Nauxe*, 1861 (Boutiot, études sur la géogr. de l'Aube, p. 90-91). — *Cette rivière, qu'on appelle plus souvent Vaunoise, du nom de sa source* qui *est fort abondante*, 1872 (Joanne, dict. des communes, p. 1622).

NAVARIN, cabaret, c^{ne} de Sommepy.

NAVARIN, m. c^{ne} de Souain.

NAVARRE (BOIS DE), c^{nes} de Champvoisy, de Vendières-sous-Châtillon et de Verneuil.

NAVIAO, h. c^{ne} de la Neuville-au-Pont. — *Naviau*, XVIIIe siècle (Cassini). — *Naviaux*, 1860 (Cornet-Paulus).

NAVIZY, lieu-dit, c^{ne} de Passy-Grigny.

NAZELLS, chât. c^{ne} de l'Épine.

NÉCHERY, lieu-dit, c^{ne} de Ville-en-Tardenois.

NERALLE (RUISSEAU DE), c^{ne} de Faverolles.

NESLE-LA-REPOSTE, c^{ne} d'Esternay. — Ancienne abbaye d'hommes de l'ordre de Saint-Benoît, fondée à l'époque mérovingienne au diocèse de Troyes; elle fut transférée à Villenauxe (Aube) en 1670. — *Monasterium quod vocatur Nigella quod est situm in pago Mauripense, super fluvium Balbucia, constructum in honore Beati Petri apostoli seu sanctæ Mariæ semper virginis*, 841 (cart. de Nesle, f° 1 r°). — *Neelle*, 1226 (*ibid.*). — *Neele*, 1256-1270 (Brussel, usage gén. des fiefs, p. 946). — *Nigella Abscondita*, 1301 (Sellières, 9 H 1). — *Neelle-la-Reposte*, 1306 (*ibid.*). — *Neelle-la-Repale*, 1371 (arch. nat. P 171, 13). — *Neesle*, *Neelles*, 1524 (Andecy, c. 4). — *Nesle-le-Repos*, 1759 (*ibid.*). — *Nesles* ou *Fontaine-de-Nesles*, *Nigella Abscondita* ou *Reposita*, 1784 (Courtalon, t. III, p. 241).

En 1781, Nesle-la-Reposte était compris dans l'élection de Troyes et suivait la coutume de Meaux. Son église paroissiale, diocèse de Troyes, doyenné de Pont, était dédiée à saint Martin; l'abbé du lieu présentait à la cure.

NESSLE-LE-REPONS, c^{ne} de Dormans. — *Neele*, v. 1274 (arch. nat. J 202, 45). — *Naelles*, XIIIe siècle (Amour-Dieu). — *Neella*, *Neelle*, 1391 (hist. de la maison de Châtillon, p. 262). — *Nelle*, *Nesle*, 1549 (Hautvillers, c. 5). — *Nesle-les-Repan*, 1570 (arch. nat. P 177, 127). — *Nesle-lez-Respons*, 1572 (*ibid.* P 166, 255). — *Nesle-les-Repalz*, 1625 (*ibid.* P 167, 19). — *Nesle-lez-Repand*, 1659 (Amour-Dieu, c. 3). — *Nesles-les-Repont*, *Néle*, 1768 (Hautvillers, c. 5).

En 1789, Nesle-le-Repons faisait partie de l'élection d'Épernay et était régi par la coutume de Vitry. Son église paroissiale, diocèse de Soissons, doyenné de Dormans, était consacrée à saint André; l'abbé d'Hautvillers présentait à la cure.

NEUF-FOSSÉ (RU DU), arrose les territoires d'Heiltz-le-Maurupt et de Bignicourt-sur-Saulx.

NEUF-MÉNAGES (LES), tuil. c^{ne} de Fleury-la-Rivière.

NARF-MOULIN (LE), lieu-dit, à Courtisols. — *Le lieu que on dit le Neuf-Moulin*, 1472 (chap. de Châl. a. 2, l. 4).

NEUF-MOULIN (LE), auc. m^{in}, à Saint-Amand. — *Molendinum quod Novum Molendinum dicitur*, 1210 (Andecy, c. 4). — *Molendinum situm apud villam de Sancte Amanda quod dicitur Nuef-Malin*, 1255 (chap. de Châl. a. 6, l. 15).

NEUFOUR (LE), lieu-dit, c^{ne} de Florent.

NEORIEUX ou DE FLAVA (RUISSEAU DE), c^{ne} de Prouilly.

NEUVE-FORCE (LA), auc. m^{in}, à Pargny-sur-Saulx. — *Le sieige d'une forge estant au près et sur nostre riviere de Saulx, appellé la Neufve-Farge... sur lequel siège y a de présent ung molin à blef*, 1526 (arch. nat. P 184, 87).

NEUVE-GRANGE (LA), f. c^{ne} de Trois-Fontaines.

NEUVE-GAANGS (LA), f. de l'abbaye de Montiers-en-Argonne, située près de Vadivière. — *Septima grangia que Nova Grangia nominatur*, 1224 (cart. de Montiers, f° 1 v°). — *Le voy et guey de la Naufve-Grange*, 1513 (*ibid.* f° 324 v°).

NEUVE-MAISON (LA), lieu-dit, c^{ne} de Massiges. — Ou lieu c'on dit la Neufve-Maison, 1396 (arch. nat. P 208, 31).

NEUVE-MAISON (LA), lieu-dit, c^{ne} de Trois-Fontaines.

NEUVE-RUE (LA), gogo. voisin de Giffaumont. — *Le gangnage de la Noefve-Rue*, 1446 (S.-Étienne de Troyes, c. 37).

NEUVILLE (LA), h. c^{ne} de Cormicy. — *Villa Nova prope Curmisiacum*, 1190 (arch. adm. de Reims, t. I, p. 414). — *Nova Villa subtus Courmisiacum*, 1274 (cart. de S.-Denis de Reims, p. 225). — *La Nue-Ville le Trésorier*, comm. du XIVe siècle (arch. adm. de Reims, t. I, p. 1090). — *Novilla juxta Cormisiacum*, 1343 (*ibid.* t. III, p. 883). — *La Nue-ville de la parroche de Courmissy*, 1363 (*ibid.* t. III, p. 277). — *La Neufville*, v. 1375 (*ibid.* t. III, p. 416). — *La Neufville devant Courmissy, La Neuf-ville-lez-Courmissi*, 1384 (*ibid.* t. III, p. 594 et 653). — *La Neufville-lez-Cormicy*, 1522 (arch. lég. de Reims, cout. p. 754). — *La Neuville-lez-Orainville*, 1843 (Varin, arch. adm. de Reims, t. II, p. 1058). — *La Neuville-la-Cuve*, 1847 (lieux habités).

NEUVILLE (LA), usine, c^{ne} de Crugny.

NEUVILLE (LA), h. c^{ne} de Festigny-les-Hameaux. — *Nova Villa*, 1145 (cart de Saint-Martin d'Épernay, p. 130). — *Neufville-lez-Festigny*, 1511 (arch. nat. P 181, 1). — *Neuville*, 1768 (Hautvillers, c. 5).

NEUVI LE (LA), f. disp. c^{ne} de Gionges-Saint-Fergeux. — *Neuville lez Saint-Farjeu*, 1860 (Cornet-Paulus).

— *La Neuville*, 1861 (dioc. anc. de Chål. t. II, p. 369).

Neuville (La), vill. disparu, près de Herpont. — *Nove-Ville de lez Herpont*, v. 1274 (arch. nat. J 202, 46).

Neuville (La), h. c^{ne} de Louvois. — *In territorio de Chaloel, domus de Chaloel*, XIIe siècle (cart. B de S.-Remy de Reims, p. 147). — *Damas de Galloe, villa de Calloe*, 1218 (hist. de la maison de Châtillon, p. 39). — *Nova Villa*, 1225 (S.-Remy de Reims, l. 411). — *Villa Nova domini Galcheri de Castellione*, 1247 (liber pontificum, f° 246 r°). — *Neuvilla Cat. v.* 1252 (arch. nat. J 202, 47). — *Villa Nova*, v. 1212 (*ibid.* J 202, 48). — *La Ville-Nueve*, v. 1300 (extenta Campanie, Louvois). — *Nova Villa à Chailloue*, 1301 (Avenay, l. 31). — *La Nuefville à Chailloue*, 1302 (*ibid.* l. 15). — *Ville-en-Louvoy*, 1344 (arch. adm. de Reims, t. II, p. 923). — *La Nueville-à-Chaillouel*, 1352 (arch. nat. P 181, 31). — *La Nueville-au-Chaillouel*, 1357 (*ibid.* P 181, 33). — *La Neuville-à-Chaullé*, 1400 (ibid. P 182, f° 72 v°). — *La Nuefville-à-Chaillut*, 1408 (S.-Basle, l. 12). — *La Neufville-à-Challouez*, 1449 (S.-Remy de Reims, l. 411). — *La Neufville-en-Chaillouet*, 1608 (arch. nat. P 167, 11). — *La Neufville-en-Chaillouat*, 1636 (ibid. P 215, 36). — *La Neufville-en-Chaillois*, 1653 (ibid. P 191², 39). — *La Neufville-en-Chaillois*, 1656 (ibid. P 167, 215). — *La Neuville-en-Challoys*, 1723 (ibid. Q¹ 655; S.-Basle). — *La Neurville-en-Chalois*, XVIIIe siècle (Cassini). — *Neuville-en-Challois*, 1860 (Cornet-Paulus).

Neuville (La), lieu-dit, c^{ne} de Moussy.

Neuville, lieu-dit, c^{ne} de Nesle-le-Repons.

Neuville (La), vill. détr. au XVIe siècle, c^{ne} de Pomacle. — *La Nue-Ville*, comm. du XIVe siècle (arch. adm. de Reims, t. I, p. 1090). — *Nova Villa juxta Pommacle* (église succursale de Caurel), 1303-1312 (*ibid.* t. II, p. 1063). — *Nova Villa cum Corrello*, 1328 (cart. A du chap. de Reims, f° 59 r°). — *La Nuefveville lez Pomacle, Lanneville lez Pommacle*, 1384 (arch. nat. P 28, 27; arch. adm. de Reims, t. III, p. 584). — *Neufville-devant-Pommacle*, 1522 (arch. lég. de Reims, cout. p. 754).

Neuville, f. e^{ne} de Sainte-Gemme. — *Nova Villa subtus Sancta Gemma*, v. 1240 (arch. nat. J 193, 83). — *La Villenueve dessous Sainte-Gemme*, v. 1300 (extenta Campanie, Châtillon). — *Neufville soubz Sainte-Jamme*, 140. (arch. nat. P 180, 142). — *Neuville*, 1498 (*ibid.* P 182, 168).

Neuville (La), h. c^{ne} de Saint-Imoges. — *Villa Nova que dicitur Biaus Veoirs*, 1207 (cart. d'Avenay, f° 29 v°). — *Nova Villa que dicitur Biauveoirs*, 1221 (Gall. christ. t. X, c. 130). — *La Nuef-Ville à Biauvooir*, 1274 (arch. nat. J 202, 45). — *La Nueville à Biauvoir*, v. 1300 (arch. adm. de Reims, t. I, p. 1089). — *La Nueville Beau-Veoir*, v. 1300 (extenta Campanie, Épernay). — *La Nuefville à Biauvoier*, 1302 (Avenay, n° 15). — *Bellus Visus*, 1303-1312 (arch. adm. de Reims, t. II, p. 1121). — *La Neufville en Biauvoir*, 1342 (arch. nat. P 181, 27). — *La Nuefville à Biauvoir, La Nuefville-de-Biauvoir*, 1342 (ibid. P 182, f° 240 v°). — *Novavilla apud Bellum Visum*, 1346 (arch. adm. de Reims, t. II, p. 1120). — *La Neufville à Beauvoir* (arch. nat. Q¹ 673, 42 bis). — *La Nœufville à Beauvoir*, 1461 (ibid. P 681, 73). — *La Neufville-à-Beauvoir, ladicte Neufville lez Sainct-Ymoges*, 1524 (chap. de Reims, l. 45). — *La Nufville-à-Bauvoir*, 1673 (arch. nat. P 1762, f° 67 v°). — *Laneuville en Beauv.* 1805 (ann. de l'an XIII, p. 78). — *Neuville-en-Beauvais*, 1860 (Cornet-Paulus).

Neuville (La), vill. détr.? c^{ne} de Sept-Saulx. — *Nova Villa juxta Septem Salices*, 1220 (cart. de l'archev. de Reims, f° 14 r°).

Neuville (La), vill. détr.? c^{ne} de Villers-en-Argonne. — En 1206, la comtesse de Champagne et l'abbaye de Saint-Remy s'associent *ad faciendam novam villam in nemoribus Sancti Remigii juxta Villars* (arch. nat. J 197, 7).

Neuville (La), vill. détr.? c^{ne} de Warmeriville. — *Garmerivilla* et *Villa Nova juxta eam*, 1189 (chap. de Reims, l. Warmeriville).

Neuville (La), vill. détr. c^{ne} de Witry-lez-Reims. — *Nova Villa de novo fundata juxta Baregui*, 1242 (S.-Symphor. c. 4). — Une charte de Thomas, archevêque de Reims (1258), constate un différend entre ce prélat, d'une part, le doyen et le chapitre, d'autre part, *super eo videlicet quod ipsi decani et capitali quamdam villam novam construxerant, seu construi inceperant, juxta villam nostram de Burigneio prope Remis.* L'archevêque céda Burigny au chapitre et autorisa la construction de la ville neuve, 1258 (cart. B du chap. de Reims, f° 273 v°). — *Novus Burigny*, v. 1260 (nécrol. de l'égl. de Reims, p. 64). — *Nova Villa sita ante Burigneium*, 1263 (S.-Symphorien, c. à). — *Nova Villa juxta Burigny*, 1266 (cart. B du chap. de Reims, f° 654 r°).

Neuville-au-Pont (La), c^{ne} de Sainte-Menehould. — *Villa Nova que appellatur Pons Sancte Mariæ* (cart. de Moiremont, n° 3, f° 117 v°). — *Nova Villa ad Pontem*, 1207 (Moiremont, c. 1 et 12). — *Villa de Ponte, Pons*, 1212 (Teulet, trésor des charles, t. I, p. 383). — *Villa ad Pontem*, 1229 (chap. de Reims, c. 46). — *Nova Villa ad Pontem*, 1250 (liber pontif. f° 337 r°). — *Le Pont*, 1253 (Moiremont, c. 4). — *La Vilenueve au Pont*, 1267 (Brussel, usage des fiefs, p. 1012). — *La Villenueve au Pont*, v. 1300 (extenta Campanie, Sainte-Menehould). — *La Nueve-Ville au Pont*, 1322 (Mairem. c. 2). — *La Neuville au Pont*, 1327 (*ibid.*). — *Li Pons*, 1343 (*ibid.* c. 3). — *La ville du Pont*, 1366 (*ibid.* c. 1). — *La Nuefville au Pont*, 1359 (arch. adm. de Reims, t. III, p. 129). — *Le Pont*, 1389 (arch. nat. P 183, 42). — *La Neuve-Ville à Pont*, fin du xv° siècle (Ph. de Vigneulles). — *La Neufville-au-Pont*, 1554 (arch. nat. P 162 364). — *La Neufville-aux-*Ponts, 1651 (év. de Chàl. c. 9). — *La Neufville*, 1687 (arch. nat. P 183, 42).

La Neuville-au-Pont était comprise, en 1789, dans l'élection de Sainte-Menehould et suivait la coutume de Vitry. Son église paroissiale, diocèse de Châlons, doyenné de Sainte-Menehould, était dédiée à Notre-Dame; l'abbé de Moiremont présentait à la cure.

Neuville-au-Pont (Ru de la), affl. de l'Aisne; arrose le territoire de la Neuville-au-Pont.

Neuville-au-Temple (La), vill. détr. c°° de Dampierre-au-Temple. Ancienne commanderie de l'ordre du Temple, devenue commanderie de l'ordre de Saint-Jean de Jérusalem, après la suppression des Templiers. — *Damus Templi Salomonis que est in Novella Villa*, 1132 (la Neuville, c. 4). — *Novavilla*, 1133-1142 (dioc. auc. de Chàl. t. I, p. 396). — *Novilla*, 1152 (la Neuville, c. 5). — *Domus Templi que est juxta Dompetrum*, 1163 (*ibid.* c. 4). — *Domus Templi de Nova Villa quad est prope Cathalanum*, 1218 (*ibid.* c. 8). — *Nueville delez Chaalons*, 1264 (*ibid.*). — *Nueville*, 1294 (*ibid.* c. 5). — *La maison dou Temple de Neuvile*, 1295 (*ibid.* c. 8). — *Nuef-Ville juxta Cathalaunum*, 1296 (*ibid.* c. 4). — *La Nueve Ville delez Chaalons*, 1297 (*ibid.* c. 5). — *Nuesville juxta Cathalaunum*, 1298 (*ibid.*). — *Neuville*, 1332 (*ibid.*). — *Novilla ad Templum*, 1334 (*ibid.* c. 4). — *Nueuville*, 1345 (*ibid.* c. 8). — *La Neuville-au-Temple*, 1375 (arch. nat. Q¹ 673). — *Neufville*, 1384 (la Neuville, c. 5). — *Nuefville-lez-Saint-Estienne-au-Temple*, 1414 (*ibid.*).

Neuville-aux-Bois (La), c°° de Dommartin-sur-Yèvre. — *Nova Villa*, 1154-1161 (Montiers, c. 1). — *Nova Villa ad Curtem*, 1202 (*ibid.*). — *Nova Villa ad Nemus*, 1218 (cart. de Moutiers, 9905, f° 162 v°). — *Nova Villa ad Cort.* 1219 (*ibid.* 10946, f° 39 v°). — *La Nuevo-Ville au Bois*, 1237 (Montiers, c. 4). —

Nova Villa ad Boscum, ... *ad dictam villam de Bosco*, v. 1240 (arch. nat. J 198, 83). — *Nova Villa in Bosco*, v. 1252 (*ibid.* J 202, 55). — *Novilla*, 1262 (Montiers, c. 2). — *La Nue-Ville-a*us-Bois, 1277 (cart. de Montiers, 9905, f° 160 v°). — *La Nue-Ville deu Bois*, *La Willenueve-au*-Bais, v. 1300 (extenta Campanie, S¹°-Menehould). — *Nuefville*, 1367 (arch. nat. P 183, 23). — *La Nuefverille au Bois*, 1380 (Mauliers, c. 4). — *La Nuefville au Baix*, la Nuefville aux Boys, 1389 (arch. nat. P 183, 47 et 61). — *La Nuefville au Bois*, 1392 (*ibid.* P 183, 85). — *La Neuveville ès Boiz*, 1402 (*ibid.* P 184, 11). — *Novilla ad Nemus*, 1405 (pouillé de Chàl. f° 78 r°). — *La Neuville*, 1676 (dioc. anc. de Chàl. t. I, p. 275).

La Neuville-aux-Bois était comprise, en 1789, dans l'élection de Sainte-Menehould et suivait la coutume de Vitry. Son église paroissiale, diocèse de Châlons, doyenné de Possesse, était dédiée à saint Remy; l'abbé de Montiers présentait à la cure.

Neuville-aux-Bois (La), ch. c°° de Breuil-sur-Vesle.

Neuville-aux-Larris (La), c°° de Châtillon-sur-Marne. — L'abbaye de Sauve-Majeure s'associe à Blanche, comtesse de Champagne, pour la fondation d'un village nouveau *ad nemus juxta situm quad dicitur Larriz*, 1207 (liber pontif. f° 362 v°). — *Nove-Vile*, v. 1290 (livre des vass. de Champ.). — *Chievres*, *Nue-Ville à Chievres*, *La Villenueve aus Chievres*, v. 1300 (ext. Campanie, Châtillon). — *La Neufville*, 1522 (Belval, c. 1). — *La Neufville aux Chièvres*, 1529 (Langou, c. 2). — *La Neuville au Larry*, 1618 (Belval, c. 1). — *La Neufville-lez-Champlat*, 1627 (*ibid.*). — *La Neufville-aux-*Laris, 1640 (*ibid.*). — *La Nœuville*, 1646 (*ibid.*). — *La Neuf-ville-aux-Chèvres*, autrement *les Laris*, 1674 (arch. nat. P 1154, f° 36 v°).

Avant 1789, la Neuville-aux-Larris était une dépendance de la paroisse de Cuchery.

Neuvillerie (La), lieu-dit, c°° de Flavigny.

Neuvillers, h. détr. c°° de Bassu. — *In curia Novivillaria*, 1184 (S.-Memmie, c. 7). — *Novum Villeir*, *Le Neuf-Viller*, 198. (arch. nat. Q¹ 668¹). — *Le Nues-Villers*, 1366 (S.-Memmie, c. 9). — *Neufviller*, 1407 (S.-Pierre-aux-Mants, c. 27). — *Neufville*, 1633 (lieux régis par la cout. de Vitry).

Neuville-sous-Arzillières, c°° de Saint-Remy-en-Bouzemont. — *Nova Villa*, 1178 (S.-Pierre-les-Dames, l. Neuville). — *Nueville sublas Arzillieres*, 1252 (*ibid.*). — *Nue-Vile*, 1259 (*ibid.*). — *Novilla in Pertesio*, 1321 (*ibid.*). — *Nueville desouz Arzillieres*, 1334 (*ibid.*). — *Nuefvilla*, 1376 (*ibid.*). — *Nuefville en Pertais*, 1384 (arch. nat. P 28, 115). —

La Villeneufve soubz Arzillières, 1445 (chap. de Châl. a. a, l. 3). — *Neufville*, 1460 (arch. nat. P 179, 69). — *La Neufville*, 1633 (lieux régis par la cout. de Vitry, v° Blaise). — *Neuville-sous-Arzilliers*, 1781 (arch. nat. Q¹ 664).

En 1789, Neuville-sous-Arzillières était compris dans l'élection et suivait la coutume de Vitry. Son église paroissiale, diocèse de Châlons, doyenné de Perthes, était dédiée à saint Martin; l'évêque de Châlons en était collateur.

NEUVILLETTE (LA), c⁰ᵉ de Reims. — *Nova Villa juxta locum qui dicitur Vena ?* 1182 (cart. B du chapitre de Reims, f° 562 v°). — *Villa nostra de Monte Remensi*, 1195 (Saint-Thierry, c. 1, l. 10). — *Nova Villa de Monte Remensi*, v. 1260 (nécrologe de l'égl. de Reims, p. 81). — *Nova Villa domini archiepiscopi Remensis*, 1184 (S.-Denis de Reims, l. Champigny). — *Nova Villa in Monte Remensi*, 1393 (S.-Thierry, l. 7). — *La Nue-Ville à Mon-Rantien*, comm. du xiv° siècle (arch. adm. de Reims, t. I, p. 1090). — *Les moulins de Nuevile*, 1301 (S.-Denis de Reims, l. Champigny). — *La Nueville à Mont-Rancien*, 1322 (arch. adm. de Reims, t. II, p. 1318). — *Nova villa juxta Remis*, 1328 (cart. A du chapitre de Reims, f° 20 r°). — *La Nueveville*, 1328 (arch. adm. de Reims, t. II, p. 567). — *Novavilla prope Remis*, 1340 (S.-Denis de Reims, l. Champigny). — *Neufville près de Courcelles delez Reims*, 1360 (arch. adm. de Reims, t. III, p. 161). — *La Nuefville en Mont-Rentien lez Reins*, v. 1371 (arch. nat. S 5036, n° 31). — *La Nuefville delez Reins*, 1381 (arch. adm. de Reims, t. III, p. 379). — *La Neufville emprez Reims*, 1384 (ibid. t. III, p. 573). — *La Nuefveville à Montrancien*, 1384 (arch. nat. P 28, 27). — *Emprès Reins, ung chastel appellé le chastel de Nuefville, lequel chastel est tout ruiné et abatu par fortune de guerre, et ung moulin emprès d'icellui chastel*, 1385 (ibid. P 30). — *La Nuefville en Morrencien*, 1389 (ibid. S 5036, 26). — *La Nueve-Ville delet Saint-Bris, Nova Villa ad Monte Remensi*, xiv° siècle (cart. A du chap. de Reims, f°ˢ 103 et 128 r°). — *La Neufville dit le Chastel de l'Arcevesque*, 1433 (arch. nat. Q¹ 656). — *Le chasteau de Neufville nommé le Chasteau l'Arcevesque-lez-Reins*, 1475 (archev. de Reims, c. 2). — *La Neufville en Mont-Rainssian*, 1496 (arch. adm. de Reims, t. III, p. 865). — *Le Chastel l'Arcevesque*, 1528 (chap. de Reims, l. Champigny). — *La Neuville-lez-Reims*, 1556 (arch. lég. de Reims, cout. p. 911). — *La Neufvillette-lez-Reims*, 1621 (S.-Thierry, c. 1, l. 8). — *La Neu-*

ville-en-Morancienne, 1720 (Saugrain, t. I, p. 479). — *Là Neufville-en-Morancienne*, 1728 (cout. de Reims, p. 644). — *La Neuvillette*, 1771 (chap. de Reims, l. Courcelles).

En 1789, la Neuvillette faisait partie de l'élection et suivait la coutume de Reims. Son église paroissiale, annexe de celle de Courcy, diocèse de Reims, doyenné d'Hermonville, était dédiée à saint Jean-Baptiste.

NEUVILLETTE (LA), lieu-dit, c⁰ᵉ de Tramery.

NEUVY-L'ABBESSE, c⁰ᵒ d'Esternay. — *Novium*, 1140 (chap. de Sézanne, c. 1). — *Novus Vicus*, 1209 (arch. de l'Aube, G 22). — *Novi*, v. 1220 (livre des vass. de .Champ.). — *Nefviz*, v. 1252 (arch. nat. J 195, 96). — *Nuefvis*, 1274 (ibid. J 205, 31 bis). — *Nuefviz*, 1375 (ibid. P 171, 157). — *Neufvis*, 1377 (ibid. P 171, 4). — *Neufviz*, 1377 (ibid. P 202, 178). — *Noviacum*, 1407 (pouillé de Troyes, n° 254). — *Neufvy*, 1553 (arch. nat. P 178, 71). — *Neufvie*, 1748 (ibid. Q¹ 678). — *Noviacum, Noomacum*, 1784 (Courtalon, t. III, p. 302).

En 1789, Neuvy faisait partie de l'élection de Sézanne et était régi par la coutume de Meaux. Son église paroissiale, diocèse de Troyes, doyenné de Sézanne, était dédiée à saint Remy; l'abbé de Notre-Dame de Vertus présentait à la cure.

NIARDS (LES), f. c⁰ᵉˢ de Binson-Orquigny et de Villers-sous-Châtillon. — *Les Niards*, 1720 (Saugrain, t. I, p. 471 et 472). — *Niard*, xviii° siècle (Cassini).

NICOLE-DE-NANCY (FIEF DE), à Bassu. — *Le fief de dame Nicole de Nancy ... à Bossu*, 1516 (arch. nat. P 184, 80). — *Le fief que souloit tenir cy-devant madame Nicolle de Nancy de certaines terres et héritages es lieux de Bassu et Doulcey*, 1604 (ibid. P 185, 30).

NICOURT (LE), lieu-dit, c⁰ᵉ de Romain.

NIGNY, lieu-dit, c⁰ᵉ de Poilly.

NIGOTERIE (LA), lieu-dit, c⁰ᵉ de Boursault.

NIVELAY, m⁰¹¹, c⁰ᵉ de Sompuis. — *Allodium quod dicitur Evleis apud villam Sumpuis*, 1130 (B. du Rocheret, mém. d'Épernay, t. I, p. 78). — *Evloia*, 1155 (ibid. t. I, p. 79). — *Domus de Elois*, 1183 (la Charmoye, c. 7). — *Grangia de Euvloys*, 1222 (ibid.). — *Euvlois*, 1232 (ibid.). — *La maison c'on dist Ievelais*, 1260 (ibid.). — *Yevlois*, 1261 (ibid.). — *Eubloi*, 1268 (ibid.). — *Evloi*, 1269 (ibid.). — *La cense de Nivelès séant au finaige dudict Sompuys*, 1540 (ibid.). — *Le gaingnage vulg. appellé la cense de Nivellay*, 1622 (ibid.). — *Nivellet*, 1641 (ibid.). — *Nivellé*, 1647 (ibid.).

— *Nivlet*, 1847 (lieux habités). — *Rivelet*, 1860 (Cornet-Paulus).

NOBLETTE (LA), riv. affl. de la Vesle; prend naissance sur le finage de Vadenay et se joint à la Vesle sur celui de Saint-Remy-sous-Bussy. — *La rivière de Noblet*, 1647 (arch. nat. P 216, 41).

NOGEST, h. dét. c⁰ᵉ d'Antenay. — *In pago Otminse, in villa Novientum?* 849 (dom Bouquet, t. VIII, p. 505). — *Nogent*, 1291 (Longau, c. 1). — *Nongent*, 1398 (*ibid.*). — *Nogent-le-Chemin?* 1550 (arch. nat. P 181, 114). — *Nongent, paroisse d'Anthenay*, 1576 (*ibid.*).

NOGENT, h. c⁰ᵉ de Sermiers. — *Noviantum*, comm. du xı° siècle (polypt. de S.-Remy de Reims). — *Novientum*, v. 1067 (arch. adm. de Reims, t. I, p. 221). — *Nogentum*, 1164 (cart. de S.-Nicaise de Reims, f° 83 v°). — *Nojantum*, 1224 (S.-Denis de Reims, c. 4, l. 7). — *Noigentum*, 1248 (cart. de S.-Nicaise, f° 82 v°). — *Nojantum in Montana*, 1257 (S.-Nicaise, c. 7, l. 15). — *Nogent-en-la-Montangne*, 1384 (arch. nat. P 28, 27). — *Nogent en la Montaigne de Reims*, 1384 (arch. adm. de Reims, t. III, p. 651). — *Nogent sous la Montagne*, xıv° siècle (*ibid.* t. II, p. 853). — *Nogentum in Montonna*, 1411 (S.-Symphorien, B 1). — *Nogent-la-Montagne*, 1777 (arch. adm. de Reims, t. II, p. 1055). — *Nogent-sur-Sermiers*, 1847 (lieux habités).

NOGENT-L'ABBESSE, c⁰ⁿ de Beine. — *Nogentum*, 1289 (cart. de S.-Denis de Reims, p. 269). — *Nogent-l'Abbesse*, comm. du xıv° siècle (arch. adm. de Reims, t. I, p. 1090). — *Nogentum Abbatisse*, 1303-1312 (*ibid.* t. II, p. 1063). — *Nogent l'Abbesse*, 1335 (chap. de Reims, c. 54). — *Nogent-l'Abbesse*, 1384 (arch. nat. P 28, 115).

Nogent-l'Abbesse était compris, en 1789, dans l'élection de Reims et suivait la coutume de cette ville. Son église paroissiale, diocèse de Reims, doyenné de Lavannes, était dédiée à saint Pierre; l'abbesse de Saint-Pierre-aux-Dames de Reims présentait à la cure.

NOGENTEL, ch. et f. c⁰ᵉ de Neuvy. — *Nogent*, v. 1222 (livre des vass. de Champ.). — *Nogentueil*, v. 1395 (arch. nat. P 201, f° 98 r°). — *Nogentel*, 1524 (*ibid.* P 193, 35).

NOGENTEL, fief, près de Troissy. — *Ung fief à Nogentel*, 1511 (arch. nat. P 181, 1).

NOGENTEL (LE BAS), m¹ⁿ, c⁰ᵉ de Courgivaux.

NOGILLY (LES), lieu-dit, c⁰ᵉ de Villedomange.

NOIRLIEU, c⁰ⁿ de Dommartin-sur-Yèvre. — *Niger Locus*, 1140 (Montiers, c. 1). — *Nerlu*, 1150 (la Neuville, c. 9). — *Neirleu*, 1147 (cart. de S.-

Martin-des-Champs, LL 1351, f° 9 v°). — *Nerleu*, v. 1165 (la Nauv. f° 25 r°). — *Niger Locus*, 1217 (S.-Jacques de Vitry, c. 4). — *Norliu*, 1271 (cart. de Montiers, 9905, f° 59 v°). — *Nesleu*, 1294 (Montiers, c. 2). — *Nerlieu*, 1393 (arch. nat. P 183, 95). — *Nellieu*, 1395 (la Neuv. c. 9).

Noirlieu faisait partie, en 1789, de l'élection de Châlons et était régi par la coutume de Vitry. Son église paroissiale, diocèse de Châlons, doyenné de Possesse, était consacrée à Notre-Dame; l'abbé de Montiers présentait à la cure.

NOMENY, anc. f. c⁰ᵉ de la Neuville-au-Pont. — *La cense de la Neuville-au-Pont appellée Nomeny*, 1714 (Moiremont, c. 13).

NONNELLA (LA), ch. et égl. détr. c⁰ᵉ de Leuvrigny. — *In loco qui Nonnella dicitur in nemore Vasiaci*, 1160 (cart. de S.-Jean-des-Vignes, f° 16 r°). — *Ecclesia Beate Marie de Nonella pertinens ad ecclesiam Sancti Johannis in Vineis*, 1226 (*ibid.* f° 70 v°). — *La maison de la Nonnelle*, 1382 (arch. nat. P 180, 112). — *La Nonella*, 1397 (*ibid.* P 180, 128). — *La Nonnelle-en-Champaigne*, 1398 (*ibid.* P 180, 128). — *La Nouvelle*, 1483 (*ibid.* P 162, 94). — *La Novelle*, 1504 (*ibid.* P 162, 110).

En 1772, la Nonnelle était une des baronnies composant le comté d'Ablois (arch. nat. Q¹ 677).

NONNELLE (LA PETITE-), loc. ruinée, c⁰ᵉ de Leuvrigny.

NONNELLE (MOULIN DE LA), c⁰ᵉ de Festigny. — *Moulin de la Nonette*, 1720 (Saugrain, t. I, p. 470). — *Moulin de la Nouette*, 1805 (ann. de l'an xıII, p. 50).

NONNELLE (RU DE LA), affl. du Flagot; arrose le finage d'Igny-le-Jard.

NONNERIE (LA), lieu-dit, c⁰ᵉ de Moiremont.

NONNERIE (LA), f. c⁰ᵉ de la Neuville-aux-Bois. — *La maison de ladite Nonnerie sur le finage de la Neuville, du costé d'Epance, construite depuis quelques années*, 1733 (arch. nat. Q¹ 657).

NONNETERIE (LE FOND DE LA), lieu-dit, c⁰ᵉ de Linthelles.

NORMÉE, c⁰ⁿ de Fère-Champenoise. — *Normerium*, 1124-1130 (cart. d'Oyes, f° 19 v°). — *Normerum*, 1131-1142 (cart. de Toussaints, f° 15 v°). — *Normeir*, 1223 (cart. de la Trinité, f° 35 v°). — *Normer*, 1253 (Trois-Fontaines, c. 2). — *Normeez, Normi, Normet*, 1366 (arch. nat. prisée du comté de Vertus, Q¹ 681, f° 81, 211 r° et 215 v°). — *Normés*, 1605 (*ibid.* P 190, 56, f°. 1 v°). — *Narmée*, 1673 (*ibid.* Q¹ 681). — *Narmay*, 1734 (*ibid.*). — *Normé*, xvıII° siècle (Cassini).

Normée était compris, en 1789, dans l'élection

de Châlons et suivait la coutume de Vitry. Son église paroissiale, diocèse de Châlons, doyenné de Vertus, était dédiée à saint Martin; l'abbé de Toussaints présentait à la cure.

Noros (Ru de), aff. de l'Ardre; prend sa source sur le territoire de Courmas et se joint à l'Ardre sur celui de Bouleuse. — *Rivus qui dicitur Noerons*, 1244 (carl. B du chap. de Reims, f° 293 v°). — *Les Vasseurs*, xviiiᵉ siècle (Cassini).

Norrois, cⁿ de Thiéblemont. — *Nucaria*, 1149 (dioc. anc. de Châl. t. I, p. 378). — *Noeroye, Noueroie*, v. 1252 (arch. nat. J 202, 55). — *Noeroie*, v. 1274 (*ibid.* J 202, 45). — *Noroie*, 1276 (S.-Pierre-aux-Monts, c. 8). — *Noueroie*, xiiiᵉ siècle (cart. de Cheminon, f° 34 r°). — *Noroy*, 1405 (pouillé de Châlons, f° 76 v°). — *Nouroy*, 1509 (procès-verbal de la cout. de Vitry). — *Nouroye-sur-Marne*, 1516 (arch. nat. P 193, 38). — *Nauroy*, 1549 (*ibid.* P 161, 108). — *Norroye*, 1633 (lieux régis par la cout. de Vitry). — *Norroyes*, 1655 (arch. nat. P 217, 24). — *Nauroyes*, 1676 (*ibid.* P 168, 51 *bis*). — *Naurais*, 1676 (dioc. anc. de Châl. t. I, p. 275). — *Norrois*, 1677 (arch. nat. Q¹ 665). — *Norois*, xviiiᵉ siècle (Cassini).

En 1789, Norrois faisait partie de l'élection et suivait la coutume de Vitry. Son église paroissiale, diocèse de Châlons, doyenné de Perthes, était consacrée à saint Martin; le prieur de Sermaize présentait à la cure.

Norrois (La), écart, cⁿᵉ de Margerie (Cornet-Paulus).

Norroy, anc. f. de l'abbaye du Reclus; sa situation est indéterminée. — *Grangia de Noieroi*, 1159-1181 (le Reclus, c. 2). — *Noieroi*, 1228 (*ibid.*).

Noava, f. cⁿᵉ de Sainte-Menehould.

Noticny, lieu-dit, cⁿᵉ de Prunay.

Notre-Dame, chap. cⁿᵉ de Conflans (Cassini).

Notre-Dame, anc. chap. cⁿᵉ de Frignicourt. — *Capellania Beate Marie prope Frignicuria*, 1405 (pouillé de Châl. f° 77 v°).

Notre-Dame, chap. détr. cⁿᵉ de Saint-Prix. — *Capella Beate Maris cum appendiciis suis que est in parrochia S. Prejecti*, 1175 (cart. d'Oyes, f° 20 v°).

Notre-Dame, chap. cⁿᵉ de Somsois.

Notre-Dame, abbaye d'hommes de l'ordre de Saint-Augustin, fondée antérieurement à 1132 dans l'intérieur de Vertus; détruite par un incendie en l'an 1167, elle fut alors transférée à l'extrémité du faubourg de cette ville.

Noudy, lieu-dit, cⁿᵉ d'Humbauville.

Noue (La), cⁿᵉ d'Esternay. — *Lanoe*, 1217 (Montier-la-Celle, c. 18). — *Noa*, 1238 (arch. de la Marne, chap. de Troyes). — *La Noe*, v. 1252 (arch. nat. J 195, 96).

En 1789, la Noue était comprise dans l'élection de Sézanne et suivait la coutume de Meaux. Son église paroissiale, diocèse de Troyes, doyenné de Sézanne, était dédiée à Notre-Dame (Assomption); l'évêque de Troyes en était collateur.

Noue (La), f. détr. ? cⁿᵉ de Gionges. — *La Noua-Saint-Martin*, 1860 (Cornet-Paulus, p. 121). — *La Noue*, 1861 (dioc. anc. de Châl. t. II, p. 369).

Noue (La), f. cⁿᵉ de Maisons-en-Champagne (lieux habités).

Noue (Le), h. détr. cⁿᵉ de Montmirail. — *Le Nof*, 1409 (chât. de Montmirail). — *Le No*, 1488 (*ibid.*). — *Le Neuf*, 1590 (*ibid.*). — *Le fief du Nouf qui consiste en ung petit hameau estant au bout de nostre parcq dudit Ti2ecourt*, 1663 (arch. nat. P 180, 101). — *Le Nofs*, 1605 (chât. de Montmirail). — *Le Nof*, 1623 (arch. nat. P 180, 36). — *Le fief du Nou*, 1676 (*ibid.* P 193, 59). — *Le Noux*, xviiiᵉ siècle (Cassini). — *Les Nouss*, 1832 (état-major).

Noue (La), f. cⁿᵉ de Morsains. — *Lanaux*, 1847 (lieux habités).

Nous (La), f. cⁿᵉ de Vienne-la-Ville. — *In Nauda que dicitur les Malades*, 1259 (cart. de Moiremont, f° 325 r°). — *Une piece de terre au finage de Esseres, laquelle terre on dit la Noue des Malades, de souz Bionne par devant le pont*, 1263 (*ibid.* f° 328 r°). — *La Noue as Malades*, 1263 (*ibid.* f° 316 v°). — *La Nous*, xviiiᵉ siècle (Cassini). — *La Noue Saint-Martin* [surnom erroné], 1860 (Cornet-Paulus, p. 121).

Noue (Ru de la), aff. du Grand-Morin; arrose les territoires d'Esternay et de la Noue.

Nous-Beaumont (La), f. cⁿᵉ de Servon-Melzicourt. — *La Noue*, xviiiᵉ siècle (Cassini).

Nous-de-Chaudière (La), f. cⁿᵉ de Pringy. — *La ferme de la Nauchaudière*, 1720 (Saugrain, t. I, p. 445). — *Neau de Chaudière*, xviiiᵉ siècle (Cassini). — *La Noue-de-Chaudière*, 1834 (état-major). — *Nautrechaudière*, 1847 (lieux habités). — *Nauchaudières*, 1860 (Cornet-Paulus). — *La Hauchaudière*, 1861 (dioc. anc. de Châl. t. II, p. 42).

Noue-de-Cau (Ru de la), aff. du Flançon; arrose le finage de Sogny-en-l'Angle.

Nous-des-Juifs (La), lieu-dit, cⁿᵉ de Bisseuil.

Noue-Dieusson (Ru de la), aff. de l'Aisne; arrose le territoire de Servon-Melzicourt.

Nous-la-Sergente (La), f. cⁿᵉ de Léchelle. — *La Noue-la-Sergente*, 1697 (chât. de Montmirail).

Noue-Renault (La), fief, cⁿᵉ de la Villeneuve-les-Charleville. — *Le fief et seigneurie de Nous-Regnault*, 1603 (arch. nat. P 178, 98). — *Noux-Regnault*, 1629 (ibid. P 194, 64). — *La Noue-Regnault*, 1664 (*ibid.* P 191⁴, f° 26 *bis*). — *La Noue-Re-naut*, 1731 (ibid. Q¹ 678).— *Noux-Renault*, 1732 (*ibid.* P 197, 39).

Nousnis-lez-Essarts (La), écart, c⁰ᵉ de la Neuville-aux-Bois (Cornet-Paulus).

Nouss (Les), f. c⁰ᵉ de Margerie.

Nouette (La), écart, c⁰ᵉ de Festigny (Cornet-Pau-lus).

Nourats (Ru des), c⁰ᵉ de Dormans.

Nouviel-de-Sorcy (Fief), c⁰ᵉ de Bassu. — *Le fief Nouviel de Sorcy séant au finage dudict Bassu*, 1647 (arch. nat. P 216, 141).

Nozay, f. c⁰ᵉ de Connantre. — *Moulin de Nozay*, 1835 (état-major). — *Nozet*, 1860 (Cornet-Paulus). — *Nozait*, 1862 (Guérard, p. 224).

Nuisement, f. c⁰ᵉ de Bethon. — *Nusiamentum*, 1165 (Gall. christ. t. XII, c. 271). — *Nuisemant*, 1211 (cart. de Nesle, f° 36 v°). — *Le fief et seigneurie de Nuisement*, 1766 (arch. nat. Q¹ 664 et 678).

Nuisement (Le), m⁰ⁿ, c⁰ᵉ de Cormontreuil. — *Nocu-mentum*, 1169 (arch. adm. de Reims, t. I, p. 354). — *In domo qui dicitur Nuisement*, 1252 (S.-Pierre-aux-Dames, c. 4). — *Domus ecclesie [Sancti Petri ad moniales] que vocatur Nuisement*, 1291 (*ibid.*). — *Domus ad dictam ecclesiam, ut dicitur, pertinens nuncupata gallice le Nuisement*, 1383 (*ibid.*). — *Le Nuisemont*, 1847 (lieux ha-bités). — On prononce ordinairement, mais à tort, *le Luisement*.

Nuisement ou Le Nuisement, lieu-dit, c⁰ᵉ de Dam-pierre-sur-Auve.

Nuisement, f. c⁰ᵉ de Favresse. — *Grangia de Nocu-mento*, 1216 (Ulmoy). — *Grangia que dicitur Noisemant*, 1237 (Cheminon, c. 9). — *Grangia monialium de Nuisement*, xiii° siècle (cart. de Che-minon, f° 15 v°). — *Nuisemont*, 1837 (état-major).

Nuisement, anc. m¹ⁿ, près Montmirail. — *Molendinum de Nocumento*, 1199 (cart. de S.-Jean-des-Vignes, f° 108 v°). — *La place où souloit estre le molin de Nuysement tenant à la rivière de Morain*, 1409 (chât. de Montmirail). — *Muysement*, 1445 (arch. nat. P 170, 45). — *Le grant chemin par lequel, ou temps passé, l'on souloit aler dudit Ougecourt au gravier de Nuysement*, 1430 (chât. de Montmirail).

Nuisement, anc. m¹ⁿ, c⁰ᵉ de Montmort. — *Malen-dinum de Nuisement juxta Mardeles*, 1260 (An-decy, c. 4).

Nuisement, anc. m¹ⁿ, c⁰ᵉ de Saint-Martin-l'Heureux. — *Ad locum in quo solebat esse molendinum Sancti*

Nichasii quod vocatur Nocumentum, 1279 (cart. A de S.-Remy de Reims).

Nuisement, anc. m¹ⁿ banal de Sommevesle. — *Le molin de Nuysement*, 1508 (arch. nat. P 179, 78). — *Un malin à eaue apelé le moulin de Nui-sement*, 1638 (ibid. P 194¹, 4).

Nuisement (Ru de), affl. de la Droyes; arrose les ter-ritoires de Giffaumont et de Nuisement-aux-Bois.

Nuisement-aux-Bois, c⁰ⁿ de Saint-Remy-en-Bouzemont. — *Noisemant*, 1207 (chap. de Châl. a. 6, l. 9). — *Nocumentum*, 1542 (taxe du dioc. de Châl. p. 210²). — *Curiale beneficium Sancti Joannis Baptistae de Novesimento, alias de Nocumento in Pertensi, vulgo Nuisement-en-Pertois*, 1755 (chap. de Châl. a. 1, l. 56). — *Nuizement-aux-Bais*, xviii° siècle (Cas-sini).

En 1789, Nuisement-aux-Bois faisait partie de l'élection de Vitry et était régi par la coutume de cette même ville. Son église paroissiale, diocèse de Châlons, doyenné de Perthes, était consacrée à saint Jean-Baptiste; le trésorier du chapitre cathé-dral de Châlons présentait à la cure.

Nuisement-lez-Saint-Mard, f. détr. c⁰ᵉ de Dampierre-sur-Auve (dioc. anc. de Châl. t. II, p. 186). — *Nuisement-lez-Samards*, 1860 (Cornet-Paulus).

Nuisement-sur-Coole, c⁰ⁿ d'Écury-sur-Coole. — *Nui-sement*, 1173 (chap. de Châl. a. 5, l. 11). — *Noisement*, 1188 (Vinets, c. 2 cart.). — *Nocu-mentum*, 1244 (ibid.). — *La ville de Nuisement près d'Escury-sur-Coole*, 1423 (ibid. c. 4). — *Nuysement*, 1556 (P. de Chenouteau, cout. de Sens, p. 451). — *Nuisement-près-Chaallons*, 1603 (arch. nat. P 178, 98). — *Muisement-soubz-Coolle*, 1636 (ibid. P 215, 36). — *Muisemont-sur-Coolle*, 1693 (arch. lég. de Reims, stat. t. II, p. 979). — *Ecclesia Sancti Stephani de Novesimento, vulgo Nuisement*, 1755 (chap. de Châl. a. 1, l. 56).

Nuisement-sur-Coole était compris, en 1789, dans l'élection de Châlons et suivait la coutume de Vitry. Son église paroissiale, annexe de celle d'Écury-sur-Coole, diocèse et doyenné de Châlons, était dédiée à saint Étienne.

Nuisement-sur-Marne, vill. détr. vers Recy. — *Nusi-mentum*, 1159-1161 (S.-Memmie, c. 9). — *Noui-sement de lez Chaalons*, xiv° siècle (cart. A du chap. de Reims, f° 132 v°). — *Nuysement-sur-Marne*, 1611 (arch. nat. P 179, 148).

Nuisy, vill. c⁰ᵉ de Fontaine-Denis. — *Nusiacum*, 1155 (Montier-la-Celle, c. 3). — *Nuseium*, 1165 (Gall. christ. t. XIII, p. 271). — *Nuisi*, v. 1252 (arch. nat. J 195, 96). — *Nuysiacum*, 1407 (pouillé de Troyes, n° 316). — *Nuysy*, 1571 (arch. nat.

P 178, 13). — *Nuizy*, 1869 (Cornet-Paulus). — *Muizy*, 1862 (Guérard, p. 269). — *Nuisiacum*, 1784 (Courtalon, t. III, p. 302).

Nuisy faisait partie, en 1789, de l'élection de Sézanne et était régi par la coutume de Meaux. Son

église paroissiale, diocèse de Troyes, doyenné de Sézanne, était consacrée à sainte Geneviève; l'évêque en était collateur. — Nuisy a formé une commune séparée jusqu'en 1846, date à laquelle il a été réuni à Fontaine-Denis.

O

OCTROI (L'), écart, c⁰⁰ de Verzenay (Cornet-Paulus).

OEUILLERIE (L'), lieu-dit, c⁰⁰ de Festigny.

OEUILLERIE (LA), filature, c⁰⁰ de Saint-Gilles.

OEUILLY, c⁰⁰ de Dormans. — *Ulliacum*, 1175 (cart. de S.-Médard de Soissons, f° 18 v°). — *Oileium*, (cart. B du chap. de Reims, f° 273 r°). — *Oilliacum*, 1207 (S.-Nicaise, c. 4, l. 7). — *Willi*, 1219 (liber principum, 5992, f° 226 v°). — *Uleium*, 1225 (cart. d'igny, f° 224 r°). — *Ouillie, Uilli*, v. 1252 (arch. nat. J 193, 51; J 202, 51). — *Williacum*, 1279 (Amour-Dieu, f° 2 v°). — *Wli*, v. 1300 (extenta Camp. Châtillon). — *Ulli*, 1365 (arch. nat. P 182, f° 163 v°). — *Ullyacum*, 1391 (hist. de la maison de Châtillon, p. 263). — *Wuilly*, 1394 (arch. nat. P 208, 3). — *Ufly*, 1570 (ibid. P 177, 127). — *Eully*, 1598 (ibid. P 181, 19). — *Vully*, 1665 (Hautvillers, c. 5). — *Euilly, Eulliacum*, 1783 (état du diocèse de Soissons, p. 313).

OEuilly était compris, en 1789, dans l'élection d'Épernay et suivait la coutume de Vitry. Son église paroissiale, diocèse de Soissons, doyenné de Châtillon, était dédiée à saint Memmie; le chapitre cathédral de Soissons présentait à la cure.

OEUILLY (Ru d'), affl. de la Marne; arrose le finage d'OEuilly.

OEUVY, c⁰⁰ de Fère-Champenoise. — *Aquaticum*, 1405 (pouillé de Chât. f° 81 v°). — *Euviz*, 1508 (arch. nat. P 207, 12). — *OEuvis*, 1735 (ibid. P 228, 29). — *Euvy*, XVIII° siècle (Cassini).

En 1789, OEuvy faisait partie de l'élection de Châlons et était régi par la coutume de Meaux. Son église paroissiale, diocèse de Châlons, doyenné de Vertus, était consacrée à saint Sébastien; l'abbé de Molesmes présentait à la cure.

OGER, c⁰⁰ d'Avize. — *Ogerium*, 1062 (cart. de Touss. f° 1 v°). — *Oggerium*, 1158-1159 (Touss. c. 1). — *Ogyer*, 1185 (la Charmoye, c. 1). — *Ogier*, v. 1222 (livre des vass. de Champagne). — *Oge-rum*, 1224 (Argensolles, c. 1). — *Ogierum*, 1256-1270 (feoda Campanie, n° 593). — *Ogier emprès Vertus en Champagne*, 1404 (hist. de la maison

de Béthune, p. 262). — *Ogier lez Avisa*, 1444 (chap. de Sézanne, c. 1). — *Ogier lez Vertus*, 1447 (Touss. c. 11). — *Oger*, 1472 (S.-Julien de Sézanne, c. 4). — *Ogier lez le Mesnil*, 1508 (arch. nat. P 207, 12). — *Ogé*, 1739 (ibid. Q¹ 683).

En 1789, Oger était compris dans l'élection de Châlons et suivait la coutume de Vitry. Son église paroissiale, diocèse de Châlons, doyenné de Vertus, était dédiée à saint Laurent; l'abbé de Toussaints présentait à la cure.

OGER (LE PETIT-), anc. écart, c⁰⁰ d'Oger. — *Le Petit Ogier*, 1633 (lieux régis par la cout. de Vitry).

OGNES, motte féodale, c⁰⁰ d'Esclavolles. — *Une motte de fossés nommée Oigne, séant en la ville dudit Es-clavolle*, 1453 (arch. nat. T 126²).

OGNES, c⁰⁰ de Fère-Champenoise. — *Villa que vocatur Ognia*, 1062 (cart. de Touss. f° 1 v°). — *Oigne*, 1275 (le Reclus, c. 2). — *Oygne*, 1281 (la Charmoye, c. 6). — *Oingne*, 1282 (ibid. c. 1). — *Ongne, Ogne*, 1682 (arch. nat. P 194¹, 1). — *Osgne*, 1739 (ibid. P 199, 6).

En 1789, Ognes faisait partie de l'élection de Châlons et était régi par la coutume de Meaux. Son église paroissiale, annexe de celle de Corroy, diocèse de Châlons, doyenné de Vertus, était consacrée à saint Quentin.

OIRY, c⁰⁰ d'Avize. — *Oyri*, 1173 (S.-Remy de Reims, l. 51). — *Oiri*, 1190 (S.-Nicaise de Reims, l. 1). — *Ory, Orri*, v. 1222 (livre des vass. de Champ.). — *Ori, Oriacum*, v. 1240 (arch. nat. J 198, 83). — *Oyri-lou-Grant*, v. 1252 (ibid. J 202, 47). — *Oyreium*, 1303-1312 (arch. adm. de Reims, t. II, p. 1120). — *Oyry*, 1346 (ibid. t. II, p. 1121). — *Le Grant Oiry*, 1498 (arch. nat. P 181, 95). — *Oiry ou Vairy*, 1787 (ibid. Q¹ 673).

Oiry était compris, en 1789, dans l'élection d'Épernay et suivait la coutume de Vitry. Son église paroissiale, diocèse de Reims, doyenné d'Épernay, était dédiée à saint Hilaire; l'abbé d'Hautvillers présentait à la cure.

Oiry (Le Petit-), auc. écart d'Oiry. — *Parvum Oyri*, v. 1252 (arch. nat. J 202, 47). — *Le Petit Oiry*, 1498 (ibid. P 181, 95).

Oiselet, f. c^ne d'Humbauville. — *Oiselet*, 1366 (arch. nat. Q^1 681^1, f° 75). — *Oyselet*, 1437 (chap. de Sézanne, c. 8). — *Prioratus d'Oiselet*, 1542 (taxe du dioc. de Châl. p. 212). — *Oisselet*, 1732 (arch. nat. P 198, 4). — *La ferme du Loi-selet*, 1862 (Guérard, p. 582).

Olizy, c^on de Châtillon-sur-Marne. — *Oliziacum*, 1146 (hist. de la maison de Châtillon, p. 25). — *Oliseium*, *Olesiacum*, 1238 (cart. de S.-Thierry, f° 152 r° et 154 v°). — *Olisy-en Tardenois*, 1287 (cart. A de S.-Remy de Reims, p. 385). — Oliai, *Olysi*, 1303-1312 (arch. adm. de Reims, t. II, p. 1052 et 1055). — Olizy, 1527 (Longau, l. 32). — *Olizy-la-Montagne*, 1777 (arch. adm. de Reims, t. II, p. 1054). — *Olizy-et-Violaine*, 1849 (ann. de la Marne). — On appelle encore cette commune *Olizy-la-Montagne* ou *Olizy-sous-Châtillon*, 1875 (Noël, notice sur le canton de Châtillon, p. 60).

Olizy faisait partie, en 1789, de l'élection de Reims et était régi par la coutume de Vitry. Son église paroissiale, diocèse de Reims, doyenné de la Montagne, était consacrée à saint Remy; le tournaire du chapitre métropolitain de Reims présentait à la cure.

Omey, c^on de Marson. — *Vuimerum*, 1107 (chap. de Châlons, a. 1, l. 1). — *Omierum*, 1405 (pouillé de Châl. 74). — *Omer*, 1469 (chap. de Châl. a. 2, l. 4). — *Omerum*, 1542 (taxe du diocèse de Châl. p. 209). — *Omey*, 1545 (chap. de Châl. a. 2, l. 4). — *Omeyum*, 1755 (ibid. a. 1, l. 56).

Omey était compris dans l'élection de Châlons et suivait la coutume de Vitry. Son église paroissiale, annexe de celle de Pogny, diocèse de Châlons, doyenné de Bussy, était dédiée à saint Pierre.

Omois (L'), pagus ou comté de l'époque franque, formé de la partie méridionale de la *civitas Suessionum;* ses limites paraissent avoir subsisté dans celles de l'archidiaconé de Brie au diocèse de Soissons. — *Pagus Otminsis*, 849 (dom Bouquet, t. VIII, p. 505). — *Pagus Otmensis*, *Vicaria Otmensis*, 872 (pancarte moire de Saint-Martin de Tours, 145). — *Comitatus Otminsis*, 980 (annales ordinis S. Benedicti, t. III, p. 721). — *Omais*, v. 1252 (arch. nat. J 202, 47).

Onrezey, h. c^ne de Bouilly. — *Hunrezeium*, comm. du xie siècle (polypt. de S.-Remy de Reims). — *Orisiacum*, 1211 (Teulet, trésor des chartes, t. I, p. 366). — *Ouresi*, 1236 (cart. B du chap. de

Reims, f° 286 r°). — *Onresi*, 1238 (chap. de Reims, c. 27). — *Oureseyum*, 1241 (cart. B du chap. de Reims, f° 290 v°). — *Onreseyum*, 1255 (chap. de Reims, l. Clairizet). — *Onrezi*, v. 1274 (arch. nat. J 202, 45). — *Aarezi*, comm. du xive siècle (arch. adm. de Reims, t. I, p. 1089). — *Onresy*, 1385 (arch. nat. P 180, 113). — *Onrezi*, 1393 (chap. de Reims, l. Clairizet). — *Onzeris*, *Onrrezy*, *Onrezy-lès-Reims*, 1400 (ibid. l. Onrezy). — *Onrezy en la Montagne* dudit *Reims*, 1519 (ibid.). — *Onrizy*, xvie siècle (ibid.). — *Domprezy*, 1653 (arch. nat. P 191^3, 9). — *Ounrzy*, 1719 (chap. de Reims, l. Onrezy).

Orbais, c^om de Montmort. — Abbaye d'hommes de l'ordre de Saint-Benoit, fondée vers 680, dans le diocèse de Soissons, sous l'invocation de saint Pierre et de saint Paul. — *Monasterium Orbacense*, 849 (annales Bertiniani). — *Monasterium in Suessonica parochia, quod Orbacus dicitur*, 864 (Hincmari opera, t. I, p. 262). — *Orbaceus*, 1042 (hist. des comtes de Champ. t. I, p. 482). — *Orbachus*, 1151 (ibid. t. III, p. 440). — *Orbiacum*, 1178 (cart. de S.-Martin d'Épernay, p. 138). — *Orbès*, *Orbez*, v. 1222 (livre des vass. de Champ.). — *Orbascum*, 1230 (liber pontificum, f° 404 r°). — *Orbatum*, 1231 (cart. de S.-Jean-des-Vignes, f° 14 r°). — *Orbais*, fin du xiiie siècle (feods Camp: B 35). — *Orbay*, *Orbaiz*, v. 1300 (extents Camp. Château-Thierry). — *L'église Saint-Pierre de Orbez en Brie*, ou diocèse *de Soissons*, de l'ordre de *S.-Benoist*, 1437 (chap. de Sézanne, c. 8). — *Orbetz*, 1479 (chât. de Montmirail). — *Orbais-l'Abbaye* [auj. nom officiel], 1845 (diction. des postes).

En 1789, Orbais faisait partie de l'élection de Château-Thierry et était régi par la coutume de Vitry. Son église paroissiale, diocèse de Soissons, doyenné d'Orbais, était consacrée à saint Prix; l'abbé présentait à la cure.

Orbais (Ru d'), affl. du ru des Anglous; arrose le finage d'Orbais.

Orbeval, poste, c^ne de Valmy. — *Nouvel Orbeval*, 1847 (lieux habités). — Voy. Vieil-Orbéval (Le).

Orcils (Les), h. c^ne de Morsains. — *Les Orsils*, 1832 (état-major).

Orcils (Ru des), affl. du ru de Bonneval; arrose le territoire de Morsains.

Orconte, c^ne de Thiéblemont. — *Olcondum*, 1131-1142 (cart. de Touss. f° 13 r°). — *Ulco*, 1131-1142 (Ulmoy). — *Urc*, 1158 (dioc. anc. de Châl. t. I, p. 378). — *Urcum*, 1153-1161 (Ulmoy). — *Olcon*, 1168 (Hautefont. c. 6). — *Orcun*, 1178 (ibid.). — *Urcon*, 1179 (ibid.). — *Ulcum*,

1200 (*ibid.*). — *Orcòn*, 1216 (Ulmoy). — *Oreom*, 1240 (*ibid.*). — *Orcont*, 1241 (Cheminon, c. 9). — *Orcontum*, 1303 (S.-Pierre-aux-Monts, c. 19). — *Orcond*, 1411 (arch. nat. P 179, 45). — Orconte, 1485 (Touss. c. 12). — *Olconte*, 1664 (arch. nat. Q¹ 665). — *Olcont*, *Olconte*, 1674 (*ibid.* P 168, 50). — *Orcomte*, 1676 (dioc. anc. de Chàl. t. I, p. 275). — *Orcompte*, 1723 (arch. nat. P 223, 127).

En 1789, Orconte était compris dans l'élection et suivait la coutume de Vitry. Son église paroissiale, diocèse de Châlons, doyenné de Perthes, était dédiée à saint Georges ; l'abbé de Toussaints présentait à la cure.

ORCONTÉ (L'), riv. affl. de la Marne ; prend naissance sur le finage de Trois-Fontaines et se jette dans la Marne sur le territoire et au-dessus de Frignicourt. — *Rivulus Ulcum*, 1147 (Trois-Font. c. 1). — *Rivus de Orcontel*, 1214 (*ibid.* c. 11). — *Rue d'Or* ou *l'Orcomté*, xviii° siècle (Cassini). *Ru d'Orconte* ou *Ru d'Or*, 1837 (état-major).

ORCOURT, h. c^{ne} de Cuchery. — *La cense nommée Auricourt*, assise en la paroisse dudit Cuchery, 1517 (Belval, c. 2). — *Arcoul*, *Orecoul*, 1521 (*ibid.* copie). — *Orcour*, 1613 (*ibid.* c. 1). — *Orcourt*, 1640 (*ibid.*). — *Le Recours*, 1720 (Saugrain, t. I, p. 469). — *Ovcourt*, xviii° siècle (Cassini). — *Orcours*, 1805 (ann. de l'an xiii, p. 45).

ORILLON (Ru D'), affl. de l'Aude ; prend sa source près de Coulonges (Aisne) et se joint à l'Ardre à Saint-Gilles. — *Arelun*, 1153 (cart. d'Igny, f° 7). — *Rivus de Orelun*, 1158 (Mathon, dict. topog. de l'Aisne). — *Rivus de Orillun*, 1193 (cart. d'Igny, f° 203). — *Rivus de Oreillon*, 1218 (Mathon, dict. topog. de l'Aisne).

ORME (L'), f. c^{ne} de Montigny-sur-Vesle. — *La ferme de l'Orme*, 1720 (Saugrain, t. I, p. 481).

ORME (L'), fief, c^{ne} de Thil. — *La seigneurie de l'Orme soise au village de Thil*, en la *rue de Cloux et de Poleux*, 1660 (S.-Thierry, c. 3, l. 11). — *La censive, terre et seigneurie de l'Orme, au village de Thil*, 1758 (*ibid.*).

ORMEAU (Ru DE L'), affl. de la Mérno ; arrose le finage d'Ambrières.

ORME-DE-SAINT-OCLPE (L'), lieu-dit, c^{ne} de Clesles.

ORMES (L'), c^{ne} de Reims. — *Ulmi*, v. 850 (polypt. de S.-Remy de Reims). — *Ulmi juxta Remis*, 1230 (cart. B du chap. de Reims, f° 208 r°). — *Urmae juxta Remis*, *Ulmes juxta Remis*, 1239 (*ibid.* f° 210 r°). — *Ourmes*, 1278 (arch. adm. de Reims, t. I, p. 957). — *Ourmes desubz Vesls*, 1347 (*ibid.* t. II, p. 1138). — *Ourmez léz Reims*, 1384 (arch.

nat. P 28, 115). — *Oulmes*, Ormes, 1425 (chap. de Reims, l. Ormes).

En 1789, Ormes faisait partie de l'élection et suivait la coutume de Reims. Son église paroissiale, diocèse de Reims, doyenné de la Montagne, était dédiée à saint Remy ; l'archevêque de Reims et le grand archidiacre nommaient alternativement à la cure.

ORMES (LES), f. c^{ne} de Coupéville. — *Sancta Maria ad Ulmos*, 1259 (chap. de Châl. a. 5, l. 4). — *Les Ourmes*, 1263 (S.-Memmie, c. 7, f° 3 r°). — *Ulmi*, 1283 (chap. de Chàl. a. 5, l. 4). — *Les Ormes*, 1464 (évêché de Châl. c. 16). — *Notre-Dame-des-Ormes*, 1503 (E. de Barthélemy, cart. de l'évêché et du chap. de Châl. p. 93). — *Sainte-Marie-aux-Ormes*, 1515 (E. de Barthélemy, hist. de Châl. p. 279).

ORMESAY, f. c^{ne} de Blesme. — *Ormisel*, 1273 (Cheminon, c. 15). — *Ormissel*, 1286 (chap. de Châl. a. 4, l. 23). — *Domus* ou *grangia de l'Ormissel sita in dicta parrochia* [*de Belesma*], 1305 (Ulmoy). — *Ormiset*, 1633 (lieux régis par la cout. de Vitry). — *Ormsay*, 1837 (état-major).

ORMONT, f. c^{ne} du Breuil-sur-Vesle. — Abbaye de femmes de l'ordre de Cîteaux, fondée en 1234 au diocèse de Reims, sous l'invocation de Notre-Dame ; elle fut transférée à Meaux en 1629. — *Ulmons*, 1212 (arch. adm. de Reims, t. II, p. 99). — *Ormont*, 1234 (cart. de S.-Denis de Reims, p. 124). — *Ormont juxta Collundon*, *moniales de Ormunt*, 1235 (Du Plessis, hist. de l'égl. de Meaux, t. II, p. 134). — *Aureus Mons*, 1268 (cart. d'Igny, f° 77 v°). — *Ormons*, 1256-1270 (feoda Camp. n° 580). — *Ormont-lez-Corlandon*, 1352 (S.-Denis de Reims, l. Courlandon). — *Ourmont*, 1403 (arch. nat. P 181, 146). — *Dormon*, xviii° siècle (Cassini).

ORNAIN (L'), riv. formé au sud de Gondrecourt (Meuse) par la réunion de la Maldite et de l'Oignon, entre dans le dép. de la Marne par le finage d'Alliancelles et se jette dans la Saulx sur le territoire d'Étrepy. — *Odorna*, d'où le nom *Odornense*, sous lequel on désigne un pagus ou comté arrosé par cette rivière, 870 (annales Bertiniani). — *Orna*, 932 (dict. top. du dép. de la Meuse, p. 173). — *Riparia d'Ourne*, 1302 (E. de Barthélemy, hist. de Châl. p. 254). — *La grande rivière d'Orne*, 1750 (arch. nat. Q¹ 665).

ORQUIGNY, h. c^{ne} de Binson-et-Orquigny. — *Orquiniacum*, *Orquenayum*, 1146 (hist. de la maison de Châtillon, p. 25). — *Orquenni*, 1189 (*ibid.* p. 28). — *'(regni*, v. 1252 (arch. nat. J 202, 47). —

Orquigni, 1389 (ibid. P 180, 118).— Ourquigny, 1549 (Hautvillers, c. 4, f° 32 r°).

Orval, f. c^ne de Sainte-Menehould (dioc. anc. de Châl. t. III, p. 146).

Osemont, gagn. voisin de Courdemange. — Le gaignage d'Osemon, 1641 (arch. nat. P 216, 82).

Oudéa, m^in à veut, c^ne de Beine.

Oulbards (Ru des), c^ne de Morsains; il est continué sur le fiouçe de Tréfols par le ru des Lombards.

Ounneterie (La), lieu-dit, c^ne d'Auberive.

Ootines, c^on de Saint-Remy-en-Bouzemont. — Altignæ, 1147 (Gall. christ. t. XII, p. 267). — Autigniæ, 1182 (hist. de la maison de Broyes, p. 21). — Otignes, 1210 (ibid. p. 22). — Augustines, v. 1222 (livre des vass. de Champ.). — Outignes, 1240 (hist. de la maison de Broyes, p. 22). — Othines, 1503 (arch. nat. Q¹ 657). — Outine, 1723 (cout. de Chaumont, p. xv). — Outhine, 1736 (arch. nat. P 215, 36).

Oulines était compris, en 1789, dans l'élection de Vitry et suivait la coutume de Chaumont. Son église paroissiale, diocèse de Troyes, doyenné de Margerie, était consacrée à saint Nicolas; elle était annexée à l'église paroissiale de Joncreuil (Aube), dont l'évêque de Troyes était collateur.

Outrepont, c^on d'Heiltz-le-Maurupt. — Outrepont, 1240 (Cheminon, c. 1). — Otrepont, 1253 (S.-Memmie, c. 8). — Oultrepont, 1380 (arch. nat. P 178, 107). — Ultrapons, 1455 (S.-Memmie, c. 8). — Oultrepond, 1462 (arch. nat. P 179, 72). — Oultre-le-Pont, 1550 (ibid. P 161, 255). — Autrepont, 1723 (ibid. P 223, 144).

Outrepont faisait partie, en 1789, de l'élection et suivait la coutume de Vitry. Son église paroissiale, annexe de celle de Changy, diocèse de Châlons, doyenné de Vitry-le-Brûlé, était dédiée à saint Étienne.

Outrivière, f. c^ne de Noirlieu. — Grangia de Vere, vers 1200 (Moutiers, c. 2). — Grangia que dicitar Ultravera, 1216 (cart. de Montiers, 9905, f° 43 r°). — Ultravercy, 1238 (ibid. f° 39 r°). — Oultre-Veira, 1255 (ibid. f° 31 r°). — Oultre-Vent, 1258 (ibid. f° 31 v°). — Outrivier, 1486 (ibid. f° 474 r°). — Le gaingnage d'Oultre-Rivière, 1518 (Montiers, c. 2). — Oultrivière, 1538 (cart. de Montiers, G 905, f° 252 v°). — Haute-Rivière, 1847 (lieux habités). — Hautrivière, 1862 (Guérard, p. 501).

Le nom primitif de la «grange» d'Outrivière, c'est-à-dire Vere, permet de voir dans Outrivière un reste de l'ancien village de Vière (voy. ce nom).

Oyes, c^ne de Sézanne. — Abbaye d'hommes de l'ordre de Saint-Benoît, fondée au viie siècle au diocèse de Troyes, sous l'invocation de saint Pierre et de saint Paul; en 1342, elle fut réduite au rang de prieuré de l'abbaye de Montier-la-Celle. — Cella nomine Augia, mil. du ixe siècle (transl. S. Viti, apud Bouquet, t. VI, p. 298). — Oia, 1083-1108 (bibl. de l'école des chartes, v^e série, t. IV, p. 456). — Monasterium Hoense, monasterium Hoyensa, 1124-1130 (cart. d'Oyes, f°s 19 et 18 r°). — Ecclesia Augiensis, 1122-1145 (ibid. f° 25 r°). — Oya, 1148 (pouillé de Troyes, n° 242). — Abbas de Auca, 1161 (cart. d'Oyes, f° 27 r°). — Abbatia que vulgo dicitur Oya, 1209 (arch. de l'Aube, G 22). — L'église Saint-Père d'Oye, 1256 (cart. d'Oyes, f° 13 r°). — Voy. encore pour l'abbaye (plus tard prieuré), au mot Saint-Gond.

Oyes était compris, en 1789, dans l'élection de Sézanne et suivait la coutume de Meaux. Son église paroissiale, diocèse de Troyes, doyenné de Sézanne, était consacrée à saint Genest; l'évêque de Troyes (aux droits de l'abbé de Montier-la-Celle) en avait la collation. Antérieurement à 1342, la cure était à la présentation de l'abbé d'Oyes, qui fut alors remplacé par l'abbé de Montier-la-Celle.

P

Pahotterie, c^ne de Dommartin-la-Planchette.

Pacterie (La), lieu-dit, c^ne d'Orbais.

Pagerie (La), fief, à Moncets, 1693 (dioc. auc. de Châl. t. I, p. 281).

Pagerie (La), fief mouvant de Possesse. — Le fief de madame de Saint-Germain appellé la Pagerie, 1774 (arch. nat. Q¹ 664).

Pailly, lieu-dit, c^ne de Châtrices.

Palonnerie (La), lieu-dit, c^ne de Bussy-aux-Bois.

Papeterie (La), h. c^ne d'Ablois-Saint-Martin.

Papeterie (La), usine, c^ne de Chaintrix.

Papeterie (La), usine, c^ne d'Écury-sur-Coole.

Papeterie (La), m. c^ne de Reims.

Pâquis (Le), écart, c^ne d'Esternay (Cornet-Paulus).

Pâquis (Le), m^ons, c^ne de Gigny-aux-Bois. — Les Pasquis, v. 1252 (arch. nat. J 202, 55).

Pâquis-aux-Étangs (Ru des), c^ne de Passavant.

Pâquis-de-Bussy (Le), écart, c^ne de Bussy-aux-Bois.

Paradis, h. c^te de Belval, c^on de Châtillon. — 1613 (Belval, c. 1).

Paradis, m. c^te d'Esternay.

Paradiserie (La), lieu-dit, c^ct de Champvoisy.

Parc (Ru du), affl. du ru de la Grange-aux-Bois; arrose le territoire de Champvoisy.

Parc (Le), f. c^te de Champvoisy.

Parc (Le), portion du village de Lachy qui renferme l'église. — Le chastel du Parc de Lachy lès Sézanne, 1378 (arch. nat. P 177, 112). — Parc de Lachy, qui est au bailliage de Troies, 1408 (ibid. P 177, 115). — Le Parc à Lachy, 1476 (ibid. P 166, 200). — Par à Lachy, 1522 (ibid. P 166, 396). — Le Parc lez Lachy, 1525 (ibid. P 165, 272). — Le Parcq lès Laschy, 1539 (ibid. P 178, 68). — La terre et seigneurie du Parc à Lachy, 1725 (ibid. P 223, 39).

Parcicourt, loc. détr. près Virginy. — Decima de Parcicurt, 1312 (Moiremont, c. 1).

Paresterie (La), lieu-dit, c^ct de Dormans.

Parèuil, h. c^te de Passy. — Paroil, v. 1222 (livre des vass. de Champ.). — Parolium, 1223 (cart. de S.-Jean-des-Vignes, f° 59 v°). — Parueil, 1224 (Longau, l. 20). — Parrueil, Perrueil, 1395 (arch. nat. P 162, 51 et 52). — Pareul, 1508 (ibid. P 180, 169).

Parfondeval (Ru de), affl. de la Vière; coule sur les territoires de Contaut et de Possesse. — Rivus Constani, rivus Constanni, v. 1165 (cart. de Montiers, 19946, f°° 17 r° et 20 v°). — Macumru, 1165 (ibid. f° 22 r°).

Parfondevat (Ruisseau de), c^te de Montigny-sur-Vesle.

Pargny, c^te de Ville-en-Tardenois. — Pargné, 1176 (chap. de Reims, l. 76). — Pargneium, 1249 (cart. B du chap. de Reims, f° 285 r°). — Pargneyum, 1251 (chap. de Reims, l. 24). — Paterniacum, v. 1260 (nécr. de l'égl. de Reims, p. 66). — Pargni, 1276 (chap. de Reims, l. Vrigny). — Pargneyum in Montana, 1287 (ibid. l. 28). — Pergni, 1303-1312 (arch. adm. de Reims, t. II, p. 1052). — Pargniacum in Montana, 1317 (chap. de Reims, l. 24). — Pargny en la Montaigne dudit Reims, 1615 (ibid. l. 76).

En 1789, Pargny faisait partie de l'élection et suivait la coutume de Reims. Son église, vicariat indépendant de la paroisse de Coulommes, diocèse de Reims, doyenné de la Montagne, était dédiée à saint Martin.

Pargny-sur-Saulx, c^te de Thiéblemont. — Parni, 1179 (S.-Remy-aux-Monts, c. 8). — Parneium, 1188 (Trois-Font. c. 6). — Pargneium, 1232 (Cheminon, c. 1). — Pargni, 1240 (ibid.). —

Pargnei-sur-Saul, 1273 (Trois-Font. c. 6). — Pargniacum, Pargné, v. 1300 (extenta Camp. Vitry). — Parrigny, 1397 (arch. nat. P 179, 13). — Pargney, 1401 (ibid. P 179, 19). — Pargny-sur-Saulx, 1508 (ibid. P 181, 166). — Prygni, 1510 (ibid. P 207, 47). — Perrigny, 1546 (ibid. P 161, 106). — Parrigny, 1571 (ibid. P 183, 9). — Pargny-sur-Saux, 1633 (lieux régis par la cout. de Vitry).

En 1789, Pargny-sur-Saulx était compris dans l'élection et suivait la coutume de Vitry. Son église paroissiale, diocèse de Châlons, doyenné de Vitryle-Brûlé, était consacrée à Notre-Dame; le prieur de Sermaize présentait à la cure.

Parigny, lieu-dit, c^te de Courcy.

Parjouet, m. détr. c^te de la Cheppe. — Domus de Parjoues, 1248 (dioc. anc. de Châl. t. I, p. 407, où l'on a imprimé Pariones). — Domus de Parjoe, 1299 (la Neuv. c. 2). — Le fief et la seigneurie de Parjouet, 1718 (ibid.). — Le plan cadastral de la c^te de la Cheppe porte Perdjoie.

Paroisse (La), cense détr. c^te de Vert-la-Gravelle (dioc. anc. de Châl. t. II, p. 353).

Pars (Les Grands-), f. c^te d'Outines. — Les Pars, xviii° siècle (Cassini).

Pars (Les Moyens-), f. c^te de Giffaumont.

Pars (Les Petits-), f. c^te de Giffaumont. — Les Petites-Pars, 1720 (Saugrain, t. I, p. 445).

Passage (Le), fief, à Courtisols. — 1693 (dioc. anc. de Châl. t. I, t. 478).

Passage (Le), fief, à Rapsécourt. — Le fief... appellé les Passaiges de Rapessécourt, 1456 (arch. nat. P 179, 62). — Le petit fief du Passage scitué à Rapsécourt, xviii° siècle (ibid. Q¹ 657).

Pas-Saint-Serein (Le), lieu-dit, c^te de la Celle-sous-Chantemerle.

Passavant, c^te de Sainte-Menehould. — Passavant, 1242 (Teulet, trésor des chartes, t. II, p. 467). — Passavantum, 1256-1270 (feoda Campanie, n° 645). — Passavant-en-Argonne, 1389 (arch. nat. P 183, 34). — Mont-sur-Aisne, 1793 (Puiseux, p. 305).

En 1789, Passavant faisait partie de l'élection de Châlons et était régi par la coutume de Vitry. Son église paroissiale, diocèse de Châlons, doyenné de Sainte-Menehould, était dédiée à la sainte Croix; l'abbé de Châtrices présentait à la cure.

Passy-Grigny, c^te de Châtillon-sur-Marne.—Paci, 1177 (cart. d'Igny, f° 20 r°). — Passeium, 1214 (arch. nat. S 5305, 37). — Fratres milicie Templi de Paciaco, 1242 (ibid. S 5035, 28). — Pasci, 1242 (Teulet, trésor des chartes, t. II, p. 471). —

Marne. 27

Paciacum Templi, 1280 (arch. nat. S 5035, 34). — *Pacy*, 1388 (*ibid.* P 180, 116). — *Pacy soubz Sainte-Gamme*, 1394 (*ibid.* S 5035, 33). — *Passi soubz Saincte-Jama*, 1396 (*ibid.* P 208, 23). — *L'hospitail de Passy*, 1486 (*ibid.* S 5035, 26). — *Passy soubz Saincte-Gemme en Tardenois*, 1531 (*ibid.* P 162, 131). — *Passy-Sainte-Jame*, 1602 (*ibid.*. P 162, 180). — *Passy-Grigny* ou *Passy-Ste-Gemme; Passiacum ad Grigniacum; ad Sanctam Gemmam*, 1783 (état du dioc. de Soissons, p. 324).

Passy était compris, en 1789, dans l'élection d'Épernay et suivait la coutume de Vitry. Son église paroissiale, diocèse de Soissons, doyenné de Châtillon, était consacrée à saint Pierre; le chapitre de l'église métropolitaine de Reims présentait à la cure.

Pationy (Le Clos de), lieu-dit, c^{ne} de Fèrebrianges.

Pâtis (Les), écart, c^{ce} de Bethon (Cornet-Paulus).

Pâtis (Les), f. c^{ne} de Boursault. — *Lespatie*, 1720 (Saugrain, t. I, p. 469). — *Les Bâtis*, xviiie s^e (Cassini).

Pâtis (Les), h. c^{ne} de Champvoisy.

Pâtis (Le), anc. écart, c^{ne} d'Esternay. — *Le Pâtis*, 1720 (Saugrain, t. I, p. 473). — *Le Paris*, 1805 (ann. de l'an xiii, p. 48).

Pâtis (Les), écart, c^{ne} d'Étoges.

Pâtis (Le), m. c^{ne} de Farémont.

Pâtis (La Maison des), m^{on}, c^{ne} de Leuvrigny.

Pâtis (Les), h. c^{ne} de Verneuil. — *Les Pâtis*, 1847 (lieux habités). — *Les Pâtis de Verneuil*, 1862 (Guérard, p. 206).

Patois (Ru), affl. du Gros-Ru; arrose le finage de la Ville-sous-Orbais.

Paulmerie (La), écart, c^{ne} de Suizy-le-Franc.

Paussin (Ru de), affl. du ru de Choisel; arrose le territoire de Queudes.

Pavillon (Le), chât. c^{ne} de Boursault. — *Pavillon de Boursault*, 1834 (état-major). — *Les Pavillions*, 1847 (lieux habités). — *Les Pavillons*, 1860 (Cornet-Paulus). — *Le Pavillon*, 1862 (Guérard, p. 197).

Pavillon (Le), m. c^{ne} de Joiselle.

Pavillon (Le), cense voisine de Pocancy. — *Une cense ou ferme appellée la cense du Pavillon*... *assize au dict lieu de Pocansy*, 1626 (arch. nat. P 191, 5).

Pavillon (Le), f. c^{ce} de Sainte-Menehould. Cette habitation fut construite en 1555 sur l'emplacement du bois Forêt et servait de maison de campagne au gouverneur de Sainte-Menehould (dioc. auc. de Châl. t. II, p. 146).

Pavillon des Cinq-Pilds (Le), écart, c^{ne} d'Arcis-le-Ponsart (Cornet-Paulus).

Péas, c^{on} de Sézanne. — *Payacum*, 1104 (hist. de la maison de Broyes, p. 11). — *Ecclesia de Peiaco coram castro Brecensi,» Paiacum*, 1110 (Socard, chartes de Molème, p. 96, 97). — *Piacum*, 1145 (*ibid.* p. 110). — *Peaz*, 1176 (hist. de la maison de Broyes, p. 16). — *Ecclesia Beate Marie de Peiuz*, 1207 (*ibid.* p. 25). — *Paaz*, v. 1252 (arch. nat. J 195, 96). — *Puyaiz*, fin du xiiie siècle (*ibid.* J 206; Troyes, n° 3). — *Peascum*, 1443 (évêché de Troyes, G 22).

Péas faisait partie de l'élection de Sézanne et était régi par la coutume de Meaux. Son église paroissiale, annexe de celle de Broyes, diocèse de Meaux, doyenné de Sézanne, était dédiée à saint Didier.

Peigne-d'Argent (Le), h. c^{ne} de Leuvrigny.

Pelle (La), ruiss. affl. de la Sous, c^{ne} de Normée.

Pencherie (La), lieu-dit, c^{ce} de Plichancourt.

Pendants-de-Renneville (Les), écart, c^{ne} d'Oger.

Pépinière (La), h. c^{ne} de Blacy.

Pérard-de-Tuuist (Fief de), c^{ne} de Baconnes (E. de Barthélemy, canton de Verzy, p. 8).

Perceuil, lieu-dit, c^{ne} de Béru.

Pencherie (La), lieu-dit, c^{ce} d'Éclaires.

Péricart (Fief), au Baizil. — *Ung fief... assis en madite seigneurie [du Baizil] appellé le fief Péricart*, 1510 (arch. nat. P 181, 108).

Perles (Ruisseau de), prend naissance sur le territoire de Blanzy (au dép. de l'Aisne) et se joint à la Vesle sur le territoire de Fismes.

Peblet (Le), f. c^{ne} de Nuisement-aux-Bois. — *Perle*, xviiie siècle (Cassini). — *Perlet*, 1837 (état-major).

Pernet, f. c^{ne} de Montmort.

Perrière, f. c^{ne} de Blacy.

Perrière (La), f. c^{ce} de Courdemange. — *Noué-la-Perière*, xviiie siècle (Cassini).

Perrière (Ruisseau de la), c^{ne} de Moiremont.

Perrinet-Folet (Le Fief de), à Moivre. — 1379 (chap. de Reims, l. Vauclerc).

Persigny (Le), lieu-dit, c^{ne} de Saint-Lumier-la-Populeuse.

Perts (La), f. c^{ne} de Glannes. — *La Perte*, 1847 (lieux habités). — *Les Pertes*, 1862 (Cornet-Paulus).

Peates (Les Gaandes-), f. c^{ne} de Châtelraould-Saint-Louvent. — *Les Pertes*, 1556 (arch. nat. P 166, 418). — *La cense des Perthes*, 1720 (Saugrain, t. I, p. 445).

Peates (Les Petites-), f. c^{ne} de. Châtelraould-Saint-Louvent.

Perthas-lez-Hurles, c⁰ⁿ de Ville-sur-Tourbe. —
Pertes, 1282 (cart. de l'Amour-Dieu, f° 35 r°).
— *Perthae juxta Urlus*, 1303-1312 (arch. adm.
de Reims, t. II, p. 1002). — *Pertæ in Ullus*, 1346
(ibid. t. II, p. 1098). — *Pertes lès Ullus*, 1366
(arch. nat. P 1834, 22). — *Perthes lès Hurlus*, 1403
(ibid. Q¹ 655; Avenay, p. 118). — *Pertes-en-
Urlus*, 1538 (ibid. P 184, 90). — *Perthes*,
xviii° siècle (Cassini).

Perthes-lez-Hurlus était compris, en 1789,
dans l'élection de Reims et suivait la coutume de
Vitry. Son église paroissiale, diocèse de Reims,
doyenné de Cernay-en-Dormois, était consacrée à
saint Martin; le supérieur du séminaire de Reims
présentait à la cure.

Perthes-Sauvées (Les), f. c⁰ᵉ de Châtelraould-Saint-
Louvent.

Perthois (Le), pagus ou comté formé à l'époque
franque de la partie méridionale de la *civitas Catalaunorum*; il devait son nom à Perthes (Haute-
Marne) qui en fut d'abord le chef-lieu. — *Pagus
Pertensis*, 831 (Valois, notitia Gall. p. 443). — *Per-
tininsis*, 844 (cart. du chantre Guérin, f° 6 v°). —
Pertisus, 853 (capitol. de Servais). — *Pertisium*,
1321 (S.-Pierre-aux-Dames, l. Neuville).

Pertuia (Le), c⁰ᵉ du Gault. — *Pertuis, Pertuiz*,
comm. du xiii° siècle (cart. de N.-D. de Paris,
t. I, p. 145 et 157). — *Le Pertuys*, 1493
(arch. nat. Q¹ 680). — *Perthuis*, 1648 (min.
Labbé, à Montmirail).

Pétalerie (La), lieu-dit, c⁰ᵉ de Corrobert.

Pétillonnerie (La), tuilerie, c⁰ᵉ du Breuil.

Petit-Aham-Gaucher (Le), fief, à Marson. — *Ung
autre fief consistant en ung ahan assiz au lieu de
Marson d'Amont et d'Aval appellé le Petit Aham
Gaulcher*, 1580 (évêché de Châl. c. 10). — *Le
Petit-Haham-Gaulcher*, 1627 (ibid.).

Petit-Aulnar (Le), fief, c⁰ᵉ d'Ablancourt. — *Le fief
dudit Petit-Aulnay, scitué devant la seigneurys de
Songy*, au terroir dudit *Amblancourt*, 1687
(arch. nat. Q¹ 666).

Petit-Beaulieu (Le), f. c⁰ᵉ d'Élize. — Les gens du
pays prononcent *Béleu* ou même *Bélu*. — *La cense
de la Petite-Beaulieu*, 1804 (annuaire de la Marne,
an xiii, p. 47). — *La Petite-Beaulieue*, 1847
(nomencl. des lieux habités).

Petit-Bossy (Le), écart, c⁰ᵉ de Saint-Amand.

Petit-Champ (Le), écart, c⁰ᵉ de Marfaux (Cornel-
Paulus).

Petit-Champ (Bois du), c⁰ᵉˢ de Chaumuzy, de Courmas et de Marfaux.

Petite-Borde (La), lieu-dit, c⁰ᵉ de Pringy.

Petite-Cense (La), lieu-dit, c⁰ⁿ de Saint-Mard-lez-
Rouffy.

Petite-Ferme (La), f. c⁰ᵉ d'Aulnay-aux-Planches. —
Petit-Aulnay, xviii° siècle (Cassini).

Petite-Ferme (La), f. c⁰ᵉ de Brugny.

Petite-Loge (Ru de la), affl. de la Bruxenelle; arrose
les finages de Scrupt et de Blesmes.

Petite-Rivière (Ruisseau de la), c⁰ᵉ de Treslon.

Petite-Rue (La), h. c⁰ᵉ de Jonchery-sur-Suippe
(Cassini).

Petites-Censes (Les), h. c⁰ᵉˢ du Thoult. — *La ferme
de la Petite-Cense*, 1751 (arch. nat. Q¹ 678).
— *La Petite Cense*, xviii° siècle (Cassini).

Petites-Côtes (Les), h. c⁰ᵉ des Grandes-Côtes. —
Les Petites-Costes, 1460 (arch. nat. P 179, 60).
— *Les Petites Costes*, 1549 (ibid. P 262, 146).
— *Petites-Côtes*, xviii° siècle (Cassini).

Petites-Cours (Les), c⁰ᵉ de la Ville-sous-Orbais.

Petites-Loges (Les). — Voy. Loges (Les Petites-).

Petites-Maisons (Les), écart, c⁰ᵉ de Bouchy-le-Repos.

Petites-Maisons (Les), partie nord-ouest du village
de Taissy.

Petites-Montagnes (Les), tuil. c⁰ᵉ de Montmort.

Petites-Noues (Ruisseau des), c⁰ᵉ de Binarville.

Petites-Tuileries (Les), lieu-dit, c⁰ᵉ de Léchelle.

Petit-Étang (Ru du), affl. de l'Ante; arrose le finage
d'Ante.

Petite-Tuilerie (La), anc. tuil. c⁰ᵉ de Bouvancourt.

Petite-Ville (La), vill. c⁰ᵉ des Grandes-Côtes. — *La
Petite-Ville*, 1498 (arch. nat. P 166, 345). —
La Petite-Villa lez les Grandes Costes, 1539 (ibid.
P 183, 1). — *La Petite-Ville*, 1733 (ibid. P 226,
75). — *Petite-Ville*, xviii° siècle (Cassini).

La Petite-Ville a formé, de 1790 à 1836, une
commune distincte de celle des Grandes-Côtes.

Petite-Ville-au-Bois (La), aub. c⁰ᵉ de Vandeuil.

Petit-Gué (Le), écart, c⁰ᵉ de Saint-Memmie (Cornet-
Paulus).

Petit-Hôpital (Le), f. c⁰ᵉ de Hans.

Petit-Longevs, f. c⁰ᵉ de l'Épine.

Petit-Ménage (Le), tuil. c⁰ᵉ de Fleury-la-Rivière.

Petit-Moulia (Le), lieu-dit, c⁰ᵉ de Binson-Orquigny.

Petit-Moulin (Le), lieu-dit, c⁰ᵉ de Courbétaux.

Petit-Moulin (Le), anc. m¹ⁿ, c⁰ᵉ de Cuchery. — *Ung
autre moulin aussy au-dessoubz du précédent [le
moulin du Vivier-Foulon], vulgairement appellé le
Moulin des dames de Longueaux*, 1640 (Belval,
c. 1). — *L'un dédit moulains appellé le Poly-Mou-
lains, appartenant maintenant au dame religieuse du
prieuré de Longuiault*, 1645 (ibid. c. 2). — *Le
Petit Moulin qui est soubz celuy du Vieu-Foulon*,
1649 (ibid. c. 1). — *Audit terroir dudit Cuchery*

en lieudit *le Petit Moulin aultrement le Moulin des Dames*, 1663 (*ibid.* c. 2).

Petit-Moulin (Le), m^in, c^ne de Lachy.

Petit-Moulin (Le), lieu-dit, c^ne de Saint-Mard-sur-le-Mont.

Petit-Moulin (Le), anc. m^in, à Taissy. — *Une maison, grange, estable, jardin et moulin à eaue siz audit Taissy, appellé le Petit-Moulin*, 1571 (S.-Remy de Reims, l. Taissy). — *Le Petit-Malin*, 1578 (*ibid.*).

Petit-Paris (Le), m. c^nes de Brandonvillers et de Lignon.

Petit-Paris (Le), auc. écart, c^ne de Fromentières. — *La maison dite le Petit-Paris*, 1805 (ann. de l'an XIII, p. 51).

Petit-Paris (Le), lieu-dit, c^ne des Petites-Loges.

Petit-Paris (Le), h. c^ne du Vieil-Dampierre.

Petit-Ru (Le), affl. de la Vesle; arrose le territoire de Jonchery-sur-Vesle.

Petit-Saint-Antoine (Le), anc. lieu-dit, c^ne de Lagery. — *Lieu dit le Petit-Saint-Antoine*, 1782 (arch. nat. Q^1 657).

Petit-Saint-Jacques (Le), anc. f. c^ne de Larzicourt. — *La cense du Petit-Saint-Jacques*, 1720 (Saugrain, t. I, p. 444).

Petit-Saint-Martin (Le), m^on, c^ne de Montmirail.

Petit-Saint-Martin (Le), h. c^ne de Pargny (c^on de Ville-en-Tardenois).

Petits-Bâtis (Les), bois, c^bes de Moiremont et de Florent. — *Nemus Bateiz ejusdem ville [de Espaus]*, 1229 (liber principum, 5992, f° 97 r°). — *Bois de Bermeheiz*, 1323 (arch. nat. J 194, 15).

Petits-Boulbaux (Les), f. c^ne de Champaubert-la-Bataille. — *Les Boulleaux*, XVIII° siècle (Cassini).

Petits-Terraoks (Les), fief, à Dampierre-sur-Moivre. — 1581 (E. de Barthélemy, cart. de l'évêché et du chap. de Châlons, p. 54).

Petits-Vestaux (Les), m^in, c^ue de Montigny-sur-Vesle.

Peucherie (La), lieu-dit, c^ne de Troissy.

Peuzennes, h. c^ne de Poilly. — *Pusines*, comm. du XIV° siècle (arch. adm. de Reims, t. I, p. 1089). — *Puisine*, 1728 (cout. de Reims, p. 644). — *Pasinac*, XVIII° siècle (Cassini). — *Pezenné* ou *Pezinne*, 1860 (Cornet-Paulus).

Pévy, c^on de Fismes. — *Paveium*, 1226 (cart. G du chap. de Reims, f° 92 r°). — *Paivi*, v. 1250 (arch. lég. de Reims, statuts, t. I, p. 107). — *Pavieyum*, 1298 (S.-Thierry, c. 6, l. 42). — *Payveyum*, 1303-1312 (arch. adm. de Reims, t. II, p. 1056). — *Paviacum*, 1324 (*ibid.* t. III, p. 385). — *Paiay*, 1333 (chap. de Reims, l. 28). — *Poivy*, 1384 (arch. adm. de Reims, t. III, p. 581).

— *Paiviacum*, XIV° siècle (cart. A du chap. de Reims, f° 128 r°). — *Peviacum*, 1493 (chap. de Reims, l. 29). — *Pevi*, XVIII° siècle (Cassini).

En 1789, Pévy faisait partie de l'élection et suivait la coutume de Reims. Son église paroissiale, diocèse de Reims, doyenné d'Hermonville, était dédiée à Notre-Dame; le tournaire du chapitre métropolitain de Reims présentait à la cure.

Philippoterie (La), lieu-dit, c^ne de la Chapelle-sur-Orbais.

Philippoterie (La), lieu-dit, c^ne de Sainte-Menehould.

Picebnar, f. c^ne de Verzenay. — *Le Pressoir ?* XVIII° s° (Cassini).

Picoterie (La), lieu-dit, c^ne d'Éloges.

Piémont, mont. c^be de Bussy-le-Château.

Pierrarderie (La), h. c^ne d'Orbais. — *La Pierre-Ardré*, 1665 (arch. nat. P 1155, f° 18 v°). — *La Pierre-Hardrie*, XVIII° siècle (Cassini).

Pierre (La), f. c^ne d'Outines. — *La cense dite la Pierre*, 1720 (Saugrain, t. I, p. 445).

Pierre-Aiguë (La), f. c^ne de Leuvrigny. — *La Pierre-Aigue*, XVIII° siècle (Cassini). — *Pierres-Ègues*, 1860 (Cornet-Paulus).

Pierre-aux-Fées (La), lieu-dit, c^ne de Vandières-sous-Châtillon.

Pierre-Beau, écart, c^ne de Mancy (Cornet-Paulus).

Pierre-Clinquet (La), lieu-dit, c^be de Saron.

Pierrefitte, auc. f. c^ne de Coizard-Joches. — *Le gangniage de Joches et Pierre-Fritte* (év. de Chál. c. 15).

Pierre-Longe (La), lieu-dit, c^ne de Bourgogne.

Piesre-Moinerie (La), lieu-dit, c^ne de Belval-sous-Châtillon.

Pierre-Monnais, écart, c^ne de Verzy. — *Pierre-Monaye*, 1860 (Cornet-Paulus). — *Pierre-Monnaie*, 1862 (Guérard, p. 433).

Pierremorains, c^on de Vertus. — *Petrus Marain*, vers 1222 (liv. des vassaux de Champagne). — *Pierremonein*, 1223 (Argensolles, c. 1). — *Pierre-Mesduit*, 1633 (cout. de Vitry, liste). — *Pierre-Morin*, 1690 (arch. nat. P 190, 56). — *Pierre-morain*, 1734 (*ibid.* Q^1 681).

En 1789, Pierremorains faisait partie de l'élection de Châlons et suivait la coutume de Vitry. Son église paroissiale, diocèse et doyenné de Châlons, était dédiée à saint Rufin et à saint Valère; l'abbé de Saint-Sauveur de Vertus présentait à la cure.

Pierre-Pileux, écart, c^ne de Mancy (Cornet-Paulus).

Pierre-qui-Touass (La), m. c^ne d'OEuilly.

Pierre-qui-Tourne (La), lieu-dit, c^ne de Vertus.

Pierre-Ribault, f. c^ne de Mancy.

Pierres (Ru aux), c^ne de la Forestière.

PIERRE-SAINTE-GENEVIÈVE (LA), lieu-dit, cⁿᵉ de Fontaine-Denis.

PIERRE-SAINT-PHILIPPE (LA), lieu-dit, cⁿᵉ de Binson-Orquigny.

PIERRY, cⁿᵉ d'Épernay. — *Pierret*, 1229 (Argens. c. 1). — *Pirri, Pierrei, Pierri*, v. 1252 (arch. nat. J 202, 47). — *Pierrée de Saint-Julien*, v. 1300 (extenta Campanie, Épernay). — *Pierry*, 1305 (Argensolles, c. a). — *Pierry en la parroisse de Saint-Julian lez Espernay*, 1391 (S.-Pierre-aux-Monts, c. 9). — *Pieré*, 1492 (*ibid.* c. 10). — *Pierry lez Espernay*, 1507 (*ibid.* c. 9). — *Piéry*, 1633 (lieux régis par la cout. de Vitry).

En 1789, Pierry était compris dans l'élection d'Épernay et suivait la coutume de Vitry. Son église paroissiale, d'abord église du village (aujourd'hui détruit) de Saint-Julien, diocèse de Soissons, doyenné d'Orbais, était consacrée à saint Julien de Brioude; les religieux d'Hautvillers présentaient à la cure.

PIERRY, f. cⁿᵉ de Mareuil-en-Brie. — *Perries*, xviiiᵉ sˣ (Cassini). — *Les Pierres* ou *Pierry*, 1860 (Cornet-Paulus).

PIGEONNIÈRE (LA), lieu-dit, cⁿᵉ de Montigny-sur-Vesle.

PIGNOLET, mⁱⁿ, cⁿᵉ de Courtisols. — *In molendino de Pinnolet*, 1165 (S.-Memmie, c. 8). — *Li moulins* ou *Pignolet*, 1263 (*ibid.* c. 7, fᵒ 4 vᵒ). — *En nostre dite seigneurie et ban de Courtisols, emprès du molin de Pignolet*, 1516 (arch. nat. P 184, 80).

PIGNOLLE, fief, près Clesles. — 1606 (arch. de l'Aube, Q 467, fᵒ 6 vᵒ).

PIGNON-DU-CHATEAU (LE), f. cⁿᵉ de la Chapelle-sur-Orbais.

PIGNY, h. cⁿᵉ de Lucy. — *Pigny*, 1734 (arch. nat. Q¹ 681). — *Peigny*, 1847 (lieux habités).

PIGNY (RU DE), affl. du Surmelin; arrose le territoire de Lucy.

PILISE, f. cⁿᵉ de Braux-Sainte-Cohière.

PILLAURY, lieu-dit, cⁿᵉ de Tréfols.

PILON-D'ÉCORCE (LE), mⁱⁿ, cⁿᵉ de Vandières-sous-Châtillon.

PIMBAUDIÈRE (LA), h. cⁿᵉ des Essarts-le-Vicomte. — *Les terres de Pimbaudière*, 1553 (arch. nat. P 178, 72). — *Pimpaudière*, 1847 (lieux habités). — *La Pimbeaudière*, 1860 (Cornet-Paulus).

PIMBEAUX, cⁿᵉ de Sompuis. — *Terra conversorum de Puteo Beroldi*, 1215 (la Charmoye, c. 7). — *Grangia de Putheo Beroldi*, 1222 (*ibid.*). — *Puis-Beraut*, 1252 (*ibid.*). — *Domus que vulgariter dicitur Puis-Berot sita in finagio Manni Tesselini; leur maison de Puiberaut ki siet en no terre et en nostre ban, delès*

le meison c'on dist Ievelais, 1260 (*ibid.*). — *Le Puis-Beraut, Puiz-Beraut*, 1261 (*ibid.*). — *Puis-Beroust*, 1266 (*ibid.*). — *Leur maison et guainnaige de Puisberaut leiz Euloys*, 1369 (*ibid.*). — *Pimbraut*, xviiiᵉ siècle (Cassini). — *Pimbrault*, 1860 (Cornet-Paulus). — *Les Pimbraux*, 1862 (Guérard, p. 580).

PIMELLS, loc. détr. près Chaumuzy. — *Pitmella*, v. 850 (polypt. de S.-Remy de Reims). — *Vineas meas de Pimellis*, 1221 (cart. de S.-Remy de Reims, p. 140). — *Une grange assise en Pymelle*, 1508 (archev. de Reims, c. 6, fᵒ 4 vᵒ). — *Un jardin lieudit en Pinelle*, 1597 (*ibid.* c. 6).

PINGAULTS (LES), mᵒˢ, cⁿᵉ de Molins. — *Pingault*, 1860 (Cornet-Paulus).

PINOS (LES), mᵒᵃˢ, cⁿᵉ de Bouchy-le-Repos.

PINSONNERIE (LA), f. cⁿᵉ de Verdon. — *La Pinsonnière*, 1581 (arch. nat. P 180, 25). — *Pinsonnière*, xviiiᵉ siècle (Cassini). — *La Pinçonnerie*, 1832 (état-major). — *La Pinsonnerie*, 1862 (Guérard, p. 241).

PINSONNIÈRE (LA), m. cⁿᵉ de Corrobert.

PINSONS, anc. mⁱⁿ de l'abbaye de Saint-Thierry, situé sur la Vesle. — *Pinzun*, 1129 (S.-Thierry, l. 71). — *Molendinum de Pinsson*, 1294 (*ibid.* c. 4, l. 31). — *Le moulin de Puisson*, 1620 (*ibid.*).

PISSECHIEN, anc. faub. de Reims. — *Pissechien*, 1230 (arch. adm. de Reims, t. I, p. 545). — *Picechian*, v. 1263 (*ibid.* t. I, p. 853). — *Mairie de Pissechien*, 1432 (arch. lég. de Reims, cout. p. 560).

PISSELOUP (LE), ruiss. cⁿᵉ de Vroil.

PISSENVAL, m. cⁿᵉ de Sommevesle.

PISSEROTTES (LES), h. cⁿᵉˢ du Thoult et de Bannay. — *Les Pisserottes, parroisse de Corfelix*, 1556 (le Reclus, c. 2). — *Une ferme des Pisserotes, située dans la paroisse du Thous*, 1675 (*ibid.* c. 1). — *Les Pisserottes du Thou; Les Pisserottes de Bannay* [fermes], 1686 (*ibid.* c. 2, p. 1-2). — *Pisserotte*, xviiiᵉ siècle (Cassini). — *Les Pisserottes* ou *Pissottes*, 1860 (Cornet-Paulus).

PISSEVACHE (ROISEAU DE), formé par une source dans le marais de ce nom, cⁿᵉ de Chenay. Il se joint au ruisseau du Vivier sur le finage de Trigny.

PISSOTTE (ROISEAU DE LA), cⁿᵉ de Binarville.

PISSOTEL, f. cⁿᵉ de Passavant. — *Pissotel*, 1720 (Saugrain, t. I, p. 434). — *Le Pissotel*, 1804 (ann. de l'an xiii, p. 39).

PIVANTS (LES), m. cⁿᵉˢ de Brugny. — *Les Pivains*, 1847 (lieux habités). — *Les Pivants*, 1860 (Cornet-Paulus).

PLACARD, m. cⁿᵉ de Verdey. — *Le fief de Placart,*

1727 (arch. nat. P 223, 46). — *Placard*, 1737
(*ibid.* P 229, 25). — *Le Placard*, 1860 (Cornet-
Paulus).

' Placardelle (La), h. c^{ne} de Vienne-le-Château.

Place-aux-Puits, f. c^{ne} d'Ablois-Saint-Martin. —
Place-au-Puia, xviiie siècle (Cassini). — *La Place-
au-Puits*, 1860 (Cornet-Paulus).

Plagnicourt, f. c^{net} de Voilemont et de Rapsécourt. —
Planicourt, 1733 (arch. nat. Q^1 657). — *Plagniecourt*, 1739 (*ibid.*).

Plaine (La), écart, c^{ne} de Ventelav.

Plaisance, f. c^{ne} de Vienne-le-Château (Cassini).

Planches (Les), anc. écart d'Aulnay-les-Planches. —
Planchiæ d'Aunoi, v. 1252 (arch. nat. P 193, 5).
— *Les Planches*, 1366 (*ibid.* Q^1 681, f° 215 v°).

Planches (Les), f. auj. h. c^{ne} de Dommartin-la-Planchette. — *Lescheria ad Plancas de Embalainnicort ?*
1214 (liber pontificum, f° 336 r°). — *Planchiæ*,
v. 1240 (arch. nat. J 198, 83). — *Planchas*,
v. 1252 (*ibid.* J 202, 52). — *Les Planches*,
v. 1274 (*ibid.* J 202, 46). — *Planquæ*, 1324
(Boutaric, actes du parlem. de Paris, n° 7432). —
L'aham dudit lieu des Planches, 1394 (arch. nat.
P 183, 83). — *Les Planches lez Sainte-Menehould ;
— les places où soulloient estre les maisons,
granges, estables, haubergemens des scentiers séans
au dehors dudit lieu des Planches*, 1446 (*ibid.*
P 184, 63). — *Le fief des Planches, séant
à Dammartin-la-Planchette*, 1754 (*ibid.* Q^1 657).

Planchette (Ru de), aff. de la Guenelle; arrose le
fioage de Glannes.

Plans (Bois des), c^{ne} de Troissy.

Plante-aux-Pierres (La), m. c^{ne} de Rosnay.

Plessier (Le), f. c^{ne} d'Aougny. — *Plassetum*, 1159
(cart. d'Igny, f° 11 r°). — *Plasseium*, 1158 (*ibid.*
f° 13 v°). — *Plaissitum*, 1182 (igny, l. Arcy). —
Plaissie, 1198 (cart. d'Igny, f° 27 v°). — *Le
Plessic, le Plesseix*, v. 1222 (livre des vass. de
Champ.). — *Le Plaisie*, xiii^e s^e (Longau, l. 30).
— *Le Plaiseis*, 1384 (arch. nat. P 180, 111). —
Le Plaisseis, 1385 (*ibid.* P 180, 113). — *Le
Plessis*, 1508 (*ibid.* P 180, 170). — *Le Plessye*,
1568 (*ibid.* P 181, 15). — *Le Plaissier*, 1860
(Cornet-Paulus).

Plessis (Le), h. c^{ne} d'Orconte. — 'Plaissetum*,
1180 (Hautefont. c. 6). — ' *Plassetum*, 1187 (Cheminon, c. 29). — *Plaiseium*, 1188 (*ibid.* c. 9).
— *Plasseium*, 1197 (*ibid.* c. 1). — *Plaxetum*,
1200 (Hautefont. c. 6). — *Plaseium*, 1208 (S.-
Pierre-aux-Monts, c. 27). — *Plaisseium*, 1208
(chap. de Châl. a. 5, l. 55). — *Le Plaissie*,
vers 1222 (livre des vass. de Champ.). — *Plai-

setum, 1228 (S.-Pierre-aux-Monts, c. 21). —
Plessetum, *Plessis*, v. 1252 (arch. nat. J 195, 46,
et J 202, 55). — *Plaissie*, 1255 (S.-Pierre-aux-
Monts, c. 20). — *Plaiscetum*, 1262 (S.-Jacques
de Vitry, c. 1). — *Plaisseyum*, 1285 (*ibid.* c. 27).
— *Le Plaissier*, 1290 (Ulmoy). — *Plaiceyum*,
1304 (*ibid.*). — *La maison du Plaissie séant audit
Orcont*, 1392 (arch. nat. P 178, 113). — *Le
Plessis dudit Orcont, le Plessis*, 1508 (*ibid.* P 179,
83). — *En la ville et finaige d'Orcont, une motte
ensemble les fossez appellé le Plaissis qui est assise
au bout de la ville dudit Orcont, au chief d'en hault,
par devers Heiz-Luitier*, 1508 (*ibid.* P 207, 36).
— *Plaissy*, 1549 (*ibid.* P 161, 107). — *Plas-
siacum*, xvie siècle (feoda Campanie, p. 129). —
Le Plessy, 1641 (arch. nat. P 216, 87). — *Le
Plessis-lez-Orcont*, 1674 (*ibid.* P 168, 50)_x. —
*La maison appellée communement la Motte du
Plessis, environné de fossez, au bout du village du-
dit Olconte*, 1664 (*ibid.* Q^1 665). — *Le Plessis-en-
Orconte*, 1676 (dioc. anc. de Chàl. t. I, p. 275).
— *Le Plecy*, xviiie siècle (Cassini).

Plessis (Le), h. c^{ne} de Saudoy. — *Plesseyum*, 1365
(S.-Nicolas de Sézanne). — *Plessis, parroisse de
Sauldoye*, 1524 (chap. de Sézanne, c. 1). —
Plessis-Saudoy, xviiie siècle (Cassini).

Plessis (Le), h. c^{ne} de Vertus. — *Plesseium*, 1215
(la Charmoye, c. 2). — *Plaissetum*, v. 1252 (arch.
nat. J 193, 51). — *Le Plessis dessus Vertus, le
Plaissier*, 1366 (*ibid.* Q^1 681^1, f° 99 et 211). —
Le Pleissier de Vertus, 1367 (*ibid.* Q^1 681^1,
f° 221°). — *Le Plessitz*, 1489 (*ibid.* Q^1 681). —
Le Plessis-lez-Vertuz, 1605 (*ibid.* P 190, 56).
— *Le Pressy*, 1633 (lieux régis par la coutume
de Vitry).

Plessis (Le), m. détr. à Vitry-le-Brûlé. — *La place
où souloit avoir maison appellée la maison du Plessis,
séant ou chastel dudit Victri*, 1510 (arch. nat.
P 179, 89).

Pleurs, c^{ne} de Sézanne. — *Plaiotrum*, 1052 (Touss.
c. 1). — *Plagiotrum*, 1125 (Marlot français, t. III,
p. 733). — *Plairrum*, 1133 (arch. nat. S 4968,
n° 13). — *Plaitrum*, 1143 (*ibid.* S 4968, n° 11).
— *Plaorriu*, 1147 (hist. de la maison de Broyes,
p. 11). — *Pleiurra*, 1150 (la Neuville, c. 9). —
Plaiostrum, 1155 (cart. d'Oyes, f° 1 r°). — *Plaiotrum*, 1209 (Gall. christ. t. XII, c. 286). — *Pleiostrum*, 1224 (B. du Rocheret, mém. d'Épernay,
p. 19). — *Plagostrum*, v. 1252 (arch. nat. P 193,
51). — *Pleurra*, 1270 (cart. d'Oyes, f° 13 r°). —
Pleurre, 1273 (le Reclus, c. 1). — *Pleeurre*, 1273
(hist. de la maison de Broyes, p. 36). — *Plerre*,

v. 1274 (arch. nat. J 205, f° 31 *bis*). — *Pleerre*, 1293 (cart. d'Oyes, f° 16 v°). — *Pluerre*, 1295 (le Reclus, c. 1). — *Pleurs*, 1314 (hist. de la maison de Broyes, p. 15). — *Pleurra*, 1349 (ibid. p. 48). — *Pleurs en Champagne*, 1367 (arch. nat. Q¹ 681¹, f° 12 v°). — *Pleures*, 1525 (*ibid.* P 165, 273). — *Pleura*, xvi° siècle (feoda Campanie, p. 129). — *Plaustrum*, 1784 (Courtalon, t. III, p. 306).

En 1789, Pleurs faisait partie de l'élection de Sézanne et était régi par la coutume de Meaux. Son église paroissiale, diocèse de Troyes, doyenné de Sézanne, était dédiée à saint Martin et à saint Joseph ; l'évêque de Troyes en avait la collation.

PLICHANCOURT, c°° de Thiéblemont. — *In eadem comitatu Camuacensi super fluvium Broscion, villa scilicet que Plotkioncort dicitur, cum ecclesia in honore Sancti Remigii*, 900 (cart. du chantre Guérin, f° 4 v°). — *Plopkionis Curtis, in comitatu Camsiacensi super fluvium Brascion*, 904 (*ibid.* f° 25 v°). — *Pluchoncort*, 1109 (cart. de Châlons, cop. Gaignières, p. 73). — *Plechonis* Curtis, Pfancosis Curtis, 1107 (chap. de Chál. a. 1, l. 1). — *Plinchicort*, 1179. (S.-Pierre-aux-Monts, c. 8). — *Plechuncort*, 1164-1191 (Ulmoy). — *Pluchoncurt*, xii° siècle (cart. du chantre Guérin, f° 3 v°). — *Plichoncort*, 1234 (Cheminon, c. 8). — *Plechoncourt*, 1240 (*ibid.* c. 1). — *Plechoncort*, 1241 (Trois-Font. c. 6). — *Plichancort*, 1242 (Cheminon, c. 4). — *Pichsancort*, v. 1274 (arch. nat. J 202, 46 *ter*). — *Plichencort*, 1275 (S.-Pierre-aux-Monts, c. 28). — *Plicuncort*, xiii° siècle (cart. de Cheminon, f° 18 r°). — *Pychencort*, 1310 (Trois-Font. c. 6). — *Pichancuria*, 1405 (pouillé de Chál. f° 75 v°). — *Pichancourt*, 1456 (arch. nat. P 179, 62). — *Plichaincourt*, 1641 (*ibid.* P 216, 82). — *Plichancurtis*, 1775 (chap. de Chál. a. 1, l. 56).

Plichancourt était compris, en 1789, dans l'élection et suivait la coutume de Vitry. Son église paroissiale, diocèse de Châlons, doyenné de Vitry-le-Brûlé, était consacrée à saint Remy ; le chapitre cathédral de Châlons présentait à la cure.

PLIVOT, c°° d'Avize. — *Plebeiae*, supra *Matronam*, ix° siècle (grand testam. de saint Remy). — *Plivetum*, 1100 (arch. adm. de Reims, t. I, p. 252). — *Villa que vocatur Pliviacus*, 1103 (cart. d'Avenay, f° 5 v°). — *Villa que Pleveias dicitur, juxta Maralium castellum*, 1122 (Toussaints, c. 4). — *Plevetium*, 1124 (cart. de S.-Denis de Reims, p. 21). — *Plivis*, 1167 (cart. d'Avenay, f° 1 r°). — *Plivyes*, 1200 (S.-Denis de Reims, l. Plivot). — *Plivei*,

xii° s° (fragm: de polypt. p. 167). — *Pluvciiae*, 1201 (B. du Rocheret, mém. d'Épernay, t. I, p. 59). — *Pliveyum*, 1208 (cart. B.. du chap. de Reims, f° 556 v°). — *Pliveiae*, 1216 (la Charmoye, c. 7). — *Plevies*, 1227 (cart. de S.-Denis de Reims, p. 115). — *Pluveiae, Pliveus, Plivuis*, 1241 (cart. de S.-Remy de Reims, p. 336). — *Plivies, Pliveis, Pleivés*, v. 1252 (arch. nat. J 202, 47). — *Plivie*, 1291 (S.-Denis de Reims, l. Plivot). — *Pleviae*, 1302 (*ibid.*). — *Plivi*, 1303-1312 (arch. adm. de Reims, t. II, p. 1120). — *Ploveys*, 1311 (cart. A de S.-Remy de Reims, p. 336). — *Pleny*, 1338 (S.-Nicaise de Reims, c. 5). — *Pluvie*, 1346 (arch. adm. de Reims, t. II, p. 1121). — *Plivy*, 1384 (*ibid.* t. III, p. 604). — *Pluvis*, 1464 (Toussaints, c. 19). — *Plivot*, 1529 (chap. de Reims, c. 20). — *Plyvot*, 1557 (arch. nat. P 162, 211). — *Plivys*, 1566 (Touss. c. 19). — *Pliny*, 1580 (évéché de Chál. c. 10). — *Plevio*, 1589 (lettre du chev. d'Aumale; hist. de Chál. p. 216). — *Pliny-sur-Marne*, 1666 (Marlot français, t. II, p. 1372).

Plivot faisait partie, en 1789, de l'élection d'Épernay et était régi par la coutume de Vitry. Son église paroissiale, diocèse de Reims, doyenné d'Épernay, était dédiée à saint Quentin et à saint Remy ; l'abbé d'Hautvillers et l'abbaye de Saint-Remy de Reims présentaient alternativement à la cure.

POCANCY, c°° de Vertus. — *Pontconcin*, 1043 (S.-Pierre-aux-Monts, c. 1). — *Poncancinum*, 1124-1130 (cart. d'Oyes, f° 19 v°). — *Poncancin*, 1190 (cart. de Saint-Martin d'Épernay, t. I, p. 70). — *Ponquensin*, 1213 (S.-Pierre-aux-Monts, c. 2). — *Poncanci, Ponquencin*, v. 1222 (livre des vass. de Champ.). — *Ponganci, Ponquancin, Poncancoin*, v. 1252 (arch. nat. J 193, 51, et J 202, 47). — *Ponquencinum*, 1271 (S.-Pierre-aux-Monts, c. 13). — *Pocansin*, v. 1274 (arch. nat. J 202, 45). — *Poquancy*, v. 1300 (extenta Camp. Épernay). — *Ponquencin*, 1379 (chap. de Reims, l. 39). — *Ponquentin*, 1381 (arch. nat. P 181, 138). — *Pouquencin*, 1385 (chap. de Reims, l. Vauclerc). — *Pouquencin*, 1395 (arch. nat. P 181, f° 281 v°). — *Ponquencin*, 1408 (ibid. P 184, 29). — *Ponquentain*, 1428 (ibid. Q¹ 673). — *Ponquancin*, 1462 (ibid. Q¹ 662). — *Poncancin*, 1503 (chap. de Reims, l. Vauclerc). — *Pocancin*, 1508 (arch. nat. P 202, 12). — *Poncancy*, 1509 (procès-verbal de la réd. de la cout. de Vitry). — *Ponquancinum*, 1542 (taxe du dioc. de Chál. p. 300). — *Poncquancy, Pocquancy*, 1547 (chap. de Reims, l. Vauclerc). — *Paucancy*, 1576 (arch.

nat. Q¹ 681). — *Pocquency*, 1601 (*ibid.* P 162, 230). — *Pocancy-en-Champagne*, 1643 (*ibid.* P 167, 288). — *Poucancy*, [1673 (*ibid.* P 1762, fᵒ 21 vᵒ). — *Pocanceium*, 1755 (chap. de Châl. a. 1, l. 56).

Pocancy était compris, en 1789, dans l'élection de Châlons et suivait la coutume de Vitry. Son église paroissiale, diocèse et doyenné de Châlons, était consacrée à saint Louvent; le chantre du chapitre cathédral de Châlons présentait à la cure.

Pogny, cᵒᵘ de Marson. — *Villa Sancte Marie de Pugneio*, 1107 (chap. de Châl. a. 1, l. 1). — *Poegni*, 1159 (*ibid.* a. 5, l. 42). — *Poini*, 1164-1191 (Cheminon, c. 20). — *Poigniacum*, *Poigneium*, 1211 (chap. de Châl. a. 5, l. 42). — *Pougny*, 1238 (cart. de la Trinité, fᵒ 49 vᵒ). — *Poigneyum*, 1239 (*ibid.* fᵒ 89 rᵒ). — *Pooigni*, 1240 (Cheminon, c. 1). — *Pooignei*, vers 1252 (arch. nat. J 202, 55). — *Pongneium*, 1279 (évêché de Châl. 16). — *Poigney*, 1296 (rentier de S.-Memmie, fᵒ 22 rᵒ). — *Po'ngneyum*, 1299 (E. de Barthélemy, cart. de l'év. et du chap. de Châl. p. 112). — *Poiigny*, 1320 (évêché de Châl. c. 1). — *Pougny*, 1376 (chap. de Châl. a. 1, l. 37). — *Pogny*, 1403 (*ibid.* a. 5, l. 42). — *Pongney*, 1515 (E. de Barthélemy, hist. de Châlons, p. 279). — *Posgny*, 1552 (S.-Pierre-aux-Monts, c. 13). — *Poigny*, 1556 (arch. lég. de Reims, cout. p. 887). — *Pogneium*, 1755 (chap. de Châl. a. 1, l. 56).

En 1789, Pogny faisait partie de l'élection et suivait la coutume de Châlons. Son église paroissiale, diocèse de Châlons, doyenné de Bussy, était dédiée à Notre-Dame; le chapitre cathédral de Châlons présentait à la cure.

Poil (Le), f. détr. cᵒᵉ de Saint-Remy-en-Bouzemont. — Poil, v. 1300 (extenta Campanie, Larzicourt). — *Ung gaingnaige nommé le Poïl, situé et assis au ban et finaige de Saint-Remy-en-Bosemont*, v. 1500 (Moncetz, c. 1).

Poillon, f. cᵒᵉ de Troissy. — Poilu, xvIIIᵉ siècle (Cassini). — *Poillon* ou *Poillou*, 1860 (Cornet-Paulus).

Poilly, cᵒⁿ de Ville-en-Tardenois. — *Paviliacus*, v. 850; — *Paville[i]um*, comm. du xIᵉ sᵉ (polypt. de S.-Remy). — *Poeilli*, 1147 (cart. de S.-Martin des Champs, LL 1351, fᵒ 9 rᵒ). — *Pœli*, 1231 (cart. d'Igny, fᵒ 43 vᵒ). — *Poolli*, v. 1252 (arch. nat. J 202, 51). — *Poilleyum*, 1276 (cart. B du chap. de Reims, fᵒ 473 rᵒ). — *Pooilleyum*, 1276 (*ibid.* fᵒ 484 vᵒ). — *Pooylly*, 1303-1312 (arch. adm. de Reims, t. II, p. 1051). — *Poilli*, 1346 (*ibid.*).

En 1789, Poilly était compris dans l'élection et suivait la coutume de Reims. Son église paroissiale, diocèse de Reims, doyenné de la Montagne, était consacrée à saint Remy; le prieur de Saint-Thibaud de Soissons présentait à la cure.

Poilly, h. détr. cᵒᵉ de Bétheny. — *Poilly lez Betheny*, 1461 (arch. nat. P 171, 153).

Poinsonnerie (La), lieu-dit, cᵒᵉ de Leuvrigny.

Point-du-Jour (Le), h. cᵒᵉ de Boursault.

Point-du-Joua (Le), m. et auberge, cᵒᵉ de Jouy. — L'auberge est dite aussi *la Providence*, 1847 (lieux habités).

Point-du-Jour-de-la-Montagne (Le), carrière et auberge, cᵒᵉ de Jouy.

Pointe-à-Pitre (La), tuil. cᵒᵉ de Vinay.

Poinier-Bertrand (Le), écart, cᵒⁿᵉ de Gigny-aux-Bois (Cornet-Paulus).

Poissonnerie (La), f. cᵒᵉ de Brugny.

Poissons-Verts (Les), cab. cᵒⁿᵉ de Witry-lez-Reims.

Poix, cᵒᵘ de Marson. — *Poyz*, 1178 (S.-Memmie). — *Pois*, 1183 (*ibid.* c. 3). — *Paiz, Pois en Champoigne*, 1263 (*ibid.* c. 7, fᵒ 6 rᵒ). — *Pays en Champaigne*, 1383 (arch. nat. P 188, 52). — *Poix*, 1474 (S.-Pierre-aux-Monts, c. 27).

En 1789, Paix faisait partie de l'élection et suivait la coutume de Châlons. Son église paroissiale, annexe de celle de Sommevesle, diocèse de Châlons, doyenné de Bussy-le-Château, était dédiée à saint Hippolyte.

Poligny, lieu-dit, cᵒⁿᵉ de Binarville.

Poligny (Ruisseau de), cᵒⁿᵉ de Binarville.

Pologne, h. cᵒᵉ de Châtrices (dioc. auc. de Châl. t. II, p. 151).

Polygone (Le) ou Le Soie-Mont, monticule avec quelques maisons, situé à l'est du village de Saint-Remy-en-Bouzemont.

Pomacle, cᵒⁿ de Bourgogne. — *Pumaclum*, 1145 (arch. adm. de Reims, t. I, p. 312). — *Pumacle*, 1236 (cart. C de S.-Remy de Reims, fᵒ 36 rᵒ). — *Pommacle*, 1236 (cart. A de S.-Remy de Reims, p. 588). — *Paumacle*, 1556 (arch. lég. de Reims, cout. p. 876). — *Poumacle*, 1728 (cout. de Reims, p. 644).

Pomacle était compris, en 1789, dans l'élection de Reims et suivait la coutume de cette ville. Son église paroissiale, annexe de celle de Bazancourt, diocèse de Reims, doyenné de Lavannes, était consacrée à saint Médard.

Pomacle (Ru de), affl. de la Suippe; arrose le finage de Bazancourt.

Pommerie (La), f. cᵒⁿᵉ de Suizy-le-Franc. — *La Pomerie*, xvIIIᵉ siècle (Cassini).

Pommeron (Le), écart, c⁰ᵉ de Romain (Cornet-Paulus).

Pommerose (La), f. c⁰ᵉ de Boissy. — *Pomerose*, xviiiᵉ siècle (Cassini).

Pomone, m. détr. au lieu-dit «l'Arpent-Cornu», c⁰ᵉ de Champvoisy.

Pomordeau, f. détr. c⁰ᵉ de Saint-Quentin-le-Verger. — *Une place contenant environ six arpens en la quelle souloit avoir grange, maison, jardin, accin et pourprins,.... séant au finage de Saint-Quentin-le-Vergier appellé communement le gangnaige de Pomordaux*, 1486 (Montier-la-Celle, c. 18).

Pompelle (La), croix qui marque le lieu du martyre de saint Timothée et de saint Apollinaire, c⁰ᵉ de Sillery. — *Buxitus*, v. 948 (Flodoard, l. I, c. 4). — *Duas pecias terre sitas in loco ubi dicitur à la Pompelle*, 1294 (cart. † de l'archev. de Reims, fᵒ 199 rᵒ). — *La Pompelle*, 1322 (arch. adm. de Reims, t. II, p. 319). — *In via que dicebatur Cesarea, in loco prius Buxitus, nunc vero Pompella nunoupata*, 1351 (Marlot français, t. IV, p. 619). — *L'aubre de la Pompelle*, v. 1400 (arch. adm. de Reims, t. II, p. 319). — *La Pompelle-d'Alger*, 1860 (Cornet-Paulus).

Poncelet (Le), h. c⁰ᵉ de Courtémont.

Poncelet (Le), f. c⁰ᵉ de Mareuil-le-Port.

Poncelet (Le), mⁱⁿ, c⁰ᵉ de Sézanne. — *Le Poncelet*, 1847 (lieux habités). — *Pontrelet*, 1862 (Guérard, p. 266).

Poncey (Le), ff. c⁰ᵉ d'Esternay. — *Villers-au-Pont*, 1279 (hist. d'Esternay, p. 8). — *Le hameau appelé le Pont-Secq*, 1553 (arch. nat. P 178, 71). — *La ferme le Poncet*, 1720 (Saugrain, t. I, p. 373). — *Le Poncet*, 1850 (hist. d'Esternay, p. 8).

Poncet (Le), écart, c⁰ᵉ de Verrières. — *Le Pontcet ou Pont-Sec*, 1860 (Cornet-Paulus).

Ponreux, mⁱⁿ, c⁰ᵉ de Vadenay. — *Sedes molendini inter Boi et Pontreol*, 1133-1142 (la Neuv. c. 9). — *Molendina de Porriel*, 1248 (*ibid.* c. 4). — *Un molin foulant à dras en lieu que on dit au Pouruel*, 1269 (*ibid.* c. 9). — *Ponrieul*, 1333 (arch. nat. P 181, fᵒ 269 vᵒ). — *La maison forte de Waudenois nommée la maison de Ponreux,... les molins de Ponrieul*, 1477 (*ibid.* P 181, 76). — *Pont-Reux*, 1847 (lieux habités). — *Pontreux ou Pontréal*, 1860 (Cornet-Paulus).

Ponsludon, h. c⁰ᵉ de Reims.

Pont (Le), écart, c⁰ᵉ de Châtillon-sur-Broué (Cornet-Paulus).

Pont (Ruisseau du), c⁰ᵉ du Baizil.

Pont-à-l'Isle (Le), h. c⁰ᵉ de la Neuville-au-Pont. — *Le fief du Pont-à-l'Isle scitué au village de la Neuville-au-Pont*, 170. (arch. nat. P 223, 363). — *Le*

Pont-à-Lisse, 1860 (Cornet-Paulus). — *Le Pont-de-l'Isle*, 1862 (Guérard, p. 488).

Pont-aux-Vendanges (Le), m. c⁰ᵉ de Passavant.

Pont-Cante (Le), pont sur le ru de l'étang de Givry, c⁰ᵉ de Remicourt.

Pont-de-Biesme (Le), h. c⁰ᵉ de Sainte-Menehould.

Pont-de-Bréville (Le), faubourg de Sermaize.

Pont-de-Fer (Le), f. détr. c⁰ᵉ de Scrupt. — *Le gaingnaige du Pont-de-Fer*, 1509 (Cheminon, c. 7). — *Le gaignage du Champ de la Corre, aultrement dict le Pont-de-Fer; — Y a pareillement, aux terres du Hault-Boys-Bruslé, un autre gaignage appelé Pont-de-Fer, qui de longtemps a esté et demeure en friche et saaart auquel gaignage y a certaines maisons et estables..... qui semblablement tombent et sont en ruyne et décadence*, 1542 (*ibid.* c. 2). — *La cense du Pout-de-Fer*, 1684, 1730 (*ibid.*). — Cf. Caure (La), f. c⁰ᵉ de Scrupt.

Pont-de-Forêt (Le), f. c⁰ᵉ de Châlons-sur-Marne. — *Les Flamiers*, xviiiᵉ siècle (Cassini).

Pont-de-Mœurs (Le), h. c⁰ᵉˢ de Mœurs et de Sézanne. — *Le moulin de Pont-à-Meure*, 1493 (gr. chamb. de S.-Étienne de Troyes, 6 G, 26). — *Pont de Mœurs*, 1862 (Guérard, p. 266).

Pont-de-Muire (Le), écart, c⁰ᵉ de Tinqueux (Cornet-Paulus).

Pont-de-Pierre (Le), mⁱⁿ, c⁰ᵉ de Saint-Genest.

Pont-de-Romagne (Le), filature, c⁰ᵉˢ de Saint-Masmes et d'Heutrégiville. — *Corps de Garde* et *Pont-de-Romagne*, xviiiᵉ siècle (Cassini). — *Romagne*, 1860 (Cornet-Paulus).

Pont-de-Rouffy (Le), m. c⁰ᵉ de Vouzy.

Pont-des-Allemanda (Le), lieu-dit, c⁰ᵉ d'Épense.

Pont-de-Sommesle (Le), «poste aux chevaux», c⁰ᵉ de Sommevesle (Cornet-Paulus).

Pont-de-Vaux (Le), m. c⁰ᵉ de Vitry-le-Brûlé. — Ce lieu est peut-être un vestige de Vaux, écart mentionné par plusieurs textes anciens. — Voyez Vaux.

Pontervaux, écart, c⁰ᵉ de Belval, c⁰ᵉ de Dommartin-sur-Yèvre (Cornet-Paulus).

Pontfavroger, c⁰ᵉ de Suippes. — *Pons Fabricatus*, comm. du xiᵉ siècle (polypt. de S.-Remy de Reims). — *Ecclesia Sancti Dionisii in Ponte Fabricato*, 1100 (arch. adm. de Reims, t. I, p. 253). — *Pont Fav[er]gier*, 1241 (S.-Symph. c. 3). — *Ponfavergier*, 1261 (S.-Denis de Reims, l. Champigny). — *Pontfavergier*, 1271 (arch. adm. de Reims, t. III, p. 101). — *Pont-Favregier*, 1274 (cart. de S.-Thierry, fᵒ 354 rᵒ). — *Pont-Favregié*, 1326 (cart. A du chap. de Reims, fᵒ 100 rᵒ). — *Pons-Favergier*, 1327 (chap. de Reims, l. Pont-*

fav.). — *Pons Fabriacus*, 1346 (arch. adm. de Reims, t. II, p. 1062). — *Pontfavergiet*, 1357 (chap. de Reims, l. Pontfav.). — *Pons Favregerii*, 1735 (*ibid.*). — *Pont-Favergiés*, 1381 (cart. du chap. de Reims, f° 138 r°). — *.Pont'Farvergier*, *Pont-à-Farvergier*, 1556 (arch. lég. de Reims, cout. p. 876 et 884). — *Pont-Favergé*, 1715 (revenus de S.-Nicaise, t. II, p. 9). — *Pont-Favergères*, 1739 (archev. de Reims, l. 183, f° a r°). — *Pontfaver-gers*, 1741 (*ibid.*).

Pontfaverger faisait partie, en 1789, de l'élection et suivait la coutume de Reims. Ce village, du diocèse de Reims, doyenné de Lavannes, avait deux églises paroissiales : l'une, dédiée à saint Médard, à la présentation du doyen de Saint-Symphorien de Reims; l'autre, consacrée à saint Brice, à la présentation du séminaire de Reims.

PONT-GIVART, h. c°°° d'Aumenancourt-le-Grand et d'Au-menancourt-le-Petit. — *Pons Givardi*, 1171 (cart. B du chap. de Reims, f° 396 r°). — *Le Pont-Givart*, comm. du xiv° siècle (arch. adm. de Reims, t. I, p. 1090). — *Pont-Gival*, 1326 (cart. A du chap. de Reims, f° .100 r°). — *Le molin dudit Pont-Givart*, 1482 (chap. de Reims, c. 3). — *Pont-Givar*, 1622 (Bergier, hist. des grands chemins, p. 491). — *Le Pont-Guyard*, 1720 (Saugrain, t. I, p. 476).

PONTHION, c°° de Thiéblemont. — *Pontico*, v. 590 (Grég. de Tours, historia Francorum, l. 4, c. 23). — *Pons Ugone*, *villa publica*, v. 768 (cont. Fredegarii). — *Pontego, Pontigo, palacium regis*, 863 (cart. du chantre Guérin, f°° 27 et 28 r°). — *Pontio palacium*, 868 (*ibid.* f° 23 v°). — *Pons Hugonis*, comm. du x° s° (ann. Mettensis, anno 753). — *Ponteun*, 1150 (Trois-Font. c. 1). — *Ponteium*, 1147-1151 (chap. de Chál. a. 4, l. 23). — *Pontion*, 1164-1191 (Ulmoy). — *Puteyun*, 1191 (la Neuv. c. 9). — *Puntiua, Puntium*, v. 1191 (*ibid.*). — *Ponteum*, 1181-1202 (S.-Jacques de Vitry, c. 1). — *Pontion*, 1213 (Cheminon, c. 8). — *Pontigio*, 1238 (cart. de S.-Corneille de Compiègne, LL 1622, f° 114 r°). — *Ponthion*, 1240 (Cheminon, c. 1). — *Pontyon*, 1242 (Mouliers, c. a). — *Pontyo*, 1257 (Cheminon, c. 20). — *Ponthio*, 1367 (*ibid.* c. 8). — *Villa de Ponthione*, 1450 (chap. de Chál. a. 4, l. 16). — *Ponthyon*, 1466 (S.-Timothée, c. 3).

Ponthion était compris, en 1789, dans l'élection et suivait la coutume de Vitry. Son église paroissiale, diocèse de Châlons, doyenné de Vitry-le-Brûlé, était dédiée à saint Symphorien; le chapitre de Saint-Étienne de Châlons présentait à la cure.

PONT-HUBLIN, f. c°° de Giffaumont. — *Ponturlin*,

xviii° siècle (Cassini). — *Pont-Harlin*, 1783 (S.-Étienne de Troyes, l. 50).

PONT-LA-DAME (RUISSEAU DU), c°° de Cheminon.

PONT-LIÉGEARD, fief avec m°°°, à Saint-Chéron. — *Le Pont-Liégard*, [*fief*] *faisant partie du village de Sainct-Chéron et des seigneuries. dudit Chernouel et les Rivières*, 1588 (arch. nat. P 161, 131). — *Le Pont-l'Egard*, 1657 (*ibid.* P 217, 52). — *Pontliézard*, 1721 (*ibid.* P 223, 175). — *Pontliésard*, 1739 (*ibid.* P 230, 38). — *La seigneurie de Pontliézard consiste en deux maisons seulement qui font partie du village de Saint-Chéron*, 1755 (*ibid.* Q¹ 663).

PONT-L'ISSU, pont, c°° de Sept-Saulx.

PONT-MIGNARD (RUISSEAU DU), affl. de la Sois, c°° de Saint-Utin.

PONT-NEUF, f. c°° de Châtillon-sur-Broué.

PONTON, f. c°° de Nuisement-aux-Bois. — *Ponthon*, 1720 (Saugrain, t. I, p. 446). — *Ponton*, xviii° s° (Cassini). — *Le Ponthion*, 1805 (ann. de l'an xiii, p. 70). — *Le Ponton*, 1837 (état-major).

PONTON (LE), f. détr. c°° de Saint-Brice. — *Ponton*, comm. du xiv° siècle (arch. adm. de Reims, t. I, p. 1090). — *En la ville et terroir de Ponthon lez Courcelles, en la paroisse de Sa int-Bry*, 1390-1409 (cart. de l'archev. de Reims, f° 81 r°).

PONTRELET (LE) [ou mieux, sans doute, LE POSCELET], écart, c°° de Verrières (Cornet-Paulus).

PONT-RUPPÉ (LE), h. c°° de Fagnières. — *Es faulxbourgs de Pont-Ruppé lez Chaalons*, 1488 (S. Memmie, c. 8).

PONTS (LES), h. c°° de Giffaumont.

PONT-SAINTE-MARIE, m. c°° de Châtillon-sur-Morin.

PONTVRAI, écart, c°° de Baconnes (Cornet-Paulus).

PONTVRAY, f. détr. c°° de Sillery. — *Pons Varensis*, v. 850 (polypt. de S.-Remy de Reims). — *Pont-Veroit*, 1227 (S.-Basle, l. 27). — *Pons de Ponvrayo*, 1257 (*ibid.* l. 7). — *Domus que vulgaliter appellatur domus de Ponveroy, sita in camino per quem itur de Remis apud Cathalaunum, pertinens, ut dicitur, ad fratres Hospitalis sanots Terre Jherozolomilane; — la sainte maison de l'Ospital de Jherusalem de Pontverai, qui siet sur Veelle entre Sillieri et Biaumont saur le chemin de Reims et de Challons*, 1281 (arch. nat. S 5038, 52 et 54). — *Pont-Verroy*, 1298 (S.-Basle, l. 7). — *Pont de Pommeray, pont de Pommmeray*, 1356-(*ibid.* l. 12). — *Pouvroy*, 1370 (arch. nat. S 5038, 49). — *Le pont de Pont-Vraye*, 1505 (S.-Basle, l. 7). — *Un ancien pont de pierre appellé Pontvray, de qui une cense ou métairie voisine retient encore.le nom*, 1612 (Bergier, hist. des grands chemins, p. 486).

Purulerie (La), lieu-dit, c⁰ᵉ du Frêne.

Porchonrupt (Ru de), afll. de l'Aisne; arrose le finage du Châtellier.

Port-à-Binson, h. c⁰ᵉ de Mareuil-le-Port et de Leu-vrigny. — *Pons de Baisson, in portu de Buisson*, 1242 (cart. de l'Amour-Dieu, f° 59 v°). — *Pons de Bainson*, 1346 (arch. adm. de Reims, t. II, p. 634). — *In portu de Bainson*, 1391 (hist. de la maison de Châtillon, p. 263). — *Le Port de Bainsson*, 1408 (arch. nat. P 180, 138). — *Le Port-à-Bainson*, 1447 (*ibid.* P 180, 158). — *Le Port*, ledit *Port de Abençon*, xvᵉ siècle (cart. de l'Amour-Dieu, f° 29 v°). — *Port-à-Bainson*, 1558 (arch. nat. P 162, 157). — *Le bac à Pinson*, 1575 (mém. de Claude Haton, p. 795). — *Port-à-Binson*, 1643 (arch. nat. Q¹ 654). — — *Le Port-à-Binsson*, 1680 (*ibid.* Q¹ 674). — *Port*, xviiiᵉ siècle (Cassini).

Port-aux-Bois (Le), m⁰ⁿ, c⁰ᵉ de Fagnières.

Possesse, c⁰ᵉ d'Heiltz-le-Maurupt. — *Possessa*, 1092 (S.-Pierre-aux-Monts, c. 1). — *Possessia*, 1123 (hist. de la maison de Châtillon, p. 22). — *Possessum*, 1135 (cart. d'Huiron, p. 18). — *Posessa*, 1148 (cart. de Montiers, 10946, f° 1 r°). — *Pesessa*, v. 1165 (*ibid.* f° 23 r°). — *Possesse*, v. 1222 (livre des vass. de Champ.). — *Porsessa*, 1223 (liber principum, 5992, f° 303 v°). — *Pocesse*, 1244 (S.-Pierre-aux-Monts, c. 18). — *Poussesse*, 1263 (hist. de Châl.-sur-Marne, p. 258). — *Pocessa*, 1303 (S.-Pierre-aux-Monts, c. 19). — *Paucesse*, 1307 (*ibid.*). — *Possesse*, 1413 (*ibid.*).

En 1789, Possesse était compris dans l'élection de Châlons et suivait la coutume de Vitry. Son église paroissiale, diocèse de Châlons, doyenné de Possesse, était consacrée à saint Symphorien; l'abbé de Saint-Pierre-aux-Monts présentait à la cure.

Posts (La), f. c⁰ᵉ de Dormans.

Poste-aux-Chevaux (La), écart, c⁰ᵉ de Sommevesle.

Potager (Le), m. c⁰ᵉ d'Ablois-Saint-Martin.

Potaces (Le), m. c⁰ᵉ de Montmirail.

Potangis, c⁰ᵉ d'Esternay. — *Postengi*, 1143 (arch. nat. S 4968, n° 11). — *Postingiacum*, 1147 (Paraclet, 2441). — *Postengiacum*, 1153 (cart. du Paraclet). — *Ponstengium*, 1165 (Gall. christ. t. XII, p. 271). — *Poultengi, Potengi*, 1203 (cart. de Sellières aux arch. de l'Aube, l° 51 r° et 59). — *Poutengiacum*, 1214 (*ibid.* f° 51 r°). — *Poutengeyum*, 1217 (*ibid.*). — *Potengi*, 1227 (cart. de Sellières, f° 53 r°). — *Poutangeium*, 1229 (*ibid.* f° 52 r°). — *Postegi, Potengni, Posteigni, Postigni, Pontangi*, v. 1222 (livre des vass. de Champagne). — *Potengeium*, v. 1240 (arch. nat. J 193, 83). — *Pontangiacum*, v. 1252 (*ibid.* P 196, 50). — *Pon-*

lengé, v. 1274 (*ibid.* J 202, 31). — *Pontaugi*, fin du xiiiᵉ siècle (*ibid.* J 206, Troyes). — *Pontaugy*, v. 1300 (extenta Camp. Sézanne). — *Pontengy*, 1345 (arch. nat. J 194, 83). — *Potengy, Pontengy*, 1375 (*ibid.* P 202, 231). — *Potangeyum*, 1407 (pouillé de Troyes, n° 190). — *Pontangeyum*, 1457 (*ibid.* M 6). — *Potangny*, 1537 (arch. nat. P 165, 279). — *Potangy*, 1703 (*ibid.* P 222, 222). — *Pottangy*, 1736 (*ibid.* P 228, 36). — *Potangi, Potangis*, 1766 (*ibid.* Q¹ 678).

En 1789, Potangis faisait partie de l'élection de Troyes et était régi par la coutume de Meaux. Son église paroissiale, diocèse de Troyes, doyenné de Pont-sur-Seine, était dédiée à saint Martin; l'abbé de Chantemerle présentait à la cure.

Potargis (Roisarau de), afll. de la Seine; arrose les territoires de Potangis et de Conflans.

Poteau, écart, c⁰ᵉ de Lavannes (Cornet-Paulus).

Poteao, écart, c⁰ᵉ de Vendeuil (Cornet-Paulus).

Potellerie (La), lieu-dit, c⁰ᵉ de la Caure.

Potesce (Bois de la), c⁰ᵉ de Baye.

Poterie (La), lieu-dit, c⁰ᵉ de Léchelle.

Poterie (La), lieu-dit, c⁰ᵉ de Saint-Martin-l'Heureux.

Poteris-Lisnard (La), écart, c⁰ᵉ de Dizy.

Potesse (La), h. c⁰ᵉ de Belval, au canton de Châtillon. — 1613 (Belval, c. 1).

Potetrie (La), lieu-dit, c⁰ᵉ de Vert-la-Gravelle.

Potiers, m. bourgeoise, c⁰ᵉ de Villeneuve-la-Lionne. *Pothis*, 1720 (Saugrain, t. I, p. 475). — *Poitiers*, xviiiᵉ siècle (Cassini). — *Potis*, 1805 (ann. de l'an xiii, p. 92). — *Pothières*, 1847 (lieux habités). — *Pothiers*, 1860 (Cornet-Paulus). — *Potière*, 1862 (Guérard, p. 220).

Pouillon, c⁰ᵉ de Bourgogne. — *Villa Pullionis*, v. 850 (polypt. de Saint-Remy de Reims). — *Pullio*, 1126 (arch. adm. de Reims, t. I, p. 279). — *Puillio*, 1148 (cart. de S.-Denis de Reims, f° 391 v°). — *Puilun*, 1150 (cart. d'Igny, f° 85 r°). — *Poillon*, 1234 (cart. de S.-Thierry, f° 14 v°). — *Paillon*, 1240 (arch. adm. de Reims, t. I, p. 644). — *Pouillonum*, 1460 (cart. de S.-Denis de Reims, p. 499).

En 1789, Pouillon était compris dans l'élection et suivait la coutume de Reims. Son église paroissiale, annexe de celle de Saint-Thierry, diocèse de Reims, doyenné d'Hermonville, était consacrée à Notre-Dame.

Pouilly, lieu-dit, c⁰ᵉ de Bétheny.

Poulettes (Les), f. c⁰ᵉ de Corribert. — *La Poullette*, xviiiᵉ siècle (Cassini). — *La ferma des Poulettes* ou du *Mont-des-Vignes*, 1827 (annuaire de la Marne,

p. 90-91). — *La Poulette-du-Mont-des-Vignes*, 1860 (Cornet-Paulus).

POURCY, c⁰ⁿ de Châtillon-sur-Marne. — *Porcetum*, comm. du XIᵉ siècle (polypt. de S.-Remy de Reims). — *Porci*, 1150-1164 (Longau, l. 33). — *Porceiam*, 1 a 15 (cart. A de S.-Remy de Reims, p. 174). — *Pourcy delez Nanthueil*, 1304 (chap. métrop. b. 54). — *Paurci*, 1324 (*ibid.*). — *Porcy*, 1398 (arch. nat. P 208, 53). — *Pourcy-le-Château*, 1860 (Cornet-Paulus).

Pourcy faisait partie de l'élection de Reims et était régi par la coutume de Vitry. Son église paroissiale, diocèse de Reims, doyenné de la Montagne, était dédiée à saint Remy; le commandeur du Temple de Reims présentait à la cure.

POURCY (RU DE), affl. de l'Ardre; arrose le territoire de Pourcy.

PRACHES (LES), m⁰ⁿˢ, c⁰ᵉ de Sainte-Menehould.

PRAGAT, m. c⁰ᵉ de Scrupt. — *Pragat*, 1847 (lieux habités). — *Pragot*, 1860 (Cornet-Paulus).

PRAIRIE (LA), écart, c⁰ᵉ de Hans (Cornet-Paulus).

PRALAT (RU DE), affl. de la Bruxenelle; arrose les territoires de Brusson et de Ponthion.

PRÉ (LE), anc. écart, c⁰ᵉ de Thil. — *Le Pré delès Til*, 1358 (arch. adm. de Reims, t. III, p. 108).

PRÉ (LE), h. c⁰ᵉ de Warmeriville. — *Une rue appellée le Prez en la parroche de ladicte ville de Warmeriville*, 1384 (arch. nat. P 28, 27). — *Prez lez Warmeriville*, 1556 (arch. lég. de Reims, cout. p. 876). — *Le hameau de Prez*, 1781 (chap. de Reims, t. Warmeriville). — *Les Près*, 1860 (Cornet-Paulus).

PRÉ-À-L'AGNEL, fief, à Vraux. — *Ung aultre fief assiz au terroir et fuage dudict Vraulx, concistant en ung pré... appellé le Pré à l'Aignel*, 1580 (évêché de Châl. c. 10).

PRÉ-AU-CHEVALIER (LE), fief, c⁰ᵉ de Broyes. — *Le Pré-au-Chevalier assis au terrouer dudit Bracy-le-Grand*, 1603 (arch. nat. P 178, 98).

PRÉ-AUBAND (LE), fief, c⁰ᵉ de Landricourt (Guérard, p. 573).

PRÉ-BIME (RUISSEAU DU), c⁰ᵉ de Cheminon.

PRÉBOUQUIN, cense détr. c⁰ᵉ de Belval, c⁰ⁿ de Dommartin-sur-Yèvre (dioc. anc. de Châl. t. II, p. 220).

PRÊCHERIE (LA), lieu-dit, c⁰ˢ de Corroy.

PRÉ-DE-MARS (LE), écart, c⁰ᵉ d'Ay.

PRÉ-DE-NANTEUIL (LE), fief, c⁰ᵉ de Lagery. — *Le fief de Cuille, assis à Lagery, qui de présent s'appelle le Pré de Nantheul*, 1568 (arch. nat. P 181, 15).

Le document dont nous avons extrait la citation qui précède est un aveu rendu par Nicolas de Bohan, seigneur de *Nanteuil-la-Fosse*. Cette circonstance

explique suffisamment l'origine de la nouvelle dénomination du fief de Cuille.

PRÉ-DES-AIRS (RUISSEAU DU), affl. du Petit-Morin, c⁰ᵉ de Baye.

PRÉ-DU-BUT (LE), f. c⁰ᵉ d'Escardes. — *Domus quedam que Pratum del Bu vulgo dicitur*, 1207 (cart. de Nesle, f⁰ 5 r⁰). — *Quedam cella que Pratum del Bu wulgo dicitur*, 1217 (Bricot, c. 4). — *Le Prey-du-But*, 1407 (pouillé de Troyes, n⁰ 235). — *Le Prédubut*, 1650 (minutes Peignot, à Marcilly). — *Près-du-But*, 1833 (état-major).

PRÉ-DU-BUT (BOIS DU), forêt, c⁰ᵉ d'Escardes. — *La forest du Pré du But*, 1573 (arch. nat. P 178, 72).

PRÉFONTAINE, fief, c⁰ᵉ de Valmy. — *Le fief de Préfontaine scis à Valmy*, 1766 (arch. nat. Q¹ 660).

PRÉ-LAGNY (LE), fief, à Matougues. — 1693 (dioc. anc. de Châl. t. II, p. 280).

PRÉ-LE-COMTE (LE), fief, à Aigny. — *Ung aultre fief assiz au terroir d'Agny-sur-Marne, concistant en une pièce de pré appellée le Pré-le-Conte, contenant six fauchéez*, 1580 (évêché de Châl. c. 10).

PRÉ-MADAME (RU DU), c⁰ᵉ de Nanteuil-la-Fosse.

PRÉMECY, h. c⁰ᵉ de Méry-et-Prémecy. — *Primiceium*, 1100 (arch. adm. de Reims, t. I, p. 253). — *Primeci, Primeceyum*, 1290 (S.-Denis de Reims, l. Prémecy). — *Primecy*, 1346 (arch. adm. de Reims, t. II, p. 1056). — *Prumeci*, 1502 (chap. de Reims, c. 30). — *Prémery*, 1692 (arch. lég. de Reims, statuts, t. II, p. 963). — La forme *Prémery*, qui s'écarte sensiblement de la dénomination véritable, se retrouve aussi sur la carte de Cassini.

Avant la Révolution, Prémecy avait une église paroissiale, annexe de celle de Méry; elle était dédiée à saint Nicaise.

PAÁS (LES), écart, c⁰ᵉ de Neuvy (Cornet-Paulus).

PRÉS (LES), écart, c⁰ᵉ de Saint-Amand (Cornet-Paulus).

PRÉ-SAINT-PÈRE (RUISSEAU DU), affl. du Petit-Morin, c⁰ᵉ de Baye.

PRÉS-AUBERT (LES), fief, c⁰ᵉ de Rieux, 1494 (abn. de la Marne, 1846, p. 126).

PRESBYTÈRE (LE), m⁰ⁿˢ, c⁰ᵉ de Baslieux-sous-Châtillon.

PRÉS-DE-LA-MARE (RU DES) ou RIVIÈRE DE NANTEUIL; c⁰ᵉ de Nanteuil-la-Fosse.

PRÉS-DES-NOUES (RU DES), c⁰ᵉ du Vézier.

PRÈS-LA-BOSCHERETTE, fief relevant d'Esternay. — *Le fief près la Boscherette*, 1751 (arch. nat. Q¹ 678).

PRÈS LA ROUTE DE GUEUX, m. c⁰ᵉ de Thillois.

PAESLE (LA), f. détr.? c⁰ᵉ d'Ablois-Saint-Martin.

— *La maison de la Presle*, 1409 (arch. nat. P 182, f° 34 r°). — *Presle*, 1571 (*ibid.* P 162, 214). — *Une cense communément appellée la Presle, assise audit terroir, ban et fsaage d'Ablois*, 1634 (*ibid.* P 216, 36).

PRESLE ou LE GRAND-PRESLE, m^in et tuilerie, f. c^ne de Nanteuil-la-Fosse. — *Pratellæ*, comm. du xie siècle (polypt. de S.-Remy de Reims). — *Praelles*, v. 1300 (arch. adm. de Reims, t. I, p. 1089). — *Praela*, xive siècle (cart. A du chap. de Reims, f° 128 r°). — *La ville de Praesle*, 1508 (arch. nat. P 180, 170). — *Prelle*, xviiie siècle (Cassini).

PRESLE (LE PETIT-), f. c^ne de Nanteuil-la-Fosse.

PRESLE (LA), écart, c^ne de Saint-Just (Cornet-Paulus).

PRESLE (RU DE), aff. de l'Auve; arrose le finage de Saint-Mard-sur-Auve.

PRESLE (ROISEREAO DE LA), c^ne de Sommevesle.

PRESLE (RU DE), aff. de l'Yèvre; arrose le finage de Sommeyèvre.

PRESSOIR (LE), fief, c^ne de la Noue. — *Le fief des Granges et du Pressoir, situé en la paroisse de la Noue*, 1722 (arch. nat. P 223, 181).

PRÉVILLE, lieu-dit, c^ne de Moncels.

PRÉVÔTERIE (LA) ou LA PRÉVAUDERIE, lieu-dit, c^ne de Sommebionne.

PRIEZARÉ (LA), lieu-dit, c^ne de Chaintrix-Bierges.

PRISURÉ (LE), m. forestière, c^ne de Sermaize.

PRIGNEUX (LE), écart, c^ne de Champaubert-aux-Bois (Cornet-Paulus).

PRIN, h. c^ne de Sermy-Maupas. — *Perren*, 1164 (cart. C de S.-Remy de Reims, f° 38 r°). — *Perrain*, 1193 (Igny, l. Savigny). — *Perrein*, 1197 (*ibid.* l. Courville). — *Prain*, v. 1252 (arch. nat. J 202, 51). — *Prin*, 1564 (*ibid.* P 181, 12). — *Prein*, 1753 (chap. de Reims, l. Tramery).

PRINCESSERIE (LA), lieu-dit, c^ne des Istres-et-Bury.

PRISOT, c^ne de Vitry-le-François. — *Pringé*, 1091-1125 (cart. de Touss. f° 39 v°). — *Prungeium*, 1147 (Trois-Fontaines, c. 1). — *Pringi*, 1153 (hist. des comtes de Champagne, t. III, p. 439). — *Pringeium*, 1153 (Touss. c. 8). — *Pringey*, 1187 (cart. d'Huiron, p. 214). — *Prinni, Pruni*, 1217 (liber pontificum, f°s 15 et 152 v°). — *Prisni, Prigni*, v. 1222 (livre des vass. de Champ.). — *Pringiacum, Bringi*, v. 1252 (arch. nat. J 202, 54 et 55). — *Pringeyum*, 128. (*ibid.* Q^t 668^1). — *Pringny*, 1366 (*ibid.* Q^t 681^1, f° 85 v°). — *Primgy*, 1625 (Vinets, c. 1).

Pringy était compris, en 1789, dans l'élection et suivait la coutume de Vitry. Son église paroissiale, diocèse de Châlons, doyenné de Coole, était consacrée à saint Remy; le chapitre cathédral de Châlons présentait à la cure.

PROCURERIE (LA), lieu-dit, c^ne du Baizil.

PROFONDON (RU DE), aff. de l'Ante; arrose le territoire de Givry-en-Argonne.

PROMERY, fief relevant de Nanteuil-la-Fosse. — *Le fief de Pronmery*, 1568 (arch. nat. P 181, 15).

PROSNES, c^ne de Beine. — *Predona*, 1222 (cart. B du chap. de Reims, f° 346 r°). — *Proonna*, 1236 (cart. A de S.-Remy de Reims, p. 194). — *Pronno*, 1303-1312 (arch. adm. de Reims, t. II, p. 1118). — *Prosne*, 1522 (arch. lég. de Reims, cout. p. 755). — *Prona*, 1583 (*ibid.* statuts, t. I, p. 115). — *Prône*, xviiie s^t (Cassini).

Prosnes faisait partie, en 1789, de l'élection de Reims et suivait pour partie la coutume de Reims, pour partie celle de Vitry. Son église paroissiale, diocèse de Reims, doyenné de Vesle, était dédiée à saint Remy; les administrateurs de l'Hôtel-Dieu de Reims présentaient à la cure.

PSOSSES (LA), aff. de la Vesle; arrose les finages de Prosnes, de Thuizy et de Wez.

PROUILLY, c^ne de Fismes. — *Proviliacus*, v. 818 (Flodoard, l. II, c. 19). — *Pruili*, 1156 (cart. d'Igny, f° 10 r°). — *Proieleium, Pruiliacum*, 1167 (cart. de S.-Thierry, f° 96 r°-v°). — *Prulleium*, 1185 (*ibid.* 29 r°-v°). — *Proilliacum*, 1218 (S.-Nicaise, c. 9). — *Proelli*, 1225 (cart. de S.-Thierry, f° 64 v°). — *Proeleium*, 1231 (arch. nat. S 5034, 16). — *Proilleyum*, 1231 (cart. de S.-Thierry, f° 66 r°). — *Proilleium*, v. 1231 (cart. d'Avenay, f° 10 r°). — *Pruleium, Pruleium*, v. 1237 (cart. d'Igny, f° 64 v°). — *Proilleium*, 1238 (cart. B du chap. de Reims, f° 565 v°). — *Proulli*, 1278 (S.-Thierry, c. 3, l. 24). — *Prouilleyum*, 1279 (cart. B du chap. de Reims, f° 215 v°). — *Proulleyum*, 1298 (S.-Thierry, c. 6, l. 42). — *Proilly*, 1384 (arch. adm. de Reims, t. III, p. 574). — *Prouylly*, xive siècle (cart. A du chap. de Reims, f° 128 r°). — *Prouilli*, 140. (arch. nat. P 180, 135). — *Proully*, 1413 (S.-Remy, l. 396).

En 1789, Prouilly était compris dans l'élection de Reims et suivait la coutume de Vitry. Son église paroissiale, diocèse de Reims, doyenné d'Hermonville, était consacrée à saint Pierre; le tournaire du chapitre métropolitain de Reims présentait à la cure.

PROVENCE (LA), m. c^ne de Livry.

PROVIDENCE (LA), auberge du Point-du-Jour, c^ne de Jouy.

PSAVIDENCE (LA), m. annexée à Orbais.

PROVIGNY, lieu-dit, c^ne de Saint-Thomas et de Servon-

Melzicourt. — *Le Provigny*, sur Saint-Thomas; *les Prés de Provigny et les Terres de Provigny*, sur Servon-Melzicourt.

PRUNAY, c°ⁿ de Beine. — *Prunidis*, v. 850; *Preuneium*, comm. du xi° siècle (polypt. de S.-Remy). — *Pruniacum*, 1086 (S.-Basle, l. 1). — *Pruneta*, 1090 (ibid.). — *Villa que dicitur Pruneium*, 1211 (ibid. l. 22). — *Prunetum*, 1225 (ibid.). — *Prunnoi*, 1253 (Barthélemy, canton de Verzy, p. 66). — *Prunoy*, 1264 (S.-Basle, c. 22). — *Pruniacum*, 1269 (ibid. c. 4). — *Prunetum juxta riparians Vidula*, 1291 (ibid. c. 11). — *Prunay*, 1293 (ibid.). — *Prunoi*, 1294 (ibid. l. 22). — *Prunayum*, 1303-1312 (arch. adm. de Reims, t. II, p. 1118). — *Pruneyum*, 1346 (ibid. t. II, p. 1059). — *Pralay*, 1346 (S.-Basle, l. 12).

En 1789, Prunay faisait partie de l'élection et suivait la coutume de Reims. Son église paroissiale, diocèse de Reims, doyenné de Vesle, était dédiée à saint Basle; l'abbé de Saint-Basle présentait à la cure.

PUCELLES (LES), ch. c°° de Broyes.

POIS (LE), ruiss. affl. de l'Aube; prend naissance à Sompuis, sort du département de la Marne par le finage de Brébant pour entrer dans le département de l'Aube. — *Putei* [en construction dans le nom de Sompuis], 921 (cart. du chantre Guérin, f° 1 v°). — *Puis*, xviii° siècle (Cassini). — *Pays*, 1784 (Courtalou, t. III, p. 387). — *Puits*, 1835 (état-major).

PUISARTS (LES), f. c°° de la Chapelle-sur-Orbais.

PUISE, f. c°° de Braux-Sainte-Cohière. — *Puise*, xviii° siècle (Cassini). — *Puize*, 1860 (Cornet-Paulus).

PUISEUX, m. c°° de Mont-sur-Courville. — *Une cense en lieudit Puiseux, partie assise au terroir de Monssur-Courville et partie au terroir dudit Courville*, 1525 (S.-Symph. c. 1). — *Puisieux*, xviii° siècle (Cassini).

PUISIEULX, c°° de Verzy. — *Putioli*, comm. du xi° s° (polypt. de S.-Remy de Reims). — *Puteoli*, 1178 (S.-Basle, c. 2, l. 25). — *Puisius*, 1226 (cart. de S.-Thierry, f° 136 r°). — *Putheoli*, 1278 (cart. de S.-Denis de Reims, p. 241). — *Puisiaus*, v. 1300 (extenta Campanie, Louvois). — *Puisiues*, comm. du xiv° s° (arch. adm. de Reims, t. I, p. 1090). — *Puisseux*, 1352 (arch. nat. P 181, 31). — *Puisieux*, 1354 (arch. adm. de Reims, t. III, p. 45). — *Pusieux*, 1357 (ibid. t. III, p. 20). — *Puisuel*, 1359 (ibid. t. III, p. 129). — *Puiseux delès Reins, Puisueux lez Reims*, 1384 (ibid. t. III, p. 596 et 654). — *Puisieulx lès Reins*, 1385 (arch. nat. P 30). — *Puisieux*, 1410 (ibid.

P 182, f° 40 r°). — *Payseur*, 1500 (S.-Basle, c. 1, l. 1). — *Puiseulx*, 1517 (ibid. c. 2, l. 23). — *Puiseux-sur-Vesle*, 1676 (lieux régis par la cout. de Vitry). — *Puysieulx*, 1710 (arch. nat. Q¹ 660). — *Pusueux*, 1747 (arch. adm. de Reims, t. II, p. 1141). — *Puyzieulx*, 1760 (arch. nat. Q¹ 660).

En 1789, Puisieulx était compris dans l'élection de Reims et suivait la coutume de Vitry. Son église paroissiale, annexe de celle de Sillery, diocèse de Reims, doyenné de Vesle, était consacrée à saint Pierre.

POISIEUX (RUISSEAU DE), l'un des trois ruisseaux qui forment le ru du Bord, c°° d'Épense.

PUITS (LE), f. c°° de Bergères-lez-Vertus. — *Le Puis, le Pais-soubz-Monthamé*, 1605 (arch. nat. P 190, 56). — *Puit*, 1847 (lieux habités).

PUITS, vill. détr. c°° d'Étrechy. — *Puiz*, 1164 (le Reclus, c. 1). — *Villa que dicitur Puteus*, 1175 (cart. d'Oyes, f° 2 v°). — *Putei*, v. 1222 (livre des vass. de Champ.). — *Putei*, 1242 (la Charmoye, c. 1). — *Puthei*, 1405 (pouillé de Chàl. f° 81 r°). — *Capella de Puteis*, 1542 (taxe du dioc. de Chàl. p. 215). — *Puis*, 1605 (arch. nat. P 190, 56). — *Le Pays*, 1734 (ibid. Q¹ 681).

PUITS, vill. détr. près de Moivre. — *Pays-soubz-Moivre*, 1556 (arch. lég. de Reims, p. 895).

PUITS (LE), f. c°° de Rieux. — *Le Puis*, xviii° siècle (Cassini). — *Puy*, 1860 (Cornet-Paulus).

POITS (LE), f. c°° de Sillery.

PUITS (RU DU), c°° de Venteuil.

PUITS-DE-LA-MALADRERIE (LE), écart, c°° de Lavannes (Cornet-Paulus).

PUITS-DU-DOIZELETTE (LE), ruiss. c°° de Brébant.

PUITS-DU-ROY-DE-LA-TOURNELLE (LE), fief, c°° d'Étoges. — Désigné sous ce nom et sous celui de *Puits-le-Roy*, en 1633 (lieux régis par la cout. de Vitry; aux mots ESTOGES et PUITS.

POITS-DU-ROY-DE-ROUVROY (LE), fief, c°° d'Étoges. — *Le Puits du Roy de Rouveroy*, 1633 (lieux régis par la cout. de Vitry).

PUJUS, f. c°° de Blacy. — *Grangia de Puisiaus*, 1202 (Ulmoy). — *Grangia monialum de Ulmeto que dicitur Poysus et est juxta Blaceium sita*, 1220 (ibid.). — *Une ferme... située au finage de Blacy et lieux voisins, dite la ferme de Pujus*, 1783 (ibid.).

PUSSEMÈNE, mⁱⁿ, c°° de Ventelay. — *Ung moulin sur icelluy* [ruisseau] *appellé Passemene*, 1657 (arch. nat. P 217, 45). — *Puissemaine*, 1847 (lieux habités). — *Pucemain*, 1860 (Cornet-Paulus).

PUTECLAIR (FIEF DE), mouvant de Verneuil. — 1603 (arch. nat. P 181, 22).

Puttigny, lieu-dit, c^{ne} d'Auberive.

Puttigny, lieu-dit, c^{ne} de Saint-Hilaire-au-Temple.

Puttefin (La), f. détr. c^{ne} de Belval, au canton de Dommartin-sur-Yèvre. — Un aveu de 1662 la désigne comme ruinée (arch. nat. P 192, 22). — *Le fief, terre et seigneurie de la Puttefin, situés et enclavés dans le terroir dudit Belval*, 1678 (ibid. P 194, 62).

Puttemusse, f. détr. c^{ne} de Vienne-le-Château (Bar-

thélemy, canton de Ville-sur-Tourbe, p. 95. cf. p. 93).

Py (Le), ruiss. afll. de la Suippe; prend sa source à Sommepy et se jette dans la Suippe près de Saint-Martin-l'Heureux. — *Pit*, comm. du xie siècle (polyptyque de S.-Remy de Reims). — *Fluvius Pida*, 1066 (Marlot latin, t. I, p. 621). — *Pinus*, 1303-1312 (archives administratives de Reims, t. II, p. 1114).

Q

Quartelle (La), f. détr. c^{ne} de Sogny-en-l'Angle. — *Item, a ledit abbé [de Saint-Pierre-aux-Monts], audit Sougny, ung gaingnage, c'est assavoir une place et masure où souloit avoir maison, grange et estables que l'on appelloit la Quartelle*, 1462 (arch. nat. Q¹ 662).

Quartier-du-Pont (Le), f. c^{ne} de la Neuville-au-Pont. — *Pratum super fluvium que dicitur Antre, juxta Pontem*, 1154-1161 (cart. de Montiers, 10946, f° 13 v°). — *Pons qui est super Autram*, 1165 (ibid. f° 22 r°). — *Le Quartier-du-Pont ou le Vieux-Monde*, 1860 (Cornet-Paulus).

Quartiers-de-Saint-Thibaud (Les), fief situé entre Saint-Memmie et Sarry. — *Ung fief appellez les Quartiers de Sainct-Thiebault, assis entre les villes de Sainct-Menge et Sarrey*, 1464 (arch. nat. P 36, 8).

Quassière (La Motte de), lieu-dit, c^{ne} du Frêne. — Ce lieu-dit et ceux dits *le Fond de Quassière* et *le Pendant de Quassière* rappellent évidemment le souvenir d'une localité détruite et même, sans doute, d'une localité féodale.

Quatinerie (La), lieu-dit, c^{ne} de Cherville.

Quatre-Bras (Les), m. forestière, c^{ne} de Trois-Fontaines.

Quatre-Fils-Aymon (Pré des), lieu-dit, c^{ne} de Sillery.

Quatre-Vents, f. c^{ne} de Montmirail (Cassini).

Queudes, c^{ne} de Sézanne. — *Cupidus*, viie siècle (triens mérovingien). — *Cubiae in centena Cupedensi* (ancien martyrol. de l'église de Meaux, cité par dom Bouquet, t. VI, p. 74). — *Chudei*, v. 1146 (Montier-la-Celle, c. 13). — *Codes*, 1153 (cart. du Paraclet, f° 8 r°). — *Cubiti*, 1161 (cart. d'Oyes, f° 28 r°). — *Codes*, v. 1172 (feoda Camp. n° 78). — *Cudae*, 1181-1190 (arch. de l'Aube, G 987). — *Coudes*, 1214 (Teulet, trésor des chartes, t. I, p. 409). — *Les Coudes, les Coutes, Cutes*, v. 1222

(livre des vass. de Champ.). — *Cudes*, v. 1240 (arch. nat. J 198, 83). — *Guedes*, v. 1262 (ibid. J 195, 96). — *Queudez*, 1375 (ibid. P 171, 157). — *Queuldes*, 1582 (S.-Nicolas de Sézanne, c. 11).

Chef-lieu d'une viguerie du comté de Meaux, voire même d'un pagus ou comté particulier à l'époque franque, Queudes était compris, en 1789, dans l'élection de Sézanne et suivait la coutume de Meaux. Son église paroissiale, diocèse de Troyes, doyenné de Sézanne, était dédiée à saint Pierre ès Liens; le doyen de l'église collégiale de Gaye présentait à la cure.

Queudes (Pays de), d'abord viguerie ou centaine du comté de Meaux, devenue elle-même plus tard, au xe siècle, un pagus ou comté particulier; son territoire a formé, sous la dénomination des comtés de Champagne, la châtellenie de Sézanne. — *Vicaria Copedinsis*, 813 (Gall. christ. t. XIV, c. 13). — *Centena Cupedensis* (anc. martyrologe de l'église de Meaux, cité par dom Bouquet, t. VI, p. 74). — *Pagus Covedensis*, 937 (Bouquet, t. IX, p. 720).

Queue (La), h. c^{ne} de Joiselle.

Queue-au-Bois (La), loc. détr. c^{ne} de Sainte-Menehould. — *La Queue-au-Boys, assis près nostre ville de Sainte-Menehould*, 1555 (arch. nat. P 162, 365).

Queux, f. c^{ne} d'Ambrières. — *Queux*, xviiie siècle (Cassini). — *Queulx*, 1837 (état-major).

Queux, m. seigneuriale détr. c^{ne} de Ludes. — *Une masure nommée l'astel de Queux*, 1501 (arch. nat. P 181, 99).

Quevelet (Fief), à Pargny-sur-Saulx. — *Le fief Quevelet*, 1551 (arch. nat. P 183, 8).

Quiéville, écart, c^{ne} du Meix-Tiercelin.

Quillzat, f. c^{ne} de Ville-en-Tardenois.

Quincampoix, mⁱⁿ à foulon détr. dans la baronnie de Baye. — *Le moulin nommé Quinquampoix*, 1526 (Andecy, c. 3, f° 7 v°). — *Le molin de Quincam-*

poy, 1537 (*ibid.* c. 4, p. 39). — *Quinquempoix,*
v. 1700 (ibid. c. 3).
Quincampoix, m^io, c^ne de Saint-Quentin-le-Verger. —
Le moulin de Qu'inqu'ampoix, 1742 (arch. nat.
Q^1 672). — *Le moulin de Quinquempoir*, 1781
(*ibid.*). — Voy. aussi Moulin-Clicquot (Le).

Quincampoix, m^in détr. dans la vallée d'Huiron. —
*Le moulin appellé Quinquampont qui est pour
le présent en ruine*, 1446 (cartul. d'Huiron,
p. 138).
Quinquernetterie (La), lieu-dit, c^ne de Vandières.
Quoquetterie (La), c^ne de Festigny.

R

Racotterie (La), f. c^ne de Marcuil-le-Port.— *La Rabo-
terie*, 1847 (lieux habités). — *La Rabatterie*, 1862
(Guérard, p. 204).
Racroche (La), h. c^ne de Bethon. — *La Racroche*,
1847 (lieux habités). — *Les Noblots, dit Raccroche*,
1862 (Guérard, p. 218).
Racroche (La), m^on, c^ne de Linthes. — *La Racroche
de Linthes*, 1847 (lieux habités) — *La Raccroche*,
1862 (Guérard, p. 274).
Racroche (La), h. c^na de Neuvy.
Racroche (La), anc. écart, uni à Beauvais, c^ne de la
Noue. — *La Raccroche*, 1862 (Guérard, p. 215).
Racroche-Carabin, h. c^ne de Barbonne. — *La Ra-
croche-Carabin*, 1847 (lieux habités). — *La Ra-
croche*, 1860 (Cornet-Paulus).
Racroche-de-Lancourt (La), écart, c^ne de Barbonne-
et-Fayel.
Racroche-de-Saint-Loup (La), m^ons, c^ne de Saint-
Loup. — *La Racroche-de-Saint-Loup*, 1847 (lieux
habités). — *La Raccroche*, 1860 (Cornet-Paulus).
Raday, h. c^ne de Fleury-la-Rivière. — *Le moulin
Radet, paroisse de Fleury*, 1673 (arch. nat.
Q^1 673). — *Raday*, 1730 (*ibid.*).
Radet, h. c^ne de Saint-Remy-en-Bouzemont. — *Au
village de Saint-Remy, lieu-dit le Radet*, 1722
(arch. nat. Q^1 664).
Raffart (Fief), c^ne de Grauges-sur-Aube. — *Le fief de
Raffart séant à Granges-sur-Aube*, 1499 (arch.
nat. P 165, 232). — On le trouve encore nommé
en 1722 (ibid. P 223, 312).
Rafidin, f. c^ne de Pocancy. — *Rafidin*, 1847 (lieux
habités). — *Raphidin*, 1861 (dioc. anc. de Chât.
t. II, p. 35). — *Le Raphidin*, 1863 (Guérard,
p. 134).
Rafidin (Le Petit-), m. c^ne de Pocancy.
Ragonet, h. c^ne de Warmeriville. — *Ragonet*, XVIIIe s^e
(Cassini). — *Ragonnet*, 1862 (Guérard, p. 399).
Ragot (Le), écart, c^ne de Thil.
Ragotteries (Les), lieu-dit, c^ne de Cuchery.
Rague (La), f. c^ne de Giffaumont. — *Ung gaignaige
consistant en maison, granche, estables, ... assis*

*au finage dudit Giffaulmont apelé le gaignaige de
la Rague*, 1576 (S.-Étienne de Troyes, c. 37). —
La ferme de la Ragle, 1788 (*ibid.* c. 50).
Raigses (Ruisseau des) ou des Raines, autrement dit
Roisseau de Gercourt, c^nes d'Écriennes, de Fa-
vresse et de Vauclerc.
Rambourg, m. c^ne de Bouilly. — *Une maison dite
Rambourg*, 1847 (lieux habités). — A cette date
de 1847, cette maison était habitée par un sieur
Rambourg.
Ramée (La), fief, c^ne de Cormicy. — *Le fief de la
maison de la Romée assise aux bans de Courmissy*,
1733 (arch. nat. Q^1 656).
Ramée (La), f. c^ne de Vinay.
Ramponneau, f. c^ne de Mardeuil. — *Ramponneau*, 1834
(état-major). — *Ramponeau*, 1860 (Cornet-Paulus).
Rancière, h. détr. c^ne de Sermaize. — *Ranseriæ*,
1234 (Cheminon, c. 20). — *Apud Rancerias
grangiam nostrum*, 1302 (S.-Remy de Reims,
l. 41, charte de l'abbé de Trois-Fontaines). — *Ran-
tières*, 1398 (cart. de Moutiers, 9905, f° 23 r°).
Raoulin-Louvrier (Fief de), c^ne de Fismes. — *Un
autre [fief] appelé le fief de Raoulia Louvrier*, 1498
(arch. nat. P 163, 57). — *Le fief, terre et seigneurie qui fut Raoulia Loavrier, assis en ladite
ville de Fymes et terrouer de Fymes*, 1507 (ibid.
P 207, 20). — *Le fief, terre et seigneurie qui
fut Rolin Louvrier*, 1575 (ibid. P 163, 75).
Rapsécourt, c^on de Dommartin-sur-Yèvre. — *Raberieri
Curtis*, 1132 (dioc. anc. de Chât. t. II, p. 445). —
Rabececurt, 1157 (Ulmoy). — *Rabecicort*, 1170
(cart. de Toussaints, f° 55 r°). — *Rabececorth*,
1176 (*ibid.*). — *Rabececort*, 1221 (Ulmoy). —
Rabececort, 1225 (ibid.). — *Rabecicort*, 1226
(*ibid.*). — *Rabeceicort*, 1245 (Montiers, c. 2).
— *Rabeceicort*, 1253 (cart. de Montiers, 9905,
f° 112 v°). — *Rabecicuria*, 1288 (Moutiers, c. 2).
— *Rabececurtis*, XIIIe s^e (Moirem. c. 1). — *Rabeci-
court*, v. 1300 (extenta Campanie, Ste-Menehould).
— *Rabeisseicourt*, 1389 (arch. nat. P 183, 26). —

Rabececourt, 1392 (*ibid.* P 178, 114). — *Rimbescourt*, 1425 (chap. de Châl. a. 6, l. 24). — *Rapessecourt*, 1456 (arch. nat. P 179, 62). — *Rabescourt*, 1460 (*ibid.* P 179, 69). — *Rapsécourt*, 1565 (Touss. c. 19).

Rapsécourt était compris, en 1789, dans l'élection de Sainte-Menehould et suivait la coutume de Vitry. Son église paroissiale, annexe de celle de Voilemont, diocèse de Châlons, doyenné de Sainte-Menehould, était consacrée à saint Laurent.

RARRET (Bois DE), c^{me} de Châtillon-sur-Marne et de Cuisles. — *Nemora de Cuillia*, 1146 (hist. de la maison. de Châtillon, p. 25). — *Nemusculum quoddam quod Raretum dicitur juxta Avenaium situm* (la Charmoye, c. 1). — *Le bois de Raray*, 1511 (arch. nat. P 181, 1).

RAYOCRNERIE (LA), lieu-dit, c^{me} de Corrobert.

RAUVILLÉ, lieu-dit, c^{me} de Sommepy.

RAVIÈRE (LA), m. seign. détr. c^{me} de Dampierre-sur-Auve. — *Le fief de la Ravière consistant en une place où souilloit estre la maison seigneuriale vulgairement dite la maison [de] la Ravière, de présentement desmolie*, 1716 (arch. nat. Q^1 658).

RAVIGNT, lieu-dit, c^{me} de Cuisles.

RAVIN (RUISSEAU DU), c^{me} de Sermiers.

RAVINE (LA), écart, c^{me} de Brugny (Cornet-Paulus).

REBAUDERIE (LA), lieu-dit, c^{me} de Sommeyèvre.

RECETTE (LA), écart, c^{me} de Romigny (Cornet-Paulus).

RÉCAICOURT (LE), lieu-dit, c^{me} de Rapsécourt.

RECLUS (LE), h. c^{me} de Saint-Prix-les-Hameaux. — Ancienne abbaye d'hommes de l'ordre de Cîteaux, fondée en 1142, au diocèse de Troyes, sous l'invocation de la Vierge. Elle dut son nom à Hugues le Reclus (*Hugo reclusus*), qui, en 1144, vivait encore en ce lieu (Gallia christiana, c. 264). — *In loco qui antiquitus vocabatur Fons Bahmi, nunc autem Reclusus*, v. 1144 (*ibid.* p. 13). — *Ut arido loco et parum fertili, quo insidebat abbatia, ad uberiorem locum et magis commodum transferetur jam nominata ecclesia [de Recluso]*, le comte de Troyes, Henri Ier, donna *omnem fagetum [suam] in nemoribus [suis] de Woisseio*, 1164 (le Reclus, c. 1). — *Abbatia que dicitur Donum Comitis*, 1164 (*ibid.*); ce dernier nom est suffisamment expliqué par la donation que le comte Henri avait fait de l'emplacement de la seconde abbaye du Reclus. — *Sancta Maria de Recluso*, 1217 (la Charmoye, c. 7). — *L'église et les freires dou Recluz*, 1273 (le Reclus, c. 1). — *Le couvent du Reclus-en-Brye*, 1295 (*ibid.*). — *Pauperes Reclusorum*, 1324 (hist. de la maison de Coucy, p. 404). — *Le Reclus*, 1390 (*ibid.*). — *Nostra-Dame du Roclus*, 1534 (*ibid.*). — *Le Re-*

cluz, 1556 (*ibid.* c. a). — *Le Reclus*, XVIIIe s^e (Cassini).

RECOUDE (LE), h. c^{ne} du Gault. — *Le Recaude*, v. 1252 (arch. nat. J 195, 96). — *La Recoude*, 1771 (*ibid.* Q^1 673).

RECOUDOT, nom d'une anc. loc. voisine du Recoude, c^{me} du Gault. — *Recoudot*, 1771 (arch. nat. Q^1 673).

RECOURBERIE (LA), lieu-dit, c^{ne} de Mondement-Montgivroux.

RECULÉE-FONTAINE (LA), écart, c^{ne} de Troisfontaines.

RECY, c^{me} de Châlons-sur-Marne. — *Finis Reciacensis*, 868 (cart. du chantre Guérin, f^e 23 r^e). — *Vicus Receius super fluvium Maternum situs*, IXe siècle (vita S. Gibriani, apud Bolland. t. II, maii, p. 301). — *Villa Receia*, 1043 (S.-Pierre-aux-Monts, c. 1). — *Recium*, *Recheium*, *Reici*, 1132 (la Neuville, c. 4). — *Receium*, 1134 (*ibid.*). — *Reisci*, 1161 (S.-Memmie, c. 1). — *Receiacum*, 1206 (Vinets, c. 4). — *Reci*, v. 1222 (livre des vass. de Champ.). — *Reciacum*, v. 1252 (arch. nat. J 202, 47). — *Recei*, 1308 (S.-Pierre-aux-Monts, c. 6, l. 2). — *Ricy*, 1342 (*ibid.* c. 32). — *Recey*, 1383 (arch. nat. P 188, 52). — *Recey lez ledit Chaalons*, 1483 (chap. de Châl. a. 5, l. 50). — *Recy-sur-Marne*, 1679 (arch. nat. Q^1 668).

Recy faisait partie, en 1789, de l'élection et était régi par la coutume de Châlons. Son église paroissiale, diocèse de Châlons, doyenné de Bussy, était dédiée à Notre-Dame; l'abbé de Saint-Pierre-aux-Mont présentait à la cure.

RÉGALE (RUISSEAU DE LA), c^{me} de Vauclerc.

RÉGNICOURT, lieu-dit, c^{ne} de Rouvroy.

REIGNERIES (LES), lieu-dit, c^{me} de Fèrebrianges.

REIMS, ch.-l. d'arrond. — *Durocortorum*, milieu du Ier siècle av. l'ère chrét. (César, de bello gallico). — Δουρικορτορα, comm. du Ier siècle (Strabon). — Δουροκοτ]ορον, vers 140 (Ptolémée). — *Dorocordoros*, IVe siècle (Ethicus). — *Cirilos Remi*, v. 380 (Ammien Marcellin, l. XVI, c. 2). — *Civitas Remorum*, fin du IVe siècle (notice des cités de la Gaule). — *Remis; civitas Remis; urbs Remensis* ou *Remensium; opidum Remense*, fin du VIe siècle (Grég. de Tours, historia Francorum). — *Remus*, v. titio (chronicon Fredegarii). — *Remana urbs*, VIIe siècle (vita S. Gangerici). — *Remorum civitas*, v. 790 (annales Tilliani, apud Bouquet, V, 24). — *Reins*, 1182 (arch. adm. de Reims, t. I, p. 392). — *Reins*, v. 1222 (livre des vass. de Champ.). — *Reyns*, v. 1300 (extenta Campanie, Louvois). — *Reinz*, 1383 (arch. adm. de Reims, t. I, p. 392). — *Reims*, 1500 (S.-Basle, c. 1, l. 1). — *Reyms*, 1569 (arch. lég. de Reims, statuts, t. II, p. 185).

— *Rheims*, 1592 (chap. de Reims, c. 20). — *Rheins*, 1623 (arch. nat. P 167, 105).

L'église cathédrale de Reims est dédiée à Notre-Dame.

REIMS-LA-BRÛLÉE, c⁰⁰ de Vitry-le-François. — *Ranc*, 1179 (Ulmoy). — *Rainc*, v. 1252 (arch. nat. J 202, 55). — *Reinc*, 1405 (pouillé du dioc. de Chât. f° 76 r°). — *Rainc-la-Bruslée*, 1530 (chap. de Reims, c. 39). — *Rains-la-Bruslée*, 1571 (*ibid.*). — *Reinc-la-Bruslée*, 1582 (*ibid.*). — *Reync-la-Bruslée, Reims-la-Bruslée*, 1603 (*ibid.*).— *Raints-la-Bruslée*, 1648 (Cheminon, c. 15). — *Rheims-la-Bruslée*, 1651 (évêché de Chât. c. 9).

En 1789, Reims-la-Brûlée était compris dans l'élection et suivait la coutume de Vitry. Son église paroissiale, diocèse de Châlons, doyenné de Vitry-le-Brûlé, était consacrée à saint Martin; le prieur de Saint-Thibaud de Vitry présentait à la cure.

REMI, nom latin d'un peuple belge dont le territoire comprenait la presque totalité du département des Ardennes et une portion importante de ceux de la Marne et de l'Aisne. — *Durocortorum*, la ville capitale de ce peuple, quitta ce nom vers le IIIᵉ siècle de notre ère, pour prendre celui même de la nation des *Remi*; c'est le Reims actuel. — *Remi*, vers 50 avant J.-C. (César). — Ῥῆμοι, comm. du Iᵉʳ siècle (Strabon).

REMICOURT, c⁰⁰ de Dommartin-sur-Yèvre. — *Ramicort*, 1217 (Montiers, c. 3). — *Ramicourt*, 1219 (*ibid.* c. 3). — *Remeicort, Remicort*, 1233 (*ibid.*). — *Remigicuria*, v. 1233 (S.-Pierre-aux-Monts, c. 15). — *Remicuria*, 1235 (cart. de Montiers, 9905, f° 168 v°).—*Rainmeicort, Rammicort, Rammicourt*, v. 1252 (arch. nat. J 202, 55). — *Remeicourt*, 1389 (*ibid.* P 183, 61). — *Remycourt*, 1485 (ibid. P 162, 102). — *Remicourt-en-Argonne*, 1553 (ibid. P 161, 256). — *Reimycourt*, XVIᵉ s° (cart. de Montiers, 9905, f° 130 v°).

En 1789, Remicourt faisait partie de l'élection de Sainte-Menehould et était régi par la coutume de Vitry. Son église paroissiale, annexe de celle du Châtelier, diocèse de Châlons, doyenné de Possesse, était dédiée à saint Nicolas.

RÉMOIS (LE), pagus ou comté qui, à l'époque franque, répondait à peu près à la partie du diocèse de Reims qui comprenait les doyennés de Reims, d'Épernay, de Vesle, de Bétheniville et de Lavannes, plus partie de ceux d'Hermonville et de la Montagne. — *Pagus Remensis*, v. 593 (Grég. de Tours, miracula S. Martini, l. IV, c. 26). — *Pagus Remegensis*, 835 (historiens de France, t. VI, p. 414). — *Pagus Remtianus*, 853 (capitul. de Servais). — *Remensia*

comitatus, 867 (Tardif, cartons des rois, p. 105). — *Raincien*, comm. du XIIIᵉ siècle (roman de Guill. de Dôle).

RERAILLES (RU DES), affl. du Surmelin; arrose le finage de Corribert.

RENANDE (LA), h. c⁰ᵉ de Vienne-le-Château.

RENARDERIE (LA), lieu-dit, c⁰ᵉ de Montmort.

RENARDIÈRE (LA), lieu-dit, c⁰ᵉ de Vandières.

RENARDIÈRES (RU DES), affl. du ru de Bonneval; arrose le territoire de Tréfols.

RENARDIÈRES (MONTS DES), c⁰ᵉ de la Veuve.

RENARDS (RUISSEAU DES), c⁰ᵉ du Thoult-Trosnay.

RENAUDERIE (LA), lieu-dit, c⁰ᵉ de Boursault.

RENAUDIÈRES (LES), lieu-dit, c⁰ᵉ de Leuvrigny.

RENAUMONT, f. c⁰ᵉ de Charmont. — *Renaumont*, 1237 (cart. de Montiers, 9905, f° 426 r°).

RENAUVAL, f. c⁰ᵉ de Cheminon-la-Ville. — *Renaudi Vallis*, 1094 (Teulet, trésor des chartes, t. I, p. 30). — *Campus qui vocatur Raynaldi, Vallis Rainaldi*, 1110 (Cheminon, c. 1). — *Tegularia in Valle Ranaudi*, 1180 (bullaire de Cheminon, p. 9). — *Tegularia sua de Rainaural*, 1192 (Cheminon, c. 20). — *Benauval*, 1310 (Trois-Font. c. 1). — *Le bois de Renalval, le bois de Renauvail*, 1312 (Cheminon, c. 4). — *La gaignaige de Regnauval*, 1533 (*ibid.* c. 5). — *La cense de Renauldval*, 1685 (*ibid.*). — *Ferme de Renauvalt*, 1730 (*ibid.* c. 7). — *Renovat*, 1787 (*ibid.* c. 7). — *Renovald*, XVIIIᵉ siècle (*ibid.* c. 5). — *Renova*, XVIIIᵉ siècle (Cassini). — *Renoval ou Regnault-Val*, 1860 (Cornet-Paulus).

RENNEVILLE, c⁰ᵉ de Villeneuve-Renneville-Chevigny. — *Raineville, Rainneville, Reinneville*, v. 1252 (arch. nat. J 193, 51, et J 202, 55). — *Raigne-Ville*, 1263 (S.-Memmie, c. 7). — *Ranavilla*, 1405 (pouillé du dioc. de Chât. f° 81 v°). — *Ravilla* (sic), 1542 (taxe du dioc. de Chât. p. 212). — *Renneville*, 1605 (arch. nat. P 190, 56, f° 1 v°).

En 1789, Renneville était compris dans l'élection de Châlons et suivait la coutume de Vitry. Son église paroissiale, diocèse de Châlons, doyenné de Vertus, était consacrée à saint Pierre; l'abbé de Notre-Dame de Vertus présentait à la cure.

RENNEVILLE (FIEF DE), c⁰ᵉ d'Herpont. — *Fief de Reineville*, sans maison, 1720 (Saugrain, t. I, p. 437).

RENTS (LA), m. détr. près de Blacy. — *Un fief et maison nommé le fief de la Rente*, mouvant d'Arzillières, 1538 (arch. nat. P 179, 103).

RÉPUBLIQUE (LA), écart, c⁰ᵉ de Broyes.

REQUIGNY, m. détr. c⁰ᵉ d'Ante. — *Requigneis*, v. 1252 (arch. nat. J 202, 55). — *Le fief de Requigny*, 1366 (ibid. P 183, 20). — *Requigney*, 1394 (*ibid.* P 208, 35). — *La maison de Requigny*, 1572 (*ibid.* P 183, 10). — *75 arpens de bois tailliz appellez le Château de Requigny*, 1736 (*ibid.* P 230, 60).

Le nom de *Requigny* est resté à un lieu-dit de la commune d'Ante, ainsi qu'à un étang de la commune du Vieil-Dampierre.

RETILLY, lieu-dit, c^{ne} de Saint-Lumier-en-Champagne.

RETORTAS, f. et m^{in}, c^{ne} de Sézanne. — *Retortoi*, 1248 (S.-Nicolas de Sézanne, c. 12). — *L'assin, grange et maison de Retortey*, 1401 (chap. de Sézanne, c. 8). — *Retortoy*, 1535 (S.-Julien de Sézanne, c. 4 *bis*). — *Tortas*, xviiie siècle (Cassini). — *Retortar*, 1847 (lieux habités). — *Retortat*, 1860 (Cornet-Paulus).

RETOUR (LE), m. c^{ne} de Tramery.

RETOURNELOUP, h. c^{ne} d'Esternay. — *Retorneleu*, 1210 (cart. de S.-Jean-des-Vignes, f° 104 v°). — *Retornelo, Retornelou in parrochia d'Esternai*, v. 1252 (arch. nat. J 195, 96). — *Retournelou*, 1524 (*ibid.* P 193, 35). — *Tourneloup*, xviiie siècle (Cassini).

REUIL, c^{ne} de Châtillon-sur-Marne. — *Rolium*, 1146 (hist. de la maison de Châtillon, p. 25). — *Rodolium*, 1178 (cart. de S.-Martin d'Épernay, p. 139). — *Ruel*, v. 1222 (livre des vass. de Champ.). — *Rueil*, 1225 (cart. d'Igny, f° 224 r°). — *Radolium*, 1243 (Teulet, trésor des chartes, t. II, p. 491). — *Reuel-sur-Marne*, 1461 (arch. nat. P 162, 86). — *Rueil-sur-Marne*, 1477 (*ibid.* P 166, 326). — *Rueul-sur-Marne*, 1534 (*ibid.* P 162, 134). — *Reuil-sur-Marne*, 1834 (état-major).

Reuil faisait partie, en 1789, de l'élection d'Épernay et était régi par la coutume de Vitry. Son église paroissiale, diocèse de Soissons, doyenné de Châtillon-sur-Marne, était dédiée à saint Martin; l'abbé d'Hautvillers présentait à la cure.

REUIL (LE PRÉ DE), lieu-dit, c^{ne} d'Épense.

REUVES, c^{ne} de Sézanne. — *Ad Ruborem*, 813 (Gall. christ. t. XIV, c. 17). — *Roborum*, 1131 (Andecy). — *Revres, Reuvres*, v. 1252 (arch. nat. J 195, 96). — *Rueves*, 1367 (*ibid.* Q¹ 681, f° 23 r°). — *Revez*, 1381 (pouillé de Troyes, n° 321). — *Ravere*, 1401 (*ibid.*). — *Reues*, 1537 (Andecy, c. 4, p. 26). — *Reuves*, 1664 (arch. nat. P 191⁴, f° 26 *bis*). — *Reuvre*, xviiie siècle (Cassini). — *Reuvres, Reuvræ*, 1784 (Courtalon, t. III, p. 308).

Reuves était compris, en 1789, dans l'élection de Sézanne et suivait la coutume de Meaux. Son église paroissiale, diocèse de Troyes, doyenné de

Sézanne, était consacrée à saint Firmin; l'évêque de Troyes en était collateur.

REVEILLERIE (LA), lieu-dit, c^{ne} d'Escardes.

RÉVEILLON, c^{ne} d'Esternay. — *Rivillon*, v. 1252 (arch. nat. J 195, 96). — *Roullon, paroisse de Villeneuve-la-Lyonne*, 1518 (Belleau). — *Revillon*, 1784 (Courtalon, t. III, p. 328).

Réveillon faisait partie de l'élection de Sézanne et était régi par la coutume de Meaux. Son église paroissiale, annexe de celle de Villeneuve-la-Lionne, diocèse de Troyes, doyenné de Sézanne, était consacrée à saint Fiacre.

RÉVILLON, h. c^{ne} de Chaumuzy. — *Molendinum de Rivelon*, 1203 (chap. de Reims, l. Chaumuzy). — *Revillon*, v. 1300 (arch. adm. de Reims, t. I, p. 1089). — *Reveillo*, 1343 (*ibid.* t. II, p. 883). — *Revilly*, xive siècle (*ibid.*). — *Revyllon*, 1499 (archev. de Reims, c. 6). — *Ervillon*, xviiie siècle (Cassini).

REZAY, fief mouvant de Saint-Bon. — *Ung petit fief appellé le fief de Resey*, 1575 (arch. nat. P 170, 32). — *Le fief de Rezay*, 1734 (*ibid.* P 198, 10).

RIBAUDERIE (LA), lieu-dit, c^{ne} de Loisy-sur-Marne.

RIBAUDIÈRE (LA), lieu-dit, c^{ne} de Mondement-Montgivroux.

RIBAUDIÈRE (LA), lieu-dit, c^{ne} de Soizy-aux-Bois.

RICHARD-MÉNAGE, lieu-dit, c^{ne} de Broyes. — *Quatorze arpens de terre labourable appellé Richard-Ménage, assis dans le terroir de Broyes*, 1732 (arch. nat. P 197, 39).

RICHEBOURG, portion du vill. de Nesle-le-Repons. — *A Nesle, en la rue de Richebourg*, 1511 (arch. nat. P 181, 1). — *La rue de Richebourg*, 1570 (*ibid.* P 177, 15 r°).

RICHECOURT, lieu-dit, c^{nes} de Hourges et de Vandeuil.

RICY (LES), lieu-dit, c^{ne} de Cramant.

RIEUX, c^{ne} de Montmirail. — *Decima de Ripis*, v. 1159 (arch. de l'Aube, G 464). — *Rix*, 1216 (Machaut, hist. du bienheureux Jean de Montmirail, p. 415). — *Rius*, v. 1222 (livre des vass. de Champ.). — *Riux*, 1250 (Boitel, hist. du bienh. Jean de Montmirel, p. 570; c'est à tort que l'on y a imprimé *Ruix*). — *Riri*, 1407 (pouillé de Troyes, p. 320).

En 1789, Rieux était compris dans l'élection de Sézanne et suivait la coutume de Meaux. Son église paroissiale, diocèse de Troyes, doyenné de Sézanne, était dédiée à saint Quentin; l'évêque de Troyes en était collateur.

RIEUX (LES), m. détr. c^{ne} d'Escardes. — *Le fief de Rieux... assis en la paroisse d'Escardes; le lieu où souloit astre la maison dudit fief de Rieulx, en lieu* dit *la Val*, *aslant de présent en mazure*, 1575 (arch. nat. P 170, 31).

Rieux (Les), f. c^{ne} de Léchelle.

Rieux (Ruisseau des), c^{ne} de Mareuil-le-Port.

Rigoblins (Les), h. c^{ne} de Vinay. — *Ricoblein*, 1246 (la Charmoye, c. 6). — *Les Rigoblins*, xviiie siècle (Cassini). — *Rigoblin*, 1834 (état-major).

Rigole (La), auc. mⁱⁿ, c^{ne} d'Aulnay-sur-Marne. — *Audit Aulnay, le siège d'un moulin assis sur la rivière dudit lieu, appellé la Rigolle, au dessus du moulin de Jallon, où sont de présent les estoqz et aultres apparenses*, 1575 (arch. nat. P 181, 125).

Rilly-la-Montagne, c^{on} de Verzy. — *Rislzius*, v. 850 (polyptyque de Saint-Remy de Reims). — *Risleyum*, 1118-1125 (cart. A de Saint-Remy de Reims, p. 383). — *Risleium in montanis*, 1145 (arch. adm. de Reims, t. I, p. 312). — *Risliacum*, 1171 (cart. B de S.-Remy de Reims, p. 129). — *Rislé*, xiie siècle (fragm. d'un polypt. de S.-Remy, p. 167). — *Rilli*, 1213 (chap. de Reims, l. Mourmelon). — *Rilleium*, 1219 (Barthélemy, canton de Verzy, p. 47). — *Rislé*, 1220 (S.-Remy de Reims, l. 173). — *Rulli*, v. 1222 (livre des vass. de Champ.). — *Reliacum*, v. 1252 (arch. nat. J 202, 47). — *Rilliacum, Rili*, v. 1263 (arch. adm. de Reims, t. I, p. 848). — *Rily*, 1295 S.-Remy de Reims, l. 185). — *Ruilli*, v. 1300 (extenta Campanie, Louvois). — *Rilly*, 1303-1312 (arch. adm. de Reims; t. II, p. 1116). — *Rigny*, 1331 (S.-Remy de Reims, l. 173). — *Rilleyum*, 1357 (arch. adm. de Reims, t. III, p. 100). — *Reilly*, 1662 (arch. nat. P 193, 63). — *Rilly en la Montagne de Reins*, 1740 (chap. de Reims, l. 32).

En 1789, Rilly-la-Montagne était compris dans l'élection et suivait la coutume de Reims. Son église paroissiale, diocèse de Reims, doyenné de Vesle, était dédiée à saint Nicolas; l'abbé de Saint-Remy de Reims présentait à la cure.

Rincnâtel, lieu-dit , c^{ne} de Jonchery-sur-Suippe.

Ripont, c^{ce} de Ville-sur-Tourbe. — *Reipons*, 1250 (cart. de Moiremont, f° 416 r°). — *Repont*, 1248 (cart. de S.-Nicaise de Reims, f° 60 r°). — *Rippont, Rippons*, 1346 (arch. adm. de Reims, t. II, p. 988 et 1100). — *Ripo[n]t, Ripon*, 1538 (arch. nat. P 184, 90).

En 1789, Ripont faisait partie de l'élection de Reims et suivait la coutume de Vitry. Son église paroissiale, annexe de celle de Rouvroy, diocèse de Reims, doyenné de Cernay-en-Dormois, était consacrée à saint Christophe.

Ris (Forêt de). Cette forêt s'étend sur les communes

de Barzy, le Charmel, Ronchières et Tréloup (dép^t de l'Aisne), et de Champvoisy (dép^t de la Marne). — *Foresta de Rie*, 1166 (cart. d'Igny, f° 179 r°). — *Foresta de Ria*, 1229 (Teulet, trésor des chartes, t. II, p. 167). — *Foresta de Rys*, 1247 (cart. de Coincy, p. 18). — *Foresta de Ry*, 1289 (hist. de la maison de Châtillon, p. 195). — *La forest de Rye*, 1408 (arch. nat. P 180, 141). — *Forêt de Ris*, 1783 (état du dioc. de Soissons, p. 6). — Forêt de Riz, 1832 (état-major).

Risquetout, boulangerie, c^{ne} de Magneux.

Riva (La), un des moulins de Porto-Marne, à Châlons-sur-Marne. — *Deux molins assiz au bourg de Porte-Marne dudit Chaalons, l'un nommé Crochetel et l'autre la Rive*, 1461 (chap. de Châl. a. 2, l. 25).

Rivière (La), fief mouvant de Bouchy-le-Repos. — *Dans la dicte seigneurie de Bouchy sont situé[s] deux fief[s], l'un... l'autre de la Rivierre*, 1728 (arch. de l'Aube, G 753).

Rivière (La), loc. détr. c^{ne} de Broussy-le-Grand. — *Rivaria juxta montem; — Rivaria juxta montem Avout*, 1216 (la Charmoye, c. 7).

Rivière (La), fief, c^{ne} de Dampierre-sur-Auve. — *Le fief de la Rivière, scitué audit Dampierre*, 1686 (arch. nat. P 221, 3).

Rivière (La), f. c^{ne} de Saint-Genest. — *La Rivière*, 1847 (lieux habités). — *Rivière*, 1860 (Cornet-Paulus).

Rivière-d'Ardre (La), région naturelle formée de la vallée de l'Ardre. — *Riviere d'Ardre*, comm. du xive siècle (arch. adm. de Reims, t. I, p. 1089).

Rivière-de-Noron (La), région naturelle formée de la vallée de Noron. — *Riviere de Noeron*, comm. du xive siècle (arch. adm. de Reims, t. I, p. 1089).

Rivières (Les), vill. c^{ne} des Rivières-et-Henruel. — *Riveria*, 1165 (cart. d'Huiron, p. 21). — *In Riveria juxta Castelli Radulphi*, 1187 (ibid. p. 213): — *La Riviere, les Rivieres*, v. 1222 (livre des vass. de Champ.). — *Riparia*, v. 1252 (arch. nat. J 198, 83). — *La ville de la Riviere*, 1375 (ibid. P 171, 157). — *Ripariæ*, 1405 (pouillé de Châl. f° 76 v°). — *Les Riviers*, 1657 (arch. nat. P 217, 52). — *Les Rivierres*, 1692 (ibid. P 221, 93). — *Curiale beneficium Sanctæ Magdalenæ, vulgo les Rivieres... olim Sancti Hilarii cui annexa erat ecclesia Sancte Magdalene*, 1755 (chap. de Châl. a. 1, l. 56).

En 1789, les Rivières était compris dans l'élection et suivait la coutume de Vitry. Son église paroissiale, diocèse de Châlons, doyenné de Perthes, était dédiée à sainte Marie-Madeleine; le chapitre cathédral de Châlons présentait à la cure.

Rivières-et-Henruel (Les), c⁰ⁿ de Saint-Remy-en-Bouzemont, commune formée en 1852 de l'union des anciennes communes des Rivières et d'Henruel.

Rivreuil, f. c⁰ⁿ de Saint-Amand.

Robarderie (La), f. c⁰ⁿ d'Orbais.

Robassa (Ruisseau de), prend sa source à Hermonville et va se perdre dans le Vivier-Colin, réservoir situé sur la lisière des territoires d'Hermonville et de Cauroy-lez-Hermonville.

Robinet, f. détr. et fief, c⁰ⁿ de Reims-la-Brûlée. — *La coux bruslée du guinage de Robinet*, 1530 (chap. de Reims, c. 39). — *Ung fief dépendant de ladite seigneurie de Raine appellé le fief Robinot Favresse*, 1547 (*ibid.*). — *La cense du gaignage Robinet*, 1571 (*ibid.*). — *Le fief de Robinet*, 1603 (*ibid.*).

Robinette (La), écart, c⁰ⁿ de Sivry-sur-Ante (Cornet-Paulus).

Robiterie (La), lieu-dit, c⁰ⁿ d'Étoges.

Roby, lieu-dit, c⁰ⁿ de Perthes-lez-Hurlus.

Rochardières (Les), lieu-dit, c⁰ⁿ du Breuil.

Roche, anc. gagnage, dans la vallée d'Huiron. — *Le gaignage qu'on dit Roche*, 1446 (cart. d'Huiron, p. 137).

Rocae (La), m⁰ⁿ, c⁰ⁿ de Sainte-Menehould.

Rochefort, lieu-dit, c⁰ⁿ de Lucy.

Rochelle (Bois de la), c⁰ⁿ de Bethon.

Rochelle (La), fief, c⁰ⁿ de la Forestière. — *Le fief apellé Boulaige, autrement la Rochelle, situé près la Chalmelle*, 1756 (arch. nat. Q¹ 678).

Rocuse (Les), m⁰ⁿ, c⁰ⁿ de Nesle-la-Reposte. — *Moulin de la Roche*, 1833 (état-major).

Roches (Les), m. c⁰ⁿ de la Ville-sous-Orbais.

Roche-Saint-Mamert (La), m⁰ⁿ, c⁰ⁿ de Vinay.

Rochière (La), fief voisin de Possesse. — *Ladite seigneurie de la Rochière*, 1571 (archives nationales, P 183, 9).

Rocquancourt, h. c⁰ⁿ de Brimont. — *Cortis Rucunicus*, 866 (Tardif, cartons des rois, n° 194). — *Roquinicurtis*, 1289 (cart. B du chap. de Reims, f° 279 v°). — *Roquignicourt*, comm. du xiv° siècle (arch. adm. de Reims, t. I, p. 1090). — *Requignicourt*, 1303-1312 (*ibid.* t. II, p. 1058). — *Rokignicourt*, 1344 (*ibid.* t. II, p. 901). — *Roquignicourt*, 1384 (arch. nat. P 28, 27). — *Roquincourt*, 1412 (*ibid.* J 199, 17). — *Rocquignicourt*, 1496 (S.-Thierry, c. 2, l. 13). — *Rocquaincourt*, 1625 (*ibid.*). — *Rocquincourt*, 1647 (*ibid.*). — *Roquincourt*, 1860 (Cornet-Paulus).

Rodemat (Bois de), c⁰ⁿ de Villers-sous-Châtillon et de Binson-Orquigny. — *Le bois de Rodemat*, 1419 (arch. nat. P 180, 152).

Rogson (Ru du), c⁰ⁿ de Leuvrigny et d'OEuilly.

Roguenelle (La), h. c⁰ⁿ de Tréfols. — *Haute-et-Basse-Roguenelle* [hameau], xviii° siècle (Cassini). — *La Roguenelle*, 1832 (état-major). — *La Roguenele*, 1862 (Guérard, p. 240).

Rohais (Forêt de), c⁰ⁿ de Florent. — *Nemus de Roes*, 1218 (liber pontificum, f° 25 r°). — *Nemus de Rohais*, 1226 (cart. B du chap. de Reims, f° 429 v°). — *Nemus de Racz*, 1227 (chap. de Reims, p. 46). — *Nemus de Roheis*, v. 1275 (liber pontificum, f° 446 v°).

Roi (Bois du), c⁰ⁿ de Venteuil, Damery, Villers-sous-Châtillon et Belval.

Roises (Les), h. c⁰ⁿ de Bergères-sous-Montmirail.

Roises (Les), anc. m. à Nanteuil-la-Fosse. — *Une maison... assise audict Nantheul, appellé d'anciennetté la maison des Roises*, 1568 (arch. nat. P 181, 15).

Roises (Bois des), c⁰ⁿ du Thoult-Trosnay.

Roises (Ruisseau des), se perd dans le sable entre Chenay et Châlons-sur-Vesle.

Roises (Les), ruiss. c⁰ⁿ de Sept-Saulx.

Roises (Ruisseau des), c⁰ⁿ de Suizy-lo-Franc.

Romain, c⁰ⁿ de Fismes. — *Romani*, comm. du xi° s° (polypt. de S.-Remy de Reims). — *Romains*, 1032 (hist. des comtes de Champagne, t. I, p. 469). — *Romeine*, 1156 (cart. d'Igny, f° 10 r°). — *Romani*, 1154-1159 (*ibid.* f° 2 r°). — *Rommainz*, 1164 (S.-Thierry, c. 7). — *Romayns*, 1172 (cart. de la Val-Roy, 10945, f° 12 v°). — *Roumains, les Roumains*, v. 1222 (livre des vass. de Champ.). — *Roumani*, 1265 (cart. d'Igny, f° 2 r°). — *Rommains*, 1303-1312 (arch. adm. de Reims, t. II, p. 1059). — Cornet-Paulus, en 1860, mentionne les noms de *Romain-le-Grand* et *Romain-le-Petit*, comme ceux de dépendances de Romain.

Romain faisait partie de l'élection de Reims et suivait pour partie la coutume de Reims, pour partie celle de Vitry. Son église paroissiale, diocèse de Reims, doyenné d'Hermonville, était consacrée à saint Timothée et à saint Apollinaire; le commundeur du Temple de Reims présentait à la cure.

Romainville, h. c⁰ⁿ de Reims.

Romanie (La), écart, c⁰ⁿ de Sommevesle.

Rome, f. c⁰ⁿ de Binarville.

Rome, écart, c⁰ⁿ d'Épernay.

Rome, m. c⁰ⁿ de Vitry-le-François. — *La cense de Rome*, 1805 (ann. de l'an xiii, p. 32).

Romécourt (Comté de). Une portion des marais de Saint-Good fut érigée en comté sous ce nom, vers 1670, en faveur d'Antoine de Romécourt, lieutenant de la compagnie des gardes écossaises. — Voy. Saint-Cosd (Marais de).

Rouery, h. c^{ne} de Cormoyeux-Romery. — *Romerye*, 1556 (arch. lég. de Reims, cout. p. 956).

En 1789, l'église de Romery, dédiée à saint Laurent, était le siège d'une vicairie de tolérance de la paroisse de Cormoyeux.

Romiany, c^{on} de Ville-en-Tardenois. — *Rominiacus*, 840-877 (Tardif, cartons des rois, n° 212). — *Ruminiacum*, 1202 (cart. de Saint-Corneille de Compiègne, f° 108 r°). — *Rumigai*, 1238 (*ibid.* f° 135 v°). — *Rumigniacum*, 1244 (Belval, c. 1). — *Roumigniacum*, 1270 (chap. de Reims, l. Ville-en-Tardenois). — *Roumigni*, v. 1274 (arch. nat. J 202, 45). — *Rumegny*, 1303-1312 (arch. adm. de Reims, t. II, p. 1054). — *Rommigni*, 1346 (*ibid.* t. II, p. 1053). — *Rumigny*, 1358 (*ibid.* t. III, p. 108). — *Rommeny-en-Tardenois*, 1383 (arch. nat. P 188, 52). — *Roumigny*, 1488 (Argensolles, c. 3). — *Rommegny*, 1498 (arch. nat. P 180, 167). — *Romigny*, 1513 (chap. de Reims, l. Villo-en-Tardenois). — *Romigny*, 1594 (Belval, c. 1).

Romigny était compris, en 1789, dans l'élection et suivait la coutume de Reims. Son église paroissiale, diocèse de Reims, doyenné de la Montagne, était dédiée à saint Médard; le prieur de Belval présentait à la cure.

Romont, ch. c^{ne} de Mailly. — *Raumont*, XVIII* siècle (Cassini).

Romoutt, lieu-dit, c^{ne} de Béru.

RONCHAMP (Le), h. c^{ne} de Vienne-le-Château. — *Le Rondchamp*, 1529 (Barthélemy, cant. de Ville-sur-Tourbe, p. 89). — *Le Rondchamps*, XVIII* siècle (Cassini). — *Rondchamp*, 1860 (Cornet-Paulus).

Ronchamp (Ru du), affl. de la Biesme; arrose le finage de Vienne-le-Château.

Ronchère (La), m. détr. c^{ne} de Possesse. — *Une place et masure de Ronchière où souloit avoir maison*. Ce lieu est désigné comme le siège du *fief Perinet de la Ronchière et de Collesson, son neveu, que tiennent à présent les hoirs Jehan Bauldet*, 1572 (arch. nat. P 183, 10). — *Le fief de la Ronchère situé à Possesse*, 1774 (ibid. Q¹ 664).

Rondefontaine, f. c^{ne} de Vroil.

Rony, m. détr. c^{ne} d'Heiltz-le-Hutier (dioc. anc. de Châl. t. II, p. 313).

ROQUETTE (La), anc. f. c^{ne} de Bourgogne. — *La cense appellée la Roquette... au village et terroir de Bourgoingne*, 1534 (chap. de Reims, c. 9). — *La Rocquette*, 1647 (*ibid.*).

Roquetterie (La), m^{on}, c^{ne} de Janvilliers.

Rosay, c^{ne} d'Heiltz-le-Maurupt. — *Rosetum*, 1079 (S.-Pierre-aux-Monts, c. 1). — *Roseium*, 1132-

1142 (Ulmoy). — *Rosoi*, fin du XII* siècle (*ibid.*). — *Rosoy*, v. 1252 (arch. nat. J 202, 55). — *Rosai*, 1263 (cart. de Moutiers, 9905, f° 5 r°). — *Roisei*, 1287 (S.-Pierre-aux-Monts, c. 19). — *Rosay*, 1294 (*ibid.*). — *Rosay del[e]z Doucei*, 1299 (*ibid.* c. 20). — *Rozetum*, 1302 (Ulmoy). — *Rosetum juxta Wanou ad Dominas*, 1303 (S.-Pierre-aux-Monts, c. 19). — *Rozai*, 1306 (ibid. c. 24). — *Rosoy*, 1384 (arch. nat. P 51², 1460). — *Rozay*, 1804 (ann. de l'an XIII, p. 76).

Rosay faisait partie, en 1789, de l'élection et suivait la coutume de Vitry. Son église paroissiale, diocèse de Châlons, doyenné de Vitry-le-Brûlé, était consacrée à saint Hilaire; l'abbé de Saint-Pierre-aux-Monts présentait à la cure.

Roseaux (Les), m^{in}, c^{ne} de Cormoyeux-Romery.

Rosettes (Les), ruiss. affl. du Surmelin; arrose le finage de Montmort.

Rosiers (Les), h. c^{ne} de Passy-Grigny.

Rosières (Ru des), affl. de la Marne; arrose les finages de Champillon et de Dizy.

Rosnay, c^{on} de Ville-en-Tardenois. — *Rodenaium*, comm. du XI* siècle (polypt. de S.-Remy de Reims). — *Ronnaium*, 1182 (Igny, l. Montazin). — *Ronaium*, 1225 (S.-Thierry, c. 4, l. 28). — *Ronnayum*, 1226 (*ibid.*). — *Runnaium*, 1229 (chap. de Reims, c. 46). — *Ronnayum*, 1264 (*ibid.*). — *Ronneiz*, v. 1274 (arch. nat. J 202, 45). — *Rannay*, 1294 (chap. de Reims, l. Rosnay). — *Ronnai*, 1296 (Igny, l. Montazin). — *Ronnay delez Reins*, 1384 (arch. adm. de Reims, t. III, p. 597). — *Ronay*, 1464 (arch. nat. P 161, 282).

En 1789, Rosnay était compris dans l'élection de Reims et suivait pour partie la coutume de Reims, pour partie celle de Vitry. Son église paroissiale, diocèse de Reims, doyenné de Fismes, était dédiée à Notre-Dame; l'abbé de Moiremont présentait à la cure.

Rosoy, f. c^{ne} d'Aougny. — *Terra in valle de Raseta in qua heremite prius habitaverunt*, 1150 (cart. d'Igny, f° 86 r°). — *Villa de Roseto*, 1154-1159 (ibid. f° 2 r°). — *Roseium*, 1177 (ibid. f° 20 r°). — *Rosoi*, 1200 (*ibid.* f° 206 r°). — *Le Rozoy*, 1860 (Cornet-Paulus).

Rosset (Le), f. c^{ne} de Gorrobert.

Rotonchamp, f. c^{ne} de Possesse. — *Rutumchamp*, 1154-1161 (Montiers, c. 1). — *Rotuncamp*, 1154-1161 (cart. de Moutiers, 10946, f° 7 r°). — *Rotunchamp*, 1163 (ibid. f° 4 v°). — *Rotuncamp*, 1163-1164 (Montiers, c. 1). — *Retumcamp*, 1175 (cart. de Montiers, 10946, f° 27 v°). — *Retuncam*, 1182 (ibid. 9905, f° 8 r°). — *Rotumcampt*, v. 1190

(Montiers, c. 2). — *Rotuncamp*, 1197 (Châtrices).
— *Altare de Rotundo Casapo*, 1216 (cart. de Montiers, 9905, f° 43 v°). — *Artonchamp*, 1530 (*ibid.* f° 258 v°). — *Rotunchamp*, 1538 (*ibid.* f° 251 r°). — *La cense de Rotonchamps*, 1673 (Montiers, c. 1).

Rouage (Fief du), c⁰ᵉ de Broyes. — *Le fief du Rouage et le Maucreux*, 1603. (arch. nat. P 178, 98). — *Le fief du Rouage et le Malcreux, assis à Broyes*, 1652 (*ibid.* Q¹ 679). — *Le fief du Rouage et de Maulcreux* (*ibid.* P 191⁴, 26 bis).

Rouarie (La), f. détr. c⁰ᵉ du Mesnil-sur-Oger (dioc. auc. de Châl. t. II, p. 373).

Rooffi, c⁰ⁿ de Vertus. — *Rufeium*, 1159 (cart. d'Igny, f° 17 r°). — *Ruffeium*, 1201 (arch. nat. Q¹ 681¹, f° 227). — *Rufi, Ruffi*, v. 1222 (livre des vass. de Champ.). — *Roffeium, Roufeis*, v. 1252 (arch. nat. J 193, 51, et J 202, 47). — *Rofeium*, 1255 (S.-Memmie, c. 7). — *Rouffeium*, 1262 (la Charmoye, c. 5). — *Rouffey*, 1263 (S.-Memmie, c. 7, f° 2 r°). — *Rouffy* (sic), v. 1300 (extenta Campanie, Vertus). — *Rouffeyum*, 1405 (pouillé de Châl. f° 81 v°). — *Rousfy*, 1605 (arch. nat. P 150, 56, f° 1 v°). — *Rouffis*, XVIII° siècle (Cassini).

En 1789, Rouffy faisait partie de l'élection de Châlons et était régi par la coutume de Vitry. Son église paroissiale, diocèse de Châlons, doyenné de Vertus, était consacrée à Notre-Dame; l'abbé de Saint-Memmie présentait à la cure.

Rougecoq, h. c⁰ᵉ du Meix-Saint-Épain. — *Rouchecol*, XVIII° siècle (Cassini).

Rocca-Fossé (Forêt de), c⁰ᵐᵉ de Montmirail (Marne) et d'Artonges (Aisne). — *La forest dudit Hartonges*, 1512 (arch. nat. P 180, a). — *La foirest de Rouge-Fossé*, 1603 (*ibid.* P 180, 104). — *Forêt de la Verrerie; bois de la Verrerie*, 1783 (état du dioc. de Soissons, p. 6 et 112).

Rouge-Maison (La), auc. m. c⁰ᵉ de Châtillon-sur-Marne. — *La Rouge-Maison soubz Chastillon*, 1522 (Longau, c. 2).

Rouge-Maison (La), anc f. c⁰ᵉ de Giffaumont. — *Rouge-Maison*, XVIII° siècle (Cassini). — *La Maison-Rouga*, 1861 (dioc. anc. de Châl. t. II, p. 346).

Rouge-Maison (La), f. c⁰ᵉ de Grauves. — *La Rouge-Maison*, 1341 (Argensolles, c. 2). — *Rouge-Maison*, 1862 (Guérard, p. 185).

Rougemont, m. c⁰ᵉ de Souain.

Rouge-Prats, lieu-dit, c⁰ᵉ de Cramant.

Rouges-Maisons (Les), lieu-dit, c⁰ᵉ de Chavot.

Rouillat (Le), affl. de la Vesle; arrose les finages de Chamery et de Villers-aux-Nœuds.

Rouillat (Le), affl. de l'Yèvre; arrose les territoires

d'Herpont et de Dampierre-le-Château. — *Le Rouillon*, 1860 (Cornet-Paulus).

Rouillis (Les), h. c⁰ᵉ de Tréfols. — *Rolloiz, Roillart*, comm. du XIII° siècle (cart. de N.-D. de Paris, t. I, p. 145 et 157). — *La Rolleie*, v. 1222 (livre des vass. de Champ.). — *Le Rouillis*, 1379 (arch. nat. MM 1094, f° 38). — *Les Rouillis*, 1651 (minutes Labbé, à Montmirail).

Rouillis (Roiseau des), c⁰ᵉ de Troisfontaines.

Roulot, écart, c⁰ᵉ d'Esternay (Cornet-Paulus).

Roussat, h. c⁰ᵉ de Courbetaux. — *Raussay*, 1489 (chât. de Montmirail). — *Roussa*, 1560 (minutes Labbé, à Montmirail).

Rousselots (Les), f. c⁰ᵉ de Bouchy-le-Repos. — *Les Rousselots, paroisse de Bouchy-le-Repos*, 1759 (Andocy, c. 4).

Rousset, m. c⁰ᵉ de Thillois.

Rousset-au-Soleil-d'Or, m. c⁰ᵉ de Thillois.

Roussipré, étang, c⁰ᵉ de la Neuville-aux-Bois. — *Roucey-Pré qui fu ledit feu Regnardin [s' de la Neuville], séant entre Espancs et la Nuefville-aux-Bois*, 1389 (arch. nat. P 183, 47). — *Ung estang assis en la fin de la Neufville-aux-Boys, appellé l'Estang Roussepré*, 1509 (*ibid.* P 207, 13). — *L'estang de Roussipré*, 1538 (*ibid.* P 184, 94). — *L'étang de Roucipré*, 1701 (*ibid.* P 222, 222).

Roussisson, f. c⁰ᵐᵉˢ de Béru, de Cernay-lez-Reims et de Nogent-l'Abbesse. — *Russissons*, comm. du XIV° siècle (arch. adm. de Reims, t. I, p. 1090). — *Roussillon*, 1847 (lieux habités). — *Roucisson*, 1860 (Cornet-Paulus).

Roussy, lieu-dit, c⁰ᵉ de Doucey.

Route-de-Paris (La), m. c⁰ᵉ de Champigny.

Route-de-Villette (La), m. c⁰ᵉ de Fismes.

Route-de-Vitry (La), m. c⁰ᵉ d'Huiron.

Rouvrelle (La), anc. f. c⁰ᵉ de Servon-Melzicourt. — *La Rourvelle*, 1529 (Barthélemy, cant. de Ville-sur-Tourbe, p. 89).

Rouvroy, c⁰ⁿ de Ville-sur-Tourbe. — *Rovroi*, 1217 (S.-Remy de Reims, l. 357). — *Rouvretum*, 1246 (Moiremont, c. 1). — *Rouvroi*, 1253 (*ibid.*). — *Rouvray*, 1346 (arch. adm. de Reims, t. II, p. 1099). — *Terra nuncupata l'Aham de Rouvroy...., sodem censa de Rouvroy*, 1529 (*ibid.*). — *Les terres appellées Rouvroy, assizes assez proche de Sommetourbe et de Sommesuippes*, 1662 (*ibid.*). — *La ferme de Rouvroy*, 1766 (*ibid.*). — *Rouvroy-sur-Dormoise*, 1845 (dict. des postes).

En 1789, Rouvroy était compris dans l'élection de Reims et suivait la coutume de Vitry. Son église paroissiale, diocèse de Reims, doyenné de Cernay-en-

Dormois, était dédiée à saint Maurice; l'abbé de Moiremont et celui de Saint-Remy présentaient alternativement à la cure.

Rouvroy, h. détr. c^ne de Baconnes (renseign. local).

Rouvroy, f. c^ne de Chaumuzy. — *Rauvrai*, 1213 (cart. de S.-Denis de Reims, p. 72). — *Domus de Rouvroy*, 1277 (S.-Denis de Reims, l. Chaumuzy). — *Domus de Rouvroy juxta Chaumissiacum*, 1285 (cart. de S.-Denis de Reims, p. 260). — *La maison de Rouvroy delez Chaumusy*, 1352 (ibid. p. 429). — *La maison de Rouveroix*, 1508 (archev. de Reims, c. 6). — *Rouvoy*, xviiie (Cassini).

Rouvroy, m. c^ne d'Étoges. — *Rouvroy, Rouvray*, 1508 (arch. nat. P 207, 12).

Rouvroy, h. c^ne de Férebrianges. — *Rouvroy*, 1605 (arch. nat. P 190, 56).

Rouvroy, f. détr. c^ne de Saint-Remy-sur-Bussy. — *Le gaingnaige de Rouvroy séant ou ban daudit Saint-Remy*, 1366 (arch. nat. P 183, 17).

Roux (Les), m^ons, c^ne de Barbonne-et-Fayel.

Royennes (Ruisseau des), c^ne de Cheminon.

Royerie (La), f. c^ne de la Caure. — *La Rouairye*, 1673 (arch. nat. Q^1 681). — *La Roarie*, xviiie s^e (Cassini). — *Le Royerie*, autrefois *Rouèrie*, 1827 (Chalette, annuaire de la Marne, p. 169). — *La Rouarie*, 1847 (lieux habités). — *La Rouairie ou Royerie*, 1860 (Cornet-Paulus).

Royon, f. c^ne de Vienne-le-Château. — *Leprosi de Roium, Roiuns*, 1208 (cart. de Moirem. f° 416 r°). — *Roion*, 1210 (Moiremont, c. 12). — *Royon*, 1392 (arch. nat. P 183, 73).

Cette ferme, ancienne maladrerie, ne paraît plus exister aujourd'hui; elle figure cependant encore, au siècle dernier, sur la carte de Cassini.

Ru (Ruisseau du), affl. du Fion, c^ne de Bassu.

Rube (La), écart, c^ne de Vandeuil.

Ruchez (Le), ruiss. c^ne de Saint-Lumier-en-Champagne.

Ru-du-Pré (Ruisseau du), c^ne de Dormans.

Rue (La), un des m^ins de Porte-Marne, à Châlons-sur-Marne. — *Les deux moulins à blef de Porte-Marne, séans audit Chaalons, appartenans à ladicte commanderie, l'un nommé la Rue et l'autre Crochette*, 1490 (la Neuv. c. 5).

Rue (La), h. c^ne de Festigny-les-Hameaux. — *Le hameau de la Rue, parroisse dudit Festigny*, 1673 (arch. nat. Q^1 674).

Rue-aux-Ronces (La), h. c^ne d'Outines. — C'est probablement ce hameau que Cornet-Paulus, en 1860, indique, en le divisant en deux parties, de la manière suivante: *le hameau de la Grande-Rue, la Petite Haute-Rue* (p. 186).

Rue-de-l'Alleu (La), ancien nom d'une partie de Verneuil. — *La rue de l'Aluef*, 1393 (arch. nat. P 180, 123). — *En la ville de Verneuil, en la rue de l'Aluef;* 1508 (ibid. P 180, 146). — *La Leue*, 1508 (ibid. P 161, 313).

Rue-de-la-Pissotte (La), ancien nom d'une partie de Verneuil. — *La rue de la Pissotto*, 1408 (arch. nat. P 180, 146). — *La Pissotte*, 1508 (ibid. P 161, 315).

Rue-de-Laval (La), ancien nom d'une partie de Verneuil. — *En la ville de Verneuil, en la rue de Laval*, 1412 (arch. nat. P 180, 151).

Rue-de-Noize (La), f. c^ne du Vézier. — *La Rue de Noise*, xviiie siècle (Cassini). — *La Rue de la Noise*, 1784 (Courtalon, t. III, p. 273). — *La Rue-Noise*, 1860 (Cornet-Paulus).

Rue-des-Crochets (La), h. c^ne de Cramant.

Rue-des-Forgerons (La), lieu-dit, c^ne de Champguyon. Ce nom indique le lieu occupé par les forgerons de Champguyon avant 1652, date à laquelle le pays fut dévasté par les Lorrains.

Rue-des-Hallequins (La), anc. lieu-dit, c^ne d'Esternay. — *La grand rue allant dudit Viviers à Esternay, appellée la rue des Hallequins*, 1553 (arch. nat. P 178, 71).

Rue-des-Meulières (La), écart, c^ne de la Chapelle-sur-Orbais.

Rue-des-Moutons (La). Au xiiie siècle, des chevaliers portaient le nom de cette localité qui, selon toute apparence, n'était pas fort éloignée d'Aulnay-l'Aître et de Soudron. — *Hugo, miles de Vico Ovium*, 1211 (chap. de Châl. a. 4, l. 12).

Rue-du-Clos (La), m^on, c^ne de la Celle-sous-Chantemerle.

Rue-du-Moulin (La), lieu-dit, c^ne de Wez, près d'un moulin détruit, sur la Prosnes.

Rue-Ferrée (La), lieu-dit, c^ne de Vandières.

Rue-Haute (La), m^ons, c^ne de Drosnay.

Rue-le-Comte (La), h. c^ne du Gault. — *Alchisius de Vico Comitis*, 1179 (S.-Nicolas de Sézanne, c. 9). — *La Rue-le-Comte, en la parraisse du Gault*, 1493 (arch. nat. Q^1 680). — *Rue-le-Comte*, xviiie siècle (Cassini).

Rue-l'Évêque (Fief de la), mouvant de Verneuil. — *Le fief de la Rue l'Evesque*, 1603 (arch. nat. P 181, 22).

Rues (Les), écart, c^ne de Bouilly (Cornet-Paulus).

Rues (Les), anc. écart, c^ne de Mécringes. — *Aux Rues, paroisse de Mécringes*, 1489 (chât. de Montmirail).

Rue-sur-Blaise (La), h. c^ne de Larzicourt. — *Rue-sur-Blaize*, xviiie siècle (Cassini). — *La Rue-sur-Blaize*, 1860 (Cornet-Paulus).

Ruet (Le), ruiss. affl. du Noron; arrose le finage de Bouilly. — *Ung ruisseau appellé le ruisseau de Ruel, qui est en une naue, de l'église Sainct-Lié en montant et allant assez près dudit Courmars suivant la montagne, estant sur le terroir dudit Ourezy*, 1531 (chap. de Reims, l. 27).

Ruffy, vill. dét. c⁰ᵉ de Bétheny. — *Thomas de Ruffeio*, 1193 (chap. de Châl. c. 48). — *Ruffeyum*, 1227 (cart. du chap. de Reims, f° 317 v°). — *Ruyffeium*, 1231 (chap. de Reims, l. Béru). — *Ruiffi, Rafi*, 1234 (cart. de S.-Thierry, f°ˢ 12 v° et 15 r°). — *Ruffy*, 1248 (cart. B du chap. de Reims, f° 317 v°). — *Ruffi*, 1254 (cart. de S.-Thierry, f° 304 v°). — *Ruffei*, 1257 (cart. A de Saint-Remy de Reims, p. 181). — *Ruseium*, v. 1260 (nécrol. de l'église de Reims, p. 86). — *Ruffiacum*, v. 1300 (arch. adm. de Reims, t. II, p. 1). — *Ruffey*, 1329 (*ibid.* t. II, p. 603). — *La mairie de Ruffy*, 1375 (*ibid.* t. III, p. 407). — *Item, [l'archevesque] a aussi delez Reims, une ville appellé Ruffy... ; mais il n'y a aucuns habitans ne habitacion, mais est du tout inhabitable par les fortunes de la guerre*, 1385 (*ibid.* t. III, p. 651). — *Une pièce [de terre], en lieu dit Chaucheux, contenant cinq quartelz et fait la separation du terroir de Brimontel et de Ruffy*, 1500 (Sainte-Claire, c. 2).

Au commencement du xiv⁰ siècle, Ruffy était le siège d'une paroisse qui avait Bétheny et Tourizet pour succursales (arch. adm. de Reims, t. I, p. 1063).

Ruisseau (Le), f. c⁰ᵉ de Soizy-aux-Bois. — *Une autre ferme appellée la ferme du Ruisseau, laquelle ferme est située au-dessus du château de Soisy-aux-Bois*, 1734 (arch. nat. Q 678).

Ruisseau-de-Marsenet (Le), fief, c⁰ᵉ de Marson (dioc. auc. de Châl. t. II, p. 76).

Ru-Jacquier, f. c⁰ᵉ d'Igny-le-Jard. — *Le Ru-Jacquer*, xviii⁰ siècle (Cassini).

Ru-Morel, h. détr. c⁰ⁿ du Châtelier. — *Rup-Morel*, 1633 (lieux régis par la cout. de Vitry).

Rupillerie (La), lieu-dit, c⁰ᵉ d'Arcis-le-Ponsart.

Rapion (Ruisseau de), affl. du Noroo, c⁰ᵉˢ de Pargny et de Sainte-Euphraise.

Rupt (Le), ruiss. affl. de la Droyes; arrose le finage de Champaubert-aux-Bois.

Rosson (Le Château de) et La Porte de Russon, lieux-dits, c⁰ᵉ de Loisy-en-Brie.

S

Sablea (Les), m. c⁰ᵉ du Vézier (Cornet-Paulus).

Sablière (La), écart, c⁰ᵉ d'Hautvillers (Cornet-Paulus).

Sablonnière (La), m. c⁰ᵉ de Trigny.

Saboterie (La), lieu-dit, c⁰ᵉ de Belval (c⁰ᵉ de Châtillon-sur-Marne).

Saboterie (La), lieu-dit, c⁰ᵉ de Belval (c⁰ᵉ de Dommartin-sur-Yèvre).

Saboterie (La), lieu-dit, c⁰ᵉ de Boursault.

Saboterie (La), lieu-dit, c⁰ᵉ de la Caure.

Saboterie (La), lieu-dit, c⁰ᵉ de Servon-Melzicourt.

Saboterie (La), lieu-dit, c⁰ⁿ de Serzy-et-Prin.

Saboterie (La), m. forest. c⁰ᵉ de Troisfontaines.

Sacy, c⁰ᵉ de Ville-en-Tardenois. — *Saciacus, Saceius*, v. 850 (polypt. de S.-Remy). — *Saciacum*, 987-996 (Marlot français, t. II, p. 809). — *Satiacum*, comm. du xi⁰ s⁰ (polypt. de S.-Remy). — *Sacheium*, 1154 (arch. adm. de Reims, t. I, p. 329). — *Satiacum*, 1215 (cart. A de S.-Remy, p. 90). — *Sacy*, v. 1222 (livre des vass. de Champ.). — *Saceyum*, 1226 (cart. A de S.-Remy, p. 141). — *Sacé*, v. 1263 (arch. adm. de Reims, t. I, p. 824). — *Sacy en la Montaigne; Sacy-en-la-Montaigne de Reims*, 1384 (*ibid.* t. III, p. 622 et 605). — *Sacy in Montana*, 1401 (S.-Nicaise, c. 8). — *Sossy*, 1442 (*ibid.*).

En 1789, Sacy était compris dans l'élection et suivait la coutume de Reims. Son église paroissiale, diocèse de Reims, doyenné de la Montagne, était dédiée à saint Remy; l'abbé de Saint-Remy de Reims présentait à la cure.

Saoet, fief, à Sainte-Menehould. — 1676 (dioc. anc. de Châl. t. I, p. 276).

Sailly, écart, c⁰ᵉ de Châtrices (Cornet-Paulus).

Sailly, seigneurie, près de Ponthion. — *Sailliacum*, v. 1252 (arch. nat. J 202, 48). — *Sailly*, 1408 (*ibid.* P 207, 5).

Saint-Abdon (La Croix de), lieu-dit, c⁰ᵉ de Villiers-aux-Corneilles.

Saint-Amand, c⁰ⁿ de Vitry-le-François. — *Sanctus Amandus*, 1100 (cart. de Châl. cop. Gaignières, p. 73). — *Sanctus Amendus*, 1257 (Cheminon, c. 20). — *Saint Amant*, 1372 (chap. de Châl. a. 6, l. 13). — *Sainct-Amand en Pertoix*, 1399 (Monthiers, c. 2). — *Saint-Ament*, 1476 (chap. de Châl. a. 6, l. 14). — *Sainct-Aman*, 1511 (arch.

Marne. 30

nat. P 161, 68). — *Amand-sur-Fion*, 1773 (Puiseux, p. 305). — *Montfion*, 1794 (arch. nat. F¹ 7). — *Saint-Amand-sur-Fiou*, 1876 (dict. des postes).

Saint-Amand faisait partie, en 1789, de l'élection de Vitry et suivait la coutume de Châlons. Son église paroissiale, diocèse de Châlons, doyenné de Vitry-le-Brûlé, était consacrée à saint Amand; le chapitre cathédral de Châlons présentait à la cure.

Saint-Amand, loc. détr. cⁿᵉ d'Ablois-Saint-Martin. — *Sanctus Amandus de Avlois*, 1262 (la Charmoye, c. 6). — *Sanctus Amand*, 1521 (arch. nat. P 179, 100).

Saint-Amand, lieu-dit, cⁿᵉ de Beine.

Saint-Amand, lieu-dit, cⁿᵉ de Maffrécourt.

Saint-Amand, lieu-dit, cⁿᵉ de Moronvilliers.

Saint-Amand, vill. détr. cⁿᵉ de Prosnes.

Saint-Amanderie (La), lieu-dit, cⁿᵉ du Baizil.

Saint-André, b. cⁿᵉ de Baudement.

Saint-André, lieu-dit, avec vestiges de constructions (d'une chapelle, selon toute apparence), cⁿᵉ de Faux-Fresnay.

Saint-Antoine, lieu-dit, cⁿᵉ d'Avenay.

Saint-Antoine, lieu-dit, cⁿᵉ de Broussy-le-Petit.

Saint-Antoine, ff. cⁿᵉˢ d'Épernay et de Mardeuil. — *Grangia dicti monasterii* [*Sancti Martini Sparnacensis*] *que dicitur Bursaudi Fons*, 1269 (cart. de Saint-Martin d'Épernay, p. 168). — *Boursault-Fontaine*, 1284 (*ibid.* p. 172). — *Villa de Boursault-Fontaine*, 1409 (Nicaise, Épernay, t. II, p. 39). — *La grange ou cense Saint-Antoine, Saint-Antoine-aux-Bois*, milieu du xvIIIᵉ siècle (*ibid.* p. 38-39). — Vers le même temps, Cassini figure sur sa carte deux fermes qu'il distingue par les noms de *Grand-* et de *Petit-Saint-Antoine*.

Saint-Antoine, f. cⁿᵉ de Lagery. — *Le fief de Sainct-Anthoine*, 1634 (arch. nat. P 191, 14). — *Vieux-Saint-Antoine*, 1847 (lieux habités).

Saint-Antoine, f. cⁿᵉ de Nanteuil-la-Fosse.

Saint-Antoine, m. cⁿᵉ d'Oger.

Saint-Antoine (Ru de), affl. de la Vieille-Marne; arrose le territoire de Vauciennes.

Saint-Arnoulu, lieu-dit, cⁿᵉ de Possesse.

Saint-Aubeuf, vill. détr. cⁿᵉˢ de Cauroy-lez-Hermonville et de Bouvancourt. — *Altare de Sancto Obaldo*, 1097 (Gall. christ. t. X, c. 35). — *Sanctus Obodus*, 1154 (S.-Thierry, c. 4, l. 32). — *Sanctus Obovis*, v, 1190 (cart. † de l'archev. de Reims, f° 209 v°). — *Sanctus Orbodus*, 1269 (cart. de S.-Thierry, f° 293 v°). — *Saint-Orbuel*, comm. du xivᵉˢ (arch. adm. de Reims, t. I, p. 1090). — *Saint Obuef*, 1324 (*ibid.* p. 379). — *Saint-Obeuf*, 1597 (S.-Thierry, c. 2, l. 15). — *Dans l'estendue de ce*

doyenné [de *Fismes*], et à une petite lieue de Bouvencourt, parroisse de nostre diocèse, il y a eu autrefois une église sous l'invocation de saint Aubeuf, de laquelle il ne reste présentement aucun autre vestige qu'une petite chapelle, 1674 (chap. de Reims, l. Bouvancourt). — *Saint-Obeu*, 1728 (cout. de Reims, p. 664). — *Saint-Obœuf* ou *Saint-Aubeuf*, 1860 (Cornet-Paulus).

Une source du territoire de Cauroy-lez-Hermonville se nomme encore *la Fontaine Saint-Aubeuf*.

Saint-Avertin, chap. cⁿᵉ de Saint-Brice.

Saint-Barthélemy, f. cⁿᵉ de Saint-Memmie.

Saint-Basle, lieu-dit, cⁿᵉ de la Cheppe.

Saint-Basle, abb. détr. cⁿᵉ de Verzy. — Cette abbaye d'hommes de l'ordre de Saint-Benoît fut fondée au diocèse de Reims. — *Sanctus Basolus*, v. 948 (Flodoard). — *Sanctus Bazolus*, 1085 (Marlot latin, t. II, p. 179). — *Saint-Barle*, 1240 (arch. nat. P 193, 83). — *Saint-Bale*, 1268 (S.-Basle, l. 33). — *Saint-Baale*, 1274 (*ibid.* l. 26). — *Saint-Balle*, 1285 (feoda Campanie, n° 339). — *Monasterium Sancti Basoli juxta Remis*, 1304 (S.-Basle, l. 1). — *Saint-Baulle*, 1338 (ibid. l. 17). — *Saint-Buala lès Reinz*, 1383 (arch. adm. de Reims, t. III, p. 528). — *Saint-Bausle lez Reims*, 1478 (S.-Basle, l. 22). — *Sainct-Basle en la Montaigne de Reims*, 1531 (ibid.).

Saint-Basle, vill. détr. cⁿᵉ de la Cheppe. — *Altare in villa que dicitur* Sancti Basoli, 1128 (cart. de S.-Nicaise, f° 18 v°). — *Saint Bale*, v. 1222 (livre des vass. de Champ.). — *Sanctus Basolus juxta Buxeium*, 1238 (chap. de Châl. a. 4, l. 57). — *Le moulin à blef et pilles que on dit le moulin de Saint-Baale*, séant entre Buissi et la Cheppe, 1396 (arch. nat. P 208, 41). — *Audit Saint-Basle souloit avoir une chappelle dont à nous appartenait le patronaige qui, de présent, est en ruyne, et n'y a de présent apparence de chappelle ne revenu*, 1516 (ibid. P 184, 80). — *Le moulin Sainct-Basles*, 1647 (ibid. P 216, 139).

Saint-Basle (Roisseau de), cⁿᵉ de Verzy.

Saint-Baslemont, loc. détr. dont la situation précise n'a pas encore été déterminée. — *Sancti Basolimons*, 1138 (Montiers, c. 1).

Saint-Bernard (Le Bout), lieu-dit, cⁿᵉ de Faux-Fresnay.

Saint-Biez (La Pièce) ou plus correctement Saint-Blian, lieu-dit, cⁿᵉ de Mondement-Montgivroux.

Saint-Blaise, lieu-dit, cⁿᵉ de Sermaize.

Saint-Bon, cⁿᵉ d'Esternay. — *Saint-Bon*, v. 1274 (arch. nat. J 205, 31 *bis*). — *Sanctus Bonitus*, 1381 (pouillé de Troyes, A 329). — *Saimbon*,

1734 (arch. nat. P 198, 10). — *Bonval*, 1794 (*ibid.* F¹ 7).

En 1789, Saint-Bon était compris dans l'élection de Sézanne et suivait la coutume de Meaux. Son église paroissiale, diocèse de Troyes, doyenné de Sézanne, était dédiée à saint Bon; l'évêque de Troyes en était collateur.

Saint-Brice, vill. cⁿᵉ de Saint-Brice-et-Courcelles. — *Saint-Bri*, comm. du xivᵉ siècle (arch. adm. de Reims, t. I, p. 1090). — *Sanctus Bricius juxta Remis*, 1303-1312 (*ibid.* t. II, p. 1047). — *Saint-Bry*, 1328 (*ibid.* t. II, p. 524). — *Sanctus Brichus juxta Ramis*, 1346 (*ibid.* t. II, p. 1046). — *Saint-Bry lez Reims*, 1384 (*ibid.* t. III, p. 582). — *Saint-Brice*, 1522 (arch. lég. de Reims, cout. p. 754). — *Sainct-Brix*, 1556 (*ibid.* p. 901). — *Liberté-sur-Vesle*, 1793 (Puiseux, p. 305). — *Montrinqueux* [ou plus exactement *Monthinqueux*], 1794 (arch. nat. F¹ 7). — *Courcelles-Saint-Brice*, 1847 (lieux habités).

Saint-Brice faisait partie, en 1789, de l'élection et suivait la coutume de Reims. Son église paroissiale, diocèse et doyenné de Reims, était consacrée à saint Brice; le tournaire du chapitre métropolitain présentait à la cure.

Saint-Brice-et-Courcelles, cⁿᵉ de Reims, nom officiel de la commune dont Saint-Brice est le chef-lieu; elle est déjà désignée ainsi en 1804 (ann. de l'an xiii, p. 77).

Saint-Brisson, f. cⁿᵉ de Corfélix. — *La ferme de Saint-Brisson*, 1730 (Saugrain, t. I, p. 473). — *Brisson* ou *Saint-Brisson*, 1860 (Cornet-Paulus).

Saint-Bucquaire, chap. détr. près d'Huiron. — *Lequel alleu [de Camponia] distant dudit Huyron d'un quart de lieu ou environ, où jadis [avaient] un[e] maison, et chapelle fondèrent en l'honneur de saint Bucquaire, et de présent n'y a riens*, 1464 (cart. d'Huiron, p. 540).

Saint-Chamant (Les), lieu-dit, cⁿᵉ de Chouilly.

Saint-Caamant, lieu-dit, cⁿᵉ de Cuis.

Saint-Charles, m. cⁿᵉ de Vitry-le-François.

Saint-Cassos, cⁿᵉ de Saint-Remy-en-Bouzemont. — *Sanctus Caraunus*, 1171 (S.-Memmie, c. 1). — *Sanctus Karaunus*, v. 1172 (feoda Camp. n° 78). — *Sanctus Charaunus*, 1173 (hist. de la maison de Broyes, p. 23). — *Sanctus Karaunis*, 1178 (S.-Memmie, c. 1). — *Sanctus Karonis*, 1185 (cart. de Chât. cop. Gsignières, p. 80). — *Sanctus Karonnus*, 1187 (cart. d'Huiron, p. 214). — *Sanctus Cherio*, 1210 (liber princip. 5992, f° 109 v°). — *Saint-Chinum*, 1215 (Teulet, trésor des chartes, t. I, p. 422). — *Seincherun, Saint-Cheron, Saint-*

Kaurain, Saint-Chairon, Saint Kaurin, v. 1222 (livre des vassaux). — *Saint-Chenon*, 1231 (Teulet, trésor des chartes, t. II, p. 208). — *Saint-Chenum, Saint-Chenom*, v. 1274 (arch. nat. J 202, 45). — *Sanctus Cheronnus*, 1286 (cart. d'Huiron, p. 217). — *Saincheron*, 1367 (arch. nat. Q¹ 681, 36). — *Sincheron*, 1376 (*ibid.* P 204, 174). — *Sanctus Caronnus*, 1405 (pouillé de Chât. f° 76 v°). — *Chaint-Cheron*, 1633 (lieux régis par la cout. de Vitry). — *Chéron*, 1793 (Puiseux, p. 305). — *Montcheron*, 1794 (arch. nat. F¹ 7).

En 1789, Saint-Cheron était compris dans l'élection et suivait la coutume de Vitry. Son église paroissiale, diocèse de Châlons, doyenné de Perthes, était dédiée à saint Chéron; l'abbé de Saint-Memmie présentait à la cure.

Saint-Christophe, lieu-dit, cⁿᵉ de la Neuville-aux-Bois.

Saint-Christophe, lieu-dit, cⁿᵉ de Pontfaverger.

Saint-Christophe, lieu-dit, cⁿᵉ de Ripont.

Saint-Clain, loc. dét. et de situation indéterminée. — *Sanctus Clerus*, v. 1201 (feoda Camp. n° 295). — *Saint-Cler*, v. 1222 (livre des vass. de Champ.).

Saint-Claude, chap. détruite, auj. cimetière, cⁿᵉ de Cernay-en-Dormois. — La chapelle est indiquée par Cassini.

Saint-Clément, lieu-dit, cⁿᵉ de Méry-Prémecy.

Saint-Coutet, lieu-dit, cⁿᵉ de Pontfaverger.

Saint-Coutin, lieu-dit, cⁿᵉ de Bétheniville.

Saint-Crépin, lieu-dit, cⁿᵉ de Frignicourt.

Saint-Crépis, prieuré détr. cⁿᵉ de Possesse. — *Vivianus, prior Sancti Crispini*, 1154-1161 (cart. de Montiers, 10946, f° 13 r°). — *Ecclesia Sancti Crispini*, 1213 (S.-Pierre-aux-Monts, c. 2). — *Sanctus Crispinus juxta Possessam*, 1234 (la Charmoye, c. 2). — *L'esglise de Saint-Crespin de Parasse*, 1244 (S.-Pierre-aux-Monts, c. 18). — *L'esglise de Sain-Crepin de Possesse*, 1267 (*ibid.*). — *La maison de la priolée de Saint-Crespin-de-Poucesse*, 1307 (*ibid.*). — *Sainct-Crespin* (arch. nat. Q¹ 662). — *Prioratus... Sanctorum Crispini et Crispiniani, vulgo de Possesse... prieuré simple de S.-Crépin et Crépinien de Possesse*, 1709 (S.-Pierre-aux-Monts, c. 18).

Saint-Denis, loc. détr. près d'Arzillières. — *Sanctus Dionisius juxta Arzilieras, Sanctus Dionysius*, 1256-1270 (hommages faits à Thibaud V).

Saint-Denis, écart, cⁿᵉ de Pontfaverger (Cornet-Paulus).

Saint-Denis, chap. détr. cⁿᵉ de Sermiers. — L'existence d'une chapelle au lieu-dit Saint-Denis, bois appartenant à l'abbaye de Saint-Denis de Reims, est constatée par la visite archiépiscopale de 1717 (E. de Barthélemy, canton de Verzy, 89).

Saint-Dauon, chap. c^{ne} de Warmeriville (Cassini).

Sainte-Anne, lieu-dit, c^{ne} d'Ay.

Saints-Anne, faubourg de Reims. — *Sancta Anna*, v. 1375 (arch. adm. de Reims, t. III, p. 419).

Sainte-Anne, h. détr. c^{ne} de Saint-Thierry.

Sainte-Atheue, chap. détr. c^{ne} de Lagery. — *Une chappelle nommée communément la chapelle Saiate-Atheue*, 1553 (cart. de Coincy, p. 600).

Sainte-Avoie, lieu-dit, c^{ne} de Venteuil. — *Saint-Avoye-sur-Venteuil* est indiqué comme écart de la c^{ne} de Venteuil, 1860 (Cornet-Paulus).

Saints-Boubourr, lieu-dit, c^{ne} de Binson-Orquigny.

Sainte-Catherine, ancien lieu-dit, à Verneuil. — *Saincte Katherine*, 1512 (arch. nat. P 181, 4).

Sainte-Colombe, lieu-dit, c^{ne} de Lucy. — Sainte-Colombe est encore aujourd'hui le vocable de l'église paroissiale de Lucy. — Voy. Lucy.

Sainte-Cornille, lieu-dit situé près le vill. détr. de Marqueuse, c^{ne} de Fresne.

Sainte-Croix, f. c^{ne} de Dormans.

Sainte-Croix, ancien prieuré, c^{ne} de Frignicourt. — *Le priouré de Sainte-Crois de Vitri*, 128 (arch. nat. Q¹ 668). — *Le prieuré de Sainte-Croix qui est au bout dudict Frignicourt*, 1571 (ibid. P 179, 113).

Sainte-Eulalie, chap. détr. c^{ne} de Corrobert. — *Saint-Hulas*, 1464 (cart. de Coincy, p. 539). — *Saincte-Eulalie*, 1628 (Orbais, minutes Longnion).

Sainte-Eulalie, chap. détr. c^{ne} de Dormans. — Elle existait encore au siècle dernier (Cassini); la prononciation populaire de ce nom est, dit-on, *Sainte-Eula.*

Sainte-Euphraise, vill. c^{ne} de Saint-Euphraise-et-Clairizet. — *Sancta Eufrasia*, 1066 (Marlot latin, t. I, p. 621). — *Sancta Euphrasia*, 1249 (cart. B du chap. de Reims, f° 295 v°). — *Saincte Freze*, comm. du xiv° siècle (arch. adm. de Reims, t. I, p. 1089). — *Sainte-Frèze*, 1358 (ibid. t. III, p. 109). — *Sancta Fraza*, 1550 (chap. de Reims, c. 12). — *Saincte-Freize*, 1586 (ibid. 24). — *Ardrecourt*, 1794 (arch. nat. F¹ 7).

En 1789, Sainte-Euphraise faisait partie de l'élection et suivait la coutume de Reims. Son église paroissiale, diocèse de Reims, doyenné de la Montagne, était consacrée à saint Sylvestre; l'archevêque de Reims en était collateur.

Saint-Euphraise-et-Clairizet, c^{ne} de Ville-en-Tardenois. C'est, depuis 1844 (ann. de la Marne, pour 1845, p. 63), le nom officiel de la commune dont Saint-Euphraise est le chef-lieu.

Saints-Ferme, lieu-dit, c^{ne} d'Argers.

Sainte-Gemm, c^{ne} de Châtillon. — *Sancta Gemma*,

1097 (cart. de S.-Martin-des-Champs, LL 1351, f° 1 r°). — *Sainte-Gemma, Saincte-Gemme*, v. 1222 (liv. des vass. de Champ.). — *Saincte-Jame*, 1396 (arch. nat. P 208, 23). — *Saincte-Gemme-en-Tardanois*, 1531 (ibid. P 162, 131). — *Marinville-Libre*, 1793 (Puiseux, p. 305). — *Montagron*, 1794 (arch. nat. F¹ 7).

En 1789, Sainte-Gemme faisait partie de l'élection d'Épernay et suivait pour partie la coutume de Vitry, pour partie celle de Vermandois. Son église paroissiale, diocèse de Soissons, doyenné de Châtillon-sur-Marne, était dédiée à saint Hilaire; le prieur de Sainte-Gomme présentait à la cure.

Sainte-Geneviève, chap. détr. c^{ne} de Bezannes. — *Altare Sancte Genovefe cum capellis suis, que sunt apud Bisannas et Lut*, 1119 (Gall. christ. t. X, c. 36). — *Capella Sancte Genovephe juxta Remis, sita infra fines perrochie de Besennes*, 1303-1312 (arch. adm. de Reims, t. II, p. 1055).

Sainte-Geneviève, lieu-dit, c^{ne} de Boult-sur-Suippe.

Saints-Geneviève, anc. prieuré, c^{ne} de Vitry-lo-Brûlé. — *Altare Sancte Genovefe de Vitreio*, 1097 (S.-Pierre-aux-Monts, c. 16). — *Prioratus Sancte Genovefe de Vitriaco*, 1207 (ibid.). — *Prioratus Sancte Genenephe* (sic), 1268 (ibid.). — *La prioure de Sainte-Genevieve de Vitry*, 128. (arch. nat. Q¹668¹). — *L'esglise de Sainte-Geneviefve de Vitry*, 1328 (S.-Pierre-aux-Monts, c. 16). — *Le priore de Saint-Geneviefve-les-Vitry*, 1400 (ibid. c. 28). — *Ladicte eglise et priore de Sainte-Geneviefve est assise près de Vitry, en ung hault lieu que on dit communément en Mont-Royer, ... en laquelle avoit anciennement ung beau cloistre avecques autres grands édifices*, 1462 (arch. nat. Q¹ 662).

Sainte-Gergoine, f. détr. c^{ne} de Dommartin-la-Planchatte. — *La maison de Saint-Jargoinne*, 1406 (arch. nat. P 184, 25). — *La maison que l'on dit Saint-Gergoinne, séant à Dampmartin-sur-Aube*, 1446 (ibid. P 184, 63). — *La maison de Saint-Jargoine*, 1516 (ibid. P 184, 81). — *La maison de Sainct-Gergonne, séant audit Dompmartin*, 1509 (ibid. P 207, 13). — *La cense de Sainte-Gergoine*, 1805 (ann. de l'an xiii, p. 46).

Sainte-Hélène (Les Marais de), lieu-dit, c^{ne} de Monthelon.

Sainte-Hélène, m. c^{ne} de Reims.

Saints-Livièns, c^{ne} de Saint-Remy-en-Bouzemont. — *Sancta Libaria*, 1135 (cart. d'Huiron, p. 18). — *Sancta Liveria*, 1141 (Gall. christ. t. X, c. 172). — *Sancta Lybaria*, 1239 (Hautefont. c. 6). — *Sainte Livère*, xiii° siècle (cart. de Cheminon, f° 30 r°). — *Sainte-Livière*, 1361 (arch. nat.

P 163, 4). — *Sainte-Livyère*, 1405 (*ibid.* P 179, 32). — *Saincte-Lyvière*, 1516 (*ibid.* P 166, 387). — *Saint-Livierre*, 1667 (cart. d'Huiron, p. 190). — *Sainte-Livierre*, 1720 (arch. nat. P 222, 165). — *Belle-Prairie*, 1793 (Puiseux, p. 306). —*Montlivierre*, 1794 (arch. nat. F¹ 7).

En 1789, Sainte-Livière était compris dans l'élection et suivait la coutume de Vitry. Son église paroissiale, diocèse de Châlons, doyenné de Perthes, était dédiée à sainte Livière ; l'abbé d'Huiron présentait à la cure.

SAINTE-MADELEINE, prieuré, c⁰⁰ de Courtisols (Cassini).

SAINTE-MADELEINE, égl. ruinée, c⁰⁰ de Saint-Memmie. — *Ecclesia Sancte Marie Magdalena que est in suburbio Sancti Memmii, plurimum sepe depredata est* (S.-Memmie, c. 8).

SAINTE-MARCABAITE, lieu-dit, c⁰⁰ d'Aumenancourt-le-Petit.

SAINTE-MARGUERITE, lieu-dit, c⁰⁰ de Margerie. Ce nom est aussi à la fois l'ancien nom du village de Margerie et le vocable du prieuré [cluniste] de ce lieu. — Voy. MARGERIE.

SAINTE-MARGUERITE, ancien couvent de femmes, c⁰⁰ de Tinqueux (Guérard, p. 356).

SAINTE-MARIE, f. c⁰⁰ de Berméricourt.

SAINTE-MARIE, lieu-dit, c⁰⁰ de Chaudefontaine.

SAINTE-MARIE (RUISSEAU DE), c⁰⁰ de Fismes.

SAINTE-MARIE-à-PY, c⁰⁰ de Ville-sur-Tourbe. — *Sancta Maria Api*, 1219 (chap. de Reims, I S.-Souplet) — *Sancta Maria ad Pinum*, 1276 (cart. B du chap. de Reims, f⁰ 508 v⁰). — *Sainte-Marie-à-Py*, 1384 (arch. nat. P 28¹, 115). — *Montagne-à-Py*, 1793 (Puiseux, p. 306). — *Val-Aumont*, 1794 (arch. nat. F¹ 7). — *Sainte-Marie-Apy*, 1804 (ann. de l'an XIII, p. 81).

Sainte-Marie-à-Py faisait partie de l'élection de Rethel et était régi par la coutume de Vitry. Son église paroissiale, diocèse de Reims, doyenné de Bétheniville, était consacrée à Notre-Dame ; l'abbé d'Hautvillers présentait à la cure.

SAINTE-MENEHOULD, chef-lieu d'arrondiss. — Cette ville était désignée sous le nom de *castrum Conthense* avant que les reliques de sainte Menehould, vierge du pays perthois, n'y fussent déposées (acta sanctorum, t. VI, octobris, p. 529 et 531). — *Sancta Manehout*, 1148 (cart. de Montiers, 10946, f⁰ 1 r⁰). — *Sancta Manehuldis*, 1152 (cart. de Touss. f⁰ 31 r⁰). — *Santemanehout, Sancta Manehot*, 1154-1161 (cart. de Montiers, 10946, f⁰⁰ 11 et 13 v⁰, 14 r⁰). — *Sancta Maneheldis*, 1154-1161 (Montiers, c. 3). — *Sainte-Manehaut*, 1163 (cart. de Montiers,

10946, f⁰ 4 v⁰). — *Sancta Maneolt*, 1165 (*ibid.* f⁰ 22 r⁰). — *Sancta Manehildis*, 1170 (Moiremont, c. 1). — *Sancta Menoldis*, 1172 (feoda Camp. n⁰ 25). — *Sainte-Meneheut*, 1178 (Montiers, c. 3). — *Sainte-Menehout*, 1164-1191 (*ibid.*). — *Sancta Manahildis*, 1197 (Châtrices). — *Sancta Maneoldis*, v. 1200 (Montiers, c. 4). — *Sancta Manehyldis*, 1200 (arch. nat. J 193, 2). — *Sancta Manaildis*, 1201 (Moiremont, c. 1). — *Sancta Manehildis*, 1210 (arch. nat. KK 1064, f⁰ 262 r⁰). — *Sancta Maneildis*, 1212 (Moutiers, c. 2). — *Sancta Meneuldis*, 1212 (liber principum, 5993, f⁰ 45 r⁰). — *Sancta Manahuldis*, 1213 (cart. de Moutiers, 9905, f⁰ 117 v⁰). — *Sancta Maneholdis, Sancta Maneholdys*, 1221 (liber principum, 5992, f⁰ 213 r⁰). — *Sainte-Maneult, Sainte-Meneult, Sainte-Meneut, Sainte-Menout, Seiule-Manehout, Saint-Esmenot, Saint-Menout*, v. 1222 (livre des vass. de Champ.). — *Sancta Menehildis*, 1238 (Teulet, trésor des chartes, t. II, p. 384). — *Sancta Maueldis*, v. 1252 (arch. nat. J 202, 54). — *Sainte Manehout*, 1252 (liber pontif. f⁰ 343 v⁰). — *Sancta Manahuldis*, 1263 (Moirem. c. 1). — *Sainte-Meneold*, 1264 (dioc. auc. de Chàl. t. I, p. 423). — *Sainte on Saint-Menehold*, 1265 (cart. de Moutiers, 9905, f⁰ 91 r⁰). — *Sainte-Menehot*, v. 1274 (arch. nat. J 202, 48). — *Sainte-Manehost*, 1285 (feoda Camp. C 99 et 100). — *Sancta Menehuldis*, 1296 (Touss. c. 6). — *Saint Menehost, Sainte Meneholt*, v. 1300 (extenta Camp.). — *Sainte-Menehout*, 1310 (Moirem. c. 1). — *Saincte-Mennehoult*, 1320 (*ibid.* c. 10). — *Sainte-Manehaust*, 1323 (arch. nat. J 194, 15). — *Sainte-Menehaust*, 1326 (arch. adm. de Reims, t. II, p. 426). — *Sainte-Manehoult*, 1342 (arch. nat. J 194, 28). — *Sainte-Menehoult*, 1345 (cart. de Montiers, 9905, f⁰ 91 v⁰). — *Sainte-Manehoust*, 1346 (arch. adm. de Reims, t. II, p. 1018). — *Saincte-Manehault*, 1384 (*ibid.* t. III, p. 663). — *Sainte-Manehoust*, 1393 (arch. nat. P 185, 95). — *Sainte-Menehoust*, 1396 (*ibid.* P 179, 9). — *Sainte-Maneheulst*, XIV⁰ siècle (*ibid.* J 202, 46, addition). — *Sainte-Menehould*, 1407 (cart. de Moutiers, 9005, f⁰ 91 r⁰). — *Sainte-Manehould*, 1425 (arch. lég. de Reims, stat. t. I, p. 617). — *Sainte-Mennehoust-en-Champaigne*, 1437 (arch. nat. P 166, 179). — *Sancta Meualdia*, 1464 (S.-Pierre-aux-Monts, c. 27). — *Saincte-Menoult*, 1484 (arch. nat. P 162, 274). — *Saincte-Manholt*, 1484 (*ibid.* P 162, 284). — *Saincte-Manehou*, 1484 (*ibid.* P 162, 287). — *Saincte-Mannehoult*, 1508 (*ibid.*

P 207, 45). — *Saincte-Mennehaoust*, 1509 (ibid.
P 184, 77). — *Saincto-Meuholz*, 1512 (ibid. P 162,
313). — *Saint-Emenna*, 1514 (ibid. P 162, 309).
— *Saincte-Menescou*, 1514 (*ibid.* P 162, 118). —
Sainct-Maneholt, 1538 (ibid. P 162, 343). —
Saincte-Mainehould, 1540 (ibid. P 184, 9). —
Sainte-Manehoud, 1576 (ibid. P 185, 11). —
Sainte-Mannehould, 1602 (*ibid.* J 202, 46 *bis*).
— *Saincte-Menehoud*, 1665 (*ibid.* P 167, 247).
— *Saincte-Mennehould*, 1673 (ibid. P 168, 45).
— *Sainte-Menheoust*, 1682 (ibid. P 167, 393).
— *Saincte-Menhould* (*ibid.* P 167, 48). —
Saincte-Manhould, 1686 (ibid. P 221, 38). —
Sainte-Mennehoud, 1722 (ibid. P 223, 256). —
Sainte-Menhou, 1723 (ibid. P 223, 135). — *Mon-*
tagne-sur-Aisne, 1793 (Puiseux, p. 306) .

Salule-Menehould, chef-lieu de l'élection de ce
nom, était régi, en 1789, par la coutume de Vitry.
Son église paroissiale, diocèse de Châlons, doyenné
de Sainte-Menehould, était consacrée à Notre-
Dame; l'abbé de Moiremont présentait à la cure.

Sainte-Pétronille, chap. détr. c^{ne} de Bussy-aux-Bois.
— *La chapelle de Sainte-Pétronille lès Bussy*, 1756
(arch. de l'Aube, G 654).

Sainte-Pomme, lieu-dit, c^{ne} de Sarry.

Sainte-Pronse (La Haye), lieu-dit, c^{ne} des Grandes-
Loges.

Sainte-Reine, chap. c^{ne} de Neuvy.

Saint-Étienne, h. c^{ne} de Saint-Ouen. — *Sanctus Ste-*
phanus, v. 1172 (Brussel, traité de l'usage des
fiefs, p. 945). — *Saint-Estene*, v. 1220 (livre
des vassaux de Champ.). — *Saint-Estiene delez*
Saint-Couain, v. 1274 (arch. nat. J 202, 45). —
Saint-Estiene lez Saint-Ouain, 1366 (ibid. Q¹ 681¹,
f° 162). — *Sainct-Estienne*, 1636 (ibid. P 215,
36). — *Saint-Étienne-aux-Ormes*, 1847 (lieux
habités).

Saint-Étienne, h. c^{ne} de Vitry-le-Brûlé; c'était, avant
le xvi° siècle, un faubourg de la ville de Vitry. —
Saint-Estienne, v. 1300 (extenta Campanie, Vitry).
— *Sanctus Stephanus juxta Victriacum*, 1542 (taxe
du dioc. de Châl. p. 216). — *Saint-Estienne-lez-*
Vitry, 1633 (lieux régis par la cout. de Vitry).

Saint-Étienne-au-Temple, c^{on} de Châlons. — *Sanctus*
Stephanus super Veelam, 1132 (la Neuv. c. 4). —
Villa que dicitur Sanctus Stephanus, 1248 (ibid.).
— *Sanctus Stephanus ad Templum*, 1270 (ibid.
c. 5). — *Sanctus Stephanus juxta Templum*, 1292
(Notre-Dame-en-Vaux, b. 2). — *Saint-Estene*,
1294 (dioc. auc. de Châl. t. I, p. 435). — *Saint-*
Estienne-au-Temple, 1374 (la Neuville, c. 5). —
Saint-Étiene-au-Temple, 1462 (arch. nat. Q¹ 662).

— *Temple-sur-Vesle*, 1793 (Puiseux, p. 305). —
Montvesle, 1794 (arch. nat. F¹ 7).

En 1789, Saint-Étienne-au-Temple faisait partie
de l'élection de Châlons et était régi par la coutume de Vitry. Son église paroissiale, diocèse de
Châlons, doyenné de Bussy-lo-Château, était dédiée
à saint Étienne; le doyen du chapitre cathédral de
Châlons présentait à la cure.

Saint-Étienne-sur-Suippe, c^{on} de Bourgogne. — *Villa*
Sancti Stephani, v. 530 (testament de saint Remy).
— *Sanctus Stephanus*, v. 850 (polypt. de Saint-
Remy de Reims). — *Sancte Stephanus super So-*
piam, 1192 (arch. adm. de Reims, t. I, p. 421).
— *Sanctus Stephanus supra Suppiam*, v. 1260
(nécrol. de l'église de Reims). — *Saint-Esteve*,
comm. du xiv° siècle (arch. adm. de Reims, t. I,
p. 1090). — *Saint-Estenc-sur-Suippe*, 1394 (ibid.
t. III, p. 588). — *Saint-Estienne-sur-Suippe*,
1394 (arch. nat. P 183, 98). — *Sainct-Estienne*,
1522 (arch. lég. de Reims, cout. p. 755). — *Fa-*
necourt, 1794 (arch. nat. F¹ 7).

En 1789, Saint-Étienne-sur-Suippe était compris
dans l'élection et suivait la coutume de Reims.
Son église paroissiale, diocèse de Reims, doyenné
de Lavannes, était consacrée à saint Étienne; le
grand archidiacre de l'église de Reims présentait à la
cure.

Saint-Eulien, c^{on} de Thiéblemont. — *Sanctus Aqui-*
leius, 1131-1142 (Hautefont. c. 6). — *Sanctus*
Aquilinus, 1153-1161 (Trois-Font. c. 1). —
Sanctus Eullien, 1250 (arch. nat. J 196, 48). —
Saint-Euillien, 1401 (ibid. P 179, 22). — *Saint-*
Huilien, 1460 (ibid. P 179, 69). — *Saint-Ullien*,
1509 (ibid. P 179, 87). — *Sainct-Eullyen*, 1549
(Moncets, c. 2). — *Saint-Heulien*, 1662 (arch. nat.
P 217, 85). — *Eulien-la-Forêt*, 1793 (Puiseux,
p. 305). — *Lieuval*, 1794 (arch. nat. F¹ 7).

Saint-Eulien faisait partie, en 1789, de l'élection et suivait la coutume de Vitry. Son église paroissiale, annexe de celle de Villiers-en-Lieu, diocèse de Châlons, doyenné de Perthes, était dédiée
à saint Aquilin.

Saint-Eulien (Ru de), affl. du ru de Villiers-en-Lieu;
arrose le territoire de Saint-Eulien.

Saint-Fiacre, écart, c^{ne} de Mareuil-le-Port.

Saint-Galocier, lieu-dit, c^{ne} de Maffrécourt.

Saint-Genest, c^{on} d'Esternay. — *Sain-Genois*, v. 1222
(livre des vass. de Champ.). — *Saint-Genois*, xv° s°
(cart. de Nesle, f° 22 r°). — *Montgenets*, 1794 (arch.
nat. F¹ 7).

En 1789, Saint-Genest était compris dans l'é-
lection de Provins et suivait la coutume de Meaux.

Son église paroissiale, diocèse de Sens, doyenné de Provins, était consacrée à saint Genest; l'archevêque de Sens en était collateur.

SAINT-GENEST, anc. écart, c^{ne} d'Oyes. — *Sanctus Genesius*, 1124-1130 (cart. d'Oyes, f° 18 r°). — *Sanctus Genesius de Oya*, 1174 (*ibid.* f° 2 v°).

SAINT-GENEST, vill. c^{ne} de Saint-Remy-en-Bouzemont. — *Sanctus Genesius*, v. 1252 (arch. nat. J 202, 55). — *Saint-Genis*, 1380 (chap. de Reims, l. Vauclerc). — *Sanctus Gonestus*, 1405 (pouillé de Châl. f° 76 v°). — *Saint-Geinis*, 1456 (arch. nat. P 170, 62). — *Sainct-Geny*, comm. du xviii° s° (Hautefont. c. 6). — *Saint-Genès*, 1763 (arch. nat. Q¹ 676). — *Blaiseval*, 1794 (*ibid.* F¹ 7). — *Saint-Genest-la-Folie*, 1860 (Cornet-Paulus).

En 1789, Saint-Genest faisait partie de l'élection et suivait la coutume de Vitry. Son église paroissiale, diocèse de Châlons, doyenné de Perthes, était dédiée à saint Genest; l'abbé de Montiérender présentait à la cure.

SAINT-GENEST (Ru DE), affl. de l'Isson; arrose le territoire de Saint-Remy-en-Bouzemont.

SAINTGEOIS, f. c^{ne} de Brébant. — *Domus de Chanjoie*, v. 1252 (arch. nat. J 202, 55). — *Terra canversorum de Chainjoie*, 1276 (S.-Pierre-aux-Monts, c. 8). — *Chien-Joye*, 1407 (pouillé de Troyes, n° 397). — *Le gaingnaige de Cinq-Joyes*, 1560 (Moncetz, c. 1). — *Le fief de Singeois*, 1636 (arch. nat. P 215, 36). — *Saint-Joix*, xviii° siècle (Cassini). — *La ferme de Mr de Dampierre, dite Saintgeois*, 1847 (lieux habités). — *Sainte-Joie ou Juix*, 1784 (Courtalon, t. III, p. 272).

SAINT-GEORGES ou LE GRAND-ÉCURY, ch. c^{ne} de Champigneul. — *Escureium*, 1147-1151 (Andecy). — *Escurai*, v. 1222 (livre des vass. de Champ.). — *Escuri*, v. 1252 (arch. nat. J 202, 47). — *Le Grand Ecury*, xviii° siècle (Cassini).

SAINT-GEORGES (Bois), c^{ne} de Mécringes. — On y voit encore quelques vestiges de constructions.

SAINT-GEORGES, lieu-dit, c^{ne} de Prosnes. — Il rappelle le souvenir de l'église du village d'Ardenay, aujourd'hui détruit, laquelle était consacrée à saint Georges (arch. adm. de Reims, t. II, p. 1119).

SAINT-GERMAIN, chap. c^{ne} de Bouy.

SAINT-GERMAIN, f. c^{ne} du Breuil. — *Sanctus Germanus*, 1172 (B. du Rocheret, mém. d'Épernay, t. I, p. 10).

SAINT-GERMAIN-EN-BOUZEMONT, loc. détr. c^{ne} de Saint-Remy-en-Bouzemont. — *Sex denarios census apud Sanctum Germanum*, 1187 (cart. d'Huiron, p. 213). — IIII^{xx} *arpans de bois séans ou lieu que l'on dit delez Saint-Germain-en-Bouzemont*, 1375 (arch. nat. P 171, 157).

SAINT-GERMAIN-LA-VILLE, c^{ne} de Marson. — *Sonctas Germanus*, 1092 (S.-Pierre-aux-Monts, c. 1). — *Saint-Germain*, v. 1222 (livre des vass. de Champ.). — *Sanctus Germanus Villa*, 1277 (cart. de Montiers, 9905, f° 133 r°). — *Sainct-Germain-la-Ville*, 1320 (évêché de Châl. c. 1). — *Sainct-Germain lez Saint Lumyer*, 1563 (Touss. c. 1). — *Germinal-sur-Marne*, 1793 (Puiseux, p. 306). — *Villemarne*, 1793 (arch. de la Marne, F¹ 7).

Saint-Germain-la-Ville faisait partie, en 1789, de l'élection et suivait la coutume de Châlons. Son église paroissiale, diocèse de Châlons, doyenné de Bussy-le-Château, était dédiée à saint Germain; l'abbé de Saint-Urbain présentait à la cure.

SAINT-GIBRIEN, c^{ne} de Châlons. — *Ecclesia Sancti Gibriani cum tota villa*, 1062 (cart. de Touss. f° 2 r°). — *Sanctus Gebrianus*, 1147-1151 (Andecy). — *Sainct-Gevrain*, 1371 (Toussaints, c. 12). — *Saint-Geuvrain*, 1406 (*ibid.* c. 19). — *Sainct-Gibrian*, 1464 (*ibid.*). — *Saint-Jubrien*, 1488 (S.-Memmie, c. 8). — *Saint-Geubrien*, 1515 (histoire de Châlons, p. 280). — *Saiact-Gibriain, Sainct-Jubrien lez Chaalons, Sainct-Jubrian, Saint-Juveren, Saint-Giberien, Sainct-Geuvrain lez Chaalons*, 1528 (Touss. c. 12). — *Sainct-Jubryen, Sainct-Gybriain*, 1536 (*ibid.*). — *Sainct-Gibryen*, 1556 (arch. lég. de Reims, cont. p. 906). — *Jolibois*, 1793 (Puiseux, p. 306). — *Montunion*, 1794 (arch. nat. F¹ 7).

Saint-Gibrien était compris, en 1789, dans l'élection et suivait la coutume de Châlons. Son église paroissiale, diocèse et doyenné de Châlons, était consacrée à saint Gibrien; l'abbé de Saint-Pierre-aux-Monts présentait à la cure.

SAINT-GILLES, c^{ne} de Fismes. — *Aceium*, 1156 (cart. d'Igny, f° 11 r°). — *Sanctus Egidius de Aceio*, 1154-1159 (*ibid.* f° 2 r°). — *Aceium Sancti Egidii*, 1234 (*ibid.* f° 96 r°). — *Saint-Giles-à-Acy*, 1280 (cart. B du chap. de Reims, f° 437 v°). — *Sanctus Egidius de Aceyo*, 1291 (cart. de S.-Denis de Reims, p. 279). — *Saint-Gille*, 1308 (arch. nat. P 1114). — *Sanctus Egidius apud Arceyum*, 1303-1312 (arch. adm. de Reims, t. II, p. 1056). — *Saint-Guille*, 1329 (cart. d'Igny, f° 113 v° et 114 r°). — *Sanctus Egidius de Arceyo*, 1333 (*ibid.* f° 83 v°). — *Saint-Gilles*, 1488 (archev. de Reims, c. 10). — *Montardre*, 1794 (arch. nat. F¹ 7).

Saint-Gilles faisait partie, en 1789, de l'élection de Reims et était régi par la coutume de Vitry. Son église paroissiale, diocèse de Reims, doyenné de Fismes, était dédiée à saint Pierre; l'archevêque de Reims en était collateur.

SAINT-GILLES, lieu-dit, c^{ne} de Massiges. — Croix du cimetière de l'ancien village de Buzy, détruit au XVIe siècle.

SAINT-GILLES, lieu-dit, c^{ne} de Ville-sur-Tourbe.

SAINT-GLOIRE, fief mouvant de la seigneurie de Saint-Bon. — *Ung aultre petit fief appellé le fief de Sainct-Gloire*, 1755 (arch. nat. P 170, 32). — *Le fief de Sainte-Gloire*, 1734 (ibid. P 198, 10). — *Le fief de Saint-Gloire*, 1752 (ibid. Q¹ 678).

SAINT-GOND, anc. lieu-dit, dans la seigneurie de Dormans. — *En ma dicte terre, lieu dict Sainct-Gond*, 1663 (arch. nat. P 181, 21).

SAINT-GOND, anc. prieuré, c^{ne} d'Oyes; c'est l'ancienne abbaye d'Oyes, fondée en 1342 et réduite en 1342 au rang de prieuré de l'abbaye de Montier-la-Celle. — *Ecclesia Sancti Petri Sanctique Godonis de Oya*, 1148 (pouillé de Troyes, p. 246). — *Prioratus noster conventualis Sancti Godonis de Oya*, 1439 (Montier-la-Celle, l. 19). — *Prior de Sancto Godone*, 1443 (évêché de Troyes, G 22). — *Le prieur et couvent de Saint-Gaou en Oye*, 1458 (ibid.). — *Le prioré de Sainct-Gaon*, 1478 (ibid.). — *Sainct-Gaoud*, 1524 (le Reclus, 1). — *Saint-Gondz*, 1664 (arch. nat. P 191⁴, 26 bis). — *Valmorain*, 1794 (arch. de la Marne, F¹ 7).

SAINT-GOND (MARAIS DE), marais s'étendant sur les communes de Saint-Prix, Villevenard, Courjeonnet et Coizard-Joches (c^{on} de Montmort); de Vert-la-Gravelle, Aulnizeux, Aulnay-aux-Planches et Morains (c^{on} de Verlus); de Bannes et Broussy-le-Grand (c^{on} de Fère-Champenoise); de Broussy-le-Petit, Reuves et Oyes (c^{on} de Sézanne). — *Maresium de Broceio*, 1242 (Teulet, trésor des chartes, t. II, p. 467). — *Marais de Saint-Gaon*, 1670 (B. du Rocheret, mém. d'Épernay, t. I, p. 787).

On songea, dès 1663, à dessécher ces immenses marais : M. de Machault, alors intendant de Champagne, fit dresser un procès-verbal de leur consistance, et il fut ordonné qu'ils seraient partagés par moitié entre les habitants des communautés et le roi. Ce partage de 1670, qui assigna 2,947 arpents aux communautés et 2,859 arpents au roi, fut confirmé par arrêt du Conseil le 1er juillet 1670. Peu de temps après, le roi fit don de sa part à Antoine de Romécourt, lieutenant de la compagnie des gardes écossaises, pour tenir le tout à litre de comté de Romécourt. Les lettres patentes de l'érection de ce comté furent enregistrées au parlement de Paris en 1675 (arch. nat. Q¹ 680).

SAINT-GRÉGOIRE, f. c^{ne} de Neuvy. — *Ecclesia Beati*

Grogorii, eccl. B. Grogoiri, 1140 (chap. de Sézanne, c. 1). — *Prioratus de Sancto Gregorio*, 1239 (Paraclet, 24 H, 13). — Saincte-Gregoire, 1595 (arch. nat. P 178, 80).

SAINT-HÉRAULT, fief, c^{ne} de Sarou. — *En ladicte seigneurie de Chauvigny y a ung aultre fief vulgairement appellé le fief de Saint-Herault, mouvant en plain fief du chastel de Levrigny et en arrière fief dudict Saron*, 1538 (arch. nat. P 178, 13).

SAINT-HILAIRA, vill. détr. c^{ne} de Châtelraould-Saint-Louvent. — *Sanctus Hylarius*, 1091-1125 (cart. de Touss. f° 39 r°). — *Sanctus Eleutherius juxta Castrum Radulfi*, 1186 (S.-Pierre-aux-Monts, c. 4). — *In parrochiagio et patronatu parrochialis ecclesie de Sancto Ylario juxta Castrum Radulphi*, 1249 (cart. de Châl. cop. Gaignières, p. 92). — *Sanctus Hilarius prope Castrum Radulphi*, 1292; — *La ville de Saint-Ylier*, 1375 (arch. nat. P 171, 157). — Saint-Hylier, 1406 (Touss. c. 19). — *La ville de Saint-Iller*, 1600 (arch. nat. P 178, 84).

L'église des Rivières était autrefois l'annexe de celle de Saint-Hilaire. — Voy. RIVIÈRES (LES), à la date de 1575.

SAINT-HILAIRA, h. c^{ne} du Frêne. — *Altare de Santelir*, 1148 (cart. de Moutiers, 10946, f° 1 r°). — *Santheler, Santeler, Santheler, Sanctus Hilaryus*, 1154-1161 (ibid. f° 6 v°, 17 r°, 11 v° et 15 v°). — *Saintheler*, 1163 (ibid. f° 2 r°). — *Sanctus Elerius*, 1165 (ibid. f° 17 r°). — *Saintelier*, v. 1165 (ibid. f° 25 v°). — *Sanctus Hilarius*, 1171 (S.-Memmie, c. 1). — *Sanctelier, Santelier, Xanteliers*, 1182 (cart. de Montiers, 9905, f° 7 v°). — *Saint-Ylaire, Saint-Yslaire, Saint-Hylaire, Saint-Halaire*, v. 1222 (livre des vass. de Champ.). — *Altare de Sancto Ulerio*, 1216 (cart. de Montiers, 9905, f° 43 v°). — *Saint-Hylare*, v. 1252 (arch. nat. J 202, 55). — *Sainct-Hilaire*, 1520 (chap. de Châl. a. 5, l. 3). — *Saint-Hylaire de Moyvre*, 1163 (S.-Memmie, c. 10). — *Sainct-Hillaire*, 1573 (chap. de Reims, c. 39).

SAINT-HILAIRE, auc. église de la banlieue de Reims. — *Sainct-Hilaire lez Reims*, 1485 (Marlot franc. t. IV, p. 661).

SAINT-HILAIRE-AU-TEMPLE, c^{on} de Suippes. — *Sanctus Elerius*, 1131-1142 (chap. de Châl. a. 4, l. 5). — *Sanctus Hilarius*, 1133-1142 (dioc. auc. de Châl. t. I, p. 396). — *Sanctus Hyllarius juxta Templum*, 1228 (la Neuv. c. 5). — *Villa que dicitur Saintelet*, 1248 (ibid. c. 4). — *Saint-Telier delès le Temple*, 1270 (ibid. c. 5). — *Villa de Sancto Yllario ad Templum*, 1299 (ibid.). — *Sanctus Ylerius*, 1326 (ibid.). — *Sanctus Ylarius*,

1334 (*ibid.*). — *Sanctus Ylier*, 1336 (*ibid.*). — Saint-*Illier*, 1385 (chap. de Chål. a. 4, l. 1). — *Sanctus Hilarius ad Templum*, 1455 (la Neuv. c. 5). — *Saint-Hilier-au-Temple*, 1462 (arch. nat. Q¹ 662). — *Sainct-Ylier*, 1525 (la Neuv. c. 5). — *Hilaire-sur-Vesle*, 1793 (Puiseux, p. 306). — *Veslecourt*, 1794 (arch. de la Marne, F¹ 7).

En 1789, Saint-Hilaire-au-Temple était compris dans l'élection de Châlons et suivait la coutume de Vitry. Son église paroissiale, annexe de celle de Dampierre-au-Temple, diocèse de Châlons, doyenné de Bussy-le-Château, était consacrée à saint Hilaire.

SAINT-HILAIRE-LE-GRAND, c^ne de Suippes. — *Sanctus Hilarius*, v. 850 (polypt. de S.-Remy de Reims). — *Saint-Hillier*, 1218 (Brussel, usage des fiefs, p. 1045). — *Sanctus Ylerius*, 1234 (chap. de Reims, l. 41 bis). — *Seint-Elier*, 1245 (Teulet, trésor des chartes, t. II, p. 586). — *Saint-Elier, Seintelier, Sanctus Ilarius, Sanctus Hylarius*, v. 1252 (arch. nat. J 202, 47). — *Sanctus Elerius*, 1256-1270 (feoda Camp. n° 607). — *Sanctus Hilerius*, 1271 (liber pontif. f° 448 r°). — *Saint-Ilier*, 1273 (ibid. f° 449 r°). — *Sei̇at-Hillier, Saint-Hylier, Saint-Ylier le Menesier*, v. 1274 (arch. nat. J 202, 45). — *Sanctus Hilerius Manasseri*, 1285 (cart. † de l'archev. de Reims, f° 15 r°). — *Saint-Hyler, Saint-Hiler*, v. 1300 (extenta Camp.). — *Sanctus Hilarius Manasseryus*, 1303-1312 (arch. adm. de Reims, t. II, p. 1116). — *Sanctus Hilarius Menesseri*, 1346 (ibid. t. II, p. 1115). — *Saint-Hillier-le-Meineur*, 1397 (hist. de la maison de Broyes, p. 50). — *Sanctus Hilarius le Menissier*, 1398 (ibid.). — *Saint-Hillier le Mennessier, Saint-Ylier le Mennessier*, 1398 (arch. nat. P 179, 15 et 16). — *Saint-Yllier le Menessier*, 1444 (ibid. P 182, f° 222 v°). — *Saint-Yllier le Menissier*, 1444 (ibid. P 181, 69). — *Saint-Telier*, xv° siècle (cart. de l'Amour-Dieu, f° 35 r°). — *Sanctus Hilarius Manasserii*, 1554 (arch. lég. de Reims, stat. t. II, p. 636). — *Saint-Hilier-le-Menissier*, 1603 (S.-Symph. c. 3). — *Le Grand-Saint-Hillier*, 1605 (ibid.). — *Saint-Hilaire-le-Menissier*, 1643 (arch. nat. P 216, 117). — *Saint-Hilaire-le-Menissier*, 1676 (cout. de Vitry, liste). — *Sanctus Hilarius le Menissier*, 1679 (Marlot latin, t. II, p. 779). — *Grand-Saint-Hilaire*, xviii° siècle (Cassini). — *Hilaire-le-Mónissier*, 1793 (Puiseux, p. 306). — *Mantain*, 1794 (arch. nat. F¹ 7).

En 1789, Saint-Hilaire-le-Grand faisait partie de l'élection de Reims et était régi par la coutume de Vitry. Son église paroissiale, diocèse de Reims,

doyenné de Béthéniville, était dédiée à saint Hilaire; le chapitre de Saint-Symphorien présentait à la cure.

SAINT-HILAIRE-LE-PETIT, c^on de Beine. — *Allodium de Sancto Hilario super fluvium Sopium situm*, 1066 (cart. de S.-Nicaise, f° 10 v°). — *Sanctus Hylarius*, 1102 (ibid. f° 13 r°). — *Sanctus Hylerius*, 1200 (ibid. f° 77 v°). — *Seintelier*, 1213 (S.-Nicaise, c. 18). — *Sanctus Helerius*, 1214 (ibid.). — *Sanctus Hylerius ante Betignivillam*, 1217 (ibid. f° 78 r°). — *S. Hylerius juxta Betignivillam*, 1218 (ibid. f° 79 v°). — *Saint-Ylaire, Saint-Yelaire, Seint-Islaire*, v. 1222 (livre des vass. de Champagne). — *Sanctus Hilerius juxta Betign[i]villam*, 1225 (Saint-Nicaise, c. 18). — *Sanctus Ylarius*, 1248 (cart. de S.-Nicaise, f° 60 r°). — *Sanctus Hylerius Parvus*, 1259 (S.-Nicaise, c. 28). — *Sanctus Hillarius Parvus*, 1285 (archev. de Reims, c. 13). — *Saint-Hillier le Petit*, 1350 (S.-Denis de Reims, suppl. l. Chevières). — *Saint-Hilier le Petit*, v. 1375 (arch. adm. de Reims, t. III, p. 410). — *Saint-Hylier-le-Petit*, 1376 (ibid. t. III, p. 409). — *Saint-Hislier*, 1450 (S.-Nicaise, c. 18). — *Le Petit Saint-Hillier*, 1715 (revenus de S.-Nicaise, p. 196). — *Le Petit-Saint-Hillaire*, xvii° s° (Cassini). — *Pont-Saint-Hilaire* [indiqué a tort comme ancien nom]. — *Hautemont*, 1794 (arch. nat. F¹ 7).

En 1789, Saint-Hilaire-le-Petit était compris dans l'élection et suivait la coutume de Reims. Son église paroissiale, diocèse de Reims, doyenné de Béthéniville, était consacrée à saint Hilaire; l'abbé de Saint-Nicaise de Reims présentait à la cure.

SAINT-HILAIREMONT, f. c^te de Courtémont. — *Saintebermunt*, v. 1178 (cart. de Montiers, 9905, f° 93 r°). — *Saintelermunt*, v. 1180 (ibid. 10946, f° 34 v°). — *Saint Aleri Mons, Saint-Elemont, Herlimont*, v. 1222 (livre des vass. de Champagne). — *Saintheleimont*, 1245 (cart. de Montiers, 9905, f° 57 r°).

SAINT-HUBERT, chap. c^te de Damery (Cassini).

SAINT-HUBERT, m. c^te de Sézanne (Cassini).

SAINT-IMOGES, c^te d'Ay. — *Saintemoige*, 1207 (S.-Nicaise, c. 4, l. 7). — *Ad nemus Saintimoge*, 1211 (cart. de S.-Thierry, f° 151 v°). — *La Nueve-Ville à Saint-Ymoige*, v. 1274 (arch. nat. J 202, 45). — *La Nue-Ville à Saint-Ymoge*, v. 1300 (arch. adm. de Reims, t. I, p. 1089). — *Saint-Ymoge*, 1308 (arch. nat. P 1114). — *Sancta Imoga*, 1303-1312 (arch. adm. de Reims, t. II, p. 1121). — *La Nuefville à Saint-Ymage*, 1341 (S.-Nicaise, c. 4, l. 7). — *Nova Villa apud Sanctum Ymogium*,

1346 (arch. adm. de Reims, t. II, p. 1120). — *La
dicte Ville-Neuve Sainct-Ymoge*, 1377 (chap. de
Reims, c. 9). — *Sanctus Imogius*, 1380 (Marlot
franç. t. IV, p. 634). — *Villa Nova de Ymogio*,
1380 (chap. de Reims, l. Vauclerc). — *La Neufville
à Saint-Ynnoge*, 1385 (arch. nat. P 178, 108). —
La Neufville-Sainct-Hymoge, 1508 (ibid. P 180,
170). — *Sainct-Ymoge*, 1573 (ibid. P 184, 214).
— *Saint-Imoges, Saint-Imoge*, 1630 (ibid. P 167,
26 et 33). — *Longmont*, 1794 (ibid. F¹ 7).

En 1789, Saint-Imoges faisait partie de l'élection de Reims et était régi par la coutume de Vitry.
Son église paroissiale, diocèse de Reims, doyenné
d'Épernay, était dédiée à la Vierge (au xiv° siècle,
le patron était saint Jacques); l'abbé d'Hautvillers
présentait à la cure.

SAINT-JACQUES, au faubourg de Châlons-sur-Marne. —
Chapelle Saint-Jacque [chapelle], xviii° siècle (Cassini).

SAINT-JACQUES, lieu-dit, c°° de Chaudefontaine.

SAINT-JACQUES, lieu-dit, c°° de Courville.

SAINT-JACQUES, lieu-dit, c°° de Dampierre-le-Château.

SAINT-JACQUES, chap. c°° d'Écollemont (Cassini).

SAINT-JACQUES, auc. ferme, c°° de Larzicourt. — *Le Petit
Saint-Jacques*, 1860 (Cornet-Paulus).

SAINT-JACQUES, h. c°° de Vitry-le-Brûlé. — Ancienne
abbaye de femmes de l'ordre de Cîteaux, fondée en
1234 au diocèse de Châlons. — *Sanctus Jacobus de
Vitriaco*, 1237 (liber pontif. f° 394 r°). — *La meson
Saint-Jaque de Viteré, de l'ordre de Citiaus*, 1252
(ibid.). — *Saint-Jacque de Vitri*, 1255 (ibid. f° 294 v°).

SAINT-JEAS, f. c°° de Ludes.

SAINT-JEAN, f. c°° de Saint-Quentin-le-Verger (Cassini).

SAINT-JEAN (RU DE), affl. de l'Aisne; arrose le finage
de Saint-Mard-sur-Auve.

SAINT-JEAN-DEVANT-POSSESSE, c°° d'Heiltz-le-Maurupt.
— *Sanctus Johannes in pago Stadunensi*, 1079
(S.-Pierre-aux-Monts, c. 1). — *Sanctus Johannes*,
1092 (ibid. c. 2). — *Saint-Jean devant Pocesse*,
1244 (ibid. c. 18). — *Sanctus Johannes ante
Possessam*, 1278 (cart. de Moutiers, 9905,
f° 367 v°). — *Sanctus Johannes juxta Possessam*,
1279 (S.-Pierre-aux-Monts, c. 18). — *Saint-
Jehant deleiz Possesse*, v. 1287 (ibid. c. 19). —
Saint-Jehan, 1373 (chap. de Chål. a. 6, l. 64). —
Eggure, 1793 (Puiseux, p. 306). — *Vierrecourt;
Lalobe*, 1794 (arch. nat. F¹ 7).

Saint-Jean-devant-Possesse était compris, en
1789, dans l'élection de Châlons et suivait la coutume de Vitry. Son église paroissiale, diocèse de
Châlons, doyenné de Possesse, était consacrée à

saint Jean; l'abbé de Saint-Pierre-aux-Monts présentait à la cure.

SAINT-JEAN-SUR-MOIVRE, c°° de Marson. — *Ecclesia
Sancti Johannis*, 1107 (chap. de Chål. a. 1, l. 1).
— *Sanctus Johannes super Mouviam*, 1152 (Trois-
Fout. c. 1). — *Saint-Jehan*, v. 1222 (livre des
vass. de Champ.). — *Sanctus Johannes super Moivam*, v. 1223 (Trois-Font. c. 1). — *Sanctus Johannes super Muevam*, 1227 (arch. nat. J 198,
63). — *Sanctus Johannes suer Moivre*, 1234-1243
(feoda Camp. n° 435). — *Sanctus Johannes super
Moriam*, 1256-1270 (ibid. n° 602). — *Saint-
Jehan-sur-Moyve*, 1383 (arch. nat. P 188, 52). —
Sanctus Johannes supra Meviam, 1542 (taxe du dioc.
de Chål. p. 209). — *Saint-Jean-sur-Moyvre*, 1728
(lieux régis par la cout. de Châlons). — *Sanctus
Johannes ad Moeviam*, 1755 (chap. de Chål. a. 1,
l. 56). — *Jean-sur-Moivre*, 1793 (Puiseux, p. 306).
— *Moivrecourt*, 1794 (arch. nat. F¹ 7).

Saint-Jean-sur-Moivre faisait partie, en 1789,
de l'élection et suivait la coutume de Châlons. Son
église paroissiale, annexe de celle de Coupéville,
diocèse de Châlons, doyenné de Bussy-le-Château,
était dédiée à saint Jean-Baptiste.

SAINT-JEAN-SUR-TOURBE, c°° de Sainte-Menehould. —
Sanctus Johannes, 1203 (Teulet, trésor des
chartes, t. I, p. 244). — *Saint-Jehan, Saint-Johan*, vers 1222 (livre des vass. de Champ.). —
Sanctus Johannes supra Turbam, 1229 (arch. nat.
KK 1064, f° 284 r°). — *Saint-Jehan-sur-Torbe*,
S.-Jehan-sur-Tourbe, 1246 (Teulet, trésor des
chartes, t. II, p. 640). — *Villa que dicitur Saint-
Johan apud Sonnetorbe*, 1248 (la Neuv. c. 1). — *Sanctus Johannes super Turbam*, 1252 (arch. nat. J 202,
52). — *Saint-Jehan de Sommetourbe*, 1267 (Brussel, usage des fiefs, p. 1012). — *Sanctus Johannes
de Summa Turba*, v. 1300 (extenta Campanie, Saint-
Jean-sur-Tourbe). — *Sanctus Johannes ad Turbam*,
1303-1312 (arch. adm. de Reims, t. II, p. 1100).
— *Sanctus Johannes Tourbe*, 1306 (Boutaric,
actes du parl. de Paris, n° 3341). — *Sanctus
Johannes de Turbain*, 1346 (arch. adm. de Reims,
t. II, p. 1101). — *Saint-Jehan à Tourbe*, 1400
(arch. nat. P 183, 42). — *Saint-Jehan-sur-Tourble*,
1524 (ibid. P 162, 351). — *Sainct-Jehan-sur-
Tourbe*, 1548 (ibid. P 162, 351). — *Saint-Jehan-
à-Sommetourbe*, 1573 (ibid. P 184, 225). —
Saint-Jehan-sur-Tourbes, 1652 (arch. lég. de Reims,
stat. t. I, p. 244). — *Saint-Jean*, 1686 (arch. nat.
P 194¹, 1). — *Mont-sur-Tourbe*, 1793 (Puiseux,
p. 306). — *Tourbemont*, 1794 (arch. nat. F¹ 7).

Saint-Jean-sur-Tourbe était compris, en 1789,

dans l'élection de Sainte-Menehould et suivait la coutume de Vitry. Son église paroissiale, diocèse de Reims, doyenné de Cernav-en-Dormois, était dédiée à saint Jean-Baptiste; l'abbé de Saint-Remy de Reims présentait à la cure.

Saint-Jeanvat, lieu-dit, c⁰ⁿ de Coupéville.

Saint-Joie, f. cⁿᵉ de Saint-Ouen. — Voy. **Saintgeois**.

Saint-Joie (Fossé), fossé d'assèchement dont les eaux vont à la Marne, cⁿᵉ d'Isle-sur-Marne.

Saint-Joseph, mᵐ de carrier, cⁿᵉ d'Hermonville.

Saint-Jolits, gagn. à Esclavolles. — *Une maison, grange, estables, accin... assis audit Esclavolles appelé le gaignage de Sainct-Julian*, 1518 (S.-Julien de Sézanne, c. 4).

Saint-Julien (Bois), lieu-dit, cⁿᵉ de la Forestière.

Saint-Julien, fief, près des Petites-Côtes. — *Le fief de Sainct-Jullien*, 1461 (arch. nat. P 216, 82).

Saint-Julien, vill. détr. dont le nom est resté à un moulin, cⁿᵉ de Pierry. — *Villa Sancti Juliani*, 1218 (la Charmoye, c. 6). — *Sonctus Julianus juxta Sparnacum*, 1262 (ibid. c. 5). — *Saint-Julien*, 1305 (Argens. c. 2). — *Saint-Julien, que on dit à la Fosse, de Sainct-Julien*, 1308 (arch. nat. P 1114). — *Parrochia Sancti Juliani*, 1303-1318 (arch. adm. de Reims, t. II, p. 1120). — *Le moulin de la Fosse dessous Saint-Julien*, 1320 (S.-Pierre-aux-Monts, c. 10). — *La ville de Sainct-Julien*, 1381 (ibid. c. 9). — *La parroisse de Saint-Julien lez Espernay*, 1393 (ibid.). — *Saint-Julien*, 1504 (ibid.) — *Le molin de la Fosse*, 1508 (ibid. c. 10). — *Icelluy molin appellé le molin de Saint-Julien*, 1524 (ibid.). — *Le terroir de Sainct-Julien*, 1574 (arch. nat. P 181, 118). — *Sainct-Jullyan*, 1598 (S.-Pierre-aux-Monts, c. 11).

L'église paroissiale de Saint-Julien, diocèse de Reims, doyenné d'Épernay, était à la présentation de l'abbé d'Hautvillers.

Saint-Julien de Courtisols, une des trois anciennes paroisses de Courtisols. — *Sanctus Julianus*, comm. du xiᵉ siècle (polypt. de S.-Remy de Reims). — *Sanctus Julianus ds Cortisor, Sanctus Julianus de Cortisol*, 1206 (liber principum. 5992, fᵒ 243 et 270 vᵒ). — *Sainct-Jullian à Courtizolt, le ban Saint-Jullien de Courtizols*, 1581 (chap. de Chál. a. 5, l. 52; a. 2, l. 57). — *Sonctus Julianus de Courtisore*, 1755 (ibid. a. 1, l. 56).

La cure de Saint-Julien de Courtisols était à la présentation du chapitre cathédral de Saint-Étienne de Châlons.

Saint-Just, cⁿᵉ d'Anglure. — *Sanctus Justus*, 1128 (Socard, chartes de Molème, p. 104). — *Saint-Just en l'Angle, Saint-Just en l'Aingle*, 1313

(Macheret, c. 1). — *Sanctus Justus in Angula*, 1315 (Du Cange, édition Henschel, t. I, p. 257). — *Saint-Just-en-l'Angle en Champaigne*, 1365 (Macheret, c. 1, cote 9). — *Justenval*, 1794 (arch. nat. F¹ 7).

En 1789, Saint-Just faisait partie de l'élection de Sézanne et était régi par la coutume de Sens. Son église paroissiale, diocèse de Troyes, doyenné de Sézanne, était consacrée à saint Just; l'évêque de Troyes en était collateur.

Saint-Ladre, écart, cⁿᵉ d'Épernay (Cornet-Paulus).

Saint-Ladra, f. cⁿᵉ de Fismes.

Saint-Lambert (Marais), lieu-dit, cⁿᵉ d'Allemanche-Launay-et-Soyer.

Saint-Laurent, lieu-dit, cⁿᵉ de Courlandon.

Saint-Laurent, lieu-dit, cⁿᵉ de Dontrien.

Saint-Laurent, h. cⁿᵉ d'Écury-sur-Coole. — *Apud Sanctum Laurentium, domum Sᵗ Petri ad Montes Cathalaunensis*, 1273 (S.-Pierre-aux-Monts, c. 6). — *Domus de Sancto Laurentio*, 1289 (ibid. c. 2). — *Saint-Lorent, Saint-Lorent*, 1308 (ibid. c. 6, l. 2). — *Une maison, grange et chapelle appelé la maison de Saint-Laurent assez près d'illec [Courbertrix]*, 1384 (arch. nat. P 51², 1460). — [Les abbé et couvent de S.-Pierre-aux-Monts] ont près de la ville de Chaalons à une lieue, ou environ, une belle et notable maison vulgairement appellée la maison de Saint-Lorent, 1417 (S.-Pierre-aux-Monts, c. 6). — *Saint-Laurent lès Coolus*, xvᵉ siècle (E. de Barthélemy, cart. de l'évêché et du chap. de Châlons, p. 115). — *Le molin à pappier dudict Sainct-Laurens.....; la cense et molin dudict Sainct-Laurent*, 1553 (Saint-Pierre-aux-Monts, c. 6). — *Le moulin à draps dudict Saint-Lorend, assis sur la rivière dudict Coolus, terroir d'Escury; la cense dudict Sainct-Lorend; Sainct-Laurend proche Coolus*, 1637 (ibid.).

Saint-Laurent, lieu-dit, cⁿᵉ de Fère-Champenoise.

Saint-Laurent, anc. chap. cⁿᵉ de Mourmelon-le-Grand.

Saint-Lazare, f. cⁿᵉ de Chantecoq. — *La cense de Saint-Lazars*, 1616 (Moncets, c. 4). — *La ferme de Saint-Ladre*, 1634 (ibid.).

C'était jadis une léproserie (dioc. anc. de Chál. t. II, p. 335).

Saint-Lazars, lieu-dit, cⁿᵉ des Grandes-Loges.

Saint-Lazare, f. cⁿᵉ de Montmirail. — *La maladrerie de Saint-Ladre de Montmirail*, 1461 (arch. nat. P 179, 176). — *L'église Sainct-Ladre*, 1623 (ibid. P 180, 36).

Saint-Lazara, f. cⁿᵉ de Muizon. — *Saint-Lazare*, 1835 (état-major). — *Saint-Lardre*, 1860 (Cornet-Paulus).

Saint-Lazare, anc. f. c^{on} de Nuisement-aux-Bois. — *Ferme de Saint-Lazare*, 1720 (Saugrain, t. I, p. 445).

Saint-Lazare, h. détr. c^{ne} de Vitry-le-Brûlé. — *Domus de Sancto Lazaro*, xiiie siècle (cart. de Cheminon, f° 36 r°). — *Saint-Ladre de Vitry*, v. 1300 (extenta Campanie, Vitry). — *Saint-Lazare*, 1633 (lieux régis par la cout. de Vitry).

Saint-Léger, chap. c^{ne} de l'Épine.

Saint-Léonard, c^{on} de Reims. — *Sanctus Leonardus*, v. 1263 (arch. adm. de Reims, t. I, p. 852). — *Sanctus Leonardus extra Remis*, 1290 (S.-Remy de Reims, l. 361). — *Saint-Liénart*, comm. du xive s^e (arch. adm. de Reims, t. I, p. 1090). — *Saint-Linart*, 1328 (ibid. t. II, p. 560). — *Ecclesia Beali Leonardi de Bellovisu*, 1354 (S.-Remy de Reims, l. 361). — *Saint-Lyénart*, 1374 (cart. A du chap. de Reims, f° 29 r°). — *Sanctus Leonardus propo Remis*, 1413 (S.-Remy de Reims, l. 361). — *Saint-Liénart-lez-Reins*, 1432 (arch. lég. de Reims, cout. p. 584). — *Saint-Léonard-lez-Reins*, 1547 (S.-Remy de Reims, l. 361). — *Louvesle*, 1794 (arch. nat. F^1 7).

En 1789, Saint-Léonard faisait partie de l'élection et était régi par la coutume de Reims. Son église paroissiale, diocèse et doyenné de Reims, était consacrée à saint Léonard; le tournaire du chapitre métropolitain de Reims et le chapitre de la Sainte-Chapelle de Paris présentaient alternativement à la cure.

Saint-Léonard, m^{in} à vent, c^{ne} de Cernay-lez-Reims.

Saint-Lié, chap. et m^{in} à vent, c^{ne} de Villedomange. — *Altare de Sancto Leto*, 1066 (cart. de S.-Nicaise, f° 10 v°). — *Cappellania fundata infra fines parrachie de Villa Dominica, in honore Beati Leti*, 1303-1312 (archives administratives de Reims, t. II, p. 1054). — *L'église Sainct-Lié; Sainct-Lyé*, 1531 (chapitre de Reims, c. 27). — *Saint-Liéz*, xviiie s^e (Cassini).

Saint-Lottin, fief, à Braux-Sainte-Cohière. — *Jehan de Saint-Lothain, prieur d'Ourmoy*, 1343 (S.-Pierre-aux-Monts, c. 13). — *Ung ahan et gaingniage séant en la ville, banc et finaige de Braux-Sainte-Cohière appellé le fief Saint-Lottain*, 1446 (arch. nat. P 184, 63). — *Saint-Lotin, fief de la paroisse de Braux-Sante-Cohière*, 1662 (dioc. anc. de Chàl. t. I, p. 287). — *Le fief de Saint-Lottin*, 1734 (arch. nat. P 277, 55).

Saint-Louis, f. c^{nv} de Faux-Fresnay.

Saint-Louis, f. c^{ne} de la Veuve.

Saint-Loup, c^{on} de Sézanne. — *Sanctus Lupus*, 1135

(Du Plessis, hist. de l'église de Meaux, t. II, p. 28). — *Saint-Lou*, 1255 (le Reclus, c. 2). — *Sanctus Lupus subtus Brecas*, 1443 (évêché de Troyes, G 22). — *Saint-Loup-soubz-Broyes*, 1459 (S.-Julien de Sézanne, c. 1). — *Hautimont*, 1794 (arch. nat. F^1 7).

En 1789, Saint-Loup était compris dans l'élection de Sézanne et suivait la coutume de Meaux. Son église paroissiale, diocèse de Troyes, doyenné de Sézanne, était dédiée à saint Loup; l'évêque de Troyes en était collateur.

Saint-Loup, c^{ne} détr. et lieu-dit, c^{ne} de Coligny (renseignement local).

Saint-Loup, lieu-dit, c^{ne} de Corribert.

Saint-Loup (Ruisseau de), c^{ne} de Vanault-le-Châtel.

Saint-Louvent, vill. c^{ne} de Châtelraould-Saint-Louvent. — *Sanctus Lupentius*, 1092 (Gallia christiana, t. X, p. 157). — *Saint-Levant*, v. 1222 (livre des vassaux de Champagne). — *Saint-Lovent, Saint-Louvanz*, v. 1274 (archives nation. J 202, 46 ter). — *Saint-Loupvant*, 1641 (ibid. P 216, 82). — *Saint-Louvant*, 1687 (ibid. P 221, 80). — *Saint-Louvant, paroisse de Chastelroux*, 1696 (ibid. P 222, 9). — *Louvent*, 1793 (Puiseux, p. 306). — *Courdemont*, 1794 (arch. nat. F^1 7).

En 1789, Saint-Louvent faisait partie de l'élection et suivait la coutume de Vitry. Son église paroissiale, diocèse de Châlons, doyenné de Perthes, était consacrée à saint Louvent; l'abbé de Montiérender présentait à la cure.

Saint-Louvent, égl. détr. c^{ne} de Vauclerc. — *Parrochialis ecclesia Sancti Lupentii de Valle Clara*, 1549 (S.-Pierre-aux-Monts, c. 5, l. 8).

Cassini figure Saint-Louvent comme une chapelle ruinée.

Saint-Louvent (Ru de), afl. de la Chéronne; arrose le finage de Saint-Louvent.

Saint-Lumier-en-Champagne, c^{on} de Vitry-le-François. — *Sanctus Leudomirus*, 1079 (S.-Pierre-aux-Monts, c. 1). — *Sanctus Lyemerus in Campania*, 1227 (arch. nat. J 198, 63). — *Sanctus Leudomerus*, 1228 (S.-Pierre-aux-Monts, c. 21). — *In villa Sancti Leudomiri juxta Vitriacum*, 1229 (ibid.). — *Sanctus Leodemirus*, 1230 (ibid.). — *Saint-Liemers*, 1234-1243 (feoda Campanie, n° 435). — *Sainte-Lymière, Saint-Liemer, Sent-Lumerius, Sanctus Limerius*, v. 1252 (arch. nat. J 202, 48 et 55). — *Sanctus Ludomirus*, 1257 (S.-Pierre-aux-Monts, c. 24). — *Saint-Lieymer*, v. 1274 (arch. nat. J 202, 46 ter). — *Sanctus Ludomirus*, 128. (ibid. Q^1 668^1). — *Saint-Lyemer*, 1303 (S.-Pierre-aux-Monts, c. 26). — *Saint-Lemier*,

1384 (arch. nat. P 51², 1460). — *Saint-Limier*, 1391 (S.-Pierre-aux-Monts, c. 21). — *Saint-Lemier-en-Champagne*, 1416 (*ibid.*). — *Sanctus Leomarus in Campania*, 1479 (*ibid.* c. 22). — *Saint-Lyemier*, 1506 (*ibid.* c. 21). — *Saiuct-Lumyer*, 1540 (*ibid.*). — *Lumier-le-Ruisseau*, 1793 (Puiseux, p. 306). — *Saint-Lumière-sur-le-*Fian [indiqué comme nom ancien]. — *Fionval*, 1794 (arch. nat. F¹ 7).

En 1789, Saint-Lumier-en-Champagne faisait partie de l'élection et suivait la coutume de Vitry. Son église paroissiale, diocèse de Châlons, doyenné de Vitry-le-Brûlé, était dédiée à saint Lumier; l'abbé de Saint-Pierre-aux-Monts présentait à la cure.

Saint-Lumier-la-Populeuse, cᵐ de Thiéblemont. — *In comitatu Pertensi, villa que dicitur Roquineicurt, in qua fuit ecclesia Sancti Leudomiri super ipsum fluvium Broscion*, 900 (cart. du chantre Guérin, f° 4 r°). — *Sanctus Leudomerus*, 1110-1125 (cart. de Cheminon, f° 9 r°). — *Sauctus Leudomirus*, 1164-1191 (Ulmoy). — *Suuctus Leomarus, Sanctus Limarus*, xii° s° (cart. de Cheminon, fᵐ 9 v° et 11 r°). — *Sanctus Leodomirus*, 1238 (Cheminon, c. 15). — *Saint-Limier-la-Ville en Pertois*, 1251 (arch. nat. J 196, 54). — *Sancta Limeria*, v. 1252 (*ibid.* J 202, 55). — *Saint-Liemer*, 1256 (Cheminon, c. 20). — *Sanctus Leudomarus juxta Belesmam*, 1385 (chap. de Châl. l. 3). — *Saint-Lumier-la-Poilleuze*, 1498 (arch. nat. P 166, 346). — *Saint-Lymier-la-Poulleuze*, 1507 (*ibid.* P 161, 59). — *Saint-Lhumier-la-Populeuse*, 1647 (Cheminon, c. 7). — *Égalité-la-Populeuse*, 1793 (Puiseux, p. 306). — *Valpopuleuse*, 1794 (arch. nat. F¹ 7).

Saint-Lumier-la-Populeuse était compris, en 1789, dans l'élection et suivait la coutume de Vitry. Son église paroissiale, diocèse de Châlons, doyenné de Vitry-le-Brûlé, était consacrée à saint Lumier; l'abbé de Cheminon présentait à la cure.

Saint-Mammès, lieu-dit, cᵐ de Fleury-la-Rivière.

Saint-Manche, m. cᵐ d'Écriennes.

Saint-Manche, lieu-dit, cᵐ de la Neuville-au-Pont.

Saint-Mange (Fin de), chemin, cᵐ de Gourgançon et d'OEuvy.

Saint-Marc, lieu-dit, cᵐ de Vitry-le-Brûlé.

Saint-Marc, chap. détr. cᵐ de Champguyon (hist. d'Esternay, p. 213).

Saint-Mard, lieu-dit, cᵐ de Corroy.

Saint-Mard (Bois de), cᵐ de Damery. — C'est à tort que les officiers de l'état-major écrivent *bois de Saint-Marc*, puisque ces bois doivent leur nom à Saint-Médard de Soissons (en langue vulgaire :

Saint-Mard), à l'abbaye de laquelle Damery appartint dès le ix° siècle.

Saint-Mard, lieu-dit, cᵐ de Gourgançon.

Saint-Mard-lez-Rouffy, cᵒⁿ de Vertus. — *Saint-Maart*, v. 1222 (liv. des vass. de Champ.). — *Sanctus Medardas, in castellania Virtuti*, 1222-1227 (Brussel, usage des fiefs, p. 93). — *Saint-Mars*, 1366 (arch. nat. Q¹ 681¹, f° 11 v°). — *Saint-Medard, Sainct-Mard*, 1367 (*ibid.* Q¹ 681¹, f° 22 v°). — *Saincts Mards*, 1379 (la Charmoye, c. 6). — *Saint-Mard-lez-*Roucy (sic), 1395 (arch. nat. P 182, f° 281 v°). — *Saint-Mard-Rouffy*, 1580 (évêché de Châl. c. 10). — *Sainct Mars*, 1605 (arch. nat. P 190, 56, f° 1 v°). — *Saint-Mardas*, 1633 (lieux régis par la cout. de Vitry). — *Saiuct-Mars*, 1646 (arch. nat. P 191, 16). — *Marat-lès-Rouffy*, 1793 (Puiseux, p. 306). — *Mont-Roussit* [lisez *Mont-Rouffit*], 1794 (arch. nat. F¹ 7).

Saint-Mard-lez-Rouffy faisait partie, en 1789, de l'élection de Châlons et était régi par la coutume de Vitry. Son église paroissiale, diocèse de Châlons, doyenné de Vertus, était dédiée à saint Médard; l'abbé de Saint-Sauveur de Vertus présentait à la cure.

Saint-Mard-sur-Auve, cᵒⁿ de Dommartin-sur-Yèvre. — *Sanctus Medardus juxta Alvam*, 1181 (Touss. c. 6). — *Saint-Maart*, v. 1222 (livre des vass. de Champ.). — *Sanctus Marchus in Alva*, 1249 (Moiremont, c. 1). — *Sanctus Medardus super Alvam*, v. 1252 (arch. nat. J 202, 55). — *Saint-Marc-sur-Aube, Saint-Mar-sur-Ave, Saint-Marc*, v. 1274 (*ibid.* J 202, 46). — *Saint-Maard-sur-Auve, Saint-Mare-sur-Auve*, v. 1300 (extenta Camp. Sᵗᵉ-Men.). — *Saint-Mard-sur-Auve*, 1366 (arch. nat. P 183, 16). — *Saint-Mard-sur-Aulve*, 1392 (*ibid.* P 183, 85). — *Saint-Mart-sur-Auve*, 1417 (*ibid.* P 184, 47 *bis*). — *Saint-Mars-sur-Aulve*, 1439 (*ibid.* P 184, 58). — *Saint-Mar-sur-Aulve*, 1575 (*ibid.* P 185, 10). — *Saint-Marc*, 1685 (*ibid.* P 221, 48). — *Saint-Medard-sur-Auve*, xviii° s° (Cassini). — *Montagne-sur-Auve*, 1793 (Puiseux, p. 306). — *Montauve*, 1794 (arch. nat. F¹ 7).

En 1789, Saint-Mard-sur-Auve était compris dans l'élection de Sainte-Menehould et suivait la coutume de Vitry. Son église paroissiale, annexe de celle d'Auve, diocèse de Châlons, doyenné de Sainte-Menehould, était consacrée à saint Médard.

Saint-Mard-sur-le-Mont, cᵒⁿ de Dommartin-sur-Yèvre. — *Sanctus Medardus in comitatu Stadinensi*, 1008-1045 (cart. du chantre Guérin, f° 44 r°). — *Ecclesia Sancti Medardi*, 1107 (chap. de Châl. a. 1,

l. 1). — *Saintmart, Sant-Mahart*, 1154-1161 (Montiers, c. 1 et 2). — *Saint-Maart*, v. 1165 (cart. de Moutiers, 10946, f° 23 v°). — *Saimmart*, vers 1170 (*ibid.* f° 27 r°). — *Saint-Mart*, 1175 (*ibid.* f° 27 v°). — *Sanctus Medardus prope Porsesse*, 1222 (liber principum, 5992, f° 303 v°). — *Saint-Mard* ou *mont*, 1247 (cart. de Moutiers, 9905, f° 366 v°). — *Sanctus Medardas in monte*, 1252 (Montiers, c. 2). — *Sanctus Medardus juxta Possessam*, v. 1252 (arch. nat. J 202, 55). — *Sanctus Medardus ad Montem*, 1253 (cart. de Montiers, 9905, f° 37 v°). — *Sanctus Medardas super montem*, 1267 (*ibid.* f° 363 r°). — *Saint-Maart en sons le mont*, 1271 (Montiers, c. 2). — *Sanctus Medardas supra montem*, 1275 (*ibid.* c. 4). — *Sanctus Medardas asson le mont*, 1277 (cart. de Montiers, 9905, f° 373 v°). — *Villa Sancti Medardi in cacumine montis*, 1285 (Montiers, c. 1). — *Saint-Martin* (sic) *en son le mont*, 1294 (*ibid.* c. 2). — *Saint-Maart en son le mont*, 1295 (cart. de Montiers, 9905, f° 369 r°). — *Saint-Maard*, v. 1300 (extenta Campanie, Vitry). — *Saint-Marc*, 1383 (Brussel, usage des fiefs, p. 759). — *Saint-Mard soubz le mont*, 1426 (cart. de Montiers, 9905, f° 74 v°). — *Saint-Marc sur le mont*, 1497 (*ibid.* f° 272 r°). — *Saint-Mard-sur-le-mont de Couthault*, 1538 (*ibid* f° 252 v°). — *Saint-Marc-en-Soullemont*, 1604 (arch. nat. P 185, 30). — *Sainct-Mard-sur-le-Mond*, 1673 (*ibid.* P 168, 45). — *Mard-sur-le-Mont*, 1793 (Puiseux, p. 306). — *Montvierre*, 1794 (arch. nat. F¹ 7).

En 1789, Saint-Mard-sur-le-Mont faisait partie de l'élection de Châlons et était régi par la coutume de Vitry. Son église paroissiale, diocèse de Châlons, doyenné de Possesse, était dédiée à saint Médard; le doyen du chapitre cathédral de Châlons présentait à la cure.

Saint-Martin, lieu-dit, c°° d'Avenay.

Saint-Martin, lieu-dit, c°° de Boult-sur-Suippe.

Saint-Martin, écart, c°° d'Hermonville.

Saint-Martin, h. autrefois l'une des auc. paroisses de Juvigny. — *Ecclesia Sancti Martini juxta Juveniacum*, 1158 (Touss. c. 1). — *Saint-Martin*, 1248 (arch. adm. de Reims, t. I, p. 417). — *Ecclesia Sancti Martini de Juvigneyo*, 1311 (chap. de Reims, l. Juvigny). — *Saint Martin de Juvigny*, 1462 (arch. nat. Q¹ 662).

Saint-Martin, égl. paroissiale de Montmirail, située hors la ville; elle fut détruite après 1790. Quelques maisons qui s'élèvent vers son emplacement portent aujourd'hui le nom de *Saint-Martin*. — *Ecclesia parrochialis Sancti Martini de Monte Miretti*, 1145

(cart. de S.-Jean-des-Vignes, f° 36 v°). — *La parroisse de Sainct-Martin de Montmirail*, 1603 (arch. nat. P 180, 101).

Saint-Martin, auc. faubourg de Nesle-la-Reposte (Guérard, p. 217).

Saint-Martin, auc. f. c°° de Sacy. — *La cense de Sainct-Martin, paroisse de Sacy*, 1583 (chap. de Reims, l. Onrezy).

Saint-Martin, l'une des églises paroissiales de Saint-Memmie; elle fut détruite à la Révolution. — *Ecclesia Sancti Martini sita in latere Sancti Memmii*, 1062 (cart. de Toussaints, f° 2 r°). — *Ecclesia Beati Martini*, 1172 (S.-Memmie, c. 5). — *Ecclesia Beati Martini*, 1172 (S.-Memmie, c. 5). — *Saint Martin lez Saint-Menge*, 1406 (Touss. c. 19). — *L'église de Saint-Martin dudit Saint-Menge*, 1427 (S.-Memmie, c. 5). — *Saint-Martin lez Sainct-Maulge*, 1556 (arch. lég. de Reims, cout. p. 887).

Saint-Martin, vill. détr. c°° de Saint-Remy-sur-Bussy.

Saint-Martin, f. c°° de Sermiers. — *In territorio de Courtomont juxta fontem Sancti Martini*, 1310 (cart. de S.-Denis de Reims, p. 329).

Saint-Martin-aux-Champs, c°° d'Écury-sur-Coole. — *Villa que dicitur Vetus Sancti Martini*, 1028 (S.-Pierre-aux-Monts, c. 1). — *Ecclesia Sancti Martini ultra Maternam*, 1213 (*ibid.* c. 2). — *Sanctus Martynus*, 1222 (*ibid.* c. 24). — *Sanctus Martinus ad Campos*, 1238 (*ibid.*). — *Sanctus Martinus super Maternam juxta Songeium*, v. 1252 (arch. nat. J 202, 55). — *Saint-Martin au Champs*, 1306 (S.-Pierre-aux-Monts, c. 24). — *Saint-Martin aus Champs*, 1316 (*ibid.*). — *Saint-Martin aux Champs*, 1384 (arch. nat. P 51², n° 1460). — *Saint-Martin des Champs*, 1392 (ibid. P 179, n° 1392). — *Saint-Martin*, 1641 (*ibid.* P 216, 81). — *Marat-aux-Champs*, 1793 (Puiseux, p. 306). — *Issonval*, 1794 (arch. nat. F¹ 7).

En 1789, Saint-Martin-aux-Champs était compris dans l'élection et suivait la coutume de Vitry. Son église paroissiale, diocèse de Châlons, doyenné de Coole, était consacrée à saint Martin; l'abbé de Saint-Pierre-aux-Monts présentait à la cure.

Saint-Martin-le-Bossu, vill. détr. c°° de Saint-Souplet, où le lieu-dit *Saint-Martin* indique sans doute son emplacement. — *Sanctus Martinus super Pit*, comm. du xi° siècle (polyptyque de S.-Remy). — *Sanctus Martinus Gibbosus*, 1259 (S.-Basle, l. 11).

Saint-Martin-le-Pauvre, auc. maison religieuse du diocèse de Châlons; sa situation précise est indéterminée. — *Domus nostra que vocatur Sancti Martini*

Pauperis, *in episcopatu Cathalaunensi sita*, 1202 (cart. de Moutiers, n° 9905, f° 96 r°; charte de G. prieur de S.-Martin-des-Champs de Paris).

SAINT-MARTIN-LE-PETIT, écart, c°° de Pargny, c°° de Ville-en-Tardenois (Cornet-Paulus).

SAINT-MARTIN-L'HEUREUX, c°° de Beine. — *Sanctus Martinus ad Suppiam*, comm. du XIᵉ siècle (polypt. de S.-Remy). — *Sanctus Martinus super fluvium Suppiam*, 1154 (arch. adm. de Reims, t. I, p. 329). — *Sanctus Martinus le* Haras, 1200 (S.-Denis de Reims, t. S.-Martin). — *Sanctus Martinus le Heureux*, 1211 (cart. de S.-Denis de Reims, p. 83). — *Sanctus Martinus le Hursx*, 1259 (S.-Remy de Reims, l. 348). — *Sanctus Martinus le Hureux*, 1303-1312 (arch. adm. de Reims, t. II, p. 111). — *Saint-Martin le Hureus*, 1328 (ibid. t. II, p. 481). — *Sanctus Martinus le Haireux*, 1343 (ibid. t. II, p. 883). — *Saint-Martin le Heureus*, 1363 (ibid. t. III, p. 279). — *Montheureux*, 1794 (arch. nat. F¹ 7).

Saint-Martin-l'Heureux faisait partie, en 1789, de l'élection et suivait la coutume de Reims. Son église paroissiale, annexe de celle de Dontrien, diocèse de Reims, doyenné de Bétheniville, était dédiée à saint Martin.

SAINT-MARTIN-SUR-LE-PRÉ, c°° de Châlons-sur-Marne. — *Sanctus Martinus juxta Cathalaunum*, *Sanctus Martinus de Visneel*, 1131-1142 (S.-Pierre-aux-Monts, c. 24). — *Villa que dicitur Sanctus Martinus ad Visneel*, 1146 (ibid.). — *Capella de Visneel*, 1213 (ibid. c. 2). — *Saint-Martin la Vile . . . delez Chaulons*, 1240 (liber pontificum, f° 270 v°). — *La ville de Saint-Martin delez Chaalons*, 1240 (S.-Pierre-aux-Monts, c. 25). — *Villa de Sancto Martino*, 1247 (Vinets, c. a). — *Sanctus Martinus juxta Vinellum*, 1247 (S.-Pierre-aux-Monts, c. 24). — *Villæ de Sancto Martino et de Visneel*, 1248 (la Neuv. c. 4). — *Sanctus Martinus de Veneel*, v. 1252 (arch. nat. J 202, 47). — *Sanctus Martinas de Visnel*, 1268 (S.-Pierre-aux-Monts, c. 24). — *Sanctus Martinus à Visneel*, 128. (arch. nat. Q¹ 668¹). — *Sanctus Martinus ad Vinnellum*, 1340 (Vinets, c. 5). — *Saint-Martin à Vinel*, 1384 (arch. nat. P 51², n° 1460). — *Sanctus Martinus apud Vinettam*, 1405 (pouillé de Châlons, f° 74 r°). — *Saint-Martin à Vinelz*, 1462 (arch. nat. Q¹ 662). — Saint-Martin à Vignetz, 1501 S.-Memmie, c. 6). — *Saint-Martin-le-Pré*, 1520 (S.-Pierre-aux-Monts, c. 24). — *Saint-Marlin-à-Vinelz*, 1523 (ibid. c. 2, f° 36 r°). — *Saint-Martin-sur-le-Pré de Chaalons*, 1551 (ibid. c. 24). — *Saint-Martin-lez-Vignetz*, 1552 (ibid. c. 25). — *Sanctus*

Martinus juxta Pratum, 1252 (ibid. c. 5, l. 8). — *Saint-Martin-sur-le-Prez*, 1670 (ibid. c. 24). — *Vinay-sur-Marne*, 1793 (Puiseux, 306). — *Saint-Martin-lès-Vinets* ou *sur-le-Pré*, 1804 (ann. de l'an XIII, p. 79).

Saint-Martin-sur-le-Pré était compris, en 1789, dans l'élection et suivait la coutume de Châlons. Son église paroissiale, diocèse de Châlons, doyenné de Bussy-le-Château, était consacrée à saint Martin; l'abbé de Saint-Pierre-aux-Monts présentait à la cure.

SAINT-MARTINVAL, lieu-dit, c°° de la Chapelle-Felcourt.

SAINT-MASMES, c°° de Beine. — *Sanctus Maximinus ?* XIIᵉ siècle (fragm. de polyptyque de Saint-Remy, p. 167). — *Sanctus Mamus*, 1209 (chapitre de Reims, l. S.-Masmes). — *Sanctus Mammias*, 1209 (cart. B du chap. de Reims, f° 19 r°). — *Sainte-Mamain*, v. 1222 (livre des vassaux de Champ.). — *Sanctus Mamius*, 1265 (cart. B du chap. de Reims, f° 21 v°). — *Sanctus Memius*, 1272 (ibid. f° 23 v°). — *Saint-Marne*, 1326 (cart. A du chap. de Reims, f° 100 r°). — *Sanctus Mammus*, 1335 (arch. adm. de Reims, t. II, p. 729). — *Sanctus Memmnus*, 1343 (ibid. t. II, p. 880). — *Saint-Masme*, 1384 (ibid. t. III, p. 653). — *Sanctus Memmius*, av. 1400 (nécrol. de l'église de Reims, p. 63). — *Saint-Memmes*, 1777 (arch. adm. de Reims, t. II, p. 1064). — *Fanemont*, 1794 (arch. nat. F¹ 7).

Saint-Masmes faisait partie, en 1789, de l'élection et suivait la coutume de Reims. Son église paroissiale, annexe de l'église paroissiale de Selles, diocèse de Reims, doyenné de Lavannes, était dédiée à saint Martin.

SAINT-MAURICE, lieu-dit, c°° de Courgivaux.

SAINT-MAURICE, chap. c°° de Reims (Cassini).

SAINT-MAURICE, ban, c°° de Tours-sur-Marne. — *Le mayeur, eschevin, manans et habitans du ban Saint-Maurice de Tours-sur-Marne*, 1487 (Argens. c. 3). — *Et majorem, scabinos, manentesque et habitantes de banno Sancti Mauricii de Turribus supra Maternam*, 1490 (ibid.). — *Saint-Maurice* [chapelle], XIIIᵉ siècle (Cassini).

Le ban de Saint-Maurice s'étendait aussi sur le finage d'Athis. — *En ladicte ville d'Athis*, ou *ban de Saint Morice*, 1449 (arch. nat. P 181, 71).

SAINT-MÉDARA, lieu-dit, c°° de Pomacle.

SAINT-MÉARD, une des deux anciennes paroisses de Pontfaverger. — *Apud Pontem Fabricatum et apud Sanctum Medardum*, 1154 (cart. de S.-Thierry, f° 145 v°). — *Sanctus Medardus juxta Pantem*

Fabricatum, 1208 (chap. de Reims, l. Pontfav.).
— *Sanctus Medardus super ripariam Supiœ*, 1227 (cart. † de l'archev. de Reims, f° 7 r°).

Cette paroisse est encore distinguée par Cassini, au dernier siècle, de la paroisse de Saint-Brice de Pontfaverger.

SAINT-MÉDARD, auc. léproserie, c°° de Reims. — *Sanctus Medardas juxta Remos*, 1287 (Marlot franc. t. III, p. 830).

SAINT-MÉDARD, lieu-dit, c°° de Saint-Hilaire-au-Temple.

SAINT-MÉDARD, chap. c°° de Saint-Hilaire-le-Grand (Cassini).

SAINT-MÉDARD, chap. c°° de Suint-Mard-sur-le-Mont (Cassini).

SAINT-MEMMIE, c°° de Châlons. — Abbaye d'hommes consacrée à saint.memmie, premier évêque de Châlons; les chanoines réguliers de l'ordre de Saint-Augustin y remplacèrent en 1131 les clercs réguliers. — *Spelunca deserti, quæ vocabatur Buxeria, a civitate fere milliario uno distans*, fin du vii° siècle? (vita S. Memmii, apud Bolland. t. II, augusti, p. 11). — *Ecclesia Sancti Memmii*, v. 948 (Flodoard, testament de saint Remy). — *Sonctas Memmius*, 1214 (liber principum, f° 191 r°). — *Sanctus Mancius Cathalaunensis*, v. 1220 (feods Camp. n° 383). — *Saint-Mange de Chaalons*, *Saint-Mange*, 1231 (Teulet, trésor des chartes, t. II, p. 205). — *Sanctus Mammius Cathalaunensis*, v. 1252 (arch. nat. J 202, 54). — *Saint-Mange lez Chlons*, 1286 (chap. de Châl. a. 2, l. 3). — *Saint-Menge*, 1323 (Barthélemy, cart. de l'évêché et du chap. de Châlons, p. 123). — *Sanctus Mangius Cathalaunensis*, 1346 (arch. adm. de Châlons, t. II, p. 636). — *Sainct-Menge emprez Chaalons*, 1368 (S.-Memmie, c. 5). — *Saint-Menge lez Chaalons*, 1376 (ibid. c. 1). — *Monasterium Sancti Memmii in suburbio Cath.* 1389 (ibid.). — *Saint-Memje lez Chaalons*, 1509 (procès-verbal de la réd. de la cout. de Vitry). — *Saint-Mesme de Chalons*, milieu du xvi° siècle (Delisle, restit. d'un vol. des Olim, n° 754). — *L'abbaye de S.-Mange ou S°-Memmie-lez-Chaalons*, 1563 (S.-Memmie, c. 10). — *Monasterium Sancti Memmii extra et prope muros Cathal.* 1626 (ibid. c. 1). — *Sainct-Memie-lez-Chaalons*, 1628 (ibid.). — *Saint-Menje-lez-Chaalons*, 1636 (ibid.). — Brutus, 1793 (Puiseux, p. 306). — *Mengeval*, 1794 (arch. nat. F¹ 7).

Saint-Memmie faisait partie, en 1789, de l'élection de Châlons et suivait pour partie la coutume de Châlons, pour partie celle de Vitry. Son

église paroissiale, diocèse et doyenné de Châlons, était dédiée à saint André; l'abbé de Toussaints présentait à la cure.

SAINT-MEUMIS, une des trois anciennes paroisses de Courtisols. — *Sanctus Memmius de Cortesol*, v. 1230 (cart. C de S.-Remy de Reims, f° 27 v°). — *In parrochia Sancti Memnii de Cortisor*, 1252 (chap. de Châl. a. 4, l. 57). — *L'ecclesia de Sancto Memmio et Sancto Juliano* est comptée au nombre des paroisses du doyenné de Bussy-le-Château, en 1405 (pouillé du dioc. de Châlons, f° 74 v°). — *Sainct-Mange... à Courtizolt*, 1581 (chap. de Châl. a. 5, l. 52).

L'église de Saint-Memmie était, en 1789, une succursale de celle de Saint-Julien de Courtisols.

SAINT-MESSE. — Voy. SAINT-MANGS.

SAINT-MET, h. détr. c°° de Léchelle. — Saint-Met figure encore comme lieu habité, vers le milieu du xvii° siècle, dans certaines minutes conservées à Orbais (étude de M° Charlot). Ce n'est plus aujourd'hui qu'un lieu-dit.

SAINT-MICHEL, ancien prieuré, c°° de Fagnières; l'écart de Saint-Michel est aujourd'hui une sorte de prolongement du faubourg de Marne, de Châlons. — *Calceia subtus Sancto Michaele*, 1147-1151 (chap. de Châl. a. 4, l. 23). — *Ecclesia beati Michaelis*, 1215 (Toussaints, c. 16). — *Domus sua [militie Templi Nove Ville] sita sub ecclesia Sancti Michaelis versus Faineriae*, 1219 (la Neuv. c. 4). — *Sanctus Michael juxta Cathalanum*, 1346 (arch. adm. de Reims, t. II, p. 1030). — *Colet de Saint-Michier*, 1379 (S.-Memmie, c. 5). — *Saint-Michiel*, 1464 (Toussaints, c. 19). - - *Sainct-Michel*, 1522 (ibid.). — *Sainct-Michel lez ledict Chaalons*, 1596 (ibid. c. 11). — *Prieuré de Saint-Michel-au-Mont*, 1648 (dioc. anc. de Châl. t. II, p. 384). — *Mont-Saint-Michel*, 1860 (Cornet-Paulus). — *Le mont Saint-Michel*, 1862 (Guérard, p. 73).

Le prieuré de Saint-Michel dépendait de l'abbaye de Saint-Memmie.

SAINT-MICHEL (LES CÔTES DE), lieu-dit, c°° de Monthelon.

SAINT-MICHEL, lieu-dit, c°° d'Œuilly.

SAINT-MICHEL, lieu-dit, c°° de Prouilly.

SAINT-MICHEL, lieu-dit, c°° de Saint-Hilaire-le-Petit.

SAINT-NICAISE, lieu-dit, c°° de Dontrien.

SAINT-NICAISE, à Reims. Ancienne abbaye d'hommes de l'ordre de Saint-Benoît, fondée ou plutôt réformée en 1066. — *Sanctus Nichasius*, 1113 (arch. adm. de Reims, t. I, p. 261). — *Saint-Nichase*, 1315 (ibid. t. II, p. 165). — *Saint-Nicayse de Reins*, 1330 (ibid. t. II, p. 606). — *Saint-Nichaise de*

Reims, 1386 (arch. nat. P 180, 113). — *Saint-Ny-caise de Reims*, 1439 (ibid. P 181, 65).

SAINT-NICAISE, lieu-dit, c⁰ᵉ de Treslon.

SAINT-NICOLAS, lieu-dit, c⁰ᵉ de Bétheniville.

SAINT-NICOLAS, anc. chap. c⁰ᵉ de Bussy-le-Château. — *Une certaine chapelle appellée vulgairement la Converserie, assize audict Bussy, fondée par nos prédécesseurs en l'honneur et reverance de M' sainct Nicolas*, 1604 (arch. nat. P 105, 30).

SAINT-NICOLAS, anc. chap. c⁰ᵉ de Bussy-Létrée. — *Capella Sancti Nicolai prope Bussiacum Stratum*, 1405 (pouillé du dioc. de Chàl. f° 74 v°).

Le lieu-dit *Rue Saint-Nicolas*, du finage de Bussy-Létrée, doit une partie de son nom à cette chapelle.

SAINT-NICOLAS (LA CHAPELLE), lieu-dit, c⁰ᵉ de Châtrices.

SAINT-NICOLAS, lieu-dit, c⁰ᵉ de Moiremont.

SAINT-NICOLAS, anc. chapelle de Coulvagny, c⁰ᵉ de Saint-Amand. — *Ecclesia Sancti Nicolai de Coulvanier*, 1775 (chap. de Chàl. a. 1, l. 56).

SAINT-NICOLAS, lieu-dit, c⁰ᵉ de Saint-Imoges.

SAINT-NICOLAS, anc. auberge, c⁰ᵉ de Thil.

SAINT-NICOLAS (RU DE), affl. de l'Aisne; arrose le finage de la Neuville-au-Pont.

SAINT-NICOLAS-DE-VIRLOUZET, chap. détr. c⁰ᵉ de Reims. — *Ecclesia de Villzeto*, 1168 (Marlot latin, t. II, p. 397). — *Cappella Sancti Nicholai de Vilezeto*, 1248 (cart. de S.-Nicaise, f° 59 v°). — *In territorio de Sancto Nicholao de Vileseto*, 1275 (S.-Nicaise, c. 5). — *Vilouzet; — in decimis territorii Remensis, que quidem decime Sancti Nicolay de Vilozet vulgariter appellantur*, 1280 (cart. B du chap. de Reims, f° 180 r°). — *Sanctus Nichalaus de Villezert*, 1281 (arch. adm. de Reims, t. I, p. 986). — *Sanctus Nicholaus ad Villouzet*, 1346 (ibid. t. II, p. 1029). — *La chapelle de Saint-Nicolas à Virlouset*, 1360 (ibid. t. III, p. 161). — *Saint-Nicolas au Virlouzet*, 1432 (arch. lég. de Reims, cout. p. 560). — *Le terroir de Reims appellé Saint-Nicolas de Virlouzet, qui contient plusieurs triages à gauche et à droite du chemin qui conduit de Reims à Cernay; sur le bord duquel chemin à droit se voit encor, à demi lieue de l'ancienne porte de Saint-Nicaise, une grande croix de bois au milieu de quatre arbres, à l'endroit où estoit anciennement la chapelle dudit Saint-Nicolas de Virlouzet, dépendente de l'abbaye [de Saint-Nicaise], où l'abbé estait obligé d'y faire célébrer une messe tous les mois; — le terroir du Virlouzet*, 1715 (revenus de S.-Nicaise, p. 253-254).

SAINT-NICOLAS-EN-LIEU, dénomination primitive d'un monastère qui, fondé en 1110, prit plus tard, du ruisseau sur lequel il était situé, le nom de Che-

minou (Voy. L'ABBAYE et CAEMINON). — *Ecclesia Beati Nicholai in silva Luyz*, 1110 (Gallia christiana, t. X, c. 160). — *Adelardus, abbas Sancti Nicolai in silva Luurz*, v. 1110 (Saint-Pierre-aux-Monts, c. 16). — *Cella sancti Nicholay que est in silva Luviz super Chymeron*, 1116 (cart. de Cheminon, f° 6 r°).

SAINT-NIVARD, chap. détr. c⁰ᵉ d'Hautvillers.

SAINT-OUEN, c⁰ᵉ de Sompuis. — *Sancti Audoeni villa*, 1147 (pouillé de Troyes, n° 478). — *Saint-Couain, Saint-Gien*, v. 1274 (arch. nat. J 202, 45). — *Saint-Ouain*, 1636 (ibid. P 215, 36). — *Vinon-sur-Oiselet*, 1793 (Puiseux, p. 306). — *Ormont*, 1794 (arch. nat. F¹ 7).

Saint-Ouen était compris, en 1789, dans l'élection de Vitry et suivait la coutume de Chaumont. Son église paroissiale, diocèse de Troyes, doyenné de Margerie, était consacrée à saint Barthélemy; l'évêque de Troyes en était collateur.

SAINT-OYAND, gagnage, c⁰ᵉ de Maisons. — *Ung autre gaingnage dit Saint-Oyant, assis en la ville et finage de Maison-en-Champaigne*, 1502 (cart. d'Huiron, 224).

SAINT-PALAIS, anc. lieu-dit, à Aulnay-sur-Marne. — *Item à Aulnay, environ III s. tourn. de menuz cens et les appelle on les cens de Saint-Palair*, 1441 (arch. nat. 182, f° 29 r°).

SAINT-PHILIBERT, chap. c⁰ᵉ de Festigny-les-Hameaux. — *Saint-Philbert*, xviiⁱ siècle (Cassini).

SAINT-PIERRE, lieu-dit, c⁰ᵉ de Courtagnon.

SAINT-PIERRE (LE BOIS), lieu-dit, c⁰ᵉ de Faux-Fresnay.

SAINT-PIERRE, c⁰ᵉ de Givry-en-Argonne; vill. détruit, dit-on, par les Anglais. — Au lieu-dit la *Fontaine-Saint-Pierre* se trouve une fontaine qui est l'objet d'un pèlerinage.

SAINT-PIERRE (SUR), lieu-dit, c⁰ᵉ de Humbauville.

SAINT-PIERRE, f. c⁰ᵉ de Luxémont-et-Villotte.

SAINT-PIERRE, h. c⁰ᵉ de Montmort.

SAINT-PIERRE, f. c⁰ᵉ de Servon-Melzicourt (Cassini).

SAINT-PIERRE, h. c⁰ᵉ de Sézanne (Cassini).

SAINT-PIERRE, chap. ruinée, c⁰ᵉ de Vanault-les-Dames (Cassini).

SAINT-PIERRE (LE PETIT-), aub. c⁰ᵉ de Saint-Pierre-aux-Oies.

SAINT-PIERRE (RU DE), affl. de l'Ardre; arrose le territoire de Bligny.

SAINT-PIERRE-AUX-MONTS, abbaye d'hommes de l'ordre de Saint-Benoît, fondée à Châlons-sur-Marne au viiⁱ siècle et rétablie au xiⁱ par l'évêque Roger Iᵉʳ; ses bâtiments sont occupés aujourd'hui par le quartier de cavalerie. — *Abbatia quædam in honore beati Petri, apostolorum principis, a primitiva ejusdem urbis ecclesia fundata, et a beato Memmio, viro apostolico, tunc temporis sacrata*, 1028 (S.-Pierre-aux-Monts, c. 1). — *Apud Sancti Petri Montem*, 1127 (*ibid.* c. 8). — *Abbas totumque capitulum Sancti Petri Cathalaunensis*, 1135 (*ibid.* c. 2). — *Sanctus Petrus de Montibus*, 1142 (*ibid.* c. 1). — *Monasterium in quod divino mancipati eslu obsequio sub beati Petri*, 1174 (*ibid.*). — *Monasterium Sancti Petri ad Mentes Cathalaunensis*, 1224 (*ibid.* c. 2). — *L'esglise de S. Pierre-à-Monz de Chaelons*, 1240 (*ibid.* c. 4, l. 2). — *L'abé de Saint-Pierra de Chaalons*, 1243 (*ibid.* c. 5). — *Saint-Piera-au-Mont de Chaalons*, v. 1250 (*ibid.* c. 24). — *Saint-Pierre-au-Mons de Chaalons*, 1283 (*ibid.* c. 26). — *Saint-Pierre-as-Mons de Chaalons*, 128. (arch. nat. Q¹ 668¹). — *Saint-Pierre-aux-Mons de Caalons*, 1308 (S.-Pierre-aux-Monts, c. 6, l. 2). — *L'église de Saint-Père-au-Mons de Chaalons*, 1378 (*ibid.* c. 2). — *Le couvent de Saint-Père-au-Mont de Chaalons*, 1388 (*ibid.*). — *Sainct-Pierre-aux-Montz de Chaalons*, 1536 (arch. nat. Q¹ 672). — *Saint-Pierre-au-Monlt de Chaalons*, 1572 (*ibid.* P 179' 124). — *Saint-Pierre du Mont de Chaalons*, 1687 (*ibid.* Q¹ 676).

SAINT-PIERRE-AUX-OIES, c^{oa} d'Écury-sur-Coole. — *Sanctus Petrus juxta Villers*, 1237 (chap. de Châlons, a. 6, l. 57). — *Saint-Pierre decoste Villers*, 1383 (arch. nat. P 188, 52). — *Saint-Pierre-aux-Oyes*, 1464 (Touss. c. 19). — *Sanctus Petrus ad Anseres*, 1499 (chap. de Châl. a. 6, l. 26). — *Saint-Pierre le[z] Vilier*, xve siècle (E. de Barthélemy, cart. de l'évêché et du chap. de Châl. p. 115). — *Fontaine-aux-Oyes*, 1793 (Puiseux, p. 306). — *Valbourg*, 1794 (arch. nat. F¹ 7).

En 1789, Saint-Pierre-aux-Oies faisait partie de l'élection et suivait la coutume de Châlons. Son église paroissiale, diocèse et doyenné de Châlons, était dédiée à saint Pierre; l'abbé de Saint-Sauveur de Vertus présentait à la cure.

SAINT-PRIX, c^{ne} de Montmort. — *Sanctus Prejectus*, 1124-1130 (cart. d'Oyes, f° 18 r°). — *Usque ad pontem Sancti Prejecti*, 1227 (hist. de la maison de Broyes, p. 27). — *La vile do Pont de Saint-Prier*, 1252 (liber pontif. f° 447 v°). — *La chauciée dou pont à-Saint-Prei*, 1253 (hist. de la maison de Broyes, p. 33). — *Saint-Prey*, 1280 (cart. d'Oyes, f° 6 r°). — *Sanctus Prajectus*, 1284 (*ibid.* f° 18 r°). — *Saint-Preiz*, 1304 (le Reclus, c. 1). — *Saint-Prix*, 1493 (arch. nat. Q¹ 671). — *Saint-Prix*, 1518 (le Reclus, c. 1). — *Pons Sancti Prieri*, xvie siècle (feoda Camp. p. 130). — *Sainct Prilx*, 1664 (arch. nat. P 191⁴, 26 *bis*). — *Pont-Saint-*

Prix, xviiie siècle (Cassini). — *Saint-Prix-les-Hameaux*, 1834 (état-major). — *Saint-Prix ou Pont-Saint-Prix*, 1860 (Cornet-Paulus).

En 1789, Saint-Prix-les-Hameaux était compris dans l'élection de Sézanne et suivait la coutume de Meaux. Son église paroissiale, annexe de celle d'Oyes, diocèse de Troyes, doyenné de Sézanne, était consacrée à saint Prix.

SAINT-PRIX, chap. c^{ne} d'Esternay (Cassini).

SAINT-PRIX, m^{ons}, à Orbais. — Ce lieu tire son nom de l'ancienne église paroissiale, aujourd'hui détruite, d'Orbais.

SAINT-QUENTIN, lieu-dit, c^{ne} de Montigny-sur-Vesle.

SAINT-QUENTIN, lieu-dit, c^{ne} de Nanteuil-la-Fosse.

SAINT-QUENTIN-LES-MARAIS, c^{on} de Vitry-le-François. — *Sanctus Quintinus*, 1174 (S.-Pierre-aux-Monts, c. 1). — *Saint-Quantin*, v. 1222 (livre des vass. de Champ.). — *Saint-Quantin delez Vitry*, 1250 (S.-Pierre-aux-Monts, c. 26). — *Sanctus Quintinus juxta Sanctum Leudomirum*, 1298 (*ibid.* c. 21). — *Sanctus Quintinus juxta Vitriacum*, 1326 (*ibid.* c. 26). — *Une villete S.-Quentin, à une lieue prés de Vitry*, 1384 (arch. nat. P 51², 1460). — *Saint-Quentin lez ledit Saint-Lumyer*, 1563 (Toussaints, c. 7). — *Saint-Quentin-les-Marais*, 1740 (arch. nat. Q¹ 666). — *La Réunion?* 1793 (Puiseux, p. 306). — *Saint-Quentin-sur-le-Fion* [indiqué comme nom ancien de la commune]; *Fioncourt*, 1794 (arch. nat. F¹ 7). — *Saint-Quentin-lez-Marais*, 1860 (Cornet-Paulus).

Saint-Quentin-les-Marais était compris dans l'élection et suivait la coutume de Vitry. Son église paroissiale, diocèse de Châlons, doyenné de Vitry-le-Brûlé, était consacrée à saint Quentin; l'abbé de Saint-Pierre-aux-Monts présentait à la cure.

SAINT-QUENTIN-LE-VERGER, c^{on} d'Anglure. — *Sanctus Quintinus*, v. 1146 (Montier-la-Celle, c. 18). — *Sanctus Quintinnus*, 1161 (cart. d'Oyes, f° 27 r°). — *Saint-Quantin, Saint-Quintin*, v. 1222 (livre des vass. de Champ.). — *Saint-Quentin*, v. 1274 (arch. nat. J 205, 31²). — *Sanctus Quintinus le Vergier*, 1443 (évêché de Troyes, G 22). — *Saint-Quantin le Vergier*, 1486 (Montier-la-Celle, 18). — *Saint-Quentin le Verger*, 1505 (arch. nat. P 166, 368). — *Saint-Qua[n]tin le Verger*, 1578 (*ibid.* P 165, 214). — *Montquentin*, 1794 (arch. nat. F¹ 7). — *Saint-Quentin le Vercer*, 1860 (Cornet-Paulus).

En 1789, Saint-Quentin-le-Verger faisait partie de l'élection de Sézanne et était régi par la coutume de Meaux. Son église paroissiale, diocèse de Troyes, doyenné de Sézanne, était dédiée à saint Quentin; l'évêque de Troyes en était collateur.

SAINT-QUENTIN-SUR-COOLE, c^{ne} d'Écury-sur-Coole. — *Sanctus Quintinus juxta Cernoul*, 1164-1191 (Vinets, c. 5). — *Sanctus Quintinus juxta Bruvreyum*, 1405 (pouillé de Châlons, f° 74 v°). — *Saint-Quentin-sur-Coole*, 1556 (arch. lég. de Reims, cout. p. 919). — *Sainct-Quentin-soubz-Coolle*, 1636 (arch. nat. P 215, 36). — *Égalité-sur-Côle*, 1793 (archevêché de la Marne). — *Haut-Coole*, 1794 (arch. nat. F¹ 7).

Saint-Quentin-sur-Coole faisait partie, en 1789, de l'élection de Châlons et était régi par la coutume de Coole. Son église paroissiale, diocèse de Châlons, doyenné de Coole, était dédiée à saint Quentin; le chapitre de Joinville présentait à la cure.

SAINT-QUIFORT (LES), lieu-dit, c^{ne} de Reuil. — Ce lieu serait, selon la tradition, celui de la retraite de l'ermite saint Quifort, second patron de Reuil.

SAINT-REMY, c^{ne} de Sézanne. — *Sanctus Remigius*, 1131 (Andecy). — *Saint-Remi*, v. 1222 (livre des vass. de Champ.). — *Saint-Remi lez Sézanne*, 1283 (chap. de Sézanne, c. 1). — *Saint-Remy emprès Sézanne*, 1356 (S.-Julien de Sézanne, c. 5). — *Sanctus Remigius juxta Braeas*, 1381 (pouillé de Troyes, A, n° 338). — *Sanctus Remigius subtus Brocas*, 1407 (*ibid.* n° 333). — *Sainct-Remy soubz Broye*, 1524 (Andecy, 4). — *Saint-Remy sous Broyes*, v. 1700 (*ibid.* 3). — *Somanges* [pour *Sommanges*], 1794 (arch. nat. F¹ 7).

Saint-Remy était compris, en 1789, dans l'élection de Sézanne et suivait la coutume de Meaux. Son église paroissiale, diocèse de Troyes, doyenné de Sézanne, était consacrée à saint Remy; l'évêque de Troyes en était collateur.

SAINT-REMY, lieu-dit, c^{ne} de Chamery.

SAINT-REMY, lieu-dit, c^{ne} de Chaudefontaine.

SAINT-REMY, lieu-dit, c^{ne} de Dontrien.

SAINT-REMY, f. c^{ne} d'Hermonville. — *Sanctus Remigius*, 1142 (arch. adm. de Reims, t. I, p. 305).

SAINT-REMY (BOONE), englobé par Reims. Il devait son nom à la célèbre abbaye bénédictine de Saint-Remy, qui remplaça une petite église dédiée à saint Christophe, où le saint évêque de Reims, Remy, avait reçu la sépulture en l'an 533. — *In vico Sancti Remigii est ecclesia in honore Sancti Timothei dedicata*, comm. du xi° siècle (polypt. de S.-Remy, p. 7). — *Burgus Sancti Remigii*, 1107 (arch. adm. de Reims, t. I, p. 256). — *Suburbium quod Burgum vocant, quod castello Sancti Remigii subest*, 1109 (*ibid.* t. I, p. 259). — *Burgus Sancti Re-*

migii, xii° siècle (fragm. de polypt. p. 167). — *L'abbé Saint-Remi*, 1245 (Teulet, trésor des chartes, t. II, p. 586). — *Le chastel et le ban Saint-Remi*, 1291 (arch. adm. de Reims, t. I, p. 1068).

SAINT-REMY, foulerie, c^{ne} de Suippes.

SAINT-REMY (RU DE), aff. des Auges; coule sur les territoires de Saint-Remy et de Gaye.

SAINT-REMY-À-PY, vill. détr. c^{ne} de Saint-Souplet. — *Sanctus Remigius ad Pinum*, 1259 (S.-Basle, 11). — *Saint-Remy-sur-Py* [vill. détr.], 1862 (Guérard, p. 385).

Son emplacement est indiqué au cadastre par le lieu-dit *Saint-Remy*.

SAINT-REMY-EN-BOUZEMONT, arrond. de Vitry-le-François. — *Sanctus Remigius*, 1135 (cart. d'Huiron, p. 18). — *Saint-Remi*, v. 1222 (livre des vass. de Champ.). — *Villa de Bosemont, damus de Sancto Remigio*, v. 1252 (arch. nat. J 202, 55). — *Sanctus Remigius de Bousemont*, 1275 (S.-Pierre-aux-Monts, c. 28). — *Sanctus Remigius in Bozemonte*, 1405 (pouillé de Châl. f° 76 r°). — *Sanctus Remigius in Bouzemont*, 1405 (Huiron, c. 4, f° 27 v°). — *Saint-Remy-en-Bozimont*, 1467 (arch. nat. P 221, 80). — *Sainct-Remy-en-Bosemont*, v. 1500 (Moncetz, c. 1). — *Saint-Remey*, 1508 (arch. nat. P 161, 61). — *Saint-Remi-en-Bousemont*, 1556 (*ibid.* P 166, 249). — *La Fraternité*, 1793 (Puiseux, p. 306). — *Bouzemont*, 1794 (arch. nat. F¹ 7).

En 1789, Saint-Remy-en-Bouzemont faisait partie de l'élection de Vitry et était régi par la coutume de cette ville. Son église paroissiale, diocèse de Châlons, doyenné de Perthes, était dédiée à saint Remy; l'abbé d'Huiron présentait à la cure.

SAINT-REMY-SUR-BUSSY, c^{ne} de Dommartin-sur-Yèvre. — *Sanctus Remigius*, 1179 (S.-Pierre-aux-Monts, c. 26). — *Saint-Remi, Saint-Remi*, v. 1222 (livre des vass. de Champ.). — *Sanctus Remigius villa*, 1244 (cart. de Châlons, cop. Gaignières, p. 99). — *Saint-Remi delez Bussey*, 1263 (rentier de S.-Memmie, f° 7 v°). — *Sanctus Remigius juxta Buziacum*, 128. (arch. nat. Q¹ 668¹). — *Saint-Remi delez Bussy-le-Chastel*, 1366 (*ibid.* 17). — *Saint-Remy lée Bussy*, 1397 (f° P 183, 115). — *Sanctus Remigius super Bussiacum*, 1485 (pouillé de Châl. f° 74 r°). — *Saint-Remi en son Buissi*, 1457 (arch. nat. P 179, 63). — *Sainct-Remy en Sonbuay*, 1484 (*ibid.* P 162, 100). — *Sainct-Remy en son Bucy*, 1505 (*ibid.* P 162, 303). — *Sanctus Remigius supra Bussiacum*, 1546 (S.-Pierre-aux-Monts, c. 26). — *Saint-Ramy-soubz-Bussy*, 1602 (arch. nat. J 202, 46 bis). — *Saint-*

32.

Remy-soubz-Suippe, 1614 (la Neuville, c. 2). — *Somme-Remy-sur-Bussy,* 1793 (Puiseux, p. 306). — *Somremy* sur *Bussy-les-Mottes,* 1794 (arch. nat. F¹ 7).

En 1789, Saint-Remy-sur-Bussy était compris dans l'élection de Châlons et suivait la coutume de Vitry. Son église paroissiale, diocèse de Châlons, doyenné de Bussy-le-Château, était consacrée à saint Remy; l'abbé de Saint-Pierre-aux-Monts présentait à la cure.

Saint-Robart, chap. c⁰ᵉ de Fère-Champenoise.

Saint-Roch, chap. c⁰ᵉ de Baye. — *Saint-Quentin, hermitage,* xviii° siècle (Cassini).

Saint-Roca, chap. c⁰ᵉ de Vienne-le-Château. — *L'Ermitage Saint-Roch,* xviii° siècle (Cassini). — *Chapelle Saint-Roch,* 1835 (état-major).

Saint-Saturnin, c⁰ᵉ d'Anglure. — *Sanctus Saturninus,* v. 1146 (Montier-la-Celle, 6, G 18). — *Saint-Saturny,* 1493 (arch. nat. Q¹ 680). — *Montaugues,* 1794 (*ibid.* F¹ 7).

En 1789, Saint-Saturnin faisait partie de l'élection de Sézanne et était régi par la coutume de Meaux. Son église paroissiale, diocèse de Troyes, doyenné de Sézanne, était dédiée à saint Magloire et à saint Saturnin; le chapitre de l'église cathédrale de Troyes présentait à la cure.

Saint-Sauveur, abbaye d'hommes de l'ordre de Saint-Benoît, fondée avant 1121, à l'extrémité du faubourg principal de Vertus, au diocèse de Châlons. — *Sanctus Salvator Virtuensis,* 1146 (cart. de Touss. f° 34 v°). — *Saint-Sauveor,* v. 1290 (livre des vass. de Champ.). — *Saint-Sauveour,* v. 1300 (extenta Campanie, Vertus).

Saint-Servais, vill. détr. c⁰ᵉ de Saint-Loup. — *Sanctus Servatius,* 1124-1130 (cart. d'Oyes, f° 19 r°). — *Sanctus Silvanus,* 1122-1145 (*ibid.* f° 25 v°). — *Saint-Serva's,* 1255 (le Reclus, c. 1). — *Saint-Servaiz,* 1375 (arch. nat. P 202, 172). — *Le fief de Sainct-Servais,* 1603 (*ibid.* P 178, 98).

Saint-Sidoux (Le Bois de), lieu-dit, c⁰ᵉ de Sommepy.

Saint-Sindulphe, vill. détr. c⁰ᵉ de Sainte-Marie-à-Py. — *Saint-Sandon,* 1324 (cart. de Rethel, n° 354). — *Saint-Saudun* [lis. *S.-Sandun*], 1328 (arch. adm. de Reims, t. II, p. 541). — *Sanctus Sindulphus,* 1366 (*ibid.* t. II, p. 1026 et 1115).

L'emplacement de cette ancienne paroisse est marqué, chez Cassini, par la croix *de Saint-Sindulph,* et au cadastre, par les lieux-dits *le Bois, Devant-le-Bois* et *Proche le bois de Saint-Sindulphe.*

Saint-Souplet, c⁰ᵉ de Beine. — *Super fluvium Pidam in paroecia Sancti Sulpitii,* 1066 (Marlot latin, t. I, p. 621). — *Sanctus Suppletius,* 1209 (S.

Symph. c. 4). — *Sanctus Supplicius,* 1219 (chap. de Reims, l. S.-Souplet). — *Sanctus Suppletus,* 1222 (cart. B du chap. de Reims, f° 368 r°). — *Sanctus Soppletus,* v. 1260 (nécr. de l'église de Reims, p. 70). — *Sanctus Soupletus,* 1303-1312 (arch. adm. de Reims, t. II, p. 1115). — *Saint-Souplet,* xiv° siècle (cart. A du chap. de Reims, f° 133 r°). — *Saint-Soupplet,* 1602 (arch. nat. Q¹ 654). — *Montsouplet,* 1794 (*ibid.* F¹ 7). — *Saint-Souplet-sur-Py,* 1876 (dict. des postes).

Saint-Souplet était compris, en 1789, dans l'élection de Rethel et suivait la coutume de Vitry. Son église paroissiale, diocèse de Reims, doyenné de Bétheniville, était consacrée à sainte Madeleine et à saint Sulpice; le supérieur du séminaire de Reims présentait à la cure.

Saint-Sulpice, anc. paroisse, c⁰ᵉ de Châlons-sur-Marne. — *Abbatia Sancti Sulpicii,* 859 (cart. du chantre Guérin, f° 11 r°). — *Abbatiola Sancti Sulpicii, sita in pago Cathalaunico, juxta pontem super fluvium Maternam,* 874 (*ibid.* f° 14 v°). — *Altare ecclesie Sancti Sulpicii quod est situm in suburbio ejusdem civitatis,* 1008-1045 (*ibid.* f° 38 v°). — *Ecclesia beati Sulpicii que in Cathalaunensi suburbio sita est,* 1131-1142 (cart. de Touss. f° 15 v°). — *In suburbio Sancti Sulpicii,* 1151 (Touss. c. 1). — *Parrochia Sancti Sulpicii,* 1173 (S.-Pierre-aux-Monts, c. 6). — *Saint-Sulpice,* 1372 (chap. de Châl. a. 2, l. 25). — *L'église parrochiale Saint-Sulpice, aux faulxbourgs dudict Chaulons,* 1607 (*ibid.* a. 2, l. 31).

En 1789, l'église de Saint-Sulpice était à la présentation de l'abbé de Toussaints.

Saint-Thibaud, lieu-dit, c⁰ᵉ de Margny.

Saint-Thibaud, lieu-dit, c⁰ᵉ du Mesnil-sur-Oger. — *Ung fié-séant en la fin de Saint-Thiebaut au Mesnil,* 1383 (arch. nat. P 188, 52). — *Les heritaiges de Saint Thiebaut au Mainil,* 1406 (Touss. c. 19).

Saint-Thibaud, lieu-dit, c⁰ᵉ d'Orbais.

Saint-Thibaud, f. détr. ? c⁰ᵉ de Sainte-Menehould. — Elle était construite sur l'emplacement d'une ancienne chapelle (dioc. auc. de Châl. t. II, p. 146). — *Saint-Thiébault,* 1860 (Cornet-Paulus).

Saint-Thibaud, chap. détr. c⁰ᵉ de Saint-Memmie. — *La chappelle Sainct Thiebault en la fin de Saint-Menge,* 1447 (évêché de Châl. c. 7); la chapelle est encore citée en 1479 (*ibid.*). — *Ou terroir de Saint-Thiebault lez ledit Chaalons,* 1488 (*ibid.*). — *La terre et cense de Sainct-Thibault,* 1622 (*ibid.*).

Saint-Thibaud, anc. prieuré, auj. f. c⁰ᵉ de Vitry-le-Brûlé. — *Cluniacenses monachi Viteriaci in monasterio Sancti Teobaldi degentes,* 1124 (S.-Pierre-aux-Monts, c. 16). — *Saint-Thibaut*, 1633 (lieux régis par la cout. de Vitry). — *Sainct-Thibaut lez Victry en Parthois*, 1651 (évêché de Châl. c. 9). — *Le prieuré de Saint-Thiebaut de Vitry-le-Château*, 1745 . (Ulmoy). — *Saint - Thiebau* [chapelle], XVIII° siècle (Cassini). — *Saint-Thibault*, 1860 (Cornet-Paulus).

SAINT-THIÉBAULT, lieu-dit, c°° de Châlons-sur-Marne.

SAINT-THIÉBAULT (LA PIÈCE DE), lieu-dit, c°° de Sarry.

SAINT-TUIBAST, c°° de Bourgogne. — Abbaye d'hommes de l'ordre de Saint-Benoît, fondée dans la première moitié du VI° siècle, par saint Thierry lui-même, *In monte cui vocabulum est Or*, IX° siècle (vie de S. Thierry, apud Mabillon, acta ss. ord. S. Benedicti, t. I, p. 616). — *Cœnobium Sancti Theodorici*, 922 (arch. adm. de Reims, t. I, p. 71). — *Villa Sancti Theodorici*, 1126 (ibid. t. I, p. 279). — *Sanctus Theodoricus*, 1129 (S.-Thierry, l. 71). — *Sanctus Teodoricus*, 1142 (ibid.). — *Saint Théderique*, v. 1222 (livre des vass. de Champ.). — *Sanctus Theodoricus juxta Remis*, 1238 (cart. de S.-Thierry, f° 153 r°). — *Saint-Tierri*, 1254 (S.-Thierry, c. 3, l. 22). — *Saint-Thierri*, 1271 (cart. de S.-Thierry, f° 342 v°). — *Sanctus Theodoricus prope Remis*, 1272 (ibid. f° 295 r°). — *Saint-Thieri*, 1274 (ibid. f° 354 v°). — *Saint-Thierri deleiz Rainz*, 1279 (ibid. f° 420 v°). — *Saint-Therry, Saint-Tierris*, 1328 (arch. adm. de Reims, t. II, p. 553 et 559). — *Saint-Thierr. delez Reins*, 1342 (S.-Thierry, c. 4, l. 32). — *Saint-Thierry emprès Reins*, 1350 (arch. adm. de Reims, t. III, p. 6). — *Saint-Thierry lez Reins*, 1352 (ibid. t. III, p. 23). — *Saint-Thierry*, 1358 (ibid. t. III, p. 108). — *Saint-Thierry au Mont d'Or*, 1522 (S.-Thierry, c. 2, l. 16). — *Saint-Thiéry lès Reins*, 1542 (ibid. c. 2, l. 15). — *Sainct-Thierry du Mont d'Or-lez-Reims*, 1556 (arch. lég. de Reims, c. 3, l. 22). — *Montdor*, 1793 Puiseux, p. 306). — *Mont-d'Or*, 1794 (arch. nat. F¹ 7).

Saint-Thierry faisait partie, en 1789, de l'élection de Reims et était régi par la coutume de cette ville. Son église paroissiale, diocèse de Reims, doyenné d'Hermonville, était dédiée à saint Hilaire; l'archevêque de Reims en était collateur.

SAINT-THOMAS, c°° de Ville-sur-Tourbe. — *Altare de Sancto Thoma*, 1096 (prieuré de S.-Thomas). — *Ecclesia Sancti Thome aecus castellum Viennense*, 1126 (arch. adm. de Reims, t. I, p. 281, n° 1). — *Ecclesia Sancti Thome prope castrum Viennense*, 1154 (ibid. t. I, p. 329). — *Sanctus Thomas de Vienna, Sanctus Thomas juxta Viennam*, 1184 (prieuré de

S.-Thomas). — *Sanctus Thomas juxta Viayne*, 1303-1312 (arch. adm. de Reims, t. II, p. 1102). — *Sanctus Thomas juxta Vienne*, 1346 (ibid. t. II, p. 1029). — *Bel-Air-sur-Aisne*, 1793 (Puiseux, p. 306). — *Montaisme* [lisez *Montaine*], 1794 (arch. nat. F¹ 7).

En 1789, Saint-Thomas faisait partie du Clermontois et suivait la coutume de Clermont-en-Argonne. Son église paroissiale, annexe de celle de Vienne-le-Château, diocèse de Reims, doyenné de Cernay-en-Dormois, était consacrée à saint Thomas.

SAINT-THOMAS (RU DE), afll. de la Tourbe; arrose le finage de Saint-Thomas.

SAINT-TRÉSAIN, lieu-dit, c°° d'Ay.

SAINT-UTIN, c°° de Sompuis. — *Sanctus Augustinus*, 1161 (S.-Memmie, c. 1). — *Saint-Augustin*, v. 1222 (livre des vass. de Champ.). — *Saint-Eustin, Saint-Utin*, 1366 (arch. nat. Q¹ 681¹, f° 172 et 178 v°). — *Saint-Heustin*, 1373 (Hôtel-Dieu le Comte, à Troyes, l. 20, Z, n° 5). — *Saint-Thieutin*, 1566 (ibid. l. 17, V). — *Saint Dieutin, Saint. Tutin*, 1573 (ibid.). — *Lignoncourt*, 1794 (arch. nat. F¹ 7).

En 1789, Saint-Utin faisait partie de l'élection de Vitry et était régi par la coutume de Chaumont. Son église paroissiale, diocèse de Troyes, doyenné de Margerie, était dédiée à saint Augustin; l'évêque de Troyes en était collateur.

SAINT-VALERY, fief, c°° d'Herpont (dioc. anc. de Châl. t. II, p. 189).

SAINT-VICTOR, f. c°° de Saint-Quentin-le-Verger.

SAINT-VAAIN, c°° de Thiéblemont. — *Sanctus Verannus*, 1110 (Cheminon, c. 1). — *Sanctus Verannus*, 1221 (cart. de Moutiers, 9905, f° a v°). — *Saint-Vereia, Saint-Verain*, v. 1222 (livre des vass. de Champ.). — *Saint-Verim*, 1251 (liber pontific. f° 495 r°). — *Sanctus Verain, Sanctus Verayn*, v. 1252 (arch. nat. J 208, 54 et 55). — *Saint-Vrain*, 1461 (ibid. P 161, 214). — *Saint-Verin*, 1484 (Moncetz, c. 4). — *Saint-Saverin*, 1486 (arch. nat. P 161, 224). — *Saint-Vrain*, 1515 (ibid. P 161, 249). — *Vrain-la-Fertilité*, 1793 (Puiseux, p. 306). — *Olconval*, 1794 (arch. nat. F¹ 7). — *Saint-Vrain*, autrefois *Saint-Verain* ou encore *Saint-Viran*, 1860 (Cornet-Paulus).

En 1789, Saint-Vrain était compris dans l'élection et suivait la coutume de Vitry. Son église paroissiale, diocèse de Châlons, doyenné de Perthes, était consacrée à saint Remy; le chapitre de l'église cathédrale de Châlons présentait à la cure.

SALBRUOK, f. c°° de Nanteuil-la-Fosse. — *Un fief que*

tient de *moy messiré Amé de Salebruce, es boys de Nantheuil, qui peut valoir vingt livres ou environ par an*, 1398 (arch. nat. P 208, 53). — *La Sallebruce*, 1508 (ibid. P 207, 10). — *La seigneurie de Salbruche que tient de present M' de la Roche-Guyon, et d'anciennetté le conte de Bruyne*, 1568 (ibid. P 181, 151). — *Sarrebruche*, 1603 (ibid. P 162, 232). — *Sarbruge*, 1662 (ibid. P 193, 63).

Sarrebruche dépendait, comme le prouvent les pièces que nous citons, de la seigneurie de Nanteuil, possédée au xv° siècle et au commencement du xvi° par des membres de la famille de Sarrebruck, que l'on nommait en français *Salbruche*.

SALLAGE (LE), m. de camp. c°° de Châlons-sur-Marne.

SALLE (LA), fief, c°° de la Forestière. — *La terre, fief et seigneurie de la Salle assis en la paroisse de la Forestière*, 1747 (arch. nat. Q¹ 678).

SALLE (LA), h. c°° de Saint-Jean-sur-Tourbe. — *La cense de la Salle*, 1720 (Saugrain, t. I, p. 440).

SALLES (LES), fief, c°° d'Escardes. — *Les fiefs de Rieux et des Salles assis en la paroisse d'Escardes*, 1575 (arch. nat. P 170, 31). — *Le fief, terre et seigneurie des Salles*, 1734 (ibid. P 198, 12).

SALMONERIE (LA), f. c°° d'Ante.

SALNOUE, fief, près de Saint-Prix-les-Hameaux. — *Salnoüe*, 1732 (arch. nat. P 225, 48).

SALON (LE), ruiss. prend naissance sur le finage de Salon (Aube), arrose, dans le dép' de la Marne, les territoires de Faux-Fresnay, de Courcemain, et rejoint l'Aube un peu au-dessus de Boulages (Aube).

SALTIAY, lieu-dit, c°° de Charmontois-le-Roi.

SALUSSERIE (BOIS DE LA), lieu-dit, c°° de la Chapelle-sur-Orbais.

SALZARAS (LES), f. c°° de Drosnay. — *Plus, est audit finage [de Dronnay] un fief appellé les Salzards*, 1636 (arch. nat. P 215, 36). — *Un fief appellé les Sallejars*, 1732 (ibid. P 198, 4). — *La ferme des Salzard*, 1756 (arch. de l'Aube, G 624).

SAMBAY (LE), f. détr. c°° de Fagnières. — *Sambuy*, 1861 (dioc. anc. de Châl. t. II, p. 34).

SAMEREL, auc. m¹°, c°° d'Heiltz-le-Maurupt. — *Le moulin appellé Samerel, séant audit Heis; — Sammerel*, 1401 (arch. nat. P 179, 19 et 21).

SAMPIGNY, vill. détr. c°° de Sept-Saulx. — *Sampegniacum*, 1170 (cart. B du chap. de Reims, f° 4 v°). — *Sampiniacum*, 1171 (ibid.). — *Sampungneyum*, 1226 (cart. † de l'archev. f° 54 v°). — *Sampigny*, 1473 (Marlot franç. t. IV, p. 653).

Le château fort de Sampigny fut détruit en 1171 par l'archevêque de Reims.

SANGUINERIE (LA), lieu-dit, c°° de Verdon.

SANSONNERIE (LA), m. c°° de Tréfols.

SANS-SOCCI, chât. c°° de Sézanne. — *Frescu, Fraicul*, 1375 (arch. nat. P 202, 172). — *La ferme et mestairie de Froycul*, 1524 (ibid. P 193, 35). — *La ferme de Frescul*, 1603 (ibid. P 178, 98). — *Frécul*, 1606 (arch. de l'Aube, G 487). — *Le fief de Freculs*, 1652 (arch. nat. Q¹ 679). — *Frecus*, 1733 (ibid. P 198, 3). — *Frécu*, xviii° s° (Cassini). — *Ch°° de Frécul dit Sans-Souci*, 1833 (cart. de l'état-major). — *Frieul*, 1860 (Cornet-Paulus).

SAPICOURT, c°° de Ville-en-Tardenois. — *Sarpeicurtis*, 1090 (arch. adm. de Reims, t. I, p. 242). — *Capella Sancti Nicolai de Sarpeiacurte*, 1136 (cart. de S.-Nicaise, f° 22 v°). — *Sarpieicurtis*, 1151 (cart. A de S.-Remy de Reims, f° 89). — *Sapicurtis*, 1164 (cart. B de S.-Remy, p. 30). — *Sapicort*, 1203 (arch. lég. de Reims, statuts, t. I, p. 177).

En 1789, Sapicourt faisait partie de l'élection et suivait la coutume de Reims. Son église paroissiale, annexe de celle de Branscourt, diocèse de Reims, doyenné de Fismes, était dédiée à saint Nicolas.

SAPICOURT (RU-DE), affl. de la Vesle; arrose le territoire de Sapicourt.

SAPIGNEUL, h. c°° de Cormicy. — *Sapinues*, 1177 (S.-Thierry, l. 1). — *Sapigniox*, 1209 (ibid. c. 3, l. 25). — *Sapigneus*, 1213 (cart. de S.-Thierry, f° 239 v°). — *Sapignex*, 1218 (cart. B du chap. de Reims, f° 404 v°). — *Sapignous*, v. 1222 (livre des vass. de Champ.). — *Sapigneux*, v. 1252 (arch. nat. J 202, 47). — *Sapigniex*, 1262 (cart. de S.-Thierry, f° 286 v°). — *Sapignues*, 1300 (cart. d'Avenay, f° 59 r°). — *Sapingnex*, 1303-1312 (arch. adm. de Reims, t. II, p. 1058). — *Sapignuel*, 1384 (ibid. t. III, p. 661). — *Sapignolium*, 1481 (S.-Thierry, c. 7, l. 55). — *Sappigneul*, 1522 (arch. lég. de Reims, cout. p. 754). — *Sapigneulle*, 1588 (ibid. statuts, t. II, p. 341). — *Sapigneules*, xviii° siècle (Cassini).

SAPIGNICOURT, c°° de Thiéblemont. — *Sapinei Curtis*, 1107 (chap. de Châl. a. 1, l. 1). — *Sapignecurtis, Sapigneicurtis*, 1152 (ibid. a. 5, l. 21). — *Sapignecurt*, 1174 (Moncetz, c. 3). — *Sapignicort*, 1238 (cart. de Châl. cop. Gaignières, p. 97). — *Sapignicourt*, v. 1300 (extenta Campanie, Larzicourt). — *Sapigneicourt, Sapigneecourt*, 1303 (chap. de Châl. a. 6, l. 33). — *Sapignicuria*, 1373 (ibid. a. 6, l. 33). — *Sappignicuria*, 1397 (ibid.). — *Sapignycuria*, 1401 (ibid.). — *Sappignicourt*, 1462 (arch. nat. Q¹ 662, f° 22 r°).

Sapignicourt était compris, en 1789, dans l'é-
lection et suivait la coutume de Vitry. Son église paroissiale, annexe de celle de Vouillers, diocèse de
Châlons, doyenné de Perthes, était consacrée à saint
Alpin.

SARCY, c^m de Ville-en-Tardenois. — *Villa Sarciacum*,
877 (dom Bouquet, t. VIII, p. 660). — *Sarceium*, 1132 (cart. d'Igny, f° 1 r°). — *Sarci*,
1187 (cart. B de S.-Remy de Reims, p. 63). —
Sarcii, v. 1212 (arch. adm. de Reims, t. I,
p. 491). — *Sarceyum*, 1220 (cart. B du chap.
de Reims, f° 528 v°). — *Sarcei*, 1223 (arch.
adm. de Reims, t. I, p. 531). — *Cersy*, 1516
(S.-Remy, l. 33). — *Sarcy-en-Tardenois*, 1556
(arch. lég. de Reims, cout. p. 910).

Sarcy faisait partie, en 1789, de l'élection
et suivait la coutume de Reims. Son église paroissiale, diocèse de Reims, doyenné de la Montagne,
était dédiée à saint Just; le pénitencier de l'église
de Reims présentait à la cure.

SARON, c^m d'Anglure. — *Saro*, v. 1146 (Montier-la-
Celle, c. 18). — *Sarum*, 1283 (cart. du Paraclet,
f° 225 r°). — *Sero, Saro*, 1381 (pouillé de Troyes,
A, n° 327). — *Sarron-sur-Aulbe*, 1455 (chap.
de Sézanne, c. 7). — *Saron-sur-Aube*, 1489
(arch. nat. P 165, 82). — *Saro ad Albam*, 1784
(Courtalon, t. III, p. 314).

Saron était compris, en 1789, dans l'élection
de Sézanne et suivait la coutume de Meaux. Son
église paroissiale, diocèse de Troyes, doyenné de
Sézanne, était consacrée à saint André; l'abbé de
Chézy présentait à la cure.

SARONDET, ancien écart, c^m de Saron. — *Au même lieu
de Saron, près et devant la commune du Sarondet,
une maison*, 1773 (arch. nat. Q¹ 672).

SARONNET (LE), affl. de l'Aube; arrose le territoire de
Saron.

SARRAN, écart, c^m de Chouilly. — *Saron* [château],
XVIII° siècle (Cassini). — *Sarran, signal*, 1834
(état-major). — *Sarrans*, 1836 (Guérard, p. 160).

SARRECHAMPS, f. c^m de Vauchamps. — *Cerchans*,
1139 (arch. nat. K 23, n° 4¹). — *Cerchanz*,
v. 1220 (livre des vass. de Champ.). — *Cerchamps*, 1445 (arch. nat. P 170, 45). — *Cherchamps*, 1464 (cart. de Coincy, p. 544). — *Serchamps*, 1536 (ibid. p. 445). — *Cherchamp*, 1587
(arch. nat. Q¹ 678). — *Serchamp*, XVIII° siècle
(Cassini).

La paroisse de Vauchamps est quelquefois appelée «de Vauchamps et de Sarrechamps» dans les
anciens registres paroissiaux de Vauchamps, ce
qui permet de croire que Sarrechamps était jadis le

chef-lieu d'une paroisse particulière unie depuis à
celle de Vauchamps.

SARRONS (RU DE), affl. du Grand-Morin; arrose le
territoire d'Esternay.

SARRY, c^m de Marson. — *Satureiacum*, 1028 (S.-
Pierre-aux-Monts, c. 1). — *Sarreium*, 1123
(cart. de Touss. f° 27 r°). — *Serreium*, 1127-
1130 (cart. de S.-Nicaise, f° 18 r°). — *Sarrei*,
1131-1142 (cart. de Touss. f° 15 v°). — *Sarrei*,
1175 (Montiers, c. 1). — *Sarri*, 1184 (ibid.
f° 35 v°). — *Serreium*, 1190 (la Neuville, c. 9).
— *Serris*, 1278 (Boutaric, actes du parlem. de
Paris, n° 2106). — *Sarreyum*, 1287 (S.-Mem-
mie, c. 3). — *Sarry*, 1317 (Touss. c. 1). —
Sarrey, 1331 (ibid.). — *Sary*, 1406 (ibid. c. 19).
— *Sarrey lez Chaalons*, 1440 (évêché de Châl.
c. 7). — *Serry lez Chaalons*, 1445 (Beaucourt,
pièces justif. de Mathieu d'Escouchy, t. III, p. 139).
— *Serré*, milieu du XV° siècle (Mathieu d'Escouchy,
édit. Beaucourt, t. I, p. 55).

En 1789, Sarry faisait partie de l'élection et
suivait la coutume de Châlons. Son église paroissiale,
diocèse de Châlons, doyenné de Bussy, était dédiée
à saint Julien; l'abbé de Toussaints présentait à la
cure.

SARRY, écart, c^m de Mareuil-le-Port.

SARTENNERIE (LA), lieu-dit, c^m de Soiguy.

SARVIGNY (LE), lieu-dit, c^m de Villiers-le-Sec.

SAUCIÈRE (LA), f. c^m de Bouchy-le-Repos. — *La
Saucière*, XVIII° siècle (Cassini). — *La Soucière*,
1833 (état-major). — *La Soussière*, 1847 (lieux
habités). — *La Saucière* ou *Soucière*, 1862 (Guérard, p. 210).

SAUDOY, c^m de Sézanne. — *Saldova*, 813 (Gallia christiana, t. XIV, c. 16). — *Saldoa*, v. 1137 (chronique
de S.-Martin de Tours, apud Bouquet, t. VIII,
p. 318). — *Saudois, Saudoie*, 1179 (S.-Nicolas de
Sézanne). — *Saudos*, 1234-1243 (fooda Camp.
n° 441). — *Saudoue*, 1298 (cart. du Paraclet,
f° 127 v°). — *Seudaya*, 1365 (S.-Nicolas de Sézanne, c. 1). — *Saudoye*, 1489 (ibid.). — *Sauldoye*,
1493 (chap. de Sézanne, c. 1).

En 1789, Saudoy était compris dans l'élection
de Sézanne et suivait la coutume de Meaux. Son
église paroissiale, diocèse de Troyes, doyenné de
Sézanne, était consacrée à saint Martin; l'évêque
de Troyes en était collateur.

SAULCREUX, fief, à Valmy. — *Saucreux*, mentionné
comme existant en 1481 (dioc. auc. de Châl. t. II,
p. 174).

SAULCYS (RUISSEAU DES), c^m d'Hermonville.

SAULX (LA), f. c^m. de Bussy-le-Repos. — *Lasseau*,

, xviii° siècle (Cassini). — *La Saux*, 183. (état-major). — *La Saulx*, 1860 (Cornet-Paulus).

Saulx (La), riv. prend sa source sur le territoire de Germay (Haute-Marne), coule dans le département de la Meuse, entre dans celui de la Marne par le finage de Sermaize et mêle ses eaux à celles de la Marne sur le finage de Vitry-le-François. — *Fluvius Saltus*, 904 (cart. du chantre Guérin, f° 25 v°). — *Fluvius Sallis*, 1094 (Teulet, trésor des chartes, t. I, p. 30). — *Fluvium quod dicitur Sauz*, 1234 (Cheminon, c. 20). — *Sous*, 1265 (E. de Barthélemy, hist. de Châl. p. 253). — *La rivière de Saulx*, 1672 (chap. de Châl. a. 2, l. 4).

Sauno (Le), fief, à Valmy. — *Le fief appellé le Sauna, à Valmy*, 1715 (arch. nat. P 223, 411). — *Le Sauneu*, 1716 (ibid.).

Saorey, f. détr. c°° de Tahure (Cassini).

Sauronnerie (La), m°° isolée, c°° de Montmirail. — Cette maison, habitée vers 1860 par une ancienne cantinière de l'armée d'Afrique, fut momentanément désignée sous le nom de *la Tafna*.

Saussaie, f. c°° d'Allemanche. — *Sausay*, 1720 (Saugrain, t. I, p. 472). — *Saussay*, xviii° s° (Cassini). — *Saussay*, 1804 (ann. de l'an xiii, p. 27). — *Saucey*, 1847 (lieux habités).

Saussat (Le), h. c°° de Montmirail. — *Le Saussay dudit Courcelles*, 1409 (chât. de Montmirail). *Le Sausa, paroisse de S.-Martin de Montmirail*, 1643 (minutes Naudé, à Orbais).

Saussay (Le), f. c°° de Possesse. — *Le gaingnage du Saulcy*, 1538 (cart. de Montiers, 9905, f° 251 v°). — *Saucy*, xviii° siècle (Cassini). — *Le Saucy*, 1847 (lieux habités).

Saussay (Le), m^n, c°° de Verneuil.

Saussure (La Basse-), m°° isolée, c°° de Giffaumont. — *Une ferme scituée aud lieu [de Giffaumont], appellée la Petitte ferme de la Saussure*, 1720 (S.-Etienne de Troyes, l. 37). — *La Basse-Suussare, paroisse de Giffaumont*, 1782 (ibid. l. 50). — Cassini (xviii° siècle) unit *la Basse et la Haute Saussures* en un seul hameau qu'il désigne sous le nom de *la Sausure*. Le nom collectif est aujourd'hui *les Saussures*, et c'est par erreur que Guérard (p. 572) écrit *les Saussurets*.

Saussure (La Haute-), m°° isolées, c°° de Giffaumont.

Sauvage, h. c°° de Saint-Just. — *Saulvaiges, en la paroisse de Sainct-Just*, 1464 (Macheret, c. 1). — *Sauvages*, 1467 (ibid.). — *Sauvaige*, 1541 (ibid.).

Sauvagerie (La), f. c°° de Corrobert. — *La Sauvagerie, paroisse de Carobert*, 1628 (minutes Longnion, à Orbais).

Savart (Le), écart. c°° de Fismes.

Savart (Le), écart. c°° de Reuil. — 1723 (arch. nat. Q¹ 673).

Savarts (Les), f. c°° de Venteuil.

Savarts (Bois des), c°° de Villers-sous-Châtillon et de Reuil-sur-Marne.

Savary-de-Beaurain (Fief de), mouvant de Possesse. — *Le fief de Savary de Beau-Reims*, 1508 (arch. nat. P 181, 166). — *Le fief de Savarin Beau-Rains*, 1551 (ibid. P 183, 8). — *Le fief de Savary de Beau-Reing*, 1571 (ibid. P 183, 9). — *Le fief de Savarin-Royaubranier*, 1634 (ibid. P 216, 122).

Savigny, h. c°° de Dormans. — *Sauvigny*, 1408 (arch. nat. P 180, 147). — *Savigny*, 1613 (Belval, c. 1).

Savigny (Les), lieu-dit, c°° de Givry-en-Argonne.

Savigny-sur-Ardre, c°° de Ville-en-Tardenois. — *Saviniacum*, comm. du xi° siècle (polypt. de S.-Remy de Reims). — *Savigneium*, 1154-1159 (cart. d'Igny, f° 2 r°). — *Savigniacum*, 1187 (ibid. f° 62 r°). — *Savigni*, 1203 (Igny, l. Savigny). — *Savigné*, v. 1222 (livre des vass. de Champ.). — *Saveigniacum, Savegniacum*, 1243, (Igny, l. Flancourt). — *Saveneyum*, 1303-1312 (arch. adm. de Reims, t. II, p. 1058). — *Savigny-sur-Ardre*, 1392 (arch. nat. P 180, 86). — *Savigny super Ardre*, 1466 (S.-Symphor. c. 3).

En 1789, Savigny-sur-Ardre faisait partie de l'élection de Reims et était régi par la coutume de cette même ville. Son église paroissiale, diocèse de Reims, doyenné de Fismes, était dédiée à saint Martin; l'archevêque de Reims en était collateur.

Sceu ou Seu, h. c°° de Châtillon-sur-Morin. — *Souft*, 1131 (Andecy). — *Seuz*, 1162 (ibid.). — *Villa que vulgo Souet dicitur*, 1207 (cart. de Nesle, f° 5 r°). — *Soc*, 1212 (Bricot, c. 4). — *Suz*, v. 1222 (livre des vass. de Champ.). — *Seux*, 1485 (S.-Julien de Sézanne, c. 4). — *Scau*, 1595 (arch. nat. P 178, 80). — *Sceu*, 1679 (S.-Julien de Sézanne, c. 1). — *Sceux*, xviii° siècle (Cassini). — *Le Seu*, 1860 (Cornet-Paulus).

Scrupt, c°° de Thiéblemont. — *Secru*, 1147-1151 (chap. de Châl. a. 4, l. 23). — *Secrux*, 1222-1229 (feoda Camp. n° 492). — *Secrutum*, 1247 (Cheminon, c. 15). — *Secrou*, 1248 (la Neuv. c. 4). — *Secruea*, 1253 (Cheminon, c. 15). — *Scru*, 1413 (arch. nat. P 179, 51). — *Secrea*, 1484 (Moncetz, c. 4). — *Scrux*, 1508 (arch. nat. P 207, 6). — *Scrutum*, 1542 (taxe du dioc. de Châl. p. 217). — *Scrut*, 1748 (Vinets, c. 2).

Scrupt était compris, en 1789, dans l'élection et suivait la coutume de Vitry. Son église paroissiale, diocèse de Châlons, doyenné de Vitry, était

consacrée à saint Luc; le chapitre cathédral de
Châlons présentait à la cure.

Sébastopol, f. c^{ne} de Saint-Just.

Sébastopol, f. c^{ne} de Servon-Melzicourt.

Sésilerie (La), lieu-dit, c^{ne} de Passy-Grigny.

Secqueville, vill. détr. aux environs de Pleurs. —
Decime vini Secc Ville in alodiis dominii Plaiotrensis,
1142 (cart. d'Oyes, f° 31 r°).

Seigneur-de-Dormans (Fief du), à Verneuil. — 1512
(arch. nat. P 181, 4).

Seine (La), fl. qui, après avoir traversé le départe-
tement de l'Aube, arrose dans le département de la
Marne les finages de Saint-Just, de Marcilly, de
Conflans, de Lurey et d'Esclavolles. — *Sequana,*
v. 50 avant J.-C. (César). — Σηχοανας, v. 30
après J.-C. (Strabon). — *Secaannas,* iv° siècle
(Ethicus). — *Segona, Sigona,* fin du vi° siècle (Grég.
de Tours, hist. Francorum, mss.). — *Samna,* 1403
(arch. nat. P 184, 13).

Selles, c^{ne} de Beine. — *Sala,* comm. du xi° siècle
(polypt. de S.-Remy de Reims, t. I, p. 280). —
Seilæ, 1156 (arch. adm. de Reims, t. I, p. 280). —
Selae, 1148 (cart. de S.-Thierry, f° 138 v°). —
Seyles, 1156 (S.-Thierry, l. 1). — *Seles,* 1213
(chap. de Reims, l. Mourmelon). — *Soilles,* 1220
(S.-Remy de Reims, l. 186). — *Sailes,* 1224
(cart. de S.-Nicaise, f° 104 r°). — *Coles, Cellæ,*
1256-1262 (arch. nat. J 1042, n° 6). — *Sellæ,*
1303-1312 (arch. adm. de Reims, t. II, p. 1064).
— *Celles,* 1322 (cart. de Rethel, n° 260). —
Selles, 1325 (ibid. n° 380). — *Scelles, Scalez,*
1384 (arch. adm. de Reims, t. III, p. 660). —
Selles faisait partie, en 1789, de l'élection de
Rethel et était régi par la coutume de Vitry. Son
église paroissiale, diocèse de Reims, doyenné de
Lavannes, était dédiée à saint Martin; l'archevêque
de Reims et le tournaire du chapitre métropolitain
nommaient alternativement à la cure.

Semaigne (La), riv. prend sa source sur le territoire
d'Aougny et se jette dans la Marne sur celui de
Verneuil. — *La rivière de Senoingne,* 1397 (arch.
nat. P 180, 130). — *La rivière de Semongne,* 1397
(ibid. P 208, 46). — *Le rus de Semoinne,* 1412
(ibid. P 180, 151). — *La rivière de Semoigne,*
1442 (ibid. P 180, 156). — *Semongne,* 1459
(ibid. P 180, 161). — *Semoingne,* 1511 (ibid.
P 181, 4). — *La rivière de Smogne,* 1847 (lieux
habités; Marne, arr. de Reims, p. 798).

Semoine (La), ruiss. prend sa source à Semoine
(Aube); il entre dans le département de la Marne
par le finage de Gourgançon et se jette dans la
Vaure au-dessus du village de Pleurs. — *Mau-*

rienne, 1836 (état-major). — *La Semoine* ou *Mau-*
rienne, 1860 (Cornet-Paulus).

Seneuserie (Rue de la), lieu-dit, c^{ne} de Recy.

Senicourt, fief, c^{ne} de Romain. — C'était un des fiefs
composant les Grands-Hameaux [de Romain], 1646
(arch. nat. P 216, 139).

Sentelles (Ruisseau des), c^{ne} de Cormoyeux-Romery.

Sept-Moulins (Les), lieu-dit, sur le Naud, à Châlons-
sur-Marne. — *In Septem Molendinis,* 1221 (Saint-
Pierre-aux-Monts, c. 5, l. 5). — *In molendini Vice-*
domini Cathalaunensis sito inter molendina qui
vocantur Septem Molendina, 1236 (Touss. c. 16). —
Un siege de un molin qui siet à Chaalons en leu que
on dit à Set-Molins, 1243 (S.-Pierre-aux-Monts,
c. 5, l. 5). — *Molendinum quod vacatur au Set-*
Molin, 1287 (ibid. c. 24). — *En lieu dit au Sept*
Moulins, 1397 (arch. nationales, P 182, f° 98 v°).
— *Ung molin à bled . . . , sur la rivière de Marne,*
en la ville dudit Chaalons, au lieu dit les Sept Mou-
lins, 1495 (ibid. P 181, 94). — *Six moulins à*
bled scituez en la ville de Chaalons, sus un des ca-
naux appellé la rivière de Nau, 1757 (Toussaints,
c. 6).

Sept-Saulx, c^{on} de Verzy. — *Septem Salices,* milieu
du ix° siècle (transl. S. Viti, apud Bouquet, t. VI,
p. 298). — *Septem Sallices,* 1236 (S.-Basle,
c. 2, l. 25). — *Set-Sauz,* 1272 (cart. d'Avenay,
f° 55 r°). — *Sapsaus,* v. 1274 (arch. nat. J 202,
45). — *Setsaus,* 1298 (S.-Basle, c. 1, l. 7). — *Sept-*
saus, 1322 (ibid.). — *Sept-Saulz,* 1361 (arch. adm.
de Reims, t. III, p. 216). — *Sept-Saux,* 1363 (ibid.
t. III, p. 279). — *Sept-Saulz,* 1367 (S.-Basle,
c. 6). — *Sept-Solz,* 1384 (arch. nat. P 281,
105). — *Sept-Saulx lès Reims,* 1429 (arch. lég.
de Reims, statuts, t. I, p. 608). — *Seisaulz,*
1556 (ibid. coutumes, p. 876). — *Sept-Seaulx,*
1769 (arch. nat. Q¹ 655).

Sept-Saulx était compris, en 1789, dans l'é-
lection et suivait la coutume de Reims. Son église
paroissiale, diocèse de Reims, doyenné de Vesle,
était consacrée à saint Basle; l'abbé de Saint-Basle
présentait à la cure.

Sept-Vents (Les), h. c^{ne} d'Oger.

Serigny, lieu-dit, c^{ne} de Margerie.

Sermaize, c^{on} de Thiéblemont. — *Sermasia,* 1093
(hist. des comtes de Champagne, t. I, p. 509). —
Sarmasia, 1094 (Teulet, trésor des chartes, t. I,
p. 30). — *Sarmaise,* 1187 (arch. nat. J 196,
1). — *Sarmaysia,* v. 1252 (ibid. J 202, 54). —
Salmasia, 1265 (Ulmoy). — *Sarmaisse,* 1298
(Cheminon, c. 17). — *Sarmaisia,* 1346 (arch.
adm. de Reims, t. II, p. 637). — *Sermoise,* 1508

Marne.

33

(arch. nat. P 179, 78). — *L'église Nostra-Dame
de Sermaizes, dict du boys de Lhuire*, 1515 (*ibid.*
P 193, 3). — *Sermaizes*, 1547 (Cheminon, c. 2).
— *Cermoise*, 1683 (arch. nat. P 191¹, 4). — *Cer-
maize*, 1730 (Cheminon, c. 27). — *Sermaise-sur-
Saulx*, 1845 (dict. des postes).

En 1789, Sermaize faisait partie de l'élection
et suivait la coutume de Vitry. Son église paroissiale,
diocèse de Châlons, doyenné de Vitry, était
dédiée à Notre-Dame; le prieur du lieu présentait
à la cure.

Sermiers, c⁰ⁿ de Verzy. — *Sarmedum*, v. 850 (polypt.
de S.-Remy de Reims). — *Sarmiers*, 1200 (cart.
de S.-Nicaise, f° 81 r°). — *Sarmerii*, 1224 (S.-
Nicaise, l. 7). — *Salmiers*, 1252 (S.-Denis de
Reims, l. Courtaumont). — *Saumiers*, XIII° s° (*ibid.*
f° 90 r°). — *Sarimerii*, 1343 (arch. adm. de
Reims, t. II, p. 622). — *Sermiers en la Montaigne*, 1384 (*ibid.* t. III, p. 622). — *Sermieres*,
1400 (cart. A du chap. de Reims, f° 172 r°). —
Sermier, 1495 (S.-Denis de Reims, c. 7, l. 15).
— *Sermier en la Montagne*, 1505 (*ibid.*). — *Sermiers en la Montagne de Reims*, 1556 (arch. lég.
de Reims, cout. p. 911). — *Carmier*, 1665 (chap.
de Reims, l. Fleury). — *Cermiers*, 1668 (archev.
de Reims, c. 14).

En 1789, Sermiers était compris dans l'élection
et suivait la coutume de Reims. Son église paroissiale,
diocèse de Reims, doyenné de la Montagne,
était consacrée à saint Simon et à saint Jude; l'abbé
de Saint-Nicaise de Reims présentait à la cure.

Sermiers (Ru de), affl. du Rouillat; arrose le finage
de Sermiers.

Serre (La), c⁰ⁿ de Léchelle.

Serre-Cauds, f. c⁰ⁿ de Baye.

Servon, vill. c⁰ⁿ de Servon-Melzicourt. — *Selvon*,
1184 (prieuré de S.-Thomas). — *Cervon*, 1254
(*ibid.*). — *Servonnum*, 1303-1312 (arch. adm. de
Reims, t. II, p. 1101).

En 1789, Servon faisait partie de l'élection du
Clermontois et suivait la coutume de Clermont-
en-Argonne. Son église paroissiale, diocèse de
Reims, doyenné de Cernay-en-Dormois, était dé-
diée à saint Éloi; le supérieur du séminaire de
Reims présentait à la cure.

Servon-Melzicourt, c⁰ⁿ de Ville-sur-Tourbe, commune
formée en 1843 de l'union des anciennes communes
de Servon et de Melzicourt.

Serzy, vill. c⁰ⁿ de Serzy-et-Prin. — *Serzeium*, 1145
(arch. adm. de Reims, t. I, p. 312). — *Cerzeium*,
1193 (cart. d'Igny, f° 25 r°). — *Serzi*, 1261 (S.-
Denis de Reims, l. Aougny). — *Serzeium*, 1303-

1312 (arch. adm. de Reims, t. II, p. 1058). — *Sarzi*,
1360 (S.-Remy de Reims, l. 88). — *Sarziacum*,
1361 (*ibid.* l. 84). — *Serzey*, 1384 (arch. nat.
P 180, 111). — *Serzy-lès-Maupas*, 1691 (S.-
Remy de Reims, l. 68). — *Sarzi-lez-Maupas*,
1728 (cout. de Reims, p. 644). — *Serzy-le-Maul-
pas*, 1753 (chap. de Reims, l. Tramery).

Serzy était compris, en 1789, dans l'élection de
Reims et suivait la coutume de cette ville. Son
église paroissiale, diocèse de Reims, doyenné
de Fismes, était consacrée à Notre-Dame; l'abbé
de Saint-Remy de Reims présentait à la cure.

Serzy-et-Prin, c⁰ⁿ de Ville-en-Tardenois, dénomination officielle de la commune dont Serzy est le chef-
lieu; Prin est le nom d'un hameau important de
cette commune.

Seu (Le), de la Vesle; arrose les finages de Mourmelon-le-Grand et de Mourmelon-le-Petit.

Seuillons (Les), f. c⁰ⁿ de Molina. — *Les Seuillons*,
XVIII° siècle (Cassini). — *Les Seulions*, 1860 (Cornet-Paulus).

Seurcourt, ancien lieu-dit, c⁰ⁿ d'Hermonville. — *In
territorio de Hermundi villa, in loco qui dicitur
Seurteur*, 1291 (cart. A de S.-Remy, p. 322). —
Seurteur est évidemment une mauvaise leçon, car la
rubrique de la charte de 1291 porte: «in loco qui
dicitur Seurcourt apud Hermondivillam», XIII° siècle
(*ibid.*).

Sézanne, arrond. d'Épernay. — *Sezana*, 937 (Mabille, paucarte noire de S.-Martin de Tours,
n° 235). — *Sezanna*, 1079 (Gallia christ. t. XII,
p. 253). — *Sezania*, 1080 (S.-Julien de Sézanne,
c. 1). — *Sezania*, 1085 (hist. des comtes de
Champagne, t. I, p. 499). — *Sezennia*, 1119
(*ibid.* t. III, p. 424). — *Sasania*, 1137 (hist.
de la maison de Châtillon, p. 24). — *Sezannia*,
1140 (chap. de Sézanne, c. 1). — *Sezeinnia*, 1189
(Sellières, 9 H 1). — *Sazannia*, 1199 (liber
pontif. f° 5 v°). — *Sezenne*, v. 1222 (livre des
vass. de Champ.). — *Cesannia*, 1233 (Teulet,
trésor des chartes, t. II, p. 245). — *Sezannia*,
1235 (liber pontif. f° 205 r°). — *Suzennia*, 1245
(arch. nat. J 203, 54). — *Sesanne*, 1259 (Cheminou, c. 20). — *Sezane*, 1268 (arch. nat.
K 1154). — *Sezannya*, 1269 (cart. de N.-D. de
Paris, t. II, p. 284). — *Sedanne*, 1274 (arch.
nat. J 203, 84). — *Sezenna*, 1283 (Andecy). —
Sedanes en Brye, 1489 (arch. nat. P 165, 202).
— *Sedanne*, 1517 (*ibid.* P 165, 260). — *Sedaine*,
1522 (*ibid.* P 166, 393). — *Sezanne-en-Brie*,
Sezannes, 1553 (arch. lég. de Reims, statuts, t. I,
p. 697-698). — *Sedane*, 1574 (arch. nat. P 178,

75). — *Cezanne*, 1648 (Argensolles, c. 2). — *Sesanne-en-Brie*, 1732 (arch. nat. P 225, 47).

Sézanne était, en 1789, le siège d'une élection et suivait la coutume de Meaux. Il y avait dans cette ville, chef-lieu d'un des doyennés du diocèse de Troyes, deux églises paroissiales dédiées, l'une à saint Denis, l'autre à Notre-Dame; tontes deux étaient à la collation du prieur de Saint-Julien de Sézanne. L'église de Saint-Pierre, située hors la ville, était une succursale de l'église paroissiale de Notre-Dame.

Siéges (Les), m. et tuil. c^{ne} de Trépail.

Sillery, c^{ne} de Verzy. — *Seleriacum*, 1123 (arch. adm. de Reims, t. I, p. 275). — *Selleri*, 1171 (cart. de S.-Remy de Reims, t. I, p. 109). — *Silleri*, 1171 (S.-Basle, c. 2, l. 25). — *Silliriacum*, 1183 (cart. A. de S.-Remy, p. 217). — *Sillereium*, 1189 (arch. adm. de Reims, t. I, p. 413). — *Silereium*, 1193 (chap. de Reims, c. 48). — *Silleriacum*, xii° siècle (fragm. de polypt. p. 167). — *Seilleri*, 1216 (la Charmoye, c. 2). — *Seleri, Sileri, Scellieres*, v. 1222 (livre des vass. de Champ.). — *Syllereium*, 1240 (S.-Basle, c. 12). — *Sillereyum, Sillieri*, 1281 (arch. nat. S 5038). — *Syllery*, 1352 (ibid. P 181, 31). — *Sillery vers Reims*, 1367 (ibid. Q¹ 681¹, p. 22). — *Sallery*, 1568 (ibid. P 181, 15). — *Sillery en la riviere de Marne*, 1676 (lieux régis par la cout. de Vitry). — *Sillerie*, 1728 (coût. de Reims, p. 644).

Sillery faisait partie, en 1789, de l'élection de Reims et suivait pour partie la coutume de Reims, pour partie celle de Vitry. Son église paroissiale, diocèse de Reims, doyenné de Vesle, était dédiée à saint Remy; le doyen du chapitre métropolitain présentait à la cure.

Sillery (Le Petit), b. c^{ne} de Sillery. — *Les fiefs, terre et seigneurie de Sillery, aultrement dit Montallien*, 1512 (arch. nat. P 162, 192). — *Mont-Alien* ou *Petit-Sillery, Sillery-le-Petil*, 1860 (Cornet-Paulus). — *Montalien ou le Petit-Sillery*, 1862 (Guérard, p. 443).

Sillonzerie (La), lieu-dit, c^{ne} d'Orbais.

Simaseys (Les), mⁱⁿ, c^{ne} de Damery.

Simonnerie (La), lieu-dit, c^{ne} de la Veuve.

Sivry-sur-Ante, c^{ne} de Dommartin-sur-Yèvre. — *Sivré*, v. 1165 (cart. de Montiers, 10946, f° 21 r°). — *Severi*, 1204 (Montiers, c. 2). — *Sivereium*, 1214 (Touss. c. 6). — *Sivreium*, 1218 (Teulet, trésor des chartes, t. I, p. 472). — *Sirrez, Sévri, Sivri*, v. 1222 (livre des vass. de Champagne). — *Syvereium*, 1243 (liber pontif.

f° 462 r°). — *Syverey, Syvorez, Sevéri, Syvri, Syverei, Syvereium*, v. 1252 (arch. nat. J 202, 52 et 55). — *Sivrei*, 1271 (cart. de Moutiers, 10946, f° 59 v°). — *Scivreium*, 1277 (Moutiers, c. 2). — *Sivreyum*, 1296 (Touss. c. 6). — *Sivory*, 1366 (arch. nat. P 183, 20). — *Sivory*, 1394 (ibid. P 183, 99). — *Sivrey, Cyvry*, 1394 (ibid. P 208, 35). — *Civreyum*, 1405 (pouillé de Châlons, f° 78 r°). — *Civry*, 1554 (arch. nat. P 162, 364). — *Sivry-les-Ante*, 1676 (dioc. anc. de Châl. t. I, p. 276).

En 1789, Sivry-sur-Ante était compris dans l'élection de Sainte-Menehould et suivait la coutume de Vitry. Son église paroissiale, annexe de celle d'Ante, diocèse de Châlons, doyenné de Possesse, était consacrée à saint Jean-Baptiste.

Sivry-sur-Ante (Ru de), affl. de l'Ante; arrose le finage d'Ante.

Six-Routes (Les), m. c^{ne} de Boursault.

Six-Tournures (Les), écart, c^{ne} de Fismes (Cornet-Paulus).

Sogny-aux-Moulins, c^{ne} d'Écury-sur-Coole. — *Soigni*, 1131 (Gallia christ. t. X, p. 167). — *Sogniacum*, 1161 (S.-Memmie, c. 1). — *Sugniacum*, 1178 (ibid.). — *Sugni*, v. 1240 (arch. nat. J 193, 83). — *Sungnis*, 1234-1243 (feods Camp. n° 602). — *Suignai*, 1263 (S.-Memmie, c. 7, f° 1 v°). — *Soingniacum*, 1256-1270 (feods Camp. n° 602). — *Soigneium*, 1284 (dioc. anc. de Châl. t. I, p. 431). — *Suigniacum*, 1289 (S.-Pierre-aux-Monts, c. 2). — *Suigneyum juxta Maireyum*, 1368 (ibid. c. 4). — *Suigny de lez Bourse en Champagne*, 1321 (E. de Barthélemy, cart. de l'évêché et du chap. de Châl. p. 127). — *Songny*, 1383 (arch. nat. P 188, 52). — *Songny*, 1384 (ibid. P 51², 1460). — *Songney*, 1445 (chap. de Châl. a. 2, l. 3). — *Soigny-aux-Moulins*, 1462 (arch. nat. Q¹ 662). — *Songny près dudit Mairey*, 1464 (ibid.). — *Soygni*, 1469 (chap. de Châl. a. 2, l. 4). — *Songneyum*, 1542 (taxe du dioc. de Châl. p. 225). — *Songny-au-Moulinet*, 1633 (lieux régis par la cout. de Châl.). — *Songny-aux-Molina*, 1637 (arch. nat. Q¹ 670).

En 1789, Sogny-aux-Moulins faisait partie de l'élection de Châlons et était régi par la coutume de Vitry. Son église paroissiale, annexe de celle de Méry, diocèse de Châlons, doyenné de Coole, était dédiée à saint Pierre.

Sogny-en-l'Angle, c^{ne} d'Heiltz-le-Maurupt. — *Villa Sugniacum*, 1152 (S.-Pierre-aux-Monts, c. 27). — *Soigneium, Souigneium*, 1228 (ibid.). — *Suigneium*, 1229 (ibid.). — *Soignetum, Sugnetum*,

Signetum, 1233 (*ibid.* c. 2). — *Suguel*, 1234 (*ibid.* c. 27). — *Soignei*, v. 1252 (arch. nat. J 202, 55). — *Saigni*, 1255 (S.-Pierre-aux-Monts, c. 20). — *Sugneyum*, 1285 (*ibid.* c. 27). — *Suigneium in Angulo*, 1289 (*ibid.* c. 2). — *Suigneyum in Angulo*, 128. (arch. nat. Q¹ 668¹). — *Suigny en l'Aingle*, 1295 (S.-Pierre-aux-Monts, c. 27). — *Suignyacum in Angulo*, 1304 (*ibid.* c. 2). — *Soingneyum in Angulo*, 1307 (*ibid.* c. 27). — *Soingny-en-l'Aingle*, 1384 (arch. nat. P 51³, 1460). — *Saigni en l'Angle*, 1414 (S.-Pierre-aux-Monts, c. 20). — *Sougny-en-l'Angle*, 1462 (arch. nat. Q¹ 662). — *Songny-en-l'Angle*, 1467 (S.-Pierre-aux-Monts, c. 27). — *Songney en l'Aingle*, 1470 (*ibid.*).

En 1789, Sogny-en-l'Angle était compris dans l'élection et suivait la coutume de Châlons. Son église paroissiale, diocèse de Châlons, doyenné de Vitry, était consacrée à saint Pierre et à saint Paul; l'abbé de S.-Pierre-aux-Monts présentait à la cure.

SOIGNY, cᵒⁿ de Montmirail. — *Saigni*, 1131 (Gallia christ. t. X, c. 167). — *Soygni*, 1140 (S.-Julien de Sézanne, c. 4 *bis*). — *Soogny*, 1203 (S.-Nicolas de Sézanne, c. 11'). — *Soigny*, v. 1222 (livre des vass. de Champ.). — *Soegni*, v. 1252 (arch. nat. J 195, 96). — *Soigniacum*, 1407 (pouillé de Troyes, n° 330). — *Songny*, 1522 (arch. nat. P 178, 55). — *Sougnis*, 1571 (*ibid.* P 178, 55). — *Soignys*, 1725 (*ibid.* P 226, 66).

Soigny faisait partie, en 1789, de l'élection de Sézanne et était régi par la coutume de Meaux. Son église paroissiale, diocèse de Troyes, doyenné de Sézanne, était dédiée à saint Pierre; l'évêque de Troyes en était collateur.

SOIGNY-LÈS-BEAUVAIS, fief, cᵒⁿ de la Noue (hist. d'Esternay, p. 283 et 287).

SOILLY, cᵒⁿ de Dormans. — *Sodaleium*, 840-877 (Tardif, monum. hist. n° 212). — *Siliacum*, 1032 (hist. des comtes de Champagne, t. I, p. 469). — *Solliacum*, 1100 (cart. de Saint-Jean-des-Vignes, f° 32 v°). — *Solli*, 1110 (*ibid.* f° 25 v°). — *Soilly*, *Soily*, 1151 (hist. des comtes de Champagne, t. III, p. 440). — *Sollei*, 1153 (*ibid.* t. III, p. 442). — *Suilliacum*, 1175 (cart. de S.-Médard de Soissons, f° 18. v°). — *Soilliacum*, fin du xⁱⁱᵉ s' (*ibid.* f° 24 r°). — *Soilli*, 1203 (cart. de Saint-Jean-des-Vignes, f° 89 v°). — *Seilli*, v. 1220 (livre des vass. de Champ.). — *Soliacum*, 1364 (cart. de Coincy, p. 235). — *Choilli*, 1442 (arch. nat. P 180, 156). — *Soully*, 1603 (*ibid.* P 181, 21).

Soilly était compris, en 1789, dans l'élection

d'Épernay et suivait la coutume de Vitry. Son église paroissiale, diocèse de Soissons, doyenné de Dormans, était consacrée à saint Martin; l'abbé de Saint-Jean-des-Vignes de Soissons présentait à la cure.

SOILLY (RU DE), affl. de la Marne; arrose le territoire de Soilly.

SOIS (LE), ruiss. affl. du Meldançon; coule sur les territoires de Somsois et de Chapelaine.

SOIZY-AUX-BOIS, cᵒⁿ de Montmirail. — *Soseium*, 1122-1145 (cart. d'Oyes, f° 25 r°). — *Soiseium*, 1175 (*ibid.* f° 20 v°). — *Sausiacum*, 1210 (Machaut, hist. du bienh. Jean de Montmirail, p. 442). — *Soisi*, 1211 (Teulet, trésor des chartes, t. I, p. 365). — *Soysiacum*, 1227 (le Reclus, c. 3). — *Soisy*, mil. du xⁱⁱⁱᵉ siècle (liber principum, 5992, f° 205 v°). — *Soissiacum*, v. 1252 (arch. nat. J 195, 96). — *Soissi*, 1290 (hist. de la maison de Broyes, p. 30). — *Soisy*, 1297 (le Reclus, c. 3). — *Soisiacum in Bosco*, 1381 (pouillé de Troyes, A, n° 337). — *Soisy ou Bois*, 1403 (le Reclus, c. 2). — *Soisyacum in Bosco*, 1407 (pouillé de Troyes, n° 333). — *Soisy au Bois*, 1503 (arch. nat. P 165, 234). — *Soisy aux Bois*, 1513 (Valdieu). — *Soyzy au Boys*, 1514 (arch. nat. P 166, 381). — *Susy au Bois*, 1521 (le Reclus, c. 1). — *Soisy au Boys*, 1533 (arch. nat. P 166, 397). — *Sociacum*, xvⁱᵉ s' (feods Camp. p. 130). — *Sousiacum in Bosco*, 1614 (arch. de l'Aube, G 888). — *Soissy-aux-Bois*, xvⁱⁱⁱᵉ s' (Cassini). — *Suzy-aux-Bois*, 1784 (Courtalon, t. III, p. 325).

Soizy-aux-Bois faisait partie, en 1789, de l'élection de Sézanne et était régi par la coutume de Meaux. Son église paroissiale, diocèse de Troyes, doyenné de Sézanne, était dédiée à saint Pierre; l'évêque de Troyes présentait à la cure.

SOIZY (RU DE), affl. du Petit-Morin; arrose le territoire de Soizy-aux-Bois.

SOLANÈAS (LA), m. cᵐᵉ de Merfy. — *La Solanère*, 1847 (lieux habités). — *La Solacière*, 1860 (Cornet-Paulus).

SOLFERINO, aub. cᵐᵉ de Sillery.

SOLMONERIE (LA'), m. cᵐᵉ d'Ante.

SOLSIN (LE), f. cᵐᵉ de Saint-Utin (Cassini).

SOMBSOT, cense, cᵐᵉ de Boursault. — *Une autre cense appellée la cense de Sombruy*, 1605 (arch. nat. P 181, 23).

SOMMANTE, lieu-dit, cᵐᵉ de Noirlieu. — *Locus qui dicitur Summantre*, 1175 (cart. de Montiers-en-Argonne, 10946, f° 28 v°).

SOMMEBIONNE, cᵐⁿ de Sainte-Menehould. — *Sumbionne*, 1227 (Touss. c. 7). — *Sombionne*, 1389 (arch. nat. P 183, 42). — *Sommebyonne*, 1512 (cart. de Montiers, 9905, f° 101 v°). — *Sombione*, 1715 (E. de Barthélemy, statist. monum. de Ste-Menehould, 2e partie, p. 29). — *Sombiona*, 1775 (chap. de Châl. a. 1, l. 56). — *Somme-Bionne*, 1860 (Cornet-Paulus).

En 1789, Sommebionne était compris dans l'élection de Sainte-Menehould et suivait la coutume de Vitry. Son église paroissiale, annexe de celle de Hans, diocèse de Châlons, doyenné de Sainte-Menehould, était consacrée à saint Étienne.

SOMMEPI, c^me de Ville-sur-Tourbe. — *Pis* ou *Pidis*, comm. du XIe s^e (polypt. de S.-Remy de Reims). — *Summopi*, 1084 (cart. de S.-Thierry, f° 134 r°). — *Summepi*, 1176 (prieuré de S.-Thomas). — *Somepi*, 1200 (S.-Denis de Reims, l. S.-Martin-l'Heureux). — *Summa Pynus, Summa Pinus*, 1222 (chap. de Reims, l. S.-Souplet). — *Sommepin*, v. 1222 (livre des vassaux de Champ.). — *Somepin*, 1229 (liber principum, 5992, f° 353 r°). — *Soumepy*, 1241 (chap. de Châl. a. 6, l. 51). — *Somme-Py*, *Somepy*, *Soumepin*, v. 1252 (arch. nat. J 193, 51 et 55). — *Sommepi*, 1263 (chap. de Reims, c. 33, au dos). — *Sommepin*, v. 1300 (extenta Campanie, S.-Hilaire). — *Sommepin*, 1334 (arch. adm. de Reims, t. II, p. 675). — *Summa Pignus*, XIVe siècle (cart. A du chap. de Reims, f° 94 v°). — *Sompy*, 1556 (arch. lég. de Reims, cout. p. 889). — *Sompy*, 1601 (S.-Thierry, c. 76). — *Somme-Py*, 1860 (Cornet-Paulus).

En 1789, Sommepy était compris dans l'élection de Rethel et suivait la coutume de Vitry. Son église paroissiale, diocèse de Reims, doyenné de Béthéniville, était consacrée à saint Martin; l'abbé de Saint-Thierry présentait à la cure.

SOMMERECOURT, h. c^me de Dampierre-le-Château. — *Semeroicourt, Somereicort*, 1153 (Montiers, c. 2). — *Sommeroncourt*, 1288 (ibid.). — *Somerecourt*, 1633 (lieux régis par la cout. de Vitry). — *Sommérécourt*, 1860 (Cornet-Paulus). — *Sommecourt*, 1862 (Guérard, p. 498).

SOMMESOUDE (LA), riv. prend sa source à Sommesous et joint la Marne sur le finage de Jaalons. — *La rivière de Souz et de Some*, 1375 (arch. nat. Q¹ 681¹, f° 74). — *La Somme, ruisseau qui se réunit à la Soude, prend le nom de Somme-Soude...*, 1860 (Cornet-Paulus, p. 207).

SOMMESOUS, c^me de Sompuis. — *Summus Saltus*, 1032 (hist. des comtes de Champagne, t. I, p. 470). — *Summus Salderus*, 1107 (chap. de Châl. a. 1, l. 1). — *Summesolt*, 1179 (la Charmoye, c. 5). — *Summesout*, 1197 (arch. lég. de Reims, sta-

tuts, t. I, p. 171). — *Summesout, Sommesaut*, 1197 (cart. B. de S.-Remy, p. 150 et 152). — *Sumesout*, 1205 (S.-Pierre-aux-Monts, c. 19). — *Sommesout*, 1216 (la Charmoye, c. 2). — *Somesout*, 1218 (chap. de Châl. a. 5, l. 55). — *Summesaudum*, 1218 (Hautefont. c. 1). — *Somesot, Sonmesout*, 1218 (cart. de Châlons, cop. Gaignières, p. 75 et 84). — *Summesot*, 1226 (S.-Remy, l. 69). — *Sumesot*, 1227 (ibid. l. 71). — *Soumesout*, 1236 (Vinets, c. 5). — *Somesolt*, 1243 (ibid.). — *Sommessout, Soumessout*, v. 1252 (arch. nat. J 193, 51). — *Somesaut*, 1256 (S.-Pierre-aux-Monts, c. 19). — *Sommezot*, 1256-1270 (Brussel, usage des fiefs, p. 946). — *Sonmessolt, Sommesolt*, v. 1300 (extenta Campanie, Vertus). — *Sommesolt*, 1367 (arch. nat. Q¹ 681¹, f° 14 v°). — *Sommus Saltus*, 1405 (pouillé de Châlons, f° 81 v°). — *Sommesoubz*, 1576 (S.-Remy, l. 160). — *Sammesou*, 1602 (chap. de Châl. a. 6, l. 36). — *Sommesol*, 1605 (arch. nat. P 190, 56, f° 1 v°). — *Sommesouz*, 1619 (S.-Remy, l. 160). — *Sommesolz*, 1652 (arch. lég. de Reims, statuts, l. 1, p. 171). — *Saummesoux*, 1696 (arch. nat. Q¹ 664). — *Sommesous*, 1715 (chap. de Châl. a. 6, l. 36). — *Sommesous*, 1860 (Cornet-Paulus).

Sommesous était compris, en 1789, dans l'élection de Châlons et suivait la coutume de Vitry. Son église paroissiale, diocèse de Châlons, doyenné de Vertus, était consacrée à Notre-Dame; le chapitre cathédral de Châlons présentait à la cure.

SOMMESUIPPE, c^me de Sainte-Menehould. — *Altaria Sancti Petri et Sancti Martini de Summa Sappia*, 1050 (cart. d'Avenay, f° 3 v°). — *Summa Sopia*, 1246 (Moiremont, c. 1). — *Somme-Suippe, Summa Suippe*, 1252 (arch. nat. J 202, 52). — *Sommasopia*, 1303-1312 (arch. adm. de Reims, t. II, p. 1115). — *Summa Suppia*, 1319 (Boutaric, actes du parlem. de Paris, n° 5658 et p. 776 du t. II). — *Suinsuppe* [pour *Sumsuppe*], fin du XVe s^e (Ph. de Vigneulles, éd. Michelant, p. 141). — *Sommesuippes*, 1516 (arch. nat. P 184, 80). — *Sommesuppe*, 1604 (ibid. P 185, 30). — *Somme-Suippe*, 1860 (Cornet-Paulus).

Sommesuippe faisait partie, en 1789, de l'élection de Reims et était régi par la coutume de Vitry. Son église paroissiale, diocèse de Reims, doyenné de Béthéniville, était dédiée à saint Pierre; l'abbesse d'Avenay présentait à la cure.

SOMMETOURBE, c^me de Sainte-Menehould. — *Ad Summa Turba, Summa Turba*, comm. du XIe siècle (polypt. de S.-Remy). — *Summe-Turbe*, v. 1222 (livre des vass. de Champ.). — *Sometorbe*, 1248 (la Neuv. c. 4). — *Some-Turbe*, 1274 (arch. nat. J 202, 45). — *Sonmetourbe*, v. 1300 (extenta Campanie, S.-Jean). — *Somme-Tourbe*, 1461 (arch. nat. P 161, 213). — *Suin-Tourbe* [pour *Sumtourbe*], fin du xv° siècle (Ph. de Vigneulles, éd. Michelant, p. 141). — *Sombtourbe*, 1508 (arch. nat. P 184, 76). — *Sometourbe*, 1516 (ibid. P 184, 80). — *Somtourbe*, 1647 (ibid. P 216, 141). — *Somme-sur-Tourbe*, 1710 (ibid. P 168, 79).

En 1789, Sommetourbe était compris dans l'élection de Sainte-Menehould et suivait la coutume de Vitry. Son église paroissiale, diocèse de Reims, doyenné de Cernay-en-Dormois, était consacrée à saint Martin; l'abbé de Moiremont présentait à la cure.

SOMMEVESLE, c°° de Marson. — *Summa Vidula*, 1043 (S.-Pierre-aux-Monts, c. 1). — *Summevella*, 1159 (Ulmoy). — *Summevelle*, 1185 (ibid.). — *Summavella*, 1187 (cart. B. de S.-Remy de Reims, p. 60). — *Sommevilla*, 1197 (arch. adm. de Reims, t. I, p. 430). — *Summa Vitula*, 1213 (S.-Pierre-aux-Monts, c. a). — *Some Veele*, 1243 (ibid. c. 5, l. 5). — *Soume Vella*, *Soumma Vella*, *Sommavella*, *Sommevele*, *Sommevelle*, v. 1252 (arch. nat. J 202, 54 et 55). — *Somevelle*, 1269 (Montiers, c. 2). — *Sommavilla*, 1405 (pouillé de Châl. f° 73 v°). — *Sommevesle*, 1484 (arch. nat. P 179, 74). — *Someviele*, xvi° siècle (feoda Camp. p. 127). — *Sommevel*, 1685 (arch. nat. P 221, 48). — *Sommeville*, 1720 (ibid. P 168, 113). — *Somme-Vesle*, 1860 (Cornet-Paulus).

En 1789, Sommevesle faisait partie de l'élection et suivait la coutume de Châlons. Son église paroissiale, diocèse de Châlons, doyenné de Bussy-le-Château, était dédiée à saint Martin; l'abbé de Saint-Pierre-aux-Monts présentait à la cure.

SOMMÉVILLE, h. c°° d'Hermonville. — *Summavilla*, 1196 (S.-Thierry, c. 4, l. 27).

SOMMEYÈVRE, c°° de Dommartin-sur-Yèvre. — *Summebra*, 1131-1142 (cart. de Touss. f° 15 v°). — *Summevria*, 1157 (Ulmoy). — *Sumevra*, 1154-1161 (Montiers, c. 1). — *Summevra*, 1163 (cart. de Montiers, 10946, f° 4 v°). — *Summievre*, 1175 (Montiers, c. 1). — *Summuvre*, 1185 (Ulmoy). — *Summueurre*, 1203 (la Neuv. c. 2). — *Somevre*, 1203 (cart. de Montiers, 10946, f° 39 r°). — *Summueurre*, 1210 (Montiers, c. 2). — *Summapera*, 1218 (Touss. c. 7 bis). — *Summevre*, *Sumevre*, v. 1222 (livre des vass. de Champ.). — *Sommuevre*, 1222-1229 (feods Campanie, n° 497). — *Sommeievre*, 1228 (cart. de Montiers, 9905,

f° 64 r°). — *Sommovre* [pour *Sommevre*], 1229 (liber principum, 5992, f° 356 r°). — *Summeyevre*, 1244 (cart. de Châlons, copie Gaignières, p. 99). — *Summievre*, 1245 (cart. de Montiers, 9905, f° 111 r°). — *Sonmeyevre*, *Sommyevre*, *Some-Yevrs*, *Soume-Yevre*, v. 1252 (arch. nat. J 202, 55). — *Sommievre*, 1265 (cart. de Montiers, 9905, f° 154 v°). — *Summa Evra*, 1293 (ibid. f° 65 v°). — *Summievre*, v. 1300 (extenta Campanie, Vitry). — *Sumievre*, 1384 (arch. nat. P 28, 115). — *Sommievre-en-Champaigne*, 1104 (ibid. P 179, 30). — *Sommyevre*, 1405 (ibid. P 179, 32). — *Sommievres*, 1509 (procès-verbal de réd. de la cout. de Vitry). — *Sommaevra*, 1549 (taxe du dioc. de Châlons). — *Sommevre*, 1545 (arch. nat. P 162, 140). — *Soumievre*, 1572 (ibid. P 161, 134). — *Somyevre*, 1604 (ibid. P 185, 30). — *Saumievre*, 1665 (ibid. Q¹ 657). — *Sommiefvre*, 1677 (ibid. P 219, 125). — *Soumièvre*, 1728 (lieux régis par la cout. de Châlons). — *Somme-Ièvre*, 1847 (lieux habités). — *Somme-Yèvre*, 1860 (Cornet-Paulus).

En 1789, Sommeyèvre était compris dans l'élection de Sainte-Menehould et suivait pour partie la coutume de Châlons, pour partie celle de Vitry. Son église paroissiale, diocèse de Châlons, doyenné de Possesse, était consacrée à saint Memmie; le chapitre de l'église cathédrale de Châlons présentait à la cure.

SOMNAUD, anc. lieu-dit, c°° de Saint-Memmie. — *In finagio Sancti Memmii Cathalaunensis predicti*, *in loco qui dicitur in-Summo Naudi*, 1274 (S.-Memmie, c. 10).

SOMPUIS, arrond. de Vitry-le-François. — *Ad Summos Pulcos*, 921 (cart. du chantre Guérin, f° 1 v°). — *Summus Paleus*, 1107 (chap. de Châl. a. 1, l. 1). — *Sumpuis*, 1130 (cart. de S.-Martin d'Épernay, p. 125). — *Johannes*, *miles de Sancto Puteo*, 1180 (la Charmoye, c. 7). — *In territorio de Summis Puteis*, 1185 (ibid.). — *Sommepuy*, 1217 (liber principum, 5992, f° 104 r°). — *Summepui*, 1218 (cart. de Châlons, cop. Gaignières, p. 75). — *Sompuis*, *Sunpui*, v. 1222 (livre des vass. de Champ.). — *Somppuy*, 1332 (cart. de S.-Denis de Reims, p. 387). — *Sampuys*, 1494 (hist. de la maison de Châtillon, p. 233). — *Sompuis*, 1509 (arch. nat. P 179, 86). — *Summus Petrus*, 1542 (taxe du dioc. de Châl. p. 226). — *Sompuits*, 1680 (arch. nat. Q¹ 666). — *Sommepuis*, 1845 (dict. des postes).

En 1789, Sompuis faisait partie de l'élection de Vitry et était régi par la coutume de Chaumont. Son église paroissiale, diocèse de Châlons, doyenné de Coole, était dédiée à saint André; l'abbé de Toussaints présentait à la cure.

Somsois, c⁰ᵃ de Sompuis. — *Summasibi*, comm. du xiᵉ siècle (polypt. de S.-Remy de Reims). — *Sonseis*, 1200 (Hôtel-Dieu le Comte, l. 1, c. A). — *Somsoys*, 1200 (*ibid.* l. 20, c. Z). — *Sumsoys, Sumsois*, 1203 (Montiéramey, 6 H 4). — *Sunseium*, 1209 (Hôtel-Dieu le Comte, l. 17, c. V). — *Sumpsesium*, 1209 (Gall. christiana, t. XII, p. 286). — *Sonsos*, 1224 (Moncetz, c. 3). — *Souseium, Sompseium*, 1239 (Hôtel-Dieu le Comte, L. 1, c. A; lay. 17, c. V). — *Somsois*, v. 1252 (arch. nat. J 202, 55). — *Sonsais*, 1266 (la Charmoye, c. 7). — *Sumpseyum*, 1331 (Montiéramey, 6 H 4). — *Sompsois*, 1367 (Hôtel-Dieu le Comte, l. 20, c. Z). — *Sonsoiz*, 1375 (arch. nat. P 171, 157). — *Sompsoix*, 1442 (Hôtel-Dieu le Comte, l. 17, c. V). — *Somsoyes*, 1489 (*ibid.*). — *Sempsois*, 1543 (*ibid.* l. 23, c. CC). — *Sompsoys*, 1548 (Moncetz, c. 3). — *Sompsoyes en Champaigne*, 1621 (arch. de l'Aube, G 893).

Somsois faisait partie, en 1789, de l'élection de Vitry et était régi par la coutume de Chaumont. Son église paroissiale, diocèse de Troyes, doyenné de Margerie, était dédiée à saint Martin; l'abbé de Montiéramey présentait à la cure.

Sonazes, fief, à Disseuil. — 1581 (E. de Barthélemy, cart. de l'évêché et du chap. de Châlons, p. 54).

Songy, c⁰ᵐ de Vitry-le-François. — *Songeium*, 1131-1142 (cart. de Touss. fᵒ 15 rᵒ). — *Songeyum*, 1239 (cart. de la Trinité, fᵒ 88 rᵒ). — *Soyg[n]ei, Songi*, v. 1252 (arch. nat. J 202, 55). — *Songey*, 1306 (S.-Pierre-aux-Monts, c. 24).

Songy faisait partie, en 1789, de l'élection de Vitry et était régi par la coutume de Châlons. Son église paroissiale, diocèse de Châlons, doyenné de Coole, était dédiée à saint Memmie; l'abbé de Toussaints présentait à la cure.

Sonneris (La), lieu-dit, c⁰ᵃ de Cuperly.

Sonnerias (Les), lieu-dit, c⁰ᵃ d'Étoges.

Sosaette, h. détr. c⁰ᵃ de Molins. — 1633 (lieux régis par la cout. de Vitry, verbo Argensolles).

Sorcy, motte, c⁰ᵃ de Blacy. — *Une motte appellée Sourcy, où souloit avoir maison et de present est en ruyne*, 1509 (arch. nat. P 207, 14). — *Une motte où dès longtemps n'y a eu comme encore de present, n'y a au lieu edifice, environnée de fossez, communement nommée la Motte de Sorcy; — les deux mottes et fiefz de Sorcy et de France*, 1538 (*ibid.* P 179, 103).

Sorges (La Ferme des), écart, c⁰ᵃ d'Épernay (Cornet-Paulus). — Sans doute pour *les Forges;* voy. ce nom.

Sorton (Le), f. c⁰ᵃ d'Étrepy. — *L'estang et lieu du Sorton*, 1510 (arch. nat. P 179, 90). — *Le fief du Sorton, assis près de Bignicourt-sur-Saulx*, 1516 (*ibid.* P 179, 99). — *Le fief du Sortom*, 1634 (*ibid.* P 216, 43). — *Sortons*, xviiiᵉ siècle (Cassini). — *Le Sorlon*, 1837 (état-major).

Sorvigny ou Sous-Revigny, lieu-dit, c⁰ᵃ de Vornancourt.

Souain, c⁰⁰ de Ville-sur-Tourbe. — *Soain*, 1197 (S.-Pierre-aux-Dames). — *Soeyn*, v. 1201 (feoda Camp. nᵒ 193). — *Soyu*, 1221 (liber princip. 5992, fᵒ 213 vᵒ). — *Soayn*, 1214-1222 (Brussel, usage des fiefs, p. 945). — *Soian*, 1221 (S.-Symphor. c. 1). — *Soain, Saain, Soudan, Soay*, v. 1222 (livre des vass. de Champ.). — *Sowaing*, 1236 (cart. de S.-Nicaise, fᵒ 94 vᵒ). — *Soein*, 1237 (Moiremont, c. 10). — *Souang*, 1239 (cart. de S.-Nicaise, fᵒ 98 rᵒ). — *Soin*, v. 1240 (arch. nat. J 193, 83). — *Souanum*, 1303-1312 (arch. adm. de Reims, t. II, p. 1115). — *Souain*, 1315 (S.-Denis de Reims, l. Hermonville). — *Souvaing* [et non *Sounaing*], 1346 (arch. adm. de Reims, t. II, p. 1115). — *Souyn-sur-Suippe*, 1502 (arch. nat. P 181, 100). — *Souain-soubz-Suippes*, 150. (*ibid.* P 181, 104). — *Soing*, 1602 (ibid. J 202, 46 *bis*). — *Souing*, 1642 (*ibid.* P 216, 219). — *Souin*, 1691 (*ibid.* P 221, 58). — *Souain*, autrefois *Sous-Ain*, 1860 (Cornet-Paulus).

Souain était compris, en 1789, dans l'élection de Reims et suivait la coutume de Vitry. Son église paroissiale, diocèse de Reims, doyenné de Bétheniville, était consacrée à saint Brice; l'abbé de Moiremont présentait à la cure.

Souatre, fief, à Courtisols. — 1693 (dioc. auc. de Châl. t. I, p. 278).

Soucière (La), f. c⁰ᵃ de Bouchy-le-Repos. — *La Saucière*, xviiiᵉ siècle (Cassini). — *La Soussière*, 1847 (lieux habités).

Soude (La), riv. prend sa source sur le finage de Soudé-Notre-Dame et se joint à la Somme près de la ferme de Conflans (c⁰ᵃ de Villeseneux), pour former la rivière de Sommesoude. La carte de l'état-major continue cependant à donner à ce dernier cours d'eau le nom de *Soude* jusque sur le territoire de Saint-Mard, où elle reçoit la Berle, et s'accorde en cela avec le titre de 1742 que nous citons plus bas et qui concerne la rivière de Chaintrix. Le texte, daté de 1285, nous montre qu'au moyen âge le nom de *Soude* (ou *Saut*) était le seul employé pour désigner la rivière de Sommesoude. —

Aqua de Sout, 1200 (la Charmoye, c. 7). — *Ung molin assis sur la rivière de Saut entre Aunoy et Jalons*, 1285 (chap. de Chål. a. 5, l. 28). — *La rivière de Saulx*, 1742 (S.-Pierre-aux-Monts, c. 18).

Soudé-Notre-Dame ou Soudé-le-Petit, c°° de Sompuis. — *Soldeum Minor*, 1188 (cart. de Châlons, cop. Gaignières, p. 75). — *Souldé Nostra-Dame*, 1501 (S.-Memmie, c. 6). — *Soudan-le-Petit*, mil. du xvi° siècle (L. Delisle, restitution d'un vol. des Olim, n° 678). — *Souldey Nostre-Dame*, 1605 (arch. nat. P 190, 56, f° 1 v°). — *Soudé Nostra-Dame*, 1633 (lieux régis par la cout. de Vitry). — *Soudé-le-Petit*, 1793 (Puiseux, p. 306).

Soudé-Notre-Dame faisait partie, en 1789, de l'élection de Châlons et était régi par la coutume de Vitry. Son église paroissiale, diocèse de Châlons, doyenné de Coole, était dédiée à Notre-Dame; le chapitre cathédral de Châlons présentait à la cure.

Soudé-Sainte-Croix ou Soudé-le-Grand, c°° de Sompuis. — *Souldeyum*, 1187 (cart. d'Huiron, p. 212). — *Souldeyum*, 1189 (cart. de Chål. cop. Gaignières, p. 85). — *Saudei*, 1263 (S.-Memmie, c. 7, f° 7 r°). — *Soudeyum*, 1274 (Touss. c. 4). — *Sodeyum*, 1319 (cart. de la Trinité, f° 65 r°). — *Souldé-Saincte-Croix*, 1501 (S.-Memmie, c. 6). — *Souldey-Saincte-Croix*, 1518 (Montiers, c. 1). — *Soudon-le-Grand*, mil. du xvi° siècle (L. Delisle, restitut. d'un vol. des Olim, n° 678). — *Soudey Sainte-Croix*, 1636 (arch. nat. P 215, 36). — *Soudé-le-Grand*, 1793 (Puiseux, p. 306).

En 1789, Soudé-Sainte-Croix était compris dans l'élection de Châlons et suivait la coutume de Vitry. Son église paroissiale, diocèse de Châlons, doyenné de Coole, était consacrée à saint Quentin. Le chapitre cathédral de Châlons présentait à la cure.

Soudron, c°° d'Écury-sur-Coole. — *Salderum*, 865 (cart. du chantre Guérin, f° 10 r°). — *Ecclesia Saucte Marie de Saldero*, 1107 (chap. de Chål. a. 1, l. 1). — *Solderulum*, 1121 (ibid. a. 2, l. 32). — *Salderon*, 1187 (ibid. a. 6, l. 38). — *Souderulum*, fin du xii° siècle (ibid. au dos de la charte de 1187). — *Souderum*, 1201 (arch. nat. Q¹ 681¹, f° 226 v°). — *Souderum*, 1211 (chap. de Chål. a. 4, l. 2). — *Sodderon*, v. 1222 (livre des vass. de Champ.). — *Souderonnum*, 1242 (Touss. c. 15). — *Sauderon*, v. 1252 (arch. nat. J 193, 51). — *Soldereium*, xiii° siècle (chap. de Chål. a. 6, l. 36). — *Soderon*, 1362 (Argensotles, c. 4). — *Souldronnum*, 1405 (pouillé de Chål. f° 73 r°).

Solderon, 1480 (Argens. c. 4). — *Soulderon*, 1489 (arch. nat. Q¹ 681). — *Souldron*, 1496 (chap. de Chal. a. 6, l. 61). — *Solderon*, 1501 (S.-Memmie, c. 6).

En 1789, Soudron faisait partie de l'élection de Châlons et était régi par la coutume de Vitry. Son église paroissiale, diocèse et doyenné de Châlons, était dédiée à saint Pierre et à saint Paul; le chapitre cathédral de Châlons présentait à la cure.

Souelle, fief, c°° de Charmont. — *Le fief appellé Soelle ou Arzillière, scis entre Bettancourt, Vroil et Charmont*, 1774 (arch. nat. Q¹ 664). Le premier des deux noms de ce fief s'est conservé dans celui des *Prés de Souhel* que porte un lieu-dit de la commune de Charmont.

Sougniat (Le), tuilerie, c°° de la Neuville-au-Pont. — Cassini ne figure pas cette briqueterie, mais il indique l'«étang du *Souniat*», xviii° siècle. — *Briqueterie du Sonniat*, 1835 (état-major). — *Briqueterie de Souynat*, 1847 (lieux habités). — *Le Sougnat*, 1860 (Cornet-Paulus).

Sougniat (Ru de), affl. de l'Aisne; arrose le finage de Florent.

Soulains (Bois), c°°° de Brimont et de Courcy. — *Bos de Sulain*, 1322 (arch. adm. de Reims, t. II, p. 319). — *Certein bois, dit de Sullain, dessouz Brimont, près de Rains*, 1347 (ibid. t. II, p. 1146). — *Una pecia bosci seu nemoris in loco dicto in Sieulain*, 1423 (chap. de Reims, c. 7).

Soulanges, c°° de Vitry-le-François. — *Solengia*, 1043 (S.-Pierre-aux-Monts, c. 1). — *Solengæ*, 1230 (ibid. c. 5). — *Soulenges, Soulanges*, 1232 (ibid. c. 27). — *Solangiae*, 1233 (dioc. anc. de Chål. t. I, p. 414). — *Solanges*, 1234 (Ulmoy). — *Solenges*, 1238 (Cheminon, c. 20). — *Souloinge*, v. 1252 (arch. nat. J 202, 55). — *Soloinges*, 1271 (S.-Pierre-aux-Monts, c. 27). — *Soullainges, Solinges*, v. 1274 (arch. nat. J 202, 54). — *Sollenges*, 128. (ibid. Q¹ 668¹). — *Salangia*, 1289 (S.-Pierre-aux-Monts, c. 1). — *Soulange*, 1404 (arch. nat. J 194, 44). — *Soulangiæ*, 1405 (pouillé de Chål. f° 74 v°). — *Soullanges*, 1538 (arch. nat. P 161, 97). — *Soulengia*, 1542 (taxe du dioc. de Chål. p. 216).

En 1789, Soulanges était compris dans l'élection et suivait la coutume de Vitry. Son église paroissiale, diocèse de Châlons, doyenné de Vitry-le-Brûlé, était consacrée à saint Hilaire; le chapitre cathédral de Châlons présentait à la cure.

Soulières, c°° de Vertus. — *Sollariae*, 1042 (hist. des comtes de Champagne, t. I, p. 482). — *Soleriæ*, 1164 (le Reclus, c. 1). — *Souilleriæ*,

1201 (arch. nat. Q¹ 681¹, f° 226 v°). — *Suleres*, *Suleires*, v. 1222 (livre des vass. de Champ.). — *Soileriæ*, 1233 (la Charmoye, c. 1). — *Soilleriæ*, 1235 (ibid. c. 6). — *Seuillieres*, *Soullieres*, v. 1252 (arch. nat. J 193, 51). — *Sulleriæ*, 1282 (la Charmoye, c. 2). — *Solieres*, *Soillieres*, v. 1300 (extenta Campanie, Vertus). — *Souillieres*, 1307 (le Reclus, c. 6). — *Suilleres*, 1366 (arch. nat. Q¹ 681¹, f° 109). — Souliers, 1405 (pouillé de Chål. f° 81 r°). — *Soulleriæ*, 1542 (taxe du dioc. de Chål. p. 215). — *Soullière*, 1605 (arch. nat. P 190, 65). — *Somilliere*, mauv. leçon, 1633 (lieux régis par la cout. de Vitry). — *Soulliers*, *Souilliers*, 1673 (arch. nat. Q¹ 681).

Soulières faisait partie, en 1789, de l'élection de Chålons et était régi par la coutume de Vitry. Son église paroissiale, diocèse de Chålons, doyenné de Vertus, était dédiée à saint Martin; l'abbé de Saint-Sauveur de Vertus présentait à la cure.

Soardets (Les), f. c⁰⁰ de Comblizy. — *Le Sourdet*, xviii° siècle (Cassini). — *Les Sourdets*, 1834 (état-major). — Sourdet, 1860 (Cornet-Paulus). — *Les Sourdis*, 1862 (Guérard, p. 198).

Sourdon (Le), h. c⁰⁰ d'Ablois-Saint-Martin. — *Molendinum de Sourdon*, 1224 (Gall. christ. t. X, c. 132). — *Molendinam de Souderon*, 1225 (ibid. t. X, c. 134). — *Sordan*, 1430 (arch. nat. P 182, f° 193 r°). — *Ung fief appellé le Sourdon*, 1634 (ibid. P 216, 38). — *Ferme du Gros Sourdon*, 1758 (ibid. Q¹ 679).

Sourdoa (Ru du), affl. du Cubry; arrose les finages d'Ablois-Saint-Martin et de Pierry.

Souriette, f. c⁰⁰ de Giouges-Saint-Ferjeux. — *Souriella*, 1834 (état-major). — *Souriette*, 1847 (lieux habités).

Souris (Ru de), c⁰⁰ de Saint-Eulien.

Sous (La), ruiss. prend naissance à Sommesous et se jette dans la Soude entre Soudron et Germinon.

Soca-Préfecture (La), écart, c⁰⁰ d'Argers.

Soaveneux (Les), fief, c⁰⁰ de Braux-Sainte-Cohière. — *Fiaf des Souveneux à Cohière*, 1676 (dioc. auc. de Chål. t. I, p. 275).

Soyer, vill. c⁰⁰ d'Allemanche-Launay-et-Soyer. — *Soissi*, v. 1252 (arch. nat. J 195, 96). — *Soisy*, 1375 (ibid. P 171, 157). — *Soisyacum juxta Baldimentum*, 1407 (pouillé de Troyes, n° 331). — *Soyacum prope Baldimentum*, 1443 (évêché de Troyes, G 22). — *Soisiacum juxta Baldimentum*, 1457 (pouillé de Troyes, N 96).

Soyer était compris, en 1789, dans l'élection de Sézanne et suivait la coutume de Meaux. Son

église paroissiale, diocèse de Troyes, doyenné de Sézanne, était consacrée à Notre-Dame; l'évêque de Troyes en était collateur.

Stainville, fief, à Hauteville. — *Le fief de Stainville assis à Haulteville*, 1548 (arch. nat. P 162, 206).

Sugnoa (Le), ruiss. affl. de la Dormoise; arrose le territoire de Cernay-en-Dormois.

Suilly, f. détr. située dans les environs de la Celle-sous-Chantemerle. — *Une grange que l'en dit la Granche de Sailly*, 1375 (arch. nat. P 171, 157).

Suippe (La), riv. prend sa source à Sommesuippe; sort du dép¹ de la Marne pour entrer dans celui de l'Aisne par le territoire d'Aumenancourt-le-Petit et se jette dans l'Aisne près de Condé-sur-Suippe. — *Supia*, 650 env. (Pardessus, diplomatr, t. II, p. 192). — *Suippia*, 907 (Marlot français, t. II, p. 828). — *Suppia*, comm. du xi° siècle (polypt. de S.-Remy). — *Fluvius Sopia*, 1066 (Marlot latin, t. I, p. 621). — *Soppia*, 1232 (chap. de Reims, c. 3). — *Supe*, v. 1263 (arch. adm. de Reims, l. I, p. 839). — *Suyppia*, 1273 (Montiers, c. 2). — *Suipe*, 1384 (arch. adm. de Reims, t. III, p. 582).

Suippes, arrond. de Chålons. — *Villa que Sapia dicitar*, 1110 (cart. d'Avenay, f° 2 r°). — *Suipe*, 1130 (ibid. f° 2 v°). — *Soipe*, 1190 (dioc. anc. de Chål. t. I, p. 407). — *Sappia*, 1209 (cart. d'Avenay, f° 15 r°). — *Suppe*, 1215 (liber principum, 5992, f° 227 v°). — *Suppia*, 1222 (arch. adm. de Reims, t. II, p. 527). — *Suippe*, *Supe*, *Sope*, v. 1222 (livre des vass. de Champ.). — *Suype*, 1223 (liber principum, 5992, f° 303 v°). — *Suppeia*, v. 1240 (arch. nat. J 193, 83). — *Suppa*, *Supa*, 1256-1270 (feods Camp. n° 607 et 643). — *Suyppe*, 1315 (S.-Denis de Reims, l. Hermonville). — *Souyppe*, 1338 (arch. adm. de Reims, t. II, p. 304). — *Suippes*, 1462 (arch. nat. Q¹ 662). — *Suippe-la-Longue*, 1470 (Avenay, l. Suippes).

Suippes faisait partie, en 1789, de l'élection de Reims et était régi par la coutume de Vitry. Son église paroissiale, diocèse de Reims, doyenné de Béthenville, était dédiée à saint Martin; l'abbesse d'Avenay présentait à la cure.

Suist-le-Franc, c⁰⁰ de Montmort. — *Soiseium*, 1235 (Teulet, trésor des chartes, t. II, p. 288). — *Suzi*, 1628 (arch. nat. Q¹ 678). — *Suisy-le-Franc*, 1760 (ibid. Q¹ 683). — *Suisi-le-Franc*, 1763 (Orbais, p. 27). — *Suizy-le-Franc*, 1834 (état-major).

En 1789, Suisy-le-Franc était compris dans l'élection d'Épernay et suivait la coutume de Vitry,

Son église paroissiale, diocèse de Soissons, doyenné d'Orbais, était consacrée à saint Remy; l'abbé d'Orbais présentait à la cure.

Suisy (Ru de), affl. du Surmelin; arrose le territoire de Suisy-le-Franc.

Someret, h. détr. c^{ne} d'Arzillières. — *Sumeret, la mairie dudit lieu*, 1641 (arch. nat. P 216, 82).

Suppemont, h. détr. c^{ne} de Vroil. — 1633 (lieux régis par la cout. de Vitry).

Surchamp (Le), m. c^{ne} de Favresse.

Surmelin (Le), riv. affl. de la Marne; prend naissance sur le territoire de Montmort, sort du département de la Marne par le territoire du Breuil et se jette dans la Marne près de Mézy (Aisne). — *Seurmenei*, v. 1252 (arch. nat. J 193, 51). — *Sommerain*,

Sourmerain, 1366 (*ibid.* Q¹ 681¹). — *Sourmerain*, 1393 (*ibid.* P 180, 87). — *Sourmelain*, 1395 (*ibid.* P 208, 49). — *Sourmelans*, 1415 (*ibid.* P 179, 170). — *Sourmelan*, 1464 (cart. de Coincy, p. 533). — *Sourmelin*, 1553 (*ibid.* p. 590). — *Melin*, xviiie siècle (Cassini). — *Le Surmelin ou plus souvent le Melin*, 1860 (Cornet-Paulus).

Susaigny, lieu-dit, c^{ne} d'Aigny.

Suzot, m. isolée, c^{ne} d'Auberive. — Cette maison portait, en 1847, le surnom de *Milianah* (lieux habités).

Suzy, lieu-dit, c^{ne} de Bétheny.

Suzy, lieu-dit, c^{ne} de Laval.

Synagogue (La), lieu-dit, c^{ne} de Faux-Fresnay.

T

Tabas (Ruisseau de), c^{ne} d'Éclaires.

Tabonnerie (La), quartier de Verneuil.

Tahure, c^{on} de Ville-sur-Tourbe. — *Tahur*, xiie s^e (S.-Pierre-aux-Dames, c. 6). — *Villa que dicitur Tahure*, 1252 (cart. A du chapitre de Reims, f° 310 v°). — *Tahura*, 1303-1312 (arch. adm. de Reims, t. II, p. 1099).

En 1789, Tahure faisait partie de l'élection de Sainte-Menehould et suivait pour partie la coutume de Reims, pour partie celle de Vitry. Son église paroissiale, diocèse de Reims, doyenné de Cernay-en-Dormois, était dédiée à la sainte Croix; le chapitre de Sainte-Balsamie de Reims présentait à la cure.

Taissy, 3e c^{on} de Reims. — *Tasiacus*, v. 850 (polypt. de S.-Remy). — *Tessiacum*, milieu du ixe siècle (test. de saint Remy). — *Tasciacum*, 987-996 (Marlot français, t. II, p. 809). — *Tassceius*, comm. du xie s° (polypt. de S.-Remy). — *Tassiacum*, 1090 (arch. adm. de Reims, t. I, p. 242). — *Tassieium*, 1123 (S.-Nicaise, c. 9). — *Toissi*, 1182 (S.-Thierry, c. 6, l. 42). — *Taiseium*, xiie siècle (fragm. de polypt. p. 169). — *Thassiacum*, v. 1200 (arch. lég. de Reims, statuts, t. I, p. 174). — *Taisseium*, 1218 (S.-Nicaise, c. 9). — *Tasseium*, 1221 (chap. de Reims, l. Mailly). — *Teci*, *Teisi*, *Tessi*, v. 1222 (livre des vass. de Champ.). — *Thaisseium*, 1243 (S.-Étienne de Reims, c. 1). — *Teissi*, v. 1252 (arch. nat. J 202, 47). — *Taxeium*, v. 1260 (nécrol. de l'égl. de Reims, p. 92). — *Taicé*, *Taisi*, v. 1263 (arch. adm. de Reims, t. I, p. 852 et 857). — *Taissia-

cum*, 1280 (Boutaric, actes du parlem.). — *Thaissy*, 1292 (S.-Remy, l. Taissy). — *Taissi juxta Remis*, 1294 (cart. † de l'archev. f° 198 v°). — *Taisy*, 1322 (cart. de S.-Denis de Reims, p. 361). — *Tayssy*, 1346 (arch. adm. de Reims, t. II, p. 1116). — *Taissy emprez Reims*, 1384 (*ibid.* t. III, p. 573). — *Tessy*, 1516 (S.-Remy, l. 33).

En 1789, Taissy était compris dans l'élection de Reims et suivait pour partie la coutume de cette ville, pour partie la coutume de Vitry. Son église paroissiale, diocèse de Reims, doyenné de Vesle, était dédiée à Notre-Dame; le tournaire du chapitre métropolitain présentait à la cure.

Talmal (Bois de), c^{ne} de Nanteuil-la-Fosse.

Talot, anc. mⁱⁿ, c^{ne} de Vavray-le-Petit. — *Malenlendinum de Talet*, 1179 (Ulmoy). — *Le molin de Tallot*, 1509 (arch. nat. P 179, 88). — *Ung molin à blef appellé le malin de Talot, assis en nostre rivière dudit Woore*, 1526 (*ibid.* P 184, 87). — *Un moulin à eaux assis sur la rivière audit Vavray, appellé le Moulin Talot*, 1784 (*ibid.* Q¹ 663).

Talus (Le), h. c^{ne} de Saint-Prix. — *Talus*, v. 1144 (hist. de la maison de Broyes, p. 13). — *Taluz*, 1168 (*ibid.* p. 15). — *Talus super Morain*, 1168 (Gallia christiana, t. XII, c. 272). — *Talü*, *Taly*, v. 1222 (livre des vass. de Champagne). — *Le Talus*, 1509 (évêché de Châl. c. 15). — *Tallus*, 1526 (Andecy, c. 3, f° 35 r°). — *Toillus*, 1556 (arch. lég. de Reims, cout. p. 911). — *Thalu*, *Thalus*, 1629 (le Reclus, dénombr. f° 33 r°). — *Tallu*, 1860 (Cornet-Paulus).

TANGER, aub. c⁰ᵉ de Pomacle.

TANNERIE (LA), lieu-dit, c⁰ᵉ d'Ambonnay.

TANNERIE (LA), lieu-dit, c⁰ᵉ de Changy.

TANNERIE (LA), lieu-dit, c⁰ᵉ de Dontrien.

TANNERIE (LA), lieu-dit, c⁰ᵉ de Favresse.

TANNERIE (LA), lieu-dit, c⁰ᵉ des Grandes-Loges.

TANNERIE (LA), lieu-dit, c⁰ᵉ de Margerie.

TANNERIE (LA), mⁱⁿ, c⁰ᵉ de Mécringes.

TANNERIE (LA), lieu-dit, c⁰ᵉ de Villevenard.

TANNERIE-DÉTRÉE (LA), lieu-dit, c⁰ᵉ de Fismes.

TANNERIE-GUILLOT (A LA), lieu-dit, c⁰ᵉ de Fismes.

TANNERIES (LES), lieu-dit, c⁰ᵉ de Beaunay.

TAPEREL, h. détr. c⁰ᵉ de Wez. — *Molendinum dictum de Taperel*, 1313 (S.-Basle, l. 22). — *La ville de Taperel*, 1384 (arch. adm. de Reims, t. III, p. 574). — *Ou terroir du dit Veez, un molin appellet le molin de Taperel, lequel molin a estét cheus et desolés par les guerres, et a plus coustet de remestre sur qu'il n'a value jusquez à present*, 1384 (arch. nat. P 28¹, 107).

TARDENOIS (LE), pagus ou comté de l'époque franque. Il s'étendait sur les deux diocèses de Reims et de Soissons. Sa partie rémoise fut comprise plus tard dans les doyennés d'Hermonville et de la Montagne (diocèse de Reims), et l'on forma de la partie soissonnaise le doyenné de Bazoches, au diocèse de Soissons, dont fut démembré, en 1661, le doyenné de Fère-en-Tardenois. — *Pagus Tardinisus*, 853 (capitul. de Servais). — *Pagus Tardanensis*, 877 (dom Bouquet, t. VIII, p. 800). — *Pagus Tardonensis, pagus Tardunensis*, v. 950 (Flodoard, l. II, c. 10 et 18). — *Terdonensis*, 985 (Gerbert, éd. Olleria, p. 46). — *Pagus Tardinensis*, comm. du xıᵉ siècle (polypt. de S.-Remy). — *Tardenetum*, 1218 (arch. nat. KK 1064, f° 23 r°). — *Tardunum*, 1256-1270 (feoda Camp. n° 583). — *Tertenoys*, 1523 (arch. nat. P 162, 125). — *Tartenois*, 1531 (ibid. P 162, 131). — *Le pays de Tardenoys*, 1549 (ibid. P 162, 149).

TARÈGLE (ROISSEAO DE), c⁰ᵉ de Gratreuil.

TARRONS (RU DES), c⁰ᵉ de Fleury-la-Rivière.

TAUPIS (RU), affl. du ru de Bonneval, c⁰ᵉ de Tréfols.

TAUXIÈRES, c⁰ᵉ d'Ay. — *Taxeriae*, 1228 (hist. de la maison de Châtillon, p. 38). — *Taxieres*, 1272 (Avenay, c. 2). — *Tauxieres*, 1273 (Avenay, f° 54 r°). — *Tauzeriae*, 1273 (Avenay, c. 2). — *Tauxierres*, v. 1300 (extenta Campanie, Louvois). — *Tauxieres*, 1338 (S.-Basle, c. 17). — *Tauxeriae*, 1303-1312 (arch. adm. de Reims, t. II, p. 1122). — *La ville d'Ouxières*, v. 1340 (hist. de la maison de Châtillon, p. 248). — *Tauxieres*, 1629 (arch. nat. P 191, 7). — *Tauxieres*, 1676 (lieux régis par la cout. de Vitry). — *Tauxier*, 1771 (arch. nat. Q¹ 683).

En 1789, Tauxières faisait partie de l'élection d'Épernay et suivait la coutume de Vitry. Son église paroissiale, diocèse de Reims, doyenné d'Épernay, était dédiée à saint Hilaire; le chapitre de Sainte-Balsamic de Reims présentait à la cure.

TÉLÉGRAPHE (LE), c⁰ᵉ de Congy.

TÉLÉGRAPHE (LE), c⁰ᵉ de Fagnières.

TÉLÉGRAPHE (LE), c⁰ᵉ de Janvilliers.

TÉLÉGRAPHE-DE-LA-CÔTE-DE-BIESUE (LE), c⁰ᵉ de Sainte-Menehould.

TEMPLE (LE), anc. éc. c⁰ᵉ du Gault. — *Le Temple lez le Gault*, 1488 (terrier de Montmirail, f° 163 r°).

TEMPLE (LE), f. détr. c⁰ᵉ de Noirlieu. — *Domus eorum [fratrum militie Templi] que dicitur Niger Locus*, 1177 (la Neuv. c. 9). — *Une maison appellée le Temple lez Nerlieu*, 1372 (ibid.). — *Le Temple assis lez la ville de Nerlieu*, 1438 (cart. de Montiers, 10946, f° 80 v°).

TEMPLE (LE), f. c⁰ᵉ de Passy-Grigny.

TEMPLE (LE), h. disp. c⁰ᵉ de Vroil. — 1633 (lieux régis par la cout. de Vitry).

TERNAU, ruiss. c⁰ᵉ d'Athis. — *Riviere de Tarnau*, 1337 (arch. nat. P 182, f° 256 r°). — *La riviere de Ternault*, 1397 (ibid. P 181, 53). — *La riviere de Ternaut*, 1416 (ibid. P 182, f° 127 r°). — *La riviere de Tarnault*, 1498 (ibid. P 181, 95).

TERNEL, fief, au Meix-Thiercelin. — *Le fief assis à Meuercelin appellée le four et terrage de Ternel*, 1636 (arch. nat. P 215, 36).

TERRAGES-MISOTTE (LES), fief, c⁰ᵉ de Vésigneul-sur-Coole. — *Le fief des Terrages-Minotte assis à Visigneu*, 1636 (arch. nat. P 215, 36).

TERRES-DU-BOIS (LES), f. c⁰ᵉ de Bettancourt.

TEXAA (LE), m. c⁰ᵉ de Sainte-Menehould.

THAAS, c⁰ᵉ de Fère-Champenoise. — *Stat*, 1110 (Socard, chartes de Molême, p. 96). — *Tast*, 1128 (ibid. p. 104). — *Tasta*, 1443 (évêché de Troyes, G 22). — *Taaatz*, 1493 (arch. nat. Q¹ 680). — *Thas*, 1682 (ibid. P 194¹ 1). — *Thaas*, 1729 (ibid. Q¹ 679).

Thaas faisait partie, en 1789, de l'élection de Sésanne et était régi par la coutume de Meaux. Son église paroissiale, diocèse de Troyes, doyenné de Sésanne, était consacrée à saint Médard et à saint Edme; l'évêque de Troyes présentait à la cure.

THAUREAUDERIE (LA), cense, c⁰ᵉ de Mareuil-en-Brie. — *Une cense au-dessus dudit Mareuil appellée Thaureauderie*, 1656 (arch. nat. P 191, 18).

TAIBACO-DU-FRESNE (FIEF DE), c⁰ᵉ de Crugny. — *Certain fief, assis eu la ville et terroir de Cruny*

34.

appellé *communement le fief Thiebault du Fresne*,
1519 (S.-Remy de Reims, l. 85).

Thibauderie (La), lieu-dit, c[ne] de Verdon.

Thibauderies (Les), lieu-dit, c[ne] de Margny.

Thibaudières (Les), lieu-dit, c[ne] de Corrobert.

Thibaud-le-Chance (Fief), c[ne] de Blaise-sous-Hauteville. — *Ung petit fief séant à Blaize soubz le
dict Haulteville, nommé le fief Thiébault-le-Chance,
dit Musart,* 1508 (arch. nat. P 207, 5). — *Le
fief Thibault-le-Chasteau dict Musart,* 1641 (ibid.
P 216, 82). — *Le fief Thiébault-le-Change dit
Musard,* 1642 (ibid. P 216, 100).

Taibie, c[ne] d'Écury-sur-Coole. — *Thetbiacum,* 850
(cart. du chantre Guérin, f° 5 v°). — *Tibiacum,* 1107 (chap. de Châlons, a. 1, l. 1). —
Altare de Sancto Florio de Tebeia, 1131-1142
(ibid. a. 4, l. 5). — *Thebeium,* 1153-1161 (ibid.
a. 6, l. 41). — *Tibeium,* 1153-1161 (dioc. anc.
de Châl. t. I, p. 115). — *Thebeia,* 1164 (chap.
de Châl. a. 6, l. 41). — *Thibeium,* 1215 (ibid.
a. 4, l. 26). — *Thiebye,* 1254 (S.-Basle, l. 17).
— *Thiebie,* 1330 (chap. de Châl. a. 4, l. 28).
— *Thibie,* 1331 (ibid. a. 4, l. 26). — *Thieby,*
1384 (arch. nat. P 51², n° 1460). — *Thibincum,*
1405 (pouillé de Châl. f° 73 r°). — *Thiby,* 1462
(arch. nat. Q¹ 662). — *Tibi lez Chaalons en Champaigne,* 1475 (chap. de Châl. a. 6, l. 41). —
Thibye, 1484 (ibid. a. 6, l. 44). — *Therie,* 1556
(arch. lég. de Reims, cout. p. 878). — *Tybye,*
1575 (arch. nat. P 181, 121). — *Tiby,* 1643
(ibid. P 216, 119).

Thibie était compris, en 1789, dans l'élection
et suivait la coutume de Châlons. Son église paroissiale, diocèse et doyenné de Châlons, était dédiée à saint Symphorien; le chapitre cathédral de
Châlons présentait à la cure.

Thiéblemont, arrond. de Vitry-le-François. — *Tie-
bemont,* 1136 (Cheminon, c. 11). — *Thebemont,*
1150 (cart. d'Huiron, p. 20). — *Tebememun t(sic),*
v. 1165 (cart. de Montiers, 10946, f° 21 r°).
— *Tebemont,* 1168 (Hautefontaine, c. 6). —
Tebemunt, 1164-1191 (dioc. anc. de Châl. t. II,
p. 428). — *Thibemont,* 1240 (Cheminon, c. 1).
— *Thiebemont,* v. 1252 (arch. nat. J 202, 55). —
Thiebmons, 1405 (pouillé de Châl. f°s 76 et 77).
— *Thibemonlt,* 1484 (arch. nat. P 179, 74). — *Tibi-
mons,* 1542 (taxe du dioc. de Châl. p. 210²). —
Thiéblement, 1558 (cart. d'Huiron, p. 152). —
Thiblemont, 1572 (arch. nat. P 179, 122). —
Theobaldi Mons, 1860 (Cornet-Paulus).

Thiéblemont faisait partie, en 1789, de l'élection et suivait la coutume de Vitry. Son église pa-

roissiale, diocèse de Châlons, doyenné de Perthes,
était consacrée à saint Laurent; l'abbé d'Huiron
présentait à la cure.

Thiéblemont-Farémont, nom que porte la commune
de Thiéblemont depuis qu'on y a uni, en 1862,
l'ancienne commune de Farémont.

Thiermont, f. et chapelle détr. c[ne] de Blacy. —
Capella Theardi Montis, 1135 (cart. d'Huiron,
p. 18). — *Capella Tardi Montis, cella Theardi-
montis,* 1187 (ibid. p. 211). — *Allodium Theardi
Montis* appartenant ousdits *religieux* [*d'Huiron*] *que
leur donna jadis un noble homme, appellé Guido de
Possesse, avec les appartenances et despendances
d'iceluy, c'est assavoir en cens, terres, preys, ensemble une chapelle qu'il fonda en iceluy en l'honneur
de saint Sulpice, du consentement de Philipe, évêque
pour lors de Chaulons* [1094-1100] ... *Ledit alleu
ainsi apellé, comme dit est, est situé et assis en un
petit mont au-dessus et en la fin de Blocey, sur le
haut du chemin d'Huyron, de une petite demi-lieu ou
environ et contient ce lieu de la situation d'iceluy où
les maisons souloient estre, en ce comprinse la chappelle qui est encore droite et entiere, deux journels
de terre ou environ,* 1464 (ibid. p. 548). — *Le
gaingnage de Thieremont assis en la fin de Blacy,*
1562 (ibid. p. 224). — *Tiermont,* 1667 (ibid.
p. 171). — *La chapelle de Saint-Claude près Blacy,*
1704 (ibid. p. 415). — *La chapelle de Tiermont,*
1743 (ibid. p. 381). — *Au finage de Glanne,* lieu-
dit *en Tiermont,* 1767 (ibid. p. 415).

Thierry-Gratien (Fief de), c[ne] de Saint-Jean-devant-
Possesse. — *Le fief de Thierry Gratien assiz au
finage de Saint-Jean-devant-Possesse,* 1654 (arch.
nat. P 217, 18).

Au xviiie siècle, le fief de Thierry-Gratien était
réuni au fief de Jean de Brielle sous le nom de *fief
de la Lobbe* (voy. ce nom).

Thil, c[ne] de Bourgogne. — *Tilia,* 987-996 (Mariot
français, t. II, p. 809). — *Tilium,* 1090 (arch.
adm. de Reims, t. I, p. 242). — *Villa Tillium,*
1126 (ibid. t. I, p. 279). — *Apud Tillionem,*
1178 (cart. de S.-Thierry, f° 395 r°). — *Tillia,*
1249 (cart. A de S.-Remy, f° 11 v°). — *Til,* 1271
(arch. nat. S 5038, n° 5). — *Til subtus S. Theodoricum,* 1272 (cart. de S.-Thierry, f° 322 r°). —
Tyl subtus Sanctum Theodoricum, 1274 (Saint-
Remy, l. 65). — *Thil,* 1293 (S.-Thierry, l. 7). —
Thilz, 1561 (ibid. c. 7, l. 60). — *Thy,* 1595
(ibid. l. 1).

En 1789, Thil était compris dans l'élection et
suivait la coutume de Reims. Son église, simple
vicariat de tolérance de la paroisse de Saint-Thierry,

diocèse de Reims, doyenné d'Hermonville, était dédiée à sainte Marguerite.

THILLOIS, c** de Reims. — *Tilloium*, 1154 (S.-Thierry, c. 4, l. 32). — Tilloy, 1180 (cart. B du chap. de Reims, f° 312 r°). — *Tilleium juxta Remis*, 1220 (*ibid.* f° 639 v°). — *Tigloy*, 1229 (liber princip. 5992, f° 353 r°). — *Tiloit*, 1243 (cart. d'Igny, f° 46 r°). — *Tilloi*, 1245 (arch. adm. de Reims, t. II, p. 99). — *Tylloi*, v. 1252 (arch. nat. J 202, 55). — Tilloy, 1262 (Vinets, c. 5). — *Tilletum*, 1313 (cart. de S.-Denis de Reims, p. 339). — *Tilleyum*, 1357 (arch. adm. de Reims, t. III, p. 100). — *Thilloy*, 1455 (arch. lég. de Reims, statuts, t. I, p. 532). — *Thilley*, 1549 (S.-Thierry, l. 71). — *Thiloy*, 1556 (arch. lég. de Reims, cout. p. 887). — *Tilloys*, 1563 (chap. de Reims, l. Thillois). — *Thillois*, 1651 (*ibid.* l. 36).

En 1789, Thillois faisait partie de l'élection de Reims et était régi par la coutume de cette même ville. Son église paroissiale, diocèse de Reims, doyenné de la Montagne, était consacrée à saint Loup; le tournaire du chapitre métropolitain de Reims présentait à la cure.

THIM (LE) ou LA TOILERIE, écart, c** de Troissy.

THIONVILLE, lieu-dit, c** d'Auve.

THOMADERIE (LA), lieu-dit, c** de Coizard-Joches.

THOMASSETS (LES), f. c** de la Ville-sous-Orbais. — *Les Thomassets*, XVIII° siècle (Cassini). — *Les Thomassés*, 1834 (état-major). — *Thomasset*, 1860 (Cornet-Paulus).

TAOULT (LE), vill. c** du Thoult-Trosnay. — *Tulum*, 1171 (Audecy, c. 1). — *Thou*, 1194 (hist. de la maison de Broyes, c. 18). — *Tou*, 1205 (le Reclus, c. 2). — *Le Tor*, v. 1222 (livre des vass. de Champ.). — *Le Tou*, fin du XIII° siècle (arch. nat. J 206; Troyes, n° 3). — *Le Toul, Toul, le Tour*, v. 1300 (extenta Campanie, Sézanne). — *Tullum*, 1407 (pouillé de Troyes, n° 335). — *Le Thoul*, 1503 (Saint-Julien de Sézanne, c. 4). — *Le Thou*, 1546 (le Reclus, c. 1). — *Thou-en-Brie*, 1560 (arch. nat. P 165, 295). — *Le bourg du Tour*, 1629 (le Reclus, dénombrement, f° 2 r°). — *Le Thou*, 1646 (*ibid.* c. 1). — *Le Thout*, XVIII° siècle (Cassini).

Le Thoult faisait partie, en 1789, de l'élection de Sézanne et était régi par la coutume de Meaux. Son église paroissiale, diocèse de Troyes, doyenné de Sézanne, était consacrée à saint Nicolas; le doyen de Gaye présentait à la cure.

THOULT-TROSNAY (LE), c** de Montmirail, commune formée en 1846 de l'union des anciennes communes du Thoult et de Trosnay.

THUISY, c** de Verzy. — *Tusiacum*, 1190 (cart. B du chap. de Reims, f° 30 r°). — *Tuysiacum*, 1190 (arch. adm. de Reims, t. I, p. 416, n° 1). — *Tuseium*, 1199 (S.-Bosle, c. 4, l. 50). — *Tuiseyum*, 1220 (cart. † de l'arch. de Reims, f° 14 r°). — *Tuisi*, 1240 (cart. de S.-Nicaise, f° 102 r°). — *Tuysi juxta Septem Salices*, 1247 (cart. † de l'archev. f° 11 v°). — *Tusy*, 1274 (S.-Basle, c. 8). — *Thuisy*, 1276 (*ibid.* c. 4, l. 46). — *Thuisi*, 1280 (arch. adm. de Reims, t. I, p. 970). — *Tuisy*, 1296 (S.-Basle, c. 12). — *Tuysy*, 1298 (S.-Remy, c. 1, l. 7). — *Thuzy, Tuzy*, 1328 (arch. adm. de Reims, t. II, p. 498 et 555). — *Thuysy*, 1332 (*ibid.* t. II, p. 661). — *Thuyseium*, 1332 (cart. de S.-Denis de Reims, p. 384). — *Tuissy*, 1374 (cart. A du chap. de Reims, f° 290 r°). — *Tuisy lès Sept-Saulx*, 1384 (arch. nat. P 28, 115). — *Thusy*, 1500 (S.-Remy, c. 1, l. 1). — *Thuizy*, 1510 (arch. adm. de Reims, t. I, p. 415, note). — *Thuissy*, 1556 (arch. lég. de Reims, cout. p. 875).

Thuisy était compris, en 1789, dans l'élection de Reims et suivait la coutume de cette ville. Son église paroissiale, diocèse de Reims, doyenné de Vesle, était dédiée à saint Remy; le supérieur du séminaire de Reims présentait à la cure.

THUMERY, lieu-dit, c** de Courmas.

TIGCOURT, anc. chât. auj. f. c** de Montmirail. — *Tegicort*, v. 1172 (feoda Campanie, n° 75). — *Thigicort*, v. 1222 (livre des vassaux de Champagne). — *Tegicourt*, v. 1252 (arch. nat. J 195, 96). — *Thiegecourt*, 1395 (*ibid.* P 208, 18). — *Thigicourt*, 1436 (*ibid.* P 179, 174). — *Tiegecourt*, 1445 (*ibid.* P 171, 45). — *Tigicourt*, 1508 (*ibid.* P 161, 313). — *Tichecourt*, 1603 (*ibid.* P 178, 96).

TILLAT (LE), f. c** d'Humbauville. — *Le Tillat* ou *le Tilliat*, 1847 (lieux habités).

TILLOY, f. détr. c** de Sommeyèvre. — *In horreo de Tylloi quod est in territorio Summuvre*, 1185 (Ulmoy). — *La maison de Tillay, de lès Somievre*, 1397 (arch. nat. P 183, 111). — *Une ferme appartenante audit sieur Comte, prieur, dépendant de son prieuré d'Ulmoy, appellée «les Tilloy et Valmyn», située au terroir dudit Sommevre*, 1783 (Ulmoy).

TILLOY, vill. c** de Tilloy-et-Bellay. — *Tillai*, 1154-1161 (cart. de Montiers, 10946, f° 18 v°). — *Tylai*, 1229 (arch. nat. KK 1064, f° 296 v°). — *Tilloy*, 1397 (*ibid.* P 183, 115). — *Thilloys*, 1633 (lieux régis par la coul. de Vitry). — *Tillais*, 1693 (dioc. anc. de Chât. t. I, p. 282).

Tilloy faisait partie, en 1789, de l'élection

de Châlons et suivait la coutume de Vitry. Son église paroissiale, diocèse de Châlons, doyenné de Bussy-le-Château, était consacrée à Notre-Dame; le commandeur de Saint-Amand présentait à la cure.

TILLOY-ET-BELLAY, c^on de Dommartin-sur-Yèvre, commune formée, antérieurement à 1804, de l'union des anciennes communes de Tilloy et de Bellay.

TINCOURT, h. c^ne de Venteuil. — *Tancornum,* comm. du XIe siècle (polypt. de S.-Remy de Reims). — *Tanscort,* v. 1222 (livre des vass. de Champ.). — *Teincor,* 1260 (cart. de l'Amour-Dieu, f° 23). — *Taincor,* 1391 (hist. de la maison de Châtillon, p. 263). — *Taincourt,* 1511 (archives nationales, P 181, 1).

TINCOURT, h. c^ne de Vinay.

TINQUEUX, c^on de Reims. — *Tancauda,* 975 (Marlot, metr. Remensis historia, t. II, p. 28). — *Tendecaudæ,* comm. du XIe siècle (polypt. de S.-Remy de Reims). — *Tendens Cuudam,* v. 1068 (arch. adm. de Reims, t. I, p. 228). — *Taincol,* 1198 (cart. B du chap. de Reims, f° 6 v°). — *Taincauda,* 1224 (cart. de Saint-Nicaise de Reims, f° 94 r°). — *Tainqueue,* 1225 (ibid. f° 104 r°). — *Tainkeu,* 1225 (cart. B du chap. de Reims, f° 344 r°). — *Tincoe,* 1254 (cart. de S.-Denis de Reims, p. 171). — *Tainkeue,* v. 1260 (nécrol. de l'église de Reims, p. 77). — *Tanqueue,* 1281 (chap. de Reims, p. 36). — *Tancquex,* comm. du XIVe siècle (arch. adm. de Reims, t. I, p. 1091). — *Tainqueut,* 1324 (ibid. t. II, p. 380). — *Tainquex,* 1328 (ibid. t. II, p. 554). — *Tencauda,* 1443 (arch. adm. de Reims, t. III, p. 469). — *Tainqueux,* 1522 (arch. lég. de Reims, cout. p. 754). — *Taincqueulx,* 1560 (chap. de Reims, l. 36). — *Tinqueulx,* 1571 (ibid. l. Thillois).

En 1789, Tinqueux était compris dans l'élection et suivait la coutume de Reims. Son église paroissiale, annexe de celle de Thillois, diocèse de Reims, doyenné de la Montagne, était dédiée à saint Pierre.

TINVAL, m. c^ne de Ville-en-Tardenois.

TIRELIRE (LE), anc. canton de la ville de Reims. — *Alodium de Munitionibus,* v. 1260 (arch. adm. de Reims, t. I, p. 236). — *Terra de la Tirelire,* v. 1260 (nécrol. de l'égl. de Reims, p. 71).

TOBOSO, m. c^ne de Bettancourt.

TOBOSO, m. c^ne de Bussy-le-Repos.

TOGNY-AUX-BŒUFS, c^on d'Écury-sur-Coole. — *Tonniacum,* 1094 (cart. de la Trinité, f° 2 v°). — *Tuini,* 1161 (S.-Memmie, c. 1). — *Tangnei,* 1171 (ibid.). — *Tuniacum,* 1174 (S.-Pierre-aux-Monts, c. 2). — *Tuigni,* 1178 (S-Memmie, c. 1). — *Toegni,* 1185 (Cheminon, c. 8). — *Toigni,*

1225 (ibid. c. 16). — *Tugni,* v. 1240 (arch. nat. J 193, 83). — *Tongnis,* 1234-1243 (feods Camp. n° 435). — *Tooni,* v. 1252 (arch. nat. J 195, 96). — *Villa Toigniei,* XIIIe siècle (cart. de Cheminon, f° 37 r°). — *Taugny, Tooigny,* v. 1300 (extenta Campanie, Vitry). — *Toingny,* 1332 (Cheminon, c. 16). — *Tohugny,* 1383 (arch. nat. P 188, 52). — *Thoigny,* 1384 (ibid. P 51², n° 1460). — *Thogny,* 1398 (Cheminon, c. 16). — *Tanguy,* 1406 (Touss. c. 19). — *Thoigny,* 1464 (ibid.). — *Thongny,* 1472 (chap. de Châl. a. 2, l. 4). — *Thongny-sur-Blaise,* 1551 (arch. nat. Q¹ 670). — *Thosni,* 1556 (arch. lég. de Reims, cout. p. 919; l'imprimé porte à tort *Thosin*). — *Thongny-aux-Beufz,* 1565 (Touss. c. 19). — *Tongny-aux-Bœufz,* 1680 (arch. nat. Q¹ 670). — *Tougny,* 1728 (lieux régis par la cout. de Châlons). — *Thonniacum,* 1775 (chap. de Châl. a. 4, l. 56). — *Togny,* XVIIIe siècle (Cassini). — *Togny-aux-Bœufs,* 1834 (état-major).

En 1789, Thogny-aux-Bœufs était compris dans l'élection de Châlons et suivait pour partie la coutume de Châlons, pour partie celle de Vitry. Son église paroissiale, diocèse de Châlons, doyenné de Coole, était dédiée à saint Loup; l'abbé de Saint-Sauveur de Vertus présentait à la cure.

TOICHERUS, nom latin d'un ancien manoir de la c^ne de Saint-Étienne-au-Temple (dioc. anc. de Châl. t. II, p. 56).

TOISY, village détruit dont un moulin de la c^ne d'Aubilly a conservé le nom. — *Toisi,* comm. du XIVe siècle (arch. adm. de Reims, t. I, p. 1089). — *Moulin de Toisy,* 1847 (lieux habités).

On trouve en outre, sur le territoire de Bouleuse, les lieux-dits *le Mont de Toisy* et *le Vieux-Toisy* (ce dernier offrant l'emplacement de l'ancien village de Toisy); sur le territoire de Germigny, le lieu-dit *le Fond de Toisy;* sur celui de Méry-Prémecy, *la Sente de Toisy,* qui conduit au moulin.

TOMBEAU-D'ATTILA (LE), tumulus, c^ne de Vésigneul-sur-Coole (dioc. anc. de Châl. t. II, p. 77).

Il est inutile de dire que cette dénomination ne paraît pas remonter au moyen âge.

TOMBEAU-DES-SARRAZINS (LE), lieu-dit, c^ne de Bouy.

TORCHAPEL (FIEF), à Fromentières. — *Ung autre fied que tenait Torchapel de Forges, à Fromentières,* 1509 (évêché de Châl. c. 15). — *Le fief que tenait anciennement Torchapel des Forges scis audit Fromentières,* 1713 (ibid.).

TORDOIR (LE), m^in, c^ne de Fismes.

TORTÉPÉE, auc. chât. c^ne de Faux-Fresnay. — *Tortespée,* 1682 (arch. nat. P 191¹, 4). — *Tort-*

Épée, 1742 (*ibid.* Q¹ 678). — *Tarte-Épée*, 1860 (Cornet-Paulus).

TOUANGE, f. démolie en 1823, cⁿᵉ de Cernay-en-Dormois. — *Ung aultre petit arrière-fief nommé le fief de Thouanges* ... *avec un maison de métairie qui est audict lieu*, 1594 (arch. nat. P 184, 227). — *Thoüanga*, 1720 (Saugrain, t. I, p. 434). — *Thomange*, 1860 (Cornet-Paulus).

TOUL, ban, cⁿᵉ de Maffrécourt. — *Tres mansionarios de Manfricort quos dicebamus manere in banno de Toul*, 1224 (arch. nat. J 206, 4). — *In molendino et vivario de Toul*, 1226 (cart. B du chap. de Reims, fᵒ 429 vᵒ).

TOULON, cⁿᵉ de Vertus. — *Altare de Tolons*, 1124-1130 (cart. d'Oyes, fᵒ 19 rᵒ). — *Tholom*, 1162 (Andecy). — *Toulon*, 1175 (cart. d'Oyes, fᵒ 21 rᵒ). — *Toullon*, 1366 (arch. nat. Q¹ 681, fᵒ 83 vᵒ). — *Thulon*, 1372 (hist. de la maison de Béthune, p. 194). — *Thoullon*, 1507 (le Reclus, c. 2). — *Thoulon*, 1509 (Andecy). — *Belair*, 1793 (Puiseux, p. 306).

En 1789, Toulon faisait partie de l'élection de Châlons et était régi par la coutume de Vitry. Son église paroissiale, annexe de celle d'Éloges, diocèse de Châlons, doyenné de Vertus, était consacrée à saint Vincent.

TOULONGEON (CHÂTEAU DE), nom d'une des mottes de Bussy-le-Château. — *Le chastel, mattes, fossés en circuit d'icelluy, nommé le chastel de Thoulangeon, ... et est en ruyne*, 1509 (arch. nat. P 184, 78).

TOULONGEON, fief, à Cloyes. — *Le fief de Toulongeon scis à Cloyes*, 1684 (arch. nat. P 220, 20). — *Le fief de Toulonjon et les Tranées scis au village de Cloyes*, 1714 (*ibid.* P 223, 346).

TOULONGEON (LE), fief, cⁿᵉ d'Ognes. — *Le Toulongeon*, 1682 (arch. nat. P 191, 1). — *Toulonjeon*, 1860 (Cornet-Paulus).

TOULOTTE (LA), ruiss. cⁿᵉ de Bergères-sous-Montmirail.

TOULOUSE, écart, cⁿᵉ de Cormicy (Cornet-Paulus).

TOUR (FIEF DE LA), cⁿᵉ de Dormans. — *Le fief nommé le fief de la Tour et les Salles scituez audit Dormans*, 1512 (arch. nat. P 181, 4). — *Le fief de la Tour assis audict Dormans, aultrement dict le fief des Salles*, 1603 (*ibid.* P 181, 21). — *Le fief de la Tour anciennement dit le fief des Salles, consiste en une grande maison scituée au bout de Dormans vers le chemin de Paris, laquelle sert d'auberge, porte pour enseigne LE LOUVRE*, 1773 (*ibid.* Q¹ 672).

TOUR (LA), f. cⁿᵉ d'Orbais-l'Abbaye.

TOUR (LA), écart, cⁿᵉ de Vouzy (Cornet-Paulus).

TOORAINE, h. cⁿᵉ du Meiz-Saint-Époing. — *Touraine*, XVIIIᵉ siècle (Cassini). — *Tourraine*, 1835 (état-major).

TOURBE (LA), affl. de l'Aisne; prend naissance à Sommetourbe et se jette dans l'Aisne au-dessous de Ville-sur-Tourbe. — *Riparia Turbe*, 1229 (liber princip. 5992, fᵒ 97 rᵒ). — *Riparia de Torre*, v. 1240 (arch. nat. J 198, 83).

TOURBILLON, anc. moul. cⁿᵉ de Baye. — *Molendinum de Turbillione*, 1131 (Gallia christ. t. X, c. 165). — *Molendinum bannale quod dicitur Tourbillon*, fin du XIIᵉ siècle (Andecy). — *Ung moulin à bled appellé le moulin de Tourbillon, le moulin de Tourbillon*, 1526 (Andecy, c. 3, fᵒ 8 rᵒ et vᵒ). — Il est encore mentionné en 1720 (*ibid.*).

TOUR-DE-MARNE (LA), fief, à Marne-la-Maison, cⁿᵉ de la Chaussée. — *Un autre fief scis à Marne-la-Maison, appellé la Tour de Marne*, 1727 (arch. nat. P 227, 21).

TOUR-DE-MAUCREUX (LA), fief, cⁿᵉ de Suizy-le-Franc. — *Le fief et seigneurie de la Tour de Maucreux*, 1713 (évêché de Châlons, c. 15).

TOURIZET, vill. détr. cⁿᵉ de Bétheny. — *Torisel*, 1248 (cart. de S.-Nicaise, fᵒ 60 rᵒ). — *Tourrisel*, comm. du XIVᵉ siècle (arch. adm. de Reims, t. I, p. 1090). — *Villa de Tornisel*, 1303-1312 (ibid. t. II, p. 1063). — *Tourizel*, 1328 (ibid. t. II, p. 553). — *Tourrissel lès Betheni*, v. 1384 (arch. nat. P 55, 48). — *Tourisel*, 1384 (ibid. P 28, 115). — *Thourisel, Touriset*, 1556 (arch. lég. de Reims, cout. p. 881 et 904). — *Tourrisset*, vill. détruit, 1862 (Guérard, p. 351).

Le souvenir de ce village est conservé dans le nom du lieu-dit *le Mont de Tourizet*.

TOUR-LA-REGARDE (LA), fief, à Valmy. — *Le fief de la Thour-la-Regnarde assis au dedans de l'encloz du village de Vallemy*, 1574 (arch. nat. P 162, 407).

TOUS-MOYENNE (LA), nom d'une des mottes de Bussy-le-Château. — *Une motte ronde que ou dit la Tour-Moyenne*, 1509 (arch. nat. P 184, 78).

TOUANAY, h. cⁿᵉ de Favresse. — *Grangia que dicitur Tournais, Tournai*, 1119 (Cheminon, c. 8 et 9). — *Tornachum*, 1200 (ibid. c. 9). — *Tornay*, 1201 (ibid.). — *Tornacum*, 1214 (ibid. c. 20). — *Tornaium*, 1220 (ibid. c. 11). — *Tarnay*, 1227 (Trois-Font. c. 5). — *Tournay*, v. 1252 (arch. nat. J 202, 55).

TOURNESANNE, écart, cⁿᵉ de Monthelon (Cornet-Paulus).

TOURSELLE (LA), h. disp. cⁿᵉ d'Éloges. — 1633 (lieux régis par la cout. de Vitry).

Cette dénomination subsiste dans les noms de Grande et de *Petite Tournelle*, que portent des étangs du finage d'Etoges.

TOURNELLES (LES), fief, à Recy. — *Les Tournelles, à Recey*, 1575 (arch. nat. P 181, 120).

TOURNICOLE (LE), h. c⁰ᵉ d'Ablois-Saint-Marlin.

TOURNIERIE (LA), lieu-dit, c⁰ᵉ de Warmeriville.

TOURNIZET, f. c⁰ᵉ de Reims-la-Brûlée. — *Tornisellum*, 1240 (Cheminon, c. 1). — *Tornissel*, 1263 (S.-Memmie, f° 5 r°). — *Tournisel*, 1296 (rentier de S.-Memmie). — *Tourniseтum*, 1542 (taxe du dioc. de Châlons, p. 217). — *Tourniset*, 1633 (lieux régis par la cout. de Vitry). — *Tournizet*, 1733 (arch. nat. P 227, 40).

TOURS-SUR-MARNE, c⁰ⁿ d'Ay. — *Turnum, in pago Remensi, super fluvium Maternum positum*, 886 (Bouquet, t. IX, p. 355). — *Turris*, v. 948 (Flodoard, l. III, c. 21). — *Turres super Maternam*, 1119 (Teulet, trésor des chartes, t. I, p. 42). — *Turris super Maternam*, 1225 (Marlot français, t. III, p. 733). — *Tors*, 1133-1142 (dioc. anc. de Châl. t. I, p. 397). — *Villa Turones*, 1144 (Touss. c. 7 *bis*). — *Turones super Maternam*, 1168 (arch. adm. de Reims, t. I, p. 353). — *Turrum*, 1169 (ibid. t. I, p. 354). — *Turs, Rogerus de [Turribus] supra Maternam*, 1188 (Vinets, c. 5). — *Tor, le Tor, les Tours-sor-Marne, [Tours]-sur-Materne, Turres super Maternam*, v. 1222 (livre des vass. de Champ.). — *Toul*, 1224 (liber pontif. f° 407 r°). — *Tors-sur-Marne*, v. 1231 (cart. d'Avenay, f° 9 r°). — *Tullum super Maternam*, 1256-1270 (feoda Camp. n° 601). — *Tour-sur-Marne*, v. 1274 (arch. nat. J 205, 31). — *Tourz-saur-Marne*, 1295 (S.-Nicaise, l. 1). — *Turris supra Maternam*, 1302 (S.-Basle, c. 33). — *Tours-saur-Marne*, 1303 (arch. adm. de Reims, t. II, p. 42). — *Tour-seur-Marne*, 1340 (ibid. t. II, p. 830). — *Thoursurmarne*, 1444 (arch. nat. P 179, 70). — *Tou-sur-Marne*, 1456 (ibid. P 179, 62). — *Thoul sur la rivière de Marne*, 1526 (chap. de Châl. a. 6, l. 54). — *Thou-sur-Marne*, 1556 (arch. lég. de Reims, stat. p. 716). — *Tou-sur-Marne*, 1734 (chap. de Châl. a. 6, l. 54).

En 1789, Tours était compris dans l'élection d'Épernay et suivait la coutume de Reims. Son église paroissiale, diocèse de Reims, doyenné d'Épernay, était dédiée à sainte Marie-Madelaine; le prieur de Tours-sur-Marne présentait à la cure.

TOURTELOTTE, écart, c⁰ᵉ de Bouzy (Cornet-Paulus).

TOURTERELLE (LA), fief mouvant de Bussy-le-Château. — *Le fief de la Tourterelle*, 1772 (arch. nat. Q¹ 671).

TOURVOIE, mⁱⁿ, à Antenay. — *Le mollin dudit Anthenay appellé le mollin de Tourvoye*, 1511 (arch. nat. P 181, 1).

TOURVOIE, anc. écart, c⁰ᵉ de Reims. — *Volens ergo domnus abbas* [S.-Remigii] *Herimarus quoddam mansionile ibi prope memoratam villam [de Vrilly], contruere, nomine Tollens Viam pro eo quod viam abstulerit*, 1053 (hist. de la maison de Châtillon, p. 16). — *Mansianila quoddam nomine Tolviam*, 1103 (S.-Remy, l. 361).

TOUSSAINT-EN-L'ÎLE, abbaye de l'ordre des Augustins, fondée peu avant 1047, sous l'invocation de tous les saints, c⁰ᵉ de Châlons-sur-Marne. — *Monasterium positum in insula quæ dicitur Omnium Sanctorum juxta civitate Catalaunicam*, 1047 (Gall. christiana, t. X, p. 153). — *Insula... in qua ecclesiam in honore Domini Salvatoris et beate Marie semper virginis omniumque sanctorum...*, 1062 (cart. de Touss. f° 1 v°). — *Ecclesia Sancti Salvatoris et Sancta Marie et omnium sanctorum que est in Insula Cathalaunica*, 1079 (ibid. f° 18 r°). — *Ecclesia Cathalaunensis de Insula in honore Dei omniumque sanctorum constituta*, 1094-1100 (Touss. c. 7 *bis*). — *Insulana ecclesia que in suburbio Catalanensi sita est*, 1124 (ibid.). — *Ecclesia omnium sanctorum de Insula*, 1135 (cart. de Touss. f° 1 r°). — *Abbas Insulanus*, 1166-1187 (Touss. c. 8). — *Burgum Insulanum*, 1195 (ibid. c. 1). — *Tax-Sains en l'Île*, 1240 (Cheminon, c. 1). — *Li covens de l'Île de Toz Sains*, 1243 (S.-Pierre-aux-Monts, c. 5, l. 5). — *Hugo dictus li Changierres, de Insula Cathalaunensi*, 1259 (Touss. c. 4). — *Toussains en l'Île de Chaalans*, 1293 (ibid. c. 7). — *L'eglise de Toussains*, 1383 (arch. nat. P 188, 52). — *Toussaint en l'Ille lez Chaalons*, 1392 (ibid. P 178, 113). — *Le ban de l'Isle, audit Chaalons*, 1411 (Touss. c. 4). — *L'église de Toussaintz*, 1446 (ibid. c. 7). — *Toussainctz en l'Isle de Chaalons*, 1539 (ibid.). — *Thoussains en l'Isle de Chaalons*, 1582 (ibid. c. 8). — *L'abbaye royale de Toussaints-en-l'Isle de Chaalons*, 1768 (arch. nat. Q¹ 668). — *Toussaints-Dehors*, XVIIIᵉ siècle (Cassini).

TOUSSICOURT, h. c⁰ᵉ d'Hermonville. — *Toussicurt*, 1156 (cart. de S.-Thierry, f° 384 r°). — *Tursicurt*, 1077 (S.-Thierry, l. 1). — *Tossicurtis*, 1225 (ibid. c. 7, l. 51). — *Tussicurtis*, 1225 (ibid. f° 27 r°). — *Toussicourt*, 1248 (cart. de S.-Thierry, f° 38 v°). — *Tussicurtis juxta Hermundivillam*, 1262 (ibid. f° 287 r°). — *Toricourt*, 1266 (ibid. f° 288). — *Tousicort*, 1272 (ibid. f° 251 r°). — *Toussicort*, 1272 (S.-Remy, l. 101). — *Toussicourt*, 1278 (ibid. c. 3, l. 25). — *Tos-*

nicourt, 1494 (ibid. c. 2, l. 16). — *Toucicourt*, 1862 (Guérard, p. 55).

Toussine, écart, c⁰ᵉ d'Épernay.

Traconne (Forêt de la), s'étend principalement sur les finages de Barbonne, Bricot-la-Ville, la Forestière, le Meix-Saint-Épöing et Saudoy. — *Nemus Blanche, palatine Trecensis comitisse, quod dicitur Nemus Sancti Medardi*, 1214 (arch. nat. KK 1064, f° 152 v°). — *Nemus Sancti Medardi nuncupatum, situm inter Barboniam et la Foletiere seu Cantum Merulam et Castellionem*, 1214 (Teulet, trésor des chartes, t. I, p. 409). — *Foresta Cantumerule*, 1240 (arch. nat. J 198, 83). — *La forest de Traconne*, 1371 (cart. de Nesle, f° 10 r°). — *La Traconne*, 1604 (arch. nat. Q¹ 679).

Trainval (Ruisseau de) ou Fraîchon de Loi, raiss. c⁰ᵉ de Prouilly.

Tramery, c⁰ᵉ de Ville-en-Tardenois. — *Tramerium*, 1066 (Marlot latin, t. I, p. 621). — *Tramereium*, 1100 (arch. adm. de Reims, t. I, p. 252). — *Tremesium*, 1156 (cart. d'Igny, f° 9 v°). — *Trammeriain, Trammereium*, 1203 (chap. de Reims, l. Tramery). — *Trameri*, 1235 (cart. d'Igny, f° 44 r°). — *Trammeri*, 1255 (ibid. f° 481 v°). — *Trammeriacum*, 1273 (ibid. f° 468 r°). — *Trameriacum, Trameryacum*, 1273 (chap. de Reims, l. Tramery). — *Tranmereium*, 1276 (ibid. l. Vrigny). — *Tremeri*, comm. du xɪᴠᵉ siècle (arch. adm. de Reims, t. I, p. 1090). — *Tramereyum*, 1324 (ibid. t. II, p. 385).

Tramery faisait partie de l'élection et suivait la coutume de Reims. Son église paroissiale, diocèse de Reims, doyenné de la Montagne, était consacrée à saint Jean-Baptiste; le tournaire du chapitre métropolitain de Reims présentait à la cure.

Tranche-des-Allemands (La), lieu-dit, c⁰ᵉ de Troisfontaines.

Tratte (Le), h. c⁰ᵉ de Sermiers. — 1777 (arch. adm. de Reims, t. II, p. 1055).

Travées (Les), fief, à Cloyes. — *Le fief de Toulonjon et des Travées scis au village de Cloye*, 1754 (arch. nat. P 223, 446). — *Le fief de Toulonjon et les Travées*, 1730 (ibid. P 231, 40).

Travy (Au) où Le Travy, lieu-dit, c⁰ᵉ de Pevy.

Trebelleu, loc. détr. c⁰ᵉ de Dampierre-le-Château. — *Trebelleu*, v. 1165 (cart. de Montiers, 10946, f° 26 r°). — *Trebleu*, 1539 (ibid. 9905, p. 252). — L'emplacement de cette localité est indiqué aujourd'hui par le lieu-dit *Triberlu*.

Trécon, c⁰ᵉ de Vertus. — *Trecon*, 1187 (dioc. anc. de Chål. t. I, p. 357). — *Trecont*, 1222 (livre des vass. de Champ.). — *Treco*, 1234 (la Charmoye,

c. 2). — *Treccon*, v. 1252 (arch. nat. J 193, 51). — *Tercon*, 1366 (ibid. Q¹ 681¹, f° 109). — *Trecannum*, 1405 (pouillé de Chål. l° 73 r°). — *Trescon*, 1508 (arch. nat. P 207, 12).

Trécon était compris, en 1789, dans l'élection et suivait la coutume de Châlons. Son église paroissiale, diocèse et doyenné de Châlons, était dédiée à saint Martin; l'abbé de Saint-Sauveur de Vertus présentait à la cure.

Tréfols, c⁰ⁿ de Montmirail. — *Tres Fagi*, 1179 (S.-Nicolas de Sézanne, c. 10). — *Trefotum*, 1179 (pouillé de Troyes, n° 257). — *Trefolli*, 1197-1201 (liber princip. 599², f° 272 r°). — *Tresfous, Trefox, Tresfort*, v. 1222 (livre des vass. de Champ.). — *Treffoux*, v. 1252 (arch. nat. J 195, 96). — *Treffox*, 1377 (S.-Nicolas de Sézanne, c. 11). — *Treffous*, 1377 (arch. nat. P 202, 177). — *Treffolx*, 1493 (ibid. Q¹ 680). — *Trẹffolz*, 1547 (chap. de Sézanne, c. 7). — *Tresfaulx*, 1607 (arch. nat. P 178, 102). — *Tresfaux*, 1607 (ibid. P 167, 138). — *Trefol*, 1687 (Belleau). — *Tresfols*, 1748 (arch. nat. Q¹ 678). — *Treffaux*, xvɪɪɪᵉ siècle (Cassini).

Tréfols faisait partie, en 1789, de l'élection de Sézanne et était régi par la coutume de Meaux. Son église paroissiale, diocèse de Troyes, doyenné de Sézanne, était consacrée à saint Médard; le prieur de l'abbaye d'Essommes présentait à la cure.

Treilles (Les), écart, c⁰ᵉ de Damery (Cornet-Paulus).

Tremblay (Le), f. c⁰ᵉ d'Orbais. — *Trambloi*; v. 1222 (livre des vass. de Champ.). — *Le Tremblay*, 1591 (Orbais). — *Le Trembloy*, 1673 (ibid.). — *Les Tremblay*, xvɪɪɪᵉ siècle (Cassini). — *Tremblay*, 1860 (Cornet-Paulus).

Trépail, c⁰ᵉ de Verzy. — *Trepallum*, vers 850 (polypt. de l'abb. de S.-Remy). — *Trepal*, v. 1020 (cart. de la Trinité, f° 1 r°). — *Alodum Trepallia villæ*, 1008-1045 (cart. du chantre Guérin, f° 39 r°). — *Trepaium?* 1152 (dioc. anc. de Chål. t. I, p. 400). — *In villa de Estrepail*, 1260 (chap. de Chål. a. 6, l. 47). — *Trepail*, 1267 (liber pontif. f° 427 v°). — *Trepaillium*, 1267 (arch. nat. J 197, 88). — *Estrepay*, 1345 (chap. de Chål. a. 6, l. 47). — *Trepayl*, 1346 (arch. adm. de Reims, t. II, p. 1121). — *Treppail*, 1352 (arch. nat. P 181, 31). — *Trespal*, 1510 (chap. de Chal. a. 6, l. 47). — *Trespailles*, 1553 (ibid. a. 5, l. 42). — *Trespail*, 1581 (ibid. a. 5, l. 52, terrier). — *Trespas*, 1676 (lieux régis par la coût. de Vitry). — *Trepaille*, 1771 (arch. nat. Q¹ 683). — *Trepalliæ*, 1775 (chap. de Chål. a. 1, l. 56).

Marne. 35

— *Trepaillum*, 1777 (dioc. anc. de Chàl. t. II, p. 1121).

Trépail était compris, en 1789, dans l'élection d'Épernay et suivait la coutume de Reims. Son église paroissiale, diocèse de Reims, doyenné d'Épernay, était dédiée à saint Martin; le tournaire du chapitre métropolitain et le trésorier de la Sainte-Chapelle de Paris présentaient à la cure.

TRÉPY (LA NAU DE), lieu-dit, c⁰ᵉ d'Oger.

TRESLON, cᵐᵉ de Ville-en-Tardenois. — *Trielongum*, vers 850 (polypt. de S.-Remy). — *Troylon*, 1209 (arch. lég. de Reims, statuts, t. I, p. 179). — *Troilon*, 1224 (cart. d'Igny, l° 243 r°). — *Treslon*, 1260 (arch. nat. J 197, 71). — *Troillonnum*, 1272. — *Trelon*, 1304 (cart. d'Igny, l° 79 v°). — *Trailon*, *Trellon*, 1328 (arch. adm. de Reims, t. II, p. 524 et 525). — *Tryllon*, 1394 (arch. nat. P 208, 34). — *Troillon*, 1398 (ibid. P 208, 55). — *Treillon*, 1466 (*ibid.* P 161, 33).

En 1789, Treslon faisait partie de l'élection de Reims et était régi par la coutume de Vitry. Son église paroissiale, diocèse de Reims, doyenné de la Montagne, était consacrée à saint Didier; le chapitre de la Trinité de Reims présentait à la cure.

TASSLON (RU DE), affl. de l'Ardre; arrose le territoire de Treslon.

TRICOTERIE (LA), lieu-dit, cⁱᵉ de Bagneux.

TRIE, h. c⁰ᵉ de Dormans. — *Trie*, 1293 (cart. de l'Amour-Dieu, l° 20 r°). — *Une rue de Trie deleis Dormant*, v. 1300 (extenta Campanie, Châtillon). — *Trye*, 1459 (arch. nat. P 180, 161). — *Try*, 1570 (*ibid.* P 177, 127).

TRIGNY, cⁿ de Fismes. — *Triniacum*, 1100 (arch. adm. de Reims, t. I, p. 253). — *Trigniacum*, 1125 (ibid. t. I, p. 278). — *Trigneium*, 1146 (S.-Thierry, c. 6, l. 42). — *Tiriniacum*, 1147 (*ibid.*). — *Villa que dicitur Tiriniachus*, 1149 (*ibid.*). — *Trinniacum*, 1178 (*ibid.*). — *Trigneyum*, 1236 (ibid. c. 4, l. 31). — *Trigni*, 1239 (ibid. c. 6, l. 44). — *Truni*, 1234-1243 (feoda Campanie, n° 440). — *Trugny*, fin du xiiiᵉ sᵉ (*ibid.* B 26). — *Trygny*, 1515 (S.-Thierry, l. 71).

En 1789, Trigny était compris dans l'élection et suivait la coutume de Reims. Son église paroissiale, diocèse de Reims, doyenné d'Hermonville, était dédiée à saint Théodulf; l'archevêque de Reims présentait à la cure.

TROISFONTAINES, f. cⁱᵉ de Luxémont-et-Villotte.

TROISFONTAINES, cⁿ de Thiéblemont. — Abbaye d'hommes de l'ordre de Citeaux fondée en 1116,

au diocèse de Châlons, sous l'invocation de la Vierge. — *Tres Fontes*, 1094 (Teulet, trésor des chartes, t. I, p. 31). — *Ecclesia Beate Marie que sita est in silva Luiz, loco quem incolæ Tres Fontes appellabant*, 1136 (Gall. christ. t. X, p. 169). — *Trois-Fontainnes-l'Abbaïe*, 1285 (Cheminon, c. 20). — *Trois-Fontanes*, 1290 (cart. de Moutiers, 9905, f° 502 r°). — *Trois-Fontainnes*, 1312 (Cheminon, c. 4). — *Troiffontaines*, 1403 (cart. d'Igny, f° 122 v°). — *Trois-Fontaines-la-Grange*, 1847 (lieux habités).

En 1789, Troisfontaines faisait partie de l'élection et suivait la coutume de Vitry. Son église paroissiale, diocèse de Châlons, doyenné de Vitry-le-Brûlé, était consacrée à saint Blaise; l'abbé de Troisfontaines présentait à la cure.

TROISFONTAINES (FORÊT DE). Cette forêt ou les bois contigus s'étendent sur les territoires de Troisfontaines, Saint-Eulien, Cheminon, Pargny-sur-Saulx, Sermaize (Marne) et sur le territoire de plusieurs communes des départements de la Haute-Marne et de la Meuse. — *Liguriam*, 877 (Teulet, trésor des chartes, t. I, p. 30). — *Nemora Luoir*, 1094 (Teulet, trésor des chartes, t. I, p. 30). — *Silva quæ dicitur Lugolli*, 1095 (Gall. christ. t. X, c. 158). — *Silva Luyz*, 1103 (ibid. t. X, c. 159). — *Silva Luviz*, 1110 (cart. de Cheminon, f° 6 r°). — *Silou que dicitur Luiz*, 1116 (Gall. christ. t. X, c. 161). — *In sylva Luvis*, 1116 (ibid. c. 162). — *Silva Luurz*, (S.-Pierre-aux-Monts, c. 16). — *Nemus de Luor*, 1169 (S.-Memmie, c. 9). — *Foresta de Luoer*, 1187 (Cheminon, c. 1). — *Nemus de Lueur*, 1164-1191 (*ibid.*). — *Lior*, 1223 (Trois-Font. c. 1). — *Usuarium de Lioirs*, *Lioir*, v. 1252 (arch. nat. J 202, 55). — *Bois de Lionne*, bois de *Lieours*, v. 1274 (ibid. J 202, 46 ter). — *Le boys de Lhuire*, 1515 (ibid. P 193, 3).

L'ancien nom de la forêt dont celle de Troisfontaines est un débris s'est conservé dans le déterminatif de Villiers-en-*Lieu*, village situé dans le département de la Haute-Marne, à 7 kilomètres au sud-ouest de Troisfontaines. On l'a aussi employé, en construction, dans le nom de *Lieuval* que porta, en 1794, la commune de Saint-Eulien.

TROIS-MAISONS (LES), écart, cⁱᵉ de Marfaux.

TROIS-MEULES (LES), f. c⁰ᵉ d'Orbais.

TROIS-MOULINS (LES), lieu-dit, c⁰ᵉ de Belval-sous-Châtillon.

TROIS-PILIERS (LES), fabrique, cⁱᵉ de Reims.

TROIS-PUITS, c⁰ᵉ de Reims. — *Tres Putei*, comm. du xiᵉ siècle (polypt. de S.-Remy). — *Trois-Puis*, comm. du xivᵉ siècle (arch. adm. de Reims, t. I,

p. 1090). — *Tres Puthei*, 1322 (*ibid.* t. II, p. 281). — *Trois-Puis lez Reims*, 1477 (chap. de Reims, c. 37). — *Troix-Puytz*, 1556 (arch. lég. de Reims, p. 876). — *Troypuy*, 1575 (S.-Remy, l. 35).

Trois-Puits était compris, en 1789, dans l'élection et suivait la coutume de Reims. Son église paroissiale, diocèse et doyenné de Reims, était dédiée à saint Étienne; l'abbé de Saint-Remy de Reims présentait à la cure.

Trois-Puits (Petit-), h. c⁰ˢ de Trois-Puits.

Troissy, c⁰ⁿ de Dormans. — *Troissiacum*, 1146 (hist. de la maison de Châtillon, p. 25). — *Tresseium*, 1148 (arch. adm. de Reims, t. I, p. 321). — *Troyssi*, 1198 (la Charmoye, c. 2). — *Trassy*, 1209 (Amour-Dieu, c. 3). — *Trissiacum*, 1218 (*ibid.* c. 2). — *Trossiacum*, 1222 (*ibid.*). — *Troicy*, 1222 (cart. de S.-Médard de Soissons, f° 8 r°). — *Trissi*, 1232 (Amour-Dieu, c. 2). — *Troïssi*, 1234 (*ibid.* c. 3). — *Troyseium*, *Troisseium*, 1240 (*ibid.* c. 2). — *Trossium*, 1241 (Amour-Dieu, c. 3). — *Troisi*, 1243 (*ibid.*). — *Troyssiacum*, 1247 (*ibid.*). — *Troissy*, 1295 (Longau, l. 38). — *Troicy*, 1494 (arch. nat. P 180, 166). — *Treissy*, 1508 (*ibid.* P 166, 375). — *Troissy lez ledit Châtillon*, 1511 (*ibid.* P 181, 1). — *Troissy-en-Champaigne*, 1541 (*ibid.* P 166, 240). — *Troyssy*, v. 1550 (Longau, l. 3). — *Troisy-sur-Marne*, 1570 (arch. nat. P 177, 177). — *Tressy*, 1568 (*ibid.* P 162, 172). — *Toissy*, 1686 (*ibid.* P 194¹, 17).

Troissy faisait partie, en 1789, de l'élection d'Épernay et était régi par la coutume de Vitry. Son église paroissiale, diocèse de Soissons, doyenné de Châtillon-sur-Marne, était consacrée à saint Martin; l'évêque de Soissons en était collateur.

Troissy (Ru de), affl. de la Marne; arrose le territoire de Troissy.

Taoso (Le), h. c⁰ˢ d'Heiltz-le-Hutier. — *Tronc*, 1234 (dioc. anc. de Chàl. t. I, p. 383). — *Tromp*, 1615 (*ibid.* t. II, p. 313).

Troncenord (Bois de), c⁰ˢ de Congy.

Tronchot (Le), h. c⁰ˢ de Neuvy.

Tsossay, vill. c⁰ˢ du Thoult-Trosnay. — *Trusnedum in pago Brociacensi*, 790 (pancarte noire de Saint-Martin de Tours, p. 236). — *Troinai*, v. 1222 (livre des vass. de Champ.). — *Troinai*, 1238 (cart. de Châlons, cop. Gaignières). — *Troinoi*, 1244 (chap. de Chàl. a. 5, l. 11). — *Tronoy*, 1311 (hist. de la maison de Guines, p. 395). — *Tronay*, 1374 (arch. nat. P 190, 58). — *Trotnay*, 1375 (*ibid.* P 171, 157). — *Troinay*, *Troynay*, 1399 (*ibid.*

P 180, 97). — *Tronayum*, 1422 (hist. de la maison de Guines, p. 442). — *Tronay-en-Brie*, 1459 (arch. nat. P 162, 81). — *Tronay-en-Champagne*, 1493 (*ibid.* Q¹ 671). — *Le Trosnay*, 1538 (*ibid.* P 166, 400).

Trosnay était compris, en 1789, dans l'élection de Sézanne et suivait la coutume de Vitry. Son église paroissiale, annexe de celle du Thoult, diocèse de Troyes, doyenné de Sézanne, était dédiée à saint Ferréol.

Trotte, h. c⁰ˢ de Vandières-sous-Châtillon. — *Traultes*, 1602 (arch. nat. P 162, 180). — *Trotte*, 1618 (*ibid.* P 162, 195). — *Traute*, 1619 (*ibid.* P 162, 198).

Trou-de-la-Forge (Le), lieu-dit, c⁰ˢ du Breuil.

Trou-d'Enfer (Le), f. c⁰ˢ d'Igny-le-Jard.

Taou-du-Renard (Le), ruiss. c⁰ˢ de Marfaux.

Trouilly, lieu-dit, c⁰ˢ de Mareuil-sur-Ay.

Trou-Peinard (Le), écart, c⁰ˢ d'Aougny (Cornet-Paulus).

Troyeux (Les), écart détr. c⁰ˢ de Rieux. — Il était encore habité en 1688 (reg. paroissiaux de Rieux). — *La masure appelée les Troyeux*, 1752 (communication de M. le baron de Vaux).

Truauderie (La), f. détr. près de Mareuil-en-Brie. — *Une cense au-dessus dudit Mareuil appelé Truauderie*, 1636 (arch. nat. P 216, 52). — *Truaulderie*, 1641 (*ibid.* P 216, 93). — Voy. Thauraauderie (La).

Truc, m. c⁰ˢ de Saint-Memmie.

Trussonnerie (La), f. c⁰ˢ de Sarry. — *La Trassonnerie*, xviii° siècle (Cassini). — *La Trusconnerie*, 1834 (état-major).

Tuilerie (La), tuil. c⁰ˢ d'Ablois-Saint-Martin.

Tuilerie (La), tuil. c⁰ˢ d'Ambonnay.

Tuilerie (La), h. c⁰ˢ d'Arcis-le-Ponsard.

Tuilerie (La), lieu-dit, c⁰ˢ d'Arrigny.

Tuilerie (La), portion du hameau de la Madeleine, c⁰ˢ d'Avize.

Tuilerie (La), t. c⁰ˢ d'Ay.

Tuilerie (Bois de la), c⁰ˢ de Barbonne-Fayel.

Tuilerie (La), tuil. c⁰ˢ de Bergères-sous-Montmirail.

Tuilerie (La), lieu-dit, c⁰ˢ de Berméricourt.

Tuilerie (La), tuil. c⁰ˢ de Bethon.

Tuilerie (La), tuil. c⁰ˢ de Bettancourt-la-Longue.

Tuilerie (La), lieu-dit, c⁰ˢ de Binarville.

Tuilerie (La), h. détr. c⁰ˢ de Bonvancourt.

Tuilerie (La), tuil. c⁰ˢ du Breuil.

Tuilerie (La), m¹ⁿ, c⁰ˢ de Brugny.

Tuilerie (La), lieu-dit, c⁰ˢ de Bussy-aux-Bois.

Tuilerie (La), tuil. c⁰ˢ de Cauroy-lez-Hermonville.

Tuilerie, ruinée au xiv° siècle, c⁰ˢ de Champaubert-aux-Bois. — *La tieullerie dudit Champaubert qui sou-*

loit avoir par an douze milliers de tieulle qui va-
loient...,et de present est de nulle valeur, 1456 (arch.
nat. P 179, 62). — *La tieulerie dudit Champaubert,*
qui souloit valloir par an XII milliers de tuille qui
vallent XII livres, et à présent c'est à nulle valeur,
car tout est à ruine, 1460 (ibid. P 179, 69). —
La Thuillerye, 1641 (ibid. P 216, 82).

Tuilerie (La), h. cᵐᵉ de Changy. .

Tuilerie (La), lieu-dit, cᵒᵉ de Charmont.

Tuilerie (La), anc. tuil. cᵒᵉ du Châtelier.

Tuilerie (La), cᵐᵉ de Chaudefontaine.

Tuileria (La), tuil. cᵐᵉ de Coizard-Joches.

Tuilerie (La), lieu-dit, cᵒᵉ de Courtémont.

Tuilerie (La), cᵐᵉ de Crugny. — *La Tuilerie-*sur-
Crugny, 1862 (Guérard, p. 422).

Tuilerie (La), tuil. cᵐᵉ de Dormans.

Tuilerie (La), lieu-dit, cᵒᵉ de Doucey.

Tuilerie (La), tuil. cᵐᵉ de Faverolles.

Tuilerie (La), tuil. cᵐᵉ de Fismes.

Tuilerie (La), t. cᵐᵉ de Fontaine-Denis.

Tuilerie (Bois de la), cᵐᵉ de Germaine.

Tuilerie (La), lieu-dit, cᵐᵉ des Grandes-Côtes.

Tuilerie (La), anc. lieu-dit, près de Grauves. — *Lieu*
dict la Thieullerye, 1573 (arch. nat. P 181, 116).

Tuilerie (La), tuil. cᵐᵉ d'Hautvillers.

Tuilerie (La), tuil. cᵐᵉ d'Igny-le-Jard. .

Tuilerie (La), t. cᵐᵉ de Léchelle. — *Thᵉˡⁱᵉ,* xviiiᵉ siècle
(Cassini).

Tuilerie (La), lieu-dit, cᵐᵉ de Loisy-en-Brie.

Tuilerie (La), tuil. cᵐᵉ de Magneux.

Tuilerie, tuil. détr. cᵐᵉ de Mancy. — *La thieulerie dudit*
Mancy, 1430 (arch. nat. P 182, fᵒ 192 vᵒ).

Tuilerie (La), tuil. cᵐᵉ de Marfaux.

Tuileria, cᵐᵉ du Mesnil-sur-Oger.

Tuilerie (La), tuil. détr. cᵐᵉ de Mondement-Montgi-.
vroux.

Tuilerie (La), m. cᵐᵉ de Montgenost.

Tuilerie (La), tuil. cᵐᵉ de Montmirail.

Tuileria (La), m. cᵐᵉ de Montmort. .

Tuilerie (La), h. cᵐᵉ de Muizon.

Tuilerie (La), tuil. cᵐᵉ de Mutry. — *Thuileries de Monc-*
quebault, xviiiᵉ siècle (Cassini).

Tuilerie (La), f. cᵐᵉ de Nanteuil-la-Fosse.

Tuilerie (La), tuil. cᵐᵉ de la Neuville-aux-Bois (Cassini).

Tuilerie (La), tuil. cᵐᵉ d'Oger.

Tuilerie (La), f. cᵐᵉ d'Orbais. .

Tuilerie (La), tuil. cᵐᵉ de Pargny-sur-Saulx.

Tuilerie (La), f. cᵐᵉ de Possesse.

Tuilerie (La), t. cᵐᵉ de Pouillon. .

Tuilerie (La), écart, cᵐᵉ de Réveillon (Cornet-Paulus).

Tuilerie (La), lieu-dit, cᵐᵉ de Rilly-la-Montagne.

Tuilerie (La), f. détr. cᵐᵉ de Sainte-Gemme.

Tuilerie (La), lieu-dit, cᵐᵉ de Scrupt.

Tuilerie (La), lieu-dit, cᵐᵉ de Sermiers.

Tuilerie (La), lieu-dit, cᵐᵉ de Sivry-sur-Ante.

Tuilerie (La), lieu-dit, cᵐᵉ de Sogny-en-l'Angle.

Tuilerie (La), tuil. cᵐᵉ de Soisy-aux-Bois. — *Lieu dit*
la Thuillerie, 1602 (arch. nat. P 178, 93). — *La*
Thuillerie, 1720 (Saugrain, t. I. p. 475). — *La Tui-*
lerie, 1804 (ann. de l'an xiii, p. 84).

Tuilerie (La), lieu-dit, cᵐᵉ de Soulières.

Tuilerie (La), tuil. cᵐᵉ de Tramery.

Tuilerie, cᵐᵉ de Troissy.

Tuilerie (La), h. cᵐᵉ de Vandières-sous-Châtillon.

Tuilerie (La), lieu-dit, cᵐᵉ de Venteuil.

Tuilerie (La), lieu-dit, cᵐᵉ de Verdey.

Tuilerie (La), h. cᵐᵉ de Verdon.

Tuileria (La), tuil. cᵐᵉ de Vernancourt.

Tuilerie (La), lieu-dit, cᵐᵉ de Verrières.

Tuilerie (La), tuil. cᵐᵉ de Vertus.

Tuilerie, cᵐᵉ du Vieil-Dampierre. — *La tuillerie dudit*
lieu, 1414 (arch. nat. P 161, 15 bis).

Tuilerie (La), lieu-dit, cᵐᵉ de Vienne-le-Château.

Tuilerie (La), lieu-dit, cᵒᵉ de Villers-le-Sec.

Tuilerie (La), tuil. cᵐᵉ de Villevenard.

Tuilerie (La), écart, cᵐᵉ de Vindey. — *La Thuillerie,*
1720 (Saugrain, t. I, p. 475).

Tuilerie-des-Carbonaux (La), tuil. cᵐᵉ de Crugny. —
La Tuilerie Carbonau, 1847 (lieux babités). — *La*
Tuilerie des Carbonneaux, 1862 (Guérard, p. 422).
Cette tuilerie était exploitée en 1847 par un
sieur Carbonau.

Tuilerie-des-Horgnes (La), lieu-dit, cᵐᵉ de Villers-en-
Argonne.

Tuilerie-des-Jacquets (La), lieu-dit, cᵐᵉ de Florent.

Tuilerie-des-Marettes (La), tuil. cᵐᵉ d'Oger.

Tuilerie-des-Pâtis (La), tuil. cᵐᵉ d'Oger.

Tuilsbie-des-Petites-Montagnes (La), tuil. cᵐᵉ de Montmort.

Tuilerie-du-Chemin-de-Serzy (La), tuil. cᵐᵉ de Crugny.

Tuilerie-Maulevant (La), anc. tuil. cᵐᵉ de Mardeuil. —
La Thieullerie-Maulevant, 1491 (arch. nat. P 181,
86).

Tuilerie-Rocher (La), f. cᵐᵉ de Châtillon-sur-Morin.

Tuileries (Les), écart, cᵐᵉ de Beaunay.

Tuileries (Les), écart, cᵐᵉ de la Celle-sous-Chantemerle.

Tuileries (La Pièce des), lieu-dit, cᵐᵉ de Châtillon-
sur-Broué.

Tuileries (Les), anc. h. cᵐᵉ de Châtillon-sur-Morin.
— Les Thuilleries; le hameau des Thuilleries dudict
Chastillon, 1553 (arch. nat. P 178, 72).

Tuileaiea (La Fontaine des), lieu-dit, c⁰ᵉ de Châtrices.

Tuileries (Les), écart, cᵐᵉ de Cormicy.

Tuileries (Les Bois et les Terres des), lieu-dit, c⁰ᵉ de Givry-lez-Loisy.

Tuileries (Les), tuil. cᵐᵉ de Lodes. — *Thuileries*, xviiiᵉ siècle (Cassini).

Tuileries (Les), écart, c⁰ᵉ de Mutigny.

Tuileries (Les), lieu-dit, cᵐᵉ d'Oyes.

Tuileries (Les), écart, cᵐᵉ de Pargny-sur-Saulx.

Tuileries (Les), écart, c⁰ᵉ de Verdon.

Tuileries (Les), lieu-dit, c⁰ᵉ de Ville-en-Selve.

Tuileries (Les), lieu-dit, c⁰ᵉ de Villers-Allerand.

Tuileries-de-Villers (Les), lieu-dit, c⁰ᵉ d'Étoges.

U

Ulmola, f. c⁰ᵉ d'Heiltz-le-Maurupt. — *Ulmetum*, 1158 (dioc. auc. de Châl. t. I, p. 378). — *Sanctus Johannes de Ulmeto; sanctimoniales de Ulmeto*, 1159 (Ulmoy). — *Hulmetum*, 1185 (*ibid.*). — *Ormoe*, 1189 (*ibid.*). — *Ulmeium*, 1164-1191 (*ibid.*). — *Hurmetum*, 1198 (*ibid.*). — *Ulmethum*, 1243 (*ibid.*). — *Ulmetum la Grange, moniales de Urmay*, v. 1252 (arch. nat. J 202, 54 et 55). — *Ormai, maison d'Ormoi*, 1261 (Ulmoy). — *Le prieur d'Ourmoy*, 128. (arch. nat. Q¹ 668¹). — *Urmetum*, xiiiᵉ sᵉ (Ulmoy). — *Ulmayum*, 1327 (*ibid.*). — *Ulmeyum ad Maniales*, 1346 (arch. adm. de Reims, t. II, p. 637). — *Ormoy*, 1384 (arch. nat. P 51², 1460). — *Ormeyum*, 1405 (pouillé de Châlons, f° 75 v°). — *Ulmoy*, 1502 (Ulmoy). — *Ulmay*, 1704 (Montiers, c. a). — *Ulmoy-en-Champagne*, 1783 (Ulmoy). — *Hulmoy*, 1788 (*ibid.*).

Unchair, c⁰ᵉ de Fismes. — *Unum Carrum*, commencement du xiᵉ siècle (polyptyque de Saint-Remy de Reims). — *Uncar*, 1125 (S.-Thierry, c. 7). —

Unum Karrum, 1147 (arch. adm. de Reims, t. I, p. 320). — *Unchar*, 1156 (cart. d'Igny, f° 11 r°). — *Hancheri*, v. 1222 (livre des vassaux de Champagne). — *Unum Currum*, 1257 (cart. d'Igny, f° 75 v°). — *Uncher*, 1403 (arch. nat. P 181, 146). — *Unchey*, 1676 (lieux régis par la coutume de Vitry). — *Un Chair*, 1699 (arch. nat. P 222, 186). — *Unchaire*, 1735 (*ibid.* Q¹ 654).

En 1789, Unchair était compris dans l'élection de Reims et suivait la coutume de Vitry. Son église paroissiale, diocèse de Reims, doyenné de Fismes, était consacrée à saint Remy; l'archevêque de Reims en était collateur.

Unchair (Ru d'), affl. de la Vesle, cᵐᵉ d'Unchair.

Ursulines (Fermes des), f. c⁰ᵉ de Sainte-Livière. — *Ferme des Ursulines*, xviiiᵉ siècle (Cassini). — *Ferme*, 1857 (lieux habités).

Usages (Les), bois, cⁿᵉˢ de Villevenard et de Baye.

Ussy, lieu-dit, c⁰ᵉ de Prouilly.

V

Vachaux (Roisseau de), affl. de l'Aisne, cᵐᵉˢ de Maffrecourt et de la Neuville-au-Pont.

Vacheries (Les), lieu-dit, cᵐᵉ de Mardeuil.

Vadanrupt, lieu-dit, cᵐᵉ du Vieil-Dampierre.

Vadenay, c⁰ᵉ de Suippes. — *Vuadenensis villa*, v. 1066 (cart. de Saint-Remy de Reims, p. 140-141). — *Wadencis*, 1132 (dioc. anc. de Châl. t. I, p. 395). — *Ammauricus de Gadenoi*, 1147-1151 (la Neuville, c. 4). — *Wadenois*, 1151-1153 (*ibid.* c. 5). — *Gaudenesium*, 1153-1161 (*ibid.* c. 4). — *Altare de Waderios* (lisez *Wadenois*), *Wadeneium*, 1170 (chap. de Reims, l. Vadenay). — *Vadenetum*, 1164-1191 (Touss. l. 2). — *Wadenoi*, 1240 (Cheminon, c. 1). — *Waudenois*, 1266 (Touss. c. 4). — *Vadenois, Vaudenois, Vaudenoiz*,

1333 (arch. nat. P 182, f° 269 r°-v° et 272 r°-v°). — *Waudenay, ou diocèse de Challon*, 1384 (*ibid.* P 51² 1410). — *Vaudenay*, 1388 (*ibid.* P 186, 52). — *Wadenayum*, 1431 (chap. de Reims, l. Brébant). — *Woudenois*, 1502 (arch. nat. P 181, 105). — *Wadenai*, 1504 (Saint-Symphorion, c. 4). — *Vadenoys*, 1542 (taxe du diocèse de Châlons, p. 209). — *Vadenet*, 1669 (Avenay, c. 3).

En 1789, Vadenay faisait partie de l'élection de Châlons et était régi par la coutume de Vitry. Son église paroissiale, diocèse de Châlons, doyenné de Bussy-le-Château, était dédiée à saint Étienne; le chapitre métropolitain de l'église de Reims présentait à la cure.

VADIGNY, lieu-dit, c^ne de Doucey.

VADIVIÈRE, m. in. c^ne de Possesse. — *Wadivere*, 1157 (Montiers, c. 1). — *Vadivere*, 1163 (cart. de Montiers, 10946, f° 4 r°). — *Wadivera*, 1154-1161 (ibid. f° 11 r°). — *Wadiveire*, 1165 (ibid. f° 24 v°). — *Vaudiviere*, 1182 (ibid. 9905, f° 8 r°). — *Wadivieres*, 1183 (Moutiers, c. 1). — *Waude-viere*, 1229 (ibid.). — *Vauldiviere*, 1316 (cart. de Montiers, 9905, f° 4 r°). — *Wandevenum* (sic), xiv° siècle (liber principum, 5992, f° 348 r°). — *Vaudyvière*, 1510 (Montiers, c. 1). — *Vaudivieres*, 1513 (cart. de Montiers, 9905, f° 322 v°).

VADUM REGIUM, nom latin d'un lieu où un moulin dut être construit vers 1130, en vertu d'un accord dont l'un des contractants était Engobran, abbé d'Hautvillers (1125-1144). — *In loco qui Vadum Regium dicitur*, v. 1130 (Hautvillers, c. 5).

VAILLONNERIE (LA), lieu-dit, c^ne de Tréfols.

VAILLY (Ru DE), affl. du ru de Bonneval; arrose le territoire de Tréfols.

VAL (LE), anc. f. c^ne de Villevenard. — *La grange du Val*, 1526 (Andecy, c. 3, f° 26 v°). — Elle est encore mentionnée vers 1700 (ibid. c. 3).

VALANDRE, f. et chap. détr. c^ne de Pargny-sur-Saulx. — *Valandræ*, 1256-1270 (fooda Campanie, n°600). — *Valendres lez Estrepy*, 1459 (arch. nat. P 179, 67). — *Le gaingnaige de Wallendres*, 1509 (ibid. P 207, 140). — *Une chappele ap-pellée Valendre assise en ladite seigneurie, entre les villaiges dudit Etrepy et Pargny*, 1510 (ibid. P 179, 90). — *Vallendre*, 1511 (ibid. P 179, 91). — *Volandres*, 1542 (taxe du dioc. de Châl. p. 218). — *Un gaignaige appellé Volandra-la-Petite*, 1552 (arch. nat. P 161, 110). — *La maison et heritage de Vallande*, 1551 (ibid. P 183, 8). — *La chappelle de la malladerie de Vallendre fondée en l'honneur de monsieur sainct Nicolas*, 1572 (ibid. P 179, 123). — *Au finage de Pargny, vers Vollandre*, 1634 (ibid. P 216, 43).

L'emplacement de cette localité est indiqué, au plan cadastral de Pargny-sur-Saulx, par le lieu-dit *Vollandre*.

VALASSY, lieu-dit, c^nes de Perthes-lez-Hurlus et de Ta-hure.

VAL-DES-BOIS, f. c^ne de Warmeriville.

VAL-D'ESSAI (LE), m. de camp. et auberge, c^ne de Coolus.

VALDIEU, f. c^ne de Lachy; prieuré de l'ordre du Val-des-Choux fondé en 1215, au diocèse de Troyes, sous l'invocation de la Vierge. — *Vallis Dei juxta La-chiacum*, 1263 (Valdieu). — *Le Val-Dieu de Lachi*, 1267 (liber pontificum, f° 414 r°). — *Le Val-Dieu dessous Laichy*, v. 1300 (extenta Campanie, Sézanne). — *Le Vaudieu*, 1345 (arch. nat. J 194, 33). — *Le couvent Nostre-Dame du Val-Dieu*, 1513 (Valdieu).

VALENCE, lieu-dit, c^ne de Villeneuve-Saint-Vistre-et-Villevotte.

VALENCEAU (LE), cense seigneuriale détruite, c^ne de Chaintrix. — *Grangia Vallis in Saona*, 1177 (Gall. christ. t. X, p. 174).

Cette ferme est encore indiquée, au siècle dernier, sur la carte de Cassini.

VALENCEAU (LE), f. c^ne de Chapelaine. — *Un fief appellé Valenceaux*, 1732 (arch. nat. P 198, 4). — *Les Valentiaux*, xviii° siècle (Cassini). — *Les Valla-niaux*, 1835 (état-major). — *Val-en-Saulx, Les Vallentiaux*, 1860 (Cornet-Paulus). — *Les Va-lenceaux*, 1862 (Guérard, p. 581). — *Les Vallen-ceaux*, 1867 (état-major).

VALERY (LA MAISON DE), ancien nom du château du Breuil. — *La maison de Valeri*, 1399 (arch. nat. P 180, 100). — *Le chief-lieu et l'hostel seigneurial dudit Breuil que on appelle d'ancienneté la maison de Walery*, 1510 (ibid. P 207, 42).

VALLÉE (LA), m^in, c^ne de la Cheppe.

VALLÉE (RUISSEAU DE LA), c^ne de Savigny-sur-Ardre.

VALLÉE-COLTET (LA), f. c^ne de Sainte-Menehould. — *La Vallée-Cottée*, xviii° siècle (Cassini). — *La Vallée-Coltée*, 1860 (Cornet-Paulus). — *La Vallée-Colletet*, 1861 (dioc. anc. de Châl. t. II, p. 146).

VALLÉE-DES-BOIS (LA), f. c^ne d'Arcis-le-Ponsard. — *La Vallée*, 1720 (Saugrain, t. I, p. 475). — *La Vallée de Bois*, 1804 (ann. de l'an xiii, p. 28). — *La Vallée-des-Bois*, 1860 (Cornet-Paulus). — *Les Vallées des Bois*, 1862 (Guérard, p. 418).

VALLÉE-DE-SOULIÈRES (LA), m. c^ne de Corrobert.

VALLÉE-D'HUIRON (LA), petite région avoisinant l'ab-baye d'Huiron. — *Domini loci de Valle de Orione*, 1190 (cart. d'Huiron, p. 30). — *La vallée d'Huiron*, 1282 (ibid. p. 28). — *La vallée d'Oyron*, 1459 (arch. nat. P 161, 22). — *Allodium de Oriane. Pour entendre la situation dudit monas-tère [de S. Martin d'Uyron], il est vray que le ban et finage dudit Hyron contient quatre village[s], c'est assavoir Courdemange, Glonne, Champillon, lesquels trois sont en un bas vallage et aux pieds de la montaine dudit Huiron; lequel Huiron est l'autre et quart village, situé et assis au sommet et es-tandue d'icelle montaine; et appelle-t-on les trois villages dessus dit qui sont au bas de ladite montaine la Vallée d'Uyron*, 1464 (cart. d'Huiron, p. 254). — *La Vallée d'Uyron*, 1508 (arch. nat. P 207,

5). — *La Vallée*, 1687 (*ibid.* P 221, 80). — *Il [Huiron] est le chef-lieu d'un petit canton connu sous le nom de la Vallée d'Huiron qui était autrefois meublé de quatre villages : Huiron, sur la hauteur, ayant à sa droite Glannes et à sa gauche Courdomange dans des fonds, et Champillon dans la plaine devant luy. Ils ne forment qu'un seul territoire très étendu et autrefois partagé entre quatre finages, mais réduit à trois depuis la destruction de Champillon dont il doit estre parlé; sur deux desquels, qui sont Glannes et Courdemanges, il y a des écars très éloignez de ces deux villages*, 1767 (cart. d'Huiron, p. 587).

Vallée-d'Oran (Ru de la), affl. de l'Aisne; arrose le finage de Charmontois-l'Abbé.

Vallée-Morbau (Ru de la), affl. de l'Aisne; arrose le territoire de Servon-Melzicourt.

Vallées (Les), f. c⁰⁰ de Corrobert.

Vallotte (La), ruisseau, c⁰⁰ de Sainte-Euphraise-et-Clairizet.

Valmy, c⁰⁰ de Sainte-Menehould. — *Villa Warismeia; Wareemeium, Walineium, Walesmeium*, 1132 (dioc. auc. de Chàl. t. II, p. 445 et 446). — *Richerus Walemensis*, 1138 (Montiers, c. 1). — *Walesmeia, Valesmia*, 1154-1161 (cart. de Montiers, 10946, f° 10 r° et v°). — *Walesmeis*, 1165 (*ibid.* f° 25 v°). — *Walesmees*, v. 1200 (Montiers, c. 4). — *Walemis*, 1200 (Touss. c. 6). — *Walemeys*, 1291 (Ulmoy). — *Walesmé, Wilermés, Walamés, Welemés, Valemés, Walemés*, v. 1222 (livre des vass. de Champ.). — *Wailemeis*, 1225 (cart. de Montiers, f° 38 v°). — *Walemeis*, 1230 (Moiremont, c. 10). — *Wallemeis*, v. 1240 (arch. nat. J 193, 83). — *Walemez, Walemeix, Walemeyx, Walemays*, v. 1252 (*ibid.* J 202, 52). — *Walesmés*, 1267 (Brussel, usage des fiefs, p. 1012). — *Walemain*, v. 1274 (arch. nat. J 202, 46). — *Waylemés*, v. 1300 (extenta Campanie, S.-Hilaire). — *Wallemeis*, 1366 (arch. nat. P 183, 21). — *Walemeiz*, 1367 (*ibid.* P 183, 23). — *Wallemeir*, 1392 (*ibid.* P 183, 23). — *Wallemeir*, 1392 (*ibid.* P 183, 85). — *Walleiny*, 1397 (*ibid.* P 162, 397). — *Wahneyum*, 1405 (pouillé de Chàl. f° 79 v°). — *Walmeiz*, 1468 (Touss. c. 15). — *Walemeys*, 1509 (arch. nat. P 207, 13). — *Walmey, Vualmeix, Vualmy*, 1512 (cart. de Montiers, 9905, f°⁰ 101 et 102). — *Wallemey*, 1519 (arch. nat. P 161, 250). — *Wallemmé*, 1572 (*ibid.* P 184, 99). — *Walemy*, 1602 (*ibid.* J 202, 46 bis).

En 1789, Valmy était compris dans l'élection de Sainte-Menehould et suivait la coutume de Vitry. Son église paroissiale, diocèse de Chàlons, doyenné de Sainte-Menehould, était consacrée à saint Martin; l'abbé de Saint-Vanne de Verdun présentait à la cure.

Valmy (Ru de), affl. de l'Arve; arrose les finages de Valmy et de Braux-Sainte-Cohière.

Valty, lieu-dit, c⁰⁰ de Villeseneux.

Valury, lieu-dit, c⁰⁰ de Sainte-Marie-à-Py.

Vamont (Ru de), affl. de l'Issou; sépare le finage de Drouilly de celui de Pringy.

Vanault-le-Caârel, c⁰⁰ d'Heiltz-le-Maurupt. — *Wasnao in Campania*, 763 (Gallia christ. t. XIII, c. 371). — *Wasno, Wano*, 1147-1151 (dioc. anc. de Chàl. t. I, p. 398). — *Wosnau*, 1154-1161 (Montiers, c. 1). — *Gasnou, Gasno*, 1165 (cart. de Moutiers, 10946, f° 18 r° et 22 r°). — *Vosnou*, v. 1172 (feoda Campanie, n° 31). — *Vuannau*, 1216 (cart. de Montiers, 9905, f° 30 v°). — *Vosnon, Wosnon*, v. 1222 (livre des vassaux de Champ.). — *Wanau*, 1230 (la Neuville, c. 5). — *Wanon*, v. 1252 (arch. nat. J 193, 51). — *Wasnon castrum*, 1263 (cart. de Montiers, 9905, f° 5 v°). — *Wanno*, v. 1274 (arch. nat. J 202, 46 ter). — *Wanou-le-Chastel*, 1280 (Moutiers, c. 4). — *Wanau castrum*, 128. (arch. nat. Q¹ 668¹). — *Wauno-le-Chastel*, 1327 (Moutiers, c. 4). — *Wano-le-Chastel*, 1383 (chap. de Chàl. a. 5, l. 12). — *Wanaut*, 1392 (arch. nat. P 162, 137). — *Vanadium castrum*, 1405 (pouillé de Chàl. f° 78 v°). — *Wanault-le-Chastel*, 1447 (S.-Pierre-aux-Monts, c. 27). — *Vanaulx*, 1572 (arch. nat. P 179, 125). — *Vanault-le-Chastel*, 1573 (*ibid.* P 184, 225). — *Vanault-le-Chasteau*, 1624 (*ibid.* P 167, 192). — *Vanaux*, 1647 (*ibid.* P 216, 141). — *Vano-le-Chostel*, 1651 (évêché de Chàl. c. 9). — *Vanault-le-Chastel*, 1659 (arch. nat. P 217, 57).

En 1789, Vanault-le-Cbàtel faisait partie de l'élection de Chàlons et était régi par la coutume de Vitry. Son église paroissiale, diocèse de Chàlons, doyenné de Possesse, était dédiée à sainte Livière; l'abbé de Corse présentait à la cure.

Vanaulty-les-Dames, c⁰⁰ d'Heiltz-le-Maurupt. — *Wasnou les Dames*, 128. (arch. nat. Q¹ 668¹). — *Wanou les Dames*, v. 1287 (S.-Pierre-aux-Monts, c. 19). — *Wurno les Dames*, v. 1300 (extenta Campanie, Vitry). — *Wanou ad Dominas*, 1303 (S.-Pierre-aux-Monts, c. 19). — *Prioratus de Wosnon ad Dominas. Fuerunt ibi quondam domine moniales; nunc sunt canonici regulares, et debent procuraciones episcopo Cathalaunensi*, 1346 (arch. adm. de Reims, t. II, p. 637). — *Wanault les Dames*, 1373 (chap. de Chàl. a. 6, l. 64). — *Vanodium* ad *Dominas*, 1405 (pouillé de Chât. f° 78 v°). — *Vauvré-les-Dames*, 1573 (arch. nat. P 179, 131). — *Vano-les-Dames*, xviii° siècle (Cassini). — *Vanault-lez-Dames*, 1060 (Cornet-Paulus).

Vanault-les-Dames était compris, en 1789, dans l'élection de Châlons et suivait la coutume de Vitry. Son église paroissiale, doyenné de Possesse, était consacrée à saint Remy; l'abbé de Saint-Paul de Verdun présentait à la cure.

VANDAGE (RU DE), affl. de l'Isson; arrose le territoire de Saint-Remy-en-Bouzemont.

VANDEUIL, c°ⁿ de Fismes. — *Vendorum ?* comm. du x° siècle (polypt. de S.-Remy). — *Vendolium*, 1158 (cart. d'Igny, f° 14 v°). — *Vendus*, 1164 (S.-Thierry, c. 7). — *Vandels*, 1171 (ibid. l. 1). — *Vendeus*, 1203 (Igny, l. Montazin). — *Vendous*, 1209 (cart. d'Igny, f° 34 v°). — *Vendex*, 1233 (cart. B du chap. de Reims, f° 641 r°). — *Vendueil*, 1259 (cart. d'Avenay, f° 41 v°). — *Vendeux*, 1303-1312 (arch. adm. de Reims, t. II, p. 1059). — *Vendeuil*, 1535 (chap. de Reims, l. Jonchery).

Vendeuil était compris, en 1789, dans l'élection de Reims et suivait la coutume de Vitry. Son église paroissiale, annexe de celle de Jonchery-sur-Vesle, diocèse de Reims, doyenné de Fismes, était dédiée à saint Timothée.

VANDIÈRES, c°ⁿ de Châtillon-sur-Marne. — *Vendera situ super fluvium Matronam*, v. 948 (Flodoard, l. I, p. 24). — *Vanderiæ*, 1146 (hist. de la maison de Châtillon, p. 25). — *Venderia*, v. 1160 (cart. d'Igny, f° 19 r°). — *Villa que dicitur Venderie, que est prope Castellionem*, 1198 (liber principum, 5992, f° 46 v°). — *Vanderres, Vandierres, Venderes*, v. 1222 (livre des vass. de Champ.). — *Venderiæ*, 1241 (cart. de l'Amour Dieu, f° 8 r°). — *Vuanderiæ*, v. 1260 (nécrol. de l'église de Reims, p. 102). — *Venderiæ juxta Castellionem*, 1264 (Longau, l. 38). — *Vendieras-soubz-Chastillon*, 1344 (cart. d'Igny, f° 51 r°). — *Vendarz*, 1398 (cart. A du chap. de Reims, f° 160 r°). — *Vendierez soubz Chastillon*, 1399 (Longau, l. 38). — *Vendières-sur-Marne*, 1725 (arch. nat. P 226, 66).

Vandières faisait partie, en 1789, de l'élection d'Épernay et était régi par la coutume de Vitry. Son église paroissiale, diocèse de Soissons, doyenné de Châtillon-sur-Marne, était dédiée à saint Martin; l'évêque de Soissons en était collateur.

VANICHON (RU DE), affl. de la Vière; arrose les finages de Vanault-le-Châtel et de Vanault-les-Dames.

VARANNE (LA), riv. affl. de la Droyes; arrose les finages de Châtillon-sur-Broué et d'Outines.

VARENNE, fief, c°ⁿ° de Linthes. — *Le fief de Varannes assis en la parraisse de Linthes*, 1603 (arch. nat. P 178, 98). — *Le fief de Varaine*, 1629 (ibid. P 194, 64). — *Le fief de Varennes*, 1652 (ibid. Q¹ 679). — *Le fief de Varenne*, 1664 (ibid. P 191⁴, 26 bis).

VARGUIGNY, lieu-dit, c°ⁿ° de Prosnes.

VARIMONT, c°ⁿ de Dommartin-sur-Yèvre. — *Nova Villa ad Giraumont*, parrochie de Donno Martino; — *Giromant*; — *in eadem Nova Villa*, 1178 (Touss. c. 7 bis). — *Varimons*, 1221 (cart. de Moutiers, 9905, f° 2 r°). — *Varimont*, 1237 (Montiers, c. 4). — *Nova Villa de Warimont*, v. 1252; *Villa Nova à Warimont*, v. 1252 (arch. nat. J 202, 48 et 55). — *Warimont delez Sommyèvre*, 1394 (ibid. P 179, 18). — *Varemont*, 1404 (ibid. P 179, 30). — *Warimont*, 1419 (ibid. P 161, 187). — *Warymont*, 1466 (ibid. P 161, 216). — *Voyrimont*, 1471 (ibid. P 161, 37). — *Varmont*, 1541 (Touss. c. 15). — *Varymont*, 1565 (ibid. c. 19). —*Varimont-sur-Yèvre*,1572 (arch. nat. P 161,129).'

Varimont était compris, en 1789, dans l'élection de Sainte-Menehould et suivait la coutume de Vitry. Son église paroissiale, annexe de celle de Dommartin-sur-Yèvre, diocèse de Châlons, doyenné de Sainte-Menehould, était consacrée à saint Nicolas.

VARMERY, lieu-dit, c°ⁿ° d'Ay.

VARSOVIE, f. c°ⁿ de Beine. — *Varsovie*, 1847 (lieux habités).

VARSOVIE, f. c°ⁿ° de Faux-Fresnay.

VARSOVIE, f. c°ⁿ° de Trois-Puits.

VASSART (LE), ruiss. affl. du Grand-Marin; arrose le territoire de Joiselle.

VASSIEUX, f. c°ⁿ du Breuil-sur-Vesle. — *Domus de Waceus*, 1180 (cart. d'Igny, f° 60 r°). — *Domus Sancti Dionysii* [de Remis] *de Wasseus*, 1187 (ibid. f° 62 r°). — *Wacheus*, 1234 (liber pontificum, f°114 v°). — *Grangia de Vasceus*, 1243 (cart. de S.-Denis de Reims, p. 66). — *Wascieus*, 1251 (cart. d'Igny, f° 66 r°). — *Domas de Waceos*, xiii° siècle (S.-Denis de Reims, l. Breuil). — *Wassiex*, 1302 (ibid. l. Ventelay). — *La maison de Wassueil*, 1412 (ibid.). — *Vasseuil*, 1507 (ibid.). — *La cense de Vacieulx*, 1549 (ibid.).

VASSIEUX, h. c°ⁿ de Dormans. — *Vacieux*, 1389 (arch. nat. P 171, 143). — *Wacieux*, 1459 (ibid. P 180, 161). — *Vuassieux*, 1484 (ibid. P 180, 165). — *Wassieux*, 1512 (ibid. P 181, 4). — *Vassieux*, 1773 (ibid. Q¹ 672).

VASSIEUX (RU DE), affl. de la Marne; arrose le finage de Dormans.

VASSIMONT, c°ⁿ de Fère-Champenoise. — *Wassimont*,

v. 1240 (arch. nat. J 193, 83). — *Wassignemont*, 1366 (*ibid.* Q¹ 681, f° 78). — *Wasinemont*, 1508 (*ibid.* P 207, 12). — *Vassinemont*, 1605 (*ibid.* P 190, 56, f° 1 v°). — *Bassemont*, 1633 (lieux régis par la cout. de Vitry).

En 1789, Vassimont faisait partie de l'élection de Châlons et était régi par la coutume de Vitry. Son église paroissiale, annexe de celle d'Hausaimont, diocèse de Châlons, doyenné de Vertus, était dédiée à Notre-Dame.

VASSONAY, f. ruinée, c^m de la Neuville-aux-Bois. — *Wassaunay*, 1402 (arch. nat. P 184, 11). — *Vaussonnoy, Vassonnoy, Vassonnay*, 1552 (cart. de Montiers, 9905, f° 186 r°). — *Vaussonnay*, 1571 (arch. nat. P 179, 121). — *Vaussonnay*, 1572 (*ibid.* P 161, 259). — *Vaussonnet*, 1598 (*ibid.* P 161, 263). — *Vassonnet*, 1604 (*ibid.* P 185, 43). — *Vassonnay*, 1604 (*ibid.* P 161, 264). — *Vassonnet*, 1860 (Cornet-Paulus).

Un dénombrement de 1662 (arch. nat. P 192, 22) nous apprend que ce lieu fut ruiné pendant les guerres.

VASSONAY (BOIS DE), c^m de la Neuville-aux-Bois. — *Lignum Vassonai*, 1229 (dioc. auc. de Châl. t. II, p. 210). — *Les bois de Wassaunoy*, 1402 (arch. nat. P 184, 11). — *Ung bois appellé le bais de Wassaunay*, 1412 (*ibid.* P 179, 50). — *Ung bois appellé Voysannay, assis prés de la Neuf-ville-au-Bois et le Vielz-Dampierre*, 1510 (*ibid.* P 207, 43). — *Les boys appellez Wasaulnoy*, 1512 (*ibid.* P 179, 93). — *Le bois de Waussonnoy*, 1529 (cart. de Moutiers, 9905, f° 184 r°). — *Le boys de Voissonnay*, 1538 (arch. nat. P 184, 94). — *Vassonnet*, 1604 (*ibid.* P 179, 139).

VASSY, h. c^m de Dormaus. — *Villa que dicitur Waisiacum*, 1148 (cart. d'Igny, f° 137 r°). — *Ou lieu que l'an dit de Vaissy*, v. 1300 (extenta Campanie, Châtillon). — *Very*, 1400 (arch. nat. P 180, 134). — *Vessy*, 1464 (cart. de Coincy, p. 529). — *Vasy*, 1553 (*ibid.* p. 594).

VASSY (FORÊT DE), comprise presque entièrement dans le territoire d'Igny-le-Jard. — *Silva de Wasiaca*, 1154-1159 (cart. d'Igny, f° 2 v°). — *Nemus Vasiaci*, 1160 (cart. de Saint-Jean-des-Vignes, f° 16 r°). — *Nemora de Wesseio*, 1164 (Gall. christ. t. XII, p. 270). — *Waissi*, 1170 (la Charmoye, c. 1). — *Waissi*, v. 1172 (Brussel, usage des fiefs, 42). — *In nemaribus de Wasseia*, 1178 (la Charmoye, c. 1). — *Watsseium*, 1179 (hist. des comtes de Champ. t. III, p. 376). — *Nemus de Vuasseyo*, 1179 (dioc. anc. de Châlons, t. I, p. 357). — *Foresta de Waisseio*, 1221 (Teulet,

trésor des chartes, t. I, p. 535). — *Waisi*, v. 1222 (livre des vass. de Champ.). — *Nemus de Weissiaco, Vaissiacum*, 1234 (liber pontificum, f° 77 r° et 390 v°). — *Nemus de Wissiaco; Nemus de Waissiaco*, 1235 (Teulet, trésor des chartes, t. I, p. 535). — *Faresta de Wessy*, 1268 (arch. nat. J 198, 49). — *Namara de Vassy*, 1269 (mss. du religieux d'Orbais). — *Bais à Voissi, la forest d'Oisi, bois de Woissi*, v. 1274 (arch. nat. J 202, 45). — *Foresta de Vayssi*, 1289 (hist. de la maison de Châtillon, p. 195). — *La forest de Woissy*, 1324 (la Charmoye, c. 1). — *La forest de Woicy*, 1399 (arch. nat. P 180, 100). — *La forest de Waussy*, 1409 (*ibid.* P 182, f° 315 r°). — *La forest de Voissy en Brie*, 1428 (*ibid.* Q¹ 673). — *La faurest de Woyssy*, 1483 (*ibid.* P 162, 94). — *La forest de Wassy*, 1510 (*ibid.* P 179, 184). — *La forest de Bacey*, 1548 (*ibid.* P 162, 145).

VASSY (RU DE), affl. de la Nounelle; arrose le finage d'Igny-le-Jard. — *Le ru de Woyssy*, 1397 (arch. nat. P 180, 128). — *Le ru de Voyssy*, 1398 (*ibid.* P 208, 43). — *Ru de Woissy*, 1462 (*ibid.* P 180, 162).

VATRY, c^m d'Écury-sur-Coole. — *Watrie*, 1218 (S.-Remy, l. 400). — *Watriy*, 1327 (S.-Pierre-aux-Monts, c. 4, l. 3). — *Watrye lez Souldron*, 1496 (chap. de Châl. a. 6, l. 68). — *Vatrie*, 1501 (S.-Memmie, r. 6). — *Watrie*, 1508 (arch. nat. P 207, 12). — *Vatrye*, 1515 (hist. de Châlons, p. 279). — *Vatrie*, 1605 (arch. nat. P 190, 56, f° 1 v°).

En 1789, Vatry était compris dans l'élection et suivait la coutume de Châlons. Son église paroissiale, annexe de celle de Bussy-Létrée, diocèse et doyenné de Châlons, était consacrée à saint Laurent.

VAUBERT, fief, c^m de Villers-aux-Corneilles (dioc. auc. de Châl. t. II, p. 28).

VAUCELLE (LA BASSE-), f. c^m de Boissy-le-Repos. — *Ecclesia de Valcellis*, 1175 (Du Plessis, hist. de l'église de Meaux, t. II, p. 61). — *Vaucelle*, 1311 (hist. de la maison de Gaines, p. 395). — *Priorissa de Vaucella*, 1407 (pouillé de Troyes, n° 258). — *Prior de Vaussella*, 1457 (*ibid.* n° 23). — *La Vassel, paroisse de Boissy*, 1647 (minutes Longnian, à Orbais). — *Vauxelle-la-Basse*, 1847 (lieux habités). — *Basse-Vauxelle*, 1862 (Guérard, p. 232).

VAUCELLE (LA HAUTE-), h. c^m de Boissy-le-Repos. — *Vauxelle-la-Haute*, XVIII° siècle (Cassini). — *Haute-Vauxelle*, 1862 (Guérard, p. 232).

VAUCRMAIN, fief, c^m de Broyes et de Linthes. — *Le fief d'Olisy, autrement appellé le fief Vaulamain assis au terrouer de Saint-Servais; le fief d'Olizy* autrement *Vaulamain assis en la parraisse de Broyes*, 1603 (arch. nat. P 178, 98). — *Le fief de Vaulcemin assis près le bois Rimbault*, 1629 (ibid. P 194, 64). — *Le fief d'Olizy autrement appellé Vauscmin*, 1652 (ibid. Q¹ 679). — *Le fief de Vaulsemin*, 1664 (ibid. P 191⁴, 26 bis). — *Le fief de Vaussemin*, 1732 (ibid. P 197, 39). — *Le fief de Vossemin*, 1733 (ibid. P 198, 3). — Cf. sur le plan cadastral de Broyes les lieux-dits *le Fief de Vaucemin* et *Vaucemin*.

VAUCHALAISE, f. cⁿᵉ de Sompuis. — *Vauchalaise*, 1847 (lieux habités). — *Vauhalaise*, 1862 (Guérard, p. 580).

VAUCHAMPS, cᵒⁿ de Montmirail. — *Vallis Campi*, 1139 (arch. nat. K 23, n° 4¹). — *Vauchem*, 1205 (le Reclus, c. 2). — *Valchamp, Vouchamp*, v. 1222 (livre des vass. de Champ.). — *Vauchans*, v. 1252 (arch. nat. J 202, 47). — *Vauchampz*, 1345 (le Reclus, c. 1). — *Vauchamp*, 1436 (arch. nat. P 179, 57). — *Vaulchamps*, 1445 (ibid. P 170, 45). — *Vauchampt*, 1769 (ibid. Q¹ 678).

En 1789, Vauchamps faisait partie de l'élection de Château-Thierry et était régi par la coutume de Vitry. Son église paroissiale, diocèse de Soissons, doyenné de Montmirail, était dédiée à saint Christophe; l'évêque de Soissons en était collateur.

VAUCHY, lieu-dit, cⁿᵉ de Broyes.

VAUCIENNES, cᵒⁿ d'Épernay. — *Velcianæ*, 980 (ann. ord. S. Benedicti, t. III, p. 721). — *Vulcenæ*, 1110 (Gall. christ. t. X, c. 107). — *Vusenæ*, 1193 (cart. de Coincy, p. 152, où l'on a écrit à tort *Vuseriæ*). — *Voucienues*, 1222 (Langou, c. 2). — *Vocienes*, v. 1222 (livre des vass. de Champ.). — *Voucinix*, 1235 (arch. nat. J 197, 40). — *Voucienes*, v. 1252 (ibid. J 202, 47). — *Vocenes*, 1260 (chronique de Champagne, t. IV, p. 238). — *Voucenniæ, Vousiennes*, 1265 (Hautvillers, c. 4). — *Vousiennes*, 1323 (arch. adm. de Reims, t. II, p. 350). — *Voulleciennes*, 1428 (arch. nat. Q¹ 673). — *Vaussiennes*, 1464 (cart. de Coincy, p. 527). — *Vaulsiennes-en-Brie*, 1527 (arch. nat. P 161, 90). — *Vaultiennes*, 1598 (ibid. P 181, 25). — *Vaultienne*, 1662 (ibid. P 191, 20). — *Vaulcisnnca*, 1673 (ibid. P 1762, fᵒ 50 vᵒ). — *Vauciennes*, 1685 (ibid. Q¹ 672). — *Vausienne*, xᵛⁱⁱⁱᵉ siècle (cart. de Coincy, p. 153).

Vauciennes était compris, en 1789, dans l'élection de Château-Thierry et suivait la coutume de Vitry. Son église paroissiale, diocèse de Soissons, doyenné de Montmirail, était consacrée à saint Léger; le prieur de Coincy présentait à la cure.

VAUCIENNES (Ru de), affl. de la Vieille-Marne; arrose le finage de Vauciennes.

VAUCLAIROIX, f. cⁿᵉ de Mécringes. — *Le moulin à blé situé à Vauclarois soubs Montmirail*, 1431 (hist. de la maison de Guines, p. 444). — *Vaucleroix*, 1445 (arch. nat. P 170, 45). — *Le malin à tan de Vaucleroys*, 1461 (ibid. P 179, 176). — *Vauclerois*, 1466 (chât. de Montmirail, fᵒˢ 39 vᵒ et 166 vᵒ). — *Vaulxclerois*, 1515 (ibid.). — *Vaulxclairois*, 1622 (ibid.).

VAUCLERC, cⁿᵉ de Thiéblemont. — *Vallis Clara*, 1218 (cart. de Châlons, cop. Gaignières, p. 75). — *Valcler*, v. 1222 (livre des vass. de Champ.). — *Vauclerum*, 1238 (Cheminon, c. 8). — *Vaucleir*, 1381 (chap. de Reims, c. 39). — *Vauclers*, 1384 (arch. adm. de Reims, t. III, p. 593). — *Waucler*, 1390 (chap. de Reims, c. 39). — *Vaucler-en-Partois*, 1449 (ibid. l. V). — *Vaucler lez ledit Victry*, 1519 (ibid. l. Onrezy). — *Vocler, Vaulclerc*, 1547 (ibid. l. 39 et V). — *Vauclerc*, 1564 (ibid. l. V). — *Vauclair*, 1587 (ibid. l. 38). — *Vauclere*, 1651 (évêché de Châl. c. 9). — *Vaucley*, 1688 (chap. de Reims, l. 39). — *Vauclef*, 1742 (ibid.).

Vauclerc faisait partie, en 1789, de l'élection et suivait la coutume de Vitry. Son église paroissiale, diocèse de Châlons, doyenné de Vitry-le-Brûlé, était dédiée à saint Louvent; l'abbé de Saint-Pierre-aux-Monts présentait à la cure.

VAUCLERC (Ru de), affl. du ru de Jercourt; arrose le territoire de Vauclerc.

VAUDANCOURT, cᵒⁿ d'Avize. — *Valde[n]court*, 1145 (cart. de S.-Martin d'Épernay, p. 130). — *Wandencourt, Vaudancourt*, v. 1252 (arch. nat. J 202, 47, et J 193, 51). — *Woandancort*, 1270 (la Charmoye, c. 6). — *Waudecourt*, v. 1274 (arch. nat. J 202, 45). — *Vaudancourt*, 1308 (ibid. P 1114). — *Waudancourt*, 1362 (ibid. P 182, fᵒ 152 rᵒ). — *Wadencourt*, 1441 (ibid. P 182, fᵒ 246 vᵒ). — *Vodencourt*, 1575 (ibid. P 162, 222). — *Vaudancour*, 1633 (la Charmoye, c. 6).

Vaudancourt était compris, en 1789, dans l'élection d'Épernay et suivait la coutume de Vitry. Son église paroissiale, diocèse de Châlons, doyenné d'Orbais, était consacrée à saint Pierre; le prieur de Montfélix présentait à la cure.

VAUDANGES (LES HAUTES- et LES BASSES-), fiefs, cⁿᵉ de la Caure. — *Les fiefs de Haulte et Basse Vaudange proche la Rouairye, au terroir de Mesnil-la-Caure*, 1673 (arch. nat. Q¹ 681). — *Les Hautes Vaudanges*, 1734 (ibid.).

VAUDEBERT, auc. mⁱⁿ, cⁿᵉ de Verdey. — *Ung malin appellé le molin de Vauldebert*, 1493 (Montier-la-

Celle, c. 33). — *Une pièce de pré... séans en la prarie dudit Verdey, en lieu dit en Vaudobert,* 1513 (*ibid.*).

Vaudemangss, c^ne de Suippes. — *Vallis Dominica,* 1090 (arch. adm. de Reims, t. I, p. 242). — *Vallis Dominici,* 1147 (cart. d'Avenay, f° 1 r°). — *Val-Dommange,* 1227 (S.-Basle, c. 2, l. 25). — *Valdemenge,* 1250 (cart. de la Trinité, f° 83 v°). — *Vaudommange,* 1293 (S.-Nicaise, l. 7). — *Vaul-Domainge,* 1497 (S.-Pierre-aux-Monts, c. a4). — *Val-Damange,* v. 1300 (extenta Campanie, Louvois). — *Vauldommange,* 1315 (S.-Denis de Reims, l. Hermonville). — *Vaudomenge,* 1326 (chap. de Châl. a. 4, l. 19). — *Valdoumenge,* 1331 (S.-Remy, l. 173). — *Vauldomange,* 1340 (S.-Denis de Reims, l. Hermonville). — *Vaudemange,* 1344 (*ibid.* l. V). — *Val-Domange,* 1348 (*ibid.* l. Hermonville). — *Vauldemange,* 1352 (arch. nat. P 181, 31). — *Vaudemengus,* 1384 (arch. adm. de Reims, t. III, p. 606). — *Waudemainge,* 1393 (arch. nat. P 182, f° 37 r°). — *Vaudommange,* 1472 (chap. de Châlons, a. 2, l. 4). — *Vademenge,* 1570 (Saint-Remy, l. 401). — *Vaudemange,* 1673 (arch. nat. P 1762, f° 115 v°).

En 1789, Vaudemanges faisait partie de l'élection d'Épernay et était régi par la coutume de Châlons. Son église paroissiale, diocèse de Reims, doyenné d'Épernay, était dédiée à saint Hippolyte: le chapitre de la Trinité de Châlons et l'abbaye de Saint-Denis de Reims présentaient alternativement à la cure.

Vaudesincourt, c^ne de Beine. — *Wandrisicurtis,* 1135 (cart. de S.-Nicaise, f° 80 r°). — *Wandacecurt,* xii° siècle (fragm. de polypt. de S.-Remy, p. 167). — *Wandrencort,* 1248 (*ibid.* f° 60 r°). — *Vuandresicort,* v. 1260 (nécrol. de l'égl. de Reims, p. 100). — *Wadesaincourt,* 1348 (arch. adm. de Reims, t. II, p. 1115). — *Vaudesaincourt,* 1574 (S.-Remy, l. 35). — *Wadesaincour, Wadesaincourt,* 1602 (arch. nat. Q¹ 654). — *Vaudesincourt,* 1720 (revenus de S.-Nicaise, t. II, p. 183). — *Vaudesincourt,* 1720 (Saugrain, t. I, p. 4). — *Wadesincourt,* 1777 (arch. adm. de Reims, t. II, p. 1114).

En 1789, Vaudesincourt était compris dans l'élection de Rethel et suivait la coutume de Vitry. Son église paroissiale, annexe de celle de Moronvilliers, diocèse de Reims, doyenné de Bétheniville, était consacrée à saint Remy.

Vaudétréz, h. c^nes de Warmeriville et d'Heutrégiville. — *Val d'Estrée,* 1321 (Boutaric, actes du parlement de Paris, n° 6525). — *Vaudestrez,* 1326 (cart. A du chap. de Reims, f° 100 r°). — *Le Valdestrée, Vaudestrée,* xiv° siècle (*ibid.* f° 85 et 86). — *Vaulx d'Estrez,* 1415 (S.-Remy, l. 33). — *Le pont d'un hamel appellé le Vaulx d'Estrez, assis sur la rivière de Suippe,* 1494 (chap. de Reims, c. 41 bis). — *Le pont de Vaudetrez,* 1516 (S.-Remy, l. 33). — *Les maisons d'Avaux-Détré,* 1720 (Saugrain, t. I, p. 479). — *Vaudétré,* xviii° siècle (Cassini). — *Le Vaudétré,* 1860 (Cornet-Paulus, p. 173).

Vaudétrée (Ru de), affl. de la Suippe; arrose le territoire de Warmeriville.

Vaudeuse (Ruisseau de), affl. du ruisseau de Barizet, c^ne de Serzy-et-Prin.

Vaudigny (La Vigne), lieu-dit, c^ne de Clesles.

Vaudonnerie (La), lieu-dit, c^ne d'Ambonnay.

Vaugency, chât. détr. c^ne de Saint-Quentin. — *Le fié de Wagencien,* 1383 (arch. nat. P 188, 52). — *Vaugencien,* 1396 (*ibid.* P 208, 49). — *Vaulgentien,* 1405 (pouillé de Châl. f° 74 v°). — *Vaugencyen,* 1464 (arch. nat. P 36, 8). — *Vaugenciam,* 1542 (taxe du dioc. de Châl. p. 226). — *Vaugentien,* 1556 (Pelée de Chenouteau, cout. de Sens, p. 451). — *Vaugency,* 1726 (évêché de Châl. l. 3, titres div.).

Vauginard, écart, c^ne de Nesle-le-Repons.

Vaugirard ou La Vaugirard, lieu-dit, c^ne d'Esternay.

Vaujusaine, f. détr. c^ne de Connantray. — *Domus de Connantrel que vocular Vallis Jusano,* 1168 (cart. d'Oyes, f° 32 v°). — *Grangia que Vallis Jusana dicitur,* 1178 (la Charmoye, c. 1). — *Domus de Valle Guiseine,* 1179 (*ibid.* c. 5). — *En territoire de Vaujusangne,* 1412 (*ibid.*).

Vaulambert, lieu-dit, autref. habité, c^ne de Vadenay.

Vaulevrault, h. c^ne de Villeneuve-la-Lionne. — *Vaulevrost,* 1720 (Saugrain, t. I, p. 475). — *Vaulevrot,* 1804 (ann. de l'an xiii, p. 92).

Vaumorain, f. détr. c^ne de Nanteuil-la-Fosse. — *Vallis Morendi,* 1121 (S.-Nicaise, c. 4, l. 7). — *Vaumourain,* 1347 (arch. nat. J 205, 28). — *Les bois que on dit les batis de Valmorain,* 1362 (S.-Nicaise, c. 4, l. 7). — *La grange de Vaumorain,* 1384 (arch. nat. P 180, 111). — *La granche de Vaumorain, maison et jardins... qui sont en ruyne,* 1398 (*ibid.* P 208, 53). — *Vaulmorain,* 1424 (*ibid.* P 180, 154). — *Une vieille maison, fondue et ruynée de long temps, appellée Val Morin,* 1508 (*ibid.* P 207, 10). — *Moulvorin,* 1568 (*ibid.* P 181, 15).

Vaunoise, anc. faubourg, c^ne de Nesle-le-Repons.

Vaure (La), affl. du ruiss. des Auges; arrose les

finages de Pleurs et de Vaurefroy. — *La Vaure ou Pleurre*, 1860 (Cornet-Paulus).

Vaunéal, f. c^ne du Châtelier.

Vaurefroy, c^on de Fère-Champenoise. — *Vallis Roffridi*, 1130 (cart. de S.-Martin d'Épernay, p. 125). — *Valrainfroit*, v. 1222 (livre des vass. de Champ.). — *Vaureffroy*, 1366 (arch. nat. Q¹ 681¹, f° 215 v°). — *Vaurefroy*, 1367 (ibid. f° 25 v°). — *Vaufroy, Vaulefroy*, 1633 (lieux régis par la cout. de Vitry). — *Vaurrefroy*, 1734 (arch. nat. Q¹ 681). — *Vorrefroy*, xviii° siècle (Cassini).

En 1789, Vaurefroy faisait partie de l'élection de Châlons et suivait la coutume de Vitry. Comme encore aujourd'hui, il dépendait, au spirituel, de la paroisse de Connantray.

Vauremont, h. c^ne de Germaine. — *Vallis Remundi*, 1303-1312 (arch. adm. de Reims, t. II, p. 1123). — *Vauraimont*, v. 1340 (hist. de la maison de Châtillon, p. 248). — *Vallis Remondi*, 1346 (arch. adm. de Reims, t. II, p. 1122). — *Vaulremont*, 1534 (arch. nat. P 162, 204). — *Vauremont*, 1629 (ibid. P 191, 7). — *Vauroinont*, xviii° s^e (Cassini).

Vauremont, f. détr. c^ne de Grauves. — *La maison de Vauraimont*, 1400 (arch. nat. P 182, f° 297 v°). — *Vauremont*, 1493 (ibid. P 181, 90). — *Il y a [à Graulve] une maison, grange, estables, ... appellé la maison de Vaulremont*, 1573 (ibid. P 181, 116).

Vaureny, lieu-dit, c^ne de Mourmelon-le-Petit.

Vaureveuil, fief, c^ne de Mailly. — En 1388, Lambert Péchié du Bricot, écuyer, seigneur de Dugny et de Sillery, avoue tenir en fief de l'abbaye de Saint-Basle «quatre-vings arpens de bois ou environ «séans les diz bois *ou terroir de Dugny*, ou lieu dit «*Valresvueur*, tenant aux battiz de Mailly d'une «part, et aux boiz du chapitre de Reims d'autre «part» (Saint-Basle, c. 31). — *En lieudit Vaulx-Reveil*, 1510 (ibid.). — *Le fief de Vaureveuil*, 1495 (ibid.).

Vauroisy, lieu-dit, c^ne de Pontfaverger.

Vausillons (Les), fief, c^ne de Rilly-la-Montagne. — *Terra nostra de Vauzillon*, 1217 (S.-Remy, l. 144 et 411). — *Wausillon*, 1352 (arch. nat. P 181, 31). — *Vaucillon*, 1393 (ibid. P 182, f° 62 v°). — *Vauxillon*, 1603 (ibid. P 162, 232). — *Vauzillon*, 1629 (ibid. P 191, 7).

Vautes (Les), aub. c^ne de Muizon. — *Les Vaules*, 1475 (arch. lég. de Reims, statuts, t. I, p. 806). — *Les Voutes*, xviii° siècle (Cassini). — *Les Grandes-Votes*, 1847 (lieux habités).

Vautes (Les Petites-), m^oo isolée, c^ne de Muizon. — *Les Petites-Votes*, 1847 (lieux habités).

Vautigny (Le Fond de), lieu-dit, c^ne de Cauroy-lez-Hermonville.

Vaux, f. c^ne de Chaudefontaine. — *Le Vaulx de Chaudefontaine, le Val de Chaudefontaine*, 1396 (arch. nat. P 183, 107). — *La terre, seigneurie et faubourgs de Vaux, scituez dans la paroisse de Chaudefontaine*, 1764 (ibid. Q¹ 661).

Vaux, ch. à Sainte-Menehould. — *La maison que on dit Vaulx lez Sainte-Maneholt*, 1396 (arch. nat. P 183, 107). — *Vaulx lès Saincte-Menholt*, 1512 (ibid. P 162, 313).

Vaux, anc. écart, c^ne de Vitry-le-Brûlé. — *Johannes de Vallibus juxta Vitriacum*, v. 1200 (S.-Pierre-aux-Monts, c. 27). — *Vaulx dessoubz Vittry*, 1460 (arch. nat. P 179, 69). — *Le fief de Vaulx-sur-Marne, Vaulx-leiz-Victry*, 1508 (ibid. P 207, 5). — *Le fief de Vaux-sur-Marne lez Victry*, 1662 (ibid. P 217, 84).

Vaux-de-Bard, fief, c^ne de Trécon. — *Le fief de Vaux de Barre, près Trécon*, 1673 (arch. nat. Q¹ 681). — *Les Vaudebars*, 1734 (ibid.).

Vaux-Varennes, h. c^ne de Bouvancourt. — *Villa de Vallibus*, 1269 (cart. de S.-Thierry, f° 294 r°). — *Vaus c'on dit delès Vantelai*, v. 1274 (arch. nationales, J 202, 45). — *Territorium Vallium*, xiii° siècle (cort. de S.-Thierry, f° 165 r°). — *Vaux, Valles*, 1303-1312 (arch. adm. de Reims, t. II, p. 1059). — *Vous*, 1346 (ibid. t. II, p. 1061). — *Vaux lez Bouvencort*, 1392 (arch. nat. P 181, 133). — *Vaulx*, 1394 (ibid. P 181, 31). — *Vaax-Varenne*, 1670 (ibid. P 219, 85). — *Veaux-Varenne, Vawarenne*, 1771 (ibid. Q¹ 654). — *Vauvarenne*, 1773 (ibid.). — *Vauvaraine*, xviii° siècle (Cassini).

Vavray-le-Grand, c^on d'Heiltz-le-Maurupt. — *Wavoreium*, 1028 (S.-Pierre-aux-Monts, c. 1). — *Wavreia villa*, 1043 (ibid.). — *Wavreium*, 1092 (ibid.). — Major *Wavreium*, v. 1159 (Ulmoy). — *Wavereium*, 1176 (ibid.). — *Vavré*, fin du xii° siècle (Ulmoy). — *Waveri*, 1217 (Barthélemy, canton de Ville-sur-Tourbe, p. 61). — *Wavri*, 1220 (Cheminon, c. 9). — *Waugretum*, 1228 (liber pontificum, f° 366 v°). — *Inter duo Wavreyum*, 1240 (S.-Pierre-aux-Monts, c. 3). — *Wavreium Magnum, Waveri-le-Grant*, 1255 (ibid. c. 20). — *Wavrei-le-Grant*, 1257 (ibid.). — *Vavrey*, 1261 (Ulmoy). — *Waerium*, 1270 (S.-Pierre-aux-Monts, c. 36). — *Warreium*, v. 1275 (liber pontificum, f° 366 v°, rubrique). — *Vavreyum*, 1286 (chap. de Châl. a. 2, l. 3). — *Wavrey-le-Grant*,

les II Wavrez, II Wavrez, 128. (arch. nat. Q¹ 668¹).
— *Vavré*, 1314 (S.-Pierre-aux-Monts, c. 27). —
Wavré-le-Grant, 1322 (*ibid.*). — *Wavry-le-Grant*,
1382 (*ibid.*). — *Wauvrey-le-Grant*, 1392 (arch.
nat. P 178, 112). — *Waverey-le-Grant*, 1484 (*ibid.*
P 161, 220). — *Le Grand Weavray*, 1485 (*ibid.*
P 161, 45). — *Wavré*, 1509 (*ibid.* P 184, 78).
— *Le Grant Vauvray*, 1511 (ibid. P 161, 67). —
Vavray, 1522 (*ibid.* P 166, 393). — *Vavréy*, 1525
(ibid. P 166, 396). — *Vauvray-le-Grand*, 1546
(*ibid.* P 161, 106). — *Vaulvray-le-Grand*, 1604
(*ibid.* P 179, 141 *bis*). — *Vavry*, 1641 (*ibid.*
P 216, 82). — *Les Vavereiz*, 1699 (*ibid.* Q¹ 666).
— *Le Petit et le Grand Vaveret*, 1722 (*ibid.* P 223,
189). — *Grand Vavray*, XVIII° siècle (Cassini).
  Vavray-le-Grand était compris, en 1789, dans
l'élection et suivait la coutume de Vitry. Son église
paroissiale, diocèse de Châlons, doyenné de Vitry-
le-Brûlé, était consacrée à saint Sulpice; l'abbé de
Saint-Pierre-aux-Monts présentait à la cure.
VAVRAY-LE-PETIT, c°° de Thiéblemont. — *Minor Wavreium*, 1153-1161 (Ulmoy). — *Wavreium Parvum*,
1240 (Cheminon, c. 1). — *Wavrei-le-Petit*, 1255
(S.-Pierre-aux-Monts, c. 20). — *Wavri, Wavrey-
le-Petit*, 1295 (*ibid.*). — *Wavré-le-Petit*, 1306
(*ibid.* c. 27). — *Parvum Wavreyum*, 1313 (*ibid.*).
— *Wavry-le-Petit*, 1394 (*ibid.*). — *Le Petit Wavrey*,
1443 (évêché de Chål. c. 3). — *Vavré-le-Petit*,
1476 (arch. nat. P 162, 270). — *Vouavré-le-Petit*,
1484 (*ibid.* P 161, 106). — *Le Petit Wavré*,
1509 (*ibid.* P 179, 88). — *Vauvray-le-Patit*, 1546
(ibid. P 161, 106). — *Vauvray-le-Pelit*, 1547
(*ibid.* P 162, 348). — *Vavray-le Petit*, 1586
(*ibid.* P 166, 434). — *Vaulvray-le-Petit*, v. 1605
(*ibid.* P 179, 88). — *Vavray-le-Petit*, 1633
(lieux régis par la cout. de Vitry). — *Petit Vaverey*,
XVIII° siècle (Cassini).
  En 1789, Vavray-le-Petit faisait partie de l'é-
lection et suivait la coutume de Vitry. Son église
paroissiale, diocèse de Châlons, doyenné de Vitry-
le-Brûlé, était dédiée à saint Patrice; l'abbé de Saint-
Pierre-aux-Monts présentait à la caro.
VAVRELLE (LA BASSE-), f. c°° de Sivry-sur-Ante. —
*La maison de la Petite Wavreille séant en ban de
Sivry*, 1366 (arch. nat. P 183, 20). — *La
place de la maison de la Basse Wavreilles*, 1389
(*ibid.* P 183, 26). — *Le fief de la Basse Vavreille*,
1689 (*ibid.* P 195, 37). — *La Basse Vauvrelle*,
XVIII° siècle (Cassini). — *F™ de la Basse*, 1838 (état-
major). — *La Basse-Vavrille*, 1860 (Cornet-Paulus).
VAVRELLE (LA HAUTE-), f. détr. c°° de Sivry-sur-Ante.
  — *La Grant Wavreille*, 1366 (arch. nat. P 184,

20). — *La maison de la Haulte-Wavreille*, 1419
(*ibid.* P 184, a).
VAVRELLES (LES), bois, c°° de Comblizy. — *Les bois
du lieu dit Waverelles*, 1511 (arch. nat. P 181, 1).
  — *Oudit terroir de Coublizy, une forest nommée
les Waverelles*, 1515 (ibid. P 181, 4).
VAVRY, lieu-dit, c°° d'Oger.
VAAU-NOXÉ (RU DU), affl. de l'Auve; arrose le finage de
Saint-Mard-sur-Auve.
VEILLARZY, lieu-dit, c°° de Cernay-en-Dormois.
VEISERIES (LES), lieu-dit, c°° de Saint-Remy-en-Bou-
zemont.
VELIS, lieu-dit, c°° du Fresne.
VELISIÈRE (LA), c°° d'Épernay.
VELYS, c°° de Vertus. — *Veleis*, v. 1252 (arch. nat.
J 193, 56). — *Velix*, 1616 (ibid. P 189, 56). —
Velie, XVIII° siècle (Cassini).
  En 1789, Velye faisait partie de l'élection de
Châlons et suivait la coutume de Vitry. Son église
paroissiale, diocèse et doyenné de Châlons, était
dédiée à saint Jean-Baptiste; le chapitre de Notre-
Dame-en-Vaux présentait à la cure.
VENDIÈRES, moul. détr. c°° de Courlandon. — *Malen-
dinum de Venderia*, 1156 (cart. d'Igny, f° 10 r°).
  — *Molendinum de Venderiis inter Brolium et Col-
landon*, 1234 (cart. de Saint-Remy de Reims,
p. 124). — *Le moulin de Vendieres*, 1302 (S.-
Denis de Reims, l. V). — *Les ventaus de Vendieres*, 1323 (cart. d'Igny, f° 82 r°). — *Le molin de
Vendeires, séant au-dessous de l'abbaye d'Ormont*,
1352 (S.-Denis de Reims, l. Courlandon). — *Le
lieu appellé la Maison de l'Asne, autrement nommé
le moulin de Vandières*, 1776 (arch. nat. Q¹ 654).
VENISS, f. c°° de la Neuville-au-Pont.
VENISE, une des anciennes mairies de Reims. — *La
mairie de Venice*, 1433 (arch. nat. Q¹ 656). — *La
mairie de Venise*, 1573 (*ibid.*).
VENTS (BOIS DE LA), c°° d'Aougny.
VENTEAUS (LES), h. c°° de Montigny-sur-Vesle. — *Ventalli molendini de Voisin*, 1220 (cart. d'Igny,
f° 58 v°). — *In territorio de Brolio desuper les Ventaus*, 1252 (ibid. f° 65 v°). — *Le molin aus Venteaus*,
1311 (ibid. f° 80 v°). — *Les ventaux de Voysins*,
molendinum de Ventallis, 1323 (ibid. f° 82 r°). —
Le moulin des Ventaulx près de Jonchery, 1475
(arch. lég. de Reims, statuts, t. I, p. 806). — *Le
moulin des Ventaus*, 1554 (chap. de Reims, c. 20).
  — *Le moulin des Vantaux*, 1776 (arch. nat.
Q¹ 654).
VANTS-JOLIE (LA), f. c°° de Verdon (Cassini).
VENTELAY, c°° de Fismes. — *Ventilais*, v. 877 (miracula
S. Dionysii, l. III, c. 5). — *Ventelaium*, comm.

du xi° siècle (polypt. de S.-Remy de Reims). —
Gentiliacus vicus [lis. *Ventiliacus*], 1032 (cart. de
S.-Martin d'Épernay, p. 113). — *Ventilaium*, 1082
(Du Plessis, hist. de l'égl. de Meaux, t. II, p. 12).
— *Ventiliacum*, 1123 (arch. adm. de Reims,
t. I, p. 275). — *Ventilacus*, 1130 (cart. de S.-Martin
d'Épernay, p. 124). — *Ventileium*, 1148 (*ibid.* f° 1,
p. 321). — *Ventelai*, 1160 (S.-Thierry, c. 7,
l. 50). — *Vantelai*, v. 1222 (livre des vassaux
de Champ.). — *Venteliacum*, 1260 (cart. d'Igny,
f° 113 v°). — *Vantelay*, v. 1300 (extenta Camp. Châtillon). — *Ventheleyum*, 1303-1312 (arch. adm.
de Reims, t. II, p. 1057). — *Venthelay*, 1392
(arch. nat. P 181, 133). — *Vantelets*, 1683 (*ibid.*
P 220, 32). — *Vantelay*, 1738 (*ibid.* P 230, 61).
— *Ventelet*, 1761 (S.-Thierry, c. 3, l. 11).

En 1789, Ventelay était compris dans l'élection
de Reims et suivait la coutume de Vitry. Son
église paroissiale, diocèse de Reims, doyenné
d'Hermonville, était dédiée à saint Remy; l'archevêque de Reims présentait à la cure.

VENTEUIL, c°° d'Épernay. — *Ventoilum*, comm. du
xi° siècle (polypt. de S.-Remy de Reims). — *Ven-
tolium*, 1201 (cart. B du chap. de Reims, f° 555 v°).
— *Venteuil*, xiii° siècle (Amour-Dieu). — *Wan-
teuil*, *Vanteuil*, v. 1300 (extenta Campanie, Châ-
tillon). — *Ventheul*, 1447 (arch. nat. P 181, 158).
— *Venthueil*, *Ventheuil*, *Vantheuil*, 1511 (*ibid.*
P 181, 1). — *Vanteuil*, 1519 (*ibid.* P 162, 122).
— *Ventheuil-sur-Marne*, 1538 (*ibid.* P 162, 135).
— *Vantelium*, 1571 (arch. lég. de Reims, statuts,
t. II, p. 771). — *Vanteul*, 1603 (arch. nat.
P 162, 183). — *Venteul-sur-Marne*, 1631 (*ibid.*
P 167, 31). — *Ventheuil*, 1680 (*ibid.* Q¹ 674).

Venteuil faisait partie, en 1789, de l'élection
et suivait la coutume de Vitry. Son église paroissiale,
diocèse de Soissons, doyenné de Châtillon, était
consacrée à sainte Geneviève; le chapitre de l'église
cathédrale de Soissons présentait à la cure.

VER (RU DE), affl. de la Suippe; arrose le territoire de
Warmeriville.

VERBERY, lieu-dit, c°° de Brouillet.

VERDERIE (LA), lieu-dit, c°° de Corrobert.

VERDEY, c°° de Sézanne. — *Verdi*, *Verdeium*, v. 1252
(arch. nat. J 195, 96). — *Verdeyum*, *Verdy*,
1294 (Montier-la-Celle, l. 33). — *Verdé*, 1349
(S.-Julien de Sézanne, c. 4 *bis*). — *Verdey*, 1367
(Montier-la-Celle, l. 33). — *Verdé-lez-Sézanne*,
1392 (*ibid.*). — *Verdet*, 1493 (*ibid.*).

Verdey était compris, en 1789, dans l'élection
de Sézanne et suivait la coutume de Meaux. Son
église paroissiale, diocèse de Troyes, doyenné de

Sézanne, était dédiée à saint Quentin; l'évêque de
Troyes en avait la collation.

VERDON, c°° de Montmirail. — *Verdon*, 1162 (Andecy). — *Vardon*, 1171 (*ibid.*). — *Vardun*, 1200
(arch. nat. KK 1064, f° 240 r°). — *Verdun*,
v. 1222 (livre des vass. de Champ.). — *Wardon*,
v. 1300 (extenta Campanie, Château-Thierry). —
Vuardon, 1553 (cart. de Coincy, p. 588).

Verdon faisait partie, en 1789, de l'élection de
Château-Thierry et suivait la coutume de Vitry. Son
église paroissiale, diocèse de Soissons, doyenné
d'Orbais, était consacrée à saint Maclou; les religieux d'Orbais présentaient à la cure.

VERDONCEL, h. détr. c°° de Verdon. — *Vardoncel*,
1399 (arch. nat. P 180, 100).

VERDONNELLE (LA) ou RUISSEAU DE LA FONTAINE-NOIRS,
riv. affl. de la Dhuys; prend naissance sur le finage
de Champaubert-la-Bataille, arrose les finages de
Margny et de Verdon, et entre ensuite dans le département de l'Aisne où il joint la Dhuys sur le territoire de Montigny-lez-Condé. — *Ru de Verdon*,
1464 (cart. de Coincy, p. 545). — *Ru du Vuardon*,
1553 (*ibid.* p. 588). — *Rivière de Verdon*, 1832
(état-major).

VERGER (LE), fief, c°° d'Allemant. — *Au terroir dudit
Allemans y a un fief appelé le Verger*, 1606 (arch.
nat. P 178, 98). — *Le fief du Verger, à Allemand*,
1774 (*ibid.* Q¹ 678).

VERGOMBAULT, anc. loc. voisine de Louvois. — *Vergombault*, 1629 (arch. nat. P 191, 7).

VERMANDOIS (LE), anc. lieu-dit, c°° de Sermiers, près
de Cosson. — *Les grosses dixmes du dit lieu* [*de
Cosson*] *dans toute l'étendue du terroir qu'on appelle le Vermandois*, 1715 (revenus de S.-Nicaise,
t. I, p. 67).

VERMOULIN (LE), lieu-dit, c°° de Condé-sur-Marne.

VERNANCOURT, c°° d'Heiltz-le-Maurupt. — *Warnan-
cort*, 1131-1149 (chap. de Châl. a. 4, l. 21). —
Warnocourt, 1217 (la Neuville, c. 5). — *Warnencurt*, 1223 (*ibid.* l. 8). — *Varnancourt*, 1244
(S.-Pierre-aux-Monts, c. 18). — *Warnancuria*,
1303 (*ibid.* c. 19). — *Warnencourt*, 1373 (chap.
de Châl. a. 6, l. 64). — *Warnancuria*, 1400
(Hautefontaine, c. 1). — *Warnancourt*, 1403
(chap. de Reims, l. 39). — *Vernancuria*, 1405
(pouillé du dioc. de Châl. f° 77 v°). — *Vernencourt*,
1508 (arch. nat. P 207, 7). — *Vernencuria*,
1542 (taxe du dioc. de Châl. p. 229). — *Varnencourt*, 1572 (arch. nat. P 183, 9). — *Vernemcour*
1722 (*ibid.* P 223, 300). — *Vernencurtis*, 1755
(chap. de Châl. a. 1, l. 56).

Vernancourt faisait partie, en 1789, de l'élection

de Châlons et suivait la coutume de Vitry. Son église paroissiale, diocèse de Châlons, doyenné de Possesse, était consacrée à saint Martin; le chapitre de l'église cathédrale de Châlons présentait à la cure.

Vernauxfays, f. c^{ne} d'Éclaires. — *Bois de Vernaufays* [bois], xviiie siècle (Cassini). — *Vernaux-Faya*, 1838 (état-major). — *Vernonfays*, 1860 (Cornet-Paulus).

Vernay, lieu détr. et bois, c^{ne} de Nanteuil-la-Fosse. — *Nemus quod ad Nantolium pertinet*, 1120 (S.-Denis de Reims, l. Vernay). — *Un bos que on dit de Vernai*, 1335 (*ibid.*). — *Les bois de Vernay*, 1352 (*ibid.* P 182, 254). — *Le Vernay*, 1387 (chap. de Reims, l. 45). — *Vernay in Montana Remensi*, avant 1400 (nécrol. de l'égl. de Reims, p. 67, 68).

Varneau, f. c^{ne} de Châtrices. — *Vernou*, 1128 (S.-Remy de Reims, l. 59). — *Altare de Vernou*, 1138 (cart. B de S.-Remy de Reims, p. 75). — *Ecclesia de Vernol*, 1154 (arch. adm. de Reims, t. I, p. 330). — *Verno*, 1197 (Châtrices). — *In atrio de Veteri Vernou*, 1206 (S.-Remy de Reims, l. 395). — *Vernauld*, 1847 (lieux habités). — *Vernault*, 1860 (Cornet-Paulus).

Verneuil, c^{ne} de Dormans. — *Vernolium*, 1135 (Du Plessis, hist. de l'égl. de Meaux, t. II, p. 28). — *Vernoilum*, 1138 (cart. de S.-Jean-des-Vignes, f° 33 r°). — *Vernoil*, 1148 (arch. adm. de Reims, t. I, p. 321). — *Vernolum*, 1159 (cart. d'Igny, f° 17 r°). — *Vernuel*, 1207 (Longau, c. 4). — *Vernueil*, v. 1222 (livre des vass. de Champ.). — *Vernuiel, Vernuoil*, v. 1274 (arch. nat. J 202, 45). — *Vernueil-sur-Marne, Verneuil, Vernueull*, 1388 (*ibid.* P 180, 116). — *Verneil-sur-Marne, Ve[r]neul*, 1394 (*ibid.* P 208, 6). — *Ve[r]nueil-sur-Marne*, 1395 (*ibid.* P 162, 51). — *Vernieil-sur-Marne*, 1412 (*ibid.* P 162, 167). — *Vernoil lez ledit Vincelles*, 1457 (*ibid.* P 161, 199). — *Verneul*, 1461 (*ibid.* P 162). — Haut et Bas *Verneuil*, 1860 (Cornet-Paulus, p. 228).

En 1789, Verneuil était compris dans l'élection d'Épernay et suivait la coutume de Vitry. Son église paroissiale, diocèse de Soissons, doyenné de Châtillon, était dédiée à saint Martin; l'évêque de Soissons présentait à la cure.

Verneuil (Bas-), h. c^{ne} de Verneuil.

Verneuil (Haut-), h. c^{ne} de Verneuil.

Véronnerie (La), lieu-dit, c^{ne} de Montmort.

Verpignon (Le), f. c^{ne} de Ventelay. — *Verpignan*, xviiie siècle (Cassini). — *Le Vert-Pignon*, 1847 (lieux habités). — *Verpignon*, 1860 (Cornet-Paulus).

Verpillière (La), f. c^{ne} de Saint-Chéron. — *La Verpillière*, xviiie siècle (Cassini). — *La Varpilière*, *Verpilliers*, 1660 (Cornet-Paulus).

Verpis ou de la Couture (Ruisseau de), c^{ne} de Prouilly.

Verberie (La), f. c^{ne} de Cheminon-la-Ville. — *Le gaignaige de la Verrerye*, 1547 (Cheminon, c. 1). — *La cense de la Verrerye-lez-Cheminon*, 1597 (*ibid.*). — *Verrerie*, xviiie siècle (Cassini).

Varrkate (La), verrerie et tourb. c^{ne} de Coizard-Joches. — *La Verrerie de Saint-Gond*, 1847 (lieux habités). — *La Verrerie-Saint-Gond*, 1860 (Cornet-Paulus).

Verseria (La), lieu-dit, c^{ne} de Rieux.

Verrières, c^{ne} de Sainte-Menehould. — *Veriers*, 1132 (dioc. auc. de Châl. t. II, p. 445). — *Verreriæ*, 1140 (Montiers, c. 1). — *Verrieres*, v. 1222 (livre des vass. de Champ.). — *Verreres*, 1248 (liber pontif. f° 462 v°). — *Verieres*, 1651 (évêché de Châl. c. 9). — *La Verrière*, 1687 (arch. nat. P 167, 357). — *Verrier*, 1700 (*ibid.* P 222, 179). — *Verrière*, 1702 (*ibid.* P 223, 19). — *Verrières*, 1722 (*ibid.* P 223, 265).

En 1789, Verrières faisait partie de l'élection de Sainte-Menehould et était régi par la coutume de Reims. Son église paroissiale, diocèse de Châlons, doyenné de Sainte-Menehould, était consacrée à saint Didier; l'abbé de Montiers-en-Argonne présentait à la cure.

Verzeil, f. c^{ne} de Margerie. — *Verszuel, Verszuel*, 1135 (Andecy, c. 9). — *Capella de Verzol*, 1175 (arch. de l'Aube, G 650). — *Verzeoil*, 1196 (Andecy, c. 9). — *Verzeolum*, 1222 (arch. nat. KK 1164, f° 386 r°). — *Vercieil*, v. 1274 (*ibid.* J 202, 45). — *Verseuil*, xviiie siècle (Cassini). — *Verset*, 1862 (Guérard, p. 601).

Vertbois (Le), fief, à Grauves. — *Le fief du Vertbuys assis en ladicte seigneurie [de Graulve]*, 1573 (arch. nat. P 181, 116).

Vartes-Voies (Les), f. c^{ne} de Sainte-Menehould. — *Vertevoies*, xviiie siècle (Cassini).

Vert-la-Gravelle, c^{ne} de Vertus. — *Villa quæ dicitur Verna, in pago Vertudense*, v. 818 (Flodoard, l. II, c. 19). — *Vadum sub Tolone*, 1124-1130 (cart. d'Oyes, f° 19 v°). — *Vere*, comm. du xiiie s^e (cart. de N.-D. de Paris, t. I, p. 145). — *Ver lez la Gravelle*, 1508 (arch. nat. P 207, 12). — *Vert*, 1605 (*ibid.* P 190, 56). — *Verd*, 1633 (lieux régis par la cout. de Vitry). — La Gravelle est le nom d'un écart de la c^{ne} de Vert.

En 1789, Vert-la-Gravelle était compris dans l'élection de Châlons et suivait la coutume du Vitry. Son église paroissiale, diocèse de Châlons, doyenné de Vertus, était dédiée à saint Pierre ; le prieur de Gaye présentait à la cure.

VERTUELLE, f. c^{ne} de Louvois. — *Fons certusque locus*... qui *Virtus dictus jacet ad* tria millia passus [du monastère d'Avenay], xi° siècle (office de Sainte-Berthe, apud Bolland. t. I, maii, p. 112). — *In alia* [villa] *que vocular Virtuella*, 1178 (S.-Basle, c. 2, l. 25). — *Vertuele*, 1208 (S.-Remy, l. 411). — *Vertueil*, v. 1300 (extenta Campanie, Louvois). — *Vertuelle*, 1352 (arch. nat. P 181, 31). — *Vertuelles*, 1384 (ibid. P 281, 105). — *Vertuel*, xviii° siècle (Cassini).

Le nom *Vertuelle* est un diminutif du nom *Vertu* par lequel on désigna d'abord cette localité.

VERTUS, arrond. de Châlons-sur-Marne. Chef-lieu du *pagus Vertudensis*, 696 (Pardessus, diplomata, t. II, p. 238). — *Virtudis*, v. 948 (Flodoard, l. IV, c. 2). — *Villa Virtutis*, 977 (hist. des comtes de Champagne, t. I. p. 455). — *Virtuensis ecclesia*, 111. (Gall. christ. t. X, c. 161). — *Municipium Vertudense*, 1120 (Barthélemy, essai sur les abb. du dép. de la Marne, p. 70). — *Castrum Virtutum*, 1123 (arch. adm. de Reims, t. I, p. 273). — *Rainerus, canonicus Virtuensis*, 1128 (cart. de Toussaints, f° 29 v°). — *Virtuti*, 1133 (bibl. de l'école des chartes, iv° série, t. IV, p. 185). — *Abbas Virtuacensis*, 1147-1151 (cart. de Montiers, 9905, f° 26 v°). — *Virtuense castellum*, 1163 (Vinets, c. 5). — *Virtus*, v. 1172 (fooda Campanie, n° 83). — *Vertu, Vertus, Vertuz*, v. 1222 (livre des vass. de Champ.). — *Vertus en Champaigne*, 1308 (S.-Pierre-aux-Monts, c. 6, l. 12). — *Virtudum*, 1675 (Valois, notitia Gall. p. 614).

Vertus faisait partie, en 1789, de l'élection de Châlons et suivait la coutume de Vitry. C'était le chef-lieu d'un doyenné du diocèse de Châlons, correspondant à l'ancien *pagus* ou *comitatus Vertudensis*. Son église paroissiale était consacrée à saint Martin ; l'abbé de Notre-Dame de Vertus présentait à la cure.

VERTUS (BOIS DE), forêt, c^{es} de Vertus, Soulières et Givry-lez-Loisy. — *Silva de Fageto ?* 1224 (liber principum, f° 300 v°).

VERTUS (PAYS ou COMTÉ DE), l'une des divisions de la *civitas Catalaunorum* à l'époque franque ; elle devait son nom à la ville de Vertus qui en était le chef-lieu. — *Pagus Vertudensis*, 696 (Pardessus, diplomata, t. II, p. 238). — *Pagus Vertudisis*, 813 (Gallia christ. t. XIV, col. 18). — *Pagus Virtudensis*, 844 (cart. du chantre Guérin, f° 6 v°). — *Virtudisus*, 853 (capitul. de Servais).

Le *comitatus Virtudensis*, annexé dès 977 aux états

des comtes de Troyes, plus tard comtes de Champagne, en fut détaché en 1361 par le roi Jean pour former un nouveau comté de Vertus qui subsista jusqu'à la Révolution et qui, outre les châtellenies de Vertus et de Moymer (aujourd'hui Mont-Aimé), comprenait aussi les châtellenies de Rosnay (au diocèse de Troyes) et de la Ferté-sur-Aube (au diocèse de Langres).

VERTUS (RU DE), affl. de la Berle ; arrose les fioages de Voipreux et de Vertus.

VERZENAY, c^{on} de Verzy. — *Virdunacus*, 849-857 (Hincmariopera, t. II, p. 839). — *Vercenaium*, 1215 (cart. de S.-Nicaise, f° 81 r°). — *Verzenaium*, 1218 (cart. B du chapitre de Reims, f° 651 v°). — *Verzenai*, 1223 (S.-Basle, l. 27). — *Verdenai*, v. 1252 (arch. nat. J 202, 47). — *Verdenaium*, v. 1260 (nécr. de l'égl. de Reims, p. 68). — *Verzeneium, Versenaium*, 1271 (S.-Basle, l. 31). — *Verzena*, 1274 (ibid. c. 8). — *Versenai*, 1293 (ibid. l. 27). — *Verdenay*, 1346 (arch. adm. de Reims, t. II, p. 111). — *Vrezenay*, 1385 (arch. nat. P 30).

Verzenay était compris, en 1789, dans l'élection et suivait la coutume de Reims. Son église paroissiale, diocèse de Reims, doyenné de Vesle, était consacrée à saint Pierre ès Liens ; le tournaire du chapitre métropolitain présentait à la cure.

VERZET, f. c^{ne} de Reims-la-Brûlée. — *Virziacum*, 1122-1126 (S.-Pierre-aux-Monts, c. 20). — *Verziacum*, 1141 (Gall. christ. t. X, c. 172). — *Verzeium*, 1173 (cart. de Châlons, copie Gaignières, p. 80). — *Verzei*, 1174 (Moncetz, c. 3). — *Verzi*, 1213 (Cheminon, c. 20). — *Verset*, 1633 (lieux régis par la cout. de Vitry).

VERZY, arr. de Reims. — *Virisiacus, Viriziacus vicus*, v. 948 (Flodoard, l. II, c. 1 et 3). — *Virziacum*, 956 (Marlot français, t. II, p. 836). — *Viridiacum*, 1090 (S.-Basle, c. 1, l. 1). — *Verzi*, (Vinets, c. 5). — *Verzeium*, 1167 (dioc. anc. de Chât. t. II, p. 400 ; on a imprimé *Verreium*). — *Villa que vocatur Verziaca*, 1171 (S.-Basle, l. 25). — *Verziacum*, 1198 (cart. † de l'archev. de Reims, f° 29 v°). — *Verdi subtus Sanctum Basolum*, v. 1252 (arch. nat. J 202, 47). — *Verseium*, 1267 (S.-Basle, l. 28). — *Versi*, 1346 (ibid. l. 12). — *Versey*, 1400 (arch. nat. P 182, f° 81 v°). — *Vresy*, 1456 (ibid. Q¹ 655 ; S.-Basle). — *Vrezy*, 1542 (S.-Basle, c. 10). — *Vierzy*, 1608 (ibid. l. 46).

Verzy faisait partie, en 1789, de l'élection et suivait la coutume de Reims. Son église paroissiale, diocèse de Reims, doyenné de Vesle, était dédiée à Notre-Dame; l'abbé de Saint-Basle de Reims présentait à la cure.

Vésigneul-sur-Coole, c^on d'Écury-sur-Coole. — *Visinolium*, 1131-1142 (cart. de Touss. f° 15 r°). — *Vezigneul*, 1187 (cart. d'Huiron, p. 212). — *Visinol*, 1188 (Vinets, c. 5). — *Wisenol, Visenol*, 1188 (*ibid.* c. 2, cartul.). — *Visignuel*, 1225 (Touss. c. 14). — *Visignolium, Visignuel en Champaigne*, 1250 (Cheminon, c. 1). — *Vesinol, Veseinol*, XIII° siècle (cart. de Cheminon, f°° 14 et 35 r°). — *Vesignuel-sur-Coole*, 1348 (Vinets, c. 5). — *Vezigneul-sur-Coole*, 1366 (arch. nat. Q¹ 681, f° 67 v°). — *Vezineul*, 1406 (Touss. c. 14). — *Vezigneulx*, 1570 (*ibid.* c. 16). — *Vessigneux*, 1605 (arch. nat. P 190, 56, f° 1 v°). — *Vesigneu*, 1626 (*ibid.* P 215, 36). — *Vezinieux*, 1728 (lieux régis par la cout. de Châl.). — *Vesigneux*, 1734 (arch. nat. Q¹ 681).

En 1789, Vésigneul-sur-Coole était compris dans l'élection de Châlons et suivait la coutume de Vitry. Son église paroissiale, annexe de celle de Faux-sur-Coole, diocèse et doyenné de Châlons, était consacrée à saint Étienne.

Vésigneul-sur-Marne, c^ne de Marson. — *Vesinuel*, 1153-1161 (cart. A. de S.-Remy, p. 639). — *Visiniolum*, 1197 (dioc. anc. de Châl. t. I, p. 365). — *Visinoil*, 1213 (S.-Pierre-aux-Monts, c. 12). — *Vesignuel-sur-Marne*, 1240 (Cheminon, c. 1). — *Vesignol*, 1253 (cart. A de Saint-Remy, p. 637). — *Vesignolium, Vezignuel*, 128. (arch. nat. G 668¹). — *Vesignuel qui siet delès Poigney*, 1302 (chap. de Châlons, arm. 6, l. 54). — *Vezinuel super Maternam*, 1348 (S.-Pierre-aux-Monts, c. 13). — *Vesigneuil*, 1349 (chap. de Chal. arm. 1, l. 45). — *Vizegneuil*, 1374 (S.-Pierre-aux-Monts, c. 13). — *Visegneul*, 1376 (chap. de Châl. a. 1, l. 45). — *Vessigneul*, 1384 (arch. adm. de Reims, t. III, p. 668). — *Vezignolium*, 1405 (pouillé de Châl. f° 74 r°). — *Vezignuel-sur-Marne*, 1464 (évêché de Châl. c. 16). — *Vizigneul*, 1487 (S.-Pierre-aux-Monts, c. a). — *Vezigneul-sur-Marne*, 1464 (évêché de Châl. c. 16). — *Vesigneul*, 1552 (S.-Pierre-aux-Monts, c. 13). — *Vesigneulx-sur-Marne*, 1782 (évêché de Châl. c. 7). — *Vésigneux-sur-Marne*, XVIII° siècle (Cassini).

En 1789, Vésigneul-sur-Marne faisait partie de l'élection et suivait la coutume de Châlons. Son église paroissiale, diocèse de Châlons, doyenné de Bussy-le-Château, était dédiée à saint Nicolas; l'évêque de Châlons présentait à la cure.

Vesle (La), riv. affl. de l'Aisne; prend naissance à Sommevesle, passe à Reims et sort du département

après avoir traversé Fismes; elle se jette dans l'Aisne à Condé-sur-Aisne (Aisne). — *Vitula*, v. 850 (polypt. de S.-Remy). — *Vidula*, v. 948 (Flodoard, l. II, c. 7). — *Vidola*, v. 1220 (Guill. le Breton, Philippide, l. IX). — *Veele*, 1324 (arch. adm. de Reims, t. III, p. 380). — *Velle*, 1328 (ibid. t. III, p. 547). — *Vaella*, 1337 (*ibid.* t. II, p. 777). — *Veesle*, 1384 (arch. nat. P 28, 27). — *Vêle*, XVIII° siècle (Cassini).

Vesle (Doyenné de), l'un des dix doyennés de l'archidiaconé de Champagne au diocèse de Reims. — *Decanatus de Vidula*, 1346 (Varin, arch. adm. de Reims, t. II, p. 1116). — *Doyenné de Veele*, 1363 (*ibid.* t. III, p. 279).

Vesla, h. c^ne de Fismes.

Vesserie (La), lieu-dit, c^ne de Festigny-les-Hameaux.

Veuve (La), c^on de Châlons-sur-Marne. — *Vidua*, 865 (cart. du chantre Guérin). — *Domus canonicorum Vidue*, 1132 (dioc. anc. de Châl. t. I, p. 395). — *Lovere*, 1189 (Vinets, c. 4). — *Vova*, v. 1222 (livre des vass. de Champ.). — *La Trinité de la Veve*, 1257 (arch. nat. J 198, 101). — *La Vefve*, 1369 (S.-Monge, 8). — *La Vesve*, 1375 (arch. nat. Q¹ 673). — *La Wuefve*, 1380 (chap. de Reims, l. Vauclerc). — *La Veufve*, 1503 (Barthélemy, hist. de Châl. p. 47). — *Laveuve*, 1804 (ann. de l'an XIII, p. 59).

La Veuve était compris, en 1789, dans l'élection et suivait la coutume de Châlons. Son église paroissiale, diocèse de Châlons, doyenné de Bussy-le-Château, était consacrée à sainte Marie-Madeleine; l'abbé de Toussaints présentait à la cure.

Veuve (Ru de la), affl. de la Marne; arrose les territoires de la Veuve et d'Aigny.

Vézier (Le), c^ne de Montmirail. — *Verzeium*, 1174 (pouillé de Troyes, p. 338). — *Verzé*, 1177 (S.-Julien de Sézanne, au dos d'une charte). — *Verzeium*, 1221 (*ibid.*). — *Verzi*, v. 1222 (livre des vass. de Champ.). — *Verziacum*, v. 1252 (arch. nat. J 195, 96). — *Vereium*, 1407 (pouillé de Troyes, 338). — *Vereyum*, 1457 (ibid. N 100). — *Vézier*, 1751 (arch. nat. Q¹ 678).

En 1789, le Vézier faisait partie de l'élection de Coulommiers et suivait la coutume de Meaux. Son église paroissiale, diocèse de Troyes, doyenné de Sézanne, était dédiée à saint Leu et à saint Gilles; l'abbé de Rebais présentait à la cure.

Vézier (Ru du), affl. du Grand-Morin; arrose le finage du Vézier.

Vianaeries (Les), lieu-dit, c^ne des Mesneux.

Vicoberncus, nom latin d'une localité disparue du comté (carlovingien) de Vertus. — *In pago Virtudense*,

villa que Vicobernus appellatur, 865 (cart. du chantre
Guérin, f° 10 r°).

Vicomté (La), f. dép. de la seigneurie de Tramery.
— *Une ferme appellée la Vicomté, consistant en
une grange, jardin, etc.*, 1753 (chap. de Reims,
l. Tramery).

Vicomté (La), mm. c°° de Verneuil.

Vicomté-des-Chevaliers (La), fief, c°° de Villeneuve-
Renneville-Chevigny. — *Le fief, terre et seigneurie
de Villeneuve, anciennement appellé la Vicomté des
Chevaliers*, 1673 (arch. nat. Q¹ 681).

Vidame (Fief du), à Allemant. — *Ung autre fief*, du
Vidame, 1375 (arch. nat. P 202, 172).

Vidame (Cesse du), c°° de Courtisols, mentionnée
en 1693 (dioc. anc. de Châl. t. I, p. 278).

Vidames (Les) ou Blamont, écart, c°° de Bussy-le-
Château (Guérard, p. 11).

Le nom de ce lieu doit être rapproché de celui
de « Château-le-Vidame » que portait jadis l'une des
forteresses assises sur les *mottes* de Bussy et mentionnées dans les aveux de la seigneurie de Bussy,
rendus au roi en 1509 et en 1516 (arch. nat. P 184,
78 et 80).

Vidames (Les), h. c°° de Tréfols. — *Ung lieu et terroir
appellé la Grange des Vidasmes, en la parraisse
dudit Treffolz*, 1547 (chap. de Sézanne, c. 7).

Vide-Bouteille, écart, c°° de Brimont (Cornet-Paulus).

Vieil-Dampierre (Le), c°° de Dommartin-sur-Yèvre. —
Ce village doit son nom de *Dampierre* à son église
paroissiale placée sous l'invocation de saint Pierre;
l'épithète *Vieil* le distingue de Dampierre-le-
Château qui, éloigné de 6 kilomètres seulement,
était, dès le milieu du XII° siècle, la résidence du
« comte de Dampierre », le plus puissant seigneur de
l'ancien comté d'Atenois. Selon toute apparence, le
Vieil-Dampierre portait primitivement le nom de
Stadunum duquel est formé celui de l'Âtenois (*pa-
gus Stadunensis*). — *Capella castri Donni Petri in
Estanneio*, 1144 (cart. de Saint-Martin-des-Champs,
LL 1351, f° 7 v°). — *Ecclesia de Valeri Dampetro*,
1147 (ibid. f° 9 r°). — *Vetus Damperre*, 1154-
1161 (cart. de Moutiers, 10946, f° 20 r°). —
Vetus Damperr. 1164-1167 (ibid. f° 7 v°). —
Vetus Dampierre, v. 1180 (ibid. f° 34 v°). —
Vetus Domnapetra, 1197 (Châtrices). — *Vetus Dam-
petra*, 1225 (cart. de Montiers, 10946, f° 38 v°). —
Le Viez-Dampierre, 1237 (Montiers, c. 4). —
Dampetra Velus, 1243 (ibid. c. 2). — *Viez-Dam-
pierre*, v. 1300 (extenta Campanie, S¹°-Menehould).
— *Le Viès-Dampierre*, 1392 (arch. nat. P 184,
94). — *Le Vielz-Dampierre*, 1414 (ibid. P 161,
15 bis). — *Le Viel-Dampierre*, 1478 (ibid. P 161,

39). — *Le Vieil-Dampierre*, 1498 (ibid. P 161,
229). — *Le Vielz-Dampierre*, 1509 (ibid. P 207,
13). — *Vielz-Dampierre*, 1538 (ibid. P 184, 94).
— *Vieil-Dampierre*, 1554 (ibid. P 162, 364). —
Vidampierre, Vidempierre, 1602 (ibid. P 183, 85).
— *Le Vieux-Dampierre*, 1662 (dioc. anc. de Châl.
t. I, p. 287). — *Vieille-Dampierre*, 1685 (arch.
nat. P 221, 51). — *Vieux-Dampierre*, 1722 (ibid.
Q¹ 661).

En 1789, le Vieil-Dampierre était compris dans
l'élection de Sainte-Menehould et suivait la coutume
de Vitry. Son église paroissiale, diocèse de Châlons,
doyenné de Possesse, était consacrée à saint Pierre
et à saint Paul; l'abbé de Châtrices présentait à la
cure.

Vieille-Affinerie (La), anc. m¹°, c°° de Baye. — *Le
molin de la Vieille-Affinerie*, 1515 (Audecy, c. 6).

Vieille-Andecy, f. c°° de Villevenard. — *Vetus Andecium*, 1131 (Andecy). — *Andeceys Velus*, XIII° s°
(ibid. c. 1, au dos d'un litre de 1225). — *La
Vieille-Andecys*, 1488 (ibid. c. 10). — *Le Viel-
Andecis*, 1515 (ibid. c. 6). — *La Vielle-Andecis*,
1526 (ibid. c. 3, f° 5 r°). — *La Vieille-Andecye*,
1547 (ibid. c. 6). — *Vieille-Andecy*, v. 1700 (ibid.
c. 4). — *Vieux-Andecy*, XVIII° siècle (Cassini). —
Vieils-Andecys, 1860 (Cornet-Paulus).

Vieille-Borde (La), lieu-dit, c°° de Pringy.

Vieille-Cense (La), lieu-dit, c°° de Venteuil.

Vieille-Cour (La), lieu-dit, c°° de Margerie.

Vieille-Cour (La), lieu-dit, c°° de Rapsécourt.

Vieille-Ferme (La), lieu-dit, c°° de Pierry.

Vieille-Fonderie (La), anc. m¹°, c°° de Baye. — *La
Vieille-Fonderie*, 1515 (Andecy, c. 6).

Vieille-Foulerie (La), lieu-dit, c°° de Bazancourt.

Vieille-Foulerie (La), lieu-dit, c°° d'Isles-sur-Suippe.

Vieille-Foulerie (La), écart, c°° de Sarcy (Cornet-
Paulus).

Vieille-Garenne (La), fief voisin de Souain. — *Le fief
de la Vieille-Garenne et Prez-Borgnet*, 1723 (arch.
nat. P 223, 171).

Vieille-Grange (La), f. détr. c°° de Troisfontaines. —
La cense de la Vieille-Grange de Troisfontaines, 1592
(Cheminon, c. 7). — *Vieille-Grange*, XVIII° siècle
(Cassini).

Vieille-Grange (La), lieu-dit, c°° de Vavray-le-Petit.

Vieille-Gré (Ru de), affl. de la Varenne; arrose le
finage d'Outines.

Vieille-Laiterie (La), lieu-dit, c°° de Malmy.

Vieille-Maison (La), lieu-dit, c°° de Pringy.

Vieille-Marne (La), nom que porte l'ancien lit de la
Marne sur un certain nombre de points du département, notamment sur les finages de Norrois, de

Frignicourt, d'Ablancourt et de Blacy. — *La Vielz-Marne*, 1538 (arch. nat. P 179, 103). — *Vieille-Marne*, 1665 (*ibid.* P 191⁴, 43).

VIEILLE-MARNE (LA), riv. affl. de la Marne; arrose les territoires d'Épernay, Mardeuil, Vauciennes et Boursault. — *Vetus Materna*, 980 (Mabillon, annales ordinis S. Benedicti, t. III, p. 722). — *La Viels-Marne*, 1464 (cart. de Coincy, p. 527). — *La Vielz-Marne*, 1491 (arch. nat. P 181, 86). — *Rivière au terrouer dudit Boursault appellée la Vielle-Marne*, 1542 (*ibid.* P 181, 7).

VIEILLA-PREZ (LA), fief, cⁿᵉ de Drosnay. — *Audit Drannay, un fief appellé la Vieille-Prez*, 1636 (arch. nat. P 215, 36).

VIEILLERIES (LES), lieu-dit, cⁿᵉ de Fleury-la-Rivière.

VIEILLE-RIVIÈRE (LA), ruiss, cⁿᵉ de Faux-Fresnay. — *Le ruisseau vulgairement appellé la Vieille-Rivière*, 1765 (arch. nat. Q¹ 683).

VIEILLE-TANNERIE (A LA), lieu-dit, cⁿᵉ de Fismes.

VIEILLE-TANNERIE (LA), cⁿᵉ de Souain.

VIEILLE-TUILERIE (LA), lieu-dit, cⁿᵉ de Mutigny.

VIEILLE-TUILERIE, f. cⁿᵉ de Possesse. — *La Thieullerie*, 1538 (cart. de Montiers, 9905, f° 251 v°).

VIEILLE-TUILERIE (LA), portion du hameau de la Vignette, cⁿᵉ de Sainte-Menehould.

VIEILLE-VILLE (LA), lieu-dit, cⁿᵉ de Ripont.

VIEILLE-VILLE, lieu-dit, cⁿᵉ de Sivry-sur-Ante.

VIEILLE-VILLE (LA), lieu-dit, cⁿᵉ de Tilloy-Bellay.

VIEILLE-VILLE, lieu-dit, cⁿᵉ de Villers-en-Argonne.

VIEIL-MOULIN, lieu-dit, cⁿᵉ de Massiges. — *La pré que on dit au Vielz-Moulut*, 1389 (arch. nat. P 183, 37). — *Ou lieu que on dit Vieilz-Moulin de Massiges*, 1396 (*ibid.* P 208, 31).

VIEIL-ORBÉVAL, f. cⁿᵉ de Gizaucourt. — *Urbana Vallis*, xᵉ siècle (dioc. auc. de Châl. t. II, p. 174). — *Orvana Vallis*, 1132 (*ibid.* t. II, p. 445). — *Urbe-Ville*, v. 1222 (livre des vass. de Champ.). — *Grangia de Urbana Villa*, 1333 (S.-Pierre-aux-Monts, c. 68). — *Orbainval*, 1513 (Montiers, c. 2). — *Orbeval*, 1662 (dioc. auc. de Châl. t. I, p. 287). — *Orbaival*, 1766 (arch. nat. Q¹ 660). — *Orbaival-les-Moines*, xviiiᵉ siècle (Cassini).

VIENNE (LA VILLE DE), nom donné par la tradition aux vestiges d'un établissement romain situé sur le finage de Maclaunay. Ce vocable est déjà indiqué, au milieu du xviiᵉ siècle, dans les notes de voyage de Du Buisson-Aubenay

Le lieu-dit *Rue de Vienne* rappelle le souvenir de cette localité romaine.

VIENNE, m. détr. cⁿᵉ de Sommeyèvre. — *Une maison, grange, pourprins, séans en la ville de Sommeyèvre*,

appellée la maison de Vianne, 1399 (arch. nat. P 179, 17). — *Le fief de Vienne*, 1565 (*ibid.* P 179, 42). — *Le fief de Viennes*, 1597 (*ibid.* P 191, 21).

VIENNE-LA-VILLE, cⁿᵉ de Ville-sur-Tourbe. — *Villa Viasne super Axonam fluvium*, 1062 (cart. de Touss. f° 1 v°). — *Viasxona*, 1131-1142 (Touss. c. 1). — *Viasna*, 1210 (Moiremont, c. 12). — *Viaxona*, 1290 (Touss. c. 7). — *Viaine*, 1311 (Moiremont, c. 12). — *Viasona*, 1346 (Varin, arch. adm. de Reims, t. II, p. 633). — *Viayne*, 1389 (arch. nat. P 183, 58). — *Viaxne*, 1409 (Moiremont, c. 12). — *Vyayne-la-Ville*, 1446 (Touss. c. 7). — *Viesne*, 1451 (Moiremont, c. 12). — *Vixane*, 1452 (*ibid.*). — *Viaine-la-Ville*, 1457 (Moiremont, c. 12). — *Viaxne-la-Vile*, 1475 (*ibid.*). — *Viaxona villa*, 1508 (*ibid.*). — *Viaine-la-Ville*, 1510 (arch. nat. Q¹ 658). — *Viaixne-la-Ville*, 1534 (Touss. c. 7). — *Viesne*, *Vienne-la-Ville*, 1538 (*ibid.*). — *Vyaisne*, xviᵉ s° (*ibid.*).

Vienne-la-Ville faisait partie, en 1789, de l'élection de Sainte-Menehould et suivait la coutume de Vitry. Son église paroissiale, diocèse de Reims, doyenné de Cernay-en-Dormois, était dédiée à saint Maurice; l'abbé de Toussaints présentait à la cure.

VIENSE-LE-CHÂTEAU, cⁿᵉ de Ville-sur-Tourbe. — *Viasna*, 1074 (Gallia christiana, t. XI, instr. 156). — *Castellum Viennense*, 1126 (arch. adm. de Reims, t. I, p. 281, note 1). — *Vianna*, 1150 (dioc. anc. de Châl. t. I, p. 398). — *Castrum Viennense*, 1154 (*ibid.* t. I, p. 329). — *Vienna*, 1176 (pr. de S.-Thomas). — *Vienns*, *Vianne*, *Viane*, *Viaisne*, v. 1222 (livre des vass. de Champ.). — *Viana*, *Viayne*, 1303-1312 (arch. adm. de Reims, t. II, p. 1101, 1102). — *Vienne-le-Chastel*, 1415 (pr. de S.-Thomas). — *Vienne-le-Chasteau*, 1629 (arch. nat. Q¹ 661).

Vienne-le-Château était compris, en 1789, dans l'élection de Clermontois et suivait la coutume de Clermont-en-Argonne. Son église paroissiale, diocèse de Reims, doyenné de Cernay, était consacrée à saint Pierre et à saint Paul; l'abbé de Saint-Remy de Reims présentait à la cure.

VIÈRE, vill. détr. aux environs de Noirlieu. — *Altars de Vera*, 1148 (cart. de Montiers, 10946, f° 1 r°). — *Villa que Vera dicta fuit*, 1154-1161 (*ibid.* f° 7 r°). — Voy. OUTRIVIÈRE.

VIÈRE (LA), riv. prend naissance sur le fiouge de Saint-Mard-sur-le-Mont et se jette dans la Marne sur celui de Changy. — *Vigora*, 878 (pancarte noire de S.-Martin de Tours, n° 237). — *Veira*, comm. du xiᵉ siècle (polypt. de S.-Remy de Reims). —

37.

Flavius Vera, 1154-1161 (Montiers, c. 1). — *Ruysellus* qui *dicitur Vere*, 1253 (*ibid.*). — *La rivière de Veire*, 128. (arch. nat. Q¹ 668¹). — *Ripparia que vocutar vulgaliter Veyre*, 1302 (Ulmoy). — *Les rivières appelées de Ver et de Bugnon, venant d'Heilevesque et des Vavereiz*, 1699 (arch. nat. Q¹ 666). — *La Verre*, 1860 (Cornet-Paulus).

VIEUVILLE (LA), écart, cⁿᵉ de Réveillon.

VIEUX-CHÂLONS (LE), oppidum gaulois, cⁿᵉ de la Cheppe. — *Vetus Catalaunum*, 850 (cart. du chantre Guérin, f° 8 v°). — *Les fossez, dolves* .... du *Viel Châlons*, 1516 (arch. nat. P 184, 80). — *Le camp d'Attilla, nommé le Vieux-Chaalons*, 1772 (*ibid.* Q¹ 671).

VIEUX-CHÂLONS, lieu-dit, cⁿᵉ du Mesnil-lez-Hurlus.

VIEUX-CHÂLONS (LE), lieu-dit, cⁿᵉ de Mourmelon-le-Petit.

VIEUX-CHASSON (LA), m. détr. cⁿᵉ de Scrupt. — *Une place ou vallée appellée la Nault de Poyvre* .... *en laquelle vallée est encloz une place, où soulloit avoir mesonnaiges, appellée le Vielz Chasson*, 1393 (Cheminon, c. 16). — Voy. CAUAR (LA), cⁿᵉ de Scrupt.

VIEUX-CHÂTELET (LE) et LE HAMEAU DU VIEUX-CHÂTELET, lieux-dits, cⁿᵉ de Villevenard.

VIEUX-ESSARTS (LES), f. cⁿᵉ de Champguyon. — *Vieux-Essarts*, XVIIIᵉ siècle (Cassini).

VIEUX-FOULON (LE), anc. mⁱⁿ, cⁿᵉ de Cuchery. — *L'accin du Vieil-Foulon*, 1598 (Belval, c. 2). — *Le moulin du Viel-Foulon*, 1614 (*ibid.*). — *Le mⁱⁿ de Vieufoulon*, 1632 (*ibid.* c. 1). — *Le moulin... dict le Vivier-Foulon*, 1640 (*ibid.*). — *Le moulin du Vieille-Foulon*, 1643 (*ibid.* c. 2). — *Le moulin appellée le Vieil ou Vivier-Foulon*, 1643 (*ibid.*). — *Le moulains du Viez-Foulon*, 1645 (*ibid.*).

VIEUX-FOUS (LE), anc. tuil. cⁿᵉ de la Neuville-aux-Bois.

VIEUX-FOUR (LE), lieu-dit, cⁿᵉ de Soudé-Notre-Dame.

VIEUX-FOUR-À-CHAUX (LE), lieu-dit, cⁿᵉ d'Œuilly.

VIEUX-FOURNEAUX (LES), lieu-dit, cⁿᵉ des Essarts-le-Vicomte.

VIEUX-MONDE (LE), h. cⁿᵉ de la Neuville-aux-Bois.

VIEUX-MOOLIN (LE), lieu-dit, cⁿᵉ d'Arzillières.

VIEUX-MAULIN (LE), lieu-dit, cⁿᵉ d'Aulnizeux.

VIEUX-MOULIN (LE), écart, cⁿᵉ de Baslieux-sous-Châtillon (Cornet-Paulus).

VIEUX-MOULIN (LE), lieu-dit, cⁿᵉ de Beine.

VIEUX-MOULIN (LE), cⁿᵉ de Chapelaine.

VIEUX-MOULIA (LA CÔTE DU), lieu-dit, cⁿᵉ de Châtillon-sur-Broué.

VIEUX-MOULIA, mⁱⁿ détr. cⁿᵉ de Chaumuzy. — *Une place assise à Revillon appellée le Viel Molin*, 1597 (arch. adm. de Reims, l. 6).

VIEUX-MOULIS, h. cⁿᵉ de Courbetaux. — *Viez-Molins*, 1445 (arch. nat. P 170, 45). — *Vislz-Molina*, 1461 (*ibid.* P 179, 176). — *Viealz-Moulins*, 1510 (Andecy, c. 1). — *Vielz-Mouleins, Viel-Moulins*, 1526 (*ibid.* t. III, f° 31 r°, 32 v°). — *Viels-Moulin*, 1604 (*ibid.* c. 1). — *Vieux-Moulin*, XVIIIᵉ siècle (Cassini). — *Viels-Maisons, Viels-Moulins*, 1860 (Cornet-Paulus).

VIEUX-MOULIA (LE), lieu-dit, cⁿᵉ d'Écriennes.

VIEUX-MOULIA (LE), lieu-dit, cⁿᵉ d'Esternay.

VIEUX-MOULIN (LE), lieu-dit, cⁿᵉ de Festigny.

VIEUX-MOULIA (LE), lieu-dit, cⁿᵉ de Flavigny.

VIEUX-MOULIN (LE), lieu-dit, cⁿᵉ de Gizaucourt.

VIEUX-MOOLIN (LE HAUT DU), lieu-dit, cⁿᵉ d'Heiltz-le-Hutier.

VIEUX-MOULIN (LE), lieu-dit, cⁿᵉ de Joiselle.

VIEUX-MOULIN, auc. mⁱⁿ, cⁿᵉ de Jonchery-sur-Vesle. — *Vetus molendinum Juncherei*, 1153 (cart. d'Igny, f° 8 v°). — *Vetus molendinum de Jonchereio*, 1198 (cart. † de l'archev. f° 63 v°).

VIEUX-MOULIN (LE), lieu-dit, cⁿᵉ de Lucy.

VIEUX-MOULIN (LE), lieu-dit, cⁿᵉ de Massiges.

VIEUX-MOULIN (LE), lieu-dit, cⁿᵉ de Matignicourt.

VIEUX-MOULIN (LA CÔTE DU), lieu-dit, cⁿᵉ du Mesnil-lez-Hurlus.

VIEUX-MOULIN (LE), étang, cⁿᵉ de Molins.

VIEUX-MOULIS (LE), lieu-dit, cⁿᵉ de Montmort.

VIEUX-MOULIS, mⁱⁿ à vent, cⁿᵉ d'Outines.

VIEUX-MOULIN (LE MARAIS DU), lieu-dit, cⁿᵉ de Prunay.

VIEUX-MOULIN, mⁿⁿ isol. cⁿᵉ de Saint-Genest.

VIEUX-MOULIN (LE), lieu-dit, cⁿᵉ de Saint-Hilaire-le-Petit.

VIEUX-MOULIN (LE), lieu-dit, cⁿᵉ de Servon-Melzicourt.

VIEUX-MOULIN (LE), f. cⁿᵉ de Soizy-aux-Bois.

VIEUX-MOULIN (LE), anc. mⁱⁿ à eau, cⁿᵉ de Soudé-Notre-Dame.

VIEUX-MOULIN (LE), lieu-dit, cⁿᵉ de Soudé-Sainte-Croix.

VIEUX-MOULIN (LE), anc. mⁱⁿ, près de Troissy. — *Ung mollin à huille communément appellé le Viez-Mollin*, 1529 (Amour-Dieu, c. 2). — *Le Vielz-Mollin*, 1550 (*ibid.*).

VIEUX-MOULIN-à-VENT (LE), lieu-dit, cⁿᵉ de Béru.

VIEUX-MOULINS (LES), lieu-dit, cⁿᵉ de Cloyes-sur-Marne.

VIEUX-NANTEUIL (RU DU), cⁿᵉ de Nanteuil-la-Fosse.

VIEUX-SAINT-JACQUES (LE), ancien lieu-dit, cⁿᵉ de Champigneul. — *Le bout de la rivière d'Escury-le-Chietifz qui est appellé le Vielz-Saint-Jacques*, 1472 (chap. de Châl. a. 2, l. 4).

VIGNE-L'ABBÉ (LA), mairie, cⁿᵉ de Villers-le-Sec. —

Item, a ledit abbé (de S.*-Pierre-aux-Monts), en la ville et terroir de Villers-le-Sec, une petite seigneurie et mairie avec ung champ de terre nommé la Vigne l'Abbé*, 1462 (arch. nat. Q¹ 662).

VIGNES (MONT DES), mont. c⁹ᵉ de la Cheppe.

VIGNETTE, h. disp. c⁹ᵉ de Montmort. — 1633 (lieux régis par la cout. de Vitry).

VIGNETTE (LA), h. c⁹ᵉ de Sainte-Menehould. — *La Vignette*, XVIII° siècle (Cassini). — *Verrerie de Biesme*, 1835 (état-major).

VIGNETTERIE (LA), lieu-dit, c⁹ᵉ de Dormans.

VIGNETTES (LES), loc. disp. c⁹ᵉ d'Esternay. — *Les Vignettes en la parroche d'Esternay*, 1392 (S.-Nicolas de Sézanne, c. 12).

VIGNOTTE (LA), f. disp. c⁹ᵉ de Champaubert-aux-Bois (Marne) ou de Braucourt (Haute-Marne). Elle est indiquée par Cassini.

VIGNOTTE (LA), f. c⁹ᵉ d'Orconte.

VIGNOTTERIE (LA), lieu-dit, c⁹ᵉ de Festigny.

VILLAGE (LE), chât. c⁹ᵉ de Lignon.

VILLARZÉE, lieu-dit, c⁹ᵉ de Courtémont.

VILLAT (LE), f. c⁹ᵉ d'Humbauville.

VILLE (LA), fief, à Saint-Lumier-en-Champagne. — 1676 (dioc. anc. de Châl. t. I, p. 276).

VILLE (RUDE), affl. du ru de Boujacourt; arrose les territoires de Ville-en-Tardenois et de Chambrecy. — Quelques-uns des anciens du pays l'appellent *la Bredouille*.

VILLE-AUX-BOIS (LA), f. c⁹ᵉ de Boursault.

VILLE-AUX-BOIS (LA), f. c⁹ᵉ du Breuil-sur-Vesle. — *Villa quæ dicitur Nemoris, Villa Nemaris*, 1180 (S.-Denis de Reims, l. Breuil). — *La Ville-au-Bois*, v. 1222 (livre des vass. de Champ.). — *Villa ad Boscum*, 1237 (cart. d'Igny). — *Villa de Bosco*, 1240-1250 (cart. de S.-Denis de Reims, p. 65). — *Villa ad Nemus*, 1255 (cart. d'Igny, f° 72 r°). — *La Ville-au-Bos delez Jonchery*, 1342 (*ibid.* f° 69 r°). — *La Ville-aux-Boys*, 1535 (chap. de Reims, l. Jonchery).

VILLE-AUX-BOIS (LA), f. c⁹ᵉ d'Œuilly.

VILLE-DE-PARIS (LA), h. c⁹ᵉ de Fagnières.

VILLEDOMANGE, c⁹ᵉ de Ville-en-Tardenois. — *Villa quæ vocatur Dominica, Remarum montis in latere sita*, v. 948 (Flodoard, l. I, c. 22). — *Villa Dominc.* comm. du XI° siècle (polypt. de S.-Remy). — *Villa Dominica*, 1100 (arch. adm. de Reims, t. I, p. 253). — *Villa Damange*, 1235 (Marlot français, t. III, p. 794). — *Dominicavilla*, v. 1260 (nécrol. de l'église de Reims, p. 65). — *Viledommange*, 1278 (arch. adm. de Reims, t. I, p. 961). — *Villedomange*, 1295 (*ibid.* t. I, p. 1091). — *Viledommange*, 1301 (*ibid.* t. II, p. 14). — *Ville-*

domenge, 1325 (*ibid.* t. II, p. 415). — *Ville-Dommenge*, 1334 (*ibid.* t. II, p. 680). — *Ville-Dommanche*, 1384 (arch. nat. P 51², 1453). — *Villedounenge*, XIV° siècle (cart. A du chap. de Reims, f° 103). — *La Villedemenge*, 1556 (arch. lég. de Reims, cout. p. 902). — *Villedemanche*, 1777 (arch. adm. de Reims, t. II, p. 1055). — *Villedemange*, XVIII° siècle (Cassini). — *Ville-Dommange*, 1835 (lieux habités).

Villedomange faisait partie, en 1789, de l'élection et suivait la coutume de Reims. Son église paroissiale, diocèse de Reims, doyenné de la Montagne, était dédiée à saint Lié; l'archevêque de Reims en était collateur.

VILLE-ÉCHUE (LA), f. c⁹ᵉ de Bergères-sous-Montmirail. — *Villecheux*, XVIII° siècle (Cassini).

VILLE-EN-SELVE, c⁹ⁿ de Verzy. — *Villare in Silva*, 984-996 (Marlot français, t. II, p. 809). — *Vilert in Selvei*, XII° siècle (fragm. de polypt. p. 168). — *Viler an Selve, Vilar in Silva*, v. 1252 (arch. nat. J 202, 47). — *Vilar en Serve, Villers en Serve*, comm. du XIV° siècle (arch. adm. de Reims, t. I, p. 1090). — *Villers en Selve*, 1357 (arch. nat. P 181, 33). — *Villers au Serve*, 1359 (arch. adm. de Reims, t. III, p. 129). — *Villerserve*, 1516 (S.-Remy de Reims, l. 33). — *Villiers-en-Selve, Villenselve, Belle en Selve*, 1556 (arch. lég. de Reims, cout. p. 876, 885, 902). — *Viler en Selve*, 1598 (S.-Remy de Reims, l. 44). — *Ville en Serve*, 1608 (arch. nat. P 167, 11). — *Villenserve*, 1653 (*ibid.* P 191³, 9). — *Willenselve*, 1728 (cout. de Reims, p. 644). — *Villa in Silva*, 1860 (Cornet-Paulus, p. 234).

En 1789, Ville-en-Selve était compris dans l'élection d'Épernay et suivait pour partie la coutume de Reims, pour partie celle de Vitry. Son église paroissiale, diocèse de Reims, doyenné d'Épernay, était dédiée à saint Remy; l'abbé de Saint-Remy de Reims présentait à la cure.

VILLE-EN-TARDANOIS, arr. de Reims. — *Villa Tardani*, 1192 (cart. B du chap. de Reims, f° 15 v°). — *La Ville*, vers 122. (livre des vass. de Champagne). — *Villa in Tardenois*, 1226 (cart. d'Igny, f° 133 r°). — *Villa in Tardano*, 1226 (*ibid.* f° 252 r°). — *Vile-en-Tardenois*, 1249 (cart. A du chap. de Reims, f° 309 v°). — *Vilantardenois*, v. 1252 (arch. nat. J 202, 51). — *Villa Tardeni*, v. 1260 (nécrol. de l'église de Reims, p. 95). — *Ville-en-Tardenoys*, 1333 (S.-Denis de Reims, l. Champigny). — *Villes-en-Tardenoys*, 1556 (arch. lég. de Reims, cout. p. 876). — *Ville-en-Tartenois*, 1664 (Belval, c. 2).

En 1789, Ville-en-Tardenois faisait partie de l'élection d'Épernay et était régi par la coutume de Reims. Son église paroissiale, diocèse de Reims, doyenné de la Montagne, était consacrée à saint Laurent; le tournaire du chapitre métropolitain présentait à la cure.

VILLEFONÉT, fief, c^{ne} de Saint-Remy. — *Le fief et s^{rie} de Villefort en la paroisse de Saint-Remy*, 1603 (arch. nat. P 178, 98). — *Le fief de Villefort, assis à Saint-Remy*, 1629 (ibid. P 194, 64). — *Le fief de Villefolet*, 1652 (ibid. Q¹ 679). — *Le fief et s^{rie} de Villeforest*, 1664 (ibid. P 191⁴, 26 bis). — *Le fief de Villefols*, 1732 (ibid. P 197, 39).

VILLEMERLE, anc. paroisse unie à celle de Bouilly. — *Villa Merla*, comm. du xi° siècle (polypt. de S.-Remy). — *Villammelle*, 1211 (Teulet, trésor des chartes, t. I, p. 366). — *Ville-Melle*, 1255 (chap. de Reims, c. 24). — *Vilemelle*, 1270 (ibid.). — *Villa Melle*, 1272 (cart. de S.-Denis de Reims, p. 219). — *Villemerle*, 1408 (arch. nat. P 180, 149). — *Ville-Marle*, 1549 (ibid. P 181, 9).

Au xiv° siècle, la paroisse de Villemerle était une annexe de la paroisse de Bouilly.

VILLEMONGEOIS, h. c^{ne} de Boursault. — *Vilmongay*, 1598 (arch. nat. P 181, 19). — *Ville-Montjouet*, xviii° siècle (Cassini). — *Vilmongeois*, 1834 (état-major). — *Villemonjoie*, 1847 (lieux habités). — *Villemongeois*, 1860 (Cornet-Paulus). — *Ville-mont-Joie*, 1862 (Guérard, p. 197).

VILLENEUVE (LA), loc. détr. c^{ne} du Gault. — Mentionnée en 1512 comme voisine de Chapton (le Gault, p. 56).

VILLENEUVE (LA), f. c^{ne} de Vauchamps. — *La Villeneuve*, xviii° siècle (Cassini). — *Villeneuve-lez-Vauchamps*, 1860 (Cornet-Paulus).

VILLENEUVE-LA-LIONNE, c^{ne} d'Esternay. — *Villa Nova Leonis*, 1124-1130 (cart. d'Oyes, f° 18 r°). — *Ville-Nueve-la-Lioyne*, 1298 (S.-Nicol. de Sézanne, c. 12). — *Villeneuve-la-Leonne*, 1502 (Belleau). — *Villeneufve-la-Lyonne*, 1519 (ibid.).

En 1789, Villeneuve-la-Lionne était compris dans l'élection de Sézanne et suivait la coutume de Meaux. Son église paroissiale, diocèse de Troyes, doyenné de Sézanne, était dédiée à saint Loup; l'abbé de Notre-Dame de Vertus présentait à la cure.

VILLENEUVE-LEZ-CHARLEVILLE, c^{ne} de Montmirail. — *Nova villa juxta Carlivillam*, 1110 (Socard, chartes de Molêmes, p. 96). — *Nova Villa*, 1145 (ibid. p. 111). — *Villa Nova*, v. 1252 (arch. nat. J 195, 96). — *La Ville-Nueve delez Soysi*, 1297 (le Reclus, c. 3). — *La Ville-Nueve lez Chal-*

leville, 1297 (arch. nat. J 194, 33). — *Villa Nova juxta Carolivillam*, 1407 (pouillé de Troyes, n° 339). — *Villeneufca-lez-Charville*, 1499 (arch. nat. P 165, 235). — *La V[ille]neufve-lez-Charville*, 1511 (ibid. P 165, 249). — *Villenefve*, 1540 (ibid. P 165, 283). — *La Vilneuve*, 1732 (ibid. P 225, 48). — *La Villeneuve-lez-Charleville*, xviii° siècle (Cassini).

Villeneuve-lez-Charleville faisait partie, en 1789, de l'élection de Sézanne et suivait la coutume de Meaux. Son église paroissiale, diocèse de Troyes, doyenné de Sézanne, était dédiée à saint Nicolas; l'évêque de Troyes en était collateur.

VILLENEUVE-LEZ-ROUFFY, vill. c^{ne} de Villeneuve-Renneville-Chevigny. — *Ville-Nove*, *Villeneuve*, v. 1222 (livre des vass. de Champ.). — *Villa Nova*, *Villanova juxta Virtutum*, v. 1252 (arch. nat. J 202, 55). — *Villa Nova juxta Chevigny*, 1268 (la Charmoye, c. 2). — *Vilenueve*, v. 1274 (arch. nat. J 202, n° 55). — *Villeneuve*, 1506 (la Charmoye, c. 5).

Villeneuve-lez-Rouffy était compris, en 1789, dans l'élection de Châlons et suivait la coutume de Vitry. Son église paroissiale, diocèse de Châlons, doyenné de Vertus, était consacrée à saint Memmie; l'abbé d'Hautvillers présentait à la cure.

VILLENEUVE-RENNEVILLE-CHEVIGNY, c^{ne} de Vertus. — La commune de *Villeneuve-Renneville*, formée en 1858 de l'union des anciennes communes de Villeneuve-lez-Rouffy et de Renneville, s'est accrue en 1865 de la commune de Chevigny; de là le nom qu'elle porte aujourd'hui.

VILLENEUVE-SAINT-VISTRE, vill. c^{ne} de Villeneuve-Saint-Vistre-et-Villevotte. — *Saint-Vitre*, *Villa Nova prope Sanctum Quintinum*, v. 1240 (arch. nat. J 198, 83). — *Ville-Naeve*, v. 1274 (ibid. J 202, 31). — *Ville-Nuefve*, 1375 (ibid. P 171, 157). — *Ville-Neufra*, 1376 (ibid. P 204, 174). — *Villeneufve-Saint-Victre*, 1493 (ibid. Q 680). — *La Villeneufve Saint-Victre*, 1571 (ibid. P 178, 55). — *Villeneufve-Saint-Vitre*, 1600 (ibid. P 178, 84).

Villeneuve-Saint-Vistre faisait partie, en 1789, de l'élection de Sézanne et était régi par la coutume de Meaux. Son église paroissiale, annexe de celle de Villevotte, diocèse de Troyes, doyenné de Sézanne, était dédiée à saint Victor et à sainte Tanche.

VILLENEUVE-SAINT-VISTRE-ET-VILLEVOTTE, c^{ne} de Sézanne, commune formée en 1844 de l'union des anciennes communes de Villeneuve-Saint-Vistre et de Villevotte.

VILLEPERDUE, h. c^{ne} de Rieux.

VILLEPRÉS, fief, à Drosnay. — *Audit Dranay, un fief appellé Villeprés*, 1732 (arch. nat. P 198, 4).

VILLEQUEUX, loc. disp. près de Mutry. — *Villequeux*, 1491 (arch. nat. P 181, 85).

VILLERET-COPPIER, lieu-dit, c⁰ᵉ d'Aulnay-aux-Planches.

VILLERON, lieu-dit, cⁿᵉ de Nesle-le-Repons.

VILLERS (LA), lieu-dit, cⁿᵉ d'Ay.

VILLERS, f. c⁰ᵉ de Couvrot-et-Villers. — *Villare*, 1148 (S.-Pierre-aux-Monts, c. 13). — *Villers, Vilers*, v. 1222 (livre des vass. de Champ.). — *Vilers super Maternam*, v. 1252 (arch. nat. J 202, 55). — *Villers-sur-Marne*, 128. (*ibid.* Q¹ 668¹). — *Villiers-sur-Marne*, 1384 (*ibid.* P 51², 1460). — *Villers lez Vitry-en-Pertoix*, 1472 (chap. de Châl. a. 2, l. 4). — *Villaires-sur-Marne*, 1733 (arch. nat. P 227, 29).

VILLERS (SUR) et DERRIÈRE-VILLERS, lieux-dits, cⁿᵉ de Fontaine-sur-Coole.

VILLERS, loc. détr. près de Mareuil-sur-Ay. — *Villiers lès Marelz*, 1404 (bibl. nat. fonds franç. 8329, f° 6 v°).

VILLERS, loc. détr. c⁰ᵉ de Mœurs. — *Villers en la paroisse dudit Meure*, 1501 (S.-Memmie, c. 6).

VILLERS, f. c⁰ᵉ de Sainte-Euphraise. — *In territorio de Villaribus de parrochia de Clarisel*, 1247 (cart. B du chap. de Reims, f° 298 r°). — *Villare*, 1255 (chap. de Reims, l. Clairizet). — *Villers*, comm. du xivᵉ siècle (arch. adm. de Reims, t. I, p. 1089). — *Villers soubs Sainte-Freze*, 1358 (*ibid.* t. III, p. 109). — *Villare juxta Sanctam Eufraziam*, 1425 (chap. de Reims, l. Clairizet). — *Villers lez Saincte-Freze*, 1492 (*ibid.* c. 12). — *Villers lez Sainte-Frèze*, 1522 (arch. lég. de Reims, cout. p. 755). — *Villeroy, parroisse de Sainte-Freize*, 1586 (chap. de Reims, c. 24). — *Villé*, 1716 (*ibid.* l. Clairizet). — *Villette*, xviiiᵉ siècle (Cassini).

VILLERS, h. c⁰ᵉ de Verdey. — *Villiers-lez-Verdey*, 1510 (Montiers-la-Celle, c. 33). — *Villers*, 1725 (arch. nat. P 225, 45). — *Villiers*, 1737 (*ibid.* P 229, 25). — *Villiers-Placard*, 1847 (lieux habités).

VILLERS (RU DE), affl. du ru de Camp; arrose les finages de Binson-Orquigny et de Villers-sous-Châtillon.

VILLERS-ALLERAND, cⁿᵉ de Verzy. — *Villars Alodrani*, 987-996 (Marlot français, t. II, p. 809). — *Villa Aleranni*, comm. du xiᵉ siècle (polypt. de S.-Remy de Reims). — *Villare Aleranni*, 1090 (arch. adm. de Reims, t. I, p. 242). — *Villare Aleran, Vilert Aleran, Villars Allerant*, xiiᵉ sᵉ (fragm. de polypt. p. 168). — *Aleranni Villa*, 1145 (S.-Remy de Reims, l. 184). — *Villare Aleranni*, 1153 (Marlot français, t. III, p. 752). — *Vilers*, v. 1222 (livre des vass. de Champ.). — *Viler Aleran*, 1230 (S.-Remy

de Reims, l. 185). — *Viller Alerant*, 1261 (ibid. l. 184). — *Wiler Aleran*, 1262 (cart. A de S.-Remy, p. 558). — *Willare Aleran*, 1271 (ibid. p. 560). — *Villers Allerant*, 1290 (S.-Remy de Reims, l. 186). — *Villars Alerènt*, 1229 (S.-Basle. c. 11). — *Villare Alleram*, 1297 (ibid. c. 10). — *Villars Allerans*, 1303-1312 (arch. adm. de Reims, t. II, p. 1116). — *Villers Alleran*, 1516 (S.-Remy de Reims, l. 33). — *Villiers Allerant*, 1549 (ibid. l. 387). — *Villiers-Alleraine*, 1556 (arch. lég. de Reims, cout. p. 903). — *Villiers-Allerand*, 1728 (cout. de Reims, p. 644). — *Viller-Allerand*, 1774 (S.-Remy de Reims, l. 185). — *Villerarants* (sic), 1776 (ibid. l. 350).

Villers-Allerand faisait partie, en 1789, de l'élection et suivait la coutume de Reims. Son église paroissiale, diocèse de Reims, doyenné de Vesle, était dédiée à sainte Agathe; l'abbé de Saint-Remy de Reims présentait à la cure.

VILLERS-AUX-BOIS, cⁿ d'Avize. — *Vilier*, 1170 (arch. nat. Q¹ 681¹, f° 223 r°). — *Villers-au-Bois*, 1366 (ibid. f° 211 r°). — *Villiers-aux-Boys*, 1367 (ibid. f° 21). — *Villers*, 1405 (pouillé de Châl. f° 81 v°). — *Villers-aux-Bais*, 1508 (arch. nat. P 207, 12). — *Villare ad Nemus*, 1542 (compte de décimes, p. 215). — *Villiers-au-Bois*, 1573 (Argens. c. 4). — *Villier*, 1660 (ibid. c. 4). — *Viller*, 1661 (ibid.). — *Villers-aux-Boix*, 1703 (ibid.). — *Villers-au-Bois*, 1734 (arch. nat. Q¹ 681).

Villers-aux-Bois était compris, en 1789, dans l'élection de Châlons et suivait la coutume de Vitry. Son église paroissiale, diocèse de Châlons, doyenné de Vertus, était consacrée à saint Pierre; l'abbé de Saint-Sauveur de Vertus présentait à la cure.

VILLERS-AUX-CORNEILLES, cⁿ d'Écury-sur-Coole. — *Villare*, 1101 (cart. de Touss. f° 24 v°). — *Vilers*, v. 1222 (livre des vass. de Champ.). — *Villers*, 1237 (chap. de Châl. a. 6, l. 57). — *Villaria ad Cornices*, 1405 (pouillé de Châl. f° 73 v°). — *Villers-aux-Corneilles*, 1406 (Touss. c. 19). — *Villers-aux-Cornaillez*, 1469 (chap. de Châl. a. 2, l. 4). *Villiers-aux-Corneilles*, 1483 (ibid. a. 5, l. 60).

En 1789, Villers-aux-Corneilles faisait partie de l'élection et suivait la coutume de Châlons. Son église paroissiale, diocèse et doyenné de Châlons, était dédiée à saint Maurice; l'abbé de Toussaints présentait à la cure.

VILLERS-AUX-NŒUDS, c⁰ᵉ de Verzy. — *In comitatu Remensi, in villa quæ dicitur Villare*, 954 (Marlot franç. t. II, p. 834). — *Villars Asinorum*, comm. du xiᵉ siècle (polypt. de S.-Remy). — *Villa Asinaria*, 1074 (hist. des comtes de Champagne,

t. I, p. 489). — *Villeir Asnorum*, 1192 (arch. adm. de Reims, t. I, p. 421). — *Villars Asininum*, xii° siècle (fragm. de polypt. p. 169). — *Villa Asinorum*, 1200 (cart. de S.-Martin d'Épernay, p. 144). — *Villare Asneus*, 1238 (cart. † de l'archev. de Reims, f° 8 r°). — *Villare ad Nex*, 1245 (S.-Nicaise, c. 4, l. 7). — *Vilers-Anous*, 1248 (cart. de S.-Nicaise, f° 60 r°). — *Vilers ad Nues*, *Vilers ad Noes*, *Viller Aaneu*, v. 1263 (arch. adm. de Reims, t. I, p. 845, 847, 848). — *Villars ad Nodos*, *Villiers-as-Neus*, *Villers-à-Nex*, 1301 (S.-Remy, l. 63). — *Viler-as-Nex*, comm. du xiv° siècle (arch. adm. de Reims, t. I, p. 1090). — *Viller as Neux*, 1344 (ibid. t. II, p. 908). — *Villa ad Nodos*, 1378 (Marlot latin, t. I, p. 630). — *Viller-au-Neux*, 1384 (arch. adm. de Reims, t. III, p. 622). — *Villers-aux-Neuds*, 1413 (chap. de Reims, l. 48). — *Villiers-aux-Nœuds*, 1475 (arch. lég. de Reims, statuts, t. I, p. 212). — *Villauneuf*, 1574 (S.-Remy, l. 306). — *Villers-aux-Neufz*, 1658 (Belval, c. 2).

En 1789, Villers-aux-Nœuds était compris dans l'élection et suivait la coutume de Reims. Son église paroissiale, diocèse de Reims, doyenné de la Moutagne, était consacrée à saint Théodulf; l'abbé de Saint-Martin d'Épernay présentait à la cure.

VILLERS-EN-ARGONNE, c°⁰ de Sainte-Menehould. — *Vilerus*, comm. du xi° siècle (polypt. de S.-Remy de Reims). — *Villore in Estonneio*, 1090 (cart. B de S.-Remy, p. 126). — *Villars*, 1128 (S.-Remy, l. 59). — *Villare in comitatu Stadunensi*, 1132 (dioc. anc. de Châl. t. II, p. 445). — *Villare in Estaneyo*, 1151 (cart. A de S.-Remy, p. 89). — *Vilers*, 1232 (cart. C de S-Remy, f° 28 v°). — *Vilers-en-Argonne*, v. 1274 (arch. nat. J 202, 46). — *Villers*, v. 1300 (extenta Campanie, Passavant). — *Villeirs*, 1304 (cart. A de S.-Remy, p. 584). — *Villaria in Argona*, 1312 (S.-Remy, l. 395). — *Villiers-en-Argonne*, 1408 (arch. nat. P 184, 34). — *Villers-en-Argogne*, 1685 (S.-Remy, l. 59).

En 1789, Villers-en-Argonne faisait partie de l'élection de Sainte-Menehould et était régi par la coutume de Vitry. Son église paroissiale, diocèse de Châlons, doyenné de Sainte-Menehould, était dédiée à Notre-Dame; les religieux de Saint-Remy de Reims présentaient à la cure.

VILLERS-EN-LISU (RU DE), prend naissance sur le territoire de Chancenay (Haute-Marne); arrose, dans le département de la Marne, le finage de Sapignicourt et se jette dans la Marne.

VILLERS-FRANQUEUX, c°⁰ de Bourgogne. — *Villa Francorum*, 1126 (arch. adm. de Reims, t. I, p. 279). — *Viller Francuorum*, xii° siècle (fragm. de polypt. p. 167). — *Villars Franqueas*, 1212 (cart. A de S.-Remy, p. 332). — *Villars Francorum*, 1225 (S.-Thierry, c. 7, l. 51). — *Viller Francour*, 1252 (ibid. l. 7). — *Villars Frainquex*, *Viller Frainqueur*, 1254 (arch. adm. de Reims, t. I, p. 750). — *Villars Frainqueus*, *Villars Frainkeus*, 1274 (cart. de S.-Thierry, f° 300 v°). — *Villars Frankeux*, 1275 (S.-Thierry, c. 7, l. 51). — *Viler Franquex*, comm. du xiv° siècle (arch. adm. de Reims, t. I, p. 1090). — *Villers*, 1303-1312 (ibid. t. II, p. 1057). — *Viller Franquès*, 1314 (ibid. t. II, p. 156). — *Viller Franquiex*, 1320 (actes du parlem. de Paris, n° 6176). — *Villars Francosum*, 1325 (arch. adm. de Reims, t. II, p. 406). — *Villars Franquex*, 1326 (cart. A du chap. de Reims, f° 223 r°). — *Viller Franqueux*, 1362 (arch. adm. de Reims, t. III, p. 210). — *Villo Francoxum*, 1365 (S.-Pierre-aux-Dames, c.4). — *Villefranqueux*, 1374 (cart. A du chap. de Reims, f° 290 r°). — *Villaria Franqueux*, 1383 (S.-Thierry, c. 7, l. 52). — *Viller Frainqueux*, 1384 (arch. adm. de Reims, t. III, p. 653). — *Villers Francqueux*, 1433 (arch. nat. Q¹ 656). — *Villers Franqueues*, 1492 (cart. de S.-Thierry, f° 77 r°). — *Villers Franqueulx*, 1509 (Saint-Thierry, c. 1, l. 51). — *Villiers Franqueux*, 1556 (arch. lég. de Reims, cout. p. 875).

En 1789, Villers-Franqueux était compris dans l'élection et suivait la coutume de Reims. Son église paroissiale, diocèse de Reims, doyenné d'Hermonville, était consacrée à saint Théodulf; l'archevêque de Reims en était collateur.

VILLERS-LE-SEC, c°⁰ d'Heiltz-le-Maurupt. — *Villers le Sec*, 1212 (chap. de Reims, l. 57). — *Vilers*, 1213 (ibid.). — *Vilers*, 1231 (ibid.). — *Villars juxta Aisencelles*, 1248 (cart. A de S.-Remy, p. 418). — *Viller le Sec*, 1271 (S.-Remy, l. 51). — *Villiers le Sec*, *Villars Siccum*, 1272 (cart. d'Avenay, f° 53 r°-v°). — *Villers-le-Sacq*, 1462 (arch. nat. Q¹ 662).

En 1789, Villers-lo-Sec faisait partie de l'élection de Châlons et était régi par la coutume de Vitry. Son église paroissiale, diocèse de Châlons, doyenné de Possesse, était dédiée à Notre-Dame; le chapitre de Saint-Étienne de Châlons présentait à la cure.

VILLERS-MARMERY, c°⁰ de Verzy. — *Marmereium*, 1086 (S.-Basle, l. 1). — *Marmereivilla*, 1123 (arch. adm. de Reims, t. I, p. 276). — *Villa que dicitur*

Marmeriacum, 1172 (cart. B. du chap. de Reims, f° 3 v°). — *Marmorei*, 1178 (Saint-Basle, c. 2, l. 25). — *Marmeriacum*, 1188 (*ibid.* c. 33). — *Marmoreia*, 1190 (*ibid.* c. 1). — Villars *Marmerei*, 1226 (*ibid.* l. 27). — *Villars Marmerium*, 1237 (*ibid.* c. 2, l. 25). — *Vilers-Marmeri, Vilers-Marmeri subtus Sanctum Basolum*, v. 1252 (arch. nat.-J 202, 52). — *Viler-Marmerei*, 1268 (S.-Basle, c. 33). — *Villars Marmeri*, 1268 (arch. nat. J 197, 90). — *Viliars-Marmoré*, v. 1274 (*ibid.* J 202, 46). — *Villare Marmery*, 1292 (S.-Basle, l. 11). — *Villeir-Marmeri*, 1302 (*ibid.* l. 33). — *Villers-Marmery*, 1346 (*ibid.* l. 12). — *Viller-Marmery*, 1384 (arch. nat. P 28¹ 105). — *Villiers-Marmery*, 1415 (*ibid.* Q¹ 655). ·

Villers-Marmery était compris, en 1789, dans l'élection et suivait la coutume de Reims. Son église paroissiale, diocèse de Reims, doyenné de Vesle, était consacrée à saint Remy; l'abbé de Saint-Basle présentait à la cure.·

Villers-Sainte-Anne, h. détr. près de Saint-Thierry. — *Tota villa Sancti Theoderici cum adjacente villula que dicitur Villars sub Silva*, 1126 (cart. de S.-Thierry, f° 386 v°). — *Villare subtus Sanctum Theodericum*, 1268 (S.-Symphorien, b. 1). — *Villers dessous S.-Thierri*, comm. du xiv° siècle (arch. adm. de Reims, t. I, p. 1090). — *Villers soubz Saint-Thierry*, 1356 (S.-Thierry, l. 7). — *Villers-Sainte-Anna*, 1366 (*ibid.* c. 1, l. 10). — *Saincte-Anne*, 1408 (*ibid.* c. 1, l. 9). — *Villers-Saincte-Agna*, 1413 (S.-Remy, l. 396). — *Viller-Saint-Anne*, 1509 (S.-Thierry, c. 7, l. 60). — *Viller-Saincte-Annez*, 1510 (*ibid.* c. 7, l. 56). — *Villiers-Saint-Anne*, 1515 (*ibid.* l. 71). — *Les terres dépendantes de la censse de Saincte-Anne, appartenantes aux religieulx de l'abbaye de Sainct-Thiéry les Reims, estans icelles assises au terroir de Sainct-Thiéry, Merfy, Saincte-Anne, Thilz, Pouillon et autres terroirs circonvoisins*, 1561 (*ibid.* c. 7, l. 60).

Villers-sous-Châtillon, c^ne de Châtillon-sur-Marne. — *Villarium supra Rolium*, 1146 (hist. de la maison de Châtillon, p. 25). — *Vilers*, v. 1222 (livre des vass. de Champ.). — *Vilers sous Chastillon*, v. 1274 (arch. nat. J 202, 45). — *Villers*, vers 1300 (extenta Campanie, Châtillon). — *Vill¡[er]s saubz Chastillon*, 1408 (arch. nat. P 180, 145). — *Villiers*, 1553 (*ibid.* P 162, 153).

Villers-sous-Châtillon faisait partie, en 1789, de l'élection d'Épernay et suivait la coutume de Vitry. Son église paroissiale, diocèse de Soissons, doyenné de Châtillon, était dédiée à saint Jacques le Majeur; l'abbé d'Hautvillers présentait à la cure.

Marne.

Villers-sous-Recy, fief, c^ne de Villers-aux-Corneilles (diocèse de Châlons, t. II, p. 28). ·

Villervi, lieu-dit, c^ne de Baconnes.

Villery (Le), lieu-dit, c^ne d'Esclavolles.

Villès (Les), lieu-dit, c^ne de Saint-Souplet.

Villesaint, h. c^ne de Boursault. — *Vilesaint*, 1201 (cart. C de S.-Remy de Reims, f° 30 v°). — *Villers-as-Jesanz, Villesentoire?* v. 1222 (livre des vass. de Champagne). — *Villesainct*, 1596 (arch. nat. P 170, 96). — *Vilsaint, Vil-Saintz*, 1598 (*ibid.* P 181, 19). — *Villesain*, 1662 (*ibid.* P 191, 20).

Villesec, lieu-dit, c^ne de Givry-en-Argonne.

Villeseneux, c^ne de Vertus. — *Villa Seneoris*, 1124-1130 (cart. d'Oyes, f° 19 r°). — *Villa Senoris*, 1142 (*ibid.* f° 31 r°). — *Villa Senatoris*, 1201 (arch. nat. Q¹ 681¹, f° 226 v°). — *Ville-Sacrée*, [*Ville*-]*Sanaor*, v. 1222 (livre des vass. de Champ.). — *Villa Senor*, 1223 (Argensolles, c. 1). — *Villa Seneor*, 1236 (*ibid.* c. 4). — *Villa Seneur*, 1252 (arch. nat. J 193, 51). — *Villeseneur*, 1296 (Argensolles, c. 1). — *Villesenehot*, xiii° siècle (*ibid.* c. 4). — *Villeseyneur*, v. 1300 (extenta Campanie, Vertus). — *Villesenieur*, 1366 (arch. nat. Q¹ 681¹, f° 24 v°). — *Villa Seniorum*, 1405 (pouillé de Châl. f° 73 r°). — *Villeseneu*, 1449 (hist. de la maison de Broyes, p. 55). — *Villeceneux*, 1457 (chap. de Sézanne, c. 3). — *Villeseneu*, 1480 (Argensolles, c. 3). — *Villesseneux*, 1486 (le Roclus, c. 1). — *Villeseneulx*, 1603 (arch. nat. P 178, 98). — *Villefeneux* (sic), *Villesceneulx*, 1605 (*ibid.* P 190, 56, f° 1 v°). — *Villeseneux*, 1652 (*ibid.* Q¹ 679). — *Villeseneult*, 1664 (*ibid.* P 191⁴, 26 bis). — *Vilceneux, Villeceneux*, 1673 (ibid. Q¹ 681). — *Villeseneuse*, 1744 (Argensolles, c. 3).

Villeseneux était compris, en 1789, dans l'élection de Châlons et suivait la coutume de Vitry. Son église paroissiale, diocèse et doyenné de Châlons, était consacrée à saint Étienne; l'abbé de Toussaints et celui de Saint-Sauveur de Vertus présentaient à la cure.

Ville-sous-Orbais (La), c^ne de Montmort. — *Villa subtus Orbacum*, 1228 (mss. du religieux d'Orbais).

En 1789, la Ville-sous-Orbais faisait partie de l'élection de Château-Thierry et suivait la coutume de Vitry. Son église paroissiale, diocèse de Soissons, doyenné d'Orbais, était dédiée à saint Martin; l'abbé d'Orbais présentait à la cure.

Ville-sous-Orbais (Ru de la), aff. du Surmelin; arrose le territoire de la Ville-sous-Orbais.

Ville-sur-Tourbe, arr. de Sainte-Menehould. — *Villa*,

38

comm. du xi° siècle (polyptyque de Saint-Remy de Reims). — *Villa quæ dicitur super Turbam*, 1142 (Gall. christ. t. X, p. 173). — *Villa super Turbam*, 1239 (cart. de Châl. fonds de Gaignières). — *Vila-sur-Torbe*, 1261. — *Ville-sours-Tourbe*, 1261 (Cheminon, c. 1). — *Villa supra Turbam*, 1303-1312 (arch. adm. de Reims, t. II, p. 1101). — *Ville-sus-Tourbe*, 1366 (arch. nat. P 183, 22). — *Ville-sur-Tourbe, Ville*, 1389 (*ibid.* P 183, 37). — *Vile-sur-Tourbe*, 1538 (*ibid.* P 184, 90).

En 1789, Ville-sur-Tourbe était compris dans l'élection de Sainte-Menehould et suivait la coutume de Vitry. Son église paroissiale, annexe de celle de Virginy, diocèse de Reims, doyenné de Cernay-en-Dormois, était consacrée à saint Denis.

VILLETORDRIE (LA), lieu-dit, c^ne de Léchelle.

VILLETTE, h. c^ne de Fismes. — *Villeta*, comm. du xi° siècle (polypt. de S.-Remy de Reims). — *Villete*, 1346 (arch. adm. de Reims, t. II, p. 1058). — *Villette*, 1401 (arch. nat. P 181, 142 *bis*).

VILLEVENARD, c^ne de Montmort. — *Villa Venardi*, 850 (cart. du chantre Guérin, f° 8 v°). — *Villa Bernardi*; 1131 (hist. de la maison de Broyes, p. 12). — *Vilevenart*, 1197 (Aodecy, c. 9). — *Villa Venart*, 1246 (*ibid.* c. 1). — *Vile-Vernart*, 1289 (*ibid.* c. 10). — *Villevenort*, 1305 (cart. d'Oyes, f° 10 r°). — *Villevenard*, 1458 (évêché de Châl. c. 15). — *Villemenard*, 1504 (hist. de la maison de Béthune, p. 262). — *Vilvenard*, 1699 (Andecy, c. 4).

En 1789, Villevenard faisait partie de l'élection de Châlons et était régi par la coutume de Sens. Son église paroissiale, diocèse de Châlons, doyenné de Vertus, était dédiée à saint Alpin; le prieur de Gaye présentait à la cure.

VILLEVOTTE, vill. c^ne de Villeneuve-Saint-Vistre-et-Villevotte. — *Vile-Novele, Ville-Novele*, v. 1222 (livre des vass. de Champagne). — *Ville-Louvette*, 1375 (arch. nat. P 171, 157). — *Villa Lovato*, 1443 (évêché de Troyes, c. 22). — *Villoupvotte*, 1571 (arch. nat. P 178, 55). — *Villelouvotte*, 1582 (Saint-Julien de Sézanne, c. 12). — *Ville-l'Alouette* où *Villeneuve-près-Saint-Quentin, Villaloueta, Villanova* juxta *Sanctum Quintinum* ou plus ordinairement *Villeneuve-la-Lauette*, 1784 (Courtalon, t. III, p. 327). — *Villeneuve-la-Louvotte*, 1860 (Cornet-Paulus, p. 235).

Villevotte était compris, en 1789, dans l'élection de Sézanne et suivait la coutume de Meaux. Son église paroissiale, diocèse de Troyes, doyenné de Sézanne, était consacrée à saint Antoine et à saint Sulpice; l'évêque de Troyes en était collateur.

VILLIÈRE, lieu-dit, c^ne de Corbeil.

VILLIÈRE, lieu-dit, c^ne de Soudé-Notre-Dame.

VILLIERS (LES), lieu-dit, c^ne de Blaise-sous-Hauteville.

VILLIERS, f. c^ne de Fèrebrianges. — *Vilers*, 1243 (Argensolles, c. 1). — *Villers*, 1508 (arch. nat. P 207, 12). — *Villiers-au-Bois, Villyers-au-Bois*, 1605 (*ibid.* P 190, 56). — *Villier*, 1673 (*ibid.* Q¹ 681).

VILLIERS (LES), lieu-dit, c^ne de Verzenay.

VILLIERS-AUX-CORNEILLES, c^ne d'Anglure. — *Vilers*, v. 1222 (livre des vass. de Champ.). — *Villers*, 1398 (arch. nat. P 171, 46). — *Villers-aux-Corneilles, Viliers-aux-Corneilles*, 1766 (*ibid.* Q¹ 679). — *Villars ad Carnicos*, 1784 (Courtalon, t. III, p. 264).

Villiers-aux-Corneilles faisait partie, en 1789, de l'élection de Troyes et était régi par la coutume de Meaux. Son église paroissiale, annexe de celle de Conflans, diocèse de Troyes, doyenné de Pont, était dédiée à Notre-Dame (Nativité).

VILLOISON, loc. détr. c^ne de Montmort. — *Robertus de Viloison*, 1206 (la Charmoye, c. 1). — *Robertus de Villoison*, 1239 (*ibid.* c. 3). — On trouve encore, sur le territoire de Montmort, les lieux-dits *les Longs-Rayages de Villoison* et *la Villoison*.

VILLOTTE, h. c^ne de Luxémont-et-Villotte. — *Vileta*, 1100 (cart. de Châlons, copie Gaignières, p. 73). — *Vilete*, 1107 (chap. de Châl. a. 1, l. 1). — *Villula*, 1179 (Ulmoy). — *Villeta*, 1187 (cart. d'Huiron, p. 212). — *Vilata*, 1224 (Trois-Font. c. 1). — *Villeta*, 1384 (arch. nat. P 51², 1460). — *Villettez, Villettes emprès Woucler*, 1462 (*ibid.* Q¹ 662, f° 49 v°, 52). — *Item, jaçoit ce aussi que dès tres longtemps ladite ville de Villette soit destruite et les ediffices, qui y soulaient estre, tous desmolir et abattus, en telle maniere qu'il n'y a de present en toute ladite ville que une petite maison*, 1472 (chap. de Châl. a. 2, l. 4). — *Villette lez Vitry*, 1507 (S.-Pierre-aux-Monts, c. 14). — *Villotte*, 1556 (arch. lég. de Reims, cout. p. 878). — *Villotte-lez-Vauclerc*, 1680 (chap. de Châl. a. 6, l. 59).

VILLOTTE (Ru DE), affl. du ru de Jercourt; arrose le finage de Marolles.

VILLOUETTE, h. c^ne de Saint-Bon. — *Vile-Novele*, v. 1222 (livre des vass. de Champ.). — *Villelouvote*, v. 1395 (arch. nat. P 201, f° 94 r°). — *Villouette*, 1732 (*ibid.* P 197, 35). — *La Villouette*, 1734 (*ibid.* P 198, 10). — *Villelouvette* ou *Villouette; Villelouette* ou *Villelouvette*, 1860 (Cornet-Paulus, p. 235 et 239).

Vinay, c⁰ⁿ d'Épernay. — *Vedeniacus*, 988 (Colliette, hist. du Vermandois, 1, 56). — *Vineium*, 1145 (B. du Rocheret, mém. d'Épernay, t. I, p. 630). — *Veneium*, 1155 (*ibid.* t. I, p. 79). — *Vinai*, vers 1252 (arch. nat. J 202, 47). — *Vinaium*, 1262 (la Charmoye, c. 6). — *Vinay*, 1362 (arch. nat. P 182, f° 152 r°). — *Vinais*, 1577 (*ibid.* P 162, 222).

Vinay était compris, en 1789, dans l'élection d'Épernay et suivait la coutume de Vitry. Son église paroissiale, diocèse de Soissons, doyenné d'Orbais, était consacrée à saint Gervais; le prieur de Montfélix présentait à la cure.

Vincelles, c⁰ⁿ de Dormans. — *Vincella*, 886 (Mabillon, acta SS. ordinis S. Benedicti, t. III, p. 687). — *Vinceles*, 1250 (liber pontificum, f° 519 v°). — *Vincelles*, xiii° siècle (Amour-Dieu, c. 2). — *Vincelles lez ledit Chastillon-sur-Marne*, 1458 (arch. nat. P 162, 199). — *Vincelles-sur-Marne*, 1461 (*ibid.* P 162, 84). — *Vincellez*, 1501 (*ibid.* P 166, 360).

En 1789, Vincelles faisait partie de l'élection d'Épernay et était régi par la coutume de Vitry. Son église paroissiale, diocèse de Soissons, doyenné de Dormans, était consacrée à saint Timothée et à saint Apollinaire; l'évêque de Soissons présentait à la cure.

Vincelles (Ru de), affl. de la Marne; arrose le territoire de Vincelles.

Vindey, c⁰ⁿ de Sézanne. — *Vinci, Vinzi*, 1198 (cart du Paraclet, f° 12 et 165). — *Vindi*, 1288 (*ibid.* f° 165 r°). — *Vindé*, 1324 (cart. de Nesle, f° 26 r°). — *Vindeyum*, 1381 (pouillé de Troyes, A 335). — *Vindehium*, 1443 (évêché de Troyes, G 22). — *Vindey-le-Grant*, 1498 (arch. nat. P 165, 233). — *Vindez*, 1511 (*ibid.* P 165, 250). — *Vindey-en-Brie*, près Sézanne, 1570 (*ibid.* P 165, 310). — *Vindé-le-Grant*, 1575 (*ibid.* P 165, 315). — *Vindez-le-Grand*, 1652 (*ibid.* Q¹ 679). — *Vinea Deorum*, 1860 (Cornet-Paulus).

Vindey faisait partie, en 1789, de l'élection de Sézanne et était régi par la coutume de Meaux. Son église paroissiale, diocèse de Troyes, doyenné de Sézanne, était dédiée à saint Médard; le prieur de Gaye présentait à la cure.

Vindey-le-Petit, h. c⁰ⁿ de Vindey. — *Vindeium Parvum*, 1306 (S.-Nicolas de Sézanne, c. 7). — *Vindé-le-Petit*, 1379 (*ibid.*). — *Vindey-le-Petit*, 1498 (arch. nat. P 165, 233). — *Vindez-le-Petit*, 1652 (*ibid.* Q¹ 659). — *Le Petit-Vindey*, 1862 (Guérard, p. 276).

Vinerel, m. détr. c⁰ⁿ de la Cheppe. — *Domus de Vinerel que est juxta la Chape*, v. 1230 (cart. C de S.-Remy, f° 27 v°).

Vlaet (Le), f. c⁰ⁿ de Mécringes. — *Monvinet*, xviii° s° (Cassini).

Vinet (Rude), affl. du Petit-Morin, c⁰ⁿⁿ de Rieux (Marne) et de la Celle (Aisne).

Vinets, h. et prieuré détruits, c⁰ⁿ de Saint-Martin-sur-le-Pré. — *Viculus Visneel* (S.-Pierre-aux-Monts, c. 1). — *Moniales Sancti Martini de Vineel*, 1180 (*ibid.* c. 4). — *Moniales S* Martini*, 1181 (*ibid.* c. 2, cart.). — *Wineel*, 1188 (*ibid.* c. 5). — *Vinel ante Cathalaunum*, xii° siècle (fragm. de polypt. p. 167). — *Ecclesia de Vinau*, 1219 (Vinets, c. 5, copie). — *Vinellum*, 1235 (la Neuville, c. 4). — *Visnellum*, 1237 (Vinets, c. 5). — *Vinel-la-Vile*, 1239 (S.-Pierre-aux-Monts, c. 25). — *La vile de Vineel delez Recei*, 1240 (*ibid.*). — *Vineel-la-Vile*, delez Chaalons, 1240 (liber pontif. f° 270 v°). — *Vinel juxta Cathalanum*, milieu du xiii° siècle (Vinets, c. 5). — *Vienellum*, 1253 (*ibid.*). — *Domus monialum de Vinnello juxta Sanctum Martinum ad Vinnellum sita*, 1340 (*ibid.*). — *Vinellum juxta Receyum*, 1348 (*ibid.*). — *Vignels*, xiv° siècle (dioc. auc. de Châlons, t. I, p. 273). — *Vinès lez Chaalons, le prioré de Saint-Martin à Vignel*, 1405 (Vinets, c. 5). — *Vinetta*, 1405 (pouillé de Châl. f° 74 r°). — *Vinel sur Marne*, 1407 (S.-Pierre-aux-Monts, c. 24). — *Le prieur de Nostre-Dame de Vinel*, 1443 (Vinets, c. 4). — *Vignel*, 1437 (*ibid.*). — *Nostre-Dame de Vinelz lez Chaalons*, 1451 (*ibid.* c. 5). — *Le priors de Vinelz*, 1467 (*ibid.* c. 2, cartul.). — *Vignelz*, 1486 (*ibid.* c. 5). — *Vignetz lez Chaalons*, 1487 (*ibid.*). — *Vignelz*, 1495 (*ibid.*). — *Vignez, Veignetz*, 1556 (arch. lég. de Reims, cout. p. 878 et 919). — *Vinet*, 1565 (Vinets, c. 4). — *Vinetz*, 1566 (*ibid.*). — *Le priaulez de N.-D. de Vignest lez Chaalons*, 1577 (*ibid.*). — *Vinay*, 1599 (hist. de Châlons, p. 225). — *L'abaye de Vinet de Chaalons*, 1709 (Vinets, c. 2). — *Le monastère des religieuses bénédictines de Vinets de la ville de Chaalons, ... la ferme de Vinets-aux-Champs*, 1748 (*ibid.*). — *Prieuré royal de Nostra-Dame de Vinetz dudit Chaalons*, 1756 (*ibid.* c. 1).

Le prieuré de Notre-Dame de Vinets, de l'ordre de Saint-Benoit, fut transféré, en 1621, dans la ville de Châlons.

Violaine, h. détr. c⁰ⁿ d'Ablois-Saint-Martin. — *Violaine*, 1375 (arch. nat. Q¹ 673). — *Violaines*, 1393 (*ibid.* P 182, f° 258 r°). — *Vieulaisne*, 1409 (*ibid.* f° 317 r°). — *Violaines*, 1421

38.

(*ibid.* f° 130 v°). — *Violainne,* 1441 (*ibid.* f° 122 r°).
— *Une maison séant en la parroisse d'Ablois, en
lieu dit à Violainnes,* 1480 (*ibid.* P 181, 78).
— *Violennes,* 1499 (*ibid.* Q¹ 655; Avenay, 132).
Violaine, h. c°° d'Olizy. — *Villaines,* v. 1252 (arch.
nat. J 202, 51). — *Viuleines, Vyulaines,* 1264
(Longau, l. 38). — *Wilainnes, Villainnes,* v. 1274
(arch. nat. J 202, 45). — *Vieulainnes,* 1303-
1312 (arch. adm. de Reims, t. II, p. 1055). —
Vieulaines, Vieuleines, 1398 (arch. nat. P 208,
55). — *Viollaines,* 1473 (*ibid.* P 181, 73). —
Violainnes, 1480 (*ibid.* P 181, 78). — *Violaines,*
1557 (Longau, l. 32). — *Violainne,* 1634 (arch.
nat. P 216, 38). — *Violennes,* xviiiᵉ siècle (Cassini).
Violaine, h. c°° de Verdon. — *La basse et haulte
Vyolaine,* 1581 (arch. nat. P 180, 25). — *Viollaines,* xviiiᵉ siècle (Cassini).
Violetterie (La), lieu-dit, c°° de Molins.
Virginy, c°° de Ville-sur-Tourbe. — *Avergineium,*
1176 (prieuré de Saint-Thomas). — *Avergeneium,
Vergeneium,* 1220 (Moiremont, c. 2). — *Avergini,* 1230 (cart. de Châlons, copie Gaignières,
p. 95). — *Averginium,* 1239 (Barthélemy, canton
de Ville-sur-Tourbe, p. 108). — *Averginei,* 1302
(Moiremont, c. 1). — *Averginei,* 1311 (*ibid.*).
— *Avergigney,* 1312 (*ibid.*). — *Averg[i]neyum,*
1303-1312 (arch. adm. de Reims, t. II, p. 1100).
— *Avergini,* 1313 (Barthélemy, canton de Ville-
sur-Tourbe, p. 108). — *Aversignys,* 1346 (arch.
adm. de Reims, t. II, p. 1099). — *Averginy,*
1390 (arch. nat. P 183, 71). — *Avergigny,* 1391
(*ibid.* P 183, 71). — *Avergignei,* xivᵉ siècle
(statist. monumentale de Sᵗᵉ-Menehould, 2ᵉ partie,
p. 8).
En 1789, Virginy était compris dans l'élection
de Sainte-Menehould et suivait la coutume de
Vitry. Son église paroissiale, diocèse de Reims,
doyenné de Cernay, était consacrée à saint Martin ;
l'abbé de Moiremont présentait à la cure.
Virly, fief, à Juvigny-sur-Marne (dioc. anc. de Châl.
t. II, p. 58). — *Verily,* 1581 (Barthélemy, cartul.
de l'évêché, p. 54).
Vitarderie (La), f. c°° de Soilly. — *Guillonnerie,*
xviiiᵉ siècle (Cassini).
Vitry-la-Ville, c°° d'Écury-sur-Coole. — *Altare de
Veteraii Villa,* 1094 (cart. de la Trinité, f° 2 v°).
— *Vitriacum Villa,* 1284 (*ibid.* f° 88 v°). —
Vitreivilla, 1213 (S.-Pierre-aux-Monts, c. 2). —
Vitri, v. 1222 (livre des vass. de Champ.). —
Villa de Vitri, 1248 (dioc. auc. de Châl. t. I,
p. 417). — *Vitery-la-Ville,* 1264 (cart. de la
Trinité, f° 88 r°). — *Vitré-la-Ville,* 1284 (*ibid.*).

• — *Vitrevilla,* 1289 (S.-Pierre-aux-Monts, c. 2).
Witervilla, 1320 (cart. de la Trinité, f° 31 r°). —
Victriacum villa, 1405 (pouillé de Châl. f° 74 v°).
— *Vitri-la-Ville,* 1457 (arch. nat. P 179, 63).
— *Victry-la-Ville,* 1478 (*ibid.* P 161, 39). —
Victry-la-Ville en Champaigne, 1515 (*ibid.* P 161,
83).
En 1789, Vitry-la-Ville faisait partie de l'é-
lection de Châlons et était régi par la coutume de
Vitry. Son église paroissiale, diocèse de Châlons,
doyenné de Coole, était dédiée à saint Pierre ; le
chapitre de la Trinité de Châlons présentait à la
cure.
Vitry-le-Brûlé ou Vitry-en-Perthois, c°° de Vitry-le-
François. — *Victoriacum castrum,* viᵉ siècle (Grégoire de Tours, hist. Francorum, l. 3, 14). — *Victoriacum castellum,* v. 948 (Flodoard, l. 4, c. 22).
— *Vitriacum,* 968 (dioc. auc. de Châl. t. II, p. 3).
— *Vitreium,* comm. du xiᵉ sᵉ (polypt. de S.-Remy
de Reims). — *Viteriacum,* 1114 (cart. A de S.-Remy,
p. 630). — *Vitreiacum,* 1153-1161 (Ulmoy). —
Castrum Vitriacum, v. 1165 (cart. de Montiers,
10946, f° 21 r°). — *Vitriachum,* 1186 (le Reclus,
c. 2). — *Vitriacum Castellum,* 1197 (Cheminon,
c. 1). — *Viteri, Vitri,* v. 1222 (livre des vass. de
Champ.). — *Viteré,* 1252 (liber pontif. f° 394 v°).
— *Vitrei, Viterei,* 1256 (Cheminon, c. 4). —
Victriacum, 1259 (cart. de Montiers, 9905, f° 90 v°).
— *Vitri au Pertois,* v. 1274 (arch. nat. J 202,
46 ter). — *Vitrei en Partoiz,* 1280 (cart. de Montiers, 9905, f° 207 r°). — *Victriacum castrum,*
1286 (chap. de Châl. a. 2, l. 3). — *Vitry,* 1299
(S.-Pierre-aux-Monts, c. 20). — *Vitry,* 1311
(cart. A de S.-Remy, p. 413). — *Vitriacum in Pertesio,* 1324 (Boutaric, actes du parlem. de Paris,
n° 7715). — *Vitri en Pertais,* 1329 (la Charmoye, c. 2). — *Vitery,* 1380 (chap. de Reims,
l. Vauclerc). — *Victry,* 1384 (arch. adm. de Reims,
t. III, p. 593). — *Vytry,* 1419 (arch. lég. de
Reims, statuts, t. I, p. 536). — *Witry,* 1425
(*ibid.* t. I, p. 617). — *Victry-en-Partoix,* 1508
(arch. nat. P 207, 36). — *Victry-en-Partoys,*
1571 (*ibid.* P 179, 118). — *Vitry-le-Burlé,*
1598 (*ibid.* P 161, 263). — *Vitry-ls-Chdteau,*
1745 (Ulmoy).
En 1789, Vitry-le-Brûlé était compris dans l'é-
lection et suivait la coutume de Vitry. Son église
paroissiale, diocèse de Châlons, doyenné de Vitry-
lo-Brûlé, était consacrée à saint Memmie ; le chapitre de la Trinité présentait à la cure.
Vitry-le-François, ch.-l. d'arrond. — Après l'incendie
de l'ancienne ville de Vitry (auj. Vitry-le-Brûlé)

par les Impériaux, en 1544, François Ier ordonna
que Vitry serait reconstruit sur l'emplacement du
village de MAUCOURT (voy. ce nom). — *Nous ...
avons le dict lieu de Moncourt destiné, establi et
ordonné pour en icelui estre refaicte et reédiffiée la
dicte ville de Victry ruinée,* 1545 (ordonnance
royale du 31 mai : dioc. anc. de Châl. t. II, p. 297).
— *Laquelle ville nouvelle nous aurions voullu estre
appelée Victry-le-François,* 1547 (ordonnance du
27 mars 1546 : *ibid.* t. II, p. 299). — *Le finage
de Moncourt, de présent appellé Victry-le-François,*
1571 (arch. nat. P 179, 113). — *Victry-le-Fran-
çoys,* 1581 (chap. du Châl. a. 6, l. 60). — *Le
finage de Maucourt, de présent appellé Victry-le-
François,* 1644 (arch. nat. P 216, 131). — *Vitriacum
Franciscum,* 1775 (chap. de Châl. a. 1, l. 56). —
Vitry-sur-Marne, 1793 (arch. de la Marne).

C'est abusivement que l'on dit *Vitry-le-Français,*
puisque cette ville doit son existence et son surnom
au roi François Ier.

Vitry-le-François était, en 1789, le chef-lieu de
l'élection de ce nom et suivait la coutume de Vitry.
Son église paroissiale, diocèse de Châlons, doyenné
de Vitry, était dédiée à Notre-Dame; le chapitre de
l'église cathédrale de Châlons présentait à la cure.

VIVISA (LE), fief, à Chaltrait. — *Le seiff du Vivier,
assis audit Chaltray, autrement appellé le seiff
Guillaume Prost,* 1605 (arch. nat. Q¹ 190, 56).

VIVIER, h. c^{ne} d'Esternay. — *Viviers,* 1553 (arch. nat.
P 178, 71). — *Le Viviers,* 1604 (*ibid.* P 165,
336). — *Le Vivier,* 1604 (*ibid.* P 178, 98). —
Les Viviers, 1860 (Cornet-Paulus).

VIVIER (LE), h. c^{ne} de Festigny-les-Hameaux. — *Le
hameau du Vivier,* 1768 (Hautvillers, c. 5). —
Vivier, xviiie siècle (Cassini).

VIVIER (LE), écart, c^{ne} de la Neuville-au-Pont (Cornet-Paulus).

VIVIER (LE), m^{on} de camp. c^{ne} de Trigny.

VIVISA-LE-COMTE (LE), f. c^{ne} de Vandières-sous-Châtillon. — *Le Vivier-le-Comte,* 1847 (lieux habités).
— *Le Vivier-Lecomte,* 1860 (Cornet-Paulus).

VOGUE (BOIS DE LA), m^{on}, c^{ne} de Montmirail. — *La
Vauve, aultrement la garenne dudit Montcoupot,*
158. (chât. de Montmirail). — *La Vaugue,* 1847
(nomenclature des postes).

VOIDIVILLE, f. c^{ne} de Pévy. — *Wadiville lez Pevy,* 1501
(chap. de Reims, c. 29). — *La conse de Wadiville,*
1529 (*ibid.*). — *Vadiville,* 1554 (*ibid.*). — *Wadeville,* 1720 (Saugrain, t. I, p. 481). — *Wadeville,*
1773 (arch. nat. Q¹ 654). — *Audiville,* xviiie s^e
(Cassini). — *Vadeville,* 1804 (ann. de l'an xiii,
p. 73). — *Voidiville,* 1835 (état-major). — *Wla-*

diville, 1862 (Guérard, p. 427). — *Voideville,*
1860 (Cornet-Paulus).

VOIE CUALONGE (LA), chemin voisin de Pocancy. —
La voye Chalonge, 1399 (arch. nat. P 181, 54).

VOIE CHAMPENOISE (LA), nom donné par le cadastre
à des chemins tracés sur les finages de Cloyes et
de Gigny-aux-Bois. La *Voie Champenoise* de ce dernier territoire se dirige vers le Meix-Thiercelin.

VOIE-DES-VACHES (LA), tuil. c^{ne} de Damery (Guérard,
p. 162). ·

VOIE RANCIENNE (LA), passant près de Rosnay. — *La
voie Rancienne,* 1435 (arch. nat. P 181, 155).

VOIES-JUSTINES (LES), lieu-dit, c^{ne} de Loivre.

VOILEMONT, c^{ne} de Sainte-Menehould. — *Wallimont,*
1140 (Montiers, c. 1). — *Wallimons,* 1140 (cart.
de Moutiers, 9905, f° 117 r°). — *Walemons,* 1147
(cart. de S.-Martin-des-Champs de Paris, LL 1351,
f° 7 v°). — *Waillemont,* 1147 (*ibid.* f° 9 r°). — *Wallemunt,* 1154-1161 (cart. de Moutiers, 10946,
f° 11 v°). — *Vuailemont,* 1170 (cart. de Touss.
f° 55 r°). — *Vualemunt,* 1209 (cart. de Montiers,
9905, f° 109 r°). — *Vuaillemont,* 1228 (*ibid.*). —
Wailemont, Weilemont, v. 1252 (arch. nat. J 202,
55 et 52). — *Vuaylemont,* 1259 (cart. de Montiers,
9905, f° 112 r°). — *Willemont, Walemont,*
v. 1274 (arch. nat. J 202, 46 et 46 ter). — *Vuaillemont,* 1293 (cart. de Moutiers, 9905, f° 112 r°).
— *Wallemans,* xiiie siècle (Moiremont, c. 1). —
Vaillemont, 1370 (arch. nat. P 183, 25). —
Vullemont, 1405 (pouillé de Châl. f° 78 v°). —
Voillemont, 1425 (chap. de Châl. a. 6, l. 24). —
Valemont, 1456 (arch. nat. P 179, 62). — *Vualmont,* 1529 (*ibid.* P 184, 88). — *Vuoillemont,*
1530 (cart. de Moutiers, 9905, f° 115 r°). —
Valmons, 1542 (comptes des décimes, p. 226³).
— *Valmont,* 1565 (Touss. c. 19). — *Vallemont,*
1602 (arch. nat. J 202, 46 bis). — *Voilemont,*
1624 (dioc. auc. de Châl. t. II, p. 193). — *Vor-
laymont,* 1651 (évêché de Châl. c. 9). — *Voilmont,* 1733 (arch. nat. P 228, 24). — *Vois-
lemont,* 1762 (*ibid.* Q¹ 658). — *Voilmont,* xviiie s^e
(Cassini).

Voilemont faisait partie, en 1789, de l'élection
de Sainte-Menehould et était régi par la coutume
de Vitry. Son église paroissiale, diocèse de Châlons, doyenné de Sainte-Menehould, était consacrée à saint Vanne; l'évêque de Châlons en était
collateur.

VOIPREUX, c^{ne} de Vertus. — *Vadum Petrosum,* 1186
(arch. nat. Q¹ 681¹, f° 227). — *Voypereux,* 1366
(*ibid.* Q¹ 681¹, f° 211 r°). — *Voipreu,* 1428
(*ibid.* Q¹ 673). — *Voipereux,* 1457 (chap. de

Sézanne, c. 3). — *Voixpreux*, 1539 (la Charmoye, c. 4). — *Boispreux*, 1605 (arch. nat. P 190, 56, f° 1 v°). — *Voispreux*, 1673 (ibid. Q¹ 681). — *Voypreux*, 1673 (dioc. auc. de Châl. t. II, p. 367).

Voipreux était compris, en 1789, dans l'élection de Châlons et suivait la coutume de Vitry. Son église paroissiale, diocèse de Châlons, doyenné de Vertus, était dédiée à saint Pierre; l'abbé de Saint-Sauveur de Vertus présentait à la cure.

Voiprerx (Moulin de), m^{in}, c^{ne} de Chaumuzy. — *Le chemin de Voipreux*, 1508 (archev. de Reims, c. 6). — *Lieudit en Voipreux*, 1597 (ibid.).

Voipréux (Le Petit-), m^{on} isolée, c^{ne} de Voipreux.

Voirfigny, lieu-dit, c^{ne} de Bourgogne.

Voisin, f. c^{ne} du Breuil-sur-Vesle. — *Terra de Visin*, 1148 (cart. d'Igny, f° 4 v°). — *Vesin*, 1154-1159 (ibid. f° 2 v°). — *Veisin*, v. 1160 (ibid. f° 19 r°). — *Voisin*, 1194 (ibid. f° 60 v°). — *Voisins*, 1215 (ibid. f° 66 v°). — *Molendinum de Voisin*, 1220 (chap. de Reims, l. Jonchery). — *Molendinum de Wisin*, 1230 (cart. B du chap. de Reims, f° 548 v°). — *Vicinum*, 1232 (cart. d'Igny, f° 64 r°). — *Visinum*, 1255 (ibid. f° 70 v°). — *Voysins*, 1323 (ibid. f° 82 r°). — *Nemus et grangia de Voisin juxta Villam ad Boscum*, 1333 (cart. de S.-Denis de Reims, p. 391).

Voizy, h. c^{ne} de Villevenard. — *Voisie*, 1162 (Andecy). — *Waisia*, 1211 (Teulet, trésor des chartes, t. I, p. 365). — *Voisi*, 1256 (cartul. d'Oyes, f° 13 r°). — *Voisy*, 1708 (évêché de Châl. c. 15). — *Oisy*, xviii° siècle (Cassini). — *Oizy*, 1860 (Cornet-Paulus).

Volmÿry, lieu-dit, c^{ne} de Suippes.

Volognières, h. c^{ne} de Bethon. — *Bannoneriae*, 1165 (Gall. christ. t. XII, p. 271). — *Guainnoneriae*, 1194 (Paraclet, 24 H 1). — *Molendinum de Gaynoneriis*, 1202 (ibid. 24 H 3). — *Villa de Gainognieres*, 1218 (cart. de Sellières, bibl. de Troyes, f° 54 r°). — *Waugaignieres, Waguognieres*, v. 1222 (livre des vass. de Champ.). — *Terra de Gaignunnieres*, 1244 (Paraclet, 24 H 3). — *Waignoniers*, 1247 (arch. de l'Aube, G 558). — *Wougnonnieres*, 1397 (ibid.). — *Voignonnieres, Woignonnieres*, 1465 (ibid.). — *Vosgnonnieres*, 1526 (ibid.). — *Vaugnonnieres*, 1650 (ibid.). — *Vononnier*, 1650 (min. Peignot, à Marcilly). — *Vaugonniere*, 1671 (arch. de l'Aube, G 558). — *Voionnière, la chapelle de la Vaulconnière*, 1672 (ibid.). — *Vaugonneres*, 1674 (ibid.). — *Vauguonnier*, 1703 (arch. nat. P 222, 222). — *Vauguonnière*, 1759 (ibid. Q¹ 678). — *La Vaugonnière*,

1766 (ibid.). — *Velonniers*, 1784 (Courtalon, t. III, p. 233). — *Volonniers*, 1833 (état-major). — *La Vaglonière*, 1847 (lieux habités). — *La Vaglonière*, 1860 (Cornet-Paulus). — *Voglonnière*, 1862 (Guérard, p. 210).

Vouarces, c^{ne} d'Anglure. — *Waarcia, Warcia*, 1110 (Socard, chartes de Molêmes, p. 96 et 98). — *Waarcia*, 1128 (Gall. christ. t. XII, c. 258). — *Guiarcia*, 1135 (Socard, ch. de Molêmes, p. 106). — *Gaarce*, 1174 (cart. d'Oyes, f° 2 v°). — *Guarcia*, 1179 (S.-Nicolas de Sézanne, c. 9). — *Wiarce*, v. 1222 (livre des vass. de Champ.). — *Warce*, 1230 (arch. nat. KK 1064, f° 276 r°). — *Warces*, v. 1252 (ibid. J 195, 96). — *Varce*, v. 1274 (ibid. J 205, 31 bis). — *Varcia*, 1381 (pouillé de Troyes, A 332). — *Varsia*, 1467 (ibid. N 113 et 124). — *Wase*, 1571 (arch. nat. P 178, 55). — *Ouarces*, 1581 (ibid. P 178, 58). — *Vuarce*, 1600 (ibid. P 178, 84). — *Vouarce*, 1728 (ibid. P 228, 21). — *Wouarces*, xviii° siècle (Cassini). — *Wouarce, Woartia*, 1784 (Courtalon, t. III, p. 329).

En 1789, Vouarces faisait partie de l'élection de Sézanne et était régi par la coutume de Meaux. Son église paroissiale, diocèse de Troyes, doyenné de Sézanne, était consacrée à saint Pierre; l'évêque de Troyes présentait à la cure.

Voucienne, c^{ne} d'Écury-sur-Coole. — *Vouceniae*, 1211 (chap. de Châlons, a. 5, l. 42). — *Vouciones, Vocienes*, 1243 (Saint-Pierre-aux-Monts, c. 29). — *Woiciones*, 1274 (ibid.). — *Voulsienne juxta Vitriacum*, 1301 (ibid.). — *Vousienne*, 1457 (arch. nat. P 179, 63). — *Vousienne*, 1464 (Toussaints, c. 19). — *Vaussiennez*, 1508 (arch. nat. P 179, 78). — *Voulciennes*, 1516 (ibid. P 179, 96). — *Voussienne*, 1522 (Toussaints, c. 19). — *Voulzciennes*, 1551 (arch. nat. Q¹ 670). — *Vaulcienne*, 1571 (ibid. P 179, 115). — *Voulcienne*, 1579 (ibid. Q¹ 670). — *Vaulciennez*, 1608 (ibid. P 161, 151). — *Voucienne*, 1633 (lieux régis par la cout. de Vitry). — *Volcienne*, 1701 (arch. nat. P 222, 213).

En 1789, Vouciennes faisait partie de l'élection de Châlons et suivait la coutume de Vitry. C'était une dépendance de la paroisse de Vitry-la-Ville.

Vouillers, c^{on} de Thiéblemont. — *Voiliers*, 1156 (Moncets, c. 3). — *Vouliers*, v. 1252 (arch. nat. J 202, 55). — *Wiliers*, v. 1300 (extenta Campanie, Larzicourt). — *Woylliers*, 1383 (S.-Pierre-aux-Monts, c. 15). — *Wouilliers*, 1406 (chap. de Châlons, a. 6, l. 67). — *Vouilliers*, 1412 (S.-Pierre-aux-Monts, c. 8). — *Voullerie*, 1542 (pouillé de Châl. p. 210³). — *Voüilliere*, 1633 (lieux régis par la cout. de Vitry). — *Vouillere*, 1663 (chap. de Châl. a. 6, L 67). — *Voulleriae*, *vulgo Vouilleres*, 1775 (*ibid. a.* 1, l. 56). — *Vouillers*, 1784 (*ibid.* a. 6, l. 67). — *Vouillierre*, 1847 (lieux habités).

En 1789, Vouillers était compris dans l'élection de Vitry et suivait la coutume de Châlons. Son église paroissiale, diocèse de Vitry, doyenné de Perthes, était dédiée à saint Pierre; le chapitre de l'église cathédrale présentait à la cure.

Voulève (La), fief, à Coupéville (Barthélemy, cartul. de l'évêché, p. 53).

Vouszy, f. c⁰⁰ de Courthiézy. — *Voucy*, 1512 (arch. nat. P 181, 4). — *Voulcy*, *Foulzy*, *Vocy*, 1686 (*ibid.* P 194¹, 17). — *Vousy*, XVIII° siècle (Cassini).

Vouzy, c⁰⁰ de Vertus. — *Vosies*, *Voisies*, 1204 (Cheminon, c. 20). — *Vousiers*, 1223 (la Charmoye, c. 3). — *Vousiae*, v. 1252 (arch. nat. J 193, 51). — *Vouseies*, 1263 (S.-Memmie, c. 7, f° 2 r°). — *Vouceyum*, 1307 (S.-Remy de Reims, l. 349). *Vouzeis*, *Wouseis*, 1366 (arch. nat. Q¹ 681¹, f° 80 et 124 v°). — *Voulzeium*, 1405 (pouillé de Châl. f° 82 r°). — *Vouseiz*, 1406 (Touss. c. 19). — *Voulsies*, 1464 (*ibid.*). — *Voulsis*, 1508 (arch. nat. P 207, 12). — *Vouzeium*, 1542 (taxe des décimes, p. 213). — *Baulzie*, *Voulsis*, 1605 (arch. nat. P 190, 56, f° 1 v°). — *Vouzie*, 1673 (*ibid.* Q¹ 681).

En 1789, Vousy faisait partie de l'élection de Châlons et était régi par la coutume de Vitry. Son église paroissiale, diocèse de Châlons, doyenné de Vertus, était consacrée à saint Martin; le prieur de Montmort présentait à la cure.

Vouzy (Le Petit-), m. c⁰⁰ de Vousy.

Vouzy-le-Petit, h. c⁰⁰ de Vouzy. — Ce lieu est distingué du précédent dans la nomenclature des lieux habités, dressée en 1847 par ordre de l'administration des postes.

Voyeu-de-la-Plaine (Le), m. c⁰⁰ de Giffaumont.

Voyeu-de-la-Roeve (Le), m. c⁰⁰ de Giffaumont.

Voyeu-le-Jarros (Le), m. c⁰⁰ de Giffaumont.

Voyon (Roisseau de), prend naissance sur le finage de Maffrécourt et se jette dans l'Aisne en amont de la Neuville-en-Pont.

Vraux, c⁰⁰ de Châlons. — *Varaus*, comm. du xi° s° (polypt. de S.-Remy de Reims). — *Verox*, *Verous*, 1124-1130 (cart. de Châlons, copie Gaignières, p. 81). — *Verouz*, 1138 (*ibid.* p. 81). — *Veroue*, 1133-1142 (dioc. anc. de Châl. t. I, p. 396). — *Veros*, 1147 (cart. d'Avenay, f° 1 r°). — *Varau*, 1153 (S.-Pierre-aux-Monts, c. 32). —

Veroacum, 1192 (ibid.). — *Verol*, 1195 (la Neuville, c. 9). — *Veraut*, 1256 (*ibid.* c. 8). — *Vrau*, *Vraut*, 1278 (cart. A de S.-Remy, p. 381). — *Varau*, 1289 (S.-Pierre-aux-Monts, c. 2). — *Vraudium*, 1303-1312 (arch. adm. de Reims, t. II, p. 1119). — *Vraux*, 1317 (cart. A de S.-Remy de Reims, p. 392). — *Vraus*, 1346 (arch. adm. de Reims, t. II, p. 1121). — *Veraud*, 1384 (arch. nat. P 51², 1460). — *Vraud*, 1456 (S.-Pierre-aux-Monts, 32). — *Vrault*, 1462 (arch. nat. Q¹ 662). — *Verauld*, 1464 (Touss. c. 19). — *Vraulx*, 1673 (arch. nat. P 1762, f° 114 r°).

Vraux était compris, en 1789, dans l'élection de Châlons et suivait la coutume de Vitry. Son église paroissiale, diocèse de Reims, doyenné d'Épernay, était dédiée à saint Laurent; l'abbé d'Hautvillers présentait à la cure.

Vraux (Ru de), affl. du ru de la Veuve; arrose le finage de Vraux.

Vatany, c⁰⁰ de Ville-en-Tardenois. — *Viriniacus*, v. 850 (polypt. de S.-Remy de Reims). — *Verniacum*, 978 (Marlot, métr. Rem. hist. t. II, p. 28). — *Vernyacum*, *Vernyacum*, 1216 (cart. B du chap. de Reims, f° 174, 175 r°). — *Vergneyum*, 1236 (chap. de Reims, l. Vrigny). — *Vergneium*, 1255 (ibid. l. Claiziret). — *Vergni*, 1292 (S.-Denis de Reims, l. Lhéry). — *Vergny*, 1303-1312 (arch. adm. de Reims, t. II, p. 1052). — *Vergny delez Rains*, 1384 (*ibid.* t. III, p. 597). — *Verguyacum*, xiv° siècle (cart. A du chap. de Reims, f° 128 r°). — *Vregny*, 1508 (arch. nat. P 180, 170). — *Vrigny à la Montaigne*, 1522 (arch. lég. de Reims, cout. p. 754).

Vrigny faisait partie, en 1789, de l'élection et suivait la coutume de Reims. Son église paroissiale, annexe de celle de Coulommes, diocèse de Reims, doyenné de la Montagne, était consacrée à saint Vincent.

Vrilly, moul. c⁰⁰ de Reims. — *In villa Sancti Remigii . . . que a civitate Viriliaous dicitur*, 1053 (S.-Remy de Reims, l. 361). — *Vrilliacum*, 1181 (S.-Denis de Reims, suppl. liasse Vrilly). — *Vriliacum*, 1216 (arch. lég. de Reims, statuts, t. I, p. 185). — *Molendinum de Vrilleio*, 1218 (S.-Nicaise, c. 9). — *Vrileium*, 1218 (cart. de S.-Nicaise, f° 43 v°). — *Vrilleyum*, 1237 (cart. B du chap. de Reims, f° 387 v°). — *Virili*, 1247 (cart. + de l'archev. f° 183 r°). — *Vrilly*, 1251 (S.-Nicaise, c. 9). — *Vrilly*, *Vrilly-les-Reims*, 1384 (arch. adm. de Reims, t. III, p. 578, 594). — *Werilly*, *Verilly*, 1503 (S.-Nicaise, c. 9).

Vroil, c⁰⁰ d'Heiltz-lo-Maurupt. — *Super fluvium*

Callum, *in Verello*, comm. du xi° siècle (polypt. de S.-Remy de Reims). — *Verillum*, 1094 (cart. de la Trinité de Chàl. f° 2 v°). — *Veroium*, 1154 (arch. adm. de Reims, t. I, p. 330). — *Verol*, 1195 (Moutiers, c. 1). — *Veroil*, 1200 (dioc. auc. de Chàl. t. II, p. 225). — *Varai*, 1217 (la Neuville, c. 8). — *Varoil*, 1264 (dioc. anc. de Chàl. t. I, p. 423). — *Veroi*, v. 1274 (arch. nat. J 202, 46 *ter*). — *Verail*, 1349 (la Neuville, c. 8). — *Vereel*, 1380 (arch. nat. P 178, 107). — *Veray*, 1403 (*ibid.* P 179, 25). — *Verolium*, 1405 (pouillé de Chàl. f° 78 r°). — *Vray*, 1436 (arch. nat. P 161, 15). — *Vrail*, 1444 (*ibid.* P 161, 192). — *Vrael*, 1459 (*ibid.* P 179, 66). — *Verayl*, 1461 (chap. de Reims, l. Vauclerc). — *Verel*, 1464 (cart. d'Huiron, p. 557).

— *Vraye*, 1487 (arch. nat. P 161, 48). — *Wroil*, 1530 (*ibid.* P 161, 92). — *Vreuil*, 1597 (la Neuville, c. 4).

Vroil était compris, en 1789, dans l'élection de Chàlons et suivait la coutume de Vitry. Son église paroissiale, diocèse de Chàlons, doyenné de Joinville, était dédiée à saint Pierre et à saint Paul ; le chapitre de la Trinité de Chàlons présentait à la cure.

Vroil (Ru de), affl. du ru de Commérupt; arrose le territoire de Vroil.

Vruye-Saint-Remy (Le), fief, c°° de Baconnes. — Ce fief dépendit constamment du fief de Pérard de Thuisy (Barthélemy, canton de Verzy, p. 8).

Vuary, lieu-dit, c°° d'Ormes.

Vurezy, écart, c°° de Thuisy (Cornet-Paulus).

W

Wacques (Les), deux maisons, c°° de Souain.

Waillon, f. c°° de la Neuville-au-Pont. — *Vuaillon*, 1643 (Moiremont, c. 13). — *Waillon*, 183. (état-major). — *Woillon*, 1847 (lieux habités). — *Vaillon*, 1860 (Cornet-Paulus).

Wargemoulin, c°° de Ville-sur-Tourbe. — *Wargemolin*, 1184 (pr. de S.-Thomas). — *Molendinum de Warge-Molin*, 1208 (*ibid.*). — *Vargemolin*, v. 1300 (extenta Campanie, S.-Jean-sur-Tourbe). — *Verge-Moulin*, 1306 (Boutaric, actes du parlem. de Paris, n° 3341). — *Varga-Moulin*, 1461 (arch. nat. P 161, 213). — *Wurgemolin*, 1573 (*ibid.* P 162, 397). — *Vurage-Moulin*, 1711 (*ibid.* P 223, 512). — *Warge-Moulin*, xviii° siècle (Cassini).

En 1789, Wargemoulin faisait partie de l'élection de Sainte-Menehould et était régi par la coutume de Vitry. Son église paroissiale, annexe de l'église de Minaucourt, diocèse de Reims, doyenné de Cernay-en-Dormois, était consacrée à saint Étienne.

Warguillerie (La), lieu-dit, c°° de Dommartin-sur-Yèvre.

Warmeriville, c°° de Bourgogne. — *Warmerü Villa, Villa Warmerena*, comm. du xi° siècle (polypt. de S.-Remy). — *Guarmerivilla*, 1149 (S.-Thierry, c. 7, l. 49). — *Warmerevilla*, 1181 (cart. B de S.-Remy de Reims, p. 56). — *Garmerivilla*, 1189 (chap. de Reims, l. Warm.). — *Warmeri Villa*, 1190 (S.-Thierry, c. 7). — *Garmereivilla*, 1192 (arch. adm. de Reims, t. I, p. 420). — *Verre-*

willa, 1205 (S.-Thierry, c. 7, l. 49). — *Wameriville*, v. 1222 (livre des vass. de Champ.). — *Warmerivile*, 1249 (chap. de Reims, l. 41 *bis*). — *Warmereivilla*, 1262 (cart. d'Avenay, f° 45 v°). — *Varmerivilla*, 1346 (arch. adm. de Reims, t. II, p. 1062). — *Warmeryville*, v. 1371 (arch. nat. S 5036, f° 314 v°). — *Vermeriville*, 1384 (arch. adm. de Reims, t. III, p. 588). — *Warmerivillesur-Suippe*, 1526 (chap. de Reims, l. Warmeriville). — *Warmerivil*, 1556 (arch. lég. de Reims, cout. p. 902). — *Vuarmeriville*, 1758 (*ibid.* statuts, t. II, p. 860).

En 1789, Warmeriville était compris dans l'élection et suivait la coutume de Reims. Son église paroissiale, diocèse de Reims, doyenné de Lavanne, était dédiée à saint Martin ; le tournaire du chapitre métropolitain de Reims présentait à la cure.

Waterloo, m. c°° d'Oger.

Wez, c°° de Verzy. — *Wez*, 1220 (cart. de S.-Remy de Reims, f° 14 r°). — *Vé*, 1231 (S.-Timothée, c. 1). — *Vé delès Tusy*, 1274 (S.-Basle, c. 2, l. 26). — *Vé juxta Tusy*, 1275 (*ibid.*). — *Vez*, comm. du xiv° siècle (arch. adm. de Reims, t. I, p. 1090). — *Wés*, 1309 (*ibid.* t. II, p. 89). — *Veez*, 1303-1512 (*ibid.* t. II, p. 1119). — *Weez*, 1337 (*ibid.* t. II, p. 757). — *Vees, Wees*, 1346 (*ibid.* t. II, p. 1117-1118). — *In villa de Vé* in riparia Vidale, 1349 (S.-Timothée, c. 1). — *Vez lez Thuisi*, 1384 (arch. adm. de Reims, t. III, p. 652). — *Veez les Reims*, 1495 (S.-Basle, c. 4).

— *Vuez*, 1542 (*ibid.* c. 10). — *Weez-sur-Vesle*, 1698 (Barthélemy, canton de Verzy, p. 129). — *Wuez*, 1876 (dictionn. des postes).

En 1789, Wez faisait partie de l'élection et suivait la coutume de Reims. Son église paroissiale, diocèse de Reims, doyenné de Vesle, était consacrée à Notre-Dame; le prieur du séminaire de Reims présentait à la cure.

Witry-lez-Reims, c⁰ⁿ de Beine. — *Victuriacum*, v. 948 (Flodoard, l. II, c. 7). — *Wistereyum*, 1119 (cart. † de l'archev. f° 178 r°). — *Wistereium*, 1222 (S.-Symphorien, c. 4). — *Witri*, 1231 (cart. du chap. de Reims, f° 524 v°). — *Witereium*, 1233 (S.-Symphorien, c. 1). — *Wyteriacum*, 1247 (*ibid.* c. 4). — *Wyteri*, 1316 (*ibid.*). — *Wytery*, 1322 (arch. adm. de Reims,

t. II, p. 319). — *Witreyum*, 1346 (*ibid.* t. II, p. 1063). — *Witry*, 1362 (S.-Symphorien, c. 4). — *Witry*, 1384 (arch. nat. P 51², 1430). — *Wittry*, 1442 (S.-Symphorien, c. 4). — *Victry*, 1556 (arch. lég. de Reims, cout. p. 876). — *Vuittry*, 1684 (S.-Symphorien, c. 4). — *Vuitry*, 1736 (chap. de Reims, l. Burigny). — *Vitry*, 1777 (arch. adm. de Reims, t. II, p. 1064).

Witry était compris, en 1789, dans l'élection de Reims et suivait la coutume de cette ville. Son église paroissiale, diocèse et doyenné de Reims, était dédiée à saint Symphorien; le chapitre de Saint-Symphorien de Reims présentait à la cure.

Wualin (Le), mⁿⁿ isolée, c⁰ⁿ de Lagery. — *Le Wualin*, 1847 (lieux habités), — *Le Vaulin*, 1860 (Cornet-Paulus).

Y

Yèvre (L'), riv. prend sa source à Sommeyèvre et se jette dans l'Auve sur le territoire de Voilemont. — *Evera*, 1157 (Ulmoy). — *Evra*, 1197 (Châtrices). — *Eevera*, 1223 (Ulmoy). — *La rivière d'Ièvre*, 1762 (arch. nat. Q¹ 658).

Yonval, f. c⁰ⁿ de Possesse. — *Guidonis Vallis*, 1148 (cart. de Montiers, 10946, f° 1 r°). — *Nicolaus, abbas de Wiunval*, 1165 (la Neuville, c. 5). — *Wiunvallis*, v. 1165 (cart. de Moutiers, 10946,

f° 23 r°). — *Viunval*, 1182 (cart. de Moutiers, 9905, f° 7 v°). — *Ecclesia Beate Marie de Vuionval*, 1198 (*ibid.* f° 7 r°). — *Granchia Wiun Vallis*, 1229 (Moutiers, c. 1). — *Guionval*, 1263 (cart. de Montiers, 9905, f° 5 r°). — *Wionval*, 1274 (Montiers, c. 4). — *Wyonval*, 1279 (S.-Pierreaux-Monts, c. 18). — *Yonval*, 1509 (arch. nat. P 207, 13). — *Iouval* ou *Youval*, 1860 (Cornet-Paulus).

Z

Zlatoas (Ru de), aff. de l'Ante; arrose le territoire de Remicourt.

TABLE DES FORMES ANCIENNES.

A

Aaci. *Arcis-le-Ponsart.*
Aathis. *Athis.*
Aautvilliers. *Hautvillers.*
Abaval, Abbatis Vallis. *Abbéval.*
Abbaye (L'). *L'Amour-Dieu.*
Abbaye-Digny. *Igny.*
Abbeval. *Abbéval.*
Ablancour, Ablancuria. *Ablancourt.*
Ablensis. *Ablois-Saint-Martin.*
Ablois (Foresta d'), Ablois (La haye d'). *Enghien (Forêt d').*
Ablois, Abloys. *Ablois-Saint-Martin.*
Acsiam. *Saint-Gilles.*
Aceyum Ponçardi. *Arcis-le-Ponsart.*
Adensius. *Aigny.*
Adjau (L'). *L'Ajot.*
Advenaium, Advenay, Advennaium. *Avenay.*
Advise. *Avize.*
Aeium, Aeyum, Agetus. *Ay.*
Agilli Mansio. *Le Meix-Saint-Epoing.*
Agny. *Aigny.*
Agône. *Dagône.*
Aban-du-Couvent (L'). *La Cense-du-Couvent.*
Ahautviler. *Hautvillers.*
Ahi. *Ay.*
Ahisnia. *L'Aisne.*
Aigney. *Aigny.*
Aigne. *L'Aisne.*
Aigney, Aigneyum, Aigni. *Aigny.*
Aigny-le-Jard. *Igny-le-Jard.*
Aigremont, Aigrement. *Les Aigremonts.*
Ailliancelles, Aillencelles, Aillencelle, Aillencelles. *Alliancelles.*
Ailleval. *Alval.*

Ailliancelles. *Alliancelles.*
Aingluyre. *Anglure.*
Aingneium, Aingny, Ainnoium. *Aigny.*
Aisencele, Aisenceles, Aisencella, Alliancelles.
Aisna, Atsuta. *L'Aisne.*
Aistre (Moulin de l'). *Le Moulin de l'Aître, Le Moulin-de-Lettre.*
Aixne. *L'Aisne.*
Aisencella. *Alliancelles.*
Ajau (L'). *L'Ajot.*
Alamannorum Cortis. *Aumenancourt-le-Grand.*
Alamannus. *Allemant.*
Alanduel. *Landouil.*
Alba. *L'Aube, L'Aubetin, L'Auve.*
Albariba, Alba Ripa. *Auberive.*
Albeta. *L'Aubetin.*
Albiliacus. *Aubilly.*
Alceius Mons. *Haussimont.*
Alemanche, Alemanches, Alemanehia. *Allemanche.*
Alemanicurtis. *Aumenancourt-le-Grand.*
Alemanni. *Allemant.*
Alemannorum Curtis. *Aumenancourt-le-Grand.*
Alemaus, Alemant, Alemanx. *Allemant.*
Alemenehia. *Allemanche.*
Alemens, Aloment, Alementum. *Allemant.*
Aleranni Villa. *Villers-Allerand.*
Aleu (L'). *L'Alleu.*
Aleuf (L'). *La Lieue.*
Alimeuti. *Allemant.*
Alise. *Élize.*
Allaia. *Avize, Élize.*
Allamens. *Allemant.*
Allancourt. *Alancourt.*
Alleman. *Allemant.*

Allemanehia. *Allemanche.*
Allemand, Allemans, Allemanti. *Allemant.*
Allemenche. *Allemanche.*
Allemens, Allemant, Allementum. *Allemant.*
Allenealla, Allenceles. *Alliancelles.*
Alleval. *Alval.*
Allienealle. *Alliancelles.*
Allodium. *Les Alleux, La Lieue.*
Alloes (Les). *Les Alleux.*
Almanehes. *Allemanche.*
Almant. *Allemant.*
Almeneurtis, Almenicurtis, Almannaneourt, Almerenenrtis. *Aumenancourt-le-Grand.*
Alnai. *Aulnay-aux-Planches.*
Alnayum juxta Mathogam. *Aulnay-sur-Marne.*
Alnetum. *Aulnay-aux-Planches, Aulnay-l'Aître.*
Alnetum ad Planeas. *Aulnay-aux-Planches.*
Alnetum Castrum. *Aulnay-l'Aître.*
Alnetum juxta Sareiaeum. *Aulnay, c^te de Ville-en-Tardenois.*
Alnetum ultra Planches. *Aulnay-aux-Planches.*
Alnidum. *Aulnay-aux-Planches, Aulnay-l'Aître.*
Alnidus. *Aulnay-sur-Marne.*
Alniseolum. *Aulniseur.*
Alodium, Alodium de Saint-Maart, Alodium de Santmaart, Alodium de Santmart. *La Lieue.*
Aloes (L'). *Les Alleux.*
Alta Ripa. *Hauterive.*
Alta Villa. *Hauteville.*
Altignae. *Outines.*
Altrecurt, Altricuria. *Hautecour.*

39.

Altum Villare. *Hautvillers.*
Altus Fous. *Hautefontaine.*
Altvileir, Altviller. *Hautvillers.*
Alue (L'). *La Loie.*
Aluet (L'). *La Lioue.*
Aluef (La rue de l'). *La Rue-de-l'Alleu.*
Alva. *Auve.*
Alve. *L'Auve.*
Alvia. *Auve.*
Amand-sur-Fion. *Saint-Amand.*
Ambilli. *Aubilly.*
Amblaincourt, Amblaneuris, Amblan-curtis, Amblencourt, Amblincourt, Ambloniscurt, Ambluncurt, Amblunnicurtis. *Ablancourt.*
Ambonai, Ambonaium, Ambonayum, Amboncium, Amboniacus, Ambonnaium, Ambonneyum, Ambonnoy, Ambornai, Amboundy, Ambournay. *Ambonnay.*
Ambreriæ. *Ambrières.*
Ambuniacus, Ambunnaium. *Ambonnay.*
Amenancort, Amenancorth. *Aumenancourt-le-Grand.*
Amenancourt-le-Petit. *Aumenancourt-le-Petit.*
Amenancourt Magnus, Amenancourt-le-Grand, Amenencourt. *Aumenancourt-le-Grand.*
Amenencourt-le-Petit. *Aumenancourt-le-Petit.*
Amennaucourt, Amennencourt, Amie-nancurtis Magnus. *Aumenancourt-le-Grand.*
Amigny. *Amilly.*
Amnencourt-le-Petit, Amnenencurtis Parvus. *Aumenancourt-le-Petit.*
Amor Dei, Amor-Dieu (L'). *L'Amour-Dieu.*
Amyremont. *Moiremont.*
Anblancort, Anblancour, Anblancourt. *Ablancourt.*
Anbonnai. *Ambonnay.*
Ancillaire. *Anserières.*
Ancelles. *Alliancelles.*
Ancon. *Le Moulin-Gibert.*
Andecei, Andeceiæ, Andeceies, Aude-ceis, Andeceyæ, Andeceyes, Ande-ceys. *Andecy.*
Andeceys Vetus. *Vieille-Andecy.*
Andeceyum, Andecia, Andecies, An-deciz, Andecys, Andeciciæ, Ander-ceiæ, Anderceiz, Anderceyæ, An-derciæ, Andesis. *Andecy.*
Anglien (Le bois d'). *Enghien (Forêt d').*
Anglaura. *Anglure.*
Angledura. *Angluzelles.*
Angletura. *Inglure.*

Angleura. *Anglure, Angluzelles.*
Angleure, Angleuria, Angleurre. An-g*lure.*
Angliduræ. *Angluzelles.*
Anglitura. *Anglure, Inglure.*
Angluella. *Angluzelles.*
Anglura. *Anglure.*
Auglure, Anglure-sur-Fions. *Inglure.*
Anglurella. *Angluzelles.*
Anglurelle-lez-Broucy. *Inglure.*
Anglurelles. *Angluzelles.*
Angluria, Angluse. *Anglure.*
Angluscella. *Angluzelles.*
Angluze. *Inglure.*
Angluzel. *Angluzelles.*
Anguiein (Le bois mous' d'), Anguien (Le bois d'). *Forêt d'Enghien.*
Angularia. *Anglure.*
Angny. *Aigny.*
Annecy. *Andecy.*
Anrué. *Henruel.*
Ansorieres, Ansileriæ. *Anserières.*
Autecy. *Andecy.*
Antenai, Antenaium, Antennacum, Antenay. *Anthenay.*
Anthecys. *Andecy.*
Anthenai, Anthenayum, Antiniacum. *Anthenay.*
Antra, Autre. *Ante.*
Aogneium, Aogny, Aoigni, Aoigny, -Aongneium, Aougny, Aougneium, Aougneyum, Aougni. *Aougny.*
Apargnai. *Épernay.*
Apervat. *Arpévat.*
Aquaticum. *OEuvy.*
Arbloi (Haia d'). *Enghien (Forêt d').*
Arceium, Arceium Ponçardi. *Arcis-le-Ponsart.*
Arceium Severini. *Arcis-Séverin.*
Arceyum Ponsardi. *Arcis-le-Ponsart.*
Archambault (Fief). *Archambaud.*
Archiepiscopi sylva. *Montagne-de-Reims (Forêt de la).*
Archilleriæ. *Arzillières.*
Arci, Arciacum, Arci-le-Ponsart. *Arcis-le-Ponsart.*
Arcillieres, Arcilliseres. *Arzillières.*
Arcis, Arcis-le-Poensart. *Arcis-le-Ponsart.*
Arcis-Sévrain. *Arcis-Séverin.*
Arcoul. *Orcourt.*
Ardenai, Ardenayum, Ardennaium. *Ardenay.*
Ardilleriæ, Ardillières. *Arzillières.*
Ardre. *L'Ardres.*
Ardrecourt. *Sainte-Euphraise.*
Areinne (Les mons d'), *Le Mont-d'Arène.*
Arelun. *Ru d'Orillon.*

Argé, Argeiz. *Argers.*
Argencelles. *Alliancelles.*
Argencelles, Argenceolæ, Argenceullæ, Argencieoliæ, Argençoles, Argen-çoliæ, Argençolles, Argensoles, Ar-gensoliæ, Argensselles, Argens-solles, Argenssoliæ, Argentellæ, Argenteolæ, Argentoles, Argento-liæ, Argentueil. *Argensolles.*
Arger, Argeriæ, Argerium, Argier, Argières, Argierres, Argiers, Ar-giès. Argiet, Argiez. *Argers.*
Argileriæ, Argilières, Argilleriæ, Ar-gillières. *Arzillières.*
Argirs, Argit. *Argers.*
Argué, Argnei, Argueium, Arguey, Argneyum, Argny. *Arrigny.*
Arguilliers. *Arzillières.*
Arigny. *Arrigny.*
Armée (Forêt de l'). *Loge-à-Gault (Forêt de la).*
Armonville. *Hermonville.*
Arna. *L'Arne.*
Arneium, Arni. *Arrigny.*
Arpeva. *Arpévat.*
Arpont. *Herpont.*
Arraigart, Arrajas, Arrajatz, Arren-jars. *Arrajeat.*
Arsi-le-Ponsard. *Arcis-le-Ponsart.*
Arsillières. *Arzillières.*
Arsy-le-Sévrain, Arsy-Séverain. *Arcis-Séverin.*
Arthenois. *L'Atenois.*
Arthy, Arthye. *Arty.*
Artili, Artillen, Artilleu. *Artillot.*
Artonchamp. *Rotonchamp.*
Arva. *L'Auve.*
Arzelières, Arzeliers, Arzelleriæ, Ar-zileriæ, Arzillere, Arzilleres, Ar-zilleriæ, Arzillers, Arzilliers, Ar-zillière. *Arzillières.*
Arzillière. *Souelle.*
Arzilliers. *Arzillières.*
Asancella, Asencele, Asencella. *Alliancelles.*
Asnia. *L'Aisne.*
Asseimont. *Haussimont.*
Assona. *L'Aisne.*
Astaucsiensis pagus, Astenois, Aste-noix, Astenoy. *L'Atenois.*
Ateiæ, Athoiæ, Atheis. *Athis.*
Athenoys. *L'Atenois.*
Atheys, Athie, Athies, Athiis, Athye, Athys, Aties, Atiez, Atis. *Atkis.*
Atteia, Atteiæ. *Athis.*
Attenois, Atthenoys. *L'Atenois.*
Aubbe. *L'Aube.*
Aubeli, Aubeilli, Aubelli. *Aubilly.*

B

Bacchuel. *Bassuet.*
Bacry (La forest de). **Vassy** (*Forêt de*).
Bachu. *Bassu.*
Bachuel. *Bassuet.*
Bacivun. **Bassu.**
Bacoña, Bacone, Baconia, Baconna, Baconne, Baconnia. *Baconnes.*
Baçu. *Bassu.*
Baquel. *Bassuet.*
Bacunua, Bacunne. *Baconnes.*
Baçus. *Bassu.*
Baenel. *Bannay.*
Baerna, Baerne. *Bayarne* (**Grand-**).
Baczil (Le). *Le Baizil.*
Bagensonius. *Binsonais.*
Bagneols, Bagneux-en-l'Augle. *Bagneux.*
Bohanellum. *Bannay.*
Baia. *Baye.*
Baiart. *Bayard,* à Châlons-sur-Marne, c[ne] de Coupetz et près Coupéville.
Baierna, Baierne. *Bayarne* (**Grand-**).
Baigneulx, Baigneux, Baignuels. *Bagneux.*
Baiherna, Baiherne. *Bayarne* (**Grand-**).
Baileux. *Baslieux-sous-Châtillon.*
Bailin. *Bélin.*
Baillart. *Bayard,* c[ne] de la Ville-sous-Orbais.
Baille. *Baye.*
Bailleicort. *Baillicourt.*
Bailléuc. *Baslieux-lez-Fismes.*
Bailleul. *Baslieux,* c[ne] d'Arcis.
Bailleus. *Baslieux-lez-Fismes.*
Bailleux. *Baslieux,* c[ne] de St-Thierry; *Baslieux-lez-Fismes, Baslieux-sous-Châtillon, Mellerai.*
Baillex. *Baslieux,* c[ne] de St-Thierry; *Baslieux-lez-Fismes.*
Bailliacum. *Bailly.*
Bhillicort. *Baillicourt.*
Baillieulx. *Baslieux-sous-Châtillon.*
Baillieux. *Baslieux-lez-Fismes, Baslieux-sous-Châtillon.*
Bailliex. *Baslieux,* c[ne] d'Arcis; *Baslieux-lez-Fismes, Baslieux-sous-Châtillon.*
Baillios. *Baslieux,* c[ne] d'Arcis.
Baillolium. *Baslieux-lez-Fismes.*
Baillos. *Baslieux,* c[ne] d'Arcis.
Bailluel. *Baslieux-lez-Fismes.*
Baillues. *Baslieux-lez-Fismes, Baslieux-sous-Châtillon.*
Bainn, Baine. *Beine.*
Bainet. *Bannay.*
Bainissone. *Binson.*
Bainna, Bainne. *Beine.*

Bainson, Bainsonium, Bainsson, Bainssum, Bainsun, Bainsun. *Binson.*
Baion. *Bayon.*
Baisil (Le), Boisilium, Baisill (Le). *Le Baizil.*
Baiso, Baisona, Baisonum. *Binson.*
Baissiacum. *Bouchy-le-Repos.*
Baissonium. *Binson.*
Baisy (Le). *Le Baizil.*
Baivot (Le). *Le Béchet.*
Baixones. *Binson.*
Balbiacus vicus. *Bouzy?*
Balbucia, flavius. *La Nauxe.*
Balecium. **Blacy.**
Baldamentum, Baldement, Baldementum, Baldimentum, Baldumentum. *Baudement.*
Baleoli. *Baslieux,* c[ne] d'Arcis.
Balesma, Balesme. *Blesmes.*
Baleuve, Baleuvre. *Balœuvre.*
Balicis. *Baslieux,* c[ne] de St-Thierry.
Balieux. *Baslieux-sous-Châtillon.*
Ballandre. *Gallandre.*
Balleux. *Baslieux-lez-Fismes.*
Balleval. *Delval,* c[ne] de Dommartin-sur-Yèvre.
Ballies. *Baslieux-sous-Châtillon.*
Ballieux. Baslieux, *Baslieux-lez-Fismes.*
Balliolis. *Baslieux-sous-Châtillon.*
Balliolium. *Baslieux-lez-Fismes, Baslieux-sous-Châtillon.*
Balloium. *Baslieux-lez-Fismes.*
Ballol. *Baslieux,* c[ne] d'Arcis.
Ballolium. *Baslieux,* c[ne] d'Arcis; *Baslieux-sous-Châtillon.*
Ballosseriæ, Ballossière (La), Ballossières. *Blossière.*
Balluevre, Baluoive. *Balœuvre.*
Balneola, Balneolum. *Bagneux.*
Baloceriæ, Balocieres. *Blossière.*
Balodium. *Baslieux-lez-Fismes.*
Balolium. *Baslieux,* c[ne] d'Arcis.
Balossière, Balossière (La). *Blossière.*
Balox. *Baslieux,* c[ne] d'Arcis.
Baluel. *Baslieux-lez-Fismes.*
Baluevre, Baluoive. *Balœuvre.*
Banay. *Bannay.*
Ban-de-Monsuzan, Ban-de-Vésigneul (Le). *Le Ban-de-Monsuzan.*
Bana. *Beine.*
Bane. *Bannes.*
Baneel, Banel. *Bannay.*
Baniola. *Bagneux.*
Ban-le-Mont-Suzan (Le). *Le Ban-de-Montsuzan.*
Bancheterie (La). *La Bochetterie.*
Banua, Banne. *Bannes.*

Bannel. *Bannay.*
Bannoneriæ. *Volognières.*
Bansionensis pagus. *Le Binsonais.*
Barbaria, Barbarica via. *Chemin de la Barbarie.*
Barbastre, Barbastre (Le), Barbastrum. *Le Barbâtre.*
Baiso, Baisona, Baisonum. — (see) — Barbona, Barbone, Barbonia. *Barbonne.*
Barnonville. *Bournonville.*
Barona. *Bronne.*
Barroche (La). *La Baroche.*
Barysla. *Barisy.*
Basancort, Basancourt. *Bazancourt.*
Bas-Chastellet (Le), Bas-Chastellot (Le). *Le Châtelot.*
Bascoune. *Baconnes.*
Basçu. *Bassu.*
Basçuel. *Bassuet.*
Basemolin, Basemolins. *Bassemoulin.*
Basencourt. *Bazancourt.*
Basenmolin. *Bassemoulin.*
Basencourt, Basencurtis. *Bazancourt.*
Basil, Basil (Le). *Le Baizil.*
Basilica Cortis, Basilica Curtis, Basilicæ Cortis, Basilicæ Curtis, Basilicicurtis. *Bazancourt.*
Basillum. *Le Baizil.*
Baslanellum. *Bannay.*
Basleroy. *Bas-le-Roi.*
Baslieu. *Baslieux,* c[ne] de St-Thierry.
Basmoulin. *Bassemoulin.*
Basse (La). *Vavrelle (La Basse-*).
Basse-Court (La). *La Basse-Cour.*
Bassement. *Vassimont.*
Basse-Moulin, Bassemoulins. *Bassemoulin.*
Basse-Saussure (La). *Saussure (La Basse-*).
Basse-Vaurelle (La). *Ferme de la Basse.*
Basse-Vauxelle. *Vaucelle (La Basse-*).
Basse-Vavreille (La), Basse-Vavrille (La), Basse-Wavreilles (La). *Vavreille (La Basse-*).
Bassil (Le). *Le Baizil.*
Bassimonin. *Bassemoulin.*
Bassionum. *Binson.*
Bassué, Bassuel, Bassuellum. *Bassuet.*
Bastard (Fief), Bastart (Fiès). *Fief-Bâtard.*
Bastien (Les). *Les Bâtis,* c[ne] du Baizil; *Fief-Bâtard.*
Basties (Les). *Les Bâtis,* c[ne] du Baizil.
Bastils (Les), Bastis (Les). *Les Bâtis,* c[ne] de Cernay-en-Dormois.
Bastraux (Le). *Le Batreau.*
Basu. *Bassu.*

Balans (Le Molin des). *Le Moulin-des-Battants.*

Bateaux. *Le Batreau.*

Bateiz (Nemus). *Les Petits-Bâtis.*

Bateret (Le), Baterez, Batiaux. *Le Batreau.*

Baticius juxta Spernacum. *Épernay (Forêt d').*

Bâtis (Les). *Les Pâtis,* c'' de Boursault.

Bâtis (Les Hauts). *Les Bâtis,* c'' du Baizil.

Bâtis de Vienne (Les). *Hauts-Bâtis (Baïa des).*

Batraut (Le), Batraux (Les), Battereaux (Le), Battreau (Le). *Le Bareau.*

Bauchet (Le). *Boucher.*

Bauchetterie (La). *La Bochetterie.*

Baudel. *Le Moulin-Baudet, Le Moulin-le-Beaulet.*

Baudemant, Baudemantum, Baudementum. *Baudement.*

Baudet. *Le Moulin-Baudet, Le Moulin-de-Beaulet.*

Baudimentum. *Baudement.*

Baudouyns. *Les Baudoins.*

Baugis. *Beaugis.*

Baudement. *Baudement.*

Baumont. *Beaumont,* c'' de Bussy-aux-Bois.

Baury-la-Folie. *La Folie,* c'' de Vertus.

Bauseium, Bauseyum, Bausi. *Bauzy.*

Bautel (Molin de). *Le Moulin-de-Beautel.*

Bavesis, Baviseium. *Bavssy.*

Bay, Baya. *Baye.*

Bayart. *Bayard,* à Châlons-sur-Marne et c'' de Châtelraould, de Dampierre-sur-Auve et de la Ville-sur-Orbais.

Bayerua, Bayerne, Bayerona. *Bayerne (Grand-).*

Bayes. *Baye.*

Bayierne. *Bayarna (Grand-).*

Baylliex. *Baslieux,* c'' d'Arcis.

Baylion. *Baillon.*

Bayna, Bayne, Baynes. *Beine.*

Baysil, *Bayssi. Le Baizil.*

Bazancourt-sur-Suippe. *Bazancourt.*

Bazenmolins, *Bazenmoulin.*

Bazencort, Bazencourt, Bazeucurtis, Bazincourt. *Bazancourt.*

Basu. *Bazu.*

Bazuel. *Bazuel.*

Beannay. *Bannay.*

Beata Maria, capellania prope Frigni-

.court. *Notre-Dame,* c'' de Frigni-court.

Beata Maria, capella. *Notre-Dame,* c'' de Saint-Prix.

Beata Maria de Bosco. *Bricot-les-Nonnains.*

Beata Maria de Spina, Beata Maria de Spina de Cortisor, Beate Marie ecclesia apud Cortisor. *L'Épine.*

Beati Nicholai in silva Luyz. *Saint-Nicolas-en-Lieu.*

Beatus Grogoirus, B. Grogorias. *Saint-Grégoire.*

Beatus Leonardus de Bellovisu. *Saint-Léonard.*

Beatus Letus. *Saint-Lié.*

Beatus Martinus juxta Sanctum Memmium. *Saint-Martin.*

Beatus Michael. *Saint-Michel.*

Beatus Sulpicius. *Saint-Sulpice.*

Beaucessarts. *Les Essarts-le-Vicomte.*

Beau-Champ. *Beaucamp.*

Beauchet. *Boucher.*

Beaudement. *Baudement.*

Beaugillet. *Beaugilet.*

Beaulmont. *Beaumont,* c'' de Blesmes; *Beaumont-sur-Vesle.*

Beaulnay. *Beaunay.*

Beaulvais. *Beauvais.*

Beaulx-Mectz. *Beaumetz.*

Beauman. *Beaumont,* c'' de Blesmes; *Beaumont-sur-Vesle.*

Beaumont lez Montmirel. *Beaumont,* c'' de Courbetaux.

Beaunoy. *Beaunay.*

Beaux-Essarts. *Les Essarts-le-Vicomte.*

Bechaul (Le), Béchaut (Le). *Le Béchet.*

Béchegueville. *Béthenivelle.*

Becherel, Bécheret, c''' de Bagneux et de Conflans.

Becherele. *Bécheret,* a'' de Conflans.

Bechetum, Bechot (Le). *Le Béchet.*

Becteny. *Béthény.*

Becthegniville. *Béthenivelle.*

Bectheny. *Béthény.*

Bectongvilla. *Bétheniville.*

Bedelt. *Bellay (Le Vieux-).*

Bedencourt. *Bettancourt.*

Beefort. *Béfort.*

Beelleim, Beellein. *Bétin.*

Beffort. *Béfort.*

Beguias. *Bagneux.*

Begnipont. *Bignipont.*

Behoupe-Champeaulx (Les). *Les Behout-Champeaux.*

Beingue. *Beine.*

Beignots (Les). *Beigneux.*

Beinaa, Beinne. *Beine.*

Beinsun. *Binson.*

Beisil (Le), Beisis (Le). *Le Baizil.*

Bclair. *Bel-Air,* c'' de Festigny-les-Hameaux; *La Croix-en-Champagne, Toulon.*

Bel-Air (Le). *Belair,* c'' de Remicourt.

Bel-Air-sur-Aisne. *Saint-Thomas.*

Belaire. *Bel-Air,* c'' de Festigny-les-Hameaux.

Belaume, Belaume-sur-Perruiec. *Blesmes.*

Beleaue, Belc-Eigue. *Belleau.*

Beleesme. *Blesmes.*

Belei. *Bellay (Le Vieux-).*

Belema, Belemes, Belesma, Belesmæ, Belesme, Belesmeium, Belesmes, Belesmia, Belesmum. *Blesmes.*

Beleu. *Le Petit-Beaulieu.*

Bele-Val. *Belval,* c'' de Châtillon.

Belisma, Belismæ. *Blesmes.*

Bella Aqua. *Belleau.*

Bellai. *Bellay (Le Vieux-).*

Bellassise (La). *Bellassise.*

Bellaue-en-Brie. *Belleau.*

Bellaume. *Blesmes.*

Bellaut. *Berlau.*

Bellavalis, Bella Vallis. *Belval.*

Bellayum. *Bellay (Le Vieux-).*

Belleaucourt. *Bellaucourt.*

Belleaue, Belleaux-en-Brie, Belle-Kaue. *Belleau.*

Belle-en-Selve. *Ville-en-Selve.*

Belleismum. *Blesmes.*

Belle-Prairie. *Sainte-Lievre.*

Bellesaut, Bellesaux, Belle-Saulx. *Belleau.*

Bellesme. *Blesmes.*

Belleval. *Belval,* c'' de Châtillon.

Belle-Val, Belleval-en-Argogne, Bellevaulx. *Belval,* c'' de Dommartin-sur-Yèvre.

Belle-Veue, Belle-Veue (La), Belle Venez. *Bellevue,* c'' de Boursault.

Bellevu. *Bellevue,* c'' de la Neuville-aux-Bois.

Belle-Yaue. *Belleau.*

Bellival. *Belval,* c'' de Châtillon.

Bellocières. *Blossière.*

Belloi. *Bellay (Le Vieux-).*

Bellois. *Belloy.*

Bellot. *Belleau.*

Bellus Locus. *Beaulieu,* c'' de Trois-Fontaines.

Bellus Mansus. *Beaumetz.*

Bellus Mons. *Beaumont,* c'' de Blesmes; *Beaumont-sur-Vesle.*

Bellus Visus. *Bellevue,* c'' de Champillon; *La Neuville,* c'' de Saint-Imoges.

Beloceres, Beloceriæ, Belocier, Belocieres. *Blossière.*
Beloi, Belois. *Belloy.*
Beloium, Beloy. Bellay (*Le Vieux-*).
Beloy. *Belloy.*
Belseau. *Belle-Saulx.*
Beltol (Molendinum de). *Le Moulin-Bartaut.*
Belveu. *Bellevue.*
Bemant. *Bémont.*
Bena. *Beine.*
Bonarville. *Binarville.*
Beneau. *Beigneau.*
Benfons. *Betin.*
Benigcort. *Bignicourt-sur-Saulx.*
Benna. *Beine.*
Benneuil, Banneville. *Déneuil.*
Berbona. *Barbonne.*
Berceium. *Berzieux.*
Bercheriæ. *Bergères-lez-Vertus.*
Bergeault. *Gergeau.*
Bergère. *Bergères-lez-Vertus, Bergères-sans-Montmirail.*
Bergère (La). *La Berle.*
Bergeriæ. *Bergères-lez-Vertus, Bergères-sous-Montmirail.*
Bergers. *Bergères-lez-Vertus.*
Bergers-lez-Montmirel. *Bergères-sous-Montmirail.*
Bergieres. *Bergères-lez-Vertus, Bergères-sous-Montmirail.*
Bérie. *Berry.*
Berigny. *Brugny.*
Berius. *Berru.*
Berlaut. *Berlau.*
Bermehez. *Grand et Petit-Brumchais.*
Bernard Baloen (Le fief). *Bernard-Baloen (Fief).*
Bernonville. *Bournonville.*
Berona, Beronna, Beronne. *Bronne.*
Berrieux. *Berzieux.*
Berrucum, Berrue, Berrut. *Berru.*
Bersaulx (Les). *Les Berceaux.*
Berseulx, Bersieux, Bersis, Bersix. *Berzieux.*
Bertaucourt. *Bettancourt.*
Bertecourt. *Barthélecourt.*
Bartelleicort. *Bertillicourt.*
Bertenay. *Berthenay.*
Berthenville. *Bétheniville.*
Bertheval. *Berthauval.*
Berthineville. *Bétheniville.*
Berthoval. *Derthauval.*
Bertilloicourt. *Bertillicourt.*
Bertol (Molendinum de). *Le Moulin-Bertaut.*
Bertoncourt la Longue. *Bettancourt.*
Bertonnevie. *La Bertonnerie.*

Bertoul (Moulin de), Bertout (Molendinum de). *Le Moulin-Bartaut.*
Bertrici Cortis. *Compertrix.*
Béru, Bérû, Berue. *Berru.*
Beruard. *Moulin-Brouard.*
Berverei. *Breuvery.*
Béry (Le). *Berry.*
Berzeium, Berzeuil, Berzeul, Berzi, Berzieu, Berzieulx, Berzil, Berzis, Berzius, Berzul, Berzyus. *Berzieux.*
Besanæ, Besaaes, Besanna, Besannæ, Besannes. *Bezannes.*
Beschais, Beschay. *Les Beschains.*
Bescherel. *Bécherot, c^te de Joiselle.*
Bescheret (Le). *Bécherot, c^te de Conflans et de Joiselle.*
Besenes, Besennæ, Besennes. *Bezannes.*
Besil (Le), Besill (Le), Bessillum. *Le Baizil.*
Besleu. *Berlau.*
Beslin. *Bélin.*
Beslou. *Berlau.*
Bessannæ. *Bezannes.*
Bessonum. *Binson.*
Besyl. *Le Baizil.*
Betancort, Betancourt, B.-en-Pertois, Betancuria. *Bettancourt.*
Betefons. *Betin.*
Betegnei, Betegni. *Bétheny.*
Betegnivilla, Betegnvilla. *Bétheniville.*
Beteinfons. *Betin.*
Beteneium. *Bétheny.*
Betenfons. *Betin.*
Beteni. *Bétheny.*
Betenivilla. *Bétheniville.*
Beterni. *Bétheny.*
Beteynfons. *Betin.*
Bethancourt, Bethancuria. *Bettancourt.*
Bethegneville. *Bétheniville.*
Bethegni, Betheneium, Betheni. *Bétheny.*
Bethenneville, Bethenville. *Bétheniville.*
Bethenys. *Bétheny.*
Bethigneivilla, Bethigniville. *Bétheniville.*
Betbigny. *Bétheny.*
Bethia. *Belin.*
Bethiniville, Bethiville. *Bétheniville.*
Bethni. *Bétheny.*
Bethniville. *Bétheniville.*
Bethny. *Bétheny.*
Betifons. *Belin.*
Betigneivilla, Betigne-Ville. *Bétheniville.*
Betigni. *Bétheny.*
Betignicuria. *Mancetz-l'Abbaye.*
Betignivilla, Betigniville. *Bétheniville.*

Betigny. *Moncetz-l'Abbaye.*
Betingnivilla, Betingniville. *Bétheniville.*
Betiniaca Curtis. *Mancelz-l'Abbaye.*
Betiniaca Villa, Betiniaci Villa, Betinivilla, Betiniville. *Bétheniville.*
Betlelt. *Bellay (Le Vieux-*).
Beton. *Bethon.*
Betoncuria, Bettancourt-la-Longue, Bettancurtis. *Bettancourt.*
Bettegniville. *Bétheniville.*
Betteneurt. *Bettancourt.*
Betteni. *Bétheny.*
Bettenivilla, Betteniville, Bettenville. *Bétheniville.*
Betteny. *Bétheny.*
Betthefons. *Betin.*
Bettigniaca Villa, Bettigniville, Bettinivilla. *Bétheniville.*
Bettonis Curtis, Betuncort, Betuncourt, Betuneurt. *Bettancourt.*
Beu. *Boult-sur-Suippe.*
Beugneaux. *Beigneau.*
Beulli. *Bouilly.*
Beyne, Beynes. *Beine.*
Bezancourt. *Bazancourt.*
Bezanne, Bezannæ, Bezennes. *Bezannes.*
Bezi (Le), Bezil, Bezill (Le), Bézy, Bézy (Le). *Le Baizil.*
Bezy. *Berry.*
Biaumont-sur-Voelle. *Beaumont-sur-Vesle.*
Biaunai, Biaunay, Biaunayum, Diauney. *Beaunay.*
Biaus Veoirs, Biauveoirs. *La Neuville, c^te de Saint-Imoges.*
Biauvoisin. *Bonvoisin.*
Bibe. *Mont-Aimé.*
Bichor. *Bricot-les-Nonnains.*
Bicor. *Bricot-la-Ville, Bricot-les-Nonnains.*
Bicort. *Bricot-la-Ville.*
Bicterie (La). *La Briqueterie.*
Bieme. *La Biesme, Le Bois-d'Épense.*
Bienarville, Biennarville. *Binarville.*
Biergæ, Bierge, Biergeus, Biergiæ, Bierzæ. *Bierges.*
Biesme. *Le Bois-d'Épense.*
Biesme (Verrerie de). *La Vignette.*
Bieunay. *Beaunay.*
Bièves (Les), Bièvre, Bièvres (Les). *Bièvres.*
Biffontainnes, Bifontaine, Bifontaines. *Biffontaine.*
Bignecourt. *Bignicourt-sur-Saulx.*
Bignicour, Bignicourt. *Bignicourt-sur-Marne.*

Bignicourt, Bignicourt-en-Champagne. *Bignicourt-sur-Saulx.*

Bignicuria. *Bignicourt-sur-Marne, Bignicourt-sur-Saulx.*

Bignycourt. *Bignicourt-sur-Saulx.*

Bignypont. *Bignipont.*

Biliacum, Billeinm, Billiacum. *Billy-le-Grand.*

Binerville. *Binarville.*

Bingnipont. *Bignipont.*

Biona. *La Bionne.*

Bisannæ. *Bezaanes.*

Bischins (Les). *Les Beschains.*

Bisennæ. *Bezannes.*

Bithigniaca Villa, Bitigniaca Villa, Bitiniaca Villa, Bitinivilla, Bittignivilla. *Béthenicille.*

Bitoncurtis. *Bettancourt.*

Biana, Biunna. *La Bionne.*

Blacci, Blacé, Blacei, Blaceium, Blacey, Blaceyum, Blaci. *Blacy.*

Blagni, Blaigni, Blaigniacum, Blaigny. *Bligny.*

Blaime. *Blesmes.*

Blaingneium, Blaingny. *Bligny.*

Blaise, rivière. *L'Isson.*

Blaise-sur-Hauteville. *Blaise-sous-Hauteville.*

Blaises. *Blaise-sous-Arzillières.*

Blaiseval. *Saint-Eulien.*

Blaisse. *Blaise-sous-Arzillières.*

Blaize. *La Blaise,* affluent de la Marne; *Blaise-sous-Arzillières, Blaise-sous-Hauteville.*

Bleme. *Blesmes.*

Blanceffert, Blancfort. *Blanquefort.*

Blancberie. *La Blancherie.*

Blandinnerie, Blandynnerie (La). *La Blandinerie.*

Blangny. *Bligny.*

Blanicort. *Bignicourt-sur-Saulx.*

Blanquesfort. *Blanquefort.*

Blasceium, Blasci, Blassey, Blassy. *Blacy.*

Blegny, Bleigny. *Bligny.*

Blelismum, Bleme. *Blesmes.*

Bleogny, Blennincum, Blenny, Bleny. *Bligny.*

Blesa. *La Blaise,* affluent de la Marne; *Blaise-sous-Arzillières.*

Blese. *La Blaise,* affl. de la Marne.

Blesia. *La Blaise,* affluent de la Marne; *Blaise-sous-Arzillières, Blaise-sous-Hauteville.*

Blesius. *Blaise-sous-Arzillières.*

Blesme. *Blesmes.*

Blesse. *La Blaise,* affluent de la Marne.

Blessis. *Blaise-sous-Arzillières.*

Marne.

Blicol. *Bricot-la-Ville.*

Blicolium, Blicolyum. *Bricot-les-Nonnains.*

Blicor, Blicor (Le). *Bricot-la-Ville.*

Blicor, Blicorium, Blicort. *Bricot-les-Nonnains.*

Bloise. *La Blaise,* affluent de la Marne; *Blaise-sous-Arzillières, Blaise-sous-Hauteville.*

Bloissi. *Blacy.*

Bloize. *La Blaise,* affluent de la Marne; *Blaise-sous-Arzillières.*

Bloquensi, Blouclenay, Bloucnay, Blouquenay, Blonquenoy. *Bouclenay.*

Bloyse. *Blaise-sous-Arzillières, Blaise-sous-Hauteville.*

Bochet (Le). *Boucher.*

Bochet-du-Chevalier (Le), Bochet-le-Chevalier (Le). *Le Bauchet.*

Bochquam. *Beaucamp.*

Boclenai, Boclenay. *Bouclenay.*

Bocqueterie (La). *La Bocquetterie.*

Boequiny. *Boucquigny.*

Bodillum. *Boult-sur-Suippe.*

Boe, Boeium. *Bouy.*

Bœufs (Les). *Bœuf.*

Bœuf-Voisins. *Bonvoisin.*

Boi, Boiacum. *Bouy.*

Boicy le Repost. *Boissy.*

Boileau (En). *Le Moulin-en-Boileau.*

Boilli. *Bouilly.*

Boinarville. *Binarville.*

Bois (Le). *Bouet.*

Bois-Banché. *Le Bauchet.*

Bois-Biscard. *Bois-Guichard.*

Bois-Brûlés. *Bois-Brûlé.*

Bois-Champeaulx (Les). *Les Bois-de-Champeaux.*

Boischon (Le). *Le Buisson.*

Bois-Courtis. *Le Bois-Courty.*

Bois-de-Conflans (Les). *Bournonville.*

Bois-de-Moncelz (Le). *Le Bois-de-Moncelz.*

Bois-d'Épence (Le), Bois d'Espance (Le), Bois des Pences (Le). *Le Bois-d'Épense.*

Bois-Dorat (Le). *Dorat.*

Bois-d'Osmont. *Le Bois-d'Ormont.*

Boiselle. *Grenoble.*

Boisfray, Boisfrès. *Le Bois-Frais.*

Bois-Guichart (Le), Bois-Guischard (Le). *Bois-Guichard.*

Bois-Jaquette-Hacart. *Jacques-Allard (Fief de).*

Bois-Jardin. *Le Jardin.*

Bois-le-Roy. *Bas-le-Roi.*

Bois-le-Roy (Le). *Le Bois-le-Roi.*

Bois lès Couverts (Le), Bois-lez-Converts (Le). *Bois-les-Converts.*

Bois-Marlet. *Bois-Malet.*

Boispreux. *Voipreux.*

Bois-Prez (Le). *Le Bois-Frais.*

Bois-Rambault (Le), Bois-Rimbault (Le), Bois-Rimbaux (Les). *Bois-Raimbault.*

Bois-Rouillon (Le). *Le Bois-Roulois.*

Boissi. *Bouchy-le-Repos, Bussy-le-Château, Bussy-le-Repos.*

Boissiacum. *Bouchy-le-Repos.*

Boissiacum Absconditum, Boissiacum Repostum. *Boissy.*

Boissi-le-Chatel. *Bussy-le-Château.*

Boissi-le-Repout. *Bussy-le-Repos.*

Boisson, Boisson (Le). *Le Buisson.*

Boissy desoux Mont-Aguillon. *Bouchy-le-Repos.*

Boissy le Repos, Boisy. *Boissy.*

Boix (Le), Boix à Maidey (Le). *Le Bois.*

Bojacours. *Boujacourt.*

Bolentres. *Boulante.*

Bolocieres. *Blossière.*

Bolois. *Belloy.*

Boloiom. *Bellay (Le Vieux-).*

Bolonnerie. *La Boulonnerie,* c^me de Festigny-les-Hameaux.

Bonavaix, Bona Vasia, Bonevais, Bonevax, Bonnevais-la-Grange, Bonnevais, Bonnevaux. *Bonnevais.*

Boncort. *Boncourt.*

Boneil, Boneuil, Boneua, Bongnuel. *Béneuil.*

Bonne-Mouche, Bonnemouche. *Boullemouche.*

Boucroe. *Boncourt.*

Bonnevalle. *Bonneval (Ru de).*

Bonolium. *Béneuil.*

Bourus. *Bonru.*

Bontavant, Bontavaux. *Boutavant.*

Bonus Vicinus. *Bonvoisin.*

Bonval. *Saint-Bon.*

Bon-Voisin. *Bonvoisin.*

Booncort. *Boncourt.*

Boquam. *Beaucamp.*

Boquegni, Boqueingui. *Bouquigny.*

Borda. *La Borde,* c^me d'Huiron et de Thogny-aux-Bœufs.

Bordæ. *Les Bordes,* c^me de Mœurs.

Borde à Thogny (La), Borde de lez Toigny (La). *La Borde,* c^me de Thogny-aux-Bœufs.

Bordel (Le), Bordets (Les), Bordez (Le). *Le Bordet.*

Boroardum. *Moulin-Brouard.*

Borona, Baronia. *Bronne.*

Borsost, Borsout. *Boursault.*
Boschet (Le). *Boucher.*
Boschet-le-Chevallier (Le). *Le Bau-*
chet.
Boschon, Boschun. *Le Buisson.*
Boschus, Boscus. *Bricot-les-Nonnains.*
Boscmont. *Saint-Remy-en-Bouzemont.*
Bossards (Les). *Les Bossarts.*
Bosson, Bossun. *Le Buisson.*
Bostel (Malin de). *Le Moulin-de-Beau-*
tet.
Bottancour. *Beltancourt.*
Botterel. *Le Moulin-Boitrel.*
Bou. *Boult-sur-Suippe.*
Boucampierre, Boucaupierre. *Le Bouc-*
aux-Pierres.
Bouchon (Le). *Le Buisson,* c^ce de
Giffaumont.
Bouchiacum Absconditum. *Bouchy-le-*
Repos.
Bouchiers (Fief des). *Bouchers (Fief*
des).
Bouchou (Le). *Le Buisson,* c^te de
Giffaumont.
Bouclenai, Bouclenayum, Bouclené.
Bouclenay.
Boucquegny, Boucquigny, Boucquiny.
Bouquigny.
Boucz. *Bouet.*
Bouffeaulx. *Bouffeaux.*
Bougcourt, Bougeneour. *Boujacourt.*
Bougris (La). *La Bouguerie.*
Bouilleyum, Bouilli, Bouilly en la
Montagne de Reims. *Bouilly.*
Bouissel, Bouisseul, Bouissieul. *Bis-*
seuil.
Bouisson (Le). *Le Buisson.*
Bouissy le Repost. *Boissy.*
Boujacort. *Boujacourt.*
Boukeni. *Bouquigny.*
Boul-sur-Suippe. *Boult-sur-Suippe.*
Boulaie (La). *La Haute-Borne.*
Bouluige. *La Rochelle.*
Boulannerie (La). .*La· Boulonnerie,*
c^te de Festigny-les-Hameaux.
Boulantre. *Boulante.*
Boulaye (La). *La Haute-Borne.*
Bouleaux (Les). *Les Bouleaux,* c^te de
Montmort.
Boule-Mouche. *Boullemouche.*
Boulentre, Boulentres. *Boulante.*
Bouleuze. *Bouleuse.*
Bouliaux (En), *Le Moulin-en-Boileau.*
Bouliaux (Les). *Les Bouleaux,* c^te de
Montmort.
Boullats (Les). *Les Boultats.* .
Boulleaux (Les). *Les Bouleaux,* c^te: de
la Chapelle-sur-Orbais et de Mont-

mort; *Les Grands-Boulleaux, Les*
Petits-Boulleaux.
Doulesmes. *Blesmes.*
Boulleium. *Bouilly.*
Boullo-Mouche (La). *Boullemouche.*
Boullentres. *Boulante.*
Boulletas (Les). *Les Boultats.*
Boulleuze. *Bouleuse.*
Boulleyum, Boulli. *Bouilly.*
Boulonnerie (La). *La Boulonnerie,*
c^te de Soilly.
Boully. *Bouilly.*
Boulots, Boulots (Les). *Les Bouleaux,*
c^te de Montmort.
Boult-sur-Suppe. *Boult-sur-Suippe.*
Boulzie. *Vouzy.*
Bouquegniacum, Bouqueingni, Bou-
quigni, Bouquiny. *Bouquigny.*
Bourc de Veele (Le), Bourc de Veelle,
Bourc de Vella. *Le Bourg de Vesle.*
Bourcy-lo-Petit. *Broussy-le-Petit.*
Bourdiaux (Les). *Les Bordeaux.*
Bourdon (Le). *Les Bourdons.*
Bourg d'Escry. *Bourg-d'Écry.*
Bourg de Veelle. *Le Bourg de Vesle.*
Bourgoine, Bourgoingne, Bourgoinne,
Bourgondia juxta Remis, Bour-
gongne, Bourgungne. *Bourgogne.*
Bourjaucourt. *Boujacourt.*
Boursault-en-Brie. *Boursault.*
Boursault-Fontaine. *Saint-Antoine,*
c^te d'Épernay.
Boursault-sur-Marne, Boursaut, Bour-
solt, Bourssout. *Boursault.*
Bourtière (La). *La Bourbetière.*
Bousaium, Bousis. *Bouzy.*
Boussiacum, Boussyacum subtus Monte
Acuto, Boussy sonbz Montaguillon.
Bouchy-le-Repos.
Boutancourt. *Bettancourt.* .
Boutavent. *Boutavant.*
Boutenivillus. *Bétheniville.*
Bouvancour, Bouvencort, Bouvencourt,
Bouvencurtis. *Bouvancourt.*
Bouzeiùm. *Bouzy.*
Bouzemont. *Saint-Remy-en-Bouzemont.*
Bouzis, Bouzys. *Bouzy.*
Bovencort, Bovini Curtis, Bovonis
Curtis. *Bouvancourt.* .. .
Boy. *Bouy.*
Boyacourt. *Boujacourt.*
Boyacum. *Bouy.*
Boys-Cotebras. *Bois-Cotebras.*
Boys-de-Confflans (Les). *Bournonville.*
Boys-Guichart (Le). *Bois-Guichard.*
Boys-Guillot (Le). *Le Bois-Guillot.*
Boys-Guychart (Le). *Bois-Guichard.*
Boys-le-Chien (Le). ·*Le Bois-le-Chion.*

Boyssy. *Bouchy-le-Repos.*
Boyum. *Bouy.*
Bozeià. *Bouzy.*
Bozonia. *Bronne.*
Braban. *Brébant.*
Brabancium, Brabencium. *Brabant.*
Bracceus Sancte Coherio. *Braux-Sainte-*
Cohière.
Bracceus Sancti Remigii, **Brachus**
Sancti Remigii, Brai. *Braux-Saint-*
Remy.
Braiban. *Brébant.*
Braiban juxta Condatum, Braibans.
Braibant. *Brabant.*
Braibant. *Brébant.*
Braibentium. *Brabant.*
Braidé, Braidey, Braidis. *Brédée.*
Brancecort, Branceeourt, Brancecurt,
Brancecurtis, Branchecort, Bran-
cicourt, Brancicuria, Brancuria.
Branscourt.
Brandon de Villers, Brandonis Vil-
larc, Brandonviler, Brandonvillare.
Brandonviller, **Brandonvilliers,**
Brandoviler, Brandovilier, Brando-
villare, Brandovillers. *Brandonvil-*
lers.
Branjon. *Branjeon.*
Bransecourt, Bransecourt, Brousse-
court, Branzon Curtis, Branzonis
Curtis. *Branscourt.*
Bras. *Le Braux.*
Bras (Moulin de). *Le Moulin-de-Bras.*
Brassart. *Brossard.*
Braudum Sancti Remigii. *Braux-Saint-*
Remy.
Braulx Saincte Cobiere. *Braux-Sainte-*
Cohière.
Braulx-Sainct-Remy. *Braux-Saint-*
Remy.
Braulx Sancte Coherie. *Braux-Sainte-*
Cohière.
Braunnay. *Beaunay.*
Braus. *Le Braux, Braux-Saint-Remy.*
Braus Sainte Cochiere. *Braux-Sainte-*
Cohière.
Braus Saint-Remi. *Braux-Saint-Remy.*
Braus Sancte Choierie. *Braux-Sainte-*
Cohière.
Braus Sancti Remigi. *Braux-Saint-Re-*
my.
Braux (Les). *Le Braux.*
Braux de lez Sainte-Menehenst, **Braux**
dit Saint-Remy. *Braux-Saint-Remy.*
Braux Sancte Cobierie, Braux sous
Valmy. *Braux-Sainte-Cohière.*
Brauxval. *Braux-Saint-Remy.*
Broux. *Braux-Sainte-Cohière.*

Braux Sancti Rimagii. *Braux-Saint-Remy.*
Brayban. *Brabant.*
Braybant, Breban. *Brabant, Brébant.*
Brebancium, Brabant, Brebantium. *Brabant.*
Brecæ. *Broyes.*
Broday, Bredé, Bredey. *Brédée.*
Breiæ, Breis. *Broyes.*
Brelault. *Berlau.*
Bremari Curtis, Bremericort, Bremericourt, Bremericourtis, Bremericurtis. *Berméricourt.*
Bremontel. *Brimontel.*
Brenonville. *Bournonville.*
Brecus. *Broyes.*
Breox. *Braux-Saint-Remy.*
Bresban. *Brabant.*
Brossaulx (Les), Bresseaux (Les). *Les Berceaux.*
Bresson. *Brusson.*
Bretenai, Bretenay. *Berthenay.*
Breuil (La). *La Breuille, Moulin de la Breuille.*
Breuil-sur-Veslle. *Breuil.*
Breulle (La). *La Breuille.*
Brevoray, Brevereium, Breverey, Breveriæ, Breverium. *Breroery.*
Breville (La). *La Breuille.*
Brezieux. *Berzieux.*
Briæ. *Broyes.*
Briaux-Sainte-Cobière. *Braux-Sainte-Cohière.*
Brieb. *Bricot-la-Ville.*
Bricol (Le). *Bricot-les-Nonnains.*
Bricol-la-Ville, Bricol-la-Ville (Le). *Bricot-la-Ville.*
Bricolium. *Bricot-la-Ville, Bricot-les-Nonnains.*
Bricor (Le). *Bricot-les-Nonnains.*
Bricor-la-Ville (Le). *Bricot-la-Ville.*
Bricot-aux-Nonnains. *Bricot-les-Nonnains.*
Bricquetterie (La). *La Briquoterie.*
Brière (La). *La Brillerie.*
Brignicourt. *Bignicourt-sur-Saulx.*
Brimericort, Brimericurt, Brimericurtis. *Berméricourt.*
Brimond, Brimoult, Brimous. *Brimont.*
Brimont le Petit, Brimonté, Brimontellum. *Brimontel.*
Bringi. *Pringy.*
Briquetière. *La Briquoterie.*
Briquot-la-Ville. *Bricot-la-Ville.*
Bro (Le). *Le Braux.*
Broccium (Marcsium de). *Marais de Saint-Gond.*

Broceium. *Broussy-le-Grand.*
Broceium Minor, Broceium Parvum. *Broussy-le-Petit.*
Broccum Magnum. *Broussy-le-Grand.*
Brocey lou Grant, Broceyum Magnum. *Broussy-le-Grand.*
Broceyum Parvum. *Broussy-le-Petit.*
Brociacum Magnum, Brociacus. *Broussy-le-Grand.*
Brociacus Minor. *Broussy-le-Petit.*
Brocyacum Magnum, Brocy-le-Grant. *Broussy-le-Grand.*
Brocy le Petit. *Broussy-le-Petit.*
Broelium. *Breuil.*
Broca. *Broyes.*
Brosuille (La). *La Breuille.*
Brognacum, Brogniacum, Broguy. *Brugny.*
Broiæ. *Broyes.*
Broicy-le-Petit. *Broussy-le-Petit.*
Broie, Broies. *Broyes.*
Broigvoium, Broigni, Broigny, Broigoyacum. *Brugny.*
Broil, Broil super Vitulam. *Ureuil.*
Broilletum. *Brouillet.*
Broilum. *Breuil.*
Broingni. *Brugny.*
Brois. *Broyes.*
Broisson. *Brusson, La Bruxenelle.*
Broisson-la-Vile. *Brusson.*
Broissons. *La Bruxenelle.*
Buasserie (La). *La Bécasserie.*
Buccidum. *Bouchy-le-Repas.*
Bucelenay, Buclenaium. *Bouclenay.*
Bucy. *Bussy.*
Buefron (Molin de). *Le Moulin-de-Bouron.*
Buergoigne. *Bourgogne.*
Buesson (Le). *Le Buisson.*
Buffrie (La). *La Bufferie.*
Bugnecort. *Bignicourt-sur-Saulx.*
Bugnemont. *Bulmont.*
Bugnicort. *Bignicourt-sur-Marne, Bignicourt-sur-Saulx.*
Bugnicourt, Bugnicurt. *Bignicourt-sur-Saulx.*
Bugnimont. *Bulmont.*
Bugnipont. *Bignipont.*
Bugnot (Le). *Bunot.*
Baiguais. *Beigneau.*
Buignardi Villa. *Binarville.*
Buigneaux. *Beigneau.*
Baignemont. *Bulmont.*
Buignicort, Buignicuria. *Bignicourt-sur-Saulx.*
Buignot (Le). *Bunot.*
Builleium, Builli. *Bouilly.*
Buinarville. *Binarville.*

Buinaus. *Beigneau.*
Buinemont. *Bulmont.*
Buiron. *Bulon.*
Buiry. *Bury.*
Buiveium. *Bussy-le-Château.*
Buisi. *Bauzy.*
Buisnartville. *Binarville.*
Buisnemunt. *Bulmont.*
Buisseium. *Bussy-le-Château, Bussy-Lettrée.*
Buissel, Buisseuil, Buisseul, B.-sur-Marne, Buisseulx, Buisseux. *Bisseuil.*
Buisseyum. *Bussy-le-Château, Bassy-Lettrée.*
Buissi. *Bussy-aux-Bois, Bussy-le-Château, Buzy.*
Buissiacum. *Bouchy-le-Repos, Bussy-le-Château.*
Buissiellium, Buissieuil, Buissieul. *Bisseuil.*
Buissi-le-Repos, Boissi-lo-Repost, Buissil-le-Repos. *Bussy-le-Repos.*
Baisai-soubz-Arzillières. *Bussy-aux-Bois.*
Buissol, Buissolium. *Bisseuil.*
Buisson-en-Partois (Le). *Le Buisson.*
Buisson-Grenoble (Le). *Grenoble.*
Buisson-le-Conte (Le). *Le Buisson-le-Comte.*
Buissonnerie (La). *La Buissonnière.*
Buisson-Peutefin (Le), Buisson-Puttefin (Le). *Le Buisson-Putefin.*
Buisson-Regnard (Le). *Le Buisson-Renard.*
Buisson-sur-Saulx (Le). *Le Buisson.*
Buissueil, Buissnel, Buissuellum. *Bisseuil.*
Buissua. *Le Buisson.*
Boissy. *Bussy-aux-Bois, Bassy-le-Château, Bussy-Lettrée, Buzy.*
Buissy de les Lestrée. *Bussy-Lettrée.*
Buissy-le-Chastel. *Bussy-le-Château.*
Boissy-le-Repot. *Bussy-le-Repos.*
Buissy-Lestrée, Buissy-lez-l'Estrée. *Bussy-Lettrée.*
Buissy-soubz-Arzillières. *Bussy-aux-Bois.*
Baisud. *Bisseuil.*
Buisun. *Le Buisson.*
Buixiacum. *Bussy-le-Château.*
Bunauville, Bunaville. *Binarville.*
Buju. *Bury.*
Bulain, Bulin, Bullain. *Bulkin.*
Bullemont. *Bulmont.*
Bullolium. *Bisseuil.*
Bulion. *Bulon.*

40.

Bunarville. *Binarville.*
Bunemont, Bunemunt. *Bulmont.*
Bunnarville. *Binarville.*
Burclenacum. *Bouclenay.*
Burdenacum, Burdenaius, Barden-neius. *Bouclenay?*
Buregneyum, Buregni, Buregnies. *Burigny.*
Bureium. *Bury.*
Burclu (Le). *Bierlu.*
Burgerti Cortis. *Boujacourt.*
Burgneium, Burgneyum, Burgny. *Burigny.*
Burgondia. *Bourgogne.*
Burgum quod castello S⁺ᵈ Remigii subest, Burgus Sancti Remigii. *Saint-Remy (Bourg).*
Burgum Vidule. *Le Bourg de Vesle.*
Burgundia. *Bourgogne.*
Buri. *Bury.*
Burigueium, Burigniacum, Burigny lez Victry, Burini, Buriniacum. *Burigny.*
Burjaucourt, Burjaudi Curia. *Boujacourt.*
Buron. *Bulon.*
Burrigueium. *Burigny.*
Bursaudi Fons. *Saint-Antoine, cᵐᵉ d'Épernay.*
Bursoium. *Boursois.*
Burseldum. *Boursault.*
Burtchart Curtis. *Boujacourt.*
Bury (Le). *Bury.*
Buschun. *Le Buisson.*
Busciacum juxta Stratam. *Bussy-Lettrée.*
Buseium. *Douzy.*
Busetum. *Bussy-le-Château.*
Buseul. *Bisseuil.*
Busiacum. *Buzy.*
Busmont. *Bussemont.*
Busneius Mons, Busnimundum. *Bulmont.*
Busolium. *Bisseuil.*
Busseia. *Bussy-le-Repos.*
Busseincum. *Boissy.*
Busseil. *Bisseuil.*
Busseium. *Bouchy-le-Repos, Bussy-le-Château, Bussy-Lettrée.*
Busseium Repostum. *Bussy-le-Repos.*
Bussel lez Gratereul. *Busseuil.*
Busseum. *Bussy-le-Repos.*
Bussey. *Bussy-le-Château.*
Bussi. *Boissy; Bussy, à Fismes; Bussy-le-Château, Bussy-le-Repos.*
Bussi Castrum. *Bussy-le-Château.*
Bussi-le-Repos, Bussi-le-Repotz. *Bussy-le-Repos.*

Bussiacum. *Boissy, Bouchy-le-Repos, Bussy-le-Château, Bussy-le-Repos.*
Bussiacum Castrum. *Bussy-le-Château.*
Bussiacum juxta Stratam. *Bussy-Lettrée.*
Bussiacum Repositum. *Bussy-le-Repos.*
Bussiacum Strata. *Bussy-Lettrée.*
Bussiolum, Bussolium, Bussueil, Bussuel, Bussulium. *Bisseuil.*
Bussy-au-Bois. *Bussy-aux-Bois.*
Bussy-en-Champagne, Bussy-la-Chappe. *Bussy-le-Château.*
Bussy-le-Bois. *Bussy-aux-Bois.*
Bussy-le-Chastel. *Bussy-le-Château.*
Bussy-le-Petit. *Bussy, cᵐᵉ de Saint-Amand.*
Bussy-le-Repost. *Bussy-le-Repos.*
Bussy-les-Mottes. *Bussy-le-Château.*
Bussy-l'Estrée, Bussy-lez-Laistrés, Bussy-lez-l'Estrée. *Bussy-Lettrée.*
Busy. *Buzy.*
Butheaux, Butteaux, Butors (Les). *Les Buteaux.*
Buxeium. *Boissy, Bussy-le-Château, Bussy-le-Repos, Bussy-Lettrée.*
Buxeium juxta Montem Mirabilem. *Boissy.*
Buxelium. *Bisseuil.*
Buxeria. *Sainte-Memmie.*
Buxeuil. *Bisseuil.*
Buxeus. *Boissy.*
Buxi. *Bussy-le-Château.*
Buxi-le-Chastel. *Bussy-le-Château.*
Buxi-le-Repost. *Bussy-le-Repos.*
Buxiacum. *Boissy, Bussy-aux-Bois.*
Buxidum. *Bussy-le-Château.*
Buxitus. *La Pompelle.*
Buxolium. *Bisseuil.*
Buxueil, Buxuil. *Bisseuil.*
Buygnemont. *Bulmont.*
Buygnicort. *Bignicourt-sur-Saulx.*
Buygnipont. *Bignipont.*
Buynarville. *Binarville.*
Buynemont. *Bulmont.*
Buysseul. *Bisseuil.*
Baysal. *Bussy-le-Château.*
Buysson (Le). *Le Buisson.*
Buyssuel. *Bisseuil.*
Bazancourt. *Bazancourt.*
Bazil. *Buzy.*
Byannay. *Beaunay.*
Byaumés. *Beaumetz.*
Byeme. *La Biesme.*
Byèvres. *Bièvres.*
Bynerville. *Binarville.*
Bysseuil. *Bisseuil.*

C

Cadelonensis, Cadhellonensis, Cadhellonica urbs. *Châlons-sur-Marne.*
Cæsarea via. *Le Barbâtre.*
Caillebaudine. *La Galbodine.*
Caillets (Les). *Les Caillots.*
Caillibordel, Caillibordet. *Callibordet.*
Caillot. *Les Caillots.*
Cailly-Bordel. *Callibordet.*
Caipæ. *Cheppes.*
Calccia. *La Chaussée, cᵐᵉ de Vitry-le-François.*
Calccia Montis Mirabilis. *La Basse-Chaussée.*
Calceius Mons. *Haussimont.*
Calccya subtus Montem Mirabilem. *La Basse-Chaussée.*
Calendes (Les). *Gallandre.*
Calida Fontana, Calidus Fons, Callidus Fons. *Chaudefontaine.*
Callimons. *Charmont.*
Calloo. *La Neuville, cᵐᵉ de Louvois.*
Callus fluvius. *La Chée.*
Calmiciacus, Calmisciacum, Calmisiacum. *Chaumuzy.*
Calmons, Calmont. *Charmont.*
Calmontels. *Charmontelle.*
Calmusiacum. *Chaumuzy.*
Calon. *Châlons-sur-Vesle.*
Calvus Mons. *Charmont.*
Camarciacum, Cambreceius. *Chambrecy.*
Camerai, Cameriacum. *Chamery.*
Camilsiacum. *Chaumuzy.*
Camisiacus. *Changy.*
Camizisus. *Changy (Pays de).*
Campaigne, Campanenses (ethnique). *Campania. Champagne, contrée.*
Campania. *Champagne, village.*
Campaniaca, Campaniacum. *Champigny.*
Campaniola. *Champigneul.*
Camp d'Attila (Le). *Le Vieux-Châlons.*
Campeneyum juxta Remis. *Champigny.*
Campenolia. *Champigneul.*
Campigniacum. *Champigny.*
Campilo, Campilonia. *Champillon, cᵐᵉ de Glannes.*
Campiniaca villa, Campiniacum. *Champigny.*
Campinolia, Campinoliæ juxta Campaniam, Campinolum. *Champigneul.*
Campoigne, Campona. *Champagne, vill.*
Camponia. *Champagne, village; Les Granges, cᵐᵉ d'Huiron.*

Cenay. *Chenay.*

Cense (La). *La Cense-Bressy.*

Cense-Beauger (La). *La Cense - Baugé.*

Cense-Brissier. *La Cense-Bressy.*

Cense-Bruant (La). *Les Fermes.*

Cense-Bruley (La). *La Cense-Brûlée.*

Cense-de-Dampierre (La), Conso-des-Persovetz (La). *La Cense-des-Présents.*

Cense-des-Prez (La), Censes des Prés (Les). *La Cense-des-Prés.*

Cense du Château (La). *Anglebert.*

Cense-du-Couven (La), Cense du Couvent de Han (La). *La Cense-du-Couvent.*

Cense-Duhamel (La). *La Cense-Neuve.*

Cense-Grouart (La). *La Cense-Grouard.*

Cense-Hubault (La). *La Cense - Hubeau.*

Cense-Lachée (La), Cense - Laschet (La). *La Cense-Lachet.*

Cause-Letu (La). *La Cense-Bethon.*

Cense le Vidame (La). *La Grande-Cense-du-Vidame.*

Cense-Preudhomme (La). *La Cense-Prudhomme.*

Cense-Quarrée (La). *La Cense-Carrée.*

Cepilleyum, Cepilly. *Espilly.*

Cerceuil, Cerceull. *Cerseuil.*

Cerchamps, Cerchans, Cerchanz. *Sarrechamps.*

Cerie (La). *Lagery.*

Cermier, Cormiers. *Sarmiers.*

Cernacum in Dormisio, Cernai, Cernieum. *Cernay-en-Dormois.*

Cerno ou Cernonis, Cernon-sur-Colle, Cernon-sur-Cosle, Cernonium, Cernonnum, Cernoul, Cernul, Cernun. *Cernon.*

Cersoilus, Cersolium, Cersueil, Cersuel. *Cerseuil.*

Cerssuel. *Cerseuil,* à Ormes.

Cersy. *Sarcy.*

Certain. *La Certine* ou *La Certaine.*

Cervon. *Servon.*

Cerzeium. *Serzy.*

Cesana, Cesannia. *Sézanne.*

Coté (Le). *Le Faîté.*

Cezaune. *Sézanne.*

Chaallons. *Châlons-sur-Marne.*

Chaalonois. *Châlonnais.*

Chaalons. *Châlons - sur - Marne, Châlons-sur-Vesle.*

Chaalons-le-Merdeux, Chaalons-le-Vergeur. *Châlons-le-Vergeur.*

Chaalons-sur-Vesle. *Châlons-sur-Vesle.*

Chaalonz. *Châlons-sur-Marne.*

Chaaluns. *Châlons-sur-Marne.*

Chaccium. *Chézy.*

Chacun. *Fontaine-Chacun.*

Chaeles. *Clesles.*

Chaclons. *Châlons-sur-Marne.*

Chagneium, Chagny. *Chigny.*

Chabere. *La Chayère.*

Chaigni, Chaigni-en-la-Montague, Chaigny. *Chigny.*

Chaimisy. *Chaumuzy.*

Chainaux (Les). *Les Chéneaux.*

Chaine (Le). *Le Chêne.*

Chaineium. *Chenay.*

Chaingeyum. *Changy.*

Chaingny de lez Ludes, Chaingny en la Montaigne de Reins, Chaingny in Montana. *Chigny.*

Chaingy. *Changy.*

Chainjoie. *Saintgeois.*

Chainneyum juxta Rilly. *Chigny.*

Chainsei, Chainseium, Chainseum, Chainseyum, Chainsey. *Changy.*

Chaint-Cheron. *Saint-Cheron.*

Chaintry. *Chaintrix.*

Chaipæ. *Cheppes.*

Chaipi de lez Saint-Germain. *Chepy.*

Chaippe (La). *La Cheppe.*

Chaippes. *Cheppes.*

Chaise (La). *Le Moulin-Hassan.*

Chaiselles. *Chezelles.*

Chaize (La). *La Chaise, Le Moulin-Husson.*

Chalamelle (Le). *La Chalmelle.*

Chalbotel. *Charbottel.*

Chalestré, Chaletray, Chaletreium, Chaletroi, Chaletroy. *Chaltrait.*

Challefontaigne, Challefontaine, Chollefontainne. *Charlefontaine.*

Challemelle (La). *La Chalmelle.*

Challetray, Challetraict, Challetroi. *Chaltrait.*

Challeville. *Charleville.*

Challon. *Châlons-sur-Vesle.*

Chalmiseium, Chalmisi, Chalmisiacum, Chalmisyacum. *Chaumuzy.*

Chalmuntel. *Charmontelle.*

Chaloel. *La Neuville,* c^me de Louvois.

Chalon. *Châlons-le-Vergeur, Châlons-sur-Marne, Châlons-sur-Vesle.*

Chalon-le-Meldeux, Chalon-le-Merdex. *Châlons-le-Vergeur.*

Chalon super Vidulam, Chalon-sur-Veele, Chalons, Chalonis, Chalonum supra Vidulam. *Châlons-sur-Vesle.*

Châlonnois, Châlonois. *Châlonnais.*

Chaltraict, Chaltrait-aux-Bois, Chal-

---

tray, Chaltrey, Chaltreyum. *Chaltrait.*

Chalun. *Châlons-sur-Vesle.*

Chaluns scilicet Cothalaunum. *Châlons-sur-Marne.*

Chamartin. *Champ-Martin.*

Chambetain. *Champtin.*

Chambreceyum, Chambreciacum, Chambreci, Chambriciacum. *Chambrecy.*

Chamereium, Chamereyum, Chameri. *Chameriacum. Chamery.*

Chamfleury. *Champfleury.*

Chamguion, Chamguyon. *Champguyon.*

Chamgy. *Changy.*

Chammartin. *Champ-Martin.*

Chammeré, Chammeri, Chammery, Chammery en la Montaingne de Reims. *Chamery.*

Chammussy. *Chaumuzy.*

Chamoise (La). *La Charmoise.*

Champagnemey. *Champagnemay.*

Champaié, Champaier, Champaillé, Champeillet. *Champoyé.*

Champaigne. *Champagne,* contrée et village.

Champaigni. *Champigny.*

Champaimé. *Champagnemay.*

Champaine, Champaingne. *Champagne,* contrée.

Champaingne. *Champagne,* village.

Champainne. *Champagne,* contrée et village.

Champangne. *Champagne,* contrée.

Champaulx (Les), Champaux (Les). *Les Champeaux.*

Champ-aux-Chèvres (Le). *Le Champ-des-Chèvres.*

Champ-de-la-Reine (Lo). *Chêne-la-Reine.*

Champ-Destrures. *Le Champ-des-Chèvres.*

Champdouant. *Champdonnant.*

Champeaulx. *Les Champeaux.*

Champeaux. *Les Behouz-Champeaux.*

Champeigne. *Champagne,* contrée.

Champenois de Cuys (Fief du). *Champenois (Fief du).*

Champerneau. *Champrenault.*

Champ-Évrart (Le). *Champévrard.*

Champetain. *Champtin.*

Champfleuri, Champfiori, Champfiory. *Champfleury.*

Champ-Guichei (Le). *Champguicher.*

Champ Guidonis, Champ-Guion, Champ-Guls. *Champguyon.*

Champgy. *Changy.*

Champ-Houdot. *Champoudot.*
Champigneilles. *Champigneul.*
Champigneles, Champigneuille, Champigneul-lès-Escori, Champigneulles, Champigneulles. *Champigneul.*
Champigneium. *Champigny.*
Champigney, Champigneyum, Champigni, Champigni de lez Rains, Champigniacum. *Champigny.*
Champignol, Champignole, Champigooles, Champignolia. *Champigneul.*
Champignon. *Champillon,* c⁰ᵉ de Glannes.
Champigny. *Cherpigny.*
Champigny propre Remos. *Champigny.*
Champiguion. *Champguyon.*
Champillion. *Champillon.*
Champillion, Champilonia, Champillun. *Champillon,* c⁰ᵉ de Glannes.
Champinelle, Champineulles, Champinole. *Champigneul.*
Champin, *Champlat.*
Champlézart. *Chenezard.*
Champlon, Champlone. *Champlong.*
Champnérart, Champnézart. *Chenezard.*
Champobert. *Champaubert.*
Champoigne. *Champagne,* contrée et village.
Champoignilia. *Champigneul.*
Champoingne. *Champagne,* contrée et village.
Champolans. *Champillon.*
Champoudet, Champ-Ondet. *Champoudot.*
Champoulan. *Champillon.*
Champpaié. *Champayé.*
Champpillon. *Champillon,* c⁰ᵉ de Glannes.
Champ-Poulain. *Champillon.*
Champ-Provert, Champrouvière, Champrovard. *Champrovert.*
Champramont. *Charamont.*
Champ-Regnault, Champregnault. *Champrenault.*
Champroond, Champroont. *Champ-Rond.*
Champrupt (Le). *Le Chomprut.*
Chamsi, Chamsiacum, Chamsy. *Chamsy.*
Champtain. *Champtin.*
Champt-Poulain. *Champoulin.*
Champt-Renaut. *Champrenault.*
Champvoicy, Champvoisy. *Champvoisy.*
Chamusy. *Chaumusy.*
Chamvrieulle. *Chanvrieulle.*

Chamzé. *Changy.*
Chanadium, Chanaia, Chanaium. *Chenay.*
Chancy. *Changy.*
Chandion. *Champguyon.*
Chaneium. *Chenay.*
Chanelle. *Chanolles.*
Chaneveriæ. *Chenevières.*
Chanflori. *Champfleury.*
Changeium, Changey, Changeyum, Changiacum. *Changy.*
Changilart. *Champgillart.*
Changuon, Changuyon. *Champguyon.*
Changy. *Chigny.*
Changy-en-Champaigne. *Changy.*
Chanhugni. *Chagny.*
Chanjoie. *Saintgeois.*
Chanlat. *Champlat.*
Chanlon. *Champlong.*
Chanmereium, Chanmeri, Chanmeriacom. *Chamery.*
Channacum. *Chenay.*
Channy. *Chigny.*
Chanola. *Chanolles.*
Chanons. *Les Chêneaux.*
Chanpangne. *Champagne,* village.
Champ-de-Guicheri (Le). *Champguichar.*
Chanp-Guion. *Champguyon.*
Chaopillon. *Champillon,* c⁰ᵉ de Glannes.
Chanptin. *Champlin.*
Chanseium. *Changy.*
Chantayrayne. *Chanteraine.*
Chant-des-Chèvres. *Le Champ-des-Chèvres.*
Chantechoe, Chantecoe. *Chantecoq.*
Chantemarle, Chante-Melo, Chantemelle, Chantemerles, Chantemesle. *Chantemerle.*
Chantersigne. *Chanteraine,* près Marguerie.
Chanterainne. *Chanteraine,* c⁰ᵉ de Jonchery-sur-Suippe.
Chante-Rainne, Chante-Rainne de lez Chaumisi, Chantraine. *Chanteraine,* c⁰ᵉ de Champlat.
Chanteraine, Chantraine. *Chanteraine,* c⁰ᵉ de Jonchery-sur-Suippe.
Chantrainne. *Chanteraine,* c⁰ᵉ de Champlat.
Chauvassiacum. *Champvoisy.*
Chanvcrelles, Chanvcrueles. *Chanvrieulle.*
Chauvoisi. *Champvoisy.*
Chanvrieule, Chanvrieules. *Chanvrieulle.*
Chape (La). *La Cheppe.*

Chapei. *Chepy.*
Chapeium. *Chepy.*
Chapelaine-le-Chétif, Chapelaine-sous-Marguerie. *Chapelaine.*
Chapelaines. *Chapelaine,* c⁰ᵉ de Vassimont.
Chapelanæ, Chapeleine. *Chapelaine.*
Chapele (La). *La Chapelle.*
Chapeleine. *Chapelaine.*
Chapeleines. *Chapelaine,* c⁰ᵉ de Vassimont.
Chapelenes, Chapellaine. *Chapelaine.*
Chapelle (La). *La Chapelle-Hurlay,* La Chapelle-sur-Coole.
Chapelle-à-Usloi (La). *La Chapelle-Hurlay.*
Chapelle-de-Bouru (La). *La Chapelle-Hurlay.*
Chapelle-de-Lasson (La). *La Chapelle-Lasson.*
Chapelle-de-Volay (La), Chapelle-de-Vullay (La), Chapelle-de-Wlay (La), *La Chapelle-Hurlay.*
Chapelle-Hourlay (La). *La Chapelle-Hurlay.*
Chapelle-lez-Festigny (La). *La Chapelle,* c⁰ᵉ de Festigny.
Chapelle-sur-Coosle (La). *La Chapelle-sur-Coole.*
Chapetons. *Chapton.*
Chapey, Chapi, Chapis. *Chepy.*
Chaplaignes, Chaplaines, Chaplaiunes. *Chapelaine,* c⁰ᵉ de Vassimont.
Chapleines, Chapleinnes, Chaplenæ, Chaplenie. *Chapelaine,* c⁰ᵉ de Soinpnis; *Chapelaine,* c⁰ᵉ de Vassimont.
Chapote (La). *La Chapotte.*
Chappe (La). *La Cheppe.*
Chappeium. *Chepy.*
Chappelaine, Chappelaines. *Chapelaine.*
Chappelaines, Chappelainnes, Chappeleine, Chappelennes, Chappellaine. *Chapelaine,* c⁰ᵉ de Vassimont.
Chappellaines. *Chapelaine.*
Chappellaines, Chappellainnes. *Chapelaine,* c⁰ᵉ de Vassimont.
Chappelle-de-Urelay (La). *La Chapelle-Hurlay.*
Chappelle-sur-Aulve (La). *La Chapelle.*
Chappellette (La), Chappellette de lez Auniseul (La). *La Chapelle,* c⁰ᵉ d'Aulnizeux.
Chappeton-en-Brye, Chappetons-en-Brie. *Chapton.*
Chappey, Chappi. *Chepy.*

Chapplaines. *Chapelaine*, c^(ne) de Vassimout.

Chapplaines de lez Sonsoiz. *Chapelaine.*

Chapplennes. *Chapelaine,* c^(ne) de Vasalmont.

Chaptons. *Chapton.*

Chapy. *Chepy.*

Charbonnière. *La Charbonnerie.*

Charboté. *Charbottel.*

Charlefontaingne, Charlefontainne, Charlefontayne, Charles-Fontaine. *Charlefontaine.*

Charlevaulx. *Charlevaux.*

Charlivile. *Charleville.*

Charllefonteinne. *Charlefontaine.*

Charmay. *Chomel.*

Charmeia. *La Chalmelle, La Charmoye.*

Charmel, Charmelle (La). *La Chalmelle.*

Charmoya. *La Charmoye.*

Charmille. *La Charmoise.*

Charmissiacum. *Chaumuzy.*

Charmodia, Charmodya. *La Charmoye.*

Charmoei (Molendinum de). *Le Moulin-de-Charmoy.*

Charmoi. *Charmoy.*

Charmoia. *La Charmoye.*

Charmoie. *Charmoy.*

Charmoie-au-Bois (La). *La Charmoye.*

Charmois. *Charmoy.*

Charmoise (La). *La Chalmelle, La Charmoye.*

Charmoisse. *La Charmoise.*

Charmon. *Charmont.*

Charmontel. *Charmontelle, Charmontois-l'Abbé.*

Charmontois-le-Roy, Charmontois-sur-Aisne. *Charmontois-le-Roi.*

Charmontois-sur-Orme. *Charmontois-l'Abbé.*

Charmontoy-le-Roy, Charmontoys. *Charmontois-le-Roi.*

Charmontoys-l'Abbé. *Charmontois-l'Abbé.*

Charmoy-aux-Asnes. *Charmay.*

Charmoya, Charmoya in Bosco. *La Charmoye.*

Charmoye (La). *La Chalmelle, Charmoy.*

Charmoye-au-Bolz (La), Charmoye-aux-Boys (La), Charmoye-ou-Bois (La). *La Charmoye.*

Charny. *Cernay-en-Dormois.*

Charville. *Charleville.*

Chasel. *Choisel,* m^(in) à Pierry.

Chaseles. *Chaselles.*

Chasellæ. *Chezelles.*

Chaslons. *Châlons-sur-Marne.*

Chaslons-sur-Vesle. *Châlons-sur-Vesle.*

Chasneaux (Les). *Les Chéneaux.*

Chasnele, Chasnella, Chasnelle, Chasnolles. *Chanolles.*

Chasnoy (Le). *Le Chenay.*

Chasse-Bœufs. *Chassebœuf.*

Chasson, Chassan. *La Caure,* c^(ne) de Scrupt.

Chasteau-Oudart (Le). *Le Château-Oudard.*

Chasteau-Rou, Chasteau-Roul, Chasteau-Roux. *Châtelraould.*

Chasteillon. *Châtillon,* c^(ne) d'Élize.

Chasteillon, Chasteillon-sur-Marne. *Châtillon-sur-Marne.*

Chasteillon-sur-Morain. *Châtillon-sur-Morin.*

Chasteilon. *Châtillon-sur-Marne.*

Chàstel-l'Arcevesque (Les moulins du). *Le Moulin-l'Archevêque.*

Chasteleir, Chasteleium. *Le Châtelier.*

Chasteler. *Le Châtelet,* à Villevenard.

Chasteler (Le), Chastelers. *Le Châtelier.*

Chastelet. *Le Châtelet.*

Chastelier (Le), Chasteliere, Chastelieres, Chasteliers (Les). *Le Châtelier.*

Chastellare. *Le Châtelet,* c^(ne) de Ripont.

Chastelier (Le). *Le Châtelier.*

Chastellet (Le). *Château-de-Charlemagne; Le Châtelet,* c^(ne) du Thoult-Trosnay.

Chastellet (Bois du). *Châtelet (Bois du).*

Chastel-le-Vidame (Le). *Le Château-le-Vidame.*

Chastellier, Chastellier (Le), Chastellier-en-Argonne (Le), Chastellier-en-Champaigne (Le), Chastelliers (Le). *Le Châtelier.*

Chastellio, Chastellon. *Châtillon-sur-Marne.*

Chastellon (Mota de). *Châtillon,* c^(ne) de Courjeonnet.

Chastel-Messire-Huon (Le). *Château-Messire-Huon.*

Chastelon. *Châtillon-sur-Marne, Châtillon-sur-Morin.*

Chasteloz. *Le Châtelot.*

Chastelraoul, Chastelraould, Chastel-Rous, Chastel-Roux, Chastelroux-en-Champagne. *Châtelraould.*

Chastelun. *Châtillon-sur-Morin.*

Chastiau-Rous. *Châtelraould.*

Chastieau-Galliart. *Château-Gaillard.*

Chastilliers (Les). *Le Châtelier.*

Chastillion-sur-Marne. *Châtillon-sur-Marne.*

Chastillon. *Châtillon,* c^(nes) de Courjeonnet, d'Élize et du Mesnil-sur-Oger; *Châtillon-sur-Marne.*

Chastillon au grand marestz. *Châtillon,* c^(ne) de Courjeonnet.

Chastillon-en-Champaigne. *Châtillon-sur-Marne.*

Chastillon-soubz-Broué, Chastillon-sur-Broué. *Châtillon-sur-Broué.*

Chastillon-sur-Fiens, Chastillon sur le Marais. *Châtillon,* c^(ne) de Courjeonnet.

Chastillons, Chastillons-sur-Marne, Chastilon, Chastoillon. *Châtillon-sur-Marne.*

Chastrice, Chastrices, Chastriciæ, Chastrisses. *Châtrices.*

Chasun. *La Caure,* c^(ne) de Scrupt.

Chatalaun, Chatalaunensis (adjectif). *Châlons-sur-Marne.*

Châteaufontaine. *Chaudefontaine.*

Château-le-Comte. *Le Moulin-le-Comte,* c^(ne) de Passy-Grigny.

Chateillon. *Châtillon,* c^(ne) de Courjeonnet; *Châtillon-sur-Marne.*

Châtel-de-Toul (Le). *Le Château-du-Thoult.*

Chateler de lès Remicourt (Le). *Le Châtelier.*

Chatelier (Le). *Le Châtelet,* c^(ne) de Ripont.

Chateliers. *Le Châtelier.*

Chatelleroux. *Châtelraould.*

Châtellier. *Le Châtelier.*

Châtellier (Haut). *Châtelier (Le Haut-).*

Chatellon. *Châtillon-sur-Marne.*

Chatellons. *Châtillon,* c^(ne) de Courjeonnet.

Chatelraoud, Chatelroux. *Châtelraould.*

Chatillon. *Châtillon-sur-Broué.*

Chatillon-sous-Broué, Chatillon-sur-Brouay. *Châtillon-sur-Broué.*

Chatourou. *Châtelraould.*

Chatris, Chatrisses. *Châtrices.*

Chatrou. *Châtelraould.*

Chaucée de Brunehaut. *Chaussée Brunehaut.*

Chaucie. *La Basse-Chaussée.*

Chaudeffontaine, Chaudefontaingne. *Chaudefontaine.*

Chauderue, Chaude-Rüe (La). *Chaudrue.*

Chaudounaut. *Champdonnant.*

Chaudreu, Chaudru. *Chaudrue.*

Chaudru, Chaudrue (La). *Chaudrue.*

Chauffour. *Chaufour,* c^(ne) du Mesnil-sur-Oger.

Chauffour (Le), Chauffours (Les). *Les Chaufours*, c^{ne} de Montmirail.

Chauffourt soubz Mont Felix, Chaufor, Chaufour-soubz-Montfelix. *Les Chaufours*, c^{ne} de Chavot.

Chaufours (Les). *Les Chaufours; c^{ne} de Corrobert.*

Chaufourt. *Chaufour.*

Chaugni. *Chigny.*

Chaularde. *Champlat.*

Chaulion. *Châlons-le-Vergeur.*

Chaulmusy. *Chaumuzy.*

Chaumay. *Chomet.*

Chaumesi, Chaumesiacum. *Chaumuzy.*

Chaumet. *Chomet.*

Chaumiciacum, Chaumiseyum, Chaumiai, Chaumisiacum, Chaumissyacum, Chaumisy, Chaumizy. *Chaumuzy.*

Chaumont. *Charmont.*

Chaumontel juxta Possessam. *Charmontelle.*

Chaumontois. *Charmontois-le-Roi.*

Chaumuisi. *Chaumuzy.*

Chaumont. *Charmont.*

Chaumantel. *Charmontelle.*

Chaumontois. *Charmontois-le-Roi.*

Chaumusei, Chaumusi, Chaumusiacum, Chaumussiacum, Chaumussey, Chaumusy. *Chaumuzy.*

Chaureel, Chaurel. *Caurel.*

Chaussée (La). *La Chaussée*, c^{ne} de Vitry-le-François; *Le Moulin-du-Pont*, c^{ne} de Pierry.

Chaussée de Montmirel, Chaussée soubz Montmirail (La), Chaussée-la-Basse. *La Basse-Chaussée.*

Chaussée-lez-Coulumier (La), Chaussée-sur-Marne (La). *La Chaussée*, c^{ne} de Vitry-le-François.

Chaussons. *Chausson.*

Chaulmontel. *Charmontelle.*

Chaulonru. *Châtelraould.*

Chauvenet. *Chavenay.*

Chauvygny. *Chauvigny.*

Chaux-Fours (Les). *Les Chaufours*, c^{ne} de Montmirail.

Chauzy. *Heuzy.*

Chaveigni. *Chevigny.*

Chavenoy. *Chavenay.*

Chavigni. *Chevigny.*

Chavigny. *Chougy.*

Chavigny, Chavigny-en-la-Montaingne. *Chigny.*

Chavimont. *Charmont.*

Chavort, Chavost, Chavot. *Chavot.*

Chayère (La). *Le Moulin-Husson.*

Chaynseium, Chaynsi. *Changy.*

Marne.

Chayse (La). *La Chaise.*

Chazelles. *Chezelles.*

Checeium, Checiacum. *Chézy.*

Chedville. *Le Chef-de-Ville.*

Cheinni. *Chigny.*

Cheinsei, Cheinseium, Chainai. *Changy.*

Cheippes. *Cheppes.*

Choisi. *Chézy.*

Cheel. *La Chée.*

Chegneux (Les). *Les Cheigneux.*

Cheize (La). *Le Moulin-Husson.*

Chel fluvius. *La Chée.*

Chemen. *Cheminon.*

Chemery. *Chamery.*

Chemerye. *Chémery.*

Cheminio. *L'Abbaye, Cheminon.*

Cheminon. *L'Abbaye.*

Cheminon-la-Ville. *Cheminon.*

Cheminonnum. *L'Abbaye, Cheminon.*

Cheminum. *L'Abbaye.*

Cheminunvilla. *Cheminon.*

Chemmeri. *Chamery.*

Chemynon. *L'Abbaye, Cheminon.*

Chemynum. *L'Abbaye.*

Chenai, Chenaium. *Chenay.*

Chenarderie. *La Chénardrie.*

Chenaux (Les). *Les Chêneaux.*

Chenayum. *Chouay.*

Chênebardie (La). *La Chénardrie.*

Chenehier, Cheneier. *Cheniers.*

Chenerie. *Chinerie.*

Cheners. *Cheniers.*

Chênes (Les). *Le Chêne*, c^{ne} du Vézier.

Chenevières (Les). *Chenevières.*

Chenevri. *Cheniers.*

Chenevriæ. *Chenevières*, c^{ne} de Saint-Quentin-le-Verger.

Chenex. *Les Cheigneux, Les Chêneaux.*

Chenières. *Cheniers.*

Cheniers. *Chenevières.*

Chennay. *Chenay.*

Chennevieres. *Chenevières.*

Chennier, Chenniers. *Cheniers.*

Chenolles. *Chanolles.*

Chenots (Les). *Les Chêneaux.*

Chenseium. *Changy.*

Chenyer. *Cheniers.*

Cheoilly, Cheollum, Cheoly. *Chouilly.*

Chepeium. *L'Abbaye.*

Chepes. *Cheppes.*

Chepey, Chepeyum. *Chepy.*

Cheppe. *Chappes.*

Cheppel (Malin de). *Le Moulin-de-Choppes.*

Cheppey, Cheppeyum. *Chepy.*

Cheppez. *Cheppes.*

Cheppy. *Chepy.*

Chepte (La). *La Cheppe.*

Cherchamp, Cherchamps. *Sarrechamps.*

Charleville. *Charleville.*

Chermoie (La), Chermoie-aux-Bois (La), Chermoye-en-Bois (La), Chermoye-en-Brie (La). *La Charmoye.*

Chermoise (La). *La Charmoise.*

Chermon, Chermont. *Charmont.*

Chermontel, Chermontelz. *Charmontelle.*

Chermontois. *Charmontois-le-Roi.*

Chermontois-l'Abbé. *Charmontois-l'Abbé.*

Chermontois-lo-Roi, Chermontoix-le-Roi, Chermontoy-le-Roy. *Charmontois-le-Roi.*

Chermontoys-l'Abbé. *Charmontois-l'Abbé.*

Chermoye (La), Chermoye-en-Brie (La), Chermoyes-l'Abbaye. *La Charmoye.*

Chernouel. *Henruel.*

Chéron. *Saint-Cheron.*

Chérone (La). *La Chéronne.*

Chosce (La). *La Chaise.*

Chase (Molendinum de la). *Le Moulin-de-la-Chaise.*

Chesée (La). *La Chaise.*

Cheseles, Chesellæ. *Chezelles.*

Chesnay. *Chenay.*

Chesnay-en-Dormois (Le). *Le Chesnoy.*

Chesneaux (Les). *Les Chêneaux.*

Chesne (Le). *Le Chêne, Le Chêne-Fondu.*

Chesne au Vantel (Le), Chesne à Vantelay (Le), Cheane-lès-Vantelets (Le). *Le Chêne.*

Chesneaux (Les). *Les Chêneaux.*

Chesnes (Les). *Les Chênes.*

Chesniers. *Cheniers.*

Chesnoy (Le). *Le Chenoy.*

Chesse (La). *La Chaise.*

Cheay (Le banc de), Chesy-lès-Buissueil. *Chézy.*

Chevauchia, Chevauchie (via). *La Haute-Chevauchée.*

Cheveigneyum, Chevignei, Chevigneium, Chevigni. *Chevigny.*

Chevreille, Chevrillæ, Chevrilles, Chevrilles-lez-Jalon, Chevrillez, Chevrillies. *Cherville.*

Cheynsi. *Changy.*

Chez (La rivière de). *La Chée.*

Cheze (La). *La Chaise.*

Chezei, Chezeium, Chezeium juxta Buxolium. *Chézy.*

41

Chezellæ, Chezelle. *Chezelles.*
Chezi, Cheziacum, Chezy-le-Busseuil, Chezy-lès-Buysseul. *Chézy.*
Chiché, Chicheium, Chichiacum. *Chichey.*
Chicnaium, Chienayum, Chiengnayum. *Chenay.*
Chien-Joye. *Saintgeois.*
Chiennai, Chiennait, Chiennaium. *Chenay.*
Chierville. *Cherville.*
Chiese (La), Chieze (La). *La Chaise.*
Chiezi, Chiczy. *Chézy.*
Chiffaulmont. *Giffaumont.*
Chigneux (Les). *Les Cheigneux.*
Chigni, Chigniacum, Chigny-en-Montagne. *Chigny.*
Chignoux (Les). *Les Cheigneux.*
Chimenon. *Cheminon.*
Chimorye. *Chémery.*
Chiminon, Chiminum. *L'Abbaye, Cheminon.*
Chiminun. *Cheminon.*
Chinay. *Chenay.*
Chincry (La Petite). *Chinerie.*
Chingneium. *Cheniers.*
Chinoux (Les). *Les Cheigneux.*
Chinsil. *Changy.*
Chintery, Chintreium, Chintreyum, Chintri, Chintry. *Chaintrix.*
Chisi. *Chézy.*
Chivei (Ad). *Chevé.*
Choairardus. *Coizard.*
Choeleyum, Choelleium, Choelli, Choeylleium. *Chouilly.*
Choffour, Chafor. *Les Chaufours, c⁺⁺ de Chavot.*
Choileium, Choillei, Choilleium, Chailley, Choilleyum. *Chouilly.*
Choilli. *Chouilly, Soilly.*
Chailly, Choily, Chouilly.
Choisel (Moulin à). *Le Molinet.*
Choiselle. *Choisel, mⁱⁿ à Pierry.*
Choisellum. *Choisel, cⁿᵉ de Chichey.*
Choisiax. *Choiseau.*
Choisuel. *Choisel, à Pierry.*
Choli, Chally. *Chouilly.*
Chomé, Chomey. *Chomet.*
Chommont. *La Chomprut.*
Chomorei, Chomusye. *Chaumuzy.*
Chooilli, Choolli, Chooly. *Chouilly.*
Chorroi. *Cauroy-lez-Hermonville.*
Chosel. *Choisel, mⁱⁿ à Pierry.*
Choli. *Gueux.*
Chouilly. *Chouilly.*
Choupelvile. *Coupéville.*
Chayel. *Choisel, c⁺⁺ de Chichey.*
Choysel. *Choisel, mⁱⁿ à Pierry.*

Choysiaus. *Choiseau.*
Chuchery. *Cuchery.*
Chudei. *Queudes.*
Churt. *Hautecour.*
Chyennai. *Chenay.*
Chyminio. *Cheminon.*
Chyminon, Chyminum. *L'Abbaye.*
Cinq-Joyes. *Saintgeois.*
Civreyum, Civry. *Sivry-sur-Ante.*
Claelæ, Claellæ, Claelle, Claelles, Claeolles, Claeules. *Clesles.*
Clairiset, Clairizé, Clairizet-les-Saint-Euphraise. *Clairizet.*
Clamaignes, Clamangia, Clamangiæ, Clamenge, Clamenges in Campania, Clamengiæ. *Clamanges.*
Claricellum, Clarisel, Clarisellam, Clariset en la Montaigne de Reims, Clarissel, Clorissellum, Clarizet. *Clairizet.*
Clarmariscum, Clarum Mariscum juxta Remis. *Clairmarais.*
Clarus Fons. *Clairefontaine.*
Claudine. *La Galbodine.*
Clausey (Le). *Le Clos.*
Clausum. *Clos-le-Roi.*
Clauzetz. *Les Clausets.*
Clauzum. *Clos-le-Roi.*
Clavelles. *Clesles.*
Claye. *Cloyes-sur-Marne.*
Cleelæ, Cleeleæ, Cleellæ, Cleelles, Cleesle. *Clesles.*
Cleis. *Cloyes-sur-Marne.*
Clelle. *Clesles.*
Clemangæ. *Clamanges.*
Clemarès, Clemarest. *Clairmarais.*
Clemengia, Clemengiæ. *Clamanges.*
Cleremarès, Cleremaret. *Clairmarais.*
Cleriset, Clerizet. *Clairizet.*
Clermarès, Clermarès lès Reins, Clermaretz près de Reims, Clermarex, Clers-Mairès. *Clairmarais.*
Clesle. *Clesles.*
Clesmarès. *Clairmarais.*
Clico (Moulin de). *Le Moulin-Clicquot, c⁺⁺ de Taissy.*
Clicquot (Moulin de). *Le Moulin-Clicquot, cⁿᵉ de Saint-Quentin-le-Verger.*
Clineyum, Clini, Clinü, Cliny de lez Ambonnay, Cliveium, Clivet, Cliveyum. *Crilly.*
Cloia, Claies, Cloix. *Cloyes-sur-Marne.*
Cloquis (Le). *Le Cloquelier.*
Clos (Le). *Clos-le-Roi.*
Clos-Millau (Le). *Le Clas-Milon.*
Clos-Moran. *Le Haut-Arbre.*
Cloys. *Cloyes-sur-Marne.*

Coblisi, Coblisiacum. *Comblizy.*
Cobosi. *Champvoisy.*
Cocharts (Fief des). *Morambert, c⁺⁺ de Hauteville.*
Cochenellum. *Le Moulin-de-Cocherel.*
Cocherel. *Cocherel.*
Cocheriellum. *Le Moulin-de-Cocherel.*
Cochery. *Géhery.*
Cocqs (Les). *Les Coqs.*
Codes. *Queudes.*
Coelliard, Coelliart. *Colléard.*
Caelus. *Coolus.*
Coémie, Coémy. *Cahémy.*
Coerart, Coerrard. *Coizard.*
Cofflans, Cofflantium, Cofflanz, Coflans. *Conflans, cⁿᵉ de Villeseneux; Conflans-sur-Seine.*
Coflanz. *Conflans-sur-Seine.*
Cobarsant. *Garsoult.*
Cobeirart, Coherardus, Coherart. *Coizard.*
Cobière. *Braux-Sainte-Cohière.*
Coile, Caili. *Cuisles.*
Coillart. *Colléard.*
Coilli, Coillir. *Cuisles.*
Coimy. *Cohémy.*
Coirard, Coirart, Coisart, Coisarts, Coissart. *Coizard.*
Coitteron. *Cuitron.*
Coizar, Coizart. *Coizard.*
Cola. *Coole.*
Cola (Riveria de). *La Coole.*
Colagni. *Colligny.*
Colart du Buisson (Fief). *Cellard-du-Buisson.*
Cole. *Coole.*
Coleard, Coleart. *Colléard.*
Calegui, Coleigny. *Colligny.*
Colemeria, Colomiers. *Coulomiers.*
Coletrie (La). *La Colletterie.*
Colierart. *Colléard.*
Coligneyum, Coligny. *Colligny.*
Colla. *Coole.*
Collandom, Collandonmum. *Courlandon.*
Collegny. *Colligny.*
Collendon. *Courlandon.*
Collette de Sommeyevre (Fief de). *La Motte, cⁿᵉ de Larzicourt.*
Collevinier. *Coulvagny.*
Collombière (La). *La Colombière.*
Collommes. *Coulommes.*
Collud. *Coolus.*
Colmelecta villa. *Courmelois.*
Colmisiacum. *Cormicy.*
Coloigné. *Calligny.*
Colombæ. *Coulommes.*
Colombaria. *Coulmiers.*

Colombier (Le). *Le Moncel*, c^{ne} de Romain.
Colombyer. *Le Colombier.*
Colomeirs. *Coulmiers.*
Colomella. *Les Coulemelles.*
Colomeri, Colomeram. *Coulmiers.*
Colomes. *Coulommes.*
Colomiers. *Coulmiers.*
Colomma, Colommes. *Coulommes.*
Colommiers. *Coulmiers.*
Colreium, Colridus, Colroi. Corroy.
Colubrosa villa. *Couleuvreux.*
Columbarium. *Coulmiers.*
Columei. *Coulommes.*
Colomiers. *Coulmiers.*
Columnes, Cotumna, Columnæ, Columnes. *Coulommes.*
Colux. Caolus.
Comart, Comarz. *Courmas.*
Combartrix, Combertrix. *Compertrix.*
Comblesi, Comblisey, Comblisy-en-Brie. *Comblizy.*
Combreuil (Ru de). *Belval (Ru de).*
Comelles (Les). *Les Commelles.*
Comercery (La). *La Converserie.*
Cometreux. *Commetreuil.*
Commart. *Courmas.*
Commentray. *Connantray.*
Commestreuil, Commetreuil, Commetreux, Commetrueil. *Commetreuil.*
Commi. Cohémy.
Communalia Sancte Manahildis. *Communaille.*
Comonstruel. *Cormontreuil.*
Compartrix. *Compertrix.*
Compeigny. *Coupigny.*
Compenée, Compensei. *Compensé.*
Compessvilla. *Coupéville.*
Compigny. *Coupigny*, c^{ne} d'Orbais.
Comtreuil, Comtreuille. *Commetreuil.*
Conantray. *Connantray.*
Conantre. *Connantre.*
Conantrel, Conantrellum, Conantret, Conantriacum. *Connantray.*
Conantrium, Conantrum. *Connantre.*
Conardin (Le). *Connardins.*
Conblescium, Conblesi, Conblisy. *Comblizy.*
Concha (La), Conche (Bois de la). Coinche (Bois de la).
Condata, Condatum, C. supra Maternam, Condeit, Condeium, Condetum, Coudey-sur-Marne, Coudiacum. *Condé-sur-Marne.*
Conden Condry.
Coneutre. *Connantre.*
Conentrel. *Connantray.*
Confflans, Confflaencium, Conffineot.

Conflanc. *Conflans*, c^{ne} de Villesneux.
Conflancium. *Conflans*, c^{ne} de Villeseneux; *Conflans-sur-Seine.*
Conflandum. *Conflans*, c^{ne} de Villosenoux.
Conflant, Conflantum. *Conflans-sur-Seine.*
Couflaux. *Conflans*, c^{ne} de Villesneux; *Conflans-sur-Seine.*
Confleans. *Conflans*, c^{ne} de Villesneux.
Conflans. *Conflans*, c^{ne} de Villeseneux; *Conflans-sur-Seine.*
Confleatinum, Confluencium, Confluentia, Confluentium. *Conflans*, c^{ne} de Villeseneux.
Congei, Congeium, Congoy, Congeyum, Congi, Congiacum, Congye. *Congy.*
Connantra. *Connantre.*
Connantrel, Connantrellum. *Connantray.*
Connegi. *Congy (La Grange-de-).*
Connantray. *Connantray.*
Connentre. *Connantre.*
Connentrey. *Connantray.*
Constani ou Constanni rivus. *Perfondeval (Ru de).*
Contau, Contaudium, Contault-en-Champagne, Contaut, Conthau, Conthauld. *Contaut-le-Maupas.*
Conthense castrum. *Sainte-Menehould.*
Conto. *Contaut-le-Maupas.*
Convers (Les). *Bois-les-Converts.*
Convers (Le Molin des). *Les Convers.*
Converserie (La). *Les Malades.*
Converseryo (La). *La Converserie.*
Convert. *Les Convers.*
Convulanz. *Conflans*, c^{ne} de Villesneux.
Coola, Coole en Champaigne. *Coole.*
Coolle. *La Coole.*
Cooluz. *Coolus.*
Coorra. *La Caure.*
Cuosle. *Coole.*
Copa. *Coupetz.*
Copadivilla. *Coupéville.*
Copedinsis vicaria. *Queudes (Pays de).*
Copeel super Moviam. *Coupéville.*
Copeella, Copeillie. *Cuperly.*
Copei Villa. *Coupéville.*
Copelliacum, Copellie, Copellies. *Cuperly.*
Copelvilla. *Coupéville.*
Coperlie. *Cuperly.*
Copesville, Copevilla. *Coupéville.*
Coppelleia. *Cuperly.*
Coppeville. *Coupéville.*

Coppigny. *Coupigny.*
Corard. Coizard.
Corbeil-lez-Dampierre, Corbeile, Corbeille, Corbel, Corbert. *Corbeil.*
Corberu. *Le Cubry.*
Corbethout, Corbetoit, Corbetost, Corbetout. *Courbétaux.*
Corbevile. *Corbeville.*
Corboil, Corboilum. *Corbeil.*
Corbovain. *Courbouvin.*
Corbueil. *Corbeil.*
Corceles. Courcelles, c^{ne} d'Angluzelles.
Corcellæ. Courcelles, c^{ne} de Corrobert; *Courcelles-lez-Rosnay.*
Corcelles. Courcelles, c^{ne} de Changy.
Corcemain. Courcemain.
Corceranceium. *Courlancy.*
Corcheracum, Corchereium. *Cuchery.*
Corci. *Courcy.*
Cordeillere, Cordeliers (Les). *Les Cordelières.*
Cordemanche. *Courdemanges.*
Core (La). *La Caure.*
Corellum juxta Lavannam. *Caurel.*
Coretum. Corroy.
Corfelis, Cor Felix, Corfellix, Corferis, Corferix, Corfli. *Corfélix.*
Corgivodium, Corgivolt, Corgivost, Corgivot, Corgivotum, Corgivout, Corgivrout. *Courgivaux.*
Corgnies (Fief de). *Forchef (Fief).*
Corguehier. *Coudier.*
Coriletum. *Cauroy-lez-Hermonville*, Corroy.
Corlando, Corlandon, Corlandum, Corlandun. *Courlandon.*
Corleardum, Corleart, Corleiart. *Coléard.*
Corlus. Coolus.
Cormurs, Cormarz. *Courmas.*
Cormelois, Cormeloy, Cormerois. *Courmelois.*
Cormertuel. *Commetreuil.*
Cormesseium, Cormessy. Cormicy.
Cormestrol. *Commetreuil, Cormontreuil.*
Cormisseium, Cormissiacum, Cormissy. Cormicy.
Cormoiers. *Cormoyeux.*
Cormois. *Cormont.*
Cormonsteruel, Cormonstreuil, Cormonstrolium, Cormonstrueil, Cormonstruel. *Cormontreuil.*
Cormont. *Courtémont.*
Cormontereul, Cormontreil, Cormontreul, Cormontreuille, Cormosterol, Cormosteroul, Cormosteruel, Cormostruel, Cormothoriolum. *Cormontreuil.*

Courblessi. *Comblizy.*

Courbouvain, Courbovin. *Courbouvin.*

Courcanson. *Gourgançon.*

Courceium. *Courcy.*

Courcelancé, Courcelanci, Courcelancy, Courcelency. *Courlancy.*

Courceles. *Courcelles,* c*** de Corribert et de Montmirail.

Courcellæ juxta Remis. *Courcelles,* c*** de Saint-Brice.

Courcelle. *Courcelles,* c*** d'Angluselles et de Saint-Brice.

Courcelle-lez-Ronnay. *Courcelles-lez-Roonay.*

Courcelles-as-Porions, Courcelles de lez Reins. *Courcelles,* c*** de Saint-Brice.

Courcelles-lez-Ausson. *Courcelles,* c*** de Reims.

Courcelles-Saint-Brice. *Saint-Brice.*

Courceyum, Courci. *Courcy.*

Courcour, Caurcout. *Caurcourt.*

Courcy delez Reins, Courcy-la-Neuvillette. *Courcy.*

Cour-de-Mange. *Courdemanges.*

Courdemont. *Saint-Louvent.*

Courdomanche, Courdomange, Courdommange. *Courdemanges.*

Couretum. *Cauroy-lez-Hermonville.*

Courfelis, Courfelix, Courflix. *Corfélix.*

Courgenay, Courgenay-en-Baye, Courgenès, Courgenet, Courgenets. *Caurjeonnet.*

Courgivault, Courgivaut, Courgivot, *Courgivout. Courgivaux.*

Courguebiés, Courguyé, Courguyer. *Coudier.*

Couriaux. *Couraux.*

Couribert. *Corribert.*

Courigot, Courigots. *Corrigot.*

Courjonnais, Courjonnet. *Courjeonnet.*

Courlancies. *Courlancy.*

Courlando, Courlandonnum, Caurlandom, Courlandunum. *Courlandon.*

Courlanies. *Courlancy.*

Courliart. *Colléard.*

Courllandon. Courlandon.

Courmars, Courmart, Courmatz, Courmay. *Courmas.*

Courmecy. *Cormicy.*

Courmeloi, Courmeloy. *Courmelois.*

Courmicy, Courmissiacum, Caurmissy, Courmisy. *Cormicy.*

Courmoier. *Cormoyeux.*

Courmonstereul, Courmonsterol, Courmonstereuil, Courmonsteruel, Courmonstrelium, Courmonstrereuil,

Courmonstreuil, Courmonstreuil-lez-Reims, Courmonstrolium, Courmonstruel, Courmouterellum, Cour Montereuil, Courmonteriolum, Courmonstereuil, Courmostereul, Curmonsteruel. *Cormontreuil.*

Courmoyer. *Cormoyeux.*

Cournantier. *Cornantier.*

Caurobert. *Corrobert.*

Courot, Couroux. *Couraux.*

Courpellie. *Cuperly.*

Courra. *La Caure.*

Courrart. *Coizard.*

Courraus, Courraut, Courraux, Courrauz, Courreaux. *Couraux.*

Courrobert. *Corrobert.*

Courroy, Courroy-en-Champaigne. *Corroy.*

Courry (Le). *Le Couvris.*

Cours, Cours (Le). *La Cour,* c*** de Fismes.

Coursalain, Cour-Salain, Coursalanum, Coursalin. *Cour-Salin.*

Coursel, Caurselle. *Courcelles,* c*** de Montmirail.

Coursemain. *Courcemain.*

Coursemon, Coursemont. *Courcemont.*

Coursi. *Courcy,* c*** de Villers-Allerand.

Coursseemain. *Courcemain.*

Court. *La Cour,* c*** de Villevenard.

Court (La). *La Cour,* c*** de Cuperly.

Court (Molin de la). *Le Moulin-de-la-Cour.*

Courtaignon, Courtaingnon. *Courtagnon.*

Courtan. *Courton.*

Courtanblon. *Courtamblon.*

Courtangnon. *Courtagnon.*

Courtaumont. *Courtémont.*

Court-Domange, Courtdommange, Courtdommenge. *Courdemanges.*

Courteblon. *Courtamblon.*

Courteignon, Courteingnon. *Courtagnon.*

Courtemblon. *Courtamblon.*

Courtement. *Courtémont.*

Courtenmont. *Courtaumont.*

Courtesmont. *Courtémont.*

Courtesorium, Courtesoz. *Courtisols.*

Courthiéry. *Courthiézy.*

Courtiboult. *Courtibout.*

Courtignon. *Courtagnon.*

Courtimblon. *Courtamblon.*

Courtisac, Courtisaut, Courtiseul, Courtiseur, Courtiseux, Courtiso, Courtisold, Courtisolium, Courtisolles, Courtisolt, Courtisor, Courtisore, Courtisors, Courtisot, Cour-

tisou, Courtisoul, Courtisour, Courtisous, Courtisout, Courtisuel, Courtisuez. *Courtisols.*

Courtisy. *Courthiézy.*

Courtizaurum, Courtizol, Courtizols, Courtizolt, Courtizore, Courtizot, Courtizou. *Courtisols.*

Courtizous. *Courtisols,* c*** de Sivry-sur-Ante.

Courtliart. *Colléard.*

Courtmartin. *Courtemartin.*

Courtoimont, Courtoismont. *Courtémont.*

Courtomont. *Courtaumont.*

Courtoymont, Courtrimont. *Courtémont.*

Court-Robert. *Corrobert.*

Courts. *Court.*

Courvilla. *Caurville.*

Cousel (Le). *Le Couzel.*

Coussemain. *Courcemain.*

Couste-de-Bloise (Le). *Le Moulin-de-l'Épicier.*

Coustare (Mairie de la). *Couture (Mairie de la).*

Coute-de-Bloise (Le). *Le Moulin-de-l'Épicier.*

Coutenot. *Courtenot.*

Coutes (Les). *Queudes.*

Couverot. *Couvrot.*

Couvlans, Couvlanz. *Conflans,* c*** de Villeseneux.

Couvrix. *Le Couvris.*

Couvront, Couvrost, Couvrotum, Couvrout. *Couvrot.*

Couvry (Le). *Le Couvris.*

Couyteron. *Cuitron.*

Couzelle, Cauzelles. *Le Cauzel.*

Covedensis pagus. *Queudes* (Pays de).

Covelans, Covelant, Covelenz, Covlans, Covlanz, Covlenz. *Conflans,* c*** de Villeseneux.

Covros, Covrost, Covrot, Covroth. *Couvrot.*

Coyezartz. *Coizard.*

Coymy. *Cohémy.*

Cayrard, Coyzard. *Coizard.*

Craaldunum, Craaudon, Crabaudon. *Crodon.*

Craman, Cramantis, Cramanz, Cramen, Crament. *Cramant.*

Crancy (Fief de). *Crancé* (Fief).

Craon de Ludes (Le). *Le Cran-de-Lude.*

Crapaudine. Cf. *Crapeau.*

Crapaux (Fief de). *Crapeau.*

Craudinium, Craudon, Craudonnum, Craudunum, Creaudun. *Crodon.*

Cremant. *Cramant.*
Cresle, Cresles. *Crêle.*
Creveaulx. *Les Creveaux.*
Crilly le Moulin. *Crilly.*
Crisson. *Cresson.*
Croheron. *Corberon.*
Croc (Le). *Le Croq.*
Crochettel. *Crochetel.*
Crocq (Le). *Le Croq.*
Crocquetaires (Les). *Les Croquetaires.*
Croix-en-Champaigne (La). *La Croix-en-Champagne.*
Croix-Marotte. *Croix-Marat.*
Croizard. *Coizard.*
Crollière (La), Croslière (La), Crouillère (La), Crouilliere (La), Crouyère (La). *La Crolière.*
Cruciniacum, Crugneyum, Crugni, Crugniacum, Cruigni, Cruisniacum, Cruncium, Cruneyum, Cruni, Cruniacum, Cruny, Crusciniacum, Crusnei, Crusneium, Crusni, Crusniacum. *Crugny.*
Crusson. *Cresson.*
Crux, Crux in Campania, Crux Terreæ. *La Croix-en-Champagne.*
Cruyni. *Crugny.*
Cubersaut (Le). *Le Cuberseau.*
Cubery. *Le Cubry.*
Cubiti. *Queudes.*
Cubleseium, Cublisi. *Comblizy.*
Cublæ. *Queudes.*
Cucheri, Cucheroi. *Cuchery.*
Cudæ, Cudae, Cudes, Cuedes. *Queudes.*
Cuel. *Cuisles.*
Cuerodt. *Couvrot.*
Cuichery. *Cuchery.*
Cuile, Cuile-lès-Châtillon, Cuille, Cuilli, Cuillla. *Cuisles.*
Cuillia (Nemora de). *Rarrey (Bois de).*
Cuimi, Cuimy, Cuineium, Cuingneyum. *Cohémy.*
Cuissan. *Cuissat.*
Cuix, Cuiz. *Cuis.*
Cule. *Cuisles.*
Culleium. *Chouilly.*
Cullia. *Cuisles.*
Cullyeret. *La Drouoise.*
Culmedi. *Cohémy.*
Culmisciacum, Culmisiacum, Culmissiacum, Culmissyacum. *Cormicy.*
Culmont (Le). *Beaumont,* c⁰⁰ *de Blesmes.*
Cultis Monasteriorum. *Cormontreuil.*
Cumeriæ. *Cumières.*
Cumi. *Cohémy.*
Gumières, Cumiers. *Cumières.*
Cuminailles (Les). *Communaille.*

Cummières. *Cumières.*
Cundatum. *Condé-sur-Marne.*
Cungi. *Congy.*
Cuniilly. *Cunilly.*
Cuntaut. *Contaut-le-Maupas.*
Cupedensis centena. *Queudes (Pays de).*
Cupelleiæ, Cupelli, Capollia, Cupelly, Cuperlé, Cuperleie, Cuperleium, Cuperleyum, Cuperli, Cuperlie. *Cuperly.*
Cupevilla. *Coupéville.*
Cupidus. *Queudes.*
Cupigny. *Coupigny,* c⁰⁰ *de Passy-Grigny.*
Cuprelee. *Cuperly.*
Curba Villa. *Caurville.*
Curceium. *Courcy.*
Curcellæ. *Courcelles,* c⁰⁰ *de Saint-Brice; Courcelles-lez-Rosnay.*
Curceyum. *Courcy.*
Curciamanus, Curcimain. *Courcemain.*
Curebert. *Corribert.*
Curemont. *Cormont.*
Curfelis. *Corfélix.*
Curgivolt. *Courgivaux.*
Curia Ausorum. *Courtisols.*
Curia Berthaudi, Curia Berthauldi, Curia Bertodi. *Courbétaux.*
Curia Dominica, Curia Dominici. *Courdemanges.*
Curia Felicia. *Corfélix.*
Curia Givoldi, Curia Givoti. *Courgivaux.*
Curia Herardi. *Coizard.*
Curialis Mons. *Courtémont.*
Curia Roberti. *Corrobert.*
Curlando, Curlandon, Curlandun. *Courlandon.*
Curmeleia, Curmeleium, Carmelia, Curmelois. *Courmelois.*
Curmessiacum. *Cormicy.*
Curmestrol. *Cormontreuil.*
Curmisiacum, Curmisseium, Curmissi. *Cormicy.*
Curmolensis vicus. *Courmelois* (aux additions).
Curmonstrolium. *Cormontreuil.*
Curmusi. *Cormicy.*
Curmastrellum. *Cormontreuil.*
Curselency. *Courlancy.*
Cursus Mons. *Caurcemont.*
Curt. *Hautecour.*
Curteismunt. *Courtémont.*
Curte Monasterioli (Molendinum dc). *Le Moulin-de-Saint-Remy.*
Curtesor. *Courtisols,* c⁰⁰ *de Sivry-sur-Ante.*
Curtis. *Hautecour.*

Curtis Acutior, Curtis Agutior. *Courtisols.*
Curtis Alamannorum. *Aumenancourt-le-Grand.*
Curtis Ausorum, Curtis Auxorum. *Courtisols.*
Curtis Bertrici, Curtis Bertricis. *Compertrix.*
Curtis Dominica. *Courdemanges.*
Curtis Eriberti. *Corribert.*
Curtis Felicia, Curtis Felix. *Corfélix.*
Curtis Hrodoldi. *Couraux.*
Curtis Jusana. *Beaumont-sur-Vesle.*
Curtis Laudonis. *Courlandon.*
Curtis Lonceia. *Courlancy.*
Curtis Monasterialis, Curtis Monasterii, Curtis Monasterioli, Curtis Monesterialis. *Cormontreuil.*
Curtis Mons. *Courtémont.*
Curtis Otmundi. *Courtaumont.*
Curtis Radulphi. *Couraux.*
Curtis Riberti. *Corribert.*
Curtis Roberti. *Corrobert.*
Curtis Rodoldi. *Couroux.*
Curtis Salonis. *Cour-Salin.*
Curtlandon, Curtlandun. *Courlandon.*
Curva Villa, Curvilla, Curville. *Courville.*
Customme (La), Cuttonnes (Les). *La Customns.*
Cuy. *Cuis.*
Cuylles. *Cuisles.*
Cuymery. *Cumières.*
Cuymy. *Cohémy.*
Cuys. *Cuis.*
Cuytron. *Cuitron.*
Cyvry. *Sivry-sur-Ante.*

D

Dacey, Dacy. *Le Darcy.*
Dagonac, Dagosne. *Dagône.*
Dalcourt. *Daucourt.*
Damariacum. *Damery.*
Dame-Anne (Gaignage de). *Gagnage-de-Dame-Anne (Le Petit-).*
Dame-Biétrix (Fief). *Dame-Béatrix (Fief).*
Damereium, Damereyum, Dameri, Dameriacus, Dameris, Damerium, Dameryacum. *Damery.*
Dammartin, Dam-Martin, Dammartin juxta castrum de Dampetra, Dammartin juxta Dampetram. *Dommartin-sur-Yèvre.*
Dammartin-sur-Aube. *Dommartin-la-Planchette.*
Dammereium, Dammeri, Dammeria-

cum, Dammeriæ, Dammery, Dammeryacum. *Damery.*

Damna Petra, Damnipetra in Estenois.
Dampierre-le-Château.

Damuua Martinus. *Dommartin-sur-
Yèvre.*

Damnus Petrus. *Dampierre-le-Château,
Dampierre-sur-Moivre.*

Damperet, Damperotum. *Domprot.*

Damperr, Damperre. *Dampierre-le-
Château.*

Dampetra. *Dampierre-le-Château,
Dampierre-sur-Auve.*

Dampetra ad Moviam. *Dampierre-sur-
Moivre.*

Dampetra ad Templum. *Dampierre-
au-Temple.*

Dampetra castrum, Dampetra Cas-
trum en Estenois, Dampetra in
Atenois, Dampetra in Estenois.
Dampierre-le-Château.

Dampetra super Albam, Dampetra
super Alvam. *Dampierre-sur-Auve.*

Dampetra super Meviam, Dampetra
super Moviam. *Dampierre-sur-
Moivre.*

Dampetra super Vidulam. *Dampierre-
au-Temple.*

Dampetra Vetus. *Le Vieil-Dampierre.*

Dampetrum. *Dampierre-au-Temple.*

Dampetrum-en-Estaienois, Dumpe-
petrum in Esteneys. *Dampierre-le-
Château.*

Dampetrum super Alvam. *Dampierre-
sur-Auve.*

Dampiere, D'Ampierre. *Dampierre-
le-Château.*

Dampierre. *Lurey.*

Dampierre-en-Arthenois, Dampierre-
en-Atenoys, Dampierre-en-Athe-
nois, Dampierre-en-Athenoys, Dam-
pierre-en-Attenoix, Dampierre-en-
Atthenoys, Dampierre-en-Estenois,
Dampierre-en-Ettenoiz, Dampierre-
le-Chastel-en-Estenois, Dampierre-
le-Châtel. *Dampierre-le-Château.*

Dampierre-sur-Alve, Dampierre-sur-
Aube, Dampierre-sur-Aulve. *Dampierre-sur-Auve.*

Dampierre-sur-Marne, Dampierre-
sur-Moyve, Dampierre-sur-Moyvre.
Dampierre-sur-Moivre.

Dampierre-sur-Yèvre. *Dampierre-le-
Château.*

Dampmartin souba Han en Champaigne, Dampmartin souba Hans.
Dommartin-sous-Hans.

Dampna Petra. *Dampierre-sur-Moivre.*

Dampna Petra super Alvam. *Dampierre-sur-Auve.*

Dampni Petra, Dampnus Petra. *Dampierre-le-Château.*

Dampnus Petrus. *Dampierre-au-Temple.*

Dampperr, Damp-Pierre. *Dampierre-
le-Château.*

Damp-Pierre. *Dampierre-sur-Moivre.*

Damppierre-en-Estenois, Damppierre-
le-Chastel. *Dampierre-le-Château.*

Dampremy. *Dompremy.*

Dampt-Pierre-en-Attenoix. *Dampierre-
le-Château.*

Damremigius. *Dompremy.*

Damy-la-Ville (Moulin). *Le Moulin-
d'Emmi-la-Ville,* c^te de Sainte-Menehould.

Danmartin. *Dommartin-Lettrée.*

Danmartin-sur-Yèvre. *Dommartin-sur-
Yèvre.*

Danmartinus super Alvam. *Dammartin-la-Planchette.*

Douai Petra, Dannus Petrus. *Dampierre-le-Château.*

Dantourt. *Daucourt.*

Dant-Pierre-le-Chastel. *Dampierre-le-
Château.*

Darcy. *Le Darcy.*

Dargeaterie (La). *Dorjaterie (La).*

Darneicort. *Darnicourt.*

Darsy. *Le Darcy.*

Daucort, Daucour, Daucourt, Daulcourt. *Daucourt.*

Daussigny. *Doussigny.*

Decort, Decourt. *Adecourt.*

Deffence (La). *La Défense.*

Dehaubrie, De Haubry (La), Dehaye-
en-Brie (La). *La Dehaie-en-Brie.*

Dei Memoria. *Dieu-le-Mire.*

Delaval. *Laval-le-Comte.*

Dompierre-lo-Chastel. *Dampierre-le-
Château.*

Denuserie (La). *La Deniserie.*

Derrier-Rimaulcourt. *Derrière-Rimaucourt.*

Déruterie (La). *La Duruterie.*

Deserta, Deserta Campi Alberti. *Les
Déserts.*

Desertres. *Les Désertes.*

Desirrée. *Désiré.*

Destang (Moulin dit). *Le Moulin-de-
l'Étang,* c^me de Moussy.

Deuilly, Deuilly-sur-Marne. *Drouilly.*

Deus Medicus, Deus Meritus juxta
Remos. *Dieu-le-Mire.*

Deus Wavros, Deus Wavrez (Les). *Vavray-le-Grand, Vavray-le-Petit.*

Deux-Pons. *Entre-Deux-Ponts.*

Diciacum. *Dizy.*

Dieu-en-Biesme. *La Maison-Dieu.*

Dieu Limire, Dieu-Lumière, Dieu-ly-
Miere, Dieu-Lymire, Diex-li-Mire,
Dilumière. *Dieu-le-Mire.*

Disiacum, Disy, Disy-la-Rivière. *Dizy.*

Diulimire, Diu-li-Mirc. *Dieu-le-Mire.*

Divisiacum. *Dizy.*

Dixlumier, Dix-Lumières. *Dieu-le-Mire.*

Diziacum, Dizy-sur-Marne. *Dizy.*

Docei. *Doucey.*

Doictoyan. *Dontrien.*

Doitre (La). *La Doutre.*

Dolmensis pagus, Dolomensis. *Le Dormois.*

Domartin-l'Estrée. *Dommartin-Lettrée.*

Domortin-sur-Auve. *Dommartin-la-
Planchette.*

Domartin-sur-Yèvre. *Dommartin-sur-
Yèvre.*

Domgreve. *Dongrève.*

Dominicavilla. *Villedomange.*

Dommartin-à-la-Planchette. *Dommartin-la-Planchette.*

Dommartin-desoubs-Hans, D.-dessous-
Hans. *Dommartin-sous-Hans.*

Dommartin-Lettrée. *Dommartin-Lettrée.*

Dommartin-soubz-Byonne. *Dommartin-sous-Hans.*

Dommartin-sur-Aube, D.-sur-Aulva,
D.-sur-Auve. *Dommartin-la-Planchette.*

Dommartin-sur-Evre, Dommartin-sur-
Yève. *Dommartin-sur-Yèvre.*

Domna Petra. *Dampierre-le-Château.*

Domniperrotum. *Domprot.*

Domni Petri oppidum. *Dampierre-le-
Château.*

Domnipetra super Auvam. *Dampierre-
sur-Auve.*

Domnus Martinus. *Dommartin-sur-
Yèvre.*

Domnus Martinus ad Plancas. *Dommartin-la-Planchette.*

Domnus Martinus iufra Hammum.
Dommartin-sous-Hans.

Domnus Martinus super Arvam. *Dommartin-la-Planchette.*

Domnus Martinus super Biunam. *Dommartin-sous-Hans.*

Domnus Martinus super Evram. *Dommartin-sur-Yèvre.*

Domnus Petrus. *Dampierre-le-Château.*

Domnus Petras in Estanneio. *Dampierre-le-Château, Le Vieil-Dampierre.*

Domnus Petrus super Arvam. *Dampierre-sur-Auve.*

Entre-Deulx-Ponts, Entre-Deux-Pons. *Entre-Deux-Ponts.*

Épanee. *Épense.*

Épargnerol (L'). *Épargneval.*

Épeneival. *Épensival.*

Épilles. *Espilly.*

Équararde. *Escardes.*

Équeu. *Écueil.*

Equitata (Via). *La Haute-Chevauchée.*

Erconval. *Herconval.*

Erdre. *L'Ardres.*

Ermitage-Saint-Roch (L'). *Saint-Roch, cᵗᵉ de Vienne-le-Château.*

Ermitte (L'). *L'Hermite.*

Ermonville. *Hermonville.*

Ernoult Contesse (Fief). *Arnould-Comtesse (Fief d').*

Erpe, Erpoo, Erpons, Erpont. *Herpont.*

Erval. *Irval.*

Ervelier, Ervelou. *Hervelon.*

Ervillon. *Révillon.*

Escaardes, Escarda, Escarde, Escardia. *Escardes.*

Esceeuil. *Écueil.*

Eschaardes. *Escardes.*

Eschaufourt. *Les Chaufours, cᵗᵉ de Chavot.*

Eschelle (L'). *Léchelle.*

Escia. *Isse.*

Escia, fluviolus. *L'Isse.*

Esclain. *Éclin.*

Esclariæ. *Éclaires.*

Esclavalla, Esclavele, Esclavella, Esclavelles, Esclavile, Esclavola, Esdavolæ, Esclavolla. *Esclavelles.*

Escleire, Escleires, Escleirs. *Éclaires.*

Esclellæ. *Clesles.*

Escleræ, Escleres, Escleres-en-Argoune, Escleriæ, Esclers. *Éclaires.*

Escœuil, Escolium. *Écueil.*

Escollemout. *Écollemont.*

Escoute-s'il-Pleust, Escoutte-s'il-Pleut. *Écoute-s'il-Pleut.*

Escrenes, Escreniæ, Escrienes, Escrieugnet, Escriennes, Escriennes, Escrinæ, Escriniæ, Escryennes-les-Victry-en-Partois. *Écriennes.*

Escueil, Escueil en la Montaigne de Reims, Escueille, Escuel, Escuelh, Escueil. *Écueil.*

Escuiers (Ban des). *Écuyers (Ban des).*

Escuil, Esculium. *Écueil.*

Escurai. *Saint-Georges ou le Grand-Écury.*

Escureis. *Écury-le-Repos.*

Escureium. *Écury-le-Petit, Écury-le-Repos, Écury-sur-Coole, Saint-Georges ou le Grand-Écury.*

Escureium super Saue. *Écury-le-Petit.*

Escureium supra Collam, Escureium supra Maternam. *Écury-sur-Coole.*

Escurey, Escurey-le-Cheitif. *Écury-le-Petit.*

Escurey-sur-Coole. *Écury-sur-Coole.*

Escureyum. *Écury-le-Repos.*

Escuri. *Écury-le-Repos, Écury-sur-Caole, Saint-Georges ou le Grand-Écury.*

Escuri-le-Repos, Escuriacum. *Écury-le-Repos.*

Escurie. *Écury-sur-Coole.*

Escuries (Les). *Écury-le-Petit.*

Escuris. *Écury-sur-Coole.*

Escurreyum. *Écury-le-Petit.*

Escurreyum, Escurry. *Écury-le-Repos.*

Escury, Escury-le-Chétif, Escury-le-Chietifz, Escury-le-Petit. *Écury-le-Petit.*

Escury-le-Repoz. *Écury-le-Repos.*

Escury près de Chaalons, Escury-sur-Colle, Eacury-sur-Coole. *Écury-sur-Coole.*

Escuryes (Les). *Écury-le-Petit.*

Escuyers (Fief des). *Écuyers (Fief des).*

Esgremont. *Les Aigremonts.*

Eslise, Eslize. *Élize.*

Esmainieulx de lez Fismes. *Magneux.*

Esmainieulx devant Reims. *Les Mesneux.*

Espancœ, Espance. *Épense.*

Espanceival. *Épensival.*

Espances, Espancia. *Épense.*

Espanciavallis, Espancival, Espancivallis, Espancyval, Espauseval. *Épensival.*

Espargnei, Esparnacum, Esparnai, Esparnaium, Esparnaiz, Esparnay. Esparnoi. *Épernay.*

Espenceval. *Épensival.*

Espencia. *Épeuse.*

Espencival. *Épensival.*

Espense. *Épense.*

Espensival. *Épensival.*

Espernai, Espernay, Espernayum. *Épernay.*

Espeuis (Les). *Les Épées.*

Espignoles (Les). *Les Épinolles.*

Espiller. *Espilly.*

Espine (L'), Espine (Ecclesia Beate Marie de Cortisex dicta à l'). *L'Épine.*

Espinolles (Les), Espignolles (Les bois d'). *Les Épinolles.*

Espinole, Espinole (Nemus d'), Espinoles (Le bois des), Espinolle (Bois de l'). *Les Épinolles.*

Espoia, Espoie, Espois. *Époye.*

Espois justa Lachi. *Les Épées.*

Espoix, Eapoy, Eapoya, Espoye, Espoys. *Époye.*

Espycier (Malin de l'). *Le Moulin-de-l'Épicier.*

Esquelin. *Éclin.*

Esquex. *Écueil.*

Esquiri super Colam. *Écury-sur-Caole.*

Essards (Les). *Les Essarts-lez-Sézanne.*

Essars (Les). *Les Essarts, cᵗᵉ de Champaubert; Les Essarts-lez-Sézanne, Le Grand-Essart.*

Essart, Essart (Li). *Les Essarts-lez-Sézanne.*

Essart (L'). *Les Essarts-le-Vicomte.*

Essart-l'Abbé (L'). *Les Essarts-l'Abbé.*

Essarta. *Les Essarts-le-Vicomte.*

Essarta, Essarta subtus Sezannam. *Les Essarts-lez-Sézanne.*

Essarta Vice Comitis. *Les Essarts-le-Vicomte.*

Essartés (Les). *Les Essertées.*

Essarti. *Les Essarts-lez-Sézanne.*

Essarti Vicecomitis. *Les Essarts-le-Vicomte.*

Essarts (Les). *Les Essertées.*

Essarts-l'Unité (Les). *Les Essarts-le-Vicomte.*

Essarts-sous-Sézanne (Les). *Les Essarts-le-Vicomte.*

Essartum. *Essert.*

Essartz (Fief des). *Les Essarts, cᵗᵉ de la Neuville-aux-Bois.*

Essarts (Les), Essartz-le-Viconte (Les). *Les Essarts-le-Vicomte.*

Essartz-lès-Sézanne, Essarz (Les). *Les Essarts-lez-Sézanne.*

Essarz-l'Abbé (L'). *Les Essarts-l'Abbé.*

Essores, Essers. *Essert.*

Esserte, Esserté (Les), Essertères (Les), Essertés (Les), Essertez (Les), Essertis (Les). *Les Essertées.*

Esserts, Essertum. *Essert.*

Essia. *Isse.*

Essaum. *Isson.*

Estaienois, Estaneyum. *L'Atenois.*

Estang (L'). *Le Moulin-l'Étang, cᵗᵉ de Chavot-Courcourt et de Moussy.*

Estang-du-Ruz (L'). *L'Étang-du-Ru.*

Estang-Machault (L'). *L'Étang-Machault.*

Estanneium. *L'Atenois.*

Estarnay, Estarnayum. *Esternay.*

Estauges. *Étoges.*

Estenois. *L'Atenois.*

Esternacum, Esternai, Esternaium, Esternay-en-Brie, Esternayum, Esterney. *Esternay.*

Esterpeium. *Étrepy.*

Marne.

Estoge, Estoges, Estogiæ, Estogues, Estoiches, Estoiges, Estouges. *Étages.*

Estrechcium, Estrechi, Estrechy. *Étrechy.*

Estrée (L'). *L'Étrée.*

Estrée, Estrée soubz N.-D. de Monthelean, Estreez. *Estrées.*

Estreie, Estreis. *L'Étrée.*

Estrepai. *Étrechy.*

Estrepail, Estrepay. *Trepail.*

Estrepé, Estrepei. *Étrepy.*

Estrepeium. *Étrechy.*

Estrepcium, Estrepeyum, Estrepi, Estrepiacum, , Estrepie, Estreppy, Estrepy. *Étrepy.*

Estrez. *Estrées.*

Estrichi, Estrichy. *Étrechy.*

Estripei, Estripeium. *Étrepy.*

Eswarel de Gominieres (Molin qui estoit l'). *Le Maulin-de-l'Eswarel-de-Commenière.*

Étang-des-Mortereaux (L'). *L'Étang-des-Mortes-Eaux.*

Étaut (l'.). *L'Étau.*

Éternay. *Esternay.*

Étreez. *Estrées.*

Étrepie. *Étrepy.*

Étrez. *Estréss.*

Ettenoiz. *L'Atenois.*

Eubloi. *Nivelet.*

Euilliacum, Euilly. *Œuilly.*

Eulien-la-Forêt. *Saint-Eulien.*

Eully. *Œuilly.*

Euviz, Euvy. *Œuvy.*

Euvlois, Euvloys. *Nivelet.*

Evera. *L'Yèvre.*

Evleis, Evloi, Evlois. *Nivelet.*

Exarts. *Les Essarts-lez-Sézanne.*

Exsia, Eysce, Eyse, Eysse. *Isse.*

F

Fageto (Nemus de). *Le Fay.*

Fageto (Silva de). *Vœtus (Bois de).*

Fagetium. *Le Fay.*

Fagi. *Faux-Fresnay.*

Fagneriæ, Faguieres. *Fagnières.*

Fagus. *Faux-Fresnay.*

Faiel, Faiellum. *Fayel.*

Faigneriæ, Faignière, Faignieres. *Fagnières.*

Fail (Le bois dou). *Le Fay.*

Faillé, Faillet. *Failly.*

Faineriæ, Faiueres, Fainieres, Fainieres (Les), Fainiers. *Fagnières.*

Faireimont, Fairimont. *Farémont.*

Faisner, Faisneriæ, Foisnières. *Fagnières.*

Falces. *Faux-sur-Coole.*

Falebriange. *Férebrianges.*

Fallecourt, Falecourt. *Felcourt.*

Fanecourt. *Saint-Étienne-sur-Suippe.*

Fanemont. *Saint-Masmes.*

Fanères, Faneriæ, Fanières, Fanieriæ, Fannyères, Fascinerie, Fasneriæ, Fasnier, Fassinariæ. *Fagnières.*

Fars Champenoise. *Fère-Champenoise.*

Farainmont. *Farémont.*

Fare Brierange. *Férebrianges.*

Fareimont, Fareinmont, Faremmont, Faremont, Farenmont, Faresmont, Farrammont, Farramunt, Farremont. *Farémont.*

Fau-de-Neufviz (Le), Fau-do-Neufvy (Le). *Le Fort.*

Fuagi. *Faux-Fresnay.*

Faugiras. *Fauxgiras.*

Faulconnières (Fief du). *Le Fauconnier.*

Faulx, Faulx-sur-Colle, Faulx-sur-Coole, Faus. *Faux-sur-Coole.*

Faus, Faux. *Faux-Fresnay.*

Faux, Faux-en-Champaingne. *Faux-sur-Coole.*

Favárcciæ, Favereces, Favereciæ, Faveresces, Faveresciæ, Faveressæs, Faveressez, Faverezes, Favericiæ, Faverociæ. *Faverosse.*

Favcrolæ, Faverole, Faveroles, Faveroliæ, Favcrolle, Faverollez, Faverolliæ, Favrolle. *Faverolles.*

Pax. *Faux-sur-Coole.*

Fayellum. *Fayol.*

Fayneriæ, Faynieres. *Fagnières.*

Fays (Les), Faÿs-Cheminon, Fays-Trois-Fontaines. *Le Fays.*

Feismes. *Fismes.*

Feisneriæ. *Fagnières.*

Felancort. *Flancourt.*

Felecort, Felecourt. *Felcourt.*

Fellecourt. *Felcourt.*

Feluncort. *Flancourt.*

Foneriæ, Fenieres, Fenieres (Les). *Fagnières.*

Fera Briange, Fera Briangiæ. *Férebrianges.*

Fera Campanica, Fers Campanie, Fera Campaniensis. *Fère-Champénoise.*

Ferbrianges. *Férebrianges.*

Fer-Champenoisse. *Fère-Champenoise.*

Fere Berange, Ferebriengo, Ferebrienges, Fere-Brierange. *Férebrianges.*

Fere-Champenois, Fere-Champenoise

(La), Fere-Champpenoise. *Fère-Champenoise.*

Fere de lez Congy. *Férebrianges.*

Fergeville. *Freginville.*

Feria Breisangie, Feria Brie. *Férebrianges.*

Feria Campaniensis. *Fère-Champenoise.*

Ferme, Ferme des Ursulines. *Ursulines (Fermes des).*

Ferrebriange. *Férebrianges.*

Fescos. *Fescat.*

Fesneriacensis (adjectif), Fesneriæ, Fesnières. *Fagnières.*

Fesnon (Fief de). *Foignon (Fief du).*

Festogny, Festeigniacum, Festigni, Festigniacum, Festigny-les-Hameaux, Festiniacum. *Festigny.*

Festot. *Fescot.*

Fété (Le). *Le Fatté.*

Feteigny, Fetigniacum, Fetigny, Fetigny lez Yguy-le-Jard. *Festigny.*

Feuillé-lez-Saint-Vrain (La), Feuillée (La), Feuillie (La), Feully (La). *La Feuillés.*

Feys (Le). *Le Fays.*

Fillebarderye (La). *La Fillebarderie.*

Fimæ, Fimeæ, Fimes. *Fismes.*

Fimetæ, Fimette, Fimettes. *Fismette.*

Fimiæ, Fimies, Fimmes, Fines. *Fismes.*

Finette. *Fismette.*

Fioncours. *Saint-Quentin-les-Marais.*

Fionval. *Saint-Lumier-en-Champagne.*

Fisme, Fismes-en-Tardenois. *Fismes.*

Fistigny. *Festigny.*

Fiulaingnes, Fivcleines. *Fulaine-Saint-Quentin.*

Fixme, Fixmes. *Fismes.*

Flamiers (Les). *Le Pont-de-Forêt.*

Flaucourt. *Flancourt.*

Flavegni, Flaveigni, Flavigné, Flavigney, Flavigneyum, Flavigni, Flavini, Flaviniacum. *Flavigny.*

Fléchembault. Fléchembaux, Fleichembault. *Frichambault (Moulins de).*

Flencort. *Flancourt.*

Fleurant, Fleurent. *Florent.*

Fleury-à-la-Montaigne, Fleury-en-la-Montagne, Fleury-en-la-Montagne de Reims, Flory in Montana Remensi. *Fleury (Le Petit-).*

Fleury-sur-Marne. *Fleury-la-Rivière.*

Floran, Florans, Florant, Floranz. *Florent.*

Florei, Floreium. *Fleury (Le Petit-).*

Floreium in Riparia. *Fleury-la-Rivière.*

Florence, Florens, Florent-les-Sept-Moulins, Florentia, Florenz. *Florent.*

Frecu, Precul, Freculs, Frecus. *Sans-Souci.*

Fregeinville, Fregevilla, Fregeville. *Freginville.*

Fregneicort, Fregnicort, Fregnicourt, Fregnicuria, Freignicort, Freigni-court. *Frignicourt.*

Frenay, Frenayum. *Fresnay.*

Frène. *Fresnes.*

Frenicourt, Frenicuria, Frenilcurtis. *Frignicourt.*

Frescu, Frescul. *Frécul, Sans-Souci.*

Freseivile, Freseivilla, Freseiville, Fresevilla, Fresivilla, Fresiville. *Freginville.*

Fresnai. *Fresnes.*

Fresnay-lez-Fol. *Fresnay.*

Fresne. *Le Frêne.*

Fresne (Le). *Le Fresne,* c^ᵉ de Scrupt.

Fresue emprez Reims. *Fresnes.*

Fresne-en-Perthois (Le). *Le Fresne,* c^ᵉ de Scrupt.

Fresue-sur-Moivre (Le). *Le Fresne.*

Fresnes. *Fresne, Le Fresne.*

Fresnes lez Boul et lez Bourgoingne. *Fresnes.*

Fresnieres. *Fagnières.*

Fresnoy. *Fresnay.*

Fresues. *Frécul.*

Frevant. *Frévent,* c^ᵉ de Suizy-le-Franc.

Frévend. *Frévent,* c^ᵉ de Suizy-le-Franc et de Venteuil.

Frichambaut, Frichembaldum, Frichembaudum, Frichembault, Frichombaut. *Frichambault (Moulins de).*

Fricul. *Sans-Souci.*

Frigneicort, Frignicort, Frignicourt-sur-Marne, Frignicuria. *Frignicourt.*

Frigevile, Frigeville. *Freginville.*

Frigidum Culum. *Frécul.*

Frigidus Mons. *Froidmont.*

Frimgicuria, Cathalaunensis dyocesis. *Frignicourt.*

Friseivila, Friseivile, Friseivilla, Frisevile, Frisevilla, Frisiville. *Freginville.*

Frogneicort. *Frignicourt.*

Froicul, Froideu, Froiscul. *Frécul.*

Froismont. *Froidmont.*

Froitcul. *Frécul.*

Fromenteriæ, Fromentiere, Fromentiers. *Fromentières.*

Fromeuse-Fontaine. *Frémaufontaine.*

Frommenteriæ, Froumenteriæ, Froumentières, Froumentiers. *Fromentières.*

Froycu. *Frécul.*

Froycul. *Sans-Souci.*

Froymont. *Froidmont.*

Frumentariæ, Frumenteriæ. *Fromentières.*

Fucy. *Fussy.*

Fuenes, Fulaines, Fulannes, Fuleines. *Fulaine-Saint-Quentin.*

Funies, Fusines. *Fismes.*

Futigny. *Festigny.*

Fymeæ, Fymes. *Fismes.*

Fymettes, Fymettes-lez-Fymes, Fymettes-en-Laonnoiz. *Fismette.*

Fyon. *Le Fion.*

Fysmes. *Fismes.*

G

Gaarce. *Vouarces.*

Gadenoi. *Vadenay.*

Gaia, Gaie. *Gaye.*

Gaillebaudine. *La Galbodine.*

Gaignunnieres. *Volognières.*

Gain-de-la-Forge (Le). Cf. *La Forge.*

Gainognières. *Volognières.*

Gainvilliers. *Janvilliers.*

Galabaldium, Galbaudine, Galbeaudine. *La Galbodine.*

Gallandes. *Garlande.*

Gallebodine. *La Galbodine.*

Gallendes, Gallendres. *Garlande.*

Galones, Galonis. *Jaalons.*

Galopcanerie (La), Galopinnerie (La). *La Galopinerie.*

Galt (Le). *Le Gault.*

Gardam. *Le Jard.*

Garlende, Garlendez. *Garlande.*

Garmereivilla, Garmerivilla. *Warmeriville.*

Garsaulx. *Garsault.*

Gascognia. *Gascogne.*

Gasno, Gasnou. *Vanault-le-Châtel.*

Gât (Le). *Le Jat.*

Gaud (Le). *Le Gault.*

Gauda. *Le Godat.*

Gaudenesium. *Vadenay.*

Gaudium. *Le Gault.*

Gaudo (Nemus de). *Gault (Forêt du).*

Gaudum. *Le Gault.*

Gaugiacus. *Jouy.*

Gauld (Le). *Le Gault.*

Gauler de Marçon (Fief). *Gautier-de-Marson (Fief).*

Gault (La forest du). *Loge-à-Gault (Forêt de la).*

Gaultier de Marson (Fief). *Gautier-de-Marson (Fief).*

Gaut. *Le Gault.*

Gaut (Le bois dou). *Gault (Forêt du).*

Gauz. *Le Gault.*

Gaya. *Gaye.*

Gaynoneriæ. *Volognières.*

Gayam. *Gaye.*

Geheri. *Gehery.*

Geleno, Gelleur. *Gellenaux.*

Gelloni, Golonis villa. *Jaalons.*

Gemegni. *Germigny.*

Gemellis (Rivulus de). *Laume (Ru de la).*

Gencinei Curtis. *Gencignicourt.*

Genelle (La). *La Guenelle.*

Genereium. *Janory.*

Gentiliacus vicus. *Ventelay.*

Gentonillore, Gentovillare. *Janvilliers.*

Genvercium, Genvereyum, Genvreium, Genvry en la Montaigne de Reims. *Janory.*

Gergault, Gergaut, Gergeault, Gergeaux, Gerjau, Gerjeau. *Gergeau.*

Germagne, Germaigne, Germaignes, Germaignia, Germaines, Germaingne, Germaingnes, Germainnes, Germangne, Germania. *Germaine.*

Germaniacum. *Germigny.*

Germanium, Germannia, Germeigne. *Germaine.*

Germeignon. *Germinon.*

Germene. *Germaine.*

Germeni. *Germigny.*

Germenon. *Germinon.*

Germigné, Germigni. *Germigny.*

Germignon-en-Champaigne, Germignonnum, Germignum, Germignuo. *Germinon.*

Germigny-en-Montagne. *Germigny.*

Germinal-sur-Marne. *Saint-Germain-la-Ville.*

Germineium juxta Ronnaium, Germiniacum. *Germigny.*

Germinonnum. *Germinon.*

Germinyacum. *Germigny.*

Gernoullière (La). *La Grenouillère.*

Gertrudis Molendinum. *Gertrumoulin.*

Gerye (La). *Lagery.*

Geox, Geuz emprez Reims, Gex. *Gueux.*

Gibart. *Les Gibarts.*

Gibecienne (La). *La Chapelle,* c^ᵉ de Charmontois-le-Roi.

Gibert. *Montgibert, Le Moulin-Gibert.*

Giervale. *Irval.*

Gifaulmont, Gifaumont, Giffaudimons, Giffaulmond, Giffaulmont, Giffaumons, Giffaumont les Droeiles, Giffodimons. *Giffaumont.*

Gignei, Gigney, Gignoyum, Gigni. *Gigny-aux-Bois.*

Giivery. *Givry-en-Argonne.*

Giny. *Gigny-aux-Bois.*

Gionge, Gionge-Saint-Ferjeu, Gionges. *Gionges.*

Giraucourt. *Gizaucourt.*

Giraumond (Nova Villa ad), Giraumont, Giromont. *Varimont.*

Girfacmont, Girfacmunt, Girfaumont. *Giffaumont.*

Girunda. *Gironde.*

Gisacort, Gisacourt, Gisardis Curtis, Gisaucort, Gisecourt, Giselis Cortis, Gizerdi Cortis, Giserdicurtis, Gisiacurtis, Gisocourt. *Gizaucourt.*

Giunge, Giungiæ. *Gionges.*

Giveri, Givery. *Givry-en-Argonne.*

Givory-lez-Vertua. *Givry-lez-Loisy.*

Givré, Givrei, Givreium, Givrey. *Givry-en-Argonne.*

Givri. *Givry-lez-Loisy.*

Givriei, Givry-en-Nergonne, Givrys. *Givry-en-Argonne.*

Gizacourt, Gizaulcourt. *Gizaucourt.*

Glaicort. *Glacourt.*

Glajole, Glajolle (La). *La Glageole.*

Glane, Glanna, Glanne, Glaanez. *Glannes.*

Glenelle. *La Guenelle.*

Glenne. *Glannes.*

Gloye-Chéry (La). Cf. *Géhery.*

Goda (Le), Godart. *Le Godat.*

Godine (La). *La Gaudine.*

Godins (Les). *Les Gaudins.*

Godonis Cort. *Goncourt.*

Godum. *Le Gault.*

Goeri. *Gouéry.*

Goez. *Gueux.*

Gobarsaltus, Gobarsath, Gobarsant. *Garsault.*

Gohereium, Gohery. *Gouéry.*

Goincourt. *Gaincourt.*

Goisse (La). *La Goesse.*

Gombelaudine. *La Galbodine.*

Gomecort, Gomécourt. *Gomicourt.*

Gomecourt (Le Petit). *Gomicourt (Le Petit-).*

Gomercort, Gomercurt, Gomescourt, Gomezcourt. *Gomicourt.*

Goncort, Goncour. *Goncourt.*

Gondal (Fief). *Le Guindal.*

Gonbarsalt. *Garsault.*

Gontganson. *Gourgançon.*

Gooncort, Gooncuria. *Goncourt.*

Gorganceon, Gorgançon, Gorgansson, Gorganzun. *Gourgançon.*

Gorgeaux (Les). *Gergeau.*

Gorsaut, Gorsault. *Garsault.*

Gothi, Goti. *Gueux.*

Goursaut. *Garsault.*

Gouasse (La). *La Goesse.*

Gouberule. *Corbeville.*

Gouesse (La). *La Goesse.*

Gouleaux (Les). *Le Goulot.*

Goumont. *Gumont.*

Gourganson, Gourgansonnum, Gourgansson. *Gourgançon.*

Gourgivot. *Courgivaux.*

Gourguenson. *Gourgançon.*

Goursault. *Garsault.*

Gouz. *Gueux.*

Graaudun. *Credon.*

Grace Nostre-Dame-souz-Mommiral (La), Grace soubz Montmirail (La), Gracia. *La Grâce.*

Grois. *Le Grez.*

Grais (Les). *Les Hauts-Grès.*

Grama. *Grauves.*

Granche de Suilly (La). *Suilly.*

Granches. *Granges-sur-Aube.*

Granches (Les), Grauches-seur-Aube. *Granges-sur-Aube.*

Granchettes (Les). *La Grangette-aux-Bois.*

Granchia. *La Grange,* cᵗᵉ de la Noue.

Granchia, Granchiæ, Granchiæ super Albam. *Granges-sur-Aube.*

Grand-Ahan. *La Maison-de-l'Ahan.*

Grand-Aulnay. *La Grosse-Ferme,* cᵗᵉ d'Aulnay-aux-Planches.

Grand-Billy (Le). *Billy-le-Grand.*

Grand-Bougeois. *Bourgeois (Les Grands-).*

Grand-Champ-Sainct-Antoine (Le). *Grandchamp.*

Grand-Chauffour (Le). *Chaufour,* cᵗᵉ de Villers-Franqueux.

Grande-Chambre (La). *La Grand-chambre.*

Grand-Écury (Le). *Saint-Georges,* cᵗᵉ de Champignoul.

Grande-Ferme (La). *La Grosse-Ferme,* cᵗᵉ de Bruguy.

Grande-Fontaine (La). *Les Grandes-Fontaines.*

Grande-Fosse-le-Pavillon. *Grande-Fosse.*

Grande-Lua (La). *La Grange-Lua.*

Grande-Rue (La). *La Rue-aux-Ronces.*

Grandes-Costes (Les). *Les Grandes-Côtes.*

Grandes-Vallées. *Les Houyers.*

Grandes-Votes (Les). *Les Vautes.*

Grand-Fosse. *Grande-Fosse.*

Grand-Foynon (Le). *Bunot.*

Grand-Hameau (Le), dit le Romain. *Le Grand-Hameau.*

Grandis Campus. *Grandchamp.*

Grand-Loan (Le). *Lohan,* cᵗᵉ de la Ville-sous-Orbais.

Grand-Loge. *La Loge.*

Grand-Losse. *Grande-Fosse.*

Grand-Marais. *Les Marais.*

Grand-Mau. *Le Maud.*

Grond-Menaucourt. *Aulnenancourt-le-Grand.*

Grand-Molin-le-Roy. *Le Moulin-le-Roi.*

Grand-Moraio (Le). *Morin (Le Grand-).*

Grand-Morangis. *Morangis.*

Grand-Mormelon. *Mourmelon-le-Grand.*

Grand-Moulin (Le). *Le Moulin-de-la-Neuville.*

Grand-Moulin-Beauvais (Fief du). *Grand-Moulin-de-la-Noue (Fief du).*

Grand-Prez. *Grandpré.*

Grandrup, Grand-Ruz. *Grand-Ru.*

Grand-Saint-Antoine. *Saint-Antoine.*

Grand-Saint-Hilaire, Grand-Saint-Hillier (Le). *Saint-Hilaire-le-Grand.*

Grands-Butors (Les). *Buteaux (Les Grands-).*

Grands-Essarts (Les). *Les Essarts-lez-Sézanne, Le Grand-Essart.*

Grands Hameaux de Romain (Les). *Le Grand-Hameau.*

Grands-Hulots (Les). *Les Hulots.*

Grands-Mars (Les). *Les Mares.*

Grand-Temple (Le). Cf. *La Huguenoterie,* cᵗᵉ de Vroil.

Grand-Vaveray, Grand-Weavray (Le). *Vavray-le-Grand.*

Grandzelle. *Chezelles.*

Grange. *Les Granges.*

Grange (La). *Grange-Dizy.*

Grange à Bled (La), Grange-Ablet (La). *La Grange-Jablet.*

Grange-à-Dizy (La). *Grange-Dizy.*

Grangeæ. *Les Granges.*

Grange-à-Jabled (La), Grange-à-Jablot (La), Grange-Albaut (La). *La Grange-Jablet.*

Grange-au-Bois (La). *La Grange-aux-Bois,* cᵗᵉ de Chavot, de Sainte-Menehould et de Sézanne.

Grange-au-Bourgeois (La). *La Grange-aux-Bourgeois.*

Grange-au-Boys (La), Grange-aux-Boys (La). *La Grange-aux-Bois,* cᵗᵉ de Mondement-Montgivroux.

Grange-aulx-Matins (La). *La Grange-aux-Mâtins.*

Grange-au-Prebstre (La). *La Grange-au-Prêtre.*

Grange-aux-Bourgois (La). *La Grange-aux-Bourgeois.*

Han. *Hans.*

Han-du-Couvent (La). *La Cense-du-Couvent.*

Han-en-Champaigne. *Hans.*

Hancour. *Hancourt.*

Hancourt. *Lancourt.*

Hancuria. *Hancourt.*

Hannoterie (La), Hanotterye (La). *La Hannotterie.*

Hanruei, Hanrueil, Hanruelle, Hanruoi. *Henruel.*

Hans ad Planches, Hans-as-Planches, Hans-en-Champaigne, Hans in Campania, Hans-le-Grand. *Hans-aux-Planches.*

Hante. *Ante.*

Hanz. *Hans.*

Haorges, Haorgiæ, Haouge, Haourges. *Heourges.*

Harassé (La), Harassée (La), Harauzie (La). *La Harazée.*

Hard-de-Melin, Hard-de-Molin, Hard-de-Moulin, Hardemolin. *Hardemolin.*

Harenæ. *Le Mont d'Arène.*

Haricourt, Haricurtis. *Horicourt* ou mieux *Haricourt.*

Hariseia. *La Harazée.*

Harmycourt. *Gomicourt.*

Harnolay, Harnotes. *Arnotay.*

Harpera, Harpers (Le). *Arpévat.*

Harpont. *Herpont.*

Hart de Moulin. *Hardemoulin.*

Hartonges (Forest d'). *Rouge-Fossé (Forêt de).*

Harty. *Arty.*

Harvelon. *Heroelon.*

Hassegnemont. *Haussignemont.*

Hasel (Le). *Le Hazel.*

Hasi. *Hauzy.*

Hasum. *Heiltz-le-Maurupt.*

Hasum Witeri. *Heiltz-le-Hutier.*

Hasiot. *Le Hazeau.*

Hasum Maurici. *Heiltz-le-Maurupt.*

Haubercy, Haubrecy. *Aubercy.*

Haucegnimont, Hauceignimont, Haucenim... *Haussignemont.*

Hauchaudière (La). *La Noue-de-Chaudière.*

Haucheuimont, Haucigneimont, Haucignemont, Haucignimont. *Haussignemont.*

Haucimons, Haucimont. *Haussimont.*

Haucineingmont, Haucineymont. *Haussignemont.*

Hancourt. *Aucourt.*

Haudeber, Hauldebert. *Hautebert.*

Hauleagnièmont, Haulsignement, Haulsignemont. *Haussignemont.*

Haulsinemons. *Haussimont.*

Haulsinomont. *Haussignemont.*

Hault-Chastellot (Le). *Le Châtelot.*

Haulte-Borne (La). *La Haute-Borne.*

Haulte-Fontaine, Haultefontayne. *Hautefontaine.*

Haultes (Les). *Les Hantes.*

Haulte-Salle, Haulte-Sallier (Fief de). *Haute-Salle (Fief de la).*

Haulte-Vigne. *La Haute-Vigne.*

Haulteville. *Hauteville.*

Haulte-Vingne. *La Haute-Vigne.*

Haulte-Wavreille (La). *Vavrelle (La Haute-).*

Haultvilliers. *Hautvillers.*

Haulzy. *Haazy.*

Hourges. *Hourges.*

Hausegnymont. *Haussignemont.*

Hausei. *Hauzy.*

Hauseignimont, Hausenigmont. *Haussignemont.*

Hauseyum, Hausi. *Hauzy.*

Hausignemout, Haussiguimont. *Haussignemont.*

Hausis. *Hauzy.*

Haussegnymont, Haussignimont, Haussignmont. *Haussignemont.*

Haussimon, Haussimons. *Haussimont.*

Haussinemons, Hausseinemont, Haussinus Mons. *Haussignemont.*

Haust-Chastellet (Le). *Le Châtelot.*

Hansy. *Hauzy.*

Haut-Coole. *Saint-Quentin-sur-Coole.*

Haute-Chaussée (La). *La Chaussée,* faubourg de Montmirail.

Haute-Chevauché. *La Haute-Chevauchée.*

Haute-Cour, Hautecourt. *Hautecour.*

Hautefeuille. *Mont-Aimé.*

Haute-Fontaine, Haute-Fontainne, Haute-Fonteyne. *Hautefontaine.*

Hautefoy. *La Haute-Foy.*

Hautemont. *Saint-Hilaire-le-Petit.*

Haute-Rue (La Petite). *La Rue-aux-Rouces.*

Haute-Rivière. *Outrivière.*

Hautes (Les). *Les Hantes.*

Haut-Escardo (Le), Haut-Escardes (Le). *Le Haut-d'Escardes.*

Hautes-Fois (Les). *La Haute-Foy.*

Haute-Vauxelle. *Vaucelle (La Haute-).*

Hauteville-sous-Hautefontaine, Haute-Ville-sur-Bloiches. *Hauteville.*

Haut-Gré (Le). *Les Hauts-Grés.*

Hautimont. *Saint-Loup.*

Haut-Moulin (Le). *Le Moulin-d'en-Haut,* c** de Cuchery.

Hautrivière. *Outrivière.*

Hauts-Battis (Les). *Hauts-Bâtis (Bois des).*

Hauttes (Les). *Les Hantes.*

Hautviler, Hautvillers-lès-Épernay, Hautvillers-Saint-Hilaire. *Hautvillers.*

Hauve. *Auve.*

Hauvette (La). *La Hovette.*

Hauxei, Hauzey, Hauzi. *Hauzy.*

Hay-au-Loup (La). *La Haie-aux-Loups.*

Haye-d'Aveau (La). *La Haie-d'Avaux.*

Haye-l'Uytier. *Heiltz-le-Hutier.*

Hayes (Les). *Les Haies.*

Hazan (Le). *Le Hazeau.*

Hazelles (Les). *Le Hazel.*

Hazot (Le). *Le Hazeau.*

Hees-le-Mauri, Hoeys. *Heiltz-le-Maurupt.*

Heez. *Heiltz-le-Hatier, Heiltz-le-Maurupt.*

Heiis. *Heiltz-le-Maurupt.*

Heilevesque. *Heiltz-l'Évêque.*

Heillemauru, Heilmauru, Heilmoru, Heilmorup. *Heiltz-le-Maurupt.*

Heiltz-l'Évesque. *Heiltz-l'Évêque.*

Heiltz-Luitier, Heilutier, Heiltz-le-Hutier. *Heiltz-le-Hutier.*

Heils, Heilz-le-Maulra, Heilz-le-Maurupt. *Heiltz-le-Maurupt.*

Heis. *Heiltz-le-Hutier, Heiltz-le-Maurupt.*

Heis Amaurici, Heis-l'Amaury. *Heiltz-le-Maurupt.*

Heis-le-Witier, Heis-l'Uitiez. *Heiltz-le-Hutier.*

Heistes (Les). *Les Istres.*

Heilz, Heix. *Heiltz-le-Hatier.*

Heix l'Évesque. *Heiltz-l'Évêque.*

Heix lou Marri, Heiz, Heiz-le-Mauru, Heiz-le-Molru. *Heiltz-le-Maurupt.*

Heix l'Évesque. *Heiltz-l'Évêque.*

Heiz le Withier, Heiz l'Uitier, Heiz-l'Uytier. *Heiltz-le-Hutier.*

Helceimont. *Haussimont.*

Helesia. *Élize.*

Helesvesque. *Heiltz-l'Évêque.*

Helisia. *Élize.*

Helmauru, Helmaurup, Helmauruph, Helmorup, Helmorup-en-Champagne. *Heiltz-le-Maurupt.*

Helpon, Helpondis, Helpondum, Helpun. *Harpon.*

Héluthier, Hélutier. *Heiltz-le-Hutier.*

Helvéque, Helvesque, Holz-l'Évesque. *Heiltz-l'Évêque.*

Henrué, Henruelle, Henruelz, Henrnex, Henrvet. *Henruel.*

Herbaulemont, Herbaulmont. *Herbaumont.*

43

Macot, Macotz. *Mdca.*
Macquelaunoy. *Maclaunay.*
Macquerelle (La). *La Maquerelle.*
Macquo. *Mdco.*
Macrelle. *La Maquerelle.*
Macumru. *Parfondeval (Ru de).*
Madelaine (La). *La Folie, c^ne de Vertus.*
Maderna. *La Marne.*
Maffraicourt, Maffroacourt, Maffroicourt, Mafrecourt; Mafreicort, Mafreicourt, Mafreincort, Mafricort, Mafroicort, Mafroicourt, Mafroycourt. *Maffrécourt.*
Magdelaine (La), Magdelayne (La), Magdeleine (La). *La Madeleine.*
Magneux. *Les Magnis.*
Magnicort. *Minaucourt.*
Magnil (Le). *Le Mesnil-Hutier.*
Magnils, Magnus. *Les Magnis.*
Magnus Campus. *Grandchamp, c^ne de Marfaux.*
Magny lez Barbonne (Le). *Le Mesnil.*
Mahon. *Le Mont, c^ne de Clamanges.*
Maifroicort. *Maffrécourt.*
Maigneux (Les). *Les Magnis, Les Mesneux.*
Maigneux-lès-Fismes. *Magneux.*
Maignex. *Les Mesneux.*
Maigni-sur-Chastelon. *Le Mesnil-sur-Oger.*
Maigneux. *Maigneux.*
Maignil (Le). *Le Mesnil-Hutier, Le Mesnil-lez-Hurlus.*
Maignil à Saint-Jehan. *Le Mesnil, c^ne de Saint-Jean-sur-Tourbe.*
Maignil-lès-Vertus. *Le Mesnil-sur-Oger.*
Maignuelx (Les). *Les Mesneux.*
Maigny-Huitier (Le). *Le Mesnil-Hatier.*
Maileium, Mailleium, Mailli. *Mailly.*
Mainci. *Mancy.*
Mainel. *Le Mesnil-sur-Oger.*
Mainelx, Maineulx vers Reims, Maingnoux-lez-Reims (Les). *Les Mesneux.*
Mainiès-en-Champaigne, Mainicu-devant Reims, Mainieulx-lès-Reims (Les), Mainieulx-vers-Reims, Mainioux-en-Champagne, Mainieux-lez-Reims. *Maigneux.*
Mainicx (Les). *Les Mesneux.*
Mainil. *Le Mesnil-sur-Oger.*
Mainil juxta Courram. *Le Mesnil, c^ne de la Caure.*
Mainil-lès-Oger (Le). *Le Mesnil-sur-Oger.*
Mainilla. *Les Mesneux.*
Mainilli, Mainillia. *Maigneux.*

Mainillum. *Le Mesnil, c^ne de Clesles et de Granges; Le Mesnil-sur-Oger.*
Mainiulz (Les), Mainius (Les), Mainneulx-lès-Reims (Les), Mainniex (Les). *Les Mesneux.*
Mainuex. *Maigneux.*
Mairei, Maireis super Maternam. *Mairy-sur-Marne.*
Maireium. *Mairy, Mairy-sur-Marne, Méry.*
Mairey, Maireyum, Maireyum in Montana. *Mairy-sur-Marne.*
Mairi. *Mairy-sur-Marne, Méry.*
Mairiacum. *Méry.*
Mairiassal. *Marzelle.*
Mairie (La). *Mairy.*
Mairoles, Mairoliæ, Mairolles, Mairoliæ. *Marolles.*
Mairy. *Mairy-sur-Marne, Méry.*
Mairy-la-Montagne, Mairye. *Méry.*
Maisgneux. *Magneux.*
Maisgnil (Le). *Le Mesnil-sur-Oger.*
Maisgnil lez Barbonne (Le). *Le Mesnil.*
Maisneulx (Les), Maisnenx-lès-Reims (Les). *Magneux.*
Maiani. *Le Mesnil-Hutier.*
Maisnieulx, Maisnieux. *Maigneux.*
Maisnieux (Les). *Les Mesneux.*
Maisniex (Les). *Magneux.*
Maisniex-de-lès-Reims (Les). *Les Mesneux.*
Maisnil. *Maigneux; Le Mesnil, c^ne d'Hermonville; Le Mesnil-lez-Hurlus, Le Mesnil sur-Oger.*
Maisnil (Ad). *Le Mesnil, c^ne d'Hermonville.*
Maisnil (Le). *Le Mesnil-Halier, Le Mesnil-sur-Oger, Le Mesnil-Tartarin.*
Maisnil-de-lez-Broucé (Le). *Mesnil-Broussy.*
Maisnil-delez-Ullus (Le). *Le Mesnil-lez-Hurlus.*
Maisnilli. *Les Mesneux.*
Maisnillum. *Le Mesnil-sur-Oger.*
Maisnils. *Magneux.*
Maisnix. *Les Mesneux.*
Maisnuel. *Maigneux.*
Maisnuex (Les). *Les Mesneux.*
Maisnyeux. *Maigneux.*
Maison-Ambian (La). *La Maison-Dieu, c^ne de Sainte-Menehould.*
Maison-Ambiene. *Le Bois-d'Épense.*
Maison-au-Bois (La). *La Maison-Dieu, c^ne de Sainte-Menehould.*
Maison-au-Boys (La). *La Maison-Dieu-aux-Bois.*
Maison-au-Champ (La). *La Maison-aux-Champs.*

Maison-aux-Bois (La). *La Maison-Dieu-aux-Bois.*
Maison-aux-Lombars (La). *La Maison-aux-Lombards.*
Maison-de-Champagne. *Maisons.*
Maison-de-la-Forest (La). *La Maison-de-la-Forêt.*
Maison-de-l'Asne (La). *Vendières.*
Maison-de-Verneuil. *Bois-du-Fay.*
Maison-de-Vrigny. *Maisonvigny.*
Maison-Dieu. *La Ferme-Guinaumont.*
Maison-Dieu-aux-Bois (La). *La Maison-Dieu-aux-Bois.*
Maison-Dieu-en-Bieme. *La Maison-Dieu, c^ne de Sainte-Menehould.*
Maison-du-Bois (La). *La Maison-du-Bois-Amandry.*
Maison-Dugny. *Maisonvigny.*
Maison-en-Bieme (La). *Le Bois-d'Épense.*
Maison-en-Champaigne. *Maisons.*
Maison-Millet-sur-Aisne (La). *Millet.*
Maison-Neufve. *La Maison-Neuve.*
Maison-Vigney, Maison-Vigni, Maison-Vigny (La), Maisonvisner, Maison-Vuigny. *Maisonvigny.*
Maisons-de-Campagne (Les). *Les Maisons-de-Champagne.*
Maisons-en-Champaigne. *Maisons.*
Maisons-Rouges (Les). *La Maison-Rouge, c^ne de Bussy-le-Château.*
Maisunvinier, Maisunvisnier. *Maisonvigny.*
Maizières-en-Blesme (Les). *Les Maizières.*
Mala Domus. *La Malmaison, s^te d'Ay.*
Maladerie de Tramery (La). *Les Malades.*
Malades (Les). *La Converserie.*
Maladrille (La). *La Maladrerie, c^ne de Broyes.*
Malamaiæ. *Malmy.*
Malcreux. *Rouage (Fief du).*
Maleium. *Mailly.*
Male-Maison (La). *La Malmaison, c^nes d'Arcis-le-Ponsart, d'Ay et de Champaubert-aux-Bois.*
Male-Mason (La). *La Malmaison, c^ne d'Ay.*
Malemeis. *Malmy.*
Male-Meson-au-Bois (La). *La Malmaison, c^ne de Gigny-aux-Bois.*
Malemi, Malemy. *Malmy.*
Malet. *Bois-Malet.*
Male-Weis. *Malwès.*
Malfrecourt. *Maffrécourt.*
Malgarnye. *Montgarny.*
Malignicourt. *Matignicourt.*

Marsilly. *Marcilly-sur-Seine, Marzilly.*

Marso, Marsonnus superior et inferior, Marsonis. *Marson.*

Marson-Vigny. *Maisonvigny.*

Marsunnum. *Marsan.*

Marteau d'Andecys. *Le Marteau-d'Andecys.*

Marterns. *La Marne.*

Martio. *Marson.*

Martolium. *Mardeuil.*

Martray (Le). *Le Martroy.*

Marts. *Les Mares.*

Marué. *Marui.*

Maruell. *Mareuil-en-Brie, Mareuil-le-Port, Mareuil-sur-Ay, Marui.*

Marueil-lez-Ay. *Mareuil-sur-Ay.*

Marueilg. *Mareuil-en-Brie.*

Maruel. *Mareuil-en-Brie, Mareuil-sur-Ay, Marui.*

Maruel - dessus - Chastillon, Maruel-soubz-Chastillon. *Mareuil-le-Port.*

Maruel-sur-Marne. *Mareuil-sur-Ay.*

Maruels, Maruiel. *Marui.*

Maruoil. *Mareuil-sur-Ay.*

Marzeillis. *Marzilly.*

Marzeles. *Mardelles.*

Marzelis. *Marzilly.*

Marzella. *Marzelle.*

Marzelli, Marzilli, Marzilliacum. *Marzilly.*

Mascalanetum. *Maclaunay.*

Masceium. *Massiges.*

Mascele, Mascelen, Maschelain, Maschelen. *Masselain.*

Mascheroy. *Macheret.*

Maschot, Mascoht. *Mdco.*

Mascon Alnetum, Masconaulnoy, Masconaunoy. *Maclaunay.*

Mascoth. *Mdco.*

Masigie. *Massiges.*

Masiones. *Maisons.*

Masnelia. *Magneux.*

Masnile. *Le Mesnil-sur-Oger.*

Masnilla. *Les Mesneux.*

Masnix. *Maigneux.*

Masquelaunoy. *Maclaunay.*

Massangeyum, Massangy, Massegny, Masseigni. *Marsangis.*

Masselayn, Masselem. *Masselain.*

Massengeium, Massengi, Massongy. *Marsangis.*

Massige, Massiges, Massigiæ. *Massiges.*

Masaingi. *Marsangis.*

Masumvisner, Masum Winith, Masunvinci, Masunviner. *Maisonvigny.*

Masures-de-la-Forge (Les). Cf. *La Forge.*

Masus, M. Sancti Yspani. *Le Meix-Saint-Époing.*

Masus Tecelini, M. Thiecelini, M. Thierselini, M. Thiesceliui, M. Thycelini, M. Thyecelini. *Le Meix-Tiercelin.*

Mategnicort. *Matignicourt.*

Materna. *La Marne, Marne-la-Maison.*

Mathigium. *Massiges.*

Mathoga, Mathogue, Mathoguez, Mathougua, Mathougue, Mathougues. *Matougues.*

Matignecourt, Matignicort, Matignicuria. *Matignicourt.*

Matoga, Matogga, Matongnes, Matasga, Matouga, Matougue. *Matougues.*

Matreium. *Mairy-sur-Marne.*

Matrona. *La Marne, Marne-la-Maison.*

Matuga, Matusga, Matusgua, Matusgus vicus. *Matougues.*

Mau. *Le Maud.*

Maubuet. *Maubué.*

Maucours-lès-Vitry. *Maucourt.*

Maucreux. *Rouage (Fief du).*

Mandum, rivulus. *Le Maud.*

Mauffelix. *Montfélix.*

Mauffricourt, Mauffroicourt, Maufrecourt, Maufreicourt, Maufricuria, Maufroicourt. *Maffrécourt.*

Maugarnie. *Montgarny, c*** de Charmont.*

Maugarnie (La Petite). *Montgarny (La Petite-).*

Maugarny. *Montgarny, c*** de Charmant et de Comblizy.*

Maugarny-lès-Charmont, Maugarnye (La). *Montgarny, c*** de Charmant.*

Maugarnye (La Petite). *Montgarny (La Petite-).*

Maugremont. Cf. *Moiremont.*

Maujouys, Mau-Joye. *Maujouy.*

Maulcreuse. *Rouage (Fief du).*

Maulcreux. *Maucreux.*

Maulgarnye, Maulgarnys. *Montgarny, c*** de Charmont.*

Mauljouy. *Maujouy.*

Maulpas. *Maupas.*

Maulperthuis, Maulperthuys, Maulpertuis. *Maupertuis.*

Maulru, Maulrue, Maulrup. *Maurupt.*

Maulvinault. *Montvinault.*

Maulvorin. *Vaumorin.*

Mauperthuis, Maupertuits, Maupertuiz, Maupertuys, Maupertuyz. *Maupertuis.*

Maurains. *Morains.*

Mauri Curtis. *Maucourt.*

Maurienne. *La Semoine.*

Mauri Mons, Maurimont. *Moiremont.*

Mauripensis pagus. *Le Morvois.*

Maurra, Mau-Ru, Mauru-en-Partoys, Maurup, Maurupt-lo-Montois. *Maurupt.*

Mausreux. *Maucreux.*

Maussengi. *Marsangis.*

Mauvignez, Mauvinault, Mauvinez, Mauvinos. *Montvinault.*

Mauvoisin. *Montvoisin.*

Maxilly. *Marcilly-sur-Seine.*

Maynil (Le). *Le Mesnil, c*** de Sompuis.*

Maynil-delez-Urlus (Le). *Le Mesnil-lez-Hurlus.*

Maynuex. *Les Mesneux.*

Mayroles. *Marolles.*

Mazières (Fief des). *Les Mézières.*

Mazus Sancti Hispani. *Le Meix-Saint-Époing.*

Mazus Thiecelin. *Le Meix-Tiercelin.*

Meard. *Mehard.*

Meclinges, Mécringe-sous-Montmirel, Mecringiæ. *Mécringes.*

Mectz-Tiercelin (Le). *Le Meix-Tiercelin.*

Medard. *Saint-Mard-lez-Rouffy.*

Media Curia, Mediana Curtis. *Minecourt.*

Mées (Le), Mées-Saint-Espoin. *Le Meix-Saint-Époing.*

Megnil (Le). *Le Mesnil, c*** de Clesles.*

Mégricour. *Meixéricourt.*

Mehara, Mehart. *Mehard.*

Meiclinges. *Mécringes.*

Meileta. *Melette.*

Meilz-Tiercelin. *Le Meix-Tiercelin.*

Meiri. *Méry.*

Meis (Le). *Le Meix-Tiercelin.*

Meis (Le moulin de). *Le Moulin-du-Meix.*

Meis-Thiecelin (Le), Meitiercelin (Le). *Le Meix-Tiercelin.*

Meisnil (Le), Meisniz. *Le Mesnil-lez-Hurlus.*

Moix-Éricourt. *Meixéricourt.*

Meix-Saint-Espoing, Meix-Saint-Espoint (Le), Meix - Sainct - Espoind. *Le Meix-Saint-Époing.*

Meix - Tiecelin (Le), Meix - Thiesselin (Le). *Le Meix-Tiercelin.*

Meiz, Meiz de la Cour. *Le Meix-la-Cour.*

Meize (La). *Le Moulin-Henry.*

Meix-Giraud. *Les Meix-Giraud.*

Meiz-Tiercelin (Le). *Le Meix-Tiercelin.*

Melancort. *Molincourt.*

Melaray. *Meilleray.*

Meleray, Melereium, Meleri, Meleroi. *Mellerai.*

Meleta, Melete, Molelte. *Melette.*

Melfegium, Melfeia, Melfeium, Melfi, *Melfigia. Merfy.*

Melin (Le). *Le Surmelin.*

Mellau, Mellaut. *Merlaut.*

Melleray. *Meilleray.*

Mellerayum, Mellerium, Melleroy. *Mellerai.*

Mellete, Mellette. *Melotte.*

Mellou. *Merlaut.*

Melphi. *Merfy.*

Melascourt. *Melzicourt.*

Melz-de-la-Couir. *Le Meix-la-Cour.*

Menancourt (Grand). *Aumenancourt-le-Grand.*

Menancourt-le-Petit. *Aumenancourt-le-Petit.*

Mency. *Nancy.*

Menellia prope Remis, Mencux (Les). *Les Mesneux.*

Menia. *La Moivre.*

Menicour. *Menicourt.*

Menil (Le). *Le Mesnil-lez-Hurlus.*

Manil-de-Clesles (Le). *Le Mesnil, c^es de Clesles.*

Menil-de-Granges (Le). *Le Mesnil, c^es de Granges.*

Menil deles Ville-Naeve-la-Lioyne (Le). *Le Mesnil-Tartarin.*

Mesnil-en-Champaigne (Le). *Le Mesnil-lez-Hurlus.*

Menil-Huttier (Le). *Le Mesnil-Hutier.*

Ménil-la-Caure. *Le Mesnil, c^es de la Caure.*

Menil-lez-Granges-sur-Aube (Le). *Le Mesnil, c^es de Granges.*

Menil-lès-Hurlus. *Le Mesnil-lez-Hurlus.*

Menilli. *Maignoux.*

Menillum. *Le Mesnil, c'^es de Clesles, de Granges et de Mareuil-le-Port.*

Menius (Le), Menix-de-lez-Fymes (Les). *Magneux.*

Mensiacum, Mensiazum. *Nancy.*

Merchangy (La). *La Mer.*

Meray-sur-Marne. *Mairy-sur-Marne.*

Merchericurtis, Mercurii Curtis. *Meixéricourt.*

Merdeul, Merdoil. *Merdeuil.*

Mère-à-Chamgy (La). *La Mer.*

Mérey. *Mairy-sur-Marne.*

Merfau, Merfaud, Merfaudium, Merfaudum, Merfault, Merfaos, Merfaut, Merfaux. *Marfaux.*

Merfeium, Merfeyum. *Merfy.*

Margeria. *Margerie.*

Meri. *Méry.*

Meriacum. *Mairy-sur-Marne.*

Meriacum in Tarduno. *Méry.*

Méricourt, Merkerelicurtis. *Meixéricourt.*

Merlau, Merlauld, Merlaus, Marlautum. *Merlaut.*

Morlière (La). *La Marlière.*

Merlo. *Merlaut.*

Merna. *La Marne.*

Meroles. *Marolles.*

Merphy. *Merfy.*

Méry-en-Tardenoiz. *Méry.*

Mex (Le). *Le Meix-Tiercelin.*

Meschringes, Mesclenges, Mescranges, Mescringe, Mescringiæ. *Mécringes.*

Mesgneux, M. les Reims (Les). *Les Mesneux.*

Mesgnieux (Les). *Magneux.*

Meslersy. *Baslieux-sous-Châtillon, Mellerai.*

Meslette. *Melotte.*

Mesnieux (Les). *Magneux.*

Mesnieux (Les). *Magneux, Les Mesneux.*

Mesnil. *Le Mesnil, c^es de Clesles.*

Mesnil (Le). *Maigaeur, Mesnil-Broussy, Le Mesnil-Hutier.*

Mesnil-de-Claelles (Le). *Le Mesnil, c^es de Clesles.*

Mesnil-des-Essarts (Le). *Le Mesnil, c^es des Essarts-lez-Sézanne.*

Mesnil-de-Vertus (Le), Mesnil-empres-Vertus (Le). *Le Mesnil-sur-Oger.*

Mesnil-Hutier, Mesnil-Huytier (Le). *Le Mesnil-Hutier.*

Mesnil-la-Caure (Le). *Le Mesnil, c^es de la Caure.*

Mesnil-le-Hutier (Le). *Le Mesnil-Hutier.*

Mesnil-lez-Granges (Le). *Le Mesnil, c^es de Granges.*

Mesnil-lez-la-Corre (Le), Mesnil-lez-la-Coulre (Le). *Le Mesnil, c^es de la Caure.*

Mesnil-les-Urlus (Le). *Le Mesnil-lez-Hurlus.*

Mesnil-lez-Vertus (Le). *Le Mesnil-sur-Oger.*

Mesnil-près-le-Port (Le). *Le Mesnil, c^es de Mareuil-le-Port.*

Mesnil-près-Ovillé (Le). *Le Mesnil, c^es d'Hautvillers.*

Mesnix. *Les Mesneux, Le Mesnil-lez-Hurlus.*

Mesnyl-Luitier (Le). *Le Mesnil-Hutier.*

Mesona, Maisons.

Meson-Tiecelin (La). *Le Meix-Tiercelin.*

Meson-Vignier. *Maisonvigny.*

Mestiercelin (Le), Mestiesselin (Le). *Le Meix-Tiercelin.*

Mesus. *Le Meix-Saint-Époing.*

Mesus Tecelini, Mesus Thecelin, Mesus Thecelini, Métiercelin. *Le Meix-Tiercelin.*

Metz (La). *La Mer.*

Metz-Tiercelin (Le). *Le Meix-Tiercelin.*

Meuillières. *Meulières, c^es de Sommeyèvre.*

Meuliers (Les), Meullières (Les). *Les Meulières, c^es d'Ablois.*

Meura. *Mœurs.*

Meure. *Mehard, Mœurs.*

Meure-en-Brye, Meure-lez-Sezanne. *Mœurs.*

Meuremont. *Moiremont.*

Meurigny. *Murigny.*

Meurlau, Meurlault, Meurlaux, Meurlot, Meurtault. *Merlaut.*

Mevia. *Moivre, La Moivre.*

Mex-Thiercelin (Le), Mex-Tiercelin (Le). *Le Meix-Tiercelin.*

Meys (Le Molin du). *Le Moulin-du-Meix.*

Meythiercelin. *Le Meix-Tiercelin.*

Mex (Le Moulin du). *Le Moulin-du-Meix.*

Mex-Tiecelin (Le). *Le Meix-Tiercelin.*

Mienuscourt. *Minecourt.*

Milempart. *Mille-en-Parlent.*

Milianah. *Suzot.*

Millex. *Millet.*

Milloncourt. *Mignoncourt.*

Miltreium. *Mutry.*

Minauleourt. *Minaucourt.*

Mincourt, Mincaria, Minecort, Minecour, Minicourt-les-Heiz-l'Évesque. *Minecourt.*

Minocourt, Minocurtis, Minorum Curtis. *Minaucourt.*

Minziacum. *Misy.*

Miremont. *Moiremont.*

Misiacum, Missy. *Misy.*

Mitiercelin. *Le Meix-Tiercelin.*

Mitreium, Mitry. *Mutry.*

Mixy. *Misy.*

Mocort, Mocourt. *Maucourt.*

Modestie (La). *La Modeste.*

Moeymé. *Mont-Aimé.*

Mogra. *Morin (Le Grand).*

Mobimer, Maimer, Moimeri. *Mont-Aimé.*

Moiennecourt, Moinecorth. *Minecourt.*

Moinronviller. *Moronvilliers.*

Moinsau. *Muizon.*

Moinssy. *Moussy.*

Moire. *Mœurs.*

Moirmont. *Moiremont.*

Moironviller, Moironvillers, Moirunviller. *Moronvilliers.*

Moisiacum. *Moussy.*

Moismé, Moismer. *Mont-Aimé.*

Moison, Moisons. *Muizon.*

Moisseium, Moissi, Moissy, Moisy. *Moussy.*

Moive. *La Moivre.*

Moivrecourt. *Saint-Jean-sur-Moivre.*

Molein-Foudus. *Le Moulin-en-Boileau.*

Molendina. *Molins.*

Molendina domine Nigre, M. domine Nigre de Materna. *Les Moulins-de-Marne-la-Maison.*

Molendina Fuleret. *Les Moulins-Fulerets.*

Molendina Hugonis. *Le Moulin-d'Huon.*

Molendinum Aclès. *Le Moulin-Alix.*

Molendinum Charlon. *Le Moulin-Charlon.*

Molendinum de Petra. *Le Moulin-le-Roi.*

Molendinum Episcopi. *Le Moulin-l'Évêque,* c^ne de Vitry-le-Brûlé.

Molendinum Gilberti. *Le Moulin-Gibert.*

Molendinum Luparis. *Le Moulin-Luparis.*

Molendinum Novum. *Le Moulin-Neuf.*

Molendinum Odardi. *Moulin-Oudard.*

Molendinum Rolandi. *Le Moulin-Roland.*

Molendinum Sancti Remigii. *Les Moulins-de-Saint-Remy.*

Molendinum Vico Domini. *Moulin-du-Vidame.*

Molignon. *Moulignon.*

Molignons. *Molignon.*

Molia. *Molins.*

Molin-à-Barthou, M.-à-Berthou (Le). *Le Moulin-Bartaut.*

Molin-à-là-Folie (Le). *Le Moulin-de-la-Folie.*

Molin-as-Chams (Le). *Le Moulin-aux-Champs.*

Molin-à-tan (Le). *Moulin-à-Tan,* près Montmirail.

Molin-aux-Ventaus (Le). *Les Venteaux.*

Molin-Cochart (Le). *Le Moulin-Cochard.*

Molin-de-Bartou (Le). *Le Moulin-Bartaut.*

Molin-de-Bas-de-Cuchery (Le). *Le Moulin-d'en-Bas.*

Molin-de-Cheppel (Le). *Le Moulin-de-Cheppes.*

Molin-de-la-Court. *Le Moulin-de-la-Cour.*

Molin-de-la-Housse (Le). *Le Moulin-de-la-Housse.*

Malin-d'emmy-la-Ville (Le). *Le Moulin-d'Emmi-la-Ville.*

Molin-de-Presle (Le). *Le Moulin-Prellois.*

Molin-de-Saint-Martin (Ru du). *Aigremonts (Ruisseau des).*

Molin-des-Batans (Le), Molin-des-Battans (Le). *Le Moulin-des-Battants.*

Molineaux (Les). *Les Molinots,* c^ne de Marguy.

Molin-en-Boileaue (Le). *Le Moulin-en-Boileau.*

Molinet. *Le Moulinet,* c^nes de Saint-Just et de Bagneux.

Molinet-de-Saint-Julien (Le), Molinet-du-Ruz (Le). *Le Molinet,* c^ne de Pierry.

Molin-Huon. *Le Moulin-d'Huon.*

Molin-Jehan-Dulet. *Le Moulin-d'en-Bas,* c^ne de Cuchery.

Molin-le-soubz-Chantre (Le), Molin-le-Soucbantre (Le). *Le Moulin-de-'Aître.*

Molinos (Les). *Les Molineaux,* c^ne de Suizy-le-Franc.

Molinot. *Le Moulinet,* c^nes de Margny, de Saint-Just et de Bagneux.

Molin-Praelloiz, M. Praelloys (Le). *Le Moulin-Prellois.*

Molins-Ernaut. *Moulin-Arnaud.*

Molinum. *Molins.*

Mollancourt. *Molincourt.*

Mollin-Barthoul (Le), Mollin-Bartoult. *Le Moulin-Barlaut.*

Mollin-Cour, Mollincourt. *Molincourt.*

Mollin-de-la-Pierre (Le). *Le Moulin-le-Roi.*

Mollin-le-Roy (Le). *Le Moulin-le-Roy.*

Mollin-Mette. *Le Moulin-Minette.*

Moltgenost. *Montgenost.*

Mombleru. *Montbléru.*

Mommergis. *Montmergy.*

Mommeri en Campaigne. *Mont-Aimé.*

Mommiral, Mommiral-en-Brie. *Montmirail.*

Mommor, Momorambrie, Momtmor. *Montmort.*

Momyer. *Mont-Aimé.*

Monasteria, Monasterium, M. de Argonia, M. in Argona, M. in Argonia, M. in Argunna. *Montiers.*

Monaymé. *Mont-Aimé.*

Monbardel. *Montbadel.*

Monbeton. *Montbeton.*

Monbré, Montbret. *Montbré.*

Monçaz. *Monceaux,* c^ne de Bazancourt.

Moncé. *Le Moncet,* c^ne de Ventelay.

Monceaulx-en-Pertois. *Moncetz-l'Abbaye.*

Monceaus. *Monceaux,* c^ne de Bazancourt; *Moncetz, Moncetz-l'Abbaye.*

Monceaus-deleis-Chaalons. *Mancels.*

Monceaux. *Le Moncet,* c^ne d'Avenay; *Moncets, Moncetz-l'Abbaye.*

Monceiacum. *Moussy.*

Monceis. *Moncets.*

Moncel. *Moncet,* c^ne du Breuil; *Le Moncet,* c^ne d'Avenay; *Mancels.*

Moncel (Au). *Le Moulin-du-Moncel.*

Moncel (Le). *Moncel,* c^ne d'Avenay; *Moncet,* c^ne du Breuil; *Le Moncel,* c^nes d'Avenay, de Ventelay et du Vézier.

Moncel-de-Vantelai. *Le Moncet,* c^ne de Ventelay.

Moncel-les-Nonnains. *Moncetz-l'Abbaye.*

Moncel-lez-Igny-le-Jard. *Moncel,* c^ne du Breuil.

Moncelli. *Moncel,* c^ne de Voilecomte; *Moncets, Moncetz-l'Abbaye.*

Moncelli de Taisseio. *Monceaux,* c^ne de Taissy.

Moncelli in Pertisiaco. *Moncetz-l'Abbaye.*

Moncellum. *Moncel,* c^ne de Loivre; *Le Moncet,* c^ne d'Avenay.

Moncellus. *Monceaux,* c^ne de Bazancourt; *Moncetz-l'Abbaye.*

Moncels, Moncets, Moncels-en-Pertois, Moncetz-la-Ville les Arzillières. Moncelz-sur-Marne, Moncès. *Moncetz-l'Abbaye.*

Moncet-de-Vézier (Le). *Le Moncet,* c^ne du Vézier.

Moncets. *Moncel,* c^ne de Voilecomte; *Moncets.*

Mancels-l'Abbaye. *Moncetz-l'Abbaye.*

Moncetz (Le). *Le Moncet,* c^ne d'Avenay.

Moncetz-lès-Sarry, Moncex, Monceus. *Moncets.*

Monciaus, Monciaux. *Moncets, Moncetz-l'Abbaye.*

Monciax. *Moncets.*

Monciol. *Le Moncel,* c^ne d'Igny-le-Jard.

Moncopet, Moncopot, Moncoupot, Moncoupaux. *Montcoupot.*

Moncort, Moncourt. *Maucourt.*

Moncquebault (Les thuileries de). *Mocquebault; La Tuilerie,* c^ne de Mutry.

Mond. *Le Mant*, c^{me} de Clamanges.

Mondam, Mondans, Mondàons. *Mondant.*

Mondelin. *Mondelein.*

Mondemant, Mondementum. *Mondement.*

Mondelaine. Mondelain.

Mondimentus. *Mondement.*

Monfélix, Monffelis, Monflix. *Montfélix.*

Mongalum. *Montjallon.*

Mongeno, Mongenodi, Mongenost, Mongenot. *Montgenost.*

Mougeois (La). *La Monjoie.*

Monhasain, Monhasain, Monhasein. **Montazin.**

Monhudement. *Mondement.*

Monidée. Mon-Idée.

Monjallon, Monjalum, Monjalan. *Montjallon.*

Monjoye (La). *La Monjoie.*

Monliban. *Montlibaut.*

Monmirail, Monmiral, Mon-Mirelle. **Montmirail.**

Monmor. *Montmort.*

Monmorel, Montmoret. *Montmoret.*

Montmort-en-Brie. *Montmort.*

Monrampou, Monrampont. *Morampont.*

Moorengnis. *Morangis.*

Monrieul. *Montrieul.*

Monrobert. *Montrobert.*

Mons Ademanni. *Mondement.*

Mousai (Le). *Le Moncet*, c^{me} de Ventelay.

Monsaist. *Moncetz-l'Abbaye.*

Mons Alardi. *Montalard.*

Mons Allonis. *Monthelon.*

Mons Avold, Mons Avatus. *Mont-Août.*

Mons Aymeri. *Mont-Aimé.*

Mons Baivier. *Montbavier.*

Mons Bayennus, Mons Biduenus. *Montbayen.*

Mona Blera. *Montbléru.*

Mons Caninos. *Montchenil.*

Mons d'Areinne (Les). *Le Mont-d'Arène.*

Mousdemane. *Mondement.*

Mona dessus Courville. *Mont-sur-Courville.*

Monsel (Le). *Le Moncel*, c^{me} d'Igny-le-Jard; *Le Moncet*, c^{me} d'Avenay.

Mons Elianus. *Montléant.*

Mons Ellonis. *Monthelon.*

Monselz. *Moncetz-l'Abbaye.*

Mons Espereour, Mons Esperoier. **Montépreux.**

Monsel (Le). *Le Moncel*, c^{me} d'Igny-le-Jard.

Marne.

Mons Felicii, Mons Felicis, Mons Felicius. *Montfélix.*

Mona Felix. *Montfélix.*

Mons Ferratus. *Montferré.*

Mons Forberti. *Montfoubert.*

Mons Genodi, Mons Genoldi. *Montgenost.*

Mons Givroldi, Mons Givrotus, Mons Gyvroth. *Montgivroux.*

Mona Haisain, Mons Haiseius, Mons Hasain, Mons Hasan, Mons Hasein. *Montazin.*

Mons Heliæ. *Montléant.*

Mons Hellonis. *Monthelon.*

Mons Helye. *Montléant.*

Mona Huldemanni. *Mondement.*

Mons Hymeri. *Maut-Aimé.*

Mons Idemanni, Mons Idomanni. *Mondement.*

Monsieur Pierre (Gaignage de). *Le Gagnage-de-Mr-Pierre.*

Monsieur Vaulx. *Monsieur-Vaux.*

Mons Jalonis, Mons Jalons, Mons Jalun. *Montjallon.*

Mons-lès-Courville. *Mont-sur-Courville.*

Mons Mauri, Mons Maurus. *Montmort.*

Mons Mirabilis, Mons Mirail, Mons Miralli, Mons Mirellus. *Montmirail.*

Mons Morelli. *Montmoret.*

Mona Prosus. *Montépreux.*

Mons Rampon, Mons Ramponis. *Morampont.*

Mons Reguli, Mons Regulus, Mons Reolus. *Montrieul.*

Mons Sancti Petri. *Maut-Saint-Pierre.*

Mons Speratorii. *Montépreux.*

Mons Superbie. *Montorgueil.*

Mous Superior. *Montépreux.*

Mons-sur-Courville. *Mont-sur-Courville.*

Monstelon. *Monthelon.*

Monstier-en-Argonne, Monstiers-en-Argonne. *Monstiers.*

Mons Valerli, Mons Valerius, Mons Valesius, Mons Vallosus, Mona Valoisius, Mons Valoysius. *Montvalois.*

Mons Wavinarum. *Mont-Aimé.*

Mons Widomari, Mona Wimari, Mona Witmar. *Mont-Aimé.*

Mons Ymeri. *Moat-Aimé.*

Montafilant. *Montfélix.*

Montagne-à-Py. *Sainte-Marie-à-Py.*

Montagne-du-Retour (La). *La Folie-Doucet.*

Montagne-sur-Aisne. *Sainte-Menehould.*

Montagne-sur-Auve. *Saint-Mard-sur-Auve.*

Montagne-sur-Marne. *Châtillon-sur-Marne*, *Condé-sur-Marne.*

Montagron. *Sainte-Gemme.*

Mont-Agu. *Montaigu.*

Montahoût. *Mont-Août.*

Montaigne (La). *La Montagne*, c^{me} de Montmirail.

Montaigne d'Ogier (La). *La Montagne*, c^{me} d'Oger.

Montaimé. *Mont-Aimé.*

Montain. *Saint-Hilaire-le-Grand.*

Montaingne de Reims (La), Montaignes de Reims (ès), Montainne (La). *La Montagne-de-Reims*, *Montagne-de-Reims* (*Forêt de la*).

Montainieu. *Montaneuf.*

Montaisme *ou mieux* Montaisne. *Saint-Thomas.*

Mont-Alien, Montalien, Montallien. *Sillery* (*Le Petit-*).

Montana, Montana Remensis. *La Montagne-de-Reims.*

Montaneu, Montaneux. *Montaneuf.*

Montangne-de-Reims (La). *La Montague-de-Reims.*

Montanior, Montonière, Montanneux. *Montaneuf.*

Montaon. *Montahon.*

Montaoust. *Mont-Août.*

Montardre. *Saint-Gilles.*

Mont-Armé. *Montarmé.*

Montaubant. *Montauban.*

Montaugues. *Saint-Saturnin.*

Montauneuf. *Montaneuf.*

Montauve. *Saint-Mard-sur-Auve.*

Montavot. *Mont-Août.*

Montay (Le). *Le Montois.*

Montaymé. *Mont-Aimé.*

Mont-Basin. *Montbayen.*

Mont-Badol. *Montbadel.*

Montbaein, Montbaien. *Montbayen.*

Mont-Bandel, Montbardel. *Montbadel.*

Montbasin. *Montbayen.*

Mont-Baudel, Montbaudel, Montbaudet. *Montbadel.*

Mont-Bayem. *Montbayen.*

Montbetton. *Montbeton.*

Mont-Blairu, Montbleré. *Montbléru.*

Montbouy. *La Croix-en-Champagne.*

Mont-Braux. *Braux-Sainte-Cohière.*

Montbrés, Montbrel. *Montbré.*

Montceau (Le). *Le Monceau*, c^{me} de Merfy.

Montcel. *Le Moncet*, c^{me} d'Avenay et du Vézier.

Montcet (Le). *Le Moucet*, c^{me} d'Ave-

44

nay; du Breuil, d'Igny-lo-Jard, de Ventelay et du Vézier.

Montcetz. *Mancetz-l'Abbaye.*

Montcetz (Les). *Le Moncet,* c^{ne}''du Vézier.

Montcetz-les-Chepy. *Moncets.*

Montcheri. *Mouchery-*

Montcheron. *Saint-Cheron.*

Montcheux. *Moncheux.*

Montcopot, Montcoppot, Montcoulpault, Montcoupault, Montcoupaut, Montcoupet, Montcouppot. *Montcoupot.*

Mont-Dompierre, *Dampierre-au-Temple.*

Montdant, Montdaon. *Mondant.*

Mont d'Araine (Le), Mont d'Arainne (Le), Mont d'Arosne (Le). *Le Mont-d'Arène.*

Mont-de-Châté. *Montchâté.*

Montdelin. *Mondelain.*

Montdement. *Mondement.*

Mont-deseur-Courville. *Mont-sur-Courville.*

Montdésir. *Mondésir,* c^{ne} de Moivre et de Passavant.

Mont-des-Vignes. *Les Poulettes.*

Montdoment. *Mondement.*

Montdor, Mont d'Or. *Saint-Thierry.*

Montegneium, Montegni. *Montigny-sur-Vesle.*

Monteil. *Le Montois.*

Monteleen, Mont-Élien, Montelien. *Montléant.*

Montellon, Montelon. *Monthelon.*

Montelyen. *Montléant.*

Montempeine, Montempoint. *Le Moulin-de-Montempeine.*

Monteni. *Montigny-sur-Vesle.*

Montepreulx, Montepreux. *Montépreux.*

Monte Remensi (Villa de). *La Neuvillette.*

Mont-Ériton (Le). *La Motte-Héritca.*

Monteron, Monterun. *Monthelon.*

Montes, Montes super Curvillam, Montes supra Curvillam. *Mont-sur-Courville.*

Mont-Espereor, Montespereour, Montespereur, Montesperour, Montespreux. *Montépreux.*

Montfarnys. *Montgarny.*

Montfelis, Mont-Felis (Le). *Montfélix.*

Montferet. *Montferré.*

Montfion. *Saint-Amand.*

Montfouberth. *Montfoubert.*

Mont-Fournois, Montfournoy. *Montfournois.*

Montgarnier. *Montgarny.*

Montgenaux. *Monchenot.*

Mongenets. *Saint-Genest.*

Montgenot, Montgenouil, Montgenout, Montgenuit. *Montgenost.*

Montgirard. *Montgérard.*

Montgirbout. *Montgivroux.*

Mont-Graimau, Montgrimault, Mont-Grimau. *Montgrimaux.*

Monthaon. *Montahon.*

Monthasain, Monthasan, Monthasen, Monthassin, Monthazain, Monthazin. *Montazin.*

Monthelean, Monthéléant, Monthelion, Monthelien-lez-Montmirail, Monthellean, Monthelye, Monthelyen. *Montléant.*

Montheureux. *Montfélix, Saint-Martin-l'Heureux.*

Monthiers. *Montiers.*

Monthléan. *Montléant.*

Monthoy (Le). *Le Montois.*

Mont Huimeri. *Mont-Aimé.*

Montibault. *Montlibaut.*

Monticelli. *Moncetz-l'Abbaye.*

Monticuli. *Moncets.*

Montiers-en-Argonne. *Montiers.*

Montious. *Moncieux.*

Montigneium, Montigneyum, Montigni. *Montigny-sur-Vesle.*

Montigniacum. *Montigny,* c^{ne} de Binson ; *Montigny-sur-Vesle; Mutigny,* c^{ne} de la Chaussée.

Montignis. *Montigny-sur-Vesle.*

Montigny-de-lès-Chastillon. *Montigny,* c^{ne} de Binson.

Montigny-lez-la-Chaussée. *Mutigny,* c^{ne} de la Chaussée.

Montigny-sur-Vele, Montignyacum. *Montigny-sur-Vesle.*

Montiliers. *Lurey.*

Montilleux. *Montillon.*

Montillon. *Monthelon.*

Montinei. *Montigny-sur-Vesle.*

Montiniacum. *Montigny,* c^{ne} de Binson; *Montigny-sur-Vesle.*

Mont-Jallon, Mont-Jalon, Mont-Jalons, Montjaullon. *Montjallon.*

Montjoui. *Montjouy.*

Montleam, Montléan, Mont-Léon, Mont-Léau, Montleem, Montléban, Montlian. *Montléant.*

Montlibault, Mont-Libaut. *Montlibaut.*

Montlivierre. *Sainte-Livière.*

Montlohan. *Montléant.*

Montmarin. *Monts-Marains.*

Montmaur. *Montmort.*

Mont-Mergey, Montmergis, Montmersy. *Montmergy.*

Montmirail-Marne, Montmiraille, Montmiral, Montmirait, Montmirel. *Montmirail.*

Montmitou. *Montmitou.*

Montmor, Montmore. *Montmort.*

Montmurgy. *Montmergy.*

Montoil (Le), Montoir (Le), Montois, Montolium. *Le Montoy.*

Montorguel. *Montorguel.*

Montormé, Montormel. *Montarmé.*

Montoy, Montoy (Le), Montoy-lez-Maulrue(Le), Montoys. *Le Montois.*

Montplaisir. *Mon-Plaisir,* c^{ne} de Courtisols et de Malmy.

Montquentin. *Saint-Quentin-le-Verger.*

Mont-Rabert. *Montrobert.*

Montrampon, Mont-Rampont. *Marampont.*

Montrangis. *Morangis.*

Montranpon, Montrauppon. *Marampont.*

Mont-Rengis. *Morangis.*

Montreuil, Montreuille, Montrieuil. *Montrieul.*

Montrobard, Mont-Robert. *Montrobert.*

Mont-Rouffit. *Saint-Mard-lez-Rouffy.*

Mont-Royer. Cf. *Sainte-Geneviève,* c^{ne} de Vitry-le-Brulé.

Montrinqueux. *Saint-Brice.*

Mont-Saint-Michel, Mont Saint-Michel (Le). *Saint-Michel,* c^{ne} de Fagnières.

Monts-Maraina, Montsmarains (Les), Mouts-Marins (Les), Monts-Morains (Les). *Monts-Marains.*

Montsouplet. *Saint-Souplet.*

Mont-sur-Aisne. *Passavant.*

Mont-sur-Tourbe. *Saint-Jean-sur-Tourbe.*

Mont-Suzain. *Le Montsuzain.*

Mont-Trémois. *Montremoy.*

Monttinqueux. *Saint-Brice.*

Montunion. *Saint-Gibrien.*

Mont-Valois, Montvaloy, Monvaloys. *Montvallois.*

Montvesle. *Saint-Étienne-au-Temple.*

Montvierge. *Le Désert.*

Montvierre. *Saint-Mard-sur-le-Mont.*

Montvinet. *La Vinet.*

Montvinot. *Montvinault.*

Montymer. *Mont-Aimé.*

Monvaleis, Mon-Valois, Monvaloy, Monvaloys. *Monvalois.*

Monvinaut. *Montvinault.*

Monvoysin. *Montvoisin.*

Mony, Mony (Le). *Mauny.*

Moquebeau. *Mocquebault.*

Mora. *Mœurs.*

Morain. *Marains,* Morin (Le Grand-).

44.

Moulin-le-Vesque (Le). *Le Moulin-l'Évêque*, cᵐᵉ de Vitry-le-Brûlé.

Moulin-Macabré (Le). *Le Moulin-Macabbé.*

Moulin-Macard. *Le Moulin-Macquart.*

Moulin-Marliez (Le). *Le Moulin-Brûlé.*

Moulin-Nantel, Moulin-Nantet.. *Le Moulin-Nantay.*

Moulins, Moulins (Les). *Molins.*

Moulin-Sablot, Moulin-Sabot. *Le Moulin-Sablon.*

Moulin-Savatte. *Le Moulin-de-la-Savate.*

Moulins-en-Brye. *Molins.*

Moulin-Taillefer. *Le Moulin-d'en-Bas,* cᵐᵉ de Cuchery.

Moulin-Tálot (Le). *Talot.*

Moulin-Tayaux (Le). *Le Moulin-Tayot.*

Moulin-Usson. *Le Moulin-Husson.*

Moulin-Voiselle. *Le Moulin-de-la-Voiselle.*

Mouilia-Boterel (Le), Moullin Botheré (Le). *Le Moulin-Boitret.*

Moultgenost. *Montgenost.*

Moun. *Le Mont,* cᵐᵉ de Clamanges.

Mourains. *Morains.*

Mourangiz. *Morangis.*

Mourein. *Morin (Le Petit-).*

Mourmeron, .Mourmeronnum Magnum. *Mourmelon le-Grand.*

Mourmeronnum Parvum. *Mourmelon-le-Petit.*

Mourmoron Magnum. *Mourmelon-le-Grand.*

Mourmoron Parvum. *Mourmelon-le-Petit.*

Mouronviller, Mouronvillers, Mouronvillier, Mourronviller. *Moronvilliers.*

Moursins, Mourssy. *Morsains.*

Mourux. *Maurupt.*

Mousset. *Moncet,* cᵐᵉ de Saint-Masmes.

Moussi, Mousy. *Moussy.*

Moustier-en-Argone, Moustiers-en-Argonne, Moutiers-en-Argonne. *Montiers.*

Mouvia. *La Moivre.*

Mouyremont. *Moiremont.*

Mouyronvillare. *Moronvilliers.*

Mouyson. *Muizon.*

Movia. *Moivre, La Moivre.*

Moymier, M.-la-Ville, M.-le-Chastel, Moymeri, Moymerum, Moymez. *Mont-Aimé.*

Moyremont. *Moiremont.*

Moyssy. *Moussy.*

Moyva. *La Moivre.*

Moyve. *Moivre, La Moivre.*

Moyvre. *La Moivre.*

Mozcheri *Mouchery.*

Mucra. *Morin (Le Grand-).*

Maeva. *La Moivre.*

Maidum. *Aulnay-aux-Planches.*

Muiremont, Muirimont. *Moiremont.*

Muironviler. *Moronvilliers.*

Muisement-soubz-Coolle, Muisemont-sur-Coolle. *Nuisemont-sur-Coole.*

Maison, Maisons. *Muizon.*

Muissi, Muissy. *Moussy.*

Muisy. *Nuisy.*

Muitri. *Mutry.*

Muizy. *Nuisy.*

Multry. *Mutry.*

Mumbrès, Munbrès. *Montbré.*

Muneicurt. *Minecourt.*

Mungenolt. *Montgenost.*

Munitiones. *La Tirelire.*

Manmor. *Montmort.*

Munrampòn, Munrampun. *Morampont.*

Munt Bavier. *Montbavier.*

Muntinei. *Montigny-sur-Vesle.*

Mureneyum, Murigai, Murigniacum, Marigny-lès-Reins. *Marigny.*

Muri Mons, Marimont. *Moiremont.*

Murineium, Marini, Muriniacum. *Murigny.*

Murlaud. *Merlaut.*

Murmaux. *Merval.*

Murmelonnum Magnum, Murmenriam. *Mourmelon-le-Grand.*

Murmer... Parvulum. *Mourmelon-le-Petit.*

Murmereium. *Mourmelon-le-Grand.*

Murmereium Parvum. *Mourmelon-le-Petit.*

Murmerom, Murmeron. *Mourmelon-le-Grand.*

Murmeron Minor. *Mourmelon-le-Petit.*

Murmerona, Murmureium. *Mourmelon-le-Grand.*

Murmureium Parvum. *Mourmelon-le-Petit.*

Murmurum. *Mourmelon-le-Grand.*

Muronis Villare. *Moronvilliers.*

Murrimons. *Moiremont.*

Murtry. *Mulry.*

Mural. *Maurupt.*

Murvaux. *Merval.*

Musard, Musart. *Thibaud-le-Chance (Fief).*

Muscereium, Muscherei, Muscherez, Mascheri, Muscherium. *Monchery.*

Musnecort. *Minecourt.*

Massons. *Muizon.*

Mussy. *Moussy.*

Musteri. *Mutry.*

Matatia, Mutationes. *Muizon.*

Mutegny. *Mutigny,* cᵐᵉ de la Chaussée.

Muterei, Mutereium, Mutereyum, Muteri, Mutheri. *Mutry.*

Mutignei. *Mutigny,* cᵐᵉ d'Ay.

Mutigneium. *Mutigny,* cᵐᵉˢ d'Ay et de la Chaussée.

Mutigney. *Mutigny,* cᵐᵉ de la Chaussée.

Mutigneyum. *Mutigny,* cᵐᵉˢ d'Ay et de la Chaussée.

Mutigny-la-Chaussée, Mutigny-lez-la-Chaussée, Mutigny-sur-Marne. *Mutigny,* cᵐᵉ de la Chaussée.

Mutiniacus. *Mutigny,* cᵐᵉ d'Ay.

Mutré, Mutreium, Mutri, Mutriacum, Mutrieyum, Mattri. *Mutry.*

Mutugny. *Mutigny,* cᵐᵉ de la Chaussée.

Muymer. *Mont-Aimé.*

Muyronviler. *Moronvilliers.*

Mayre. *Muire.*

Muyremont. *Moiremont.*

Muyscment. *Nuisement,* près Montmirail.

Mayson, Mayson-sur-Vesle, Muysons. *Muizon.*

Mymaz. *Mont-Aimé.*

Mylandeuil. *Le Moulin-de-Milliendre.*

Mynecour, Mynecourt. *Minecourt.*

Myremont. *Moiremont.*

Mysi. *Misy.*

Myvault. *Mivaux.*

N

Naelles. *Nesle-le-Repons.*

Nampteuil-la-Fosse, Nampthueil-en-la-Fosse, Namptolium, Nantheuil. *Nantouil-la-Fosse.*

Nantheul-en-la-Fosse, Nantholium in Tardano, Nanthueil, Nanthueil-en-la-Montaigne-de-Reims, Nanthueiles-Montaignes de Rains, Nanthueil-le-Fossé, Nanthuiel. *Nanteuil-la-Fosse.*

Nantival. *Montieval.*

Nantoil, Nantoilum, Nantoilum. *Nanteuil-la-Fosse.*

Nantoullet. *Nantouillet.*

Nantueil, Nantueil-la-Fosse, Nantuel. *Nanteuil-la-Fosse.*

Nantyval. *Montieval.*

Nape, Naple, Nappe, Naples, Napple. *Nappes.*

Nau. *Le Naud.*

Nauchaudière, Nauchaudières. *La Noue-de-Chaudière.*

Nouda. *Le Naud.*

Naurois. *Nauroy, Norrois.*

Nauroy, Nauroyes. *Norrois.*

Nauta, Nautha. *Le Naud.*

Nautrechaudière. *La Noue-de-Chaudière.*

Naviaux. *Naviau.*

Neau. *Le Naud.*

Neau-de-Chaudière. *La Noue-de-Chaudière.*

Neele. *Nesle-la-Reposte.*

Neele, Neella, Neelle. *Nesle-le-Repons.*

Neelle, Noelle-la-Beposte, Neelle-la-Repote, Noelles, Neesle. *Nesle-la-Reposte.*

Nefvis. *Neuvy-l'Abbesse.*

Neirleu. *Noirlieu.*

Nèle, Nelle. *Nesle-le-Repons.*

Nellieu. *Noirlieu.*

Nemore (Ecclesia de). *Bricot-les-Nonnains.*

Nemus de Malet. *Bois-Malet.*

Nemus Guillot. *Le Bois-Guillot.*

Nemus Raimbodi, Nemus Raimboldi, Nemus Raimbost, Nemus Reimbodi, Nemus Reimboldi, Nomas Reimbost, Nemus Rembodi. *Bois-Raimbault.*

Nerleu, Nerlieu, Nerliu, Nerlu. *Noirlieu.*

Nesle. *La Naure, Nesle-lo-Repons.*

Nesle-le-Repos. *Nesle-la-Reposte.*

Nesle-les-Repon, N.-les-Repont, N.-les-Repots, N.-lez-Repond, N.-les-Respons. *Nesle-le-Repons.*

Nesleu. *Noirlieu.*

Neufchâteau. *Châteauneuf.*

Neufve-Forge (La). *La Noue-Forge.*

Neufve-Grange (La). *La Neuve-Grange.*

Neufve-Maison (La). *La Neuve-Maison.*

Neuf (Le). *Le Noue.*

Neufvie. *Neuvy-l'Abbesse.*

Neufville. *La Neuville-au-Pont, La Neuville-au-Temple, Neuville-sous-Arzillières.*

Neufville (La). *La Neuville, c^te de Cormicy.*

Neufville-à-Beauveoir (La), Neufville-à-Beauvoir (La). *La Neuville, c^te de Saint-Imoges.*

Neufville-à-Challouex (La). *La Neuville, c^te de Louvois.*

Neufville-à-Saint-Imoge (La). *Saint-Imoges.*

Neufville-au-Pont (La), N.-aux-Ponts (La). *La Neuville-au-Pont.*

Neufville-Champlatz. *Champlat.*

Neufville-delez-Reins (La). *La Neavillette.*

Neufville-devant-Courmissy (La). *La Nouville, c^te de Cormicy.*

Neufville-devant-Pommacle. *La Neuville, c^te de Pomacle.*

Neufville-du-Mesnil (La). *Le Mesnil-sur-Oger.*

Neufville-emprez-Reims. *La Neavillette.*

Neufville-en-Biauvoir (La). *La Neuville, c^te de Saint-Imoges.*

Neufville-en-Chaillois (La), N.-en-Chaillouat (La), N.-en-Chaillouet (La). *La Neuville, c^te de Louvois.*

Neufville-en-Morancienne (La). *La Neuvillette.*

Neufville-les-Commercy. *Commercy.*

Neufville-lez-Cormicy (La), Neufville-lez-Courmissi (La). *La Neuville, c^te de Cormicy.*

Neufville-lez-Festigny. *La Neuville, c^te de Festigny-les-Hameaux.*

Neufville-lez-Saint-Ferjeu. *Commercy et La Neuville, c^te de Gionges-Saint-Fergeux.*

Neufville lez Sainct-Imoges. *La Neuville, c^te de Saint-Imoges.*

Neufville près de Courcelles delez Reims. *La Neuvillette.*

Neufville-Sainct-Hymoge (La). *Saint-Imoges.*

Neufville soubz Saincte-Jamme. *Neuville, c^te de Sainte-Gemme.*

Neufvillette-lez-Reims (La). *La Neuvillette.*

Neufvis, Neufviz, Neufvy. *Neuvy-l'Abbesse.*

Neuve-Ville à Pont (La). *La Neuville-au-Pont.*

Neuveville-ès-Bois (La). *La Neuville-aux-Bois.*

Neuvile. *La Neuville-au-Temple.*

Neuvilla Cat... *La Neuville, c^te de Louvois.*

Neuville (La). *La Neuville-aux-Bois.*

Neuville-à-Chaullé (La). *La Neuville, c^te de Louvois.*

Neuville-en-Beauvais. *La Neuville, c^te de Saint-Imoges.*

Neuville-en-Challois, N.-en-Challoys (La), N.-en-Chalois (La). *La Neuville, c^te de Louvois.*

Neuville-en-Morancienne (La). *La Neuvillette.*

Neuville-la-Cuve (La), Neuville-lez-Orainville (La). *La Neuville, c^te de Cormicy.*

Neuville-lez-Reims (La). *La Neuvillette.*

Neuville-sous-Arzilliers. *Neuville-sous-Arzillières.*

Niard. *Les Niards.*

Nigella, N. Abscondita, N. Reposita. *Nesle-la-Reposte.*

Niger Locus. *Noirlieu.*

Nivelès, Nivellé, Nivellet, Nivlet. *Nivelet.*

No (Le). *Le Noue.*

Noa. *La Noue.*

Noblet (La rivière de). *La Noblette.*

Noblots (Les). *La Racroche, c^te de Bethon.*

Nocerium. *Nauroy.*

Nocturnacum, Nocturniacum. *Luthernay.*

Nocumentum. *Le Nuisement, Nuisement, c^tte de Favresse et de Saint-Martin-l'Heureux; Nuisement, près Montmirail; Nuisement-aux-Bois, Nuisement-sur-Coole.*

Noe (La). *La Noue.*

Noefve-Rue (La). *La Neuve-Rue.*

Noerium, Noeroi, Noeroie. *Nauroy.*

Noerons. *Noron (Ru de).*

Noeroye. *Norrois.*

Nœufville à Beauvoir (La). *La Neuville, c^te de Saint-Imoges.*

Nof (Le), Nofs (Le). *La Noue.*

Nogent. *Nogentel.*

Nogent-en-la-Montaigne de Reims. *Nogent, c^te de Sermiers.*

Nogent-l'Abbeesse. *Nogent-l'Abbesse.*

Nogent-la-Montagne. *Nogent, c^te de Sermiers.*

Nogent-le-Chemin. *Nogent, c^te d'Antenay.*

Nogent-sous-la-Montagne, N.-sur-Sermiers. *Nogent, c^te de Sermiers.*

Nogentueil. *Nogentel.*

Nogentum. *Nogent, c^te de Sermiers; Nagent-l'Abbesse.*

Nogentum Abbatisse. *Nogent-l'Abbesse.*

Nogentum in Montana. *Nogent, c^te de Sermiers.*

Noieroi. *Norroy.*

Noigentum. *Nogent, c^te de Sermiers.*

Noisemant. *Nuisement, c^te de Favresse; Nuisement-aux-Bois.*

Noisement. *Nuisement-sur-Coole.*

Nojantum, N. in Montana. *Nogent, c^te de Sermiers.*

Nonella, Nonelle (La), Nonette (La). *La Nonnelle.*

Nongent. *Nogent, c^te d'Antenay.*

Nongentum Villare. *Janvilliers.*

Nonnella, Nonnelle en Champaigne (La). *La Nonnelle.*

Noomacum. *Neuvy-l'Abbesse.*

Normay, Normé, Normeez, Normeir,

Nueville-Chamlard (La). *Champlat.*

Nue-Ville (La). *La Neuville; La Neuville*, c^me de Pomacle; *La Neuville-au-Temple.*

Nueville-à-Biauvoir (La). *La Neuville*, c^me de Saint-Imoges.

Nueville-à-Chaillouel (La). *La Neuville*, c^me de Louvois.

Nue-Ville-à-Mon-Rancien (La), Nue-ville-à-Mont-Rancien. *La Neuvillette.*

Nue-Ville-à-Saint-Ymoge (La). *Saint-Imoges.*

Nueville-au-Chaillouel (La). *La Neuville*, c^me de Louvais.

Nue-Ville aux Bois (La). *La Neuville-aux-Bois.*

Nueville-Bean-Veoir (La). *La Neuville*, c^me de Saint-Imoges.

Nueville-delez-Chaalons. *La Neuville-au-Temple.*

Nue-Ville des Bois. *La Neuville-aux-Bois.*

Nue-Ville le Trésorier (La). *La Neuville*, c^me de Cormicy.

Nuisemant. *Nuisement*, c^me de Bethon.

Nuisement-en-Pertois. *Nuisement-aux-Bois.*

Nuisement-lez-Samards. *Nuisement-lez-Saint-Mard.*

Nuisement-près-Chaallons. *Nuisement-sur-Coole.*

Nuisemont. *Le Nuisement; Nuisement*, c^me de Favresse.

Naisi, Nuisiacum. *Nuisy.*

Noitrensi. *Luthernay.*

Nuizement-aux-Bois. *Nuisement-aux-Bois.*

Nuizy, Nuseium, Nusiacum. *Nuisy.*

Nusiamentum. *Nuisement*, c^me de Bethon.

Nosimentum. *Nuisement-sur-Marne.*

Nuteruay, Nutrenai, Nutrenayum. *Luthernay.*

Nutriacum. *Mutry.*

Nuysement. *Nuisement*, près Montmirail.

Nuysement. *Nuisement*, près Montmirail; *Nuisement*, à Sommevesle; *Nuisement-sur-Coole.*

Naysement-sur-Marne. *Nuisement-sur-Marne.*

Nuysiacum, Nuysy. *Nuisy.*

Nuytrenai. *Luthernay.*

O

Odorna. *L'Ornain.*

Oegni. *Aougny.*

Œuvia. *Œuvy.*

Ogé, Ogerium, Ogerum, Oggerium. *Ogier.*

Ogicort, Ogicourt. *Auchecourt.*

Ogier, O. emprès Vertus, O. lez Avise, O. lez le Mesnil, O. lez Vertus, Ogierum. *Oger.*

Ogne. *Ognes.*

Ognes. *La Motte*, à Esclavolles.

Ogni. *Aougny.*

Oguia. *Ognes.*

Ogny. *Aougny.*

Ogyer. *Oger.*

Oia. *Oyes.*

Oigne. *Ognes.*

Oileium, Oilliacum. *Œuilly.*

Oingue. *Ognes.*

Oingny. *Aougny.*

Oiri. *Oiry.*

Oiron, Oirum, Oirun, Oirunt. *Huiron.*

Oisi (Forest d'). *Vassy (Forêt de).*

Oisselet. *Oiselet.*

Oisy. *Voizy.*

Oivre. *Loivre.*

Oizy. *Voizy.*

Olcomto. *Orconte.*

Olcomval. *Saint-Vrain.*

Olcou, Olcondum, Olcont, Olconte. *Orconte.*

Olesiacum, Oliseium, Olisi. *Olizy.*

Olisy (Fief d'). *Vaucemain.*

Olisy-en-Tardenois, Olisiacum. *Olizy.*

Olizy (Fief d'). *Vaucemain.*

Olizy-et-Violaine, Olizy-la-Montagne, Olizy-sous-Châtillon. *Olizy.*

Omer, Omerum, Omeyum, Omierum. *Omey.*

Omnium Sanctorum insula. *Toussaint-en-l'Île.*

Ongecourt. *Auchecourt.*

Ongne. *Ognes.*

Ougny. *Aougny.*

Onizeux. *Aulnizeux.*

Onnya. *Aougny.*

Onreseynm, Onresi, Onresy, Ouresi, Oorezis, Onrezy-lez-Reins, Onrixy, Onrrezy, Onzaris. *Onrezy.*

Ontrian. *Dontrien.*

Onys. *Aougny.*

Or (Mona). *Saint-Thierry.*

Or (Ru d') ou l'Orcomté. *L'Orconté.*

Orbaceuse monasterium, Orbaceus, Orbachus, Orbaceus. *Orbais.*

Orbainval. *Vieil-Orbéval.*

Orbais-l'Abhayo. *Orbais.*

Orbaival, Orbaival-aux-Moines. *Vieil-Orbéval.*

Orbaix, Orbascum, Orbatum, Orbay, Orbès, Orbetz. *Orbais.*

Orbeval. *Vieil-Orbéval.*

Orbez, Orbiacum, Orbois. *Orbais.*

Oreom, Orcompte, Orcomte, Orcon, Orcond, Orcont. *Orconte.*

Orcontel (Rivus de). *L'Orconté.*

Orcontum. *Orconte.*

Orcour, Orcours. *Orcourt.*

Orcun. *Orconte.*

Orecoul. *Orcouri.*

Oreillon (Rivus de), Orelun. *Orillon (Ru d').*

Orfèvres (Les). *Le Moulin-des-Roulots.*

Ori, Oriacum. *Oiry.*

Oriensis (adjectif). *Huiron.*

Orillan (Rivus de). *Orillon (Ru d').*

Orio, Orion, Orions. *Huiron.*

Orisiacum. *Onrezy.*

Orme-à-Gouillon (L'). *La Gouillonnerie.*

Ormeyum. *Ulmois.*

Ormisel, Ormiset, Ormissel. *Ormesay.*

Ornoi. *Ulmois.*

Ormons. *Ormont.*

Ormont. *Saint-Ouen.*

Ormont-lez-Courlandon. *Ormont.*

Ormoy. *Ulmoy.*

Ormsay. *Ormesay.*

Ormant. *Ormont.*

Orna, Orne. *L'Ornain.*

Orquegny, Orquenayum, Orquenni, Orquigni, Orquigniacum. *Orquigny.*

Orri. *Oiry.*

Orrum. *Huiron.*

Orvana Vallis. *Vieil-Orbéval.*

Ory. *Oiry.*

Oaemon. *Osemont.*

Osgne. *Ognes.*

Ospital (L'). *L'Hôpital.*

Ossinemont. *Haussignemont.*

Ostricurt. *Hautecour.*

Othines, Otignes. *Outines.*

Otiosorum Curtis. *Courtisols.*

Otmensis pagus, Otmensis vicaria, Otminsis comitatus pagus. *L'Omois.*

Otrepont. *Outrepont.*

Ouarces. *Vouarces.*

Ougecourt. *Auchecourt.*

Ougny. *Aougny.*

Ouillie. *Œuilly.*

Ouimes. *Ormes.*

Oultre-lo-Pont, Oultrepond, Oultrepont. *Outrepont.*

Oultre-Rivière, Oultre-Veire, Oultre-Vent, Oultrivière. *Outrivière.*

Ounrzy, Onreseyum, Ouresi. *Onrezy.*

Ourge, Ourges. *Hourges.*

Oarmes. *Ormes.*

Ourmes (Les). *Les Ormes.*

Ourmes desubz Vesle, Ourmez les Reins. *Ormes.*
Ourmont. *Ormont.*
Ourmoy. *Ulmois.*
Ourno. *L'Ornain.*
Ourquigny. *Orquigny.*
Ousigny, Oussigny. *Doussigny.*
Outhine, Outignes, Outine. *Outines.*
Outrivier. *Outrivière.*
Ouxières. *Touxières.*
Ouzigny. *Doussigny.*
Ovcourt. *Orcourt.*
Ovillé. *Hautvillers.*
Oya. *Oyes, Saint-Gand.*
Oygne. *Ognes.*
Oyroium. *Oiry.*
Oyrensis (adjectif). *Huiron.*
Oyri, Oyri-lou-Grant. *Oiry.*
Oyron. *Huiron.*
Oyry. *Oiry.*
Oyselet. *Oiselet.*
Ozier (L'). *Grandclos.*

P

Paaz. *Péas.*
Paci, Paciacum, Paciacum Templi. *Passy-Grigny.*
Pacievallis. *Épensival.*
Pacy, Pacy soubz Sainte-Gomme. *Passy-Grigny.*
Paiacum. *Péas.*
Paillars (Le Moulin des). *Le Moulin-des-Paillards.*
Paivi, Paiviacum, Paivy. *Pévy.*
Pancheval. *Épensival.*
Par-à-Lachy. *Le Parc.*
Parceicurt. *Parcicourt.*
Parc-lez-Lachy (Le), Parcq-lès-Laschy (Le). *Le Parc.*
Paré (Le). *Le Moulin-du-Perrey.*
Pareul. *Pareuil.*
Parey. *Le Moulin-du-Perrey.*
Pargné. *Pargny, Pargny-sur-Saulx.*
Pargné-sur-Saut. *Pargny-sur-Saulx.*
Pargncium. *Pargny, Pargny-sur-Saulx.*
Pargney. *Pargny-sur-Saulx.*
Pargneyum. *Pargny.*
Pargneyum in Montana. *Pargny.*
Pargni. *Pargny, Pargny-sur-Saulx.*
Pargniacum. *Pargny-sur-Saulx.*
Pargniacum in Montana. *Pargny.*
Pariones. *Parjouet.*
Paris (Le). *Le Pâtis.*
Parjoe, Parjoues. *Parjouet.*
Parneium. *Pargny-sur-Saulx.*
Parni. *Pargny-sur-Saulx.*
Paroil. *Pareuil.*

Paroisse (La). *La Baroche.*
Parolium. *Pareuil.*
Parré (Le). *Le Moulin-da-Perrey.*
Parreche. *La Baroche.*
Parrigny. *Pargny-sur-Saulx.*
Parroche, Parrochia. *La Baroche.*
Parrueil. *Pareuil.*
Pars (Les). *Pars (Les Grands-).*
Pars (Les Petites-). *Pars (Les Petits-).*
Parucil. *Pareuil.*
Parvæ Logiæ. *Loges (Les Petites-).*
Parvum Oyri. *Oiry (Le Petit-).*
Parvum Wavreyum. *Vavray-le-Petit.*
Pasccium, Pasci. *Passy-Grigny.*
Pasquis (Les). *Le Pâquis.*
Passaiges (Les). *Le Passage.*
Passavant-en-Argonne, Passavantum, Passeavant. *Passavant.*
Passemenc. *Passemène.*
Passi soubz Saincte-Jame, Passiacum ad Grigniacum, Passy-Sainte-Gemme, Passy-Sainte-Jame, Passy soubz Saincte-Gemme-en-Tardenois. *Passy-Grigny.*
Paterniacum. *Parguy.*
Pâtis (Les). *Les Bâtis, c^ne du Baizil et d'Étoges.*
Paucancy. *Pocancy.*
Paumacle. *Pomacle.*
Paveium, Paviacum, Pavieyum. *Pévy.*
Paviliacus, Pavilleium. *Poilly.*
Pavillon. *Le Moulin-da-Pavillon.*
Pavillons (Les). *Le Pavillon.*
Payacum. *Péas.*
Payveyum. *Pévy.*
Peascum, Peaz. *Péas.*
Pechot (Le). *Le Béchet.*
Peiacus, Peiaz. *Péas.*
Peigny. *Pigny.*
Perdjoie. *Parjouet.*
Pergni. *Pargny.*
Périnet de la Ronchière (Fief). *La Ronchère.*
Perle. *Le Parlet.*
Pernacum, Pernascum. *Épernay.*
Perrain. *Prin.*
Perraria. *Le Moulin-de-la-Perrière.*
Porré (Le). *Le Moulin-du-Perrey.*
Perrein, Perren. *Prin.*
Perrière (La). *Le Moulin-de-la-Perrière.*
Perrigny. *Pargny-sur-Saulx.*
Perrochia, Perroiche. *La Baroche.*
Perrueil. *Pareuil.*
Periæ in Ullus. *Pertes-lez-Hurlus.*
Perte (Le gaignage de la). *Gagnage-en-la-Perte (Le).*
Pertensis pagus. *Le Perthois.*

Pertes. *Perthes-lez-Hurlus.*
Pertes (Les). *La Perte.*
Pertes-en-Urlus, Pertes-lès-Ullus, Perthæ juxta Urlus, Perthes. *Perthes-lez-Hurlus.*
Perthes (La cense des). *Perthes (Les Grandes-).*
Perthuis. *Le Pertuis.*
Pertiniusis pagus, Pertisium, Pertisus. *Le Perthois.*
Pesessa. *Possesse.*
Pesinne. *Peuzennes.*
Petia-Conroy. *Les Conroyes.*
Petit-Aham-Gaulcher. *Le Petit-Ahan-Gautier.*
Petit-Ahan. *Côte-Carreaut.*
Petit-Billy (Le). *Billy-le-Petit.*
Petit-Bougeois. *Bourgeois (Les Petits-).*
Petit-Broussy (Le). *Broussy-le-Petit.*
Petit-Bussy (Le). *Bussy.*
Petit-Chauffour (Le). *Le Chaufour.*
Petit-Chauffour (Le). *Chaufour, c^ne de Thil.*
Petite-Cense (La). *Les Petites-Censes.*
Petite-Haute-Rue (La). *La Rue-aux-Ronces.*
Petite-Herpine. *Courgain.*
Petites-Costes (Les). *Les Petites-Côtes.*
Petites-Écuries (Les). *Écury-le-Petit.*
Petites-Loches (Les). *Loges (Les Petites-).*
Petites-Votea (Les). *Vautes (Les Petites-).*
Petite-Wavreille (La). *Vavrelle (La Basse-).*
Potite-Zelle. *Chezelles (Les Petites-).*
Petit-Haban-Gaulcher (Le). *Le Petit-Ahan-Gautier.*
Petit-Loan (Le), Petit-Lohan. *Lohan, c^ne de la Ville-sous-Orbais.*
Petit-Menancourt (Le). *Aumenancourt-le-Petit.*
Petit-Molin (Le). *Le Petit-Moulin.*
Petit-Montmelon. *Mourmelon-le-Petit.*
Petit-Morains. *Marains.*
Petit-Mormelon. *Mourmelon-le-Petit.*
Petit-Moulin. *Le Moulinet.*
Petit-Mourmelon (Le). *Mourmelon-le-Petit.*
Petit-Ogier (Le). *Ogier (Le Petit-).*
Petit-Saint-Hillaire (Le), Petit-Saint-Hillier (Le). *Saint-Hilaire-le-Petit.*
Petit-Saint-Jacques (Le). *Saint-Jacques, c^ne de Larzicourt.*
Petits-Gergeaux. *Gergeau (Le Petit-).*
Petit-Sillery (Le). *Sillery (Le Petit-).*
Petits-Mars (Les), Petitz-Mars (Les). *Les Mares.*
Petitte-Chinery (La). *Chinerie.*

Petitte-Ferme (La). *La Motte, a^m de Scrupt.*

Petittes-Costes (Les). *Les Petittes-Côtes.*

Potittes - Loges (Les). *Loges (Les Petites-).*

Patit-Vaverey. *Vavray-le-Petit.*

Petit-Vindey (Le), Petit-Wavré (Le), Petit-Wavrey (Le). *Vindey-le-Petit.*

Petra (Molendinum de). *Le Moulin-de-Pierre, Le Moulin-le-Roi.*

Potro Bae (Molendinum de). *Le Moulin-de-Pierre-Baé.*

Petrus Morain. *Pierremorains.*

Pety-Moulains. *Le Petit-Moulin.*

Pevi, Peviacum. *Pévy.*

Pezenne, Pezinne. *Peuzennes.*

Phareinmont. *Forémant.*

Piacum. *Péas.*

Picechian. *Pissechien.*

Pichancourt, Pichancuria, Picheancort. *Ptichancourt.*

Pida fluvius. *Le Py.*

Pidis ou Pis. *Sommepy.*

Pied-le-Roi (Le). *Bas-le-Roi.*

Pieré. *Pierry.*

Pierge (Au), *Aubierge.*

Pierre-Aigue (La). *La Pierre-Aiguë.*

Pierre-Ardré (La). *La Pierrarderie.*

Pierrée de Saint-Julien. *Pierry.*

Pierre-Fritte. *Pierrefitte.*

Pierre-Hardrie (La). *La Pierrarderie.*

Pierrei. *Pierry.*

Pierre-Mesduit. *Pierremorains.*

Pierre-Monaye. *Pierre-Monnaie.*

Pierre-Monein, Pierre-Morain, Pierre-Morin. *Pierremorains.*

Pierres-Ègues. *La Pierre-Aiguë.*

Pierret, Pierri, Piéry. *Pierry.*

Pimbaudière (La). *La Pimbaudière.*

Pimbrault, Pimbraut. *Pimbraux.*

Pinellæ. *Pinelle.*

Pimpaudière. *La Pimbaudière.*

Pinçonnerie (La). *La Pinsonnerie.*

Pinelle. *Pinelle.*

Pingault. *Les Pingaults.*

Pinnolet. *Pignolet.*

Pinons (Les). *L'Épinois.*

Pinson (Le bac à). *Port-à-Binson.*

Pinsonnière. *La Pinsonnerie.*

Pinsson. *Pinsons.*

Pinssonnière (La). *La Pinsonnerie.*

Pinus. *Le Py.*

Pinzou. *Pinsons.*

Piris (Molendinum de). *Le Moulin-de-Pruse?*

Pirri. *Pierry.*

Pisserotes. *Les Pisserottes.*

Pissottes. *Les Pisserottes.*

Marne.

Pit. *Le Py.*

Pitmella. *Pimelle.*

Pivains (Les). *Les Pivants.*

Placart. Placard.

Place-au-Puia. *Place-aux-Puits.*

Plaerre. *Pleurs.*

Plagiotrum. *Pleurs.*

Plagniecourt. *Plagnicourt.*

Plagostrum. *Pleurs.*

Plaiceyum. *Le Plessis*, c^{ne} d'Orconte.

Plaiostrum, Plaiotrum, Plairrum, Plaitrum. *Pleurs.*

Plaiscetum. *Le Plessis*, c^{ne} d'Orconte.

Plaiseis (Le). *Le Plessier.*

Plaiseium, Plaisetum. *Le Plessis*, c^{ne} d'Orconte.

Plaisia (Le). *Le Plessier.*

Plaisseium, Plaissetum. *Le Plessis*, c^{ne} d'Orconte.

Plaissetum. *Le Plessis*, c^{ne} de Saudoy.

Plaisseyum. *Le Plessis*, c^{ne} d'Orconte.

Plaissie. *Le Plessier ; Le Plessis*, c^{ne} d'Orconte.

Plaissier. *Le Plessis*, c^{ne} de Vertus.

Plaissier (Le). *Le Plessier ; Le Plessis*, c^{ne} d'Orconte.

Plaisais (Le). *Le Plessis*, c^{ne} d'Orconte.

Plaisaitum. *Le Plessier.*

Plaissy. *Le Plessis*, c^{ne} d'Orconte.

Plancæ de Embalainnicort. *Les Planches*, c^{ne} de Dommartin-la-Planchette.

Plancam (Ad). *Le Moulin - de - la - Planche*, c^{ne} d'Épernay.

Planchæ, Planches lez Sainte-Menehould (Les), Planchiæ. *Les Planches*, c^{ne} de Dommartin-la-Planchette.

Planchiæ d'Aunoi. *Les Planches*, c^{ne} d'Aulnay-aux-Planches.

Planicourt. *Plagnicourt.*

Planquæ. *Les Planches*, c^{ne} de Dommartin-la-Planchette.

Plaorria. *Pleurs.*

Plaseium. *Le Plessis*, c^{ne} d'Orconte.

Plasseium. *Le Plessier ; Le Plessis*, c^{ne} d'Orconte.

Plassetum. *Le Plessier ; Le Plessis*, c^{ne} d'Orconte.

Plassiacum, Plassis (Le). *Le Plessis*, c^{ne} d'Orconte.

Plaustrum. *Pleurs.*

Plaxetnm. *Le Plessis*, c^{ne} d'Orconte.

Plebeiæ supra Matronam. *Plivot.*

Plechoncort, Plechoncourt, Plechonis Curtis, Plechuncort. *Ptichancourt.*

Plecy (Le). *Le Plessis*, c^{ne} d'Orconte.

Plaerre, Pleeurre, Pleiostrum, Pleiotrum. *Pleurs.*

Pleissier de Vertus (Le). *Le Plessis*, c^{ne} de Vertus.

Pleiurra. *Pleurs.*

Pleivès, Pleny. *Plivot.*

Pierre. *Pleurs.*

Plesseium. *Le Plessis, a^m de Vertus.*

Plesseiz (Le). *Le Plessier.*

Plessetum. *Le Plessis*, c^{ne} d'Orconte.

Plesseyum. *Le Plessis*, c^{ne} de Saudoy.

Plessie. *Le Plessis*, c^{ne} d'Orconte.

Plessie (Le). *Le Plessier.*

Plessis-en-Orcomte (Le), Plessis-lez-Orcont (Le). *Le Plessis*, c^{ne} d'Orconte.

Plessis-lez-Vertus (Le). *Le Plessis*, c^{ne} de Vertus.

Plessitz (Le). *Le Plessis*, c^{ne} de Vertus.

Plessy (Le). *Le Plessis*, c^{ne} d'Orconte.

Plessye (Le). *Le Plessier.*

Pleura, Pleuro-en-Champagne, Pleures. Pleurra, Pleurre. *Pleurs.*

Pleurre (La). *La Vaure.*

Pleveias, Plevesium, Pleveys, Pleviæ, Plevies, Plevio. *Plivot.*

Plichaincourt, Plichancort, Plichancurtis, Plichencort, Plichoncort, Pliconcort, Plinchicort. *Plichancourt.*

Pliny, Pliny-sur-Marne, Plivei, Pliveiæ, Plivein, Pliveium, Pliveus, Pliveyum, Plivi, Pliviacus, Pliviæ, Plivies, Plivis, Plivuis, Plivyes, Plivys. *Plivot.*

Plopkionis Curtis, Plotkioncort, Pluchoncort, Pluchoncurt. *Plichancourt.*

Pluerre. *Pleurs.*

Pluncosis Curtis. *Plichancourt.*

Pluveiæ, Pluveiiæ, Pluviæ, Pluvis, Plyvot. *Plivot.*

Pocanceium, Pocancin, Pocansin. *Pocancy.*

Pocessa, Pocesse. *Possesse.*

Pocquansy, Pocquency. *Pocancy.*

Poegni. *Pagny.*

Poeilli, Poeli. *Poilly.*

Pogneium, Poigneium, Poigney, Poigneyum, Poigniacum, Poigny. *Pogny.*

Poilleyum, Poilli. *Poilly.*

Polllou. *Poil'on, Pouillon.*

Poillou, Poilu. *Poillon.*

Poilly-lez-Betheny. *Poilly*, c^{ne} de Betheny.

Poingneyum, Poingny, Poini. *Pagny.*

Pois en Champaigne. *Poix.*

Poitiers. *Potière.*

Poivy. *Pévy.*

Pois. *Poix.*

45

Pomcancin. *Pocancy.*

Pomorie (La). *La Pommerie.*

Pomeroso. *La Pommerose.*

Pommacle. *Pomacle.*

Pommeroy. *Pontvray.*

Pomordaux. *Pomordeau.*

Pompella, Pompelle-d'Alger (La). *La Pompelle.*

Pomquenein, Poncamein, Poncanci, Poncancin, Poncancinum, Poncancy, Poncquancy. *Pocancy.*

Ponfavergier. *Pontfaverger.*

Pongncium, Pongney, Pougny. *Pogny.*

Ponpelle (La). *La Pompelle.*

Ponqanei, Ponquancin, Ponquanci-num, Ponquancy, Ponquencin, Pon-quencinum, Ponquensin, Ponquen-tain, Ponquentin. *Pocancy.*

Ponrieul. *Ponreux.*

Pons, Pons (Lj). *La Neuville-au-Pont.*

Pons de Bainson, Pons de Baisson. *Port-à-Binson.*

Ponset (Le). *Le Poncet*, c^{ne} d'Esternay.

Pons Fabriacus, Pons Fabricatus, Pons Favergier, Pons Favregerii, *Pontfaverger.*

Pons Givardi. *Pont-Givart.*

Pons Hugonis. *Ponthion.*

Pons Soncte Mariæ. *La Neuville-au-Pont.*

Pons Sancti Prejecti, Pons Sancti Priori. *Saint-Prix.*

Ponstengium. *Potangis.*

Pons Ugone. *Ponthion.*

Pons Varensis. *Pontvray.*

Pont (Au). *Le Moulin-du-Pont*, c^{ne} de Courtisols et de Pierry.

Pont (Le). *La Neuville-au-Pont.*

Pont-à-Farvergier. *Pontfaverger.*

Pont-à-Lisse (Le). *Le Pont-à-l'Isle.*

Pont-à-Meure. *Le Pont-de-Mœurs.*

Pontangeyum, Pontangi, Pontangia-cum, Pontaugi, Pontaugy. *Potangis.*

Pont-à-Saint-Prei. *Saint-Prix.*

Pont-Cet (Le). *Le Poncet*, c^{ne} de Ver-rières.

Pontconcin. *Pocancy.*

Pont-de-l'Isle (Le). *Le Pont-de-l'Isle.*

Pont-de-Pommeray. *Pontvray.*

Pont-de-Saint-Prier (Le). *Saint-Prix.*

Pontego, Ponteiam. *Ponthion.*

Pontem (Ad). *La Neuville-au-Pont.*

Pontengé, Pontengeyum, Pontengia-cum, Pontengy. *Potangis.*

Ponteum, Ponteou. *Ponthion.*

Pont-Farvergier, Pont-Favergé, Pont-Favergères, Pontfavergers, Pontfa-vergier, Pout-Favergiés, Pontfaver-

giel, Pont-Favregié, Pont-Favre-gier. *Pontfaverger.*

Pont-Gival, Pont-Givar, Pont-Guyard (Le). *Pont-Givart.*

Ponthio. *Ponthion.*

Ponthion (Le), Ponthou, Ponthon-lez-Courcelles. *Ponton.*

Ponthyon, Pontico, Pontigio, Pontigo, Pontio, Pontion. *Ponthion.*

Pont-l'Égard (Le), Pont-Liégard (Le), Pontliésard, Pont-Liézard. *Pont-Liégeard.*

Pontréal. *Ponreux.*

Pontrelet. *Le Poncelet.*

Pontreol, Pontreux, Pont-Reux. *Pon-reux.*

Pont-Saint-Hilaire. *Saint-Hilaire-le-Petit.*

Pont-Saint-Prix. *Saint-Prix.*

Pout-Secq (Le). *Le Poncet*, c^{ne} d'Es-ternay.

Ponturlin. *Pont-Hurlin.*

Pontverai, Pont-Voroit, Pont-Verroy. *Pontvray.*

Pontvieil, Pontvieux. *La Maison-des-Bois.*

Pont-Vraye. *Pontvray.*

Pantyo, Pontyon. *Ponthion.*

Ponveroy. *Pontvray.*

Ponviel. *La Maison-des-Bois.*

Pouvroy. *Pontvray.*

Pooignei, Pooigni. *Pogny.*

Pooilleyum, Poolli, Pooylly. *Poilly.*

Poquancy. *Pocancy.*

Porceium, Porcetum, Porci, Porcy. *Pourcy.*

Porriel. *Ponreux.*

Porsessa. *Possesse.*

Port, Port-à-Bainsson, Port-à-Biasson, Port-de-Abençoo, Port-de-Bainsson (Le). *Port-à-Binson.*

Porta Materna. *Les Moulins-de-Porte-Marne.*

Portus de Bainson. *Port-à-Binson.*

Posessa, Posesse. *Possesse.*

Posgny. *Pogny.*

Possessa, Possessia, Possessum. *Pos-sesse.*

Postegi, Posteigni, Postengiacum, Pos-tigni, Postingiacum, Potaugeyum, Potangi, Potangny, Potangy, Po-tengeium, Potengi, Potengni, Po-tengy. *Potangis.*

Pothières, Pothiers, Pothis, Potis. *Po-tière.*

Pottangy. *Potangis.*

Poucancy. *Pocancy.*

Poucesse. *Possesse.*

Pougny. *Pogny.*

Pouillonum. *Pouillon.*

Poullette (La). *Les Paulettes.*

Poultengi. *Potangis.*

Poumacle. *Pomacle.*

Pouquencin. *Pocancy.*

Pourci, Pourcy-delez-Nanthueil, Pour-cy-le-Château. *Pourcy.*

Pouruel (Le). *Ponreux.*

Poussesse. *Possesse.*

Poutangeium, Poutengeyum, Pou-tengi, Poutengiacum. *Potangis.*

Poys-en-Champaigne. *Poix.*

Poysus. *Pujus.*

Poyz. *Poix.*

Praelo, Praelles, Praesle. *Presle* ou *Le Grand-Presle.*

Pragot. *Pragat.*

Prain. *Prin.*

Prata. *Le Moulin-des-Prés*, c^{ne} de Mont-mort.

Pratellæ. *Le Grand-Preale.*

Pratum del Bu. *Le Pré-du-But.*

Pré-à-l'Aignel (Le). *Pré-à-l'Agnel.*

Pré-de-la-Forge (Le). Cf. *La Forge*, c^{ne} de la Ville-sous-Orbais.

Pré-delès-Til (Le). *Le Pré*, c^{ne} de Thil.

Pré-de-Nautheul (Le). *Le Pré-de-Nanteuil.*

Predona. *Prosnes.*

Prédubut (Le). *Le Pré-du-But.*

Pré-le-Conte (Le). *Le Pré-le-Comte.*

Prein. *Prin.*

Prelle. *Presle* ou *Le Grand-Presle.*

Prés (Les). *Le Pré.*

Presboys. *Le Moulin-Prellois.*

Prés-du-But. *Le Pré-du-But.*

Pressoir (Le). *Picernar.*

Pressy (Le). *Le Plessis*, e^{ne} de Vertus.

Preuneium. *Prunay.*

Prey-du-But (Le). *Le Pré-du-But.*

Prez (Le Moliu des). *Moulin-des-Prés.*

Pres (Le), Prez-lez-Warmeriville. *Le Pré*, c^{ne} de Warmeriville.

Prigni. *Pringy.*

Primeceyum, Primoci, Primecy. *Pré-mecy.*

Primgy. *Pringy.*

Primiceium. *Prémecy.*

Pringé, Pringeium, Pringey, Prin-geyum, Pringi, Pringiacum, Prin-gny, Prinny, Prisni. *Pringy.*

Proeleium, Proelli, Proieleium, Proil-leium, Proilleyum, Proilliacum, Proilly. *Prouilly.*

Prona, Prônc. *Prosnes.*

Pronmery. *Premery.*

Pronnn, Proonna, Prosne. *Prosnes.*

Prouilleyum, Prouilli, Proulleyum, Proulli, Proully, Prouytly. *Prouilly.*

Providence (La). *Le Point-du-Jour.*

Proviliacus, Prueleium, Pruili, Prailiacum. *Prouilly.*

Prulay. *Prunay.*

Pruleium, Prulleium. *Prouilly.*

Prunxyum, Pruneium, Pruneta, Prunetum, Pruneynm. *Prunay.*

Prungeium, Pruni. *Priagy.*

Pruniacum, Prunidis, Prannoi, Prunoi, Prunoy. *Prunay.*

Prygni. *Pargny-sur-Saulx.*

Pucemain. *Pussemène.*

Pugneium. *Pagny.*

Puiberaut. *Pimbraux.*

Puillio, Puillon, Puilun, Pullio. *Pouillon.*

Puis. *Puits,* c^te d'Étrechy.

Puis (Le). *Le Puits.*

Puis-Beraut, Puis-Beraut (Le), Puisberaut-lez-Euloys, Puis-Berot, Puis-Beroust. *Pimbraux.*

Puisine. *Peuzennes.*

Puiseulx, Puiseux delès Reins, Puiseux-sur-Vesle. *Puiseulx.*

Puisiaus. *Puiseulx, Pujus.*

Puisieux. *Puiseux, Puiseulx.*

Puisiues, Puisius. *Puiseulx.*

Puisemaine. *Pussemène.*

Puisseux. *Puiseulx.*

Puisson. *Pinsau.*

Puis-soubz-Monthamé. *Le Puits.*

Puisuel, Puisucux-lez-Reims, Puisuex. *Puiseulx.*

Puit, Puits. *Le Puis.*

Puits du Roy de Rouveroy (Le). *Le Puits-du-Roy-de-Rouveroy.*

Puiz. *Puits,* c^te d'Étrechy.

Puix-Beraut. *Pimbraux.*

Pulcber Mons. *Beaumont-sur-Vesle.*

Pumacle, Pumaclum. *Pomacle.*

Puntium, Puntino. *Ponthion.*

Pusinox. *Puiseulx.*

Pusines. *Peuzennes.*

Pusneux, Puteoli. *Puisieulx.*

Putei. *Le Puis; Puits,* c^te d'Étrechy.

Puteus. *Puits,* c^te d'Étrechy.

Puteus Beroldi. *Pimbraux.*

Puteyum. *Ponthion.*

Pathei. *Puits,* c^te d'Étrechy.

Putheoli. *Puisieulx.*

Patheua Beroldi. *Pimbraux.*

Putuoli. *Puisieulx.*

Puy. *Le Puits.*

Puyaix. *Péas.*

Puys. *Le Puis.*

Puys (Le). *Puits,* c^te d'Étrechy.

Puys-soubz-Moivre. *Puits,* près Moivre.

Puyseux, Puysieulx, Puyzieulx. *Puisieulx.*

Pychencort. *Plichancourt.*

Pymelle. *Pimelle.*

Q

Qualida Fontana. *Chaudefontaine.*

Quartiers de Saluet-Thiebault (Les). *Les Quartiers-de-Saint-Thibaud.*

Quenetière (La). *La Canetière.*

Queudez. *Queudes.*

Queue-au-Boys (La). *La Queue-au-Bois.*

Queuldes. *Queudes.*

Queulx. *Queux.*

Quille. *Cuisles.*

Quincampoy. *Quincampoix,* dans la baronnie de Baye.

Qu'inqu'ampoix. *Quincampoix,* c^te de Saint-Quentin-le-Verger.

Quinquampoix. *Quincampoix,* dans la baronnie de Baye.

Quinquampont. *Quincampoix,* dans la vallée d'Huiron.

Quinquenpoix (Le Moulin de). *Le Moulin-Clicquot,* c^te de Saint-Quentin-le-Verger.

Quinquempoix. *Le Moulin-Cticquot,* c^te de Saint-Quentin-le-Verger; *Quincampoix,* dans la baronnie de Baye; *Quincampoix,* c^te de Saint-Quentin-le-Varger.

Quoquerel (Le fief de). *Coquerel.*

R

Rabatterie (La). *La Rabotterie.*

Rabececort, Rabececourt, Rabececurt, Rabececurtis, Rabeceicort, Rabecicort, Rabecicourt, Rabeciuria, Rabeisseicourt, Rabercecort, Rabercecorth, Rabereeicort, Rabercicort, Raberieri Curtis, Rabescourt. *Rapsécourt.*

Raboterie (La). *La Rabotterie.*

Raccroche. *La Racroche,* c^te de Bethon.

Racroche (La). *La Racroche,* c^te de Linthes; *La Racroche-de-Saint-Loup.*

Radet. *Raday.*

Radolium. *Reuil.*

Ragle (La). *La Rague.*

Ragonnet. *Ragonet.*

Raigue-Ville. *Renneville.*

Rainaldi Vallis, Rainauval. *Renauval.*

Raine, R.-la-Bruslée. *Reims-la-Brûlée.*

Raincien. *Le Rémois.*

Raineville. *Renneville.*

Rainmeicort. *Remicourt.*

Rainneville. *Renneville.*

Rains, Rains-la-Bruslée, Raints-la-Bruslée. *Reims.*

Ramicort, Ramicourt, Rammeicort, Rammicort. *Remicourt.*

Ramponeau. *Ramponneau.*

Ranavilla. *Renneville.*

Ranc. *Reims-la-Brûlée.*

Ranceriæ, Ranseriæ, Rantieres. *Rancière.*

Rapessecourt. *Rapsécourt.*

Raphidin. *Rafidin.*

Raray (Le bois de), Raretum. *Rarroy* (Bois de).

Raulx (Moulin des). *Le Moulin-Druot.*

Raumont. *Romont.*

Ravere. *Reuves.*

Ravilla. *Renneville.*

Recei, Receiacum, Receiam, Receius, Recey, Recheium, Reci, Reciacum, Reciacus, Recium. *Recy.*

Reclusi, Reclusus, Reclux (Le), Recluz (Le). *Le Reclus.*

Recours (Le). *Orcourt.*

Regnault-Val, Regnauval. *Renauval.*

Reici. *Recy.*

Reilly. *Rilly-la-Montagne.*

Reimycourt. *Remicourt.*

Reine, Reine-la-Bruslée. *Reims-la-Brûlée.*

Reinneville. *Renneville.*

Reins, Reinz. *Reims.*

Reipons. *Ripont.*

Reisci. *Recy.*

Reliacum. *Rilly-la-Montagne.*

Remana urbs. *Reims.*

Remegensis pagus. *Le Rémois.*

Remeicort, Remeicourt. *Remicourt.*

Remensis pagus. *Le Rémois.*

Remi. *Reims.*

Remicort, Remicuria, Remigicuria. *Remicourt.*

Remis. *Reims.*

Pῆμοι. *Remi.*

Remorum civitas. *Reims.*

Remtianus pagus. *Le Rémois.*

Remus. *Reims.*

Remycourt. *Remicourt.*

Renalval, Renaudi Vallis, Benauvail, Renauvalt. *Renauval.*

Reneville. *Renneville.*

Renova, Renoval, Renavald, Renovat. *Renauval.*

Repont. *Ripont.*

Requigneis, Requigney. *Requigny.*

Requignicourt. *Rocquincourt.*

45.

S

Saain. *Souain.*

Sabelon (A), Sablon, Sablon (Le), **Sablon-Molin.** *Le Moulin-Sablon.*

Sablonnière (La). *Le Mont-Saint-Hélain.*

Sablons. *Le Moulin-Sablon.*

Sacé, Saceius, Saceyum, Sacheium, Saciacum, Saciacus, Sacy-en-la-Montaigne. *Sacy.*

Sailliacum. *Sailly.*

Saimbon. *Saint-Bon.*

Saimmart. *Saint-Mard-sur-le-Mont.*

Saincheron. *Saint-Cheron.*

Sain-Crepin. *Saint-Crépin.*

Sain-Geneis. *Saint-Genest.*

Sainne. *La Seine.*

Saluet. — Nota. Pour la plus grande commodité du chercheur, on a réuni dans un ordre alphabétique unique les noms de lieu anciens commençant par le mot *Sainct* et ceux qui commencent par le mot *Saint.*

Salut-Alori Mons. *Saint-Hilairemont.*

Sainct-Aman, Sainct-Amand-en-Pertoix, Saint-Amant, Saint-Améut. *Saint-Amand.*

Sainct-Anthoine, Saint-Antoine-aux-Bois. Saint-*Antoine*, c⁴⁴ d'Épernay et de Mardeuil.

Saint-Augustin. *Saint-Utin.*

Saint-Avoye-sur-Venteuil. *Sainte-Avoie.*

Saint-Baale. *Saint-Basle*, c⁴⁴⁴ de la Cheppe et de Verzy.

Saint-Baale-lès-Reins, Saint-Baasle-lez-Reims. *Saint-Basle*, c⁴⁴ de Verzy.

Saint-Bale. *Saint-Basle*, c⁴⁴⁴ de la Cheppe et de Verzy.

Saint-Balle, Saint-Barle, Sainct-Basic en la Montaigne de Reims. *Saint-Basle*, c⁴⁴ de Verzy.

Sainct-Basles. *Saint-Basle*, c⁴⁴ de la Cheppe.

Saint-Baulle. *Saint-Basle*, c⁴⁴ de Verzy.

Saint-Bri, Saint-Bris, Saint-Bry. *Saint-Brice.*

Saint-Bucquaire. *Saint-Bucquaire.*

Saint-Cheiron, Saint-Chenom, Saint-Chenon, Saint-Chonum, Saint-Chinum. *Saint-Cheron.*

Saint-Claude près Blacy. *Thiermont.*

Saint-Couain. *Saint-Ouen.*

Salut Crespin. *Saint-Crépin.*

Saint-Dieutin. *Saint-Utin.*

Saint-Élemont, Saintelermunt. *Saint-Hilairemont.*

Saintelet. *Saint-Hilaire-au-Temple.*

Saintelier. Saint-*Hilaire*, c⁴⁴ du Frêne.

Saintelier, Saint-Élier. *Saint-Hilaire-le-Grand.*

Sainteliermunt. *Saint-Hilairemont.*

Saint-Émenou. *Sainte-Menehould.*

Saintemoige. *Saint-Images.*

Saint-Esmenot. *Sainte-Menehould.*

Saint-Estene. Saint-*Étienne*, c⁴⁴ de Saint-Ouen; *Saint-Étienne-au-Temple.*

Saint-Estene-sur-Suippe. *Saint-Étienne-sur-Suippe.*

Saint-Esteve. *Saint-Étienne-sur-Suippe.*

Saint-Estiene delez Saint-Couain, Saint-Estiene lez Saint-Ouain. *Saint-Étienne*, c⁴⁴ de Saint-Ouen.

Sainct-Estienne. Saint-*Étienne*, c⁴⁴⁴ de Saint-Ouen et de Vitry-le-Brûlé; *Saint-Étienne-sur-Suippe.*

Saint-Estienne-au-Temple. *Saint-Étienne-au-Temple.*

Saint-Estienne-sur-Suippe. *Saint-Étienne-sur-Suippe.*

Saint-Estienne-lez-Vitry. *Saint-Étienne*, c⁴⁴ de Vitry-lo-Brûlé.

Saint-Étiene-au-Temple. *Saint-Étienne-au-Temple.*

Saint-Étienne-aux-Ormes. Saint-*Étienne*, c⁴⁴ de Saint-Ouen.

Saint-Euillien, Saint-Euillen, Sainct-Eullyon. *Saint-Eulien.*

Saint-Eustin. *Saint-Utin.*

Saint-Ferjeux. *Gionges.*

Saint-Gaon. *Saint-Gand.*

Saint-Gaon (Marais de). *Saint-Gand (Marais de).*

Sainct-Gaoud, Saint-Gaon-en-Oye. *Saint-Gond.*

Saint-Geinis, Saint-Genès, Saint-Genest-la-Folie, Saint-Genis. *Saint-Genest*, c⁴⁴ de Saint-Romy-en-Bouzemont.

Saint-Genois. *Saint-Genest.*

Sainct-Geny. *Saint-Genest*, c⁴⁴ de Saint-Remy-en-Bouzemont.

Sainct-George. *Les Convers*, c⁴⁴ de la Neuville-aux-Bois.

Saint-Gergoinne, Sainct-Gergonne. *Sainte-Gergoine.*

Sainct-Germain-lez-Saint-Lumyer. *Saint-Germain-la-Ville.*

Saint-Geubrien, Saint-Geuvrain, Saint-Geuvrain-lez-Chaalons, Sainct-Gevrain, S¹-Giberien, Sainct-Gibriain, Sainct-Gibriaa, Saint-Gibryen. *Saint-Gibrien.*

Saint-Giles-à-Acy, Saint-Gille. *Saint-Gilles.*

Sainct-Gloire. *Saint-Gloire.*

Sainct-Gond, Saint-Gondz. *Saint-Gond.*

Saint-Guille. *Saint-Gilles.*

Sainct-Gybriain. *Saint-Gibrien.*

Saint-Halaire. *Saint-Hilaire*, c⁴⁴ du Frêne.

Saintheleimont, Saint-Hilairemont.

Saintheler. *Saint-Hilaire*, c⁴⁴ du Frêne.

Saint-Heulien. *Saint-Eulien.*

Saint-Heustin. *Saint-Utin.*

Saint-Hilaire-le-Menissier. *Saint-Hilaire-le-Grand.*

Sainct-Hilaire-lez-Reims. *Saint-Hilaire*, c⁴⁴ de Reims.

Saint-Hiler. *Saint-Hilaire-le-Grand.*

Saint-Hilaire-au-Temple. *Saint-Hilaire-au-Temple.*

Saint-Hilier-lo-Menissier. *Saint-Hilaire-le-Grand.*

Sainct-Hillaire. *Saint-Hilaire*, c⁴⁴ du Frêne.

Saint-Hillaire-le-Menissier, Saint-Hillier, Saint-Hillier-le-Meineur, Saint-Hillier-le-Mennessier. *Saint-Hilaire-le-Grand.*

Saint-Hillier-le-Petit, Saint-Hislier. *Saint-Hilaire-le-Petit.*

Saint-Huilien. *Saint-Eulien.*

Saint-Hulas. *Sainte-Eulalie.*

Saint-Hylaire, Saint-Hylaire-de-Moyvre. *Saint-Hilaire*, c⁴⁴ du Frêne.

Saint-Hyler. *Saint-Hilaire-le-Grand.*

Saint-Hylier. *Saint-Hilaire*, c⁴⁴ de Châtelraould; Saint-Hilaire-le-Grand.

Saint-Hylier-lo-Petit. *Saint-Hilaire-le-Petit.*

Saint-Illier. *Saint-Hilaire-le-Grand.*

Saint-Illier. *Saint-Hilaire-au-Temple.*

Saintimoge, Saint-Imoge. *Saint-Imoges.*

Saint-Jacque. *Saint-Jacques*, au faubourg de Châlons-sur-Marne.

Saint-Jacque de Vitri. *Saint-Jacques*, c⁴⁴ de Vitry-le-Brûlé.

Saint-Jargoine, Saint-Jargoinne. *Sainte-Gergoine.*

Saint-Jean. *Saint-Jean-sur-Tourbe.*

Saint-Jean-devant-Pocesse. *Saint-Jean-devant-Possesse.*

Saint-Jean-sur-Moyvre. *Saint-Jean-sur-Moivre.*

Saint-Jehan. *Saint-Jean-devant-Possesse*, Saint-Jean-sur-Moivre, Saint-Jean-sur-Tourbe.

Sainct-Jehan (Molin de). *Le Moulin-de-Saint-Jean.*

Saint-Jehan à Tourbe, Saint-Jehan-

de-Sommetourbe. *Saint - Jean - sur-
Tourbe.*
Saint-Johan-sur-Moyve. *Saint-Jean-
sur-Moivre.*
Saint-Jehan-sur-Torbe, Saint-Jehan-
sur-Tourbe, Saint-Jehan-sur-Tour-
bes, Saint-Jehan-sur-Tourble. *Saint-
Jean-sur-Tourbe.*
Saint - Jehant - deleiz - **Possesse**. *Saint-
Jean-devant-Possesse.*
Saint-Johan, Saint-Johan apud Some-
torbo. *Saint-Jean-sur-Tourbe.*
Saint-Joix. *Saintgeois.*
Saint-Jorge (Le bois). *Les Convers,*
c^ne de la Neuville-aux-Bois.
Sainct-Jabrian, Saint-Jubrien, Sainct-
Jubrien-lez-Chaalons, Sainct-Ju-
bryen. *Saint-Gibrien.*
Saint-Juliain, Saint-Julian. *Saint-Ju-
lien.*
Saint-Julien. *Les Forges,* c^nes de Pierry
et d'Épernay.
Saint-Jullian à Courtizolt. *Saint-Ju-
lien-de-Courtisols.*
Sainct-Jullien (Le fief de). *Saint-Julien.*
Saint-Jullien de Cortizols (Le ban).
Saint-Julien-de-Courtisols.
Sainct-Jullyan. *Saint-Julien.*
Saint-Just-en-l'Aingle, Saint-Just-en-
l'Angle. *Saint-Just.*
Saint-Juveren. *Saint-Gibrien.*
Saint-Kaurain, Saint-Kaurin. *Saint-
Cheron.*
Saint-Ladre. *Saint-Lazare,* c^ne de
Chantecoq et de Montmirail.
Saint-Ladre de Montmirail. *Saint-La-
zare,* c^ne de Montmirail.
Saint-Ladre de Vitry. *Saint-Lazare,*
c^ne de Vitry-le-Brûlé.
Saint-Lardre. *Saint-Lazare,* c^ne de
Muizon.
Sainct-Laurend, Saint-Laurens, Saint-
Laurent-lès-Coolus. *Saint-Laurent.*
Saint-Lemier, Saint-Lemier-en-Cham-
pangne. *Saint-Lumier-en-Cham-
pagne.*
Saint-Léonard-lez-Reins. *Saint-Léo-
nard.*
Saint-Levant. *Saint-Louvent.*
Saint - Lhumier - la - Populeuse. *Saint-
Lumier-la-Populeuse.*
Saluet-Lié. *Saint-Lié.*
Saint-Liemer. *Saint-Lumier-en-Cham-
pagne,* Saint-Lumier-la-Populeuse.
Saint-Liemers. *Saint-Lumier-en-Cham-
pagne.*
Saint-Liénard, Saint-Liénart-lez-Reins.
Saint-Léonard.

Saint-Lieymer. *Saint-Lumier-en-Cham-
pagne.*
Saint-Liez. *Saint-Lié.*
Saint-Limier. *Saint-Lumier-en-Cham-
pagne.*
Saint-Limier-la-Ville en Pertois. *Saint-
Lumier-la-Populeuse.*
Saint-Linart. *Saint-Léonard.*
Saint-Loraut, Saint-Lorend, Saint-
Lorent. *Saint-Laurent.*
Saint-Lotain, Saint-Latin, Saint-Lo-
thain. *Saint-Lottin.*
Saint-Lou, Saint-Loup-soubz-Broyes.
Saint-Loup.
Saint-Loupvant, Saint-Louvant, Saint-
Louvanz, S.-Lovent. *Saint-Louvent.*
Saint-Lumier-la-Poilleuze. *Saint-Lu-
mier-la-Populeuse.*
Saint-Lumière-sur-lo-Fion. *Saint-Lu-
mier-en-Champagne.*
Sainct-Lumyer. *Saint-Lumier-en-Cham-
pagne.*
Sainct-Lyé. *Saint-Lié.*
Saint-Lyemer, Saint-Lyemier. *Saint-
Lumier-en-Champagne.*
Saint-Lyénart. *Saint-Léonard.*
Saint-Lymier-la-Poulleuze. *Saint-Lu-
mier-la-Populeuse.*
Saint-Maard. *Saint-Mard-sur-le-Mont.*
Saint - Maard - sur - Auve. *Saint - Mard-
sur-Auve.*
Saint-Maart. *Saint - Mard - lez - Rouffy,
Saint - Mard - sur-Auve, Saint - Mard-
sur-le-Mont.*
Saint-Maart-en-son-le-Mont, Saint-
Maart-en-sons-le-Mont. *Saint-Mard-
sur-le-Mont.*
Saint-Mame. *Saint-Masmes.*
Sainct-Maneholt. *Sainte-Menehould.*
Saint-Mange. *Saint-Memmie; Saint-
Memmie,* à Courtisols.
Saint - Mange - de - Chaalons, Saint-
Mange-lez-Chalons. *Saint-Memmie.*
Saint-Mar-sur-Aulve, Saint-Mar-sur-
Ave. *Saint-Mard-sur-Auve.*
Saint - Marc. *Saint - Mard - sur - Auve,
Saint-Mard-sur-le-Mont.*
Saint - Marc (Bois de). *Saint - Mard
(Bois de).*
Saint-Marc-en-Soullemont. *Saint-Mard-
sur-le-Mont.*
Saint-Marc-sur-Aube. *Saint-Mard-sur-
Auve.*
Saint-Marc-sur-le-Mont. *Saint-Mord-
sur-le-Mont.*
Sainct-Mard, Sainct-Mard-lez-Boucy,
Saint-Mard-lez-Rouffy. *Saint-Mard-
lez-Rouffy.*

Saint-Mard-ou-Mont. *Saint-Mard-sur-
le-Mont.*
Saint-Mard-seur-Auve. *Saint-Mard-sur-
Auve.*
Saint-Mard-soubz-lo-Mont. *Saint-Mard-
sur-le-Mont.*
Saint-Mard-sur-Aulve. *Saint-Mard-sur-
Auve.*
Sainct-Mard - sur - le - Mond, Sainct-
Mard sur le mont de Conthault.
Saint-Mard-sur-le-Mant.
Saint-Mardas, Sainct-Mards. *Saint-
Mard-lez-Rouffy.*
Saint-Marc-sur-Auve. *Saint-Mard-sur-
Auve.*
Saint-Mara. *Saint-Mard-lez-Rouffy.*
Saint-Mars-sur-Aulve. *Saint-Mard-sur-
Auve.*
Saintmart, Saint-Mart. *Saint-Mard-
sur-le-Mont.*
Saint-Mart-sur-Auve. *Saint-Mard-sur-
Auve.*
Sainct-Martin. *Saint-Martin,* c^ne de
Sacy; *Saint-Martin-aux-Champs.*
Saint-Martin-au-Champs, Saint-Mar-
tin-aus-Champs. *Saint-Martin-aux-
Champs.*
Saint-Martin-à-Vignetz, Saint-Martin-
à-Vinel, Saint - Martin - à - Vinelz,
Saint-Martin-à-Vinetz. *Saint-Martin-
sur-le-Pré.*
Saint-Martin-d'Ablays, Saint-Martin-
d'Ablois, Saint-Martin-d'Amblois.
Ablois-Saint-Martin.
Saint-Martin-de-Juvigny. *Saint-Martin.*
Sainct-Martin-de-la-Bloys. *Ablois-Saint-
Martin.*
Saint - Martin - delez - Chaalons. *Saint-
Martin-sur-le-Pré.*
Sainct - Martin - de - Montmirail. *Saint-
Martin,* c^ne de Montmirail.
Saint-Martin-des-Champs. *Saint-Mar-
tin-aux-Champs.*
Saint-Martin-d'Hablois. *Ablois-Saint-
Martin.*
Saint-Martin-en-son-lo-Mont. *Saint-
Mard-sur-le-Mont.*
Saint-Martin-la-Vile, delez Chaalons.
Saint-Martin-sur-le-Pré.
Saint-Martin-en-son-le-Heureus, Saint-Martin-
le-Hureus. *Saint-Martin-l'Heureux.*
Saint-Martin-lo-Pré. *Saint-Martin-sur-
le-Pré.*
Saint-Martin-lès-Vinets. *Saint-Martin-
sur-le-Pré.*
Saint-Martin lez Saint-Maulge, Saint-
Martin lez Saint-Monge. *Saint-Mar-
tin,* à Saint-Memmie.

Saint-Martin-lez-Vignetz. *Saint-Martin-sur-le-Pré.*

Saint-Martin-sur-lo-Pré de Chaalons, Saint-Martin-sur-le-Prez. *Saint-Martin-sur-le-Pré.*

Saint-Masme. *Saint-Masmes.*

Saint-Maulga. *Saint-Memmie.* Cf. *Saint-Martin*, à Saint-Mommie.

Saint-Médard-sur-Auve. *Saint-Mard-sur-Auve.*

Sainct-Memia-lez-Chaalons, Saint-Mojme-lez-Chaaloas. *Saint-Memmie.*

Saint-Memmes. *Saint-Masmes.*

Saint-Menehold. *Sainte-Menehould.*

Saint-Monge, Saint-Menge-emprez-Chaalons, Saint-Menge-lez-Chaalons, Saint-Menje-lez-Chaalons. *Saint-Mommie.*

Saint-Menout. *Sainte-Menehould.*

Saint-Mesme-de-Chalons. *Saint-Memmie.*

Sainct-Michel, Saint-Michel-au-Mont, Saint-Michel-lez-Chaalons, Saint-Michiel, Saint-Michier. *Saint-Michel.*

Saint-Morice. *Saint-Maurice.*

Saint-Nicayse de Reins, Saint-Nichaise de Reins, Saint-Nichase. *Saint-Nicaise.*

Saint-Nicolas-au Virlouzot, Saint-Nicolas-à-Virlouzot. *Saint-Nicolas-de-Virlouzet.*

Saint-Nycaise de Reins. *Saint-Nicaise*, à Reims.

Saint-Obeu, Saint-Obeuf, Saint-Oboef. *Saint Aubeuf.*

Saint-Oien. *Saint-Ouen.*

Saint-Orbuel. *Saint-Aubeuf.*

Saint-Ouaia. *Saint-Ouen.*

Saint-Oyaut. *Saint-Oyand.*

Saint-Palaix. *Saint-Palais.*

Saint-Perc. *Aveney.*

Saint-Pere-au-Mons. *Saint-Pierre-aux-Monts.*

Saint-Pere-d'Oye. *Oyes.*

Saint-Philbert. *Saint-Philibert.*

Saint-Pierre-au-Mont, Saint-Pierre-à-Monz, Saint-Pierre-au-Mons. *Saint-Pierre-aux-Monts.*

Saint-Pierre-aux-Oyes. *Saint-Pierre-aux-Oies.*

Saint-Pierre de Chaalons. *Saint-Pierre-aux-Monts.*

Saint-Pierre-decoste-Villers. *Saint-Pierre-aux-Oies.*

Saint-Pierre-du-Mont. *Saint-Pierre-aux-Monts.*

Saint-Pierre-la-Parroisse. *La Baroche.*

Saint-Pierre-lez-Vilier. *Saint-Pierre-aux-Oies.*

Saint-Prei, Saint-Preiz, Saint-Prey, Saint-Prier (le Pont de), Saint-Prilx, Saint-Pris, Saint-Prix-les-Hameaux. *Saint-Prix.*

Saint-Quantin. *Saint-Quentin-les-Marais*, Saint-Quentia-le-Verger.

Saint-Quantin-delez-Vitry. *Saint-Quentin-les-Marais.*

Saint-Quantin-lo-Vergier. *Saint-Quentin-le-Verger.*

Saint-Quentin. *Gionges.*

Saint-Quentin, hermitage. *Saint-Roch*, c^{ne} de Baye.

Saint-Quentin lez Saint-Lumyer. *Saint-Quentin-les-Marais.*

Saint-Quentin-soubz-Coolle, Saint-Quentin-sur-Coale. *Saint-Quentin-sur-Coole.*

Saint-Quentin-sur-le-Fiou, Saint-Quintin. *Saint-Quentin-les-Marais.*

Saint Romei-deleiz-Bussey. *Saint-Remy-sur-Bussy.*

Saint-Remey. *Saint-Remy-en-Bouzemont.*

Saint-Remi. *Saint-Remy, Saint-Remy* (Bourg), *Saint-Remy-en-Bouzemont, Saint-Remy-sur-Bussy.*

Saint-Remi-delez-Bussy-le-Chastel. *Saint-Remy-sur-Bussy.*

Saint-Remy-emprès-Sézanne. *Saint-Remy.*

Saint-Remy-en-Rosemont, Saint-Remy-en-Borimont. *Saint-Remy-en-Bouzemont.*

Saint-Remy-en-Sonbucy, Saint-Remy-en-son-Bucy, Saint-Remy-en-son-Buissy, Saint-Remy-lès-Bussy. *Saint-Remy-sur-Bussy.*

Saint-Remy-lez-Sézanne, Saint-Remy-soubz-Broye, Saint-Remy-sous-Broyes. *Saint-Remy.*

Saint-Remy-soubz-Bassy, Saint-Remy-soubz-Suippe. *Saint Remy-sur-Bussy.*

Saint-Remy-sur-Py. *Saint-Remy-à-Py.*

Saint-Saudan, Saint-Saudan. *Saint-Sindulphe.*

Saint-Satoray. *Saint-Saturnin.*

Saint-Sauveor, Saint-Sauveour. *Saint-Sauveur.*

Saint-Servaiz. *Saint-Servais.*

Saint-Severin. *Saint-Vrain.*

Saint-Souplet-sur-Py, Saint-Soupplet. *Saint-Souplet.*

Saint-Telier. *Saint-Hilaire-au-Temple*, Saint-Hilaire-le-Grand.

Saint-Therry. *Saint-Thierry.*

Saint-Thibault. *Saint-Thibaud*, c^{ne} de. Saint-Memmie et de Vitry-le-Brûlé.

Saint-Thibaut lez Vitry-en-Parthois, Saint-Tbiebau. *Saint-Thibaud*, c^{ne} de Vitry-le-Brûlé.

Saint-Thiebault. *Saint-Thibaud*, c^{ne} de Sainte-Menehould et de Saint-Memmie.

Saint-Thiebaut. *Saint-Thibaud*, c^{ne} du Mesnil-sur-Oger.

Saint-Thiebaut de Vitry-le-Château. *Saint-Thibaud*, c^{ne} de Vitry-le-Brûlé.

Saint-Thiery, Saint-Thierri, Saint-Thierri-au-Mont, Saint-Thierri-au-Mont-d'Or, Saint-Thierri-deleiz-Rainz, Saint-Thierri-du-Mont-d'Or lez Reims, Saint-Thierri-emprès-Reins, Saint-Thierri-lez-Reins, Saint-Thiéry. *Saint-Thierry.*

Saint-Thieutin. *Saint-Utin.*

Saint-Tierri, Saint-Tierris. *Saint-Thierry.*

Saint-Tatin. *Saint-Utin.*

Saint-Ulliein. *Saint-Eulien.*

Saint-Verain, Saint-Verayn, Saint-Verein, Saint-Verim, Saint-Verin. *Saint-Vrain. Saint-Vrain.*

Saint-Vitre. *Villeneuve-Saint-Vistre.*

Sainct-Wrain. *Saint-Vrain.*

Saint-Ylaire. *Saint-Hilaire*, c^{ne} du Frêne; Saint-Hilaire-le-Petit.

Saint-Ylier. *Saint-Hilaire*, c^{ne} de Châtelraould ; Saint-Hilaire-au-Temple.

Saint-Ylier-le-Menesier, Saint-Ylier-le-Mennessier, Saint-Ylier, Saint-Ylier-le-Menessier, Saint-Yllier-le-Menissier. *Saint-Hilaire-le-Grand.*

Sainct-Ymoge. *Saint-Imoges.*

Saint-Yslaire. *Saint-Hilaire*, c^{ne} du Frêne ; Saint-Hilaire-le-Petit.

Sainte-Anne. *Villers-Sainte-Anne.*

Sainte-Crois. *Sainte-Croix.*

Sainte-Eula. *Sainte-Eulalie.*

Saincte-Freize, Saincte-Freza. *Sainte-Euphraise.*

Saincte-Gemme-en-Tardenois. *Sainte-Gemme.*

Sainte-Geneviefve de Vitry. *Sainte-Geneviève.*

Sainte-Geneviève. *Faubourg d'Épernay.*

Sainte-Gloire. *Saint-Gloire.*

Saincte-Grégoire. *Saint-Grégoire.*

Saincte-Jame. *Sainte-Gemme.*

Sainte-Joie. *Saintgeois.*

Sainte-Livère, Sainte-Livierre, Sainte-Livyère. *Sainte-Livière.*

Sainte-Lymière. *Saint-Lumier-en-Champagne.*

Saincte-Mainehould. *Sainte-Menehould.*

Sainte-Mamain. *Saint-Masmes.*

Saincte-Manebault, Sainte-Manebaut, Sainte-Mancheulst, Sainte-Manchoult, Sainte-Mancheust, Sainte-Manebost, Saincte-Manehou, Sainte-Maneboud, Sainte-Manebould, Sainte-Manehoult, Sainte-Manehoust, Sainte-Maneult, Saincte-Manholt, Saincte-Manhould, Sainte-Mannebould, Saincte-Mannehoult. *Sainte-Menehould.*

Sainte-Margerie. *Margerie.*

Sainte-Marie-à-l'Espine. *L'Épine.*

Sainte-Marie-Apy. *Sainte-Marie-à-Py.*

Sainte-Marie-aux-Ormes. *Les Ormes.*

Sainte-Menebeust, Sainte-Menebeut, Sainte-Meneholt, Sainte-Menehost, Sainte-Menehot, Saincte-Menehou, Sainte-Menehoult, Sainte-Menehoust, Sainte-Menehout, Sainte-Meneould, Suinte-Menenlt, Sainte-Meneult, Sainte-Menheoust, Saincte-Menholt, Sainte-Menhoust, Sainte-Menbou, Sainte-Menbould, Saincte-Mennehaoust, Saincte-Mennebould, Saincte-Mennehoult, Sainte-Mennehoust-en-Champaigne, Saincte-Menoult, Sainte-Menout. *Sainte-Menehould.*

Sairei. *Sarry.*

Saiys (Le). *Le Fays.*

Sala. *Selles.*

Salbruche. *Salbruge.*

Salderum, *Souderon.*

Saldoa, Saldova. *Saudoy.*

Sallebruche (La). *Salbruge.*

Sallejars (Les). *Les Salzards.*

Sallery. *Sillery.*

Salles (Fief des). *Tour (Fief de la).*

Salmasia. *Sermaize.*

Salmiers. *Sermiers.*

Saltis fluvius, Saltus. *La Saulx.*

Salzard (Les). *Les Salzards.*

Summèrel. *Samerel.*

Sampegniacum, Sampiniacum, Sampugneyum. *Sampigny.*

Sancta Anna. *Sainte-Anne.*

Sancta Eufrasia, Sancta Euphrasia, Sancta Fraza. *Sainte-Euphraise.*

Sancta Gemma. *Sainte-Gemme.*

Sancta Genenepha. *Sainte-Geneviève,* c^{se} de Vitry-le-Brûlé.

Sancta Genovefa. *Sainte-Geneviève,* c^{se} de Bezannes.

Sancta Genovefa de Vitreium. *Sainte-Geneviève,* c^{se} de Vitry-le-Brûlé.

Sancta Genovepha. *Sainte-Geneviève,* c^{se} de Bezannes.

Sancta Imoga. *Saint-Images.*

Sancta Libaria. *Sainte-Livière.*

Sancta Limeria. *Saint-Lumier-la-Populeuse.*

Sancta Liveria, Sancta Lybaria. *Sainte-Livière.*

Sancta Manahildis, Sancta Manahuldis, Sancta Manaildis, Sancta Maneheldis, Sancta Manehildis, Sancta Maneholdis, Sancta Maneholdys, Sancta Manchot, Sancta Manehout, Sancta Manehuldis, Sancta Manebyldis, Sancta Maneildis, Sancta Manoldis, Sancta Maneoldis, Sancta Maneolt. *Sainte-Menehould.*

Sancta Margarita. *Margerie.*

Sancta Maria ad Pinum, Sancta Maria Api. *Sainte-Marie-à-Py.*

Sancta Maria de Montemirello. *Montléant.*

Sancta Maria de Nemore. *Bricot-les-Nonnains.*

Sancta Maria de Recluso. *Le Reclus.*

Sancta Maria de Spina. *L'Épine.*

Sancta Maria Magdalena. *Sainte-Madeleine.*

Sancta Menebildis, Sancta Menebuldis, Sancta Meneuldis, Sancta Menoldis, Sancta Menuldis. *Sainte-Menehould.*

Sanctelier. *Saint-Hilaire,* c^{se} du Frêne.

Sancti Bosoli Mons. *Saint-Baslemont.*

Sancti Basoli nemus. *Montagne-de-Reims (Forêt de la).*

Sancti Calocerus et Parthenius. *Moiremont.*

Sancti Crispinus et Crispinianus. *Saint-Crépin.*

Sancti Georgii (Nemus). *Les Convers,* c^{se} de la Neuville-aux-Bois.

Sancti Medardi nemus. *Traconne (Forêt de la).*

Sancti Petri molendinum. *Le Moulin-de-Saint-Pierre.*

Sancti Petri Mons. *Saint-Pierre-aux-Monts.*

Sancti Remigii burgus. *Saint-Remy (Bourg).*

Sancti Remigii molendina. *Les Moulins-de-Saint-Remy.*

Sancti Remigii molendinum. *Le Moulin-de-Saint-Remy.*

Sancti Remigii vicus. *Saint-Remy (Bourg).*

Sancto Juliano (Molendinum de). *Le Moulin-du-Pont,* c^{se} de Pierry.

Sanctus Amandus. *Saint-Amand.*

Sanctus Amandus de Avlois. *Saint-Amand,* c^{se} d'Ablois-Saint-Martin.

Sanctus Amendus. *Saint-Amand.*

Sanctus Aquileius, Sanctus Aquilinus. *Saint-Eulien.*

Sanctus Audoenus. *Saint-Ouen.*

Sanctus Augustinus. *Saint-Utin.*

Sanctus Basolus, Sanctus Bazolus. *Saint-Basle,* c^{ses} de la Cheppe et de Verzy.

Sanctus Bonitas. *Saint-Bon.*

Sanctus Brichus, Sanctus Bricius. *Saint-Brice.*

Sanctus Caraunus, Sanctus Caronnus, Sanctus Charaunus, Sanctus Cherio, Sanctus Cheronnus. *Saint-Cheron.*

Sanctus Clerus. *Saint-Clair.*

Sanctus Crispinus. *Saint-Crépin.*

Sanctus Dionisius, Sanctus Dionysius. *Saint-Denis.*

Sanctus Egidius apud Arceyam, Sanctus Egidius de Aceio, Sanctus Egidius de Accyo, Sanctus Egidius de Arceyo. *Saint-Gilles.*

Sanctus Elerius. *Saint-Hilaire,* c^{se} du Frêne; *Saint-Hilaire-au-Temple,* *Saint-Hilaire-le-Grand.*

Sanctus Eleutherius. *Saint-Hilaire,* c^{se} de Châtelraould.

Sanctus Eullien. *Saint-Eulien.*

Sanctus Gebrianus. *Saint-Gibrien.*

Sanctus Genesius. *Saint-Genest,* c^{ses} d'Oyes et de Saint-Remy-en-Bouzemont.

Sanctus Genesius de Oya. *Saint-Genest,* c^{se} d'Oyes.

Sanctus Genestus. *Saint-Genest,* c^{se} de Saint-Remy-en-Bouzemont.

Sanctus Germanus. *Saint-Germain,* c^{se} du Breuil; *Saint-Germain-en-Bouzemont, Saint-Germain-la-Ville.*

Sanctus Germanus Villa. *Saint-Germain-la-Ville.*

Sanctus Gibrianus. *Saint-Gibrien.*

Sanctus Godo. *Saint-Gond.*

Sanctus Gregorius. *Saint-Grégoire.*

Sanctus Helerius. *Saint-Hilaire-le-Petit.*

Sanctus Hilarius. *Saint-Hilaire,* c^{se} du Frêne; *Saint-Hilaire-au-Temple, Saint-Hilaire-le-Grand, Saint-Hilaire-le-Petit.*

Sanctus Hilarius le Menissier, Sanctus Hilarius le Menuisier, Sanctus Hilarius Manasserii, Sanctus Hilarius Manasseryus, Sanctus Hilarius Menesseri. *Saint-Hilaire-le-Grand.*

Sanctus Hilaryus. *Saint-Hilaire,* c^{se} du Frêne.

Sanctus Hilerius. *Saint-Hilaire-le-Grand.*

Sanctus Hilerius juxta Betignivillam. *Saint-Hilaire-le-Petit*.

Sanctus Hillarius juxta Templum. *Saint-Hilaire-au-Temple*.

Sanctus Hillarius Parvus. *Saint-Hilaire-le-Petit*. ·

Sanctus Hillerius Manasseri. *Saint-Hilaire-le-Grand*.

Sanctus Hylarius. *Saint-Hilaire*, c⁰⁰ de Châtelraould; *Saint-Hilaire-le-Grand, Saint-Hilaire-le-Petit*.

Sanctus Hylerius. *Saint-Hilaire-le-Petit*.

Sanctus Hylerius ante Betignivillam, Sanctus Hylerius Parvus. *Saint-Hilaire-le-Petit*.

Sanctus Ilariua. *Saint-Hilaire-le-Grand*.

Sanctus Imogius. *Saint-Images*.

Sanctus Jacobus de Vitriaco. *Saint-Jacques*, c⁰⁰ de Vitry-le-Brûlé.

Sanctus Johannes. *Saint-Jean-sur-Moivre, Saint-Jean-sur-Tourbe*.

Sanctus Johannes ad Moevium. *Saint-Jean-sur-Moivre*.

Sanctus Johannes ad Turbam. *Saint-Jean-sur-Tourbe*.

Sanctus Johannes ante Possessam. *Saint-Jean-devant-Possesse*.

Sanctus Johannes de Summa Turba, Sanctus Johannes de Turbein. *Saint-Jean-sur-Tourbe*.

Sanctus Johannes de Ulmato. *Ulmois*.

Sanctus Johannes in pago Stadunensi. *Saint-Jean-devant-Possesse*.

Sanctus Johannes suer Moivre. Sanctus Johannes super Moivam, Sanctus Johannes super Moriam, Sanctus Johannes super Mouviam, Sanctus Johannes super Muevam. *Saint-Jean-sur-Moivre*.

Sanctus Johannes super Turbam. *Saint-Jean-sur-Tourbe*.

Sanctus Johannes supra Meviam. *Saint-Jean-sur-Moivre*.

Sanctus Johannes supra Turbam, Sanctus Johannes Tourbe. *Saint-Jean-aux-Tourbe*.

Sanctus Julianus. *Saint-Julien, Saint-Julien-de-Courtisols*.

Sanctus Julianus de Cortisol, Sanctus Julianus de Cortisor, Sanctus Julianus de Courtisore. *Saint-Julien-de-Courtisols*.

Sanctus Justus, Sanctus Justus in Angula. *Saint-Just*.

Sanctus Karaunis, Sanctus Karaunus, Sanctus Karonis, Sauetus Karonnus. *Saint-Cheron*.

Sanctus Laurentius. *Saint-Laurent*.

Marne.

Sanctus Lazarus. *Saint-Lazare*, c⁰⁰ de Vitry-le-Brûlé.

Sanctus Leodemirus. *Saint-Lumier-en-Champagne*.

Sanctus Leodomirus, Sanctus Leomarus. *Saint-Lumier-la-Populeuse*.

Sanctus Leomarus in Campania. *Saint-Lumier-en-Champagne*.

Sanctus Leonardus, Sanctus Leonardus extra Remis, Sanctus Leonardus prope Remis. *Saint-Leonard*.

Sanctus Letus. *Saint-Lié*.

Sanctus Leudomarus juxta Belesmam. *Saint-Lumier-la-Populeuse*.

Sanctus Leudomerus. *Saint-Lumier-en-Champagne*, *Saint-Lumier-la-Populeuse*.

Sanctus Leudomirus. *Saint-Lumier-en-Champagne*, *Saint-Lumier-la-Populeuse*.

Sanctus Limarus. *Saint-Lumier-la-Populeuse*.

Sanctus Limerius. *Saint-Lumier-en-Champagne*.

Sanctus Ludomirus. *Saint-Lumier-en-Champagne*.

Sanctus Lupentius. *Saint-Louvent*.

Sanctus Lupus, Sanctus Lupus subtus Brecas. *Saint-Loup*.

Sanctus Lyemerus in Campania. *Saint-Lumier-en-Champagne*.

Sanctus Mamina, Sanctus Mammius, Sanctus Mammus, Sanctus Mamus. *Saint-Mames*.

Sanctus Mancius Cathalaunensis, Sanctus Mangius Cathalannensis. *Saint-Memmie*.

Sanctus Marchas in Alva. *Saint-Mard-sur-Auve*.

Sanctus Martinus. *Saint-Martin*, c⁰⁰ de Sermiers; *Saint-Martin-aux-Champs, Saint-Martin-sur-le-Pré*.

Sanctus Martinus à Vineel. *Saint-Martin-sur-le-Pré*.

Sanctus Martinus ad Campos. *Saint-Martin-aux-Champs*.

Sanctus Martinus ad Suppiam. *Saint-Martin-l'Heureux*.

Sanctus Martinus ad Vinnellum, Sanctus Martinus apud Vinettum. *Saint-Martin-sur-le Pré*.

Sanctus Martinus de Avleis, Sanctus Martinus de Avlis, Sanctus Martinus de Avlois. *Ablois-Saint-Martin*.

Sanctus Martinus de Juvigneyo. *Saint-Martin*, à Juvigny.

Sanctus Martinus de Monte Mirelli. *Saint-Martin*, c⁰⁰ de Montmirail.

Sanctus Martinus de Veneel, Sanctus Martinus de Vienel, Sanctus Martinus de Visneel. *Saint-Martin-sur-le-Pré*.

Sanctus Martinus Gibbosus. *Saint-Martin-le-Bossu*.

Sanctus Martinus in latere Sancti Memmii. *Saint-Martin*, à Saint-Memmie.

Sanctus Martinus juxta Cathalaunum. *Saint-Martin-sur-le-Pré*.

Sanctus Martinus juxta Juveniacum. *Saint-Martin*, à Juvigny.

Sanctus Martinus juxta pratum. *Saint-Martin-sur-le-Pré*.

Sanctus Martinus juxta Vinellum. *Saint-Martin-sur-le-Pré*.

Sanctus Martinus le Haireux, Sanctus Martinus-le-Heureux, Sanctus Martinus le Huraux, Sanctus Martinus le Hurex, Sanctus Martinus le Huros. *Saint-Martin-l'Heureux*.

Sanctus Martinus Pauperis. *Saint-Martin-le-Pauvre*.

Sanctus Martinus super Maternam juxta Songeium. *Saint-Martin-aux-Champs*.

Sanctus Martinus super Pit. *Saint-Martin-le-Bossu*.

Sanctus Martinus super Suppiam. *Saint-Martin-l'Heureux*.

Sanctus Martinus ultra Maternam. *Saint-Martin-aux-Champs*.

Sanctus Martynas. *Saint-Martin-aux-Champs*.

Sanctus Mauritius de Turribus supra Maternam. *Saint-Maurice*.

Sanctus Maximinus. *Saint-Mames*.

Sanctus Medardus. *Saint-Mard-lez-Rouffy*, Saint-Mard-sur-le-Mont; Saint-Médard, à Pontfaverger.

Sanctus Medardus ad Montem, Sanctus Medardus asson le Mont, Sanctus Medardus in Monte. *Saint-Mard-sur-le-Mont*.

Sanctus Medardus juxta Alvam. *Saint-Mard-sur-Auve*.

Sanctus Medardus juxta Pontem Fabricatum. *Saint-Médard*, à Pontfaverger.

Sanctus Medardus juxta Possessam, Sanctus Medardus propo Porsesse. *Saint-Mard-sur-la-Mont*.

Sanctus Medardus super Alvam. *Saint-Mard-sur-Auve*.

Sanctus Medardas super Montem. *Saint-Mard-sur-le-Mont*.

Sanctus Medardus super riparium

46

Supiæ. Saint-*Médard*, à Pontfaverger.

Sanctus Medardus supra montem. Saint-*Mard-sur-le-Mont.*

Sanctus Memius, Sanctus Memmius. Saint-*Masmes.*

Sanctus Memmius, Sanctus Memmius Cathalaunensis. Saint-*Memmie.*

Sanctus Memmius de Cortesol, Sanctus Memmius de Cortisor. Saint-*Memmie*, à **Courtisols.**

Sanctus Memmus. Saint-*Masmes.*

Sanctus Michael, Sanctus Michael juxta Cathalanum. Saint-*Michel.*

Sanctus Nichosius. Saint-*Nicaise.*

Sanctus Nicholaus ad Villouzet, Sanctus Nicholaus de Viloseto, Sanctus Nicholaus de Vilezeto, Sanctus Nicholaus de Villezert. Saint-*Nicolas-de-Virlouzet.*

Sanctus Nicholaus in silva Luviz. Saint-*Nicolas-en-Lieu.*

Sanctus Nicolaus de Coulvanier. Saint-*Nicolas*, c^{me} de Saint-Amand.

Sanctus Nicolaus de Vilozet. Saint-*Nicolas-de-Virlouzet.*

Sanctus Nicolaus in silva Luurz. Saint-*Nicolas-en-Lieu.*

Sanctus Nicolaus prope Bussiacum Stratum. Saint-*Nicolas*, c^{me} de Bussy-Lettrée.

Sanctus Obodus, Sanctus Obotdus, Sanctus Obovis, Sanctus Orbodus. Saint-*Aubeuf.*

Sanctus Petrus ad Anseres. Saint-*Pierre-aux-Oies.*

Sanctus Petrus ad Montes, Sanctus Petrus Cathalaunensis, Sanctus Petrus de Montibus. Saint-*Pierre-aux-Monts.*

Sanctus Petrus juxta Vilers. Saint-*Pierre-aux-Oies.*

Sanctus Projectus, Sanctus Prejectus. Saint-*Prix.*

Sanctus Puteus. Sompuis.

Sanctus Quintinnus. Saint-*Quentin-le-Verger.*

Sanctus Quintinus. Saint-*Quentin-les-Marais*, Saint-*Quentin-le-Verger.*

Sanctus Quintinus juxta Bruvreyum, Sanctus Quintinus juxta Cernoul. Saint-*Quentin-sur-Coole.*

Sanctus Quintinus juxta Sanctum Leudomirum, Sanctus Quintinus juxta Vitriacum. Saint-*Quentin-les-Marais.*

Sanctus Quintinus le Vergier. Saint-*Quentin-le-Verger.*

Sanctus Remigius. Saint-*Remy*, Saint-*Remy-en-Bouzemont*, Saint-*Remy-sur-Bussy.*

Sanctus Remigius ad Pinum. Saint-*Remy-à-Py.*

Sanctus Remigius de Bousemont, Sanctus Remigius in Bouzemont, Sanctus Remigius in Bozemonte. Saint-*Remy-en-Bouzemont.*

Sanctus Remigius juxta Brecas. Saint-*Remy.*

Sanctus Remigius juxta Buxiacum. Saint-*Remy-sur-Bussy.*

Sanctus Remigius subtus Brecas. Saint-*Remy.*

Sanctus Remigius super Bussiacum, Sanctus Remigius supra Bussiacum. Saint-*Remy-sur-Bussy.*

Sanctus Salvator Virtuensis. Saint-*Sauveur.*

Sanctus Saturninus. Saint-*Saturnin.*

Sanctus Servatius. Saint-*Servais.*

Sanctus Silvanus. Saint-*Servais.*

Sanctus Sindulphus. Saint-*Sindulphe.*

Sanctus Soppletus, Sanctus Soupletus. Saint-*Souplet.*

Sanctus Stephanus. Saint-*Étienne*, c^{mes} de Saint-Ouen et de Vitry-le-Brûlé; Saint-*Étienne-au-Temple*, Saint-*Étienne-sur-Suippe.*

Sanctus Stephanus ad Templum, Sanctus Stephanus juxta Templum. Saint-*Étienne-au-Temple.*

Sanctus Stephanus super Sopiam. Saint-*Étienne-sur-Suippe.*

Sanctus Stephanus super Veelam. Saint-*Étienne-au-Temple.*

Sanctus Stephanus supra Suippam. Saint-*Étienne-sur-Suippe.*

Sanctus Sulpicius. Saint-*Souplet*, Saint-*Sulpice.*

Sanctus Suppletius, Sanctus Suppletus, Sanctus Supplicius. Saint-*Souplet.*

Sanctus Teobaldus. Saint-*Thibaud*, c^{me} de Vitry-le-Brûlé.

Sanctus Teodoricus, Sanctus Thederique, Sanctus Theodoricus, Sanctus Theodoricus juxta Remis, Sanctus Theodoricus prope Remis. Saint-*Thierry.*

Sanctus Thomas, Sanctus Thomas de Vienna, Sanctus Thomas juxta Vinyne, Sanctus Thomas juxta Viennam. Saint-*Thomas.*

Sanctus Ulerius. Saint-*Hilaire*, c^{me} du Frêne.

Sanctus Verain, Sanctus Veranaus, Sanctus Veranus, Sanctus Verayn. Saint-*Vrain.*

Sanctus Ylarius. Saint-*Hilaire-au-Temple*, Saint-*Hilaire-le-Petit.*

Sanctus Ylerius. Saint-*Hilaire-au-Temple*, Saint-*Hilaire-le-Grand.*

Sanctus Ylier, Sanctus Yllarius. ad Templum. Saint-*Hilaire-au-Temple.*

Santeler, Santelier, Santelir. Saint-*Hilaire*, c^{me} du Frêne.

Santemanchout. Sainte-*Menehould.*

Santheler. Saint-*Hilaire*, c^{me} du Frêne.

Santmaart (Alodium de), Santmahart (Alodium de). La Lieue.

Sant-Mahart. Saint-*Mart-sur-le-Mont.*

Santmart (Alodium de). La Lieue.

Santtheler. Saint-*Hilaire*, c^{me} du Frêne.

Sapicort, Sapicurtis. Sapicourt.

Sapignecourt, Sapignecurt, Sapigneicourt, Sapigneicurtis. Sapignicourt.

Sapigneules, Sapigneulle, Sapigneus, Sapigneux, Sapignex. Sapigneul.

Sapigneicort, Sapignicourt, Sapignicuria. Sapignicourt.

Sapigniex, Sapigniox, Sapignolium. Sapignuel, Sapignues. Sapigneul.

Sapignycuria, Sapinei Curtis. Sapignicourt.

Sapingnex, Sapinues, Sappigneul. Sapigneul.

Sappignicourt, Sappignicuria. Sapignicourt.

Sarbruge. Salbruge.

Sarcei, Sarceium, Sarceyum, Sarciacum, Sarcy-en-Tardenois. Sarcy.

Sarimerii. Sermiers.

Sarmaise, Sarmaisia, Sarmaisse, Sarmasia, Sarmaysia. Sermaize.

Sarmedum, Sarmerii, Sarmiers. Sermiers.

Sarnacum. Cernay-en-Dormois, Cernay-lez-Reims.

Sarnacum in Dormesio, Sarnacum in Dormoys. Cernay-en-Dormais.

Sarnacum juxta Remis, Sarnacum le Pelé. Cernay-lez-Reims.

Sarnai. Cernay-en-Dormois, Cernay-lez-Reims.

Sarnai-en-Dormois. Cernay-en-Dormois.

Sarnaium, Sarnay. Cernay-en-Dormois, Cernay-lez-Reims.

Sarnayum, Sarneium. Cernay-en-Dormois.

Sarney. Cernay-lez-Reims.

Saro, Suro ad Albam. Saron.

Saron. Saron, Sarran.

Saron-sur-Aube. Saron.

Sarpeiacurte, Sarpeicurtis, Sarpieicurtis. Sapicourt.

Sarrans. *Sarran.*
Sarrebruche. *Salbruge.*
Sarrei, Sarreium, Sarrey, Sarrey-lez-Chaalons, Sarreyum, Sarri. *Sarry.*
Sarron-sur-Aulbe, Sarum. *Saron.*
Sary. *Sarry.*
Sarzi, Sarzi-lez-Maupas, Sarziacum. *Sarzy.*
Sassy, Satiacum. *Sacy.*
Satureiacum. *Sarry.*
Saucey. *Saussais.*
Saucière (La). *La Soucière.*
Saucreux. *Saulcreux.*
Saucy. *Le Saussay.*
Sauderon. *Soudron.* -
Saudoe, Saudois, Saudoie, Saudoue, Saudoya, Saudoye. *Sauday.*
Sauloy (Le). *Le Saussay.*
Saulvaiges. *Sauvaga.*
Saulx (La). *La Saulx*, rivière; *La Soude.*
Saumiers. *Sermiers.*
Saumievre. *Sommeyèvre.*
Sauneu (Le). *Le Sauna.*
Sausa (Le). *Le Saussat.*
Sausay, Saussay. *Saussaie.*
Saussay (Le). *Le Saussat.*
Saussoy. *Saussay.*
Saut. *La Soude.*
Sauvages, Sauvaige. *Sauvage.*
Sauvigny. *Savigny,* c⁰⁰ de Dormaus.
Saux (La); Saux, fluvius. *La Saulx.*
Savarin Beau-Rains (Fief de), Savarin-Royaubranier (Fief de), Savary de Beau-Reims (Fief de), Savary de Beau-Reing (Fief de). *Savary-de-Beaurein (Fief de).*
Savegniacum, Saveiguiacum, Saveneyum, Savigné, Savigneium, Savigni, Savigniacum, Savigny super Ardre, Saviniacum. *Savigny-sur-Ardre.*
Scala. *Léchelle.*
Secles. *Selles.*
Scelle (La). *La Celle-sous-Chantemerle.*
Scelles. *Selles.*
Scellières. *Sillery.*
Sceax. *Sceu.*
Scivreium. *Sivry-sur-Ante.*
Sclavolla. *Esclavolles.*
Scoblei Mons. *Écollemont.*
Scoitum. *Écueil.*
Scru, Scrut, Scrutum, Serux. *Scrupt.*
Scuel. *Écueil.*
Scuroiscum. *Écury-le-Petit.*
Scury-sur-Coole. *Écury-sur-Coole.*
Σηχοαυας. Secoannus *La Seine.*

Secourt. *Adecourt.*
Secreu, Secrou, Secra, Scorues, Secrutum, Secrux. *Scrupt.*
Sedaine, Sedane, Sedanes-en-Brye, Sedannie. *Sézanne.*
Seec Villa. *Secqueville.*
Segona. *La Seine.*
Segy-lez-Buisseulx. *Chézy.*
Seilæ, Seiles. *Selles.*
Seilleri. *Sillery.*
Seilles. *Selles.*
Seilli. *Soilly.*
Seincherun. *Saint-Charon.*
Seint-Élier. *Saint-Hilaire-le-Grand, Saint-Hilaire-le-Petit.*
Seint-Hillier. *Saint-Hilaire-le-Grand.*
Seint-Islaire. *Saint-Hilaire-le-Petit.*
Seint-Jaque de Viteré. *Saint-Jacques,* cᵉᵉ de Vitry-le-Brûlé.
Seint-Remi. *Saint-Remy-sur-Bussy.*
Seinte-Manebout. *Sainte-Menehould.*
Seintelier. *Saint-Hilaire-le-Grand, Saint-Hilaire-le-Petit.*
Seisaulx. *Sept-Saulx.*
Sel soubz Chantemelle (La). *La Celle-sous-Chantemerle.*
Selæ. *Selles.*
Seleri, Seleriacum. *Sillery.*
Seles, Sellæ. *Selles.*
Selle-soubz-Chantemerle (La). *La Celle-sous-Chantemerle.*
Selleri. *Sillery.*
Selvon. *Servon.*
Semeroicourt. *Sommerecourt.*
Semoingne, Semoinne, Samongue. *La Semoigne.*
Sempsois. *Somsois.*
Senongne. *La Semoigne.*
Sent Lumerius. *Saint-Lumier-en-Champagne.*
Sepilly. *Expilly.*
Sepsaus. *Sept-Saulx.*
Septem Molendina. *Les Sept-Moulins.*
Septem Salices, Septem Sallices, Sept-Saulx, Sept-Saux, Sept-Seaulx, Sept-Solz. *Sept-Saulx.*
Sequana. *La Seine.*
Serchamp, Serchamps. *Sarrechamps.*
Serey (Le gagnage). *Le Gagnage-Serey.*
Sermaise-sur-Saulx, Sermasia, Sermaizes. *Sermaize.*
Sermier, Sermier-en-la-Montagne, Sermieres, Sermiers-en-la-Montaigne. *Sermiers.*
Sermoise. *Sermaize.*
Sernacum, Sernais-lez-Reims. *Cernay-lez-Reims.*

Sernaium. *Cernay-en-Dormois.*
Sernay, Sernay-devant-Reims. *Cernay-lez-Reims.*
Sernay-en-Dormois. *Cernay-en-Dormois.*
Sernay-le-Pelé lez Reims. *Cernay-lez-Reims.*
Sernom. *Cernon.*
Sero. *Saran.*
Serré, Serreium, Serris, Serry-lez-Chaalons. *Sarry.*
Serseuil. *Cerseuil.*
Servonnum. *Servon.*
Sesania, Sesanne, Sesanne-en-Brie, Sesannia. *Sézanne.*
Set-Malin, Set-Molin (Le). *Les Sept-Moulins.*
Setsaus, Setsaux. *Sept-Saulx.*
Seu, Seu (Le). *Sceu.*
Seuillieres, *Soulières.*
Seulions (Les). *Les Seuillons.*
Seurgeville. *Freginville.*
Seurmenei. *Le Surmelin.*
Seurteur. *Sourcourt.*
Scuz. *Sceu.*
Severi, Sevri. *Sivry-sur-Ante.*
Seyles. *Selles.*
Sezana, Sezane, Sezania, Sezanna, Sezanne-en-Brie, Sezaunia, Sezannya, Sezeinnia, Sezenne, Sezennia, Sezenna. *Sézanne.*
Sicutam. *Saulains (Bois).*
Signetum. *Sogny-en-l'Angle.*
Signi. *Igny.*
Sigona. *La Seine.*
Silereium, Sileri. *Sillery.*
Siliacum. *Soilly.*
Sillereium, Sillereyum, Silleri, Silleriscam, Sillerin, Sillery en la rivière de Marne, Sillery vers Reims. *Sillery.*
Sillery-le-Petit. *Sillery (Le Petit-).*
Sillieri, Silliriacum. *Sillery.*
Sincheron. *Saint-Cheron.*
Singeois. *Saintgeois.*
Sinteriscum, Sintreiacum. *Chaintrix.*
Sivereium, Sivery, Sivré, Sivrei, Sivreium, Sivrey, Sivreyum, Sivres, Sivri, Sivry-lès-Ante. *Sivry-sur-Ante.*
Smogne. *La Semoigne.*
Soain, Soan, Soay, Soayn. *Souain.*
Soc. *Sceu.*
Sociacum. *Soizy-aux-Bois.*
Sodderon, Sodron. *Soudron.*
Sodeyum. *Soudé-Sainte-Croix.*
Sodoleium. *Soilly.*
Soegni. *Soigny.*

Soein. *Souain.*
Soelle. *Souelle.*
Soeyn, Soian. *Souain.*
Soignei. *Sogny-en-l'Angle.*
Soigneium. *Sogny - aux - Moulins, Sogny-en-l'Angle.*
Soignetum. *Sogny-en-l'Angle.*
Soigni. *Sogny-aux-Moulins, Sogny-en-l'Angle, Soigny.*
Soigni-en-l'Angle. *Sogny-en-l'Angle.*
Soigneium. *Sogny-aux-Moulins.*
Soigniacum. *Sogny-aux-Moulins, Soigny.*
Soignys. *Soigny.*
Soileriæ, Soilleriæ. *Soulières.*
Soilli, Soilliacum. *Soilly.*
Soillieres. *Soulières.*
Soily. *Soilly.*
Soin, Soing. *Souain.*
Soingneyum in Angulo. *Sogny - en-l'Angle.*
Soingniacum, Soingny-aux-Moulins. *Sogny-aux-Moulins.*
Soingny-en-l'Aingle. *Sogny-en-l'Angle.*
Soipe. *Suippes.*
Soiseium. *Saisy-le-Franc.*
Soiscium, Soisi, Soisiacum in Bosco. *Saizy-aux-Bois.*
Soisiacum juxta Baldimentum. *Soyer.*
Soissi, Soissiacum. *Soizy-aux-Bois.*
Soissy. *Soyer.*
Soissy-aux-Bois. *Soizy-aux-Bois.*
Soisy. *Soizy-aux-Bois, Soyer.*
Soisy-au-Bois, Soisy-aux-Bois, Soisy-ou-Bois, Soisyacum in Bosco. *Soizy-aux-Bois.*
Soisyacum juxta Baldimentum. *Soyer.*
Soizy-au-Bois. *Soizy-aux-Bais.*
Solacière (La). *La Solanère.*
Solanges, Solangia, Solangiæ. *Soulanges.*
Soldcium. *Soudé-Sainte-Croix.*
Soldereium, Solderon, Solderulum. *Soudron.*
Soldeum Minor. *Soudé-Notre-Dame.*
Salongæ, Solenges, Solengia. *Soulanges.*
Soleriæ. *Soulières.*
Soliacum. *Soilly.*
Solicres. *Soulières.*
Solinges. *Soulanges.*
Sollariæ. *Soulières.*
Sollei. *Soilly.*
Sollenges. *Soulanges.*
Solli, Solliacum. *Soilly.*
Soloinges. *Soulanges.*
Somanges. *Saint-Remy.*
Somblourbe. *Sommetourbe.*
Somepi, Somepin, Somepy. *Sommepy.*

Somerecourt, Somercicourt. *Somme-recourt.*
Somesaut, Somesolt, Somesot, Some-sout. *Sommesous.*
Sometorbe, Sometourbe, Some-Turbe. *Sommetourbe.*
Some-Veele, Somevelle, Someviele. *Sommevesle.*
Some-Yevre, Somievre. *Sommeyèvre.*
Somillière. *Soulières.*
Sommasopia. *Sommesuippe.*
Sommanges. *Saint-Remy.*
Sommavella, Sommavilla. *Sommevesle.*
Somme. *La Sommesoude.*
Sommebyonne. *Sommebionne.*
Sommecourt. *Sommerecourt.*
Somme-lèvre, Sommeièvre. *Somme-yèvre.*
Sommepi, Sommepin. *Sommepy.*
Sommepuis, Sommepuy. *Sompuis.*
Sommerain. *Le Surmelin.*
Somme-Remy-sur-Bussy. *Saint-Remy-sur-Bussy.*
Sommeroncourt. *Sommerecourt.*
Sommesaut. *Sommesous.*
Sommesois. *Somsois.*
Sommesol, Sommesolt, Sommesolz, Sommesou, Sommesoubz, Sommo-sous, Sommesout, Sommesoux, Sommesouz, Sommessout. *Somme-sous.*
Sommesuippe. *Sommesuippe.*
Somme-sur-Tourbe. *Sommetourbe.*
Sommevel, Sommevele, Sommevelle, Sommevilla,Sommeville.*Sommevesle.*
Sommevre. *Sommeyèvre.*
Sommezot. *Sommesous.*
Sommiefvre, Sommievre, Sommievre-en-Champagne, Sommievres, Sommovre, Sommuevre. *Sommeyèvre.*
Sommas Saltus. *Sommesous.*
Sommyevre. *Sommeyèvre.*
Somppuy. *Sompuis.*
Sompseium, Sompsois, Sompsoix, Sompsoyes en Champaigne, Somp-soys. *Somsois.*
Sompui, Sompuits, Sompoy. *Sompuis.*
Sompy. *Sonmepy.*
Somremy sur Bussy-les-Mottes. *Saint-Remy-sur-Bussy.*
Somsois, Somsoyes, Somsoys. *Somsois.*
Somtourbe. *Sommetourbe.*
Somyèvre. *Sommeyèvre.*
Songeium, Songoy, Songeyum, Songi. *Sougy.*
Songney. *Sogny-aux-Maalins.*
Songney-en-l'Aingle. *Sogny-en-l'Angle.*
Songneyum. *Sogny-aux-Moulins.*

Songny. *Sogny-aux-Moulins, Sogny-en-l'Angle, Soigny.*
Songny-au-Moulinet, Songny-aux-Moulins. *Sogny-aux-Moulins.*
Songny-en-l'Angle. *Sogny-en-l'Angle.*
Sonmepin, Sonme-Py. *Sommepy.*
Sonmesolt, Sonmesout, Sonmessolt. *Sommesous.*
Sunmetourbe. *Sommetourbe.*
Sonmeyevre, Sonmyevre. *Sommeyèvre.*
Sonniat (Le). *Le Songniat.*
Sonpuis. *Sompuis.*
Soupy. *Sommepy.*
Sonseis, Sonseium, Sonsois, Sonsoiz, Sonsos. *Somsois.*
Soogny. *Soigny.*
Sope. *Suippes.*
Sopia, Soppia. *La Suippe, Suippes.*
Sordon. *Le Sourdon.*
Sortom (Le), Sorton (Le), Sortons. *Le Sorton.*
Soseium. *Saisy-aux-Bois.*
Souain-soubz-Suippes, Souang, Souainum. *Souain.*
Soucière (La). *La Saucière.*
Soudan. *Souain.*
Soudé-le-Grand. *Soudé-Sainte-Croix.*
Soudé-le-Petit. *Soudé-Notre-Dame.*
Sondei. *Soudé-Sainte-Croix.*
Souderon. *Soudron, Le Soudron.*
Souderonnum, Souderulum, Soude-rum. *Soudron.*
Soudey-Sainte-Croix, Soudeyam. *Soudé-Sainte-Croix.*
Soudon-le-Grand. *Soudé-Sainte-Croix.*
Soudan-le-Petit. *Soudé-Notre-Dame.*
Souel. *Sceu.*
Sougnat (Le). *Le Saugulat.*
Sougnis. *Soigny.*
Sougny. *Sogny-aux-Moulins.*
Sougny-en-l'Angle. *Sogny-en-l'Angle.*
Sougoy-près-de-Mairey. *Sogny-aux-Moulins.*
Soubelle. *Souelle.*
Souigneium. *Sogny-en-l'Angle.*
Souilleriæ, Souillières, Souilliers. *Soulières.*
Souia, Souing. *Souain.*
Soulange, Soulangiæ. *Soulanges.*
Souldé-Nostre-Dame. *Soudé-Notre-Dame.*
Souldé-Saincte-Croix. *Soudé-Sainte-Croix.*
Soulderon. *Soudron.*
Souldey-Nostre-Dame. *Soudé-Notre-Dame.*
Souldey-Saincte-Croix, Souldeyum. *Soudé-Sainte-Croix.*

Souldron, Souldronnum. Soudron.

Soulange, Soulenges, Soulongiæ. Soulanges.

Souliers. Soulières.

Soullainges, Soullanges. Soulanges.

Soulleriæ, Soulliere, Soulliers. Soulières.

Soully. Soilly.

Soult. Sceu.

Soumepi, Soumepy. Sommepy.

Soumesout, Soumessous. Sommesous.

Soume-Suippe. Sommesuippe.

Soume Vella. Sommeveale.

Soume-Yèvre, Soumièvre. Sommeyèvre.

Soumma Vella. Sommeveale.

Souniat (Le). Le Sougniat.

Sourcy. Sercy.

Sourdet, Sourdet (Le), Sourdis (Les). Les Sourdets.

Sourdon. Le Sourdan.

Sourielle. Sourette.

Sourmolain, Sourmelan, Sourmelans, Sourmelin, Sourmerain. Le Sourmelin.

Sous. La Saulx, rivière.

Sous-Ain. Souain.

Sousiacum in Bosco. Saizy-aux-Bois.

Soussière (La). La Saucière.

Sout. La Soude.

Souvaing, Souyn-sur-Suippe. Souain.

Souynat. Le Sougniat.

Souyppe. Suippes.

Soux et Some (La rivière de). La Sommesoude.

Sowaing. Souain.

Soyacum prope Baldimentum. Soyer.

Soygnai. Songy.

Soygni. Soigny.

Soygny. Sogny-aux-Moulins.

Soyn. Souain.

Soysiacum, Soyzy-au-Bois. Soizy-aux-Bois.

Spancia. Épense.

Spancia Valbis, Spaucievallis, Spancival. Épensival.

Spansia, Spantia. Épense.

Spantia Vallis, Spantievallis. Épensival.

Sparnaci foresta. Épernay (Forêt d').

Sparnacus, Sparnai, Sparnaium, Sparnacum, Sparnacum, Sparniacum, Spernacum, Spernicensis (adjectif). Épernay.

Spida. Époye.

Spilliacum, Spilly. Espilly.

Spina. L'Épine.

Spissæ de Lachi. Les Épées.

Spois, Spoys. Époye.

Stadeneis, Stadiensis, Stadinensis, Stadinisus, Stadonensis, Stadunensis, Staniensis pagus. L'Atenois.

Stat. Thaas.

Sternay. Esternay.

Sterpeium, Stirpeium, Stirpeum, Stirpeyum. Étrepy.

Stogiæ, Stogium. Étoges.

Strepeium, Strepi. Étrepy.

Stricbeium. Étrechy.

Strata. L'Étrée.

Stripeium, Styrpeium. Étrepy.

Sugnet, Sugnetum, Sugneyum. Sogny-en-l'Angle.

Sogni, Sugniacum. Sogny-aux-Moulins.

Sugniacum. Sogny-en-l'Angle.

Suigneium. Sogny-aux-Moulins.

Suigneium, Suigneium in Angulo. Sogny-en-l'Angle.

Suigneium juxta Maireyum. Sogny-aux-Moulins.

Suigneyum in Angulo. Sogny-en-l'Angle.

Suigniacum, Soigny de lez Bourse en Champagne. Sogny-aux-Moulins.

Soigny-en-l'Aingle, Suiguyacum in Angola. Sogny-en-l'Angle.

Suillères. Soulières.

Suilliacum. Sailly.

Suinsuppe. Sommesuippe.

Soin-Tourbe. Sommetourbe.

Suipe. La Suippe, Suippes.

Suippe, Suippe-la-Longue. Suippes.

Suippia. La Suippe.

Suisi-lo-Franc, Suizy-le-Franc. Suisy-le-Franc.

Sulain (Bos de). Soulains (Bois).

Soleircs, Sulères. Soulières.

Sullain (Bois de). Soulains (Bais).

Sulleriæ. Soulières.

Sumalva. Auve.

Sumbiona, Sumbione, Sumbionne. Sommebionne.

Sumesot, Sumesout. Sommesous.

Sumevra, Sumevre, Sumievre. Sommeyèvre.

Summa Alva. Auve. Cf. Haute-Auve.

Summaevra, Summa Evra. Sommeyèvre.

Summantre. Sommante.

Summepera. Sommeyèvre.

Somma Pignus, Summa Pinus, Summa Pynus. Sommepy.

Somma Saltus. Sommesous.

Summasibi. Somsois.

Summa Sopia, Summa Soppia, Summa Suippe, Somma Soppia. Sommesuippe.

Summa Turba, Summa Turba (Ad). Sommetourbe.

Summavella, Summa Vidola. Sommevesle.

Sommavilla. Sommeville.

Summa Vitula. Sommevesle.

Summebra. Sommeyèvre.

Summepi, Summepin. Sommepy.

Summepui. Sompuis.

Summesaudum, Summesaut, Summesolt, Summesout. Sommesous.

Somme-Turbe. Sommetourbe.

Summevella, Summevelle. Sommevesle.

Summevra, Summevre, Summevria, Summeyèvre, Summievre. Sommeyèvre.

Sommi Potei. Sompuis.

Summopi. Sommepy.

Summos Puteos (Ad). Sompuis.

Summueurre, Summueuvre. Sommeyèvre.

Summum Naudi. Somnaud.

Summus Petrus, Summus Puteus. Sompuis.

Summus Salderus. Sommesous.

Summuvre. Sommeyèvre.

Sumpsesium, Sumpseyum. Somsois.

Sumpui, Sompuis. Sompuis.

Somsois. Somsois.

Sumsuppe. Sommesuippe.

Samtourbe. Sommetourbe.

Sungnis. Sogny-aux-Moulins.

Sunseium, Sunsoys. Samsois.

Supa. Suippes.

Sope. La Suippe, Suippes.

Superbe (La): Les Auges.

Supia. La Suippe.

Suppa, Soppo, Suppeia. Suippes.

Soppia. La Suippe, Suippes.

Surneium. Cernay-en-Dormois.

Sosy-au-Bois. Soizy-aux-Bois.

Suype, Suyppe. Suippes.

Suyppia. La Suippe.

Suz. Sceu.

Suzennis. Sézanne.

Suzi. Suisy-le-Franc.

Syllereium, Syllery. Sillery.

Syverei, Syvereium, Syverey, Syvorez, Syvreium, Syvri, Syvry. Sivry-sur-Ante.

T

Taats. Thaas.

Tafna (La). La Sauronnerie.

Tahur, Tahure. Tahure.

Taicé. Taissy.

Taincauda, Taincol. *Tinqueux.*
Taincor, Taincourt. *Tincourt.*
Tainequeulx, Tainkeu, Tainkoue, Tainqueue, Tainqueut, Tainqueux, Tainquex. *Tinqueux.*
Taiseium, Taisi, Taisseium, Taissi, Taissi juxta Remis, Taissiacus, Taissy emprez Reims, Taisy. *Taissy.*
Talet. *Talot.*
Talii. *Le Tahis.*
Tallot. *Talot.*
Tallo, Tallus, Talus, Talus super Morain, Taluz, Toly. *Le Talus.*
Tancauda. *Tinqueux.*
Tancornum. *Tincourt.*
Tancquex, Tanqueue. *Tinqueux.*
Tanscort. *Tincourt.*
Tardanensis pagus, Tardenetum, Tardenoys. *Le Tardenois.*
Tardi Mons. *Thiermont.*
Tardinensis pagus, Tardinisus, Tardonensis, Tardunensis, Tardunum. *Le Tardenois.*
Tarette. *Le Moulin-de-Tarette.*
Tarnault (Rivière de). *Ternau.*
Tartenois. *Le Tardenois.*
Tasciacum, Tasiacus, Tassceius, Tassiacum, Tasseium, Tassieium. *Taissy.*
Tast, Tasta. *Thaas.*
Tauguy. *Togny-aux-Bœufs.*
Tauxeriæ, Tauxier, Tauxiere, Tauxieres, Tauxierres, Tauxiers, Tauxires, Tauzeriæ, Taxeriæ, Taxières. *Tauxières.*
Taxeium. *Taissy.*
Tayot (Moulin de). *Moulin-Tayot.*
Tayssy. *Taissy.*
Tebeium. *Thibie.*
Tebememunt, Tebemont, Tebemunt. *Thiéblemont.*
Teci. *Taissy.*
Tegicort, Tegicourt. *Tigecourt.*
Teincor. *Tincourt.*
Teisi, Toissi. *Taissy.*
Temple-lez-le-Gault (Le). *Le Temple, cᵗᵉ du Gault.*
Temple-lez-Norlieu (Le). *Le Temple, cᵗᵉ de Noirlieu.*
Temple-sur-Vesle. *Saint-Étienne-au-Temple.*
Tencauda, Tendecaudæ, Tendens Caudam. *Tinqueux.*
Tercon. *Trécon.*
Tordonensis pagus. *Le Tardenois.*
Ternault, Ternaut (Rivière de). *Ternau.*
Terre-Brianges. *Férebrianges.*

Tertenoys. *Le Tardenois.*
Tessi, Tessiacum, Tessy, Thaisseium, Thaissy, Thassiacum. *Taissy.*
Thaureauderie. *La Thaureauderie.* Cf. *La Truauderie.*
Thas. *Thaas.*
Theardi Mons. *Thiermont.*
Thebeia, Thebeium. *Thibie.*
Thebemont, Theobaldi Mons. *Thiéblemont.*
Therio. *Thibie.*
Thetbiacum. *Thibie.*
Thibault-le-Chasteau (Fief). *Thibault-le-Chance (Fief).*
Thibeium. *Thibie.*
Thibemonlt. *Thiéblemont.*
Thibiacum. *Thibie.*
Thiblemont. *Thiéblemont.*
Thibý, Thibye. *Thibie.*
Thiebault du Fresne (Fief). *Thibault-du-Fresne (Fief).*
Thiebault le Chance, Thiebault le Change (Fief). *Thibault-le-Chance (Fief).*
Thiebemont. *Thiéblemont.*
Thiebie, Thieby, Thiebye. *Thibie.*
Thieblement, Thiebmons. *Thiéblemont.*
Thiegicourt. *Tigecourt.*
Thieremont. *Thiermont.*
Thieullerie (La). *Vieille-Tuilerie, cᵗᵉ de Possesse.*
Thieullerie-Maulevant (La). *La Tuilerie-Maulevant.*
Thigicort, Thigicourt. *Tigecourt.*
Thilley, Thillay. *Thillois.*
Thilloys. *Tilloy, cᵗᵉ de Tilloy-et-Bellay.*
Thiloy. *Thillois.*
Thilz. *Thil.*
This. *Athis.*
Thogny, Thoigny. *Togny-aux-Bœufs.*
Tholom. *Toulon.*
Thomassès (Les), Thomasset. *Les Thomassets.*
Thongny, Thongny-aux-Beufs, Thongny-sur-Blaise. *Togny-aux-Bœufs.*
Thomange. *Touange.*
Thonniacum, Thosni. *Togny-aux-Bœufs.*
Thou, Thou (Le), Thou-en-Brie. *Le Thoult.*
Thou-sur-Marne. *Tours-sur-Marne.*
Thoüange, Thouanges. *Touange.*
Thoul (Le). *Le Thoult.*
Thoul-sur-Marne. *Toura-sur-Marne.*
Thoulangeon. *Toulongeon (Château de), à Bussy-le-Château.*
Thoullon, Thoulon. *Toulon.*

Thourizet. *Tourizet.*
Thour-la-Regnarde (La). *La Tour-la-Renarde.*
Thourry, Thoury. *Le Moulin-de-Thaurry.*
Thoursurmarne. *Tours-sur-Marne.*
Thoussaios-en-l'Isle. *Toussaint-en-l'Île.*
Thout (Le). *Le Thoult.*
Thuileries de Moncquebault (Les). *La Tuilerie, cᵗᵉ de Mutry.* Cf. *Mocquebault.*
Thuillerie (La). *La Tuilerie, cᵗᵉ de Soisy-aux-Bois et de Vindey.*
Thuilleries (Les). *Les Tuileries, cᵗᵉ de Châtillon-sur-Morin.*
Thuillerye (La). *La Tuilerie, cᵗᵉ de Champaubert.*
Thuisi, Thuissy, Thuizy. *Thuisy.*
Thulon. *Toulon.*
Thusy, Thuyseium, Thuysy, Thuzy. *Thuisy.*
Thy. *Thil.*
Tibeium, Tibiacum. *Thibie.*
Tibimons. *Thiéblemont.*
Tiby, Tiby-les-Chaalons. *Thibie.*
Tichecourt. *Tigecourt.*
Tiebemont. *Thiéblemont.*
Tiegecourt. *Tigecourt.*
Ticrmont. *Thiermont.*
Tigicourt. *Tigecourt.*
Tigloy. *Thillois.*
Til, Til subtus Sanctum Theodoricum, Tilia, Tilium. *Thil.*
Tillay de lès Somièvre. *Tilloy, cᵗᵉ de Sommeyèvre.*
Tilleium juxta Remis, Tilletum, Tilleyum. *Thillois.*
Tillia. *Thil.*
Tilliat (Le). *Le Tillat.*
Tillio, Tillium. *Thil.*
Tilloi, Tillois, Tilloy, *Tilloy, cᵗᵉ de Tilloy-et-Bellay.*
Tilloy (Les). *Tilloy, cᵗᵉ de Sommeyèvre.*
Tiloit. *Thillois.*
Tincoe. *Tinqueux.*
Tinoe. *Le Moulin-de-Tinoue.*
Tinqueulx. *Tinqueux.*
Tiriniachus, Tiriniacum. *Trigny.*
Toegni, Tohugny, Toigni, Toigneium. *Togny-aux-Bœufs.*
Toillus. *Le Talus.*
Tologoy. *Togny-aux-Bœufs.*
Toisi. *Toisy.*
Taissy. *Troissy.*
Tollens Viam. *Tourvoie, cᵗᵉ de Reims.*
Tolo. *Toulon.*
Tolvia. *Tourvaie, cᵗᵉ de Reims.*

Tombeau de Théodoric. *La Garenne.*

Tongnei, Tonguis, Tongny, Tonguy-aux-Bœufs, Tonniacum, Tooigny, Tooni. *Togny-aux-Bœufs.*

Tor, Tor (Le). *Tours-sur-Marne.*

Tor (Le). *Le Thoult.*

Torchapel de Forges, Torchapel des Forges (Fief). *Torchapel (Fief).*

Torisel. *Tourizet.*

Torn. *Tours-sur-Marne* (aux additions).

Tornachum, Tornacum, Tornaium, Tornay. *Tournay.*

Tornisel, Torniscllum, Tornissel. *Tournizet.*

Torre. *La Tourbe.*

Tors, Tors-sur-Marne. *Tours-sur-Marne.*

Tortas. *Retortas.*

Torte-Épée, Tortespée. *Tortépée.*

Tossicourt, Tossieurtis. *Toussicourt.*

Tot (Le). *L'Étau.*

Tou, Tou (Le). *Le Thoult.*

Tou-sur-Marne. *Tours-sur-Marne.*

Touticourt. *Toussicourt.*

Tougny. *Togny-aux-Bœufs.*

Toul. *Tours-sur-Marne.*

Toul, Toul (Le). *Le Thoult.*

Toulanjeon. *Toulongeon (Château de).* Cf. *Bussy-le-Château. Le Toulongeon.* à Ognes.

Toullou. *Toulou.*

Toulonjon. *Toulongeon (Château de).* Cf. *Bussy-le-Château. Le Toulongeon,* à Cloyes.

Tour-sur-Marne. *Tours-sur-Marne.*

Tourbemont. *Saint-Jean-sur-Tourbe.*

Tourbillion. *Tourbillon.*

Tourisel, Touriset, Tourizel, Tourrizel. *Tourizet.*

Tournai, Tournais. *Tournay.*

Tournelle (La). *La Grande-Laye.*

Tournelles (Fief des). *Misy.*

Tourneloup. *Retourneloup.*

Tournisel, Tournizet, Tournisetum. *Tournizet.*

Tourraine. *Touraine.*

Tourrisel, Tourrissel-lès-Betheni. *Tourizet.*

Tourry. *Le Moulin-de-Toury.*

Tours-seur-Marne, Tours-sor-Marne (Les), Tours-sur-Materne. *Tours-sur-Marne.*

Tour-Théodoric. *La Garenne.*

Tourisset. *Tourizet.*

Tourvoye. *Tourvoie, c^ne d'Anthenay.*

Toury. *Le Moulin-de-Toury.*

Tours-seur-Marne. *Tours-sur-Marne.*

Toussicourt. *Toussicourt.*

Toussainctz-en-l'Isle, Toussains, Toussains-en-l'Île de Chaalons, Toussaint-en-l'Ile, Toussaints-en-l'Isle, Toussaints-Dehors, Toussaintz. *Toussaint-en-l'Île.*

Toussicort, Toussicurt, Toxicourt. *Toussicourt.*

Tox-Sains en l'Île, Toz-Sains. *Toussaint-en-l'Île.*

Trailou. *Treslon.*

Tramercium, Tramereyum, Trameri, Trameriacum, Tramerium, Trameryacum, Trammereium, Trammeri, Trammeriacum, Trammerium. *Tramery.*

Tranbloi. *Le Tremblay.*

Tranmereium. *Tramery.*

Traultes, Traute. *Traite.*

Treblou. *Trebelleu.*

Treccao, Traco, Trecounam, Trecont. *Trécon.*

Treffaux, Treffolx, Treffolz, Treffous, Treffoux, Treffox, Trefol, Trefolli, Trefotum, Trefox. *Tréfols.*

Treillon. *Treslon.*

Treissy, Treissy-lez-Châtillon. *Traissy.*

Trellon, Trelon. *Treslon.*

Tremblay, Tremblay (Les), Tremblay (Le). *Le Tremblay.*

Tremeri, Tremesium. *Tramery.*

Trepaille, Trepailles, Trepaïlium, Trepaïllum, Trepal, Trepalliæ, Trepallis, Trepallum, Trepayl, Tropeium, Treppail. *Trepail.*

Trescou. *Trécon.*

Tres Fagi, Tresfaulx, Tresfaux, Tresfols. *Tréfols.*

Tres Fontes. *Troisfontaines.*

Tresfort, Tresfous. *Tréfols.*

Trespail, Trespal, Trespas. *Trépail.*

Tres Putei, Tres Puthei. *Trois-Puits.*

Tresseium, Tressy. *Troissy.*

Triberlu. Cf. *Trebelleu.*

Trichy. *Étrechy.*

Trielougum. *Treslon.*

Trigneium, Trigneyum, Trigni, Trigniacum, Triniacum, Trinniacum. *Trigny.*

Triaai, Triesiacum, Troicy. *Troissy.*

Troiffontaines. *Troisfontaines.*

Troillon, Troillonnum, Troilou. *Treslon.*

Troinai, Troinay, Troinoi. *Tronay.*

Troiseium. *Troissy.*

Trois-Fontaines-la-Grange, Troisfontainnes, Troisfontainnes-l'Abbaïe, Trois-Fontenes. *Troisfontaines.*

Troisi. *Troissy.*

Trois-Puis, Trois-Puis-lez-Reims. *Trois-Puits.*

Troissi, Troissiacum, Troissy-en-Champoigne. *Troissy.*

Troix-Puytz. *Trois-Puits.*

Tromp. *Le Tronc.*

Tronay, Tronoy-en-Brie, Tronay-en-Champagne, Tronayum. *Tronaÿ.*

Tronc. *Le Tronc.*

Tronoy, Trosnaï, Trosnay (Le). *Trosnay.*

Trossiacum, Trossium, Trossy. *Troissy.*

Trotnoy. *Trosnay.*

Troylon. *Treslon.*

Troynoy. *Trosnay.*

Troypuy. *Trois-Puits.*

Troyseium, Troyssi, Troyssiacum. Troyssy. *Troissy.*

Truaulderie. *La Truauderie.*

Truchy. *Étrechy.*

Trugny. *Trigny.*

Trusconnerie (La). *La Trussonnerie.*

Trusnedum. *Trosnay.*

Try, Trye. *Trie.*

Trygny. *Trigny.*

Tryllon. *Treslon.*

Tugui, Taiguy. *Togny-aux-Bœufs.*

Tuilerie. *Bois-du-Pré.*

Tuilerie-Carbonau (La), Tuilerie des Carbonneaux (La). *La Tuilerie des Carbonaux.*

Tuilerie-sur-Crugny (La). *La Tuilerie, c^ne de Crugny.*

Tuilerie. *Briqueterie de la Marinua, La Morginne.*

Tuini. *Togny-aux-Bœufs.*

Tuiseyum, Tuisi, Tuissy, Tuisy-lès-Sept-Saulx, Tuizy. *Thuisy.*

Tullum. *Le Thoult.*

Tullum super Maternam. *Tours-sur-Marne.*

Tulum. *Le Thoult.*

Tuniacum. *Togny-aux-Bœufs.*

Turba. *La Tourbe.*

Turbillio. *Tourbillon.*

Turnum. *Tours-sur-Marne.*

Turones, Turones super Maternam, Turres super Maternam, Turris, Turram, Tars. *Tours-sur-Marne.*

Tursicart. *Toussicourt.*

Tuseium, Tusiacum. *Thuisy.*

Tussicurtis, Tussicurtis juxta Hermundivillam. *Toussicourt.*

Tuay, Tusyacum, Tuysy, Tuyey juxta Septem Salices, Tuzy. *Thuisy.*

Tybye. *Thibie.*

Tyl subtus Sanctum Theodoricum. *Thil.*

Tylloi. *Thillois; Tilloy*, c^{ne} de Sommeyèvre.

Tyloi. *Tilloy*, c^{ne} de Tilloy-et-Bellay.

Tynoei. *Le Moulin-de-Tinoue.*

U

Uilli. *OEuilly.*

Uiron. *Huiron.*

Ulco, Ulcum. *Orconte.*

Ulcum, rivulus. *L'Orconté.*

Uldrizei Villa. *Heutrégiville.*

Uleium, Ulli. *OEuilly.*

Ulliis, Ullus. *Hurlus.*

Ully, Ullyacum. *OEuilly.*

Ulmay, Ulmayum, Ulmeium. *Ulmois.*

Ulmes juxta Remis. *Ormes.*

Ulmethum, Ulmetum, Ulmetum la Grange, Ulmeyum ad Moniales. *Ulmois.*

Ulmi. *Les Ormes.*

Ulmi, Ulmi juxta Remis. *Ormes.*

Ulmons. *Ormont.*

Ulmoy, Ulmoy-en-Champagne. *Ulmois.*

Ultrapons. *Outrepont.*

Ultravera, Ultravercy. *Outrivière.*

Un Chair, Unchaire, Uuchar, Uncber, Unchey, Unum Carrum, Unum Currum, Unum Karrum. *Unchair.*

Urbana Vallis, Urbana Villa, Urbe-Ville. *Vieil-Orbéval.*

Urc, Urcon, Urcum. *Orconte.*

Urlay, Urley. *La Chapelle-Hurlay.*

Urlu, Urlas. *Hurlus.*

Urmæ juxta Remis. *Ormes.*

Urmetum, Urmoy. *Ulmois.*

Ursluus. *Hurlus.*

Urtebize. *Hurtebise.*

Utergiville, Utregiville. *Heutrégiville.*

Uyron. *Huiron.*

V

Vacieulx. *Vassieux*, c^{ne} de Breuil-sur-Vesle.

Vacieux. *Vassieux*, c^{ne} de Dormans.

Vademenge. *Vaudemanges.*

Vadenet, Vadenetum, Vadenois, Vadenoy. *Vadenay.*

Vadeville. *Voidiville.*

Vadivere. *Vadivière.*

Vadiville. *Voidiville.*

Vadum Petrosum. *Voiprenr.*

Vadum sub Talone. *Vert-la-Gravelle.*

Vaglonière (La). *Vologuières.*

Vaillemont. *Voillemont.*

Val (La). *Laval-sur-Tourbe.*

Val-Aumont. *Sainte-Marie-à-Py.*

Valbourg. *Saint-Pierre-aux-Oies.*

Valcellæ. *Vaucelle (La Basse-).*

Valchamp. *Vauchamps.*

Valcler. *Vaucler.*

Val-de-Chaudefontaine (Le). *Vaux*, c^{ne} de Chaudefontaine.

Valdemenge. *Vaudemanges.*

Valdencourt. *Vaudancourt.*

Val-d'Estrée, Valdestrée (Le). *Vaudetrée.*

Val-Dieu de Lachi (Le), Val-Dieu-des-sous-Laichy (Le). *Valdieu.*

Val-Domange, Val-Dommange, Val-doumenge. *Vaudemanges.*

Valemés. *Valmy.*

Valemont. *Voilemont.*

Valençaux (Les), Valenceaux. *Le Valenceau*, c^{ne} de Chapelaine.

Valendre, Valendres-lez-Estrepy. *Valandre.*

Val-en-Saulx, Valentiaux (Les). *Le Valenceau*, c^{ne} de Chapelaine.

Valeri. *Valery.*

Valesmia. *Valmy.*

Vallande. *Valandre.*

Vallaniaux (Les). *Le Valenceau*, c^{ne} de Chapelaine.

Vallée (La). *La Vallée-des-Bois, La Vallée-d'Huiron.*

Vallée-Colletot (La), Vallée-Coltée (La). *La Vallée-Coltet.*

Vallée-de-Bois (La), Vallée-des-Bois (La). *La Vallée-des-Bois.*

Vallée d'Oyron (La), Vallée d'Uyron (La). *La Vallée-d'Huiron.*

Vallemont. *Voilemont.*

Vallenceaux (Les). *Le Valenceau*, c^{ne} de Chapelaine.

Vallendre. *Valandre.*

Vallontiaux (Les). *Le Valenceau*, c^{ne} de Chapelaine.

Valles. *Vaux-Varennes.*

Valles juxta Vitriacum. *Vaux*, c^{ne} de Vitry-le-Brûlé.

Vallesmont. *Voilemont.*

Valleuvre. *Balœuvre.*

Vallouvrel. *Balœuvrel.*

Vallis Campi. *Vauchamps.*

Vallis Clara. *Vauclerc.*

Vallis Dei juxta Lachiacum. *Valdieu.*

Vallis de Orione. *La Vallée-d'Huiron.*

Vallis Dominica, Vallis Dominici. *Vaudemanges.*

Vallis Guiseine. *Vaujusaine.*

Vallis in Saona. *Le Valenceau*, c^{ne} de Chaintrix.

Vallis Jusana. *Vaujusaine.*

Vallis Morendi. *Vaumorain.*

Vallis Rainaldi. *Renauval.*

Vallis Remondi, Vallis Remundi. *Vauremont*, c^{ne} de Germaine.

Vallis Renaudi. *Renauval.*

Vallis Roffridi. *Vaurefroy.*

Vallis Spanciensis. *Épensival.*

Valmons, Valmont. *Voilemont.*

Valmorain. *Saint-Gand, Vaumorain.*

Val-Morin. *Vaumorain.*

Valpopuleuse. *Saint-Lumier-la-Populeuse.*

Valrainfroit. *Vaurefroy.*

Valresvueur. *Vaureveuil.*

Vanault-le-Chasteau, Vanault-le-Chastel. *Vanault-le-Châtel.*

Vanault-lez-Dames. *Vanault-les-Dames.*

Vanaulx, Vanault-le-Chastel, Vanaux. *Vanault-le-Châtel.*

Vandels. *Vandeuil.*

Vanderiæ, Vanderres, Vandierres. *Vandières.*

Vanne (La). *Lavonne.*

Vano-lo-Chastel. *Vanault-le-Châtel.*

Vano-les-Dames, Vanodium ad Domines. *Vanault-les-Dames.*

Vanodium Castrum. *Vanault-le-Châtel.*

Vantaux (Les). *Les Ventaux.*

Vantelai, Vantelay, Vantelets. *Ventelay.*

Vantelium, Vanteuil, Vanteul, Vantheuil. *Venteuil.*

Varaine, Varannes. *Varenne.*

Varau, Varaus. *Vraux.*

Varce, Varcia. *Vouarces.*

Vardon. *Verdon.*

Varemont. *Varimont.*

Varennes. *Varenne.*

Vargemolin, Vargemoulin. *Wargemoulin.*

Varimons, Varimont-sur-Yèvre. *Varimont.*

Varmerivilla. *Warmeriville.*

Varmont. *Varimont.*

Varnancourt, Varnencourt. *Vernancourt.*

Varoi, Varoil. *Vroil.*

Varpillière (La). *La Verpillière.*

Varsia. *Vouarces.*

Vasceus. *Vassieur*, c^{ne} de Breuil-sur-Vesle.

Vasiacus nemus. *Vassy (Forêt de).*

Vasnou. *Vanault-le-Châtel.*

Vassel (La). l'aurelle (*La Basse-*).

Vasseuil. *Vassieur*, c^{ne} de Breuil-sur-Vesle.

Vasseurs (Les). *Noron (Ru de).*

Vassinemont. *Vassimont.*

Vassonai. *Vassonay (Bois de)*.
Vassonnay, Vassonnet. *Vassonay*.
Vassonnet. *Vassonay (Bois de)*.
Vassonnoy. *Vassonay*.
Vatancourt-la-Longue. *Bettancourt*.
Vatrie, Vatrye. *Vatry*.
Vaucella. *Vaucelle (La Basse-)*.
Vaucemin. *Vaucemain*.
Vauchamp, Vauchampt, Vauchamps, Vauchans, Vauchem. *Vauchamps*.
Vaucillon. *Les Vauzillons*.
Vauclair. *Vauclerc*.
Vauclarois-soubs-Montmirail. *Vauclairoix*.
Vauclef, Vaucleir, Vaucler-en-Pertois, Vaucler-les-Vitry, Vauclere. *Vauclerc*.
Vauclerois, Vaucleroix, Vaucleroys. *Vauclairoix*.
Vauclers, Vauclerum, Vaucley. *Vauclerc*.
Vaudancour. *Vaudancourt*.
Vaudange (Haulte et Basse). *Vaudanges (Les Hautes- et les Basses-)*.
Vaudebars (Les), Vaudebart. *Vaux-de-Bard*.
Vaudemange, Vaudemengue. *Vaudemanges*.
Vaudenay. *Vadenay*.
Vaudencourt. *Vaudancourt*.
Vaudenois, Vaudenoix. *Vadenay*.
Vaudesaincourt. *Vaudesincourt*.
Vaudestrée, Vandestrez. *Vaudétrée*.
Vaudétré, Vaudétré (Le), Vaudétrez. *Vaudétrée*.
Vaudezincourt. *Vaudesincourt*.
Vaudieu (Le). *Valdieu*.
Vaudivière, Vaudivières. *Vadivière*.
Vaudomenge, Vaudommange. *Vaudemanges*.
Vaudseincourt. *Vaudesincourt*.
Vaudyviere. *Vadivière*.
Vaufroy. *Vaurefroy*.
Vaugenciam, Vaugencien, Vaugenceyen, Vaugentien. *Veugency*.
Vaugonnière, Vaugonnères, Vaugonnière, Vaugonnière (La). *Volognières*.
Vague (La). *Vogue (Bois de la)*.
Vauguonnier, Vaugnonnière. *Volognières*.
Vauhalaise. *Vauchelaise*.
Vaujasangne. *Vaujusains*.
Vaulamain, Vaulcemin. *Vaucemain*.
Vaulchamps. *Vauchamps*.
Vaulcienne, Vaulciennes. *Vauciennes*.
Vaulclerc. *Vauclerc*.
Vaulconnière (La). *Vologniières*.

Marne.

Vauldebert. *Vaudebert*.
Vauldemange, Vauldemengue. *Vaudemanges*.
Vauldivière. *Vadivière*.
Vaul-Domainge, Vauldomange, Vauldommange. *Vaudemanges*.
Vaulefroy. *Vaurefroy*.
Vaulevrost, Vaulevrot. *Vaulevrault*.
Vaulgentien. *Veugency*.
Vaulmorain. *Vaumorain*.
Vaulremont. *Vauremont*, c[ne] de Germaine et de Grauves.
Vaulsemin. *Vaucemain*.
Vaulsiennes, en Brie, Vaultienne, Vaultiennes. *Vauciennes*.
Vaulvray-le-Grand. *Vavray-le-Grand*.
Vaulvray-lo-Petit. *Vavray-le-Petit*.
Vaulx. *Vaux-Varennes*.
Vaulxclairois, Vaulxclerois. *Vauclairoix*.
Vaulx-de-Chaudefontaine (Le). *Vaux*, c[ne] de Chaudefontaine.
Vaulx-dessoubz-Vittry. *Vaux*, c[ne] de Vitry-lo-Brûlé.
Vaulx-d'Estrez, Vaulx-d'Estres (Le). *Vaudétrée*.
Vaulx-lès-Saincte-Menholt. *Vaux*, c[ne] de Sainte-Menehould.
Vaulx-lez-Victry. *Vaux*, c[ne] de Vitry-le-Brûlé.
Vaulx-Reveil. *Vaurereuil*.
Vaulx-sur-Marne. *Vaux*, c[ne] de Vitry-le-Brûlé.
Vaunoise. *La Nauxe*.
Vauraimont. *Vauremont*, c[ne] de Germaine et de Grauves.
Vaureffroy. *Vaurefroy*.
Vauromont. *Vauremont*, c[ne] de Germaine.
Vaurrefroy. *Vaurefroy*.
Vaus, Vaua-delès-Vantolai. *Vaux-Varennes*.
Vausemin. *Vaucemain*.
Vausienne. *Vauciennes*.
Vausonnet. *Vassonnay*.
Vaussella. *Vaucelle (La Basse-)*.
Vaussemin. *Vaucemain*.
Vaussiennes, Vaussiennez. *Vauciennes*.
Vaussonnay, Vaussonnet, Vaussonnoy. *Vassonay*.
Vauvaraine, Vauvarenne. *Vaux-Varennes*.
Vauve (La). *Vogue (Bois de la)*.
Vauvray-le-Grand. *Vavray-le-Grand*.
Vauvray-le-Petit. *Vavray-le-Petit*.
Vauvré-les-Dames. *Vanault-les-Dames*.
Vauvrey-le-Petit. *Vavray-le-Petit*.
Vaurelle (La Basse-). *Vavrelle (La Basse-)*.

Vaux. *Vaux-Varennes*.
Vaux-de-Barre. *Vaux-de-Bard*.
Vaux-lez-Bouvencourt. *Vaux-Varennes*.
Vaux-lez-Sainte-Menehoît. *Vaux*, c[ne] de Sainte-Menehould.
Vauxelle-la-Basse. *Vaucelle (La Basse-)*.
Vauxelle-la-Haute. *Vaucelle (La Haute-)*.
Vauxillon, Vauzillon. *Les Vauzillons*.
Vavereiz (Les), Vaveret (Le Petit et le Grand). *Vavray-le-Grand, Vavray-le-Petit*.
Vavré. *Vavray-le-Grand*.
Vavré-le-Petit. *Vavray-le-Petit*.
Vavreille (La Basse-). *Vavrelle (La Basse-)*.
Vavrey. *Vavray-le-Grand*.
Vavrey-le-Petit. *Vavray-le-Petit*.
Vavry. *Vavray-le-Grand*.
Vawarenne. *Vaux-Varennes*.
Vayssi (Foresta de). *Vassy (Forêt de)*.
Vé, Vé-delès-Tusy, Vé in riparia Vidule, Vé juxta Tusy. *Wez*.
Veaux-Varenne. *Vaux-Varennes*.
Vecy. *Vassy*.
Vedeniacus. *Vinay*.
Veele (Doyenné de). *Vesle (Doyenné de)*.
Veele, Veelle. *La Vesle*.
Vees. *Wez*.
Veesle. *La Vesle*.
Veez, Veoz-lès-Reims. *Wez*.
Vefve (La). *La Veuve*.
Veignetz. *Vinets*.
Voiouo (La). *Lavanaes*.
Veira, Veire. *La Vière*.
Voisin. *Voisin*.
Velcianæ. *Vauciennes*.
Vèle. *La Vesle*.
Velcis, Velie, Velix. *Velye*.
Velle. *La Vesle*.
Vendeires. *Vendières*, c[ne] de Courlandon.
Vendera super Maternam, Venderes. *Vandières*.
Venderia. *Vendières*, c[ne] de Courlandon.
Venderia, Venderiæ. *Vandières*.
Venderiæ.*Vendières*, c[ne] de Courlandon.
Venderiæ juxta Castellionem, Venderez. *Vandières*.
Vendous, Vendeux, Vendez. *Vandœuil*.
Vendieres soubz Chastillon, Vendières sur Marne, Vendièrez-soubz-Chastillon. *Vandières*.
Vendolium, Vendorum, Vendous, Venduell, Vendus. *Vandœuil*.
Veneium. *Vinay*.
Venice. *Venise*.

47

Venne (La). *Lavannes.*
Ventalli, Ventaulx, Ventaus (Les),
　Ventaux (Les). *Les Venteaux.*
Ventelaium, Venteliacum, Ventelet.
　Ventelay.
Ventouil-sur-Marne. *Venteuil.*
Venthelay, Ventheleium. *Ventelay.*
Ventheuil, Ventheuil-sur-Marne, Ven-
　theul, Venthueil. *Venteuil.*
Ventilacus, Ventilais, Ventileium,
　Ventileium, Ventiliacum, Ventilla-
　cus. *Ventelay.*
Ventoilum, Ventolium, Ventuoil. *Ven-
　teuil.*
Ver. *Vert-la-Gravelle, La Vière.*
Vera. *Vière, La Vière.*
Verail. *Vroil.*
Verau, Veraud, Verauld, Veraut.
　Vraux.
Veray, Verayl. *Vroil.*
Vercenaium. *Verzenay.*
Vercoolum, Vercieil. *Verseil.*
Verd. *Vert-la-Gravelle.*
Verdé, Verdé-lez-Sézanne, Verdeium,
　Verdet. *Verdey.*
Verdenai. *Verzenay.*
Verdenai (Nemus de). *Montagne-de-
　Reims (Forêt de la).*
Verdenaium, Verdenay. *Verzenay.*
Verdeyum, Verdi, Verdi subtus Sanc-
　tum Basolum. *Verzy.*
Verdon (Ru de). *La Verdonnelle.*
Verdun. *Verdon.*
Verdy. *Verdey.*
Vere. *Vert-la-Gravelle, La Vière.*
Vereel. *Vroil.*
Vereium. *Le Vézier.*
Verel, Verellum. *Vroil.*
Vereyum. *Le Vézier.*
Verge-Moulin. *Wargemoulin.*
Vergeneium. *Virginy.*
Vergneium, Vergneyum, Vergni, Ver-
　gny, Vergny delez Reins, Vergnya-
　cum. *Vrigny.*
Veriere, Veriers. *Verrières.*
Verillum. *Vroil.*
Verilly, Verily. *Vrilly.*
Ver lez la Gravelle. *Vert-la-Gravelle.*
Vermeriville. *Warmeriville.*
Verna villa. *Vert-la-Gravelle.*
Vernai. *Vernay.*
Vernancuria. *Vernancourt.*
Vernaufays. *Vernauxfays.*
Vernauld, Vernault. *Verneau.*
Vernay (Le), Vernay in Montana.
　Vernay.
Verneil-sur-Marne. *Verneuil.*
Verneium. *Vrigny.*

Vernemcour, Vernencuria, Vernon-
　curtis. *Vernancourt.*
Verneul, Verneull. *Verneuil.*
Verniacum. *Vrigny.*
Vernieil-sur-Marne. *Verneuil.*
Verno. *Verneau.*
Vernoil, Vernoil-lez-Vincelles, Vernoi-
　lum. *Verneuil.*
Vernol. *Verneau.*
Vernolium, Vernolum. *Verneuil.*
Vernonfays. *Vernauxfays.*
Vernou. *Verneau.*
Vernueil, Vernucil-sur-Marne, Ver-
　nuel, Vernueull, Vernuil-sur-
　Marne, Vernuoil. *Verneuil.*
Vernyacum. *Vrigny.*
Veroa, Veroacum. *Vraux.*
Veroi, Veroil, Veroiam, Verol, Vero-
　lium. *Vroil.*
Verouc, Verous, Verouz, Verox. *Vraux.*
Verpignan, Verpignon. *Le Verpignon.*
Verpilliers. *La Verpillière.*
Verre (La). *La Vière.*
Verreres, Verreriæ. *Verrières.*
Verrerie (Forêt de la). *Rouge-Fossé
　(Forêt de).*
Verrerie de Biesme. *La Vignette.*
Verrerie de Saint-Gond (La). *La Ver-
　rerie, c⁹ de Coizard-Joches.*
Verrorye (La), Verrerye-lez-Chemi-
　non (La). *La Verrerie, c⁹ de Che-
　minon-la-Ville.*
Verrewilla. *Warmeriville.*
Verrier, Verrière, Verrière (La). *Ver-
　rières.*
Verscuel. *Verscil.*
Verseaulx. *Berzieux.*
Verseium. *Verzy.*
Versenai, Versenaium. *Verzenay.*
Verset. *Verseil, Verzet.*
Verseuil. *Verseil.*
Versey, Versi. *Verzy.*
Verszuel. *Verseil.*
Vertavoies. *Les Vertes-Voies.*
Vertboys (Le). *Le Vertbois.*
Vert-Pignon (Le). *Le Verpignon.*
Vertu, Vertudense municipium. *Vertus.*
Vertudensis pagus, Vertudinsis pagus.
　Vertus (Pays de).
Vertueil, Vertuel, Vertuele, Vertuelles.
　Vertuelle.
Vertus, Vertus en Champaigne, Ver-
　tuz. *Vertus.*
Verzé. *Le Vézier.*
Verzei. *Verzet.*
Verzeiam. *Verzet, Verzy, Le Vézier.*
Verzena, Verzenai, Verzenaium, Ver-
　zeneium. *Verzenay.*

Verzeoil. *Verseil.*
Verzeux. *Berzieux.*
Verzi. *Verzet, Verzy, Le Vézier.*
Verziaca villa. *Verzy.*
Verziacum. *Verzet, Verzy, Le Vézier.*
Verzieulx. *Berzieux.*
Veseinol, Vesignen. *Vésigneul-sur-
　Coole.*
Vésigneuil, Vesigneulx-sur-Marne. *Vé-
　signeul-sur-Marne.*
Vesigneux. *Vésigneul-sur-Coole.*
Vesigneux-sur-Marne, Vesignolium,
　Vesignuel-delès-Poigney. *Vésigneul-
　sur-Marne.*
Vesignuel-sur-Coole. *Vésigneul-sur-
　Coole.*
Vesignuel-sur-Marne. *Vésigneul-sur-
　Marne.*
Vesin. *Voisin.*
Vesinol. *Vésigneul-sur-Coole.*
Vesinuel. *Vésigneul-sur-Marne.*
Veslecourt. *Saint-Hilaire-au-Temple.*
Vessigneul. *Vésigneul-sur-Marne.*
Vessigneux. *Vésigneul-sur-Coole.*
Vessy. *Vassy.*
Veave (La). *La Veuve.*
Vesy. *Vassy.*
Vetereii Villa. *Vitry-la-Ville.*
Vetus Andecium. *Vieille-Andecy.*
Vetus Catalaunum. *Le Vieux-Châtons.*
Vetus Damperre, Vetus Dampetra, Ve-
　tus Dampetrum, Vetos Dampierre,
　Vetus Domnapetra. *Le Vieil-Dam-
　pierre.*
Vetus Materna. *La Vieille-Marne.*
Vetus Molendinum de Jonchereio.
　*Vieux-Moulin, e⁹⁹ de Jonchery-sur-
　Vesle.*
Vetus Vernon. *Verneau.*
Veufve (La), Veve (La). *La Veuve.*
Veyre. *La Vière.*
Vez, Vez-lez-Thuisi. *Wez.*
Vézier. *Le Vézier.*
Vezigneul, Vezigneul-sur-Coole. *Vési-
　gneul-sur-Coole.*
Vezigneul-sur-Marne. *Vésigneul-sur-
　Marne.*
Vezigneulx. *Vésigneul-sur-Coole.*
Vezignoolium, Vezignuel-sur-Marne. *Vé-
　signeul-sur-Marne.*
Vézineul, Vezinieux. *Vésigneul-sur-
　Coole.*
Vezinuel super Maternam. *Vésigneul-
　sur-Marne.*
Via supra Serra. *Chemin de la Serre.*
Vioaxona, Viaine, Viaine-la-Ville?
　Vienne-la-Ville.
Viaisne. *Vienne-le-Château.*

Viaisne-la-Ville. *Vienne-la-Ville.*
Viaixne-la-Ville. *Vienne-la-Ville.*
Viana, Viane, Vianna. *Vianne-le-Châ-teau.*
Vianne. *Vienne,* c^{ne} de Sommeyèvre; *Vienne-le-Château.*
Viasna. *Vienne-la-Ville, Vienne-le-Château.*
Viasne, Viasona, Viaxne, Viaxne-la-Vile, Viaxona, Viaxona Villa, Viayne. *Vienne-la-Ville.*
Vicinum. *Voisin.*
Vicobernus. *Vert-la-Gravelle* (voir aux additions).
Victoriacum, Victriacum, Victriacum Castrum. *Vitry-le-Brûlé.*
Victriacum Villa. *Vitry-la-Ville.*
Victry. *Vitry-le-Brûlé, Witry-lez-Reims.*
Victry-en-Parteys. *Vitry-le-Brûlé.*
Victry-la-Ville. *Vitry-la-Ville.*
Victry-le-François. *Vitry-le-François.*
Victuriacum. *Witry-lez-Reims.*
Vicus Comitia. *La Rue-le-Comte.*
Vicus Ovium. *La Rue-des-Moutons.*
Vidampierre, Vidempierre. *Le Vieil-Dampierre.*
Vidola. *La Vesle.*
Vidus. *La Veuve.*
Vidula. *La Veole.*
Vidola (Decanatus de). l'esle (*Doyenné de*).
Vieil-Malin (Le). *Vieux-Moulin,* c^{ne} de Chaumuzy.
Vieille-Andecye (La), Vieille-Andecys (La). *Vieille-Andecy.*
Vieille-Dampierre. *Le Vieil-Dampierre.*
Vieille-Foulon (Le). *Le Vieux-Foulon.*
Vieils-Andecys. *Vieille-Andery.*
Vieils-Moulin de Massiges. *Vieil-Moulin,* c^{ne} de Massiges.
Viel-Andecis (Le). *Vieille-Andecy.*
Viel-Châlous (Le). *Le Vieux-Châlons.*
Viel-Dampierre (Le). *Le Vieil-Dampierre.*
Viel-Foulon (Le). *Le Vieux-Foulon.*
Viel-Moulins. *Vieux-Moulin,* c^{ne} de Courbetaux.
Vielle-Andecis (La). *Vieille-Andecy.*
Vielle-Marne (La). *La Vieille-Marne.*
Viels-Maisons. *Vieux-Moulin,* c^{ne} de Courbetaux.
Viels-Marne (La). *La Vieille-Marne.*
Viels-Moulin. *Vieux-Moulin,* c^{ne} de Courbetaux.
Vielz-Chasson (Le). *Le Vieux-Chasson.*
Vielz-Dampierre (Le). *Le Vieil-Dampierre.*
Vielz-Marne (La). *La Vieille-Marne.*

Vielz-Molins. *Vieux-Moulin,* c^{ne} de Courbetaux.
Vialz-Mollin (Le). *Le Vieux-Moulin,* près Troissy.
Vielz-Mouleins. *Vieux-Moulin,* c^{ne} de Courbetaux.
Vialz-Moulin (Le). *Vieil-Moulin,* c^{ne} de Massiges.
Vielz-Saint-Jacques (Le). *Le Vieux-Saint-Jacques.*
Vielzville-du-Mesnil (La). *Le Mesnil-sur-Oger.*
Vienellum. *Vinets.*
Vienna, Vienne-le-Chastel, Vienne-le-Chasteau, Viennense castellum. *Vienne-le-Château.*
Viennes. *Vienne,* c^{ne} de Sommeyèvre.
Vière. *Outrivière.*
Vierrecourt. *Saint-Jean-devant-Possesse.*
Vierzy. *Verzy.*
Viès-Dampierre (Le). *Le Vieil-Dampierre.*
Viesne. *Vienne-la-Ville.*
Vieufoulon (Le moulin de). *Le Vieux-Foulon.*
Vieulaines. *Violaine,* c^{ne} d'Olizy.
Vieulainne. *Violaine,* c^{ne} d'Ablois.
Vieulainnes, Vieuleines. *Violaine,* c^{ne} d'Olizy.
Vieulx-Ville-du-Mesnil (La). *Le Mesnil-sur-Oger.*
Vieulz-Moulins. *Vieux-Moulin,* c^{ne} de Courbetaux.
Vieux-Andecy. *Vieille-Andecy.*
Vieux-Chaalons (Le). *Le Vieux-Châlons.*
Vieux-Dampierre (Le). *Le Vieil-Dampierre.*
Vieux-Monde (Le). *Le Quartier-du-Pont.*
Vieux-Saint-Antoine. *Saint-Antoine,* c^{ne} de Lagery.
Vieuxville-du-Mesnil (La). *Le Mesnil-sur-Oger.*
Viez-Dampierre (Le). *Le Vieil-Dampierre.*
Viez-Foulon (Le). *Le Vieux-Foulon.*
Viez-Molina. *Vieux-Moulin,* c^{ne} de Courbetaux.
Viez-Mollin (Le). *Le Vieux-Moulin,* près Troissy.
Viez-Ville-du-Mesnil (La). *Le Mesnil-sur-Oger.*
Viffontaine. *Biffontaine.*
Vigera. *La Vidre.*
Vignel, Vignels, Vignelz, Vignelz, Vignest-lez-Chaalons, Vignelz-lez-Chaalons, Vignez. *Vinets.*

Vignières. *Lignière.*
Vigny. *Maisonvigny.*
Vilantardenois. *Ville-en-Tardenois.*
Vilata. *Villotte.*
Vilceneux. *Villseeneux.*
Viledommange, Viledonmange. *Ville-domange.*
Vile-en-Tardenois. *Ville-en-Tardenois.*
Vilemelle. *Villemerle.*
Vile-Novete. *Villevotte, Villouette.*
Vilenserve. *Ville-en-Selve.*
Vilenueve. *Villeneuve-lez-Rouffy.*
Vilenueve-au-Pont (La). *La Neuville-au-Pont.*
Viler-Aleran. *Villers-Allerand.*
Viler-au-Selve. *Ville-en-Selve.*
Viler-as-Nex. *Villers-aux-Nœuds.*
Viler-en-Serve. *Ville-en-Selve.*
Viler-Franquex. *Villers-Franqueux.*
Viler in Silva. *Ville-en-Selve.*
Viler-Marmerei. *Villers-Marmery.*
Vilers. *Hautvillers; Villers,* c^{ne} de Couvrot; *Villers-Allerand, Villers-aux-Corneilles, Villers-en-Argonne, Villers-sous-Châtillon; Villiers,* c^{ne} de Férebrianges; *Villiers-aux-Corneilles.*
Vilers ad Noes, Vilers ad Nues, Vilers-Anoux. *Villers-aux-Nœuds.*
Vilers-en-Argonne. *Villers-en-Argonne.*
Vilers-Marmeri subtus Sanctus Basolum. *Villers-Marmery.*
Vilers-sous-Châtillon. *Villers-sous-Châtillon.*
Vilers super Maternam. *Villers,* c^{ne} de Couvrot.
Vilert-Aleran. *Villers-Allerand.*
Vilert in Salvei. *Ville-en-Selve.*
Vilerus. *Villers-en-Argonne.*
Vilessaint. *Villessaint.*
Vile-sur-Torbe, Vile-sur-Tourbe. *Ville-sur-Tourbe.*
Vileta, Vilete. *Villotte.*
Vile-Vanart, Vile-Vernart. *Villevenard.*
Vilier. *Villers-aux-Bois.*
Viliers-aux-Corneilles. *Villiers-aux-Corneilles.*
Viliers-Marmoré. *Villers-Marmery.*
Vilia. *Ville-sur-Tourbe.*
Villa ad Boscum. *La Ville-aux-Bois.*
Villa ad Nemus. *La Ville-aux-Bois.*
Villa ad Nodos. *Villers-aux-Nœuds.*
Villa Aleranni. *Villers-Allerand.*
Villa Asinaria, Villa Asininum, Villa Asinorum. *Villers-aux-Nœuds.*
Villa Bernardi. *Villevenard.*
Villa Caroli. *Charleville.*
Villa de Bosco. *La Ville-aux-Bois.*
Villa de Monte Remensi. *La Neuvillette.*

Villa Domango, Villa Domino..., Villa Dominica. *Villedomange.*

Villa Francorum, Villa Francosum. *Villers-Franqueux.*

Villa Herimundi. *Hermonville.*

Villaines, Villainnes. *Violaine,* c^{ne} d'Olizy.

Villa in Silva. *Ville-en-Selve.*

Villa in Tardano, Villa in Tardenois. *Ville-en-Tardenois.*

Villaires-sur-Marne. *Villers,* c^{ne} de Couvrot.

Villaloueta, Villa Loveta. *Villevotte.*

Villa Melle, Villa Merla, Villammelle. *Villemerle.*

Villa Nemoris. *La Ville-aux-Bois.*

Villa Nova. *La Neuville, Villeneuve-lez-Charleville, Villeneuve-lez-Rouffy.*

Villa Nova ad Fraxinum. *Le Fresne.*

Villa Nova à Warimont. *Varimont.*

Villa Nova de Ymogio. *Saint-Images.*

Villa Nova domini Galcheri de Castellione. *La Neuville,* c^{ne} de Louvois.

Villa Nova juxta Carolivillam. *Villeneuve-lez-Charleville.*

Villa Nova juxta Chevigny. *Villeneuve-lez-Rouffy.*

Villa Nova juxta Garmerivilla. *La Neuville,* c^{ne} de Warmeriville.

Villanova juxta Sanctum Quintinum. *Villevotte.*

Villanova juxta Virtutum. *Villeneuve-lez-Rouffy.*

Villa Nova Leonis. *Villeneuve-la-Lionne.*

Villa Nova prope Sanctum Quintinum. *Villeneuve-Saint-Vistre.*

Villore. *Villers,* c^{nes} de Couvrot et de Sainte-Euphraise; *Villers-aux-Corneilles, Villers-aux-Nœuds, Villers-en-Argonne.*

Villare ad Nex, Villare ad Nodos. *Villers-aux-Nœuds.*

Villare Aledrani, Villare Aleramni, Villare Aloran, Villare Aleranni, Villare Alerent, Villare Alleram, Villare Allerans, Villare Allerant. *Villers-Allerand.*

Villare Asinorum, Villare Asnens. *Villers-aux-Nœuds.*

Villare Frainkeus, Villare Frainqueus, Villare Frainquex, Villare Francorum, Villare Francosum, Villare Frankeus, Villare Franqueus, Villare Franquex. *Villers-Franqueux.*

Villare in Estaueyo, Villare in Eslaunelo. *Villers-en-Argonne.*

Villore in Silva. *Ville-en-Selve.*

Villare juxta Aisencelles. *Villers-le-Sec.*

Villare juxta Sanctam Eufraziam. *Villers,* c^{ne} de Sainte-Euphraise.

Villare Marmerei, Villare Marmeri, Villore Marmerinm. *Villers-Marmery.*

Villare Slccum. *Villers-le-Sec.*

Villore subtus S. Theodericum. *Villers-Sainte-Anne.*

Villari Alleran (Foresta do). *Montagne-de-Reims* (Forêt de la).

Villaria. *Villers,* c^{ne} de Saint-Euphraise.

Villaria ad Cornices. *Villera-aux-Corneilles, Villiers-aux-Corneilles.*

Villaria Franqueux. *Villers-Franqueux.*

Villaria in Argona. *Villers-en-Argonne.*

Villarium supra Rolium. *Villers-sous-Châtillon.*

Villa Senatoris, Villa Sencor, Villa Seneoris, Villa Seneur, Villa Seniorum, Villa Senor, Villa Senoris. *Villeseneux.*

Villa subtus Orbacum. *La Ville-sous-Orbais.*

Villa super Turbam, Villa supra Turbam. *Ville-sur-Tourbe.*

Villa Tardoni, Villa Tardeni. *Ville-en-Tardenois.*

Villauneuf. *Villers-aux-Nœuds.*

Villa Venardi, Villa Venart. *Villevenard.*

Villa Warmerena. *Warmeriville.*

Ville. *Ville-sur-Tourbe.*

Ville (La). *Ville-en-Tardenois.*

Villé. *Villers,* c^{ne} de Sainte-Euphraize.

Ville-au-Bois (La), Ville-au-Bos delez Jonchery (La), Villo-aux-Boys (La). *La Ville-aux-Bois.*

Villecenoux. *Villeseneux.*

Villecheux. *La Ville-Échue.*

Villedemanche, Villedemange, Villedemenge (La), Villedomenge, Villedommanche, Ville-Dommange, Villedommenge, Villedoumenge. *Villedomange.*

Ville-en-Louvoy. *La Neuville.*

Ville-en-Serve. *Ville-en-Selve.*

Ville-en-Tardenoys, Ville-en-Tartenois. *Ville-en-Tardenois.*

Villefolet, Villefols, Villeforest, Villefort. *Villeforét.*

Villefranqueux. *Villers-Franqueux.*

Villeir Asnorum. *Villers-aux-Nœuds.*

Villeir-Marmery. *Villers-Marmery.*

Villeirs. *Villers-en-Argonne.*

Ville-l'Alouette, Villelouette. *Villevotte.*

Villelouvette. *Villouette.*

Ville-Louvette. *Villevotte.*

Villelouvote. *Villouette.*

Villelouvotte. *Villevotte.*

Ville-Marle. *Villemerle.*

Villemarne. *Saint-Germain-la-Ville.*

Ville-Melle. *Villemerle.*

Villemenard. *Villevenard.*

Villemonjoie, Villemont-Joie, Ville-Montjonet. *Villemongeois.*

Villenauxe. *La Naure.*

Villenefve. *Villeneuve-lez-Charleville.*

Ville-Neufve. *Villeneuve-Saint-Vistre.*

Villeneufve-la-Lyonne. *Villeneuve-la-Lionne.*

Villeneufve-lez-Charville. *Villeneuve-lez-Charleville.*

Villeneufve-Solnet-Victre (La), Villeneufve-Saint-Vitre. *Villeneuve-Saint-Vistre.*

Villeneufve-soubz-Arzillieres (La). *Neuville-sous-Arzillières.*

Villeneuve-la-Leonne. *Villeneuve-la-Lionne.*

Villeneuve-la-Louette, Villeneuve-la-Louvotte. *Villevotte.*

Villeneuve-lez-Charleville (La). *Villeneuve-lez-Charleville.*

Villeneuve-lez-Vauchamps. *La Villeneuve,* c^{ne} de Vauchamps.

Villeneure-près-Saint-Quentin. *Villevotte.*

Ville-Neuve Sainct Ymoge (La). *Saint-Imoges.*

Villenoce (La). *La Naure.*

Ville-Novo. *Villeneuve-lez-Rouffy.*

Ville-Novete. *Villevotte.*

Villenselve, Villenserve. *Ville-en-Selve.*

Ville-Nuefve. *Villeneuve-Saint-Vistre.*

Villenueve. *La Neuville,* c^{ne} de Louvois; *Villeneuve-lez-Rouffy, Villeneuve-Saint-Vistre.*

Villeneuve-au-Pont (La). *La Neuville-au-Pont.*

Ville-Nueve-Chanlart (La). *Champlat.*

Ville-Nuevo delez Suysi (La). *Villeneuve-lez-Charleville.*

Villenueve dessous Sainte-Gemme (La). *La Neuville,* c^{ne} de Sainte-Gemme.

Yille-Nueve-la-Lioyne. *Villeneuve-la-Lionne.*

Ville-Nueve lez Challeville (La). *Villeneuve-lez-Charleville.*

Viller-Aaneo. *Villers-aux-Nœuds.*

Viller-Aleract, Viller-Allerand, Villerarants. *Villers-Allerand.*

Viller-as-Noux. *Villers-aux-Nœuds.*

Villers-au-Boys. *Villers-aux-Bois.*

Villor-au-Neux. *Villers-aux-Nœuds.*

Viller-en-Selve. *Ville-en-Selve.*

Viller-Frainqueur, Viller-Francour, Viller Francuorum, Viller-Franquès,

Viller-Franqueux, Viller-Franquiex. *Villers-Franqueux.*

Viller-lo-Sec. *Villers-le-Sec.*

Viller-Marmery. *Villers-Marmery.*

Villeroy. Villers, c⁰ⁿ de Sainte-Euphraise.

Viller-Sainte-Anne, Viller-Sainte-Annez. *Villers-Sainte-Anne.*

Villers. *Villers-aux-Bois, Villers-aux-Corneilles, Villers-en-Argonne, Villers-Franqueux, Villers-le-Sec, Villers-sous-Châtillon;* Villiers, c⁰ⁿ de Fèrebrianges; *Villiers-aux-Corneilles.*

Villers-Alleran, Villers-Allerant. *Villers-Allerand.*

Villers-à-Nex. *Villers-aux-Nœuds.*

Villers-an-Serve. *Ville-en-Selve.*

Villers-as-Jesanz. *Villesaint.*

Villers-as-Neus. *Villers-aux-Nœuds.*

Villers-au-Pont. *Le Poucet,* c⁰ⁿ d'Esternay.

Villers-aux-Cornailles, Villers-aux-Corneilles. *Villers-aux-Corneilles.*

Villers-aux-Neuds, Villers-aux-Neufz. *Villers-aux-Nœuds.*

Villers-dessous-Saint-Thierri. *Villers-Sainte-Anne.*

Villers-en-Argogne. *Villers-en-Argonne.*

Villers-en-Selve, Villers-en-Serve. *Ville-en-Selve.*

Villers-Francqueux, Villers-Franqueues, Villers-Franqueulx. *Villers-Franqueux.*

Villers-le-Secq. *Villers-le-Sec.*

Villers lez Saincte-Freze. *Villers,* c⁰ⁿ de Sainte-Euphraise.

Villers lez Vitry-en-Pertoix. *Villers,* c⁰ⁿ de Couvrot.

Villers-Saincte-Agne. *Villers-Sainte-Anne.*

Villers-soubz-Sainte-Freze. *Villers,* c⁰ⁿ de Sainte-Euphraise.

Villers-soubz-Saint-Thierry. *Villers-Sainte-Anne.*

Villers-sur-Marne. *Villers,* c⁰ⁿ de Couvrot.

Ville-Sacrée. *Villeseneux.*

Villes-en-Tardenoys. *Ville-en-Tardenois.*

Villesain, Villesainct. *Villesaint.*

Villesceneulx, Ville-Senaor, Villesenau, Ville-Senebot, Villeseneu, Villeseneult, Villeseneulx, Villesenouse, Villesenieur, Villeseyneur. *Villeseneux.*

Villesentoire. *l'illesaint.*

Ville-soure-Tourbe. *Ville-sur-Tourbe.*

Villeseneux. *Villeseneux.*

Ville-sus-Tourbe. *Ville-sur-Tourbe.*

Villeta, Villote. *Villette, Villotte.*

Villette. Villers, c⁰ⁿ de Sainte-Euphraise.

Villette, Villette-lez-Vitry, Villettes, Villettez emprès Woucler. *Villotte.*

Villevenart. *Villevenard.*

Villezeneu. *Villeseneux.*

Villier. *Villiers,* c⁰ⁿ de Fèrebrianges.

Villiers. *Villers,* c⁰ⁿ de Verdey; *Villers-sous-Châtillon.*

Villiers-Alleraine, Villiers-Allerand, Villiers-Allerant. *Villiers-Allerand.*

Villiers-au-Bois. *Villiers,* c⁰ⁿ de Fèrebrianges.

Villiers-aux-Boys. *Villers-aux-Bois.*

Villiers-aux-Corneilles. *Villiers-aux-Corneilles.*

Villiers-aux-Nœuds. *Villers-aux-Nœuds.*

Villiers-en-Argonne. *Villers-en-Argonne.*

Villiers-en-Selve. *Ville-en-Selve.*

Villiers-Franqueux. *Villers-Franqueux.*

Villiers-le-Sec. *Villers-le-Sec.*

Villiers-lès-Marolz. *Villers,* près Mareuil-sur-Ay.

Villiers lez Sainte-Freze. *Villers,* c⁰ⁿ de Sainte-Euphraise.

Villiers-lez-Verdey. *Villers,* c⁰ⁿ de Verdey.

Villiers-Marmery. *Villers-Marmery.*

Villiers-Placard. *Villers,* c⁰ⁿ de Verdey.

Villiers soubz-Chastillon. *Villers-sous-Châtillon.*

Villiers-sur-Marne. *Villers,* c⁰ⁿ de Couvrot.

Villotte-lez-Vauclerc. *Villotte.*

Villouette (La). *Villouette.*

Villoupvotte. *Villevotte.*

Villula. *Villotte.*

Villyers-au-Bois. *Villiers,* c⁰ⁿ de Fèrebrianges.

Villzetum. *Saint-Nicolas-de-Virlouzet.*

Vilmongay. *Villemongeois.*

Vilneuve (La). *Villeneuve-lez-Charleville.*

Viloison. *Villoison.*

Vilouzet. *Saint-Nicolas-de-Virlouzet.*

Vilsaint, Vil-Saintz. *Villesaint.*

Vilvenard. *Villevenard.*

Vinaia, Vinaium. *Vinay.*

Vinau, Vinay. *Vinets.*

Vinay-sur-Marne. *Saint-Martin-sur-le-Pré.*

Vinceles, Vincella, Vincelles-sur-Marne, Viacellez. *Vincelles.*

Vinci. *Vindey.*

Vindé, Vindé-lo-Grand. *Vindey.*

Vindé-le-Petit. *Vindey-le-Petit.*

Vindohium. *Vindey.*

Vindei Parvum. *Vindey-le-Petit.*

Vindey-le-Grant, Vindeyum, Vindezlo-Grant. *Vindey.*

Vindez-le-Petit. *Vindey-le-Petit.*

Vindi. *Vindey.*

Vinea. *La Haute-Vigne.*

Vinea Deorum. *Vindey.*

Vincel-delez-Reoci, Vineel-la-Vile. *Vinets.*

Vineium. *Vinay,*

Vinel juxta Cathalanum, Vinet-la-Vile, Vinel-sur-Marne, Vinellum, Vincilum juxta Receyum, Vinelz-lez-Chaalons, Vinès-lez-Chaalons, Vinet, Vinet-de-Chaalons, Vinetta. *Vinets.*

Vinoi. *Vinay.*

Vinon-sur-Oiselet. *Saint-Ouen.*

Viazi. *Vindey.*

Violaines. *Violaine,* c⁰ⁿˢ d'Ablois et d'Olizy.

Violainne. *Violaine,* c⁰ⁿ d'Ablois.

Violainne. *Violaine,* c⁰ⁿ d'Olizy.

Violainnes. *Violaine,* c⁰ⁿˢ d'Ablois et d'Olizy.

Violeines. *Violaine,* c⁰ⁿ d'Ablois.

Violennes. *Violaine,* c⁰ⁿˢ d'Ablois et d'Olizy.

Viollaines. *Violaine,* c⁰ⁿ d'Olizy et de Verdon.

Virdunacus. *Verzenay.*

Viridiacus. *Verzy.*

Viriliacus, Virily, *Vrilly.*

Viriniacus. *Vrigny.*

Virisiacus, Viriziacus. *Verzy.*

Virlouzet (Le). *Saint-Nicolas-de-Virlouzet.*

Virtuacensis (adjectif). *Vertus.*

Virtudensis pagus. *Vertus (Pays de).*

Virtudis, Virtudum. *Vertus.*

Virtudisus. *Vertus (Pays de).*

Virtuella. *Vertuelle.*

Virtuensis ecclesia. *Vertus.*

Virtus. *Vertuelle, Vertus.*

Virtuti, Virtutis villa, Virtutum. *Vertus.*

Virziacum. *Verzel.*

Virziacus. *Verzy.*

Visegneal. *Vésigneul-sur-Marne.*

Visenol, Visignolium, Visiguuel, Visignuel-en-Champaigne. *Vésigneul-sur-Coole.*

Visio. *Voisin.*

Visiniolum, Visinoil. *Vésigneul-sur-Marne.*

Visinol, Visinolium. *Vésigneul-sur-Coole.*

Visinum. *Voisin.*

Visneel. *Saint-Martin-sur-le-Pré, Vinets.*

Visnel ante Cathalaunum, Visnellum. *Vinets.*

Viteré, Viterei, Viteri, Viteriacum, Vitery. *Vitry-le-Brûlé.*

Vitoisin. *Huitvoisins.*

Vitré-la-Ville. *Vitry-la-Ville.*

Vitrei, Vitrei-en-Pertoix, Vitreiacum, Vitreium. *Vitry-le-Brûlé.*

Vitreivilla, Vitrevilla, Vitri. *Vitry-la-Ville.*

Vitri-en-Pertois. *Vitry-le-Brûlé.*

Vitri-la-Ville. *Vitry-la-Ville.*

Vitriacbum, Vitriacum, Vitriacnm Castellum. *Vitry-le-Brûlé.*

Vitriacum Franciscum. *Vitry-le-Fran- çois.*

Vitriacum in Pertesio. *Vitry-le-Brûlé.*

Vitriacum Villa. *Vitry-la-Ville.*

Vitry. *Witry-lez-Reims.*

Vitry-le-Château. *Vitry-le-Brûlé.*

Vitry-sur-Marne. *Vitry-le-François.*

Vittry. *Vitry-le-Brûlé.*

Vitula. *La Vesle.*

Viuleines. *Violaine, c⁰⁰ d'Olizy.*

Viunval. *Yonval.*

Vivée (Fief de). *Guillaume-Prêt (Fief).*

Vivier. *Le Vivier, c⁰⁰ de Festigny-les- Hameaux.*

Vivier (Le). *Vivier, c⁰⁰ d'Esternay.*

Vivier-Foulon (Le). *Le Vieux-Foulon.*

Viviers, Viviers (Le), Viviers (Les). *Vivier, c⁰⁰ d'Esternay.*

Vivus Fons. *Andecy.*

Vizegneuil, Vizigneul. *Vésigneul-sur- Marne.*

Vocenes, Vocienes. *Vauciennes.*

Vocler. *Vauclerc.*

Vocy. *Voassy.*

Vodencourt. *Vaudancourt.*

Voglonnière. *Vologniéres.*

Voideville. *Voidiville:*

Voignonnieres. *Vologniéres.*

Voilaymont. *Voilemont.*

Voiliers. *Vouillers.*

Voillemont, Voilmont. *Voilemont.*

Voionniere. *Vologniéres.*

Voipereux, Voipreu. *Voipreux.*

Voisi, Voisie. *Voizy.*

Voisies. *Vouzy.*

Voisin juxta Villam ad Boscum, Voi- sins. *Voisin.*

Voislemont. *Voilemont.*

Voispreux. *Voipreux.*

Voissi. *Vassy (Forêt de).*

Voissonnay. *Vassonay (Bois de).*

Voissy. *Vassy.*

Voissy-en-Bric (Forest de). *Vassy (Fo- rêt de).*

Voisy. *Voizy.*

Voixpreux. *Voipreux.*

Volandre-la-Petite, Volandros. *Valandre.*

Volcienne. *Vouciennes.*

Vollandre. *Valandre.*

Volognière, Volonniers, Vononnier. *Vologniéres.*

Vorrefroy. *Vaurefroy.*

Vosguonnieres. *Vologniéres.*

Vosies. *Vouzy.*

Vosnon. *Vanault-le-Châtel.*

Vossemin. *Vaucemain.*

Votes (Les). *Les Vautes.*

Votes (Les Petites). *Vautes (Les Pe- tites-).*

Vouarce. *Vouarces.*

Vonavré-le-Petit. *Vavray-le-Petit.*

Voucenniæ. *Vouciennes.*

Voucenniæ. *Vauciennes.*

Vouceyum. *Vouzy.*

Vouchamp. *Vauchamps.*

Voucienes. *Vauciennes, Vouciennes.*

Voucienne. *Vouciennes.*

Vouciennes. *Vauciennes.*

Vouciennes juxta Vitriacum. *Vou- ciennes.*

Voucinniæ. *Vauciennes.*

Voucy. *Voussy.*

Vouillere, Vouilleres, Vouilliere, Vouillierre, Vouilliers. *Vouillers.*

Voulcienne. *Vouciennes.*

Voulciennes. *Vauciennes, Vouciennes.*

Voulcy. *Voussy.*

Vouliers. *Vouillers.*

Voulleciennes. *Vauciennes.*

Voulleriæ. *Vouillers.*

Voulsie. *Vouzy.*

Voulsienne. *Vouciennes.*

Voulsies, Voulsis. *Vouzy.*

Voulsy. *Voassy.*

Voulzciennes. *Vouciennes.*

Voulzeium, Vouseies, Vouseix, Vousiæ. *Vouzy.*

Vousienne. *Vouciennes.*

Vousiennes. *Vauciennes.*

Vousiers. *Vouzy.*

Voussienne. *Vouciennes.*

Vousy. *Voussy.*

Voutes (Les). *Les Vautes.*

Vouzeis. Vouzeium, Vouzie. *Vouzy.*

Vova. *La Veuve.*

Voypereux, Voypreux. *Voipreux.*

Voyrimont. *Varimont.*

Voysannay. *Vassonay (Bois de).*

Voysins. *Voisin.*

Voyssy (Ru de). *Vassy (Ru de).*

Vrael, Vrail. *Vroil.*

Vrain-la-Fertilité. *Saint-Vrain.*

Vrau, Vraud, Vraudium, Vrault, Vraulx, Vraus, Vraut. *Vraux.*

Vray, Vraye. *Vroil.*

Vregny. *Vrigny.*

Vresy. *Verzy.*

Vrenil. *Vroil.*

Vrezenay. *Verzenay.*

Vrezy. *Verzy.*

Vrigny à la Montagne. *Vrigny.*

Vrileium, Vriliacum, Vrilleium, Vril- leyum, Vrilliacum, Vrily. *Vrilly.*

Vuadenensis villa. *Vadenay.*

Vuailemont, Vuaillemont. *Voilemont.*

Vuaillon. *Wuaillon.*

Vualemunt. *Voilemont.*

Vualin (Le). *Le Wualin.*

Vuallemont. *Voilemont.*

Vnalmeix. *Valmy.*

Vualmont. *Voilemont.*

Vualmy. *Valmy.*

Vuanderiæ. *Vandiéres.*

Vuandresicort. *Vaudesincourt.*

Vuannon. *Vanault-le-Châtel.*

Vuarce. *Vouarces.*

Vuardon. *Verdon.*

Vuardon (Ru du). *La Verdonnelle.*

Vuarge-Moulin. *Wargemoulin.*

Vuarmeriville. *Warmeriville.*

Vuasseyo (Nemus de). *Vassy (Forêt de).*

Vuassieux. *Vassieux, c⁰⁰ de Dormans.*

Vuaylemont. *Voilemont.*

Vues. *Wez.*

Vuimerum. *Omey.*

Vairy. *Oiry.*

Vuitry, Vuittry. *Witry-lez-Reims.*

Vulcenæ. *Vauciennes.*

Vully. *OEuilly.*

Vuoillemont. *Voilemont.*

Vusenæ. *Vauciennes.*

Vuyron. *Huiron.*

Vyayne-la-Ville, Vyaisne. *Vienne-la- Ville.*

Vyolaine (La Basse et Haute). *Violaine, c⁰⁰ de Verdon.*

Vytry. *Vitry-le-Brûlé.*

Vyulaines. *Violaine, c⁰⁰ d'Olizy.*

W

W... *Voir Vu...*

Waarcia. *Vouarces.*

Waceos, Waceus, Wacheus. *Vassieux, c⁰⁰ de Breuil-sur-Vesle.*

Wacieux. *Vassieux, c⁰⁰ de Dormans.*

Wadenai, Wadenayum. *Vadenay.*

Wadencourt. *Vaudancourt.*

Wadeneium, Wadenoi, Wadenois, Waderios. *Vadenay.*

Wadesaincour, Wadesaincourt, Wade-
sincourt. *Vaudesincourt.*
Wadeville. *Voidiville.*
Wadiveire, Wadivera, Wadivere,
Wadivieres. *Vadivière.*
Wadiville, Wadiville-lez-Pevy. *Voidi-
ville.*
Wadsincourt. *Vaudesincourt.*
Wagencien. *Vaugency.*
Wagnognieres. *Volognières.*
Waie. *Gaye.*
Waignoniers. *Volognières.*
Wailemeis. *Valmy.*
Wailemont, Waillemont. *Voilemont.*
Wais. *Le Gault.*
Waïsi. *Vassy (Forêt de).*
Waisia. *Voisy.*
Waisseio (Foresta de), Waissi. *Vassy
(Forêt de).*
Waissiacum. *Vassy.*
Walamés. *Valmy.*
Waldum. *Le Gault.*
Walemain, Walemays, Walomees, Wa-
lemeis, Walemeix, Walemeiz, Wa-
lemensis (adjectif), Walemès, Wa-
lemeys, Walemeyx, Walemez, Wa-
lemis. *Valmy.*
Walemons, Walemont. *Voilemont.*
Walemy. *Valmy.*
Walery. *Valery.*
Walesmé, Walesmela, Walesmeis, Wa-
lesmeium, Walesmés, Wallemeis,
Wallemeix, Wallemey, Wallemmé.
Valmy.
Wallemons, Wallemunt. *Voilemont.*
Wallemy. *Valmy.*
Wallendres. *Valandre.*
Wallimons, Wallimont. *Voilemont.*
Walmeium, Walmeiz, Walmey, Wal-
meyum. *Valmy.*
Wameriville. *Warmeriville.*
Wanau Castrum, Wanault-le-Chôtel.
Vanault-le-Chôtel.
Wanault-les-Dames. *Vanault-les-Dames.*
Wanaut. *Vanault-le-Chôtel.*
Wandecccurt. *Vaudesincourt.*
Wandevenum. *Vadivière.*
Wandrencourt, Wandrisicurtis. *Vau-
desincourt.*
Wanna, Wano, Wano le Chastel.
Wanon. Wanou. *Vanault-le-Chôtel.*
Wanou ad Dominas. *Vanault-les-Dames.*
Wanou-le-Chastel. *Vanault-le-Chôtel.*
Wanou-les-Domes. *Vanault-les-Dames.*
Wanteuil. *Venteuil.*
Warce, Warces, Warcis. *Vouarces.*
Wardon. *Verdon.*
Wardum. *Le Jard.*

Waresmeium. *Valmy.*
Wargemolin. *Wargemonlin.*
Warimont, Warimont - delez - Som -
myevre. *Varimont.*
Warismeia villa. *Valmy.*
Warmereivilla, Warmerevilla, War-
merii Villa, Warmerivil, Warmeri-
vile, Warmeri Villa, Warmeryville.
Warmeriville.
Warmont. *Varimont.*
Warnancourt, Warnencourt, War-
nencuria, Warnencurt.*Vernancourt.*
Warno-les-Dames. *Vanault-les-Dames.*
Warnocurt, Warnoncuria, Wornan-
cort. *Vernancourt.*
Warreium. *Vavray-le-Grand.*
Warymont. *Varimont.*
Wasaulnoy. *Vassonay (Bois de).*
Wasceux, Wascieux. *Vassieux, c⁰ˢ de
Breuil-sur-Vesle.*
Wasconia. *Gascogne.*
Wasc. *Vouarces.*
Wasiaco (Silva de). *Vassy (Forêt de).*
Wasinemont. *Vassimont.*
Wasnao in Campania, Wasno, Was-
non. *Vanault-le-Chôtel.*
Wasnon ad Dominas. *Vanault - les -
Dames.*
Wasnon Castrum. *Vanault-le-Chôtel.*
Wasnon. *Vanault-le-Chôtel.*
Wasnou-les-Dames. *Vanault-les-Dames.*
Wassaunay. *Vassonay.*
Wassaunuy, Wassaunoy (Bois de).
Vassonay (Bois de).
Wasseio (Nemora de). *Vassy (Forêt de).*
Wasseuil. *Vassieux, c⁰ˢ de Breuil-sur-
Vesle.*
Wassi, Wassy (Forest de). *Vassy (Fo-
rêt de).*
Wassionx. *Vassieux, c⁰ˢ de Dormans.*
Wassiex. *Vassieux, c⁰ˢ de Breuil-sur-
Vesle.*
Wassignemont, Wassimont. *Vassimont.*
Watrio, Watriy, Watrye lez Souldron.
Vairy.
Watsseium. *Vassy (Forêt de).*
Waucler. *Vauclerc.*
Waudecourt. *Vaudancourt.*
Waudemange. *Vaudemanges.*
Waudenay. *Vadenay.*
Waudencourt. *Vaudancourt.*
Waudenois. *Vadenay.*
Waudeviere. *Vadivière.*
Waudo (Nemus de). *Gault (Forêt du).*
Waudum. *Le Gault.*
Waugaignieres. *Volognières.*
Waugretum. *Vavray-le-Grand.*
Wauno-le-Chastel. *Vanault-le-Chôtel.*

Waus. *Le Gault.*
Wausillon. *Les Vausillons.*
Waussy (Forest de). *Vassy (Forêt de).*
Waut (Foresta de), Waut (Nemus
dou). *Gault (Forêt du).*
Wauvrey-lo-Grant, Wavereium, Wa-
vereium Magnum. *Vavray-le-Grand.*
Waverelles, Waverelles (Les). *Les Va-
vrelles.*
Waverey-le-Grand, Waveri, Waveri-
le-Grant, Wavoreium, Wavré-le-
Grant. *Vavray-le-Grand.*
Wavré-le-Petit. *Vavray-le-Petit.*
Wavrei, Wavrei-lo-Grant. *Vavray-le-
Grand.*
Wavrei-lo-Petit. *Vavray-le-Petit.*
Wavreia villa. *Vavray-le-Grand.*
Wavreille (La Grant et la Haulte). *Va-
vrelle (La Haute-).*
Wavreille (La Petite). *Vavrelle (La
Basse-.*
Wavreilles (La). *Vavrelle (La Busse-).*
Wavreium, Wavreium Major. *Vavray-
le-Grand.*
Wavreium Minor, Wavreium Parvum.
Vavray-le-Petit.
Wavrey-le-Grant. *Vavray-le-Grand.*
Wavrey-le-Petit. *Vavray-le-Petit.*
Wavreyum (Duo). *Vavray-le-Grand
et Vavray-le-Petit.*
Wavri, Wavrium, Wavry-le-Grant.
Vavray-le-Grand.
Wavry-le-Petit. *Vavray-le-Petit.*
Waylemés. *Valmy.*
Wdeville. *Voidiville.*
Wees, Woez, Woez-sur-Vesle. *Wez.*
Weilemont. *Voilemont.*
Weissiaco (Nemus de). *Vassy (Forêt
de).*
Welemés. *Valmy.*
Werilly. *Vrilly.*
Wes. *Wez. .*
Wesseio (Nemoro de), Wessy (Foresta
de). *Vassy (Forêt de).*
Wiarce. *Vouarces.*
Wilsinnes. *Violaine, c⁰ˢ d'Olizy.*
Wiler-Aleran. *Villers-Allerand.*
Wilermés. *Valmy.*
Wiliers. *Vouillers.*
Willare Aleran. *Villers-Allerand.*
Willemont. *Voilemont.*
Willenselve. *Ville-en-Selve.*
Willenueve - au-Bois (La). *La Neu-
ville-aux-Bois.*
Willi, Williacum. *OEuilly.*
Wineel. *Vinets.*
Wionval. *Yonval.*
Wiron. *Huiron.*

Wisenol. *Vésigneul-sur-Coole.*
Wisin. *Voisin.*
Wissiaco (Nemus de). *Vassy (Forêt de).*
Wistereium, Wistereyum, Witereium, Witeri. *Witry-lez-Reims.*
Witervilla. *Vitry-la-Ville.*
Witreyum, Witri, Witry. *Witry-lez-Reims.*
Witry. *Vitry-le-Brûlé, Witry-lez-Reims.*
Wittry. *Witry-lez-Reims.*
Wiunval, Wiun Vallis, Wiunwalth. *Yonval.*
Wladiville. *Voidiville.*
Wli. *Œuilly.*
Woandancort. *Vaudancourt.*
Woartia. *Vouarces.*
Woicy (Forest de). *Vassy (Forêt de).*
Woignonnieres. *Vologniéres.*
Woillon. *Waillon.*

Woissi (Bois de), Woissiaco (Nemora de), Woissy (Forest de). *Vassy (Forêt de).*
Woissy (Ru de). *Vassy (Ru de).*
Wouarce, Wouarces. *Vouarces.*
Woudenois. *Vadenay.*
Wougnonnieres. *Vologniéres.*
Wouilliers. *Vouillers.*
Wouseis. *Vouzy.*
Woylliers. *Vouillers.*
Woyssy (Faurest de). *Vassy (Forêt de).*
Woyssy (Ru de). *Vassy (Ru de).*
Wroil. *Vroil.*
Wuefve (La). *La Veuve.*
Wuez. *Wez.*
Wuilly. *Œuilly.*
Wurgemolin. *Wargemoulin.*
Wyonval. *Yonval.*
Wyteri, Wyteriacum, Wytery. *Witry-lez-Reims.*

X

Xanteliers. *Saint-Hilaire, c^ne du Frêne*

Y

Yerval. *Irval.*
Yevlois. *Nivelet.*
Ygniacum. *Igny.*
Ygniacum Jardi, Ygny. *Igny-le-Jard.*
Ygny (Fief d'). *Igny, c^ne de Vieil-Dampierre.*
Yle, Ylle. *Isles-sur-Suippe.*
Yonval. *Moutiers.*
Youval. *Yonval.*
Yrval. *Irval.*
Yaia. *Isse.*
Ysle. *Isle-sur-Marne, Isles-sur-Suippe.*
Ysles (Les). *Les Istres.*
Yssa, Ysse, Yssia. *Isse.*
Ysson. *Isson.*
Yates (Les). *Les Istres.*

ADDITIONS ET CORRECTIONS.

Nota. L'auteur du Dictionnaire de la Marne ne voit pas paraître sans quelque peine, en 1891, un volume dont la partie essentielle, rédigée dès 1871, était complètement imprimée en 1882. Il a cru bon cependant de ne pas multiplier les corrections et additions à une œuvre pour laquelle il regrettera toujours de n'avoir pas constamment suivi, dans son inexpérience, l'orthographe ordinairement reçue pour les noms de commune et d'avoir préféré, en plus d'un cas, l'orthographe de la carte de l'État-Major.

Introduction. Première partie, chapitre ii. — On a involontairement omis d'indiquer l'origine certaine ou possible de plus d'un nom de commune. Ainsi le nom de Coulommes, *Columna*, est d'origine romaine et rappelle quelque monument antique, et celui d'Alliancelles, *Aisonis Cella*, la demeure d'Aiso, date de la première moitié du moyen âge, comme le montre la combinaison d'un nom d'homme germanique et d'un nom commun latin ou roman. Enfin le vocable qui désigne la ville de Vertus est probablement dû à un sanctuaire païen : il parait, en effet, rappeler le nom d'une divinité celtique, *Virolus* ou *Virotutis*, qu'on assimila sous la domination romaine à Apollon.

P.   2, col. 1, l. 11. Ajouter : *Ablois*, 1793 (Puiseux, p. 306).

P.   5, col. 1, l. 29, cart.; lisez : comm.

P.   7, col. 2, avant-dernière ligne. Ajouter : *Archidiaconé d'Astenay*, 1749 (cat. des cures, p. 147).

P. 16, col. 1, l. 11. Ajouter : *Saint-Germain, le Bas-Village*, 1749 (cat. des cures, p. 37).

P. 24, col. 1, l. 8, Bettancourt; lisez : Bettancourt-la-Longue.

P. 24, col. 1, l. 33. Remplacer le point de doute par une virgule.

P. 27, col. 2, l. 37, S.-Menge; lisez : S.-Memmie.

P. 28, col. 1, l. 29, *Ballosieriæ*; lisez : *Ballosseriæ*.

P. 33, col. a, l. 33, c^{ce}; lisez : arrond.

P. 36, col. 2, l. 38. Ajouter : *Braux-Cérès*, 1793 (Puiseux, p. 305).

P. 36, col. 2, l. 46, Sommepuis; lisez : Sompuis.

P. 37, col. 1, l. 29, Breuil; lisez : Breuil-sur-Vesle.

P. 37, col. a, l. 35, c^{ce} d'Esternay; lisez : c^{ce} de Châtillon-sur-Morin.

P. 38, col. 2, Baiqueteaie de la Morine. Cet article fait double emploi avec l'article Morine (La), p. 179, col. 1.

P. 39, col. 1, l. 12, t. IV; lisez : t. XIV.

P. 41, col. 2, l. 18, 2065; lisez : 206.

P. 41, col. 2, l. 21, Vitry; lisez : Witry.

P. 44, col. 2, l. 32, *ville*; lisez : *villa*.

Marne.

IMPRIMERIE NATIONALE.

P. 44, col. 2, Cauroy-lez-Hermonville. Intercaler à leur ordre chronologique les textes indiqués à l'article Corroy (p. 76, col. 1), sous les dates 1209, 1270 et 1271.

P. 47, col. 1, après la dernière ligne. Ajouter : Chaintrix-Bierges, c^on d'Anglure, commune formée en 1858 de l'union des anciennes communes de Chaintrix et de Bierges.

P. 48, col. 2, l. 1, Ville-en-Tardenois; lisez : Fismes.

P. 51, col. 1, après la l. 28. Ajouter : Champigneul-Champagne, c^on d'Écury-sur-Coole, commune en 1852 de l'union des anciennes communes de Champigneul et de Champagne.

P. 55, col. 1, l. 43, Chapelle-sur-Orbais (La); lisez : Chapelle-sous-Orbais (La). Cette dernière appellation est aujourd'hui communément employée, malgré ce qu'elle offre d'erroné.

P. 56, col. 2, l. 23. Ajouter : *Orme-sur-Aisne*, 1793 (Puiseux, p. 305).

P. 56, col. 2, l. 42. Ajouter : *Charmontois-sur-Aisne*, 1793 (Puiseux, p. 305).

P. 70, col. 2, Commercy, f. c^es de Gionges-Saint-Fergeux. Ajouter : Cette localité est identique à celle qu'on désigne plus loin (p. 198, col. 2) sous le nom : Neuville (La), f. disp. c^es de Gionges-Saint-Fergeux.

P. 71, col. 2, l. 10, 1374; lisez : 1274.

P. 76, col. 1, Corroy. Les textes en date de 1209, 1270 et 1271 doivent être reportés plus haut (p. 44, col. 2), à l'article Cauroy-lez-Hermonville.

P. 81, col. 1, Courmelois. Il n'est pas certain que le texte de Flodoard relatif à la villa *Colmelecta* se rapporte à Courmelois. En revanche, on peut lui appliquer avec certitude la mention du vicus *Curmolensis*, qu'on lit dans une œuvre hagiographique de la fin du xe siècle (*Miracula et translatio S. Basoli*, apud Mabillon, *Acta sanctorum ordinis S. Benedicti*, sæc. IV, pars IIe, p. 138).

P. 84, col. 2, l. 30, *Creandun*; lisez : *Creaudun*.

P. 85, col. 2, l. 37, Ville-en-Tardenois; lisez : Châtillon-sur-Marne.

P. 86, col. 1, l. 20, cart.; lisez : coul.

P. 86, col. 1, l. 31, Suippe; lisez : Suippes.

P. 89, col. 1, l. 23, *Derragium*; lisez : *Terragium*.

P. 89, col. 2, l. 24. Ajouter : Vers 1887, la commune de Dizy a substitué au nom de *Dizy-la-Rivière*, alors son nom officiel, celui de *Dizy-Magenta*.

P. 90, col. 2, l. 22, Dompremy; lisez : Domremy, ce qui amène une transposition de l'article relatif à cette commune.

P. 97, col. 1, entre les l. 28 et 29. Ajouter : Esclavolles-Lurey, c^on d'Anglure, commune formée en 1880 de l'union des deux anciennes communes d'Esclavolles et de Lurey.

P. 100, col. 2, l. 10 de la lettre F, c^on; lisez : c^es.

P. 100, col. 2, l. 29 de la lettre F, Fauconnier (La); lisez : Fauconnier (Le).

P. 101, col. 1, l. 8, Aude; lisez : Aube.

P. 102, col. 1, Feams de la Basse, article à supprimer, cette ferme n'étant pas différente de la localité désignée plus loin (p. 285, col. 1) sous la forme : Vavrelle (La Basse-).

P. 103, col. 1, l. 14, Châtillon-sur-Marne; lisez : Dormans.

P. 104, col. 1, l. 41, Ay; lisez : Épernay.

P. 107, col. 1, entre les l. 23 et 24. Ajoutez : Fontaine-Denis-Nuisy, c^on de Sézanne, commune formée en 1846 de l'union des anciennes communes de Fontaine-Denis et de Nuisy.

P. 112, col. 1, l. 24, Fresnes; lisez : Faesne; ce qui reporterait l'article à la page précédente.

P. 114, col. 2, l. 6, 1346; lisez : 1386.

P. 124, col. 2, l. 11, 1723; lisez : 1713.

P. 130, col. 1, l. 15. Ajouter : *Heiltz-Libre*, 1793 (Puiseux, p. 305).

P. 130, col. 1, l. 45, 2197; lisez : 1197.

P. 138, col. 2, entre les l. 17 et 18. Ajouter : Jussécourt-Minecourt, c^on d'Heiltz-le-Maurupt, commune formée en 1852 de l'union des anciennes communes de Jussécourt et de Minecourt.

P. 138, col. 2, l. 31, S.-Menge; lisez : S.-Memmie.

P. 141, col. 2, entre les l. 26 et 27. Ajouter : Lépine, c^me de Marson. Voir Épine (L').

P. 147, col. 1, l. 4, c^me d'Anglure; lisez : c^me d'Esclavolles-Lurey.

P. 155, col. 1, l. 19, Mailly; lisez : Marcilly.

P. 156, col. 1, l. 21, *Paganis;* lisez : *Paganas.*

P. 156, col. 2, l. 38, Montmirail; lisez : Montmort.

P. 156, col. 2, dernière ligne, eu-dit; lisez : lieu-dit.

P. 157, col. 1, Marne (La Rivière de la); lisez : Marsa (La Rivière de).

P. 159, col. 2, l. 39, *Matigniairia;* lisez : *Matignicuria.*

P. 159, col. 2, entre les l. 49 et 50. Ajouter : Matignicourt-et-Goncourt, c^on de Thiéblemont, commune formée en 1834 de l'union des anciennes communes de Matignicourt et de Goncourt.

P. 164, col. 2, l. 29 et 45, Mesnil (Les); lisez : Mesnil (Le).

P. 165, col. 2, dernière ligne, Vaudeuil; lisez : Vaudeuil.

P. 168, col. 2, l. 30, *Dompni Petri;* lisez : *dompni Petri.*

P. 174, col. 2, l. 29, Épernay; lisez : Avize.

P. 179, col. 1, Moliss (La). Cet article fait double emploi avec l'article Briqueterie de la Moline (p. 38, col. 2).

P. 179, col. 2, entre les l. 47 et 48. Ajouter : Moslins, c^me d'Avize. Voir Moliss.

P. 181, col. 2, l. 43, *Nantua;* lisez : *Nautha.*

P. 195, col. 1, l. 28, *Mormeeium;* lisez : *Mormereium.*

P. 196, col. 2, l. 34, c^on d'Ay; lisez : c^me de Tauxières-Mutry.

P. 198, col. 2, l. 51, Neuville (La), f. disp. c^me de Gionges-Saint-Fergeux. Cet article fait double emploi avec celui de Commercy (p. 70, col. 2).

P. 200, col. 1, l. 17. Ajouter : *Pont-sur-Aisne*, 1793 (Puiseux, p. 305).

P. 201, col. 1, l. 47, *La Neuefville;* lisez : *La Nuefville.*

P. 207, col. 1, l. 29, Aude; lisez : Ardres.

P. 209, col. 1, l. 50, S.-Remy-aux-Monts; lisez : S.-Pierre-aux-Monts.

P. 211, col. 2, l. 33. Ajouter : *La Petite Commune*, 1793 (Puiseux, p. 305).

P. 217, col. 2, l. 42, Suippes; lisez : Beine.

P. 218, col. 1, l. 33, *Mettensis;* lisez : *Mettenses.*

P. 223, col. 2, l. 16 de la lettre Q, dénomination des comtés; lisez : domination des comtes.

P. 225, col. 2, l. 35, faire suivre le mot christiana de l'indication : t. XII.

P. 234, col. 1, l. 1, 1773; lisez : 1793.

P. 237, col. 2, l. 46, supprimer la virgule avant octobris.

P. 238, col. 1, l. 4, *Saincte-Menescou;* lisez : *Saincte-Menehou.*

P. 240, col. 2, l. 24, du Frêne; lisez : du Fresne.

P. 241, col. 2, l. 27, remplacer le point et le tiret qui suit le point par un point et virgule.

P. 245, col. 1, l. 8, remplacer le point et le tiret qui suit le point par un point et virgule.

P. 249, col. 2, entre les l. 19 et 20. Ajouter : Saint-Ouen-et-Domprot, cᵐᵉ de Sompuis, commune formée en 1834 de l'union des anciennes communes de Saint-Ouen, de Saint-Étienne et de Domprot. Son nom officiel fut tout d'abord *Saint-Ouen-et-Saint-Étienne.*

P. 250, col. 2, le nom *La Réunion,* indiqué à la ligne 27, avec point de doute, comme ayant peut-être désigné en 1793 Saint-Quentin-les-Marais, s'appliquerait plutôt à Saint-Quentin-le-Verger.

P. 256, col. 1, l. 50, *Carobert;* lisez : *Corobert.*

P. 258, col. 2, l. 15, Prin est le nom d'un hameau important de cette commune; lisez : Prin fut, dans les premières années de la Révolution, le chef-lieu d'une commune distincte.

P. 267, col. 1, l. 43, cᵐᵉ d'Ay; lisez : cᵐᵉ de Tauxières-Mutry.

P. 267, col. 2, entre les l. 7 et 8. Ajouter : Tauxières-Mutry, cᵐᵉ d'Ay, commune formée en 1883 de l'union des anciennes communes de Tauxières et de Mutry.

P. 270, col. 2, l. 17, t. II; lisez : l. II.

P. 271, col. 1, l. 10, *Manfricort,* lisez : *Maufricort.*

P. 272, col. 1, Tours-sur-Marns. Ajouter : *Torn,* 922 (D. Bouquet, t. IX, p. 556 et 557). — La mention *Actum in prato Contratorii,* qui se trouve au bas d'un diplôme royal en date de 922 (arch. adm. de Reims, t. I, p. 71), doit être lue : *Actum in prato contra Torn.*

P. 279, col. 2, l. 36. Ajouter : *Vano près la Montagne,* 1793 (Puiseux, p. 306).

P. 280, col. 1, l. 3. Ajouter : *Vano-les-Frères,* 1793 (Puiseux, p. 306).

P. 281, col. 2, l. 7, mss.; lisez : ms.

P. 282, col. 2, l. 31. Ajouter : *Gualdonis Cortis,* 984 (lettres de Gerbert).

P. 282, col. 2, l. 43, Châlons; lisez : Soissons.

P. 285, col. 2, entre les l. 22 et 23. Ajouter : Vendeuil, cᵐᵉ de Fismes. Voir Vandeuil.

P. 291, col. 1, l. 49, *Rue;* lisez : *Ru.*

P. 291, col. 2, l. 20. Ajouter : *Vienne-sur-Aisne,* 1793 (Puiseux, p. 307).

P. 291, col. 2, l. 37. Ajouter : *Vienne-sur-Blesme,* 1793 (Puiseux, p. 307).

P. 292, col. 1, l. 19, Vieox-Chasson (La); lisez : Vieux-Chasson (Le).

P. 293, col. 2, l. 24, *Villers au Serve;* lisez : *Villers an Serve.*

P. 296, col. 1, l. 42. Ajouter : Villers-sur-Aisne, 1793 (Puiseux, p. 307).

P. 296, col. 2, l. 21, *Villa Francosum;* lisez : *Villa Francorum.*

P. 297, col. 2, l. 44, mss.; lisez : ms.

P. 298, col. 1, l. 10. Ajouter : *Val-sur-Tourbe,* 1793 (Puiseux, p. 307).

CPSIA information can be obtained
at www.ICGtesting.com
Printed in the USA
BVHW04*0915010818
523286BV00006B/29/P